Concorsi RIPAM

COMUNE di NAPOLI 1339 POSTI VARI PROFILI PROVA PRESELETTIVA

TEORIA e **QUIZ DI VERIFICA** su:

Logica e ragionamento critico
Diritto **Costituzionale**
Diritto **Amministrativo**
Diritto degli **Enti locali**

EdiSES edizioni

Comune di Napoli – 1339 posti vari profili – Prova preselettiva
I Edizione, 2022

9 8 7 6 5 4 3 2 1 0
2026 2025 2024 2023 2022

Le cifre sulla destra indicano il numero e l'anno dell'ultima ristampa effettuata

Progetto grafico: ProMedia Studio di A. Leano

Cover Design and Front Cover Illustration: Digital Followers Srl

Fotocomposizione: EdiSES Edizioni S.r.l.

Stampato presso: PrintSprint S.r.l. – Napoli

Per conto della EdiSES Edizioni S.r.l. – Piazza Dante 89 – Napoli

ISBN 978 88 3622 712 9

www.edises.it

MANUALE COMPLETO + QUESITI

CONCORSI RIPAM

COMUNE di NAPOLI 1339 POSTI

Vari profili Cat. **C** e **D**

PROVA PRESELETTIVA

TEORIA e QUIZ DI VERIFICA

Accedi ai servizi riservati

Il codice personale contenuto nel riquadro dà diritto a servizi riservati ai clienti. Registrandosi al sito, dalla propria area riservata si potrà accedere a:

MATERIALI DI INTERESSE E CONTENUTI AGGIUNTIVI

CODICE PERSONALE

P6SUGQH9PX

Grattare delicatamente la superficie per visualizzare il codice personale.
Le **istruzioni per la registrazione** sono riportate nella pagina seguente.
Il volume NON può essere venduto né restituito se il codice personale risulta visibile.
L'**accesso ai servizi riservati** ha la **durata di 18 mesi** dall'attivazione del codice e viene garantito esclusivamente sulle edizioni in corso.

Istruzioni per accedere ai contenuti e ai servizi riservati

SEGUI QUESTE SEMPLICI ISTRUZIONI

SE SEI REGISTRATO AL SITO

clicca su **Accedi al materiale didattico**

inserisci email e password

inserisci le ultime 4 cifre del codice ISBN, riportato in basso a destra sul retro di copertina

inserisci il tuo **codice personale** per essere reindirizzato automaticamente all'area riservata

SE NON SEI GIÀ REGISTRATO AL SITO

clicca su **Accedi al materiale didattico**

registrati al sito **edises.it**

attendi l'email di conferma per perfezionare la registrazione

torna sul sito **edises.it** e segui la procedura già descritta per utenti registrati

CONTENUTI AGGIUNTIVI

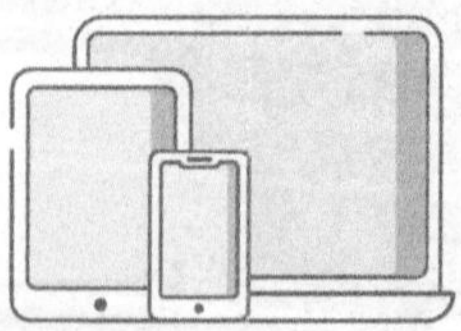

Per problemi tecnici connessi all'utilizzo dei supporti multimediali e per informazioni sui nostri servizi puoi contattarci sulla piattaforma **assistenza.edises.it**

Sommario

Libro I
Diritto pubblico

Sezione I DIRITTO COSTITUZIONALE

Sezione II DIRITTO REGIONALE

Libro II
Diritto amministrativo

Sezione I ORGANIZZAZIONE E ATTIVITÀ

Libro III
Diritto degli enti locali

Libro IV
Test attitudinali

Premessa

Il volume è rivolto ai candidati che intendono partecipare al concorso bandito dal **Comune di Napoli**, e gestito dal RIPAM, per l'assunzione di complessivi **1339 dipendenti in vari profili professionali**, 762 appartenenti alla categoria C e 577 alla categoria D (*G.U. 9-8-2022, n. 63*).
La procedura concorsuale prevede, per entrambe le categorie, una **prova preselettiva** che consiste nella somministrazione di **60 domande a risposta multipla**, 20 delle quali *attitudinali* (capacità logico-deduttiva, ragionamento logico-matematico e critico-verbale) e 40 di *diritto costituzionale* (con particolare riferimento al Titolo V della Costituzione), *diritto amministrativo* (con particolare riferimento alla normativa in materia di accesso, trasparenza e anticorruzione, disciplina del lavoro pubblico) e *diritto degli enti locali*. La prova scritta e quella orale, invece, si differenziano in base agli specifici profili a concorso.
Questo volume riporta una **trattazione manualistica** delle materie da studiare per affrontare la preselezione. Le sintesi riportate sono tutte aggiornate ai più recenti provvedimenti legislativi di interesse.
Ogni capitolo della parte teorica è completato da un **questionario con domande a risposta multipla** (disponibile tra il materiale online) che consente di verificare il livello di preparazione raggiunto ed eventualmente ritornare sugli argomenti che meritano un ripasso e un approfondimento.
Grazie al **software online**, accessibile gratuitamente nell'area riservata, sarà possibile effettuare ulteriori verifiche e simulare lo svolgimento della prova.

Ulteriori materiali didattici sono disponibili nell'area riservata a cui si accede mediante la registrazione al sito *edises.it* secondo la procedura indicata nelle prime pagine del volume.
Eventuali errata-corrige saranno pubblicati sul sito *edises.it*, nella scheda "Aggiornamenti" della pagina dedicata al volume.
Altri aggiornamenti sulle procedure concorsuali saranno disponibili sui nostri profili social.

blog.edises.it
infoconcorsi.edises.it

Indice

Libro I
Diritto pubblico

Sezione I DIRITTO COSTITUZIONALE

Capitolo 14 Il sistema delle autonomie territoriali

Capitolo 15 Le fonti del diritto

Libro II
Diritto amministrativo

Sezione I ORGANIZZAZIONE E ATTIVITÀ

Sezione II PROCEDIMENTO AMMINISTRATIVO E DIRITTO DI ACCESSO

Capitolo 1 L'attività della Pubblica Amministrazione

Capitolo 2 I documenti amministrativi: dal cartaceo al digitale

Libro III
Diritto degli enti locali

Libro IV
Test attitudinali

Libro I

Diritto pubblico

SOMMARIO

Sezione I
Diritto costituzionale

Capitolo 1
Ordinamento e norme giuridiche

1.1 Le nozioni di diritto e di ordinamento giuridico

Non v'è **società umana** che non si doti di un complesso di regole. Queste sono indispensabili, perché stabiliscono quali comportamenti devono o non devono essere tenuti dagli appartenenti al gruppo sociale. Si tratta, dunque, di regole comportamentali o di condotta.

Si possono distinguere due tipi di regole di condotta:

> le **regole sociali**, la cui osservanza è spontanea e la cui violazione non dà luogo all'applicazione di alcuna sanzione a carico del trasgressore;
> le **norme giuridiche** vere e proprie, la cui osservanza è **obbligatoria** e per la cui violazione, diversamente dalle regole sociale, è prevista l'applicazione di una sanzione da parte di una pubblica autorità.

Sono regole sociali, ad esempio, l'essere leali con gli amici, non mangiare con le mani, non parlare in modo volgare, non passare davanti ad altre persone in fila, fare l'elemosina ai poveri. Sono norme giuridiche, invece, l'obbligo di rispettare la segnaletica stradale, di pagare le tasse, di non commettere fatti delittuosi, di non danneggiare la proprietà altrui, di saldare i propri debiti e così via.

La distinzione fra i due tipi di regole si basa dunque sulla loro diversa obbligatorietà e non sul loro contenuto, che in alcuni casi può coincidere e in altri può essere diverso.

L'insieme delle regole giuridiche costituisce l'**ordinamento giuridico**, inteso come il complesso di norme obbligatorie riferite a un particolare gruppo sociale. Si può affermare, in senso ampio, che qualunque organizzazione sociale, per essere tale, sviluppa necessariamente un ordinamento che ne disciplini la vita e l'attività. Conseguentemente si definisce il **concetto di diritto**, che altro non è che l'insieme delle norme giuridiche, ovvero delle regole di convivenza che i componenti di una società sono obbligati a osservare o anche, come si dice, l'ordinamento giuridico di una società.

1.2 Struttura e caratteri della norma giuridica

La norma giuridica, dal punto di vista strutturale, si compone generalmente di due elementi:

> il **precetto**, che esprime il comportamento *positivo* o *negativo* (obbligo di fare o di non fare) imposto ai destinatari della norma;

- la **sanzione**, che consiste in una misura punitiva a carico di chi trasgredisce la norma.

Talune norme, peraltro, sono **prive di sanzione** e per questa ragione sono definite «*imperfette*»: è il caso delle norme «*permissive*», la cui funzione è soltanto quella di autorizzare determinati comportamenti, o delle norme «*definitorie*», che definiscono concetti o istituti giuridici, senza alcuna prescrizione di carattere impositivo.

Dal punto di vista del *contenuto*, la norma giuridica presenta le seguenti caratteristiche:

- la **positività**, in quanto è una regola di condotta che viene posta o riconosciuta dallo Stato.

  La giuridicità di una norma, quindi, non dipende dal suo contenuto, ma dal soggetto dal quale proviene; una norma dello Stato può consentire o proibire di fumare nei locali pubblici, di esportare capitali all'estero, di detenere armi da fuoco e così via. Dalla positività delle norme giuridiche discende il concetto di **diritto positivo**, che è l'insieme delle norme giuridiche effettivamente vigenti in un dato momento storico in un determinato Stato;
- la **relatività**, in quanto è una regola che varia nel tempo (potendo subire mutamenti all'interno dello stesso Stato) e nello spazio (da Stato a Stato, per cui ciò che è consentito in uno Stato può essere vietato in un altro e viceversa);
- la **coattività**, in quanto deve essere rispettata obbligatoriamente e la sua osservanza è imposta con la forza applicando, quando è necessario, una sanzione;
- la **generalità**, perché non si rivolge a una o più persone determinate, ma a una pluralità di destinatari indeterminati;
- l'**astrattezza**, in quanto la norma ha come oggetto una serie di fatti ipotetici, che potrebbero verificarsi, e non uno o più fatti concreti che si sono già verificati (ad esempio, la norma che punisce il reato di furto, si riferisce in astratto a tutte le persone e a tutti i comportamenti consistenti nel fatto di appropriarsi illegittimamente del bene di un'altra persona);
- la **bilateralità**, perché quando riconosce un diritto a favore di un soggetto impone anche un dovere o un obbligo a carico di un'altra persona (ad esempio, al diritto dello Stato di riscuotere le imposte corrisponde l'obbligo del contribuente di pagarle).

1.3 Le norme giuridiche derogabili e inderogabili

Sotto il profilo dell'**efficacia**, le norme giuridiche si distinguono in:

- **norme derogabili** (o **dispositive**): contengono regole di condotta che i destinatari possono anche non osservare, disciplinando in modo diverso i rapporti giuridici che li riguardano;
- **norme inderogabili** (o **imperative**): impongono delle regole di condotta anche contro la volontà dei destinatari, che non possono disciplinare diversamente i loro rapporti giuridici.

È derogabile la norma che prevede l'obbligo di pagare gli interessi nel prestito di una somma di denaro, in quanto le parti possono anche stipulare un prestito gratuito. Invece, la norma che consente il divorzio dei coniugi solamente dopo sei mesi dalla separazione consensuale è una norma inderogabile, in quanto anche se i coniugi sono d'accordo nello sciogliere subito il matrimonio, il giudice non può pronunciare il divorzio prima che sia trascorso il termine previsto dalla legge.

1.4 Norme di principio e norme programmatiche

Nell'ambito delle norme giuridiche è opportuno soffermarsi su alcune che presentano caratteristiche particolari: le norme di principio e le norme programmatiche.
Quelle di principio sono una categoria di norme presenti soprattutto nei testi costituzionali. Si tratta di **norme senza fattispecie normativa predeterminata e a prescrizione generica**. Per esempio, l'art. 2 Cost. riconosce l'inviolabilità della dignità umana. Tale norma è un principio e, infatti, non precisa quali saranno le conseguenze giuridiche specifiche (*prescrizione*), né tantomeno indica al verificarsi di quali fatti o circostanze (*fattispecie normativa*) tali conseguenze si produrranno.
Quelle programmatiche, invece, sono **norme la cui applicazione è condizionata all'emanazione di altre norme** che diano attuazione ai programmi fissati da quelle. Si tratta in particolare di alcune norme costituzionali che inizialmente non erano considerate dalla dottrina, e dalla stessa giurisprudenza, come immediatamente vincolanti, in quanto rivolte al solo legislatore ordinario.

1.5 Le conseguenze della violazione della norma giuridica

In relazione all'interesse protetto da una norma giuridica, e alla natura della conseguenza prevista in caso di violazione, si applicherà:

- una **sanzione civile**, se il trasgressore è chiamato a rispondere di *illecito civile*, perché la norma violata è diretta a tutelare un interesse privato (ad esempio, il compratore che non paga il prezzo delle merci che ha acquistato o l'automobilista che investe il pedone sono obbligati a risarcire i danni che hanno provocato);
- una **sanzione amministrativa**, se è stato commesso un *illecito amministrativo*, violando, cioè, una norma posta a tutela di un interesse della Pubblica Amministrazione (ad esempio, un pubblico impiegato può essere sottoposto a sanzione disciplinare – sospensione dello stipendio o, nei casi più gravi, licenziamento – se si assenta senza giustificazione dall'ufficio);
- una **sanzione penale**, se l'illecito commesso ha *natura penale* (reato), perché la norma trasgredita tutela gli interessi generali della collettività (ad esempio, l'autore di un furto o di un omicidio lede, oltre all'interesse della vittima, anche quello della collettività a una pacifica convivenza fra i consociati).

La sanzione giuridica, in concreto, può svolgere:

- una **funzione compensativa**, quando è finalizzata a riparare le conseguenze ingiuste provocate dall'inosservanza di una norma;
- una **funzione punitiva**, quando è finalizzata a punire la persona che ha trasgredito una norma giuridica;
- una **funzione preventiva o dissuasiva**, quando, attraverso la minaccia della sanzione, intende dissuadere le persone dal violare un comando normativo e, quindi, favorirne l'osservanza.

Capitolo 2
Lo Stato: funzioni e forme

2.1 Nozione di Stato

Lo Stato può definirsi come una **comunità di individui stanziata su d'un territorio e organizzata in base ad un ordinamento giuridico** originario e sovrano.
Attualmente il termine «Stato» può essere declinato in diversi modi:
> come **Stato-ordinamento**, ossia come ordinamento giuridico comprensivo dei suoi elementi costitutivi. La Costituzione usa spesso il termine **Repubblica** per indicare tale accezione di Stato;
> come **Stato-persona**, ossia come complesso organizzativo cui viene riconosciuta la personalità giuridica di diritto pubblico dello Stato;
> come **Stato-apparato**, o Stato-ente, con cui si fa riferimento al complesso di organi che esercitano il potere supremo su d'un determinato territorio e nei confronti del popolo che vi è stanziato;
> come **Stato-comunità**, con riguardo al complesso di organismi che sono espressione diretta della comunità dei cittadini di uno Stato a cui spesso questo concede forme di libertà e di autonomia.

2.2 Gli elementi costitutivi dello Stato

Tradizionalmente, lo Stato si intende composto di tre elementi, il popolo, la sovranità e il territorio. Se uno di questi elementi manca, non può ritenersi esistente un ordinamento statale.

2.2.1 La sovranità

La sovranità è la **potestà di governo suprema, esclusiva e originaria esercitata su d'un determinato territorio** e sui soggetti che vi risiedono. Si intende per «*potestà di governo*», o «*potere d'imperio*», la possibilità che lo Stato ha di far valere i propri comandi in forma coattiva, attraverso il *monopolio dell'uso della forza*. In tale accezione si parla di **sovranità interna**, esercitata nei confronti di coloro che sono stanziati su quel territorio. Tale potere è **esclusivo**, in quanto estromette ogni altra potestà su quel territorio, e **originario**, non trovando il suo fondamento in altro potere ad esso sovraordinato.
In quanto autonomo e indipendente da altri poteri, lo Stato esercita anche una **sovranità esterna**. Ogni altra potestà di governo esercitata su quel territorio è, quindi, **derivata** dall'ordinamento statale.
Nel nostro ordinamento la sovranità spetta al popolo (principio della sovranità popolare), come esplicitamente afferma l'art. 1 Cost. («*La sovranità appartiene al popolo, che la esercita nelle forme e nei limiti previsti dalla Costituzione*»). La sovranità popolare, però, non è assoluta e illimitata, ma si esercita nelle forme e nei limiti indicati da un corpo fondamentale di norme: la Costituzione. Sono due, in astratto, le forme di esercizio

della sovranità popolare previste dalla Carta costituzionale: i cittadini possono prendere decisioni direttamente (**democrazia diretta**) o indirettamente delegando, nel secondo caso, l'esercizio della sovranità ai loro rappresentanti in Parlamento (**democrazia indiretta**).
Negli Stati contemporanei, il modello della democrazia diretta non può essere attuato nella sua pienezza, per le difficoltà pratiche di interpellare milioni di cittadini per la soluzione delle numerose questioni di interesse pubblico. Per questo motivo, le **democrazie moderne sono di tipo rappresentativo**: a questa regola non sfugge il sistema costituzionale italiano, il quale, comunque, prevede singoli istituti di democrazia diretta, ovvero procedure nelle quali la volontà del popolo è espressa direttamente.
La partecipazione del popolo alla vita politica del Paese è normalmente mediata dai partiti politici.

2.2.2 Il popolo

Il popolo è costituito dall'**insieme degli individui ai quali è attribuito dall'ordinamento lo *status* di cittadino**. Tali soggetti sono legati da un rapporto speciale con lo Stato, dal quale scaturiscono sia diritti (come quello di votare) che doveri (di solidarietà economica, sociale, politica).
Il popolo si distingue così dalla **popolazione**, che identifica più genericamente coloro che risiedono, anche temporaneamente, in un determinato territorio. Ancora diverso è il concetto di **Nazione**, che identifica una comunità caratterizzata dalla comunanza di lingua, razza, costumi e religione.
Ogni Stato fissa i criteri in base ai quali attribuire la propria cittadinanza. In Italia le modalità di **acquisto** della cittadinanza sono disciplinate dalla L. 5-2-1992, n. 91, che regola anche i casi di **revoca** (art. 12) e di **riacquisto** (art. 13).
Secondo questa normativa, la cittadinanza italiana si può acquistare:

> per **nascita**, che può riguardare la cittadinanza dei genitori (*ius sanguinis*) o il luogo in cui avviene (*ius soli*).

Secondo questo criterio, è cittadino italiano:
- il figlio di padre o di madre cittadini (*ius sanguinis*);
- chi è nato nel territorio della Repubblica se entrambi i genitori sono ignoti o apolidi, ovvero se il figlio non segue la cittadinanza dei genitori secondo la legge dello Stato al quale questi appartengono (*ius soli*);
- il figlio di ignoti trovato nel territorio della Repubblica, se non venga provato il possesso di altra cittadinanza (*ius soli*);

> per concessione dello Stato, previo accertamento di determinati fatti o circostanze.

La cittadinanza italiana può essere concessa:
- allo straniero del quale il padre o la madre, o uno degli ascendenti in linea retta di secondo grado, sono stati cittadini per nascita, o che è nato nel territorio della Repubblica e, in entrambi i casi, vi risiede legalmente da almeno tre anni;
- allo straniero maggiorenne adottato da cittadino italiano, che risiede legalmente nel territorio della Repubblica da almeno cinque anni successivamente all'adozione;
- allo straniero che ha prestato servizio, anche all'estero, per almeno cinque anni alle dipendenze dello Stato;
- al cittadino di uno Stato membro dell'Unione europea se risiede legalmente da almeno quattro anni nel territorio della Repubblica;

- all'apolide che risiede legalmente da almeno cinque anni nel territorio della Repubblica;
- allo straniero che risiede legalmente da almeno dieci anni nel territorio della Repubblica;
- ai soggetti che siano stati cittadini italiani, già residenti nei territori facenti parte dello Stato italiano successivamente ceduti alla Repubblica jugoslava. La cittadinanza può essere concessa anche alle persone di lingua e cultura italiane che siano figli o discendenti in linea retta di tali soggetti.

> per estensione, in seguito al verificarsi di determinati eventi.

Secondo questo criterio, acquista la cittadinanza italiana:

- il figlio minorenne di cui sia avvenuto il riconoscimento o la dichiarazione giudiziale della filiazione;
- il figlio maggiorenne riconosciuto o dichiarato che sceglie la cittadinanza determinata dalla filiazione;
- il figlio al quale sia stato riconosciuto giudizialmente il diritto al mantenimento o agli alimenti pur non essendo possibile dichiararne la paternità o maternità;
- il minore straniero adottato da cittadino italiano;
- lo straniero o apolide, i cui genitori o uno degli ascendenti in linea retta di secondo grado sono stati cittadini per nascita, (1) se presta effettivo servizio militare per lo Stato italiano e dichiara preventivamente di voler acquistare la cittadinanza italiana; (2) se assume pubblico impiego alle dipendenze dello Stato, anche all'estero, e dichiara di voler acquistare la cittadinanza italiana; (3) se, al raggiungimento della maggiore età, risiede legalmente da almeno due anni nel territorio della Repubblica e dichiara, entro un anno dal raggiungimento, di voler acquistare la cittadinanza italiana;
- lo straniero nato in Italia, che vi abbia risieduto legalmente senza interruzioni fino al raggiungimento della maggiore età, se dichiara di voler acquistare la cittadinanza italiana entro un anno dalla suddetta data;
- lo straniero o apolide che sposi un cittadino italiano, quando risiede legalmente da almeno due anni nel territorio della Repubblica, ovvero dopo tre anni dalla data del matrimonio, se non vi è stato scioglimento, annullamento o cessazione degli effetti civili e se non sussiste separazione legale.

L'art. 20 del Trattato sul funzionamento dell'Unione europea, come modificato dal Trattato di Lisbona in vigore dall'1-12-2009, introduce accanto a quella degli Stati membri una **cittadinanza europea**. Si tratta di una cittadinanza complementare e non sostitutiva di quella nazionale.

Il riconoscimento di tale cittadinanza comporta l'attribuzione di alcuni diritti:

- **diritto di circolazione e soggiorno** nel territorio degli Stati membri, fatte salve le limitazioni e le condizioni previste dal Trattato e dalla disciplina di attuazione (art. 21);
- **diritto di voto e di eleggibilità alle elezioni comunali** nello Stato membro in cui risiede, alle stesse condizioni dei cittadini di quello Stato (art. 22);
- **diritto di voto e di eleggibilità alle elezioni del Parlamento europeo** nello Stato membro in cui risiede, alle stesse condizioni dei cittadini di quello Stato (art. 22);
- **tutela da parte delle autorità diplomatiche e consolari** di qualsiasi Stato membro nel territorio di un paese terzo in cui il proprio Stato non è rappresentato, alle stesse condizioni dei cittadini di quello Stato (art. 23);
- **diritto di petizione** davanti al Parlamento europeo (art. 24);
- **diritto di rivolgersi al Mediatore europeo** (art. 24);
- **diritto di scrivere alle istituzioni europee** in una delle lingue ufficiali e di ricevere risposta nella stessa lingua (art. 24).

2.2.3 Il territorio

Il territorio è il **luogo in cui la comunità è stanziata**. Lo Stato è l'ente territoriale per eccellenza, ma non il solo, in quanto la Costituzione ne prevede altri (Regioni, Province, Città metropolitane, Comuni). Il rapporto fra Stato e territorio è necessario e deve essere permanente: non sono Stati, quindi, i gruppi nomadi o i gruppi tribali che vivono in alcune aree del continente africano, asiatico od oceanico.
Il territorio di uno Stato normalmente comprende:

> la **terraferma**, delimitata da confini naturali o artificiali;
> il **mare territoriale**, ossia la zona di mare dell'estensione di dodici miglia marine lungo le coste continentali e insulari, nonché i golfi, i seni e le baie, le cui coste fanno parte del territorio dello Stato, quando la distanza fra i punti estremi dell'apertura del golfo, del seno o della baia non supera le ventiquattro miglia marine (art. 2 cod. nav.);
> la **zona economica esclusiva**, ossia la zona al di là del mare territoriale e a esso adiacente, in cui lo Stato costiero gode di diritti sovrani;
> la **piattaforma continentale**, che comprende il fondo e il sottosuolo delle aree sottomarine, su cui lo Stato costiero esercita diritti di esplorazione e sfruttamento;
> lo **spazio aereo** che sovrasta la terraferma e il mare territoriale, che è soggetto alla sovranità dello Stato fatta eccezione per lo spazio extra-atmosferico (art. 3 cod. nav.);
> il **sottosuolo**, che è soggetto alla sovranità dello Stato;
> le navi in alto mare e gli aeromobili in luogo o spazio non soggetto alla sovranità di alcuno Stato, che sono considerati come territorio dello Stato di bandiera (**territorio fluttuante**).

Lo Stato italiano, per norma consuetudinaria di diritto internazionale, rinuncia, invece, alla sovranità sulle sedi e rappresentanze diplomatiche di altri Stati in Italia (**immunità territoriale**).

2.3 Le funzioni dello Stato

2.3.1 Le funzioni dello Stato e il loro esercizio

Lo Stato realizza i propri compiti attraverso quattro funzioni fondamentali:

> la **funzione politica**, con la quale avviene la specifica individuazione dei fini generali che lo Stato intende perseguire, fra i tanti possibili;
> la **funzione legislativa**, finalizzata alla produzione di norme giuridiche generali e astratte;
> la **funzione amministrativa (o esecutiva)**, rivolta alla realizzazione concreta, attuale e puntuale dei pubblici interessi (salute, istruzione, sicurezza ecc.);
> la **funzione giurisdizionale**, diretta a dare applicazione alla norma giuridica nel caso concreto attraverso il *processo*.

Tali funzioni sono tendenzialmente così distribuite:

- il **Parlamento** è titolare della funzione legislativa anche se, oltre allo Stato, sono previsti altri enti titolari della potestà legislativa, seppur con un'efficacia territorialmente limitata come le Regioni e le Province autonome;

- il **Governo**, titolare della funzione amministrativa, provvede all'attuazione delle scelte legislative del Parlamento;
- il **potere giurisdizionale**, che si compone delle varie magistrature ordinarie e speciali, ha il compito di attuare la funzione giurisdizionale.

Quanto alla **funzione politica**, vi partecipano in vario modo, concorrendo a determinare i fini generali dello Stato, tutti gli organi costituzionali (corpo elettorale, Parlamento, Governo, Presidente della Repubblica, Corte costituzionale), mentre ne sono esclusi gli organi aventi mero rilievo costituzionale (es. Corte dei conti, Consiglio di Stato ecc.).

2.3.2 La separazione dei poteri, le interferenze istituzionali, la leale collaborazione

La separazione dei poteri è l'**attribuzione a ciascun organo costituzionale del compito di esercitare la funzione affidatagli in modo esclusivo**, così da garantire un equilibrio stabile fra i poteri stessi.
Sul piano storico, però, una separazione rigida, assoluta e totale dei poteri – espressione tipica dello Stato liberale (vedi *infra*), in cui ciascuna funzione statale deve agire senza interferire con le altre –, ha trovato un'attuazione estremamente limitata, finendo per subire un'evoluzione naturale che ne ha determinato *in parte il superamento e in parte la conservazione*.
Il principio è entrato in crisi anche in seguito all'avvento dello Stato sociale *(Welfare State)*, che ha visto lo Stato sempre più partecipe dei bisogni del Paese, con interventi che hanno assottigliato, come è accaduto in Italia, la distinzione fra i compiti spettanti, da un lato, al Parlamento e, dall'altro, al Governo. Così, per esempio, si è andata sempre più consolidando, per la sua estrema rapidità, la pratica del decreto-legge, tipica espressione della potestà normativa del Governo, così come la *funzione amministrativa* (o esecutiva) non appartiene al solo Governo, ma anche al Parlamento attraverso le cd. leggi provvedimento, che hanno forma di leggi, cioè di fonti di norme generali e astratte, ma contenuto puntuale e concreto come i provvedimenti del potere esecutivo.
Sicché è sempre più difficile stabilire i limiti di ciascun potere nei riguardi degli altri e affidare in modo assoluto ed esclusivo le molteplici funzioni a diversi organi. Sono, quindi, estremamente numerosi gli esempi di **interferenze funzionali**.
Alla separazione di tipo orizzontale o funzionale, fin qui esaminata, si affianca una declinazione del principio di tipo *verticale* o *territoriale*, con riferimento alla **distribuzione e all'esercizio delle funzioni pubbliche su più livelli territoriali** (Stato e altri enti territoriali), che trova la sua massima espressione nei sistemi federali ma è rilevante anche negli ordinamenti regionali.
La separazione territoriale può coesistere, e nella pratica coesiste, con quella funzionale: così, per esempio, nell'ordinamento italiano la funzione legislativa, oltre ad essere funzionalmente separata da quella esecutiva e giurisdizionale, è esercitata su due livelli territoriali essendo titolari della potestà legislativa sia il Parlamento sia i Consigli regionali.
Questo secondo livello di potenziali interferenze nell'esercizio di un potere è bilanciato dalla necessità che si impone a ciascun organo di esercitare le proprie funzioni applicando un **principio di leale collaborazione** che, secondo le indicazioni della Corte costituzionale, si sostanzia "in momenti di reciproco coinvolgimento istituzionale

e di necessario coordinamento" fra diversi livelli di governo titolari della medesima funzione, possibilmente attraverso strumenti preventivi (intese, accordi, conferenze comuni) che possano evitare l'insorgere del conflitto.

2.4 Le forme di Stato

Con l'espressione «forma di Stato» si intende un modello, elaborato dalla dottrina a partire dalla realtà dei diversi ordinamenti statali storicamente succedutisi, che identifica un determinato **rapporto fra i diversi elementi costitutivi dello Stato, in particolar modo fra organi di governo e popolo, da una parte, e organi di governo e territorio, dall'altro**. In entrambi i casi, le forme di Stato ci forniscono elementi per comprendere i valori a cui gli ordinamenti statali si ispirano e le finalità che essi intendono di volta in volta perseguire.

2.5 Le forme di Stato secondo i rapporti fra governati e governanti

2.5.1 Dagli Stati assoluti agli Stati totalitari

La prima forma di Stato moderno è lo **Stato assoluto**, che nasce nel XV secolo dalla disgregazione del sistema feudale e vede al proprio vertice il **Monarca per diritto divino**, il quale accentra su di sé i poteri legislativi, esecutivi e giudiziari. Il Re, al quale è dovuta obbedienza assoluta, non è però totalmente svincolato: egli deve infatti rispettare la *legge divina*, quella *naturale* e le **leggi fondamentali del Regno**, nel cui ambito sono racchiusi e difesi i diritti e le libertà dei sudditi.

Nella sua forma illuminata, lo Stato assoluto si presenta come **Stato di polizia**, che si afferma fra il XVII e il XVIII secolo, sul principio che l'attività di governo deve avere come obiettivi prioritari la sicurezza e la prosperità dei sudditi e, in generale, dello Stato.

Ma nel corso del XIX secolo, le trasformazioni sociali e soprattutto economiche, che vedono l'avvento della borghesia e del processo d'industrializzazione, segnano l'ascesa dello **Stato liberale**, nel quale viene attuato il principio della separazione dei poteri. Il Re conserva la funzione esecutiva, mentre le funzioni legislativa e giurisdizionale vengono rispettivamente attribuite al Parlamento e all'Autorità giudiziaria. Si afferma, in questa forma di Stato, il **principio di legalità**, che vincola i pubblici poteri all'osservanza della legge (**Stato di diritto**), nonché il **principio di eguaglianza formale**, anche se di fatto i gruppi e le classi sociali diverse dalla borghesia possidente e delle professioni sono escluse dal circuito politico e discriminate sul piano economico e sociale.

Nel ventesimo secolo, l'incapacità dello Stato liberale di contenere la spinta delle **masse lavoratrici** e dei **ceti popolari**, che chiedono di essere rappresentati politicamente e tutelati nei loro interessi, porta in alcuni Paesi all'affermazione di una forma di Stato inedita e per molti aspetti rivoluzionaria: lo **Stato totalitario**, basato sulla dittatura di un unico partito, che impone l'ideologia ufficiale.

Nello Stato totalitario, antitesi di quello liberale, le garanzie costituzionali e le libertà fondamentali sono limitate, o subordinate agli interessi dello Stato e dell'unico partito al governo, e tutte le funzioni statali fanno capo al dittatore, posto al vertice del partito unico.

2.5.2 Lo Stato democratico e sociale

La seconda metà del secolo scorso è stata occupata dal pieno dispiegarsi della forma di **Stato democratico e sociale**, che si differenzia non solo dallo Stato autoritario ma anche dallo Stato liberale, per i seguenti aspetti:

> la base sociale dello Stato si allarga attraverso il suffragio universale e diretto (**Stato pluriclasse**), con il conseguente riconoscimento del più ampio **pluralismo politico** (concorrenza fra diversi partiti politici), **economico** (compresenza di molteplici organizzazioni sindacali in rappresentanza delle diverse categorie economiche e produttive), **sociale** (massima libertà di associazione riconosciuta ai privati), **culturale** (libertà di insegnamento, diritto di istituire scuole e istituzioni di alta cultura, libertà della scienza e dell'arte) e **religioso** (riconoscimento dell'eguale libertà di tutte le confessioni religiose);

> la Costituzione, che racchiude e riconosce i principi e i valori fondanti dell'ordinamento, può essere modificata soltanto da una legge approvata con un procedimento più complesso e da una maggioranza più ampia di quella richiesta per l'approvazione di una legge ordinaria (**Costituzione rigida**);

> il principio di legalità si evolve in **principio di legalità costituzionale**, con la conseguenza che anche la legge ordinaria deve conformarsi alla Costituzione e, a garantire che ciò avvenga, è preposto un organo giurisdizionale particolare, la **Corte costituzionale**;

> il **principio di separazione dei poteri** non viene superato, ma si arricchisce di nuove funzioni e nuovi organi e, inoltre, si affida a una figura *super partes* con funzioni di garanzia (Presidente della Repubblica) il compito di assicurare l'equilibrio fra i vari poteri dello Stato;

> la necessità di includere nello Stato anche le fasce di popolazione più deboli impone una **politica economica e sociale interventista**, finalizzata a ridistribuire la ricchezza;

> l'intervento statale si concretizza anche nella promozione di un'**economia mista**, caratterizzata dalla proprietà pubblica e privata dei mezzi di produzione, dalla partecipazione diretta dello Stato allo sviluppo economico attraverso le imprese pubbliche, da politiche regolatorie volte a realizzare fini sociali.

2.6 Le forme di Stato secondo l'articolazione territoriale

Secondo l'articolazione territoriale della sovranità, e quindi il modo in cui è distribuito il potere sul territorio, si distingue fra Stato unitario, Stato federale e Stato regionale.

Sono **Stati unitari** quelli in cui la sovranità è concentrata nello Stato centrale e le sue articolazioni periferiche realizzano forme di *decentramento amministrativo*, che può essere qualificato come:

> *burocratico* (trasferimento di potestà decisorie autonome da parte di organi centrali a organi periferici);

- *autarchico* (trasferimento di funzioni amministrative da parte dello Stato a enti capaci di porre in essere atti equiparabili agli atti amministrativi statali);
- *funzionale* (trasferimento di potestà decisionali nell'ambito di un rapporto gerarchico fra l'ufficio centrale e quello periferico).

Stato federale, invece, è quello formato da una «pluralità» di Stati, ciascuno dei quali esercita autonomamente all'interno del suo territorio le funzioni legislative, esecutive e giurisdizionali, mentre gli interessi facenti capo alla federazione in quanto tale, come la politica estera e la difesa del territorio, sono curati da un governo centrale.

Storicamente due sono i procedimenti attraverso i quali possono nascere degli Stati federali: o più Stati indipendenti e sovrani si associano fra loro, creando una **Confederazione** per poi pervenire all'unione e integrazione in uno Stato federale (es. Stati Uniti e Germania), oppure Stati unitari modificano il loro assetto strutturale nel senso del federalismo, come ultimo stadio di un progressivo e sempre più robusto *decentramento di funzioni* dallo Stato centrale a enti territoriali autonomi (es. Belgio e Brasile).

Il fenomeno del federalismo va tenuto distinto da quello del regionalismo: lo **Stato regionale**, infatti, è uno Stato «unitario» che riconosce autonomia a enti territoriali denominati appunto «Regioni». La Spagna e l'Italia sono gli esempi più distintivi.

Capitolo 3
Le unioni fra Stati: Unione europea e organizzazioni internazionali

3.1 L'Italia e la comunità internazionale: riferimenti costituzionali

La Costituzione italiana manifesta una **chiara vocazione internazionale**. Quest'apertura alla comunità internazionale trova espressione negli artt. 10 e 11 Cost.
L'art. 10 Cost. introduce un meccanismo di **adattamento automatico** alle **norme di diritto internazionale** generalmente riconosciute (**consuetudini internazionali**).
L'art. 11 Cost. contiene due solenni affermazioni: in primo luogo, questo precetto afferma il **ripudio della guerra** come strumento di offesa alla libertà degli altri popoli e come mezzo di risoluzione delle controversie internazionali. A venire ripudiata è la *guerra offensiva*, non quella difensiva. Anche l'art. 51 della Carta dell'ONU, del resto, riconosce a ciascuno Stato il *diritto naturale di legittima difesa individuale e collettiva.*
In secondo luogo, l'art. 11 afferma come l'Italia consenta, in **condizioni di parità** con gli altri Stati, a limitazioni di sovranità al fine di creare un **ordinamento che assicuri la pace e la giustizia fra le Nazioni**, favorendo le organizzazioni rivolte alla realizzazione di tale obiettivo. Si tratta di una clausola aperta che consente al nostro Paese di partecipare attivamente alle attività che si svolgono nei vari consessi internazionali. Il precetto era stato inizialmente concepito per consentire l'adesione dell'Italia all'**ONU**, istituita pochi anni prima dell'approvazione della Costituzione (1945) e alla quale l'Italia non aveva ancora aderito (lo farà solo nel 1955). Nel tempo ha rappresentato anche il principale riferimento per giustificare le notevoli "limitazioni di sovranità" imposte con l'adesione alle Comunità europee prima e all'**Unione europea (UE)** dopo.

Le organizzazioni internazionali si distinguono in **governative** e **non governative**. Il criterio distintivo fondamentale è relativo alla loro composizione: membri delle prime devono essere soggetti di diritto internazionale e, dunque, Stati o altre organizzazioni intergovernative; membri delle seconde sono, invece, singoli individui o enti.
Le **organizzazioni non governative** (**ONG**) sono associazioni private senza fini di lucro, il cui carattere internazionale è legato all'operatività in almeno tre Stati diversi. Esse svolgono su scala mondiale attività di sensibilizzazione, informazione e solidarietà su temi e problemi di rilevanza internazionale (tali, ad esempio, sono *Amnesty International*, il *WWF*, *Greenpeace International*, *Emergency*).
Le **organizzazioni internazionali governative** (**OIG**) sono, invece, costituite tramite accordi internazionali fra Stati. Il loro documento istitutivo (detto statuto, carta, patto ecc.) delinea la struttura dell'organizzazione, le sue finalità, gli strumenti, i metodi operativi e le modalità di finanziamento. Quali soggetti di diritto internazionale, le OIG hanno una propria personalità giuridica, sia pure parziale, distinta da quella degli Stati che le compongono.

3.2 L'Unione europea

3.2.1 Evoluzione storica del processo di integrazione in Europa

L'Unione europea è un soggetto politico particolare in quanto, pur derivando da accordi internazionali, presenta alcuni **elementi distintivi rispetto alle altre organizzazioni internazionali**. Infatti:

- esercita *competenze esclusive* in determinati settori, nell'ambito dei quali gli Stati membri hanno rinunciato definitivamente ad intervenire;
- è in grado di *produrre norme giuridiche* con effetti direttamente vincolanti non solo nei confronti degli Stati membri, ma anche dei cittadini di tali Stati;
- possiede una *personalità giuridica di diritto internazionale* esplicitamente riconosciuta dall'art. 47 TUE (Trattato sull'Unione europea).

Ciò nonostante, l'Unione europea non può qualificarsi neppure come uno Stato federale in formazione, in quanto sono pur sempre gli Stati nazionali a decidere quanta parte dei propri poteri e della propria sovranità sono disposti a cedere all'Unione.

Si può, quindi, affermare che l'Unione europea associa degli Stati che accettano di perdere, o meglio di mettere in comune, alcune prerogative della propria sovranità all'interno di un quadro politico più ampio, dotandosi di funzioni sempre più estese che, pur essendo definite e negoziate a partire dagli Stati, richiedono un ruolo crescente delle istituzioni sovranazionali.

Si è soliti ricondurre la nascita dell'organizzazione alla **dichiarazione Schuman**, atto con il quale si proponeva di mettere in comune le risorse carbonifere e dell'acciaio della Germania e della Francia; gli sviluppi successivi portarono, il 18 aprile 1951, alla firma del *Trattato di Parigi*, che istituì la **CECA** (**Comunità europea del carbone e dell'acciaio**), organizzazione alla quale aderirono anche i Paesi Bassi, il Belgio, il Lussemburgo e l'Italia.

Qualche anno dopo furono create altre due organizzazioni tra gli stessi Stati, la **Comunità economica europea** (**CEE**) e la **Comunità europea per l'energia atomica** (**CEEA** o **Euratom**), i cui trattati istitutivi furono firmati a Roma il 25 marzo 1957. La prima organizzazione, in particolare, si poneva l'obiettivo di realizzare un'unione doganale e avviare iniziative comuni in vari settori (trasporti, agricoltura, disciplina della concorrenza etc.).

Le tappe più importanti del successivo percorso di integrazione sono state:

- la **progressiva adesione di quasi tutti gli Stati europei**. Attualmente i membri dell'organizzazione sono 27: nel 1973 hanno aderito Irlanda e Danimarca, nel 1981 la Grecia, nel 1986 Spagna e Portogallo, nel 1995 Austria, Finlandia e Svezia, nel 2004 Repubblica ceca, Ungheria, Slovenia, Slovacchia, Polonia, Lettonia, Lituania, Estonia, Cipro e Malta, nel 2007 Romania e Bulgaria, nel 2013 la Croazia.

  Nel 1973 aveva aderito all'Unione anche il **Regno Unito**. Una consultazione referendaria che si è svolta il 23 giugno 2016 e che doveva decidere sulla permanenza dello Stato nell'Unione, ha visto prevalere con il 51,9 per cento dei suffragi il fronte della cosiddetta **Brexit**, ovvero dell'uscita dall'Unione europea. Dopo lunghi e infruttuosi negoziati il Regno Unito ha comunicato alle istituzioni europee la propria decisione di lasciare l'Unione a decorrere dal 31 gennaio 2020;

- la creazione dell'**unione doganale** e del **mercato interno**. Il 1° gennaio 1968 furono aboliti i dazi doganali sulle merci in transito da un Paese membro all'altro e fu adottata la tariffa doganale comune da applicarsi agli scambi con i Paesi terzi. Nel 1993 è stato realizzato il mercato interno europeo, un'area entro la quale vige la più completa liberalizzazione nei movimenti di merci, servizi, persone e capitali;

- la **libera circolazione delle persone** e la soppressione dei controlli alle frontiere tra gli Stati membri in seguito alla firma, il 18 giugno 1985, degli **accordi di Schengen**. I cittadini europei, infatti, possono liberamente circolare all'interno di un'area che include quasi tutti gli Stati europei senza dover subire controlli di frontiera. All'area Schengen aderiscono anche Stati non appartenenti all'Unione (Norvegia, Islanda, Svizzera e Liechtenstein), ma non ne fa parte l'Irlanda. Momentaneamente esclusi sono anche Cipro, Croazia, Bulgaria e Romania, che dovrebbero aderire nei prossimi anni;
- l'**adozione dell'euro come moneta unica**. Nel 2002, dopo un lungo processo di convergenza delle rispettive politiche economiche e monetarie avviato nel 1990, è stata introdotta l'euro, una moneta comune utilizzata in molti degli Stati dell'Unione (attualmente è circolante in 19 Stati membri; dal 1° gennaio 2023 aderirà anche la Croazia).

3.2.2 I successivi trattati di modifica

Molte sono state anche le modifiche istituzionali nell'assetto europeo. In particolare il 7 febbraio 1992 venne firmato il Trattato sull'Unione europea (TUE), meglio noto come **Trattato di Maastricht**, con il quale da un lato si avviava una *cooperazione nel settore della politica estera e di sicurezza comune* e una più intensa *collaborazione in materia civile e penale* e dall'altro si attribuivano nuove competenze alla Comunità economica europea, che assumeva la denominazione di Comunità europea (CE). Anche quest'ultima organizzazione è però scomparsa con la firma del **Trattato di Lisbona**, il 13 dicembre 2007 (entrato in vigore il 1° dicembre 2009), per essere definitivamente inglobata dall'Unione europea (la CECA già non esisteva più dal 2002). Il Trattato con il quale fu istituita nel 1957 la Comunità europea (TCE) ha assunto la nuova denominazione di **Trattato sul funzionamento dell'Unione europea (TFUE)**. Ad esso si affianca il **Trattato sull'Unione europea (TUE)**, che ha conservato la sua originaria denominazione anche se è stato radicalmente modificato nei suoi contenuti.

In sintesi si può affermare che attualmente esiste solo l'**Unione europea (UE)** e che tale organizzazione è **disciplinata da due trattati**:

- il **TUE** (55 articoli), un testo che include i principi di base dell'ordinamento europeo e le principali disposizioni istituzionali;
- il **TFUE** (358 articoli), nel quale sono riportate le norme attuative e la disciplina di dettaglio.

3.2.3 Gli obiettivi dell'Unione europea

L'Unione europea si propone, come esplicitato dall'art. 3 TUE, l'instaurazione di un **mercato interno**, individuato, ai sensi dell'art. 26 TFUE, quale spazio senza frontiere interne, nel quale sono assicurate le quattro libertà fondamentali: la libera circolazione delle merci, delle persone, dei servizi e dei capitali.

L'Unione si adopera, inoltre, per uno **sviluppo sostenibile dell'Europa**, che trovi fondamento in una crescita economica equilibrata e in un'economia sociale di mercato fortemente competitiva, mirata alla piena occupazione e al progresso sociale.
Costituiscono scopi ulteriori la promozione della coesione economica, sociale e territoriale, l'impegno a combattere l'esclusione sociale e le discriminazioni, la promozione della giustizia e della protezione sociali. L'organizzazione, infine, istituisce un'unione economica e monetaria, la cui moneta è l'euro.
Nell'ambito delle competenze esclusive dell'Unione, così come individuate dall'art. 3 TFUE, sono inseriti settori identificati come unione doganale, politica commerciale comune e definizione delle regole di concorrenza necessarie al funzionamento del mercato interno.

3.2.4 L'Unione europea e il suo assetto istituzionale

Quadro generale
Il Trattato di Lisbona ha ridisegnato il sistema istituzionale europeo, elencando all'art. 13 TUE le **sette istituzioni dell'Unione**: il *Consiglio europeo*, il *Parlamento europeo*, il *Consiglio dell'Unione europea*, la *Commissione europea*, la *Corte di Giustizia dell'Unione europea*, la *Banca centrale europea* (BCE) e la *Corte dei conti*. A completamento della struttura istituzionale, operano anche altri organismi con competenze consultive ed esecutive come il *Comitato economico sociale*, il *Comitato delle Regioni* e le *Agenzie europee*.

Il Consiglio europeo
Secondo l'art. 15 TUE, il Consiglio europeo **dà all'Unione gli impulsi necessari al suo sviluppo e ne definisce gli orientamenti e le priorità politiche generali**. Non esercita funzioni legislative.
Si tratta di un'istituzione operativa dal 1972 quando fu avviata la prassi di convocare almeno due volte l'anno una riunione dei capi di Stato e di governo dei diversi Stati membri, che doveva servire da *stimolo per le più importanti iniziative politiche comuni nonché dirimere le controversie di notevole rilevanza politica ed economica.*
Inizialmente, quindi, il Consiglio europeo era solo un organo informale di coordinamento tra gli Stati; ora è divenuto a pieno titolo un'istituzione dell'Unione, pur continuando a svolgere sostanzialmente un ruolo di impulso politico dell'attività dell'organizzazione.

Il Parlamento europeo
È l'**istituzione che rappresenta i cittadini degli Stati membri**, dai quali è direttamente eletta. Il numero dei deputati europei non può essere superiore a 751 (750 più il Presidente) e la ripartizione dei seggi tra gli Stati membri deve rispettare il principio della proporzionalità degressiva, in virtù del quale i deputati dei Paesi più popolosi rappresentano un numero di cittadini più elevato di quelli dei Paesi con un minor numero di abitanti. Il Trattato dispone, inoltre, che ciascuno Stato membro non può avere meno di 6 o più di 96 deputati. In seguito al recesso del Regno Unito, il numero effettivo di parlamentari europeo è pari a 705 (decisione UE 2018/937); all'Italia spettano 76 seggi.
Il Parlamento europeo esercita sia **poteri legislativi** (salvo limitate eccezioni, un atto giuridico europeo può essere adottato soltanto se vi è accordo sullo stesso testo da

parte del Parlamento e del Consiglio dell'Unione europea) che **poteri di controllo** sull'attività svolta dalle altre istituzioni (in particolare può approvare una mozione di censura nei confronti della Commissione, atto che costringerebbe questa istituzione alle dimissioni). Particolarmente importante è anche il ruolo svolto nell'**approvazione del bilancio dell'Unione**.

Il Consiglio dell'Unione europea

Rappresenta i governi degli Stati membri ed è composto da delegati scelti nell'ambito dei rispettivi governi, normalmente con il rango di Ministri, in funzione della materia trattata.

Secondo le indicazioni dell'art. 16 TUE, il Consiglio esercita, congiuntamente al Parlamento europeo, la **funzione legislativa e quella di bilancio**, definisce le **politiche economiche** generali degli Stati membri, implementa la **politica estera e di sicurezza comune dell'Unione**, in base agli orientamenti generali stabiliti dal Consiglio europeo, conclude **accordi internazionali** tra l'Unione europea e uno o più Stati ovvero organizzazioni internazionali, coordina le azioni degli Stati membri alle condizioni stabilite nei trattati ed esercita un **controllo indiretto sul rispetto dei trattati** e degli atti dell'Unione, promuovendo ricorsi davanti alla Corte di Giustizia.

La Commissione europea

Il suo compito principale è quello di **promuovere l'interesse comune europeo**; è formata da un Presidente e da un commissario per ciascuno Stato membro, nominati dal Consiglio dell'Unione e soggetti al voto di approvazione del Parlamento europeo. Quest'ultima istituzione, invece, elegge direttamente il Presidente della Commissione, su indicazione del Consiglio europeo.

La Commissione è definita l'**organo esecutivo dell'Unione**, avendo il compito principale di fare applicare i trattati e gli atti dell'Unione. Più in generale, partecipa in modo sostanziale al processo di formazione degli atti giuridici europei (ha l'esclusiva del potere di iniziativa legislativa) e ne controlla l'esecuzione; inoltre è dotata di un autonomo potere di decisione in settori specificamente definiti dal trattato e un potere di attuazione degli atti adottati dal Consiglio e dal Parlamento, qualora sia esplicitamente previsto.

Secondo le indicazioni dell'art. 17 TUE, la Commissione europea **promuove l'interesse generale dell'Unione e adotta le iniziative appropriate a tal fine**, vigila sull'applicazione dei trattati e delle misure adottate dalle istituzioni in virtù dei trattati, vigila sull'applicazione del diritto dell'Unione sotto il controllo della Corte di Giustizia dell'Unione europea, dà esecuzione al bilancio e gestisce i programmi, esercita funzioni di coordinamento, di esecuzione e di gestione e assicura la rappresentanza esterna dell'Unione, fatta eccezione per la politica estera e di sicurezza comune e per gli altri casi previsti dai trattati.

Può essere costretta alle dimissioni con l'approvazione di una mozione di censura da parte del Parlamento europeo.

La Corte di Giustizia dell'Unione europea (CGUE)

Si tratta di un'istituzione a carattere unitario, suddivisa in una pluralità di organismi giudiziari: la *Corte di Giustizia*, il *Tribunal*e e i *Tribunali specializzati*. Suo compito prin-

cipale è quello di **assicurare il rispetto del diritto nell'interpretazione e nell'applicazione dei trattati.**
Tale attività è svolta principalmente attraverso l'esame dei *ricorsi per inadempimento* (quando si reputi che uno Stato membro abbia mancato a uno degli obblighi previsti dai trattati) e i *ricorsi di annullamento o per carenza* (che hanno lo scopo di far *dichiarare nullo un atto adottato in modo illegittimo* dalle istituzioni europee o di far constatare la *mancata approvazione di un atto*).
Di particolare rilevanza è la funzione di *statuire sulla corretta interpretazione dei trattati e sulla validità degli atti.* Meglio noto come *rinvio pregiudiziale,* si tratta di un istituto che obbliga un giudice nazionale che abbia dei dubbi sulla corretta interpretazione di una norma europea in contrasto con una disposizione nazionale di rivolgersi alla Corte di Giustizia. Laddove quest'ultima, attraverso una "pronuncia pregiudiziale" dovesse effettivamente riconoscere tale incompatibilità, il giudice nazionale deve *disapplicare* la norma interna e procedere nel suo giudizio solo sulla base del diritto europeo.

La Banca centrale europea (BCE) e la Corte dei conti
La BCE è l'istituzione cui è devoluta la **gestione della politica monetaria** degli Stati facenti parte dell'area dell'euro, mentre la Corte dei conti svolge un'attività di **controllo e di verifica sui bilanci dell'Unione** e sulla loro gestione.
Insieme alle banche centrali nazionali, tenute ad agire secondo i suoi indirizzi e le sue istruzioni, la BCE, dotata di personalità giuridica distinta da quella dell'Unione e assoggettata al controllo giudiziario della Corte di Giustizia, forma il **Sistema europeo delle banche centrali (SEBC)**. Annualmente la BCE trasmette al Parlamento europeo, al Consiglio e alla Commissione, nonché al Consiglio europeo, una relazione sull'attività del SEBC e sulla politica monetaria dell'anno precedente e dell'anno in corso.
La Corte dei conti, dal canto suo, esamina i conti di tutte le entrate e le spese dell'Unione e di ogni organo od organismo creato dall'Unione, nella misura in cui l'atto costitutivo non escluda tale esame.

3.3 L'Organizzazione delle Nazioni Unite (ONU)

3.3.1 Scopi dell'organizzazione

Fondata nel dopoguerra da 51 Stati – ma nel tempo vi hanno aderito quasi tutti i Paesi del mondo (oggi si contano ben 193 membri) – intenzionati a preservare la pace attraverso la cooperazione internazionale e il principio della sicurezza collettiva, l'ONU coopera con più di 30 organizzazioni affiliate, insieme conosciute come **sistema delle Nazioni Unite**.
Gli **scopi dell'organizzazione** si possono individuare **tre grandi settori di competenza**:
- il mantenimento della pace;
- lo sviluppo delle relazioni amichevoli fra gli Stati "fondate sul rispetto del principio dell'uguaglianza dei diritti e dell'autodeterminazione dei popoli";
- la collaborazione in campo economico, sociale, culturale e umanitario.

All'ampiezza dei fini non corrispondono, però, dei poteri vincolanti nei confronti degli Stati membri: l'attività principale delle Nazioni Unite è costituita, infatti, dalla predisposizione di **progetti di convenzioni** e dall'emanazione di **raccomandazioni**. Queste ultime producono il cd. *effetto di liceità,* nel senso che non commette atto illecito

lo Stato che per seguire una raccomandazione si discosta o tenga un comportamento contrario a impegni in precedenza assunti.
La Carta prevede, comunque, alcuni casi di decisioni vincolanti, con particolare riferimento alle **minacce alla pace**, alle **violazioni della pace** e agli **atti di aggressione**.

3.3.2 Gli organi

Sono organi dell'ONU:

- l'**Assemblea Generale**, formata dai rappresentanti di tutti gli Stati aderenti.

  Si occupa di questioni fondamentali quali: segnalazioni di pace, entrata, sospensione o espulsione di Stati membri, problemi di bilancio. Non può fare uso della forza contro i Paesi, ma può solo dare loro delle segnalazioni e raccomandazioni. Ogni Stato ha il diritto di avere 5 rappresentanti nell'Assemblea, ma dispone di un solo voto;

- il **Consiglio di Sicurezza**, formato da 15 Stati membri, di cui 5 permanenti e con diritto di veto (Cina, Russia, Regno Unito, Stati Uniti d'America e Francia), e i restanti 10 eletti ogni due anni.

  Si tratta dell'organo con maggiori poteri, avendo la competenza esclusiva a decidere, in quanto responsabile principale del mantenimento della pace e della sicurezza internazionale (art. 24 Statuto NU), le misure da adottare contro gli Stati colpevoli di aggressione o di minaccia alla pace. Le decisioni prese dal Consiglio sono dette *risoluzioni*;

- il **Segretario Generale**, leader dell'organizzazione, nominato dall'Assemblea Generale su raccomandazione del Consiglio di Sicurezza;
- la **Corte Internazionale di Giustizia**, conosciuta anche come Corte Mondiale, costituita da 15 giudici con il compito principale di dirimere le dispute fra Stati membri delle Nazioni Unite che hanno accettato la sua giurisdizione riguardo all'applicazione e l'interpretazione del diritto internazionale;
- il **Consiglio Economico e Sociale**, composto da 54 membri nominati per tre anni, organo consultivo e di coordinamento cui fa capo l'attività economica e sociale dell'ONU e delle organizzazioni collegate.

3.3.3 Gli istituti specializzati delle Nazioni Unite

Nell'attuazione dei suoi compiti, l'ONU si avvale della collaborazione di istituti specializzati. Questi si caratterizzano come organizzazioni internazionali autonome, nate da trattati del tutto autonomi rispetto alla Carta ONU e i cui membri solo in linea di principio coincidono con quelli delle Nazioni Unite.
Il collegamento fra ciascun istituto specializzato e le Nazioni Unite nasce da un **accordo** che le due organizzazioni stipulano, in base all'art. 57 della Carta, e che dal lato delle Nazioni Unite è negoziato dal Consiglio Economico e Sociale e approvato dall'Assemblea Generale.

Si ricordano, fra i più noti, l'**OMS** (*Organizzazione Mondiale della Sanità*), che coordina programmi sanitari finalizzati all'ottimizzazione dei livelli di salute, l'**FMI** (*Fondo Monetario Internazionale*), che favorisce la cooperazione monetaria internazionale e la stabilità finanziarie, la **FAO** (*Food and Agricultural Organization*), che svolge attività di ricerca, informazione, assistenza tecnica e aiuto nel campo dell'agricoltura e dell'alimentazione.

3.4 Il Consiglio d'Europa

Il Consiglio d'Europa, con sede a Strasburgo (Francia), raggruppa, con i suoi 46 Stati membri, quasi tutti i Paesi del continente europeo. Istituito il 5 maggio 1949, ha come obiettivo quello di favorire la creazione di uno spazio democratico e giuridico comune in Europa, nel rispetto della **Convenzione di salvaguardia dei diritti dell'uomo e delle libertà fondamentali** (sinteticamente indicata come CEDU) e di altri testi di riferimento relativi alla tutela dell'individuo: diritti umani, democrazia e stato di diritto.

Capitolo 4
La Costituzione

4.1 Nozione e distinzione fra Costituzione formale e materiale

La Costituzione è l'atto che comprende i **principi giuridici che designano gli organi supremi dello Stato e stabiliscono il modo della loro creazione, i loro reciproci rapporti, la loro sfera di azione, nonché la posizione dell'individuo** di fronte al potere statale (Jellinek).
In questa accezione si fa riferimento ad un testo costituzionale in **senso formale**, ossia come complesso di norme giuridiche approvate dal potere costituente.
L'espressione «*potere costituente*» indica la capacità di operare le scelte sull'assetto fondamentale dello Stato che in un determinato momento è riconosciuto ad una o più forze politiche. Si tratta di un potere libero, in quanto nessuna regola preesistente è da ritenersi vincolante, a differenza di quel che avviene dopo l'approvazione del testo costituzionale che inevitabilmente limita le scelte di tutti gli organi dello Stato. Si può affermare che l'emanazione della Costituzione segna il passaggio fra due fasi storico-giuridiche diverse: si esaurisce quella costituente ed inizia la fase del potere costituito. In Italia, tale potere è stato esercitato dall'Assemblea costituente negli anni 1946-1947, quando i membri di questo organo si trovarono nella condizione di dover approvare un testo costituzionale liberi da qualunque tipo di condizionamento derivante da precedenti atti di pari livello.
Limitare, però, l'analisi della Costituzione al solo punto di vista "statico", cioè come documento che contiene un insieme di norme, sarebbe alquanto riduttivo. Indubbiamente la Costituzione rileva, *in primis*, quale *legge fondamentale* nella quale vengono racchiusi i valori primari della società organizzata e i principi su cui poggia l'assetto essenziale dello Stato. Tuttavia, ciò che occorre necessariamente considerare è anche il modo in cui le norme che la Costituzione contiene trovano effettiva e concreta applicazione nella prassi. Si parla, sotto questo secondo profilo, di **Costituzione in senso materiale**.
Nel periodo unitario l'Italia ha avuto solo due testi costituzionali, lo **Statuto albertino** e la **Costituzione della Repubblica**.

4.2 Dallo Statuto albertino alla Costituzione repubblicana

Nel 1848, il Regno sardo-piemontese adottò lo **Statuto del Regno**, noto come **Statuto albertino**, dal nome del Re Carlo Alberto di Savoia che lo promulgò. Con la formazione del Regno d'Italia, nel 1861, lo Statuto albertino divenne la Carta costituzionale della nuova Italia unita e rimase formalmente tale, pur con modifiche fino al biennio 1944-1946 quando, con successivi decreti legislativi, fu adottato un regime costituzionale transitorio valido fino all'entrata in vigore della Costituzione della Repubblica italiana, il 1° gennaio 1948.
Sono ben note le vicende storiche che, passando per il ventennio fascista (1922-1943) e il secondo conflitto mondiale (1939-1945), condussero alla consultazione del **2 giu-**

gno del 1946, con cui il popolo italiano fu chiamato a determinare – votando per la prima volta a *suffragio universale*, includendo anche le donne – la forma istituzionale dello Stato, scegliendo fra repubblica e monarchia. Il referendum decretò la vittoria della repubblica, per la quale furono espressi 12.717.923 voti contro i 10.719.284 voti dati per la monarchia.
L'Assemblea costituente fu eletta per mezzo di un sistema elettorale proporzionale, che consentì la rappresentanza di tutti i partiti in rapporto ai voti conseguiti. I partiti che ebbero il maggior numero di preferenze furono: Democrazia cristiana (37% dei voti); Partito comunista (18% dei voti); Partito socialista (20% dei voti).
Il 28 giugno del 1946 l'Assemblea elesse **Enrico De Nicola** quale Capo provvisorio dello Stato, ovvero come primo Presidente della neonata Repubblica italiana.
Le varie forze politiche, in seno all'Assemblea, raggiunsero un compromesso in forza del quale la nuova Costituzione avrebbe dovuto riflettere le diverse ideologie, sì da rappresentare i principi, i valori e i diritti di un intero popolo. Il compromesso fu la condizione dell'approvazione unitaria della Costituzione: nel voto finale all'Assemblea costituente si contarono 453 voti favorevoli e solo 62 contrari. La Costituzione fu approvata il **22 dicembre del 1947** ed entrò in vigore il **1° gennaio 1948**.

4.3 La struttura della Costituzione italiana

Dal punto di vista strutturale, la Costituzione è composta da 139 articoli, così suddivisi:

- i **principi fondamentali** (articoli da 1 a 12), che contengono le decisioni essenziali sul tipo di Stato e sul tipo di società voluti dalla Costituzione. In particolare, essi stabiliscono: le regole essenziali relative allo Stato in quanto tale, con l'affermazione del suo *carattere repubblicano e democratico*; i rapporti essenziali fra lo Stato e i singoli, con il riconoscimento dei diritti inviolabili e dell'uguaglianza fra gli uomini; il tipo di rapporto fra lo Stato e gli altri ordinamenti, in particolare la Chiesa cattolica e le altre confessioni religiose e l'ordinamento internazionale;
- *Parte prima*, relativa ai **Diritti e doveri dei cittadini** (artt. 13-54); essa è divisa in quattro Titoli, che trattano delle posizioni soggettive considerando le persone in quanto tali e poi allargando la prospettiva alle diverse strutture in cui esse sono inserite, dalla famiglia alla scuola, all'organizzazione economica e a quella politica;
- *Parte seconda*, concernente l'**Ordinamento della Repubblica** (artt. 55-139), ovvero la disciplina dell'organizzazione della Repubblica dettando una regolamentazione dei vari organi costituzionali (Parlamento, Presidente della Repubblica, Governo, Magistratura, Corte costituzionale) e sue articolazioni territoriali (Regioni, Province, Città metropolitane e Comuni).

In coda alla Costituzione sono state collocate 18 **Disposizioni transitorie e finali**; esse hanno la medesima efficacia delle altre norme della Costituzione, cioè sono fonti costituzionali. Sono collocate separatamente perché contengono:

- *norme transitorie*, che prevedono vari adempimenti, con le relative scadenze temporali, richiesti per la messa in opera delle previsioni costituzionali e per saldare il nuovo ordinamento con il precedente;
- *disposizioni finali*, con le norme che fanno eccezione ai generali diritti civili e politici, dettate per la particolare situazione storica dell'Italia, al termine del ventennio fascista e alla fine del periodo monarchico. Si definiscono finali semplicemente perché sono state collocate alla fine della Costituzione.

Capitolo 5
I diritti e le libertà

5.1 Situazioni giuridiche soggettive, diritti e libertà

Si definisce *situazione giuridica soggettiva* l'insieme di poteri, obblighi, diritti e doveri di cui un soggetto di diritto può essere titolare in un determinato momento.
Si distinguono:

> situazioni giuridiche soggettive **attive o di vantaggio**, che sono volte a garantire determinate utilità (poteri, diritti soggettivi e interessi legittimi);

> situazioni giuridiche soggettive **passive o di svantaggio**, che impongono comportamenti strumentali al soddisfacimento di interessi altrui. (doveri, obblighi, soggezioni).

Il termine **libertà** indica una posizione giuridica soggettiva di vantaggio che permette al titolare di **non subire interferenze di terzi nelle proprie scelte**: per esempio, la libertà personale garantisce l'individuo da forme di coercizione fisica esercitate da altri soggetti privati e dallo Stato.
Nel diritto costituzionale, invece, il termine **diritto** assume spesso un contenuto positivo, perché identifica quelle situazioni giuridiche soggettive grazie alle quali il **titolare può ottenere che altri si attivino per soddisfare i suoi interessi**: per esempio, il diritto all'assistenza sociale impone ai pubblici poteri di fornire prestazioni assistenziali a favore degli aventi diritto.
In realtà si tratta di una distinzione non del tutto esatta, in quanto i diritti possono imporre ai terzi non soltanto comportamenti attivi, ma anche passivi, cioè di astensione o di non interferenza. In questo modo, anche la libertà può configurarsi come il contenuto di un diritto.

5.2 Le generazioni di diritti

I diritti e le libertà fondamentali possono essere raggruppati in generazioni, a seconda del periodo storico in cui si sono affermati e della tipologia di documenti che li hanno riconosciuti.

I **diritti di prima generazione** ricomprendono:

- le *libertà individuali* come il diritto alla vita e all'integrità fisica e la libertà personale, di pensiero, di religione, di circolazione. Le Costituzioni scritte dei secoli XVII e XVIII miravano, infatti, a tutelare soprattutto l'individuo dai possibili abusi dei pubblici poteri, così frequenti nell'età dell'assolutismo;
- le *libertà economiche,* ovvero la libertà di iniziativa economica e il diritto di proprietà. La borghesia in ascesa intendeva ottenere il riconoscimento espresso della proprietà individuale e l'esclusione dello Stato dai rapporti economici;
- i *diritti politici,* ovvero il diritto di voto e di accesso alle cariche elettive, attraverso i quali la nuova classe dei possidenti rivendicava la possibilità di partecipare alla vita politica.

I **diritti di seconda generazione** si sono affermati dopo gli orrori della guerra e delle dittature in Europa, allorquando ha preso piede la convinzione che non esiste riconoscimento effettivo

delle libertà se non si *superano gli ostacoli* che impediscono alla maggior parte delle persone di partecipare alla vita politica, economica e sociale del proprio Paese; e che la persona umana non è una monade isolata, ma è in continua relazione con gli altri.
Pertanto il riconoscimento dei diritti di seconda generazione determina:

- la tutela dei *diritti sociali* (diritto al lavoro, alla salute, all'istruzione, all'assistenza e alla previdenza), funzionali al raggiungimento di condizioni di vita che assicurino un'*eguaglianza sostanziale* fra gli uomini;
- il riconoscimento dei *diritti associativi*, come il diritto di riunione, di associazione, di costituzione e di adesione ai partiti politici, che esprimono una dimensione relazionale della persona umana;
- l'*estensione dei diritti politici* al maggior numero di persone, con il graduale superamento dei limiti di ricchezza e di istruzione originariamente posti al loro esercizio;
- il *declassamento delle libertà economiche*, non più considerate come diritti inviolabili dell'uomo, e il riconoscimento di *diritti economici*, come quello allo sciopero e alla tutela sindacale, che spesso si pongono in conflitto proprio con tali libertà.

I **diritti di terza generazione** trovano il loro riconoscimento soprattutto nei trattati internazionali ed esprimono aspirazioni di collettività o interi popoli. Rientrano in tale categoria il *diritto alla pace*, all'*autodeterminazione*, ad uno *sviluppo sostenibile*, al *controllo delle risorse nazionali*, alla *salvaguardia dell'identità culturale*.
I **diritti di quarta generazione**, di più recente formulazione e non ancora riconosciuti in modo generalizzato, mirano a tutelare gli individui dalle minacce presenti nello sviluppo scientifico e tecnologico, relative alle *manipolazioni genetiche*, alla *bioetica*, alle *nuove tecnologie di comunicazione*.
Non sempre questi diritti trovano una formulazione ufficiale in documenti nazionali o internazionali, e i loro confini sono pertanto ancora molto incerti.

5.3 I diritti fondamentali

Stabilisce l'art. 2 Cost. che la Repubblica «*riconosce e garantisce i diritti inviolabili dell'uomo, sia come singolo sia nelle formazioni sociali ove si svolge la sua personalità*».
Il precetto riconosce i diritti fondamentali innanzitutto ai **singoli individui**. Ma al centro della tutela costituzionale vi è la **persona** (**principio personalista**), che è fatta di relazioni con altri uomini. La Costituzione esprime una posizione di favore per le **formazioni sociali**, ovverosia quelle aggregazioni all'interno delle quali si sviluppa la personalità dell'uomo (famiglia, unioni civili, scuola, associazioni, confessioni religiose, partiti, sindacati).
I diritti fondamentali sono perciò riconosciuti anche alle formazioni sociali, come una *realtà preesistente* all'ordinamento della Repubblica e, pertanto, non rappresentano semplicemente un'autolimitazione della sovranità dello Stato.

5.4 Gli strumenti di tutela previsti dalla Costituzione

L'art. 2 Cost. qualifica i diritti fondamentali come **inviolabili**. Ciò comporta che sono:

> **insopprimibili**, nel senso che il loro nucleo essenziale non può essere oggetto di revisione costituzionale, rientrando nei valori e nei principi supremi dell'ordinamento che costituiscono un limite a tale potere;
> **indisponibili e intrasmissibili** da parte del loro titolare;
> **imprescrittibili**, cioè non cadono in prescrizione neppure dopo un lungo periodo di mancato esercizio;

- **irrinunciabili** dal loro stesso titolare.

Per rendere effettivo questo carattere di inviolabilità, l'ordinamento appresta specifici **strumenti di tutela**, che possono così riassumersi:

- **riserva di legge**, nel senso che soltanto il legislatore può imporre limiti all'esercizio di tali diritti.

  A seconda della vicinanza del diritto al nucleo essenziale della libertà e della dignità umana, la riserva può essere *assoluta*, cioè escludere del tutto il potere normativo dell'Esecutivo (es. la legge deve fissare casi e modi in cui può essere ammessa qualunque restrizione della libertà personale), *relativa*, cioè escluderlo solo in parte (es. la legge deve stabilire le garanzie con le quali può essere limitata dall'Esecutivo la libertà e la segretezza della corrispondenza), o *rinforzata*, cioè vincolare lo stesso legislatore quanto al contenuto (es. la legge deve fissare le limitazioni alla libertà di circolazione e soggiorno, possibili però in via generale e soltanto per motivi di sanità o di sicurezza);

- **riserva di giurisdizione**, per cui i provvedimenti limitativi dei diritti fondamentali possono essere presi o convalidati soltanto dai *giudici*, ossia da soggetti che la Costituzione qualifica come indipendenti e terzi e che hanno l'obbligo di motivare le proprie decisioni;
- **diritto riconosciuto a tutti di agire e resistere in giudizio** per la tutela dei propri diritti e interessi legittimi, in modo da garantire l'effettività dei diritti fondamentali che sono formalmente riconosciuti da singole disposizioni costituzionali ai propri titolari;
- **sindacato di legittimità della Corte costituzionale** sulle leggi e sugli atti aventi forza di legge, che in questo modo non possono violare le norme costituzionali che riconoscono tali diritti fondamentali;
- **obbligo per la pubblica amministrazione** di organizzarsi e agire in base ai **principi di legalità, buon andamento e imparzialità**, in modo che la stessa sia in grado, realmente e senza discriminazioni, di fornire quelle prestazioni e quei servizi che costituiscono l'oggetto o sono indispensabili al godimento di molti diritti fondamentali.

5.5 Gli strumenti di tutela previsti dall'ordinamento internazionale ed europeo

Al termine della Seconda guerra mondiale, la comunità internazionale ha preso atto della necessità di assicurare una protezione internazionale alla dignità umana e alle libertà fondamentali, compito nel quale si è particolarmente distinta l'ONU.

Il primo passo fu realizzato con la **Dichiarazione universale dei diritti umani** del 10 dicembre 1948, documento che si caratterizza per due aspetti fondamentali: *non è giuridicamente vincolante*, ma ha valore di semplice raccomandazione agli Stati, e *promuove soprattutto le libertà fondamentali e i diritti politici* piuttosto che i diritti sociali, economici e culturali.

La Dichiarazione ha rappresentato, tuttavia, il modello di tutti i trattati internazionali successivi, sia a *valenza universale* (es. Patto sui diritti civili e politici, Patto sui diritti economici, sociali e culturali, adottati nel 1966; Convenzione sulla discriminazione contro le donne, del 1979 ecc.), sia a *livello regionale* (es. Convenzione europea dei diritti umani del 1950, Convenzione americana sui diritti umani del 1969, Convenzione africana sui diritti umani e dei popoli del 1981 ecc.).

La **Convenzione europea per la salvaguardia dei diritti umani** (CEDU), firmata a Roma il 4 novembre 1950, in seno al Consiglio d'Europa ed entrata in vigore il 3 settembre 1953, è l'esempio più avanzato di convenzioni regionali.
Altro testo di particolare rilevanza è la **Carta dei diritti fondamentali dell'Unione europea.** Si tratta della codificazione a livello europeo dei diritti fondamentali, così come interpretati ed elaborati dalla giurisprudenza della Corte di Giustizia.
Il Trattato di Lisbona del 2007 ha riconosciuto alla Carta lo stesso valore giuridico dei Trattati, come *parametro di validità* degli atti dell'Unione e di quelli degli Stati di attuazione di norme dell'Unione dinanzi alla Corte di Giustizia.

5.6 Principio di eguaglianza e bilanciamento dei diritti

5.6.1 Eguaglianza e ragionevolezza

Strettamente connesso al **principio personalista**, che pone la persona al centro dell'ordinamento, è il **principio di eguaglianza**, sancito dall'art. 3 Cost., in base al quale tutti i cittadini «*hanno pari dignità sociale e sono eguali davanti alla legge, senza distinzione di sesso, di razza, di lingua, di religione, di opinioni politiche, di condizioni personali e sociali*» (co. 1) e, per rendere effettiva quest'uguaglianza, è compito della Repubblica «*rimuovere gli ostacoli di ordine economico e sociale che, limitando di fatto la libertà la uguaglianza dei cittadini, impediscono il pieno sviluppo della persona umana e l'effettiva partecipazione di tutti i lavoratori all'organizzazione politica, economica e sociale del Paese*» (co. 2).
Il principio di **eguaglianza formale**, proclamato dal co. 1 del precetto costituzionale, può essere innanzitutto inteso come **eguaglianza davanti alla legge**, cioè come esclusione che alcuni soggetti possano sottrarsi al dominio della legge per grado, nascita, classe. Tale accezione è implicita nel riconoscimento che il nostro ordinamento fa della **pari dignità sociale** di tutti i cittadini.
L'uguaglianza formale, però, implica anche un'**uguaglianza nella legge**, ossia impone al legislatore un vincolo a non introdurre **discriminazioni** che non siano **ragionevoli**. La legge, cioè, deve trattare in modo eguale situazioni eguali, e in modo differente situazioni differenti. Un diritto che avesse un contenuto indifferenziato per tutti, infatti, non avrebbe alcun senso, perché le situazioni e i casi della vita non sono mai tutti uguali.
Il **principio di eguaglianza sostanziale**, sancito dal co. 2 dello stesso art. 3, attribuisce alla Repubblica il compito di **rimuovere gli ostacoli** di ordine economico e sociale che, limitando di fatto la libertà e l'eguaglianza dei cittadini, impediscono il libero sviluppo della persona umana e l'effettiva partecipazione di tutti i lavoratori all'organizzazione politica, economica e sociale del Paese. La proclamazione della mera eguaglianza formale determinerebbe, infatti, il riconoscimento solo teorico dei diritti e delle libertà fondamentali, in quanto i soggetti più deboli non riceverebbero alcun sostegno dall'ordinamento per consentire loro di esercitare effettivamente tali diritti e libertà.

5.6.2 Il nucleo forte dell'eguaglianza

Sono sei i tassativi divieti di discriminazione, che impongono un controllo di costituzionalità particolarmente attento e rigoroso, volto a valutare la ragionevolezza di eventuali trattamenti differenziati.

Il divieto di discriminazioni fondate sul sesso

La Costituzione presenta diverse norme che tutelano l'eguaglianza fra uomo e donna: nella **famiglia** (art. 29 Cost. e L. 151/1975), sul posto di **lavoro** (art. 37 Cost. e D.Lgs. 198/2006) e nell'accesso agli **uffici pubblici** e alle **cariche elettive** (artt. 51 e 117 Cost. e leggi 215/2012, 65/2014, 20/2016 e 165/2017).

In tema di **discriminazioni nella vita politica**, i primi interventi volti a riservare una percentuale delle candidature alle donne sono stati giudicati costituzionalmente illegittimi. Per questo motivo, gli artt. 51 e 117 Cost. sono stati modificati (L. cost. n. 1/2003) nel senso di prevedere espressamente che la Repubblica con opportuni provvedimenti possa promuovere le pari opportunità fra uomo e donna. In questa ottica vanno collocate le leggi che impongono un riequilibrio di genere (L. 215/2012, per i Consigli e le Giunte degli enti locali, L. 65/2014 per il Parlamento europeo, L. 165/2017 per la Camera e il Senato e L. 20/2016 per i Consigli regionali).

Le norme che vietano le discriminazioni basate sul sesso sono adesso raccolte nel **Codice delle pari opportunità** (D.Lgs. 11-4-2006, n. 198).

Il divieto di discriminazioni fondate sulla razza

Si tratta di un divieto che non trova eccezioni e che è stato da ultimo recepito a livello legislativo dal **D.Lgs. 9-7-2003, n. 215**, di attuazione della direttiva 2000/43/CE per la parità di trattamento fra le persone indipendentemente dalla razza e dall'origine etnica.

Il divieto di discriminazioni fondate sulla lingua

Anche in questo caso i trattamenti differenziati possono essere giustificati dalla necessità di tutelare un interesse di rango costituzionale alla salvaguardia dell'identità culturale delle minoranze linguistiche. Tale interesse è espressamente affermato nell'art. 6 Cost. e in diverse disposizioni degli Statuti delle Regioni speciali.

Il divieto di discriminazioni fondate sulla religione

L'ordinamento italiano si conforma al **principio di laicità**, in base al quale lo Stato si colloca in una posizione di equidistanza nei confronti delle diverse confessioni religiose presenti in Italia, tutelando in egual misura il **sentimento religioso** e la coscienza del fedele.

Il divieto di discriminazioni fondate sulle opinioni politiche

L'art. 22 Cost. espressamente esclude che qualcuno possa, per **motivi politici**, essere privato della cittadinanza, della capacità d'agire e del nome.

Il divieto di discriminazioni fondate sulle condizioni personali e sociali

Tale divieto implica che persone in condizioni di disagio personale o sociale non possono essere oggetto di trattamenti normativi che accentuino i profili di discriminazione già insiti nella loro condizione.

5.7 I doveri costituzionali

L'art. 2 Cost. non solo riconosce i diritti inviolabili della persona, affermando come principio generale la liceità e la libertà dei comportamenti, ma impone anche dei **doveri di solidarietà economica, politica e sociale**, al fine di favorire lo sviluppo e il progresso della convivenza comune e dell'integrazione sociale.

5.7.1 Doveri di solidarietà economica e sociale

In tale categoria rientrano:

- il **dovere del lavoro** (art. 4, co. 2, Cost.), ossia di svolgere, secondo le proprie possibilità e la propria scelta, un'attività e una funzione che concorra al progresso materiale o spirituale della società;
- il **dovere dei genitori di mantenere, istruire ed educare i figli**, anche se nati fuori del matrimonio (art. 30, co. 1, Cost.);
- il **dovere di sottoporsi a trattamenti sanitari obbligatori** previsti dalla legge, evidentemente nel caso in cui ciò sia funzionale all'interesse della collettività (art. 32, co. 2, Cost.);
- il **dovere di contribuire alle spese pubbliche** secondo i principi di proporzionalità e progressività, incrementando in modo più che proporzionale il carico tributario in ragione della maggior capacità contributiva, in modo da conseguire una finalità redistributiva del reddito (art. 53 Cost.);
- il **dovere di adempiere le prestazioni personali o patrimoniali imposte dalla legge** (art. 23 Cost.).

5.7.2 Doveri di solidarietà politica

In tale categoria rientrano:

- il **dovere del voto** (art. 48, co. 2, Cost.), che comunque viene configurato come dovere civico che attualmente non prevede alcuna sanzione in caso di inadempimento;
- il **dovere di difesa della Patria** (art. 52, Cost.);
- il **dovere di essere fedele alla Repubblica e di osservarne la Costituzione e le leggi** (art. 54, co. 1, Cost.), che non implica la necessaria adesione ai valori fondamentali del nostro ordinamento, ma la rigorosa osservanza della Carta costituzionale e delle leggi;
- il **dovere incombente sui cittadini cui sono affidate funzioni pubbliche di adempierle con disciplina ed onore**, prestando anche giuramento se richiesto dalla legge (art. 54, co. 2 Cost.). Si tratta di un dovere qualificato di fedeltà, perché richiesto soltanto ad alcuni soggetti e caratterizzato da contenuti specifici.

5.8 I diritti nella sfera individuale

5.8.1 La libertà personale

L'**inviolabilità** della libertà personale è sancita dall'art. 13 Cost., il quale afferma che **non è ammessa forma alcuna di detenzione, ispezione o perquisizione personale**, né qualsiasi altra restrizione, «*se non per atto motivato dell'autorità giudiziaria e nei soli casi e modi previsti dalla legge*». Solo in **casi eccezionali di necessità e urgenza**, indicati tassativamente dalla legge, «*l'autorità di pubblica sicurezza può adottare provvedimenti provvisori, che devono essere comunicati entro quarantotto ore all'autorità giudiziaria e, se questa non li convalida nelle successive quarantotto ore, si intendono revocati e restano privi di ogni effetto*». È punita ogni **violenza fisica e morale** sulle persone comunque sottoposte a restrizioni di libertà.

Al fine di rendere effettiva questa tutela, l'ordinamento prevede due tipologie di riserve:

- la **riserva di legge**, che si profila **assoluta** in quanto spetta al legislatore fissare sia i casi che i modi in cui può essere limitata la libertà personale. Pertanto, i regolamenti governativi legittimati ad intervenire nella materia possono essere soltanto di stretta esecuzione della legge;
- la **riserva di giurisdizione**, in quanto i provvedimenti restrittivi possono essere assunti soltanto per atto motivato dell'autorità giudiziaria. I provvedimenti eccezionalmente adottati in casi di necessità e urgenza, ma sempre in ragione di una previsione tassativa di legge (es. la polizia giudiziaria è obbligata a procedere all'arresto in flagranza di alcuni reati), devono comunque essere comunicati entro 48 ore all'autorità giudiziaria e da questa convalidati nelle successive 48 ore, pena la loro revoca e perdita di efficacia.

L'**obbligo di motivazione** si raccorda con l'art. 111 Cost., che riconosce in ogni caso la possibilità di fare **ricorso in Cassazione** contro provvedimenti e sentenze sulla libertà personale. Soltanto un provvedimento che chiarisca le ragioni di fatto e diritto che giustificano la restrizione, infatti, può essere valutato in maniera adeguata in sede di impugnazione.

La limitazione della libertà personale può essere operata attraverso l'adozione:

- di **misure cautelari restrittive** (artt. 272-315 c.p.p.), che possono comportare la custodia in carcere e gli arresti domiciliari, oppure concretizzarsi in misure meramente interdittive, come il divieto temporaneo di esercitare determinate attività;
- di **misure di sicurezza** (artt. 199-235 c.p.), che si applicano alle **persone socialmente pericolose** che abbiano commesso fatti previsti dalla legge come reato;
- di **misure di prevenzione**, oggi disciplinate dal *Codice delle leggi antimafia e delle misure di prevenzione* (D.Lgs. 159/2011), sempre legate alla pericolosità sociale dell'individuo, ma sganciate dalla commissione di precedenti reati.

Se all'art. 13 Cost. si afferma che la libertà personale può essere ristretta solo per atto motivato dell'autorità giudiziaria e nei soli casi e modi previsti dalla legge, al co. 2 dell'art. 25 si afferma che nessuno può essere punito se non in forza di una legge che sia entrata in vigore prima del fatto commesso.

Il **principio di legalità delle pene** si estrinseca in tre importanti affermazioni:

- il principio della *riserva di legge*, in virtù della quale solo il legislatore ordinario può stabilire se un comportamento debba venire qualificato come reato;
- il principio di *tassatività* e *determinatezza*, il quale esige che l'individuazione delle condotte penalmente perseguibili venga fatta in maniera dettagliata e puntuale, così che siano chiari a tutti quei comportamenti cui la legge ricollega l'irrogazione di una pena;
- il principio di *irretroattività*, in virtù del quale è fatto divieto di applicare la legge penale a fatti commessi prima della sua entrata in vigore, e questo anche per tutelare la buona fede del cittadino, che altrimenti si vedrebbe perseguito penalmente per fatti che, al momento della loro commissione, non costituivano reato.

La riserva di legge è estesa dall'ultimo comma dell'art. 25 anche alle **misure di sicurezza**, provvedimenti restrittivi di natura detentiva, non detentiva o patrimoniale, che vengono applicati dal giudice ad un soggetto ritenuto socialmente pericoloso.

Cardine ulteriore del nostro ordinamento è il **principio di personalità della responsabilità penale**, in base al quale nessuno può essere punito per un reato commesso

da altri soggetti. Il precetto costituzionale va inteso anche nel senso che l'autore del fatto criminoso non può essere sottoposto a pena se non è imputabile perché incapace di intendere e di volere. Poco servirebbe, infatti, muovere un rimprovero di colpevolezza a chi, nel momento in cui ha violato la legge penale, era incapace di percepire il disvalore del proprio comportamento.
Segue, infine, l'affermazione di altri due principi fondamentali: quello della **presunzione di innocenza** fino alla condanna definitiva e quello della **funzione rieducativa della pena**. Quest'ultimo principio comporta il ripudio di qualsiasi trattamento contrario al senso d'umanità, come la pena di morte e la tortura.

5.8.2 La libertà di domicilio

L'art. 14 Cost. sancisce l'**inviolabilità** del domicilio, affermando che **non vi si possono eseguire ispezioni o perquisizioni o sequestri**, «*se non nei casi e modi stabiliti dalla legge secondo le garanzie prescritte per la tutela della libertà personale*». Sono invece regolati da leggi speciali gli accertamenti e le ispezioni per motivi di sanità e di incolumità pubblica o a fini economici e fiscali.
Il domicilio è la **proiezione spaziale della persona** ed è per questo motivo che la Costituzione vi estende le garanzie prescritte per la libertà personale, essendo entrambi inviolabili.

Secondo la **nozione civilistica**, il domicilio di una persona è il luogo dove questa ha stabilito la sede principale dei propri affari e interessi, distinguendolo dalla residenza, che è il luogo dove la persona ha la dimora abituale. Diversa e più ampia è la **nozione propria del diritto penale**, secondo cui il domicilio, del quale l'art. 614 punisce la violazione, è l'abitazione e ogni altro luogo di privata dimora, nonché le appartenenze di essi.
La nozione è stata ulteriormente ampliata dalla **giurisprudenza della Corte costituzionale**, che vi ha ricompresso la stanza di albergo, la tenda del campeggio, il camper, la cabina di una nave, il vagone letto, la sede di uno stabilimento industriale o di un'associazione privata e, in generale, qualsiasi spazio isolato dall'ambiente esterno di cui il privato disponga legittimamente, incluso il bagagliaio di un'auto (Corte cost., sent. n. 88 del 1987).

La Costituzione (artt. 13 e 14) riserva alla **giurisdizione** la più ampia interferenza pubblica (ispezioni, perquisizioni, sequestri) nella sfera del domicilio, mentre limita la **competenza amministrativa** alle immissioni che abbiano semplice natura ricognitiva, come "accertamenti ed "ispezioni", e solo in relazione agli specifici interessi della sanità, dell'incolumità pubblica, dell'economia e del fisco.
Non è quindi consentito violare la riserva di giurisdizione contenuta negli artt. 13 e 14 Cost., attribuendo a organi di polizia amministrativa il potere di ispezionare i luoghi tutelati dal citato art. 14, tranne l'ipotesi eccezionale di necessità e urgenza di cui al precedente art. 13, comma 3, per la quale è comunque previsto l'intervento dell'autorità giudiziaria.

5.8.3 Libertà di corrispondenza e di comunicazione

La libertà di corrispondenza e la più ampia libertà di comunicazione, entrambe tutelate dall'art. 15 Cost., garantiscono l'**espressione del proprio pensiero che vuole essere intenzionalmente non manifestato** all'esterno.

Ciò che le caratterizza è la **segretezza**, la quale deve essere assicurata sia che si faccia riferimento alla corrispondenza, sia che si parli più in generale di comunicazione. La **limitazione** di tale prerogativa può avvenire solo in forza di una *riserva di legge*, che fissi adeguate garanzie, e con atto motivato dell'autorità giudiziaria (*riserva di giurisdizione*), come nel caso delle **intercettazioni di conversazioni e comunicazioni**, che necessitano dell'intervento autorizzatorio del Giudice per le indagini preliminari, chiamato proprio a verificare la sussistenza dei presupposti di ammissibilità del provvedimento (art. 267, comma 1, c.p.p.).
Ciò nondimeno **specifiche limitazioni** sono stabilite dalla legge per **determinate categorie di persone**, come per i detenuti, i militari, le persone in stato di infermità mentale e per i minori per i quali la corrispondenza può essere consegnata ai rappresentanti legali ma solo se sono stati muniti di speciale autorizzazione del giudice.

5.8.4 La libertà di circolazione

L'art. 16 Cost. riconosce ai cittadini italiani la libertà di **circolazione e soggiorno** nel territorio nazionale, nonché quella di uscirne temporaneamente e di rientrarvi (**espatrio**), o di allontanarsene definitivamente.
Si tratta di una prerogativa molto vicina alla più generale libertà personale, che comprende naturalmente anche la **libertà di muoversi liberamente, di spostarsi da un luogo ad un altro e di scegliere la propria dimora**; lo Statuto albertino, infatti, la ricomprendeva nella libertà personale.
Il riconoscimento di tale libertà nella Costituzione repubblicana ha una specifica motivazione di carattere storico, presentandosi come un chiaro rigetto della politica fascista, che aveva introdotto restrizioni basate su ragioni politiche (per esempio, il confino degli esponenti dell'antifascismo). Per questo motivo, il precetto costituzionale stabilisce che non sono mai ammesse restrizioni motivate da **ragioni politiche**.
Con riferimento a quella specifica forma di uscita dal Paese che è l'**emigrazione** determinata dall'esigenza di cercare lavoro, ulteriori previsioni sono contenute nell'art. 35 Cost., che ne sancisce la piena libertà, salvo gli obblighi stabiliti dalla legge nell'interesse generale, e aggiunge che la Repubblica tutela il lavoro italiano all'estero.
La libertà di circolazione e soggiorno è assistita da una **riserva di legge rinforzata**: non solo le limitazioni devono essere previste dalla legge, ma ciò deve avvenire con disposizioni di carattere generale ed esclusivamente per **motivi di sanità o di sicurezza** (si pensi ad un cordone sanitario per impedire la diffusione di un'epidemia, oppure a misure di prevenzione volte a limitare la libertà di circolazione e soggiorno di persone potenzialmente pericolose).

La libertà di circolazione e soggiorno è riconosciuta espressamente ai cittadini, ai quali possono essere sostanzialmente equiparati i **cittadini di altri Stati membri dell'Unione europea**. I cittadini di questi Stati, infatti, godono della tutela prevista dall'art. 21 TFUE in virtù del quale «*ogni cittadino dell'Unione ha il diritto di circolare e di soggiornare liberamente nel territorio degli Stati membri, fatte salve le limitazioni e le condizioni previste dai trattati e dalle disposizioni adottate in applicazione degli stessi*».
Per i **controlli alle frontiere fra Stati membri** sono in vigore gli **accordi di Schengen**, che hanno come obiettivo l'abolizione – appunto – dei controlli sistematici delle persone alle frontiere interne dell'area Schengen, e d'altro canto il rafforzamento dei controlli alle frontiere esterne, nonché la collaborazione fra le forze di polizia.

Diversa è, invece, la posizione degli **stranieri non appartenenti a Stati membri dell'Unione**, che non godono delle stesse tutele approntate dalla Costituzione, anche se la legge può comunque disciplinare la materia. In ogni caso tale legge si conforma alle norme consuetudinarie e ai trattati internazionali in materia (art. 10 Cost.).
Lo straniero ha **diritto all'asilo** nel nostro Paese, alle condizioni determinate dalla legge (vedi adesso il D.Lgs. 28-1-2008, n. 25), quando in quello di appartenenza gli sia impedito l'effettivo esercizio delle libertà democratiche garantite dalla Costituzione italiana. Allo stesso modo, **non può essere estradato per reati politici**.
La normativa relativa all'ingresso e al soggiorno degli **stranieri extracomunitari** e degli **apolidi** (senza cittadinanza) è contenuta nel D.Lgs. 25-7-1998, n. 286, recante il *Testo Unico delle disposizioni in materia di immigrazione e condizione giuridica dello straniero*. Per entrare in Italia essi devono disporre di un *passaporto* valido o documento equipollente e di un *visto* rilasciato dalle autorità diplomatiche o consolari italiane nello Stato d'origine in relazione ai motivi del viaggio in Italia.

5.8.5 I diritti della personalità

Sono quei diritti che afferiscono la **persona umana** e ne proteggono l'identità, il decoro, l'immagine, l'integrità. Non si tratta di diritti esplicitamente riconosciuti dalla Costituzione, ma trovano il loro fondamento nel catalogo aperto dei diritti di cui all'art. 2 Cost.
Il **diritto alla vita e all'integrità fisica** è il presupposto di tutti gli altri diritti ed è comunque implicitamente contenuto nel divieto della pena di morte sancito dall'art. 27 Cost.
La **dignità** è salvaguardata dall'art. 3 Cost. come pari dignità sociale. La Carta dei diritti fondamentali di Nizza vieta, a tal proposito, le pratiche eugenetiche, ossia volte a selezionare le persone, e la clonazione degli esseri umani, e proibisce la tortura e i trattamenti inumani e degradanti, la schiavitù, il lavoro forzato e la tratta degli esseri umani (artt. 3-5).
Il **diritto all'onore** attiene alla personalità dell'uomo e alla sua integrità morale e include anche il diritto al proprio decoro, alla propria rispettabilità, riservatezza, intimità e reputazione (Corte cost., sent. 5-4-1973, n. 38).
Il **diritto alla libertà sessuale** è implicito nella dignità e libertà della persona umana, in quanto la sessualità è uno degli essenziali modi di espressione della personalità (Corte cost., sent. 10/18-12-1987, n. 561).
Il **diritto all'identità personale** va inteso quale diritto a essere sé stesso, come rispetto dell'immagine di partecipe alla vita associata, con le acquisizioni di idee ed esperienze, con le convinzioni ideologiche, religiose, morali e sociali che differenziano, e al tempo stesso qualificano, l'individuo (Corte cost., sent. 24-1/3-2-1994, n. 13). In tale ambito rientra anche l'**identità sessuale**, per garantire la quale è riconosciuto il diritto di rettificare l'attribuzione di sesso sugli atti anagrafici (L. 14-4-1982, n. 164).
Il **diritto alla riservatezza** – che trova riferimenti in alcune libertà fondamentali riconosciute dalla Costituzione (libertà di domicilio, di corrispondenza) e nelle Convenzioni internazionali – è da intendersi come il diritto alla segretezza e intimità della vita privata relativamente alle proprie convinzioni, immagini e comportamenti. La Carta dei diritti fondamentali dell'Unione europea riconosce il diritto al rispetto della vita privata e familiare (art. 7) e il diritto alla protezione dei dati di carattere personale che riguardano la persona (art. 8).

5.9 I diritti nella sfera pubblica

5.9.1 La libertà di riunione

L'art. 17 Cost. tutela il **diritto dei cittadini di riunirsi pacificamente e senz'armi**. Tale diritto è posto a tutela della dimensione sociale della persona, che è libera di dar vita a tutte le formazioni sociali in cui svolge la propria personalità.
Quello delle **modalità pacifiche** costituisce l'unico limite: il confronto fra le persone deve avvenire senza prevaricazione alcuna e, naturalmente, senza porre in alcun modo in pericolo la pubblica incolumità o l'ordine pubblico.

Per «*riunione*» si intende la compresenza volontaria di più persone nello stesso luogo per un medesimo scopo e la volontarietà dell'adunanza la distingue dal mero assembramento. La riunione esiste per tutto il tempo in cui si svolge, fintantoché permane la compresenza fisica delle persone che vi partecipano, mentre un'associazione è un gruppo a cui si aderisce volontariamente, ma del quale si può far parte anche senza riunirsi mai fisicamente con gli altri associati (cd. *vincolo ideale*).

Esistono diverse tipologie di riunioni, a seconda del luogo in cui le stesse si svolgono:
> **luogo privato**: luogo di privata dimora in cui chi ha diritto di farvi entrare altre persone lo utilizza per porre in essere una riunione;
> **luogo aperto al pubblico**: luogo privato cui possono accedere solo persone munite di un titolo di legittimazione;
> **luogo pubblico**: spazio cui tutti possono accedere liberamente, senza particolari formalità e senza dover esibire alcun titolo di legittimazione (es. una piazza, una villa comunale, dei giardini pubblici).

Per le riunioni, anche in luogo aperto al pubblico, non è richiesto preavviso. Delle riunioni in luogo pubblico, invece, deve essere dato **preavviso alle autorità**, che possono vietarle soltanto per comprovati motivi di sicurezza o d'incolumità pubblica. Il Testo Unico delle Leggi di Pubblica Sicurezza precisa che il **preavviso** deve essere comunicato tre giorni prima in forma scritta al Questore con l'indicazione del giorno, del luogo, dell'ora e dell'oggetto della riunione.

5.9.2 La libertà di associazione

L'art. 18 Cost. garantisce un'altra libertà dalla dimensione palesemente collettiva: la libertà di associazione. Secondo questo precetto, i cittadini hanno **diritto ad associarsi liberamente**, senza autorizzazione, per **fini che non sono vietati ai singoli dalla legge penale**.
La libertà associativa gode di un riconoscimento molto ampio, al punto che per la costituzione di un'associazione non è mai richiesta **autorizzazione preventiva**. Le autorizzazioni possono essere richieste per il compimento di determinate attività, oppure può essere previsto l'assoggettamento a determinati procedimenti amministrativi per ottenere il riconoscimento o l'estensione della **personalità giuridica**. Ma ciò non impedisce che un'associazione possa essere costituita ed operare anche senza riconoscimento (cd. **associazioni non riconosciute**).
È evidente che laddove vengano perseguiti scopi illeciti, l'associazione non solo è vietata dalla legge, ma i suoi consociati sono **penalmente perseguibili** ai sensi dell'art. 416 c.p. Da ciò si ricava che la libertà di associarsi trova il proprio limite nello scopo di delinquere.

Oltre all'attività delittuosa, ciò che risulta vietato dalla Carta costituzionale è creare delle associazioni segrete e paramilitari.
Le **associazioni segrete** sono quelle poste in essere da soggetti che non intendono rendere note informazioni circa l'associazione stessa: i nomi dei propri consociati, le sedi delle riunioni e gli scopi perseguiti.

La L. 17/1982 fornisce una definizione di associazioni segrete: quelle che, anche all'interno di associazioni palesi, occultando la loro esistenza ovvero tenendo segrete congiuntamente finalità e attività sociali ovvero rendendo sconosciuti, in tutto o in parte ed anche reciprocamente, i soci, svolgono attività diretta ad interferire sull'esercizio delle funzioni di organi costituzionali, di amministrazioni pubbliche, anche a ordinamento autonomo, di enti pubblici anche economici, nonché di servizi pubblici essenziali di interesse nazionale.

Sono **associazioni paramilitari**, invece, quelle che perseguono, anche indirettamente, scopi politici mediante organizzazione di carattere militare. Ciò che si intende vietare è che un'associazione con caratteri strettamente gerarchici persegua uno scopo politico: si può notare che se da un lato entrambi i parametri risultano perfettamente leciti, dall'altro lato è la loro unione che il costituente intende vietare.

Il D.Lgs. 43/1948, nel porre il divieto delle associazioni di carattere militare, le definisce come quelle costituite mediante l'inquadramento degli associati in corpi, reparti e nuclei, con disciplina e ordinamento gerarchico interno analoghi a quelli militari, con l'eventuale adozione di gradi o di uniformi e con l'organizzazione atta anche all'impiego collettivo in azioni di violenza e di minaccia.

5.9.3 La libertà religiosa e di coscienza

Il principio di laicità dello Stato
Lo Statuto albertino considerava le confessioni acattoliche come **culti ammessi o tollerati**, in una posizione evidentemente non equiparabile a quella della religione cattolica, la sola considerata religione di Stato.
La Costituzione repubblicana, pur recependo i Patti lateranensi, proclama, invece, **l'equidistanza e l'imparzialità dello Stato nei confronti di tutte le confessioni religiose**. Tale principio è affermato dall'art. 8, co. 1, Cost., secondo il quale tutte le confessioni religiose sono egualmente libere davanti alla legge, e dall'art. 3 Cost., che vieta le discriminazioni fondate sull'appartenenza religiosa.
Più in generale, la Repubblica fa proprio il **principio di laicità** – fondato sul combinato disposto degli artt. 2, 3, 7, 8, 19 e 20 Cost. –, in virtù del quale lo Stato assume verso il fenomeno religioso non tanto un atteggiamento di indifferenza, né tantomeno di ostilità, bensì di **garanzia del riconoscimento della libertà di religione in regime di pluralismo confessionale**.
Lo Stato laico, però, tutela anche la **libertà di coscienza**, per esempio garantendo la non obbligatorietà dell'insegnamento della religione cattolica al fine di tutelare la libertà dei non credenti e degli aderenti ad altre confessioni.
L'**obiezione di coscienza**, la possibilità, cioè, riconosciuta dall'ordinamento di rifiutare il compimento di atti pur prescritti dalla legge, ma contrari alle proprie intime convinzioni, è un'ulteriore espressione del riconoscimento della libertà di coscienza.
In tale ambito sono ricomprese l'obiezione di coscienza al *servizio militare* e l'obiezione di coscienza in materia di *interruzione della gravidanza*, di *procreazione assistita* e di *sperimentazione animale*.

La libertà religiosa e le possibili limitazioni

L'art. 19 Cost. riconosce a tutti il **diritto di professare liberamente la propria fede religiosa** in qualsiasi forma, individuale o associata, **di farne propaganda e di esercitarne in privato o in pubblico il culto**, purché non si tratti di riti contrari al buon costume. Come unico limite alla libertà religiosa, l'art. 19 Cost. prevede quello della **non contrarietà dei riti al buon costume**. Si tratta della necessità di proteggere la *sfera di libertà e di pudore sessuale*, che può essere violata dal compimento di determinati riti o pratiche di vita ritenute doverose dal credo religioso.

Limitazioni ulteriori, sia pure implicite, possono ricavarsi dalla necessità di tutelare altri diritti fondamentali o interessi costituzionalmente rilevanti. Si pensi, per esempio:

- al **diritto alla privacy**, che può essere messo in pericolo dalla gestione da parte delle confessioni religiose di dati particolarmente sensibili come quelli relativi al proprio convincimento religioso;
- ai **diritti inviolabili** dei singoli aderenti ad una confessione (dignità umana, libertà personale, diritto all'onore), che possono essere minacciati dai comportamenti della stessa confessione;
- alle limitazioni imposte ai credenti all'interno dei **luoghi di detenzione** o delle **comunità chiuse** (forze armate, ospedali, polizia), che in ogni caso non possono mai azzerare la libertà religiosa.

L'art. 20 Cost., poi, **esclude** che il carattere ecclesiastico e il fine di religione o di culto d'una associazione o di un'istituzione possano essere causa di **speciali limitazioni legislative** o di **speciali gravami fiscali** per la sua costituzione, capacità giuridica e ogni forma di attività. Appare evidente, dal combinato disposto di questa norma con quella di cui all'art. 19, che la Costituzione prende in considerazione la libertà religiosa sia come libertà individuale che come esperienza collettiva.

I rapporti dello Stato italiano con la Chiesa cattolica

Sebbene nello Statuto albertino la religione cattolica fosse qualificata addirittura come la sola **religione di Stato**, i rapporti fra la Santa Sede e lo Stato italiano risultante dal processo di unificazione, culminato con la proclamazione del regno d'Italia nel 1861, furono sin dall'inizio particolarmente tesi. L'occupazione della città di Roma da parte delle truppe italiane fece precipitare definitivamente la situazione, né bastò a risolvere la diatriba la promulgazione nel 1871 della **legge delle guarentigie**, che si prefiggeva di garantire rendite, immunità e privilegi al Sommo pontefice.

Soltanto nel 1929, Stato italiano e Chiesa cattolica composero in maniera definitiva la loro controversia, stipulando i cd. **Patti lateranensi**, che comprendevano tre documenti:

- il **Trattato**, che risolveva la questione romana con il riconoscimento dello Stato della Città del Vaticano;
- il **Concordato**, che regolava i rapporti fra Stato e Chiesa;
- la **Convenzione finanziaria**, con la quale furono definite le questioni sorte con le spoliazioni degli enti ecclesiastici provocate dalla promulgazione delle leggi eversive del 1866 e del 1867.

I Patti lateranensi – che hanno trovato esplicito riconoscimento nell'art. 7 della Carta costituzionale del 1948 – rappresentano una **normativa speciale** capace di derogare anche a norme di rango costituzionale, con il solo limite dei **principi supremi dell'ordinamento costituzionale dello Stato**.

L'art. 7 costituzionalizza anche il **principio pattizio**, in quanto prevede che le modifiche ai Patti debbano essere apportate con il consenso di entrambe le parti, pena la necessità di approvarle con legge di revisione costituzionale e non più con legge ordinaria di esecuzione del Concordato. Le **modifiche apportate al Concordato nel 1984** sono state, in effetti, introdotte in via concordataria e recepite con legge ordinaria nel nostro ordinamento.

I rapporti dello Stato italiano con le altre confessioni religiose

Anche alle confessioni acattoliche è riconosciuto dall'art. 8, co. 2, Cost. il diritto di organizzarsi secondo i propri **statuti**, purché **non contrastanti con l'ordinamento giuridico italiano**. Secondo la Corte costituzionale (sent. n. 43/988), tale limite si riferisce ai soli **principi fondamentali dell'ordinamento**, non anche a specifiche limitazioni poste da particolari disposizioni normative. In ogni caso, non sembra configurabile un sindacato ideologico da parte dello Stato sul credo della confessione.
Le confessioni acattoliche possono stipulare **intese** con lo Stato italiano, per regolare aspetti specifici della loro identità religiosa che non possono essere disciplinati in maniera unilaterale dallo Stato. Le intese sono *atti di diritto interno* il cui recepimento in legge comporta che quest'ultima possa essere modificata o abrogata soltanto da legge successiva che recepisce una nuova intesa fra la confessione e lo Stato (**principio pattizio**).

5.9.4 Libertà di manifestazione del pensiero

Disciplina costituzionale: ampiezza del diritto e limiti espliciti e impliciti

La libertà di manifestazione del pensiero è sancita dall'art. 21 Cost. e rappresenta senza dubbio la pietra angolare del nostro come di qualsiasi altro ordinamento democratico, dal momento che non è possibile parlare di democrazia senza un'effettiva circolazione delle idee e il loro confronto. Si tratta di una prerogativa piena, che può essere esercitata «*con la parola, lo scritto e ogni altro mezzo di diffusione*» e dalla quale deriva la tutela costituzionale degli altri diritti a essa connessi, come il diritto di essere informati e perfino il diritto al silenzio.
L'unico limite espresso è rappresentato dal **buon costume**. Tale concetto, di per sé indeterminato, è da ricondurre prevalentemente al *comune senso del pudore e della pubblica decenza*, in relazione essenzialmente alla sfera della morale sessuale. Alla legge ordinaria l'art. 21, co. 6, affida il compito di stabilire provvedimenti adeguati a prevenire e reprimere le violazioni.
Oltre al limite espresso del buon costume, la libera manifestazione del pensiero può trovare limiti ulteriori e impliciti nella salvaguardia di altri diritti fondamentali e interessi costituzionalmente rilevanti. In tale categoria devono essere ricompresi:

- il **rispetto dell'onore personale**, tutelato da norme penali come l'art. 595 (*diffamazione*) c.p.;
- il **rispetto del sentimento religioso**, tutelato anch'esso da norme penali come gli artt. 403 (*offese a una confessione religiosa mediante vilipendio di persone*), 404 (*offese a una confessione religiosa mediante vilipendio di cose*) e 724 (*bestemmia*) c.p.;
- la **tutela del prestigio delle istituzioni**, anche qui, attraverso norme penali, in particolare quelle che vietano il *vilipendio* delle istituzioni, della bandiera, della Nazione (artt. 290-292 c.p.);

> la **tutela della riservatezza**, che consiste nel salvaguardare vicende di natura personale o familiare dalla conoscenza e curiosità pubblica e, in generale, dalle altrui ingerenze, sia pure realizzate senza lesione dell'onore o della reputazione, salvo che la divulgazione che non trovi giustificazione in un interesse pubblico.

La tutela della riservatezza incide particolarmente sull'esercizio del **diritto di cronaca**, di cui la giurisprudenza ammette la liceità nel rispetto dei seguenti limiti:

- l'*utilità sociale* o la *rilevanza oggettiva* del fatto narrato;
- la *verità* della notizia narrata, o almeno un serio lavoro di verifica delle fonti di informazione (*verità putativa*);
- la *continenza*, ossia la forma civile dell'esposizione che mira a evitare di calpestare la dignità umana;
- il diritto del soggetto interessato di ottenere gratuitamente la *rettifica delle notizie* che lo riguardano qualora siano state pubblicate immagini o gli siano stati attribuiti pensieri o azioni o affermazioni lesivi della dignità o contrari alla verità. Il riconoscimento di tale diritto è previsto sia in materia di stampa che in materia radiotelevisiva.

Maggiore flessibilità è garantita per il **diritto di critica** o il **diritto di satira**, tenuto conto che l'applicazione rigida dei criteri enunciati, nel primo caso vanificherebbe l'esercizio del diritto; nel secondo si scontrerebbe con le caratteristiche della stessa forma espressiva, che per sua natura si fonda sulla derisione e sull'esagerazione dei fatti o delle persone oggetto di satira;

> la **tutela degli interessi di rilevanza costituzionale** che sono sottesi alla disciplina del segreto.

La libertà di informare e di essere informati: stampa periodica e radiotelevisione

La libertà di manifestare il proprio pensiero comprende quella d'informazione, nonché la libertà di essere informati e di accedere alle informazioni. Pur non espressamente previste dall'art. 21 Cost., tali libertà sono esplicitamente riconosciute da convenzioni internazionali come, per esempio, la Carta dei diritti fondamentali (art. 11, Libertà di espressione e d'informazione) e la CEDU (art. 10, Libertà d'espressione).
Il diritto di essere informati, in particolare, si concretizza nell'interesse a ricevere un'informazione corretta, completa e obiettiva. Tale interesse può essere reso effettivo solo grazie all'intervento dei pubblici poteri volto a garantire il **pluralismo informativo**, attraverso una disciplina della fruizione dei mezzi di comunicazione che elimini o quantomeno riduca le posizioni dominanti e consenta l'accesso a una pluralità di fonti informative.
Per quanto riguarda i **mezzi di informazione**, lo stesso art. 21 Cost. dedica diverse disposizioni alla **stampa**, stabilendo che questa non può essere soggetta ad autorizzazioni preventive o a censure successive alla composizione ma precedenti la diffusione dello stampato. In particolare, la stampa può essere sottoposta a *sequestro* quando attraverso lo stampato si compiono delitti per i quali espressamente tale misura viene autorizzata, oppure vengono violate le norme che la legge stessa prescrive per l'indicazione dei responsabili.

La legge sulla stampa n. 47/1948 stabilisce che gli stampati debbano sempre indicare lo stampatore e, se esiste, l'editore, e la stampa periodica anche il proprietario, il direttore o il vicedirettore responsabile. Il codice penale, agli artt. 57-58-*bis*, punisce il direttore o vicedirettore responsabile, nel caso di stampa periodica, e l'editore o lo stampatore, nel caso di stampa non periodica, che omettano di esercitare sul contenuto della pubblicazione il controllo necessario ad impedire la commissione di un reato.

Il provvedimento di **sequestro** deve essere motivato e assunto dall'autorità giudiziaria o, nei casi di assoluta urgenza, da ufficiali di polizia giudiziaria che, immediatamente e comunque non oltre le ventiquattro ore, devono fare denuncia all'autorità giudiziaria la quale, a sua volta, è tenuta entro le successive ventiquattro ore a pronunciarsi sulla convalida o sulla revoca del provvedimento (*riserva di giurisdizione*); i casi in cui il sequestro è ammesso sono previsti dalla legge e solo negli ambiti disciplinati dall'art. 21 Cost. (*riserva di legge rinforzata*).

Cinema e teatro

Con il D.Lgs. 203/2017 è stata abolita la L. 161/1962 e il relativo regolamento di attuazione (D.P.R. 2029/1963) **superando il previgente sistema di controllo preventivo** su tutti gli spettacoli destinati alla proiezione in pubblico e all'esportazione. La normativa del 2017 definisce un sistema di classificazione più flessibile e conforme alla varietà delle opere, introducendo, a tutela dei minori, il **principio di responsabilizzazione** degli operatori cinematografici e dell'audiovisivo.

Gli operatori sono chiamati a individuare la corretta classificazione delle opere in base alla fascia d'età del pubblico destinatario per poi sottoporla alla verifica della Commissione per la classificazione delle opere cinematografiche (che ha sostituito le Commissioni per la revisione cinematografica).

Gli **spettacoli teatrali** non sono soggetti ad autorizzazioni ma solo ad interventi successivi, volti a reprimere l'offesa al buon costume o la commissione di reati.

5.9.5 Libertà artistica e della ricerca scientifica

L'**arte** e la **scienza** sono anch'esse forme di manifestazione del pensiero, ma godono di un trattamento privilegiato rispetto alle altre manifestazioni.

Si intende per «arte» l'insieme di tutte quelle manifestazioni creative di *espressione estetica* basate sullo studio e l'esperienza, mentre la «scienza» ricomprende tutte le discipline fondate sul *metodo scientifico*, ossia sullo studio sistematico, empirico, controllato e critico di ipotesi relative a rapporti di causalità.

L'art. 33 Cost. stabilisce che entrambe sono libere e libero ne è l'**insegnamento**. A presidio di tale libertà, riconosce alle istituzioni di alta cultura, università e accademie il diritto di darsi ordinamenti autonomi nei limiti fissati da leggi dello Stato (**autonomia universitaria**).

Ciò nondimeno questa libertà non può mai comportare il sacrificio di altri interessi costituzionalmente rilevanti o di altri diritti fondamentali, come per esempio la dignità umana o la tutela dell'integrità psico-fisica delle persone, la protezione dell'infanzia e della gioventù. A livello europeo, la Carta dei diritti fondamentali vieta in ogni caso le **pratiche eugenetiche** e la **clonazione riproduttiva degli esseri umani**.

L'art. 9 Cost., infine, attribuisce alla Repubblica il compito di **promuovere lo sviluppo della cultura e della ricerca scientifica e tecnica**. Tale ambito così ampio ricomprende la libertà di concepire e di manifestare le idee, mentre la loro diffusione al pubblico è soggetta agli stessi limiti delle altre forme di manifestazione del pensiero, compreso quello del buon costume.

5.10 I diritti nella sfera sociale

5.10.1 Il diritto alla salute

La salute rientra nella sfera cd. sociale, che comprende quei diritti il cui contenuto consiste nell'aspettativa a ricevere una prestazione da parte dello Stato o degli altri soggetti pubblici.
La salute, come statuito dall'art. 32 Cost. rappresenta non solo un diritto primario dell'individuo ma anche un interesse preminente della collettività, che predispone a questo scopo adeguate strutture per la sua protezione.
In questa prospettiva, il diritto alla salute non si limita agli interventi diretti alla **cura** e alla **prevenzione** delle malattie, ma include:

> il diritto a beni di consumo e alimentari che non siano nocivi o pericolosi, a condizioni di lavoro che rispettino le misure igieniche e i parametri di sicurezza previsti dalla legge e, ancor più, si estende all'ambiente stesso di vita e di lavoro, configurandosi come diritto all'**ambiente salubre e non inquinato**;
> il diritto all'**assistenza sanitaria**, che garantisce a tutti i cittadini la possibilità di usufruire gratuitamente di ospedali e ambulatori pubblici. Spetta allo Stato, in particolare, intervenire per definire i **livelli essenziali delle prestazioni sanitarie**. Nel 1978 (con legge n. 833) è stato istituito il Servizio Sanitario Nazionale (SSN) a cui ogni cittadino è obbligatoriamente iscritto. Il SSN garantisce le prestazioni sanitarie attraverso le Aziende Sanitarie Locali (ASL).

Le cure mediche sono garantite dalla Costituzione anche a coloro che non sono in grado di sostenerne economicamente i costi.
I **trattamenti sanitari**, d'altro canto, devono rispettare l'integrità fisica del malato e vanno applicati nel rispetto della dignità e della riservatezza. Inoltre, il paziente ha diritto a essere informato dal medico degli effetti dei trattamenti, delle possibili alternative e degli eventuali rischi. Il **consenso informato** costituisce, di norma, legittimazione e fondamento del trattamento: senza il consenso informato del paziente, l'intervento del medico è, al di fuori dei trattamenti obbligatori o necessitati per legge, sicuramente illecito, anche quando è nell'interesse del paziente.

Sulla base di tale principio è stata approvata la L. 22-12-2017, n. 219 (*Norme in materia di consenso informato e di disposizioni anticipate di trattamento*), comunemente nota anche come **legge sul biotestamento**.
L'art. 1 L. 219/2017 stabilisce che "nessun trattamento sanitario può essere iniziato o proseguito se privo del consenso libero e informato della persona interessata, tranne che nei casi espressamente previsti dalla legge". Il paziente capace di agire ha, altresì, il diritto di rifiutare qualsiasi accertamento diagnostico o trattamento sanitario indicato dal medico per la sua patologia o singoli atti del trattamento stesso, nonché il diritto di revocare in qualsiasi momento il consenso prestato, anche qualora la revoca comporti l'interruzione del trattamento.
La legge introduce anche l'istituto delle **disposizioni anticipate di trattamento (DAT)**, concernenti le proprie volontà in materia di trattamenti sanitari, accertamenti diagnostici e scelte terapeutiche, espresse per l'ipotesi di una futura incapacità di autodeterminarsi.

La legge può imporre di **sottoporsi a trattamenti sanitari obbligatori (TSO)** solo se sono necessari alla tutela della salute collettiva, mai per tutelare la sola salute individuale: nessun trattamento può porsi in contrasto con i diritti fondamentali dell'individuo e il rispetto della persona umana.

5.10.2 Il diritto all'istruzione

L'art. 34 Cost. afferma che la **scuola** «*è aperta a tutti*» e, al co. 2, aggiunge che l'**istruzione inferiore**, «*impartita per almeno otto anni, è obbligatoria e gratuita*».
Il diritto di ricevere un'istruzione è così garantito all'intera collettività, senza distinzioni, come espressione del **principio di eguaglianza**. La Costituzione garantisce l'accesso a qualsiasi grado scolastico, sia ai cittadini che agli stranieri, rafforzando l'eguaglianza formale. Il principio di eguaglianza sostanziale, invece, trova piena soddisfazione nella gratuità dell'istruzione, in quanto lo Stato rimuove gli ostacoli a che tutti possano avere un'istruzione eguale e provvedendo a borse di studio, assegni e altri sostegni finanziari per permettere ai capaci e ai meritevoli, anche se privi di mezzi, di raggiungere i gradi più alti degli studi.
Le previsioni costituzionali in materia non si esauriscono, tuttavia, nell'art. 34 Cost. L'art. 33 Cost. infatti, attribuisce allo Stato il compito di dettare le **norme generali sull'istruzione**, oltre alla **fissazione dei livelli essenziali delle prestazioni** da fornire in materia (art. 117, co. 2, lett. *m*) Cost.). Lo Stato è, inoltre, obbligato a istituire scuole per tutti gli ordini e gradi, pertanto non può rinunciare a creare e mantenere un **sistema di istruzione scolastica pubblica.**
Allo stesso tempo, la Costituzione riconosce il diritto di enti e privati di istituire **scuole e istituti di educazione**, purché ciò avvenga **senza oneri per lo Stato**. Per quanto riguarda le scuole non statali che chiedono la parità, la legge deve assicurare a esse piena libertà e ai loro alunni un trattamento scolastico equipollente a quello degli alunni delle scuole statali.

La L. 10-3-2000, n. 62 riconosce che il sistema nazionale di istruzione è costituito dalle **scuole statali** e dalle **scuole paritarie private e degli enti locali**. L'art. 1-*bis* D.L. 5-12-2005, n. 250, conv. in L. 3-2-2006, n. 27, ha introdotto anche la figura della **scuola non statale non paritaria**.

Le stesse regole valgono per l'**istruzione universitaria** che anch'essa vede un sistema basato sul pluralismo. Accanto a istituti pubblici, infatti, attraverso cui lo Stato garantisce il diritto allo studio a tutti, ve ne sono di privati.
Il **diritto-dovere all'istruzione e alla formazione** si estende per almeno 12 anni o, comunque, sino al conseguimento di una qualifica di durata almeno triennale entro il diciottesimo anno di età. L'**obbligo di istruzione** è stato portato da otto a dieci anni dalla L. 296/2006.

5.10.3 La famiglia

La famiglia è la cellula originaria della società, la **prima formazione sociale all'interno della quale si svolge la personalità dell'individuo**, ancora prima di entrare nella scuola, in una comunità di lavoro, in associazioni, partiti, sindacati ecc. L'art. 29 Cost. infatti, qualifica la famiglia come **società naturale**, i cui diritti, poteri e facoltà sono riconosciuti dall'ordinamento repubblicano.
Gli **interventi dei pubblici poteri** (intendendosi per tali, di volta in volta, il legislatore, i giudici, gli apparati amministrativi) sono limitati, conseguentemente, ai casi:

- in cui i genitori siano incapaci di assolvere ai loro *doveri familiari* (art. 30, co. 2, Cost.);
- in cui sia necessario assicurare ai *figli nati fuori del matrimonio* ogni tutela giuridica e sociale compatibile con i diritti dei membri della famiglia legittima (art. 30, co. 3, Cost.). In tal senso si muove la L. 10-12-2012, n. 219, che ha eliminato l'antica

distinzione fra figli legittimi e figli naturali, consacrando il principio per il quale tutti i figli, anche quelli nati fuori del matrimonio, hanno lo stesso stato giuridico;

- in cui sia necessario garantire l'*unità familiare* (art. 29, co. 2, Cost.);
- in cui sia necessario definire la disciplina e i limiti della *ricerca della paternità* (art. 30, co. 4, Cost.), ambito nel quale vengono in rilievo il diritto del minore alla propria identità e l'interesse oggettivo dell'ordinamento alla verità sullo *status* personale di filiazione (si pensi ai figli nati da un incesto, che non possono essere riconosciuti e in relazione ai quali non sono ammesse ricerche sulla paternità o maternità);
- in cui sia necessario agevolare con misure economiche e altre provvidenze la *formazione della famiglia* e l'adempimento dei compiti relativi, con particolare riguardo alle famiglie numerose (art. 31, co. 1, Cost.);
- in cui sia necessario *proteggere la maternità, l'infanzia e la gioventù*, favorendo gli istituti necessari a tale scopo (art. 31, co. 2, Cost.).

La famiglia si fonda, per espressa formulazione del testo, sul **matrimonio**. La norma non caratterizza l'unione coniugale come indissolubile, e ciò ha reso possibile introdurre nel nostro ordinamento, con la L. 1-12-1970, n. 898, l'istituto del **divorzio** e della cessazione degli effetti civili del matrimonio concordatario.

Dopo un dibattito durato diversi anni e facendo seguito a sentenze di condanna della Corte europea dei diritti umani, nonché pronunce della Corte costituzionale, che invitavano il Parlamento a legiferare in materia, anche in Italia si è giunti, con la L. 20-5-2016, n. 76 (legge Cirinnà), alla disciplina delle **unioni civili**, intese come specifiche *formazioni sociali costituite da persone maggiorenni dello stesso sesso*, nonché delle **famiglie di fatto**, intese come unioni di due persone che, pur non avendo contratto matrimonio, convivono *more uxorio*, ovvero come se fossero sposate.

5.11 I diritti nella sfera economica

5.11.1 Il diritto al lavoro

L'art. 1 Cost. afferma che il lavoro è il **fondamento della Repubblica**. Ciò significa che il lavoro si colloca in posizione di preminenza fra i diritti e le libertà economiche, nel più ampio contesto di una **Costituzione economica** che ha carattere misto, con un sistema "aperto" in cui l'iniziativa privata e quella pubblica si pongono su di un piano di parità e operano in reciproca concorrenza.

Il diritto al lavoro – stabilisce l'art. 4 – è riconosciuto a tutti i cittadini e spetta allo Stato promuovere le condizioni che rendano effettivo questo diritto, tutelando il lavoro in tutte le sue forme e applicazioni – aggiunge l'art. 35 – e curando la **formazione** e l'**elevazione professionale** dei lavoratori. Ciascuno ha il «dovere» di svolgere, secondo le proprie possibilità e la propria scelta, un'attività o una funzione che concorra al progresso materiale o spirituale della società.

Il legislatore ordinario tutela tutte le fasi in cui il fenomeno lavorativo si articola, dall'accesso al lavoro, all'esercizio dello stesso con tutte le garanzie che favoriscano la sicurezza, sino a prevedere interventi e incentivi che ne garantiscano l'efficacia.

Dal canto suo, la Costituzione non ha tralasciato di salvaguardare i diritti dei lavoratori e lo ha fatto (art. 36 Cost.):

- riconoscendo il diritto a una **retribuzione** proporzionata alla quantità e qualità del lavoro prestato e in ogni caso sufficiente ad assicurare al lavoratore e alla sua famiglia un'esistenza libera e dignitosa;

- demandando al legislatore il compito di stabilire la **durata massima della giornata lavorativa**;
- prevedendo il diritto al **riposo settimanale** e alle **ferie annuali**, senza che il lavoratore abbia la possibilità di rinunziarvi.

Una speciale protezione è riservata a certi soggetti particolarmente deboli nel rapporto di lavoro: le **donne** e i **minori**. L'art. 37 Cost., infatti, non solo assicura un'assoluta parità di trattamento, riconoscendo alla donna lavoratrice gli stessi diritti e, a parità di condizioni, la stessa retribuzione spettante al lavoratore, ma esige che le condizioni di lavoro siano tali da consentire alla lavoratrice il normale assolvimento della sua funzione familiare (di moglie e di madre). Per quanto riguarda, invece, il lavoro minorile, è demandato al legislatore ordinario il compito di fissare il limite minimo d'età per il lavoro salariato e di dettare apposite norme mirate a salvaguardare soprattutto lo sviluppo psico-fisico del minore.

In armonia con i principi del moderno Stato assistenziale, l'art. 38 costruisce un *sistema di sicurezza sociale* basato sugli istituti dell'**assistenza** e della **previdenza**. L'art. 39 è dedicato alla **libertà sindacale**, sancita in via generale dall'art. 18 Cost., e riconosciuta sia ai lavoratori autonomi che a quelli subordinati. Tale libertà implica il diritto di ogni lavoratore di dar vita, insieme ad altri, ad associazioni sindacali, il diritto di creare più organizzazioni sindacali nell'ambito della stessa categoria, il diritto di non far parte di alcun sindacato.

Al legislatore ordinario è anche attribuito il compito di stabilire i limiti entro i quali ne possa essere consentito l'esercizio del **diritto di sciopero** (art. 40 Cost.), come strumento di autotutela esercitato dagli stessi lavoratori, ma s'è dovuto attendere fino al 1990 (L. 146/1990) perché tale disciplina prendesse finalmente corpo con l'introduzione del principio della cd. **limitazione «regolamentata» dello sciopero**, secondo il quale le forme di astensione collettiva dal lavoro, pur legittime, vanno messe in atto nel rispetto dei principi fondamentali dell'ordinamento e in modo che sia in ogni caso garantita la continuità dei cd. **servizi pubblici essenziali** (es. comunicazioni, presidi ospedalieri, servizi di pubblica sicurezza, igiene pubblica etc.).

5.11.2 La libertà di iniziativa economica

La Costituzione riconosce, all'art. 41, la libertà dell'iniziativa economica privata, ma pone subito il limite dell'**interesse collettivo**, in quanto nessuna attività d'impresa può svolgersi in contrasto con l'utilità sociale o in modo da recare danno alla salute, all'ambiente, alla sicurezza, alla libertà o alla dignità umana. Alla legge ordinaria è affidato il compito di determinare i programmi e i controlli opportuni perché l'attività economica pubblica e privata possa essere indirizzata e coordinata a fini sociali e ambientali.

L'art. 41, unitamente all'art. 9, è stato modificato dalla **L. cost. 1/2022**, che, riconoscendo il **principio di tutela dell'ambiente**, **della biodiversità**, **degli ecosistemi e degli animali**, ha stabilito che l'iniziativa economica privata non possa svolgersi in danno alla salute e all'ambiente, premettendo questi due limiti a quelli già vigenti, ovvero la sicurezza, la libertà e la dignità umana ed ha riservato alla legge la possibilità di indirizzare e coordinare l'attività economica, pubblica e privata, non più solo a fini sociali, ma anche ambientali.

Il diritto di libera iniziativa economica privata deve essere inteso come **libertà di concorrenza** fra i diversi soggetti in modo nonché che venga garantito il pluralismo e migliorata la qualità della produzione, per contenere i prezzi, per conseguire una più razionale e migliore utilizzazione delle risorse. La Costituzione riconosce in modo paritario sia le imprese private che pubbliche, le quali sono legate maggiormente agli indirizzi di politica economica del Parlamento e del Governo dovendo sviluppare le scelte aziendali nel rispetto delle direttive emanate dalle autorità politiche.
L'**intervento pubblico nell'economia** si può manifestare in forma diretta attraverso l'esercizio di attività economiche da parte di enti, di aziende, o società a prevalente capitale pubblico; o in forma indiretta a mezzo di incentivi, leggi di piano, atti di programmazione e di controlli.

5.11.3 Il diritto di proprietà e le sue limitazioni

L'art. 42 Cost. contiene le norme fondamentali in tema di proprietà, della quale riconosce la **funzione sociale** e sancisce la **libera accessibilità**, affermata in via generale e ulteriormente precisata con riferimento alla proprietà terriera, alla proprietà azionaria e a quella dell'abitazione.
La disposizione, in realtà, soprattutto se letta insieme ad altre norme costituzionali, sottintende una varietà di forme di proprietà e quindi di discipline.
Innanzitutto, la proprietà può essere **pubblica, privata o collettiva** (art. 43 Cost.).
Inoltre, è la legge a fissarne i modi di acquisto, di godimento e i limiti, che potranno essere opportunamente differenziati. La Costituzione esplicitamente o implicitamente fa riferimento, infatti, a **diverse forme di proprietà**:
- quella dei *beni economici* (art. 42 Cost.);
- la *proprietà terriera privata*, che può essere soggetta ad obblighi e vincoli, limitata nella sua estensione, soggetta a bonifica, frammentata in unità produttive più piccole a partire da latifondi, aiutata se di piccole o medie dimensioni (art. 44 Cost.);
- la *proprietà dell'abitazione* (art. 47 Cost.);
- la *proprietà di pacchetti azionari* dei grandi complessi produttivi (art. 47 Cost.);
- la *proprietà dei beni di interesse storico-artistico, paesaggistico e ambientale* (art. 9 Cost.);
- la *proprietà dei prodotti dell'ingegno artistico e scientifico* (art. 33 Cost.).

Capitolo 6
Sovranità popolare, diritti politici e partecipazione del popolo

6.1 La sovranità popolare e gli strumenti per il suo esercizio

L'art. 1 Cost. afferma solennemente che la sovranità, nell'ordinamento italiano, **appartiene al popolo**, che la esercita nelle forme e nei limiti previsti dalla Costituzione. La sovranità popolare non è, quindi, assolutizzata, come teorizzavano i democratici radicali giacobini, ma si svolge all'interno di una matura **democrazia pluralista**.
Così come configurata dalla Costituzione, la democrazia italiana assume due diverse forme:

- **democrazia rappresentativa**, quando il popolo esercita la sua sovranità non direttamente, bensì attraverso propri *rappresentanti* eletti in assemblee che esercitano poteri legislativi, di indirizzo politico, di controllo dell'operato del potere esecutivo;
- **democrazia diretta**, quando è lo stesso popolo, senza intermediari, a esercitare la sovranità, attraverso scelte di indirizzo politico che correggono od orientano l'attività degli organi costituzionali, in particolare del Parlamento.

6.2 I partiti politici nella Repubblica italiana

Negli Stati contemporanei un ruolo fondamentale di **intermediazione fra il popolo, titolare della sovranità, e i suoi rappresentanti, ai quali è concretamente delegato l'esercizio dei poteri sovrani**, è svolto dai *partiti politici*.
La disposizione di maggior rilievo, sotto quest'aspetto, è sicuramente l'art. 49 Cost., il quale afferma laconicamente che «*tutti i cittadini hanno diritto di associarsi liberamente in partiti per concorrere con metodo democratico a determinare la politica nazionale*».
L'espressione «*con metodo democratico*» significa che la **competizione fra i partiti deve essere libera**, avvenire, cioè, in forme non violente e garantendo parità di punti di partenza a tutti i competitori. D'altro canto, però, l'espressione non è stata interpretata nel senso di imporre un'**effettiva democrazia all'interno del singolo partito**.
Negli ultimi tempi, tuttavia, la distanza sempre più ampia fra elettori e partiti ha messo al centro dell'attenzione la questione della democraticità interna di questi ultimi, soprattutto per quanto concerne la **selezione delle candidature** sia ai vertici del partito che alle maggiori cariche elettive. In tale contesto si colloca l'esperienza delle **primarie**, ossia delle competizioni aperte ai soli iscritti ai partiti, o anche a esterni, volte appunto alla selezione delle candidature.

6.3 Il corpo elettorale e il diritto al voto

6.3.1 Il corpo elettorale: nozione

Si intende per corpo elettorale l'**insieme dei cittadini che godono dell'elettorato attivo**, ovverosia della capacità di votare e, quindi, principalmente, del diritto di eleggere i componenti delle assemblee elettive a livello sia nazionale che locale.
Sono elettori, ai sensi dell'art. 48 Cost., tutti i cittadini italiani (uomini e donne) che abbiano compiuto il diciottesimo anno d'età, ma il diritto di elettorato attivo può essere limitato per specifiche cause.
Spetta alla legge stabilire requisiti e modalità per l'esercizio del diritto di voto dei **cittadini residenti all'estero** e assicurarne l'effettività. A tale fine è istituita una **circoscrizione Estero** per l'elezione delle Camere, alla quale sono assegnati seggi nel numero stabilito da norma costituzionale e secondo criteri determinati dalla legge.
La Costituzione regola anche il cosiddetto **elettorato passivo**, che consiste nella capacità di ricoprire cariche elettive. Ai sensi dell'art. 51 Cost., tutti i cittadini (uomini e donne) possono accedere a cariche elettive e, come principio generale, chi può eleggere può anche essere eletto.

6.3.2 L'elettorato attivo

L'elettorato attivo, ai sensi dell'art. 48 Cost., richiede due soli requisiti positivi: la **cittadinanza italiana** e la maggiore età, che attualmente si consegue al compimento del diciottesimo anno di età.
Sussistono, inoltre, requisiti negativi la cui presenza esclude la capacità di votare. Tali requisiti sono:

> l'**esistenza di cause di indegnità morale**. In tale ambito rientra, attualmente (a seguito dell'abrogazione della norma che vi includeva anche la dichiarazione di fallimento), soltanto la sottoposizione, con provvedimento definitivo, a misure di prevenzione personali o a misure di sicurezza detentive o anche non detentive, finché durano gli effetti dei provvedimenti;
> una **sentenza penale irrevocabile** che comporti l'interdizione perpetua dai pubblici uffici, oppure la sottoposizione ad interdizione temporanea dai pubblici uffici, per tutto il tempo della sua durata.

L'art. 48, ultimo comma, Cost. contempla la possibilità (non l'*obbligo*) di limitare il diritto di voto anche per **incapacità civile**. Nell'originaria versione del D.P.R. 223/1967 (*Testo Unico per l'elettorato attivo*) si prevedeva, al primo comma dell'articolo 2 (punto n. 1), l'esclusione del diritto di voto per gli *interdetti* e per gli *inabilitati per infermità di mente.* Tale indicazione è stata rimossa dall'art. 11 L. 180/1978, eliminando dal nostro ordinamento ogni residua causa di limitazione del diritto di voto per incapacità civile.

6.3.3 La disciplina costituzionale del voto

Il voto, secondo quanto prevede l'art. 48 Cost., presenta le seguenti caratteristiche: personalità, uguaglianza, libertà e segretezza.
La **personalità** indica che ciascun elettore esercita il suo diritto recandosi personalmente alle urne per segnare la scheda elettorale.

Coloro che sono affetti da impedimenti di particolare gravità (ciechi, amputati delle mani, affetti da paralisi) possono, però, farsi assistere da un *accompagnatore* (art. 55, co. 2, D.P.R. 30-3-1957, n. 361), mentre quelli in dipendenza vitale da *apparecchiature elettromedicali* sono ammessi al voto nella loro dimora. i cittadini italiani residenti all'estero che intendano partecipare alle competizioni elettorali nella circoscrizione elettorale Estero, senza recarsi in Italia per votare, esercitano il loro diritto *per corrispondenza* (procedura, peraltro, estesa anche a tutti quei cittadini che si trovano temporaneamente all'estero per lo svolgimento delle loro professioni o attività).

L'**uguaglianza** implica che non sono consentiti i *voti plurimi*, che hanno maggior peso di altri, o i *voti multipli*, che possono cioè essere esercitati in più circoscrizioni da una stessa persona.
La **libertà** del voto comporta che esso *deve essere espresso senza indebiti condizionamenti, coartazioni o pressioni di origine esterna* che possano influenzarne la determinazione. In tale ottica si pongono le norme penali che sanzionano comportamenti miranti a realizzare tali finalità, come la promessa di denaro o altre utilità, l'abuso di ufficio, la violenza o minaccia ecc.
La **segretezza**, infine, è posta a tutela della libertà di votare. Viene in qualche modo limitata dalla già esaminata previsione di un accompagnatore per alcune categorie di votanti e dall'esercizio del voto per corrispondenza. Si parla a tal proposito di *forma di voto non presidiato*, a differenza del voto espresso presso postazioni di voto pubbliche e sorvegliate.

6.3.4 L'elettorato passivo e le ipotesi di limitazione: ineleggibilità, incompatibilità, incandidabilità

Di norma l'elettorato attivo e quello passivo coincidono. Tuttavia, nel nostro ordinamento il candidato alla carica di deputato alla Camera deve aver compiuto almeno 25 anni, mentre per il candidato senatore l'età minima richiesta è di 40 anni.

È, invece, scomparsa la differenza in precedenza esistente nell'elettorato attivo; sia i deputati che i senatori sono eletti da coloro che hanno compiuto 18 anni. Prima dell'approvazione della L. cost. 1/2021 ai diciottenni era consentito votare solo per la Camera mentre era necessario aver compiuto 25 anni per poter votare i membri del Senato.

Esistono, inoltre, alcuni limiti specifici all'elettorato passivo, che si identificano con le cause d'ineleggibilità e incompatibilità. Si tratta di *ipotesi eccezionali*, di stretta interpretazione, perché la regola è il libero accesso alle cariche elettive (art. 51 Cost.).
L'**ineleggibilità**, la cui disciplina è dettata dal D.P.R. 361/1957, è la condizione di chi, a causa della posizione occupata o dell'incarico ricoperto, può trovarsi in situazione d'indebito vantaggio nella competizione elettorale grazie al potere di condizionamento che può esercitare sugli elettori: è il caso, per esempio, dei Sindaci dei Comuni con popolazione superiore ai 20.000 abitanti, dei Presidenti delle Giunte provinciali, dei capi di Gabinetto dei Ministri, ma anche di alti funzionari pubblici, come il capo e vice capo della polizia, gli ispettori generali di pubblica sicurezza, i Prefetti e i viceprefetti, gli ufficiali generali delle Forze armate, i magistrati (esclusi quelli in servizio presso le giurisdizioni superiori).

Si distingue normalmente fra *ineleggibilità assoluta o relativa*, a seconda che il soggetto risulti ineleggibile su tutto il territorio nazionale o nella sola circoscrizione nella quale esercita la propria funzione.

Le suddette cause d'ineleggibilità, a parte quella riguardante i magistrati, che è assoluta e insanabile, non hanno effetto se le funzioni esercitate sono cessate almeno centottanta giorni prima della data di scadenza del quinquennio di durata delle Camere, o entro sette giorni successivi alla data di pubblicazione del decreto di scioglimento anticipato di oltre 120 giorni nella Gazzetta Ufficiale. In tali casi, evidentemente, il pericolo di avvantaggiarsi della posizione non sussiste.

L'ineleggibilità tutela la libertà di voto (art. 48 Cost.) e l'uguaglianza effettiva fra i candidati (art. 51 Cost.). Non mancano, tuttavia, situazioni d'ineleggibilità riconducibili all'esigenza di evitare lo scorretto esercizio delle funzioni parlamentari per la presenza di possibili **conflitti di interessi** derivanti dal contemporaneo esercizio di altre funzioni pubbliche o attività. Sono riconducibili a questa ipotesi, per esempio, sempre in base al D.P.R. 361/1957, i diplomatici, i consoli, i vice-consoli, eccettuati gli onorari, e in generale gli ufficiali, retribuiti o no, addetti ad ambasciate, legazioni e consolati esteri, tanto residenti in Italia quanto all'estero, nonché tutti coloro che abbiano impiego da Governi esteri; come pure coloro che in proprio o in qualità di rappresentanti legali di società o di imprese private risultino vincolati con lo Stato per contratti di opere o di somministrazioni, oppure per concessioni o autorizzazioni amministrative di notevole entità economica, che importino l'obbligo di adempimenti specifici, l'osservanza di norme generali o particolari protettive del pubblico interesse, alle quali la concessione o la autorizzazione è sottoposta.

Si parla d'**incompatibilità**, invece, quando il candidato all'elezione, una volta ottenuta la carica, è tenuto a scegliere fra la stessa e le altre cariche o attività in precedenza svolte o assunte.

Alcune ipotesi di incompatibilità sono previste direttamente dalla **Costituzione**. Oltre all'impossibilità di essere contemporaneamente deputato e senatore (art. 65), le norme costituzionali prevedono l'incompatibilità della carica di parlamentare:

- con l'ufficio di Presidente della Repubblica (art. 84);
- con la carica di componente del Consiglio Superiore della Magistratura, i cui membri non possono neppure far parte dei Consigli regionali (art. 104);
- con la carica di componente del Consiglio o della Giunta regionale (art. 122);
- con l'ufficio di giudice della Corte costituzionale (art. 135).

Costituisce un limite all'elettorato passivo anche la l'**incandidabilità**, ovvero il divieto di presentare la propria candidatura. In questi casi l'eventuale elezione del soggetto non candidabile è *nulla*.

Il divieto vige per le **elezioni provinciali, comunali e circoscrizionali** a carico di coloro che:

- siano stati condannati con sentenza passata in giudicato per alcuni gravi delitti (es. associazione mafiosa, abuso di potere, traffico di armi o stupefacenti);
- siano stati condannati per un reato non colposo a pena non inferiore a due anni;
- siano stati sottoposti a misure definitive di prevenzione per reati di stampo mafioso.

Un'ipotesi di incandidabilità per le **elezioni nazionali** è prevista per i rappresentanti alla Camera e al Senato da eleggere nella **circoscrizione Estero**. Possono, infatti, candidarsi esclusivamente i cittadini italiani che siano residenti ed elettori in una delle ripartizioni in cui è suddivisa la circoscrizione.

6.4 I sistemi elettorali

6.4.1 Sistemi maggioritari e sistemi proporzionali

Si intende per sistema elettorale l'insieme di norme e procedure che:

- determinano le modalità con cui gli elettori esprimono il voto;
- attribuiscono ai partiti e alle coalizioni presentatisi alle elezioni la rappresentanza negli organi rappresentativi;
- definiscono le modalità con cui i voti vengono tradotti in seggi.

Si parla di **formula elettorale**, più propriamente, per identificare il meccanismo di trasformazione dei voti in seggi assegnati. Le formule elettorali possono essere ricondotte alle due grandi famiglie del maggioritario e del proporzionale.
Nel **sistema maggioritario**, il partito o il candidato che ha ottenuto la maggioranza dei voti consegue il seggio o tutti i seggi assegnati in una determinata circoscrizione, mentre gli altri candidati e partiti non conseguono nulla, indipendentemente dal numero di voti ottenuti.
Le formule elettorali maggioritarie possono distinguersi in due tipologie:

- *plurality system*, in cui è sufficiente aver ottenuto la maggioranza relativa per conseguire il seggio in palio;
- *majority system*, in cui, per conseguire il seggio in palio, è necessario ottenere il 50,1% dei voti.

Nel **sistema proporzionale**, invece, i seggi elettorali vengono ripartiti fra tutti i partiti coinvolti nell'elezione, in proporzione dei voti ottenuti e in relazione all'effettiva distribuzione degli elettori in tutto il territorio nazionale.
Il funzionamento del sistema elettorale è influenzato anche dall'ampiezza del **collegio elettorale** in cui vengono ripartiti i seggi. I collegi possono essere **uninominali**, quando viene messo in palio un solo seggio; **plurinominali**, quando sono assegnati due o più seggi.
I sistemi maggioritari possono essere uninominali o plurinominali, i sistemi proporzionali necessariamente plurinominali. A seconda che nel collegio siano assegnati due o più seggi, aumenta la possibilità, nei sistemi proporzionali, che tutte le forze politiche siano adeguatamente rappresentate in proporzione dei voti ottenuti.

6.4.2 I sistemi elettorali adottati in Italia per l'elezione della Camera e del Senato

La disciplina del sistema elettorale adottato per la Camera e per il Senato è contenuta, rispettivamente, nel **D.P.R. 30-3-1957, n. 361** (*Testo unico delle leggi recanti norme per l'elezione della Camera dei deputati*) e nel **D.Lgs. 20-12-1993, n. 533** (*Testo unico delle leggi recanti norme per l'elezione del Senato della Repubblica*). Si tratta di due provvedimenti più volte modificati negli anni e che ora vanno letti alla luce delle novità introdotte con la L. 3-11-2017, n. 165 (cosiddetto *Rosatellum bis*) che ha reintrodotto un **sistema elettorale misto** in cui coesistono elementi di maggioritario e di proporzionale.

Quello attualmente vigente (D.P.R. 361/1957 come modificato dalla L. 165/2017) è un **sistema elettorale misto**, che riunisce una componente maggioritaria uninominale ed una proporzionale plurinominale. Il 36,8% dei seggi è attribuito attraverso **collegi uninominali**, in cui è proclamato eletto il candidato più votato, a prescindere dal numero di voti effettivamente riportati.

I seggi rimanenti, invece, sono attribuiti in **collegi plurinominali,** con metodo proporzionale tra le liste e le coalizioni di liste che abbiano superato le soglie di sbarramento: 3% per la singola lista e 10% per le coalizioni (all'interno delle quali, però, almeno una lista deve aver superato il 3%). In questo caso sono proclamati eletti i candidati della lista del collegio plurinominale secondo l'ordine di presentazione (**lista bloccata**), nel limite dei seggi cui la lista abbia diritto.
Nei collegi i vari partiti possono presentarsi da soli oppure riuniti in una **coalizione** che sostiene un candidato comune. È anche prevista la possibilità di concorrere in coalizione nel collegio uninominale e da soli nella quota proporzionale.
Con la finalità di promuovere le **pari opportunità fra donne e uomini** nell'accesso alle cariche elettive, nessuno dei due sessi può essere rappresentato per più del 60% dei candidati; la stessa percentuale si applica per i capilista.
La legge del 2017 ha riunificato la disciplina elettorale, per cui **quanto illustrato è sostanzialmente applicabile sia alla Camera che al Senato.** Le poche differenze riguardano il numero dei membri da eleggere e l'attribuzione dei seggi (al Senato è effettuata su base regionale, alla Camera su base nazionale). Al Senato, inoltre, è previsto il vincolo del numero minimo di senatori da assegnare (art. 57, co. 3, Cost.), in quanto nessuna Regione può avere un numero inferiore a 3, con le eccezioni del Molise (2) e della Valle d'Aosta (1).

6.4.3 L'elezione dei rappresentanti al Parlamento europeo

Il sistema di elezione dei rappresentanti italiani al Parlamento europeo è disciplinato dalla L. 24-1-1979, n. 18. Tale sistema presenta le seguenti caratteristiche:
- è **proporzionale puro**. Il totale dei voti raccolti dai partiti è diviso per il numero dei seggi in palio (attualmente 76), ottenendo il **quoziente naturale**;
- il risultato di ciascuna forza politica viene diviso per il quoziente, per ricavare il numero di seggi a essa spettante;
- accedono alla ripartizione dei seggi solo i partiti con almeno il 4% dei voti (**soglia di sbarramento**);
- sono in competizione **liste di partiti**, ma si possono esprimere fino a tre **preferenze**;
- il territorio nazionale è diviso in **cinque circoscrizioni**: Nord-Ovest, Nord-Est, Centro, Sud, Isole;
- nelle liste nessuno dei due sessi può essere rappresentato in misura superiore ai due terzi dei candidati (art. 3 L. 90/2004), per favorire l'aumento della rappresentanza femminile.

6.4.4 L'elezione dei Consigli regionali e comunali

Ancora diverso rispetto a quelli prima esaminati sono i sistemi elettorali adottati per le elezioni regionali e per quelle comunali; nel primo caso sono anche possibili degli adattamenti operati dalla singola Regione con propria legge elettorale. Con la riforma della L. 56/2014 non sono più previste elezioni a livello provinciale e per gli organi delle Città metropolitane).

6.4.5 Lo svolgimento del procedimento elettorale

Le elezioni delle nuove Camere hanno luogo entro 70 giorni dalla fine delle precedenti (art. 61, co. 1, Cost.). Il procedimento elettorale, che segue uno schema preciso, inizia con l'indizione dei comizi elettorali.

I **comizi elettorali** sono convocati con decreto del Presidente della Repubblica, previa deliberazione del Consiglio dei Ministri, pubblicato sulla Gazzetta Ufficiale non più tardi del quarantacinquesimo giorno antecedente la votazione.
A partire dalla data di convocazione dei comizi, la trasmissione di programmi radiotelevisivi di carattere politico deve avvenire in forme predefinite dalla legge (L. 22-2-2000, n. 28, anche nota come legge sulla *par conditio*), che mirano a garantire un **accesso paritario ai mezzi di informazione.**
Per partecipare alle elezioni, i partiti o i gruppi politici devono depositare presso il Ministero dell'Interno il **contrassegno**, che contraddistingue le liste. All'atto del deposito, le forze politiche possono effettuare il collegamento in una coalizione delle liste presentate e contestualmente depositano anche il **programma elettorale** e dichiarano la persona indicata come **capo della forza politica.**
La presentazione delle **candidature** è effettuata, fra il trentacinquesimo e il trentaquattresimo giorno antecedente la votazione, nell'ambito di ciascuna circoscrizione (alla Camera) o circoscrizione regionale (al Senato) per liste di candidati. La dichiarazione di presentazione delle candidature deve essere sottoscritta da un numero di elettori fissato dalla legge.
Gli elettori votano la domenica dalle ore 8 alle ore 22, e il giorno successivo dalle ore 7 alle ore 15. Al termine dello scrutinio viene redatto verbale che, insieme con la documentazione prevista dalla legge, è trasmesso all'**Ufficio centrale circoscrizionale**, istituito presso la Corte d'appello o il Tribunale nella cui giurisdizione è il Comune capoluogo della circoscrizione elettorale.
Gli Uffici centrali circoscrizionali, quindi, trasmettono i verbali all'**Ufficio centrale nazionale**, istituito presso la Corte di Cassazione, che procede a compiere le operazioni necessarie per l'**attribuzione dei seggi** alle liste e alle coalizioni. La **proclamazione degli eletti** viene effettuata, invece, dall'**Ufficio elettorale circoscrizionale** in base alle assegnazioni di seggio effettuate dall'Ufficio centrale nazionale.
La proclamazione degli eletti ha carattere temporaneo e reversibile, in quanto soggetta a **convalida** da parte della stessa Camera di appartenenza del parlamentare eletto. Tale verifica è svolta dalla **Giunta per le elezioni**, composta alla Camera da 30 e al Senato da 23 membri, scelti dal Presidente su indicazione informale dei gruppi parlamentari. Nell'ambito della verifica rientra anche l'**accertamento delle cause di ineleggibilità**, mentre il **giudizio sulle situazioni di incompatibilità** viene emesso dopo la convalida. L'ultima parola spetta all'Assemblea, che può rovesciare il verdetto della Giunta. In ogni caso, per il principio della separazione dei poteri, non è ammesso l'intervento della magistratura.

6.5 Esercizio diretto della sovranità: referendum, iniziativa legislativa e petizione

6.5.1 Il referendum

L'ordinamento costituzionale italiano prevede alcuni istituti attraverso i quali il popolo esercita la sovranità direttamente, senza la mediazione dei propri rappresentanti.
Questi istituti, che possono identificarsi nel referendum, nell'iniziativa legislativa e nella petizione, danno vita a forme di democrazia diretta. Il primo è indubbiamente il più significativo e interessante.

Sono previsti, sia a livello costituzionale che legislativo, diverse tipologie di referendum:

- **referendum abrogativo di leggi statali**, disciplinato dall'art. 75 Cost. Si rimanda al cap. 15, par. 9, per quanto riguarda la disciplina applicativa;
- **referendum costituzionale**, previsto in via eventuale nel procedimento di revisione costituzionale dall'art. 138 Cost.;

- **referendum regionali**, che gli Statuti di ciascuna Regione prevedono su leggi e provvedimenti amministrativi ai sensi dell'art. 123 Cost. Di fatto gli Statuti prevedono referendum abrogativi, soggetti a limitazioni più ampie di quelli statali, e referendum consultivi, di norma attivabili dal Consiglio regionale su proposte di atti normativi o questioni di interesse regionale;
- **referendum per la fusione di Regioni esistenti o per la creazione di nuove Regioni**, che costituiscono uno dei passaggi previsti dall'art. 132, co. 1, Cost. (iniziativa di Consigli comunali che rappresentino un terzo delle popolazioni interessate; approvazione della proposta mediante referendum da parte della maggioranza delle popolazioni interessate; pareri dei Consigli regionali interessati; legge costituzionale);
- **referendum per il passaggio di Comuni e Province da una Regione all'altra**, che si inseriscono nel relativo procedimento (richiesta dei Comuni e delle Province interessate; approvazione della maggioranza delle popolazioni della Provincia o delle Province interessate o del Comune o dei Comuni interessati espressa con referendum; parere dei Consigli regionali interessati; legge statale);
- **referendum per la creazione di nuovi Comuni o per la modifica di circoscrizioni e denominazioni**, che si inseriscono nel relativo procedimento (consultazione delle popolazioni interessate; legge regionale);
- **referendum sospensivo** previsto in via eventuale nell'ambito del procedimento di approvazione degli Statuti regionali disciplinato dall'art. 123 Cost.;
- **referendum contemplati dagli Statuti comunali e provinciali** su materie di esclusiva competenza locale, su iniziativa dello stesso ente locale o su richiesta di un numero adeguato di cittadini (art. 8 D.Lgs. 18-8-2000, n. 267). I referendum possono essere di qualunque tipo, abrogativi, consultivi, propositivi ecc.;
- **referendum di indirizzo in materia di unione politica europea**, istituto non contemplato dalla Costituzione e attivato una sola volta in via eccezionale a seguito della L. cost. 2/1989.

6.5.2 L'iniziativa legislativa popolare e la petizione

L'**iniziativa legislativa popolare** è la facoltà concessa al popolo di esercitare direttamente l'iniziativa legislativa mediante la proposta di un progetto redatto in articoli e sottoscritto da almeno cinquantamila elettori (art. 71 Cost.). La proposta, corredata dalle firme e accompagnata da una relazione che ne illustri le finalità e le norme, va presentata al Presidente di una delle Camere, che deve verificarne la regolarità (art. 71 Cost.; artt. 48 e 49 L. 25-5-1970, n. 352). L'iniziativa popolare deve essere esclusa nelle materie riservate all'iniziativa governativa, ossia in quelle espressamente attribuite dalla Costituzione al Governo (ad esempio, la legge di bilancio).

L'art. 74 Reg. Senato prevede che le competenti Commissioni debbano iniziare l'esame dei disegni di legge d'iniziativa popolare ad esse assegnati entro e non oltre 1 mese dal deferimento e concluderlo entro 3 mesi dall'assegnazione. Decorso tale termine, il testo è iscritto d'ufficio nel calendario dei lavori dell'Assemblea.

La **petizione popolare**, invece, è lo strumento attraverso il quale i cittadini si rivolgono alle Camere per chiedere provvedimenti legislativi o esporre comuni necessità. A differenza dell'iniziativa legislativa popolare, il diritto di petizione è un potere di stimolo che può essere esercitato, senza particolari formalità, da ogni cittadino, anche non elettore, che intenda sottoporre al Parlamento l'esigenza di provvedere su d'una situazione d'interesse generale (non sono ammesse petizioni su casi o problemi personali) o comunque d'interessarsi a quella situazione. Spetta, in ogni caso, alle Camere pronunciarsi sul punto.

Capitolo 7
Le forme di Governo e l'assetto istituzionale italiano

7.1 Nozione di forma di governo

Con l'espressione *forma di governo* si fa riferimento alle diverse **modalità di distribuzione del potere fra gli organi principali dello Stato e all'insieme dei rapporti che fra gli stessi intercorrono**. Diverse sono le forme di governo che si sono susseguite nel corso dei secoli, tutte legate indissolubilmente alla forma di Stato in un dato periodo storico esistente.
La forma di governo, quindi, indica quale soggetto istituzionale ha il compito di governare all'interno dell'apparato statale, descrivendo in che modo il relativo potere viene distribuito.

7.2 Dalla monarchia costituzionale alla forma di governo parlamentare

7.2.1 La monarchia costituzionale

La monarchia costituzionale si afferma nel passaggio dallo Stato assoluto allo Stato liberale nel XVII secolo, caratterizzandosi per la presenza di una **netta separazione fra le prerogative del Re, titolare del potere esecutivo, e quelle del Parlamento, titolare del potere legislativo**. Tuttavia, il Re, collocato al vertice dello Stato, può ingerirsi negli affari legislativi, esercitando il potere di sanzione delle leggi, nonché ingerirsi negli affari giurisdizionali, attraverso la nomina dei giudici e il potere di concedere la grazia e di commutare le pene.
Tale dualismo, nella ripartizione dei poteri, ha comportato che il loro equilibrio mutasse nel tempo al variare degli equilibri sociali. Il rafforzamento della borghesia, in particolare, ha comportato una maggiore forza del Parlamento, l'unico in grado di tutelarne gli interessi. Ed è in questo modo che si è verificato il **graduale passaggio** dalla monarchia costituzionale, caratterizzata da un potere forte del sovrano, **alla forma di governo parlamentare** in cui si è inserito un terzo organo fra il Re e il Parlamento: il Governo.

7.2.2 La fiducia parlamentare

Il **Governo** rappresentava il potere esecutivo, legato da un rapporto di fiducia con il **Parlamento**.
Se, però, in origine il Governo doveva ottenere una doppia fiducia – quella del Re e quella del Parlamento – nel quadro di un **sistema dualistico**, in cui il potere esecutivo era ripartito fra il Re e il Governo e il potere legislativo faceva capo al Parlamento, si

è successivamente passati a un **sistema monistico**, in cui il Governo ha un rapporto di fiducia esclusivamente con il Parlamento, rafforzatosi con l'ascesa dei ceti borghesi, mentre il Re è relegato a mero ruolo di garante. Il rapporto di fiducia fra Governo e Parlamento diviene basilare per la direzione politica del Paese.
Lo strumento attraverso cui tale sistema si è imposto è stato quello della *controfirma*, nata come attestazione da parte di un ministro della volontà del sovrano, e diventata nel tempo uno strumento per trasferire al Governo la responsabilità politica degli atti del Re. Dalla responsabilità politica del Governo il passo è stato breve per un sostanziale potere di determinazione del contenuto dell'atto stesso, che solo formalmente è imputato al capo dello Stato.

7.2.3 La forma di governo parlamentare

È **caratterizzata dal rapporto di fiducia intercorrente fra Governo e Parlamento**, in un sistema in cui il Governo è emanazione permanente del Parlamento. Il rapporto di fiducia si estrinseca nella possibilità del Parlamento di sfiduciare il Governo e costringerlo alle dimissioni. Tale sistema può comportare un'eccessiva instabilità del Governo, che si trova a essere continuamente esposto al rischio di perdere la fiducia parlamentare.
A partire dal secondo dopoguerra, in Europa, si è tentato di evitare un'eccessiva precarietà dei Governi, «costituzionalizzando» il funzionamento del sistema parlamentare, ovverosia disciplinandolo in norme costituzionali (*razionalizzazione del parlamentarismo*).
Esistono due diverse forme di parlamentarismo:

- il **parlamentarismo maggioritario**, che prevede un sistema politico bipolare, con due soli partiti o due poli formati da più partiti. La principale caratteristica di tale sistema è la *maggioranza politica* di cui gode il *Presidente del Consiglio*, sostenuto da una forte investitura popolare. Si parla infatti di *sistema a prevalenza del Governo*;
- il **parlamentarismo compromissorio**, che prevede un sistema politico multipolare, in cui esistono una *molteplicità di partiti* con differenze ideologiche e/o di programmi, ciò che rende difficile il potersi coalizzare e presentarsi uniti al corpo elettorale, se non dopo le elezioni, attraverso la formula del compromesso.

Solo dopo le elezioni i partiti sono obbligati a *concludere accordi* per formare una maggioranza politica, individuando sia la composizione del Governo – detto di *coalizione*, perché formato da tutti i partiti che fanno parte della maggioranza o perché ottiene la loro fiducia –, sia la persona che dovrà assumere la carica di Primo Ministro.

7.3 La forma di governo presidenziale e semipresidenziale

La forma di governo presidenziale è quella in cui il Capo dello Stato è eletto dall'intero corpo elettorale e presiede il Governo i cui membri sono da lui nominati. In tali sistemi di governo il Presidente, che ha un mandato temporale ben determinato, non può essere sfiduciato dal Parlamento. La **Repubblica presidenziale**, dunque, è una forma di governo in cui il potere esecutivo si concentra nella figura del Presidente, che è sia il **capo dello Stato** sia il **capo del governo**.
Negli ordinamenti a struttura presidenziale, i componenti del Governo sono responsabili soltanto nei confronti del Presidente, il quale li nomina e revoca discrezional-

mente; ne consegue che, di solito, il Governo non ha configurazione costituzionale autonoma, né tantomeno rilevanza giuridica esterna rispetto al Capo dello Stato.
L'esperienza più significativa di governo presidenziale è quella degli Stati Uniti d'America.
Nella **forma di governo semipresidenziale** (tipica dell'esperienza francese) il Capo dello Stato è eletto direttamente dal corpo elettorale e procede alla nomina del proprio Governo. Il mandato ha una durata stabilita e, sebbene il Presidente sia indipendente dal Parlamento, il Governo da lui nominato necessita della fiducia parlamentare.
Il sistema di governo è caratterizzato da una struttura bicefala in quanto esistono **due poteri** dominanti: il **Presidente della Repubblica** e il **Primo Ministro**. Il Presidente della Repubblica, in quanto eletto direttamente dal corpo elettorale, non ha bisogno della fiducia del Parlamento mentre il Primo Ministro, facendo parte del Governo, necessita della fiducia parlamentare.
La peculiarità del sistema comporta che, a seconda del potere in concreto predominante, si assisterà ad una diversa forma di governo semipresidenziale: a Presidenza forte o a prevalenza del Governo.

7.4 La forma di governo direttoriale

È adottata solamente dalla **Svizzera**, che ha la particolarità di essere formata da una **pluralità di comunità** etniche, linguistiche e religiose.
Essa è caratterizzata da una **concentrazione di poteri** nell'organo legislativo, con consequenziale prevalenza dello stesso. Accanto al **Parlamento** (Assemblea federale) esiste un **Direttorio** (Consiglio federale) formato da sette membri, che svolge contemporaneamente le funzioni di Governo e di Capo dello Stato.
L'Assemblea nomina il Consiglio federale che in tal senso «deriva» dall'organo legislativo; tuttavia, i due organi non sono legati da un rapporto fiduciario per cui la derivazione si esaurisce nel momento delle elezioni. Il Consiglio riceve un mandato irrevocabile e, pertanto, ha la garanzia di poter governare per un determinato periodo di tempo.

7.5 La forma di governo in Italia

La forma di governo vigente in Italia è quella **parlamentare**. Al centro del sistema si colloca il **Parlamento**, eletto direttamente dal popolo e titolare non soltanto della funzione legislativa, ma anche del compito di esprimere il Governo e di controllarne l'operato, assicurandone il permanente funzionamento nel permanere del rapporto di fiducia.
La rottura del rapporto di **fiducia fra Parlamento e Governo** comporta l'obbligo, per quest'ultimo, di dimettersi; tale ipotesi si verifica quando una delle due Camere presenti una mozione di sfiducia, ovvero quando il Governo pone la questione di fiducia, ottenendo il voto negativo anche di una sola delle due Camere.

Capitolo 8
Il Parlamento

8.1 La struttura del Parlamento

8.1.1 Concetti generali

Nel nostro Paese, come in tutti gli ordinamenti a base democratica, il Parlamento rappresenta, più di qualsiasi altro organo costituzionale, la volontà politica del popolo, dal quale è eletto a *suffragio universale*. Si comprende, perciò, come il Parlamento ricopra nel sistema costituzionale un ruolo di assoluta «centralità», esercitando, nel nome del popolo, la **funzione legislativa**, la **funzione di indirizzo politico** e quella di **controllo sull'attività di governo**, e altre funzioni ancora, considerate di secondo piano rispetto alle prime due, ma non per questo prive di rilevanza: particolarmente delicata, fra queste, è la funzione **giurisdizionale** che le due Camere sono chiamate a svolgere congiuntamente nei casi di messa in stato d'accusa del Presidente della Repubblica, per i reati di alto tradimento e attentato alla Costituzione.
Sotto il profilo strutturale il Parlamento italiano si compone della **Camera dei deputati** e della **Camera del Senato** (*sistema bicamerale*), entrambe elettive (art. 55, co. 1, Cost.). Le due Camere sono in **posizione di parità**, in quanto hanno la stessa durata – **cinque anni** (salva l'ipotesi dello scioglimento anticipato), allo scadere dei quali è necessario indire nuove elezioni –, esercitano identiche funzioni e godono delle stesse prerogative. Si parla, a tal proposito, di bicameralismo «pieno» o «perfetto».

La struttura del Parlamento può essere bicamerale (se formato da due Camere) o monocamerale (se formato da un'unica Camera). Esistono due forme di bicameralismo: il **bicameralismo perfetto**, che prevede una parità decisionale delle due assemblee (forma prevista nella nostra Costituzione); il **bicameralismo imperfetto**, secondo cui le due Camere hanno non solo una diversa composizione ma soprattutto poteri differenti, conferendo prevalenza ad una delle due.

Le differenze fra le due assemblee attengono solo alla loro composizione:
- la **Camera dei deputati** è composta da 400 membri (deputati), di età non inferiore a 25 anni ed eletti da chi ha raggiunto la maggiore età;
- il **Senato della Repubblica** è composto da 200 membri (senatori), di età non inferiore a 40 anni ed eletti da chi ha compiuto 18 anni d'età.

La L. cost. 18-10-2021, n. 1 ha *uniformato a 18 anni l'età minima per poter votare* entrambi i rami del Parlamento. In precedenza l'elettorato attivo era di 18 anni per la Camera e di 25 anni per il Senato.
La L. cost. 19-10-2020, n. 1, ha ridotto il numero dei parlamentari, che sono, a decorrere dalla XIX legislatura, 400 (in luogo di 630) alla Camera (di cui 8 eletti nella circoscrizione estero) e 200 (in luogo di 315) al Senato (di cui 4 eletti nella circoscrizione estero).

Il Senato, non è interamente elettivo, in quanto ne fanno parte anche:
- cinque senatori a vita nominati dal Presidente della Repubblica per meriti sociali, scientifici, culturali, artistici. La L. cost. 1/2020 ha precisato che il numero com-

plessivo dei senatori così nominati non può in alcun caso essere superiore a cinque (art. 59, co. 2, Cost. come modificato);
- gli *ex* Presidenti della Repubblica.

In ciascuna sua articolazione, il Parlamento è libero di disciplinare la propria organizzazione e il proprio funzionamento con dei **regolamenti interni**.

8.1.2 L'organizzazione interna delle Camere

Le Camere sono organizzate su base assembleare. Ciascuna di esse, quando si riunisce per la prima volta in assemblea, elegge i propri organi interni, che sono:
- il **Presidente dell'assemblea**, rispettivamente della Camera dei deputati e del Senato della Repubblica, eletto da ciascuna assemblea a maggioranza qualificata, con il compito di garantire il buon andamento dei lavori parlamentari e l'osservanza del relativo regolamento. È coadiuvato da un *Ufficio di presidenza*, che al Senato assume la denominazione di *Consiglio di presidenza*;
- le **Giunte**, organismi deputati a presiedere a una serie di funzioni specifiche affidategli in via definitiva ovvero al fine di formulare proposte per l'Aula. I membri sono nominati dal Presidente dell'assemblea cercando di rispettare il criterio della proporzionalità fra i vari gruppi parlamentari.

  Le Giunte attualmente previste sono:
  - la *Giunta per il regolamento*, con compiti di apportare modifiche ai regolamenti interni parlamentari ed esprimere pareri in merito a questione interpretative;
  - la *Giunta per le elezioni*, con compiti di verifica delle elezioni di ciascun deputato;
  - la *Giunta per le autorizzazioni a procedere*, con compiti di esaminare le richieste di arresto o limitazione della libertà personale di un parlamentare da parte dell'autorità giudiziaria e le autorizzazioni a procedere nei confronti del Presidente del Consiglio e dei Ministri per reati ministeriali (L. cost. 1/1989).

  Al Senato le ultime due Giunte sono riunite in un unico organismo, la *Giunta delle elezioni e delle immunità parlamentari*.
- le **Commissioni parlamentari**, che possono essere costituite occasionalmente per risolvere questioni di pubblico interesse (**Commissioni straordinarie**) o permanentemente, in seno a ciascuna Camera (anche se di prassi si tratta di Commissioni bicamerali), per la trattazione di materie come gli affari costituzionali, gli affari esteri, la giustizia, la difesa, il bilancio, il tesoro, la cultura, l'ambiente ecc. (**Commissioni permanenti**);
- i **Gruppi parlamentari**, che sono la proiezione dei partiti politici in Parlamento e svolgono un ruolo fondamentale nell'organizzazione di ciascuna Camera, ciascuno eleggendo il proprio Presidente con funzioni di indirizzo, sia nel corso di una discussione di una legge, sia nel caso della sua votazione.

8.2 Il funzionamento del Parlamento

8.2.1 Durata in carica

Il Parlamento dura in carica **cinque anni** (art. 60 Cost.). Il quinquennio viene chiamato *legislatura*. Di tale durata non è ammessa **proroga** se non per legge e soltanto in caso di *guerra*.

Diversa dalla proroga prevista per legge è l'istituto della ***prorogatio***, espressione del più generale **principio di continuità degli organi costituzionali**, per cui l'organo scaduto continua a esercitare le sue funzioni sino al suo rinnovo. La stessa Costituzione prevede che i poteri delle Camere siano prorogati finché non siano riunite le nuove Camere. Mentre la proroga è un istituto eccezionale che opera solo se prevista per legge, la *prorogatio* **opera automaticamente** dal momento dello scioglimento delle Camere sino alla prima riunione delle nuove.

Solo quando non riescono a trovare un accordo per sostenere il Governo, le Camere possono avere un periodo di vita più breve: in tal caso, infatti, il Presidente della Repubblica può procedere, nell'impossibilità di rinvenire un'altra maggioranza in Parlamento, con lo **scioglimento anticipato** delle Camere.

8.2.2 Sedute parlamentari e deliberazioni

La convocazione delle Camere spetta al Presidente di ciascuna assemblea, ad un terzo dei membri che la compongono e al Presidente della Repubblica. La prima riunione delle Camere è prevista entro il 20° giorno dalle elezioni.
Le riunioni (cosiddette **sedute**) sono pubbliche, e quindi aperte a qualsiasi mezzo di comunicazione; solo in casi eccezionali sono previste **sedute segrete**, onde garantire l'autonomia del Parlamento, come ad esempio per l'approvazione del bilancio interno di ciascuna Camera.
Le **deliberazioni** sono adottate mediante votazioni. Per essere valide, le deliberazioni devono essere prese, da ciascuna Camera, alla presenza della maggioranza (metà più uno) dei componenti – cd. *quorum* strutturale (o numero legale), che si presume esistente fino a che non ne venga richiesta la verifica – e con il voto favorevole della maggioranza relativa dei presenti (cd. quorum *funzionale*), salvo che sia prescritta una maggioranza speciale (come avviene, ad esempio, per l'adozione dei regolamenti e delle relative modifiche).
Le votazioni avvengono a **scrutinio palese** (per alzata di mano, per appello nominale o mediante procedimento elettronico o per schede), salvi i casi in cui sia espressamente prevista la possibilità di richiedere lo **scrutinio segreto**, il cui principale inconveniente è il fenomeno dei "franchi tiratori" (parlamentari che, pur avendo votato la fiducia al Governo, gli negano il consenso su singoli progetti di legge).
Gli **astenuti** sono conteggiati ai fini del numero legale, ove questo debba essere accertato; ma sono considerati come non presenti nel computo della maggioranza richiesta per la deliberazione.

8.2.3 Il Parlamento in seduta comune

L'art. 55 Cost. prevede che, nei soli casi stabiliti dalla Costituzione, le due Camere si riuniscono in seduta comune. Il Parlamento in seduta comune è presieduto dal Presidente della Camera dei deputati.
I casi previsti possono essere estrinsecazione di una funzione elettiva o di una funzione accusatoria.
Costituiscono estrinsecazione della **funzione elettiva**:
- l'elezione del Presidente della Repubblica;
- l'elezione di un terzo dei membri del Consiglio Superiore della Magistratura;
- l'elezione di cinque giudici costituzionali;

- la votazione dell'elenco dei cittadini dal quale si sorteggiano i membri aggregati alla Corte costituzionale per intervenire nei giudizi di accusa contro il Presidente della Repubblica.

Costituisce, invece, estrinsecazione della **funzione accusatoria** la messa in stato d'accusa del Presidente della Repubblica per alto tradimento o attentato alla Costituzione.

8.3 Lo *status* dei parlamentari

8.3.1 Il divieto del mandato imperativo

Stabilisce l'art. 67 Cost. che ogni membro del Parlamento rappresenta la Nazione ed esercita le sue funzioni senza vincolo di mandato.
Questo precetto codifica il *divieto del mandato imperativo*, per cui l'eletto riceve da suoi elettori un mandato generale, in virtù del quale non ha alcun impegno giuridicamente vincolante nei loro confronti, ma solo una responsabilità politica. Gli elettori non gli possono impartire istruzioni né lo possono revocare; possono solo *non rieleggerlo* al termine del mandato (sempre che si ricandidi).

8.3.2 Le prerogative parlamentari

I parlamentari hanno uno *status* particolare, legato alla delicata funzione che sono chiamati a svolgere e in forza del quale godono di prerogative *irrinunciabili* e *indisponibili* (Corte cost., sent. nn. 9/1970 e 390/2007), finalizzate a salvaguardare il libero esercizio delle funzioni parlamentari.
In primo luogo, i parlamentari, sia in sede penale che civile che amministrativa, *non possono essere perseguiti per le opinioni espresse o i voti dati nell'esercizio delle loro funzioni* (art. 68, co. 1, Cost.), e ciò per garantire l'ordinario e, soprattutto libero, esercizio delle stesse. L'**insindacabilità** (o **irresponsabilità**) **delle opinioni espresse** dura anche dopo la cessazione della carica, ma non si estende alle affermazioni rese come un qualsiasi privato cittadino, e dunque non riconducibili funzionalmente alla carica ricoperta.
In secondo luogo, l'art. 68, co. 2 stabilisce che, senza l'autorizzazione della Camera cui appartengono, i membri del Parlamento *non possono essere sottoposti a misure restrittive della propria libertà personale o domiciliare.* L'**immunità penale** (o **inviolabilità**) è temporalmente legata all'esercizio delle funzioni parlamentari e, dunque, limitata alla circostanza che il parlamentare sia ancora in carica.

Sino al 1993, i parlamentari hanno goduto di una speciale tutela giuridica, in virtù della quale non potevano essere penalmente perseguiti senza autorizzazione della Camera d'appartenenza, salvo che fossero colti in flagranza di reato. Quest'istituto, però, è stato spesso strumentalizzato per sottrarre certi parlamentari alla giustizia, sicché con L. cost. 29-10-1993, n. 3, sull'onda dell'inchiesta "Mani pulite", il testo dell'art. 68 Cost è stato modificato.
Oggi, pertanto, la magistratura può avviare indagini a carico di un parlamentare senza dover più aspettare l'autorizzazione a procedere da parte del Parlamento; inoltre, può procedere all'arresto del parlamentare in presenza di una sentenza irrevocabile di condanna, nonché trarre in arresto il parlamentare che sia colto nell'atto di commettere un delitto per il quale sia previsto l'arresto obbligatorio in flagranza.

Nemmeno è possibile, senza la preventiva autorizzazione della Camera di appartenenza, sottoporre a *perquisizione personale o domiciliare* il parlamentare, né procedere ad *intercettazioni di conversazioni o comunicazioni* e a *sequestro della corrispondenza.*

8.4 Le funzioni del Parlamento

8.4.1 La funzione legislativa (rinvio)

La funzione legislativa è l'**attività di preparazione, esame e approvazione delle leggi**. Il procedimento legislativo è l'insieme degli atti, collegati gli uni agli altri, previsti dalla Costituzione e posti in essere da ciascuna Camera in sede di formazione di una legge. L'art. 72, infatti, esplicitamente afferma che la funzione legislativa è esercitata collettivamente dalle due Camere.
Le diverse fasi dell'attività legislativa saranno illustrate in sede di esame delle fonti dell'ordinamento italiano.

8.4.2 La funzione di indirizzo politico

Questa funzione tende alla determinazione dei grandi obiettivi della politica nazionale e alla scelta degli strumenti per conseguirli. All'attività di indirizzo politico concorrono sia i **partiti politici** che formano la maggioranza, sia il **corpo elettorale** che, scegliendo i propri rappresentanti in Parlamento, partecipa alla linea politica che il futuro Governo intraprenderà, sia, evidentemente, lo stesso **Parlamento** la cui funzione di indirizzo politico si manifesta tramite le leggi dallo stesso poste in essere.
Nella funzione di indirizzo politico rientra la **mozione**, atto a iniziativa non individuale (sono necessari un presidente di Gruppo parlamentare o dieci deputati alla Camera e otto senatori al Senato), che attiva un procedimento che si conclude con una votazione in assemblea. Di norma, la mozione definisce indirizzi al Governo. Le più importanti sono la **mozione di fiducia** e quella di **sfiducia** con le quali si concede e si revoca la fiducia al Governo.

8.4.3 La funzione di controllo

Quella di controllo è una funzione extralegislativa tendente a far valere la responsabilità politica del Governo nei confronti del Parlamento attraverso i seguenti istituti:

> l'**interrogazione**. Si tratta di una domanda scritta che un membro della Camera rivolge al Governo allo scopo di conoscere la veridicità o meno di uno specifico fatto;

> l'**interpellanza**. Consiste, anche questa, in una domanda scritta, ma non su dei fatti, bensì sui motivi e gli intendimenti del Governo relativamente alla sua condotta politica;

> le **inchieste parlamentari**. Sono indagini svolte da Commissioni di inchiesta su materie di pubblico interesse, per far acquisire alle Camere elementi utili per giudicare la condotta del Governo. Le Commissioni possono essere istituite presso ciascuna Camera, ma di prassi sono bicamerali e formate proporzionalmente alla consistenza dei gruppi parlamentari.

Le Commissioni parlamentari di inchiesta hanno i **poteri** – dei quali incontrano però i relativi limiti – **dell'autorità giudiziaria**, dovendo, da un lato, garantire tutti i diritti processuali previsti in tale ambito, quali ad esempio il diritto di difesa, e dall'altro esercitare i poteri tipici della magistratura requirente, quali i poteri di indagine e di ricerca della prova.

8.5 L'approvazione del bilancio

Al bilancio dello Stato si applicano le seguenti regole:

- l'obbligo di rispettare il **principio del pareggio**, o meglio dell'**equilibrio fra entrate e spese**, tenendo conto delle fasi avverse e delle fasi favorevoli del ciclo economico (art. 81, co. 1, Cost.);
- il **divieto di indebitamento** da parte dello Stato, tranne che al fine di considerare gli **effetti del ciclo economico** e, previa autorizzazione delle Camere adottata a maggioranza assoluta, al verificarsi di **eventi eccezionali** (art. 81, co. 2, Cost.). Gli enti territoriali possono indebitarsi solo per spese di investimento, ma alla condizione che per il complesso degli enti di ciascuna Regione sia rispettato l'equilibrio di bilancio;
- il principio della **solidarietà finanziaria fra tutte le pubbliche amministrazioni**;
- l'**obbligo di copertura finanziaria delle leggi** di spesa (art. 81, co. 4, Cost.), in virtù del quale la legislazione, qualora importi nuove o maggiori spese, deve anche indicare i mezzi per farvi fronte;
- la necessità per il Parlamento di **approvare annualmente, con legge, il bilancio e il rendiconto consuntivo** presentati dal Governo (art. 81, co. 5, Cost.). La norma contiene una riserva di legge assoluta (*con legge*) e prevede un'iniziativa legislativa riservata al Governo, l'unico organo che può presentare il relativo disegno di legge;
- la previsione dell'**esercizio provvisorio** nel caso in cui il Parlamento non approvi il bilancio entro il 31 dicembre.

Capitolo 9
Il Presidente della Repubblica

9.1 Il ruolo del Capo dello Stato nell'ordinamento italiano

Il Presidente della Repubblica è il Capo dello Stato e rappresenta l'unità nazionale. Il ruolo che è chiamato ricoprire differisce a seconda della forma di governo, potendo assumere una funzione di organo di garanzia costituzionale oppure di organo governante. Nel sistema costituzionale italiano sono attribuite al Presidente della Repubblica **funzioni di garanzia e di controllo**.
Secondo quanto affermato dalla Corte costituzionale (sent. n. 1/2013), il Presidente della Repubblica si colloca «*al di fuori dei tradizionali poteri dello Stato e, naturalmente, al di sopra di tutte le parti politiche*», con competenze che incidono su ognuno di questi poteri, «*allo scopo di salvaguardare, ad un tempo, sia la loro separazione che il loro equilibrio*», e con attribuzioni che «*non implicano il potere di adottare decisioni nel merito di specifiche materie, ma danno allo stesso gli strumenti per indurre gli altri poteri costituzionali a svolgere correttamente le proprie funzioni, da cui devono scaturire le relative decisioni di merito*».

9.2 L'elezione del Presidente della Repubblica

Stabilisce l'art. 84 Cost. che può essere eletto Presidente della Repubblica ogni *cittadino italiano*, che abbia *cinquanta anni* di età e il godimento dei *diritti civili e politici*.
L'ufficio di Presidente della Repubblica è incompatibile con qualsiasi altra carica. Per evitare conflitti di interessi, pertanto, chi è eletto Capo dello Stato deve dimettersi da qualsiasi altro incarico di natura pubblica o privata.
L'elezione spetta al **Parlamento in seduta comune**, preferendosi questa soluzione a quella di un'investitura popolare diretta da parte del corpo elettorale. Si tratta di un meccanismo assolutamente coerente con il carattere parlamentare della nostra Repubblica e mirata, dopo la dolorosa esperienza del ventennio fascista, a non mettere un "eccessivo potere" nelle mani di un solo uomo.
Alla votazione partecipano anche **tre delegati per ogni singola Regione** (tranne la Valle d'Aosta che ne invia solo uno), in modo che vengano rispettate le prerogative di partecipazione delle forze regionali di minoranza.
L'**iniziativa dell'elezione** spetta al Presidente della Camera, che, trenta giorni prima della scadenza del mandato presidenziale, convoca il Parlamento in seduta comune integrato e ne presiede la seduta. Se le Camere sono sciolte o mancano meno di tre mesi alla loro cessazione, l'elezione del nuovo Presidente avviene ad opera delle nuove Camere entro quindici giorni dalla loro prima riunione e i poteri del Capo dello Stato "uscente" sono prorogati fino all'elezione del nuovo Presidente.
L'elezione avviene a **scrutinio segreto** con la maggioranza dei due terzi dell'assemblea per i primi tre scrutini, mentre dal quarto scrutinio in poi è richiesta una **maggioranza assoluta**, ovvero la maggioranza più uno. La **maggioranza qualificata** è richiesta per

evitare che il Presidente sia espressione della sola maggioranza politica e il limite dei tre scrutini, invece, è necessario a evitare un prolungamento eccessivo dei tempi di votazione.
Il primo atto presidenziale è il *giuramento di fedeltà* di fronte al Parlamento in seduta comune.
Il Presidente della Repubblica **dura in carica sette anni** e la lunghezza del mandato è necessaria per svincolarlo dalla maggioranza politica che lo ha eletto. Può essere rieletto.
La carica presidenziale **cessa** per conclusione del mandato, per morte, dimissioni o impedimento permanente, per decadenza nel caso di perdita di uno dei requisiti di eleggibilità o destituzione, per effetto di condanna per reato di alto tradimento e di attentato alla Costituzione.

9.3 La controfirma ministeriale

L'art. 89 Cost. prevede che tutti gli atti del Presidente della Repubblica siano controfirmati dai Ministri proponenti, che ne assumono la responsabilità, soprattutto politica di fronte al Parlamento. Gli atti aventi valore legislativo (decreti legge e decreti legislativi) e gli altri indicati dalla legge sono controfirmati anche dal Presidente del Consiglio dei Ministri. La controfirma è condizione di validità di ogni atto presidenziale ed ha valore di controllo sull'atto del Presidente da parte del Governo.
Gli atti per cui è necessaria la controfirma ministeriale sono di due tipi:

- **atti formalmente presidenziali ma sostanzialmente governativi**: sono predisposti dal Governo e dai singoli Ministri e la controfirma trasferisce la responsabilità politica dal Presidente al Ministro controfirmante;
- **atti formalmente e sostanzialmente presidenziali**: sono predisposti esclusivamente dal Presidente della Repubblica di cui egli stesso è considerato pienamente responsabile; la controfirma assume una funzione di controllo di legittimità sull'atto del Capo dello Stato da parte del Governo.

Sono esclusi dalla controfirma gli **atti personalissimi** del Presidente della Repubblica quali le sue dimissioni, i messaggi non formali, e gli atti compiuti quale Presidente del Consiglio Superiore della Magistratura e del Consiglio Superiore di Difesa.

9.4 Le prerogative del Presidente della Repubblica

Il Presidente della Repubblica gode di un'**irresponsabilità politica**, in virtù della quale non può essere chiamato a rispondere degli atti posti in essere nell'esercizio delle sue funzioni (art. 90 Cost.). Evidentemente tale irresponsabilità può essere soltanto politica ed è caratterizzata dall'istituto della controfirma ministeriale.
Diverso il discorso per le altre forme di **responsabilità giuridica**. Per gli atti posti in essere nell'esercizio delle sue funzioni, infatti, il Capo dello Stato è penalmente responsabile nell'ipotesi di **alto tradimento** e **attentato alla Costituzione**, laddove siano posti in essere comportamenti che violano il giuramento di fedeltà o le disposizioni costituzionali. In questi casi, il Presidente della Repubblica è *messo in stato di accusa* dalla maggioranza del Parlamento in seduta comune, mentre la competenza a giudicare è attribuita alla Corte costituzionale integrata.

Per **alto tradimento** deve intendersi qualsiasi comportamento doloso (ossia cosciente e volontario) che offenda o ponga in pericolo la personalità interna e internazionale dello Stato (es. un'intesa con altri Stati finalizzata a ledere gli interessi della nazione), mentre nel concetto di **attentato alla Costituzione** rientrano tutti quei comportamenti (dolosi) finalizzati a sovvertire le istituzioni democratiche e, in ogni caso, a violare la Costituzione.

Per gli atti, invece, che non riconducibili all'esercizio delle funzioni presidenziali, il Presidente della Repubblica è chiamato a rispondere come qualsiasi privato cittadino, restando non disciplinato espressamente se durante il suo mandato debba comunque essere riconosciuta l'improcedibilità.

9.5 I poteri del Presidente della Repubblica

Il Presidente della Repubblica è titolare di diversi poteri e funzioni che possono distinguersi in *poteri di controllo* e di freno rispetto agli altri poteri dello Stato; *poteri di stimolo* e d'impulso all'attuazione della Costituzione; *poteri* tendenti alla *copertura* e al *regolare funzionamento* degli altri organi costituzionali e, infine, *poteri residuali* che, per ragioni storiche, sono ancora del Presidente. In primo luogo, il Presidente della Repubblica ha il potere di **promulgare le leggi**, quale atto di indirizzo politico costituzionale che dà esecutorietà alla legge approvata dai due rami del Parlamento.
Spetta al Capo della Stato l'**autorizzazione alla presentazione dei disegni di legge governativi**, approvati dal Consiglio dei Ministri. Il controllo del Presidente della Repubblica è preventivo alla formazione della legge, ma ha lo stesso contenuto di quello successivo, cioè la promulgazione. Infatti, il Presidente può rifiutare l'autorizzazione per illegittimità costituzionale o per vizio di merito costituzionale.
Il Presidente ha altresì il potere di **emanare i decreti aventi valore di legge e i regolamenti**: trattasi di un controllo di legittimità costituzionale.
Egli rappresenta lo Stato nei rapporti internazionali, accredita e riceve le rappresentanze diplomatiche e **ratifica i trattati** a seguito della legge di autorizzazione delle Camere.
Ha il **comando delle forze armate**, di cui deve garantire la non aggressività e il rispetto dei principi che garantiscono la libertà e l'uguaglianza della persona umana.
Ha la **presidenza** del Consiglio Supremo di Difesa e del Consiglio Superiore della Magistratura.
Per la soluzione delle **crisi di Governo**, il Presidente dispone di due poteri specifici: lo scioglimento anticipato delle Camere e il potere di nomina del Presidente del Consiglio.
La **nomina del Presidente del Consiglio** è il frutto della funzione di intermediazione politica del Presidente della Repubblica: da un lato, infatti, il Capo dello Stato nomina il nuovo capo del Governo il quale, dall'altro, deve ottenere la fiducia dalle Camere entro dieci giorni dalla sua formazione.
Allo **scioglimento anticipato delle Camere**, invece, il Capo dello Stato può procedere qualora esista un conflitto fra le due Camere o, in generale, come risoluzione di conflitti politici che possono insorgere fra il Parlamento e gli altri organi costituzionali. Il Presidente è totalmente libero in questo potere e lo esercita sentito il parere dei due Presidenti delle Camere, che è obbligatorio ma non vincolante. L'unica limitazione è rappresentata dal cd. **semestre bianco**, ovverosia dagli ultimi sei mesi di mandato

presidenziale in cui non è possibile esercitare il citato potere di scioglimento anticipato delle Camere, salvo che coincidano in tutto o in parte con gli ultimi 6 mesi della legislatura.
Al Capo dello Stato spettano anche poteri di impulso e di stimolo all'attuazione della Costituzione, quale il potere di **inviare messaggi alle Camere** non solo in occasione del rinvio di una legge, ma anche in altre situazioni, per esprimere qualunque sua opinione.
Ancora, il Capo dello Stato ha il potere di **nomina dei senatori a vita**. Ciò è espressione di un potere discrezionale del Capo dello Stato, a differenza degli ex Presidenti della Repubblica che vantano un diritto a ricoprire la carica di senatore a vita al termine del loro mandato senza necessità di nomina.
Al Presidente è attribuito anche il potere di concedere la **grazia** e **commutare le pene**. La grazia è un **atto di clemenza** di esclusiva competenza del Capo dello Stato a beneficio di una singola persona e non generale come l'amnistia e l'indulto. La commutazione è un atto che consente di trasformare una pena detentiva in un'altra meno afflittiva.

9.6 Gli atti del Presidente della Repubblica

Gli atti del Presidente della Repubblica si distinguono in atti formalmente e sostanzialmente presidenziali, atti sostanzialmente governativi ma formalmente presidenziali e atti formalmente presidenziali ma sostanzialmente complessi.
Sono **atti formalmente e sostanzialmente presidenziali** quelli posti in essere individualmente dal Capo dello Stato senza l'intervento del Governo e allo stesso solamente imputabili.

Rientrano in questa categoria:
- gli **atti di nomina** dei *cinque senatori a vita*, fra cittadini che abbiano illustrato la Patria per altissimi meriti nel campo sociale, scientifico, artistico e letterario e dei *cinque giudici costituzionali*;
- il **rinvio delle leggi**: il Presidente della Repubblica ha il potere di rinviare alle Camere la deliberazione di una legge tramite un messaggio motivato in cui spiega le ragioni del rinvio;
- i **messaggi presidenziali**: il Presidente della Repubblica può inviare messaggi cd. *liberi* alle Camere, nel senso che gli stessi non hanno un contenuto vincolato;
- le **esternazioni atipiche**: manifestazioni del pensiero del Presidente della Repubblica rivolte, solitamente, all'opinione pubblica e al popolo, quali i messaggi alla nazione;
- la **convocazione straordinaria delle Camere**: in ipotesi eccezionali in cui, ad esempio, si rischia una paralisi dell'attività del Parlamento onde garantire il funzionamento delle istituzioni costituzionali contro eventuali prevaricazioni della maggioranza.

Sono **atti formalmente presidenziali ma sostanzialmente governativi** quelli predisposti dal Governo o dai singoli Ministri (si pensi alla ratifica dei trattati internazionali).
Sono, infine, **atti formalmente presidenziali ma sostanzialmente complessi** (o duumvirali) quelli il cui contenuto è deliberato dal Capo dello Stato, ma alla cui determinazione sostanziale concorre anche la volontà manifestata da altri organi. Rientrano in questa categoria gli atti relativi alla formazione del Governo e lo scioglimento anticipato delle Camere.

9.7 La supplenza del Presidente della Repubblica

Tutte le volte in cui il Presidente della Repubblica non può adempiere alle proprie funzioni l'art. 86 Cost. prevede che queste siano svolte dal Presidente del Senato tramite l'istituto della supplenza.
Se l'impedimento è solo **temporaneo**, come nel caso di malattia o di viaggio all'estero, il Presidente del Senato è legittimato a esercitare le funzioni presidenziali fino alla cessazione dell'impedimento. Nel momento in cui termina l'impedimento anche la supplenza viene meno e il Presidente della Repubblica riacquista il pieno esercizio delle sue funzioni.
Se, invece, l'impedimento è **permanente**, come nel caso di morte o dimissioni o di malattia irreversibile, il Presidente della Camera deve avviare il procedimento per l'elezione del nuovo Presidente della Repubblica, indicendo la elezione del nuovo Presidente della Repubblica entro quindici giorni, salvo il maggior termine previsto se le Camere sono sciolte o manca meno di tre mesi alla loro cessazione.

Capitolo 10
Il Governo e la Pubblica Amministrazione

10.1 Le vicende dell'Esecutivo

10.1.1 Ruolo istituzionale, formazione e fiducia parlamentare

Il Governo è l'organo costituzionale in cui si accentra la **direzione politica dello Stato**. L'art. 92 Cost. ne disciplina la composizione e la nomina, stabilendo, al co. 1, che il Governo della Repubblica è formato dal Presidente del Consiglio e dai Ministri, che costituiscono insieme il Consiglio e dai Ministri e, al co. 2, demandando al Capo dello Stato il potere di nominare il Presidente del Consiglio e, su proposta di questo, i Ministri.
Si tratta, dunque, di un **organo costituzionale complesso**, per la cui formazione la prassi ha visto l'affermazione di un istituto non riconosciuto dalla Costituzione: l'**incarico per la formazione del Governo**, il cui conferimento precede la nomina del Presidente del Consiglio.
Il procedimento di formazione ha inizio quando, dopo la conclusione delle elezioni politiche o l'apertura di una crisi di Governo, il Presidente della Repubblica procede alle **consultazioni**, nell'ambito delle quali incontra i Presidenti dei Gruppi parlamentari, i segretari dei partiti politici, i Presidenti delle Camere e gli ex Presidenti della Repubblica, nonché tutte le altre personalità che ritenga utile sentire per conoscere le posizioni dei partiti in ordine alla formazione del nuovo Governo. Terminate le consultazioni, l'incarico di formare il Governo viene conferito al soggetto che si ritiene sarà il nuovo Presidente del Consiglio, il quale accetta di solito con riserva. Questa si scioglie al termine dell'individuazione della lista di Ministri da proporre per la nomina e del programma da presentare in aula per ottenere la fiducia del Parlamento.
Il **programma** è l'atto con il quale il Governo indica gli obiettivi che si propone di raggiungere nel periodo in cui guiderà il Paese e i mezzi in cui si servirà per raggiungerli.
A questo punto il Presidente della Repubblica **nomina** con proprio decreto il Presidente del Consiglio e i Ministri. L'atto è controfirmato dal Presidente del Consiglio entrante. Tutti devono prestare **giuramento** nelle mani del Presidente della Repubblica; con tale atto non solo termina il procedimento di formazione del Governo ma lo stesso viene formalmente immesso nell'esercizio delle sue funzioni.
Entro dieci giorni dalla sua formazione, il Governo deve presentarsi alle Camere per ottenere la **fiducia**, condizione risolutiva per l'entrata in vigore del nuovo Esecutivo. La fiducia è accordata o revocata da ciascuna Camera mediante **mozione motivata e votata per appello nominale**, cioè con voto palese, in quanto il Paese deve conoscere l'orientamento dei suoi rappresentanti, che assumono così una precisa responsabilità politica di fronte al corpo elettorale (art. 94, co. 1-3, Cost). La fiducia, peraltro, può essere richiesta dal Governo (apposizione della cd. **questione di fiducia**) per verificare la maggioranza, per combattere l'ostruzionismo o, infine, per quegli atti legislativi necessari ad attuare l'indirizzo politico dell'Esecutivo. In tal caso, qualora il provvedimento non sia approvato, cioè non ottenga la fiducia, sorge per il Governo l'obbligo

delle dimissioni (crisi di Governo); in difetto, il Presidente della Repubblica deve revocare il Governo e conferire un incarico per la formazione di un altro Governo.

10.1.2 La crisi di Governo

Si ha **crisi di governo** in tutti i casi in cui il Governo è obbligato a dimettersi a causa della rottura del rapporto di fiducia con il Parlamento.
Si distingue tra crisi parlamentari ed extraparlamentari.
Si verificano le **crisi parlamentari** quando una Camera, o entrambe, negano la fiducia al Governo. A prescindere dalla fiducia iniziale, ciò può accadere se le Camere approvano una **mozione di sfiducia** – questa deve essere firmata da almeno un decimo dei componenti della Camera e non può essere messa in discussione prima di tre giorni dalla sua presentazione (art. 94, co. 5, Cost.) – oppure il Governo pone la questione di fiducia su propri provvedimenti e la fiducia gli viene negata.
Le **crisi extraparlamentari**, invece, si aprono a seguito delle dimissioni volontarie del Governo causate da una crisi politica: per esempio, conseguenti alla decisione di un partito di ritirarsi dalla coalizione di Governo o a causa della pressione dei sindacati con scioperi generali contro il Governo.

10.2 La struttura del Governo

10.2.1 Il Presidente del Consiglio dei Ministri

Al vertice del Governo è posto il Presidente del Consiglio dei Ministri, il quale dirige la politica generale dell'Esecutivo, della quale è responsabile, e mantiene l'*unità di indirizzo politico e amministrativo*, promuovendo e coordinando l'attività dei Ministri (art. 95 Cost.).
Funzionale a tale compito è il potere di impartire direttive ai Ministri per l'attuazione delle delibere del Consiglio, di sospendere i provvedimenti ministeriali contrastanti con l'attuazione dell'indirizzo politico, di richiedere relazioni e verifiche amministrative al Ministro competente, di disporre l'istituzione di Comitati di Ministri ovvero di gruppi di studio e di lavoro.

In ipotesi di assenza o impedimento temporaneo del Presidente, la supplenza spetta al **Vicepresidente del Consiglio** più anziano: non è una figura prevista dalla Costituzione, ma introdotta dalla L. 400/1988, che ha attribuito al Presidente del Consiglio il potere di proporre al Consiglio dei Ministri l'attribuzione delle funzioni di vice ad uno o più Ministri. Il Vicepresidente più anziano, tuttavia, può occuparsi, nel caso d'impedimento del Presidente, dei soli affari urgenti e non procrastinabili senza grave danno pubblico.

10.2.2 I Ministri, i sottosegretari e i Viceministri

I Ministri possono essere **con o senza portafoglio**, a seconda che abbiano o non abbiano un dicastero alle loro dipendenze. Nel secondo caso, possono essere messi a capo di uno dei dipartimenti in cui si articola la Presidenza del Consiglio (ad esempio, dipartimento della funzione pubblica, dipartimento degli affari regionali ecc.).

I Ministri con portafoglio si collocano al vertice dei Ministeri e hanno carattere bifronte, cioè doppia natura: *organi di governo* e *organi amministrativi*. Ciò in quanto i dicasteri sono le principali ripartizioni dell'amministrazione statale. Questi si avvalgono, per lo svolgimento delle loro funzioni, di speciali uffici di diretta collaborazione con carattere consultivo, talora a base rappresentativa di ambiti sociali e professionali (istituiti e disciplinati con regolamento *ex* art. 17, co. 4-*bis*, L. 400/1988).
Spetta alla legge determinare il numero, le attribuzioni e l'organizzazione dei Ministeri (art. 95, co. 3, Cost).
I principali collaboratori dei Ministri sono i **Sottosegretari di Stato**, nominati con decreto del Presidente della Repubblica, su proposta del Presidente del Consiglio, di concerto con il Ministro che sono chiamati a coadiuvare, e sentito il Consiglio dei Ministri. I Sottosegretari giurano nelle mani del Presidente del Consiglio. Le loro attribuzioni sono determinate con decreto. I Sottosegretari non agiscono in vece dei Ministri. Tuttavia sostituiscono i Ministri in caso di loro assenza o impedimento.
A non piùdi dieci Sottosegretari (art. 10 L. 400/1988) può essere attribuito il titolo di **Viceministri**: ciò consente la *delega di funzioni relative a uno o più dipartimenti, a una più direzioni generali o relative a compiti speciali*, con decreto del Ministro competente, previa deliberazione del Consiglio dei Ministri, su proposta del Presidente del Consiglio dei Ministri.

10.2.3 Il Consiglio dei Ministri

Il Consiglio dei Ministri è l'**organo collegiale nel quale si assumono le decisioni più importanti dell'attività del Governo**. Ad esso spettano le *funzioni di indirizzo politico*, il *potere normativo* (che si esplica soprattutto attraverso l'adozione di regolamenti) e *compiti di indirizzo e coordinamento* (art. 2, L. 400/1988).
Tra le molteplici attività svolte da quest'organo rientrano l'elaborazione del programma del Governo, l'approvazione dei progetti di legge, dei decreti legge e dei regolamenti governativi, la nomina degli alti funzionari dello Stato e degli enti pubblici, la risoluzione dei conflitti fra i Ministri, l'annullamento degli atti amministrativi illegittimi, le deliberazioni relative all'indirizzo politico e alle questioni su cui il Governo richiede la fiducia del Parlamento.
Con finalità di cooperazione e coordinamento in materie che coinvolgono le competenze tecniche di più Ministeri, sono stabilmente costituiti organi di raccordo, detti **Comitati interministeriali**, non previsti dalla Costituzione, ma con funzioni di grande importanza (si pensi, ad es. al CIPESS – Comitato interministeriale per la programmazione economica e lo sviluppo sostenibile).
Altra struttura di coordinamento dell'attività dei Ministri è il **Consiglio di Gabinetto** un organo collegiale che si compone del Presidente del Consiglio e dei Ministri da lui designati e ha funzioni preparatorie del lavoro in seno al Consiglio dei Ministri.

10.3 La responsabilità dei membri del Governo

Per inquadrare tale tipologia di responsabilità è necessario fare riferimento a due diverse disposizioni costituzionali:
> l'art. 95, co. 2, Cost., che disciplina la **responsabilità politica individuale e collegiale** dei membri del Governo, per cui l'attività collegiale del Governo e quella indivi-

duale del singolo Ministro si raccordano all'unitario obiettivo della realizzazione dell'indirizzo politico, a determinare il quale concorrono Parlamento e Governo;
- l'art. 96 Cost., secondo il quale il Presidente del Consiglio dei Ministri e i Ministri, anche se cessati dalla carica, sono sottoposti, per i reati commessi nell'esercizio delle loro funzioni, alla giurisdizione ordinaria, previa autorizzazione del Senato o della Camera, secondo le norme stabilite con legge costituzionale.

10.4 Il funzionamento del Governo

Il Governo è un **soggetto politicamente unitario**, responsabile per l'attività posta in essere, essa stessa necessariamente unitaria e omogenea. Onde garantire detta unità e omogeneità, la Costituzione fa leva sulla **competenza collegiale del Consiglio dei Ministri** a determinare la politica generale del Governo e sulla **competenza del Presidente del Consiglio a dirigerla**. Il coordinamento dell'attività ministeriale è di fondamentale importanza onde evitare che i singoli Ministri agiscano individualmente senza tener conto della linea politica generale.
Gli strumenti di garanzia dell'unità politica e amministrativa del Governo vengono disciplinati dalla L. 400/1988 – sull'attività del Governo e l'ordinamento della Presidenza del Consiglio dei Ministri, più volte modificata nel corso degli anni –, che concentra le decisioni di politica generale nel Consiglio dei Ministri e attribuisce al Presidente del Consiglio i poteri relativi al funzionamento dello stesso Consiglio.
Il Presidente del Consiglio ha la rappresentanza dell'intero Governo, controfirma le leggi e gli atti aventi forza di legge, tiene i contatti con il Presidente della Repubblica, assume le decisioni proprie del Governo nei procedimenti legislativi e manifesta all'esterno la volontà del Governo.

10.5 Le Agenzie pubbliche

Le Agenzie sono strutture pubbliche con **compiti di carattere tecnico-operativo di rilievo nazionale**, che operano in generale al servizio delle amministrazioni pubbliche e possono essere dotate di autonomia organizzativa e contabile.
I rapporti con le Agenzie, alle quali è preposto un Direttore generale, e l'amministrazione pubblica di riferimento (es. un Ministero) sono disciplinati per mezzo di una convenzione. I limiti, finanziari e organizzativi alla loro autonomia sono fissati dalla legge e sono soggette al controllo della Corte dei conti. Il Ministro competente (o l'organo politico territoriale di riferimento) esercita poteri di indirizzo e di vigilanza.

Si ricordano fra le più note Agenzie attualmente operative: le cd. *Agenzie fiscali* (entrate, dogane, demanio); l'*Agenzia spaziale italiana* (ASI); l'*Agenzia nazionale per la sicurezza del volo* (ANSV); l'*Agenzia nazionale per i servizi sanitari regionali* (AGENAS); l'*Agenzia nazionale di valutazione del sistema universitario e della ricerca* (ANVUR); l'*Agenzia per la rappresentanza negoziale* (ARAN); l'*Agenzia per la promozione all'estero e l'internazionalizzazione delle imprese italiane* (ICE); l'*Agenzia nazionale per il turismo all'estero* (ENIT); l'*Agenzia per l'Italia digitale* (AgID); l'*Agenzia nazionale per le politiche attive del lavoro* (ANPAL). In ogni Regione è presente un'*Agenzia regionale per la protezione ambientale* (ARPA) e un'*Agenzia regionale per l'impiego.*

10.6 Le funzioni amministrative e la Pubblica Amministrazione

L'attività amministrativa è definita come quell'**attività pratica che lo Stato svolge per curare gli interessi pubblici che assume nei propri fini** (Zanobini). Questi ultimi, però, sono in precedenza determinati in sede politica, ragion per cui l'attività amministrativa non è libera nel suo svolgimento, ma vincolata ai fini prefissati dagli organi politici: più precisamente, il legislatore stabilisce l'interesse pubblico da perseguire, lasciando all'organo amministrativo un margine più o meno ampio di scelta sul modo per farlo (la cosiddetta *discrezionalità*). In ordine a tale scelta l'organo deve ponderare l'interesse pubblico affidato alle sue cure (*interesse primario*) con gli altri interessi, pubblici o privati (*interessi secondari*), per stabilire se questi ultimi devono recedere di fronte al primo.

10.7 L'amministrazione pubblica nella Costituzione

Nella Costituzione la disciplina della Pubblica Amministrazione è collocata all'interno del *Titolo Terzo* della *Parte Seconda* dedicata al Governo. La *Sezione Prima* di questo Titolo è dedicata al Consiglio dei Ministri, mentre sono fondamentali i due articoli della *Sezione Seconda*, che individuano i principi che reggono l'attività della Pubblica Amministrazione e dei pubblici impiegati: l'art. 97 e l'art. 98.
Dalle disposizioni sopra richiamate si possono ricavare i principi che presiedono allo svolgimento dell'attività amministrativa:

> il **principio di legalità** (art. 97 Cost.), che regola i rapporti fra legge e attività amministrativa. Esso può essere inteso in tre diverse accezioni: *in senso debolissimo*, significa semplicemente che la legge costituisce il limite dell'attività amministrativa, che con essa non si può porre in contrasto, *in senso debole*, significa che la legge è il fondamento del potere amministrativo (*legalità formale*) mentre in *senso forte*, significa che la legge deve anche disciplinare le finalità, i criteri di esercizio e le modalità dell'agire pubblico (*legalità sostanziale*);
> il **principio di imparzialità** (art. 97 Cost.). Si tratta di un canone generale dell'azione amministrativa che riguarda sia l'organizzazione che l'attività. Per quanto riguarda quest'ultimo profilo un'amministrazione è imparziale quando nel perseguire l'interesse pubblico che gli viene affidato dalla legge sia in grado di *considerare e ponderare tutti gli altri interessi coinvolti*, pubblici e privati, in modo tale che il risultato di tale azione massimizzi l'interesse pubblico affidato senza determinare un sacrificio irragionevole e non proporzionato all'obiettivo da perseguire degli altri interessi coinvolti;
> il **principio di buon andamento** (art. 97 Cost.). Tale principio include i criteri di *efficienza*, che rapporta le risorse impiegate al risultato ottenuto, di *efficacia*, che raffronta gli obiettivi prefissati con gli obiettivi raggiunti, e di *economicità*, che ottimizza le risorse disponibili in funzione degli obiettivi da raggiungere, e di *celerità*, che impone di non aggravare il procedimento laddove non sia strettamente necessario.

A quelli ricavabili dal testo costituzionale vanno aggiunti anche i **principi di trasparenza e di pubblicità** che, pur non essendo esplicitamente menzionati, sono ricavabili da una lettura sistematica del testo costituzionale e comunque previsti da disposizioni legislative (L. 241/1990 e D.Lgs. 33/2013).
L'esclusività del servizio reso alla Nazione, contemplata dal primo comma dell'art. 98 Cost., deve intendersi come servizio reso alla collettività di cui all'art. 54 Cost., nel suo complesso. Connesso e pertinente al principio del servizio esclusivo è il **dovere di fedeltà** alla Repubblica, che concerne tutti i cittadini e non i soli pubblici impiegati.

Capitolo 11
Il sistema giurisdizionale

11.1 I principi costituzionali che disciplinano l'attività giurisdizionale

11.1.1 La funzione giurisdizionale nella Costituzione

La funzione giurisdizionale è diretta all'**applicazione delle norme giuridiche per la risoluzione delle controversie fra cittadini o fra cittadini e Stato**: il compito di far rispettare la legge è affidato alla magistratura, formata dall'insieme di tutti gli organi della giustizia civile, penale e amministrativa che, nel loro complesso, costituiscono il **potere giudiziario**.
Si definisce **processo** la sequela di atti attraverso i quali si svolge l'attività giurisdizionale. Se il **processo civile** inizia a opera di un soggetto privato, il quale chiama in giudizio un altro soggetto in quanto inadempiente agli obblighi derivanti da un contratto o da un precedente obbligo non contrattuale, nel **processo penale**, finalizzato ad accertare la responsabilità del presunto reo, l'azione è esercitata dal Pubblico ministero.
L'esercizio della giurisdizione, particolarmente in ambito penale, può comportare gravi limitazioni della libertà personale. Perciò la Costituzione stabilisce una serie di principi e vincoli volti ad assicurare che la funzione giurisdizionale sia espletata in modo corretto e imparziale (artt. 101-113 e 24 e 25 Cost.).

11.1.2 Il giudice naturale

L'art. 25, co. 1, Cost. afferma che nessuno può essere distolto dal giudice naturale precostituito per legge. Secondo il **principio della precostituzione**, spetta al legislatore ordinario predeterminare – sulla base di criteri certi e oggettivi di **competenza territoriale, di valore o di materia** – l'organo giurisdizionale competente a giudicare.
La disposizione intende annullare la discrezionalità del capo dell'ufficio giudiziario nell'assegnare gli incarichi e **garantire l'imparzialità dell'indagine e del giudizio**.

11.1.3 Il divieto di istituzione di giudici speciali o straordinari

L'art. 102 Cost., al co. 1 – dopo aver affermato che la funzione giurisdizionale è esercitata da *magistrati ordinari*, istituiti e regolati dalle norme sull'ordinamento giudiziario – vieta l'istituzione di **giudici speciali o straordinari**, ma permette di costituire presso gli organi giurisdizionali ordinari **sezioni specializzate**, per giudicare in merito a materie di elevata tecnicità, come nel caso dei Tribunali per i minorenni o dei Tribunali delle acque pubbliche.

11.1.4 Il diritto alla tutela giurisdizionale

In ossequio al principio di uguaglianza, l'art. 24 Cost. riconosce a tutti, e quindi anche agli stranieri e agli apolidi, il **diritto di agire in giudizio** per la tutela dei propri diritti e interessi legittimi. Il diritto di adire le vie giudiziarie è reso effettivo anche per i **non abbienti**, che non potrebbero permettersi i costi di una difesa tecnica (il patrocinio a spese dello Stato, meglio noto come **gratuito patrocinio**).

Alle parti processuali, e in casi eccezionali anche ai terzi estranei al processo, è accordata la **facoltà di impugnare** la sentenza emessa in prima istanza da un giudice e di chiedere un nuovo giudizio al fine di correggere la pronuncia precedente, ove questa sia viziata da errori procedimentali o di valutazione. Il giudizio è però rinnovabile una sola volta (**principio del doppio grado di giurisdizione**). Concluso anche il secondo grado di giudizio, alle parti è consentito richiedere solo un controllo di legalità delle prime due fasi, tramite il *ricorso alla Corte di Cassazione.*

11.1.5 Il diritto di difesa e la riparazione degli errori giudiziari

L'art. 24 Cost. sancisce l'*inviolabilità* del diritto di difesa in qualsiasi stato e grado del procedimento.

Il diritto di difesa si specifica nella facoltà di avvalersi della **difesa tecnica** (quella prestata da un avvocato), nonché nell'**effettiva partecipazione al processo**, da cui deriva il diritto di essere informati delle vicende processuali e di far valere innanzi al giudice le proprie ragioni.

L'ultima parte dell'art. 24 demanda al legislatore ordinario il compito di determinare le condizioni e i modi per la **riparazione degli errori giudiziari**, nel caso che una condanna penale irrevocabile venga poi riconosciuta come ingiusta e posta nel nulla da un *giudizio di revisione.*

11.1.6 Il principio del contraddittorio e l'obbligo di motivazione dei provvedimenti giurisdizionali

L'art. 111, co. 2, Cost. esige che ogni processo si svolga nel contraddittorio fra le parti, in condizioni di parità, e afferma che *«il processo penale è regolato dal principio del contraddittorio nella formazione della prova»* (art. 111, co. 4, Cost.).

Il **principio del contraddittorio** ha lo scopo di assicurare alle parti, in posizione paritaria, la possibilità di costituirsi in giudizio e svolgere, in quella sede, le rispettive difese. Ciò vale, vieppiù, nel processo penale, ove la raccolta degli elementi probatori deve avvenire secondo regole che garantiscano l'intervento delle parti (imputato, difensore, Pubblico ministero) nella sede in cui la prova è acquisita.

Costituisce una garanzia fondamentale per il cittadino anche l'**obbligo di motivazione** sancito dall'art. 111 Cost., ai sensi del quale tutti i provvedimenti giurisdizionali – qualunque sia la loro forma (sentenza, decreto, ordinanza) – devono essere motivati. La motivazione, infatti, rende trasparente l'azione giudiziaria e costituisce uno strumento di difesa strutturale per le parti in causa nel processo, le quali sono poste nella condizione di poter chiedere il riesame del provvedimento giurisdizionale a un giudice di grado superiore.

11.1.7 L'obbligatorietà dell'azione penale

Sancita dall'art. 112 Cost., l'obbligatorietà dell'azione penale si specifica nell'obbligo d'indagare sulla commissione dei reati e di sottoporre i risultati delle indagini all'organo giudicante. Si tratta di una garanzia posta a presidio dell'uguaglianza di tutti i consociati di fronte alla legge. Se infatti la repressione dei reati non fosse obbligatoria, ma rimessa alla discrezionalità dello Stato, si lascerebbe allo Stato l'inaccettabile libertà di scegliere quali condotte illecite perseguire e quali non perseguire. Simile incertezza si tradurrebbe in grave pregiudizio per la stabilità dell'ordine pubblico.
L'organo statale incaricato di esercitare l'azione penale è il **Pubblico ministero**, istituito presso i Tribunali, le Corti di Appello e la Corte di Cassazione.

11.1.8 Il giusto processo

L'art. 111 Cost. (nel testo modificato dalla L. cost. 2/1999) afferma i principi del cosiddetto *giusto processo*, alla stregua dei quali il processo deve svolgersi nel **contraddittorio fra le parti**, in condizioni di parità, davanti al giudice terzo e imparziale, e deve esserne assicurata la **ragionevole durata**.
Il processo è regolato dal **principio del contraddittorio** nella formazione della prova. La colpevolezza dell'imputato non può essere provata sulla base di dichiarazioni rese da chi, per libera scelta, si è sempre volontariamente sottratto all'interrogatorio da parte dell'imputato o del suo difensore.

11.1.9 La partecipazione del popolo all'amministrazione della giustizia

La partecipazione popolare all'esercizio della funzione giurisdizionale – prevista dall'ultimo comma dell'art. 102 Cost. – trova la sua massima espressione nella composizione delle **Corti di Assise** e delle **Corti di Assise di Appello**, dove i giudici popolari – estratti a sorte da apposite liste comunali fra cittadini in possesso dei requisiti prescritti dalla legge – sono chiamati a giudicare, a lato di due magistrati di carriera, i più gravi reati (es. omicidio).

11.2 Giudici ordinari e giudici speciali

Il sistema giurisdizionale italiano è caratterizzato dalla presenza di una **giurisdizione ordinaria** e di una **giurisdizione speciale**.
La funzione giudicante esercitata dalla magistratura ordinaria è costituita da un numeroso **corpo di giudici** classificati in due gruppi:

> quelli appartenenti alla **giurisdizione civile**, alla quale sono devolute le controversie che insorgono fra privati in merito alla pretesa violazione di un diritto soggettivo.

  Sono organi della giurisdizione civile il **Giudice di pace** e il **Tribunale**, quali giudici di primo grado, e la **Corte di Appello**, quale giudice di secondo grado, dinanzi a cui si possono impugnare le decisioni del Tribunale. Le decisioni del Giudice di pace, invece, possono essere appellate innanzi allo stesso Tribunale. Giudice civile di ultima istanza, infine, è la **Corte Suprema di Cassazione**, con sede in Roma e giurisdizione di legittimità (eccezionalmente anche di merito) estesa a tutto il territorio nazionale;

- quelli appartenenti alla **giurisdizione penale**, chiamata a giudicare su di una persona accusata di aver commesso un reato.

Gli organi della giurisdizione penale si distinguono in giudicanti e requirenti.
Sono *organi giudicanti* di primo grado il **Giudice di pace**, il **Tribunale**, la **Corte di assise**; mentre organi giudicanti di secondo grado sono la **Corte di appello** e la **Corte di assise di appello**. Giudice di ultima istanza è, anche in materia penale, la **Corte Suprema di Cassazione**.
Gli *organi requirenti* sono i **Pubblici ministeri**, che esercitano l'azione penale per l'accertamento dei reati e la condanna dei loro autori.

La distinzione fra i due ordini di giurisdizione è determinata dalla legge e, a monte, dalla Costituzione che vieta l'istituzione di **giudici speciali** (art. 102 Cost.), anche se all'art. 103 fa salvi quelli già disciplinati dalla legislazione pre-repubblicana. Della giurisdizione speciale fanno parte la *magistratura amministrativa* e *tributaria*, la *Corte dei conti* e i *Tribunali militari*.
Alla **giurisdizione amministrativa** sono devolute le controversie in cui si faccia questione di interessi legittimi e, nelle materie indicate dalla legge, di diritti soggettivi, concernenti l'esercizio o il mancato esercizio del potere amministrativo, con riguardo a provvedimenti, atti, accordi o comportamenti riconducibili all'esercizio di tale potere, posti in essere da pubbliche amministrazioni.

Sono giudici amministrativi, in primo luogo, i **Tribunali amministrativi regionali** (TAR), organi giurisdizionali di primo grado, competenti in tutte le controversie che insorgono fra Pubbliche Amministrazioni, o fra le pubbliche amministrazioni e i privati. Giudice amministrativo di seconda istanza è il **Consiglio di Stato**, dinanzi al quale è possibile impugnare le decisioni dei TAR.
Il processo dinanzi al giudice amministrativo è attualmente disciplinato dal D.Lgs. 104/2010 (*Codice del processo amministrativo*).

La giurisdizione tributaria è esercitata dalle **Commissioni tributarie**, cui spetta risolvere conflitti fra cittadini e amministrazione finanziaria dello Stato, mentre alla **Corte dei conti** è attribuita la competenza per tutte le questioni in cui si faccia riferimento a un danno erariale. La Corte dei conti, inoltre, è giudice unico in materia pensionistica.
I **Tribunali militari**, infine, hanno competenze sui reati commessi dagli appartenenti delle Forze armate e, in tempo di guerra, hanno la giurisdizione stabilita dalla legge (art. 103, co. 3, Cost.).

11.3 *Status* giuridico dei magistrati

Nel nostro ordinamento la magistratura costituisce un potere autonomo e indipendente rispetto a quello legislativo ed esecutivo (art. 104, co. 1, Cost.).
Se l'**autonomia** ha a che fare soprattutto con la struttura organizzativa dell'intero corpo giudiziario, il quale si dota di un sistema di autogoverno che fa capo ad apposito organo (il Consiglio Superiore della Magistratura), l'**indipendenza**, se pur riguarda la magistratura nel suo complesso, si declina soprattutto con riferimento ai singoli giudici. In tal senso milita il disposto di cui all'art. 101 Cost., che sancisce la **soggezione dei giudici soltanto alla legge**, ovvero ne afferma l'**indipendenza esterna funzionale**, sia nel senso che il rapporto fra la legge e chi la deve applicare non è mediato da altri soggetti, bensì è diretto, sia nel senso che l'esclusiva soggezione alla legge costituisce

un limite all'operato del giudice, il quale deve trarre esclusivamente dalla legge i parametri di valutazione del caso concreto.
Ma va salvaguardata anche l'**indipendenza istituzionale**, quella – cioè – riferibile all'organizzazione burocratica dell'ordine giudiziario. Si colloca in quest'ambito il principio d'**inamovibilità**, sancito dall'art. 107 Cost., in base al quale i magistrati, nominati e insediatisi nella sede loro assegnata, non possono essere dispensati o sospesi dal servizio, né destinati ad altre sedi o funzioni se non in seguito a decisione del Consiglio Superiore della Magistratura, o per i motivi e con le garanzie di difesa stabilite dall'ordinamento giudiziario o con il loro consenso.

Ciò significa che i giudici non possono, senza o contro la loro volontà, essere estromessi dall'ordine giudiziario (*inamovibilità dalla funzione*), né possono, senza il loro consenso, essere trasferiti ad altra sede (*inamovibilità dalla sede*), spettando alla legge stabilire i casi in cui è possibile derogare a tale prerogativa (es. incompatibilità, soppressione dell'ufficio, assegnazione a nuove funzioni per promozione, sanzione disciplinare accessoria).

Sotto il profilo dell'**indipendenza interna**, i giudici si distinguono fra loro solo per diversità di funzioni.
Coerentemente con il principio della sovranità popolare, i giudici **amministrano la giustizia in nome del popolo**.
Di regola, la nomina dei magistrati ordinari avviene per **pubblico concorso**. Senza concorso, invece, sono nominati i *giudici onorari*, che svolgono le loro funzioni in via temporanea e a titolo gratuito, salva la corresponsione di un'indennità a titolo di rimborso delle spese sostenute.

11.4 Il Consiglio Superiore della Magistratura (CSM)

Il Consiglio Superiore della Magistratura è l'organo di autogoverno dell'apparato giurisdizionale ordinario. Suo compito è garantire l'autonomia e l'indipendenza della magistratura, nonché occuparsi di tutti i provvedimenti riguardanti la carriera e lo *status* generale dei singoli magistrati.
Il CSM è formato da 3 **membri di diritto** (Presidente della Repubblica, che lo presiede, primo Presidente della Corte di Cassazione e Procuratore generale della Corte di Cassazione), 16 **membri togati** (ovvero eletti fra i magistrati ordinari che devono rappresentare i due terzi del Collegio) e 8 **membri laici** eletti dal Parlamento in seduta comune fra professori ordinari di Università in materie giuridiche e avvocati che esercitano la professione da almeno quindici anni (un terzo del Collegio).
I membri elettivi **durano in carica quattro anni** e non sono immediatamente rieleggibili.
Il CSM è competente per tutti i provvedimenti che riguardano la **carriera dei magistrati**: trasferimenti, assegnazioni, promozioni e provvedimenti disciplinari.
Competono al CSM l'**organizzazione degli uffici giudiziari** e la **promozione dei rapporti fra le magistrature degli Stati membri dell'Unione europea**, mentre dell'organizzazione e del funzionamento dei servizi relativi alla giustizia si occupa il Guardasigilli (Ministro della Giustizia), il quale partecipa al conferimento degli uffici direttivi ed esercita i poteri di sorveglianza e di ispezione nei confronti degli uffici giudiziari.

Capitolo 12

La Corte costituzionale

12.1 Il ruolo e le competenze della Corte costituzionale nell'ordinamento italiano

La Costituzione italiana, per il fatto di essere una Costituzione *rigida*, ovvero non modificabile con legge ordinaria, impone la presenza necessaria di un organo giurisdizionale che ne garantisca il pieno rispetto, quale legge fondamentale dello Stato collocata al primo posto nella gerarchia delle fonti.

L'art. 134 Cost. affida alla Corte costituzionale il giudizio sulle **controversie relative alla legittimità costituzionale delle leggi e degli atti che hanno forza di legge dello Stato e delle Regioni**.

Il giudizio della Corte è di *tipo successivo*: i giudici costituzionali, infatti, giudicano di leggi e atti normativi successivamente alla loro entrata in vigore. Il sistema di giustizia, inoltre, è di *tipo indiretto*, in quanto non è data la possibilità ai cittadini di ricorrere direttamente alla Corte, che può essere chiamata in causa esclusivamente dal giudice dinanzi al quale sia sollevata questione di incostituzionalità. L'unico caso di giudizio in via diretta è quello riservato allo Stato quando impugna una legge regionale e alla Regione quando impugna una legge dello Stato o di altra Regione.

Gli atti dichiarati *incostituzionali*, perché contrastanti con il dettato della Costituzione, non possono più essere applicati, né dagli altri giudici, né da qualsiasi altra autorità.

Compito ulteriore della Corte costituzionale, come organo cui è affidato il controllo di costituzionalità di atti e comportamenti degli organi statali e regionali, è quello di giudicare sui **conflitti di attribuzione** fra i poteri dello Stato (artt. 127 e 134 Cost.), fra lo Stato e le Regioni (artt. 127 e 134 Cost.) e fra le Regioni (artt. 127 e 134 Cost.).

Le condizioni, le forme, i termini di proponibilità dei giudizi di legittimità costituzionale sono stabiliti da apposita legge costituzionale (art. 137, co. 1, Cost.). La disciplina della Corte costituzionale è coperta, infatti, da *riserva assoluta di legge*.

La Corte ha anche funzioni giudicanti nell'unico, e gravissimo, caso previsto dall'art. 90 Cost. concernente la **messa in stato d'accusa**, da parte del Parlamento, **del Presidente della Repubblica** per *alto tradimento* e *attentato contro la Costituzione*. In tal caso la sua composizione viene integrata con giudici "laici".

Infine, la L. 352/1970 affida alla Corte costituzionale il **giudizio sull'ammissibilità delle richieste di referendum abrogativo**.

12.2 Composizione della Corte e *status* dei giudici

La Corte costituzionale è composta da 15 giudici, scelti fra magistrati anche a riposo delle giurisdizioni superiori ordinaria e amministrativa, professori ordinari di università in materie giuridiche e avvocati dopo venti anni di servizio.

Dei quindici giudici:

- **cinque** vengono eletti dal **Parlamento in seduta comune**, con votazione a scrutinio segreto e maggioranza dei due terzi dei componenti l'assemblea; dopo il terzo scrutinio è sufficiente la maggioranza dei tre quinti;
- **cinque** vengono nominati dal **Presidente della Repubblica**, nell'esercizio di un potere sostanzialmente e formalmente presidenziale in quanto non vi è alcuna proposta da parte del Governo;
- **cinque** vengono eletti dalle **supreme magistrature ordinarie e amministrativa** (tre fra i magistrati di Cassazione, uno fra quelli del Consiglio di Stato e uno fra i magistrati della Corte dei conti).

Nei **giudizi di accusa contro il Presidente della Repubblica**, ai 15 giudici ordinari si aggiungono altri 16 membri, tratti a sorte da un elenco di 45 cittadini aventi i requisiti per l'eleggibilità a senatore, che il Parlamento redige ogni 9 anni.
I giudici costituzionali durano in carica **9 anni** e il loro mandato non è rinnovabile. La Corte elegge fra i suoi componenti il **Presidente**, che resta in carica per 3 anni.
Al pari dei parlamentari, i membri della Corte non possono essere perseguiti per le opinioni manifestate e i voti espressi nell'esercizio delle loro funzioni (**insindacabilità**); né possono essere arrestati o sottoposti a giudizio penale senza autorizzazione della Corte stessa (cd. **immunità penale**); inoltre, non possono essere rimossi, né sospesi dal loro ufficio se non per decisione della Corte, per sopravvenuta incapacità (fisica o civile) o per gravi mancanze nell'esercizio delle loro funzioni (**inamovibilità**).
L'ufficio di giudice della Corte costituzionale è **incompatibile** con quello di membro del Parlamento, di consigliere regionale, di avvocato e di ogni altra carica e ufficio indicato dalla legge.

12.3 Il controllo di legittimità costituzionale delle leggi

Il controllo delle leggi si fonda sul sospetto di illegittimità costituzionale di leggi e atti aventi forza di legge dello Stato e delle Regioni. A tale sindacato non si sottraggono nemmeno le **leggi costituzionali e di revisione costituzionale**. Sono invece sottratti i **regolamenti parlamentari**, in quanto espressione della autonomia costituzionale della Camera e del Senato.
Il **parametro di giudizio**, ovvero il termine di confronto impiegato nel giudicare la legittimità degli atti legislativi, è generalmente rappresentato dalle norme costituzionali che si ritengono violate.
Sono previsti due modi per attivare il giudizio di legittimità costituzionale: uno principale (o in via d'azione) e l'altro incidentale (o in via indiretta).
Il **giudizio in via principale** si instaura attraverso il **ricorso dello Stato** avverso una legge regionale o il **ricorso delle Regioni** avverso una legge dello Stato o di altre Regioni. Con tale tipo di procedimento la questione di legittimità è posta direttamente con una procedura *ad hoc*, e senza la necessità di una concreta applicazione della legge ritenuta incostituzionale.
Il **giudizio in via incidentale**, invece, s'instaura nell'ambito di un procedimento giurisdizionale e investe la legittimità costituzionale di una norma necessaria per decidere nel giudizio *a quo*. La questione può essere **posta da una delle parti o sollevata d'ufficio dal giudice**, il quale dovrà preliminarmente verificare la *rilevanza* della questione per la risoluzione del giudizio in corso e la non manifesta infondatezza della stessa, il

che significa che la questione non deve essere palesemente priva di ogni fondamento giuridico.
Qualora riscontri l'assenza dei presupposti perché si possa procedere ad un giudizio di merito, la Corte dichiara l'**inammissibilità della questione**. Se, invece, ritiene la questione «non fondata», la Corte emette **pronuncia di rigetto**, priva di efficacia *erga omnes*. L'unica preclusione è *inter partes*, per cui non è possibile riproporre la stessa questione da parte dello stesso giudice nello stesso stato e grado del processo. Nulla vieta, peraltro, che altro giudice possa sollevare la medesima questione.
Se ritiene che il giudice *a quo* abbia fornito un'errata interpretazione della norma impugnata, la Corte, nel dichiarare infondata la questione, emette **sentenza interpretativa di rigetto**, sempre con effetti *inter partes*, dunque non vincolante per gli operatori del diritto.
Sono **sentenze di accoglimento**, invece, quelle con cui la Corte dichiara l'illegittimità costituzionale della disposizione impugnata. La pronuncia, dal giorno successivo alla sua pubblicazione, ha effetti costitutivi *erga omnes*, assimilabili a quelli dell'annullamento (tali effetti si producono per l'avvenire e per i rapporti ancora pendenti), facendo salvi i rapporti giuridici regolati dalla norma dichiarata incostituzionale e oramai esauritisi. La decisione della Corte è pubblicata e comunicata alle Camere e ai Consigli regionali interessati, affinché, ove lo ritengano necessario, provvedano nelle forme costituzionali.

Sono diverse le ipotesi che si possono prospettare:
- **sentenze di accoglimento parziale**, con cui la Corte costituzionale dichiara l'illegittimità di una sola parte della disposizione;
- **sentenze additive**, con cui la Corte costituzionale dichiara illegittima la disposizione "nella parte in cui" non prevede un *quid* che sarebbe costituzionalmente necessario prevedere;
- **sentenze sostitutive**, con cui la Corte costituzionale dichiara l'illegittimità di una disposizione "nella parte in cui prevede X invece che Y". In tali casi, la Corte sostituisce letteralmente una locuzione della disposizione incompatibile con la Costituzione;
- **sentenze manipolative di accoglimento**, con cui la Corte non si limita a dichiarare l'illegittimità di una disposizione ma questa è dichiarata "nella parte in cui" la disposizione significa o non significa qualcosa.

12.4 I conflitti di attribuzione

12.4.1 I conflitti fra poteri dello Stato

Il conflitto di attribuzione fra poteri dello Stato – intesi come organi posti strutturalmente al vertice di una funzione (cd. *organi supremi*: per esempio, il Governo è posto al vertice della funzione esecutiva o amministrativa, il Parlamento al vertice di quella legislativa) – si configura quando **due o più organi affermano la propria potestà in merito al compimento di un determinato atto**, oppure quando **un organo sostenga di essere stato leso dal cattivo esercizio di un'attribuzione spettante a un altro potere dello Stato**. Il conflitto, quindi, scaturisce da una supposta **usurpazione di potere** o da una **supposta lesione** cagionata da un irregolare esercizio di potere. Un soggetto, cioè, svolge un'attribuzione propria di un altro soggetto – entrambi rivendicano a sé l'esercizio del potere/attribuzione (cd. *vindicatio potestatis*) – oppure, esercitando il potere di cui è titolare, reca danno all'organo titolare di altro potere.

Sono **esclusi dal giudizio della Corte i conflitti che insorgono fra organi dello stesso potere**, per esempio fra Ministri, e i conflitti di giurisdizione, in entrambi i casi risolti dall'organo di vertice (il Consiglio dei Ministri nel primo caso, la Corte di Cassazione nel secondo).
Gli organi che possono sollevare un conflitto di attribuzione sono il Presidente della Repubblica, la stessa Corte costituzionale, le Camere, il Consiglio dei Ministri, il Consiglio Superiore della Magistratura, la Corte dei conti, i singoli giudici.
Alla Corte costituzionale spetta risolvere i conflitti, ripristinando la corretta osservanza delle norme costituzionali nei casi in cui, a causa di un cattivo esercizio della funzione, questa abbia dato luogo ad una illegittima menomazione delle attribuzioni costituzionali di un altro potere.

12.4.2 I conflitti fra Stato e Regioni e fra Regioni

Il conflitto fra Stato e Regioni e fra Regioni si configura se l'**ente regionale invade con un suo atto la sfera di competenza assegnata dalla Costituzione allo Stato (o viceversa)** ovvero **invade la sfera di competenza di un'altra Regione**. Quando ciò avviene lo Stato o la Regione interessata possono proporre ricorso alla Corte costituzionale per il regolamento di competenza. Del pari può produrre ricorso la Regione la cui sfera di competenza costituzionale sia invasa da un atto dello Stato.

12.5 Il giudizio di accusa contro il Presidente della Repubblica

La Corte costituzionale giudica sulle accuse promosse contro il Presidente della Repubblica nelle ipotesi di reati di alto tradimento e di attentato alla Costituzione (artt. 90, 134 Cost.). Mentre l'**alto tradimento** indica un comportamento teso a violare la personalità dello Stato, per **attentato alla Costituzione** si intende qualsiasi comportamento teso a modificare la forma di Stato o di Governo previste e tutelate dalla carta costituzionale.

L'azione penale contro il Presidente della Repubblica è promossa dal Parlamento (in seduta comune), che può svolgere le indagini istruttorie a tal fine necessarie. La deliberazione contenente la messa in stato di accusa deve:

- essere approvata a scrutinio segreto dalla maggioranza assoluta dei membri del Parlamento;
- contenere l'indicazione degli addebiti e delle prove;
- essere trasmessa alla Corte costituzionale insieme alle eventuali relazioni di minoranza.

Contestualmente, il Parlamento deve procedere alla nomina di uno o più Commissari per sostenere l'accusa dinanzi al giudice costituzionale.

La Corte agisce come organo di giustizia politica, in composizione **integrata da sedici membri**, tratti a sorte da un elenco di cittadini aventi i requisiti per l'eleggibilità a senatore che il Parlamento compila ogni nove anni.

12.6 Il giudizio di ammissibilità del referendum abrogativo

L'art. 2 L. cost. 1/1953 dichiara la Corte costituzionale competente a valutare l'ammissibilità delle richieste di referendum. Il giudizio di ammissibilità è introdotto con un'ordinanza dell'**Ufficio centrale per il referendum** (presso la Corte di Cassazione),

che dichiara la legittimità della richiesta medesima. I delegati dei Consigli regionali, i 500.000 firmatari, nonché il Presidente del Consiglio dei Ministri possono presentare memorie e prendere parte alla discussione orale in camera di consiglio.
L'art. 33 della L. 352/1970 stabilisce che la Corte costituzionale deve, con sentenze da pubblicarsi entro il 10 febbraio, decidere quali fra le richieste siano ammesse e quali respinte, perché contrarie al disposto dell'art. 75, co. 2, Cost.

Capitolo 13
Gli organi ausiliari di rilevanza costituzionale

13.1 Concetti generali

Gli organi ausiliari di rilevanza costituzionale occupano una posizione intermedia fra gli organi costituzionali e quelli non costituzionali. La loro rilevanza deriva dalla specialità delle **funzioni consultive e di controllo** che sono chiamati a svolgere, in posizione di autonomia. Trattandosi di organi non costituzionali, la loro eventuale sostituzione o modificazione non comporta un mutamento della forma istituzionale dello Stato.
Sono dunque classificati come organi di rilevanza costituzionale il **Consiglio di Stato**, la **Corte dei conti**, il **Consiglio Nazionale dell'Economia e del Lavoro** (CNEL), il **Consiglio Supremo di Difesa** (CSD), il **Consiglio Superiore della Magistratura** (CSM). Di quest'ultimo si è detto nel Capitolo 11.

13.2 Il Consiglio di Stato

È un **organo di consulenza giuridico-amministrativa** del Governo, nonché **organo giurisdizionale** di appello della giustizia amministrativa (art. 100, co. 1, Cost.).
Le competenze consultive si estrinsecano nell'**emanazione di pareri di legittimità** (rispetto delle norme che disciplinano quella determinata questione di diritto) **o di merito** (valutazione dell'opportunità di una determinata questione) che può fornire agli organi amministrativi relativamente agli atti da essi emanati.
Come organo giurisdizionale, il Consiglio di Stato occupa il **grado più alto della giurisdizione amministrativa** e decide, pertanto, gli appelli avverso le sentenze di primo grado dei Tribunali amministrativi regionali.

13.3 La Corte dei conti

13.3.1 Funzioni e articolazioni

La Corte dei conti è l'organo istituzionalmente deputato a svolgere **funzioni di controllo sugli atti del potere esecutivo**. Essa costituisce, perciò, la suprema magistratura di controllo ed è anche **organo di giustizia amministrativa nelle materie riguardanti la contabilità pubblica**, nonché organo consultivo.
Esercita il controllo preventivo di legittimità sugli atti del Governo, esercita il controllo successivo sul rendiconto annuale dello Stato e partecipa al controllo sulla gestione finanziaria degli enti a cui lo Stato contribuisce in via ordinaria (art. 100 Cost.).
Dei risultati del riscontro eseguito la Corte riferisce direttamente alle Camere. Finalità del controllo è garantire la legalità dell'azione dell'esecutivo e, principalmente, l'osservanza della legge di bilancio.

La Corte dei conti è anche il supremo giudice nelle materie di **contabilità pubblica** e nelle altre specificate dalla legge (es. in materia di pensioni degli impiegati pubblici), nonché in merito alla **responsabilità contabile e amministrativa** dei funzionari pubblici, per i danni arrecati (direttamente o indirettamente) alla stessa amministrazione.

13.3.2 Controlli esterni

È previsto un controllo preventivo sulla legittimità degli atti e un controllo successivo sulla gestione.
Il **controllo preventivo** condiziona l'efficacia dell'atto. Può avere a oggetto non solo atti predeterminati dalla legge, ma anche atti che il Presidente del Consiglio ritenga di sottoporre alla Corte o che la stessa Corte ritenga di dover controllare, in esito a diffuse e reiterate irregolarità riscontrate in sede di controllo successivo.
Al riguardo si osserva che un eventuale esito *negativo* del controllo preventivo dovrebbe sempre essere *espresso*, vigendo oggi il principio per cui, in difetto, il *silenzio equivale ad assenso*. A seguito alla L. 20/1994, peraltro, il numero degli atti soggetti a controllo preventivo di legittimità è stato fortemente ridotto.
Il controllo si conclude con il **visto** e la **registrazione** dell'atto, se ritenuto legittimo, oppure con il rinvio all'amministrazione interessata e l'evidenziazione dei motivi per cui si dubita della legittimità dell'atto.

L'amministrazione può accogliere i rilievi e rinviare il testo modificato alla Corte, oppure sollevare la questione davanti al Consiglio dei Ministri. Se il Consiglio dei Ministri ritiene che l'atto risponda ad interessi pubblici superiori e debba avere comunque corso, la Corte a sezioni riunite ordina la registrazione e appone il **visto con riserva**. L'atto registrato con riserva acquista piena efficacia, ma può dar luogo a responsabilità politica del Governo, in quanto la Corte trasmette periodicamente al Parlamento l'elenco di tali atti.

Il **controllo successivo sulla gestione delle amministrazioni pubbliche** (art. 3 L. 20/1994) consiste nella predisposizione di relazioni e osservazioni destinate alle amministrazioni controllate. Lo scopo è quello di verificare se l'azione amministrativa sia stata **economica**, **efficiente** ed **efficace** e abbia raggiunto gli **obiettivi stabiliti**.

In caso di giudizio negativo, le amministrazioni dovranno attenersi alle indicazioni della Corte per eliminare i fattori di scarsa efficacia della gestione e migliorare la propria azione. La Corte riferisce, almeno annualmente, al Parlamento e ai Consigli regionali sull'esito del controllo eseguito. Le relazioni vengono anche comunicate alle amministrazioni interessate, alle quali la Corte formula, in qualsiasi altro momento, le proprie osservazioni. Le amministrazioni sono tenute a comunicare alla Corte e agli organi elettivi le misure adottate.

13.3.3 Controlli interni

I controlli interni (D.Lgs. 286/1999) possono inquadrarsi in quattro tipologie:
- **controllo di regolarità amministrativa e contabile**, il cui fine è la verifica di legittimità, regolarità e correttezza dell'azione amministrativa;
- **controllo di gestione** diretto a verificare l'efficacia, l'efficienza e l'economicità, al fine di poter apprezzare i rapporti fra costi e risultati e apportarvi eventuali correttivi;

- **valutazione della dirigenza**, correlata ai risultati del controllo di gestione e alla responsabilità dirigenziale;
- **valutazione e il controllo strategico** di congruenza sulle scelte con cui si attuano gli strumenti espressione di indirizzo politico.

I controlli interni non sono di competenza della Corte, che svolge solo un'attività di "controllore" esterno delle verifiche interne. L'esito è di solito un giudizio in certa misura discrezionale, espresso da un organo che non ha carattere di autonomia.

13.3.4 Attribuzioni giurisdizionali

La funzione giurisdizionale ha natura di *giurisdizione speciale*, svolgendosi su materie tassativamente stabilite dalla legge, ed *esclusiva*, perché comprensiva delle controversie relative sia ai diritti soggettivi che agli interessi legittimi.
Il **Codice di giustizia contabile**, adottato con D.Lgs. 26-8-2016, n. 174, ridefinisce l'ambito di questa giurisdizione, devolvendo alla Corte dei conti:

- i giudizi di conto, di responsabilità amministrativa per danno all'erario e gli altri giudizi in materia di contabilità pubblica;
- i giudizi in materia pensionistica;
- i giudizi aventi per oggetto l'irrogazione di sanzioni pecuniarie;
- gli altri giudizi nelle materie specificate dalla legge.

Il Codice si ispira ai **principi di effettività**, **concentrazione** e **giusto processo**, secondo i canoni tipici della giurisdizione ordinaria e amministrativa.

13.4 Il Consiglio Nazionale dell'Economia e del Lavoro (CNEL)

Previsto dall'art. 99 Cost., il CNEL è stato istituito con L. 5-1-1957, n. 33 (poi abrogata e sostituita *ex* L. 936/1986). Le materie di sua competenza sono la legislazione economica e sociale.
È un **organo consultivo** del Governo, delle Camere e delle Regioni e ha diritto all'**iniziativa legislativa**. Ne fanno parte rappresentanti di categorie produttive di beni e servizi del settore pubblico e privato.
È formato da 64 componenti (10 esperti, qualificati esponenti della cultura economica, sociale e giuridica, 48 rappresentanti delle categorie produttive e 6 rappresentanti delle associazioni di promozione sociale e di quelle del volontariato). Ad essi si aggiunge il Presidente. I componenti durano in carica 5 anni.

13.5 Il Consiglio Supremo di Difesa (CSD)

Il Consiglio Supremo di Difesa è l'organo che **coordina tutte le attività relative alla difesa dello Stato**. Ne fanno parte il Capo dello Stato (che lo presiede nella duplice veste di rappresentate dell'unità nazionale e di garante della Costituzione), il Presidente del Consiglio dei Ministri, alcuni Ministri (fra cui quello dell'Interno e per gli Affari esteri), nonché il Capo di Stato maggiore della difesa.

Capitolo 14
Il sistema delle autonomie territoriali

14.1 Le disposizioni costituzionali e il ruolo delle Regioni

L'art. 5 Cost. afferma che la Repubblica, una e indivisibile, riconosce e promuove le autonomie locali, attuando il più ampio decentramento amministrativo nei servizi che dipendono dallo Stato; all'art. 114 della stessa Carta si afferma che **la Repubblica è costituita dai Comuni, dalle Province, dalle Città metropolitane, dalle Regioni e dallo Stato.**

Caratteristica saliente dell'ordinamento italiano, pur nella *unità e indivisibilità della Repubblica*, è il **riconoscimento e la promozione delle autonomie territoriali**, nell'ambito delle quali un ruolo preminente spetta alle Regioni, quale collegamento fra periferia e centro: punto di riferimento per gli *enti territoriali minori* (Comuni, Province e Città metropolitane) da un lato e *diretto interlocutore dello Stato* centrale dall'altro.

La Regione è un *ente territoriale* con propri statuti, poteri e funzioni secondo i principi fissati dalla Costituzione, come stabilito dall'art. 114, co. 2, Cost. Si tratta della suddivisione politico-amministrativa primaria e più ampia dello Stato, come inteso dal Costituente, che ha disegnato l'Italia come uno Stato unitario e regionale (l'art. 131 Cost. individua 20 Regioni).

La Regione è l'unica realtà politico-amministrativa con la quale lo **Stato accetta di condividere la potestà legislativa**, secondo i criteri di ripartizione indicati nell'art. 117 Cost. Nell'ordinamento italiano è ente *di rilievo costituzionale* (previsto come necessario dalla Costituzione), *autonomo* (dotato di ampia autonomia), *autarchico* (opera in regime di diritto amministrativo e dispone di potestà pubbliche), nonché *ad appartenenza necessaria* (i cittadini in essa residenti ne fanno parte automaticamente).

In base alle modalità di approvazione e al contenuto dello statuto è possibile distinguere le Regioni in due grandi categorie: *Regioni a statuto ordinario* e *Regioni a statuto speciale* (dette anche Regioni autonome).

Cinque Regioni (Friuli Venezia Giulia, Sardegna, Sicilia, Trentino-Alto Adige/*Südtirol*, Valle d'Aosta/*Vallée d'Aoste*) sono dotate di uno **statuto speciale** approvato dal Parlamento nazionale con *legge costituzionale*, come previsto dall'art. 116 Cost.

Lo statuto speciale garantisce un'ampia autonomia, soprattutto finanziaria. Inoltre, le Regioni a statuto speciale dispongono di pregnanti poteri legislativi e amministrativi, in vari ambiti come quelli scolastico, della sanità, delle infrastrutture.

Le restanti 15 Regioni sono tutte a **statuto ordinario** e il loro elenco è riportato nell'art. 131 Cost.

L'ordinamento regionale sarà esaminato nel dettaglio nella *Sezione II*, alla quale si rimanda per una trattazione più ampia.

L'elenco delle Regioni è previsto dall'art. 131 Cost. Una modificazione territoriale che importi **fusione di Regioni esistenti** o **creazione di nuove Regioni** deve quindi esser disposta con legge costituzionale, dar vita a un ente con una popolazione non inferiore al milione di abitanti, essere preceduta dalla richiesta di tanti Consigli comunali che rappresentino almeno un terzo delle popolazioni interessate ed essere approvata con referendum dalla maggioranza delle popolazioni interessate (art. 132 Cost.).

14.2 Gli altri enti territoriali

La L. 8-8-1990, n. 142 fu la prima a dettare una disciplina organica e, per vari aspetti, innovativa dell'ordinamento degli enti locali. Nel 1993, la legge n. 81 introdusse il meccanismo dell'elezione diretta del Sindaco e del Presidente della Provincia. Seguirono la disciplina sull'ordinamento finanziario e contabile degli enti locali (1995) e le leggi "Bassanini" (1997) e ulteriori modifiche furono introdotte con la L. 265/1999 (cosiddetta "Napolitano-Vigneri"), che attribuiva al Governo anche la delega ad attuare un riordino complessivo della materia.
La delega fu esercitata dall'esecutivo l'anno successivo con l'approvazione del **D.Lgs. 18-8-2000, n. 267**, recante il **Testo unico delle leggi sull'ordinamento degli enti locali (TUEL)**, ancora oggi il principale riferimento legislativo per la disciplina unitaria degli enti locali. L'autonomia di tali enti ha poi trovato pieno riconoscimento costituzionale con la **L. cost. 3/2001**, che ha modificato integralmente il Titolo V, Parte II, della Costituzione e, all'art. 114, ha ribaltato la suddivisione della Repubblica, elencando il Comune quale ente più vicino ai cittadini e, quindi, le Province, le Città metropolitane, le Regioni e lo Stato.
A Costituzione invariata, è infine intervenuta la **L. 7-4-2014, n. 56** (*legge Delrio*) che ha riformato l'ordinamento delle Città metropolitane e delle Province, trasformandole in enti a rappresentanza indiretta (gli organi politici non sono eletti direttamente dai cittadini).
L'ordinamento degli enti locali sarà esaminato nel dettaglio nel *Libro III* di questo volume, al quale si rimanda per la relativa trattazione.

Capitolo 15
Le fonti del diritto

15.1 Fonti di cognizione e fonti di produzione

Il termine «fonte» indica la sorgente da cui si attinge la conoscenza della norma. La fonte del diritto costituisce l'**atto o il fatto abilitato dall'ordinamento giuridico a produrre norme giuridiche**.

Si distingue normalmente fra:

- **fonti di cognizione**, da intendersi come gli strumenti attraverso i quali si viene a conoscenza delle fonti di produzione (generalmente attraverso la pubblicazione in Gazzette o Bollettini ufficiali, ma esistono anche fonti di cognizione non ufficiali).

  Tra le fonti di cognizione è possibile distinguere forme di pubblicazione necessaria, che consentono l'entrata in vigore delle fonti (es. la pubblicazione di una legge nella Gazzetta ufficiale della Repubblica), e forme di pubblicazione notiziale, come nel caso degli atti giuridici dell'Unione europea, la cui pubblicazione nella Gazzetta ufficiale della Repubblica non incide in alcun modo sull'efficacia (a tal fine rilevando solo la pubblicazione nella Gazzetta ufficiale dell'Unione europea), ma è comunque importante per rendere note le fonti europee del diritto;

- **fonti di produzione**, che sono invece gli atti e i fatti idonei a produrre norme giuridiche, ovverosia capaci di innovare il diritto oggettivo (Barile).

  Concetto ancora diverso è quello di **fonti sulla produzione**, riferito a quelle norme che disciplinano i procedimenti di formazione delle fonti del diritto. Nulla vieta che lo stesso atto possa essere contemporaneamente una fonte di produzione e una fonte sulla produzione. L'art. 76 Cost., ad esempio, è una fonte sulla produzione, in quanto regola il procedimento di formazione del decreto legislativo. Allo tempo stesso, la Costituzione è anche una fonte di produzione normale dal momento che contiene norme che regolano i rapporti sociali come, ad esempio, quelle concernenti la libertà di iniziativa economica, che disciplinano i rapporti fra i privati e i pubblici poteri.

Le fonti di produzione si distinguono in fonti-atto e fonti-fatto.

15.2 Le fonti-fatto. La consuetudine

Le fonti-fatto consistono in **comportamenti o fatti** che l'ordinamento riconosce idonei a produrre norme giuridiche.

Esse costituiscono il cd. **diritto non scritto** e, come tali, si trovano in posizione subordinata rispetto al **diritto scritto**.

L'esempio principale di fonte non scritta è la **consuetudine** (o **uso**), che si sostanzia nella ripetizione costante e uniforme di una determinata condotta, accompagnata dalla convinzione della sua giuridica obbligatorietà (nel senso di conformità a regole giuridiche).

Affinché nasca una consuetudine è dunque necessario che concorrano:

- un **elemento oggettivo (o materiale)**, consistente in una pratica uniforme e costante, tenuta per un tempo relativamente lungo dalla generalità dei consociati, e tale da imporsi con la dignità di regola giuridicamente rilevante (*diuturnitas*);
- un **elemento soggettivo (o psicologico)**, consistente nella convinzione di osservare la pratica ubbidendo a una regola giuridica (*opinio iuris ac necessitatis*).

Nella gerarchia delle fonti, il ruolo della consuetudine è relativamente ridotto. In nessun caso, infatti, gli usi possono modificare o abrogare una fonte di rango superiore, mentre nelle materie regolate dalle leggi e dai regolamenti, hanno efficacia solo in quanto da essi richiamati (*consuetudo secundum legem*).

Costituisce fonte-fatto anche la **consuetudine costituzionale**, che nasce da comportamenti spontanei degli organi costituzionali. Le norme giuridiche che ne derivano integrano la disciplina della Costituzione e pertanto hanno il rango di norme costituzionali. Occorre, peraltro, distinguere le consuetudini costituzionali dalle **convenzioni costituzionali**, che non si annoverano fra le fonti del diritto, perché non sono altro che frutto di accordi fra i soggetti politico-istituzionali circa il modo in cui devono essere applicate le norme costituzionali (Crisafulli).

Si usa distinguere la consuetudine dalla **prassi**, la quale è accompagnata solo dalla reiterazione nel tempo di un comportamento da parte della generalità dei consociati, senza la convinzione della sua giuridicità. La conseguenza è che la consuetudine, quale fonte del diritto, è abilitata ad innovare l'ordinamento giuridico, mentre la prassi no.

Costituiscono fonti-fatto anche gli **atti di ordinamenti diversi** richiamati da norme italiane sulla produzione. Rientrano in questa categoria le leggi straniere alle quali rinviano le norme italiane di **diritto internazionale privato** per regolare rapporti giuridici che interessano anche soggetti appartenenti a ordinamenti giuridici diversi da quello italiano. All'interno dell'ordinamento di appartenenza, queste leggi hanno il rango di fonti-atto; l'ordinamento italiano, tuttavia, le prende in considerazione solo come fatti, ricollegando ad esse determinati effetti giuridici.

15.3 Le fonti-atto e la loro classificazione

Le fonti-atto consistono in **manifestazioni di volontà di soggetti abilitati dall'ordinamento a produrre norme giuridiche**.

Gli ordinamenti contemporanei prevedono una pluralità di fonti-atto, **tradizionalmente ordinate secondo uno stretto principio gerarchico**, che distingue fra:

- **fonti costituzionali**, poste al vertice assoluto della gerarchia, che includono la Costituzione del 1948, le leggi che l'hanno modificata (*leggi di revisione costituzionale*) e quelle che, senza modificarla direttamente, ne hanno ampliato e disciplinato i contenuti (*leggi costituzionali*);
- **fonti sub-costituzionali**, riconducibili agli atti di diritto originario e derivato dell'Unione europea e a quelli internazionali;
- **fonti primarie**, che comprendono gli atti legislativi (*leggi ordinarie*) o ad essi equiparati (*decreti legge, decreti legislativi*), nonché le *leggi regionali*;
- **fonti secondarie**, che includono i *regolamenti* adottati dal Governo, atti che occupano nel sistema delle fonti un livello gerarchico inferiore rispetto alla legge.

Una classificazione alternativa è quella che tiene conto della pluralità di soggetti abilitati alla produzione (**centri di produzione del diritto**). Adottando tale criterio è possibile distinguere tra:

- **fonti statuali**, che comprendono tutte le fonti adottate da organi dello Stato e destinate a trovare applicazione sull'intero territorio nazionale. Vi rientrano *fonti costi-*

tuzionali (Costituzione, leggi di revisione costituzionale e altre leggi costituzionali), *fonti primarie* (leggi ordinarie, decreti legge e decreti legislativi, leggi regionali) e *fonti secondarie* (regolamenti governativi);

- **fonti europee e internazionali**, che comprendono le fonti derivanti da ordinamenti esterni a quello nazionale, ma comunque imposte alla generalità dei consociati;
- **fonti regionali e delle autonomie territoriali**, che hanno la peculiarità di avere un'efficacia territoriale limitata, in quanto applicabili solo ai soggetti che fanno parte di una determinata comunità territoriale (Regione, Provincia, Città metropolitana, Comune). Ne fanno parte gli statuti, le leggi e i regolamenti regionali, gli statuti e i regolamenti degli enti locali.

15.4 La Costituzione e le fonti di rango costituzionale

15.4.1 La Costituzione e i suoi caratteri

Il termine «Costituzione», evoca due concetti apparentemente contrapposti: **da una parte identifica il momento in cui un nuovo ordinamento viene creato, dall'altra, indica il prodotto di tale momento fondativo.**

Si possono operare, fra le Costituzioni, alcune distinzioni basate sulle loro caratteristiche. Si distingue, in primo luogo, fra **Costituzioni scritte e non scritte**, secondo che esista o non esista un *documento unico redatto in forma solenne*. Là dove un documento unico manca, i diritti fondamentali e l'organizzazione dello Stato sono disciplinati da una serie di *consuetudini non scritte*, sebbene non difettino, almeno di norma, testi scritti che trattano alcuni aspetti della disciplina costituzionale (per la qual cosa, sarebbe più corretto parlare di *Costituzioni non codificate* in un unico testo formale), come accade per il Regno Unito, nel quale hanno rilievo la Magna Charta del 1215, la Petizione dei diritti del 1628 e il Bill of Rights del 1689.

Si distinguono, poi, le **Costituzioni ottriate** dalle **Costituzioni votate**. Le prime sono unilateralmente concesse, in genere da un Sovrano assoluto, che in questo modo autolimita i suoi poteri, com'era per esempio lo Statuto Albertino. Le seconde, invece, sono adottate da un organo democraticamente eletto o, almeno, approvate dal corpo elettorale attraverso un referendum. Sono *Costituzioni votate* quelle vigenti in tutti gli Stati democratici contemporanei.

Carattere distintivo ulteriore delle Costituzioni scritte, e certamente di non poco conto, è la minore o maggiore «*lunghezza*». Si definiscono **Costituzioni brevi** quei testi che disciplinano prevalentemente l'organizzazione dello Stato, per occuparsi solo marginalmente dei diritti politici e di alcune libertà fondamentali. Tali erano le Costituzioni di fine Settecento e dell'Ottocento, tipiche di ordinamenti in cui i rapporti civili, sociali ed economici erano disciplinati da leggi ordinarie, anche se materialmente costituzionali, in particolare dai codici civili e di commercio. Sono invece **Costituzioni lunghe** quei testi normativi che, oltre a occuparsi della struttura costituzionale dello Stato, consacrano anche le libertà dei cittadini, regolando i rapporti che questi hanno con i pubblici poteri. Tali sono le Costituzioni degli ordinamenti democratici contemporanei.

Secondo, infine, che le Costituzioni siano modificabili o non modificabili con leggi ordinarie, si distingue fra **Costituzioni flessibili e rigide**. Se le prime possono essere modificate senza necessità di un procedimento aggravato (tali erano le Costituzioni ottocentesche, condizionate dal principio della sovranità illimitata del Parlamento, espressione della volontà popolare), le seconde richiedono un procedimento aggravato per modificare o abrogare disposizioni in esse contenute, in modo da non essere soggette alle mutevoli maggioranze parlamentari. Sono rigide tutte le Costituzioni contemporanee, le quali, proprio perché raccolgono i principi e i valori fondamentali di una comunità politica che si riconosce profondamente eterogenea al proprio interno, fissano in un testo fondamentale l'equilibrio raggiunto.

15.4.2 I caratteri della Costituzione italiana

La Costituzione italiana:

- è *votata*, in quanto è stato il popolo a darsela attraverso i propri rappresentanti e non il sovrano a concederla, com'era avvenuto invece con lo Statuto albertino;
- è *scritta*, perché diritti, doveri e strutture costituzionali vi vengono puntualmente elencati, senza rimandi a norme accettate per consuetudine;
- è *rigida*, perché non modificabile con legge ordinaria, ma solo con una procedura aggravata di revisione costituzionale;
- è *lunga*, perché vi vengono ampiamente precisati e descritti i principi, i diritti, i doveri e i meccanismi che regolano la vita del Paese.

15.4.3 Le leggi di revisione costituzionale, le altre leggi costituzionali e il procedimento per la loro approvazione

L'art. 138 Cost. individua due tipologie di leggi costituzionali: le leggi di revisione costituzionale e le altre leggi costituzionali. Che si tratti di un tipo omogeneo lo dimostra sia il dato letterale – l'espressione «*altre leggi costituzionali*» che, evidentemente, presuppone che anche le leggi di revisione siano leggi costituzionali –, sia il procedimento di formazione, che è disciplinato in eguale modo in entrambi i casi.
Tuttavia, mentre le **leggi di revisione** incidono sul testo costituzionale – modificandolo, sostituendo alcune disposizioni o abrogandone altre –, nel novero delle **altre leggi costituzionali**, come categoria residuale, rientrano:

- le leggi che sono espressamente definite come tali dalla Costituzione (es. l'art. 71 riserva a leggi costituzionali la possibilità di ampliare il novero dei titolari dell'iniziativa legislativa ecc.);
- le leggi che non introducono una modificazione definitiva al dettato della Costituzione, ma si limitano a derogare ad alcune norme costituzionali, in via temporanea o per casi determinati (es. la L. cost. 24 gennaio 1997, n. 1, ha introdotto uno speciale procedimento di approvazione dei disegni e dei progetti di legge assegnati ad apposita Commissione bicamerale per le riforme costituzionali);
- ogni altra legge che il Parlamento decida di approvare con il procedimento aggravato previsto dall'art. 138 Cost., in relazione alla materia trattata.

Il **procedimento di formazione** si articola in tre fasi: dell'iniziativa legislativa, decisionale e dell'integrazione dell'efficacia, con svolgimento o meno del referendum confermativo.
Alla fase dell'*iniziativa* l'art. 138 Cost. non dedica alcuna disposizione. Sicché trova applicazione l'art. 71 Cost., che disciplina tale fase in generale, senza distinzioni fra leggi costituzionali e leggi ordinarie.

Per i *disegni di legge* in materia costituzionale, l'art. 72, co. 4, impone la procedura normale e diretta di approvazione in assemblea. Per l'*approvazione* sono previste due successive deliberazioni in ogni ramo del Parlamento, a intervallo non minore di tre mesi (principio della doppia conforme). La seconda deliberazione – per la quale non v'è discussione e votazione dei singoli articoli, ma solo discussione per linee generali e votazione finale (art. 99 Reg. Camera; art. 123 Reg. Senato) – richiede almeno la **maggioranza assoluta dei componenti di ciascuna Camera**.

La fase d'*integrazione dell'efficacia* si può sviluppare in due modi. Se la legge è approvata in seconda votazione da ambedue le Camere con una **maggioranza di due terzi dei componenti**, il Capo dello Stato provvede a promulgarla e la legge viene quindi pubblicata sulla Gazzetta ufficiale, divenendo legge dello Stato a tutti gli effetti. Se invece la legge non è approvata con tale ampia maggioranza, il progetto di legge è pubblicato sulla Gazzetta ufficiale al solo fine di dare conoscenza del suo contenuto. Si tratta, in questo caso, di *pubblicità notiziale*. Entro tre mesi dalla pubblicazione, un quinto dei componenti di ciascuna Camera, 500.000 elettori o cinque Consigli regionali possono chiedere che il testo di legge sia sottoposto a **referendum confermativo** (o **costituzionale**).

Se la richiesta di referendum non viene presentata, oppure viene dichiarata illegittima, il Presidente della Repubblica promulga la legge, che è pubblicata per l'effettiva entrata in vigore (*pubblicazione necessaria*). Se, invece, ha luogo il referendum, solo l'esito favorevole della consultazione popolare potrà legittimare la promulgazione. In caso contrario, la legge non entrerà mai in vigore.

Per il referendum confermativo non è richiesto alcun *quorum* di partecipanti al voto: per approvare la legge costituzionale è sufficiente la maggioranza dei votanti.

15.4.4 I limiti alla revisione costituzionale

Se la **Costituzione** è espressione di un *potere costituente*, le **leggi di revisione costituzionale** sono espressione di un *potere costituito*, qual è il potere legislativo. Sebbene adottata con procedimento aggravato, la legge di revisione costituzionale non può modificare integralmente la Costituzione: in particolare, non possono essere intaccati i principi fondamentali che permeano di sé la legge fondamentale.

L'attività di revisione costituzionale incontra **limiti espliciti**, espressamente stabiliti (ai sensi dell'art. 139 Cost., non può essere oggetto di revisione la *forma repubblicana* e con essa tutte quelle disposizioni costituzionali che fanno riferimento alla Repubblica), e **limiti impliciti**, non espressamente previsti dalla Costituzione ma ricavabili da principi pur sempre desumibili dalla Carta costituzionale: per esempio, non possono essere eliminati o completamente svuotati di significato gli istituti fondamentali e quelli strettamente correlati con il fondamento democratico e lavorista della Costituzione, quali la sovranità popolare, l'autonomia degli enti territoriali, il diritto di voto, l'eguaglianza nell'elettorato attivo e passivo, la pluralità di partiti politici, l'eguaglianza formale e sostanziale.

15.5 Le leggi ordinarie e il procedimento legislativo

15.5.1 Concetti introduttivi

Si definiscono **ordinarie** le leggi deliberate dal Parlamento, secondo un procedimento disciplinato dagli artt. 70 e ss. Cost. nelle sue linee essenziali e più ampiamente dai regolamenti parlamentari.

Sono previsti e disciplinati anche altri atti che, pur non approvati con il procedimento di formazione delle leggi ordinarie, si ritiene abbiano la forza o il valore di legge.

Si intende, per **forza di legge**, la capacità di modificare o abrogare leggi ordinarie (*forza di legge attiva*) e di resistere all'abrogazione e alla modificazione da parte di fonti subordinate (*forza di legge passiva*). Il **valore di legge**, invece, individua il regime cui la legge è sottoposta, ovverosia la soggezione dell'atto normativo al controllo di legittimità costituzionale e la sua sottoposizione al referendum abrogativo. Sia la legge, sia gli atti aventi forza di legge sono assoggettati al medesimo regime giuridico.

Si parla poi di **leggi in senso formale** per intendere quelle *leggi che sono deliberate dagli organi a ciò costituzionalmente preposti, ossia dalle due Camere o dagli altri organi cui è costituzionalmente attribuita la funzione legislativa* (Consigli regionali e Consigli provinciali di Trento e Bolzano).
Sono invece **leggi in senso materiale** le *leggi e tutti quegli atti che hanno forza di legge, indipendentemente dagli organi che li pongono in essere e dal procedimento della loro formazione.* In tale categoria, quindi, rientrano anche gli atti aventi forza di legge (decreti legge e decreti legislativi), che non hanno la veste formale di leggi.

Non dispongono di forza di legge attiva – non innovano, cioè, il diritto oggettivo –, pur avendo forma di legge, le **leggi meramente formali**, attraverso cui il Parlamento può esercitare altri poteri, di controllo e d'indirizzo nei confronti del Governo. Rientrano in tale categoria le *leggi di approvazione del rendiconto consuntivo,* documento contabile che riassume i risultati della gestione del bilancio del trascorso anno finanziario, e le *leggi di ratifica dei trattati internazionali.*
Le **leggi-provvedimento**, infine, sono *atti che presentano forma di legge ma non hanno contenuto realmente normativo,* in quanto prive dei caratteri di generalità e astrattezza. Si tratta di atti, cioè, che si rivolgono a destinatari determinati (es. erogazione di finanziamenti a un'organizzazione determinata che persegue finalità di interesse generale, oppure riconoscimento di titoli onorifici o pensioni a individui che hanno onorato il Paese con la loro attività) oppure a eventi e stati di cose definiti (es. l'Expo di Milano o le conseguenze del terremoto nell'Italia centrale).
Se le leggi-provvedimento rivolte a destinatari determinati vanno valutate in base al **principio d'eguaglianza**, sancito dall'art. 3, co. 1 Cost., soprattutto con riferimento alla **ragionevolezza della discriminazione** operata dalla legge a favore di un soggetto determinato, quelle relative a eventi e situazioni sono assoggettabili ad analogo giudizio di ragionevolezza soltanto se introducono una disciplina derogatoria rispetto a norme vigenti.

15.5.2 La riserva di legge e il principio di legalità

Si ha **riserva di legge** quando le norme costituzionali stabiliscono che una determinata materia deve essere regolata esclusivamente dalla legge. Negli ordinamenti in cui la legge ordinaria è la fonte di rango superiore, la riserva di legge in realtàsi confonde con il **principio di legalità**, in base al quale ogni esercizio di autorità, di tipo amministrativo o giurisdizionale, deve avere fondamento positivo e limite in una previa norma di legge.
Negli ordinamenti a Costituzione rigida la riserva di legge rappresenta un vero e proprio limite per il legislatore, il quale:

- **non può autorizzare fonti di rango secondario a intervenire nella disciplina delle materie riservate**, se non in via di mera esecuzione di disposizioni di legge sufficientemente dettagliate;
- **deve introdurre una disciplina compiuta delle materie riservate**, al fine di circoscrivere la discrezionalità delle autorità amministrative chiamate ad attuare il dettato legislativo.

All'interno della categoria delle riserve di legge è possibile distinguere fra riserve assolute e relative, riserve di legge costituzionale e di legge formale, riserve rinforzate, riserve implicite.
Le **riserve assolute** – previste, per esempio, in materia di *diritti fondamentali* – escludono la possibilità di disciplinare certe materie con fonti di grado secondario, se non in via di mera e stretta esecuzione del dettato legislativo, e generalmente vengono **rafforzate da una riserva di giurisdizione**, per cui quando i diritti garantiti incontrano limitazioni ne viene affidata l'attuazione al potere giudiziario e non alla pubblica amministrazione.
Le **riserve relative**, invece, prevedono l'intervento della legge solo per definire le caratteristiche fondamentali della disciplina, lasciando alle fonti secondarie il compito d'integrare il dettato legislativo. Ad esempio, l'art. 97 Cost. prevede che gli uffici siano organizzati secondo disposizioni di legge: la riserva è ritenuta relativa, in quanto i pubblici uffici devono beneficiare di una certa flessibilità organizzativa che la legge ordinaria non può evidentemente assicurare.
Le **riserve di legge costituzionale** escludono che la materia riservata (es. la fusione o la creazione di nuove Regioni) possa essere regolata da leggi ordinarie e la affidano addirittura a *leggi costituzionali*: la riserva è anche assoluta, dal momento che l'eventuale *disciplina attuativa* verrà introdotta con leggi ordinarie, escludendo del tutto le fonti secondarie.
Sono, invece, **riserve di legge formale** quelle che si riferiscono solo alla legge formale, approvata dal Parlamento (es. devono essere regolati con legge formale i rapporti giuridici sorti sulla base di decreti legge non convertiti), e non anche agli atti equiparati alla legge o alla legge regionale.
Oltre a riservare la materia alla legge, la Costituzione fissa anche limiti di contenuto o di procedimento al libero dispiegarsi dell'attività legislativa ordinaria (**riserve rinforzate**).

Le riserve **rinforzate per contenuto** prevedono che una determinata materia sia regolata solo da leggi aventi un contenuto particolare (es. l'art. 16 Cost. permette al legislatore di porre dei limiti alla libertà di circolazione, ma solo con norme che dispongano «*in generale per motivi di sanità o di sicurezza*»). Quelle **rinforzate per procedimento**, invece, non solo prevedono che una determinata materia sia disciplinata dalla legge, ma richiedono anche un procedimento aggravato di formazione (es. le leggi di concessione dell'amnistia e dell'indulto sono deliberate a maggioranza dei due terzi dei componenti di ciascuna Camera, in ogni loro articolo e nella votazione finale).

Sono **riserve implicite**, infine, quelle non espressamente previste dalla Costituzione, ma che – in via interpretativa – sono considerate tali (es. l'art. 72 Cost., nel riservare alcune materie a leggi approvate con il procedimento ordinario, a maggior ragione riserva tali materie alla legge, con esclusione di interventi di fonti secondarie).

15.5.3 I vincoli derivanti dall'ordinamento internazionale ed europeo

Il legislatore subisce anche il vincolo – espressamente indicato dall'art. 117, co. 1, Cost. (seppur collocato nel Titolo V, dedicato alle autonomie territoriali, in realtà il vincolo si riferisce anche alla legislazione nazionale) – derivante dalla appartenenza dell'Italia all'Unione europea e dalla sua apertura alla dimensione internazionale, sancite negli artt. 10 e 11 Cost.

L'art. 1 L. 131/2003, nell'attuare il disposto costituzionale, ha precisato che per **vincoli europei e internazionali** devono intendersi quelli derivanti:

- dalle *norme di diritto internazionale generalmente riconosciute*, di cui all'art. 10 Cost. (le consuetudini internazionali);
- da *accordi di reciproca limitazione della sovranità*, di cui all'art. 11 Cost.;
- dall'*ordinamento dell'Unione europea* (così come prodotto dalle istituzioni europee a ciò preposte);
- dai *trattati internazionali*.

15.6 Il procedimento di formazione delle leggi ordinarie

15.6.1 La fase dell'iniziativa

La fase dell'iniziativa è attivata con la presentazione, a una delle Camere, di un **progetto o disegno di legge** (i due termini sono usati promiscuamente in Costituzione e nei regolamenti parlamentari), scritto e redatto in articoli. Se il progetto o disegno è presentato contemporaneamente a entrambe le Camere, i loro Presidenti devono raggiungere un'intesa per evitare che entrambe esaminino contemporaneamente progetti di analogo contenuto.

Titolari dell'iniziativa legislativa sono quelli elencati dall'art. 71 Cost. (il Governo, ciascun membro delle Camere, gli organi e gli enti ai quali sia conferita da legge costituzionale e il popolo) o individuati da altre disposizioni costituzionali (il CNEL *ex* art. 99, i Consigli regionali *ex* art. 121, co. 2).

L'iniziativa governativa si esercita mediante presentazione di un disegno di legge preventivamente deliberato dal **Consiglio dei Ministri**, su proposta di uno o più Ministri, e successivamente autorizzato dal Presidente della Repubblica, con decreto controfirmato.

Ciascun membro del Parlamento, da solo o unitamente ad altri parlamentari, eventualmente anche un intero Gruppo parlamentare, può presentare una proposta di legge alla Camera a cui appartiene. L'iniziativa parlamentare, per quanto molto diffusa, non riesce in genere a ottenere in Parlamento le maggioranze necessarie per trasformarsi in legge, soprattutto se si tratta di parlamentari dell'opposizione.

Il **CNEL** ha un'iniziativa legislativa autonoma per le materie riguardanti l'economia e il lavoro attribuite dalla legge (L. 939/1986), così come previsto dall'art. 99 Cost.

Il **popolo** esercita l'iniziativa legislativa mediante presentazione di un progetto di legge sottoscritto da almeno 50.000 elettori, iscritti nelle liste per l'elezione alla Camera dei deputati.

Il **Consiglio regionale** delle Regioni a statuto ordinario ha la facoltà di fare proposte di legge alle Camere (art. 121, co. 2, Cost.). Gli statuti di quattro Regioni speciali (Sicilia, Sardegna, Friuli Venezia Giulia e Trentino Alto Adige), invece, restringono tale iniziativa legislativa dei rispettivi Consigli regionali alle sole materie di interesse regionale.

I progetti di legge, non ancora approvati dalla Camera alla quale siano stati presentati, possono essere **ritirati**. Al termine di ciascuna legislatura, invece, **decadono automaticamente** i progetti di legge non approvati in via definitiva. Ciò nondimeno i progetti decaduti, qualora risultino già approvati da almeno una Camera e siano ripresentati entro i primi sei mesi della nuova legislatura, beneficiano di un **procedimento accelerato** (art. 81, co. 1, Reg. Senato; art. 107, co. 1, Reg. Camera).

Non decadono i *progetti di iniziativa popolare* (art. 74, co. 2, Reg. Senato; art. 107, co. 4, Reg. Camera); i *progetti approvati definitivamente da entrambe le Camere ma rinviati dal Presidente della Repubblica per una nuova deliberazione* (prassi parlamentare non sorretta da norme specifiche); i *disegni di conversione di decreti legge non ancora scaduti* (prassi parlamentare non sorretta da norme specifiche).

15.6.2 Le fasi istruttoria e decisoria

Il progetto o disegno di legge può essere assegnato:

- ad un'**unica Commissione** (permanente) competente per materia;
- a più **Commissioni riunite**, laddove non sia possibile individuare una competenza prevalente;
- a **Commissioni speciali** costituite *ad hoc*.

L'assegnazione è operata, al Senato, dal Presidente, e alla Camera, attraverso procedure diverse a seconda del procedimento che si intende adottare.

Dopo che il progetto o disegno di legge è assegnato, viene scelto il procedimento attraverso il quale verrà discusso e votato. Ci sono tre strade possibili: quella del procedimento ordinario, quella del procedimento deliberante e quella del procedimento redigente. La scelta influisce sulle modalità di svolgimento sia della **fase istruttoria**, che di quella **decisoria**.

Il procedimento ordinario

Nel procedimento ordinario le Commissioni operano **in sede referente**, svolgono, cioè, *attività istruttoria* esaminando i progetti o disegni di legge (a tal fine possono disporre *indagini conoscitive* per documentarsi sui problemi oggetto della legge, chiedere pareri o consulenze ad altri organi o a soggetti estranei) e riferendone con una *relazione* all'Assemblea. La relazione è *obbligatoria* per la Commissione ma *non vincolante* per l'Assemblea, che può anche non tenerne conto.

In Commissione il progetto di legge viene esaminato, discusso ed eventualmente modificato con l'aggiunta di articoli o la presentazione di **emendamenti**.

Al termine dell'esame la Commissione:

- vota un testo da presentare all'Assemblea;
- prepara una *relazione di maggioranza*, con cui accompagnare il testo, ed eventualmente *una o più relazioni di minoranza*, accompagnate da un testo almeno parzialmente alternativo a quello di maggioranza, con le quali si invita l'Assemblea ad approvare o a respingere il progetto;
- nomina un **Comitato di nove o sette membri** (Comitato dei nove alla Camera dei deputati, Sottocommissione al Senato) che ha il compito di pronunciarsi, prima della loro discussione, sugli emendamenti eventualmente presentati direttamente in Assemblea;
- nomina il *relatore* o i *relatori* (di maggioranza e di minoranza) per l'Assemblea.

La **fase deliberativa** si svolge in Assemblea attraverso i seguenti momenti: discussione generale del testo in aula, discussione e votazione dei singoli articoli (votando prima gli *emendamenti*, poi gli *articoli così come modificati*) e votazione finale del testo così come eventualmente modificato.

Il **voto finale** permette di verificare che la maggioranza formatasi di volta in volta sul singolo articolo sussista anche per l'approvazione del progetto nel suo complesso. La votazione – che di norma avviene a **scrutinio palese**, mediante procedimento elettronico – è preceduta dalle **dichiarazioni di voto** dei Presidenti di ciascun Gruppo parlamentare, che così possono illustrare i motivi e gli orientamenti di voto del proprio gruppo, e dall'eventuale **coordinamento del testo**, al fine di verificare la correttezza formale delle disposizioni fino a quel momento approvate, la loro compatibilità reciproca e conciliabilità con lo scopo della legge stessa.

Il procedimento deliberante (o in sede legislativa)

Nel procedimento in sede legislativa, tutte le fasi del procedimento ordinario si svolgono nella Commissione permanente competente per materia.

La Commissione agisce **in sede deliberante**, in quanto non solo svolge attività istruttoria, ma ha anche il potere di approvare la legge (art. 72, co. 3, Cost.). Pertanto, la Commissione procede all'esame preliminare del progetto, alla sua discussione, alla votazione dei singoli articoli e alla votazione finale del progetto o disegno di legge.

Per evitare possibili abusi della Commissione, che ha pur sempre una composizione più ristretta dell'Assemblea, sono previste le seguenti garanzie:

- la redazione e distribuzione obbligatoria a tutti i membri della Camera di **resoconti sommari delle sedute** delle Commissioni in sede deliberante, grazie ai quali l'Assemblea può esercitare un controllo sui lavori in Commissione, anche al fine di esercitare il potere di rimessione a sé stessa del progetto di legge;
- il riconoscimento al Governo, ad un decimo dei componenti di ciascuna Camera o ad un quinto dei componenti la Commissione, del **potere di chiedere** – finché non sia intervenuta l'approvazione definitiva da parte della Commissione – **che il progetto sia rimesso all'Assemblea**, per la sola votazione finale o anche per la votazione e discussione dei singoli articoli.

Il procedimento deliberante non è mai ammesso per i progetti o disegni di legge per i quali la Costituzione preveda una **riserva di assemblea**. Tale riserva è prevista dall'art. 72, co. 4, Cost. e dalle disposizioni dei regolamenti parlamentari per *progetti in materia costituzionale ed elettorale*, disegni di legge di delegazione legislativa, di *autorizzazione alla ratifica di trattati internazionali*, di *approvazione di bilanci e consuntivi*, di *conversione di decreti-legge*, per la legge europea e quella di delegazione europea e per le *leggi rinviate dal Presidente della Repubblica per un riesame* del Parlamento.

Il procedimento redigente (o misto)

Il procedimento **in sede redigente** – disciplinato soltanto dai regolamenti parlamentari – rappresenta un **procedimento intermedio fra quello ordinario e quello deliberante**, in quanto comporta una collaborazione e una ripartizione di compiti fra Assemblea e Commissioni in sede di approvazione.

Alla Camera (art. 96 Reg.) l'Assemblea, anche su richiesta unanime dei rappresentanti dei Gruppi parlamentari in Commissione, o di più dei quattro quinti dei componenti della Commissione, può decidere di deferire alla Commissione il compito di procedere alla **formulazione degli articoli** di un progetto di legge, riservandosi l'approvazione dei singoli articoli, senza dichiarazioni di voto e senza possibilità di emendamenti, e del testo finale, con dichiarazioni di voto. L'Assemblea può stabilire, all'atto del deferimento, **criteri e principi direttivi** per la formulazione del testo degli articoli.

Al Senato (art. 36 Reg.) spetta invece al Presidente il compito di assegnare (o trasferire, quando ne faccia richiesta la Commissione unanime e il Governo dia il proprio assenso) alle Commissioni i disegni di legge, riservando all'Assemblea la votazione sui singoli articoli e la **votazione finale del testo**, con sole dichiarazioni di voto. Su richiesta di otto senatori è possibile anche in questo caso fissare i **criteri informatori** a cui la Commissione deve attenersi nella formulazione del testo.

Il procedimento abbreviato
Non costituisce, invece, un'ulteriore tipologia di procedimento, in quanto si caratterizza semplicemente perché per **i disegni di legge dichiarati urgenti** (art. 72, co. 2) è possibile ridurre alla metà tutti i termini ordinari previsti dai regolamenti parlamentari. La richiesta della procedura abbreviata spetta, alla Camera, al Governo, ad un presidente di gruppo o a dieci deputati, mentre al Senato spetta al proponente, al Presidente della Commissione competente o a otto senatori.

15.6.3 La fase integrativa dell'efficacia

La legge, una volta approvata dalle Camere, è **perfetta**, ma non ancora efficace. Per diventare tale deve essere completata la fase, appunto, di **integrazione dell'efficacia**.

La legge è un **atto complesso** e, in quanto tale, è perfetta solo quando entrambe le Camere hanno votato lo stesso testo. Il progetto respinto da una Camera può essere ripresentato dinanzi alla stessa Camera, con identico contenuto, ma solo dopo sei mesi dal rigetto. Per evitare che il passaggio del progetto fra le due Camere (**navetta**) si protragga eccessivamente, quando il testo ritorna modificato alla Camera che già lo ha approvato, il riesame è limitato ai soli **articoli emendati**.

Questa fase è diretta a verificare la legittimità della legge e il rispetto delle norme di procedura, nonché a rendere pubblico l'atto normativo, comunicandone il testo nelle forme previste a coloro che sono tenuti a osservarlo.
Segnatamente, la fase integrativa dell'efficacia si articola nei seguenti atti:

- il **controllo di legittimità costituzionale formale e sostanziale** da parte del Presidente della Repubblica.

  Il *controllo formale* riguarda il rispetto delle norme costituzionali che regolano la procedura di formazione della legge. Il *controllo sostanziale* mira, invece, a salvaguardare il rispetto dei principi e dei contenuti della Costituzione;

- la **promulgazione**, atto dovuto del Presidente della Repubblica, che deve essere compiuta entro un mese dall'approvazione della legge (art. 73 Cost.). Il termine può essere abbreviato se le Camere, ciascuna a maggioranza assoluta dei propri componenti, ne dichiarano l'urgenza;
- il **visto del Ministro Guardasigilli**, il quale è tenuto ad accertare che l'atto non presenti irregolarità formali;
- la **pubblicazione** sulla *Gazzetta ufficiale della Repubblica italiana*, con cui la legge viene portata ufficialmente a conoscenza dei suoi destinatari;
- l'**entrata in vigore**.

  La legge entra in vigore dopo il periodo della cd. ***vacatio legis***, ovverosia quindici giorni dalla sua pubblicazione o nei termini più brevi o più lunghi fissati nella stessa legge. Dal momento dell'entrata in vigore la legge si presume conosciuta da tutti i destinatari e non è possibile invocarne l'ignoranza per giustificare la sua inosservanza.

15.7 I decreti-legge

15.7.1 La decretazione d'urgenza e i suoi limiti

La **decretazione d'urgenza** fu introdotta nel sistema costituzionale dello Statuto albertino in via consuetudinaria, in quanto lo Statuto non la prevedeva espressamente, per essere formalizzata in epoca fascista con L. 31-1-1926, n. 100. I decreti-legge erano adottati per fronteggiare situazioni straordinarie che richiedevano necessariamente interventi d'urgenza, entravano in vigore immediatamente e, se entro due anni dalla loro pubblicazione non venivano convertiti, perdevano la loro efficacia dal giorno della scadenza del termine, quindi con efficacia *ex nunc*.

La Costituzione repubblicana, pur prendendo atto dell'esistenza e dell'inevitabilità del fenomeno, ne ha rivoluzionato la disciplina, nel tentativo di introdurre adeguate garanzie contro gli abusi che erano stati fatti di questo strumento. Così, per accentuare il **carattere precario** dei decreti-legge, la durata della loro efficacia è stata ridotta a 60 giorni, scaduti i quali il decreto può solo essere convertito in legge oppure decadere, con efficacia retroattiva (*ex tunc*), come se non fosse mai esistito. Stabilisce, infatti, l'art. 77 Cost. che quando, in **casi straordinari di necessità e d'urgenza**, il Governo adotta, sotto la sua responsabilità, **provvedimenti provvisori con forza di legge**, il Governo deve il giorno stesso presentarli per la conversione alle Camere (che, anche se sciolte, sono appositamente convocate e si riuniscono entro 5 giorni) e che i decreti perdono efficacia sin dall'inizio, se non sono convertiti in legge entro 60 giorni dalla loro pubblicazione.

Ai sensi dell'art. 15 L. 400/1998 il decreto-legge non può:

- conferire **deleghe legislative**, in quanto la sua funzione è quella di intervenire a livello normativo in via immediata, non potendo delegare ad altra successiva fonte la disciplina della materia;
- provvedere nelle **materie riservate al procedimento legislativo ordinario** dall'art. 72, co. 4, Cost.;
- **rinnovare le disposizioni** di decreti-legge dei quali sia stata **negata la conversione in legge** con il voto di una delle due Camere;
- regolare i **rapporti giuridici sorti sulla base dei decreti non convertiti**, funzione che spetta esclusivamente alla legge formale;
- **ripristinare l'efficacia di disposizioni dichiarate illegittime** dalla Corte costituzionale per vizi non attinenti al procedimento.

Sulla base del criterio gerarchico, infine, si deve concludere che il decreto-legge **non può sospendere o derogare a norme di rango costituzionale**.

15.7.2 Il procedimento di approvazione dei decreti-legge e la conversione in legge

I decreti-legge sono deliberati dal **Consiglio dei Ministri** (art. 2, co. 3, lett. c), L. 400/1988) e presentati per l'emanazione al **Presidente della Repubblica** (art. 15, co. 1, L. 400/1988).

In quanto non soggetto a registrazione della Corte dei conti, il decreto-legge è pubblicato sulla Gazzetta ufficiale dopo che è stato munito del visto del Guardasigilli e del sigillo di Stato (art. 6 D.P.R. 1092/1985). Il giorno stesso della pubblicazione il decreto, che deve contenere la clausola di presentazione al Parlamento, è presentato alle Camere per la **conversione in legge** (art. 15, co. 4, L. 400/1988). Come detto, le norme in esso contenute hanno un'**efficacia limitata temporalmente a 60 giorni**, scaduti i quali, se il decreto non viene convertito in legge, diventano inefficaci sin dall'inizio.

In sede di conversione, possono essere apposti al decreto **emendamenti aggiuntivi**, che inseriscono – cioè – disposizioni prima non previste (con efficacia però *ex nunc*, in quanto ampliano il testo originario), **emendamenti soppressivi**, che invece eliminano – con efficacia *ex tunc* – parte del contenuto dell'originario decreto-legge, e infine **emendamenti modificativi**, che se eliminano, da un lato, una parte del vecchio contenuto, dall'altra introducono una disposizione nuova, limitatamente alla quale gli effetti si producono dal giorno successivo alla pubblicazione della legge, salvo che questa non disponga diversamente.

Il **procedimento di conversione** si articola nei seguenti momenti:

- **presentazione alle Camere**, da parte del Governo, di un **disegno di legge di conversione** (se sciolte, le Camere sono appositamente convocate e si riuniscono entro 5 giorni);
- esame del disegno di legge da parte di entrambe le Camere con il **procedimento ordinario**, dal momento che i regolamenti parlamentari hanno introdotto una riserva di legge in Assemblea per questi casi;
- **votazione finale** (siccome il disegno di legge di conversione consiste in unico articolo, è prevista soltanto questa votazione prima della quale, tuttavia, vengono votati gli eventuali *emendamenti* e *articoli aggiuntivi* che, a pena di inammissibilità, devono essere strettamente attinenti alla materia del decreto-legge).

Se il decreto non è convertito, il Ministro della Giustizia è tenuto a pubblicare sulla Gazzetta ufficiale immediatamente la mancata conversione (per decorrenza dei termini o per rifiuto di conversione), come pure la conversione parziale definitiva.

Il legislatore ordinario può intervenire con apposita **legge di sanatoria** per disciplinare i rapporti sorti sulla base delle disposizioni del decreto non convertito. Tale salvezza non può, però, essere offerta da un successivo decreto-legge, in quanto a ciò si oppone l'art. 15 L. 400/1988. In questo caso, infatti, il soggetto responsabile si esonererebbe da solo dalla sua stessa responsabilità.

15.7.3 Il controllo sui decreti legge

La decretazione d'urgenza trova la sua giustificazione e il suo fondamento costituzionale nell'indifferibilità dell'intervento e nella sua assoluta urgenza.
Appare, pertanto, coessenziale alla natura stessa del decreto-legge lo svolgimento di un'attività di controllo sulla sussistenza dei casi straordinari di necessità e urgenza che ne giustifichino l'uso. Tale controllo è svolto nel nostro ordinamento da diversi organi, con esiti e finalità diverse.

Già in sede di emanazione del decreto-legge, può esserci il **controllo del Presidente della Repubblica**, che interviene poi in sede di presentazione del disegno di legge di conversione e in occasione della promulgazione della legge di conversione. In genere il Capo dello Stato rinvia il decreto-legge al Governo per un riesame, analogamente a quanto accade per le leggi approvate dal Parlamento.
Al **Parlamento**, dal canto suo, spetta di esercitare un **controllo in sede di conversione del decreto**.

Nel momento in cui il decreto è stato emanato, o dopo che è stato convertito in legge, può intervenire la **Corte costituzionale**, in sede di verifica dei presupposti di necessità e urgenza (e, in ogni caso, la Corte può sempre intervenire attraverso una verifica *ex post*).
Con la sentenza n. 25/1995, la Corte ha affermato che la sussistenza di una situazione di fatto, comportante la necessità e l'urgenza di provvedere, costituisce – per espressa previsione dalla Costituzione – un requisito di validità del decreto-legge, il cui difetto comporta un vizio di legittimità costituzionale che si trasferisce anche alla legge di conversione, configurandosi come vizio *in procedendo*. Successivamente la Corte ha precisato che il giudizio di costituzionalità non si sovrappone alle valutazioni politiche del Parlamento, ma si muove sul piano della salvaguardia del sistema delle fonti del diritto definito dalla Costituzione, e dei valori a tutela dei quali tale sistema è preposto (sent. n. 171/2007).

15.7.4 La reiterazione dei decreti-legge

Per lungo tempo le Camere, ingolfate di decreti-legge, non sono riuscite a rispettare il termine di 60 giorni per la loro conversione. Per tale ragione è invalsa la prassi, da parte del Governo, di riprodurre in nuovi decreti il contenuto dei decreti non convertiti, eventualmente tenendo conto degli emendamenti approvati dalle Camere o anche da una sola di esse.
A tale fenomeno, che in passato aveva assunto dimensioni preoccupanti, si dà il nome di **reiterazione dei decreti-legge**, che si realizza quando il decreto riproduce *senza variazioni sostanziali* il contenuto di un decreto non convertito oppure, pur modificando in parte tale contenuto, *non risulta fondato su autonomi presupposti di necessità e di urgenza*, tranne la semplice circostanza della mancata conversione del decreto precedente.
L'unico limite a questa prassi è contenuto nell'art. 15 L. 400/1988, che, tuttavia, esclude soltanto che un decreto possa riprodurre il contenuto di un altro decreto bocciato da una delle due Camere.
La prassi della reiterazione è stata comunque ritenuta incostituzionale dalla Corte costituzionale (sent. 360/1996).

15.8 I decreti legislativi

15.8.1 La delega legislativa

L'art. 76 Cost. consente al Parlamento di delegare l'esercizio della funzione legislativa al Governo, purché ciò avvenga con legge e nel rispetto di alcune precise condizioni: la legge di delega, infatti, deve stabilire i **principi** e i **criteri direttivi** cui deve conformarsi il potere di legiferazione del Governo e definire specificamente l'**oggetto** (ovverosia l'ambito) della disciplina da emanare; inoltre, la delega può essere esercitata solo per un **tempo limitato** (il *termine iniziale* è generalmente fatto coincidere con l'entrata in vigore della legge di delega, mentre il *termine finale* può essere una data certa o coincidere con un evento futuro ma comunque certo).
La legge delega è sempre approvata con **procedimento ordinario** ai sensi dell'art. 72, co. 4, Cost. Sussiste in quest'ambito una **riserva di legge formale**, nel senso che la delega deve essere conferita con legge ordinaria e **non mediante decreto-legge**. Invece non sono insoliti i decreti legge che intervengono prorogando il termine della delega

o disciplinando alcuni profili della materia oggetto di delega. L'introduzione di nuove deleghe, invece, viene talvolta realizzata dalla legge di conversione del decreto-legge, quindi rispettando la riserva di legge formale.
Secondo quanto prevede l'art. 14 L. 400/1988, il legislatore può attribuire la delega per una **pluralità di oggetti distinti suscettibili di separata disciplina**, autorizzando il Governo a emanare più atti successivi per uno o più degli oggetti. Il Parlamento, invece, non può conferire deleghe in materie che non ha il potere di disciplinare, per esempio quelle riservate ai regolamenti parlamentari o in tema di revisione costituzionale; né può, il Parlamento, conferire deleghe in materie coperte da **riserva di legge formale**, in quanto in tali casi le Camere esercitano un **controllo politico** sul Governo, che – evidentemente – non può essere trasferito al medesimo soggetto controllato.
Il Governo informa periodicamente le Camere sui criteri che segue nell'organizzazione dell'esercizio della delega (art. 14, co. 3, L. 400/1988). È poi previsto il **parere obbligatorio delle Commissioni parlamentari** in ordine agli schemi dei decreti delegati nel caso in cui la **delega ecceda il biennio** (art. 14, co. 4, L. 400/1988).
Sia i limiti previsti dall'art. 76 Cost., sia quelli ulteriori introdotti dalla legge delega, ove violati dal decreto delegato, possono configurare un **eccesso di delega**, con conseguente incostituzionalità del decreto.

15.8.2 Il procedimento di formazione dei decreti delegati

Predisposto dal Ministro o dai Ministri competenti lo schema di decreto, il **Consiglio dei Ministri** compie una prima delibera (art. 2, co. 3, lett. c), L. 400/1988) e vengono espletati gli eventuali adempimenti previsti dalla legge delega (es. la richiesta di pareri). Segue, quindi, la **delibera definitiva** dello schema di decreto delegato, così come modificato alla luce degli adempimenti (es. pareri) richiesti ed espletati.
Almeno venti giorni prima della scadenza del termine finale, il testo del decreto è trasmesso al **Presidente della Repubblica** per l'emanazione. Entro tale termine il Presidente può formulare i suoi eventuali rilievi e chiedere il riesame del decreto (art. 14, co. 2, L. 400/1988).

15.8.3 I testi unici e i codici di settore

Il testo unico (o "unificato") è la **raccolta coordinata delle norme che riguardano una determinata materia**. Rappresenta, quindi, il tradizionale strumento per soddisfare esigenze di ordine, coordinamento e conoscibilità delle norme giuridiche succedutesi nel tempo, spesso in modo disorganico, in una determinata materia.

Secondo l'attività del compilatore del testo unificato, si distingue fra:

- **testo unico compilativo (o di coordinamento)**, quando si effettua un semplice riordino, senza procedere a modifiche di particolare rilievo o abrogazioni delle norme in vigore. Il testo pubblicato non ha alcuna valenza normativa e non è giuridicamente vincolante;
- **testo unico innovativo**, quando non solo si raccoglie e si riordina la normativa esistente, ma si effettuano anche le opportune modifiche e abrogazioni delle norme precedentemente in vigore. Queste ultime risulteranno superate e sostituite da quelle approvate con il testo unico.

Classificazioni alternative sono quelle che fanno riferimento al potere esercitato dall'organo emanante (distinguendosi fra **testi unici delegati, autorizzati e spontanei**) oppure alla tipologia

di fonti che si provvede a trasfondere (distinguendosi fra **testi unici legislativi, regolamentari e misti**).
Il provvedimento, nella quasi totalità dei casi, è emanato dal Governo sulla base di una delega ricevuta dal Parlamento, ma nulla vieta che possa essere lo stesso Parlamento ad approvare un testo unico. L'atto con il quale è emanato il testo unico normalmente assume la forma del decreto legislativo (D.Lgs.) e ha piena forza di legge.

Sono chiamati **codici di settore**, invece, quei provvedimenti che, nelle intenzioni del legislatore, non servono per raccogliere in maniera coordinata norme esistenti, ma si pongono l'obiettivo di operare un'organica revisione della disciplina di una materia con innovazioni anche dal punto di vista sostanziale, pur nei limiti consentiti dalla delega ricevuta. In realtà, al di là delle differenze terminologiche, non vi è una sostanziale differenza con il testo unico di tipo innovativo.

Costituiscono esempi il *Codice in materia di protezione dei dati personali* (D.Lgs. 196/2003), il *Codice del consumatore* (D.Lgs. 206/2005), il *Codice dei contratti pubblici* (D.Lgs. 50/2016), il *Codice delle leggi antimafia* (D.Lgs. 159/2011), il *Codice del processo amministrativo* (D.Lgs. 104/2010), il *Codice dell'amministrazione digitale* (D.Lgs. 82/2005), il *Codice delle pari opportunità* (D.Lgs. 198/2006), il *Codice della protezione civile* (D.Lgs. 1/2018).

15.8.4 Deleghe legislative atipiche

Costituiscono deleghe legislative atipiche l'attuazione degli statuti speciali e il conferimento di poteri in caso di guerra.
I **decreti attuativi degli statuti speciali** vengono deliberati dal Governo previo parere obbligatorio di commissioni paritetiche composte in numero eguale da esperti nominati da Stato e Regioni speciali. La particolarità di questa delega è di essere contenuta in una legge costituzionale e di non avere un termine massimo prefissato per il suo esercizio. I decreti emanati sulla base di tali norme, inoltre, non possono essere modificati o abrogati da leggi ordinarie o da decreti che siano stati emanati senza rispettare le peculiari regole procedurali fissate dagli statuti: si tratta, quindi, **fonti rinforzate a competenza riservata**.
Il **conferimento, in caso di guerra, dei necessari poteri al Governo** è conseguenza di una deliberazione adottata dal Parlamento. Quando le Camere deliberano lo stato di guerra, entra in vigore la cosiddetta **Costituzione di guerra**, ovverosia un insieme di norme eccezionali che trovano applicazione esclusivamente in caso di guerra.

15.9 Il referendum abrogativo

15.9.1 Finalità dell'istituto

Il referendum è il più importante degli istituti di **democrazia diretta**, in quanto **consente ai cittadini di esprimere la loro opinione su determinati argomenti**, senza alcuna mediazione del Parlamento o di altri organi e poteri.
Sono state già elencate le diverse tipologie di referendum previste dal nostro ordinamento; in questa sede si dirà esclusivamente del referendum abrogativo, in quanto è l'unico a costituire una vera e propria **fonte del diritto**, essendo l'unico in grado di innovare il diritto oggettivo anche se soltanto in negativo, ossia abrogando il diritto esistente. La stessa Corte costituzionale, con sentenza n. 29/1987, ha esplicitamente

dichiarato il referendum abrogativo atto-fonte dell'ordinamento, dello stesso rango della legge ordinaria.
La disciplina legislativa del referendum è contenuta nella L. 25-5-1970, n. 352.

15.9.2 Il procedimento referendario

Stabilisce l'art. 75 Cost. che la richiesta referendaria deve essere presentata da **cinquecentomila elettori** o da **cinque Consigli regionali**. Se nel primo caso la raccolta delle firme è fatta da un **comitato di promotori** su fogli vidimati contenenti i termini del quesito referendario, nel secondo caso la richiesta deve indicare anche i Consigli regionali che hanno deliberato di presentarla e i delegati di ciascun Consiglio, che la sottoscrivono (artt. 27-30 L. 352/1970).
Se la richiesta referendaria è dichiarata ammissibile dalla Corte costituzionale, il referendum è indetto in una domenica compresa fra il **15 aprile e il 15 giugno** con decreto del Presidente della Repubblica su deliberazione del Consiglio dei Ministri (art. 34 L. 352/1970). Se, nel medesimo anno, debba tenersi più di un referendum abrogativo, la convocazione avviene per tutti i referendum nella medesima data.
In caso di **scioglimento anticipato delle Camere** (o di una Camera), il referendum già indetto si intende automaticamente sospeso all'atto della pubblicazione sulla Gazzetta ufficiale del decreto presidenziale di indizione dei comizi elettorali. I termini del procedimento referendario riprendono a decorrere dal trecentosessantacinquesimo giorno successivo alla data delle elezioni (art. 34 L. 352/1970).
Per la validità del referendum è necessaria la **partecipazione della maggioranza degli aventi diritto al voto**. Terminate le votazioni, l'Ufficio centrale riceve i verbali di scrutinio e procede alla determinazione del quorum dei partecipanti, alla somma dei voti validi favorevoli e dei voti validi contrari all'abrogazione e alla conseguente proclamazione dei risultati (art. 36 L. 352/1970).
Se il risultato è favorevole, il **Presidente della Repubblica** con proprio decreto **dichiara l'avvenuta abrogazione** (art. 37 L. 352/1970). Il decreto è immediatamente pubblicato sulla Gazzetta ufficiale e inserito nella Raccolta ufficiale delle leggi e dei decreti. L'abrogazione ha effetto dal giorno successivo alla pubblicazione sulla Gazzetta. Il decreto, tuttavia, può ritardarla di un massimo di 60 giorni, previa deliberazione del Consiglio dei Ministri. Anche della mancata abrogazione si dà notizia (art. 38 L. 352/1970).

15.9.3 I limiti alla richiesta referendaria

La Costituzione pone una serie di limiti, espliciti e impliciti, al referendum.
Ai sensi dell'art. 75 Cost., infatti, il referendum:

- può abrogare soltanto leggi e atti aventi forza di legge statali, quindi non può abrogare **regolamenti amministrativi** o altre **fonti secondarie** né tantomeno **leggi regionali**.

  Ciò non esclude che a livello di singola Regione lo statuto possa prevedere anche il referendum regionale, che coinvolgerà però soltanto la comunità territoriale di riferimento e gli atti della Regione;

- non può, per espressa esclusione, abrogare le **leggi tributarie e di bilancio**, di **amnistia e indulto**, di **autorizzazione a ratificare trattati internazionali** (art. 75, co. 2, Cost.).

Questa esclusione si giustifica col fatto che si tratta di leggi con cui il Parlamento esprime il controllo politico sull'operato del Governo (leggi di bilancio, di amnistia e indulto e di autorizzazione alla ratifica dei trattati) o in relazione alle quali il richiamo al popolo presenta evidenti caratteri di demagogia (leggi tributarie, che impongono obblighi ai quali tutti i cittadini, con ogni probabilità, si sottrarrebbero se chiamati a pronunciarsi);

> non può abrogare **norme di rango costituzionale** contenute nella Costituzione o in altre leggi costituzionali, per le quali l'art. 138 Cost. prevede uno specifico procedimento di revisione che contempla un tipo diverso di referendum, quello confermativo.

Accanto a tali limiti, la Corte, nell'ambito del giudizio di ammissibilità, ne ha individuati altri che sono la conseguenza logica della natura e delle finalità dell'istituto così come ricavabili dallo stesso testo della Costituzione.

Una prima serie di limiti attengono agli **atti**, ulteriori rispetto a quelli già espressamente individuati dall'art. 75 Cost., **che non possono essere oggetto di consultazione referendaria**.

Secondo la fondamentale sentenza n. 16/1978, il referendum sarebbe escluso per:

- le **leggi aventi a oggetto disposizioni collegate all'ambito di operatività delle leggi elencate nell'art. 75 Cost.**, seppur non esplicitamente ricomprese in tale elenco, come le leggi di esecuzione e di attuazione dei trattati internazionali e le leggi finanziarie;
- le **leggi dotate di forza passiva rafforzata** (leggi atipiche o rinforzate), in quanto non abrogabili neppure da leggi ordinarie successive, come per esempio la legge di esecuzione dei Patti Lateranensi e, in generale, le leggi che recepiscono le intese con le confessioni religiose;
- le **leggi a contenuto costituzionalmente necessario**, incluse anche le norme che disciplinano l'elezione di organi costituzionali o a rilevanza costituzionale, a meno che la normativa di risulta non sia tale da consentire all'organo stesso di essere sempre operativo, senza alcuna soluzione di continuità.

Costituiscono un ulteriore limite al quesito referendario le **leggi a contenuto comunitariamente vincolato** e cioè quelle mediante le quali lo Stato italiano adempie un preciso obbligo derivante dall'adesione all'ordinamento dell'Unione europea (sentenze nn. 63-64/1990 e n. 41/2000).

Una seconda categoria di limiti, invece, riguardano la struttura **dei quesiti referendari e la natura abrogativa e non propositiva degli stessi**, per cui il corpo elettorale deve poter operare una scelta chiara, netta e consapevole fra due sole alternative, contrassegnate da un "sì" e da un "no". Ne consegue, secondo la Corte, che il quesito referendario deve essere chiaro, semplice e completo (sentenza n. 27/1981) e, inoltre, deve essere omogeneo, per cui sono inammissibili domande che coinvolgano una pluralità di norme fra loro eterogenee, non collegate da una matrice unitaria (sentenza n. 16/1978).

15.9.4 I rapporti fra funzione legislativa e referendum

La presentazione della richiesta di referendum non impedisce al Parlamento di esercitare, sul provvedimento oggetto del quesito referendario, la funzione legislativa prevista dall'art. 70 Cost. e al Governo di emanare atti aventi forza di legge ai sensi degli artt. 76 e 77 Cost.

Infatti, l'art. 39 L. 352/1970 espressamente prevede che, se prima dello svolgimento del referendum la legge o l'atto avente forza di legge o singole sue disposizioni oggetto del quesito vengono abrogate, l'Ufficio centrale del referendum dichiara che le operazioni relative non hanno più corso.

Tale disposizione trova applicazione:
- se la legge, l'atto o le disposizioni abrogate, totalmente o parzialmente, **non sono sostituite da alcuna disciplina**;
- se la legge, l'atto o le disposizioni abrogate, totalmente o parzialmente, **sono sostituite da una nuova disciplina** che consenta, comunque, ai promotori del referendum di raggiungere il proprio obiettivo.

Situazione diversa è quella in cui la legge, l'atto o le disposizioni abrogate, totalmente o parzialmente, **sono sostituite da una nuova disciplina che, nei principi ispiratori e nei suoi contenuti essenziali, riproduce quella oggetto di referendum**. Secondo la Corte costituzionale (sentenza n. 68 del 1978), l'art. 39 non trova in questo caso applicazione, altrimenti il legislatore potrebbe surrettiziamente impedire agli elettori di pronunciarsi sul referendum semplicemente modificando l'atto normativo, senza intaccare la disciplina di cui si richiede l'abrogazione. Il referendum si sposta, allora, sulle nuove disposizioni legislative.

15.10 I regolamenti degli organi costituzionali

15.10.1 I regolamenti parlamentari

Nell'ordinamento repubblicano, i regolamenti parlamentari non possono certo essere qualificati come atti normativi interni. Se da un lato, infatti, gli artt. 64 e 72 Cost. assegnano loro il compito di dettare le **norme di organizzazione e di funzionamento di ciascuna Camera**, al fine di garantire la piena autonomia e il pieno autogoverno delle Assemblee, dall'altro lato i regolamenti parlamentari incidono sui rapporti intercorrenti fra il Parlamento e gli altri organi costituzionali, ad esempio il Governo, o persone fisiche e giuridiche (membri del Governo, singoli parlamentari, gruppi parlamentari ecc.).

I regolamenti parlamentari tutelano l'**autonomia di ciascuna Camera**, anche nei confronti dell'altra Camera, per cui la legge, che è espressione di entrambe le Camere, non può interferire nelle materie riservate ai regolamenti.

15.10.2 I regolamenti della Corte costituzionale

L'art. 14 L. 87/1953 attribuisce alla Corte costituzionale il potere di emanare un regolamento che disciplini l'esercizio delle sue funzioni; l'art. 22 della stessa legge prevede che la Corte possa adottare con regolamento norme integrative per i giudizi dinanzi a sé.

A questi due atti deve essere aggiunto il **regolamento generale**, che concerne l'organizzazione interna della Corte, e una serie di **regolamenti amministrativi** riguardanti l'organizzazione, i servizi, lo stato giuridico ed economico del personale.

15.10.3 I regolamenti di altri organi costituzionali

Il **Presidente della Repubblica** può, in base all'art. 3 L. 9-8-1948, n. 1077, emanare un *regolamento interno*, su proposta del segretario alla Presidenza e nella forma del decreto presidenziale senza controfirma. L'ordinamento della Presidenza, tuttavia, è disciplinabile anche dalla legge, rientrando nella materia di competenza legisla-

tiva esclusiva statale degli organi dello Stato, per cui i regolamenti presidenziali in materia dovrebbero essere considerati vere e proprie **fonti di rango secondario** meramente attuative.
Anche il **regolamento interno del Consiglio dei Ministri**, in quanto previsto da una fonte di grado primario – la L. 400/1988 – dovrebbe considerarsi come vera e propria **fonte secondaria**. Tuttavia, ancora prima, è dubbia la sua stessa natura di fonte del diritto, in quanto contiene norme che non trovano applicazione al di fuori dello stesso organo costituzionale.
Analogo discorso può essere fatto per il **regolamento della Presidenza del Consiglio**, disciplinato dal D.Lgs. 30-7-1999, n. 303.

15.11 I regolamenti

15.11.1 Caratteristiche generali

I regolamenti sono atti **formalmente amministrativi**, perché provenienti da organi dell'apparato amministrativo dello Stato, e **sostanzialmente normativi**, in quanto idonei, nei limiti stabiliti dalle fonti di rango primario, a immettere nuove norme nell'ordinamento giuridico; ne consegue che si tratta di **fonti del diritto di rango secondario subordinate alla legge**.
I regolamenti, in quanto atti formalmente amministrativi (anche se sostanzialmente normativi), sono soggetti al sindacato del giudice amministrativo quando ledono interessi legittimi. Normalmente, peraltro, gli atti normativi non sono idonei ad incidere direttamente sulla sfera giuridica soggettiva dei potenziali destinatari (essendo, per definizione, atti diretti *erga omnes* – verso tutti) e, dunque, la lesione dell'interesse del singolo deriva dal provvedimento assunto in forza del regolamento: in tal caso, l'interessato dovrà impugnare sia il regolamento sia il provvedimento applicativo.
Sono fonti di produzione del diritto soltanto i *regolamenti esterni*, quelli cioè che si rivolgono a soggetti estranei all'ordinamento dell'ente od organo che li emana. Per altro verso, non possono considerarsi fonti del diritto i *regolamenti interni*, che disciplinano, invece, l'organizzazione interna di un organo o di un ente e perciò si rivolgono soltanto ai soggetti che di tale organizzazione fanno parte.
Il **fondamento tradizionale** della potestà regolamentare è rinvenuto nel **principio di legalità**, secondo il quale l'Esecutivo può emanare regolamenti soltanto quando a ciò sia autorizzato da una previa norma di legge che attribuisca ad un organo amministrativo la relativa competenza.
La novella costituzionale del 2001 ha previsto espressamente **tre tipologie** di regolamenti, individuando l'ambito di competenza di ciascuno di essi:

- i **regolamenti statali**, *ex* art. 117, co. 6, Cost. possono operare nelle materie di competenza legislativa esclusiva statale;
- i **regolamenti regionali** possono operare nelle materie di competenza legislativa regionale concorrente o residuale e anche nelle materie di competenza legislativa esclusiva statale, in questo caso previa delega dello Stato;
- i **regolamenti degli enti locali** disciplinano l'organizzazione e lo svolgimento delle funzioni loro attribuite.

Il potere regolamentare trova, quindi, adesso il suo **fondamento direttamente nella Costituzione** e limitatamente alle materie e ai settori in essa espressamente indicati.

In quanto fonti di rango secondario, i regolamenti incontrano una serie di **limiti**:

- non possono mai derogare o contrastare con la Costituzione, né con i principi in essa contenuti;
- in quanto subordinate alla Costituzione e alle leggi costituzionali, non possono mai regolare le **materie riservate dalla Costituzione alla legge** (ordinaria o costituzionale);
- non possono contenere sanzioni penali, esistendo una **riserva di legge in materia penale** (art. 25 Cost.);
- non possono derogare né contrastare con le leggi ordinarie, salvo che sia una legge ad attribuire loro il potere, in un determinato settore e per un determinato caso, di innovare anche nell'ordine legislativo (**delegificando** la materia);
- in quanto fonti subordinate alla legge, non possono derogare al **principio di irretroattività**, fissato appunto in una norma di legge (art. 11 disp. prel. c.c.);
- i regolamenti delle autorità inferiori non possono mai contrastare con i regolamenti emanati da autorità gerarchicamente superiori;
- non possono disciplinare **materie di competenza legislativa regionale**, né tantomeno interferire nell'organizzazione e nell'esercizio delle funzioni conferite agli enti locali, materie riservate alla potestà regolamentare degli stessi (art. 117, co. 6, Cost.).

15.11.2 Tipologie di regolamenti

La prima classificazione dei regolamenti elaborata dal legislatore repubblicano, dopo l'esperienza fascista della L. 100/1926, è contenuta nell'art. 17 L. 400/1988, che ha anche disciplinato il procedimento di formazione di tali fonti.

Trattandosi di legge ordinaria, la disciplina in essa contenuta non può essere derogata dalle stesse fonti regolamentari, ma può sempre essere superata o derogata per singoli casi da successiva legge ordinaria, sulla base del criterio cronologico.

Attualmente è possibile individuare i seguenti atti regolamentari:

> **regolamenti di esecuzione.** Sono destinati a *dare esecuzione alla disciplina dettata da leggi, decreti legislativi o regolamenti dell'Unione europea*, introducendo ulteriori specificazioni alle norme di rango primario o europeo o stabilendo modalità attuative delle stesse. Sono gli unici regolamenti ammessi a operare nell'ambito di una riserva assoluta di legge;

> **regolamenti di attuazione e di integrazione.** Questa tipologia di regolamenti è destinata a *integrare la disciplina fissata da leggi e decreti legislativi* con disposizioni che possono avere anche carattere innovativo, pur nel rispetto dei principi da attuare fissati dalle norme di rango primario;

> **regolamenti indipendenti.** Sono autorizzati direttamente dall'art. 17, lett. *c*), L. 400/1988, a disciplinare *materie in cui l'intervento di norme primarie non si sia ancora configurato e che non sono soggette a riserva assoluta o relativa di legge*;

> **regolamenti di organizzazione.** Disciplinano *l'organizzazione e il funzionamento delle pubbliche amministrazioni* secondo disposizioni dettate da legge, cui l'art. 97 Cost. riserva in via relativa la disciplina di queste materie. Tale tipologia di regolamenti si risolve, in realtà, o in *regolamenti esecutivi* oppure in *regolamenti attuativo-integrativi*, a seconda dell'estensione e del grado di dettaglio della disciplina di rango legislativo;

> **regolamenti di riordino.** Si tratta di una categoria di regolamenti introdotta dalla L. 69/2009, la quale, nell'integrare l'art. 17 L. 400/1988 del comma 4-*ter*, stabilisce che attraverso tale strumento si deve *provvedere alla periodica riorganiz-*

zazione delle disposizioni regolamentari vigenti, nonché alla ricognizione di quelle che sono state oggetto di abrogazione implicita e all'espressa abrogazione di quelle che hanno esaurito la loro funzione o sono prive di effettivo contenuto normativo o sono comunque obsolete;

> **regolamenti di delegificazione.** Sono disciplinati dall'art. 17, co. 2, L. 400/1988 e consentono al legislatore di autorizzare di volta in volta il Governo, in materie non soggette a riserva assoluta di legge, a emanare *regolamenti che sostituiranno le norme di legge* fino a quel momento vigenti. In tal caso la legge di autorizzazione detta comunque le norme generali regolatrici della materia, mentre l'effetto abrogativo delle leggi vigenti è prodotto dalla stessa legge che autorizza il regolamento, il quale si limita, con la sua entrata in vigore, a rendere operativa l'abrogazione.
>
> Per le caratteristiche di tali regolamenti, che sostituiscono la disciplina di rango legislativo con una disciplina di rango secondario, i regolamenti di delegificazione non possono operare in materie coperte da riserva assoluta di legge;

> **regolamenti di attuazione delle direttive europee.** Sono previsti dall'art. 35 L. 234/2012, la quale stabilisce che la legge di delegazione europea può *autorizzare il Governo a recepire direttive dell'Unione mediante regolamento*, che apparterrà alla tipologia dei *regolamenti di delegificazione.*

Nelle materie di competenza esclusiva statale non disciplinate da legge o da regolamenti governativi e non coperte da riserva di legge, le direttive possono essere recepite con *regolamento ministeriale o interministeriale* o, ove di contenuto non normativo, con *atto amministrativo generale.*

15.11.3 Il procedimento di formazione dei regolamenti

Il procedimento di formazione dei **regolamenti esecutivi, attuativo-integrativi, organizzativi e indipendenti** prevede che essi (art. 17, co. 2, L. 400/1988):

> siano sottoposti al previo *parere del Consiglio di Stato*, che deve pronunciarsi entro quarantacinque giorni dalla richiesta, pena la facoltà riconosciuta all'amministrazione di procedere senza l'acquisizione del suddetto parere (art. 17 L. 127/1997);

> siano *deliberati dal Consiglio dei Ministri* e adottati con *decreto del Presidente della Repubblica*;

> siano sottoposti, prima della pubblicazione sulla Gazzetta ufficiale, al *visto e alla registrazione della Corte dei conti*;

> rechino la denominazione di «regolamento», che consente, insieme agli altri elementi formali e procedurali suindicati, di distinguerli dagli altri atti normativi e amministrativi del Governo (art. 17, co. 4, L. 400/1988).

I **regolamenti di attuazione delle direttive europee** sono deliberati su proposta dal Presidente del Consiglio o del Ministro per gli Affari europei e del Ministro con competenza prevalente nella materia, di concerto con gli altri Ministri interessati. Il procedimento è quello previsto dall'art. 17, co. 2, L. 400/1988.

I **regolamenti ministeriali, interministeriali e di altre autorità** sono adottati con decreti ministeriali o interministeriali, rispettivamente nelle materie di competenza del Ministro (o di autorità sottordinate a esso) o di più Ministri, previa autorizzazione da parte della legge. Tali decreti devono essere comunicati al Presidente del

Consiglio prima dell'emanazione e seguono lo stesso procedimento dei regolamenti governativi esecutivi, attuativo-integrativi, organizzativi e indipendenti (art. 17, co. 4, L. 400/1988).

15.12 Le fonti derivanti dal diritto internazionale

15.12.1 Le diverse fonti dell'ordinamento internazionale

Il nostro ordinamento prende in considerazione anche fonti di produzione del diritto che derivano dalla volontà di soggetti e organi operanti a livello internazionale.
Sono fonti dell'ordinamento giuridico internazionale:

> le **norme consuetudinarie**, che si indirizzano a tutti i membri della Comunità internazionale (*norme generali*) o a parte di essi (*norme particolari*);
> le **norme convenzionali** (o **pattizie**), poste in essere da trattati internazionali;
> gli **atti vincolanti delle organizzazioni internazionali**, previsti da norme sulla produzione contenute in accordi istitutivi e che, pertanto, hanno efficacia solo per gli Stati che hanno aderito all'accordo.

15.12.2 La consuetudine internazionale

La consuetudine internazionale è un **comportamento costante e uniforme tenuto dai soggetti internazionali** (Stati, organizzazioni internazionali), **con la convinzione del carattere vincolante del comportamento stesso.**
Sono quindi due gli elementi che caratterizzano questa fonte: la ***diuturnitas*** (o prassi) e l'***opinio iuris ac necessitatis*** (o convinzione della giuridica necessità).
La prassi, per essere rilevante ai fini della produzione di norme, deve presentare determinate caratteristiche, deve cioè provenire dai soggetti dell'ordinamento internazionale (prevalentemente dagli Stati) e deve concretizzarsi in un certo numero di comportamenti conformi nel tempo, posti in essere da un numero significativo di Stati.
Alle norme consuetudinarie internazionali l'ordinamento nazionale si conforma attraverso il rinvio permanente operato dall'art. 10 Cost.

15.12.3 I trattati internazionali

Il trattato o accordo internazionale può essere definito come *l'unione o l'incontro delle volontà di due o più Stati diretto a regolare una determinata sfera di rapporti che li riguardano.*
Il **processo di formazione** di un trattato internazionale si articola, di norma, nelle seguenti fasi:

> *negoziazione* del contenuto;
> *sottoscrizione* da parte del soggetto munito dei necessari poteri (cd. *plenipotenziario*);
> *ratifica*, ovvero manifestazione di volontà di aderire all'accordo espressa dall'organo interno competente. In Italia spetta al Presidente della Repubblica (art. 87, co. 8, Cost.) anche se è quasi sempre necessaria una legge di autorizzazione del Parlamento (art. 80 Cost.);
> *scambio delle ratifiche*, grazie al quale il trattato diventa giuridicamente impegnativo per tutte le parti coinvolte.

L'adattamento dell'ordinamento italiano ai trattati avviene, tradizionalmente, mediante due procedimenti:

- il **procedimento speciale**, che attua l'adattamento ai trattati internazionali mediante l'**ordine di esecuzione**;
- il **procedimento ordinario**, mediante il quale le norme internazionali pattizie vengono riformulate in norme interne, che ne riproducono o specificano il contenuto.

Nel procedimento speciale, di norma, la legge di ratifica del trattato contiene anche una clausola mediante la quale è data piena e intera esecuzione al trattato, del quale si allega il testo. Ciò non toglie che l'ordine di esecuzione può essere attuato anche con legge costituzionale o con atto o regolamento amministrativi (es. nel caso dei trattati in forma semplificata). Le norme pattizie in tal modo recepite acquistano sempre il rango dell'atto in cui l'ordine di esecuzione è contenuto.

Si ricorre invece al procedimento ordinario, almeno di solito, per dare attuazione alle norme che non sono suscettibili di produrre direttamente obblighi e diritti, in quanto necessitano di un'ulteriore attività normativa integrativa per essere applicate negli ordinamenti interni (cd. norme *non self-executing*).

15.13 Le fonti del diritto dell'Unione

15.13.1 Diritto originario e derivato

Con l'adesione all'Unione europea si è **ampliata la categoria delle fonti** capaci di produrre diritto all'interno dell'ordinamento italiano, in quanto essa include ora anche i trattati istitutivi e gli atti adottati dalle istituzioni dell'Unione. L'ordinamento giuridico dell'Unione, infatti, si articola in:

- **diritto originario**, che comprende i **trattati istitutivi** delle organizzazioni europee e gli altri atti successivi che li hanno modificati o integrati. A questo diritto scritto devono aggiungersi anche i principi generali del diritto enucleati dalla Corte di giustizia europea, che costituiscono il **diritto europeo non scritto**;
- **diritto derivato**, che include tutti gli atti giuridici emanati dalle istituzioni europee per il raggiungimento dei propri obiettivi. L'Unione, in quanto organizzazione sopranazionale, può, infatti, adottare, attraverso le proprie istituzioni, atti vincolanti per gli ordinamenti giuridici degli Stati membri.

15.13.2 Il diritto europeo derivato

L'art. 288 del Trattato sul funzionamento dell'Unione europea (TFUE) stabilisce che le istituzioni dell'Unione sono abilitate ad emanare **regolamenti**, **direttive**, **decisioni**, **raccomandazioni** e **pareri**, chiarendo però che soltanto le prime tre tipologie di atti hanno carattere vincolante.

È da tener presente che, in base all'art. 267 TFUE, la Corte di Giustizia dell'Unione europea è competente a pronunciarsi sull'**interpretazione del trattato e degli atti giuridici dell'Unione**. Pertanto, una sentenza che precisi in via autoritativa il significato di una norma europea assume **carattere integrativo** del diritto dell'Unione, determinandone ampiezza e significato. Esse, pertanto, vanno tenute ben presenti nell'applicazione della normativa dell'Unione europea.

I regolamenti

L'art. 288 TFUE precisa che il regolamento ha portata generale, è obbligatorio in tutti suoi elementi e direttamente applicabile in ciascuno degli Stati membri. Da tali considerazioni si evince che i tratti distintivi del regolamento europeo sono:

- la **portata generale**: ha destinatari indeterminati e indeterminabili (Stati membri, persone fisiche e giuridiche operanti all'interno degli stessi) e le sue disposizioni si rivolgono ad un numero infinito di casi;
- il **carattere obbligatorio** in tutti i suoi elementi: può anche necessitare di atti esecutivi adottabili da qualsiasi autorità competente, sia nazionale che dell'Unione, ma in ogni caso contiene gli elementi essenziali della materia da regolare;
- la **diretta applicabilità** in ciascuno Stato membro: i regolamenti hanno un'efficacia automatica e indifferenziata in tutti gli Stati membri, senza bisogno di atti di recepimento, e sono idonei a conferire diritti e ad imporre obblighi sia ai singoli Stati che ai loro organi ed ai privati.

I regolamenti entrano in vigore decorsi 20 giorni dalla pubblicazione nella Gazzetta Ufficiale dell'Unione europea (GUUE) o dopo il diverso termine in essi stabilito.

Le direttive

La direttiva *vincola lo Stato membro cui è rivolta per quanto riguarda il risultato da raggiungere, salva restando la competenza degli organi nazionali in merito alla forma e ai mezzi da adottare* per conseguire tale risultato. Ne discende che i caratteri delle direttive sono:

- **portata limitata** agli Stati membri, che sono i diretti ed esclusivi destinatari dei suoi contenuti;
- **carattere obbligatorio**, nei confronti dello Stato destinatario, **limitato** esclusivamente al risultato da perseguire, mentre agli stessi Stati sono lasciati margini più o meno ampi di autonomia per quanto riguarda la forma e, entro certi limiti, il contenuto dell'atto di recepimento, che può concretarsi in una legge, un regolamento, o un atto amministrativo generale.

La direttiva, per sua natura, dovrebbe limitarsi ad enunciare principi e criteri generali che gli atti di recepimento sono chiamati a concretizzare e specificare.

Tuttavia, in sempre più settori di intervento dell'Unione, le direttive presentano un contenuto tanto puntuale, che la discrezionalità dello Stato si limita esclusivamente alla sola scelta della forma giuridica dell'atto di recepimento, e in alcuni casi neppure a quella. Rientrano in questo fenomeno le **direttive dettagliate** (o *self-executing*).

Qualora lo Stato non rispetti il termine fissato per recepire la direttiva, secondo la Corte di Giustizia dell'Unione europea la stessa, se e nelle parti in cui ponga obblighi precisi ed incondizionati a carico dello Stato, ha la capacità di **produrre effetti diretti** negli ordinamenti interni, creando a favore degli amministrati veri e propri diritti soggettivi che compete ai giudici nazionali salvaguardare. Tale efficacia, però, si sviluppa **solo in senso verticale** nei rapporti fra singolo, sia esso persona fisica o giuridica, e Stato inadempiente, e non anche in senso orizzontale, ossia nei rapporti intersoggettivi fra privati.

Allo stesso tempo è stata affermata la **responsabilità dello Stato per il mancato recepimento della direttiva**, con conseguente obbligo di risarcimento del danno subìto dal singolo per effetto dell'inadempimento.

Le decisioni

La decisione è **obbligatoria** in tutti i suoi elementi. Se designa i destinatari è obbligatoria soltanto nei confronti di questi. A differenza del regolamento, ha **carattere concreto ed obbligatorio** nei confronti di uno Stato membro o di altro soggetto (persona fisica o giuridica). Acquista **efficacia con la semplice notifica** se individua specificamente i destinatari; in caso contrario è pubblicata in Gazzetta (art. 297 TFUE).

Gli atti non vincolanti: raccomandazione e pareri

Le raccomandazioni hanno in genere per destinatari gli Stati, esortandoli ad osservare un determinato comportamento. I pareri hanno la funzione di esternare il punto di vista delle istituzioni su determinate questioni, orientando i destinatari sui comportamenti da adottare.

15.14 Le fonti regionali

Il sistema delle fonti dell'ordinamento regionale si articola su tre diversi atti:

> lo **statuto regionale**, con il quale la Regione disciplina la propria organizzazione e il proprio funzionamento per tutti gli aspetti non regolati direttamente dalla Costituzione. Si tratta di una categoria che non ha contenuti unitari, risultando divisa in due differenti tipologie: gli *statuti delle Regioni ordinarie* (art. 123 Cost.), approvati dai rispettivi Consigli regionali con legge regionale, e gli *statuti delle cinque Regioni speciali* (Sicilia, Sardegna, Valle d'Aosta, Trentino-Alto Adige, Friuli-Venezia Giulia), che non sono espressione di vera e propria *autonomia statutaria*, in quanto hanno forma e sostanza di leggi costituzionali statali (art. 116 Cost.);

> la **legge regionale**. Si è già sottolineato come la Regione sia l'unica realtà politico-amministrativa con la quale lo *Stato accetta di condividere la potestà legislativa*, disciplinando i criteri di ripartizione nell'art. 117 Cost. Quest'ultimo una *potestà legislativa esclusiva dello Stato* (materie elencate nel comma 2), una *potestà legislativa concorrente* (materie individuate nel comma 3), una *potestà legislativa residuale delle Regioni ordinarie* (in settori non definiti nel testo costituzionale, ma ricavati per esclusione, rientrandovi tutti quelli che non sono affidati alla competenza esclusiva statale e concorrente regionale) e una *potestà legislativa esclusiva (o piena) o integrativo-attuativa*, spettante solo alla Regioni a statuto speciale e alle Province autonome di Trento e di Bolzano;

> il **regolamento regionale**. Ai sensi dell'art. 117, co. 6, Cost. le Regioni esercitano la potestà regolamentare in *tutte le materie in cui non sussiste una competenza legislativa esclusiva dello Stato*, o anche in tale ambito purché vi sia delega statale.

Per una trattazione più dettagliata delle fonti dell'ordinamento regionale *si rinvia alla trattazione riportata* nella *Sezione II* che segue.

15.15 Le fonti degli enti locali

Con la riforma dell'art. 114 Cost. è stata «costituzionalizzata» anche l'**autonomia statutaria degli enti locali**, originariamente disciplinata solo a livello di legislazione ordinaria (art. 4 L. 142/1990, poi confluito nell'art. 6 D.Lgs. 267/2000).
Come unico limite alle previsioni degli statuti la Costituzione, al co. 2 dell'art. 114, pone i **principi da essa fissati**. Se però ci si limitasse a tale disposizione, gli statuti si

configurerebbero come **norme di rango primario** soggette soltanto alla Costituzione. In realtà, un'altra disposizione costituzionale, l'art. 117, co. 2, lett. p), affida alla legge statale il compito di disciplinare la *legislazione elettorale*, gli *organi di governo* e le *funzioni fondamentali* di Comuni, Province e Città metropolitane; ciò che può consentire una qualche forma di interferenza della legislazione statale nella individuazione dei **contenuti essenziali** dello statuto.

La stessa L. 131/2003, di attuazione della riforma costituzionale del 2001, impone allo statuto di essere in armonia non solo con la Costituzione, ma anche con i **principi generali in materia di organizzazione pubblica**, e di operare nei limiti della previsione dell'art. 117, co. 2, lett. p), Cost. Tali principi, per non ridursi a mera ripetizione dei principi fissati dalla Costituzione, devono essere necessariamente ricavati da norme di legge.

Anche la **potestà regolamentare** di Comuni, Province e Città metropolitane trova diretto riconoscimento a livello costituzionale nell'art. 117, co. 6 Cost., per quanto la disposizione, in realtà, faccia riferimento soltanto alla disciplina dell'*organizzazione amministrativa* e dello *svolgimento delle funzioni* attribuite agli enti locali.

L'art. 4, commi 3 e 4, L. 131/2003, con riferimento agli enti locali, distingue fra:
- **regolamenti di organizzazione**, che operano nel rispetto delle norme statutarie;
- **regolamenti di organizzazione, svolgimento e gestione delle funzioni amministrative**, operanti nell'ambito della legislazione statale e regionale, che assicura i requisiti minimi di uniformità, secondo le rispettive competenze.

Con riferimento ai rapporti fra regolamenti degli enti locali e regolamenti statali e regionali, invece, l'art. 117, co. 6, Cost. sembra delineare uno stretto **parallelismo fra funzione amministrativa e funzione regolamentare**, per cui se la funzione è assegnata ad un livello di governo, quest'ultimo ha anche la riserva di disciplina regolamentare, con esclusione delle altre fonti di pari livello provenienti da altri livelli di governo (**criterio di competenza**).

15.16 Le antinomie fra le fonti e i criteri di risoluzione

15.16.1 Nozione di «antinomia»

Si verifica il fenomeno dell'antinomia quando **fonti giuridiche diverse producono norme in contrasto fra loro**. Per garantire, in questi casi, la certezza del diritto, bisogna stabilire preventivamente quale fonte di produzione abbia la prevalenza sulle altre e, quindi, a quali norme i consociati devono conformarsi.
Le antinomie normative, pur se inevitabili, devono essere necessariamente risolte per un **principio di certezza del diritto**, implicitamente accolto nel nostro ordinamento, in virtù del quale per ogni oggetto la norma validamente applicabile deve essere una sola (unità dell'ordinamento: non devono poter coesistere validamente norme regolanti un medesimo oggetto in senso contrastante).

15.16.2 I criteri di coordinamento utilizzati per risolvere le antinomie

Nel nostro ordinamento, il potenziale conflitto fra norme provenienti da fonti di grado differente viene risolto, in primo luogo, con il **criterio gerarchico**, in base al quale fra norme giuridiche derivanti da fonti di grado diverso prevale sempre la norma posta dalla fonte di grado più elevato. Così, per esempio, fra una norma della Costituzione e una disposizione di legge ordinaria prevale la prima, mentre fra una

norma consuetudinaria e la disposizione di un decreto legislativo o di un decreto-legge prevale la seconda.
L'eventuale contrasto, invece, fra norme giuridiche di pari grado emanate in momenti diversi viene risolto con il **criterio cronologico o temporale**, in base al quale fra norme giuridiche provenienti da fonti dello stesso grado prevale sempre la norma posta dalla fonte posteriore o successiva. Così, per esempio, fra due regolamenti, prevale quello che è stato emanato per ultimo.
Ipotesi ben diversa è l'esistenza di una fonte sulla produzione di rango superiore a tutte le altre, che sia per ciò stesso in grado di assegnare a determinate fonti la competenza su determinati oggetti o in determinati ambiti spaziali. Si applica, qui, il **criterio della competenza**.

Ciò avviene nei sistemi a **Costituzione rigida**, come il nostro, in cui i rapporti fra la Costituzione e le altre fonti di rango primario vengono retti dal criterio gerarchico. Qualora la Costituzione introduca una **riserva di competenza** a favore di una fonte determinata, la legge e gli atti ad essa equiparati, o le altre fonti di rango inferiore, che la violassero verrebbero giudicati incostituzionali, annullati dai giudici amministrativi o disapplicati dai giudici ordinari.

Infine, come possibile strumento per la risoluzione delle antinomie, soccorre il **criterio della specialità**, in base al quale la norma speciale prevale su quella generale anche se quest'ultima è successiva alla prima. Il criterio della specialità, quindi, prevale su quello cronologico ma non su quello gerarchico. Infatti, se la fonte speciale è di rango inferiore alla fonte generale, quest'ultima prevale sempre e la prima può essere annullata.

15.17 L'efficacia e l'interpretazione delle norme giuridiche

15.17.1 L'efficacia delle norme nello spazio e nel tempo

Gli atti normativi, una volta formati, entrano in vigore a partire dal quindicesimo giorno successivo a quello della loro **pubblicazione nella Gazzetta ufficiale**. Dal momento in cui la norma entra in vigore, nessuno può più sottrarsi alla sua osservanza: ciò significa che **non è ammessa l'ignoranza della legge** come giustificazione del mancato rispetto della stessa.
Le norme giuridiche hanno un **campo spaziale** di applicazione che è costituito, generalmente, dal territorio dello Stato del cui ordinamento giuridico esse fanno parte. La Costituzione, le leggi costituzionali, le leggi ordinarie e gli atti aventi forza di legge del nostro ordinamento si applicano nello spazio costituito dal territorio italiano.
L'efficacia delle norme è anche da considerare in una **dimensione temporale**, poiché l'ordinamento giuridico subisce continue modifiche nel tempo, per l'emanazione di norme nuove e il venir meno di altre (per effetto della loro abrogazione, vale a dire della loro eliminazione).
Ora, siccome le norme cambiano continuamente, può accadere che chi è chiamato a giudicare sia nel dubbio riguardo a quale norma applicare in una fattispecie concreta: la nuova o la vecchia? Vale, nel nostro ordinamento, il **principio dell'irretroattività**: stabilisce, infatti, l'art. 11 delle disposizioni sulla legge in generale (cd. *preleggi*) che la legge non dispone che per l'avvenire e, quindi, non ha effetto retroattivo. Ciò significa che la legge deve essere applicata alle situazioni che si verificheranno successivamente alla sua entrata in vigore, mentre non ha effetto per quanto è accaduto prima.

Il principio di irretroattività della norma ammette però delle **eccezioni**. In alcuni casi, infatti, la norma è **retroattiva**, cioè può essere applicata a fatti verificatisi prima della sua entrata in vigore. Ciò si verifica solo se la nuova norma dichiara espressamente la propria retroattività, se interpreta una legge precedente, o infine se, trattandosi di norma penale, introduce un trattamento sanzionatorio più favorevole al reo.

La retroattività è vietata per le **leggi penali che introducono nuovi reati**. Questo divieto è talmente pregnante da essere stato inserito nella Carta costituzionale: l'art. 25 Cost., infatti, recita che nessuno può essere punito se non in forza di una legge che sia entrata in vigore prima del fatto commesso. Si tratta di un logico corollario del più generale principio di legalità, che assolve una fondamentale funzione di garanzia per il cittadino, che altrimenti sarebbe esposto al rischio di abusi e ingiustizie da parte del potere giudiziario.

15.17.2 Successione e abrogazione delle norme

La **perdita di efficacia** di una norma – ovvero il venir meno della sua validità, il fatto che, come si dice, essa non sia più in vigore –, è determinato dal fenomeno dell'abrogazione e da quello dell'annullamento.
L'**abrogazione** di una norma giuridica avviene mediante la creazione di una norma successiva che ne prenda il posto, stabilendo una regola diversa. Vale in proposito il principio in base al quale, se due norme regolano la stessa materia in maniera diversa, prevale la disposizione più recente, che toglie efficacia alla più antica. Tale cancellazione, se non è esplicita – nel senso che l'abrogazione non è espressamente dichiarata dal legislatore –, si determina per l'incompatibilità fra la vecchia e la nuova disposizione (**abrogazione implicita**).

Sia nell'una che nell'altra ipotesi, l'abrogazione può essere **totale** (se l'incompatibilità fra le due regole è assoluta e la successiva toglie del tutto l'efficacia alla preesistente) o **parziale** (se l'incompatibilità non investe completamente la vecchia regola che, in quanto non contrastante con la nuova e soltanto entro questo limite, continua a produrre i suoi effetti).

L'esigenza dell'**annullamento**, invece, nasce quando una norma giuridica di grado inferiore contrasta con una di grado superiore. Se è una legge o un'altra fonte primaria a essere in contrasto con la Costituzione, il compito di annullare la norma è affidato alla Corte costituzionale; se, invece, si tratta di fonti secondarie a essere in contrasto con la legge, spetta al giudice amministrativo intervenire per l'annullamento.

15.17.3 L'interpretazione delle norme

Siccome le norme giuridiche sono enunciati di portata generale, espressi in forma astratta, la loro applicazione alle fattispecie concrete richiede un'operazione mentale che si chiama **interpretazione**. Interpretare una norma (o più norme giuridiche fra loro collegate) significa leggerne il testo scritto e cercare di capire quale ne sia la portata. Chi deve procedere all'interpretazione delle norme è colui che deve applicarle ai casi concreti: il **giudice**.
A seconda della tecnica che il giudice impiega, l'interpretazione può essere:

- **letterale**, quando alle parole della legge è attribuito lo stesso significato che hanno nella lingua in cui sono scritte, senza necessità di ricorrere ad altri criteri, ragion per cui l'interpretazione così condotta è definita "grammaticale" o "testuale", proprio perché serve per individuare il significato lessicale dei vocaboli e delle frasi adoperate dal legislatore;

> **logica**, quando alle parole della legge è attribuito il significato che dipende dal loro senso complessivo, scoprendo così la reale *voluntas legis*, ossia ciò che il legislatore ha voluto realmente intendere al di là del dato testuale;
> **sistematica**, quando non basta il criterio logico per scoprire la precisa volontà del legislatore, ma il significato della regola giuridica viene chiarito collegandola ad altre regole affini, che operano nella stessa materia, e così ricercando il principio generale stia alla base di tutte.

Si parla poi di **interpretazione autentica** per indicare l'attività interpretativa di una disposizione già vigente, effettuata con legge direttamente dal legislatore (la legge di interpretazione autentica è, dunque, una legge con cui il legislatore indica il significato di disposizioni legislative precedenti).

A seconda dei risultati cui porta, l'interpretazione può essere:

> **restrittiva**, se riduce la portata effettiva della norma giuridica rispetto a quella, apparente, che risulta dalla sua prima lettura;
> **estensiva**, se applica questa portata al di là di quella formalmente delineata dal testo della norma.

Peraltro può accadere che, anche dando alle norme esistenti la più dilatata interpretazione estensiva, non si riesca a farvi rientrare una certa fattispecie concreta perché il legislatore non l'ha in alcun modo prevista. Se il giudice dichiarasse di non potersi pronunciare per l'impossibilità di attribuire un significato giuridico ai fatti, questa decisione contrasterebbe con il **principio di completezza dell'ordinamento giuridico**, in base al quale si presume che l'ordinamento copra ogni situazione concreta della vita sociale, da cui derivino diritti e obblighi per le persone, e che in esso non vi siano lacune. Per evitare ciò, allora, il giudice ricorre all'**analogia**, applicando al caso che resterebbe non regolato giuridicamente la regola stabilita per un caso diverso, ma analogo al primo (*analogia legis*). Se, infine, non esistono nemmeno norme che regolano casi o materie simili, il giudice potrà ricorrere ai **principi generali dell'ordinamento** (*analogia iuris*).
L'art. 14 delle preleggi esclude il ricorso al procedimento analogico per le **leggi penali** («*...le leggi penali e quelle che fanno eccezione a regole generali o ad altre leggi non si applicano oltre i casi e i tempi in essi considerati*»).

Sezione II
Diritto regionale

Capitolo 1
Il sistema delle autonomie regionali

1.1 Le disposizioni costituzionali

1.1.1 Le autonomie territoriali nella Costituzione

Caratteristica saliente dell'ordinamento italiano è il **riconoscimento** e la **promozione delle autonomie locali**, come esplicitamente previsto dall'**art. 5 Cost.**, norma cardine in materia.

Il citato articolo afferma che "la Repubblica, una e indivisibile, riconosce e promuove le autonomie locali; attua nei servizi che dipendono dallo Stato il più ampio decentramento amministrativo; adegua i principi ed i metodi della sua legislazione alle esigenze dell'autonomia e del decentramento".

Da un'analisi del testo costituzionale si possono ricavare le seguenti indicazioni sull'assetto ordinamentale dello Stato italiano:

1. **la Repubblica rappresenta la cornice** all'interno della quale si muovono le diverse istituzioni del pluralismo territoriale: Stato, Regioni, Città metropolitane, Province e Comuni. Il cittadino, quindi, partecipa a diverse comunità territoriali e il suo rapporto politico-giuridico con lo Stato è una soltanto delle relazioni che intrattiene con le istituzioni in cui si articola il territorio italiano;
2. è **ribadita e sottolineata l'unità e l'indivisibilità dello Stato**, elementi che rappresentano il limite invalicabile di ogni processo di ampliamento delle autonomie locali, che non può in nessun caso mettere in pericolo l'unità nazionale raggiunta alla fine del Risorgimento;
3. la Repubblica s'impegna ad **attuare il più ampio decentramento possibile**, da intendersi come trasferimento di competenze amministrative dallo Stato centrale alle diverse articolazioni periferiche. Tale decentramento può assumere la forma del *decentramento autarchico* (quando le competenze amministrative sono trasferite ad enti come le Regioni o gli enti locali, dotati di una propria soggettività), *decentramento burocratico* (quando le competenze sono affidate ad organi dello Stato anche se operanti a livello locale) oppure del *decentramento funzionale* (quando determinate funzioni vengono attribuite a strutture che, pur rientrando nell'organizzazione complessiva dell'ente di riferimento, godono di una certa autonomia operativa, finanziaria e contabile).

Lo Stato italiano, quindi, è fondato sulle autonomie locali, in cui un **ruolo preminente spetta alle Regioni**, quale collegamento tra periferia e centro: punto di riferimento

per gli enti territoriali minori, da un lato, e diretto interlocutore dello Stato, dall'altro.
Con le Regioni il costituente mirava a creare un modello "policentrico" di produzione normativa, con lo scopo di decongestionare e riqualificare la legislazione statale, nonché attribuire ai governi regionali la possibilità di esprimere un proprio indirizzo politico-amministrativo relativamente agli interessi delle comunità locali.

1.1.2 Le Regioni nella Costituzione

Le Regioni sono, assieme ai Comuni, alle Province, alle Città metropolitane e allo Stato centrale, uno dei cinque **elementi costitutivi** della Repubblica italiana. La disciplina costituzionale è riportata essenzialmente nel già citato articolo 5 e nelle disposizioni della Parte II, Titolo V della Costituzione (articoli da 114 a 133).
Ogni Regione è un ente autonomo con un proprio statuto, poteri e funzioni secondo i princìpi fissati dalla Costituzione repubblicana, come stabilito dall'art. 114, co. 2, Cost.
In particolare, la Regione è:

- un *ente costituzionale*, cioè previsto come necessario dalla Costituzione;
- un *ente autonomo*, in quanto dotato di autonomia in diversi ambiti;
- un *ente autarchico*, dato che opera in regime di diritto amministrativo e dispone di potestà pubbliche;
- un *ente ad appartenenza necessaria*, dal momento che tutti i cittadini residenti sul suo territorio ne fanno parte.

Sebbene dotate di *autarchia*, in quanto titolari di pubbliche potestà, le Regioni non sono meri enti autarchici istituiti al solo scopo di operare un *decentramento amministrativo*, ma sono comunità territoriali autonome che esprimono ordinamenti di governo capaci di effettuare scelte politiche, ossia di individuare e determinare i fini che la comunità sociale, di cui l'ente è portatore, intende perseguire.
In base allo statuto è possibile distinguere le Regioni in due grandi categorie:

- Regioni **a statuto ordinario**, il cui statuto è adottato secondo la specifica procedura prevista dall'art. 123 Cost.;
- Regioni **a statuto speciale**, dette anche Regioni autonome. Cinque Regioni sono dotate di uno statuto speciale *approvato dal Parlamento nazionale con legge costituzionale*, come previsto dall'art. 116 Cost., che garantisce un'ampia autonomia, soprattutto finanziaria. Tali Regioni dispongono di notevoli poteri legislativi e amministrativi, come nei settori scuola, sanità, infrastrutture e di conseguenza devono provvedere al relativo finanziamento con le proprie risorse.

Quattro Regioni autonome furono istituite dalla stessa Assemblea costituente: nel 1946 la **Sicilia** e nel 1948 la **Sardegna**, visti i forti movimenti autonomistici, se non addirittura separatistici come in Sicilia, la **Valle d'Aosta**, per proteggere la minoranza francofona, il **Trentino-Alto Adige**, per la tutela dei germanofoni ai sensi dell'Accordo di Parigi. Nel 1963 fu costituita la Regione a statuto speciale **Friuli-Venezia Giulia**. Nel 1972 entrò in vigore il nuovo statuto speciale per il Trentino-Alto Adige, che trasferì la maggior parte dei poteri regionali alle due Province autonome di Trento e Bolzano.
L'elenco delle Regioni è previsto direttamente dall'art. 131 Cost. Una modifica territoriale che importi **fusione di Regioni esistenti** o **creazione di nuove Regioni** deve, quindi, essere disposta da legge costituzionale, dar vita ad un ente con una popolazione non inferiore ad 1 milione di abitanti, essere preceduta dalla richiesta di tanti

Consigli comunali che rappresentino almeno un terzo delle popolazioni interessate ed essere approvata con referendum dalla maggioranza delle popolazioni interessate (art. 132 Cost.).

1.2 La difficile attuazione dell'ordinamento regionale italiano

1.2.1 I primi passi del regionalismo italiano

Il progetto di regionalismo italiano nacque all'insegna dell'ambiguità. La Costituzione del 1948 istituì le nuove Regioni "a tavolino" in assenza di un cambiamento consapevole dei rapporti tra centro e periferia dopo il periodo del potere accentratore fascista. Solo molti anni dopo fu varata la prima legge elettorale (L. 17-2-1968, n. 108) per le elezioni dei Consigli nelle Regioni a statuto ordinario, da svolgersi nel 1970. L'elezione dei primi Consigli regionali obbligava, pertanto, a preparare e ad emanare i primi statuti regionali, in forza dell'art. 123 Cost.

Per la verità l'originaria formulazione dell'art. 123 Cost. (modificata nel 2001) lasciava pochi spazi di autonomia alle Regioni. Nella sostanza l'ente regionale doveva darsi solo le "norme relative all'organizzazione interna". Il tutto "in armonia [...] con le leggi della Repubblica", oltre che con la Costituzione. Inoltre, gli statuti regionali dovevano essere *approvati con legge dello Stato*, elemento questo che poneva, per così dire, sotto tutela il nuovo ente. In definitiva, l'autonomia statutaria delle Regioni era forse più ridotta di quella di una qualsivoglia associazione sportiva o culturale assoggettata al codice civile.

L'enorme ritardo accumulato nell'attuazione delle Regioni, da un lato, e l'incapacità della stessa Costituzione, e del Titolo V in particolare, così come previsto nella sua impostazione originaria, dall'altro, di soddisfare le spinte autonomistiche locali, non hanno permesso di raggiungere in modo soddisfacente lo scopo prefisso dal Costituente.

1.2.2 Gli interventi di riforma

All'inizio degli anni '90 si è aperto un periodo di profondi cambiamenti sia nel sistema di relazioni tra i diversi livelli istituzionali in cui si riparte la Repubblica sia nell'assetto organizzativo di ciascuno di essi. Si è così inaugurata una stagione legislativa riguardante il sistema delle autonomie regionali e locali, con lo scopo di rafforzare il ruolo delle autonomie politiche. Il **processo di riforma** si è sviluppato a livello ordinamentale con le leggi costituzionali n. 1 del 22-11-1999 e n. 3 del 18-10-2001.
In particolare, la prima legge costituzionale (*Disposizioni concernenti l'elezione diretta del Presidente della Giunta regionale e l'autonomia statutaria delle Regioni*), ha modificato gli artt. 121, 122, 123 e 126 della Carta costituzionale del 1948, ossia quelle disposizioni costituzionali che, nell'ambito del Titolo V, attengono ai **profili organizzativi interni** ed al **controllo sugli organi della Regione**, con evidenti ed importanti riflessi sull'autonomia statutaria in tema di forma di governo nonché, ovviamente, sul sistema delle fonti.
Rimaneva, sicuramente, basilare tracciare in maniera maggiormente precisa e determinata i confini fra **competenze statali e regionali**, tanto legislative quanto amministrative, prevedendo una competenza generale e residuale della Regione e lasciando solo per ma-

terie di effettivo interesse nazionale – che, pertanto, necessitassero di una disciplina unitaria – la legislazione dello Stato: un voluminoso trasferimento di funzioni, conseguente a tale assetto istituzionale, che permettesse un rafforzamento dell'istituzionale locale, per raggiungere un'efficienza in grado di garantire un corretto uso dei maggiori poteri riconosciuti. Tale processo, iniziato a livello di legislazione ordinaria dalla L. 59/1997 (la prima *legge Bassanini*), si è compiuto con la L. cost. 3/2001.
L'attuazione della riforma del 2001, che richiedeva l'approvazione a livello di legislazione ordinaria di diversi provvedimenti, ha subìto grossi ritardi e l'unica vera legge attuativa è stata la L. 5-6-2003, n. 131 (*Disposizioni per l'adeguamento dell'ordinamento della Repubblica alla legge costituzionale 18 ottobre 2001, n. 3*).

Capitolo 2
Gli organi regionali

2.1 L'assetto istituzionale regionale

Il quadro complessivo degli organi regionali è delineato dall'**art. 121 Cost.**, che ne individua sommariamente anche i compiti. Il citato articolo afferma che sono organi della Regione il Consiglio regionale, la Giunta e il suo Presidente.

Il **Consiglio regionale** esercita le potestà legislative attribuite alla Regione e le altre funzioni conferitegli dalla Costituzione e dalle leggi. Può fare proposte di legge alle Camere. La potestà legislativa delle Regioni è meglio specificata all'art. 117, laddove sono elencate le materie riservate in via esclusiva allo Stato, quelle concorrenti e quelle di competenza esclusiva delle Regioni.

La **Giunta regionale** è l'organo esecutivo delle Regioni. Il suo Presidente, invece, rappresenta la Regione, dirige la politica della Giunta e ne è responsabile, promulga le leggi ed emana i regolamenti regionali, dirige le funzioni amministrative delegate dallo Stato alla Regione (conformandosi alle istruzioni del Governo della Repubblica). In pratica il Presidente ricopre il doppio ruolo di organo di vertice dell'esecutivo regionale (**Presidente della Giunta**) e di organo di rappresentanza dell'intera Regione (**Presidente della Regione**). Rispetto al Governo nazionale, nell'esecutivo regionale è sicuramente più incisivo il ruolo del suo Presidente, al quale spetta un potere di nomina e revoca degli assessori.

Dopo aver sommariamente delineato le modalità di elezione e i compiti di ciascuno degli organi citati dall'art. 121 Cost., nel prosieguo della trattazione saranno esaminate le relazioni che tra di loro intercorrono e, quindi, la forma di governo individuata dal testo costituzionale dopo le leggi di riforma prima citate.

2.2 Il Consiglio regionale

2.2.1 Nozione e modalità di elezione

Il Consiglio regionale è l'**organo assembleare rappresentativo dell'intera collettività regionale**.

Le modalità di elezione di quest'organo, così come del Presidente e degli altri membri della Giunta, sono *disciplinate con legge della Regione* nei limiti dei *principi fondamentali stabiliti con legge della Repubblica*. Ne consegue che non esiste un sistema elettorale uniforme per tutte le Regioni essendo tale scelta rimessa alla volontà di ciascun ente. Sulla base delle indicazioni fornite dall'art. 122 Cost., quindi, si può affermare che il sistema delle **fonti in materia elettorale** si articola su tre livelli:

- lo **statuto regionale**, che non può disciplinare direttamente la materia elettorale, essendo la stessa riservata ad una legge regionale (art. 122 Cost.), ma vi può influire operando determinate scelte in tema di forma di governo regionale. Ad esempio quella tra l'elezione diretta o meno del Presidente della Regione condiziona già di

per sé il sistema elettorale da definire, per il solo fatto che nel primo caso si devono eleggere due organi (Presidente e Consiglio) mentre nel secondo uno solo (il Consiglio regionale);
- la **legge statale**, che fissa i *principi fondamentali* in materia elettorale;
- la **legge elettorale regionale**, cui è specificamente demandato il compito di definire la disciplina della materia.

Non potendo esaminare le singole leggi elettorali regionali, in questa sede si ricorderanno i principi fissati dalla normativa statale. Quest'ultima è stata approvata con L. 2-7-2004, n. 165 e all'art. 4 precisa che:
- la legge elettorale regionale deve individuare un sistema che agevoli la formazione di **maggioranze stabili** nel Consiglio regionale e assicuri la rappresentanza delle minoranze;
- nel caso di **elezione diretta del Presidente**, la stessa deve essere **contestuale** a quella del Consiglio;
- nel caso di modalità diverse dall'elezione diretta del Presidente della Regione, la legge elettorale regionale deve fissare **termini temporali tassativi**, non superiori a 90 giorni, per l'elezione del Presidente e l'elezione o la nomina degli altri componenti della Giunta;
- il **mandato imperativo**, al pari di quanto avviene per i parlamentari nazionali, **è vietato**;
- occorre attenersi, nella disciplina del sistema elettorale regionale, al principio della promozione delle **pari opportunità tra donne e uomini** nell'accesso alle cariche elettive. A tal fine, la normativa statale fornisce l'indicazione delle specifiche misure da adottare, declinandole sulla base dei diversi sistemi elettorali. In particolare, si prevedono tre ipotesi con riferimento alle *liste con preferenze*, alle *liste bloccate* e ai *collegi uninominali*; in nessuno dei suddetti casi i candidati di uno stesso sesso possono essere superiori al 60% del totale.

Ulteriori disposizioni di principio sono state fissate dalla L. 165/2004 in tema di *ineleggibilità* ed *incompatibilità* dei consiglieri regionali e del Presidente della Giunta.

2.2.2 La composizione e la durata

Nel sistema vigente prima della riforma costituzionale del 2001, il numero dei consiglieri era fissato direttamente dalla legge statale. La disciplina nazionale uniforme è stata superata dalle **previsioni differenziate degli statuti regionali**, ai quali la Costituzione demanda il compito di fissare il numero specifico.

Con l'art. 14 D.L. 138/2011 (conv. dalla L. 148/2011), tuttavia, sono stati fissati dei **limiti massimi nel numero** di consiglieri che ciascun statuto può prevedere.

Nello specifico, per le Regioni a statuto ordinario, tale numero deve essere:
- uguale o inferiore a 20 per le Regioni con una popolazione fino a un 1 milione di abitanti;
- uguale o inferiore a 30 per le Regioni con una popolazione fino a 2 milioni di abitanti;
- uguale o inferiore a 40 per le Regioni con una popolazione fino a 4 milioni di abitanti;
- uguale o inferiore a 50 per le Regioni con popolazione fino a 6 milioni di abitanti;
- uguale o inferiore a 70 per le Regioni con una popolazione fino ad 8 milioni di abitanti;

- uguale o inferiore a 80 per le Regioni con una popolazione superiore ad 8 milioni di abitanti.

Il seggio attribuito al Presidente della Regione è aggiuntivo e non è computato in tale numero.

Trattandosi di limiti massimi ogni Regione può eventualmente optare per un numero di consiglieri inferiore rispetto a quello indicato.

La L. 165/2004 stabilisce in modo uniforme e non violabile dalle leggi elettorali regionali la durata del Consiglio in **5 anni**, decorrenti dalla data di elezione.

Lo status dei consiglieri regionali si caratterizza per i seguenti istituti: insindacabilità, divieto di mandato imperativo, indennità. Non è prevista alcuna immunità di tipo penale.

2.2.3 Le funzioni

Il Consiglio regionale è l'**organo rappresentativo** della collettività regionale.

Ad esso sono attribuite diverse competenze, innanzitutto dalla Costituzione (*funzione legislativa*), quindi in maniera indifferenziata a tutte le Regioni ordinarie, e poi anche dagli statuti (*funzione regolamentare*, di *indirizzo politico-amministrativo*, di *controllo* e vigilanza), sia delle Regioni ordinarie che di quelle speciali.

Sotto il primo profilo (**funzioni assegnate dalla Costituzione**), il Consiglio esercita, innanzitutto, la *funzione legislativa* (art. 121, co. 2 Cost.), comprensiva anche del *potere di deliberare lo statuto* (art. 123, co. 2 Cost.): essa sarà meglio esaminata nell'ambito della trattazione delle fonti delle autonomie. In quanto organo di indirizzo politico, poi, il Consiglio può esprimere la *sfiducia* nei confronti del Presidente della Regione (art. 126, co. 2 Cost.).

Infine, in quanto organo rappresentativo della comunità territoriale di riferimento, il Consiglio partecipa, laddove previsto, alle funzioni statali. Pertanto:

- formula *proposte di legge al Parlamento* (art. 121, co. 2 Cost.);
- esprime i *pareri* previsti dagli artt. 132 e 133 Cost., in tema di fusione o creazione di Regioni e di mutamento delle circoscrizioni provinciali e creazione di nuove Province;
- *elegge i delegati regionali* che partecipano all'elezione del Presidente della Repubblica (art. 83 Cost.);
- può richiedere il *referendum abrogativo* (art. 75 Cost.) e quello *consultivo* (art. 138 Cost.).

Per quanto riguarda le **funzioni assegnate dallo statuto**, tale atto può attribuire ulteriori compiti all'ente consiliare, in particolare per quanto concerne i rapporti con gli altri organi di vertice della Regione. Il Consiglio, pertanto:

- può vedersi attribuita la *funzione regolamentare*. Sicuramente il Consiglio emana il proprio regolamento interno, ma gli possono essere demandati anche i regolamenti delegati dallo Stato ai sensi dell'art. 117, co. 6, Cost.;
- può esercitare *funzioni di indirizzo politico-amministrativo*, approvando il bilancio preventivo, il conto consuntivo della Regione, il documento di programmazione economico-finanziaria e gli altri strumenti di programmazione la cui elaborazione compete alla Giunta regionale; formulando mozioni, risoluzioni e ordini del giorno, analogamente al Parlamento nazionale; deliberando i tributi; determinando l'ordinamento degli uffici e dei servizi regionali e istituendo gli enti dipendenti dalla Regione;

- può svolgere attività di *controllo e vigilanza sull'operato della Giunta e del Presidente*, mediante il compimento di atti ispettivi (come l'istituzione di commissioni di inchiesta, le interpellanze, le interrogazioni), lo svolgimento di indagini conoscitive, l'eventuale approvazione del programma della legislatura presentato dal Presidente della Giunta o comunque la discussione sullo stato di attuazione del programma.

2.3 Il Presidente della Regione

2.3.1 Ruolo e modalità di elezione

Il Presidente della Regione cumula su di sé una **duplice funzione**, in quanto **rappresentante della Regione** e **Presidente della Giunta**, organo del quale dirige la politica ed è responsabile (art. 121 Cost.). Il Presidente può essere eletto con suffragio elettorale diretto dal corpo elettorale regionale oppure essere nominato dal Consiglio regionale; la scelta è demandata allo statuto.
La L. 165/2004 ha individuato come principio fondamentale, per il Presidente eletto a suffragio universale e diretto, la previsione della **non immediata rieleggibilità** allo scadere del secondo mandato consecutivo.

2.3.2 Le funzioni

Il **Presidente della Regione** è organo esponenziale dell'ordinamento regionale e come tale *rappresenta l'ente all'esterno.* In questa sua veste promulga le leggi, emana i regolamenti regionali, indice i referendum regionali, agisce e resiste nei giudizi di impugnazione di leggi statali e regionali e nei conflitti di attribuzione con lo Stato e le altre Regioni.
I Presidenti delle Regioni a statuto speciale possono anche partecipare alle *sedute del Consiglio dei Ministri* che trattano argomenti di interesse regionale, con *funzioni consultive.* In alcuni casi rappresentano il Governo nella Regione provvedendo, ad esempio, al mantenimento dell'ordine pubblico.
Come **Presidente della Giunta regionale** è posto al vertice dell'organo esecutivo e, in quanto tale, esercita *funzioni di indirizzo, coordinamento e vigilanza* dell'organo stesso. Qualora sia eletto a suffragio universale e diretto, il Presidente dispone anche del potere di nominare e revocare i membri della Giunta ed è in grado, attraverso la minaccia di dimissioni personali che determinerebbero le dimissioni automatiche dell'intera Giunta, di esercitare sugli assessori una fortissima pressione politica. Egli, inoltre, porta anche ad esecuzione le delibere giuntali.
Al Presidente sono, poi, attribuite, da leggi statali o regionali, competenze in qualità di *organo monocratico* e, in tale ambito, *dirige le funzioni amministrative* eventualmente *delegate dallo Stato* alla Regione, adeguandosi alle istruzioni del Governo statale.

2.4 La Giunta regionale

2.4.1 Nozione e composizione

La Giunta regionale è l'**organo esecutivo della Regione, a struttura collegiale**, composto dal Presidente, da un vicePresidente eventuale e dagli assessori. Il *vicePresidente*, se

nominato, può sostituire il Presidente in caso di assenza o impedimento temporaneo, ma non può subentrargli, almeno quando il Presidente è eletto a suffragio universale e diretto, in caso di sfiducia, morte, dimissioni, impedimento permanente o rimozione (Corte cost., sent. n. 2 del 2004).
Gli **assessori** sono in genere preposti a settori omogenei dell'Amministrazione regionale (cosiddetti *assessorati*, similmente a quanto accade per i Ministri preposti ai Ministeri). Tuttavia, essi esercitano di norma *funzioni a rilevanza interna*, proponendo e portando ad esecuzione gli atti deliberati dalla Giunta, a meno che non ricevano dal Presidente una delega a rilevanza esterna per settori determinati. È quanto accade normalmente nelle Regioni speciali, dove gli assessori sono *organi individuali ed esterni* dell'amministrazione.
All'interno della Giunta sussiste una *responsabilità politica solidale* di tutti i componenti nei confronti del Consiglio regionale e una *responsabilità politica individuale* nei confronti del Presidente eletto, che li nomina e può revocarli.

La Corte costituzionale (sent. n. 12 del 2006) ha escluso, nei casi in cui il Presidente sia eletto a suffragio universale e diretto, la possibilità di una mozione di sfiducia individuale del Consiglio regionale nei confronti del singolo assessore.
Secondo la Corte, infatti, in questo caso l'elezione contestuale diretta del Presidente della Regione e del Consiglio regionale garantisce in via presuntiva l'armonia dell'indirizzo politico fra i due organi eletti nella medesima tornata elettorale e dai medesimi elettori. Tale armonia può ovviamente venir meno a seguito dell'approvazione di una mozione di sfiducia da parte del secondo o delle dimissioni del primo, nel qual caso è, però, necessario un nuovo appello al corpo elettorale, al quale si chiede di restaurare il presupposto fondamentale dell'omogeneità di indirizzo politico che deve caratterizzare i programmi e le attività sia del Presidente che del Consiglio. In tale contesto normativo non trova posto la rottura di un ipotetico rapporto fiduciario tra Consiglio regionale e singoli assessori. Nel modello di forma di governo delineato dalla Costituzione, infatti, spetta esclusivamente al Presidente scegliere e revocare discrezionalmente gli assessori della propria Giunta, in quanto egli è l'unico soggetto esponenziale del potere esecutivo nell'ambito della Regione, munito di poteri che lo rendono interamente responsabile, sul piano politico, dell'operato di tutti i componenti della Giunta. È invece ammissibile una mozione di censura che non comporti obbligo di dimissioni.

Nessuna norma costituzionale fissa il **numero dei componenti della Giunta**, che è perciò determinato dai singoli statuti. L'art. 14, co. 1, lett. *b*), D.L. 138/2011 comunque fissa un numero massimo di assessori, che deve essere pari o inferiore a un quinto del numero dei consiglieri regionali, con arrotondamento all'unità superiore.
Il Presidente può scegliere gli assessori sia tra i componenti eletti al Consiglio regionale sia tra persone non elette. La legge regionale può stabilire l'incompatibilità tra le due cariche.

2.4.2 Le funzioni

La Giunta è titolare della **funzione di indirizzo politico-amministrativo**, che si esplica attraverso:
> l'**iniziativa legislativa**. La Giunta, a differenza del Governo centrale, si limita a dare inizio al procedimento legislativo regionale ma non può esercitare la funzione legislativa in sostituzione del Consiglio. Tale previsione, infatti, non è contenuta in alcuna norma della Costituzione, come invece accade per il Governo. Pertanto, non sono ammissibili né decreti-legge, né decreti legislativi emanati dalla Giunta;

- l'**esercizio delle funzioni amministrative**. La Giunta provvede alla gestione dell'ente, dirige l'attività degli uffici regionali e amministra il patrimonio. Inoltre, laddove previsto dallo statuto, esercita anche la potestà regolamentare;
- la **programmazione**. La Giunta predispone il bilancio preventivo e il conto consuntivo nonché i programmi di sviluppo regionali;
- la **decisione sui ricorsi di legittimità costituzionale e sui conflitti di attribuzione**. Si tratta di provvedimenti che incidono sull'indirizzo politico regionale, in quanto la Giunta decide se impugnare o meno le leggi statali o altre leggi regionali e se sollevare conflitto di attribuzione con altro ente.

2.5 La forma di governo regionale

La legge costituzionale del 1999, nell'intento di ampliare l'autonomia regionale, attribuisce allo **statuto** il compito di disciplinare la forma di governo regionale. Tale scelta, tuttavia, non è del tutto libera.

Trattandosi di autonomia, e non di sovranità, la Costituzione continua a definire alcuni aspetti del rapporto fra gli organi di governo regionale. In particolare, se lo statuto opta per l'elezione a **suffragio universale e diretto** del Presidente regionale allora in ogni caso:

- il Presidente ha il potere di **nomina e revoca** dei componenti della Giunta (art. 122, co. 5, Cost.);
- il Consiglio regionale può esprimere la **sfiducia** nei confronti del Presidente della Giunta.

Quest'ultimo potere è esercitato mediante mozione motivata, sottoscritta da almeno un quinto dei componenti il Consiglio e approvata per appello nominale a maggioranza assoluta. La mozione non può essere messa in discussione prima di 3 giorni dalla presentazione e, una volta approvata, comporta le **dimissioni della Giunta e lo scioglimento del Consiglio** (clausola dell'*aut simul stabunt, aut simul cadent*). Analoga conseguenza determinano la **rimozione**, l'**impedimento permanente**, la **morte** o le **dimissioni** volontarie del Presidente e le dimissioni contestuali della maggioranza dei componenti il Consiglio (art. 126, co. 2 e 3, Cost.).

La Regione Calabria, nella fase di adozione dei nuovi statuti, aveva tentato di realizzare una formula di compromesso fra elezione diretta del Presidente e possibilità per il Consiglio regionale di cambiare Presidente senza che ciò comportasse necessariamente anche il contestuale scioglimento dello stesso organo collegiale. La Regione aveva previsto l'elezione diretta di Presidente e vicePresidente da parte del collegio elettorale regionale, ma aveva anche previsto la successiva designazione di entrambi anche da parte del Consiglio regionale, a pena di automatico scioglimento dello stesso. In caso di dimissioni volontarie, incompatibilità sopravvenuta, morte, rimozione o impedimento permanente, poi, al Presidente subentrava il vicePresidente senza necessità di scioglimenti e nuove elezioni.

La Corte costituzionale, con sentenza n. 2 del 2004, ha sostenuto che la Regione è libera di non optare per il modello dell'elezione diretta del Presidente della Regione, ma se, al contrario, decide per esso ciò comporta che al Presidente così eletto devono essere attribuiti tutti i poteri previsti per l'unitaria gestione dell'indirizzo politico-amministrativo regionale, fra cui rientrano quello di nomina e revoca dei componenti della Giunta e quello di provocare la crisi con le proprie dimissioni, facendo automaticamente sciogliere sia la Giunta che il Consiglio.

Lo statuto può anche decidere di non adottare la soluzione consigliata dalla riforma costituzionale, ma anche in questo caso le opzioni non sono del tutto libere. Gli statuti, infatti, non potranno comunque adottare né la forma di governo direttoriale né quella semipresidenziale. In entrambi i casi, le norme costituzionali (art. 121 Cost.) escludono sia una presidenza collegiale della Giunta (come è, invece, tipico del direttorio) sia la possibilità che si verifichi una separazione fra presidenza dell'organo esecutivo e presidenza della Regione (come accade, invece, nelle repubbliche semipresidenziali).
Sembrano quindi ammissibili soltanto **forme di governo parlamentare**; in alternativa all'elezione diretta vi può essere la *designazione indiretta del Presidente da parte del corpo elettorale*, come nella disciplina ante riforma, e successiva nomina da parte del Consiglio del candidato designato, oppure una *vera e propria elezione da parte del Consiglio regionale*.
In tutte queste ipotesi, comunque:

- il Consiglio regionale può esprimere la **sfiducia al Presidente** della Regione (art. 126, co. 2, Cost.). In questo caso, evidentemente, sarà lo statuto a regolare gli effetti dell'approvazione della mozione di sfiducia;
- le **dimissioni contestuali** della maggioranza dei componenti del Consiglio producono l'effetto delle dimissioni della Giunta e dello scioglimento del Consiglio stesso (art. 126, co. 3: cosiddetto *scioglimento per impossibilità di funzionamento*).

Dopo il fallimento del tentativo operato dalla Regione Calabria, le Regioni hanno tutte **optato per l'elezione diretta del Presidente**, che sembra essere la scelta politicamente più accettata dall'opinione pubblica regionale. Fra le Regioni speciali, invece, **la Valle d'Aosta ha optato**, nella sua legge statutaria, **per l'elezione del Presidente da parte del Consiglio** e, su proposta del neoPresidente, per la nomina degli assessori, fra cui un vicePresidente, da parte del Consiglio. È, inoltre, prevista la mozione di **sfiducia costruttiva**. In **Trentino** la carica è attribuita a rotazione dal Consiglio regionale ai Presidente delle Province autonome di Trento e di Bolzano (carica alla quale, invece, si accede tramite elezione diretta).

Capitolo 3
Le fonti regionali

3.1 Gli Statuti regionali

3.1.1 Nozione di Statuto e classificazioni

Lo Statuto regionale è l'atto con il quale la Regione disciplina la propria organizzazione ed il proprio funzionamento per tutti gli aspetti non regolati direttamente dalla Costituzione. In realtà, la categoria degli Statuti regionali non ha contenuti unitari, in quanto risulta divisa al suo interno in due tipologie profondamente differenti:

- gli **Statuti delle 5 Regioni speciali** (Sicilia, Sardegna, Valle d'Aosta, Trentino-Alto Adige, Friuli-Venezia Giulia), che non sono espressione di vera e propria **autonomia statutaria**, in quanto hanno forma e sostanza di leggi costituzionali statali (art. 116 Cost.). Tali leggi costituzionali hanno un'efficacia territoriale limitata alla singola Regione e sono in grado di derogare alla Costituzione per garantire forme e condizioni particolari di autonomia;
- gli **Statuti delle Regioni ordinarie** (art. 123 Cost.), che sono, invece, atti approvati dal Consiglio regionale con legge regionale.

Ciò detto, giova spendere qualche considerazione sugli Statuti delle Regioni dotate di speciale autonomia.

L'art. 116, co. 1, Cost., nel testo novellato dalla riforma costituzionale del 2001, sancisce che «Il Friuli Venezia Giulia, la Sardegna, la Sicilia, il Trentino-Alto Adige/Südtirol e la Valle d'Aosta/Vallée d'Aoste dispongono di forme e condizioni particolari di autonomia, secondo i rispettivi Statuti speciali adottati con legge costituzionale».

Si tratta, quindi, di leggi costituzionali, il cui procedimento di revisione differisce da quello disciplinato dall'art. 138 Cost. in quanto:

- l'eventuale **iniziativa governativa o parlamentare** deve essere comunicata al Consiglio regionale (e ai Consigli provinciali in Trentino-Alto Adige), che esprime il proprio parere entro due mesi;
- il **referendum nazionale**, ossia la consultazione che coinvolge l'intero corpo elettorale, non si svolge.

Lo Statuto speciale, pertanto, non può essere considerato come vera e propria espressione di autonomia, anche se il suo rango costituzionale certamente ha consentito di salvaguardare le condizioni e forme particolari di autonomia di tali Regioni. A seguito della riforma costituzionale del 1999, che ha riconosciuto nello Statuto ordinario una vera e piena espressione di autonomia regionale, il legislatore costituzionale del 2001 ha previsto anche per le Regioni speciali una **potestà statutaria**, che viene definita "**semipiena**" o "**dimezzata**" per distinguerla da quella delle Regioni ordinarie. Nella materia della **forma di governo regionale** e con riferimento ad alcuni istituti specificamente definiti (iniziativa legislativa popolare, disciplina del referendum, modalità di elezione degli organi, pari opportunità fra i sessi), le Regioni speciali possono approvare **leggi statutarie regionali**, che sono sottoposte a referendum se entro tre mesi dalla loro pubblicazione ne facciano richiesta un cinquantesimo degli elettori o un quinto dei consiglieri regionali oppure, qualora siano approvate dalla maggioranza dei due terzi dei consiglieri, ne faccia richiesta una frazione qualificata del corpo elettorale regionale.

3.1.2 La collocazione degli Statuti nel sistema delle fonti

Gli **Statuti speciali** sono **fonti di rango costituzionale** e pertanto prevalgono sulle leggi statali ordinarie e, naturalmente, su quelle regionali. Trattandosi, anzi, di disposizioni costituzionali di carattere speciale finalizzate al riconoscimento di forme più ampie di autonomia, prevalgono, a questi fini, anche sulle norme costituzionali generali dettate per le Regioni ordinarie, ma sono ovviamente subordinate ai principi fondamentali (diritti e doveri dei cittadini e l'organizzazione dello Stato) dell'ordinamento.
Anche le leggi statutarie, essendo assoggettate ad un **procedimento rinforzato**, prevalgono sulle altre leggi regionali ordinarie, integrando le disposizioni dello Statuto speciale per le materie e gli ambiti ad esse affidati.
Tali leggi devono, inoltre, essere in armonia con la Costituzione, con le previsioni dello Statuto speciale relative agli organi di governo e con i principi dell'ordinamento giuridico della Repubblica (L. cost. 2/2001).
All'interno del sistema delle fonti regionali, gli **Statuti delle Regioni ordinarie** sono collocati in una posizione gerarchicamente sovraordinata rispetto alle leggi. Si tratta, però, anche di fonti il cui rapporto con le altre leggi regionali è affidato, per alcuni aspetti, al principio di competenza, in quanto lo Statuto non può regolare materie che la Costituzione riserva alle leggi regionali ordinarie, come ad esempio la materia elettorale.
Anche lo Statuto ordinario, secondo quanto prevede l'art. 123 Cost., deve porsi in armonia con la Costituzione.

3.1.3 Il contenuto degli Statuti regionali ordinari

Il contenuto degli Statuti può essere distinto in un **necessario** ed **eventuale**. L'art. 123 Cost. definisce gli oggetti e le materie che devono essere regolate **necessariamente** dallo Statuto e precisamente:

- la **forma di governo regionale**, ossia l'assetto dei rapporti fra gli organi di governo regionale. Tale materia, tuttavia, risente inevitabilmente del fatto che la stessa Costituzione disciplina direttamente una serie di istituti che ne fanno parte, oppure riserva alcuni aspetti della forma di governo regionale a fonti diverse dallo Statuto. La Costituzione stabilisce, infatti, quanti e quali siano gli organi regionali e le loro funzioni fondamentali (art. 121), alcune incompatibilità fra la carica di consigliere regionale e altre cariche pubbliche (art. 84, co. 1; art. 104, co. 7; art. 122, co. 2), l'obbligo di disciplinare con legge regionale i casi di ineleggibilità e incompatibilità del Presidente e degli altri componenti della Giunta, nonché dei consiglieri regionali (art. 122), la necessità di regolare con legge anche il sistema elettorale (art. 122); inoltre impone al Consiglio regionale di avere un Presidente e un Ufficio di presidenza (art. 122) e prevede che il Consiglio regionale possa esprimere la sfiducia nei confronti del Presidente della Giunta (art. 126, co. 2);
- i **principi fondamentali** di organizzazione e funzionamento della Regione;
- l'esercizio del **diritto di iniziativa** e del **referendum** su leggi e provvedimenti amministrativi regionali;

- la **pubblicazione delle leggi** e dei **regolamenti** regionali;
- la disciplina del **Consiglio delle autonomie locali**, quale organo di consultazione fra la Regione e gli enti locali.

Per quanto concerne, invece, il **contenuto eventuale** degli Statuti, sul punto si è pronunciata la Corte costituzionale chiarendone ambiti e portata.

La Corte costituzionale ha riconosciuto la legittimità di altri possibili contenuti statutari, sia che risultino meramente ricognitivi delle funzioni e dei compiti della Regione, sia che indichino aree di prioritario intervento politico o legislativo (**sentenza n. 4 del 2004**). Tali enunciati **non hanno**, tuttavia, **alcuna efficacia giuridica**, collocandosi piuttosto sul piano dei convincimenti che esprimono le diverse sensibilità politiche presenti nella comunità regionale al momento dell'approvazione dello Statuto (sentenza n. 372 del 2004).

La formulazione di tali proposizioni negli Statuti ha, secondo la Corte, la funzione di legittimare la Regione come **ente esponenziale della collettività regionale** e del complesso dei relativi interessi e aspettative, che opera non soltanto attraverso l'esercizio della competenza legislativa e amministrativa, ma anche avvalendosi dei vari poteri, conferiti dalla Costituzione e da leggi statali, di iniziativa, di partecipazione, di consultazione, di proposta e così via, esercitabili in via formale o informale al fine di ottenere il migliore soddisfacimento delle esigenze della stessa collettività.

3.1.4 Il procedimento di approvazione degli Statuti

Gli Statuti delle Regioni ordinarie, prima della riforma costituzionale del 1999, erano **atti sostanzialmente regionali ma formalmente statali**. Più precisamente, si potevano inquadrare nelle **fonti statali rinforzate**, in quanto il procedimento di formazione della legge si distingueva da quello delle altre leggi ordinarie e il suo contenuto addirittura non era determinato dal Parlamento. Per questo motivo, la legge contenente lo Statuto non poteva essere derogata o abrogata da leggi ordinarie che non avessero seguito lo stesso iter di formazione. Gli Statuti si caratterizzavano come atti normativi regionali che assumevano, però, la forma di leggi statali. In altre parole, gli Statuti non potevano prescindere dalle leggi statali di approvazione.
Il procedimento di formazione degli Statuti ordinari, sotto il vigore dell'attuale testo costituzionale, si svolge, invece, tutto internamente agli organi regionali, con la possibilità di interferenze statali soltanto in una fase eventuale di controllo.
Il procedimento si articola nelle seguenti **fasi**:

- la legge regionale deve essere approvata dal Consiglio a **maggioranza assoluta** dei suoi componenti con **due deliberazioni** successive adottate ad intervallo non minore di due mesi. In questo caso, a differenza delle leggi costituzionali, non è previsto un passaggio da una Camera all'altra del disegno di legge in quanto il Consiglio regionale ha struttura monocamerale;
- il Governo può sollevare la **questione di legittimità** costituzionale degli Statuti dinanzi alla Corte costituzionale, ma il ricorso deve essere proposto entro trenta giorni dalla pubblicazione, a **fini notiziali**, della seconda deliberazione consiliare;
- lo Statuto è sottoposto a **referendum popolare** qualora entro 3 mesi dalla pubblicazione, a **fini notiziali**, della seconda deliberazione consiliare, ne faccia richiesta un cinquantesimo degli elettori della Regione o un quinto dei componenti il Consiglio regionale. In questo caso lo Statuto è promulgato soltanto se è approvato dalla maggioranza dei voti validi;

- scaduti i tre mesi senza indizione del referendum, lo Statuto è **promulgato** e assoggettato alla **pubblicazione** necessaria ai fini della definitiva entrata in vigore.

La possibilità per il Governo di esercitare un **controllo di legittimità costituzionale** sulla legge regionale di approvazione dello Statuto ha **natura preventiva**, e rappresenta, oggi, una eccezione, in quanto per tutte le altre leggi regionali il controllo governativo è sempre e solo successivo. Tale specialità è giustificata dai rilevanti contenuti statutari e dalla posizione della fonte statutaria rispetto all'ordinamento complessivo della Regione, che impongono che eventuali vizi di legittimità dello Statuto siano subito soggetti a controllo ed eliminati, in modo da non riversarsi sulla successiva attività legislativa o amministrativa che su quelle norme viziate dovesse fondarsi. Il controllo successivo è, quindi, escluso per gli Statuti.

Dall'analisi del procedimento di formazione degli Statuti si può facilmente constatare la possibilità di **interferenze** fra l'eventuale **richiesta governativa di impugnazione** della seconda delibera regionale e la **prosecuzione del procedimento di formazione dello Statuto**. In particolare, interferenze possono aversi fra il ricorso governativo e l'eventuale esito positivo del referendum che si svolga prima che la Corte costituzionale possa effettivamente pronunciarsi sulla legittimità costituzionale dello Statuto.

La Costituzione nulla prevede in proposito, ma appare evidente che l'eventualità che il corpo elettorale regionale possa approvare un progetto di Statuto poi dichiarato incostituzionale pone grossi problemi di natura giuridica e politica.

Per questo motivo, molte leggi regionali che regolano la materia dei *referendum*, con riferimento a quello approvativo prevedono espressamente la sospensione del procedimento legislativo in presenza di impugnazione governativa. Inoltre, nella prassi applicativa delle norme sul procedimento di formazione degli Statuti, alcune Regioni hanno bloccato l'*iter* anche in assenza di una previsione espressa contenuta in proprie leggi regionali.

3.2 Le leggi regionali

3.2.1 Tipologie di leggi regionali

Le leggi regionali sono **espressione della potestà legislativa regionale**, la più significativa delle competenze che la Costituzione affida alle Regioni. Per la prima volta nel nostro ordinamento, infatti, ad enti diversi dallo Stato è stato riconosciuto il potere di produrre norme generali ed astratte che sono in grado di assurgere ad un rango inferiore alla Costituzione e alle altre leggi costituzionali e sono collocate in un rapporto variamente determinato, a seconda della tipologia di potestà legislativa regionale, con la potestà legislativa statale.

Le leggi regionali sono innanzitutto vincolate:

- al **rispetto della Costituzione** (art. 117, co. 1);
- ai vincoli derivanti dall'**ordinamento dell'Unione europea** e dagli obblighi internazionali, limite già descritto per le leggi statali;
- a un **limite di natura territoriale**, in quanto la Regione, ente esponenziale della collettività stanziata in un determinato territorio, esercita la sua potestà legislativa, concorrente o residuale, per soddisfare interessi, **esclusivamente** o **prevalentemente**, localizzati sul territorio di sua pertinenza. Non si può escludere, tuttavia, che in alcuni casi la legislazione regionale sia idonea a valicare i confini del territorio

regionale, sempre che si possa individuare un interesse della comunità regionale a cui si volge la legge regionale che deroghi al limite in parola.

La potestà legislativa affidata alle Regioni dal testo originario della Costituzione e dalle leggi costituzionali recanti gli Statuti delle Regioni speciali si articolava in tre diverse tipologie:

- **esclusiva o piena**, spettante solo alle Regioni a Statuto speciale e alle Province di Trento e di Bolzano nelle materie individuate dai rispettivi Statuti (che hanno natura di leggi costituzionali);
- **concorrente o ripartita**, in virtù della quale la Regione legiferava con leggi vincolate al rispetto dei **principi fondamentali**, relativi alle singole materie, stabiliti dalle leggi dello Stato. Queste ultime prendevano il nome di **leggi cornice** o **leggi quadro** in quanto delineanti appunto il quadro di principi entro i quali la legislazione regionale doveva svilupparsi;
- **di attuazione delle leggi dello Stato**, in virtù della quale le Regioni attuavano la legislazione statale adattandola alle eterogenee esigenze locali.
- L'attuale art. 117 Cost., novellato nel 2001, ha ridefinito la potestà legislativa sia statale che regionale, **ampliando l'autonomia normativa** delle Regioni ordinarie. La potestà legislativa viene articolata così in:
- **potestà legislativa esclusiva dello Stato**. Adesso la funzione legislativa statale non ha una competenza indeterminata, ma si svolge esclusivamente nelle materie elencate nel co. 2 dell'art. 117;
- **potestà legislativa concorrente**. Nelle materie individuate nel co. 3 dell'art. 117 e negli Statuti delle Regioni speciali, la potestà legislativa dello Stato si limita a determinare i principi fondamentali, mentre alle Regioni spetta il compito di emanare la disciplina di dettaglio del settore;
- **potestà legislativa residuale delle Regioni ordinarie**. I settori che rientrano in tale ambito non sono definiti nel testo costituzionale, ma vanno ricavati per esclusione in quanto vi rientrano tutte le materie non affidate alla competenza esclusiva statale e concorrente regionale;
- **potestà legislativa esclusiva o piena**, spettante esclusivamente alle Regioni a Statuto speciale e alle Province di Trento e di Bolzano, nei limiti in cui l'attribuzione di tale potestà assicuri forme di autonomia più ampie a tali Regioni rispetto a quelle ordinarie;
- **potestà legislativa integrativo-attuativa**, spettante esclusivamente alle Regioni a Statuto speciale e alle Province di Trento e di Bolzano, nei limiti in cui l'attribuzione di tale potestà assicuri forme di autonomia più ampie a tali Regioni rispetto a quelle ordinarie.

3.2.2 La competenza legislativa delle Regioni ordinarie

Nelle materie di **legislazione concorrente**, le leggi regionali sono vincolate al rispetto dei **principi fondamentali** enucleati, per ogni singola materia, dalle leggi dello Stato. Di norma tali principi vengono fissati, come già sopra accennato, da **leggi cornice**, che definiscono gli orientamenti di massima cui la legislazione regionale deve attenersi nella disciplina delle singole materie assegnate. Tuttavia, in mancanza di leggi quadro che individuino i principi fondamentali di settore, le Regioni possono comunque legiferare, limitandosi al rispetto dei principi desumibili dalla legislazione statale vigente. La portata e l'ampiezza di tali principi tendono a variare molto a seconda della materia in cui opera la potestà legislativa, e in molti casi il legislatore statale introduce discipline assai articolate, espressione di valori che non risultano frazionabili in più discipline regionali diversificate.

Sono materie di legislazione concorrente: Rapporti internazionali e con l'Unione europea delle Regioni; commercio con l'estero; tutela e sicurezza del lavoro; istruzione, salva l'autonomia delle istituzioni scolastiche e con esclusione della istruzione e della formazione professionale; professioni; ricerca scientifica e tecnologica e sostegno all'innovazione per i settori produttivi; tutela della salute; alimentazione; ordinamento sportivo; protezione civile; governo del territorio; porti e aeroporti civili; grandi reti di trasporto e di navigazione; ordinamento della comunicazione; produzione, trasporto e distribuzione nazionale dell'energia; previdenza complementare e integrativa; coordinamento della finanza pubblica e del sistema tributario; valorizzazione dei beni culturali e ambientali e promozione e organizzazione di attività culturali; casse di risparmio, casse rurali, aziende di credito a carattere regionale; enti di credito fondiario e agrario a carattere regionale.

L'altra **potestà legislativa** regionale prevista dall'art. 117, co. 4, è quella di **tipo primario** che spetta alle Regioni in via **residuale**, in tutte le materie in cui non sussista già una potestà legislativa esclusiva statale o concorrente regionale. In questo caso il legislatore regionale è limitato soltanto dal rispetto della Costituzione, dell'ordinamento dell'Unione europea e degli obblighi internazionali.
Questa potestà legislativa, che in teoria sarebbe suscettibile di ampliarsi all'infinito, dando vita ad un effetto devolutivo totale di tutte le materie non espressamente indicate dall'art. 117 Cost., in realtà subisce, come si vedrà, le rilevanti interferenze della legislazione statale.

Ad esempio, a tale competenza sono state ricondotte materie come le fiere, le sagre e le manifestazioni di carattere religioso, benefico e politico, la disciplina sanzionatoria per l'impianto abusivo di vigneti, taluni interventi finalizzati allo sviluppo economico locale, l'organizzazione amministrativa e il funzionamento della Regione.

3.2.3 La potestà legislativa delle Regioni speciali

Gli Statuti delle Regioni speciali prevedono due peculiari potestà legislative, alle quali può darsi, rispettivamente, il nome di **potestà legislativa piena** e **integrativo-attuativa**. Il carattere di quest'ultima deriva dalla necessità di dare attuazione ed integrazione differenziata a leggi statali in materie che, essendo di competenza statale, senza questa potestà legislativa sarebbero del tutto precluse alla competenza regionale.
La potestà legislativa piena, invece, era considerata, prima della novella costituzionale del 2001, la maggior espressione dell'autonomia regionale, in quanto le materie sulle quali tale potestà si esercita sono in via di principio rimesse per intero alla disciplina regionale.
In realtà, tale potestà trova pur sempre un limite specifico e peculiare nelle **norme fondamentali delle riforme economico-sociali** e nei **principi generali dell'ordinamento giuridico dello Stato**, richiamati negli Statuti speciali. Il primo limite fa riferimento a quelle norme costituzionali, e soprattutto alle norme delle leggi statali, destinate a innovare significativamente e uniformemente il tessuto dei rapporti economico-sociali costituzionalmente rilevanti su tutto il territorio nazionale.
Il secondo limite individua, invece, gli orientamenti e le direttive di carattere generale e fondamentale che si desumono dalla connessione sistematica, dal coordinamento e dall'intima razionalità delle norme che concorrano a formare, in un dato momento storico, il tessuto dell'ordinamento vigente.
A seguito dell'entrata in vigore della legge costituzionale del 2001, tutte le potestà legislative delle Regioni speciali devono essere riconsiderate attraverso il filtro della **clausola di maggior favore**, prevista dall'art. 10 L. cost. 3/2001. Per evitare che le Regioni speciali siano costrette a rincorrere la maggiore autonomia riconosciuta, adesso, alle Regioni ordinarie, tale clausola prevede che, fino all'adeguamento dei ri-

spettivi Statuti, le disposizioni del nuovo art. 117 Cost. si applicano anche alle Regioni a Statuto speciale e alle Province autonome, per le parti in cui prevedono **forme di autonomia più ampie** rispetto a quelle già attribuite dagli Statuti stessi. Tuttavia, non è sempre agevole capire quando la disciplina dell'art. 117 Cost. risulta essere più favorevole di quella prevista negli Statuti speciali.

3.2.4 Procedimento di approvazione delle leggi regionali

L'**iniziativa legislativa** è disciplinata dallo Statuto regionale. In genere, essa viene affidata:

- alla Giunta, eventualmente riservandola in via esclusiva a tale organo per determinate tipologie di leggi;
- ai singoli consiglieri regionali;
- agli elettori della Regione;
- ai Consigli provinciali e comunali presenti nel territorio;
- al Consiglio delle autonomie locali;
- alle formazioni sociali.

L'**istruttoria** è svolta dalle Commissioni permanenti in sede referente, strutturate sul modello di quelle parlamentari. Non esiste, invece, una disposizione analoga all'art. 72, co. 3, Cost., che preveda anche un procedimento decentrato in sede deliberante. Alcuni Statuti prevedono, adesso, il procedimento redigente, in base al quale i progetti di legge sono approvati nei singoli articoli dalle Commissioni, limitandosi l'Assemblea regionale al solo voto finale. La **fase deliberativa** si svolge innanzi all'Assemblea regionale. Dopo la deliberazione del Consiglio, la legge viene promulgata e pubblicata.

La L. cost. 3/2001 ha eliminato del tutto le forme di controllo preventivo dello Stato nei confronti della legislazione regionale previste nel previgente testo della Costituzione. Pertanto, la legge regionale, una volta promulgata e pubblicata, può essere impugnata, esclusivamente sotto il profilo della legittimità costituzionale, quando ecceda la competenza della Regione, davanti alla Corte costituzionale (entro sessanta giorni dalla pubblicazione), nella forma del controllo successivo.

3.3 I regolamenti regionali

3.3.1 Tipologie di regolamenti

La potestà regolamentare delle Regioni è, oggi, esplicitamente prevista dall'art. 117, co. 6, Cost., secondo il quale queste la esercitano in tutte le materie in cui non sussiste una competenza legislativa esclusiva dello Stato, o anche in tale ambito purché vi sia la delega statale alle Regioni.

Questo passaggio introduce il **principio del parallelismo tra le funzioni legislative e quelle regolamentari**. Il Governo può emanare regolamenti solo nelle materie in cui lo Stato ha potestà legislativa esclusiva, mentre alle Regioni spetta una potestà regolamentare più ampia in tutte le altre materie.

La potestà regolamentare regionale ha la stessa natura di quella statale, in quanto la Regione gode di autarchia, ossia della potestà di emanare atti amministrativi sottoposti allo stesso regime e alla stessa efficacia degli atti amministrativi statali.

Ed i regolamenti regionali sono pur sempre atti formalmente amministrativi, anche se sostanzialmente normativi.
Per quanto concerne le tipologie di regolamenti, gli Statuti prevedono:

- i **regolamenti attuativi** e quelli integrativi. I regolamenti indipendenti non sembrano trovare spazio, soprattutto perché la potestà regolamentare si esplica soltanto nelle materie di competenza legislativa regionale, per cui è difficile ipotizzare ambiti di intervento per tale tipologia di regolamenti. Inoltre, in alcuni casi sono implicitamente vietati dalla previsione statutaria, per la quale è richiesta per tutti i regolamenti la previa disposizione di legge che ne autorizzi l'emanazione;
- i **regolamenti di delegificazione**, che ricalcano sostanzialmente il modello statale, con la legge regionale che fissa le norme generali poste a regolare la materia e individua le norme di legge da abrogare, mentre l'abrogazione viene posticipata al momento in cui i regolamenti entrano in vigore;
- i **regolamenti delegati dallo Stato**, tipologia espressamente prevista dall'art. 117, co. 6 Cost., vengono in genere attribuiti, dagli Statuti che li prevedono, alla competenza del Consiglio regionale.

Nel sistema delle fonti regionali, i regolamenti sono subordinati alla legge regionale, in quanto fonti secondarie, ma sono anche soggetti alla legge statale che fissa i principi fondamentali nelle materie di legislazione concorrente o che disciplina la delega della potestà regolamentare alla Regione nelle materie di competenza esclusiva statale. Nei rapporti con i regolamenti statali, invece, vige il criterio della competenza.

3.3.2 Titolarità del potere di approvazione dei regolamenti

Il previgente testo dell'art. 121 Cost. individuava l'organo competente a deliberare i regolamenti regionali nel Consiglio regionale. Tale attribuzione aveva reso piuttosto rari tali atti, in quanto il Consiglio preferiva utilizzare lo strumento legislativo piuttosto che quello regolamentare.
Attualmente, invece, è lo Statuto, nell'ambito della definizione della forma di governo regionale, ad **attribuire tale potestà al Consiglio o alla Giunta**, oppure ad entrambi su materie e per tipologie differenziate.
A norma dell'art. 123 Cost., anche le disposizioni relative alla pubblicazione dei regolamenti regionali sono fissate nei rispettivi Statuti, mentre l'art. 121 Cost. attribuisce al Presidente della Giunta il potere di emanare i regolamenti della Regione.

Capitolo 4
L'autonomia regionale

4.1 L'autonomia amministrativa

4.1.1 I principi di sussidiarietà, adeguatezza e differenziazione

La Costituzione riconosce alle Regioni piena autonomia amministrativa, ossia la **possibilità di porre in essere atti aventi lo stesso valore ed efficacia degli atti amministrativi statali**.
L'art. 118 Cost., nella versione introdotta dalla novella costituzionale del 2001, sembra esprimere una preferenza esplicita per l'attribuzione delle funzioni e dei compiti amministrativi al **livello di governo più vicino ai cittadini**, ossia il Comune. Tale principio, tuttavia, risulterebbe eccessivamente statico se non fosse corretto da un altro gruppo di principi che introducono elementi di flessibilità e dinamicità al meccanismo di allocazione delle competenze amministrative previsto a livello costituzionale. I principi che presiedono a questa attribuzione di funzioni amministrative sono quello di **sussidiarietà**, di **adeguatezza** e di **differenziazione**.
Dal combinato disposto di tali principi, il conferimento di funzioni ai diversi enti territoriali risponde al criterio secondo il quale ai **livelli di governo superiori** al Comune *sono assegnate le sole funzioni che mirano a soddisfare esigenze di carattere unitario o che sono giustificate dalla necessità di garantirne un esercizio più efficace o efficiente*, tenuto conto delle dimensioni territoriali, associative ed organizzative degli enti beneficiari e delle loro diverse caratteristiche demografiche, territoriali e strutturali.
In ogni caso, poiché la Costituzione esprime una tendenziale preferenza per il livello di governo più vicino ai cittadini, tale opzione non è senza conseguenze: **ogni scelta** di allocazione che presenta carattere diverso rappresenta un'**eccezione**, che, in quanto tale, deve essere **adeguatamente motivata** e può essere soggetta ad un controllo di stretta costituzionalità. Ciò in quanto:

- deve avere presupposti che la giustifichino in **maniera adeguata** alla luce degli elementi di flessibilità previsti in materia dalla Costituzione;
- deve essere ispirata a **ragionevolezza**, cioè alla congruità fra mezzi impiegati e finalità perseguite;
- il conferimento di funzioni deve essere **proporzionato**, ossia strettamente indispensabile ai fini che si intende perseguire;
- il trasferimento di funzioni deve avvenire mediante un procedimento che coinvolga tutti gli enti interessati, in omaggio ad un altro principio che, pur essendo affermato, come vedremo, in un momento patologico del rapporto fra Stato ed enti territoriali, presenta invece una valenza di carattere generale: il **principio di leale collaborazione** fra i diversi livelli di governo.

4.1.2 Le tipologie di funzioni amministrative delineate dalla Costituzione

Le norme costituzionali che presiedono all'allocazione di funzioni fra i diversi livelli di governo, ossia gli artt. 117 e 118 Cost., fanno riferimento a tre diverse tipologie di funzioni amministrative: gli enti locali sono, infatti, dotati di **funzioni fondamentali** individuate da legge statale, di **funzioni proprie** e possono essere titolari di **funzioni conferite**, sia dallo Stato che dalle Regioni. A loro volta, anche lo Stato e le Regioni possono essere destinatari, sulla base degli indicati principi di sussidiarietà, adeguatezza e differenziazione, di funzioni amministrative.
Il conferimento di funzioni, inteso nella sua accezione più ampia, è sempre presidiato dal **principio di legalità**, in base al quale l'attribuzione di poteri amministrativi deve basarsi su una previa norma di legge. Pertanto, il conferimento avviene:

- con **legge statale**, per le funzioni che riguardano uno degli ambiti di legislazione esclusiva dello Stato individuati dall'art. 117, co. 2, e che lo Stato eventualmente ritenga di conferire ad un livello di governo inferiore.

  Con *legge statale*, in particolare, devono essere individuate, ai sensi dell'art. 117, co. 2, lett. *p*), Cost., le **funzioni fondamentali** degli enti locali. L'attribuzione di tali funzioni agli enti locali da parte dello Stato sottrae, nelle materie di competenza legislativa regionale, le stesse alla disponibilit,à della potestà legislativa delle Regioni, che non potrà riallocarle in maniera diversa ma potrà comunque disciplinarne i contenuti;

- con **legge regionale**, se le funzioni da ripartire sono relative alle materie di potestà legislativa regionale concorrente (art. 117, co. 3) o a quelle di potestà legislativa residuale (art. 117, co. 4). Nel primo caso, la legge statale di principio non potrà distribuire puntualmente le funzioni amministrative fra i diversi livelli di governo locale, ma solo fissare in generale criteri di allocazione delle funzioni.

4.1.3 Il principio di sussidiarietà orizzontale

L'art. 118 costituzionalizza due accezioni del principio di sussidiarietà. Accanto alla già esaminata nozione verticale che disciplina i rapporti fra i diversi livelli di governo amministrativo, esiste, infatti, anche la **sussidiarietà** cosiddetta **orizzontale**, secondo la quale sia lo Stato che gli altri enti territoriali sono invitati a *favorire l'autonoma iniziativa dei cittadini, singoli e associati, per lo svolgimento di attività di interesse generale.* Ciò non significa che i pubblici poteri debbano astenersi dall'intervenire in un determinato settore ogni qual volta sia già presente un'iniziativa privata, ma essi devono certamente favorire i privati nello svolgimento di attività di interesse generale e non sostituirsi ad essi o sopprimere tali loro iniziative, a meno che non siano in grado di soddisfare meglio tali interessi generali secondo criteri di efficacia ed efficienza.
Il legislatore può, in ogni caso, prevedere e disciplinare **strumenti di vigilanza e controllo** delle attività dei privati, purché tale intervento sia ispirato ai consolidati **principi di ragionevolezza e proporzionalità**.

4.2 L'autonomia finanziaria

Ai sensi della disciplina di rango costituzionale:

- lo Stato ha la **competenza legislativa esclusiva** e la **competenza regolamentare** in materia di *sistema tributario e contabile dello Stato, di perequazione finanziaria e di armonizzazione dei bilanci pubblici* (art. 117, co. 2, lett. *e*, Cost.);
- rientra, invece, nella **competenza legislativa concorrente** regionale il *coordinamento della finanza pubblica e del sistema tributario* (art. 117, co. 3, Cost.). I principi fondamentali in tali ambiti di competenza legislativa regionale concorrente sono fissati da legge statale;
- gli **enti locali** possono integrare o attuare le previsioni di legge statale o regionale attraverso la **potestà regolamentare** ad essi riconosciuta dall'art. 117, co. 6, Cost.

A tal proposito, va evidenziato che l'art. 23 Cost. assoggetta a riserva di legge tutto l'ambito delle **prestazioni patrimoniali imposte**, per cui sarà necessario disciplinare a livello legislativo quanto meno gli aspetti fondamentali dell'imposizione e l'ambito in cui potrà esplicarsi la potestà regolamentare degli enti medesimi.

Altra disposizione chiave relativa all'autonomia finanziaria è l'art. 119 Cost., che individua quattro **diverse tipologie di fonti di finanziamento** da cui le Regioni e gli enti locali possono attingere le risorse necessarie per *finanziare integralmente le funzioni pubbliche* ad esse attribuite:

- i **tributi propri**;
- le **entrate proprie** derivanti da attività economiche e rendite patrimoniali;
- le **compartecipazioni** al gettito di tributi erariali riferibile al loro territorio;
- il **fondo perequativo** istituito dalla legge statale senza vincoli di destinazione per i territori con minore capacità fiscale per abitante.

Accanto a queste risorse ordinarie, lo Stato può disporre **risorse aggiuntive** ed effettuare **interventi speciali** in favore di determinati enti territoriali per raggiungere obiettivi specifici (art. 119, co. 5: promuovere lo sviluppo economico, la coesione e la solidarietà sociale; rimuovere gli squilibri economici e sociali; favorire l'effettivo esercizio dei diritti della persona) o per provvedere a scopi diversi dal normale esercizio delle loro funzioni.

Il sesto comma dell'art. 119 Cost. attribuisce, infine, agli enti territoriali un proprio **patrimonio**, secondo i principi generali determinati dalla legge dello Stato. Nel testo si fa generico riferimento al patrimonio e non vi è traccia esplicita del **demanio regionale**, come invece previsto dal previgente art. 119 Cost. Il D.Lgs. 85/2010 (cosiddetto **federalismo demaniale**), in tema di attribuzione di un patrimonio agli enti territoriali, tuttavia, ha precisato che per alcuni dei beni trasferiti permane il regime demaniale previsto dal codice civile.

La normativa statale di attuazione dell'art. 119 Cost., emanata ai sensi della delega contenuta nella L. 5-5-2009, n. 42, ha determinato il **superamento del sistema di finanza derivata dallo Stato** che caratterizzava il precedente ordinamento, e la conseguente **attribuzione di una reale autonomia di entrata e di spesa** agli enti territoriali, pur nel rispetto dei principi di solidarietà e di coesione sociale.

Capitolo 5

Il raccordo tra i diversi livelli di governo e tipologie di controllo

5.1 Strumenti e principi

Il nuovo assetto dei rapporti instaurato con la riforma costituzionale del 2001 e l'attribuzione alle Regioni e agli altri enti territoriali di compiti e funzioni di notevole rilevanza, soprattutto se comparati con il precedente regime, ha comportato un necessario riordino anche degli **strumenti di raccordo tra i vari livelli di governo del territorio**. Tale problematica rileva sia nei rapporti intercorrenti tra lo Stato e le Regioni, sia con riferimento al coordinamento dell'attività regionale con quella degli altri enti territoriali.

Per quanto riguarda i **rapporti Stato-Regioni**, questi possono assumere tre diverse configurazioni:

- soggezione al potere statale di *indirizzo e coordinamento*;
- soggezione al potere *sostitutivo* del Governo e alle varie attività di controllo sugli organi, sugli atti e sulla gestione finanziaria;
- *intese nello spirito di leale cooperazione*: si tratta dello strumento privilegiato di definizione dei rapporti Stato-Regione.

Sempre in tale prospettiva, vanno ricordate, quali importanti **organi di raccordo**, di consultazione, di informazione e coordinamento, la *Conferenza permanente per i rapporti tra lo Stato, le Regioni e le Province autonome* e la *Conferenza Stato-Città-Autonomie locali*.

Con riferimento ai rapporti **Regioni-autonomie locali** di particolare rilevanza è la previsione dell'istituzione del *Consiglio delle autonomie locali (CAL)*, un organo che deve necessariamente essere disciplinato dagli statuti regionali e al quale è demandato il compito di svolgere un'attività di raccordo.

Fondamentale nella disciplina delle interazioni tra i diversi livelli di governo è l'applicazione del **principio di leale collaborazione**, che sempre più si pone come principio guida per la risoluzione di eventuali interferenze ed è costantemente richiamato dalla Corte costituzionale nelle sentenze in cui è investita del compito di dirimere conflitti di attribuzione tra lo Stato e le Regioni. Come si è più volte sottolineato, la leale collaborazione si sostanzia "in momenti di reciproco coinvolgimento istituzionale e di necessario coordinamento", utilizzando strumenti che possano prevenire l'insorgere di eventuali conflitti come le intese, gli accordi o le conferenze comuni.

Un elemento costante nella giurisprudenza della Corte costituzionale è la **garanzia della leale collaborazione**, che ha caratterizzato in maniera decisiva il modo di esercizio delle competenze legislative e amministrative dello Stato e delle Regioni fin dalla prima esperienza regionalista: quando lo Stato interveniva in ambiti materiali interferenti con quelli regionali, era tenuto a coinvolgere le Regioni nel procedimento decisionale, sia pure attraverso strumenti di *soft law*, come pareri e intese, assicurandogli in tal modo uno spazio di intervento. Sebbene, dunque,

l'idea fosse quella di una collaborazione "paritaria", in via assolutamente prevalente essa era prestata da parte delle Regioni a favore dello Stato.
Anche dopo la riforma costituzionale del 2001, l'orientamento di fondo affermato dalla Corte costituzionale si è ispirato a un modello di regionalismo che pone alla sua base una "leale collaborazione", la quale deve permeare i rapporti fra lo Stato e le Regioni nelle materie e in relazione alle attività in cui le rispettive competenze concorrano o si intersechino, imponendo un contemperamento dei rispettivi interessi.
Tra i significati attribuiti da alcune pronunce al principio di leale collaborazione v'è quello per il quale essa può supplire all'assenza di adeguati strumenti di raccordo a livello delle istituzioni parlamentari (sent. n. 251 del 2016) o essere funzionale ad *assicurare il migliore servizio alla collettività* (sent. n. 169 del 2017) o, ancora, essere strumentale – in caso di sovrapposizione, sia pure parziale, di competenze fra Stato e Regioni – ad una ponderazione, in termini di proporzionalità e ragionevolezza, dell'interesse pubblico sottostante all'assunzione statale di funzioni parzialmente sovrapponibili a quelle regionali con l'interesse sotteso alle medesime funzioni delle Regioni (sent. n. 61 del 2018); ponderazione che, dovendo essere sostenuta da adeguate garanzie procedimentali, *non può che avvenire in una sede di concertazione istituzionale di tipo collegiale*, come per esempio la Conferenza permanente per i rapporti tra lo Stato, le Regioni e le Province autonome.

5.2 La funzione di indirizzo e coordinamento

La Costituzione non dedica norme specifiche alla disciplina delle forme e delle strutture di raccordo fra i diversi livelli di governo. Soltanto l'art. 118, co. 3, Cost. prevede espressamente che la legge statale possa disciplinare **forme di coordinamento** fra Stato e Regioni, ma soltanto in alcune materie di competenza statale tassativamente determinate: *immigrazione* ed *ordine pubblico e sicurezza*, ad esclusione della polizia amministrativa locale (che resta riservata alla competenza legislativa residuale regionale).
L'articolo citato prevede anche che la legge statale possa disciplinare **forme di intesa e coordinamento** nella materia della *tutela dei beni culturali*. Si tratta, evidentemente, di materie in cui le diversità territoriali impongono allo Stato, che pure resta titolare della potestà legislativa esclusiva, di raggiungere forme di collaborazione con le Regioni.
Più dettagliata è, invece, la regolamentazione legislativa ordinaria.
La disciplina della funzione di indirizzo è stata modificata dall'art. 8 L. 59/1997 nel senso che tutti gli atti di indirizzo e coordinamento delle funzioni amministrative regionali, gli atti di coordinamento tecnico e le direttive relative all'esercizio delle funzioni delegate devono essere adottati previa **intesa con la Conferenza permanente Stato-Regioni o con la singola Regione interessata**.
Il citato articolo 8 prevede anche un meccanismo di salvaguardia dell'autonomia regionale nel caso in cui l'intesa non venga raggiunta: il Consiglio dei Ministri deve, infatti, adottare i relativi atti previo parere della Commissione parlamentare per le questioni regionali.
In caso di urgenza, il Consiglio dei Ministri può provvedere senza l'osservanza di tali procedure, ma deve tener conto dei pareri negativi espressi successivamente dalla Conferenza e dalla Commissione e riesaminare i provvedimenti adottati.
L'art. 8, co. 6, L. 5-6-2003, n. 131 ha escluso che gli **atti di indirizzo e coordinamento** possano essere adottati nelle materie di competenza legislativa regionale concorrente e residuale. Tale funzione può, quindi, esercitarsi, oggi, **soltanto nelle materie di competenza legislativa esclusiva statale**, laddove lo Stato ritenga di trasferire funzioni

amministrative alle Regioni. In tal caso, infatti, la previsione di questa funzione, piuttosto che comprimere l'autonomia delle Regioni, la salvaguarda, in quanto lo Stato sarebbe costretto a trattenere l'intera funzione amministrativa presso il proprio livello di governo non potendo dirigerla e coordinarla per esigenze di carattere unitario una volta trasferita alle Regioni.

5.3 Le attività di controllo sulle Regioni e il potere sostitutivo

5.3.1 I controlli sugli organi: scioglimento del Consiglio e rimozione del Presidente

Il controllo sugli organi regionali da parte dello Stato ha la sua norma di principio nell'art. 5 Cost., che impone di assicurare **l'unità e l'indivisibilità della Repubblica**.
L'art. 126 Cost., che rappresenta la disposizione di attuazione di tale principio, disciplina appunto le cause di **scioglimento del Consiglio regionale** e di **rimozione del Presidente della Giunta** resesi necessarie nel caso in cui sia verificato:

- il **compimento di atti contrari alla Costituzione**. Si tratta di comportamenti che ledono i principi supremi dell'ordinamento o che comunque esprimono una chiara volontà di superare i limiti posti dalla Costituzione all'autonomia regionale. Sono tali, ad esempio, gli atti preordinati a realizzare la secessione di una o più Regioni dallo Stato;
- il **compimento di gravi violazioni di legge**. Si deve trattare di inadempimenti dal tono costituzionale, ossia di violazioni di obblighi di legge talmente gravi o reiterate e continuate da determinare conseguenze assimilabili al compimento di atti contrari alla sicurezza nazionale;
- la **presenza di ragioni di sicurezza nazionale**. Si tratta di situazioni che, pur se limitate al territorio di una Regione, presentano caratteri di gravità tali da richiedere l'intervento statale nei confronti di organi che, pur non essendo eventualmente all'origine della situazione, non hanno operato in maniera efficace per contrastarla.

In tali ipotesi, si parla di controllo «repressivo», per indicare l'adozione di provvedimenti a carattere sanzionatorio nei riguardi dell'organo inadempiente: la Costituzione prevede una procedura molto garantista, che vede il coinvolgimento di altri organi oltre al Governo in funzione di garanzia e di adeguata ponderazione della decisione che si sta assumendo. Lo scioglimento e la rimozione sono, infatti, disposti con **decreto motivato del Capo dello Stato**, previa deliberazione del Consiglio dei Ministri (art. 2, co. 3, lett. *o*, L. 400/1988), sentito il parere obbligatorio della Commissione parlamentare bicamerale per le questioni regionali.

Si tratta dell'unica Commissione bicamerale esplicitamente prevista dalla Costituzione, che all'art. 126 ne prevede la consultazione. La Commissione è composta di 20 deputati e 20 senatori designati dalle due Camere con criteri di proporzionalità. La principale funzione è quella consultiva ora esaminata, ma di rilievo è anche la funzione conoscitiva.

Il provvedimento di scioglimento e di rimozione assume le forme dell'**atto sostanzialmente governativo e formalmente presidenziale**. Il controllo del Capo dello Stato appare, quindi, un **controllo di legittimità** volto a verificare che la valutazione governativa dei presupposti sia ancorata a dati oggettivi e non sia eccessivamente discrezionale. Il nuovo art. 126 Cost., a differenza del testo previgente, non individua espressamente i soggetti cui affidare l'incarico di gestione della Regione una volta sciolti o rimossi gli organi di governo. Ciò lascia pertanto **ampia discrezionalità al Governo** di individuarne le forme, ad esempio nominando un unico commissario straordinario oppure un collegio commissariale a seconda della complessità della situazione o dell'ampiezza della Regione.

L'art. 126 Cost. prevede altri casi di scioglimento del Consiglio regionale o di dimissioni della Giunta. In tali ipotesi, però, non sussiste un intervento statale, in quanto si tratta di eventi che attengono alla normale fisiologia dei rapporti fra gli organi di governo regionale. Nella prima formulazione del nuovo statuto della Regione Liguria, tuttavia, era previsto che il decreto del Presidente della Repubblica coprisse anche queste ipotesi di scioglimento e dimissioni.
La norma in esame è stata impugnata dinanzi alla Corte costituzionale dalla Presidenza del Consiglio, in quanto il decreto di scioglimento del Capo dello Stato è previsto dalla disposizione costituzionale solo con riferimento ai casi di cui al primo comma dell'art. 126 Cost., cioè *in presenza di situazioni che implicano una delicata valutazione da parte del Capo dello Stato il quale legittimamente decide con propria determinazione produttiva dell'effetto di scioglimento del Consiglio regionale solo nel rispetto della specifica garanzia procedimentale di sentire previamente un'apposita Commissione di deputati e senatori per le questioni regionali.*
Ben diverse erano le circostanze richiamate nella clausola statutaria, rispetto alle quali un intervento del Capo dello Stato non avrebbe potuto che attestare il verificarsi dei fatti cui l'ordinamento costituzionale riconduce l'effetto di scioglimento del Consiglio regionale. L'atto presidenziale, quindi, avrebbe assunto un contenuto di livello non consono al rango costituzionale del Presidente della Repubblica e per il quale non avrebbe avuto alcun significato il parere della Commissione bicamerale. La Regione Liguria ha eliminato tale clausola determinando l'estinzione del processo (ordinanza n. 353 del 2005).

5.3.2 I controlli sugli atti regionali

La legge costituzionale n. 3 del 2001 ha **eliminato le forme di controllo preventivo dello Stato nei confronti della legislazione regionale**, riformulando l'art. 127 Cost.
Attualmente, quindi, il Governo può promuovere la questione di legittimità costituzionale della legge regionale entro 60 giorni dalla sua *pubblicazione*, quindi dopo che il suo *iter* di approvazione si sia concluso. Inoltre il Governo può soltanto sollevare *questione di legittimità costituzionale* dinanzi alla Corte e non *questioni di merito* della legge dinanzi alle Camere per contrasto con l'interesse nazionale o di altre Regioni.
Anche con riferimento agli **atti diversi dalle leggi regionali**, la novella costituzionale del 2001 ha introdotto significative novità. Nella sua originaria formulazione, infatti, l'art. 125, co. 1, Cost. (ora abrogato) prevedeva che nelle Regioni a statuto ordinario il *controllo sugli atti amministrativi* fosse affidato ad un'apposita *Commissione statale di controllo*, che poteva esercitare, in determinati casi, anche un *controllo di merito*. In quest'ultimo caso, però, al fine di salvaguardare l'autonomia regionale, la Commissione poteva soltanto rinviare motivatamente l'atto al Consiglio regionale al fine di promuoverne il riesame.
Successivi interventi di legislazione statale ordinaria avevano notevolmente ridotto l'ambito di operatività del controllo sugli atti regionali, in considerazione della sua sostanziale inefficacia. Era stato, pertanto, *escluso il controllo di merito*, mentre *quello di legittimità era stato limitato* a due sole categorie di atti: i *regolamenti regionali*, con esclusione di quelli attinenti all'autonomia organizzativa, funzionale e contabile dei Consigli regionali, e gli *atti costituenti adempimento degli obblighi derivanti dall'appartenenza all'Unione europea.*

5.3.3 Il controllo sulla gestione da parte della Corte dei conti

Nei confronti delle amministrazioni regionali sussiste esclusivamente il **controllo successivo sulla gestione da parte della Corte dei conti**. Tale forma di controllo presenta **tratti collaborativi** e non si pone, quindi, in contrasto con l'autonomia costituzionalmente riconosciuta delle Regioni, anzi si armonizza con essa per assicurare che ogni settore della Pubblica Amministrazione risponda al modello tracciato dall'art. 97 Cost., ossia al **principio del buon andamento dei pubblici uffici**.

Il fondamento costituzionale di tale tipologia di controlli può essere rinvenuto, oltre che nell'art. 97, anche negli artt. 28 (responsabilità dei funzionari pubblici), 81 (tendenziale equilibrio del bilancio), e 119 (coordinamento dell'autonomia finanziaria delle Regioni con la finanza dello Stato, delle Province, dei Comuni) Cost. Il controllo sulla gestione nei confronti delle Amministrazioni regionali si pone come fine la **verifica del rispetto dei risultati previsti dalle leggi di principio e di programma**. La Corte dei conti, inoltre, ai fini del coordinamento della finanza pubblica, **verifica il rispetto degli equilibri di bilancio** da parte delle Regioni, in relazione ai vincoli derivanti dall'appartenenza dell'Italia all'Unione europea.

5.3.4 I controlli sostitutivi

Il principio di unità e indivisibilità della Repubblica giustifica la previsione di **forme di controllo sostitutivo da parte dello Stato nei confronti degli enti territoriali** che si rendono inadempienti. È evidente, infatti, che quanto più si amplia la sfera di autonomia e di competenze attribuite ai livelli di governo diversi da quello statale, tanto più si pone in concreto il pericolo che l'ordinamento della Repubblica sia esposto a violazioni di norme di diritto internazionale o europeo o non sia in grado di soddisfare le esigenze insopprimibili della collettività nazionale a prescindere dall'ambito territoriale di riferimento.

Il potere sostitutivo straordinario previsto dall'art. 120 Cost.

L'art. 120, co. 2, Cost. assegna al Governo un **potere sostitutivo straordinario** nei confronti degli organi dei Comuni, delle Province, delle Città metropolitane e delle Regioni che può essere attivato:

- nel caso di mancato rispetto di norme e trattati internazionali o della normativa europea;
- in caso di pericolo grave per l'incolumità e la sicurezza pubblica;
- quando lo richiedono la tutela dell'unità giuridica o dell'unità economica e in particolare la tutela dei livelli essenziali delle prestazioni concernenti i diritti civili e sociali.

Il carattere non ordinario di tale intervento si giustifica in considerazione delle emergenze che esso mira ad affrontare, tali da **mettere a rischio interessi fondamentali della Repubblica** intesa nella sua unitarietà, per quanto riguarda, in particolare, la responsabilità internazionale o dinanzi alle istituzioni dell'Unione europea per il *mancato rispetto di norme internazionali ed europee*, la *tutela dell'ordine pubblico* da turbative conseguenti ad inerzia degli enti territoriali e la *minaccia al valore dell'unità e della coesione* dal punto di vista giuridico, economico o sociale (sancito dall'art. 5 Cost.).

La **procedura** disciplinata dall'art. 8 L. 131/2003 (*Attuazione dell'art. 120 Cost. sul potere sostitutivo*) si ispira ai **principi di sussidiarietà e di leale collaborazione** (peraltro l'unico punto del testo costituzionale dove quest'ultimo principio è esplicitamente richiamato), pur trattandosi di un momento in cui vi è una grave patologia dei rapporti fra Stato ed enti territoriali. Segnatamente, la norma prevede che:

- all'ente interessato dall'inadempimento venga assegnato dal Presidente del Consiglio, anche su iniziativa delle Regioni o degli enti locali, un **congruo termine** per adottare i provvedimenti dovuti o necessari;
- decorso inutilmente tale termine, il Consiglio dei Ministri, sempre sentito l'organo interessato e su proposta del Ministro competente o del Presidente del Consiglio, **adotta i provvedimenti necessari**, anche normativi, ovvero **nomina un apposito commissario**. Alla riunione del Consiglio partecipa il Presidente della Giunta della Regione interessata;
- la nomina del commissario deve tener conto dei principi di sussidiarietà e di leale collaborazione e lo stesso commissario provvede sentito il Consiglio delle autonomie locali, ove istituito;
- nei **casi di assoluta urgenza**, il Consiglio dei Ministri interviene senza mettere in mora l'ente interessato e comunica immediatamente alla Conferenza Stato-Regioni o alla Conferenza Stato-Città e autonomie locali, che possono chiederne il riesame, i provvedimenti adottati;
- i provvedimenti adottati devono essere **proporzionati alle finalità perseguite**.

Per quanto concerne i provvedimenti normativi che possono essere assunti in via di sostituzione, si ritiene che in questo caso si faccia riferimento sempre a **fonti del diritto di secondo grado**, come i regolamenti, o al massimo ad ordinanze di necessità in grado di derogare a norme di legge, ma non ad atti aventi forza di legge. L'intervento sostitutivo di rango legislativo, infatti, è espressamente previsto soltanto nelle ipotesi di cui all'art. 117, co. 5, Cost.

Il potere sostitutivo disciplinato dall'art. 117, co. 5, Cost.

L'art. 117, co. 5, Cost. attribuisce ad una legge statale il compito di disciplinare l'intervento sostitutivo statale in caso di *mancata attuazione ed esecuzione degli accordi internazionali e degli atti dell'Unione europea* da parte delle Regioni.

In questo caso **l'intervento è di rango legislativo**, come si evince dal fatto che la norma è contenuta nell'articolo della Costituzione dedicato alle competenze legislative delle Regioni e affida allo Stato tale potere e non al Governo, titolare principalmente del potere esecutivo.

Il potere sostitutivo ordinario

Tale tipo di potere sostitutivo non è espressamente previsto dalla Costituzione, ma era già contemplato e disciplinato dalla legislazione ordinaria prima della novella costituzionale del 2001. Esso è stato riconosciuto conforme al nuovo modello di rapporti fra i diversi livelli di governo dalla Corte costituzionale.

La Consulta (sentenza n. 43 del 2004) ha ritenuto, infatti, che il controllo sostituivo disciplinato dall'art. 120 Cost. non esaurisca, concentrandolo nel solo livello di governo statale, il potere sostitutivo. In un sistema in cui è la legge, statale o regionale a seconda delle rispettive competenze legislative, ad allocare le funzioni amministrative ai diversi livelli di governo, non costituisce una violazione dell'autonomia degli enti territoriali che tale legge possa prevedere eccezionali ipotesi di sostituzione di un livello ad un altro per il compimento di specifici atti o attività, considerati necessari per il perseguimento degli interessi unitari coinvolti, qualora tali atti non siano compiuti tempestivamente dall'ente competente. Se non si ammettessero tali interventi, infatti, la lesione dell'autonomia del livello di governo inferiore risulterebbe ancora più grave: il legislatore statale o regionale si troverebbe costretto, infatti, per tutelare gli interessi unitari coinvolti, a collocare la funzione ad un livello di governo più ampio applicando il principio di sussidiarietà.

I poteri sostitutivi ordinari devono, tuttavia, essere esercitati rispettando alcuni principi che ne garantiscono la piena legittimità dal punto di vista dell'autonomia costituzionalmente riconosciuta agli enti territoriali. Essi pertanto devono essere:

- previsti dalla **legge**, regionale o statale, che ne deve disciplinare i presupposti sostanziali e procedurali (**principio di legalità**);
- previsti esclusivamente per atti o attività dovuti, la cui **obbligatorietà** sia il riflesso degli interessi unitari per la cui salvaguardia si effettua l'intervento sostitutivo;
- esercitati da un **organo di governo** dell'ente che interviene, o sulla base di una decisione di questo. Il coinvolgimento dell'organo di vertice garantisce anche l'assunzione di responsabilità politica dello stesso nei confronti dell'organo rappresentativo, che ha emanato la legge sulla cui base l'intervento sostitutivo viene svolto;
- accompagnati da congrue **garanzie procedimentali** apprestate dalla legge, in conformità del **principio di leale collaborazione**. Tali procedure devono assicurare che l'ente sostituito sia sempre in grado di evitare la sostituzione, adempiendo autonomamente, e di interloquire nel corso dell'intervento sostitutivo.

5.4 I pareri e le intese

Gli strumenti adottati per stabilire un rapporto non conflittuale tra le Regioni e lo Stato, dando concreta attuazione al principio di leale collaborazione, sono differenziati sulla base del livello e dell'intensità degli interessi regionali coinvolti. Tra quelli cui si fa maggiormente ricorso sono da ricordare:

- la **mera audizione** della Regione interessata;
- il **parere obbligatorio ma non vincolante**;
- l'**intesa in senso debole**, che consente il superamento del dissenso regionale con particolari procedimenti;
- l'**intesa in senso forte**, in cui il mancato raggiungimento dell'accordo impedisce la conclusione stessa del procedimento.

Lo strumento dell'intesa in sede di Conferenza unificata, in particolare, è stato ritenuto dalla Corte costituzionale *il più idoneo a realizzare la leale collaborazione tra lo Stato e le autonomie qualora non siano coinvolti interessi esclusivamente e individualmente imputabili al singolo ente autonomo* (sentenza n. 215/2016).

5.5 I rapporti tra Regioni ed enti locali

5.5.1 La disciplina statutaria

Per assicurare adeguati spazi di autonomia agli enti locali e affinché non si ripetano, a livello minore, gli stessi errori compiuti dallo Stato nel rapporto con le Regioni, è necessario che la legislazione regionale assuma una *valenza esclusivamente di principio,*

dettando i criteri di uniformità minimi che l'azione amministrativa locale dovrà poi concretamente specificare.
In questa prospettiva, e sulla base del principio di sussidiarietà, rispetto agli enti locali sembrerebbe opportuno che lo statuto preveda l'**esercizio diretto della funzione amministrativa solo negli ambiti in cui ciò sia veramente inevitabile**, attribuendo, da un lato, le residuali funzioni agli enti locali e serbando, dall'altro, per la Regione, quale titolare istituzionale, la responsabilità generale dell'efficacia e dell'efficienza dell'attività amministrativa e ogni potere necessario in tal senso.
Nel quadro di questo "municipalismo d'esecuzione" (l'espressione è di Barbera-Fusaro) una corretta e leale collaborazione fra Regioni ed enti locali è una vera e propria necessità "istituzionale".

5.5.2 Il Consiglio delle autonomie locali (CAL)

Si tratta di un **organo di raccordo e di consultazione permanente fra Regioni ed enti locali**. A norma dell'art. 123, co. 4, Cost., il Consiglio delle autonomie locali (CAL) deve essere obbligatoriamente disciplinato dallo statuto regionale.
La sua organizzazione e il suo funzionamento, quindi, sono affidati in prima battuta agli statuti, che spesso rimandano ad una legge regionale di attuazione delle proprie disposizioni di principio.

Come precisato dalla Corte costituzionale nella sentenza n. 370/2006, l'art. 123, co. 4, Cost. garantisce, attraverso la previsione del Consiglio delle autonomie, la presenza di una nuova **forma organizzativa stabile di raccordo tra le Regioni e il sistema delle autonomie locali**, al fine di attuare il principio di leale collaborazione nei rapporti intraregionali. Si tratta, dunque, di una disposizione da cui possono trarre vantaggio gli enti territoriali minori, ai quali verrebbe assicurata la rappresentanza dei propri interessi in un organismo, obbligatoriamente istituito, di coordinamento tra i diversi livelli istituzionali di governo.

Spesso gli statuti prevedono che tale organo venga istituito presso il Consiglio regionale e sia composto esclusivamente di rappresentanti degli enti locali. Per quanto concerne le funzioni:

- la Costituzione impone che eserciti almeno **funzioni consultive**. Si tratta, tuttavia, del corredo minimo di attribuzioni, sotto il quale il legislatore regionale non può scendere;
- nella generalità dei casi gli statuti conferiscono al Consiglio delle autonomie anche **funzioni di iniziativa legislativa e di proposta di atti amministrativi** nelle materie che interessano gli enti locali. Talvolta è prevista anche la possibilità di imporre al Consiglio regionale o alla Giunta una seconda deliberazione a maggioranza qualificata in caso di parere negativo del Consiglio delle autonomie;
- l'art. 9, co. 2, L. 131/2003 attribuisce al CAL il **potere di impulso nella proposizione di una questione di legittimità costituzionale** di leggi o atti aventi forza di legge statali, evidentemente sul presupposto che tali atti possano ledere anche competenze costituzionalmente attribuite agli enti locali della Regione.

Altre specifiche competenze sono devolute dalla stessa legge come la possibilità di richiedere pareri e di nominare un componente delle sezioni regionali di controllo della Corte dei conti, la consultazione da parte del Commissario nominato dal Governo per l'esercizio dei poteri sostitutivi ex art. 120 Cost. nei confronti di Comuni, Province e Città metropolitane).

5.6 Le Conferenze tra lo Stato, le Regioni e le Autonomie locali

5.6.1 Nozione

La legislazione ordinaria prevede forme stabili (organi) di raccordo tra i diversi livelli di governo.
Le Conferenze sono la sede privilegiata di confronto e di negoziazione politica tra lo Stato e le Regioni e le Province autonome (Corte costituzionale, sentenza n. 116/1994); sono altresì strumento per l'attuazione della cooperazione tra lo Stato e tali enti territoriali e consentono alle Autonomie locali di partecipare ai processi decisionali di interesse regionale, interregionale e infraregionale a garanzia della loro autonomia.
Le Conferenze attualmente operanti sono: la *Conferenza permanente per i rapporti tra Stato, Regioni e Province autonome*, la *Conferenza permanente Stato-Città e Autonomie locali* e la *Conferenza unificata*.

5.6.2 La Conferenza Stato-Regioni e Province autonome

La Conferenza Stato-Regioni e Province autonome è stata istituita in via amministrativa nel 1983 con compiti consultivi. La disciplina giuridica è intervenuta in seguito con la L. 400/1988 che le ha attribuito **compiti di informazione, consultazione e raccordo** in relazione agli indirizzi di politica generale, esclusi gli indirizzi relativi alla politica estera, alla difesa, alla sicurezza nazionale, alla giustizia.
L'art. 2 D.Lgs. 28-8-1997, n. 281 ne ha definito ulteriormente i compiti, anche per garantire una partecipazione più efficace alle Regioni e alle Province autonome di Trento e di Bolzano.
Presieduta dal Presidente del Consiglio dei Ministri, la Conferenza svolge le seguenti funzioni:

- fornisce pareri su tutti gli schemi di disegni di legge, di decreto legislativo o di regolamento del Governo nelle materie che risultino di interesse delle Regioni e delle Province;
- promuove e sancisce la stipulazione di intese e accordi;
- svolge attività deliberativa per l'adozione di atti a rilevanza esterna;
- assicura lo scambio di dati e informazioni sulle attività delle Amministrazioni centrali e regionali, nonché delle Province autonome di Trento e Bolzano;
- promuove il coordinamento della programmazione statale regionale;
- determina i criteri di ripartizione delle risorse finanziarie assegnate alle Regioni.

5.6.3 La Conferenza Stato-Città e Autonomie locali

La Conferenza Stato-Città-Autonomie locali è organo di raccordo istituito in via amministrativa presso la Presidenza del Consiglio dei Ministri, con **compiti di coordinamento, studio, informazione e confronto** sugli indirizzi di politica generale che sono in grado di incidere sulle funzioni proprie degli enti locali e su quelle delegate ai medesimi enti da leggi dello Stato.
La Conferenza è sede di discussione e di esame dei problemi relativi all'ordinamento e al funzionamento degli enti locali, alle attività di gestione e di erogazione dei servizi

pubblici, di ogni altro problema connesso che venga sottoposto al parere della Conferenza dal Presidente del Consiglio dei Ministri o dal Presidente delegato.
Il D.Lgs. 281/1997 ha riorganizzato attività e compiti di tale Conferenza e altri compiti sono stati affidati alla stessa dalla L. 131/2003, dalla L. 234/2012 e dal decreto del Presidente del Consiglio dei Ministri 27-7-2007.
La Conferenza Stato-Città-Autonomie locali ha compiti di coordinamento nei rapporti tra lo Stato e le Autonomie locali. In particolare esamina atti in materia di ordinamento, finanza, personale e servizi pubblici degli enti locali, esprime pareri e sancisce intese sugli atti amministrativi previsti dalle disposizioni legislative e favorisce l'approvazione di accordi o contratti di programma.

5.6.4 La Conferenza unificata

La Conferenza unificata (istituita dal D.Lgs. 281/1997) è competente in tutti i casi in cui la Conferenza Stato-Regioni o la Conferenza Stato-Città-Autonomie locali debbano esprimersi in ordine a oggetti o materie di interesse comune.
La Conferenza unificata svolge funzioni:
- **consultive**, esprimendo pareri sul disegno di legge di bilancio dello Stato e sui disegni di legge collegati, sul documento di programmazione economica e finanziaria, sugli schemi di decreti legislativi adottati in base all'art. 1 L. 59/1997;
- di **promozione e stipulazione di intese e accordi** tra Governo, Regioni ed enti locali al fine di coordinare l'esercizio delle rispettive competenze.

Estensioni WEB

Test di verifica online

Libro II

Diritto amministrativo

SOMMARIO

Sezione I
Organizzazione e attività

Capitolo 1
La Pubblica Amministrazione e il diritto amministrativo

1.1 L'amministrazione pubblica

1.1.1 La nozione di Pubblica Amministrazione e di diritto amministrativo

Per il perseguimento dei propri fini lo Stato si avvale di apparati che nel loro complesso formano la **Pubblica Amministrazione**, la quale agisce attraverso persone fisiche preposte a organi la cui attività è direttamente imputabile agli enti della cui organizzazione fanno parte.
L'art. 1, co. 2, D.Lgs. 165/2001 precisa che per Amministrazioni Pubbliche s'intendono tutte le *Amministrazioni dello Stato*, ivi compresi gli istituti e le scuole di ogni ordine e grado e le istituzioni educative, le aziende e Amministrazioni dello Stato ad ordinamento autonomo, le *Regioni*, le *Province*, i *Comuni*, le *Comunità montane*, e loro consorzi e associazioni, le Istituzioni universitarie, gli Istituti Autonomi Case Popolari, le Camere di commercio, industria, artigianato e agricoltura e loro associazioni, tutti gli *enti pubblici non economici* nazionali, regionali e locali, le Amministrazioni, le aziende e gli enti del *Servizio sanitario nazionale* (SSN), l'Agenzia per la Rappresentanza negoziale delle Pubbliche Amministrazioni (ARAN) e le altre *Agenzie pubbliche*.
L'art. 22 L. 241/1990 definisce la Pubblica Amministrazione, ai fini della disciplina dell'accesso agli atti, come «tutti i **soggetti di diritto pubblico** e i **soggetti di diritto privato** limitatamente alla loro attività di pubblico interesse disciplinata dal diritto nazionale o europeo».
Si definisce **diritto amministrativo**, invece, l'insieme delle norme che disciplinano l'organizzazione e il funzionamento di quest'insieme di apparati, sia nei beni e nelle attività riferiti alla Pubblica Amministrazione, sia nei rapporti che la stessa instaura con altri soggetti.
Le fonti del diritto amministrativo sono quelle tipiche dell'ordinamento costituzionale dello Stato. Peraltro, potendo operare pure con gli strumenti del diritto comune, la Pubblica Amministrazione è soggetta altresì al rispetto dei contratti e delle convenzioni stipulate fra soggetti pubblici e con i soggetti privati, che *hanno forza di legge fra le parti*; ne consegue che, in queste ipotesi, anche le disposizioni del codice civile sono applicabili alle Pubbliche Amministrazioni.

1.1.2 La Pubblica Amministrazione nella Costituzione

Nella Costituzione la disciplina della Pubblica Amministrazione e collocata all'interno del *Titolo Terzo* della *Parte Seconda* dedicata al Governo. La *Sezione Prima* di questo Titolo e dedicata al Consiglio dei Ministri, mentre sono fondamentali i due articoli della *Sezione Seconda*, che individuano i principi che reggono l'attività della Pubblica Amministrazione e dei pubblici impiegati: l'art. 97 e l'art. 98.

Dalle disposizioni sopra richiamate si possono ricavare i principi che presiedono allo svolgimento dell'attività amministrativa:

> il **principio di legalità** (art. 97 Cost.), che regola i rapporti fra legge e attività amministrativa. Esso può essere inteso in tre diverse accezioni: *in senso debolissimo*, significa semplicemente che la legge costituisce il limite dell'attività amministrativa, che con essa non si può porre in contrasto, *in senso debole*, significa che la legge e il fondamento del potere amministrativo (*legalità formale*) mentre in *senso forte*, significa che la legge deve anche disciplinare le finalità, i criteri di esercizio e le modalità dell'agire pubblico (*legalità sostanziale*);

> il **principio di imparzialità** (art. 97 Cost.). Si tratta di un canone generale dell'azione amministrativa che riguarda sia l'organizzazione che l'attività. Per quanto riguarda quest'ultimo profilo un'amministrazione e imparziale quando nel perseguire l'interesse pubblico che gli viene affidato dalla legge sia in grado di *considerare e ponderare tutti gli altri interessi coinvolti*, pubblici e privati, in modo tale che il risultato di tale azione massimizzi l'interesse pubblico affidato senza determinare un sacrificio irragionevole non proporzionato all'obiettivo da perseguire degli altri interessi coinvolti;

> il **principio di buon andamento** (art. 97 Cost.). Tale principio include i criteri di *efficienza*, che rapporta le risorse impiegate al risultato ottenuto, di *efficacia*, che raffronta gli obiettivi prefissati con gli obiettivi raggiunti, e di *economicità*, che ottimizza le risorse disponibili in funzione degli obiettivi da raggiungere, e di *celerità*, che impone di non aggravare il procedimento laddove non sia strettamente necessario.

A quelli ricavabili dal testo costituzionale vanno aggiunti anche i **principi di trasparenza e di pubblicità** che, pur non essendo esplicitamente menzionati, sono ricavabili da una lettura sistematica del testo costituzionale e comunque previsti da disposizioni legislative (L. 241/1990 e D.Lgs. 33/2013).

L'**esclusività del servizio reso alla Nazione**, contemplata dal primo comma dell'art. 98 Cost., deve intendersi come servizio reso alla collettività di cui all'art. 54 Cost., nel suo complesso. Connesso e pertinente al principio del servizio esclusivo e il **dovere di fedeltà** alla Repubblica, che concerne tutti i cittadini e non i soli pubblici impiegati.

1.2 Le fonti del diritto amministrativo: i regolamenti

I regolamenti sono atti **formalmente amministrativi**, perché provenienti da organi dell'apparato amministrativo dello Stato, e **sostanzialmente normativi**, in quanto idonei, nei limiti stabiliti dalle fonti di rango primario, a immettere nuove norme nell'ordinamento giuridico; ne consegue che si tratta di **fonti del diritto di rango secondario subordinate alla legge**.

I regolamenti sono stati già esaminati nell'ambito delle fonti del diritto; si rimanda al *Libro I* per la relativa trattazione.

1.3 Le altre fonti del diritto amministrativo

1.3.1 Gli atti amministrativi generali

Si dice generalmente che gli **atti amministrativi** hanno **contenuto puntuale e concreto** in contrapposizione al **contenuto generale e astratto** degli **atti normativi**. Tuttavia, in alcuni casi, gli atti amministrativi hanno contenuto generale, in quanto hanno per destinatari non soggetti singoli, ma categorie di soggetti indeterminati e indeterminabili; è proprio questo il caso degli atti amministrativi generali che hanno in comune con quelli normativi il carattere della *generalità* ma non condividono quello dell'*astrattezza*.

Un esempio di atto amministrativo generale è il *bando di gara o di concorso*: esso si riferisce ad una pluralità di destinatari non determinati e non determinabili, ma non per questo *astratti*, dal momento che si rivolge *solo* ai soggetti in possesso dei requisiti per partecipare alla procedura di gara o di concorso. L'atto amministrativo generale ha destinatari indeterminabili *a priori*, ma certamente determinabili *a posteriori* in quanto è volto a regolare non una serie indeterminata di casi ma, conformemente alla sua natura amministrativa, un caso particolare e/o una vicenda determinata (la gara, il concorso), esaurita la quale vengono meno anche i suoi effetti.

La distinzione è importante dal momento che il regime giuridico è diverso; ad esempio, per gli atti amministrativi l'art. 3 L. 241/1990 impone l'obbligo della motivazione, requisito non richiesto per quelli normativi.

Gli atti amministrativi generali vanno anche distinti dagli *atti plurimi*; questi ultimi sono atti suddivisibili in singoli provvedimenti, anche se da un punto di vista formale sono unici; hanno anch'essi una pluralità di destinatari ma tutti specificamente individuabili *a priori* (è il caso, ad esempio, del provvedimento con cui si promuovono più dipendenti di un'Amministrazione Pubblica).

1.3.2 Le ordinanze di necessità e urgenza

Le ordinanze costituiscono una particolare categoria di ordini, vale a dire atti con cui si creano obblighi o divieti.

Il potere di ordinanza deriva dalla legge ed è finalizzato a **fronteggiare situazioni di necessità e urgenza**, pur senza una *preventiva determinazione del contenuto* in cui il potere potrà concretizzarsi.

Sulla materia si è più volte pronunciata la Corte costituzionale (sentenze n. 8/1956; n. 26/1961; n. 4/1977), chiarendo che le ordinanze:

- sono *atti formalmente e sostanzialmente amministrativi*;
- sono *atipiche*, essendo legislativamente predeterminate solo le autorità competenti a emanarle e non i casi in cui il relativo potere può essere esercitato, né il contenuto dell'atto;
- sono *straordinarie*, vale a dire che il ricorso ad esse è consentito in via residuale, quando non vi siano altri atti tipici cui si possa ricorrere in alternativa;
- l'efficacia deve esserne necessariamente circoscritta;
- solo la legge può attribuire un simile potere;
- sono soggette a obbligo di motivazione e pubblicazione;

- non possono porsi in contrasto con i precetti costituzionali, né violare i principi generali dell'ordinamento giuridico, né intervenire in materie coperte da riserva assoluta di legge.

L'art. 42 D.Lgs. 33/2013 ha stabilito che le Pubbliche Amministrazioni che adottano provvedimenti contingibili e urgenti e, in generale, provvedimenti di carattere straordinario in caso di calamità naturali o di altre emergenze hanno l'obbligo di pubblicare:

- i provvedimenti adottati, con l'indicazione espressa delle norme di legge eventualmente derogate e dei motivi della deroga, nonché l'indicazione di eventuali atti amministrativi o giurisdizionali intervenuti;
- i termini temporali eventualmente fissati per l'esercizio dei poteri di adozione dei provvedimenti straordinari;
- il costo previsto degli interventi e il costo effettivo sostenuto dall'Amministrazione.

1.3.3 Gli atti interni, le circolari, la prassi amministrativa

Le norme emanate dalle autorità amministrative, quando costituiscono espressione dell'autonomia degli ordinamenti, hanno per definizione *rilevanza esterna* e sono perciò **fonti del diritto** (statuti, leggi, regolamenti e ordinanze regionali e degli altri enti territoriali). Non sono fonti del diritto, invece, le regole che hanno rilevanza solo all'interno delle Amministrazioni emananti (istruzioni di servizio, regolamenti interni, circolari, direttive ecc.).
Le **circolari amministrative**, in particolare, sono atti interni diretti agli organi e agli uffici periferici, al fine di disciplinarne l'attività.
Si può rilevare che:

- le circolari non sono annoverabili fra le *fonti di produzione del diritto*;
- non possono essere in contrasto con *norme imperative* (leggi, regolamenti, decreti);
- la loro *inosservanza* può dar luogo a responsabilità disciplinari, contabili ecc. per il dipendente o il dirigente al quale erano state indirizzate da parte dell'organo superiore.

Classificazione delle circolari

Circolari organizzative	Contengono atti di organizzazione interna degli uffici
Circolari interpretative di leggi e regolamenti	Costituiscono la lectio cui l'apparato amministrativo deve attenersi nell'interpretazione del diritto a fini di omogeneità e uniformità
Circolari normative	Indicano alla Pubblica Amministrazione con quali modalità esercitare un potere attribuitole dalla legge
Circolari informative	Promuovono la conoscenza di fatti o atti all'interno della Pubblica Amministrazione

Seppur atti interni, le circolari contengono istruzioni destinate ai pubblici funzionari e, conseguentemente, condizionano l'applicazione di atti normativi in grado di incidere sulle posizioni soggettive dei cittadini.

Particolarmente rilevanti, sotto quest'aspetto, sono le **circolari interpretative**, attraverso cui gli organi di vertice dell'Amministrazione impongono agli uffici sott'ordinati l'interpretazione, a loro avviso corretta, di norme controverse.
Diversa dalle circolari è la **prassi amministrativa**, che si instaura di fatto in una determinata materia e orienta l'azione degli organi amministrativi come una consuetudine conforme alla legge, pur non rappresentando una fonte di produzione del diritto. La prassi è strettamente collegata al potere discrezionale: dove esistono dei margini di scelta in relazione a possibili condotte, accade solitamente che l'ufficio ne scelga una e vi si attenga per lungo tempo.

1.4 L'attività amministrativa

1.4.1 Caratteri generali

È quell'**attività mediante la quale la Pubblica Amministrazione persegue gli interessi affidati alle sue cure**.
Si tratta di un'attività che non si esaurisce nella prevalente azione di diritto pubblico, ma sempre più spesso consiste nell'uso da parte di soggetti pubblici di **forme negoziali di natura privatistica** (contratti, convenzioni ecc.).
Sebbene lo scopo resti sempre il perseguimento del pubblico interesse, la posizione che la Pubblica Amministrazione assume nei confronti dei terzi risulta in larga parte diversa a seconda che si avvalga di **strumenti di tipo pubblicistico** o di **forme e strumenti propri del diritto privato**. Laddove, infatti, vi sia il ricorso agli strumenti pubblicistici, la Pubblica Amministrazione si trova in condizione di *supremazia* rispetto ai cittadini, che sono assoggettati al potere pubblico. Se sono utilizzati strumenti privatistici, viceversa, essa si trova a operare in *posizione paritetica* rispetto ai soggetti privati, nei cui confronti non riveste alcuna posizione di preminenza né esercita alcuna potestà, operando al contrario secondo le regole di diritto comune.
Contrariamente alla tradizionale opinione, secondo cui gli strumenti privatistici sono intrinsecamente inidonei al conseguimento di finalità pubblicistiche, la dottrina più moderna distingue, nell'ambito dell'attività di diritto privato della Pubblica Amministrazione:

- l'**attività strumentale**, finalizzata al reperimento delle risorse necessarie allo svolgimento delle funzioni istituzionali;
- l'**attività amministrativa di diritto privato istituzionale**, espletata da quelle Amministrazioni che operano esclusivamente a livello privatistico e per le quali il regime pubblicistico investe solo gli organi di vertice;
- l'**attività amministrativa di diritto privato equivalente**, espletata in alternativa all'attività amministrativa pubblica.

In via generale, l'autonomia negoziale della Pubblica Amministrazione trova oggi il proprio fondamento normativo nell'art. 1, co. 1-*bis*, L. 241/1990, ai sensi del quale *la Pubblica Amministrazione, nell'adozione di atti di natura non autoritativa, agisce secondo le norme di diritto privato salvo che la legge disponga diversamente.*
Il **limite principale** di questa attività è di **carattere funzionale**: è preclusa la conclusione di negozi incompatibili con lo scopo pubblico specifico perseguito dall'Amministrazione stipulante, che è tenuta a indirizzare e conformare la sua attività al perseguimento dell'interesse pubblico affidato alle sue cure.

1.4.2 Atti e provvedimenti amministrativi

Gli atti che la Pubblica Amministrazione emana nell'espletamento dei propri compiti istituzionali, e precisamente nell'esercizio di una funzione amministrativa, sono detti **atti amministrativi**.

L'atto amministrativo, quando è espressione dell'*autoritatività* dell'Amministrazione ed è idoneo a incidere – modificandola (con effetti favorevoli o sfavorevoli) – sulla situazione giuridica di soggetti estranei, è definito **provvedimento amministrativo**. La sua caratteristica essenziale è quella di essere un *atto unilaterale*, posto in essere dalla Pubblica Amministrazione in virtù dei suoi poteri autoritativi, e dunque senza che occorra il consenso dei soggetti cui è indirizzato (anzi è talvolta emanato contro la volontà di questi soggetti): ciò significa che l'Amministrazione, quando pone in essere un atto o più specificamente un provvedimento amministrativo, agisce sempre come autorità, in modo che il provvedimento, qualunque sia il suo contenuto, costituisce in ogni caso un atto d'espletamento della potestà amministrativa e non un atto d'autonomia privata.

Il provvedimento amministrativo, perciò, è quell'atto a rilevanza esterna, produttivo di **effetti giuridici**, con il quale si conclude il **procedimento amministrativo**. Esso si connota come *atto di disposizione* funzionale alla tutela dell'*interesse pubblico* che la Pubblica Amministrazione deve necessariamente perseguire (cosidetta *doverosità amministrativa*).

Il **principio di legalità** dell'azione amministrativa impone che ogni provvedimento emanato nell'espletamento di una funzione amministrativa sia inquadrabile in una delle tipologie previste dalla legge (**nominatività e tipicità** del provvedimento): la legge precisa l'ambito d'operatività del provvedimento, ne indica la finalità, stabilisce in quali circostanze esso possa essere legittimamente adottato e a quale autorità spetti di adottarlo.

Gli atti che non sono spontaneamente osservati dai soggetti cui si rivolgono possono essere portati a esecuzione direttamente dall'Amministrazione. Si parla, al riguardo, di **esecutorietà** del provvedimento amministrativo, che è cosa ben diversa dall'efficacia, ossia dall'effettiva attitudine a produrre effetti giuridici.

1.4.3 Gli atti di alta amministrazione e gli atti politici

Gli interessi pubblici oggetto dell'attività della Pubblica Amministrazione sono precedentemente determinati in sede politica: di conseguenza, l'attività amministrativa non è libera nei fini, ma vincolata a quelli prefissati dagli organi politici. Più precisamente, il legislatore stabilisce l'interesse pubblico da perseguire, lasciando all'organo amministrativo un margine più o meno ampio di scelta sul modo per farlo (la cosiddetta *discrezionalità*). In ordine a tale scelta l'organo deve ponderare l'interesse pubblico affidato alle sue cure (*interesse primario*) con gli altri interessi, pubblici o privati (*interessi secondari*), per stabilire se questi ultimi devono recedere di fronte al primo.

Fondamentale è, dunque, la distinzione tra la **funzione politica**, con cui lo Stato provvede alla scelta dei fini pubblici che l'amministrazione dovrà concretamente attuare, e la **funzione amministrativa**, cioè l'attività con cui si curano praticamente gli interessi prestabiliti a monte dall'attività politica. Da tale distinzione deriva, poi, quella tra **atti politici**, contraddistinti dalla libertà nella scelta del fine, sia pure entro i limiti fissati

nella Costituzione, e gli **atti di alta amministrazione**, caratterizzati, come quelli politici, da amplissima discrezionalità, ma destinati ad attuare i fini individuati a livello politico, svolgendo una funzione di raccordo fra l'indirizzo politico e l'attività amministrativa.
La distinzione tra i due tipi di atti è **rilevante ai fini della loro impugnazione**. Infatti, ai sensi dell'art. 7, co. 1, D.Lgs. 104/2010 (Codice del processo amministrativo), non è ammesso il ricorso al giudice amministrativo nei confronti di atti e provvedimenti emanati dal Governo nell'esercizio del potere politico (tali atti sono, però, assoggettati al controllo politico del corpo elettorale, del Parlamento, ove siano stati emanati dall'esecutivo, o della Corte costituzionale, ove si tratti di atti legislativi).

Si ritiene che tali atti **non siano impugnabili davanti al giudice amministrativo** in quanto non aventi natura di atti amministrativi, bensì di atti di Governo. Non hanno la funzione di dare attuazione all'ordinamento, ma – in quanto espressione di indirizzo politico – assolvono piuttosto ad una funzione diversa, libera nei fini ed eterogenea rispetto alla tradizionale distinzione tra atti legislativi, giurisdizionali e amministrativi.
La loro insindacabilità deriva proprio dalla circostanza che contengono direttive di carattere generale, finalizzate all'individuazione dei fini dell'attività pubblica e, per tale ragione, inidonee a incidere in via diretta e immediata su situazioni soggettive individuali, la cui effettiva lesione deve semmai imputarsi ai successivi provvedimenti attuativi.
Tradizionalmente si è ritenuto che gli **atti politici** fossero contraddistinti da un *elemento soggettivo*, provenendo da organi preposti all'indirizzo e alla direzione al massimo livello della cosa pubblica (Parlamento, Governo ecc.), e da un *elemento oggettivo*, in quanto aventi funzione di cura di interessi statali supremi e unitari.
Il Consiglio di Stato, tuttavia, con il parere n. 2483 del 19 settembre 2019, dando seguito ad un nutrito filone giurisprudenziale (*ex multis*, Corte cost. n. 52/2016; Corte cost. n. 81/2012), ha abbandonato tale impostazione, ponendo l'accento su un diverso aspetto della questione.
Infatti, per i Giudici di Palazzo Spada, per comprendere se un atto amministrativo è sindacabile (cioè impugnabile) non rileva tanto la sua natura di atto politico (dunque che promani da un organo di vertice della P.A. e che concerna le supreme scelte in materia di costituzione, salvaguardia e funzionamento dei pubblici poteri) o di alta amministrazione, ma le **caratteristiche della norma posta a fondamento della funzione esercitata con l'atto impugnato.** In altre parole, *assume rilevanza l'accertamento della sussistenza o meno di un vincolo giuridico posto all'esercizio del potere discrezionale.*
Posta in tal modo la questione, sfumano le differenze tra le due categorie in esame, quella di "atto politico" e di "atto di alta amministrazione", a favore della seconda: la giurisprudenza, in virtù di quanto disposto dall'art. 113 Cost. (che prevede l'impugnabilità di tutti gli atti della pubblica amministrazione in sede giurisdizionale senza esclusioni o limitazioni per determinate categorie), ha di fatto ampliato l'area degli atti di alta amministrazione e, di conseguenza, circoscritto quella degli atti politici.
In conclusione, sarà impugnabile quell'atto, promanante dall'autorità amministrativa cui compete la funzione di indirizzo politico e di direzione al massimo livello della cosa pubblica, la cui fonte normativa riconosce l'esistenza di una situazione giuridica attiva, protetta dall'ordinamento, riferita ad un bene della vita oggetto della funzione svolta dall'Amministrazione.

Capitolo 2
Le situazioni giuridiche soggettive

2.1 Nozione

Le **situazioni giuridiche soggettive** sono il risultato della valutazione discrezionale che l'ordinamento giuridico fa dei vari interessi ritenuti meritevoli di tutela e, a seconda che attribuiscano al soggetto un vantaggio o uno svantaggio, sono classificabili in **attive** e **passive**.
Le prime attribuiscono al soggetto titolare determinati vantaggi, consistenti nell'attribuzione di poteri e facoltà, più o meno intensi, che consentono di realizzare l'interesse ad esse sotteso. Le seconde, invece, gli impongono un dovere, un obbligo, un onere ecc.
Saranno analizzate, di seguito, le situazioni giuridiche soggettive attive (*diritto soggettivo, aspettativa di diritto, potestà, diritto potestativo, facoltà, interesse*), nonché le posizioni soggettive passive.

2.2 Il diritto soggettivo, il diritto potestativo e la potestà

Il diritto soggettivo è tradizionalmente definito come **il potere di agire per il soddisfacimento di un proprio interesse ritenuto meritevole di tutela da parte dell'ordinamento giuridico**.
Qualificando come diritto l'interesse di un soggetto verso un determinato bene della vita, l'ordinamento giuridico realizza la forma più intensa e più completa di protezione giuridica che possa essere attribuita alla situazione giuridica soggettiva di un privato.
Ciò detto, si definiscono **diritti assoluti** quelli che hanno per contenuto una pretesa che può essere fatta valere nei confronti della generalità dei consociati, i quali devono astenersi dal tenere comportamenti che ledano o minaccino quella pretesa. Rientrano in questa categoria la proprietà, la vita, l'integrità fisica, l'onore e, più in generale, tutte le libertà costituzionali. Si definiscono **diritti relativi**, per converso, quelli che conferiscono il potere di agire verso una o più persone determinate, a carico delle quali sussiste un obbligo di dare, fare o non fare qualcosa (es. i crediti di denaro o il diritto di ottenere dal debitore l'adempimento dell'obbligazione).
Ogni qualvolta una *norma di relazione* (diretta cioè a disciplinare comportamenti intersoggettivi) attribuisca ad un soggetto un *potere* diretto e immediato per la realizzazione di un proprio interesse, cui corrisponda un *obbligo* in capo a soggetti determinati o in capo a tutta la collettività, si parla di **diritto soggettivo perfetto**. Si parla, d'altro canto, di **diritto condizionato** quando il suo esercizio è sottoposto a una *condizione risolutiva o sospensiva.* Sono ipotesi in cui l'ordinamento acconsente al sacrificio di un diritto

individuale per realizzare un vantaggio collettivo, come nel caso in cui gli si espropri un bene da destinare alla pubblica utilità.

Quando l'esercizio del diritto è temporaneamente impedito da un ostacolo giuridico si dice che il diritto è *in attesa di espandersi*, come nel caso del diritto di edificazione, la cui esplicazione è subordinata al rilascio di permesso amministrativo. Si verifica, invece, il fenomeno del cosiddetto *affievolimento* quando l'Autorità amministrativa impone limiti, temporanei o definitivi, ad un diritto che fino a quel momento era stato liberamente e pienamente esercitato dal suo titolare, come nel caso del proprietario al quale viene imposto un vincolo d'inedificabilità o che viene espropriato del diritto di proprietà.

Situazione concettualmente diversa è l'**aspettativa di diritto**, che si configura quando la fattispecie attributiva di un diritto soggettivo si compone di vari elementi di cui solo alcuni sono venuti a esistenza. In questa circostanza, l'ordinamento giuridico ritiene meritevole di tutela la posizione di chi attende che tutti gli elementi della fattispecie vengano in essere e, quindi, che la fattispecie si perfezioni.
La tutela riservata dall'ordinamento a tale posizione di *attesa* si concretizza nell'attribuzione di *poteri di natura conservativa* ed è *strumentale* al realizzarsi del diritto soggettivo nonché *provvisoria*, dal momento che la fattispecie *in itinere* potrà o meno perfezionarsi.
L'ordinamento giuridico non tutela, invece, l'**aspettativa di fatto**, che consiste nella mera speranza di un futuro diritto soggettivo.
Il **diritto potestativo** consente ad un soggetto di conseguire con un determinato comportamento un risultato favorevole, provocando una modificazione nella sfera giuridica di un altro soggetto, che si trova in una posizione di soggezione.
Il diritto potestativo ricorre:

- sia nell'ipotesi in cui il risultato favorevole è conseguito attraverso il semplice **comportamento del titolare del diritto** (come nel caso di *recesso unilaterale* dal rapporto contrattuale *ex* art. 1373 c.c.);
- sia nell'ipotesi in cui l'effetto favorevole è ottenuto attraverso una **sentenza del giudice** (come nel caso di *acquisto della servitù coattiva di passaggio* che, in mancanza di un accordo fra i proprietari dei fondi, può essere costituita con declaratoria giudiziale *ex* art. 1032 c.c.).

Il soggetto che subisce la modificazione non deve né può fare nulla per impedirla.
La **potestà**, infine, è il potere di agire per il soddisfacimento di un interesse che non è proprio di chi agisce, bensì di un altro soggetto. La caratteristica principale di questa situazione soggettiva attiva è che non v'è coincidenza fra chi formalmente esercita il diritto (il titolare della potestà) e chi, invece, è l'effettivo titolare dell'interesse tutelato. Tale potere può essere attribuito dalla legge (come nel caso della *potestà genitoriale*, ora denominata *responsabilità genitoriale*, in cui i genitori gestiscono in nome e nell'interesse dei figli minorenni nei vari rapporti giuridici) o dal titolare dell'interesse (come nel caso della *rappresentanza diretta*, in cui gli effetti dell'attività compiuta dal rappresentante si producono direttamente e immediatamente nel patrimonio del rappresentato).
Il potere di esercitare il diritto altrui non è libero, bensì vincolato, in quanto chi lo esercita non può liberamente determinarsi, ma deve perseguire l'altrui interesse per il quale la potestà gli è attribuita.

2.3 L'interesse legittimo

2.3.1 Nozione

L'interesse legittimo è l'**interesse che ciascun amministrato vanta a che la Pubblica Amministrazione agisca nel rispetto della legalità**, vale a dire di quelle norme giuridiche e tecniche che governano il corretto esercizio del potere pubblico. Per esempio, il partecipante ad un pubblico concorso ha l'interesse, giuridicamente tutelato, a che la procedura di selezione si svolga nel rispetto delle norme di legge e di quelle fissate nel bando di concorso.

Diversamente dal diritto soggettivo, l'interesse legittimo non ha di fronte a sé una situazione giuridica passiva (obbligo, dovere, soggezione ecc.), ma un'altra situazione giuridica attiva e di vantaggio: il **potere della Pubblica Amministrazione**.

Come situazione giuridica individuale, l'interesse legittimo ha trovato riconoscimento nel nostro ordinamento con la L. 5992/1889, istitutiva della *Quarta Sezione* (giurisdizionale) del Consiglio di Stato. La Carta costituzionale lo inserisce, nell'art. 24, al fianco dei diritti soggettivi, assicurandogli la massima tutela davanti alla giustizia amministrativa.

La Costituzione lo richiama, inoltre, in altre due norme:

- nell'art. 113, in riferimento alla possibilità di impugnare gli atti della Pubblica Amministrazione dinanzi alla giurisdizione ordinaria o amministrativa;
- nell'art. 103, dove si afferma che gli organi della giustizia amministrativa hanno giurisdizione per la tutela degli interessi legittimi.

Ciò nondimeno, nessuno dei menzionati precetti si occupa di dare un'espressa definizione di interesse legittimo. La dottrina più autorevole parla di *situazione giuridica di vantaggio, costituita dalla protezione giuridica di interessi finali che si attua non direttamente e autonomamente, ma attraverso la protezione indissolubile e intermediata di un altro interesse del soggetto, meramente strumentale, alla legittimità dell'atto amministrativo e soltanto nei limiti della realizzazione di tale interesse strumentale* (così Casetta).

Ne deriva che se il diritto soggettivo è una posizione autonomamente tutelabile, l'interesse legittimo può essere espresso in termini di posizione non autonoma: l'utilità sperata dal titolare di questa posizione non è riconducibile direttamente alla legge ma dipende da un provvedimento o da un comportamento della Pubblica Amministrazione, che devono essere posti in essere nel rispetto delle norme di legge.

Principale caratteristica dell'interesse legittimo è la differenziazione: il suo titolare, cioè, vanta verso la Pubblica Amministrazione una situazione **differenziata**, ben distinguibile rispetto a quella di altri soggetti. Inoltre tale situazione è **qualificata**, in quanto presa in considerazione, sia pure indirettamente, dalla norma che disciplina l'esercizio del potere pubblico.

Si è molto discusso in dottrina circa i criteri per distinguere l'interesse legittimo dal diritto soggettivo. La distinzione, almeno fino al 1999, non era priva di rilevanza pratica, poiché si negava la risarcibilità della lesione dell'interesse legittimo, per ammetterla solo quando fosse stata lesa una posizione di diritto soggettivo.

Il criterio tradizionale, elaborato dal Guicciardi, si basa sulla natura della norma violata. Questa tesi muove dal presupposto che le norme si dividano in due categorie:

- **norme di relazione**, che, attraverso un giudizio di relazione fra i vari interessi che fanno capo ai soggetti dell'ordinamento, tracciano una netta linea di demarcazione fra sfera giuridica della Pubblica Amministrazione e sfera giuridica dei privati. Verrà a configurarsi violazione di un diritto soggettivo nel caso in cui la Pubblica Amministrazione violi quella linea di demarcazione invadendo la sfera del privato;
- **norme di azione**, che regolano l'esercizio di un potere della Pubblica Amministrazione (precedentemente attribuito attraverso le norme di relazione), sicché si avrà violazione di un interesse legittimo nel caso in cui la Pubblica Amministrazione violi questo tipo di norme.

Un secondo criterio fa leva sulla **natura vincolata** o **discrezionale** dell'attività esercitata. Nei confronti di un'attività vincolata, il privato vanterà un diritto soggettivo. Al contrario, nel caso di attività discrezionale il cittadino può vantare solo un interesse legittimo.

Criterio ulteriore è quello che distingue fra **carenza di potere** e **cattivo esercizio del potere**: tutte le volte in cui si lamenti un cattivo uso del potere, si farà valere un interesse legittimo, mentre si farà valere un diritto soggettivo nel caso in cui si voglia contestare l'esistenza stessa del potere in capo all'Amministrazione.

In realtà, dopo l'apertura normativa alla possibilità che il privato possa partecipare alle scelte dell'Amministrazione, facendo emergere le proprie esigenze nel corso del procedimento amministrativo (cosiddetta **partecipazione procedimentale**, di cui alla L. 241/1990), e soprattutto dopo la sentenza n. 500/1999 delle Sezioni Unite della Cassazione, che ha ammesso la risarcibilità della lesione degli interessi legittimi, le due posizioni soggettive di vantaggio si sono notevolmente avvicinate sotto l'aspetto della relativa tutela, ossia sul versante che tradizionalmente più le distingueva.

2.3.2 Interessi pretensivi e interessi oppositivi

Secondo la prospettiva più moderna, l'interesse legittimo è una situazione giuridica soggettiva che si concreta nella *pretesa* o nel *mantenimento* di un determinato bene della vita.

Nel primo senso si parla di **interesse pretensivo**, per cui il privato chiede alla Pubblica Amministrazione l'attribuzione o il riconoscimento di un *quid* e si trova di fronte, come situazione correlata, il potere della stessa Amministrazione di accogliere o rifiutare la richiesta. Nel secondo senso si parla di **interesse oppositivo**, per cui il privato si trova di fronte ad un potere della Pubblica Amministrazione cui egli si vuole **opporre** e vanta, quindi, un interesse legittimo al mantenimento del suo diritto.

Si prenda l'esempio del concorso pubblico: nel caso in cui la Pubblica Amministrazione violi le disposizioni che regolano l'esercizio del potere (**norme di azione**), attribuendo un punteggio inferiore ad un concorrente che non verrà quindi inserito nella graduatoria, questo soggetto può ricorrere al giudice amministrativo per ottenere l'annullamento dell'atto illegittimo. Dall'eliminazione dell'atto illegittimo (interesse primario alla legalità dell'azione amministrativa) consegue l'utilità che avrà il candidato una volta che, annullato l'atto illegittimo, verrà inserito nella graduatoria (**interesse secondario**). Il concorrente escluso è cioè titolare di un **interesse legittimo pretensivo**, e cioè di una *situazione individuale che si sostanzia in una pretesa* (nel caso di specie, il soggetto esercita la pretesa di essere ammesso in graduatoria a fronte dell'eliminazione dell'atto illegittimo). Ipotesi diversa è quella del soggetto espropriato che si oppone al provvedimento di esproprio: costui, infatti, è titolare di un **interesse legittimo oppositivo**, perché si *oppone all'adozione di un atto pregiudizievole per la propria sfera giuridica* (cioè si oppone all'adozione del provvedimento che lo priva del suo diritto di proprietà).

2.3.3 Interessi diffusi, collettivi e semplici (o amministrativamente protetti)

L'**interesse diffuso** è un *interesse privo di titolare, latente nella comunità e ancora allo stato fluido,* in quanto comune a tutti gli individui di una formazione sociale non organizzata e non individuabile autonomamente (si pensi, per esempio, all'interesse che ciascuno vanta a vivere in un ambiente salubre, all'interesse ad una buona qualità della vita ecc.).

L'**interesse collettivo**, invece, è *quell'interesse che fa capo ad un ente esponenziale di un gruppo non occasionale* (cioè stabile), della più varia natura giuridica, ma autonomamente individuabile. Si pensi a beni come l'ambiente, la salute o la qualità della vita, rispetto ai quali non sono configurabili situazioni di interesse individuale, ma solo *situazioni di interesse che afferiscono ad una indefinita pluralità di soggetti.*

L'**interesse amministrativamente protetto**, infine, detto anche **interesse semplice**, è quello che ciascun cittadino vanta a che la Pubblica Amministrazione operi nel rispetto delle regole di opportunità e di convenienza che ispirano l'azione dei pubblici poteri.

Questi interessi godono di una tutela puramente amministrativa e per tale ragione sono denominati *interessi amministrativamente protetti*: di conseguenza l'unica via perseguibile nel caso di lesione da parte dei pubblici poteri è quella dei ricorsi amministrativi. Soltanto in via eccezionale è consentita la tutela giurisdizionale per vizi di merito dell'atto amministrativo.

Del tutto privi di qualificazione giuridica sono gli **interessi di fatto** (es. l'interesse all'illuminazione delle strade). L'unica possibilità che i privati hanno di far valere tali interessi è quella di presentare denunce che, tuttavia, non sono giuridicamente vincolanti per la Pubblica Amministrazione.

Soltanto in casi eccezionali sono consentite **azioni popolari** da parte di soggetti coinvolti nelle questioni in cui rilevano interessi di questo tipo.

2.4 Le situazioni giuridiche passive

Le principali situazioni giuridiche passive sono:

- il **dovere**: a una situazione di diritto assoluto di un soggetto corrisponde una situazione di svantaggio per tutti gli altri, che sono tenuti a rispettare quel diritto. Ad esempio, il dovere di rispettare la proprietà altrui o di non ledere il diritto all'integrità fisica;
- l'**obbligo**: a un diritto relativo di un soggetto corrisponde una situazione di svantaggio per un altro soggetto specificamente individuato (o un insieme non indeterminato di soggetti), tenuto all'osservanza di un certo comportamento. Ad esempio, il debitore è obbligato a restituire la somma di denaro presa in prestito.

Nel diritto pubblico, tale correlazione può anche mancare, perché esistono obblighi imposti per la realizzazione di interessi generali, dei quali cioè siano portatori non singoli soggetti, ma la collettività globalmente considerata o un corpo sociale minore (es. l'obbligo scolastico, l'obbligo di non uccidere, di non rubare, di non porre in essere condotte pericolose per la sicurezza pubblica e così via);

- la **soggezione**: è la situazione nella quale viene a trovarsi chi è sottoposto all'altrui diritto potestativo;
- l'**onere**: è ravvisabile quando un soggetto deve tenere un determinato comportamento al fine di realizzare un interesse proprio e, in assenza di tale comportamento, derivano al soggetto onerato effetti negativi. Per esempio, chiunque voglia far valere una pretesa in giudizio ha l'onere di dimostrare che quella pretesa è giuridicamente fondata; la mancata dimostrazione della fondatezza comporta il disconoscimento giudiziale della pretesa.

Capitolo 3
L'organizzazione amministrativa

3.1 Nozioni di ente, organo e ufficio

Si definisce **ente** la struttura organizzativa costituita per il perseguimento di scopi di carattere collettivo, cioè scopi che le singole persone fisiche non potrebbero realizzare da sole. Il fenomeno trova il suo fondamento nell'art. 2 Cost., che tutela le «formazioni sociali» dove si svolge e sviluppa la personalità dell'individuo: il concetto stesso di «ente» nasce dall'esigenza di permettere una migliore realizzazione di fini che soltanto la forza unitaria del gruppo può effettivamente perseguire, attraverso un'organizzazione stabile di uomini e mezzi, dotata di una propria individualità e svolgente un'attività ben distinta da quella delle singole persone fisiche.
Ciò detto, sono **pubblici** gli enti che perseguono fini rilevanti per l'ordinamento dello Stato. Sotto l'aspetto organizzativo e funzionale, perciò, essi risentono del fatto di essere creati dallo Stato per il perseguimento di scopi che stanno particolarmente a cuore alla comunità statale.
Gli enti pubblici hanno una propria organizzazione interna, potendosi distinguere fra **uffici** e **organi**. La distinzione si basa essenzialmente sul seguente concetto: gli uffici sono unità operative con mansioni prevalentemente di carattere interno e quasi mai hanno il potere di impegnare giuridicamente l'ente di fronte ai terzi; nel momento in cui tali unità, o un insieme di esse, rappresentano la volontà dell'ente verso l'esterno, relazionandolo giuridicamente con gli altri soggetti dell'ordinamento, deve parlarsi non di uffici ma di organi
Gli organi sono dunque gli strumenti attraverso i quali l'ente agisce, compiendo atti giuridici. Naturalmente, all'interno dell'organizzazione di un ente, ogni organo è chiamato a svolgere delle funzioni ben precise, e l'ente stesso è organizzato in maniera tale che le sue attribuzioni siano ripartite tra i suoi diversi organi.
Gli organi non hanno una soggettività distinta dall'ente, non hanno, quindi, soggettività giuridica propria, ma mettono in pratica quella che è la capacità giuridica dell'ente. Per esempio, il Comune è un ente composto di organi (Consiglio comunale, Giunta, Sindaco e dirigenti) e gli atti da essi prodotti sono imputabili al Comune stesso, titolare della capacità giuridica.

L'**unità organizzativa minima** degli enti pubblici è costituita dall'**ufficio amministrativo**; questo può definirsi come un complesso di **persone fisiche** (*aspetto soggettivo*) e **mezzi tecnici e organizzativi** (*aspetto oggettivo*) funzionalmente coordinati e collegati per lo svolgimento di un determinato compito in seno alla persona giuridica pubblica (dal Ministero alla Prefettura, al Comune, al singolo istituto scolastico ecc.).

3.2 L'organo amministrativo

3.2.1 Definizioni e caratteristiche dell'organo amministrativo

All'**organo amministrativo** sono riconosciuti compiti *decisionali* e *deliberativi*. L'organo, infatti, è titolare di una specifica **competenza**, che è una parte o quota della competenza amministrativa dell'ente. Inoltre, nell'ambito della sfera di competenza assegnatagli, l'organo si avvale del complesso di beni e persone strumentale all'esercizio delle potestà attribuitegli.
Secondo la teoria che oggi riscuote maggiori consensi in dottrina, l'organo si identifica, sotto il profilo soggettivo, sia con la **persona** (organo individuale, come per esempio il Sindaco, il Ministro, il Dirigente scolastico ecc.) o il **complesso di persone** (organo collegiale, come per esempio la Giunta, il collegio dei revisori, il Consiglio d'istituto ecc.) cui spetta l'esercizio delle funzioni rientranti nella sfera di **competenza assegnata**, sia, sotto il profilo obiettivo, con il **centro di imputazione** di detta competenza amministrativa (es. la carica di Sindaco, l'istituzione collegiale ecc.).
I suoi elementi strutturali sono:

- il **titolare** (il funzionario), che ha con l'organo un rapporto di *immedesimazione organica*, in virtù del quale ne esercita le potestà e ne manifesta la volontà nei confronti dei terzi;
- i **poteri** per lo svolgimento dell'attività di competenza.

Tra gli organi amministrativi, taluni hanno la **legale rappresentanza** dell'ente, vale a dire l'attitudine a manifestarne la volontà nei rapporti con i terzi. L'**immedesimazione organica**, invece, è una peculiare forma di rapporto fra il titolare dell'organo e l'ente del quale l'organo manifesta la volontà. Attraverso tale rapporto, il titolare dell'organo, nell'esercizio dell'attività rientrante nella sua sfera di attribuzioni, esprime direttamente la volontà dell'ente e non una volontà propria; ne consegue che all'ente pubblico sono direttamente riferibili sia l'attività sia i relativi effetti, favorevoli o sfavorevoli che siano.

3.2.2 Le diverse tipologie di organi

L'esercizio delle funzioni amministrative può essere attribuito a *singole persone* o a *pluralità di persone*, aventi ciascuna lo stesso potere decisionale, gestito collegialmente, attraverso sedute o riunioni in cui prevale la volontà della maggioranza: nel primo caso si parla di **organi monocratici** (es. i singoli Ministri, il Capo dello Stato, i Prefetti, i commissari di pubblica sicurezza), mentre nel secondo caso si parla di **organi collegiali** (es. le Camere, il Consiglio dei Ministri, i Consigli comunali e metropolitani, i collegi giudiziari, le commissioni esaminatrici).
Quando un ente dispone di un'organizzazione ramificata sul territorio è possibile distinguere fra **organi centrali** e **organi periferici**. I primi hanno una competenza estesa all'intero territorio di riferimento (es. il Governo); i secondi, invece, hanno una competenza limitata all'ambito territoriale in cui operano (es. i Prefetti).
Si è detto che gli organi sono gli strumenti attraverso i quali l'ente opera giuridicamente. Non tutti gli organi, però, hanno poteri decisionali: alcuni, infatti, hanno soltanto il compito di fornire pareri a quelli che devono decidere, ed altri il compito di esercitare un sindacato (di legittimità o di merito) sulle decisioni prese da questi ultimi.

Si definiscono, perciò, **organi attivi** quelli dotati di potestà decisionale e senza i quali l'ente stesso non potrebbe relazionarsi con gli altri soggetti giuridici (es. i Consigli regionali, comunali e metropolitani). Sono, invece, **organi consultivi** quelli deputati a dare pareri (es. il Consiglio di Stato), e **organi di controllo** quelli investiti appunto di funzioni di controllo (es. la Corte dei conti).

3.2.3 La competenza

La competenza è il **complesso dei poteri esercitabili da un organo**: in particolare è la capacità che l'organo ha di esercitare un potere ed emanare un atto. L'incompetenza, essendo il suo opposto, rende non esercitabile un potere e pertanto vizia gli atti eventualmente emanati.
La competenza si manifesta a tre livelli: per materia, per territorio e per grado.
La **competenza per materia** si determina in relazione all'oggetto dell'attività che l'organo svolge (es. il Ministro dell'Istruzione ha competenza in materia di organizzazione dell'attività scolastica e degli studi) e può essere di *tipo esclusivo* (così per i Ministeri) o *concorrente*, nel caso in cui siano previste decisioni conformi di più organi o decisioni prese dietro parere o sottoposte a controllo di altri organi (così per gli organi collegiali).
La **competenza per territorio** delimita l'ambito spaziale in cui si esplica l'attività di un determinato organo e si circoscrive l'efficacia degli atti (es. l'attività dell'Ufficio scolastico regionale si esplica nel territorio della Regione).
La **competenza per grado**, infine, si determina in relazione alla scala gerarchica all'interno della quale l'organo è inserito, così che un organo *gerarchicamente superiore* abbia poteri diversi e ulteriori rispetto ad un organo *subordinato* (un tipico rapporto di subordinazione gerarchica è quello che si instaura fra un Commissario e un Questore).
Si parla, d'altra parte, di **conflitto di competenza** quando due o più organi affermano contemporaneamente la propria competenza (*conflitto positivo*) o contemporaneamente la negano (*conflitto negativo*). I conflitti possono essere effettivi (*reali*) o potenziali (*virtuali*) e determinarsi sia fra organi aventi la stessa funzione (*conflitti interni*) sia fra organi con funzioni differenti (*conflitti esterni*). La soluzione dei conflitti interni avviene ad opera del capo dell'ufficio di cui fanno parte gli organi in conflitto, mentre la soluzione di quelli esterni è rimessa al superiore gerarchico o ad altra autorità individuata dalla legge o con funzioni di controllo sui contendenti.

3.2.4 L'esercizio della competenza da parte di soggetti diversi dal titolare dell'organo

Si possono configurare le seguenti situazioni:

- la **delega**, ovvero la derivazione della competenza in capo ad altro organo (*organica*) o soggetto (*intersoggettiva*), che tuttavia non assume la titolarità del potere. Si tratta di un *atto amministrativo discrezionale*, adottato per ragioni di carattere organizzativo e il cui effetto è quello di ampliare le attribuzioni del **delegato** (cioè del soggetto che riceve la delega); per tale ragione, il **delegante** può impartire *direttive* per l'esercizio della delega e, in caso di *inerzia*, può sostituirsi al delegato, oltre a poter annullare eventuali atti illegittimi e, in ultima analisi, *revocare* la delega stessa;

- l'**avocazione**, la quale prevede – in casi individuati dalla legge – che un organo sovraordinato attiri a sé l'esercizio di una competenza dell'organo gerarchicamente subordinato (es. nel processo penale è previsto che il procuratore generale possa per particolari esigenze avocare a sé l'inchiesta precedentemente affidata ad uno dei suoi sostituti);
- la **sostituzione**, che è simile nella struttura all'avocazione ma presuppone l'ingiustificata *inerzia* dell'organo sostituito (che persiste nella sua inattività anche dopo la diffida a provvedere) e il *carattere vincolato* dell'atto da emanarsi (deve trattarsi, cioè, di un atto la cui emanazione è prevista dalla legge come obbligatoria).

3.2.5 L'incompetenza

L'incompetenza, in quanto **difetto di attribuzione**, si traduce in vizio per gli atti emanati. Si distingue in assoluta e relativa.
L'**incompetenza assoluta** si configura quando l'organo amministrativo emana un atto:

- in una materia sottratta al potere esecutivo e riservata ad altro potere dello Stato (*straripamento di potere*);
- riservato alla competenza di un settore amministrativo diverso da quello dell'organo emanante (*difetto di attribuzione*);
- relativo ad un oggetto che si trova nella circoscrizione territoriale di un altro organo amministrativo.

Si parla, invece, di **incompetenza relativa** quando l'organo che emana l'atto appartiene allo stesso settore di amministrazione dell'organo che sarebbe competente secondo le regole generali. Si può distinguere un'incompetenza **per materia** (nel caso in cui l'atto emanato sia riservato per materia ad altro organo dello stesso settore amministrativo) o **per territorio** (nel caso in cui l'atto è emanato da un organo che, sebbene competente per materia, non lo è per territorio).
Non di incompetenza, infine, ma di **acompetenza** deve parlarsi quando l'atto è emanato da un soggetto privo della qualifica di organo amministrativo, ciò che può avvenire perché manca la relativa investitura o perché quest'ultima risulta viziata. L'ipotesi tipica che va ricondotta a questa categoria è quella del *funzionario di fatto,* che ricorre quando la titolarità dell'organo è puramente apparente.

3.2.6 Il funzionario di fatto

Il rapporto di servizio – ovvero la relazione intercorrente fra l'ente e tutti coloro che prestano stabilmente la loro attività nell'ambito della sua organizzazione – può anche sorgere, seppure in via eccezionale, in assenza di un formale atto di investitura da parte della Pubblica Amministrazione.
In tale categoria rientra l'ipotesi del funzionario di fatto, ovvero del **funzionario la cui investitura, pur esistendo, sia invalida o sia venuta successivamente a mancare**.
Anche quando le funzioni sono esercitate in via di mero fatto, varie ragioni consigliano di applicare egualmente il meccanismo di imputazione tipico dell'organo e, cioè, di ritenere l'atto ugualmente valido ed efficace come se fosse stato adottato da un organo legittimato a porlo in essere. Ciò accade, in particolare, quando l'esercizio

delle funzioni risulti *urgente e indifferibile* ovvero quando lo richieda la *tutela della buona fede e dell'affidamento dei privati*.

3.2.7 La prorogatio

Quest'istituto risponde all'esigenza di assicurare la continuità nell'esercizio delle pubbliche funzioni.
Nel **rapporto di servizio** fra il titolare dell'organo e l'ente possono susseguirsi diverse vicende (*aspettative, congedi, permessi*) e il rapporto stesso può cessare per cause fisiologiche, come la scadenza del termine. In tal caso, è necessario procedere a nuova designazione del titolare del rapporto organico, ma, in virtù dell'istituto della *prorogatio*, il titolare cessato è legittimato a esercitare le funzioni finché non si insedi il successore e ciò per principio generale, senza necessità di un atto di conferma o di proroga.

L'art. 3 D.L. 293/1994, convertito nella L. 444/1994, prevede, tuttavia, il **divieto di *prorogatio*** per gli organi amministrativi dello Stato e degli enti pubblici, nonché delle persone giuridiche a prevalente partecipazione pubblica. La legge stabilisce, infatti, che l'attività di tali organi possa essere prorogata (istituto che si differenzia dalla *prorogatio* perché in questo caso è una legge a determinare la prosecuzione dell'attività) per un periodo massimo di 45 giorni dalla loro scadenza, nel caso in cui non si proceda immediatamente alla sostituzione. Decorso tale termine, qualora non si sia comunque provveduto, gli organi amministrativi decadono e gli atti adottati sono posti nel nulla, non essendo applicabile l'ipotesi dell'attività del funzionario di fatto.

Durante il periodo di proroga possono essere adottati esclusivamente gli *atti di ordinaria amministrazione*, nonché quelli *urgenti e indifferibili*. Se non ricorrono tali presupposti gli **atti sono nulli**.

3.3 Il decentramento amministrativo

3.3.1 Le disposizioni costituzionali

I sistemi democratici sono andati progressivamente allontanandosi dalla tradizionale **organizzazione centralistica** per accogliere una formula implicante una maggiore ripartizione dei compiti e un'articolata suddivisione delle decisioni e delle responsabilità.
Il **decentramento amministrativo**, secondo l'accezione accolta dall'art. 5 Cost., permette di organizzare l'esercizio della funzione amministrativa dislocando attribuzioni e competenze fra più figure soggettive. Si tratta, in particolare, di una formula di organizzazione ordinamentale consistente nel **trasferimento dei compiti e delle funzioni** proprie di una certa organizzazione (operante all'interno dell'apparato politico-amministrativo dello Stato centrale) verso le **articolazioni periferiche** della medesima struttura.
L'art. 5 Cost. stabilisce che la Repubblica *attua nei servizi che dipendono dallo Stato il più ampio decentramento amministrativo*, adeguando *i principi e i metodi della sua legislazione alle esigenze dell'autonomia e del decentramento*. Il precetto costituzionale non va limitato allo Stato, ma concerne tutte le organizzazioni pubbliche (e anche private) di cui si compone il sistema istituzionale quando superino certe dimensioni e/o presentino una rilevante complessità.
Il decentramento, quindi, interviene per **ridistribuire le competenze fra il centro della struttura pubblica e la sua periferia**, operando all'interno dei confini dell'organizzazione amministrativa. Così inteso, il decentramento si rivela un mezzo importante

nella distribuzione razionale delle competenze fra le singole unità divisionali dell'apparato amministrativo, mantenendo in capo agli organi centrali le funzioni direttive e di indirizzo, nonché quelle di regolazione, coordinamento e controllo, ed operando come mezzo di attuazione del principio costituzionale di buon andamento di cui all'art. 97 Cost.

3.3.2 Le possibili forme di decentramento

I modelli possibili di decentramento sono tre:

- **decentramento burocratico**, che prevede la *traslazione delle competenze dagli uffici centrali di una certa organizzazione verso gli uffici periferici* della medesima organizzazione, appositamente istituiti. Ciò significa che – nel caso dello Stato – le funzioni amministrative, incluse quelle decisionali, non sono attribuite a enti separati ma sono mantenute in capo all'apparato statale, realizzando semplicemente una modalità organizzativa interna all'esercizio di un medesimo potere. Il necessario presupposto è l'esistenza di una pluralità di livelli decisionali esercitabili autonomamente dall'organizzazione amministrativa centrale;
- **decentramento istituzionale**, **funzionale o per servizi**, che comporta una *ripartizione orizzontale delle funzioni amministrative*, al posto della tradizionale organizzazione verticale, e quindi la distribuzione di vere e proprie funzioni di cura di interessi pubblici in favore di enti diversi dallo Stato (soggetti di diritto, tendenzialmente dotati di personalità giuridica autonoma);
- **decentramento autonomistico**, **autarchico o territoriale**, nel quale la cura degli interessi locali è affidata direttamente a enti esponenziali di collettività locali e l'indipendenza delle funzioni decentrate è garantita dall'elettività degli enti di governo. Sotto l'assetto organizzativo, tale modello di decentramento può svilupparsi mediante la costituzione di nuovi organi periferici dell'ente interessato oppure attraverso la creazione di nuovi enti, dotati di propria personalità giuridica ma dipendenti dall'ente originario, pur essendo strutturati con un vertice direttamente elettivo.

3.3.3 Decentramento e autonomia: il valore della sussidiarietà

È lo stesso art. 5 Cost. ad enunciare, accanto al criterio del decentramento, quello dell'**autonomia locale** (*La Repubblica, una e indivisibile, riconosce e promuove le autonomie locali*). In questo senso, il rapporto autonomia-decentramento esprime il pluralismo delle istituzioni di governo, nel quale si manifesta il **principio democratico** sancito dall'art. 1 Cost. Deriva da ciò la necessità che i poteri decisori non siano racchiusi in un unico nodo centrale né siano conferiti in modo esclusivo allo stesso livello di governo.

Nell'attuale interpretazione del principio autonomistico, ha assunto particolare e coerente rilievo la riforma della Parte II, Titolo V, della Costituzione operata dalla L. cost. 3/2001, attraverso la quale è stata rafforzata la tutela degli interessi emergenti dalle comunità locali. In particolare, l'art. 118, nel testo novellato, raccorda il principio del decentramento con quello di **sussidiarietà**, disponendo che le funzioni amministrative vadano svolte dall'entità territoriale più vicina ai cittadini, potendo essere esercitate dal livello superiore di governo soltanto quando l'ente di livello inferiore sia incapace di curare gli interessi ad esso affidati.

3.4 Gli enti pubblici

3.4.1 Profili generali

Gli enti pubblici sono **persone giuridiche che perseguono fini rilevanti per l'ordinamento dello Stato**. Essi costituiscono una categoria non unitaria ma alquanto varia e complessa, unita dal solo regime giuridico, ovvero dall'inserimento nell'apparato di potere pubblico, segnatamente statale, e dal complesso di norme e principi che ne informano l'attività (Sandulli).
La rilevanza che tali enti assumono sul piano dei fini perseguiti è evidenziata da una serie di **indici di riconoscimento**, più o meno comuni a tutta la categoria. Questi indici possono essere così sintetizzati:

> istituzione dell'ente da parte dello Stato;
> attribuzione di potestà pubbliche;
> autonomia politica, giuridica, normativa, organizzativa, finanziaria e di gestione;
> ingerenza dello Stato nella nomina e revoca degli amministratori o delle persone preposte ad incarichi dirigenziali;
> partecipazione dello Stato alle spese di gestione;
> fruizione di finanziamenti statali;
> potere di direzione e controllo da parte dello Stato;
> integrazione dell'ente nell'organizzazione dello Stato o di altro ente pubblico territoriale, da intendersi come dipendenza di carattere organizzativo e finanziario.

Una caratteristica propria di taluni enti pubblici è l'**autarchia**, ovvero la potestà di emanare atti amministrativi aventi gli stessi caratteri e la stessa efficacia giuridica di quelli emanati dallo Stato. Per ottenere che tali atti siano osservati dai loro destinatari, gli enti pubblici non devono ricorrere agli organi giurisdizionali, ma possono avvalersi dei mezzi amministrativi di cui dispongono (cosiddetta **autotutela**): è il caso, per esempio, dell'ingiunzione di pagamento che gli uffici esattoriali fanno recapitare ai contribuenti morosi.

3.4.2 Le principali tipologie di enti pubblici

All'interno della categoria degli enti pubblici è possibile operare una serie di classificazioni. In particolare è possibile distinguere tra enti pubblici territoriali, non territoriali, strumentali e indipendenti.
Gli **enti pubblici territoriali** sono quelli in cui il territorio rappresenta sia lo spazio fisico entro il quale esercitano la loro attività sia uno degli elementi costitutivi, mancando il quale l'ente stesso non avrebbe alcuna ragione di esistere. Tali enti hanno la caratteristica di essere *esponenziali*, cioè rappresentativi degli interessi della collettività di individui stanziata sul territorio. Gli enti pubblici territoriali hanno *autonomia politica, normativa, statutaria, amministrativa* e *finanziaria*. Rientrano in questa categoria la *Regione* e gli *enti territoriali minori* (Province, Città metropolitane, Comuni).
Gli **enti pubblici non territoriali**, detti anche **enti istituzionali**, si caratterizzano, per il fatto che il territorio rappresenta soltanto l'ambito spaziale entro il quale esercitano la loro competenza. Si tratta, infatti, di enti strumentali, cioè creati per il perseguimento di fini propri dello Stato o degli enti territoriali (Regioni ed autonomie locali), tanto

che si parla di *parastato* o comunque di *enti pararegionali, paraprovinciali* e *paracomunali*, proprio per indicare che tali enti costituiscono nel loro insieme un'Amministrazione parallela a quella centrale o locale dello Stato.

Sono enti pubblici non territoriali: l'Istituto Nazionale della Previdenza Sociale (INPS), l'Istituto Nazionale per l'Assicurazione contro gli Infortuni sul Lavoro (INAIL), il Consiglio Nazionale delle Ricerche (CNR), le Camere di commercio, gli ordini e i collegi professionali.

Si definiscono **strumentali**, invece, gli enti operanti sotto il controllo di un ente maggiore per lo svolgimento di funzioni ausiliarie. La relazione di strumentalità comporta che l'ente maggiore ha un potere di direttiva e di ingerenza nella nomina del consiglio di amministrazione e dei funzionari dell'ente sottoposto, il quale gode comunque di autonomia decisionale e organizzativa, tanto che dispone di un proprio bilancio.
Gli enti pubblici strumentali sono riconducibili a due principali categorie:

> **enti pubblici economici**, che svolgono un'attività imprenditoriale nel pubblico interesse dell'economia di mercato, operando secondo regole di diritto privato.

  Gli enti pubblici economici hanno rappresentato, nella maggior parte dei Paesi ad economia liberista o mista, il principale strumento di gestione pubblica dell'economia, in affianco ai tradizionali strumenti di politica economica e finanziaria. A seguito, però, del fallimento di buona parte delle imprese pubbliche, quasi tutti gli Stati occidentali hanno significativamente ridimensionato la loro ingerenza nella gestione dell'economia e hanno attuato vere e proprie forme di *privatizzazione*, con il trasferimento di interi pacchetti azionari pubblici a soggetti privati;

> **enti pubblici di erogazione**, che forniscono servizi alla comunità (es. INPS, l'INAIL).

Gli **enti pubblici indipendenti**, infine, sono quelli che hanno un'autonomia politica, sì da potersi dare, sul piano politico ed amministrativo, un indirizzo diverso da quello del governo centrale. Rientrano in questa categoria le Regioni e gli enti locali.

La categoria degli enti pubblici è molto vasta. Da decenni la tendenza del legislatore è quella di ridurne il numero. Quest'obiettivo è stato parzialmente perseguito attraverso la cosiddetta **privatizzazione**, grazie alla quale molti **enti pubblici** che svolgevano attività economiche in settori di pubblica utilità (es. trasporti, telecomunicazioni, fonti di energia ecc.) sono stati trasformati in società di capitali, attraverso la **totale o parziale dismissione delle partecipazioni statali e la loro cessione ad azionisti privati**.
Dopo il primo riassetto dato dalla legge sul parastato n. 70/1975, e dopo il riordino operato con la L. 59/1997 e con il D.L. 419/1999, le norme cosiddette **taglia-enti** recate da successivi provvedimenti normativi hanno determinato la soppressione di una serie di enti minori, le cui funzioni e risorse sono confluite nell'autorità vigilante o nell'Amministrazione che vi esercitava maggiori poteri di controllo.
Non bisogna confondere gli enti pubblici istituzionali con le **S.p.A. a partecipazione pubblica**, costituite in forma societaria direttamente dalla legge, con regole operative in parte derogatorie del normale diritto societario, con possesso della maggioranza delle azioni da parte delle istituzioni pubbliche (o in quota minoritaria ma con poteri di gestione, cosiddetta *golden share*) e pertanto strumentali rispetto alle finalità dell'ente che ne esercita il controllo.

3.4.3 Gli enti privati di interesse pubblico

Sono enti privati, tali fin dalla loro istituzione o per trasformazione di enti pubblici, soggetti alla vigilanza dello Stato e che possono beneficiare di sovvenzioni o esenzioni tributarie.
Gli aiuti finanziari sono, nella generalità dei casi, attribuiti a fronte dell'esercizio di funzioni di "compartecipazione" nella prestazione di servizi assistenziali o di rilevante finalità sociale (si pensi alle *istituzioni di assistenza e beneficenza pubblica,* IPAB, ai *patronati,* alle *varie istituzioni culturali,* alle *federazioni sportive,* agli *enti ecclesiastici* ecc.) oppure perché "collaborano" nel *perseguimento di interessi pubblici* mediante la tutela di interessi diffusi o collettivi (associazioni di tutela dei consumatori, di protezione ambientale ecc.).

3.4.4 I rapporti fra gli enti

Tra gli enti si possono instaurare particolari **relazioni o rapporti giuridici** aventi carattere di stabilità e preordinati ad un più efficace ed efficiente esercizio dell'attività amministrativa. L'intensità di tali rapporti varia in relazione al grado di autonomia di ciascun ente.
È possibile distinguere le seguenti relazioni:

- la **strumentalità**, quale relazione che implica poteri di *ingerenza, direttiva, indirizzo, vigilanza, approvazione* di atti fondamentali e *verifica* nei confronti dell'ente subordinato;
- la **vigilanza**, che comporta poteri di *ingerenza,* di *informazione,* di *indirizzo* e *controlli di legittimità* dell'ente vigilante sugli atti dell'ente vigilato.

  Particolarmente significativo è il **potere di annullamento degli atti amministrativi** che l'*ente titolare del potere di vigilanza* può esercitare sull'*ente vigilato.* Degno di nota, nell'ambito del sistema dei controlli, è il **potere governativo di annullamento straordinario**, in virtù del quale il Governo ha facoltà, in qualunque tempo, di *annullare,* su denuncia o d'ufficio (ossia di propria iniziativa, indipendentemente da una richiesta), sentito il parere del Consiglio di Stato, gli atti degli enti locali viziati da illegittimità, per motivi eccezionali volti a salvaguardare l'unità dell'ordinamento;
- la **tutela**, che consente *controlli di merito* sull'attività dell'ente che v'è sottoposto;
- la **direzione**, che postula un *rapporto di sovraordinazione* di un ente all'altro, ma pur sempre nel rispetto di una sfera di autonomia dell'ente subordinato. Si esplica attraverso *direttive, atti di indirizzo* che additano degli obiettivi, lasciando all'ente la scelta dei mezzi con cui realizzarli;
- l'**avvalimento**, che si configura quando un ente si serve degli uffici di un altro ente, i quali svolgono compiti preparatori ed esecutivi senza che ciò comporti un trasferimento di funzioni dall'uno all'altro (era previsto dall'art. 118 Cost. prima della riforma del 2001);
- la **sostituzione**, figura generale che si realizza quando un ente esercita diritti o attribuzioni spettanti ad altro soggetto pubblico, ma in nome proprio e sotto la propria responsabilità. Gli effetti si producono direttamente nella sfera del sostituito. Il relativo potere è previsto in genere quando sia necessario sopperire all'inerzia del titolare, previa diffida;

- la **delega di funzioni**, da distinguere dalla delega nei rapporti interorganici. È una delle principali manifestazioni del principio di sussidiarietà e opera fra Stato e Regioni e fra Regioni ed enti locali. Le Regioni di norma esercitano le proprie funzioni amministrative delegandole agli enti locali;
- le **federazioni**, forme associative con funzioni di coordinamento e indirizzo dell'attività degli enti federati e di rappresentanza degli stessi (es. l'ACI è una federazione degli Automobil Club Provinciali);
- i **consorzi**, quali strutture stabili che svolgono attività diretta alla realizzazione di obiettivi comuni a più enti. Gli enti locali possono istituirne di due tipi: per la *gestione dei servizi pubblici locali* e per l'*esercizio di funzioni*. È rilevante, in tale ambito, la distinzione fra consorzi facoltativi e obbligatori. Questi ultimi ricorrono quando sono coinvolti rilevanti interessi pubblici che ne impongono la costituzione.

3.5 L'organismo di diritto pubblico e l'impresa pubblica

Al fine di individuare i soggetti ai quali applicare la normativa unica europea sulla disciplina dei contratti pubblici e degli appalti, fu elaborata la nozione di organismo di diritto pubblico, vale a dire un organismo, anche in forma societaria, istituito per soddisfare **esigenze di interesse generale**, avente carattere non industriale o commerciale, dotato di **personalità giuridica** e la cui attività fosse **finanziata in modo maggioritario** dallo Stato, dagli enti pubblici territoriali o da altri organismi di diritto pubblico oppure la cui gestione fosse **soggetta al controllo** di questi ultimi oppure il cui organo d'amministrazione, di direzione o di vigilanza fosse costituito da membri dei quali più della metà è designata dallo Stato, dagli enti pubblici territoriali o da altri organismi di diritto pubblico. Tale definizione è ora riportata all'art. 3, co. 1, lett. *d*, D.Lgs. 18-4-2016, n. 50 (Codice dei contratti pubblici).
La nozione di organismo di diritto pubblico che si ricava dall'articolo richiamato è, dunque, la combinazione di tre profili:

- la **personalità giuridica** dell'organismo, che deve essere intesa in senso non tecnico come riferentesi alla soggettività giuridica e, cioè, alla capacità di essere centro d'imputazione d'attività amministrativa;
- lo svolgimento di **attività di interesse generale** e a carattere non industriale e commerciale. Si tratta dell'elemento che consente di distinguere tra organismi di diritto pubblico e imprese pubbliche;
- la ricorrenza di un'**influenza pubblica**, esercitata dallo Stato, da enti pubblici territoriali o da altri organismi di diritto pubblico, secondo indici presuntivi alternativamente sufficienti ad integrare il requisito in esame; è, infatti, sufficiente, che anche uno solo dei criteri si verifichi per individuare l'organismo di diritto pubblico.

Sempre il Codice dei contratti pubblici contiene, all'art. 3, co. 1, lett. *t*, una sintetica definizione di **impresa pubblica**, intesa come quella tipologia di impresa «su cui le amministrazioni aggiudicatrici [ovvero gli organismi pubblici che devono affidare appalti di lavori o richiedere forniture pubbliche] possono esercitare, direttamente o indirettamente, un'**influenza dominante** o perché ne sono proprietarie, o perché vi hanno una partecipazione finanziaria, o in virtù delle norme che disciplinano dette imprese [ad es. le ipotesi di *golden share*]. L'influenza dominante è presunta quando le amministrazioni aggiudicatrici, direttamente o indirettamente, riguardo all'impresa, alternativamente o cumulativamente:

- detengono la maggioranza del capitale sottoscritto;
- controllano la maggioranza dei voti cui danno diritto le azioni emesse dall'impresa;
- possono designare più della metà dei membri del consiglio di amministrazione, di direzione o di vigilanza dell'impresa».

Alla nozione di impresa pubblica dettata dal D.Lgs. 50/2016 devono essere ora ricondotte le aziende autonome, gli enti pubblici economici e "le società di capitali a prevalente capitale pubblico, sottoposte *ex* art. 2359 c.c. a controllo degli enti pubblici territoriali" (Raiola). Detti enti devono rispettare le procedure di evidenza pubblica iscritte nel Codice dei contratti pubblici poiché riconducibili a vere e proprie "partizioni" della Pubblica Amministrazione, seppur sotto la veste formale di enti privati.

3.6 L'articolazione burocratica dello Stato

3.6.1 Concetti generali

Vertice e matrice dell'organizzazione burocratica dello Stato – centrale e periferica – è il Governo, che gestisce e orienta l'apparato amministrativo pubblico mediante il suo potere di **determinazione dell'indirizzo politico statale**. Inoltre, il Governo esercita **poteri normativi**, nonché **poteri di nomina** rispetto a quei soggetti che rivestono incarichi di massimo rilievo nell'Amministrazione dello Stato e negli enti pubblici (es. la nomina dei Segretari generali dei Ministeri, o dei Capi dei Dipartimenti, disposta con decreto del Presidente della Repubblica previa deliberazione del Consiglio dei Ministri).
Il Governo è un *organo complesso*, composto da altri organi dotati di autonomia e di specifiche funzioni, che ne rappresentano gli elementi essenziali e indispensabili: i **Ministri**, emanazione governativa, finalizzata alla distribuzione del potere politico e dei corrispondenti compiti amministrativi pubblici.
Nell'ordinamento delineato dalla Costituzione italiana, il potere di nominare il Presidente del Consiglio e i Ministri da questi proposti spetta al Presidente della Repubblica.
Per la disciplina dell'attività di Governo e l'ordinamento della Presidenza del Consiglio dei Ministri occorre far riferimento principalmente alla L. 23-8-1988, n. 400.

3.6.2 La funzione del Presidente del Consiglio dei Ministri

Al Presidente del Consiglio, in quanto capo dell'esecutivo, la Costituzione repubblicana conferisce un'autonoma rilevanza, facendone il centro propulsore dell'intera attività del Governo: egli, infatti, ne dirige la politica generale e ne è il responsabile, mantiene l'unità di indirizzo politico e amministrativo, promuove e coordina l'attività dei Ministri.
Il Presidente del Consiglio è, dunque, titolare di un **potere di direzione** dell'intera compagine governativa, e ciò lo abilita a svolgere ogni iniziativa volta a mantenere omogeneità nell'azione comune della coalizione, finalizzandola alla realizzazione del programma esposto in Parlamento al momento del voto di fiducia. Tali funzioni, però, non si spingo-

no sino a determinare unilateralmente la politica generale del Governo, compito questo assolto collegialmente dal Consiglio dei Ministri attraverso le sue deliberazioni.

3.6.3 I Ministeri

Ai sensi dell'art. 2 D.Lgs. 300/1999, i Ministeri svolgono, per mezzo della propria organizzazione, nonché per mezzo di particolari strutture amministrative denominate **Agenzie**, le funzioni di spettanza statale nelle materie e secondo le aree funzionali indicate per ciascuna Amministrazione dal medesimo decreto, nel rispetto degli obblighi derivanti dall'appartenenza all'Unione europea.
Un Ministero è costituito dai seguenti *organi* e *uffici*:

- il Ministro;
- il Sottosegretario;
- il Gabinetto del Ministro e altri uffici di diretta collaborazione;
- il Segretario generale (eventuale);
- i Dipartimenti;
- le Direzioni generali;
- le Divisioni (o Servizi).

Dal punto di vista organizzativo, i Ministeri (o Dicasteri) sono tipiche organizzazioni burocratiche che possono avere una **macrostruttura di tipo polifunzionale** (come i Ministeri che hanno come articolazione di primo livello la Direzione generale) o di **tipo multidivisionale** (come i Ministeri che hanno come articolazione di primo livello il Dipartimento).
Il D.Lgs. 300/1999, in attuazione della delega conferita dalla L. 59/1997, ha proceduto ad un primo riordino della disciplina dei Ministeri, suddividendoli in Dipartimenti e Direzioni generali.
Il **Dipartimento** è la *struttura di primo livello* costituita per l'esercizio organico e integrato delle funzioni del Ministero, dalla quale dipende la **Direzione generale**; in alcuni Ministeri, tuttavia, non ci sono Dipartimenti, sicché la ripartizione di primo livello è la Direzione generale.
Le **Divisioni**, invece, sono la struttura di base, ma possono essere ripartite a loro volta in **Sezioni**.
Spesso, oltre agli **uffici centrali**, i Ministeri hanno **uffici periferici**, distribuiti sul territorio e competenti per una parte soltanto di esso (*circoscrizione*); tali uffici possono avere compiti esclusivamente preparatori ed esecutivi rispetto all'attività degli uffici centrali (secondo il modello della deconcentrazione), oppure funzioni proprie che esercitano sotto la direzione e il controllo degli uffici centrali (secondo il modello del decentramento burocratico).

3.6.4 Il Ministro

Al vertice del Ministero è posto il Ministro, al quale è affidata la responsabilità di un ramo di amministrazione (materia o insieme omogeneo di materie, come per esempio la Giustizia, la Difesa, l'Istruzione ecc.), nell'ambito del quale dirige l'azione amministrativa, adotta le decisioni di maggiore importanza e propone al Consiglio dei Ministri la nomina dei dirigenti con funzioni generali.

Alcuni Ministri, avendo funzioni di minima complessità operativa, non sono posti a capo di un Ministero e perciò vengono detti **Ministri senza portafoglio** (es. il Ministro per i Rapporti con il Parlamento): essi esercitano le funzioni loro delegate dal Presidente del Consiglio dei Ministri.
Nella sua azione, il Ministro è coadiuvato da figure diverse, fra cui spicca il **Sottosegretario**, che è organo ausiliario, mai vicario: difatti supporta il Ministro, ma non ha il potere di agire in sua vece. I Sottosegretari possono essere anche più di uno per ciascun Ministero, in quanto a ciascuno viene affidato un sottoinsieme di materie omogenee, nell'ambito di quelle di competenza del Dicastero.
Ai Sottosegretari non spettano competenze proprie, ma solo quelle che vengono loro delegate dal Ministro. Se ad un Sottosegretario sono conferite deleghe relative all'intera area di competenza di una o più strutture dipartimentali, può essergli attribuito il titolo di **Viceministro**.
In alcuni Ministeri (es. Ministero degli Affari esteri) esiste una figura con compiti di coordinamento delle strutture ministeriali apicali, il **Segretario generale**.
Compiti di coordinamento, oltre che funzioni di ausilio, sono attribuiti anche al **Gabinetto del Ministro**, composto dal *Capo di Gabinetto*, dall'*Ufficio legislativo*, dall'*Ufficio stampa* e dalla *Segreteria particolare*.

3.6.5 Le Agenzie

Le Agenzie sono strutture pubbliche con **compiti di carattere tecnico-operativo di rilievo nazionale** che operano in generale al servizio delle Amministrazioni Pubbliche e possono essere dotate di autonomia organizzativa e contabile.
I rapporti con le Agenzie, alle quali è preposto un Direttore generale, e l'Amministrazione Pubblica di riferimento (es. un Ministero) sono disciplinati per mezzo di una convenzione.
Il Ministro competente (o l'organo politico territoriale) di riferimento esercita poteri di indirizzo e di vigilanza sulle Agenzie.
Tra le più note Agenzie attualmente operative si ricordano le cosiddette *Agenzie fiscali* (entrate, dogane, demanio), l'*Agenzia Industrie Difesa* (AID), l'*Agenzia spaziale italiana* (ASI), l'*Agenzia nazionale per la sicurezza del volo* (ANSV), l'*Agenzia nazionale per i servizi sanitari regionali* (AGENAS), l'*Agenzia nazionale di valutazione del sistema universitario e della ricerca* (ANVUR), l'*Agenzia per la rappresentanza negoziale* (ARAN), l'*Agenzia per la promozione all'estero e l'internazionalizzazione delle imprese italiane (ICE)*, l'*Agenzia nazionale per il turismo all'estero* (ENIT), l'*Agenzia nazionale per le politiche attive del lavoro* (ANPAL), l'*Agenzia per l'Italia digitale* (AgID). In ogni Regione è presente un'Agenzia regionale per la protezione ambientale (ARPA) e un'Agenzia regionale per l'impiego.

3.7 Le Autorità indipendenti

3.7.1 Indipendenza, neutralità e imparzialità delle Autorità

Accanto al modulo organizzativo classico della pubblica amministrazione, incentrato sul Ministero, ha preso piede, a partire dagli anni Novanta, una tipologia di amministrazione profondamente diversa, ispirata alle *independent regulatory agencies* americane.

Si tratta di enti istituiti con legge, che **esercitano funzioni amministrative, di controllo e regolatorie in settori considerati sensibili o ad alto contenuto tecnico**, tali da esigere una peculiare posizione di **autonomia e indipendenza** nei confronti del Governo, allo scopo di garantire una neutralità rispetto agli interessi coinvolti.
Altro carattere distintivo è la concentrazione, in capo a tali organismi, di **poteri normativi, di vigilanza, sanzionatori e di risoluzione di controversie**, che sinteticamente vengono definiti di *regolazione*.
Il tratto davvero caratteristico e comune alle Autorità amministrative indipendenti consiste, tuttavia, nell'**indipendenza dal potere politico**, con cui spesso instaurano una dialettica e varie forme di collaborazione attraverso la trasmissione di rapporti e relazioni al Governo e al Parlamento.
Si dice generalmente che le Autorità indipendenti sono neutrali per sottolineare proprio l'elemento caratteristico di cui sono dotate rispetto alle autorità amministrative tradizionali, che, per precetto costituzionale, sono imparziali. Si suole in questo senso assimilarle alle autorità giurisdizionali che prendono decisioni in posizione di terzietà. La **neutralità** dovrebbe, quindi, identificarsi con l'indifferenza per gli interessi in gioco, mentre l'**imparzialità** è propria dell'amministrazione in senso tradizionale, la quale è portatrice di un proprio interesse che non deve però realizzarsi con l'immotivato e irragionevole sacrificio di altri e concomitanti interessi.

3.7.2 Le Autorità attualmente operanti

Le Autorità indipendenti non costituiscono una categoria omogenea. Sono state istituite in tempi diversi, sono disciplinate secondo criteri non sempre omogenei, e si differenziano fra loro per il tipo di funzioni svolte (di regolamentazione, di supervisione, di tutela di diritti o paragiurisdizionali) e per i settori di intervento.
Attualmente sono considerate autorità amministrative indipendenti:

- la **Commissione nazionale per le società e la borsa** (**CONSOB**), che si occupa della tutela degli investitori, della vigilanza sugli intermediari finanziari, dell'efficienza, trasparenza e sviluppo del mercato mobiliare italiano;
- l'**Istituto per la vigilanza sulle assicurazioni** (**IVASS**), che mantiene le prerogative del precedente *Istituto per la vigilanza sulle assicurazioni private* (ISVAP), cui è subentrato, con funzioni di regolamentazione e vigilanza nel settore assicurativo, attuando un più stretto collegamento con la vigilanza bancaria;
- l'**Autorità per le garanzie nelle comunicazioni** (**AGCOM**), istituita con L. 249/1997 per svolgere una funzione attiva di controllo dell'intero mercato delle comunicazioni;
- l'**Autorità garante della concorrenza e del mercato (AGCM)** o **Antitrust**, istituita con L. 287/1990, che ha compiti di vigilanza sulle intese restrittive della concorrenza, sugli abusi di posizione dominante, nonché di controllo e valutazione sui casi di concentrazione di imprese che comportino la costituzione o il rafforzamento di posizioni dominanti restrittive della concorrenza;
- l'**Autorità nazionale anticorruzione** (**ANAC**). Ha il compito di assistere le pubbliche amministrazioni nella pianificazione e nell'assolvimento delle misure di prevenzione della corruzione, con particolare riferimento al settore degli appalti;

- l'**Autorità di regolazione per energia, reti e ambiente (ARERA)**, istituita con L. 481/1995. Inizialmente doveva occuparsi della regolamentazione dei settori dell'*energia elettrica e del gas*, favorendo lo sviluppo di un mercato concorrenziale e assicurandone la fruibilità e la diffusione in modo omogeneo sul territorio nazionale. Nel 2011, le sono state attribuite funzioni di regolazione e controllo in materia di *servizi idrici* e nel 2018 anche sul *ciclo dei rifiuti*;
- l'**Autorità per la regolazione dei trasporti (ART)**, istituita dal D.L. 201/2011 conv. dalla L. 214/2011, per la regolazione nel settore dei trasporti e dell'accesso alle relative infrastrutture nonché ai servizi accessori, definendo anche i livelli di qualità dei servizi di trasporto e dei contenuti minimi dei diritti che gli utenti possono rivendicare nei confronti dei gestori;
- il **Garante per la protezione dei dati personali**, ora disciplinato dal D.Lgs. 196/2003 (*Codice della privacy*), ha il compito di assicurare la tutela dell'interessato con riferimento al trattamento dei dati personali effettuato da soggetti pubblici e privati;
- la **Commissione di garanzia per l'attuazione della legge sul diritto di sciopero**, istituita dalla L. 146/1990, con compiti di bilanciamento fra il diritto di sciopero e i diritti fondamentali della libertà della persona;
- la **Commissione di vigilanza sui fondi pensione (COVIP)**, istituita con D.Lgs. 124/1993, il cui compito è garantire la tutela del risparmio, la trasparenza e il corretto funzionamento del sistema dei fondi pensione;
- l'**Autorità garante per l'infanzia e l'adolescenza (AGIA)**, istituita con la L. 112/2011. Ha il compito di promuovere l'attuazione delle misure previste dalla convenzione di New York e da altri strumenti internazionali finalizzati alla promozione e alla tutela dei diritti dell'infanzia e dell'adolescenza;
- il **Garante nazionale dei diritti delle persone private della libertà personale (GNPL)**, istituito dal D.L. 146/2013. Svolge un'attività di controllo sui luoghi di privazione della libertà personale, quali gli istituti penitenziari, i luoghi di polizia, i centri per gli immigrati, le residenze per l'esecuzione delle misure di sicurezza (REMS), i servizi psichiatrici di diagnosi e cura (SPDC) dove si effettuano i trattamenti sanitari obbligatori (TSO);
- il **Garante per la sorveglianza dei prezzi** (o *Mister prezzi*), istituito con L. 244/2007, cui sono attribuiti compiti di monitoraggio, informazione e segnalazione allo scopo di reprimere fenomeni speculativi.

Controversa è l'inclusione, in questo elenco, anche della **Banca d'Italia**, la quale, pur svolgendo attività di controllo e avendo caratteristiche analoghe a quelle delle altre autorità indipendenti, se ne differenzia per la molteplicità e complessità delle funzioni svolte, per le particolari garanzie che rafforzano la sua indipendenza (fissate anche da atti giuridici emanati dall'Unione europea) e per la sua completa autonomia finanziaria, che le consente di operare senza oneri per il bilancio dello Stato e per i soggetti vigilati.

3.8 L'Amministrazione statale periferica e le Amministrazioni statali non territoriali

I principi costituzionali dell'autonomia e del decentramento (art. 5 Cost.), prima ancora che il principio di sussidiarietà, postulano che l'organizzazione amministrativa

dello Stato sia distribuita sul territorio così da soddisfare in modo congruo esigenze di funzionalità e di prossimità ai cittadini.
Per quanto concerne l'Amministrazione statale, non tutti i Ministeri sono muniti di uffici periferici. Una storica articolazione del **Ministero dell'Interno**, con rilevanza in ambito provinciale, è costituita dal **Prefetto**, preposto all'**Ufficio Territoriale del Governo (UTG)**, che, istituito con D.P.R. 287/2001, ha sostituito la Prefettura. Il Prefetto rappresenta il Ministro e svolge funzioni di raccordo fra centro e periferia.
L'UTG assicura, nel rispetto dell'autonomia funzionale e operativa degli altri uffici periferici delle Amministrazioni statali, le funzioni di rappresentanza unitaria dello Stato sul territorio.
Al fine del conseguimento dei livelli ottimali di efficienza, le singole funzioni logistiche e strumentali di tutti gli uffici periferici delle Amministrazioni statali sono esercitate da un unico ufficio che ne assume la responsabilità diretta ed esclusiva.

Molti dei compiti di controllo sugli enti locali di cui tale organo era investito sono venuti meno. Tuttavia, residuano in capo al Prefetto alcune importanti funzioni. In particolare:
- ha compiti rilevanti in materia di ordine pubblico e sicurezza in ambito provinciale;
- partecipa al procedimento di espropriazione;
- svolge funzioni in relazione alle elezioni politiche e amministrative;
- sovrintende al riconoscimento delle persone giuridiche private;
- presiede la conferenza permanente dei responsabili degli uffici statali che operano nella Provincia.

3.9 Gli enti locali territoriali

L'ente locale è un soggetto dotato di personalità giuridica di diritto pubblico che esercita **funzioni** e ha **competenze territorialmente e funzionalmente limitate**. La competenza degli organi locali è, dunque, ricondotta entro margini coincidenti con i limiti territoriali dell'ente.
Nell'ambito degli enti locali, balzano in primo piano gli **enti territoriali**, caratterizzati dal fatto che il territorio non solo rappresenta un limite per la competenza degli organi, ma è un elemento costitutivo dell'ente stesso, i cui organi di governo sono rappresentativi della popolazione residente.
Secondo l'art. 114 Cost., sono enti locali territoriali i **Comuni**, le **Province** e le **Città metropolitane**, ma a questi si devono aggiungere quelli previsti dalla legislazione ordinaria (le **Comunità montane**, le **Comunità isolane**, le **Unioni di Comuni** e i **Consorzi fra Comuni**).
Non si possono, invece, considerare enti locali le circoscrizioni di decentramento comunale poiché non sono dotate di soggettività giuridica e, quindi, non sono enti pubblici ma organi del Comune, seppur complessi e dotati di una particolare forma di autonomia.

Capitolo 4
Atti e provvedimenti amministrativi

4.1 Atti e provvedimenti amministrativi

4.1.1 Concetti generali

L'attività amministrativa può essere svolta tanto da operatori pubblici (*persone giuridiche pubbliche*) quanto da operatori privati (*persone fisiche e giuridiche*). Quando, però, si parla di atti e provvedimenti amministrativi si sottintende un riferimento alle persone giuridiche pubbliche, a cominciare dallo Stato e dagli enti pubblici autonomi (territoriali).

L'**atto amministrativo** consiste in una *manifestazione di volontà, di conoscenza o di giudizio (o di natura mista), posta in essere dalla Pubblica Amministrazione nell'esercizio delle sue funzioni.*

Una particolare categoria di atto amministrativo è il **provvedimento amministrativo**, quale *atto conclusivo di un procedimento amministrativo* e dotato di *autoritarietà*, ovvero della capacità di imporre unilateralmente modificazioni nella sfera giuridica del destinatario.

Il provvedimento amministrativo contiene una determinazione unilaterale che può consistere nella *costituzione* o *modificazione* o *estinzione* di rapporti giuridici, indipendentemente dal consenso dei destinatari, o nella *reiezione* di una istanza presentata da un privato (*provvedimento di diniego*). In quanto atto per natura destinato a produrre effetti all'esterno, il provvedimento amministrativo è *efficace* ed *esecutorio*, e come tale può essere condotto *coattivamente ad esecuzione* (sia pure soltanto nei casi e con le modalità previste dalla legge).

L'**atto costitutivo di obblighi** deve indicare *termine* e *modalità* di esecuzione da parte del privato obbligato. Qualora quest'ultimo non ottemperi, le Pubbliche Amministrazioni, previa diffida, possono provvedere all'esecuzione coattiva nelle ipotesi e secondo le modalità previste dalla legge (art. 21-*ter* L. 241/1990, inserito dalla L. 15/2005).

4.1.2 Atti di amministrazione attiva, consultiva e di controllo

Con riguardo al tipo di attività esercitata, si distinguono atti di amministrazione attiva, consultiva e di controllo.

L'**amministrazione attiva** è quel tipo di attività con cui la Pubblica Amministrazione, a mezzo dei suoi organi, incide nella sfera giuridica dei terzi, ovvero porta ad esecuzione quanto già statuito, in vista della realizzazione dei fini istituzionali verso cui è diretta l'azione amministrativa. In questa categoria rientrano i provvedimenti.

Gli atti di **amministrazione consultiva** sono finalizzati a fornire una serie di valutazioni ed elementi di giudizio necessari per la formazione della volontà da parte dell'Amministrazione procedente. Questo tipo di attività, per la sua natura, si esplica general-

mente attraverso atti preventivi rispetto alla perfezione del *provvedimento amministrativo*. Rientrano in tale tipologia di attività i **pareri**.
Attraverso gli atti di **amministrazione di controllo** organi dotati di apposite competenze verificano se un determinato atto, un'attività o un semplice comportamento sono conformi alle regole giuridiche (**controllo di legittimità**) o di opportunità (**controllo di merito**). Si tratta, in sostanza, di un'attività strumentale rispetto all'azione amministrativa, rivolta a esaminare la corrispondenza dell'attività principale a determinati parametri che possono essere non solo di tipo giuridico.

4.2 Struttura, contenuto ed efficacia del provvedimento amministrativo

4.2.1 Caratteri generali

Il provvedimento amministrativo presenta le seguenti caratteristiche:

- è un **atto tipico**, in quanto deve essere espressamente previsto dall'ordinamento;
- è un **atto nominativo**, cosicché per ogni interesse pubblico affidato alle cure della Pubblica Amministrazione è previsto il corrispondente provvedimento amministrativo;
- è un **atto autoritativo**, in quanto è posto in essere anche contro la volontà dei destinatari;
- è un **atto unilaterale**, perché si basa sulla sola volontà della Pubblica Amministrazione;
- è un **atto esecutorio**, perché può essere portato a immediata e diretta esecuzione dalla stessa autorità amministrativa, senza che sia necessaria una preventiva pronuncia giurisdizionale.

Si distinguono:

- provvedimenti che producono **effetti ampliativi** nella sfera giuridica dei destinatari, in quanto conferiscono ad essi nuove posizioni giuridiche attive o di vantaggio (es. *concessioni, autorizzazioni*);
- provvedimenti **restrittivi**, rivolti a estinguere delle posizioni di vantaggio ovvero a creare situazioni di obbligo (quindi posizioni passive) in capo al destinatario; in questa categoria di atti si annoverano *ordini, sanzioni* e i cosiddetti *atti ablatori* quali la *requisizione* e l'*espropriazione.*

4.2.2 Gli elementi essenziali

Gli elementi essenziali del provvedimento amministrativo sono:

- il **soggetto**. È indispensabile che l'atto provenga da un'autorità amministrativa e che costituisca esercizio di una potestà amministrativa: questo vale ad escludere atti che, pur provenendo da un'amministrazione, non costituiscono esercizio di una potestà amministrativa (ad es. il contratto stipulato da un ente pubblico). Il soggetto è il centro di imputazione giuridica che pone in essere l'atto. In via ordinaria, è un organo dell'amministrazione competente all'emanazione dell'atto e investito della relativa funzione, mentre, in casi eccezionali, può essere anche un soggetto almeno formalmente privato;

- la **volontà**. Per la teoria negoziale anche la volontà è elemento essenziale dell'atto amministrativo. Si ritiene tale non la mera volontà psicologica della persona fisica centro di imputazione giuridica dell'atto, bensì la volontà "oggettivata" risultante dal procedimento amministrativo nel suo complesso: essa si traduce nel potere di scelta ed eventualmente di determinazione del contenuto dell'atto;
- l'**oggetto**. Si intende il bene, la situazione giuridica o l'attività destinati a subire gli effetti giuridici prodotti dal provvedimento. Al pari di quanto richiesto in materia di contratti dall'art. 1346 c.c., l'oggetto deve necessariamente essere *lecito, possibile, determinato* o quanto meno *determinabile*;
- la **causa**, da intendersi come lo scopo dell'atto. Il potere amministrativo, infatti, viene attribuito in vista di un interesse pubblico specifico. C'è un orientamento allo scopo indicato dalla legge che segna l'aspetto finalistico dell'atto e che di conseguenza rende irrilevante il profilo della meritevolezza dell'interesse perseguito: questo risulta, infatti, individuato dalla legge in relazione al potere di cui il provvedimento è esercizio;
- la **forma e la struttura formale**. L'art. 2 L. 241/1990 prescrive che il procedimento debba concludersi con un provvedimento espresso, ponendo in tal modo la regola generale della forma scritta e consentendo l'effettuazione di controlli successivi sul rispetto delle diverse regole, da quelle procedurali a quelle contabili. Alla forma scritta si affianca anche quella elettronica, dal momento che l'informatizzazione dell'attività amministrativa consente anche di sottoscrivere l'atto con la firma digitale. In ogni caso, per quanto la forma scritta rappresenti la regola generale, vi sono casi di atti a forma legale non scritta, quale, ad esempio, l'ordine di scioglimento di assembramenti vietati e, più in generale, alcuni ordini di polizia per i quali è prevista l'esternazione orale. Essi non vanno, però, considerati a forma libera; non va confusa la *libertà della forma* con la *non necessità dell'esternazione*.

4.2.3 Gli elementi accidentali

Si definiscono accidentali quegli elementi del provvedimento che **non devono necessariamente sussistere affinché l'atto possa considerarsi giuridicamente perfetto** ma che, se inseriti, diventano parte integrante del suo contenuto. Fra gli elementi accidentali, che possono essere apposti all'atto amministrativo senza alterarne il contenuto tipico, bisogna annoverare:

- il **termine**, che indica il momento dal quale inizia ad avere efficacia l'atto (*termine iniziale*) oppure il momento a partire dal quale cessa l'efficacia (*termine finale*);
- la **condizione**, diretta a subordinare l'inizio (*condizione sospensiva*) o la cessazione (*condizione risolutiva*) dell'efficacia dell'atto al verificarsi di un evento futuro e incerto;
- l'**onere**, che può essere apposto in presenza di atti che determinano un ampliamento giuridico della sfera dei destinatari, imponendo loro un *facere*;
- le **riserve**, atti con i quali l'Amministrazione si riserva di adottare in futuro altri provvedimenti relativi all'oggetto dello stesso atto emanato.

In caso di *invalidità di una clausola accessoria*, l'opinione prevalente mira a circoscrivere per quanto possibile gli effetti alla sola clausola e a non coinvolgere l'intero provvedimento, richiamando sia l'art. 1419 c.c., sia il **principio di conservazione degli**

atti amministrativi. Infatti, se la clausola invalida incidesse su tutti gli effetti del provvedimento, ciò comporterebbe l'invalidità dell'intero atto e la clausola in questione risulterebbe essenziale e non accessoria.

4.2.4 I requisiti

I requisiti sono quei componenti che incidono sull'efficacia e sulla validità dell'atto. Essi si distinguono in r*equisiti di legittimità* che, se mancano, determinano l'annullabilità dell'atto e in *requisiti di efficacia*, necessari affinché l'atto sia efficace. Questi ultimi, poi, a loro volta, si differenziano in requisiti di esecutività e requisiti di obbligatorietà. In particolare, i **requisiti di legittimità** sono quei requisiti richiesti dalla legge al fine di rendere l'atto, oltre che esistente, anche valido (cioè legittimo). Essi sono stati classificati, da autorevole dottrina, nel modo che segue (Sandulli):

- *requisiti inerenti all'agente*: la legittimazione, e cioè l'esistenza di una investitura effettuata nei modi di legge (ad eccezione dei casi di funzioni di fatto) e la competenza per territorio, grado e materia a provvedere all'emanazione dell'atto;
- *requisiti inerenti all'oggetto*: ossia l'esistenza in concreto del potere di provvedere sull'oggetto dell'atto;
- *inerenti al destinatario*: tali possono essere, ad esempio, requisiti attinenti ad idoneità fisica o a titolo di studio;
- *inerenti alla forma*: oltre al modo di estrinsecazione dell'atto, sono requisiti di legittimità anche le condizioni di tempo, di luogo e le modalità prescritte per il suo compimento. Si ricordi che mentre la mancanza o la erronea indicazione dell'intestazione, della data o del luogo producono solo irregolarità, la mancanza del preambolo produce illegittimità;
- *inerenti al contenuto*: sono tali la conformità dell'atto ai precetti legislativi previsti per il suo tipo e il rispetto delle norme sulla sua emanazione.

I **requisiti di efficacia**, invece, sono condizioni richieste affinché l'atto, già perfetto, diventi anche efficace. Essi a loro volta si distinguono in:

- *requisiti di esecutività*: per cui l'atto, già perfetto, può essere portato ad esecuzione. Tali requisiti che operano *ex tunc*, sono ravvisabili nell'esito positivo del controllo ovvero nel verificarsi di eventuali condizioni sospensive;
- *requisiti di obbligatorietà*: per cui l'atto, già perfetto ed esecutivo, diviene obbligatorio nei confronti dei destinatari. Tali sono gli atti di comunicazione, e cioè la notificazione, la trasmissione e la pubblicazione.

4.2.5 Struttura, contenuto e fine

Nel provvedimento amministrativo, normalmente, si rinviene una struttura formale articolata in una serie di elementi:

- un'**intestazione**, che indica l'*autorità emanante*;
- un **preambolo**, in cui si enunciano le *circostanze di fatto e di diritto* nel cui contesto l'atto è emanato;
- la **motivazione**, la quale indica le *ragioni giuridiche* e i *presupposti di fatto* della decisione;

- il **dispositivo**, ove è contenuta la concreta statuizione posta in essere dall'Amministrazione.

Infine, l'atto deve essere **datato** e **sottoscritto** con indicazione del **luogo dell'emanazione**.

Il **contenuto** è la **parte propriamente precettiva del provvedimento**, con cui si dispone degli interessi pubblici e privati coinvolti nel procedimento, avendo cura di perseguire in maniera ottimale l'interesse pubblico primario. È dato distinguere:

- un **contenuto naturale** dell'atto ove si compendiano le disposizioni che identificano il tipo di provvedimento;
- un **contenuto implicito**, attinente alle disposizioni operanti *ex lege*, anche se non enunciate nel provvedimento;
- un **contenuto eventuale**, riscontrabile nelle ipotesi in cui siano contemplati elementi accidentali (disposizioni aggiuntive richieste dalle caratteristiche peculiari della vicenda).

Il **fine** è lo **scopo concreto** perseguito attraverso l'adozione del provvedimento, sempre preordinato alla cura dell'interesse pubblico. L'orientamento alla finalità, che rende irrilevante l'elemento della *causa* inteso come *meritevolezza dell'interesse perseguito*, lo si ritrova in tutti gli istituti che concorrono a definire il regime giuridico del potere amministrativo e dell'atto amministrativo, dalla discrezionalità all'eccesso di potere.

4.2.6 La motivazione

Particolarmente rilevante è la motivazione (art. 3 L. 241/1990), che consente alla Pubblica Amministrazione di **esternare i presupposti di fatto e le ragioni giuridiche** poste a fondamento dell'adozione di un determinato provvedimento.

Al riguardo si deve precisare che:

- i **presupposti di fatto** non sono altro che gli elementi e i dati fenomenici acquisiti in sede istruttoria e oggetto di valutazione ai fini dell'adozione dell'atto terminale;
- le **ragioni giuridiche** sono le argomentazioni di diritto poste a base del provvedimento, cioè a dire le norme e i principi ritenuti applicabili nel caso di specie.

Ai sensi dell'art. 3, co. 2, L. 241/1990 la motivazione non è richiesta per gli *atti normativi* e per quelli *a contenuto generale*.

L'obbligo di motivare ogni provvedimento amministrativo rappresenta un logico e immediato corollario del **principio di trasparenza** dell'azione amministrativa e di democraticità della stessa: infatti, solo l'evidenza dell'iter logico seguìto dall'autorità decidente permette di accertare la *correttezza dell'operato della Pubblica Amministrazione*.

La motivazione di un atto, comunque, può anche essere desunta dal contenuto di altri atti, che devono essere espressamente richiamati per consentire la comprensione delle ragioni e dei presupposti della sua emanazione (cosiddetta **motivazione *per relationem***).

Gli **atti privi di motivazione** devono considerarsi affetti dal vizio di **violazione di legge**.

Sotto questo aspetto possono assumersi come illegittimi:

- gli atti carenti di motivazione;
- gli atti che non indichino, o indichino in modo incompleto, i presupposti di fatto e le ragioni giuridiche che hanno determinato la decisione;

- gli atti motivati *per relationem* che non rendano conoscibili gli atti correlati da cui derivano le ragioni della decisione.

Per altro verso, devono considerarsi viziati da **eccesso di potere** gli atti che presentano carenze o incongruità diverse da quelle innanzi individuate, come nei casi di *illogicità o contraddittorietà della motivazione.*

4.2.7 L'efficacia

L'efficacia consiste nell'**attitudine dell'atto a produrre effetti nei confronti dei suoi destinatari**, siano essi determinati puntualmente o in modo generico (es. rivolti al sig. Rossi, ovvero ai cittadini del Comune).
In base alla loro efficacia, gli atti amministrativi si distinguono in:

- **atti costitutivi**, che *creano, modificano* o *estinguono* un rapporto giuridico preesistente;
- **atti dichiarativi**, che si limitano ad *accertare* una data situazione senza influire su di essa.

Nella generalità dei casi, i provvedimenti amministrativi producono conseguenze a decorrere dal momento in cui sono posti in essere. Alcuni atti, però, possono avere un'**efficacia differita**, cioè decorrente da un momento futuro.
V'è poi un'altra categoria di provvedimenti, cosiddetti **ricettizi**, la cui efficacia è subordinata alla loro *comunicazione.* Sono tali i provvedimenti limitativi e cioè aventi un effetto restrittivo della sfera giuridica dei destinatari. Ai sensi dell'art. 21-*bis* L. 241/1990, il **provvedimento limitativo** della sfera giuridica dei privati acquista efficacia nei confronti di ciascun destinatario con la comunicazione effettuata anche nelle forme stabilite per la notifica agli irreperibili nei casi previsti dal codice di procedura civile; qualora, per il numero dei destinatari, la comunicazione non sia possibile o risulti particolarmente gravosa, la Pubblica Amministrazione può provvedere mediante forme di pubblicità idonee, di volta in volta stabilite dall'Amministrazione medesima.
I provvedimenti efficaci sono eseguiti immediatamente, sempre che non sia diversamente stabilito. L'**esecuzione** può essere sospesa per gravi ragioni e per il tempo necessario dall'organo che ha emesso il provvediento o da altro organo individuato dalla legge.
Il **termine della sospensione** (esplicitamente indicato nell'atto che la dispone) può essere prorogato o differito una sola volta nonché ridotto per sopravvenute esigenze (art. 21-*quater* L. 241/1990, introdotto dalla L. 15/2005).

4.3 Le autorizzazioni

4.3.1 L'autorizzazione e le figure affini

L'autorizzazione è il provvedimento con cui la Pubblica Amministrazione, nell'esercizio di un'attività discrezionale, in funzione preventiva o di controllo e programmazione, provvede alla **rimozione di un limite legale che vincolava parte della sfera giuridica del destinatario**.
Con tale atto, cioè, si consente ai destinatari di compiere attività che, per motivi di interesse pubblico, è necessario contingentare o, comunque, limitare e che, non possono essere svolte da chiunque. Si pensi, per esempio, ad un'attività commerciale che,

se svolta senza alcuna limitazione, potrebbe provocare problemi di tipo economico o sociale (es. vendita ambulante) o di tipo igienico-sanitario (es. allevamento di animali).
Tra le *figure affini* all'autorizzazione si annoverano:

> l'**abilitazione**, che si differenzia dall'autorizzazione in relazione alla discrezionalità che ne è alla base, di tipo tecnico e non amministrativo (es. patente di guida);
> l'**approvazione**, un *atto di controllo* che a differenza dell'autorizzazione non condiziona in via preventiva la legittimità di un atto, ma ne condiziona solo l'operatività in un momento successivo;
> la **registrazione**, che è un'*autorizzazione vincolata*, in quanto la rimozione del limite legale avviene se sussistono le condizioni previste dalla legge;
> la **dispensa**, che è un provvedimento mediante il quale la Pubblica Amministrazione, sulla base di una valutazione discrezionale, consente ad un soggetto di esercitare una data attività o compiere un determinato atto in deroga ad un divieto di legge, ovvero esonera il soggetto dall'adempimento di un obbligo di legge;
> il **nulla osta**, che è un atto con cui la Pubblica Amministrazione dichiara di non avere osservazioni da fare in ordine all'adozione di un provvedimento da parte di un'altra autorità.

4.3.2 La segnalazione certificata di inizio attività (SCIA)

La SCIA ordinaria

Le ipotesi in cui era richiesto il rilascio di uno specifico atto autorizzatorio sono state notevolmente ridotte negli ultimi anni con l'introduzione dell'istituto della segnalazione certificata di inizio attività (SCIA). Si tratta di un'informativa con la quale **un soggetto comunica all'autorità competente la volontà di intraprendere una specifica attività** e che ha l'**effetto di consentire l'immediato avvio della stessa** senza dover attendere i tempi e l'esecuzione di verifiche e controlli preliminari. È stata introdotta nel nostro ordinamento dall'art. 49, co. 4-*bis*, L. 122/2010 (di conv. del D.L. 78/2010), che ha integralmente riformulato l'art. 19 L. 241/1990.
La SCIA ha, infatti, la funzione di **sostituire** ogni autorizzazione, licenza, concessione non costitutiva, permesso o nulla osta – incluse le domande per iscrizioni in albi o ruoli richieste per l'esercizio di un'attività imprenditoriale, commerciale o artigianale –, il cui rilascio dipenda esclusivamente dall'accertamento di requisiti e presupposti fissati dalla legge o da atti amministrativi a contenuto generale, nei casi in cui non sia previsto alcun limite o contingente complessivo.
L'attività può essere iniziata immediatamente dalla data di presentazione della segnalazione all'Amministrazione competente, mentre tutti i controlli amministrativi atti ad accertare la sussistenza dei requisiti necessari allo svolgimento dell'attività sono svolti successivamente alla presentazione.
La segnalazione deve essere corredata dalle **dichiarazioni sostitutive** di certificazioni e dell'atto di notorietà (ai sensi degli artt. 46 e 47 D.P.R. 445/2000), nonché dalle attestazioni di tecnici abilitati o dalle dichiarazioni di conformità rese dalle agenzie per le imprese (istituite dall'art. 38, co. 4, D.L. 112/2008, conv. dalla L. 133/2008), relative alla sussistenza dei requisiti e dei presupposti per l'avvio dell'attività. Tale documenta-

zione sostituisce anche eventuali pareri di organi o enti appositi, ovvero l'esecuzione di verifiche preventive eventualmente richieste dalla legge.

Nei casi di accertata carenza dei requisiti o dei presupposti per la presentazione della SCIA, l'art. 19, co. 3, L. 241/1990 prescrive che l'Amministrazione competente disponga il **divieto di prosecuzione dell'attività** e provveda alla rimozione degli eventuali effetti dannosi di essa. Tale attività di verifica deve essere svolta entro 60 giorni dal ricevimento della segnalazione.
Nel caso in cui sia possibile **conformare l'attività intrapresa e i suoi effetti alla normativa vigente**, possono essere prescritte le misure necessarie con la fissazione di un termine non inferiore a 30 giorni per la loro adozione. Se il privato non provvede entro il termine fissato l'attività si intende vietata; se, invece, si adegua, all'Amministrazione sono concessi ulteriori 60 giorni per effettuare le necessarie verifiche. Non è comunque prevista la **sospensione dell'attività**, che può essere disposta solo in due casi: in presenza di *attestazioni non veritiere* o qualora vi sia un *pericolo per la tutela dell'interesse pubblico* in materia di ambiente, paesaggio, beni culturali, salute, sicurezza pubblica, difesa nazionale.

La SCIA unica

Con l'art. 3 D.Lgs. 30-6-2016, n. 126 sono state approvate disposizioni per la **concentrazione dei regimi amministrativi**, introducendo la cosiddetta **SCIA unica**. La norma, infatti, stabilisce che nelle ipotesi in cui per lo svolgimento di un'attività soggetta a segnalazione certificata di inizio attività siano necessarie altre SCIA, comunicazioni, attestazioni, asseverazioni e notifiche, l'interessato possa presentare un'unica SCIA.
L'**efficacia della segnalazione è immediata**, in quanto, come nel regime ordinario, l'attività può essere iniziata dalla data di presentazione della segnalazione; tale disposizione, però, **riguarda esclusivamente le attività «liberalizzate»**, vale a dire quelle per le quali all'Amministrazione spetta solo verificare la sussistenza di requisiti o presupposti fissati dalle norme (cosiddetta *SCIA pura*). Sono escluse le ipotesi in cui siano necessarie anche autorizzazioni, comunque denominate, espresse o perfezionate con il silenzio assenso.
L'Amministrazione che riceve la SCIA la trasmette alle altre Amministrazioni interessate al fine di consentire il controllo sulla sussistenza dei requisiti e dei presupposti; anche in questo caso si applicano le disposizioni riguardanti i controlli da effettuare.
Per le **attività che richiedono più autorizzazioni**, invece, l'Amministrazione a cui ci si rivolge convocherà la conferenza di servizi e, in questo caso, l'inizio dell'attività sarà subordinato all'esito della riunione.
La ricevuta rilasciata a seguito della presentazione di istanze, segnalazioni o comunicazioni costituisce comunicazione di avvio del procedimento e deve indicare i termini entro i quali l'Amministrazione è tenuta a rispondere o entro i quali il silenzio dell'Amministrazione equivale ad accoglimento dell'istanza.

4.4 La concessione

Analogamente all'autorizzazione, la concessione è un **atto ampliativo** mediante il quale la Pubblica Amministrazione conferisce *ex novo* posizioni giuridiche attive.
Pur presentando elementi di affinità con l'autorizzazione – entrambi sono **provvedimenti accrescitivi della sfera soggettiva** – la concessione se ne differenzia profondamente in quanto non si limita a rimuovere un limite ad una posizione soggettiva preesistente, ma *attribuisce o trasferisce posizioni o facoltà nuove al privato.*

Si distinguono:

- le **concessioni traslative**, con cui viene trasferito al destinatario del provvedimento un diritto soggettivo o un potere di cui la Pubblica Amministrazione è titolare, ma che non intende esercitare direttamente, pur conservandone la titolarità (es. concessione su beni demaniali o patrimoniali indisponibili, concessioni di servizi pubblici, concessioni di pubbliche potestà, ad esempio esattoria e tesoreria, concessioni di attività edilizia);
- le **concessioni costitutive**, con cui vengono conferiti al privato diritti o facoltà che non trovano corrispondenza in precedenti diritti o facoltà dell'Amministrazione (concessione di cittadinanza, di onorificenze ecc.).

Subentrata alla **licenza edilizia**, la concessione era il provvedimento che consentiva al proprietario di costruire: ciò fino a quando si ritenne che la proprietà immobiliare già inglobasse il **diritto a costruire**, salvo che tale diritto poteva essere esercitato nei limiti di quanto previsto dalla pianificazione urbanistica. Con il D.P.R. 380/2001 (*Testo unico in materia edilizia*) la concessione fu sostituita dal **permesso di costruire**.
Tale permesso, in quanto figura con maggiori affinità all'autorizzazione, è stato ritenuto sostituibile con la **denuncia di inizio di attività** (DIA) per gli interventi edilizi minori (es. piccole ristrutturazioni), fino all'introduzione della SCIA, sopra descritta.

4.5 I provvedimenti ablatori

Si definisce ablatorio ogni provvedimento con il quale la Pubblica Amministrazione **incide sfavorevolmente nella sfera giuridica di un privato**, al quale impone un sacrificio per la realizzazione di uno scopo generale.
La classificazione più comune distingue fra:

- provvedimenti ablatori **personali**, quando sacrificano un diritto di natura personale comprimendone talune facoltà (es. divieto di accesso ad una strada pubblica);
- provvedimenti ablatori **obbligatori**, quando esigono prestazioni di natura personale o patrimoniale (es. imposizione tributaria);
- provvedimenti ablatori **reali**, quando impongono il sacrificio di un diritto reale (es. espropriazione per pubblica utilità).

Gli atti inquadrabili nelle tre categorie considerate hanno in comune il fatto di produrre in ogni caso un **effetto privativo**: indipendentemente dal tipo di sacrificio imposto, cioè, tali atti tolgono sempre qualcosa, producendo conseguenze sfavorevoli. In certi casi, all'effetto privativo si ricollega un **effetto acquisitivo**: la facoltà o il diritto sacrificato è contestualmente acquisito da un altro soggetto, come avviene nel caso dell'espropriazione per pubblica utilità.

Capitolo 5
La patologia dell'atto amministrativo

5.1 Gli stati patologici e l'invalidità dell'atto

Gli stati patologici dell'atto amministrativo possono ricondursi alle seguenti figure:

- l'**imperfezione**, che si configura nel caso di mancata conclusione della procedura di formazione dell'atto (es. è imperfetto il decreto del Presidente della Repubblica non controfirmato dal Ministro competente);
- l'**irregolarità**, con cui s'intende lo stato patologico di un provvedimento caratterizzato dal difetto di elementi formali marginali, tali da non comportarne l'annullabilità. La presenza di tale difformità, pur determinando una reazione da parte dell'ordinamento, non incide sulla validità e sulla piena efficacia dell'atto;
- l'**inefficacia**, che si configura quando l'atto non può produrre i suoi effetti (perché non ancora stato sottoposto ai controlli previsti dalla legge o sottoposto a condizione o a termine iniziale);
- l'**invalidità**, che può assumere la configurazione della **nullità** o dell'**annullabilità**.

La categoria dell'invalidità è stata «positivizzata» dalla L. 15/2005, che ha inserito gli artt. 21-*septies* e 21-*octies* nella L. 241/1990, rispettivamente concernenti la nullità e l'annullabilità del provvedimento.
Sicché è:

- **nullo** il provvedimento amministrativo che manca degli elementi essenziali, che è viziato da difetto assoluto di attribuzione, che è stato adottato in violazione o elusione del giudicato, nonché negli altri casi espressamente previsti dalla legge;
- **annullabile** il provvedimento amministrativo adottato in *violazione di legge* o viziato da *eccesso di potere* o da *incompetenza.*

La *nullità* fa sì che il provvedimento debba considerarsi come mai adottato e, dunque, non produttivo di effetti giuridici. Se, invece, un provvedimento è *annullabile*, vuol dire che esso è affetto da un difetto giuridico che – se posto all'attenzione di un giudice o del compente organo deputato alla ricezione dei *ricorsi amministrativi ordinari* o *straordinari* – può comportare la rimozione del provvedimento che, fino al verificarsi di tale eventualità, dispiega i suoi effetti giuridici.
Diverso è il concetto di **inopportunità**, da intendersi come la mancata rispondenza dell'assetto degli interessi consacrato nell'atto ai principi di buona amministrazione. Dalla presenza di tale vizio, che investe il **merito** dell'azione amministrativa, discende la possibilità per la Pubblica Amministrazione di revocare in autotutela il provvedimento ovvero – nei casi di giurisdizione estesa al merito – la possibilità per l'interessato di ottenerne l'annullamento ad opera del giudice.

5.2 La nullità dell'atto

5.2.1 Il regime giuridico della nullità

La nullità è tradizionalmente ricondotta alla **mancanza di un elemento costitutivo della fattispecie o alla violazione di una norma posta a tutela di interessi generali**. Con la riforma del procedimento operata dalla L. 15/2005 è stato introdotto l'art. 21-*septies* nella L. 241/1990 che ha elevato la nullità ad autonoma figura di invalidità degli atti amministrativi e la riconduce ad alcune ipotesi ben definite:

- mancanza degli elementi essenziali (cosiddetta *nullità strutturale*);
- difetto assoluto di attribuzione;
- violazione od elusione del giudicato;
- altre cause di nullità previste dalla legge (cosiddetta *nullità testuale*).

In tali situazioni si ritiene sussistere in capo al privato l'interesse a eliminare dall'ordinamento giuridico (mediante un'**azione di accertamento** finalizzata a ottenere la *declaratoria di inidoneità di un atto a produrre i suoi effetti*) un provvedimento che, pur improduttivo di effetti giuridici, è comunque *in grado di produrre effetti materiali*. Fino alla sua rimozione, infatti, il provvedimento nullo *può essere eseguito, possono essere emanati provvedimenti consequenziali* (essendo un atto giuridicamente rilevante) e *può ingenerare un affidamento nei terzi* in ordine alla sua validità.
La **nullità dell'atto può essere fatta valere da chiunque**, non solo da chi sia leso in un suo diritto soggettivo o in un suo interesse legittimo. La domanda volta all'accertamento delle nullità si propone entro il termine di decadenza di 180 giorni. La nullità può sempre essere opposta dalla parte resistente o essere rilevata d'ufficio dal giudice (art. 31, co. 4, D.Lgs. 104/2010) in ogni stato e grado del giudizio.
Altri effetti connessi alla nullità dell'atto sono:

- la sua **insanabilità**, non essendo possibile per l'Amministrazione convalidare l'atto nullo con effetto retroattivo, ma al limite procedere al suo rinnovo con effetti *ex nunc*. L'atto nullo può essere *convertito in un atto diverso* con i requisiti di sostanza e di forma richiesti dalla legge, sempre che sia raggiunto lo stesso interesse pubblico;
- la legittimità del **rifiuto di adempiere da parte del terzo** che era obbligato dall'atto nullo;
- l'obbligo di **ripristinare la situazione antecedente** all'atto amministrativo nullo, qualora sulla base di questo siano state modificate delle situazioni giuridiche soggettive.

5.2.2 La carenza di potere

La figura della carenza di potere ricorre nei casi in cui **difetta la potestà dell'Amministrazione (difetto di attribuzione)** e più in specie quando:

- l'atto è emanato da un'Amministrazione totalmente priva del potere di adottarlo;
- il potere di provvedere appartiene ad un'Amministrazione radicalmente diversa;
- l'atto è emanato nell'esercizio di un potere precluso ad ogni Amministrazione e riservato ad un altro potere dello Stato.

Al riguardo si parla di **carenza in astratto** per distinguere tale ipotesi da quella della **carenza in concreto**, che ricorre quando il potere amministrativo, pur essendo in

astratto attribuito alla Pubblica Amministrazione, non può in concreto essere esercitato a causa di una specifica preclusione legislativa.
La figura della carenza di potere è invocata dalla giurisprudenza in contrapposizione a quella del **cattivo uso del potere** per delimitare i rapporti fra la giurisdizione del giudice amministrativo e quella del giudice ordinario. Più in specie, si fanno valere **diritti soggettivi**, con contestuale radicamento della giurisdizione ordinaria, ogni qualvolta il privato contesti la stessa esistenza del potere della Pubblica Amministrazione. Al contrario, si fanno valere **interessi legittimi**, con attribuzione della relativa competenza in capo al giudice amministrativo, quando si lamenta il cattivo uso del potere dell'Amministrazione.

5.2.3 Nullità e inesistenza

Si parla di inesistenza se l'atto è privo degli elementi minimi che consentano di poterlo ricondurre a una fattispecie astratta.
Sono da ricondurre alla categoria dell'inesistenza giuridica le ipotesi di mancata sottoscrizione di un atto del quale non sia in altro modo individuabile l'autorità emanante, ovvero i casi di usurpazione del potere, laddove un soggetto privato adotti un atto amministrativo arrogandosi un potere pubblico.

5.3 L'annullabilità dell'atto

5.3.1 I vizi di legittimità

L'atto amministrativo illegittimo è un atto esistente ed efficace che si presenta, tuttavia, **difforme dalla normativa che ne disciplina i requisiti**, senza che però ricorrano le più gravi patologie comportanti la *nullità* ai sensi dell'art. 21-*septies* della L. 241/1990.
L'atto illegittimo produce gli stessi effetti dell'atto legittimo: si tratta tuttavia di effetti *precari* posto che la legge prevede strumenti giuridici per eliminarli contestualmente all'atto che li pone in essere. Tra i concetti di illegittimità e annullamento ricorre perciò un rapporto di cosiddetta **consequenzialità necessaria**: un provvedimento amministrativo, emesso in violazione delle norme che lo disciplinano, è illegittimo e conseguenzialmente soggetto ad annullamento.

Un provvedimento *illegittimo* non può essere come tale qualificato come *illecito*, in quanto l'illiceità non si concretizza nella violazione di norme giuridiche che disciplinano atti, ma nel porre in essere comportamenti lesivi di diritti soggettivi altrui.

Ai sensi dell'art. 21-*octies* L. 241/1990, è annullabile il provvedimento amministrativo adottato in *violazione di legge* o *viziato da eccesso di potere* o da *incompetenza relativa.*
L'illegittimità può essere:

- **totale** o **parziale**, a seconda che investa l'intero provvedimento o si limiti ad una parte soltanto di esso senza comunicarsi alle altre;
- **originaria**, quando la legittimità del provvedimento va valutata con riferimento alla situazione di fatto e di diritto esistente al momento della sua emanazione, senza che possano essere invocati – per sostenerne l'illegittimità – i successivi mutamenti della normativa. L'illegittimità è, poi, sopravvenuta quando l'atto, originariamente

non viziato, viene colto da un vizio che però non si risolve in un ostacolo o in un impedimento alla sua efficacia;

> **derivata**, quando risulta invalido un altro atto che ne costituisce il presupposto.

Ai sensi dell'art. 29 D.Lgs. 104/2010 (Codice del processo amministrativo), l'azione di annullamento per violazione di legge, incompetenza ed eccesso di potere si propone nel **termine di decadenza di 60 giorni**.
L'atto amministrativo annullabile è giuridicamente esistente, efficace e sanabile.
L'annullabilità non opera di diritto, ma solo se fatta valere da chi ne abbia interesse.

5.3.2 L'incompetenza relativa

Si parla di **incompetenza relativa** quando l'organo che emana l'atto appartiene allo stesso settore di amministrazione dell'organo che sarebbe competente secondo le regole generali. Si può distinguere un'incompetenza per materia (l'atto emanato è riservato per materia ad altro organo dello stesso settore amministrativo) o per territorio (l'atto è emanato da un organo che, sebbene competente per materia, non lo è per territorio). In questi casi l'atto è **annullabile** o, eventualmente, sanabile.
Nell'ipotesi in cui l'atto venga adottato da autorità appartenente ad altro ordine di poteri o ad altro settore della Pubblica Amministrazione si configura la fattispecie dell'**incompetenza assoluta**, che comporta la **nullità dell'atto**. Per il legislatore, inoltre, costituisce motivo di nullità il *difetto assoluto di attribuzione*, vale a dire l'eventualità in cui il potere amministrativo non sia assegnato ad alcuna autorità, per cui non esiste giuridicamente il provvedimento che ne costituisce esercizio (art. 21-*septies* L. 241/1990).

5.3.3 L'eccesso di potere

L'eccesso di potere è un vizio che investe la **causa dell'atto amministrativo**, cioè la sua funzione, che deve essere quella predeterminata dalla legge: mentre l'eccesso di potere attiene alla causa dell'atto, l'incompetenza, relativa od assoluta, attiene l'autorità da cui promana l'atto. Tale vizio viene anche classificato come *vizio della discrezionalità*.
Affinché si possa parlare di eccesso di potere occorre che:

> l'**atto sia discrezionale**, dal momento che gli atti vincolati hanno un contenuto predeterminato e non possono essere invalidati per eccesso di potere;
> l'**atto realizzi un fine diverso da quello previsto dalla legge**;
> l'**eccesso di potere sia provato**.

La prova dell'eccesso di potere viene individuata nello **sviamento dal fine indicato dalla norma**. Ma è proprio l'individuazione del fine medesimo che è apparsa un'operazione tutt'altro che agevole. Per superare tali difficoltà probatorie, si è ritenuto che anche nell'ipotesi in cui lo sviamento non venga dimostrato, ma si ravvisi la violazione dei principi di logicità, ragionevolezza, coerenza e completezza dell'*iter* logico seguito dall'Amministrazione, siffatta violazione può essere assunta a «spia» di tale sviamento.
La giurisprudenza ha elaborato specifiche **figure sintomatiche dell'eccesso di potere**, che si atteggiano quali segnali (o indici) di un esercizio non corretto del potere discrezionale. Si tratta di figure quali il travisamento e l'erronea valutazione dei fatti, la contraddittorietà fra più parti dello stesso atto o fra più atti, l'inosservanza di circolari

e norme interne, la disparità di trattamento, l'ingiustizia manifesta, l'incompletezza e il difetto di istruttoria, il difetto o la contraddittorietà della motivazione.

5.3.4 La violazione di legge e la mera irregolarità

L'art. 21-*octies*, co. 2, L. 241/1990, introduce due importanti eccezioni rispetto alla violazione di legge. In primo luogo, non è annullabile «*il provvedimento adottato in violazione di norme sul procedimento o sulla forma degli atti qualora, per la natura vincolata del provvedimento, sia palese che il suo contenuto dispositivo non avrebbe potuto essere diverso da quello in concreto adottato*». In secondo luogo, il provvedimento amministrativo non è comunque annullabile per mancata comunicazione dell'avvio del procedimento «*qualora l'Amministrazione dimostri in giudizio che il contenuto del provvedimento non avrebbe potuto essere diverso da quello in concreto adottato*».
Con il primo inciso si indicano quelle violazioni di legge che, seppur presenti, non comportano l'annullabilità dell'atto. Il legislatore ha in tal modo introdotto la categoria dei **vizi meramente formali**. Si tratta di situazioni in cui, per la natura vincolata del provvedimento, è palese che il suo contenuto dispositivo non avrebbe potuto essere diverso da quello in concreto adottato. Per questo tipo di vizi il legislatore ha ritenuto che prevalga la sostanza rispetto agli aspetti formali richiesti dalla legge e ne ha escluso l'annullabilità. Si parla anche di **irregolarità non invalidante** per sottolineare che la difformità dalla legge si traduce in vizi meramente formali e di scarso valore sostanziale (**mera irregolarità**), tali da non avere una ragionevole incidenza causale sul contenuto del provvedimento finale e da non imporne l'annullamento.
Il secondo inciso consente alla Pubblica Amministrazione di dimostrare in giudizio che la mancata comunicazione dell'avvio del procedimento non rappresenta di per sé stessa causa di annullabilità: l'Amministrazione deve quindi dimostrare che, anche se i destinatari fossero venuti a conoscenza del procedimento, l'atto conclusivo non avrebbe potuto essere diverso da quello posto in essere.
Con una modifica all'art. 21-*octies* L. 241/1990, introdotta dal D.L. 76/2020 (conv. in L. 120/2020), il legislatore ha esplicitamente escluso che quest'ultima ipotesi possa applicarsi alla *mancata comunicazione del preavviso di rigetto* previsto dall'art. 10-*bis* L. 241/1990.

5.3.5 La riemissione di provvedimenti annullati per vizi di atti endoprocedimentali

L'art. 21-*decies* L. 241/1990 prevede un procedimento semplificato per la riemissione di provvedimenti finali che sono stati annullati dal giudice per vizi inerenti a uno o più atti emessi nel corso del procedimento di *autorizzazione* o di *valutazione di impatto ambientale (VIA)*. La norma è stata aggiunta dall'art. 12, co. 1, lett. i-*bis*), D.L. 76/2020, come modificato dalla L. 120/2020 di conversione.
Nella specifica ipotesi disciplinata dal citato articolo, il proponente può richiedere all'amministrazione procedente (e, in caso di progetto sottoposto a VIA, all'autorità competente ai sensi del D.Lgs. 152/2006, *T.U. ambiente*) l'attivazione di un **procedimento semplificato, ai fini della riadozione degli atti annullati, in particolare laddove non sono necessarie modifiche al progetto**. In tal caso, fermi restando tutti gli atti

e i provvedimenti delle altre amministrazioni, l'amministrazione o l'ente che abbia adottato l'atto ritenuto viziato si esprime provvedendo alle integrazioni necessarie per superare i rilievi indicati dalla sentenza di annullamento.

5.4 L'istituto dell'autotutela

L'autotutela amministrativa può essere definita come quel complesso di **attività con cui ogni Pubblica Amministrazione risolve i conflitti potenziali e attuali, relativi ai suoi provvedimenti o alle sue pretese**.
In questi casi la Pubblica Amministrazione interviene unilateralmente, con i mezzi amministrativi a sua disposizione (salvo ovviamente ogni sindacato giurisdizionale), tutelando autonomamente la propria sfera d'azione.
Il fondamento dell'autotutela amministrativa risiede nella potestà generale che l'ordinamento riconosce a ogni Pubblica Amministrazione di intervenire unilateralmente su ogni questione di propria competenza. Tale fondamento ha trovato poi il riscontro positivo nella L. 15/2005, di modifica della L. 241/1990, che ha codificato gli istituti della **revoca**, dell'**annullamento d'ufficio** e della **convalida**, fugando ogni dubbio sulla compatibilità del potere di riesame con il principio di legalità.
Si distingue fra:

- l'**autotutela esecutiva**, che consiste nel complesso di attività attuative di una decisione amministrativa (es. operazioni materiali di sgombero a seguito di un ordine della Pubblica Amministrazione di liberare un edificio abusivo). Per tale fattispecie serve una norma specifica che attribuisca all'autorità amministrativa il potere di agire in via diretta e immediata per l'attuazione dei propri interessi;
- l'**autotutela decisoria**, nel cui ambito rileva poi la suddivisione fra autotutela *diretta* (o non contenziosa) e autotutela *indiretta* (o contenziosa).

Con l'**autotutela diretta**, l'Amministrazione esercita i suoi poteri spontaneamente, attraverso l'annullamento *d'ufficio*, cioè posto in essere in esecuzione di un dovere stabilito dalla legge. Rientrano in essa: gli **atti di ritiro** (annullamento d'ufficio, revoca, abrogazione, decadenza, ritiro) e la **convalescenza dell'atto** (convalida, ratifica, sanatoria).
L'**autotutela indiretta**, invece, si fonda sull'azione, o ricorso, dell'interessato. Assume, quindi, una connotazione fortemente giurisdizionale anche sul piano formale, proprio a causa della presenza di una controversia, la quale si conclude con un atto che tende a soddisfare, accanto a quello del privato ricorrente, altresì l'interesse pubblico dell'Amministrazione (questo è il motivo per cui si parla di autotutela indiretta).

5.5 L'autotutela decisoria

5.5.1 Gli atti di ritiro

I principali atti di ritiro sono l'annullamento d'ufficio e la revoca.
L'**annullamento d'ufficio**, disciplinato dall'art. 21-*nonies* L. 241/1990, costituisce un *provvedimento amministrativo di secondo grado*, con il quale viene ritirato dall'ordinamento, con **efficacia retroattiva**, un atto amministrativo inficiato da vizi di legittimità originari. L'annullamento è un provvedimento discrezionale e, come tale, non è mai

un atto dovuto (salvo il caso di annullamento doveroso). Può essere adottato dallo stesso organo che ha emanato il provvedimento invalido o da altro organo previsto dalla legge ed è assoggettato a regole rigorose:

- l'*obbligo della motivazione*;
- la presenza di *concrete ragioni di pubblico interesse*, non riducibili alla mera esigenza di ripristino della legalità;
- il termine ragionevole non superiore a 12 mesi dall'adozione di provvedimenti di attribuzione di vantaggi economici;
- la *valutazione dell'affidamento delle parti private* destinatarie del provvedimento oggetto di riesame;
- il rispetto delle *regole del contraddittorio procedimentale*;
- l'*adeguata istruttoria*.

I provvedimenti amministrativi conseguiti sulla base di false rappresentazioni dei fatti o di dichiarazioni sostitutive di certificazione e dell'atto di notorietà false o mendaci per effetto di condotte costituenti reato, accertate con sentenza passata in giudicato, possono essere annullati dall'amministrazione anche dopo la scadenza del predetto termine di 12 mesi, fatta salva l'applicazione delle sanzioni penali nonché delle sanzioni previste dal D.P.R. 445/2000 (T.U. documentazione amministrativa).

La **revoca**, disciplinata dall'art. 21-*quinquies* L. 241/1990, diversamente dall'annullamento d'ufficio, opera con riferimento ad *atti inopportuni* e, dunque, prescinde da valutazioni di legittimità dell'azione amministrativa. È dunque un *provvedimento amministrativo di secondo grado*, con il quale la Pubblica Amministrazione ritira con **efficacia non retroattiva** un atto inficiato da vizi di merito. In particolare, un provvedimento amministrativo può essere revocato per *sopravvenuti motivi di pubblico interesse* o per il *mutamento della situazione di fatto* che ha determinato l'adozione del provvedimento o ancora – salvo che si tratti di provvedimenti autorizzativi o attributivi di vantaggi economici – sulla scorta di una *rinnovata valutazione dell'interesse pubblico originario*.
In linea generale, la revoca è disposta dalla stessa autorità amministrativa che ha emesso l'atto da revocare (e con un procedimento analogo) o da un'autorità gerarchicamente superiore, a meno che l'autorità che ha emesso l'atto abbia competenza esclusiva rispetto a esso.
Non avendo la revoca efficacia retroattiva, gli effetti dell'atto revocato sono mantenuti e hanno validità fino al momento in cui è intervenuta la revoca. Se l'atto di revoca arreca pregiudizi in **danno dei soggetti direttamente interessati**, l'Amministrazione ha l'obbligo di provvedere al loro indennizzo.

5.5.2 Gli atti di convalescenza

L'autotutela costituisce anche il fondamento degli atti di convalescenza con cui la Pubblica Amministrazione opera una *sanatoria dei vizi contenuti nell'atto*.
I principali atti di convalescenza sono:

- la **convalida**, un provvedimento *nuovo*, *autonomo*, *costitutivo*, che elimina i vizi di legittimità di un atto invalidato precedentemente emanato dalla stessa autorità (es. integrazione della motivazione insufficiente, eliminazione delle clausole invalidanti);

- la **ratifica**, che si caratterizza anch'essa quale provvedimento nuovo, autonomo, costitutivo, con cui viene eliminato il vizio di incompetenza relativa da parte dell'autorità astrattamente competente, la quale si appropria di un atto adottato da autorità incompetente dello stesso ramo;
- la **sanatoria**, che opera quando un atto o un presupposto di legittimità del procedimento, mancante al momento dell'emanazione dell'atto amministrativo, viene emesso successivamente in modo da perfezionare *ex post* l'atto illegittimo.

5.5.3 Gli atti di conservazione

Con gli atti di conservazione si cerca di perseguire il raggiungimento dello scopo di un atto ove esso, pur viziato, sia egualmente in grado di soddisfare l'interesse pubblico.
I principali sono:

- **consolidazione-inoppugnabilità:** è una causa di conservazione oggettiva dell'atto amministrativo, che dipende dal decorso del termine perentorio entro il quale l'interessato avrebbe dovuto proporre ricorso contro l'atto invalido. Si tratta in sostanza di una figura processualistica assimilabile al passaggio in giudicato della sentenza;
- **acquiescenza:** è una causa di conservazione soggettiva dell'atto amministrativo, che dipende da un comportamento con cui il soggetto privato dimostra espressamente o per fatti concludenti di essere d'accordo con l'operato della Pubblica Amministrazione, precludendosi la possibilità di impugnare nuovamente l'atto;
- **conversione:** è un atto in virtù del quale un provvedimento invalido (annullabile o nullo) viene considerato come appartenente ad altra tipologia di cui presenta gli stessi requisiti di forma e sostanza;
- **conferma:** è una manifestazione di volontà non innovativa con cui l'autorità ribadisce una sua precedente determinazione, eventualmente ripetendone il contenuto. Tuttavia si parla di *conferma propria* quando l'amministrazione non si limita a constatare l'esistenza di un precedente provvedimento, ma effettua un vero e proprio procedimento di riesame, entra nel merito della nuova istanza del richiedente, e, dopo aver esaminato nuovamente la situazione di fatto e di diritto, si esprime in senso negativo, "confermando" la propria determinazione; si parla, invece, di *conferma impropria* quando l'amministrazione, di fronte ad un'istanza di riesame, si limita a dichiarare l'esistenza di un suo precedente provvedimento, senza compiere alcuna nuova istruttoria e senza una nuova motivazione; per queste sue caratteristiche, l'atto, meramente confermativo, non riapre i termini per impugnare;
- **rinnovazione:** consiste nell'emanazione di un nuovo atto con effetti ex nunc, in luogo di quello annullato, con la ripetizione della procedura a partire dall'atto endoprocedimentale viziato. La rinnovazione è possibile sempre che l'atto precedente non sia stato annullato per ragioni di ordine sostanziale (ad es., perché manca un presupposto).

Capitolo 6
I contratti della Pubblica Amministrazione

6.1 L'attività di diritto privato della Pubblica Amministrazione

6.1.1 L'autonomia negoziale delle amministrazioni pubbliche

Nel perseguimento di un interesse pubblico l'amministrazione può far ricorso anche a *forme negoziali di natura privatistica*, ponendosi su un piano diverso rispetto a quando agisce con i tradizionali **strumenti di tipo pubblicistico**.
In quest'ultimo caso, infatti, essa si trova in condizione di supremazia rispetto ai singoli cittadini che sono assoggettati al potere pubblico: la loro posizione può essere modificata in modo unilaterale dall'amministrazione nel legittimo esercizio della sua potestà. E ciò in ragione della preminenza degli interessi di volta in volta perseguiti.
Nel caso degli **strumenti privatistici**, viceversa, l'attività dell'amministrazione risulta sostanzialmente strumentale al raggiungimento di un interesse pubblico. In tale evenienza, l'amministrazione procede per procurare direttamente a sé stessa determinate utilità e si trova ad operare su un piano paritetico rispetto al soggetto privato, nei cui confronti non riveste una posizione di preminenza né esercita alcuna potestà, operando al contrario secondo le regole di diritto comune.
Il riconoscimento generale dell'autonomia negoziale della Pubblica Amministrazione trova oggi il proprio fondamento normativo nell'art. 1, co. 1-*bis*, L. 241/1990 (aggiunto dalla L. 15/2005), ai sensi del quale "la Pubblica Amministrazione, nell'adozione di atti di natura non autoritativa, agisce secondo le **norme di diritto privato** salvo che la legge disponga diversamente". In altri termini, il negozio giuridico di diritto privato diventa uno degli strumenti con cui si possono raggiungere gli interessi pubblici e si pone quale valida alternativa al provvedimento unilaterale: laddove possibile si predilige l'agire consensuale per una migliore realizzazione del fine pubblico ed evitare così probabili controversie giudiziarie che ne possano ostacolare il compimento effettivo.
Il limite principale – che vale a distinguerla dalla generale capacità riconosciuta ai soggetti privati – è quello di carattere funzionale. È preclusa, in sostanza, la conclusione di negozi incompatibili con lo specifico scopo pubblico perseguito dall'amministrazione stipulante; quest'ultima è tenuta ad indirizzare e conformare la sua attività alla realizzazione dell'interesse pubblico affidato alle sue cure.

6.1.2 Contratti di diritto comune, diritto speciale e ad oggetto pubblico

L'attività di diritto privato delle amministrazioni pubbliche si sostanzia nella stipula di contratti, termine al quale sono riconducibili fenomeni diversificati che vanno meglio esaminati.

Nell'ambito dei contratti della Pubblica Amministrazione è, infatti, possibile distinguere tra:

> **contratti di diritto comune**, che non presentano nessuna differenza rispetto ad un ordinario contratto stipulato da qualsiasi altro soggetto dell'ordinamento giuridico e normalmente disciplinato dal codice civile. Si tratta dell'ipotesi "pura" dell'attività contrattuale della Pubblica Amministrazione, dove quest'ultima si pone su di un piano di assoluta parità rispetto alla controparte privata ed è impossibilitata ad esercitare qualunque potere autoritativo; le regole che disciplinano il rapporto sono quelle dettate dalla disciplina civilistica e non sono consentite deroghe. L'esempio più comune è quello del contratto di locazione o di acquisto stipulato dall'amministrazione e non direttamente finalizzato all'attuazione di un interesse pubblico;

> **contratti di diritto speciale** che presentano aspetti derogatori rispetto alla disciplina ordinaria della tipologia contrattuale alla quale appartengono, differenziazione legata al fatto che uno dei due contraenti è un'amministrazione pubblica. Pur facendo ricorso ad un'attività negoziale e non ad un atto tipico dell'amministrazione (il provvedimento), i contraenti non sono posti su un piano di perfetta parità dal momento che la disciplina è dettata, oltre che dalle norme civilistiche, anche da disposizioni pubblicistiche. Il settore di maggiore rilevanza in questo ambito è indubbiamente quello dei contratti di appalti pubblici che trova una sua disciplina derogatoria rispetto alle norme del codice civile nel Codice dei contratti pubblici (D.Lgs. 50/2016);

> **contratti ad oggetto pubblico** (o *contratti di diritto pubblico*) che sotto il profilo giuridico si caratterizzano per la *stretta correlazione tra un provvedimento amministrativo* e *il contratto stipulato*, quest'ultimo generalmente una diretta emanazione del primo. Altra caratteristica essenziale è il fatto che *il bene* oggetto del negozio può essere oggetto di disposizione *solo da parte della Pubblica Amministrazione* e non di altri; ciò rende l'amministrazione un soggetto contrattuale necessario.

Nell'ambito dei contratti ad oggetto pubblico è possibile operare un'ulteriore distinzione tra:

- **contratti accessivi** di provvedimenti con i quali si provvede a disciplinare le obbligazioni derivanti da un provvedimento amministrativo (la denominazione deriva dal fatto che "accedono" al provvedimento). L'esempio tradizionale è quello della concessione amministrativa che presuppone la stipula di un contratto con il concessionario che disciplina nel dettaglio i diritti e gli obblighi derivanti dal provvedimento amministrativo di concessione;
- **contratti ausiliari** di provvedimenti, che intervengono nell'ambito di un procedimento amministrativo e provvedono a disciplinare in modo consensuale determinati profili dello stesso; è il caso, ad esempio, dell'accordo con il quale l'amministrazione e il privato stabiliscono di comune accordo l'indennizzo dovuto per l'espropriazione. Sono previsti dall'art. 11 L. 241/1190 (*accordi integrativi*: l'amministrazione procedente può concludere ... accordi con gli interessati al fine di determinare il contenuto discrezionale del provvedimento finale);
- **contratti sostitutivi** di provvedimenti con i quali si sostituisce totalmente il contenuto del provvedimento attraverso la conclusione di un accordo con la controparte. Anche in questo caso vi è un'esplicita indicazione legislativa riportata nel già citato art. 11 L. 241/1990 (*accordi sostitutivi*: l'amministrazione procedente può concludere (...) accordi con gli interessati in sostituzione del provvedimento finale).

6.1.3 Contratti attivi e passivi

Una diversa distinzione che è possibile operare è quella tra **contratti attivi** e contratti passivi. I primi comportano un'entrata a favore dello Stato (si pensi alla locazione

o alla vendita di un immobile pubblico); la necessità di stipulare un atto negoziale differenzia queste entrate dagli altri introiti derivanti, ad esempio, dall'imposizione tributaria. I **contratti passivi**, invece, comportano una spesa, vale a dire un'erogazione di somme di denaro necessarie per acquisire beni e servizi essenziali per l'attività dell'amministrazione; l'esempio della vendita o della locazione sopra riportato può essere ripreso, invertendo, però, il ruolo delle parti contrattuali (in questo caso è l'amministrazione che acquista).
I *contratti attivi* trovano la loro disciplina, oltre che in leggi speciali, nelle norme di contabilità pubblica, prevalentemente derogatoria rispetto al diritto comune; per *quelli passivi*, mediante i quali quindi la Pubblica Amministrazione si procura beni e servizi, la disciplina attuale è posta principalmente dal Codice dei contratti pubblici (D.Lgs. 18-4-2016, n. 50), che rinvia al codice civile per i profili non regolati.
Nell'ampia ed eterogenea categoria dei contratti pubblici, gli appalti pubblici si qualificano come i principali contratti passivi che l'amministrazione può concludere.

6.2 La legislazione nazionale ed europea dei contratti pubblici

6.2.1 Le fonti della contrattualistica pubblica

Il sistema delle fonti che regola l'attività contrattuale della pubblica amministrazione si presenta complesso e prevede sia *norme di diritto comune* (in particolare gli artt. 1321 ss e 1470 ss c.c.) che *norme di diritto pubblico* (R.D. 2440/1923, recante la legge di contabilità di Stato; R.D. 827/1924, recante il regolamento attuativo della legge di contabilità; L. 241/1990, sul procedimento amministrativo).
Per lungo tempo sia la legge di contabilità di Stato che il suo regolamento attuativo hanno costituito la principale fonte normativa in materia di contratti pubblici; attualmente, però, essi hanno carattere residuale, trovando applicazione soprattutto per i contratti attivi. Prevalenti sono ora la normativa europea (principi dei trattati, sentenze della Corte di giustizia, direttive dell'Unione) e le disposizioni speciali.
Per circa 10 anni la principale fonte di disciplina era riportata nel *Codice dei contratti approvato con il D.Lgs. 12-4-2006, n. 163* e successivamente completato con l'approvazione del regolamento di esecuzione e attuazione (D.P.R. 5-10-2010, n. 207). Il citato provvedimento aveva operato un riordino dell'intera disciplina anche per recepire nell'ordinamento nazionale le direttive 2004/18/CE e 2004/17/CE che dettavano una disciplina unica europea in materia di appalti pubblici di servizi e forniture.
Nel 2016 tale provvedimento è stato abrogato e sostituito dal Codice degli appalti e delle concessioni (D.Lgs. 50/2016), in seguito ridenominato Codice dei contratti pubblici.

6.2.2 Il Codice dei contratti pubblici (D.Lgs. 50/2016)

Nel febbraio 2014 l'Unione europea ha approvato tre direttive relative ad appalti pubblici e servizi, in sostituzione delle direttive 2004/18 e 2004/17. I provvedimenti erano i seguenti:

- la direttiva 2014/24/UE del 26 febbraio 2014 (cosiddetta **direttiva Appalti**) sugli appalti pubblici che abroga la direttiva 2004/18/CE;

- la direttiva 2014/25/UE del 26 febbraio 2014 (cosiddetta **direttiva Utilities**) sulle procedure d'appalto degli enti erogatori nei settori dell'acqua, dell'energia, dei trasporti e dei servizi postali e che abroga la direttiva 2004/17/CE;
- la direttiva 2014/23/UE del 26 febbraio 2014 in materia di **concessioni**.

Le tre direttive sono entrate in vigore il 18 aprile 2014 e da quella data ha preso avvio per il legislatore nazionale la complessa attività di recepimento. In Italia la legge che ha conferito al Governo la delega a recepire tali provvedimenti, dettando i principi e i criteri direttivi, è stata la L. 28 gennaio 2016, n. 11. Nell'arco di pochi mesi l'Esecutivo ha approvato il **D.Lgs. 18-4-2016, n. 50** recante "Attuazione delle direttive 2014/23/UE, 2014/24/UE e 2014/25/UE sull'aggiudicazione dei contratti di concessione, sugli appalti pubblici e sulle procedure d'appalto degli enti erogatori nei settori dell'acqua, dell'energia, dei trasporti e dei servizi postali, nonché per il riordino della disciplina vigente in materia di contratti pubblici relativi a lavori, servizi e forniture" (sinteticamente indicato come Codice degli appalti e delle concessioni).
Il Codice è stato successivamente oggetto di **modifiche ed integrazioni ad opera del D.Lgs. 19-4-2017, n. 56** (cosiddetto *decreto correttivo*), entrato in vigore il 20 maggio 2017, che ha inteso perfezionarne l'impianto normativo e migliorarne l'omogeneità, la chiarezza e l'adeguatezza. È stata anche modificata la rubrica del provvedimento che ora ha assunto la denominazione di **Codice dei contratti pubblici**.
Il Codice, dopo aver dettato nella Parte I i principi e le disposizioni comuni ai due settori, dedica la Parte II del provvedimento alle disposizioni riguardanti i **contratti di appalto per lavori, servizi e forniture**, esaminando sia quelli di rilevanza europea (anche detti sopra soglia europea) sia quelli sotto la soglia europea. I primi sono quelli il cui valore supera un determinato importo specificamente indicato dal Codice (inizialmente definito dall'art. 35 D.Lgs. 50/2016 e, poi, regolarmente aggiornato con apposito provvedimento della Commissione europea) mentre quelli sotto soglia o intracomunitari sono figure negoziali il cui valore resta al di sotto di tali importi per i quali l'art. 36 detta una disciplina semplificata.

6.2.3 La distinzione tra appalti e concessioni

Il Codice del 2016 disciplina sia gli appalti pubblici che i contratti di concessione. Il decreto definisce la **concessione di lavori** come "un contratto a titolo oneroso stipulato per iscritto in virtù del quale una o più stazioni appaltanti affidano l'esecuzione di lavori ovvero la progettazione esecutiva e l'esecuzione, ovvero la progettazione definitiva, la progettazione esecutiva e l'esecuzione di lavori ad uno o più operatori economici riconoscendo a titolo di corrispettivo unicamente il diritto di gestire le opere oggetto del contratto o tale diritto accompagnato da un prezzo, con assunzione in capo al concessionario del rischio operativo legato alla gestione delle opere" (*si pensi all'accordo per la costruzione e la successiva gestione di una piscina comunale*). La **concessione di servizi**, invece, è definita come "un contratto a titolo oneroso stipulato per iscritto in virtù del quale una o più stazioni appaltanti affidano a uno o più operatori economici la fornitura e la gestione di servizi diversi dall'esecuzione di lavori, riconoscendo a titolo di corrispettivo unicamente il diritto di gestire i servizi oggetto del contratto o tale diritto accompagnato da un prezzo, con assunzione in capo al concessionario del rischio operativo legato alla gestione dei servizi" (*si pensi all'affidamento del servizio di trasporto urbano*).

La concessione si differenzia dall'appalto di lavori perché nel primo caso **il corrispettivo dei lavori consiste unicamente nel diritto di gestire l'opera o in tale diritto accompagnato da un prezzo**. In pratica il concessionario assume il cosiddetto **rischio di gestione**, non essendo remunerato direttamente dall'amministrazione committente ma dall'utenza, che corrisponde, in un regime normalmente tariffario, i canoni richiesti per usufruire del servizio fornito dal gestore.

6.3 La formazione del contratto e l'obbligo dell'evidenza pubblica

6.3.1 Inquadramento dell'istituto

La normativa nazionale in materia di contabilità pubblica (cfr. artt. 3 e 6 R.D. 2440/1923 e artt. 37 e 41 R.D. 827/1924) postula per ogni attività contrattuale posta in essere da una Pubblica Amministrazione (o da un soggetto ad essa equiparato) l'utilizzo di procedure concorsuali *aperte,* circoscrivendo ad alcune ipotesi eccezionali la possibilità di ricorrere all'affidamento diretto del contratto (ovvero a trattativa privata, modulo caratterizzato da notevole libertà procedurale). Si enuncia in tal modo un principio fondamentale dell'attività contrattuale della Pubblica Amministrazione, secondo cui **ogni contratto della Pubblica Amministrazione da cui derivi un'entrata o una spesa deve essere preceduto da una gara, salvo che non ricorrano le ipotesi in cui si possa far ricorso alla trattativa privata.**

La finalità di questo principio di contabilità pubblica è la garanzia della *par condicio* tra tutti i potenziali interessati a contrattare con l'amministrazione e di consentire all'amministrazione stessa, mediante l'acquisizione di un pluralità di offerte, di contrattare alle condizioni più vantaggiose. Del resto, nella scelta del giusto contraente si considerano pienamente soddisfatte le esigenze di trasparenza ed imparzialità, imposte all'azione amministrativa dall'art. 97 Cost.

Nell'espletare la gara, le norme di contabilità pubblica richiedono il rispetto di una serie di regole tese ad impedire collusioni tra privati ed uffici dell'amministrazione pubblica. Tali regole informano uno speciale metodo procedurale, noto come **procedura dell'evidenza pubblica**, che richiede, tra l'altro, il **rispetto di termini ben precisi per la pubblicità della gara e di rigorosi criteri di valutazione**.

Nel rapporto contrattuale sorto dall'azione *iure privatorum* della Pubblica Amministrazione, infatti, si possono distinguere due fasi: la *prima,* che precede la stipulazione del contratto, è contrassegnata dalla rilevanza dell'interesse pubblico e, pertanto, regolata da norme di diritto pubblico (evidenza pubblica); la *seconda,* che segue alla stipulazione e concerne l'esecuzione del contratto secondo le norme di diritto privato (salvo qualche eccezione).

L'espressione "evidenza pubblica", quindi, vuole proprio indicare la presenza di atti amministrativi che rendono evidenti (e ne consentono la verifica) le ragioni di pubblico interesse che hanno spinto alla stipulazione del contratto, alla scelta della controparte e alla formazione del consenso.

6.3.2 L'evidenza pubblica negli appalti

Per il settore degli appalti le varie fasi dell'evidenza pubblica sono disciplinate dal Codice dei contratti pubblici (D.Lgs. 50/2016) e contemplano passaggi preliminari, in

cui si procede alla programmazione dei lavori e all'ascolto dei cittadini per le grandi opere infrastrutturali, e delle fasi successive durante le quali si effettua la scelta del contraente e si stipula il contratto.
Prima di esaminarle nel dettaglio, tuttavia, sono necessarie alcune precisazioni terminologiche. Nel Codice (art. 3 D.Lgs. 50/2016) i soggetti stipulanti il contratto assumono la denominazione di:

- **operatore economico** facendo riferimento al soggetto che *offre sul mercato la realizzazione di lavori o opere, la fornitura di prodotti o la prestazione di servizi*. Può trattarsi di una persona fisica o giuridica, un ente pubblico, un raggruppamento di tali persone o enti (compresa qualsiasi associazione temporanea di imprese) oppure un ente senza personalità giuridica (ivi compreso il GEIE, gruppo europeo di interesse economico);
- **amministrazione aggiudicatrice** facendo riferimento ai soggetti che *richiedono la realizzazione di lavori o opere, la fornitura di prodotti o la prestazione di servizi*. Tale nozione include le amministrazioni dello Stato, gli enti pubblici territoriali, gli altri enti pubblici non economici, gli organismi di diritto pubblico e le associazioni, unioni, consorzi (comunque denominati) da essi costituiti. Insieme ad altri soggetti, talvolta anche privati nell'ipotesi in cui siano assegnatari di fondi pubblici, assumono la denominazione di **stazioni appaltanti**.

Dopo i passaggi iniziali della programmazione e del dibattito pubblico, le diverse fasi dell'evidenza pubblica prevedono i seguenti *step*:

- la **deliberazione (o determinazione) a contrarre**, atto con il quale si individuano gli elementi essenziali del contratto che si andrà a stipulare e le modalità di scelta della controparte;
- la **scelta del contraente**, decisione che non è rimessa alla discrezionalità dell'amministrazione ma deve seguire le precise indicazioni contenute nel Codice dei contratti pubblici;
- l'**aggiudicazione**, l'**approvazione** e la **stipula** del contratto, attività conclusive con le quali si perfeziona l'accordo e si procede alla sua esecuzione.

Relativamente alla **programmazione** è da ricordare che l'art. 21 del Codice obbliga le amministrazioni aggiudicatrici e gli enti aggiudicatori ad adottare (e aggiornare) un programma biennale degli acquisti di beni e servizi e un programma triennale dei lavori pubblici, qualora superino un determinato importo.
Per il **dibattito pubblico**, invece, si prevede che per le grandi opere infrastrutturali, aventi impatto rilevante sull'ambiente, sulle città e sull'assetto del territorio, sia obbligatorio il ricorso ad una procedura che contempli la convocazione di una conferenza alla quale sono invitati le amministrazioni e gli altri soggetti portatori di interessi, ivi compresi i comitati di cittadini.

6.4 La deliberazione (o determinazione) a contrarre

La procedura di affidamento di un appalto pubblico è avviata con l'approvazione della cosiddetta deliberazione (o determinazione) a contrarre. Si tratta di un atto con il quale le stazioni appaltanti **individuano gli elementi essenziali del contratto e i criteri di selezione degli operatori economici e delle offerte**. In particolare va enucleato *l'oggetto del contratto*, le sue *clausole essenziali*, lo *scopo da perseguire* e le *modalità* attraverso cui realizzarlo: *la deliberazione in sostanza predetermina il contenuto del futuro contratto*. Alla funzione di determinare lo schema del futuro contratto, oltre che il relativo contenuto, risponde anche un particolare tipo di atto definito capitolato d'oneri.

Il **capitolato d'oneri** si distingue in:

- capitolato generale: contiene le condizioni che possono applicarsi indistintamente ad un determinato genere di lavoro, appalto o contratto e le forme da seguirsi per le gare (art. 45, R.D. 23-5-1924, n. 827);
- capitolato speciale: riguarda le condizioni che si riferiscono più particolarmente all'oggetto proprio del contratto. Esso formula, nel rispetto del capitolato generale, la disciplina del singolo rapporto contrattuale.

L'avvio della gara presuppone, salvo specifiche deroghe, la pubblicazione del relativo **bando**, considerato *lex specialis* della procedura (ossia normativa speciale, che reca le norme specifiche per la selezione avviata con la pubblicazione del bando) e che deve rispettare quanto previsto dall'art. 71 D.Lgs. 50/2016.
Ciascun concorrente non può presentare più di un'offerta. L'offerta è vincolante per il periodo indicato nel bando o nell'invito e, in caso di mancata indicazione, per 180 giorni dalla scadenza del termine per la sua presentazione. La stazione appaltante può comunque chiedere agli offerenti il differimento di detto termine.

La L. 55/2019, di conversione del D.L. 32/2019 (*decreto sblocca cantieri*), novellando l'art. 76 del Codice, in materia di informazione dei candidati e degli offerenti e in ottemperanza al principio di trasparenza, ha disposto che ai candidati e ai concorrenti venga dato avviso, con le modalità del Codice dell'amministrazione digitale, del provvedimento che determina le esclusioni dalla procedura di affidamento e le ammissioni ad essa, all'esito della verifica della documentazione attestante l'assenza dei motivi di esclusione, nonché la sussistenza dei requisiti economico-finanziari e tecnico-professionali. Va, altresì, indicato l'ufficio o il collegamento informatico ad accesso riservato dove sono disponibili i relativi atti.

6.5 La scelta del contraente

6.5.1 Le tradizionali procedure di gara

Il Codice dei contratti pubblici prevede diversi sistemi per l'espletamento di una gara pubblica. Si tratta:

> della **procedura aperta**, contemplata dall'art. 60 del Codice laddove si prevede la possibilità per *qualsiasi operatore economico interessato di presentare un'offerta* in risposta a un avviso di indizione di gara. Il termine minimo per la ricezione delle offerte è di 35 giorni decorrenti dalla data di trasmissione del bando di gara, termine che può essere ridotto in determinate ipotesi. Nel previgente regime giuridico assumeva la denominazione di **pubblico incanto o asta pubblica**;

> della **procedura ristretta**, con la quale ogni operatore economico *può chiedere di partecipare* ma *possono presentare un'offerta soltanto quelli invitati dalle stazioni appaltanti*. La disposizione normativa di riferimento è l'art. 61 D.Lgs. 50/2016. Nel previgente regime giuridico assumeva la denominazione di **licitazione privata**;

> della **procedura negoziata in assenza della previa pubblicazione del bando**. Attribuisce all'amministrazione una maggiore discrezionalità nella scelta del contraente in quanto il procedimento amministrativo *prevede solo una fase di negoziazione diretta*

tra amministrazione e contraente, mentre manca la fase dell'aggiudicazione (art. 63 D.Lgs. 50/2016). Nel previgente regime giuridico era riconducibile alla **trattativa privata**. Per l'alto livello di discrezionalità, che potrebbe sconfinare nell'arbitrarietà, il Codice limita l'utilizzo di tale procedura ad ipotesi ben definite, prevedendo comunque che, ove possibile, le amministrazioni aggiudicatrici selezionino almeno 15 imprese, ove esistenti, da invitare alle procedure negoziate per i lavori di importo compreso tra 150 mila euro e un milione: prima del correttivo introdotto dal D.Lgs. 56/2017, il numero di operatori economici per l'aggiudicazione dell'appalto era limitato a 5;

> del **dialogo competitivo**. Consiste in una procedura di affidamento (art. 64 D.Lgs. 50/2016) nella quale la stazione appaltante, in caso di appalti particolarmente complessi, *avvia un dialogo con i candidati ammessi a tale procedura, al fine di elaborare una o più soluzioni capaci di soddisfare le sue necessità* e sulla base della quale o delle quali i candidati selezionati sono invitati a presentare le offerte; qualsiasi operatore economico può chiedere di partecipare a tale procedura, fornendo le informazioni richieste dalla stazione appaltante.

La scelta sulla procedura da adottare e l'oggetto del contratto non è rimessa all'incondizionata discrezionalità dell'amministrazione in quanto l'art. 59, co. 1, D.Lgs. 50/2016 esordisce affermando che le stazioni appaltanti *utilizzano* le procedure aperte o ristrette, previa pubblicazione di un bando o avviso di indizione di gara; *possono utilizzare* le altre procedure solo quando sussistono i presupposti di volta in volta individuati. La **regola generale, quindi, è costituita dal ricorso alle procedure aperte o ristrette** mentre le altre hanno carattere eccezionale.

La L. 55/2019 (di conversione del D.L. 32/2019, cosiddetto *decreto sblocca cantieri*), ha modificato le diverse modalità di affidamento previste dall'art. 36, co. 2, per i lavori "sottosoglia" (vale a dire per quei contratti per i quali l'importo a base di gara per l'affidamento ed esecuzione di lavori, servizi e forniture sia al di sotto delle soglie di rilevanza comunitaria, determinate dall'art. 35), nonché le corrispondenti classi di importo.

La disciplina degli affidamenti di lavori "sottosoglia", alla luce del D.L. 32/2019, può essere, in base all'importo dei lavori, così sintetizzata:

- fino a 40.000 euro, affidamento diretto anche senza previa consultazione di due o più operatori economici;
- da 40.000 a 200.000 euro, procedura negoziata previa consultazione, ove esistenti, di almeno tre operatori economici;
- da 200.00 euro e fino alla soglia di rilevanza europea (vale a dire 5.548.000 euro), affidamento mediante ricorso alle procedure aperte (disciplinate dall'art. 60 del Codice), fatto salvo quanto previsto dall'art. 97, co. 8, del Codice medesimo.

L'art. 1 D.L. 76/2020 ha introdotto alcune deroghe a quanto detto sinora, giustificate dalla necessità di far fronte all'emergenza economica. La norma, come modificata dall'art. 51 D.L. 77/2021, ha una vigenza temporale ben precisa ed è applicabile fino al 30 giugno 2023.

In particolare:

- fino a 150.000 euro è previsto l'affidamento diretto per lavori, servizi e forniture, ivi compresi i servizi di ingegneria e architettura e l'attività di progettazione, di importo inferiore a 139.000 euro;
- da 150.000 euro si ricorre alle procedure negoziate a invito per lavori fino alla soglia comunitaria, ovvero 5.350.000 euro con una differenziazione solo per il numero di operatori da invitare (5 operatori fino a 350.000 euro, 10 operatori fino a 1.000.000 euro e 15 fino alla

soglia) e alle procedure negoziate a invito (almeno 5 operatori) per servizi e forniture di importo pari o superiore a 139.000 euro e fino alla soglia comunitaria, ovvero 214.000 euro.

6.5.2 Le procedure innovative

Accanto a quelle prima esaminate il Codice contempla anche procedure che presentano aspetti innovativi. Si fa riferimento, in particolare:

- alla **procedura competitiva con negoziazione** che inizialmente presenta le caratteristiche di una procedura aperta (*chiunque può presentare una richiesta di partecipazione*) per poi confluire in una procedura negoziata (*la negoziazione prosegue con gli operatori invitati*);
- al **partenariato per l'innovazione** che *consente alle amministrazioni di sviluppare in prima persona, ma in collaborazione con partner esterni, prodotti innovativi non acquisibili sul mercato* (art. 65 D.Lgs. 50/2016);
- all'**accordo quadro**, concluso fra una o più stazioni appaltanti e uno o più operatori economici e il cui scopo è quello di *stabilire le clausole relative agli appalti da aggiudicare durante un dato periodo di tempo*, in particolare per quanto riguarda i prezzi e, se del caso, le quantità previste.

6.5.3 Gli strumenti dell'e-procurement

Con l'espressione *e-procurement* si fa riferimento al processo di approvvigionamento elettronico, cioè di **procacciamento e acquisizione di beni e servizi attraverso la rete Internet**; a questo processo corrisponde un complesso di regole, modalità organizzative e procedure che comprendono in genere l'impiego di software e tecnologie informatiche.

Vi rientrano i **sistemi dinamici di acquisizione**, procedure di scelta del contraente che devono essere gestite interamente attraverso strumenti telematici di negoziazione (art. 55 D.Lgs. 50/2016) e sono utilizzate prevalentemente per gli acquisti di uso corrente. Le **aste elettroniche**, invece, non sono procedure di aggiudicazione, ma più propriamente delle modalità per disporre gli affidamenti (art. 56 D.Lgs. 50/2016) e nelle quali vengono presentati nuovi prezzi, modificati al ribasso o inseriti nuovi valori riguardanti taluni elementi delle offerte. I **cataloghi elettronici**, infine, sono un formato per la presentazione e organizzazione delle informazioni in un modo comune per tutti gli offerenti e che si presta al trattamento elettronico.

6.5.4 I criteri di aggiudicazione della gara

Le stazioni appaltanti, nel rispetto dei principi di trasparenza, di non discriminazione e di parità di trattamento, procedono all'aggiudicazione degli appalti e all'affidamento dei concorsi di progettazione e dei concorsi di idee sulla base dei seguenti criteri:

- **criterio dell'offerta economicamente più vantaggiosa** individuata nel miglior rapporto qualità/prezzo. Sono aggiudicati sulla base di tale criterio esclusivamente: *a*) i contratti relativi ai servizi sociali e di ristorazione ospedaliera, assistenziale e scolastica, nonché ai servizi ad alta intensità di manodopera, fatti salvi gli affidamenti diretti di importo inferiore ai 40.000 euro ai sensi dell'articolo 36, co. 2, lett. *a*); *b*) i contratti relativi all'affidamento dei servizi di ingegneria e architettura e degli altri servizi di natura tecnica e intellettuale di importo pari o superiore a 40.000 euro;

b-*bis*) i contratti di servizi e le forniture di importo pari o superiore a 40.000 euro caratterizzati da notevole contenuto tecnologico o che hanno un carattere innovativo (lettera aggiunta dalla L. 55/2019);

> **criterio del minor prezzo**, seguendo un criterio di comparazione costo/efficacia quale il costo del ciclo di vita. Il ricorso a tale criterio è consentito (art. 95, co. 4), oltre che nel caso di contratti sottosoglia (art. 36, co. 9-*bis*), nel caso di servizi e forniture con caratteristiche standardizzate o le cui condizioni sono definite dal mercato fatta eccezione per i servizi ad alta intensità di manodopera.

Quando le offerte appaiono eccessivamente basse (tanto da essere poco credibili o da far dubitare della qualità della prestazione, sulla base di un giudizio tecnico sulla congruità, serietà, sostenibilità e realizzabilità dell'offerta), l'art. 97 dispone che:

> se il criterio di aggiudicazione è quello del **prezzo più basso**, la congruità delle offerte è valutata sulle offerte che presentano un ribasso pari o superiore ad una **soglia di anomalia** determinata con apposite formule (diverse a seconda che le offerte siano più o meno di 15);

> se il criterio di aggiudicazione è quello dell'**offerta economicamente più vantaggiosa**, la congruità delle offerte è valutata sulle offerte che presentano sia i punti relativi al prezzo sia la somma dei punti relativi agli altri elementi di valutazione, entrambi pari o superiori ai quattro quinti dei corrispondenti punti massimi previsti dal bando di gara e le offerte ammesse siano più di 3.

Quando un'offerta appaia anormalmente bassa, la stazione appaltante richiede all'offerente le giustificazioni sul prezzo o sui costi proposti nelle offerte.
L'art. 97, co. 8, dispone, per gli appalti sotto soglia e con il criterio di aggiudicazione del prezzo più basso, che la stazione appaltante preveda nel bando l'esclusione automatica dalla gara delle offerte anomale, sempreché il numero delle offerte ammesse non sia inferiore a 10 (fino al 30 giugno 2023, inferiore a 5: D.L. 77/2021, convertito dalla L. 108/2021).

6.6 L'aggiudicazione, l'approvazione e la stipula del contratto

La fase di scelta del contraente si conclude con l'**aggiudicazione**, atto finale con il quale, sulla base delle risultanze di gara, **è proclamato il vincitore**, ovvero il miglior offerente.
La proposta di aggiudicazione è successivamente soggetta ad **approvazione dell'organo competente** secondo l'ordinamento delle amministrazioni aggiudicatrici e nel rispetto dei termini previsti dai singoli ordinamenti (termini che possono essere interrotti dalla richiesta di chiarimenti o documenti). In tale fase, la stazione appaltante provvede a verificare l'attività svolta nella procedura di gara e la sua regolarità. Decorsi i termini previsti dai singoli ordinamenti o, in mancanza, quello di 30 giorni, la proposta di aggiudicazione si intende approvata. È poi espressamente sancito che l'aggiudicazione non equivale all'accettazione dell'offerta e **diviene efficace soltanto dopo l'esito positivo della verifica** del possesso da parte dell'aggiudicatario dei requisiti prescritti negli atti di gara e dichiarati in sede di domanda di qualificazione ovvero in sede di offerta.
La **stipula** del contratto ha luogo entro i successivi 60 giorni, salvo diverso termine previsto nel bando o nell'invito ad offrire, oppure nei casi di differimento espressamente concordati con l'aggiudicatario.

6.7 L'esecuzione del contratto

L'esecuzione del contratto può avere inizio **solo dopo che lo stesso è divenuto efficace**, salvo che nei casi di urgenza, in cui la stazione appaltante ne chieda l'esecuzione anticipata (art. 32, co. 13, D.Lgs. 50/2016).

L'**esecuzione d'urgenza** è ammessa esclusivamente nelle ipotesi di eventi oggettivamente imprevedibili, per ovviare a situazioni di pericolo per persone, animali o cose, per l'igiene e la salute pubblica, per la tutela del patrimonio storico, artistico, culturale e nei casi in cui la mancata esecuzione immediata della prestazione dedotta nella gara determinerebbe un grave danno all'interesse pubblico che è destinato a soddisfare, ivi compresa la perdita di finanziamenti europei. All'art. 101 il Codice stabilisce espressamente che il **responsabile unico del procedimento (RUP)**, nella fase dell'esecuzione, si avvale del direttore dell'esecuzione del contratto o del direttore dei lavori. L'art. 102 precisa, poi, che detto responsabile è tenuto a controllare l'esecuzione del contratto congiuntamente al direttore dei lavori per i lavori e al **direttore dell'esecuzione** del contratto per i servizi e forniture.

Il D.L. 32/2019, convertito dalla L. 55/2019, ha attribuito al **regolamento unico di attuazione del Codice,** da adottare in luogo delle linee guida emanate dall'Autorità nazionale Anticorruzione (ANAC), il compito di definire:

- la disciplina di maggiore dettaglio sui **compiti specifici del Responsabile unico del procedimento (RUP)**, sui presupposti e sulle modalità di nomina, e sugli ulteriori requisiti di professionalità, rispetto a quanto disposto dal Codice in relazione alla complessità dei lavori;
- l'importo massimo e la tipologia dei lavori, servizi e forniture per i quali il RUP può coincidere con il progettista, con il direttore dei lavori o con il direttore dell'esecuzione.

La **direzione dell'esecuzione** si sostanzia in un insieme di attività volte a garantire che l'esecuzione del contratto avvenga nei tempi stabiliti ed in conformità alle prescrizioni contenute nei documenti contrattuali e nelle condizioni offerte in sede di aggiudicazione o affidamento. L'articolo 111, co. 2, del Codice enuncia, in linea generale, i compiti del direttore dell'esecuzione del contratto di servizi o di forniture, individuandoli nel *coordinamento, direzione e controllo tecnico-contabile dell'esecuzione del contratto stipulato dalla stazione appaltante, in modo da assicurarne la regolare esecuzione.*

I soggetti affidatari dei contratti eseguono in proprio le opere o i lavori, i servizi, le forniture compresi nel contratto. Il contratto non può essere ceduto a pena di nullità, ad eccezione delle ipotesi tassativamente previste dal comma 1 dell'art. 106 lett. *d* (ossia se un nuovo contraente sostituisce quello a cui la stazione appaltante aveva inizialmente aggiudicato l'appalto a causa di precise circostanze). Il Codice ammette, tuttavia, il **subappalto** ovvero il **contratto con il quale l'appaltatore affida a terzi l'esecuzione di parte delle prestazioni o lavorazioni** oggetto del contratto di appalto. Il ricorso all'istituto del subappalto è stato, fino ad oggi, soggetto a dei limiti quantitativi che ne rendevano possibile l'uso in misura massima del 30% dell'importo complessivo del contratto di lavori, servizi o fornitura.

L'art. 49 D.L. 77/2021, modificando l'art. 105 D.Lgs. 50/2016, ha eliminato tale limite, stabilendo, in particolare, che dal 1-11-2021, il tetto massimo di ricorso al subappalto sarà individuato in via di fatto e caso per caso da ciascuna stazione appaltante, determinando, con precisa e adeguata motivazione, le quote, le prestazioni o le lavorazioni escluse dal subappalto.

6.8 La collaborazione tra pubblico e privato

6.8.1 Il partenariato pubblico-privato (PPP)

Con l'espressione partenariato pubblico-privato (PPP) ci si riferisce a **forme di cooperazione tra le autorità pubbliche ed il mondo delle imprese e della società civile** che mirano a garantire il finanziamento, la costruzione, il rinnovamento, la gestione o la manutenzione di un'infrastruttura o la fornitura di un servizio.

Si tratta di un fenomeno che nel corso dell'ultimo decennio si è sviluppato in molti settori poiché permette al settore pubblico di reperire risorse finanziarie private e contemporaneamente di beneficiare maggiormente del *know-how* e dei metodi di funzionamento del settore privato nel quadro della vita pubblica. Il contratto di partenariato può essere utilizzato dalle amministrazioni concedenti per qualsiasi tipologia di opera pubblica.

Normalmente le operazioni di PPP condividono le seguenti **caratteristiche**:

- la modalità di **finanziamento**, di regola **garantito da parte dal settore privato** anche se non è raro che vi siano quote di finanziamento pubblico aggiuntive rispetto alle risorse impiegate dai privati;
- l'importante **ruolo dell'operatore economico**, che partecipa a varie fasi del progetto (progettazione, realizzazione, attuazione, finanziamento). Il partner pubblico si concentra principalmente sulla definizione degli obiettivi da raggiungere e garantisce il controllo del rispetto di questi obiettivi;
- la **ripartizione dei rischi tra il partner pubblico ed il partner privato**, con quest'ultimo che si assume rischi di solito a carico del settore pubblico.

È possibile distinguere due diverse tipologie di partenariato:

- un **PPP istituzionalizzato**. Esso implica la creazione di un'entità detenuta congiuntamente dal partner pubblico e dal partner privato, un'impresa a capitale misto. Tale soggetto comune ha quindi la missione di assicurare la fornitura di un'opera o di un servizio a favore del pubblico;
- un **PPP contrattuale**. Riguarda un partenariato basato esclusivamente sui legami contrattuali tra i vari soggetti.

L'art. 3 D.Lgs. 50/2016 definisce più esplicitamente il partenariato pubblico privato come il contratto a titolo oneroso stipulato per iscritto con il quale una o più stazioni appaltanti conferiscono a uno o più operatori economici, per un periodo determinato in funzione della durata dell'ammortamento dell'investimento o delle modalità di finanziamento fissate, un complesso di attività consistenti nella realizzazione, trasformazione, manutenzione e gestione operativa di un'opera in cambio della sua disponibilità, o del suo sfruttamento economico, o della fornitura di un servizio connesso all'utilizzo dell'opera stessa, con assunzione di rischio, secondo modalità individuate nel contratto, da parte dell'operatore.

6.8.2 Gli strumenti del partenariato

Nella tipologia del contratti appena definiti rientrano:

- il ***project financing*** (*finanza di progetto*). L'istituto è stato introdotto nel nostro ordinamento al fine di agevolare la realizzazione di opere pubbliche mediante l'apporto di capitali privati: sua caratteristica essenziale è quella di *porre a carico dei soggetti promotori o aggiudicatari, in tutto o in parte, i costi necessari alla progettazione ed esecuzione dei*

lavori, assicurando loro come unica controprestazione il diritto di gestione funzionale e di sfruttamento economico delle opere realizzate; come afferma l'art. 183 del Codice (D.Lgs. 50/2016), quindi, si tratta di una particolare tipologia di concessione di lavori.
Il Codice prevede che, nell'ambito del programma triennale dei lavori pubblici, le amministrazioni aggiudicatrici individuino anche i lavori complessi e gli interventi suscettibili di essere realizzati attraverso contratti di concessione o di partenariato pubblico privato (art. 21). Per tali lavori, le amministrazioni possono, in alternativa all'affidamento mediante concessione, attribuire una concessione ponendo a base di gara il progetto di fattibilità, mediante pubblicazione di un bando finalizzato alla presentazione di offerte che contemplino l'utilizzo di risorse totalmente o parzialmente a carico dei soggetti proponenti (*procedura su iniziativa delle amministrazioni aggiudicatrici per lavori inclusi nella programmazione*: art. 183, co. 1-14). L'art. 183, co. 15 e ss., D.Lgs. 50/2016, invece, individua una seconda procedura di finanza di progetto (*su iniziativa dei privati*): gli operatori economici possono presentare proposte relative alla realizzazione in concessione di lavori pubblici o di lavori di pubblica utilità, anche se già presenti negli strumenti di programmazione approvati dall'amministrazione aggiudicatrice (così dopo il D.L. 76/2020): la proposta contiene un progetto di fattibilità, una bozza di convenzione, il piano economico e la specificazione delle caratteristiche del servizio e della gestione;

- il **contratto di disponibilità.** Si tratta del contratto (introdotto dall'art. 44 D.L. 1/2012 e ora contemplato dall'art. 188 D.Lgs. 50/2016) mediante il quale sono affidate, a rischio e a spesa dell'affidatario, la costruzione e la messa a disposizione a favore dell'amministrazione aggiudicatrice di un'opera di proprietà privata destinata all'esercizio di un pubblico servizio, a fronte di un corrispettivo. Si intende per *messa a disposizione* l'onere assunto a proprio rischio dall'affidatario di assicurare all'amministrazione aggiudicatrice la costante fruibilità dell'opera, garantendo allo scopo la perfetta manutenzione e la risoluzione di tutti gli eventuali vizi, anche sopravvenuti. L'affidatario può essere retribuito con i seguenti corrispettivi: un *canone di disponibilità*, il riconoscimento di un *contributo in corso d'opera* o un eventuale *prezzo di trasferimento*;
- gli **interventi di sussidiarietà orizzontale**, vale a dire la *partecipazione della società civile alla manutenzione di aree destinate al verde pubblico urbano e di immobili riservati alle attività collettive* sociali e culturali di quartiere, ad eccezione di immobili ad uso scolastico e sportivo, con il riconoscimento di un diritto di prelazione ai cittadini residenti nei comprensori nei quali insistono le suddette aree o i predetti immobili (art. 189 D.Lgs. 50/2016);
- il **baratto amministrativo**. Prevede che gli enti territoriali definiscano con apposita delibera i criteri e le condizioni per la realizzazione di *contratti di partenariato sociale, sulla base di progetti presentati da cittadini singoli o associati*, purché individuati in relazione ad un preciso ambito territoriale. I contratti possono riguardare la pulizia, la manutenzione, l'abbellimento di aree verdi, piazze o strade, ovvero la loro valorizzazione mediante iniziative culturali di vario genere, interventi di decoro urbano, di recupero e riuso con finalità di interesse generale, di aree e beni immobili inutilizzati. In relazione alla tipologia degli interventi, gli enti territoriali individuano riduzioni o esenzioni di tributi corrispondenti al tipo di attività svolta dal privato o dalla associazione ovvero comunque utili alla comunità di riferimento in un'ottica

di recupero del valore sociale della partecipazione dei cittadini alla stessa (art. 190 del Codice);

- la **cessione di immobili in cambio di opere**. L'art. 191 del Codice stabilisce che il bando di gara possa, a titolo di corrispettivo (totale o parziale) per l'esecuzione di specifici lavori, prevedere il *trasferimento all'affidatario* o, qualora l'affidatario vi abbia interesse, a soggetto terzo da questo indicato, purché in possesso dei prescritti requisiti, *della proprietà di beni immobili appartenenti all'amministrazione aggiudicatrice.*

6.9 Il contenzioso

6.9.1 Gli strumenti deflattivi del contenzioso e le procedure stragiudiziali

Il contenzioso nel settore degli appalti pubblici è particolarmente copioso e spesso porta al rallentamento se non al blocco nella realizzazione di importanti opere infrastrutturali. Proprio per evitare tale situazione uno degli obiettivi del Codice del 2016 è stato quello di rafforzare tutti quegli strumenti che consentono di risolvere in via informale eventuali contrasti e consentire una veloce ripresa delle attività. In particolare la Parte IV del Codice (Titolo I, Capo II) disciplina specificamente gli **strumenti stragiudiziali di composizione delle liti in materia di contratti pubblici**. Essi sono:

- l'**accordo bonario** con il quale le parti raggiungono un accordo per definire contenziosi insorti soprattutto con riferimento a variazioni nei costi sostenuti. Ai fini del ricorso a questo istituto, la variazione dell'importo dell'opera potrà essere tra il 5% e il 15%. L'impresa, in caso di rifiuto della proposta di accordo bonario ovvero di inutile decorso del termine per l'accettazione, può instaurare un contenzioso giudiziario entro i successivi 60 giorni, a pena di decadenza;
- la **transazione**. L'art. 1965 c.c. definisce la transazione come il contratto con il quale le parti, facendosi reciproche concessioni, pongono fine ad una lite già cominciata o prevengono una lite che possa insorgere; con le reciproche concessioni si possono creare, modificare o estinguere anche rapporti diversi da quello che formano oggetto della pretesa o della contestazione delle parti. Nel settore degli appalti è un rimedio caratterizzato dalla residualità; si prevede, infatti, che le controversie relative a diritti soggettivi derivanti dall'esecuzione dei contratti pubblici di lavori, servizi, forniture, possono essere risolte mediante transazione nel rispetto del codice civile, solo ed esclusivamente *nell'ipotesi in cui non risulti possibile esperire altri rimedi alternativi* all'azione giurisdizionale (art. 208 D.Lgs. 50/2016);
- l'**arbitrato**. Le controversie su diritti soggettivi, derivanti dall'esecuzione dei contratti pubblici relativi a lavori, servizi, forniture, concorsi di progettazione e di idee, comprese quelle conseguenti al mancato raggiungimento dell'accordo bonario, possono essere deferite ad arbitri;
- l'**intervento precontenzioso dell'ANAC**. L'art. 211 del Codice prevede la possibilità per l'Autorità anticorruzione di pronunciarsi, in sede consultiva, su questioni che possano insorgere nello svolgimento delle procedure di gara. Il parere viene reso entro 30 giorni dalla ricezione della richiesta da parte della stazione appaltante ed è vincolante in quanto obbliga le parti che vi abbiano preventivamente acconsentito ad attenersi a quanto in esso stabilito. Il parere è impugnabile innanzi ai competenti organi della giustizia amministrativa ai sensi dell'art. 120 del Codice del processo amministrativo.

Il D.Lgs. 56/2017 ha, altresì, riconosciuto all'ANAC la legittimazione ad agire in giudizio per l'impugnazione dei bandi, degli altri atti generali e dei provvedimenti relativi a contratti di rilevante impatto, emessi da qualsiasi stazione appaltante, qualora ritenga che essi violino le norme in materia di contratti pubblici relativi a lavori, servizi e forniture. L'ANAC, inoltre, se ritiene che una stazione appaltante abbia adottato un provvedimento viziato da gravi violazioni, emette, entro 60 giorni dalla notizia della violazione, un **parere motivato** nel quale indica specificamente i vizi di legittimità riscontrati. Il parere è trasmesso alla stazione appaltante; se questa non vi si conforma entro il termine assegnato, l'ANAC può presentare ricorso, entro i successivi 30 giorni, innanzi al giudice amministrativo.

6.9.2 Le procedure giudiziali

L'art. 133, co. 1, lett. *e*), D.Lgs. 104/2010 (Codice del processo amministrativo) prevede la **giurisdizione esclusiva del giudice amministrativo su tutte le controversie, incluse quelle risarcitorie**, relative alle procedure di affidamento di contratti pubblici di lavori, servizi, forniture, sia sopra che sotto soglia europea, sia nei settori ordinari che in quelli speciali, quale che sia la tipologia contrattuale utilizzata (appalto o concessione).

Davanti al **giudice amministrativo** si applica il **rito speciale** di cui agli art. 119 e 120 D.Lgs, 104/2010 e trovano applicazione i rimedi cautelari di cui agli artt. 56 e 61 dello stesso provvedimento.

Per tutte le controversie relative alla **fase di esecuzione** dell'appalto (quelle conseguenti alla stipula) opera, invece, la **giurisdizione del giudice ordinario** che comprende la cognizione delle controversie inerenti ai diritti e agli obblighi scaturenti dal contratto di appalto (anche nel caso in cui l'amministrazione si sia avvalsa della facoltà di rescindere o risolvere il rapporto contrattuale).

Rientrano in particolare nella fase di esecuzione dell'appalto e, dunque, nella giurisdizione del giudice ordinario:

- le controversie relative ai pagamenti delle prestazioni oggetto del contratto, anche nel caso di appalti di progettazione e incarichi di progettazione in genere;
- le controversie inerenti la risoluzione del contratto conseguente alla perdita della qualificazione SOA, con conseguente giurisdizione del giudice ordinario;
- le controversie relative all'accertamento della durata del rapporto contrattuale.

Capitolo 7
I beni pubblici e l'espropriazione per pubblica utilità

7.1 I beni pubblici e la loro classificazione

Per il perseguimento dei suoi fini la Pubblica Amministrazione si serve non solo di soggetti, ma anche di beni. Questi beni sono individuati in base ad un semplice criterio formale: sono, infatti, beni pubblici quelli che il codice civile definisce e classifica come tali.

I beni pubblici, secondo la classificazione operata dal codice civile, si distinguono in tre gruppi: **beni demaniali, beni patrimoniali indisponibili, beni patrimoniali disponibili**. Per le rispettive elencazioni si rinvia alla lettura degli artt. 822 e 826 c.c. È il caso di ricordare, tuttavia, che oltre allo Stato, anche gli altri enti pubblici territoriali dispongono di un demanio e di un patrimonio.

Il regime giuridico di questi beni è ben diverso dal regime applicabile ai beni privati. Infatti, i beni che fanno parte del **demanio pubblico** in quanto destinati alla collettività:

> **sono inalienabili**, per cui non possono essere trasferiti ad altri soggetti (gli eventuali atti di disposizione compiuti in spregio a tale divieto sono nulli);

> **non tollerano la costituzione di diritti a favore di terzi** (es. una servitù di passaggio) se non nei modi e nei limiti stabiliti tassativamente dalla legge. Resta preclusa l'usucapione quale modo d'acquisto di diritti reali e in generale l'applicazione della disciplina privatistica della proprietà;

> **non possono essere espropriati**, dal momento che possono formare oggetto di diritti a favore di terzi soltanto nei modi e nei limiti stabiliti dalle leggi che li riguardano (*ex* art. 823 c.c.);

> **sono trasferibili ad altro ente territoriale**, sempre che non siano indissolubilmente legati al territorio dell'ente cui appartengono (come nel caso di una piazza sita al centro di un Comune) e purché permanga la loro destinazione pubblica.

È possibile, però, che determinate facoltà di utilizzazione di tali beni siano date in concessione a soggetti privati: così, ad esempio, si può consentire ad un privato di aprire uno stabilimento balneare o un ristorante su una spiaggia.

I beni demaniali sono suscettibili di essere ripartiti in alcune tipologie fondamentali: **demanio necessario**, che a sua volta si distingue in *demanio marittimo, idrico* e *militare*, e **demanio accidentale**, nell'ambito del quale occorre distinguere fra **beni demaniali naturali** e **beni demaniali artificiali**.

Ciò che caratterizza i beni del *demanio accidentale* è la loro titolarità: possono appartenere anche a soggetti non pubblici ma, se appartengono ad un ente pubblico territoriale, il relativo regime è quello del demanio accidentale.

Il *demanio necessario* è solo statale o regionale. Il *demanio accidentale* può essere anche provinciale o comunale.
Ulteriore differenza dei beni del demanio accidentale rispetto a quelli del demanio necessario deriva dal fatto che essi non sono costituiti esclusivamente da beni immobili, potendo consistere anche in **universalità di mobili** (raccolte dei musei e pinacoteche).

Anche i **beni patrimoniali indisponibili** sono vincolati ad una *destinazione di pubblica utilità*, alla quale non possono essere sottratti se non nei modi stabiliti dalle leggi che li riguardano (art. 828 c.c.).
In particolare, i beni del patrimonio indisponibile:

- **sono incommerciabili**, alcuni in senso assoluto in quanto riservati (es. le miniere), altri solo in quanto perduri la destinazione pubblica; altri beni ancora possono essere alienati solo previo permesso amministrativo (es. beni forestali);
- **possono formare oggetto di diritti parziari a favore di terzi** (es. diritti di servitù), purché compatibili con la destinazione e le prescrizioni di legge;
- **sono suscettibili di espropriazione** per il perseguimento di un interesse superiore rispetto a quello soddisfatto con l'originaria destinazione. L'esercizio del potere ablatorio con riguardo a questi beni deve essere sorretto da un accertamento motivato, compiuto dall'autorità procedente, circa la maggiore utilità da conseguire rispetto a quella derivante dall'uso in atto degli stessi.

Alcuni beni assumono il carattere della indisponibilità soltanto in conseguenza di una destinazione pubblica, individuata o dalla legge o da un provvedimento: emblematico è l'esempio dei beni immobili destinati a un pubblico servizio (sedi e arredi degli uffici).
Infine restano quei beni che, pur appartenendo allo Stato o agli altri enti pubblici territoriali, non sono inderogabilmente destinati a soddisfare un interesse pubblico, perché servono soltanto a produrre un reddito: si tratta dei **beni patrimoniali disponibili**. Rientrano in quest'ultima categoria tutti i beni che non fanno parte del demanio e del patrimonio indisponibile. Può trattarsi di beni immobili o mobili, di crediti, di titoli o di denaro. Tali beni costituiscono una proprietà privata dell'ente pubblico e, coerentemente con la loro funzione, sono alienabili e seguono, con qualche limitata eccezione, le regole del diritto privato.

7.2 L'uso dei beni pubblici da parte dei privati

L'utilizzo di beni demaniali, da parte della collettività o di singoli soggetti privati, può avvenire in forme diverse.
L'**uso diretto** è l'impiego che l'ente pubblico proprietario fa del bene nell'assolvimento dei propri compiti istituzionali. Tale utilizzo è talvolta garantito da norme che addirittura sanzionano penalmente l'impiego del bene da parte di altri (si pensi, per esempio, al demanio militare e al patrimonio indisponibile di interesse militare, attraverso il cui uso lo Stato provvede alla difesa nazionale).
L'**uso promiscuo** si configura quando il bene è in grado di soddisfare contemporaneamente le esigenze che giustificano la sua appartenenza pubblica e altre esigenze. Si pensi, per esempio, alle strade militari che, accanto all'interesse della difesa, sono in grado di soddisfare l'interesse generale della pubblica circolazione.

L'**uso generale** (o utilizzazione libera) è l'esatto opposto dell'uso diretto. In questa ipotesi l'uso del bene è permesso alla collettività nel suo complesso senza che il titolare del diritto di proprietà possa escluderne alcuno. Talvolta l'uso è consentito previo pagamento di una somma (es. pedaggio autostradale); altre volte, invece, occorre un'autorizzazione dell'ente pubblico (si pensi allo scarico nelle acque pubbliche).
Nell'**uso particolare**, infine, il bene è goduto da singoli soggetti che ne possono usufruire in via esclusiva in virtù di uno specifico atto di attribuzione del diritto (una legge, una concessione ecc.).

7.3 I beni privati e la potestà ablatoria della Pubblica Amministrazione

Secondo i precetti della Costituzione repubblicana (art. 42, co. 3, Cost.), la proprietà privata può essere, nei casi previsti dalla legge, e salvo indennizzo, espropriata per motivi di interesse generale; norma analoga è contenuta nell'art. 834 c.c., ai sensi del quale nessuno può essere privato in tutto o in parte dei beni di sua proprietà se non per causa di pubblico interesse, legalmente dichiarata, e contro il pagamento di una *giusta indennità*.
È prevista, dunque, la possibilità che la **pubblica autorità possa acquisire coattivamente beni di proprietà privata** attraverso la procedura dell'**espropriazione per pubblica utilità**. L'espropriazione è espressione della *potestà ablatoria della Pubblica Amministrazione*, nell'esercizio della quale la stessa incide su una situazione giuridica del destinatario, comprimendola e limitandola unilateralmente.
Quello espropriativo, tuttavia, non esaurisce tale tipologia di provvedimenti. Occorre al riguardo considerare: l'**occupazione preliminare del bene**, preordinata al successivo esproprio, cui la Pubblica Amministrazione ricorre ove ritenga sussistente una situazione di indifferibilità e di urgenza; l'**occupazione temporanea**, effettuata dalla Pubblica Amministrazione, previa dichiarazione di indifferibilità e urgenza, per sopperire ad esigenze provvisorie, non preordinate alla successiva acquisizione del bene; la **requisizione**, che tuttavia si connota per la mancanza della finalità ablatoria.

7.4 L'espropriazione per pubblica utilità

7.4.1 Ambito applicativo

L'espropriazione è un provvedimento ablatorio reale, avente ad oggetto beni immobili appartenenti a privati, il cui fondamento è generalmente desunto in dottrina dalla **prevalenza dell'interesse pubblico su quello privato**, con conseguente degradazione del diritto di proprietà a interesse legittimo.
L'espropriazione è preordinata alla realizzazione di opere, edifici o strutture di interesse pubblico e costituisce l'esito di un procedimento amministrativo nel quale assume rilievo centrale la **dichiarazione di pubblica utilità** da parte dell'autorità espropriante, seguita dall'emanazione del **decreto di espropriazione**, con cui si sancisce definitivamente l'effetto traslativo del bene privato in favore dell'autorità espropriante.
Il provvedimento espropriativo genera comunque, in favore del proprietario, il diritto a percepire un **indennizzo**. Dunque, il trasferimento coattivo comporta la conversio-

ne del diritto reale dell'espropriato in un credito ad una somma di denaro a titolo, appunto, di indennità.
L'istituto dell'espropriazione per pubblica utilità è oggi disciplinato dal **D.P.R. 8-6-2001, n. 327**, che costituisce il Testo unico della materia, con il quale si è cercato finalmente di porre una disciplina organica del procedimento espropriativo.

7.4.2 I soggetti

I soggetti che, a diverso titolo, intervengono nella procedura espropriativa sono:

- l'**espropriato**, vale a dire il soggetto titolare della proprietà o del diritto oggetto di espropriazione. La procedura espropriativa è condotta nei confronti di chi risulti proprietario dai registri catastali per esigenze di celerità e semplificazione;
- l'**autorità espropriante**, da identificarsi nell'autorità amministrativa titolare del potere di espropriare e che cura il relativo procedimento, oppure nel soggetto privato al quale una disposizione di legge attribuisca il potere di espropriare.

  In caso di opere di minore entità, l'autorità espropriante può delegare, in tutto o in parte, al soggetto promotore l'esercizio dei propri poteri espropriativi, determinando l'ambito della delega nell'atto di affidamento. A questo scopo i soggetti cui sono delegati i poteri espropriativi possono avvalersi di **società controllate** nonché di **società di servizi** ai fini delle attività preparatorie;
- il **beneficiario dell'espropriazione**, rappresentato dal soggetto, pubblico o privato, a favore del quale è emesso il decreto di espropriazione e sul quale generalmente grava l'obbligo di pagare l'indennità di espropriazione;
- il **promotore dell'espropriazione**, ovvero il soggetto, pubblico o privato, che richiede l'espropriazione.

7.4.3 La dichiarazione di pubblica utilità

Costituisce una distinta fase all'interno del procedimento espropriativo la **dichiarazione di pubblica utilità implicita**. Infatti, gli atti che comportano la dichiarazione di pubblica utilità sono l'**approvazione del progetto definitivo** dell'opera pubblica, ovvero qualunque strumento urbanistico o altro provvedimento ai quali la normativa vigente riconosca tale effetto.
La dichiarazione di pubblica utilità si configura come **atto presupposto** rispetto al successivo **decreto**. Per esigenze di semplificazione è previsto che essa contenga il solo **termine finale** per l'emanazione del decreto; in mancanza il termine è fissato, dall'art. 13, co. 4, D.P.R. 327/2001, in cinque anni decorrenti dalla data in cui diventa efficace l'atto che dichiara la pubblica utilità dell'opera.
La dichiarazione di pubblica utilità costituisce un provvedimento autonomo rispetto al successivo decreto d'esproprio, idonea, in quanto tale, a determinare immediatamente effetti lesivi nella sfera giuridica dei terzi.

7.4.4 L'indennità di espropriazione

Con il D.P.R. 327/2001, il legislatore ha suddiviso i beni espropriabili in quattro categorie, prevedendo per ciascuna differenti criteri di computo dell'indennità dovuta.

In particolare, alle tradizionali categorie costituite dalle **aree edificabili** e **non edificabili**, si sono aggiunte quelle delle **aree edificate legittimamente** e delle **aree destinate a trasformarsi in opere private di pubblica utilità**.
Quanto alle *aree edificabili*, l'art. 37 D.P.R. 327/2001, nel testo riformulato dalla L. 244/2007 dopo la sentenza della Corte costituzionale n. 348/2007, afferma che l'indennità di espropriazione debba essere commisurata al *valore venale del bene*, salvi i correttivi volta per volta previsti. Per le *aree non edificabili* si distingue fra *aree coltivate* e *aree non coltivate*. Le prime sono valutate secondo il loro valore agricolo mentre per le seconde l'indennità è commisurata al valore reale effettivo dell'area (*valore venale*).

7.4.5 La retrocessione del bene

Si tratta di un istituto che consente all'espropriato di riacquistare la proprietà del bene nel caso in cui la Pubblica Amministrazione non abbia realizzato, in tutto o in parte, l'opera pubblica o di pubblica utilità per la quale si era proceduto all'emanazione del decreto di esproprio.
Due sono le forme di retrocessione: quella totale e quella parziale.
Alla **retrocessione totale** è dedicato l'art. 46 D.P.R. 327/2001, ai sensi del quale se l'opera pubblica o di pubblica utilità non è stata realizzata o cominciata entro il termine di 10 anni, decorrente dalla data in cui è stato eseguito il decreto di esproprio, ovvero se risulta anche in epoca anteriore l'impossibilità della sua esecuzione, l'espropriato può chiedere che sia accertata la decadenza della dichiarazione di pubblica utilità e che siano disposti la restituzione del bene espropriato e il pagamento di una somma a titolo di indennità.
La **retrocessione parziale**, invece, ricorre – ai sensi dell'art. 47, co. 1, D.P.R. 327/2001 – laddove l'opera pubblica o di pubblica utilità sia stata realizzata solo su una parte della proprietà espropriata: in tal caso si può chiedere la restituzione della parte del bene non utilizzata. Il beneficiario dell'espropriazione è tenuto ad indicare i beni che non servono all'esecuzione dell'opera pubblica o di pubblica utilità e che possono essere ritrasferiti, nonché il relativo corrispettivo. Tale indicazione è fatta con valutazione discrezionale.

7.4.6 La cessione volontaria

L'art. 45 D.P.R. 327/2001 stabilisce che fin da quando è dichiarata la pubblica utilità dell'opera e fino a quando non è eseguito il decreto espropriativo, il proprietario ha il diritto di **stipulare col soggetto beneficiario dell'espropriazione l'atto di cessione del bene o della sua quota di proprietà**. L'accordo prende il posto del provvedimento amministrativo.
La cessione volontaria è qualificata come un contratto di diritto pubblico, perché l'accordo si perfeziona nell'ambito di potestà pubblicistiche. Il ricorso allo strumento contrattuale è incentivato dal legislatore con il riconoscimento di una maggiorazione del 10 per cento dell'indennità di espropriazione.

7.5 L'occupazione legittima e l'occupazione senza titolo

7.5.1 L'occupazione legittima

Il provvedimento di occupazione permette alla P.A. di **occupare il bene in maniera continuativa**, compiendo le attività tassativamente indicate dalla legge e limitando i diritti di proprietà; esso serve a **utilizzare il bene secondo le finalità pubblicistiche** sotto condizione che venga effettuato un procedimento espropriativo.

L'art. 22-*bis* D.P.R. 327/2001 disciplina l'**occupazione preliminare**, che consente all'autorità espropriante, qualora l'avvio dei lavori rivesta carattere di particolare urgenza, di occupare anticipatamente i beni, determinando in via provvisoria l'indennità di espropriazione. Il decreto è notificato al proprietario dei beni con l'avvertenza che può presentare osservazioni scritte e depositare documenti nei 30 giorni successivi all'immissione in possesso da parte dell'autorità espropriante.

L'art. 49, invece, conferisce all'autorità espropriante il potere di **occupare temporaneamente** aree non soggette al procedimento espropriativo se ciò risulta strumentale alla corretta esecuzione dei lavori previsti.

7.5.2 L'occupazione senza titolo

L'**occupazione acquisitiva** (nota anche come **accessione invertita**) è l'istituto – all'origine di creazione giurisprudenziale (cfr. Corte di Cassazione, sent. 26-2-1983, n. 1464) – in forza del quale la Pubblica Amministrazione che, per la realizzazione di un'opera di pubblica utilità, occupa un suolo del privato in modo illegittimo, per *decorso dei termini di efficacia del provvedimento autorizzativo*, ne acquista a titolo originario la proprietà per effetto della trasformazione irreversibile arrecata al suolo stesso. La fattispecie – «positivizzata» dal legislatore – è disciplina dall'art. 42-*bis* D.P.R. 327/2001 (introdotto dal D.L. 98/2011).

Gli *elementi costitutivi* della fattispecie sono la *dichiarazione di pubblica utilità* dell'opera da realizzare e la *conseguente occupazione* del suolo da parte della Pubblica Amministrazione o di un suo concessionario.

L'eventuale decreto espropriativo emesso dopo l'acquisizione è inefficace. La perdita del diritto di proprietà in capo al privato configura un illecito ai sensi dell'art. 2043 c.c. da risarcire nel termine prescrizionale di cinque anni, che inizia a decorrere dall'irreversibile trasformazione del bene.

Anche l'**occupazione usurpativa** è un istituto di creazione giurisprudenziale. La fattispecie si realizza quando la Pubblica Amministrazione procede all'occupazione di un fondo per la realizzazione di un'opera pubblica in *assenza di valido provvedimento autorizzativo*, ponendo così in essere un'attività materiale che integra un illecito extracontrattuale permanente.

L'attività della Pubblica Amministrazione usurpante, in quanto totalmente illegale, non produce alcun effetto acquisitivo, salvo che il proprietario usurpato rinunci alla proprietà. Il privato può scegliere fra i normali rimedi a difesa della proprietà e del possesso e la proposizione del rimedio del risarcimento. La proposizione della richiesta di risarcimento del danno reca l'implicita rinuncia al diritto di proprietà.

7.5.3 Il procedimento espropriativo semplificato

L'art. 42-*bis* D.P.R. 327/2001, inserito dall'art. 34 D.L. 98/2011 (conv. in L. 111/2011), disciplina una sorta di **procedimento espropriativo semplificato** che può essere *adottato, in presenza di determinati presupposti, quando un'Amministrazione utilizzi un bene per scopi di interesse pubblico senza averne alcun titolo*; in questi casi la situazione può essere sanata mediante un atto nel quale si riunisce sia la dichiarazione di pubblica utilità sia il decreto di esproprio, e si provvede ad indennizzare il soggetto espropriato con modalità diverse rispetto all'indennizzo spettante in presenza di procedura ordinaria di espropriazione.

7.6 Le requisizioni

Le requisizioni permettono all'Amministrazione di operare efficacemente imponendo un sacrificio definitivo o temporaneo del diritto di proprietà di un soggetto privato, per il soddisfacimento immediato di un pressante interesse pubblico.
Per l'ordinamento italiano, la requisizione è legittima solo quando ricorrano gravi e urgenti necessità pubbliche, militari o civili, contro una giusta indennità e sulla base di norme determinate da leggi speciali (art. 835 c.c.).

Capitolo 8
I controlli

8.1 I controlli pubblici

Il controllo consiste nella **verifica della regolarità di un atto o dell'operato di un determinato soggetto**. Il controllo amministrativo consiste, quindi, in una funzione finalizzata ad assicurare che un atto o un'attività siano conformi a determinati parametri (es. controllo di regolarità amministrativo-contabile).

Generalmente la gerarchia attribuisce all'organo funzionalmente sovraordinato il potere di controllare l'attività dell'organo subordinato. Il suo esito è una manifestazione di giudizio su cui si basa l'adozione di determinate misure (es. il controllo preventivo di legittimità della Corte dei conti che, rifiutando il visto ad un atto, ne può provocare il ritiro da parte dell'Amministrazione competente).

Secondo l'oggetto dell'attività di controllo, si distinguono controlli sull'*attività*, sugli *atti* e sugli *organi*.

I **controlli sull'attività** possono essere:

- *interni*, se esercitati da organi interni allo stesso ente che v'è soggetto;
- *esterni*, se effettuati un ente diverso da quello controllato;
- *di vigilanza*, qualora abbiano a oggetto la verifica di conformità dell'operato amministrativo a norme di legge o tecniche;
- *di tutela*, qualora concerna il merito, cioè l'opportunità dell'operato;
- *di efficienza*, se presuppongono la comparazione fra mezzi adoperati e fini da conseguire;
- *di efficacia*, quando guardano alla realizzazione dei fini divisati.

I **controlli sugli atti** sono essenzialmente:

- *preventivi*, nel qual caso l'eventuale esito negativo dell'attività di controllo impedisce all'atto controllato di produrre gli effetti programmati;
- *successivi*, se intervengono quando gli effetti si sono già prodotti;
- *mediante riesame*, quando l'autorità che ha già deliberato è chiamata ad una nuova deliberazione condizionante l'efficacia dell'atto.

I **controlli sugli organi** hanno a oggetto il comportamento delle persone fisiche preposte agli uffici, o la condotta degli organi come tali, e mirano ad assicurarne il buon funzionamento, in ossequio al generale principio di buon andamento ed imparzialità dell'azione amministrativa sancito dall'art. 97 Cost. La funzione di controllo sugli organi può attuarsi attraverso delle semplici ispezioni oppure mediante l'adozione di provvedimenti. Questi ultimi possono consistere nella sostituzione dell'organo sottoposto a controllo ovvero nell'irrogazione di sanzioni amministrative o disciplinari in danno del loro titolare. Per quanto riguarda, in particolare, i **controlli sugli enti territoriali**, va ricordato che alla luce della riforma costituzionale realizzata con L.

cost. 3/2001, la materia non è più riservata allo Stato: perciò, i controlli esterni statali sembrerebbero compatibili con il nuovo assetto costituzionale solo se limitati alle Amministrazioni statali decentrate e non anche se indirizzati agli enti territoriali.
Di particolare importanza sono i **controlli di ragioneria** e il **controllo della Corte dei conti**. Il controllo di ragioneria è un *controllo contabile*, cioè diretto a verificare che l'atto soggetto a controllo abbia una copertura di spesa e di legittimità, ovvero della relativa conformità ai parametri normativi.

Gli uffici che provvedono all'esercizio di tale funzione nei confronti delle Amministrazioni statali decentrate sono così organizzati:
- la **Ragioneria generale dello Stato**, presso il Ministero dell'Economia e delle Finanze;
- gli **Uffici centrali del bilancio**, presso i singoli Ministeri;
- le **Ragionerie territoriali**, che controllano le Amministrazioni statali decentrate.

All'esito favorevole del controllo consegue la registrazione degli impegni di spesa, ovvero delle obbligazioni che hanno per oggetto il pagamento di una somma di denaro a carico dello Stato. Trascorsi 10 giorni dalla registrazione, l'impegno diviene efficace e di conseguenza la somma non può ricevere una destinazione diversa (art. 7 D.Lgs. 430/1997).
Le ragionerie assolvono una quantità di compiti di notevole importanza: fra gli altri, predispongono il **progetto di bilancio** e il **rendiconto generale dello Stato**, e svolgono funzioni di vigilanza sull'esatto accertamento delle entrate, garantendo la regolare tenuta delle scritture contabili.
Di *carattere esterno* e di *rilievo costituzionale*, infine, è il **controllo della Corte dei conti**.

In relazione all'atto o all'attività controllata, il controllo può produrre i seguenti esiti:
> l'*annullamento dell'atto*, misura repressiva che consiste nell'esercizio di un potere vincolato;
> l'adozione di *misure impeditive*, che precludono l'efficacia dell'atto (dinieghi di visti o di approvazioni);
> l'avvio di *azioni sostitutive*, con la conseguenza che al controllato è inibito di agire e in sua vece interviene il controllante o un soggetto da lui designato (spesso un organo straordinario);
> lo *scioglimento dell'organo*;
> l'irrogazione di *sanzioni*, applicate ai componenti l'organo.

8.2 Il passaggio dalla cultura dell'adempimento alla cultura della valutazione

In passato i controlli amministrativi erano svincolati da qualsiasi logica aziendale ed economica e si limitavano a inefficaci verifiche preventive di regolarità formale sui singoli atti, svolte da soggetti esterni come la Corte dei conti per lo Stato e i Comitati regionali di controllo per gli enti locali.
A partire dagli anni Novanta è andata sempre più affermandosi, nel mondo delle Pubbliche Amministrazioni, la cultura della valutazione, ciò che ha determinato il passaggio da criteri di responsabilizzazione formale (sugli atti e i procedimenti amministrativi) a logiche di responsabilizzazione sostanziale (sui risultati).
In tale direzione, con una conseguente radicale trasformazione del sistema dei controlli, sono stati concepiti dal legislatore due provvedimenti legislativi: la L. 14-1-1994, n. 20 e il D.Lgs. 30-7-1999, n. 286.

In particolare, la riforma dei sistemi di valutazione e controllo interno, introdotta con il D.Lgs. 286/1999, ha permesso di:

- operare una distinzione tra le varie attività di controllo interno, così da rispettare la linea di demarcazione tra attività di indirizzo politico, da un lato, e attività gestionale, dall'altro;
- creare i presupposti per una forte interrelazione tra valutazione dell'azione amministrativa e responsabilità dirigenziale per i risultati;
- impedire la commistione paralizzante tra controlli tradizionali, di tipo repressivo, finalizzati a garantire la regolarità e legittimità dell'agire amministrativo, e controlli di tipo valutativo, finalizzati ad ottimizzare la funzione amministrativa.

Il decreto ha ridefinito l'articolazione dei controlli interni sia con riguardo ai contenuti sia in merito ai profili organizzativi, così da giungere ad una corretta ed univoca attribuzione della responsabilità esecutiva delle diverse forme di controllo a distinte unità organizzative.

8.3 Le tipologie di controllo nel D.Lgs. 286/1999

Il D.Lgs. 286/1999 contempla quattro tipologie di controllo interno, tutte essenzialmente di carattere collaborativo:

- i **controlli di regolarità amministrativa e contabile** (art. 2), comprendenti le tradizionali verifiche di legittimità, regolarità e correttezza dell'azione amministrativa;
- i **controlli di gestione** (art. 4), volti alla verifica dell'efficacia, dell'efficienza e dell'economicità dell'azione amministrativa, al fine di ottimizzare il rapporto costi/risultati;
- le **valutazioni della dirigenza** (art. 1), tese a verificare e favorire il miglioramento delle prestazioni del personale collocato in posizione apicale;
- le **valutazioni e i controlli strategici** (artt. 6 e 8) consistenti nell'analisi, preventiva e successiva, della congruenza tra le missioni dell'Amministrazione (stabilite dalla legge), gli obiettivi (stabiliti dall'organo di direzione politica) e le scelte operative e allocative delle risorse umane e finanziarie (assunte dal dirigente).

Nel rispetto dell'autonomia loro riconosciuta, le norme del D.Lgs. 286/1999 richiedono alle Pubbliche Amministrazioni di dotarsi delle soluzioni organizzative e degli strumenti indispensabili all'attuazione delle tipologie di controllo declinate dal decreto.

8.4 Il controllo di regolarità amministrativa e contabile

Si tratta di uno strumento di cui la Pubblica Amministrazione è chiamata a dotarsi al fine di garantire la legittimità, la trasparenza, la regolarità e la correttezza dell'azione amministrativa delle proprie strutture.

Il controllo di regolarità amministrativa e contabile si svolge in via preventiva o successiva rispetto al momento in cui l'atto di spesa spiega i suoi effetti (cfr. art. 2 D.Lgs. 123/2011); perciò si colloca, alla stessa stregua di altri istituti della contabilità pubblica, fra gli **strumenti finalizzati a circondare di garanzie l'utilizzo del denaro pubblico** da parte degli amministratori, assicurando trasparenza e verificabilità delle operazioni di gestione dell'attività amministrativa che abbiano comportato dispendio di risorse pubbliche.

L'obiettivo è la realizzazione di un sistema di monitoraggio interno, in grado di fornire certezza ai processi di produzione dei dati contabili e delle procedure amministrative.

I principi che informano l'attività di svolgimento del controllo in oggetto prevedono:

- che le funzioni di controllo di gestione, di valutazione della dirigenza e di valutazione strategica siano esercitate in modo distinto ma integrato, senza alcun riferimento alle verifiche di regolarità amministrativa e contabile dell'azione amministrativa (art. 1, co. 2, lett. *d*);
- che vi sia esclusività dei soggetti cui compete il controllo di regolarità amministrativa e contabile. Le strutture preposte al controllo di gestione e al controllo strategico non possono occuparsi di controllo di regolarità amministrativa e contabile (art. 1, co. 2, lett. *e*).

8.5 Il controllo di gestione

Si tratta di un'attività strettamente connessa a quella di pianificazione. La pianificazione riceve gli elementi di indirizzo dal governo, determina il programma dell'Amministrazione e ne ricava informazioni sulla gestione che, opportunamente sintetizzate e integrate, consentono di **monitorare gli obiettivi**.

Ai fini del controllo di gestione, l'Amministrazione deve definire:

- l'unità o le unità responsabili della progettazione e della gestione del controllo di gestione;
- le unità organizzative a livello delle quali si intende misurare l'efficacia, l'efficienza e l'economicità dell'azione amministrativa;
- le procedure di determinazione degli obiettivi gestionali e dei soggetti responsabili;
- l'insieme dei prodotti e delle finalità dell'azione amministrativa, con riferimento all'intera Amministrazione o a singole unità organizzative;
- le modalità di rilevazione e ripartizione dei costi tra le unità organizzative e di individuazione degli obiettivi per cui i costi sono sostenuti;
- gli indicatori specifici per misurare efficacia, efficienza ed economicità.

Essere efficienti significa massimizzare il rapporto output/input; l'*efficienza* misura dunque la convenienza di un'azione mentre l'efficacia valuta l'opportunità della stessa, in quanto misura la porzione di realizzazione dell'obiettivo posto in sede di programma. La gestione di risorse, infine, si considera *economica* se gli sprechi risultano contenuti al minimo, ottenendosi così il massimo dei beni e servizi prodotti (*output*) dalle risorse disponibili (*input*).

8.6 Il controllo strategico

L'attività di valutazione e controllo strategico mira a verificare, in funzione dell'esercizio dei poteri di indirizzo da parte dei competenti organi, l'**effettiva attuazione delle scelte contenute nelle direttive ed altri atti di indirizzo politico**.

L'attività stessa consiste nell'analisi, preventiva e successiva, della congruenza e/o degli eventuali scostamenti tra le missioni affidate dalle norme, gli obiettivi operativi prescelti, le scelte operative effettuate e le risorse umane, finanziarie e materiali assegnate, nonché nell'identificazione degli eventuali fattori ostativi, delle eventuali responsabilità per la mancata o parziale attuazione dei possibili rimedi. L'esito del controllo consiste nella *predisposizione di relazioni annuali* sui risultati delle analisi effettuate, con proposte di miglioramento della funzionalità delle Amministrazioni.
Le disposizioni che introducono il controllo strategico completano l'introduzione di modelli di pianificazione che hanno nella *direttiva ministeriale* la loro fase di avvio. La direttiva, di cui all'art. 8 D.Lgs. 286/1999, identifica i principali risultati da realizzare, in relazione anche agli indicatori stabiliti dalla documentazione di bilancio per centri di responsabilità e per funzioni obiettivo, e determina, in relazione alle risorse assegnate, gli obiettivi di miglioramento, eventualmente indicando progetti speciali e scadenze intermedie.

8.7 Il controllo sulla qualità dei servizi

Il D.Lgs. 286/1999 prevede un ulteriore **controllo sulla dimensione della qualità dei servizi offerti dalla Pubblica Amministrazione**. L'art. 11, infatti, affida ad apposite direttive del Presidente del Consiglio dei Ministri (aggiornabili annualmente), il compito di stabilire le modalità di definizione, adozione e pubblicizzazione degli standard di qualità, i casi e le modalità di adozione delle carte dei servizi, i criteri di misurazione della qualità dei servizi, le condizioni di tutela degli utenti, nonché i casi e le modalità di indennizzo automatico degli utenti per il mancato rispetto degli standard di qualità.
La previsione è stata rinforzata dall'art. 30 L. 69/2009, ove si impone la previsione, nelle carte dei soggetti pubblici e privati che erogano servizi pubblici o di pubblica utilità, della possibilità – accordata all'utente o alla categoria di utenti che lamenti la violazione di un diritto o di un interesse giuridico rilevante – di promuovere la risoluzione non giurisdizionale della controversia, entro i 30 giorni successivi alla richiesta. Deve, altresì, essere contemplato l'eventuale ricorso a meccanismi di sostituzione dell'Amministrazione o del soggetto inadempiente.

Capitolo 9
La responsabilità della Pubblica Amministrazione

9.1 Gli elementi costitutivi dell'illecito della Pubblica Amministrazione

Qualora ponga in essere atti lesivi delle posizioni soggettive degli amministrati, la Pubblica Amministrazione è tenuta a risarcire i danni arrecati.
La responsabilità risarcitoria della Pubblica Amministrazione si basa sui principi di diritto privato (art. 2043 c.c.). Pertanto ne sono elementi costitutivi: una *condotta attiva od omissiva*; l'*antigiuridicità di tale condotta*; la *colpevolezza dell'agente*; l'*evento dannoso*; il *nesso di causalità fra condotta ed evento*.
La riferibilità della condotta alla Pubblica Amministrazione ricorre quando l'attività del dipendente si possa considerare come **esplicazione dell'attività dell'ente** e sia rivolta al conseguimento dei fini istituzionali dell'ente medesimo nell'ambito delle attribuzioni dell'ufficio o del servizio al quale il dipendente è addetto.
In particolare:

> la **condotta antigiuridica (fatto illecito)** può concretizzarsi in azioni omissive o commissive. La *condotta omissiva* può consistere sia nel mancato compimento di un comportamento doveroso, sia nell'omissione di un atto dovuto; viceversa, la *condotta commissiva o attiva* può configurarsi come comportamento materiale del dipendente o emanazione di un atto amministrativo illegittimo;

> la **colpevolezza dell'agente (dolo o colpa)** può connotarsi come intenzione di cagionare l'evento dannoso con la consapevolezza della sua ingiustizia (*dolo*), oppure come violazione dei doveri di diligenza, cautela o perizia nei confronti dei terzi (*colpa generica*) o, ancora, come inosservanza di leggi, regolamenti, ordini o discipline (*colpa specifica*);

> l'**evento dannoso (ingiusto)** è il fatto illecito; in assenza di danno non dà luogo a responsabilità civile. Il danno, per essere *ingiusto*, deve essere prodotto in assenza di cause giustificative del fatto dannoso e deve incidere negativamente su di una posizione giuridica tutelata.

Il danno può essere:
- **patrimoniale**: è il pregiudizio arrecato alla sfera patrimoniale del soggetto danneggiato ed è costituito dal danno emergente (danno attuale) e lucro cessante (danno futuro, mancato guadagno e/o perdita di *chance*);
- **non patrimoniale**: è costituito da svariate situazioni di natura psico-fisica che incidono sul soggetto danneggiato (es.: il danno biologico, il danno morale e il danno esistenziale);
- **biologico**: è inteso come lesione dell'interesse, costituzionalmente garantito (art. 32 Cost.), all'integrità psichica e fisica della persona (cosiddetto diritto alla salute);

- **morale**: è costituito dalle sofferenze psichiche subite dal danneggiato conseguentemente al verificarsi di un evento dannoso;
- **esistenziale**: definito dalle Sezioni Unite della Corte di Cassazione (cfr. sentenza 24 marzo 2006, n. 6756) come «ogni pregiudizio provocato sul fare areddituale del soggetto, che alteri le sue abitudini e gli assetti relazionali propri, inducendolo a scelte di vita diverse quanto all'espressione e realizzazione della sua personalità nel mondo esterno». Tale danno non consiste in sofferenze soggettive, ma in alterazioni in senso peggiorativo della qualità della vita inducendo il soggetto a compiere scelte di vita diverse in merito all'espressione e realizzazione della propria personalità in rapporto al mondo esterno;

> il **nesso di causalità fra la condotta antigiuridica e l'evento dannoso** è un elemento imprescindibile per l'affermazione della responsabilità. Al fine di imputare l'obbligazione risarcitoria all'Amministrazione cui appartiene l'agente che ha posto in essere l'attività materiale dannosa, è necessario appurare che la condotta antigiuridica sia stata da lui realizzata nell'ambito dei suoi compiti istituzionali.

9.2 La responsabilità della Pubblica Amministrazione per lesione di diritti soggettivi

È pacifico da tempo il riconoscimento della responsabilità della Pubblica Amministrazione in caso di lesione di diritti soggettivi, sia nella forma della *responsabilità extracontrattuale o aquiliana* (ai sensi dell'art. 2043 c.c.), sia nella forma della *responsabilità contrattuale* (art. 1218 cc.c.), sia nella forma della *responsabilità precontrattuale* (artt. 1337 e 1338 c.c.).

Nessun problema pone la violazione del **precetto generale di non arrecar danno ad alcuno** (*neminem laedere*): in tal caso, infatti, è applicabile la disciplina sulla **responsabilità extracontrattuale** dettata dall'art. 2043 c.c., ai sensi del quale spetta al danneggiato l'onere di provare gli elementi costitutivi della fattispecie produttiva di danno: fatto illecito, danno ingiusto, nesso di causalità fra fatto e danno, dolo o colpa della Pubblica Amministrazione.

La responsabilità della Pubblica Amministrazione per lesione di diritti soggettivi può anche essere di **natura contrattuale**: com'è noto, infatti, l'Amministrazione, per perseguire i propri fini, può avvalersi, oltre che dei tradizionali strumenti propri del diritto pubblico, anche delle forme proprie del diritto privato e, in particolare, dei negozi giuridici di diritto comune. Sebbene la fase antecedente la stipula del contratto sia regolata dalle regole di evidenza pubblica, la fase successiva è assoggettata alla disciplina propria del diritto privato, con conseguente applicabilità – in caso di inadempimento della Pubblica Amministrazione – della disciplina di cui all'art. 1218 c.c., ai sensi del quale il debitore «*che non esegue esattamente la prestazione dovuta è tenuto al risarcimento del danno, se non prova che l'inadempimento o il ritardo è stato determinato da impossibilità della prestazione derivante da causa a lui non imputabile*».

Qualora, peraltro, nelle trattative negoziali e nelle relazioni con i terzi, l'ente pubblico abbia tenuto un comportamento contrastante con i principi di correttezza e buona fede, deve considerarsi configurata a suo carico una **responsabilità di tipo precontrattuale**. In tali ipotesi, il giudice (di regola, salve le ipotesi di giurisdizione esclusiva, quello ordinario) dovrà accertare se il comportamento dell'Amministrazione abbia ingenerato nei terzi un **ragionevole affidamento**, poi andato deluso in ordine alla

conclusione del contratto. Si tratterà dunque di accertare se l'ente pubblico abbia tenuto – alla stregua dei parametri civilistici (artt. 1337 e 1338 c.c.) – il contegno esigibile dal corretto contraente, e non già di verificare l'osservanza dei doveri del corretto amministratore.
I casi paradigmatici in cui si è ravvisata una responsabilità precontrattuale della Pubblica Amministrazione sono quelli dell'**ingiustificata rottura delle trattative** nonché delle ipotesi di **mancata comunicazione delle cause di invalidità del contratto**.

9.3 La responsabilità per lesione di interessi legittimi

La giurisprudenza tradizionale tendeva a escludere con assolutezza la **risarcibilità del danno per violazione di un interesse legittimo**. Da questa impostazione teorico-sistematica conseguiva con evidenza che quando la Pubblica Amministrazione, nell'esplicazione dei propri poteri autoritativi, cagionava un **danno ingiusto** al soggetto titolare di una posizione giuridica di interesse legittimo, non era chiamata a rispondere di tali danni.
Per giustificare questa esclusione si faceva leva essenzialmente su due ordini di argomenti:

- l'art. 2043 c.c., norma civilistica che detta la regola fondamentale in tema di responsabilità extracontrattuale (altrimenti detta *aquiliana*: «*Qualunque fatto doloso o colposo, che cagiona ad altri un danno ingiusto, obbliga colui che ha commesso il fatto a risarcire il danno*»), era costantemente interpretato nel senso di considerare danno ingiusto solo ed esclusivamente la lesione di un **diritto soggettivo**;
- si negava sul piano formale, in riferimento al tradizionale riparto di giurisdizione basato sulla dicotomia diritto soggettivo-interesse legittimo, che il giudice amministrativo, chiamato ad annullare gli atti illegittimi della Pubblica Amministrazione, potesse anche conoscere **questioni relative ad un eventuale risarcimento del danno**, riservate invece al giudice ordinario, quale giudice naturale dei diritti soggettivi.

Siffatta presa di posizione suscitava notevoli e persistenti critiche, in quanto riduceva fortemente lo spettro di tutela del soggetto titolare di una posizione giuridica soggettiva di interesse legittimo, che poteva chiedere soltanto l'**annullamento dell'atto**, e si poneva in evidente contrasto con i *principi fondamentali del diritto europeo*, ove viene principalmente richiesto di garantire l'effettività della tutela giurisdizionale ai titolari di posizioni giuridiche differenziate, meritevoli di tutela.
La rotta si è invertita grazie alla **storica sentenza 22 luglio 1999, n. 500**, emessa dalle **Sezioni Unite della Cassazione**, con cui il supremo giudice di legittimità ha operato un epocale ravvedimento, superando l'argomento diretto a ravvisare nell'art. 2043 c.c. il principale referente normativo a sostegno dell'irrisarcibilità dei danni da lesione di interessi legittimi.
L'art. 2043 c.c. – a dire delle Sezioni Unite – non costituisce una norma secondaria ma racchiude una clausola generale primaria che attribuisce il **diritto al risarcimento ogni volta che è cagionato un danno ingiusto**, sicché non è fondato l'assunto che limita alle sole posizioni di diritto soggettivo il funzionamento del meccanismo risarcitorio. È, invece, **risarcibile il danno che presenta le caratteristiche dell'ingiustizia** intesa come lesione di qualsiasi interesse al quale l'ordinamento attribuisce rilevanza.

Ciò peraltro non equivale ad affermare l'indiscriminata risarcibilità degli interessi legittimi come categoria generale, in quanto la lesione dell'interesse legittimo è condizione necessaria ma non sufficiente per accedere alla tutela risarcitoria *ex* art. 2043 c.c.: è necessario, in particolare, che risultino integrati tutti i requisiti oggettivi e soggettivi dell'illecito.
Tutto questo è stato recepito dal legislatore e la materia è ora disciplinata dal *Codice del processo amministrativo* (art. 30 D.Lgs. 104/2010).

9.4 Ulteriori ipotesi di responsabilità della Pubblica Amministrazione

9.4.1 La responsabilità derivante da atto lecito

Il danno non può considerarsi antigiuridico quando la Pubblica Amministrazione, pur arrecando un pregiudizio o comunque un "disagio" ai privati cittadini, abbia agito attraverso atti legittimamente adottati nell'interesse della collettività: in tali ipotesi, proprio al fine di compensare il disagio subito dal privato, a fronte di un beneficio concreto della collettività, è prevista la possibilità di corrispondergli un **indennizzo**.
Il ristoro del danno non antigiuridico si realizza, perciò, a titolo indennitario, e non risarcitorio, in modo da evitare che gli effetti dannosi gravino sul titolare del diritto leso anziché su chi tragga vantaggio dall'attività legittimamente espletata. Si pensi, a titolo esemplificativo, agli indennizzi per causa di espropriazione, all'indennità per l'occupazione di beni strumentali all'esecuzione di opere pubbliche, a quelle dovute per le requisizioni in proprietà di cose mobili (per ragioni militari) o per le requisizioni in uso di beni immobili o mobili (per calamità naturali) ecc.
Diversa è, dunque, la **funzione del risarcimento da quella dell'indennizzo**. Infatti, mentre il risarcimento consiste nella sanzione della specifica obbligazione di reintegrare il patrimonio nelle condizioni in cui si trovava prima di subire il danno (*status quo ante*), l'indennizzo (o indennità), derivando da una lesione senza colpa, si concretizza nell'obbligo di versare al soggetto danneggiato un compenso uguagliato al valore del bene colpito e, in ogni caso, diverso o inferiore al risarcimento.

9.4.2 Il danno da ritardo

Si tratta del danno che un soggetto subisce per effetto del **ritardo con cui la Pubblica Amministrazione esercita l'attività ad essa funzionale**. La ragione del risarcimento risiede nel fatto che il privato è titolare di un interesse differenziato e qualificato a che l'Amministrazione provveda e non rimanga silente, di fronte ad una sua istanza. Pertanto, la Pubblica Amministrazione che, ingiustificatamente, non si pronunci sull'istanza del privato, facendo trascorrere invano del tempo, si rende inadempiente all'obbligo di provvedere. Da tale inerzia derivano danni che, essendo causati dalla violazione di regole procedimentali, sono da considerarsi ingiusti e come tali risarcibili in applicazione del principio generale del *neminem laedere*, allorquando ricorrano tutti gli elementi costitutivi dell'art. 2043 c.c..
Attualmente il danno da ritardo da parte della Pubblica Amministrazione è contemplato dall'art. 2-*bis* L. 241/1990, introdotto dalla L. 69/2009, il quale prevede l'ob-

bligo di risarcimento, a carico delle Pubbliche Amministrazioni e dei soggetti privati preposti all'esercizio di attività amministrative, del danno ingiusto cagionato in conseguenza dell'**inosservanza dolosa o colposa del termine di conclusione del procedimento**.
Dal danno da ritardo differisce l'**indennizzo da ritardo** (art. 2-*bis*, co. 1-*bis*, L. 241/1990 e art. 28 D.L. 69/2013), conseguente al vano decorso del tempo previsto dalla legge senza che la Pubblica Amministrazione si sia pronunciata, indipendentemente dal verificarsi o meno di un vero e proprio danno.

9.4.3 Il danno da disturbo

Consiste nell'**illegittima compromissione, da parte della Pubblica Amministrazione, dell'esercizio da parte del privato delle facoltà inerenti all'esercizio di diritti di cui è titolare**. Differisce dal danno da ritardo, in quanto mentre quest'ultimo è normalmente individuato nella lesione di un interesse legittimo pretensivo, cagionata dal ritardo con cui l'Amministrazione ha emesso il provvedimento finale inteso ad ampliare la sfera giuridica del privato, il danno da disturbo è **caratterizzato dalla lesione di un interesse legittimo di tipo oppositivo** e consiste nel ristoro del pregiudizio asseritamene subito in conseguenza dell'illegittima compressione delle facoltà di cui il privato cittadino era già titolare.
In ogni caso perché il risarcimento possa essere riconosciuto è necessario che la Pubblica Amministrazione abbia agito in violazione di norme e principi dell'ordinamento, nonché con dolo o colpa e che vi sia un nesso di causalità fra la condotta della Pubblica Amministrazione e il danno prodotto.

Capitolo 10
Il sistema delle tutele

10.1 La tutela dei diritti e degli interessi

La tutela che il nostro ordinamento offre ai cittadini *contro gli atti e i comportamenti delle Pubbliche Amministrazioni e dei soggetti privati che la legge ad esse equipara* è garantita dall'impianto normativo e giurisprudenziale della *giustizia amministrativa* (Scoca).
Il sistema adottato in Italia è quello della doppia giurisdizione, secondo il quale sono previsti due ordini di **giurisdizione**, quella **ordinaria** e quella **amministrativa**. Stabilisce, infatti, l'art. 113 Cost. che contro gli atti della Pubblica Amministrazione *è sempre ammessa la tutela giurisdizionale dei diritti e degli interessi legittimi dinanzi agli organi di giurisdizione ordinaria o amministrativa.*
Ai **rimedi giurisdizionali** si affianca una *terza via,* di tipo non giurisdizionale: la cosiddetta **tutela in via amministrativa**.
Quest'ultima è caratterizzata dal fatto che *viene attuata dalla stessa Amministrazione su ricorso degli interessati, attraverso un procedimento amministrativo e al di fuori di ogni intervento del giudice ordinario o amministrativo, onde la relativa materia rientra nel quadro dei procedimenti amministrativi di riesame* (Virga).

10.2 I ricorsi amministrativi

10.2.1 Nozione e tipologie

I ricorsi amministrativi sono istanze che i soggetti interessati possono presentare ad un'autorità amministrativa perché risolva una controversia insorta nell'ambito del sistema della Pubblica Amministrazione, ovvero sono istanze rivolte alla Pubblica Amministrazione per ottenere la tutela di una situazione giuridica soggettiva che si assume essere lesa da un provvedimento o da un comportamento amministrativo.
Tali ricorsi si differenziano da quelli giurisdizionali perché sono rivolti ad autorità appartenenti all'Amministrazione, le quali si pronunciano con un provvedimento (*decisione amministrativa*) al termine di un procedimento amministrativo di *secondo grado.*
La funzione svolta dall'Amministrazione non è dunque di tipo giurisdizionale ma è **attività amministrativa giustiziale**, considerata funzione amministrativa di *secondo grado* in quanto *chiamata a decidere, in contraddittorio con le parti interessate, una controversia concreta e attuale, occasionata da un proprio antecedente atto amministrativo.*
Nel D.P.R. 21-11-1971, n. 1199 sono contemplate tre tipologie di ricorsi amministrativi:

> il **ricorso gerarchico**, a sua volta distinto in **ricorso gerarchico proprio** (rimedio a carattere generale, proponibile contro atti non definitivi indipendentemente da un'esplicita previsione di legge, indirizzato all'autorità gerarchicamente superiore

a quella che ha adottato l'atto ritenuto lesivo dal suo destinatario a tutela di un interesse legittimo o di un diritto soggettivo) e in **ricorso gerarchico improprio** (rimedio di carattere eccezionale, esperibile cioè nei soli casi espressamente previsti dalla legge, che si caratterizza per la mancanza di un rapporto gerarchico fra l'autorità che ha adottato l'atto impugnato e quella decidente);

> il **ricorso in opposizione**, basato su motivi di legittimità e di merito ed esperibile nei soli casi previsti dalla legge con presentazione allo stesso organo che ha emanato l'atto, solo contro atti non definitivi;

> il **ricorso straordinario al Capo dello Stato**, un rimedio di carattere generale, esperibile cioè in tutti i casi in cui non sia escluso dalla legge ovvero incompatibile con il sistema, proponibile contro atti nei cui confronti, in ragione del loro *carattere definitivo*, non sono esperibili rimedi amministrativi, e caratterizzato dall'alternatività rispetto al ricorso al giudice amministrativo.

A livello classificatorio, il ricorso amministrativo si definisce *ordinario* quando ha per oggetto *provvedimenti non definitivi* della Pubblica Amministrazione. Il ricorso straordinario al Presidente della Repubblica, invece, realizza una tutela del tutto differente, e ha per oggetto *atti amministrativi definitivi*.

I ricorsi si suddividono in **impugnatori** o **non impugnatori** a seconda che abbiano ad oggetto atti amministrativi ritenuti lesivi (*ricorso amministrativo impugnatorio*) ovvero meri comportamenti o rapporti giuridici (*ricorso amministrativo non impugnatorio*).

10.2.2 La definitività dell'atto

Ai fini dell'individuazione dell'idonea forma di tutela esperibile, è necessario verificare se il provvedimento lesivo sia **definitivo**. Gli atti amministrativi diventano definitivi a seguito del rigetto del ricorso gerarchico o a seguito dell'inutile decorso del termine di 90 giorni dalla proposizione del medesimo.

Sono, invece, **automaticamente definitivi** gli atti adottati dagli organi di vertice della Pubblica Amministrazione o dagli organi collegiali o quelli che, per legge, sono dichiarati definitivi (es. i provvedimenti prefettizi in materia di requisizione, occupazione d'urgenza, decreti espropriativi e dichiarazioni di pubblica utilità).

Avverso gli **atti non definitivi**, è esperibile il *ricorso gerarchico* o, laddove contemplato, il *ricorso in opposizione*, nonché il *ricorso giurisdizionale* al Tribunale Amministrativo Regionale.

Avverso gli **atti definitivi**, invece, è esperibile il ricorso giurisdizionale o quello straordinario al Capo dello Stato.

10.2.3 Profili procedurali

Legittimati a proporre il ricorso amministrativo sono le **persone fisiche** (cittadini italiani e stranieri nei casi espressamente previsti) e le **persone giuridiche** (a seguito di deliberazione sul ricorso) che abbiano interesse.

L'interesse a ricorrere può essere costituito da un *diritto soggettivo*, da un *interesse legittimo* o da un *interesse diffuso* e deve essere *personale*, *diretto* e *attuale*.

Sotto il profilo dei termini, il **ricorso amministrativo gerarchico e in opposizione** deve essere proposto **entro 30 giorni** dalla notificazione del provvedimento o dalla data

della pubblicazione del provvedimento (ove prevista) o, infine, dalla data della piena conoscenza dell'atto. Il **ricorso straordinario al Presidente della Repubblica** deve, invece, essere proposto **entro il termine di 120 giorni**.
Il diritto a proporre il ricorso amministrativo si estingue per il decorso dei termini (*decadenza*) oppure in caso di *acquiescenza*, allorché l'interessato compia atti positivi o negativi incompatibili con la volontà di proporre il ricorso medesimo.
La decisione deve essere comunicata sia al ricorrente che ai controinteressati e all'autorità che ha emanato l'atto impugnato. Per quest'ultima, l'eventuale accoglimento preclude la possibilità di adottare un atto identico a quello annullato ma non la possibilità di regolare in altro modo la medesima situazione.
Il procedimento introdotto con il ricorso amministrativo può poi estinguersi per:

- *rinuncia* al ricorso;
- *cessazione della materia del contendere* (allorché viene meno l'atto impugnato);
- *sopravvenuta carenza di interesse* (quando, nel corso del procedimento, sia venuto meno l'interesse al ricorso amministrativo).

10.3 La tutela in sede giurisdizionale amministrativa

10.3.1 Il sistema di giurisdizione amministrativa

Il sistema di giurisdizione amministrativa si caratterizza per essere bipartito, potendo il privato ricorrere a tutela delle posizioni soggettive vantate nei confronti della Pubblica Amministrazione innanzi al **giudice amministrativo** o al **giudice ordinario** (non alternativamente, ma a seconda della disciplina sulla giurisdizione dettata dalle norme). Ciò lo si ricava da quanto dispone in merito la Costituzione agli artt. 24, 103 e 113.
Al riguardo, l'art. 24 Cost. prevede, in linea generale, l'azionabilità delle situazioni giuridiche soggettive dei privati nei confronti della Pubblica Amministrazione, senza alcuna esenzione (*Tutti possono agire in giudizio per la tutela dei propri diritti e interessi legittimi*).
L'art. 103 Cost. conferma l'avvenuta costituzionalizzazione del sistema della doppia giurisdizione, assegnando al giudice amministrativo la generale **giurisdizione di legittimità**, involgente posizioni di interesse legittimo, e rimettendo al legislatore ordinario il compito di estendere «per particolari materie» anche ai diritti soggettivi la giurisdizione amministrativa.
Infine, l'art. 113 Cost. consacra la generale ammissibilità della **tutela giurisdizionale** dei diritti e degli interessi legittimi contro gli atti della Pubblica Amministrazione.

10.3.2 Il Codice del processo amministrativo e gli organi di giustizia amministrativa

Con **D.Lgs. 2-7-2010, n. 104**, in attuazione dell'art. 44 L. 69/2009, è stato approvato il **Codice del processo amministrativo (CPA)**: tale provvedimento ha operato un riordino della disciplina vigente, con taluni aggiustamenti in adesione al diritto vivente risultante dalla copiosa giurisprudenza costituzionale e delle giurisdizioni superiori, nonché il coordinamento con le norme del codice di procedura civile, in quanto espressione di principi generali.

Il Capo II del CPA (artt. 4-6) individua gli organi della giurisdizione amministrativa e cioè i **Tribunali amministrativi regionali (TAR)** ed il **Consiglio di Stato**, precisando che i primi sono organi di giurisdizione amministrativa di primo grado, come pure il Tribunale di giustizia amministrativa per la regione autonoma del Trentino Alto Adige (TRGA), che resta disciplinato dal proprio statuto speciale e dalle relative norme di attuazione.
A detti organi sono devolute le controversie (artt. 7, 133, 134 CPA) nelle quali si faccia questione di **interessi legittimi** e, nelle particolari materie indicate dalla legge, di **diritti soggettivi**, concernenti l'esercizio o il mancato esercizio del potere amministrativo, riguardanti provvedimenti, atti, accordi o comportamenti riconducibili, anche mediatamente, all'esercizio di tale potere, posti in essere da Pubbliche Amministrazioni. Infine la loro giurisdizione si estende, nei casi previsti dalla legge e dal Codice, anche al merito delle controversie.

10.3.3 La giurisdizione del giudice amministrativo

Ai sensi dell'art. 7 D.Lgs. 104/2010, possono radicarsi in capo al giudice amministrativo **tre diverse tipologie di giurisdizione**:

> la **giurisdizione generale di legittimità**, che comprende le controversie relative ad atti, provvedimenti od omissioni delle Pubbliche Amministrazioni, incluse quelle relative al risarcimento del danno per lesione di interessi legittimi e agli altri diritti patrimoniali consequenziali, pure se introdotte in via autonoma;
> la **giurisdizione esclusiva**, assegnata al giudice amministrativo nelle particolari materie di legge e nell'ambito della quale è consentito, a questo stesso giudice, di conoscere in tale sede anche di diritti soggettivi, ai sensi dell'art. 103 Cost.;
> la **giurisdizione di merito**, radicata nei soli casi di legge e di carattere eccezionale, sostanziandosi nel peculiare sindacato sul corretto e congruo esercizio del potere amministrativo discrezionale, che si traduce nell'attribuzione al giudice di un potere istruttorio e decisorio che va oltre il limite del mero riscontro della legittimità dell'atto e ne consente un pieno sindacato di merito.

Tra le materie rientranti nella giurisdizione di merito, l'ipotesi più importante è quella del cosiddetto **giudizio di ottemperanza** (promosso con ricorso), volto a ottenere che l'Autorità amministrativa si conformi al giudicato dei tribunali (ordinari o amministrativi) che abbiano riconosciuto la lesione di un interesse giuridicamente protetto.

Il ricorso al giudice amministrativo deve contenere:

- gli elementi identificativi del ricorrente, del suo difensore e delle parti nei cui confronti il ricorso è proposto;
- l'indicazione dell'oggetto della domanda, ivi compreso l'atto o il provvedimento eventualmente impugnato, e la data della sua notificazione, comunicazione o comunque della sua conoscenza;
- l'esposizione sommaria dei fatti, i motivi specifici su cui si fonda il ricorso, l'indicazione dei mezzi di prova e dei provvedimenti chiesti al giudice;
- la sottoscrizione del ricorrente, se esso sta in giudizio personalmente, oppure del difensore, con indicazione, in questo caso, della procura speciale.

Qualora sia proposta **azione di annullamento**, il ricorso deve essere notificato, a pena di decadenza, alla Pubblica Amministrazione che ha emesso l'atto impugnato e ad almeno uno dei controinteressati entro il termine previsto dalla legge, decorrente dalla notificazione, comunicazione o piena conoscenza, ovvero – per gli atti di cui non sia richiesta la notificazione individuale – dal giorno in cui sia scaduto il termine della pubblicazione, se questa sia prevista dalla legge o in base alla legge.
Qualora sia proposta **azione di condanna**, anche in via autonoma, il ricorso è notificato altresì agli eventuali beneficiari dell'atto illegittimo, ai sensi dell'art. 102 c.p.c.

10.3.4 La class action nei confronti delle Amministrazioni pubbliche

Il D.Lgs. 198/2009 riconosce il diritto di **avviare azioni collettive (*class action*) nei confronti delle Pubbliche Amministrazioni e dei concessionari di servizi pubblici**; tale azione è proponibile dai titolari di interessi giuridicamente rilevanti ed omogenei per una *pluralità di utenti e consumatori*, che possono agire in giudizio in presenza di una *lesione diretta, concreta ed attuale dei propri interessi.*
In particolare, l'azione collettiva è esercitabile contro:

- la *violazione di termini o la mancata emanazione di atti* amministrativi generali obbligatori e non aventi contenuto normativo da approvare obbligatoriamente entro e non oltre un termine fissato da una legge o da un regolamento;
- la violazione degli *obblighi contenuti nelle Carte di servizi*;
- la *violazione di standard qualitativi ed economici* stabiliti, per i concessionari di servizi pubblici, dalle autorità preposte alla regolazione ed al controllo del settore e, per le Pubbliche Amministrazioni, definiti dalle stesse.

Il ricorso è devoluto alla **giurisdizione esclusiva del giudice amministrativo** e le questioni di competenza sono rilevabili anche d'ufficio.

10.4 La giurisdizione del giudice ordinario

Al giudice ordinario è riconosciuta giurisdizione per le **controversie relative a diritti soggettivi**, non affidate dal legislatore ordinario alla giurisdizione esclusiva del giudice amministrativo.
L'indagine sui confini interni di questa giurisdizione involge l'individuazione dei poteri del giudice allorché nella controversia sia parte una Pubblica Amministrazione. Al riguardo assumono portata dirimente gli artt. 4 e 5 della L. 2248/1865, Allegato E, concernente l'abolizione del contenzioso amministrativo.
L'art. 4 si occupa, al comma 1, dei **poteri di cognizione** del giudice ordinario (stabilendo che al giudice ordinario non è consentito annullare o modificare l'atto autoritativo della Pubblica Amministrazione) e, al comma 2, dei suoi poteri di decisione.
L'art. 5, invece, si occupa del **potere di disapplicazione** nel senso che, accertata l'illegittimità dell'atto amministrativo, il giudice ordinario deve definire la controversia ritenendo l'atto come non esistente, cioè deve decidere come se l'atto non fosse mai stato emanato.

10.5 Le giurisdizioni amministrative speciali

Nel sistema di giustizia amministrativa sono comprese anche le giurisdizioni amministrative speciali.
Tra di esse assume un posto di rilievo la **Corte dei conti**, titolare della *giurisdizione contabile*, nella quale sono ricompresi i giudizi in materia di responsabilità amministrativa e contabile dei pubblici funzionari (*contenzioso contabile*) e quelli in materia di pensioni civili, militari e di guerra (*contenzioso pensionistico*).
Tale giurisdizione è qualificata come:

- *esclusiva*: nelle materie ad essa devolute, infatti la Corte dei conti conosce di tutte le questioni relative sia ai diritti soggettivi che agli interessi legittimi. La sua giurisdizione esclude in tali materie quella di qualsiasi altro giudice;
- *piena*: la Corte esamina le controversie sotto il duplice aspetto dell'accertamento dei fatti e dell'applicazione del diritto. La giurisdizione è *assimilata* a quella dei *tribunali ordinari*, sotto il profilo dei limiti imposti al potere del collegio: infatti anche la Corte può *accertare l'illegittimità degli atti* amministrativi, e quindi negare la loro applicazione, ma non può annullare o sostituire tali atti. Peraltro la Corte non è soggetta al controllo di legittimità della Corte di Cassazione bensì unicamente a quello di giurisdizione *ex* art. 111, ultimo comma, Cost.;
- *sindacatoria*: la Corte non è vincolata né dalle precedenti statuizioni dell'Amministrazione né dalle domande delle parti o del pubblico ministero né dai motivi addotti.

Il D.Lgs. 26-8-2016, n. 174 (**Codice della giustizia contabile**) disciplina l'esercizio della giurisdizione della Corte dei conti.
Ai **Tribunali delle acque pubbliche**, invece, sono devolute le controversie concernenti il demanio idrico. Si tratta di organi giurisdizionali speciali distinti in:

- *Tribunali regionali delle acque pubbliche* istituiti presso otto Corti di Appello (Torino, Milano, Venezia, Firenze, Roma, Napoli, Palermo, Cagliari), come *sezioni specializzate del giudice ordinario*;
- *Tribunale superiore delle acque pubbliche*, che ha sede a Roma e svolge funzioni di giudice di appello nei confronti delle sentenze dei Tribunali regionali.

Le sentenze dei Tribunali delle acque possono essere impugnate col ricorso per Cassazione, per revocazione e con l'opposizione di terzo.
La giurisdizione tributaria, infine, è esercitata dalle **Commissioni tributarie regionali**, aventi sede nel capoluogo di ogni Regione, e dalle **Commissioni tributarie provinciali**, con sede nel capoluogo di ogni Provincia.
Le commissioni tributarie sono chiamate a risolvere le *controversie fra fisco e contribuente*. La loro *competenza* è distribuita in base alla sede dell'ufficio che ha emesso l'atto che si intende contestare.

Estensioni WEB

Test di verifica online

Sezione II
Procedimento amministrativo e diritto di accesso

Capitolo 1
L'attività della Pubblica Amministrazione

1.1 I principi generali dell'attività amministrativa

1.1.1 Concetti generali

L'azione della Pubblica Amministrazione si fonda su principi desumibili dalle norme costituzionali e dalla legislazione ordinaria, oltre che dall'ordinamento europeo.
Questi principi possono essere così sintetizzati: principio di legalità, principi di buon andamento e imparzialità, principio di ragionevolezza, principio di sussidiarietà, principio di proporzionalità, principio di pubblicità e trasparenza, principio della collaborazione e della buona fede, principio di azionabilità delle situazioni giuridiche dei cittadini contro la P.A., principio del servizio esclusivo della Nazione, principio di responsabilità.

1.1.2 Il principio di legalità

Il principio di legalità, in diritto amministrativo, comporta che qualunque azione della P.A. abbia il suo imprescindibile presupposto nella legge, per cui essa non può esercitare alcun potere al di fuori di quelli che la legge le attribuisce.
Tale principio ha una doppia funzione: da un lato, definisce l'indirizzo dell'azione amministrativa (*principio di legalità-indirizzo*), in quanto è la legge che individua sempre i fini ed i risultati cui la P.A. deve tendere (l'azione amministrativa non è mai libera nei fini); dall'altro l'Amministrazione è soggetta alla legge perché esercita poteri autoritativi, che imponendosi ai destinatari, devono necessariamente rinvenire il presupposto legittimante nella volontà popolare espressa attraverso le leggi e, in tal senso, costituisce una garanzia per il cittadino (*principio di legalità-garanzia*).
Si discute su quale sia il fondamento normativo del principio di legalità, ma tendenzialmente si ritiene che il principio in parola, con riferimento all'agire della p.a., ritrovi il suo fondamento nell'art. 97 Cost., secondo cui *«i pubblici uffici sono organizzati secondo disposizioni di legge, in modo che siano assicurati il buon andamento e l'imparzialità dell'amministrazione»*, e negli artt. 24 e 113 Cost., norme che sottopongono l'incedere dell'attività amministrativa al sindacato giurisdizionale.

1.1.3 I principi di buon andamento e imparzialità

Lo stesso art. 97 Cost. detta un valore fondamentale dell'azione amministrativa quando stabilisce che questa deve essere improntata ai principi di buon andamento e imparzialità.
Per **buon andamento** si intende l'*efficienza* dell'azione amministrativa, ovvero la sua rispondenza all'interesse pubblico affidato alle cure dell'Amministrazione. L'espressione abbraccia la *relazione fra risorse impiegate* (umane e materiali) *e risultati ottenuti* (*efficienza in senso stretto*), come il *rapporto fra risultati ottenuti e obiettivi prestabiliti* (*efficacia*).
Il **principio di imparzialità** – inserito dalla L. 69/2009 fra quelli che la Pubblica Amministrazione deve rispettare nello svolgimento del procedimento amministrativo – è riconducibile, dal canto suo, al canone dell'eguaglianza (art. 3 Cost.) e indica che l'*Amministrazione, nella cura degli interessi che le sono affidati, deve essere equidistante dagli interessi in competizione.*
Il concetto postula un comportamento diretto alla realizzazione di un assetto di interessi non parziale, in modo che tutti gli interessi siano adeguatamente rappresentati e considerati (es. un'applicazione del principio di imparzialità è la selezione del personale delle Amministrazioni tramite concorsi pubblici).
Si può ritenere che l'art. 97 Cost., quando si riferisce all'imparzialità della Pubblica Amministrazione, intende ispirarsi ad un principio di democraticità che deve connotare l'azione amministrativa; viceversa, quando parla di buon andamento intende riferirsi più specificamente all'efficienza dell'azione amministrativa.

1.1.4 Il principio di ragionevolezza

Si tratta di un canone fondamentale nel quale confluiscono il **principio di imparzialità, di eguaglianza e di buon andamento**. Significa che l'attività della Pubblica Amministrazione deve essere immune da censure sul piano logico, deve essere aderente ai dati di fatto e agli interessi emersi nel corso dell'istruttoria, coerente con le premesse e i criteri fissati dalla stessa Amministrazione.
Il rispetto del principio di ragionevolezza presuppone una concordanza fra le fonti (che per definizione sono generali e astratte) e la realtà.
La violazione di questo principio si concreta in un **eccesso di potere**. Il provvedimento che scaturisce dall'attività amministrativa può risultare illegittimo perché presenta una motivazione contraddittoria (appunto, non ragionevole) oppure può essere viziato nel merito per ingiustificata disparità di trattamento.

1.1.5 Il principio di sussidiarietà

Il principio è stato recepito nell'ordinamento italiano con l'art. 118, co. 1, della Costituzione (come riformulato dalla L. cost. 3/2001) e stabilisce che le **attività amministrative dovrebbero essere svolte dall'entità territoriale amministrativa più vicina ai cittadini**, ossia i Comuni, salvo che, per assicurarne l'esercizio unitario, sia preferibile conferirle ad enti di livello superiore (Province, Città metropolitane, Regioni e Stato).
Il principio in esame stabilisce che l'intervento degli organi dello Stato, sia nei confronti dei cittadini che degli enti, debba essere attuato esclusivamente come **sussidio**

(ovvero come *aiuto*, dal latino *subsidium*) nel caso in cui il cittadino o l'entità sottostante siano impossibilitati ad agire per conto proprio.
L'applicazione di tale principio implica che:

- l'*intervento pubblico* debba essere attuato quanto più vicino possibile al cittadino, con una preferenza per la massima prossimità possibile del livello decisionale a quello di attuazione;
- le *diverse istituzioni* debbano creare le condizioni che permettono alla persona e alle aggregazioni sociali (i cosiddetti corpi intermedi: famiglia, associazioni, partiti ecc.) di agire liberamente senza sostituirsi ad essi nello svolgimento delle loro attività (**principio di sussidiarietà orizzontale**); una entità di livello superiore non deve agire in situazioni nelle quali l'entità di livello inferiore è in grado di agire per proprio conto (**principio di sussidiarietà verticale**);
- l'*intervento dell'entità di livello superiore* debba essere temporaneo e teso a restituire l'autonomia d'azione all'entità di livello inferiore.

Il principio di sussidiarietà verticale è, dunque, sostanzialmente un **criterio regolatore di competenze**, volto ad assicurare l'efficacia e l'efficienza dell'organizzazione dei pubblici poteri e, in definitiva, il "buon andamento" della funzione amministrativa (art. 97 Cost.).

1.1.6 Il principio di proporzionalità

Il principio trae origine dal diritto tedesco, in base al quale le **limitazioni alle libertà individuali non devono superare la misura di quanto assolutamente necessario al raggiungimento dell'interesse pubblico**.
Il principio può essere sezionato in tre elementi:

- *idoneità*: il mezzo è idoneo quando attraverso il suo utilizzo si può sensibilmente favorire il risultato desiderato;
- *necessarietà*: il mezzo è necessario quando non è disponibile altro mezzo ugualmente efficace per raggiungere il risultato (deve però rappresentare anche il mezzo più mite, fra più mezzi ugualmente efficaci);
- *proporzionalità in senso stretto*: mezzo e fine non devono essere sproporzionati l'uno rispetto all'altro.

Si può dire, quindi, che tale principio impone alla Pubblica Amministrazione, nel perseguimento dell'interesse pubblico, di impiegare **mezzi commisurati** e **tempi idonei** allo scopo da perseguire, in maniera **proporzionatamente efficace**.
La proporzionalità consiste nell'*esercitare la giusta misura del potere* in modo da assicurare un'azione idonea e adeguata alle circostanze di fatto, che non alteri il giusto equilibrio fra i valori, gli interessi e le situazioni giuridiche, ricercando la soluzione che comporti il **minor sacrificio possibile** per gli interessi coinvolti rispetto al fine pubblico da perseguire.

1.1.7 Il principio di pubblicità e trasparenza

L'art. 1, co. 1, L. 241/1990 ha «codificato» il principio di trasparenza quale regola di condotta della Pubblica Amministrazione.

Tale principio impone all'Amministrazione il dovere di rendere **visibile**, **controllabile** e **accessibile** dall'esterno il proprio operato. Esso si concretizza nell'attribuzione ai cittadini del potere di esercitare un controllo democratico sullo svolgimento dell'attività amministrativa e sulla sua conformità agli interessi sociali e ai principi costituzionali.
Nella stessa ottica, la L. 15/2005 ha ridisegnato l'istituto dell'accesso agli atti del procedimento amministrativo, che è considerato il *minimum* indefettibile per rendere effettivo il diritto alla trasparenza dell'azione amministrativa. Precetti volti all'attuazione di questo principio sono l'**obbligatoria motivazione** del provvedimento amministrativo e la **necessaria partecipazione dei privati** all'iter procedimentale.
Secondo l'art. 1, co. 15, L. 190/2012, la trasparenza dell'attività amministrativa è assicurata anche mediante la **pubblicazione**, **nei siti web istituzionali delle Pubbliche Amministrazioni**, **di tutte le informazioni relative ai procedimenti amministrativi**, con criteri di facile accessibilità, completezza e semplicità di consultazione (sia pure nel rispetto delle disposizioni in materia di segreto di Stato, di segreto d'ufficio e di protezione dei dati personali). Nei siti web istituzionali sono pubblicati anche i relativi bilanci e conti consuntivi, nonché i costi unitari di realizzazione delle opere pubbliche e di produzione dei servizi erogati ai cittadini.

1.1.8 Il principio della collaborazione e della buona fede

I rapporti tra cittadini e Pubblica Amministrazione devono essere improntati al *principio della collaborazione e della buona fede*, come esplicitamente indicato dall'art. 1, co. 2-*bis*, L. 241/1990 (aggiunto dal D.L. 76/2020, conv. in L. 120/2020). Ciò implica che, in virtù del **principio di buona fede**, nel corso del procedimento le parti devono comportarsi lealmente evitando di ingenerare falsi affidamenti e di tradirne le ragionevoli aspettative. In forza del **principio di collaborazione**, invece, i soggetti coinvolti devono agire affinché si instaurino momenti di *reciproco coinvolgimento* e *necessario coordinamento*, finalizzati soprattutto ad evitare l'insorgere di possibili controversie.

1.1.9 Il principio di azionabilità delle situazioni giuridiche dei cittadini contro la Pubblica Amministrazione

Consacrando il diritto alla tutela giurisdizionale fra i fondamenti dell'ordinamento costituzionale, l'art. 24 Cost., in connessione con il principio democratico, afferma l'azionabilità delle situazioni giuridiche soggettive (diritti e interessi) nei confronti della Pubblica Amministrazione. Parallelamente, l'art. 113 Cost., definito **clausola generale di impugnabilità degli atti amministrativi**, afferma che contro gli atti della Pubblica Amministrazione è sempre ammessa la tutela giurisdizionale dei diritti e degli interessi legittimi dinanzi agli organi di giurisdizione ordinaria o amministrativa.
È così delineato il quadro costituzionale della giustizia amministrativa, quale sistema che garantisce gli amministrati nella varia tipologia di rapporti che li vede contrapposti alla Pubblica Amministrazione.

1.1.10 Il principio di responsabilità

Ai sensi dell'art. 28 Cost., i **funzionari** e i **dipendenti dello Stato e degli enti pubblici** sono direttamente responsabili, secondo le *leggi penali, civili* e *amministrative*, degli **atti compiuti in violazione di diritti**. In tali casi la responsabilità civile si estende allo Stato e agli enti pubblici.
La responsabilità diretta dei funzionari e dei dipendenti è affiancata dalla responsabilità dell'ente: ne risulta un rafforzamento del dovere di diligenza e della garanzia dei cittadini. In tal senso il precetto costituzionale realizza l'obiettivo culturale di infrangere l'immunità dello Stato e di superare il principio per cui la Pubblica Amministrazione non può commettere illecito, del quale sono eventualmente responsabili soltanto i dipendenti, a titolo personale e privato.
Le problematiche connesse all'art. 28 si legano essenzialmente al rapporto esistente fra i due tipi di responsabilità, del funzionario/dipendente e dell'ente.
Gli indirizzi dottrinali sono i seguenti:

- la **responsabilità dell'ente è indiretta**, essendo quella del dipendente diretta, e non potendo perciò coesistere due responsabilità dirette;
- la **responsabilità dell'ente è diretta** quando consegue ad un provvedimento oppure all'inadempimento di un obbligo specifico (contrattuale o *ex lege*); è invece **indiretta** nel caso sia prodotta da un comportamento materiale collegato all'esercizio di funzioni e mansioni pubbliche;
- nulla si frappone alla configurazione di **due responsabilità dirette**, dell'ente e del dipendente, nelle ipotesi in cui uno stesso fatto sia addebitabile a due soggetti distinti.

1.2 Discrezionalità amministrativa, discrezionalità tecnica e merito

L'amministratore preposto al perseguimento di un interesse pubblico deve agire conformandosi ai contenuti e ai limiti stabiliti dalla legge e operare nel modo ritenuto il migliore possibile in base ai principi di *imparzialità* e *buon andamento*, sanciti dall'art. 97 Cost.
La **discrezionalità amministrativa** è l'ambito decisionale entro il quale la Pubblica Amministrazione può liberamente operare nei limiti tracciati dalla legge. L'attività amministrativa, in particolare, è discrezionale quando il *potere di scelta in capo all'organo agente è esercitabile sulla scorta di due o più soluzioni tutte astrattamente applicabili e idonee* a realizzare l'obiettivo d'imparzialità enunciato nella Costituzione.
Gli atti discrezionali, perciò, sono espressione del potere che l'Amministrazione ha di compiere valutazioni di convenienza e opportunità, in vista del raggiungimento dell'interesse pubblico, e quindi di decidere se è il caso o no di adottare determinati provvedimenti. Un uso eccessivo o distorto della discrezionalità amministrativa conduce alla possibile illegittimità delle decisioni assunte dagli organi amministrativi.
Dalla discrezionalità amministrativa va distinta la **discrezionalità tecnica**, espressione che qualifica le *scelte che si compiono attraverso un complesso giudizio valutativo classificatorio e mediante il ricorso a conoscenze tecnico specialistiche.* La discrezionalità tecnica, perciò, consiste in una valutazione dei fatti supportata da regole tecniche tratte dalle scienze

sulle quali quella valutazione è fondata. Ne costituiscono espressione: i giudizi delle commissioni negli esami e nei concorsi pubblici; l'apprezzamento del valore storico-artistico di un bene ai fini dell'imposizione del relativo vincolo; la valutazione medica sulla dipendenza di una malattia da causa di servizio; l'accertamento complesso dei requisiti psico-fisici per l'arruolamento nelle forze armate; il giudizio di merito per l'avanzamento in carriere degli ufficiali.

A ben vedere, in tutti gli esempi riportati, il margine di apprezzamento di cui gode la Pubblica Amministrazione coincide con l'opinabilità tecnico-scientifica del giudizio da compiere: in presenza di un determinato esito valutativo gli effetti da produrre sono già stabiliti dalla legge.

La sussistenza di una certa libertà valutativa riservata alla Pubblica Amministrazione viene talvolta sintetizzata con la nozione di **merito amministrativo**, concetto quest'ultimo che può essere inteso secondo due accezioni:

> lo si fa coincidere con l'**opportunità** (intesa quale *obbligo* di rendere il provvedimento il più conforme possibile alle regole di *equità, imparzialità* e *buona amministrazione*);
> lo si riconduce al **contenuto sostanziale** del provvedimento, il quale comprende l'*opportunità*, le *valutazioni tecniche* e le *qualificazioni giuridiche* applicate.

Nella seconda accezione, il merito non comprende soltanto la ponderazione comparativa degli interessi nel momento che precede la decisione amministrativa, ma l'intero percorso dalla proposizione dell'istanza all'emanazione del provvedimento decisionale.

1.3 L'attività vincolata

Una fondamentale distinzione dell'azione amministrativa è quella fra attività discrezionale e attività vincolata; quest'ultima trova tutti gli elementi da acquisire e valutare, ai fini di una decisione amministrativa, già prefigurati rigidamente dalla legge, di modo che l'autorità amministrativa è chiamata a svolgere solo una verifica fra quanto disposto dalla legge e quanto presente nella realtà, senza alcun margine di apprezzamento discrezionale.

Molto spesso gli atti vincolati implicano l'applicazione di conoscenze tecniche e in questi casi la norma attributiva del potere fa discendere automaticamente da un **accertamento tecnico** una predeterminata conseguenza giuridica. Diversamente, quando l'autorità amministrativa dispone di un relativo margine di valutazione in ordine a taluni aspetti della decisione da assumere (se prenderla, su cosa, con quale modalità e in che momento), si parla di **discrezionalità amministrativa**; ciò avviene quando la legge non riesce a regolare ogni particolare ipotesi, ma si limita a prefigurare gli aspetti essenziali della fattispecie e i presupposti o le condizioni di esercizio della potestà pubblica, rimettendo poi all'autorità amministrativa le ulteriori valutazioni correlate ai profili o agli interessi particolari del caso.

La discrezionalità, quindi, presuppone l'attribuzione di uno **spazio decisionale libero** all'autorità amministrativa che deve rispettare i confini fissati dalle disposizioni di legge e ispirarsi ai criteri di **buona amministrazione**.

Capitolo 2

I documenti amministrativi: dal cartaceo al digitale

2.1 Nozione di documento e destinatari delle disposizioni del Testo Unico

L'art. 1, co. 1, lett. *a*), D.P.R. 28-12-2000 n. 445 (*Testo Unico sulla documentazione amministrativa*) definisce **documento amministrativo** ogni rappresentazione, comunque formata, del contenuto di atti, anche interni, delle pubbliche amministrazioni o, comunque, utilizzati ai fini dell'attività amministrativa. Dalla definizione fornita emerge subito la *differenza tra il documento amministrativo e l'atto amministrativo*: il primo è l'entità materiale capace di rappresentare in maniera duratura un fatto o un atto giuridico, mentre il secondo è quell'evento cui la norma ricollega determinati effetti giuridici (A. Masucci).

All'art. 2 del Testo Unico sono elencati i **soggetti destinatari delle disposizioni** del provvedimento. Il citato articolo indica, nell'ordine:

- la *Pubblica Amministrazione*. La nozione utilizzata in questo contesto è molto ampia, al fine di consentire la massima applicazione della disciplina nei rapporti tra cittadini e amministrazioni pubbliche. Sono così inclusi nella qualifica non solo gli organi statali, ma anche quelli degli enti pubblici territoriali ed in genere degli enti locali, comprese le Camere di commercio;
- i *gestori o esercenti di pubblici servizi* (quali soggetti certificanti e/o procedenti) nei rapporti tra loro e in quelli con l'utenza (art. 1, lett. *o* e *p*, D.P.R. 445/2000);
- i *privati*. L'art. 30-*bis* D.L. 76/2020 (conv. dalla L. 120/2020) ha esteso a tutti i soggetti privati l'applicazione delle disposizioni del testo unico che disciplinano la produzione di atti e documenti (prima della modifica erano valide solo per i privati *che vi avessero consentito*). Ne consegue che l'applicabilità della normativa in materia di dichiarazioni sostitutive e autocertificazioni fra soggetti privati non è subordinata al consenso dei soggetti del rapporto, ossia del dichiarante e del ricevente la dichiarazione.

Ai sensi dell'art. 3 T.U., i **soggetti che possono avvalersi delle disposizioni in materia di produzione di atti o documenti** sono:

- i *cittadini italiani e dell'Unione europea*;
- le *persone giuridiche, società di persone, pubbliche amministrazioni, enti, comitati e associazioni aventi sede legale in Italia o in uno dei Paesi dell'Unione europea*;
- i *cittadini extracomunitari regolarmente soggiornanti in Italia*, limitatamente ai dati verificabili o certificabili in Italia da soggetti pubblici;
- i *cittadini extracomunitari che ne hanno necessità* in procedimenti relativi a materie per cui esiste una convenzione fra il loro Paese di origine e l'Italia.

2.2 Il certificato quale atto amministrativo

2.2.1 Nozione

Oltre all'attività provvedimentale, la P.A. pone in essere atti che, pur essendo concreti e puntuali, non sono provvedimenti (ossia dotati di efficacia), ma strumentali ad altri poteri (pareri, proposte, accertamenti). Ci soffermeremo su quei **documenti amministrativi che esternano quelle certezze giuridiche conseguenti all'attività di certazione e certificazione della P.A. (i certificati, appunto)**.
Il certificato, la cui definizione è riportata nell'art. 1, co. 1, lett. *f*, D.P.R. 445/2000, è il documento tipico (ossia previsto espressamente dalla legge) rilasciato da un'amministrazione avente funzione di ricognizione, riproduzione e partecipazione a terzi di stati, qualità personali e fatti contenuti in albi, elenchi o registri pubblici o comunque accertati da soggetti titolari di funzioni pubbliche.
I certificati rientrano, pertanto, nella categoria degli *atti amministrativi non aventi carattere e forza di provvedimenti* e, più in particolare, in quella degli atti non aventi contenuto di volizione, ma *natura e contenuto meramente ricognitivo di situazioni di fatto preesistenti*, di cui essi dichiarano e certificano l'esistenza. A differenza di altri atti ricognitivi, che presuppongono un'attività di apprezzamento del fatto (come le ispezioni e le inchieste), i certificati si limitano a dare atto, al fine di informarne in modo più agevole e certo i terzi, di fatti già accertati e qualificati da un altro atto giuridico. Essi quindi (e in ciò sta il loro tratto distintivo dalle altre dichiarazioni di scienza) non aggiungono e non creano nuove qualità, ma semplicemente attestano quelle esistenti.
Le informazioni esternate mediante il certificato si distinguono, dunque, da tutte le altre informazioni in quanto esse sono dotate di quella particolare qualità giuridica che è la *certezza legale*; pertanto, a monte dei certificati deve sempre esservi un'attività diretta a creare qualificazioni giuridiche di persone e di cose, in modo immediato e diretto (ossia l'attività di *certazione*). Infatti, è il procedimento certificatorio che crea la certezza poi esternata nel certificato: quest'ultimo si limita a mettere in circolazione un dato che giuridicamente già è stato qualificato in un altro atto giuridico.

2.2.2 Tipologie

L'attività di certazione può svolgersi in due modi diversi, entrambi presenti nella definizione di certificato di cui all'art. 1, co. 1, lett. *f)* del Testo Unico: nell'ipotesi più frequente *si svolge in momenti precedenti ed autonomi rispetto all'attività di certificazione*, ma talvolta è *effettuata appositamente in funzione servente di una specifica attività di certificazione.*
Nel primo caso si parla di **certificati propri**, cioè quando essi riproducono certezze legali tratte da registri, albi o elenchi pubblici; nel secondo caso si parla di **certificati impropri**, allorquando l'attività di certazione è quasi coincidente con quella di certificazione (è il caso dei certificati medici, sanitari e veterinari). In tale secondo caso, le certificazioni non esternano fatti già rappresentati, ma costituiscono dichiarazioni di scienza provenienti da soggetti pubblici (e le attività di certazione e di certificazione sono svolte dallo stesso soggetto, dotato sia del potere di accertare che di certificare).
In conclusione l'*atto di certezza* (la **certificazione**) ed il *documento* (il **certificato**) sono legati da un vincolo di dipendenza reciproca, il cui fine è la produzione degli effetti propri

dell'atto; pertanto, come il documento da solo non produce alcun effetto di certezza, così non lo produce l'atto di certezza che non si materializzi in un documento (Arena).

2.2.3 Validità

La validità dei certificati è, ai sensi dell'art. 41 D.P.R. 445/2000, diversificata a seconda che essi abbiano ad oggetto:

- stati, qualità personali e fatti **non soggetti a modificazioni**: tali certificati hanno **validità illimitata**, in quanto attestanti la nascita, la morte, il titolo di studio, la maternità e la paternità;
- stati, qualità personali e fatti **soggetti a modificazioni**: tali certificati hanno **validità di 6 mesi** dalla data del rilascio, tranne che una disposizione di legge o regolamentare speciale non preveda una durata superiore e riguardano la cittadinanza, la residenza, lo stato di famiglia, lo stato di invalidità, l'iscrizione in albi o in liste elettorali, il matrimonio ecc.

2.3 Le autocertificazioni

2.3.1 Funzione, tipologie e validità

Le autocertificazioni, che sono poste in essere da soggetti privati e non da pubblici dipendenti, svolgono una duplice funzione: da un lato pongono in circolazione informazioni dotate della qualità giuridica della certezza, dall'altro semplificano i rapporti tra le amministrazioni e i cittadini facilitando gli adempimenti relativi alla documentazione amministrativa. Anche le autocertificazioni si distinguono in *proprie* e *improprie*, differendo tra loro con riguardo al contenuto.
Si distingue, infatti:

- la **dichiarazione sostitutiva di certificazione**, che è il documento sottoscritto dall'interessato, prodotto in sostituzione dei certificati (art. 1, co. 1, lett. *g*, del Testo Unico). Hanno la stessa validità temporale degli atti che sostituiscono;
- la **dichiarazione sostitutiva di atti di notorietà**, ossia il documento, sottoscritto dall'interessato, concernente stati, qualità personali e fatti che siano a diretta conoscenza di questi (art. 1, co. 1, lett. *h*, del Testo Unico).

Tali dichiarazioni consentono ai soggetti che entrano in contatto con le amministrazioni di non dover fornire obbligatoriamente i certificati o, comunque, i documenti necessari a comprovare situazioni, fatti, stati e qualità, essendo sufficienti le dichiarazioni sostitutive dei certificati o documenti medesimi, o dell'atto di notorietà.
L'amministrazione è tenuta a dare corso al procedimento amministrativo ed a verificare in via successiva la veridicità delle dichiarazioni. Si inverte, in sostanza, l'onere della prova: non è il cittadino a dover fornire le prove documentali, ma tocca alla stessa amministrazione, che in prima istanza deve fidarsi delle dichiarazioni del cittadino, provare l'eventuale falsità delle dichiarazioni medesime.
Va sottolineato, inoltre, che le **dichiarazioni sostitutive di certificazioni sostituiscono definitivamente i certificati al posto dei quali sono prodotte**. Le amministrazioni procedenti, pertanto, non debbono né chiedere i certificati corrispondenti ai cittadini

né acquisirli in fase di controllo, essendo sufficiente ottenere dall'amministrazione certificante la conferma della veridicità delle dichiarazioni ricevute.
Resta da precisare che se alle amministrazioni pubbliche è fatto divieto di chiedere le certificazioni (proibizione che può rientrare nel generale divieto di aggravare il procedimento previsto dall'art. 1, co. 2, L. 241/1990), i cittadini possono, tuttavia, pur sempre chiedere il rilascio di certificati nel proprio interesse, per esibirli, se lo ritengono opportuno, alle amministrazioni procedenti, le quali, ovviamente, debbono comunque accettarli.
L'art. 74, co. 1, del Testo unico dispone che **costituisce violazione dei doveri d'ufficio** la mancata accettazione delle dichiarazioni sostitutive di certificazione o di atto di notorietà: i responsabili del procedimento non possono, inoltre, chiedere l'esibizione dei certificati nei casi in cui è ammessa la presentazione delle dichiarazioni sostitutive. Il divieto è sanzionato sia dal punto di vista disciplinare che da quello penale (si veda l'art. 328, co. 2, c.p., *rifiuto di atti d'ufficio*).

2.3.2 La dichiarazione sostitutiva di certificazioni

Ai sensi dell'art. 46 D.P.R. 445/2000, sono comprovati con dichiarazioni, anche contestuali all'istanza, sottoscritte dall'interessato e prodotte in sostituzione delle normali certificazioni, gli stati, le qualità personali e i fatti elencati nel citato articolo.

L'elenco comprende le seguenti voci: data e luogo di nascita, residenza, cittadinanza, godimento dei diritti civili e politici, stato di celibe, coniugato, vedovo o stato libero, stato di famiglia, esistenza in vita, nascita del figlio, decesso del coniuge, dell'ascendente o discendente, iscrizione in albi, in elenchi tenuti da pubbliche amministrazioni, appartenenza a ordini professionali, titolo di studio ed esami sostenuti, qualifica professionale posseduta, titolo di specializzazione, di abilitazione, di formazione, di aggiornamento e di qualificazione tecnica, situazione reddituale o economica anche ai fini della concessione dei benefici di qualsiasi tipo previsti da leggi speciali, assolvimento di specifici obblighi contributivi con l'indicazione dell'ammontare corrisposto, possesso e numero del codice fiscale, della partita IVA e di qualsiasi dato presente nell'archivio dell'anagrafe tributaria, stato di disoccupazione, qualità di pensionato e categoria di pensione, qualità di studente, qualità di legale rappresentante di persone fisiche o giuridiche, di tutore, di curatore e simili, iscrizione presso associazioni o formazioni sociali di qualsiasi tipo, tutte le situazioni relative all'adempimento degli obblighi militari, ivi comprese quelle attestate nel foglio matricolare dello stato di servizio, di non aver riportato condanne penali e di non essere destinatario di provvedimenti che riguardano l'applicazione di misure di sicurezza e di misure di prevenzione, di decisioni civili e di provvedimenti amministrativi iscritti nel casellario giudiziale ai sensi della vigente normativa, di non essere a conoscenza di essere sottoposto a procedimenti penali, di non essere l'ente destinatario di provvedimenti giudiziari che applicano le sanzioni amministrative di cui al D.Lgs. 131/2001, la qualità di vivenza a carico, tutti i dati a diretta conoscenza dell'interessato contenuti nei registri dello stato civile e di non trovarsi in stato di liquidazione o di fallimento e di non aver presentato domanda di concordato.

Con la dichiarazione sostitutiva di certificazioni, dunque, il cittadino afferma e dà per vere alcune informazioni, delle quali egli è al corrente, relative a stati, fatti o qualità, risultanti nelle banche dati delle amministrazioni pubbliche, quali albi, elenchi, registri o fascicoli relativi a singole procedure.

2.3.3 La dichiarazione sostitutiva di atti di notorietà

Ai sensi dell'art. 47 D.P.R. 445/2000, l'atto di notorietà concernente stati, qualità personali o fatti che siano a diretta conoscenza dell'interessato è sostituito da dichiarazione resa e sottoscritta dal medesimo con l'osservanza delle modalità previste dall'art. 38 dello stesso Testo Unico.
La dichiarazione resa nell'interesse proprio del dichiarante può riguardare anche stati, qualità personali e fatti relativi ad altri soggetti di cui egli abbia diretta conoscenza. Dunque, *mentre nel caso di dichiarazioni sostitutive di certificazioni vi è coincidenza tra le informazioni che formano oggetto dell'autocertificazione ed alcune di quelle che formano il contenuto di atti di certezza trascritti in pubblici registri*, nel caso delle dichiarazioni sostitutive di atti di notorietà *le informazioni che formano oggetto della dichiarazione non trovano necessariamente riscontro nel contenuto di atti di certezza trascritti in pubblici registri.*
L'elemento che caratterizza queste dichiarazioni, e le accomuna alle certificazioni improprie, è la riconduzione in capo ad un medesimo soggetto sia della funzione di certazione che di certificazione (che, invece, nel caso delle certificazioni e delle relative dichiarazioni viene svolta da soggetti diversi). Tuttavia, mentre le certificazioni improprie sono redatte e rilasciate da soggetti titolari di funzioni pubbliche, le dichiarazioni sostitutive di atti di notorietà sono redatte e rilasciate da soggetti privati.

Ad esempio si può utilizzare la *dichiarazione sostitutiva* per certificare il possesso di un determinato titolo di studio; in questi casi l'amministrazione ha modo di effettuare eventuali verifiche essendo tale informazione rintracciabile in una banca dati gestita da un soggetto pubblico (il Ministero dell'Istruzione o l'Istituto dove è stato conseguito il titolo). Se, invece, si deve chiedere l'esenzione dal pagamento del canone di abbonamento al servizio radiotelevisivo occorre presentare una *dichiarazione sostitutiva di atto notorio* dal momento che si afferma di non possedere un televisore, informazione di cui solo il soggetto dichiarante è a conoscenza e che l'amministrazione ricevente non può verificare attraverso la consultazione di registri pubblici.

2.3.4 L'obbligo della sottoscrizione

Elemento fondamentale e comune ad entrambi i tipi di dichiarazioni sostitutive è l'**obbligatorietà della sottoscrizione autografa o digitale**. La dichiarazione priva della sottoscrizione, dalla quale deriva la riferibilità al dichiarante e la consequenziale assunzione di responsabilità, appare improcedibile.
L'art. 4 del Testo Unico disciplina l'ipotesi di dichiarazione resa da chi non sa o non può firmare, stabilendo che in questo caso il pubblico ufficiale attesta che la dichiarazione è stata resa a lui dall'interessato in costanza di impedimento a sottoscrivere.
Il comma 2 del predetto art. 4 permette alternativamente al coniuge, ai figli o ad altri parenti in linea retta o collaterale fino al terzo grado, di rendere al pubblico ufficiale la dichiarazione al posto dell'interessato temporaneamente impossibilitato a firmare per ragioni di salute. Entrambi i casi rappresentano un'eccezione al principio che impone la sottoscrizione autografa o digitale ai fini della diretta riferibilità della dichiarazione alla persona che compie la dichiarazione.

2.3.5 I controlli

I controlli sulle autocertificazioni rispondono alla necessità di bilanciare l'esigenza di certezza con quella di semplicità, che costituisce l'asse portante dell'intero Testo Unico.
Ai sensi dell'art. 71 D.P.R. 445/2000 le amministrazioni procedenti sono tenute a effettuare idonei controlli, anche a campione in misura proporzionale al rischio e all'entità del beneficio, e nei casi di ragionevole dubbio, sulla veridicità delle dichiarazioni sostitutive, anche successivamente all'erogazione dei benefici per i quali sono rese le dichiarazioni. La finalità di tali verifiche non è solo quella di perseguire e **punire coloro che dichiarano il falso** ma anche evitare che l'uso di autocertificazioni non veritiere **possa viziare il processo decisionale delle amministrazioni** inducendole ad adottare provvedimenti diversi da quelli che avrebbero adottato se avessero avuto informazioni corrette. I controlli a campione sono, dunque, uno strumento di dissuasione.
La modulistica per le autocertificazioni, che le amministrazioni mettono a disposizione dei cittadini, riporta sempre due informazioni:

- l'avvertenza che l'amministrazione ricevente effettua controlli di routine a campione;
- l'ammonimento che, qualora risultasse la non veridicità delle dichiarazioni rese, l'interessato non solo decadrà dagli eventuali benefici conseguenti al provvedimento emanato sulla base della autocertificazione falsa e dovrà restituire quanto indebitamente ottenuto, ma sarà anche denunciato all'autorità giudiziaria incorrendo in pesanti sanzioni penali.

L'art. 75, co. 1-*bis*, D.P.R. 445/2000 (aggiunto dal D.L. 34/2020) afferma che le dichiarazioni mendaci comportano, oltre alla revoca degli eventuali benefici già erogati, anche il divieto di accesso a contributi, finanziamenti e agevolazioni per un periodo di 2 anni decorrenti da quando l'amministrazione ha adottato l'atto di decadenza. Restano in ogni caso fermi gli interventi, anche economici, in favore dei minori e per le situazioni familiari e sociali di particolare disagio.

2.4 L'acquisizione diretta dei documenti

Ai sensi dell'art. 43 D.P.R. 445/2000, le **amministrazioni pubbliche e i gestori di pubblici servizi sono tenuti ad acquisire d'ufficio le informazioni oggetto delle dichiarazioni sostitutive**, nonché tutti i dati e i documenti che siano in possesso delle pubbliche amministrazioni, previa indicazione, da parte dell'interessato, degli elementi indispensabili per il reperimento delle informazioni o dei dati richiesti, ovvero ad accettare la dichiarazione sostitutiva prodotta dall'interessato.
Nell'ambito delle verifiche, delle ispezioni e dei controlli, la pubblica amministrazione non richiede la produzione di informazioni, atti o documenti in possesso della stessa o di altra amministrazione. È nulla ogni sanzione disposta nei confronti dei privati per omessa esibizione di documenti già in possesso dell'amministrazione procedente o di altra amministrazione (art. 264, co. 2, lett. *d*), D.L. 34/2020).
Fermo restando il divieto di accesso a dati diversi da quelli di cui è necessario acquisire la certezza o verificare l'esattezza, si considera esercitata per finalità di rilevante interesse pubblico la **consultazione diretta**, da parte di una pubblica amministrazione o di un gestore di pubblico servizio, degli archivi dell'amministrazione certificante,

finalizzata all'accertamento d'ufficio di stati, qualità e fatti ovvero al controllo sulle dichiarazioni sostitutive presentate dai cittadini.
Al fine di agevolare l'acquisizione d'ufficio di informazioni e dati relativi a stati, qualità personali e fatti, contenuti in albi, elenchi o pubblici registri, le amministrazioni certificanti sono tenute a consentire alle amministrazioni procedenti, senza oneri, la consultazione per via telematica dei loro archivi informatici, nel rispetto della riservatezza dei dati personali.
I documenti trasmessi da chiunque a una Pubblica Amministrazione tramite fax, o con altro mezzo telematico o informatico idoneo ad accertarne la fonte di provenienza, soddisfano il requisito della forma scritta e la loro trasmissione non deve essere seguita da quella del documento originale.

L'art. 18, co. 3-*bis*, L. 241/1990 precisa che nei procedimenti avviati su istanza di parte, che hanno ad oggetto l'erogazione di benefici economici comunque denominati, indennità, prestazioni previdenziali e assistenziali, erogazioni, contributi, sovvenzioni, finanziamenti, prestiti, agevolazioni, da parte di amministrazioni pubbliche oppure il rilascio di autorizzazioni e nulla osta comunque denominati, le dichiarazioni sostitutive di certificazione e quelle sostitutive di atti di notorietà (artt. 46 e 47 D.P.R. 445/2000) ovvero l'acquisizione diretta di dati e documenti da parte delle amministrazioni, sostituiscono ogni tipo di documentazione comprovante tutti i requisiti soggettivi e oggettivi richiesti dalla normativa di riferimento.

2.5 La "decertificazione" nel rapporto tra amministrazioni pubbliche e cittadini

L'art. 40 D.P.R. 445/2000 stabilisce che le certificazioni rilasciate dalla pubblica amministrazione in ordine a stati, qualità personali e fatti sono valide e utilizzabili *solo nei rapporti tra privati.* Nei **rapporti con gli organi della pubblica amministrazione e i gestori di pubblici servizi, i certificati e gli atti di notorietà sono sempre sostituiti dalle dichiarazioni** di cui agli artt. 46 e 47 D.P.R. 445/2000.
In modo corrispondente è stato modificato (dalla L. 183/2011) anche l'art. 43, co. 1, del Testo Unico, che prima vietava alle amministrazioni pubbliche e ai gestori di pubblici servizi di richiedere «atti o certificati concernenti stati, qualità personali e fatti che risultino elencati all'art. 46, che siano attestati in documenti già in loro possesso o che comunque esse stesse siano tenute a certificare», con l'alternativa dell'autocertificazione, ma senza impedire che il certificato potesse essere presentato spontaneamente dal privato; ora si impone a tali soggetti di «acquisire d'ufficio le informazioni oggetto delle dichiarazioni sostitutive di cui agli articoli 46 e 47, nonché tutti i dati e i documenti che siano in possesso delle pubbliche amministrazioni», con l'unica alternativa del ricorso all'autocertificazione.
A tal fine, le amministrazioni certificanti devono individuare un **ufficio responsabile** per tutte le attività volte a gestire, garantire e verificare la trasmissione dei dati o l'accesso diretto agli stessi da parte delle amministrazioni procedenti: sono, altresì, rafforzate le responsabilità gravanti sul funzionario dell'amministrazione certificante per la mancata risposta alla richiesta di acquisizione dei dati o di controllo delle autocertificazioni, che oltre a costituire violazione di doveri d'ufficio, viene presa in considerazione ai fini della misurazione e della valutazione della *performance* individuale dei responsabili dell'omissione. La cosiddetta decertificazione, sancita dall'art. 40 Testo Unico, ha l'o-

biettivo di bilanciare l'esigenza di certezza pubblica e quella di semplicità dell'attività amministrativa, attraverso il rafforzamento dell'uso di strumenti alternativi al certificato per la circolazione di quest'ultima, al fine di semplificare e migliorare il rapporto fra amministrazioni e privati.

2.6 L'autentica di copie

Oltre alle dichiarazioni sostitutive, altro strumento di semplificazione della documentazione amministrativa contenuta nel Testo Unico è costituita dall'autentica di copia di un documento, che consiste nell'**attestazione di conformità con l'originale scritta alla fine della copia, a cura del pubblico ufficiale autorizzato**.
La condizione primaria da osservare per l'utilizzo della copia autentica è che questa venga prodotta dietro esibizione dell'originale.
Sono competenti ad autenticare le copie di documenti: il pubblico ufficiale dal quale è stato emesso o presso il quale è stato depositato l'originale o al quale deve essere prodotto il documento, il notaio, il cancelliere, il segretario comunale o altro funzionario incaricato dal Sindaco.
Inoltre, possono autenticare copie di documenti, ma con effetti limitati ai procedimenti di loro competenza, il responsabile del procedimento o qualsiasi altro dipendente competente a ricevere la documentazione, su esibizione dell'originale e senza obbligo di deposito dello stesso presso l'amministrazione procedente.
Va precisato che quando viene eseguita la procedura di autentica presso l'amministrazione procedente, l'esibizione del documento non sostituisce la presentazione della copia autentica del documento, ma solamente il deposito dell'originale. Ciò che, invece, consente di non presentare la copia autentica del documento è la procedura introdotta dall'art. 19 Testo Unico: questa prevede che con una dichiarazione sostitutiva di atto di notorietà dell'interessato possa essere attestata anche la conformità con l'originale:

- della copia di un atto o di un documento rilasciato o conservato da un'amministrazione pubblica;
- della copia di un titolo di studio o di servizio;
- della copia di documenti fiscali che devono obbligatoriamente essere conservati dai privati;
- della copia di una pubblicazione.

2.7 La legalizzazione di firme e di documenti

La **legalizzazione di firma** è un istituto giuridico finalizzato ad attestare la qualità legale del pubblico funzionario che ha apposto la firma sugli atti, nonché l'autenticità della firma stessa come appartenente a quel funzionario o a quel pubblico ufficiale in quanto apposta in presenza del funzionario legalizzante. Tale istituto ha, tuttavia, perso la sua utilità a seguito dell'ampia diffusione della firma digitale.
L'istituto della **legalizzazione di documenti** ha, invece, la funzione di attribuire validità al documento secondo la legge italiana allo scopo di verificare che l'atto sia stato formalizzato nel rispetto della legislazione del Paese straniero in cui è stato formato, e che sia stato rilasciato da parte dell'ufficio competente. L'atto di legalizzazione ser-

ve, quindi, a provare l'esistenza del documento straniero nel momento in cui questo diventa rilevante per l'ordinamento italiano, ma non consiste nel controllo del contenuto dell'atto e della sua legittimità.
Circa le Autorità competenti alla legalizzazione degli atti, le firme su atti e documenti formati in un Paese estero, da far valere in Italia, devono essere legalizzate dalle **Rappresentanze diplomatiche o consolari** italiane di quel Paese (art. 33, co. 2, D.P.R. 445/2000).
Se, invece, un atto italiano deve essere usato in un Paese estero, la legalizzazione, se richiesta da quell'ordinamento, deve essere fatta dal Procuratore della Repubblica presso il Tribunale nella cui circoscrizione ha sede il notaio che riceve o autentica l'atto. La firma del Procuratore della Repubblica, a sua volta, viene legalizzata dal Consolato straniero in Italia nel cui ambito risiede. Se l'atto è rilasciato dal Comune la legalizzazione deve essere rilasciata dal Prefetto competente per territorio.
Nel caso in cui l'atto venga rilasciato da un'Autorità diplomatica o consolare estera che ha sede in Italia, deve essere legalizzato dal Prefetto nella cui circoscrizione si trova l'Autorità estera stessa (art. 33, co. 4, D.P.R. 445/2000).
La legalizzazione consiste praticamente nell'apposizione di un timbro, sull'originale dell'atto da legalizzare, che attesta ufficialmente la qualifica legale del pubblico ufficiale che ha firmato l'atto, nonché l'autenticità della sua firma. In essa deve essere indicato il nome e il cognome di colui la cui firma va legalizzata. Il pubblico ufficiale legalizzante deve indicare la data e il luogo della legalizzazione, il proprio nome e cognome, la qualifica rivestita e apporre la propria firma per esteso ed il timbro dell'ufficio.
I documenti da legalizzare, se redatti in lingua straniera, devono essere accompagnati dalla loro traduzione in lingua italiana, certificata come conforme al testo straniero, ad opera della competente Autorità diplomatica o consolare italiana, ovvero da un traduttore ufficiale accreditato dal Consolato italiano del Paese d'origine, o di stabile residenza del cittadino straniero.

2.8 La dematerializzazione dei documenti amministrativi

Il tema della dematerializzazione dei documenti prodotti nell'ambito dell'attività della P.A. è al centro dell'azione di riforma della pubblica amministrazione ormai da diverso tempo. In particolare, il ricorrere alle tecnologie più innovative per arrivare alla definitiva eliminazione della carta, ha trovato una collocazione di ampio rilievo con l'introduzione del **CAD (Codice dell'amministrazione digitale)** nel 2005, dove nell'art. 42 si fa esplicitamente riferimento al concetto di dematerializzazione ("*Le pubbliche amministrazioni valutano in termini di rapporto tra costi e benefici il recupero su supporto informatico dei documenti e degli atti cartacei dei quali sia obbligatoria o opportuna la conservazione e provvedono alla predisposizione dei conseguenti piani di sostituzione degli archivi cartacei con archivi informatici, nel rispetto delle Linee guida*").
I processi di gestione cartacea dei documenti sono caratterizzati dal fatto di essere costosi, dall'avere un forte impatto ambientale, dalla mancanza di trasparenza, dalla difficile condivisione e archiviazione, dai tempi di ricerca elevati, facilità di errori, smarrimenti, ecc.

Con il termine dematerializzazione si vuole indicare, pertanto, il progressivo incremento della gestione documentale informatizzata all'interno della p.a. e la sostituzione dei supporti tradizionali della documentazione amministrativa in favore del documento informatico.
Gli **obiettivi della dematerializzazione** sono due:

> da una parte si adottano criteri per evitare o ridurre in maniera significativa la creazione di nuovi documenti cartacei;
> dall'altra si punta ad eliminare i documenti cartacei attualmente esistenti negli archivi, sostituendoli con registrazioni informatiche.

La riuscita del processo di dematerializzazione è garantita dall'applicazione di strumenti che possono garantire l'autenticità dei documenti e dall'adozione di sistemi di classificazione univoci e dettagliati che garantiscano idonee procedure per la selezione e la conservazione dei documenti.
La dematerializzazione assume un ruolo centrale nei temi principali del Codice dell'amministrazione digitale ed è una delle linee di azione più significative per la riduzione della spesa pubblica, in termini di risparmi diretti e indiretti e, come tale, è compresa tra gli obiettivi dell'Agenda Digitale Italiana.

2.9 L'informatizzazione e la digitalizzazione dell'attività amministrativa

2.9.1 Il quadro normativo di riferimento

Le disposizioni in materia di attività digitale delle pubbliche amministrazioni, emanate a più riprese dal legislatore, sono state raccolte e riordinate in un unico contesto normativo, il **Codice dell'amministrazione digitale (CAD), adottato con il D.Lgs. 7-3-2005, n. 82**.
Il Codice affronta in modo organico il tema dell'utilizzo delle tecnologie dell'informazione e della comunicazione nell'attività amministrativa, nei suoi aspetti organizzativi e procedimentali e con riguardo ai rapporti con i cittadini e le imprese.
Fra gli **aspetti più innovativi** si segnalano:

> le norme volte a rendere più cogenti le previsioni in tema di **trasmissione di documenti per via telematica** tra pubbliche amministrazioni e tra queste e i privati, prevedendo, in caso di violazioni, l'insorgere di una responsabilità dirigenziale e disciplinare;
> l'introduzione del cosiddetto **domicilio digitale**, un indirizzo elettronico valido ai fini delle comunicazioni elettroniche aventi valore legale che il cittadino può indicare per tutte le comunicazioni da parte delle amministrazioni pubbliche e i gestori di pubblici servizi;
> l'istituzione dell'**Indice nazionale dei domicili digitali** (**INI-PEC**) delle imprese e dei professionisti al fine di favorire la presentazione di istanze, dichiarazioni e dati, nonché lo scambio di informazioni e documenti con le amministrazioni pubbliche. Specularmente è stato creato l'**Indice dei domicili digitali della Pubblica Amministrazione e dei gestori di servizi pubblici (IPA)**, un elenco a disposizione di tutti e che riporta gli indirizzi elettronici dei soggetti esercenti attività pubblica. Un terzo

elenco raccoglie i **domicili digitali delle persone fisiche e degli altri enti di diritto privato (INAD)** non tenuti all'iscrizione in albi professionali o nel registro delle imprese. La consultazione è consentita a chiunque tramite sito web e senza necessità di autenticazione. I domicili digitali inattivi saranno cancellati d'ufficio;
- la previsione di un **utilizzo esclusivo dei canali e dei servizi telematici** per l'invio di determinate tipologie di atti da parte delle amministrazioni e delle società partecipate da enti pubblici.

Con gli articoli 19 e seguenti del D.L. 83/2012 si è inoltre provveduto a razionalizzare il complesso delle funzioni in materia di innovazione tecnologica e di digitalizzazione della Pubblica Amministrazione, creando un organismo unico, denominato **Agenzia per l'Italia digitale (AgID)**, al posto della pluralità di amministrazioni e di enti precedentemente competenti in materia. Tale riorganizzazione è funzionale a garantire l'attuazione della cosiddetta **Agenda digitale italiana**, progetto di derivazione europea volto ad incrementare l'uso dei *servizi di e-government* da parte dei cittadini e delle imprese dell'Unione europea.

2.9.2 La Carta della cittadinanza digitale

Il Codice delinea una nuova impostazione dei rapporti tra la Pubblica Amministrazione e i cittadini, in favore dei quali riconosce una serie di diritti di seguito indicati:

- **diritto all'uso delle tecnologie** (artt. 3 e 4). I cittadini e le imprese hanno diritto di usare in modo accessibile ed efficace le tecnologie dell'informazione e della comunicazione (*TIC* o *ICT* nella sigla inglese: *Information and Communication Technology*) per tutti i rapporti con le amministrazioni e con i gestori dei pubblici servizi. In particolare, la partecipazione al procedimento amministrativo e il diritto di accesso ai documenti amministrativi sono esercitabili mediante l'uso delle tecnologie dell'informazione e della comunicazione. A tal fine, la tutela giurisdizionale spetta al giudice amministrativo (art. 133 D.Lgs. 104/2010);
- **diritto all'identità e al domicilio digitale del cittadino** (art. 3-*bis*). Chiunque ha il diritto di accedere ai servizi on-line offerti dalle amministrazioni pubbliche, dai gestori esercenti di pubblici servizi e da società a controllo pubblico, tramite la propria identità digitale e anche attraverso ulteriori punti di accesso telematico. In particolare, il D.L. 76/2020 (conv. in L. 120/2020) ha *esteso il raggio d'azione del diritto di accesso digitale*, disponendo che ai servizi della Pubblica Amministrazione si debba poter entrare anche tramite l'applicazione IO, che consente di consultare anche da smartphone le comunicazioni delle Pubbliche Amministrazioni ed effettuare pagamenti con tale modalità. Ogni altra forma di comunicazione non può produrre effetti pregiudizievoli per il destinatario;
- **diritto di effettuare pagamenti con modalità informatiche** (art. 5). Nei rapporti con l'utenza le amministrazioni pubbliche e gli altri soggetti individuati nel Codice sono tenuti ad accettare i pagamenti ad essi spettanti, a qualsiasi titolo dovuti, anche con strumenti elettronici. La piattaforma tecnologica per i pagamenti ha assunto la denominazione di PagoPA;
- **diritto a servizi on-line semplici e integrati** (art. 7). Le pubbliche amministrazioni sono tenute ad organizzare i servizi resi tramite ICT sulla base delle reali esigenze

di cittadini e imprese, determinate mediante analisi preventive e strumenti per il controllo periodico della soddisfazione dell'utenza;
> **diritto alla partecipazione democratica elettronica** (art. 9). I cittadini, anche residenti all'estero, hanno diritto a partecipare al processo democratico e ad esercitare i propri diritti civili e politici mediante l'uso delle tecnologie ICT. A tal fine le amministrazioni possono anche prevedere forme di consultazione preventiva per via telematica sugli schemi di atto da adottare.

Quelli sopra menzionati rappresentano diritti che nel loro complesso delineano una vera e propria **Carta della cittadinanza digitale**.
Strumento essenziale per garantire, *in chiave digitale, l'accesso a dati, documenti e servizi della Pubblica Amministrazione e la semplificazione dei servizi,* riducendo l'accesso fisico agli uffici, è la diffusione del **Sistema pubblico d'identità digitale (SPID)**. Si tratta di un *sistema di login* che permette a cittadini e imprese di accedere con un'unica identità digitale, da molteplici dispositivi, a tutti i servizi online di pubbliche amministrazioni e imprese aderenti, eliminando le tante password, chiavi e codici attualmente necessari.
L'interconnessione tra le diverse amministrazioni interessate, invece, spetta al **Sistema pubblico di connettività (SPC)**, un insieme di infrastrutture tecnologiche e di regole tecniche che ha il compito di far dialogare le varie amministrazioni e incentivare la cooperazione, favorendo l'adesione anche da parte dei privati e garantendo la sicurezza e la resistenza (ossia la capacità di adattamento e di resistenza all'usura) dei sistemi informatici.

2.9.3 La firma digitale

Tecnicamente la firma digitale consiste in un processo di calcolo, detto "validazione", che **associa una serie di dati a quelli del documento, attestandone l'integrità, garantendo l'identificazione di chi firma e la sua volontà sottoscrittoria**. La firma digitale svolge funzioni analoghe a quella della tradizionale sottoscrizione dei documenti cartacei, ha lo stesso valore legale della firma autografa, integra e sostituisce l'apposizione di sigilli, identifica il mittente o autore del documento elettronico e garantisce l'autenticità e l'integrità dei dati in esso contenuti.
Il Codice prevede che le sottoscrizioni informatiche siano effettuate tramite **firma digitale**. Si tratta di una particolare forma di firma qualificata fondata *sull'utilizzo di due chiavi elettroniche correlate tra loro, che consentono di verificare in modo sicuro la provenienza ed integrità di un documento o un insieme di documenti informatici e la validità legale,* che non può essere ripudiata dal sottoscrittore. La sua apposizione integra e sostituisce i tradizionali strumenti di autenticazione conosciuti, come sigilli, punzoni, timbri, contrassegni e marchi di qualsiasi tipo previsti dalla normativa vigente. Il sistema utilizza una coppia di chiavi elettroniche (una privata e una pubblica) che funzionano solo quando l'una è collegata con l'altra (art. 1, lett. *s*, D.Lgs. 82/2005).
Una chiave è detta privata in quanto può essere usata soltanto dal suo titolare; l'altra è detta pubblica perché può essere usata da chiunque. Con l'uso della crittografia, qualsiasi documento informatico (testo, immagini, musica, ecc.) creato da una delle due chiavi è reso incomprensibile e può essere decifrato solo con il possesso dell'altra. Le due chiavi sono indipendenti, per cui non è possibile identificare l'una partendo dall'altra.

La firma digitale, quando è autenticata da un notaio o da un altro pubblico ufficiale autorizzato, è riconosciuta a termini dell'articolo 2703 c.c. (sottoscrizione autenticata). La sua autenticazione, al pari della sottoscrizione tradizionale, consiste nell'attestazione, da parte del pubblico ufficiale, che essa è stata apposta in sua presenza dal titolare, previo accertamento della sua identità e della validità del certificato elettronico utilizzato.
La firma digitale è collegata ad un certificato qualificato che, al momento della sottoscrizione, non deve risultare scaduto, sospeso o revocato e che sia conforme alle regole tecniche stabilite dal Codice.

2.9.4 Il documento informatico

La normativa vigente riconosce pieno valore giuridico al documento informatico, definito dal CAD e dal D.P.R. 445/2000 come la **rappresentazione informatica di atti, fatti o dati giuridicamente rilevanti**.
Ai fini del soddisfacimento del requisito della forma scritta e per l'attribuzione dell'efficacia prevista dall'art. 2702 del codice civile, l'art. 20 CAD distingue tra:

- documento informatico al quale è apposta una firma digitale, altro tipo di firma elettronica qualificata o una firma elettronica avanzata o, comunque, è formato previa identificazione informatica del suo autore: in questo caso **soddisfa pienamente il requisito della forma scritta e ha un valore probatorio equivalente a quello del documento cartaceo**;
- documento informatico che non rispetta i suddetti criteri: in questo caso l'idoneità a soddisfare il requisito della forma scritta e il suo valore probatorio sono **liberamente valutabili in giudizio**, in relazione alle caratteristiche di sicurezza, integrità e immodificabilità.

La data e l'ora di formazione del documento informatico sono opponibili ai terzi se apposte in conformità alle Linee guida emanate dell'AgID.
Gli atti, i dati ed i documenti delle pubbliche amministrazioni formati con documenti informatici costituiscono a tutti gli effetti documenti originali e come tali possono essere utilizzati su diversi tipi di supporto per riproduzioni e copie nel rispetto degli usi consentiti dalle norme vigenti.
Le **copie su supporto informatico** di qualsiasi tipologia di documenti analogici originali, formati in origine su carta o altro supporto non informatico, sostituiscono ad ogni effetto di legge gli originali da cui sono tratti, se la loro conformità all'originale è assicurata da chi lo detiene mediante l'uso della propria firma digitale e nel rispetto delle regole tecniche previste dall'art. 71 CAD.
Le **riproduzioni informatiche**, al pari di ogni altra rappresentazione meccanica di fatti o cose, hanno valore probatorio se colui contro il quale sono prodotte non ne disconosce la loro conformità (art. 2712 c.c.). I duplicati, le copie e gli estratti di documenti informatici, anche se riprodotti su diversi tipi di supporto – se conformi alle regole tecniche disciplinate da apposito decreto – sono valide a tutti gli effetti di legge.
I documenti informatici spediti o rilasciati da depositari pubblici autorizzati e da pubblici ufficiali, contenenti copia o riproduzione di atti pubblici, scritture private, documenti in genere, e atti o documenti amministrativi, di ogni tipo, ai quali è stata apposta o associata la firma digitale o elettronica qualificata di colui che li spedisce o

li rilascia, hanno la stessa efficacia giuridica degli originali dai quali sono state tratte (artt. 2174 e 2175 c.c.).
La spedizione o il rilascio di copie dei documenti ora descritti esonera dalla produzione o esibizione degli originali, quando richiesti per legge.
Il **valore probatorio**, sostitutivo a tutti gli effetti di legge degli originali, è riconosciuto anche:

- alle copie su supporto informatico di documenti non unici formati in origine su carta e altro, a condizione che la loro conformità all'originale sia assicurata dal responsabile che lo conserva tramite la propria firma digitale;
- alle copie su supporto informatico di documenti originali unici, formati in origine su supporti cartacei o comunque non informatici.

Le Pubbliche Amministrazioni possono procedere alla **conservazione dei documenti informatici** all'*interno della propria struttura organizzativa* o affidando tale compito, in modo totale o parziale, nel rispetto della disciplina vigente, ad *altri soggetti, pubblici o privati accreditati come conservatori* presso l'AgID.
Come stabilito dall'art. 34, co. 1-*bis*, lett. *b*), D.Lgs. 82/2005 (nel testo modificato dal D.L. 76/2020) la conservazione dei documenti informatici da parte di soggetti esterni all'amministrazione interessata deve uniformarsi alle *Linee guida contenenti regole tecniche e di indirizzo* e a uno specifico *regolamento*, atti che devono essere adottati dall'AgID.

Il regolamento determina i criteri per la fornitura dei servizi di conservazione dei documenti informatici, affinché sia assicurata la loro conformità agli originali nonché la qualità e la sicurezza del sistema di conservazione. Le Linee guida determinano i requisiti di qualità, di sicurezza e di organizzazione che i soggetti conservatori debbono possedere.

2.9.5 Il Responsabile per la Transizione al Digitale (RTD)

Per la trasformazione digitale della pubblica amministrazione, riveste particolare importanza l'individuazione della figura del Responsabile per la Transizione al Digitale (RTD), previsto dall'art. 17, co. 1, CAD. La norma stabilisce che ciascuna pubblica amministrazione sia tenuta ad affidare a un unico ufficio dirigenziale, fermo restando il numero complessivo degli uffici, la *transizione alla modalità operativa digitale e i conseguenti processi di riorganizzazione finalizzati alla realizzazione di un'amministrazione digitale e aperta, di servizi facilmente utilizzabili e di qualità, attraverso una maggiore efficienza ed economicità* nominando un RTD.
Tale figura, che risponde direttamente all'organo di vertice politico o, in sua assenza, a quello amministrativo dell'ente, si occupa principalmente:

- dell'**indirizzo e coordinamento dello sviluppo dei servizi**, sia interni sia esterni, forniti dai sistemi informativi di telecomunicazione e fonia dell'amministrazione;
- della **pianificazione, coordinamento e monitoraggio della sicurezza informatica** relativamente ai dati, ai sistemi e alle infrastrutture anche in relazione al sistema pubblico di connettività;
- dell'**analisi periodica** della coerenza tra l'organizzazione dell'amministrazione e l'utilizzo delle tecnologie dell'informazione e della comunicazione, al fine di migliorare la soddisfazione dell'utenza e la qualità dei servizi nonché di ridurre i tempi e i costi dell'azione amministrativa;

- della **pianificazione e coordinamento del processo di diffusione**, all'interno dell'amministrazione, dei sistemi di identità e domicilio digitale, posta elettronica, protocollo informatico, firma digitale o firma elettronica qualificata e mandato informatico;
- della **promozione delle iniziative** attinenti l'attuazione delle direttive impartite dal Presidente del Consiglio dei Ministri o dal Ministro delegato per l'innovazione e le tecnologie.

2.9.6 Il Difensore civico per il digitale

L'art. 17, co. 1-*quater*, D.Lgs. 82/2005 prevede la creazione dell'ufficio del Difensore civico per il digitale, a cui è preposto un soggetto in possesso di adeguati requisiti di terzietà, autonomia e imparzialità. Attraverso apposita area presente sul sito istituzionale dell'AgID, i cittadini possono presentare **segnalazioni relative a presunte violazioni del CAD e di ogni altra norma in materia di digitalizzazione ed innovazione** della pubblica amministrazione.

Il Difensore civico, accertata la non manifesta infondatezza della segnalazione, la trasmette al Direttore generale dell'AgID, affinché possa esercitare i poteri di vigilanza, verifica, controllo e monitoraggio sul rispetto delle disposizioni del CAD, nonché di altre norme in materia di innovazione tecnologica e digitalizzazione della pubblica amministrazione, ivi comprese quelle contenute nelle Linee guida e nel Piano triennale per l'informatica nella pubblica amministrazione.

Capitolo 3
Il procedimento amministrativo

3.1 Profili generali

3.1.1 Definizione e riferimenti normativi

Il procedimento amministrativo è **l'insieme di una pluralità di atti** (susseguenti e diversi tra loro) che, nonostante la loro eterogeneità e la loro relativa autonomia, sono preordinati allo stesso fine ossia alla produzione degli effetti giuridici propri di una determinata fattispecie.

Alcuni autorevoli autori (Benvenuti) hanno rielaborato tale nozione **in senso funzionale**. Il procedimento amministrativo è inteso alla stregua di forma della funzione amministrativa, quale sede in particolare deputata all'adeguata ponderazione degli interessi compresenti e spesso confliggenti: si ridimensiona, pertanto, il rilievo del provvedimento amministrativo quale momento decisivo dell'attività amministrativa e si rimarca il ruolo del procedimento quale modalità di esercizio del potere.

Prima dell'entrata in vigore della **L. 7-8-1990, n. 241** (*Nuove norme in materia di procedimento amministrativo e di diritto di accesso ai documenti amministrativi*) mancava una disciplina generale sul procedimento e si registravano solo poche e puntuali discipline settoriali. All'amministrazione era riconosciuta un'ampia discrezionalità nella conduzione del procedimento; per converso, nessuna garanzia di partecipazione era riconosciuta agli interessati incisi dall'attività amministrativa.
Tale vuoto di disciplina è stato colmato con la riforma del 1990 attraverso cui si è affermato il passaggio da un modello in cui la P.A. assumeva le decisioni in via unilaterale e senza possibilità alcuna di replica da parte dei destinatari, ad un modello in cui ai privati è riconosciuto il più ampio diritto di partecipare all'attività amministrativa. In altri termini, la L. 241/1990 ha inteso coniugare il principio di **trasparenza** con quello dell'**efficienza**, improntando l'azione amministrativa a canoni di carattere manageriale che assicurino il raggiungimento dei risultati.
La L. 241/1990 è considerata il fondamento di una nuova concezione dell'azione amministrativa e, quindi, del provvedimento, che da espressione del potere autoritativo della P.A. diviene il momento di dialogo tra Pubblica Amministrazione e cittadino. Quest'ultimo diviene partecipe dell'azione amministrativa, con un livello di collaborazione che può spingersi fino ad una condivisione del contenuto dell'atto.
Tuttavia, il cambiamento nell'esercizio dell'azione amministrativa non è stato immediato, ma graduale tramite una serie di interventi normativi successivamente intervenuti sulla stessa L. 241/1990.

3.1.2 I principi del procedimento

La legge del 1990 (e successive modifiche) non pretende di codificare compiutamente la struttura ed il funzionamento del procedimento amministrativo ma si limita a fissare, in armonia con il dettato dell'art. 97 Cost., talune regole generali ispirate ai seguenti principi:

- il **principio del giusto procedimento** che, garantendo il diritto di partecipazione degli interessati, consacra la dialettica tra interessi pubblici e privati tendendo alla composizione di concreti rapporti. In tale contesto particolare rilevanza assumono gli artt. 7 e 10-*bis* della L. 241/1990 che disciplinano, rispettivamente, la comunicazione di *avvio procedimento* e il cd. *preavviso di rigetto*, ossia la comunicazione al destinatario dell'atto, dei motivi ostativi all'accoglimento dell'istanza presentata in un momento antecedente a quello dell'adozione del provvedimento definitivo;
- il **principio di trasparenza** che prevede il carattere obbligatorio della *motivazione del provvedimento* amministrativo nonché l'obbligo della P.A. di identificare preventivamente l'ufficio ed il dipendente responsabile del procedimento, oltre al diritto dei cittadini interessati di *accedere ai documenti amministrativi*;
- il **principio di semplificazione** che introduce taluni istituti diretti, in conformità all'art. 97 Cost., a snellire ed a rendere più celere l'azione amministrativa. Nella prospettiva della semplificazione vanno visti gli istituti fondamentali del *silenzio-assenso*, della *dichiarazione* in luogo di autorizzazione e della *conferenza di servizi*;
- i **principi di correttezza, collaborazione e buona fede** in forza dei quali la P.A., nel corso del procedimento, deve comportarsi lealmente evitando di ingenerare falsi affidamenti in capo ai privati e di tradire le ragionevoli aspettative degli stessi, promuovendo ogni forma di confronto con la controparte;
- il **principio di informatizzazione** amministrativa laddove si dispone il dovere delle Pubbliche Amministrazioni di agire mediante strumenti informatici e telematici sia nei rapporti interni tra le diverse amministrazioni sia tra queste e i privati.

È da menzionare anche il **principio di ragionevolezza** nel quale confluiscono, alla luce della L. 241/1990, i principi di eguaglianza, imparzialità e di buon andamento. In forza di tale principio, l'azione amministrativa, al di là del rispetto delle prescrizioni normative, deve adeguarsi ad un canone di *razionalità operativa* onde evitare decisioni arbitrarie ed irrazionali.
Si tenga inoltre presente che anche i soggetti privati preposti all'esercizio di attività amministrative devono assicurare il rispetto dei criteri e dei principi di cui all'art. 1, co. 1, L. 241/1990, con un livello di garanzia non inferiore a quello cui sono tenute le Pubbliche Amministrazioni.

Tutti i criteri e le regole basilari del procedimento amministrativo sono ispirati ai suddetti principi e sono fondamentali a garantire la **buona amministrazione**. Si tratta in particolare dell'economicità, efficacia, pubblicità e trasparenza. L'enunciazione di questi criteri (art. 1, comma 1) dimostra come il legislatore abbia inteso basare l'azione amministrativa su principi efficientistici, aziendalistici e manageriali tipici delle imprese private. In particolare:

- l'**economicità** riguarda il rapporto fra risultati e risorse secondo un'ottica *ex post*: cioè riguarda l'obbligo per la P.A. di realizzare il miglior risultato possibile in rapporto alla quantità di risorse a disposizione;
- l'**efficacia** riguarda il rapporto tra i risultati programmati e quelli raggiunti;

- la **pubblicità** è una *species* del criterio della trasparenza ed impone alla P.A. di rendere accessibili agli interessati notizie e documenti concernenti l'operato dei pubblici poteri;
- la **trasparenza**, infine, riguarda la controllabilità di tutti i momenti e di tutti i passaggi in cui si esplica l'operato della pubblica amministrazione, onde garantirne e favorirne lo svolgimento imparziale. A tale principio sono strettamente connessi il *diritto di accesso* e l'istituzione degli *uffici per le relazioni con il pubblico.*

L'art. 1, co. 1, L. 241/1990 (nel testo modificato dalla L. 69/2009) prevede anche l'applicabilità del criterio dell'**imparzialità**, ribadendo a livello di legislazione primaria il principio sancito all'art. 97 Cost. Tale modifica delinea una nuova ipotesi di invalidità dell'atto amministrativo, individuando una *specifica ipotesi di violazione di legge* e non più soltanto una figura sintomatica dell'eccesso di potere.

3.1.3 Fasi del procedimento

In via descrittiva, il procedimento amministrativo si compone di quattro fasi:

- la **fase dell'iniziativa**: si tratta del momento propulsivo del procedimento. Questo infatti può essere instaurato con un atto dell'interessato, come avviene nei procedimenti ad iniziativa di parte ovvero su impulso della stessa amministrazione procedente, come accade nei procedimenti ad iniziativa d'ufficio;
- la **fase istruttoria**: è la fase centrale del procedimento nella quale l'amministrazione svolge l'acquisizione dei fatti rilevanti, individua gli interessi coinvolti e procede alla relativa loro ponderazione;
- la **fase decisoria**: si tratta del momento in cui si procede alla deliberazione del contenuto del provvedimento nonché alla formazione ed emanazione dello stesso;
- la **fase integrativa dell'efficacia**: il provvedimento una volta emanato è perfetto ma non può essere ancora efficace. La produzione dell'efficacia può essere subordinata al compimento di operazioni specifiche, al verificarsi di certi fatti o all'emanazione di ulteriori atti (es. il controllo). Si tratta di una fase eventuale che in alcuni procedimenti può anche non essere prevista.

3.2 Il Responsabile del procedimento

3.2.1 Procedura di nomina

La L. 241/1990 ha consacrato a livello generale la figura, in precedenza prevista solo da talune normative di settore, del Responsabile del procedimento, cui è assegnato il ruolo di **autorità guida del procedimento** stesso.
L'obbligo di individuare il soggetto sul quale ricade l'onere di curare tutte le fasi del procedimento e garantire che giunga a conclusione risponde all'esigenza di **personalizzare e responsabilizzare l'attività amministrativa**.

Prima dell'entrata in vigore della L. 241/1990, infatti, l'anonimato dei soggetti deputati alla gestione del procedimento garantiva loro un'irresponsabilità di fondo, non risultando affatto agevole per gli interessati individuare gli autori di eventuali carenze procedimentali. Prevedendo la figura in esame, invece, si è inteso garantire l'attuazione dei principi di trasparenza ed efficienza. Sul piano esterno, lo stesso costituisce l'interfaccia unica con la quale il cittadino può relazionarsi e confrontarsi; sul piano interno, funge da sollecitatore dell'azione amministrativa, assicurando la connessione tra le varie fasi del procedimento stesso ed evitando fenomeni di inerzia e dispersione.

La disciplina in tema di Responsabile del procedimento prevede due passaggi:

- l'**individuazione dell'unità organizzativa responsabile dell'istruttoria e dell'adozione del provvedimento finale**. Ove non sia già direttamente stabilito per legge o per regolamento, le pubbliche amministrazioni sono tenute a determinare, per ciascun tipo di procedimento relativo ad atti di loro competenza, l'unità organizzativa responsabile dell'istruttoria e di ogni altro adempimento procedimentale, nonché dell'adozione del provvedimento finale (art. 4 L. 241/1990);
- l'**assegnazione della responsabilità dell'istruttoria nonché dell'adozione del provvedimento**. Il dirigente di ciascuna unità organizzativa provvede ad assegnare, a sé o ad altro dipendente addetto all'unità, la responsabilità dell'istruttoria e di ogni altro adempimento inerente il singolo procedimento nonché, eventualmente, dell'adozione del provvedimento finale. Vige l'*obbligo di comunicare il domicilio digitale* del Responsabile del procedimento, oltre che l'unità organizzativa responsabile e il nominativo del Responsabile ai soggetti interessati e controinteressati al provvedimento finale nonché, su richiesta, a chiunque vi abbia interesse (art. 5 L. 241/1990).

La **mancata nomina del Responsabile**, lungi dal produrre un vizio del provvedimento finale, determina l'operare di un *meccanismo sostitutivo*. La giurisprudenza è chiara nel ritenere che l'omessa indicazione del nominativo del responsabile comporta l'acquisizione di tale funzione da parte del dirigente dell'unità organizzativa e, per l'effetto, non incide sulla corretta gestione della procedura e sulla trasparenza dell'azione amministrativa. L'omessa indicazione dell'autorità alla quale ricorrere e del relativo termine non assume dunque effetto invalidante rispetto al provvedimento finale ma può rilevare ai soli fini della concessione dell'errore scusabile in caso di tardiva impugnazione.
Nell'ipotesi di omessa individuazione, il **potere sostitutivo** si considera attribuito al dirigente generale o, in mancanza, al dirigente preposto all'ufficio o, in mancanza, al funzionario di più elevato livello presente nell'amministrazione; costoro dovranno concludere il procedimento entro 15 giorni, o entro altro termine dimezzato rispetto a quello richiesto dalla legge.

3.2.2 Compiti del Responsabile

Al Responsabile del procedimento sono assegnati **compiti di impulso, direzione e coordinamento dell'istruttoria procedimentale e, in via eventuale, di adozione della decisione finale**.
I compiti del Responsabile sono individuati nell'art. 6 L. 241/1990:

- valuta, ai **fini istruttori**, le condizioni di ammissibilità, i requisiti di legittimazione ed i presupposti che siano rilevanti per l'emanazione di provvedimento;
- **accerta di ufficio** i fatti, disponendo il compimento degli atti all'uopo necessari, e **adotta ogni misura per l'adeguato e sollecito svolgimento dell'istruttoria**. In particolare, può chiedere il rilascio di dichiarazioni e la rettifica di dichiarazioni o

istanze erronee o incomplete e può esperire accertamenti tecnici ed ispezioni ed ordinare esibizioni documentali;

- propone l'indizione o, avendone la competenza, indice le **conferenze di servizi** (vedi *infra*);
- cura **le comunicazioni, le pubblicazioni e le notificazioni** previste dalle leggi e dai regolamenti;
- adotta, ove ne abbia la competenza, il **provvedimento finale**, ovvero **trasmette gli atti** all'organo competente per l'adozione. Quest'ultimo ove diverso dal responsabile del procedimento, non può discostarsi dalle risultanze dell'istruttoria condotta dal responsabile del procedimento se non **indicandone la motivazione nel provvedimento finale**.

La mancata o tardiva emanazione del provvedimento costituisce **elemento di valutazione della *performance* individuale, nonché di responsabilità disciplinare e amministrativo contabile** del dirigente e del funzionario inadempiente.
Viene fatto salvo il caso di conflitto di interessi a norma dell'art. 6-*bis* L. 241/1990 (aggiunto dalla L. 190/2012). In tale ipotesi il Responsabile del procedimento dovrà astenersi dall'adozione del provvedimento finale, segnalando ogni situazione di conflitto, anche potenziale.

3.3 La partecipazione al procedimento amministrativo

Fino alla promulgazione della L. 241/1990, l'assenza di una normativa dedicata alla partecipazione procedimentale si traduceva nella possibilità per la P.A. di decidere con assoluta libertà in merito all'opportunità e alle modalità di un intervento nel procedimento dei soggetti interessati. Il che, evidentemente, comportava il carattere sostanzialmente autoritario del procedimento e la non rispondenza dello stesso ai valori democratici sanciti dalla Costituzione.
Con la svolta normativa cui si è fatto cenno si è generalizzata la partecipazione del cittadino al procedimento, facendo di quest'ultimo la sintesi di tutti gli interessi pubblici e privati sottesi all'azione amministrativa.

3.3.1 La comunicazione di avvio del procedimento

Quale strumento indispensabile per attivare la partecipazione, tale comunicazione consente al soggetto coinvolto dall'*agere* amministrativo di avere conoscenza dell'avvio di un procedimento destinato a sfociare nell'emanazione di un provvedimento che produrrà effetti nei suoi confronti, così esercitando i diritti che gli sono riconosciuti dalla stessa L. 241/1990.
L'art. 7 della citata legge provvede ad individuare i **destinatari della comunicazione di avvio del procedimento**. Le pubbliche amministrazioni, infatti, sono tenute a comunicare l'avvio del procedimento:

- ai soggetti nei confronti dei quali il provvedimento finale è destinato a produrre effetti diretti;
- a quelli che per legge debbono intervenirvi;
- ai soggetti, individuati o facilmente individuabili, ai quali l'adozione del provvedimento può causare pregiudizio.

La comunicazione deve essere personale o, qualora il numero dei destinatari non lo consenta, realizzata attraverso idonee forme di pubblicità.
Secondo il combinato disposto dell'art. 5, co. 3, e dell'art. 8 L. 241/1990, la **comunicazione deve indicare**:

- l'amministrazione competente e l'oggetto del procedimento promosso;
- l'ufficio, il domicilio digitale dell'amministrazione, la persona responsabile del procedimento e il soggetto titolare del potere sostitutivo;
- la data entro la quale, secondo i termini previsti dalla stessa legge, deve concludersi il procedimento;
- i rimedi esperibili in caso di inerzia dell'amministrazione, tra i quali deve essere fatta espressa menzione del diritto all'indennizzo, delle modalità e dei termini per conseguirlo e il termine entro cui il titolare del potere sostitutivo debba emanare il provvedimento;
- nei procedimenti ad iniziativa di parte, la data di presentazione della relativa istanza;
- le modalità con le quali, attraverso il punto di accesso telematico (l'applicazione IO) o con altre modalità telematiche, è possibile prendere visione degli atti, accedere al fascicolo informatico ed esercitare in via telematica i diritti previsti dalla legge sul procedimento;
- l'ufficio dove è possibile prendere visione degli atti che non sono disponibili o accessibili in via telematica.

3.3.2 Le deroghe all'obbligo di comunicazione

In taluni casi la comunicazione di avvio non è obbligatoria. La L. 241/1990, infatti, individua due specifiche ipotesi in cui la comunicazione non è necessaria:

- per i **procedimenti cautelari** secondo quanto previsto dall'**art. 7, co. 2**, che fa salva "*la facoltà dell'amministrazione di adottare, anche prima della effettuazione delle comunicazioni [...], provvedimenti cautelari*";
- per i procedimenti per i quali sussistono **ragioni di impedimento** derivanti da particolari esigenze di celerità del procedimento stesso secondo quanto previsto dall'**art. 7, co. 1** (*Ove non sussistano ragioni di impedimento derivanti da particolari esigenze di celerità del procedimento, l'avvio del procedimento stesso è comunicato [...]*).

Le ipotesi contemplate dalla disposizione riportata sono in realtà diverse tra loro sul piano degli effetti: nel primo caso l'obbligo di comunicazione viene meno del tutto; nel secondo caso è soltanto posticipato temporalmente.

Ad esempio ricorrono esigenze di celerità del procedimento ogniqualvolta sussista la necessità di far fronte a ragioni che in concreto non consentono il rispetto della garanzia partecipativa. L'esempio più immediato è quello delle *ordinanze di necessità ed urgenza*: è stato al riguardo chiarito che l'ordinanza contingibile ed urgente emessa dal Sindaco quale Ufficiale di governo ai sensi degli artt. 50 e 54 D.Lgs. 267/2000, il cui presupposto è costituito da una situazione di urgenza e accertata necessità al fine di prevenire gravi pericoli che minacciano l'incolumità dei cittadini, non deve essere preceduta dall'avviso di avvio del procedimento.

È da ricordare, poi, che a norma dell'art. 21-*octies* L. 241/1990, introdotto dalla L. 15/2005, la **violazione di norme procedimentali** o l'**omissione della comunicazione di avvio** non inficia il provvedimento finale se, per la natura vincolata dell'atto, l'esito

del procedimento sarebbe stato identico anche nel caso di rispetto della prescrizione procedurale.
In una prospettiva pretoria, inoltre, si propende per una lettura "sostanziale" e non meramente formale dell'art. 7 L. 241/1990 in forza della quale le norme in materia di partecipazione al procedimento non vanno applicate meccanicamente e formalisticamente; in ossequio, dunque, al **principio del raggiungimento dello scopo**, si ritiene che se, ad onta dell'omessa comunicazione, il soggetto ha comunque potuto partecipare ed incidere sull'esito finale del procedimento, l'omissione non inficia il provvedimento finale.

3.3.3 Conseguenze dell'omessa comunicazione

Al di fuori delle ipotesi derogatorie esaminate, il provvedimento che non sia stato preceduto dalla comunicazione dell'avvio del procedimento è **illegittimo per violazione di legge**.
Si tratta di una ipotesi di invalidità relativa, prevedendo l'art. 8 L. 241/1990 espressamente che "l'omissione di taluna delle comunicazioni prescritte può esser fatta valere solo dal soggetto nel cui interesse la comunicazione è prevista".

3.3.4 Il preavviso di rigetto

Disciplinato dall'art. 10-*bis* L. 241/1990 (introdotto dalla L. 15/2005 e modificato dal D.L. 76/2020), l'istituto del preavviso di rigetto prevede che nei procedimenti ad istanza di parte il responsabile del procedimento o l'autorità competente, **prima della formale adozione di un provvedimento negativo**, sia tenuto a **comunicare tempestivamente agli istanti i motivi che impediscono l'accoglimento della domanda**. Il preavviso di rigetto si colloca **tra l'istruttoria e la fase decisoria**: per comunicare al soggetto che ha presentato l'istanza le ragioni che ne impediscono l'accoglimento, l'amministrazione deve aver prima esaminato e valutato gli elementi di fatto e le ragioni giuridiche, acquisiti d'ufficio o rappresentati dagli stessi soggetti interessati.
I richiedenti hanno 10 giorni di tempo, dal ricevimento della comunicazione, per presentare per iscritto le loro osservazioni, eventualmente corredate da documenti.
La comunicazione del preavviso di rigetto **sospende i termini di conclusione dei procedimenti**, che ricominciano a decorrere 10 giorni dopo la presentazione delle osservazioni o della scadenza del termine per presentarle.
Del mancato accoglimento delle osservazioni, il Responsabile del procedimento o l'autorità competente sono tenuti a dare ragione nella motivazione del provvedimento finale di diniego indicando, se ve ne sono, i soli motivi ostativi ulteriori che sono conseguenza delle osservazioni. In caso di annullamento in giudizio del provvedimento così adottato, nell'esercitare nuovamente il suo potere l'amministrazione non può addurre per la prima volta motivi ostativi già emergenti dall'istruttoria del provvedimento annullato. In tal modo si sancisce il dovere dell'Amministrazione, in sede di riesame della vicenda controversa, di essere particolarmente rigorosa nella verifica di tutti i possibili profili rilevanti, eliminando la possibilità di reiterare, sulla stessa questione, preavvisi di diniego basati su motivi ostativi diversi, relativi ad altri aspetti prima non rilevati, ma già esistenti. Non possono essere addotti, tra i mo-

tivi che ostano all'accoglimento della domanda, inadempienze o ritardi attribuibili all'amministrazione.
Le disposizioni in materia di preavviso di rigetto non si applicano alle procedure concorsuali e ai procedimenti in materia previdenziale e assistenziale sorti a seguito di istanza di parte e gestiti dagli enti previdenziali.

L'istituto di fatto codifica il principio, già affermato dalla giurisprudenza prima della riforma del 2005, secondo cui sussiste un potere-dovere dell'Amministrazione – desumibile sia dal principio di buon andamento sancito dall'art. 97 Cost. sia dagli artt. 2 e 6 della L. 241/1990 – di attivarsi, nell'ottica di una **leale collaborazione con il privato** e per una maggiore economicità ed efficienza dell'azione amministrativa, affinché l'istruttoria che precede l'adozione dell'atto finale sia quanto più possibile rappresentativa della realtà e garantisca una reale partecipazione dei soggetti coinvolti, anche laddove il procedimento sia destinato a sfociare in un provvedimento negativo a causa di motivi ostativi all'accoglimento della domanda.
Oltre a svolgere una funzione deflattiva del contenzioso, essendo finalizzato a consentire una convergenza di posizioni tra le parti del procedimento, in dottrina si è sostenuto che l'art. 10-*bis* risulta di fatto volto a realizzare **un contraddittorio endoprocedimentale necessario e rafforzato** al fine di superare le asimmetrie nel rapporto tra P.A. e privati interessati, riscontrate nell'applicazione della L. 241/1990.

Si è visto sopra che non è contemplata l'annullabilità dell'atto per la violazione di norme procedimentali o per l'omissione della comunicazione di avvio (*se, per la natura vincolata dell'atto, l'esito del procedimento sarebbe stato identico anche nel caso di rispetto della prescrizione procedurale*); tale misura conservativa è, invece, esplicitamente esclusa per l'omessa comunicazione del preavviso di rigetto (art. 21-*octies*, co. 2, L. 241/1990, nel testo modificato dal D.L. 76/2020).

3.4 La conclusione del procedimento

3.4.1 La disciplina dei termini

In base al quadro normativo disegnato dagli artt. 2 e 2-*bis* L. 241/1990 le pubbliche amministrazioni hanno il dovere di **concludere un procedimento avviato d'ufficio o a istanza di parte con l'adozione di un provvedimento finale espresso**.
La legge non individua esplicitamente il termine per la conclusione dei procedimenti amministrativi, compito demandato alle singole amministrazioni o agli enti pubblici nazionali, che vi provvedono attraverso l'adozione di uno specifico atto (un decreto del Presidente del Consiglio dei Ministri, nel caso delle amministrazioni statali). Essa, tuttavia, fissa dei precisi paletti in materia, stabilendo, all'art. 2, tre diversi possibili termini:

> **90 giorni, nel caso in cui l'amministrazione o l'ente adottino l'atto di loro competenza**. Nell'ambito della loro autonomia, ed entro il tetto massimo fissato dalla legge, sono liberi di individuare il termine applicabile a ciascun procedimento, che *può anche essere inferiore ai 90 giorni*;
> **180 giorni, laddove vi siano particolari interessi pubblici o si tratti di un procedimento particolarmente complesso**. Il legislatore riconosce la possibilità di derogare al termine massimo di 90 giorni qualora ciò sia indispensabile, tenuto conto della sostenibilità dei tempi per l'organizzazione amministrativa, della natura degli inte-

ressi pubblici tutelati e della complessità del procedimento. Tali termini *non possono in ogni caso superare i 180 giorni*, limite non applicabile ai procedimenti di acquisto della cittadinanza italiana e a quelli riguardanti l'immigrazione;

> **30 giorni, se non vi sono indicazioni di legge oppure se le amministrazioni e gli enti non hanno provveduto ad approvare gli atti di loro competenza.** Si tratta di una disposizione residuale applicabile in tutti quei casi in cui non vi siano indicazioni da parte della legge, dell'amministrazione o dell'ente che fissano un termine diverso; in questa ipotesi i procedimenti devono *concludersi entro 30 giorni*.

I termini decorrono dall'inizio del procedimento d'ufficio o dal ricevimento della domanda, se è ad iniziativa di parte.
Fatto salvo il caso in cui siano necessarie valutazioni tecniche, i termini possono essere sospesi, per una sola volta e per un periodo non superiore a 30 giorni, per l'acquisizione di informazioni o di certificazioni relative a fatti, stati o qualità non attestati in documenti già in possesso dell'amministrazione stessa o non direttamente acquisibili presso altre pubbliche amministrazioni.

Con il D.P.R. 194/2016 è stata introdotta la possibilità di **ridurre fino ad un massimo del 50% i termini di conclusione dei procedimenti** necessari per la localizzazione, la progettazione e la realizzazione delle opere, lo stabilimento degli impianti produttivi e l'esercizio delle attività, le infrastrutture strategiche e insediamenti produttivi di preminente interesse nazionale. La riduzione può essere prevista sia rispetto ai singoli procedimenti, sia con riferimento a tutti i procedimenti necessari per la realizzazione dell'intervento.
Un secondo strumento acceleratorio è previsto dall'art. 4 del citato decreto che attribuisce al Presidente del Consiglio dei ministri il **potere sostitutivo in caso di inutile decorso del termine** per la conclusione dei procedimenti. Previa deliberazione del Consiglio dei ministri il potere sostitutivo può essere delegato ad un soggetto diverso, in particolare all'ente regionale laddove l'intervento riguardi prevalentemente il territorio di una singola Regione e non rivesta carattere di preminente interesse nazionale.
Gli interventi per i quali si chiede di fruire di questa corsia preferenziale sono individuati da ciascun ente territoriale (entro il 31 gennaio di ogni anno) o dalla Presidenza del Consiglio dei ministri (entro il 28 febbraio). L'elenco dei *progetti effettivamente ammessi* è approvato con decreto del Presidente del Consiglio dei ministri entro il successivo 31 marzo.
Oggetto della disciplina derogatoria sono le autorizzazioni, le licenze, le concessioni non costitutive, i permessi o i nulla osta comunque denominati, compresi quelli di competenza delle amministrazioni preposte alla tutela ambientale, paesaggistico-territoriale, del patrimonio storico-artistico, alla tutela della salute e della pubblica incolumità.

La **mancata o tardiva emanazione** del provvedimento costituisce elemento di valutazione della *performance* individuale, nonché di responsabilità disciplinare e amministrativo-contabile del dirigente e del funzionario inadempiente (art. 2, co. 9, L. 241/1990).
L'art. 2, co. 4-*bis*, L. 241/1990 (aggiunto dal D.L. 76/2020, conv. in L. 120/2020) prevede che le Pubbliche Amministrazioni debbano misurare e pubblicare nel proprio sito *internet* istituzionale (sezione "Amministrazione trasparente"), i **tempi effettivi di conclusione dei procedimenti amministrativi** di maggiore impatto per i cittadini e per le imprese, comparandoli con i termini previsti dalla normativa vigente.

3.4.2 L'inosservanza del termine e il potere sostitutivo

Con riferimento all'obbligo della P.A. di garantire la certezza dei tempi del procedimento, l'art. 2, co. 9-*bis*, L. 241/1990 (nel testo modificato dal D.L. 77/2021, convertito dalla L. 108/2021) stabilisce che l'**organo di governo è tenuto a individuare un soggetto nell'ambito delle figure apicali dell'amministrazione o una unità organizzativa cui attribuire il potere sostitutivo** in caso di inerzia. Nell'ipotesi di **omessa individuazione** il potere sostitutivo si considera attribuito al dirigente generale o, in mancanza, al dirigente preposto all'ufficio o in mancanza al funzionario di più elevato livello presente nell'amministrazione. Il soggetto o l'unità organizzativa deve essere indicato sul sito Internet istituzionale in formato tabellare e con collegamento ben visibile nella homepage. Decorso il termine stabilito per la conclusione del procedimento, il responsabile o l'unità organizzativa, d'ufficio o su richiesta dell'interessato, può esercitare il suo potere sostitutivo, **concludendo il procedimento entro un termine pari alla metà di quello originario**, avvalendosi delle strutture competenti o nominando un commissario (art. 2, co. 9-*ter*, L. 241/1990). Il responsabile del potere sostitutivo, entro il 30 gennaio di ogni anno, comunica all'organo di governo i procedimenti, suddivisi per tipologia e strutture amministrative competenti, nei quali non è stato rispettato il termine di conclusione previsto dalla legge o dai regolamenti.

Nei provvedimenti rilasciati in ritardo su istanza di parte sono espressamente indicati il termine previsto dalla legge o dai regolamenti e quello effettivamente impiegato (art. 2, co. 9-*quater* e 9-*quinquies*, L. 241/1990).

3.4.3 L'indennizzo da ritardo

L'amministrazione responsabile del ritardo è tenuta a corrispondere l'indennizzo (art. 2-*bis* L. 241/1990 e art. 28 L. 69/2013) al verificarsi di tutte le seguenti condizioni:

- che il procedimento amministrativo, iniziato ad istanza di parte, riguardi **l'avvio o l'esercizio dell'attività di impresa** (almeno fino all'adozione del regolamento che dovrà confermare, rimodulare, estendere o eliminare la disposizione in esame);
- che **detto procedimento non si concluda nei termini previsti dalla legge** o da un regolamento appositamente emanato dall'amministrazione di riferimento;
- che sia stato azionato preventivamente il **potere sostitutivo** e sia perdurata l'**inerzia dell'amministrazione**, senza che quest'ultima abbia emanato il provvedimento richiesto entro il termine (anch'esso perentorio) pari alla metà di quello originariamente previsto per il procedimento iniziale.

La somma da corrispondere a titolo di indennizzo è stabilita dall'art. 28 D.L. 69/2013 in maniera forfettaria: essa è pari a 30 euro per ogni giorno di ritardo, fino ad un massimo di 2.000 euro. L'indennizzo è dovuto a partire dal giorno successivo alla scadenza del termine di conclusione del procedimento iniziale, fino alla data di adozione dell'atto con cui si dispone la liquidazione della somma.

È del tutto evidente, pertanto, che l'*indennizzo risulta dovuto anche nell'ipotesi in cui il titolare del potere sostitutivo, o l'amministrazione, emani il provvedimento successivamente al decorso del termine di esercizio del potere sostitutivo.*

3.4.4 Il danno da ritardo

Il danno da ritardo presuppone la **prova dell'esistenza di un danno derivante dal comportamento colposo o doloso dell'amministrazione** che non ha adottato, o ha adottato tardivamente, il provvedimento amministrativo, nonché della dimostrazione dell'esistenza di un nesso di causalità fra il danno lamentato e la condotta posta in essere dalla Pubblica Amministrazione.
La fattispecie è prevista dall'art. 2-*bis* L. 241/1990, come modificato dall'art. 7, co. 1, lett. *c*), L. 69/2009, che ha fatto proprie le conclusioni cui era giunta la giurisprudenza in materia (fra le tante si veda Adunanza Plenaria n. 7/2005), ritenendo che la violazione del termine di conclusione del procedimento fosse astrattamente idonea a cagionare, con la tardiva attribuzione di un "bene della vita" richiesto dal privato, la lesione di un interesse legittimo pretensivo.
A differenza dell'indennizzo da ritardo, dunque, il danno da ritardo presuppone la prova dell'effettivo danno causalmente connesso alla mancata e tempestiva adozione del provvedimento amministrativo. Quanto, poi, alla misura ed alla tipologia di danni risarcibili, **non vi sono somme prefissate ma essi vanno ricondotti alla perdita subita e al mancato guadagno percepito**, in relazione al bene della vita tardivamente conseguito. Le somme eventualmente percepite a titolo di indennizzo vanno detratte dal risarcimento.

3.5 Il silenzio dell'amministrazione

3.5.1 Profili generali

Ci sono dei casi in cui l'**attività procedimentale non si conclude con l'adozione di un provvedimento espresso** né con un altro tipo di attività da parte dell'amministrazione, che semplicemente non agisce. Tuttavia, poiché anche l'inattività dell'organo amministrativo potrebbe generare delle conseguenze giuridiche (si pensi alla mancata tutela di un interesse pubblico o all'impossibilità del privato di avviare una determinata attività), il legislatore si è preoccupato di attribuire una precisa valenza anche al comportamento inerte dell'amministrazione, distinguendo tra silenzio **assenso**, silenzio **procedimentale**, silenzio **rigetto** o **diniego** e silenzio **inadempimento** (o **rifiuto** di provvedere).

3.5.2 Il silenzio assenso

Il silenzio assenso nei rapporti con i privati
Le Pubbliche Amministrazioni determinano per ciascun tipo di procedimento (salvo che non sia direttamente stabilito per legge o per regolamento) il termine entro cui deve concludersi. Nei procedimenti d'ufficio il termine decorre dall'avvio dell'attività mentre per quelli su iniziativa di parte si fa riferimento al ricevimento della domanda. In quest'ultimo caso l'art. 20 L. 241/1990 dispone che il silenzio dell'Amministrazione competente equivale a **provvedimento di accoglimento della domanda**, senza necessità di ulteriori istanze o diffide (*formazione del silenzio-assenso*). Ciò avviene se, entro il termine fissato per la conclusione del procedimento, l'Amministrazione non comunica all'interessato un **provvedimento di diniego** o non indice (entro 30 giorni

dalla presentazione dell'istanza) una conferenza di servizi, anche tenendo conto delle situazioni giuridiche soggettive dei controinteressati.
In questi casi l'accoglimento dell'istanza avviene per "fatti concludenti" (il *silenzio dell'Amministrazione*), senza un provvedimento espresso. Per superare i profili di "incertezza" che caratterizzano tale situazione, l'art. 20, co. 2-*bis*, L. 241/1990 (aggiunto dall'art. 62 D.L. 77/2021, convertito dalla L. 108/2021) ha previsto l'obbligo per l'Amministrazione di rilasciare in via telematica, su richiesta del privato ed entro 10 giorni, un'**attestazione circa il decorso dei termini del procedimento e pertanto dell'intervenuto accoglimento della domanda**. Decorso inutilmente il termine, l'attestazione può essere sostituita da una dichiarazione del privato sostitutiva dell'atto di notorietà.

Il silenzio assenso nei rapporti tra amministrazioni
L'art. 17-*bis* L. 241/1990 (aggiunto dall'art. 3 L. 124/2015) disciplina una diversa ipotesi di silenzio assenso che, rispetto a quella prima descritta, presenta i seguenti elementi di differenziazione:

> opera esclusivamente nei **rapporti tra diverse amministrazioni pubbliche e tra amministrazioni pubbliche e gestori di beni o servizi** pubblici (e non nei rapporti tra amministrazione e privati);
> il silenzio corrisponde ad un **atto endoprocedimentale, interno al procedimento** (invece che a un provvedimento definitivo).

Il citato articolo, infatti, trova applicazione nelle ipotesi in cui per l'adozione di provvedimenti normativi (generalmente regolamenti o statuti) o amministrativi di competenza di amministrazioni pubbliche sia prevista l'acquisizione di assensi, concerti o nulla osta di altre amministrazioni pubbliche o di gestori di beni e servizi pubblici. In tali casi, questi **sono tenuti a comunicare le rispettive decisioni all'amministrazione proponente entro il termine di 30 giorni dal ricevimento** dello schema di provvedimento, che deve essere corredato dalla relativa documentazione. Quando per l'adozione di provvedimenti normativi e amministrativi è prevista la proposta (non già un assenso, un concerto o un nulla osta come nella precedente ipotesi) di una o più amministrazioni pubbliche diverse da quella competente ad adottare l'atto, la proposta stessa è trasmessa entro 30 giorni dal ricevimento della richiesta da parte di quest'ultima amministrazione (art. 17-*bis*, co. 1).
Il termine può essere interrotto qualora l'amministrazione che deve rendere il proprio assenso, concerto o nulla osta faccia presenti esigenze istruttorie oppure presenti richieste di modifica motivate e formulate in modo puntuale entro il termine stesso. In tal caso, l'assenso, il concerto o il nulla osta è reso nei successivi 30 giorni dalla ricezione degli elementi istruttori o dello schema di provvedimento; lo stesso termine si applica qualora le esigenze istruttorie siano rappresentate dall'amministrazione proponente nei casi in cui debba essere resa una proposta per l'adozione di un provvedimento normativo o amministrativo. Non sono ammesse ulteriori interruzioni di termini.
La formazione del silenzio-assenso è prevista nel successivo comma 2 dell'art. 17-*bis*, ai sensi del quale, decorsi inutilmente i termini stabiliti, l'assenso, il concerto o il nulla osta s'intende acquisito. Anche nelle ipotesi in cui è necessaria una proposta per l'a-

dozione di un provvedimento normativo o amministrativo, decorsi i 30 giorni senza che essa sia formulata, l'amministrazione competente può comunque procedere.
Il D.L. 76/2020 ha operato una serie di modifiche sull'art. 17-*bis*, ampliando il suo ambito di applicazione. La novella ha previsto che, nei casi in cui, per l'adozione di provvedimenti normativi e amministrativi, sia richiesta la proposta di una o più amministrazioni diverse da quella competente ad adottare l'atto, questa deve essere trasmessa entro 30 giorni dal ricevimento della richiesta. Tale disposizione non si applica nei casi in cui la proposta riguardi amministrazioni preposte alla tutela di interessi sensibili. Di conseguenza, in tali casi, qualora l'amministrazione proponente rappresenti motivate esigenze istruttorie, si applica lo stesso termine dell'art. 17, co. 1, quarto periodo (30 giorni). Infine, la normativa ha stabilito che, qualora la proposta non sia trasmessa nei termini, l'amministrazione competente ha facoltà di procedere. In tal caso, l'inerzia dell'amministrazione proponente comporta che lo schema di provvedimento, corredato della relativa documentazione, sia trasmesso alla stessa al fine di acquisirne l'assenso, al quale si applica la disciplina di cui al medesimo art. 17-*bis*.

L'inefficacia di provvedimenti adottati fuori termini
L'art. 2, co. 8-*bis*, L. 241/1990 (aggiunto dal D.L. 76/2020) ha stabilito l'inefficacia di alcuni provvedimenti adottati fuori termine, al fine di **incentivare il rispetto dei termini procedimentali ed evitare l'adozione di atti tardivi, rendendo effettivo il meccanismo del silenzio-assenso**.
La *sanzione dell'inefficacia* è prevista per le determinazioni relative "ai provvedimenti, alle autorizzazioni, ai pareri, ai nulla osta e agli atti di assenso comunque denominati", adottate dopo la scadenza dei termini relativi alle *determinazioni delle amministrazioni coinvolte in sede di conferenza di servizi semplificata* (art. 14-*bis*, co. 2, lett. *c*, L. 241/1990), all'*acquisizione di assensi, concerti o nulla osta* comunque denominati, di competenza di altre amministrazioni pubbliche ovvero di gestori di beni o servizi pubblici per l'adozione di provvedimenti normativi e amministrativi da parte di una Pubblica Amministrazione (art. 17-*bis*, co. 1 e 3, L. 241/1990), al rilascio di provvedimenti amministrativi nei *procedimenti a istanza di parte* (art. 20, co. 1, L. 241/1990) e alle determinazioni adottate *successivamente all'ultima riunione della conferenza di servizi simultanea* (art. 14-*ter*, co. 7, L. 241/1990).
È prevista anche l'inefficacia dei *provvedimenti di divieto di prosecuzione dell'attività* (art. 19, co. 3, L. 241/1990) e di *rimozione degli eventuali effetti dannosi* (art. 19, co. 6-*bis*, L. 241/1990) adottati dopo la scadenza dei termini previsti nell'ambito della procedura SCIA.

3.5.3 Il silenzio procedimentale

Si tratta di una categoria di *natura dottrinale* che si riferisce alle ipotesi di:

> cosiddetto **silenzio-devolutivo** (art. 17 L. 241/1990) inerente all'acquisizione delle valutazioni tecniche in costanza di un procedimento amministrativo, per cui, di fronte all'inerzia dell'amministrazione competente, le suddette valutazioni possono essere richieste ad altri organi dell'amministrazione pubblica o ad enti pubblici dotati di qualificazione e capacità tecnica equipollenti ovvero ad istituti universitari;

> cosiddetto **silenzio-facoltativo** (art. 16 L. 241/1990, nel testo modificato dal D.L. 76/2020) che consente all'amministrazione di proseguire nel procedimento indipendentemente dall'acquisizione dei pareri (*attività consultiva*), nel caso in cui questi non siano stati resi nel termine stabilito (20 giorni). In caso di decorrenza del termine senza che sia stato comunicato il parere o senza che l'organo adito abbia rappresentato esigenze istruttorie, l'amministrazione richiedente procede indipendentemente dall'espressione del parere.

3.5.4 Il silenzio rigetto o diniego

In questo caso l'**inerzia equivale a provvedimento di rigetto dell'istanza** o comunque ad una conclusione negativa del procedimento. La legge, decorso un certo tempo dalla presentazione della domanda del privato, qualifica automaticamente come *reiezione della domanda* stessa il comportamento omissivo tenuto dalla pubblica amministrazione obbligata a provvedere. L'automatica qualificazione legislativa del silenzio esonera il privato dal compiere atti appositi finalizzati ad ottenere analogo risultato, come avviene quando il legislatore abbia omesso la qualificazione medesima.
A differenza del silenzio-rifiuto, qui è la stessa legge che equipara ad un diniego il decorso di un certo termine dalla domanda: vi è la qualificazione legislativa dell'inerzia come rifiuto espresso di un'istanza presentata alla pubblica amministrazione.

3.5.5 Il silenzio inadempimento (o rifiuto)

L'esigenza di tutela avverso il comportamento inerte della pubblica amministrazione diventa più pregnante laddove le istanze dei privati sono rivolte a ottenere un provvedimento favorevole (a fronte del cui rilascio sussistono situazioni di interesse legittimo pretensivo). Per sopperire a tale esigenza la giurisprudenza ha elaborato nel corso degli anni la categoria del **silenzio-inadempimento** (in passato definito univocamente **silenzio rifiuto**): in tal modo è stato possibile aprire la porta della tutela giurisdizionale ai soggetti titolari di posizioni di **interesse legittimo pretensivo** di fronte alla **mera inerzia dell'amministrazione**.
Ai sensi dell'art. 2 L. 241/1990 "ove il procedimento consegua obbligatoriamente ad un'istanza, ovvero debba essere iniziato d'ufficio, le pubbliche amministrazioni hanno il dovere di concluderlo mediante l'adozione di un provvedimento espresso". Si concretizza, dunque, un obbligo, da parte delle amministrazioni pubbliche di fornire un riscontro formale all'istanza di un soggetto terzo.
Per evitare che l'inerzia degli organi amministrativi possa incidere negativamente sulle aspettative (legittime, ovvero legislativamente tutelate) degli istanti, il legislatore ha introdotto un **termine ordinario di trenta giorni** entro il quale, salvo se diversamente previsto dalla legge e da appositi regolamenti, le pubbliche amministrazioni devono concludere il procedimento ed emanare un provvedimento amministrativo.
Le pubbliche amministrazioni e i soggetti privati preposti all'esercizio di attività amministrative, sono tenuti al **risarcimento del danno ingiusto** cagionato in conseguenza dell'inosservanza dolosa o colposa del termine di conclusione del procedimento.
La mancata o tardiva emanazione del provvedimento, inoltre, costituisce **elemento di valutazione della *performance* individuale**, nonché di **responsabilità disciplinare e**

amministrativo-contabile del *dirigente* e del *funzionario* inadempiente (art. 2, co. 9, L. 241/1990).
In caso di inerzia, l'organo di governo della competente amministrazione può individuare, tra le figure apicali dell'amministrazione, il soggetto cui attribuire il **potere sostitutivo**. Nell'ipotesi di omessa individuazione il potere sostitutivo si considera attribuito al dirigente generale o, in mancanza, al dirigente preposto all'ufficio o in mancanza al funzionario di più elevato livello presente nell'amministrazione (art. 2, co. 9-*bis*, L. 241/1990).
La mancata o ritardata adozione del provvedimento impedisce al privato di ottenere la soddisfazione dell'interesse cui aspira: perciò il silenzio, nella forma del silenzio-inadempimento come del silenzio-diniego, oltre a configurarsi come presupposto processuale di un'azione diretta a superare l'inerzia (oppure a superare il rifiuto implicito), può rilevare anche come fatto illecito oggetto di un'azione risarcitoria diretta alla condanna della pubblica amministrazione al pagamento dei danni eventualmente provocati dall'inerzia o dal rifiuto di provvedere.

3.6 La conferenza di servizi

3.6.1 Le diverse tipologie

La conferenza di servizi è un istituto che può essere attivato quando è opportuno effettuare un **esame contestuale di vari interessi pubblici coinvolti in un procedimento**, consentendo all'amministrazione procedente di ridurre i tempi lunghi che sarebbero richiesti dalla necessità di contattare individualmente i singoli soggetti interessati. In pratica si concentrano, in un unico contesto logico e temporale, le valutazioni e le posizioni delle diverse amministrazioni coinvolte.
L'istituto ha una doppia valenza: da un lato, si presenta come *modulo procedimentale di semplificazione e accelerazione dell'azione amministrativa*, potenzialmente idoneo a superare lungaggini e appesantimenti burocratici; dall'altro, e contemporaneamente, si pone quale *luogo di coordinamento e mediazione degli interessi in gioco* al fine di individuare, mediante il confronto dei soggetti che li rappresentano, l'interesse pubblico primario o prevalente.
La disciplina della conferenza di servizi, contenuta negli articoli 14 e seguenti della L. 241/1990, è stata oggetto di numerose e sostanziali modifiche legislative, operate soprattutto con la L. 15/2005 e con il D.Lgs. 127/2016.
Nell'ambito della fattispecie generale prevista dall'art. 14 L. 241/1990 sono contemplate quattro tipologie di conferenze:

- la **conferenza di servizi istruttoria**, che può essere indetta dall'amministrazione procedente quando lo ritenga opportuno per effettuare un *esame contestuale degli interessi pubblici che emergono da un procedimento amministrativo*, ovvero in più procedimenti connessi. La richiesta di convocare la conferenza può essere espressa anche da un'altra amministrazione coinvolta o dal privato interessato;
- la **conferenza di servizi decisoria**, che conduce all'*adozione di un unico provvedimento finale sostitutivo* delle decisioni assunte dalle diverse amministrazioni partecipanti; in pratica il risultato è una decisione "pluristrutturata" e simultanea, che riassume le competenze decisionali attribuite a più amministrazioni. Questa tipologia di

conferenza è *sempre* indetta dall'amministrazione procedente quando la conclusione positiva del procedimento è subordinata all'acquisizione di più pareri, intese, concerti, nulla osta o altri atti di assenso, comunque denominati, resi da diverse amministrazioni, inclusi i gestori di beni o servizi pubblici. Quando l'attività del privato sia subordinata a distinti atti di assenso, comunque denominati, di competenza di diverse amministrazioni pubbliche, la conferenza di servizi è convocata, anche su richiesta dell'interessato, da una delle amministrazioni competenti. Anche in questo caso si procede in modalità semplificata;

- la **conferenza di servizi preliminare** (o *pre-decisoria* o *preventiva*) che *può essere indetta* (è da sottolineare la facoltatività) dall'amministrazione competente per *progetti di particolare complessità* e per *insediamenti produttivi di beni e servizi*. La richiesta motivata dell'interessato deve essere corredata, in assenza di progetto preliminare, da uno *studio di fattibilità* ed è volta a verificare quali siano le condizioni per ottenere i necessari pareri, intese, concerti, nulla osta o altri atti di assenso, comunque denominati quando verrà presentata l'istanza o il progetto definitivo. I costi della conferenza sono a carico del richiedente. Le indicazioni fornite in tale sede dai vari soggetti coinvolti possono essere motivatamente modificate o integrate solo in presenza di significativi elementi emersi nelle fasi successive del procedimento, anche a seguito delle osservazioni degli interessati sul progetto definitivo. Nelle procedure di realizzazione di opere pubbliche e di interesse pubblico, la conferenza si esprime sul *progetto di fattibilità tecnica ed economica* e non semplicemente su uno studio di fattibilità. Tale figura è per certi aspetti *considerata sui generis* non trattandosi *né* di conferenza *propriamente istruttoria*, posto che vi partecipano amministrazioni chiamate poi a prestare il loro assenso sul progetto definitivo, *né* di conferenza *pienamente decisoria* ad essa non corrispondendo una decisione finale bensì un'indicazione di massima con la quale le amministrazioni si autovincolano a non esprimere *ex post* ragioni di dissenso non emerse in sede di progetto;
- la **conferenza di servizi su progetto sottoposto a valutazione di impatto ambientale (VIA)**: si tratta di una tipologia che presenta una sua specificità e che, oltre ad essere *obbligatoria* per tutti i progetti assoggettati a VIA, deve svolgersi secondo la disciplina dettata dal Codice dell'ambiente e in modalità sincrona, finalizzata al rilascio degli atti necessari alla realizzazione e all'esercizio del progetto. Il procedimento di VIA è unico per tutte le Regioni ed è definito dall'art. 27-*bis* D.Lgs. 152/2006 (*Provvedimento autorizzatorio unico regionale*).

Nel caso di procedimenti di **VIA di competenza regionale** il proponente presenta all'autorità competente un'istanza ai sensi dell'art. 23, co. 1, D.Lgs. 152/2006, allegando la documentazione e gli elaborati progettuali previsti dalle normative di settore per consentire l'istruttoria tecnico-amministrativa. Entro 10 giorni dalla presentazione dell'istanza l'autorità competente verifica l'avvenuto pagamento del contributo dovuto e comunica per via telematica a tutte le amministrazioni ed enti potenzialmente interessati e comunque competenti ad esprimersi sulla realizzazione e sull'esercizio del progetto, l'avvenuta pubblicazione della documentazione nel proprio sito web con modalità tali da garantire la tutela della riservatezza. Entro 30 giorni da tale pubblicazione viene assegnato al proponente un termine perentorio non superiore a 30 giorni per le eventuali integrazioni.
Successivamente l'autorità competente convoca una conferenza di servizi (che si svolge ai sensi dell'art. 14-*ter* L. 241/1990) alla quale partecipano il proponente e tutte le Amministrazioni competenti o comunque potenzialmente interessate per il rilascio del provvedimento di VIA e dei titoli abilitativi necessari alla realizzazione e all'esercizio del progetto richiesti dal proponente.

Il termine di conclusione della conferenza di servizi è di 90 giorni decorrenti dalla data di convocazione dei lavori. La determinazione motivata di conclusione della conferenza di servizi costituisce il provvedimento autorizzatorio unico regionale e comprende il provvedimento di VIA e i titoli abilitativi rilasciati per la realizzazione e l'esercizio del progetto, recandone l'indicazione esplicita.
Tutti i termini del procedimento sono perentori sia ai fini della responsabilità disciplinare e amministrativo-contabile del dirigente e del funzionario inadempiente (art. 2, co. 9, L. 241/1990), sia ai fini dell'eventuale risarcimento del danno ingiusto cagionato in conseguenza dell'inosservanza dolosa o colposa del termine di conclusione del procedimento.

La L. 120/2020, di conv. D.L. 76/2020 (*decreto semplificazione*), ha introdotto una particolare novità, con l'intento di superare le inerzie di tipo procedurale-formale in nome della semplificazione dei procedimenti amministrativi, nel caso di **annullamento di un provvedimento finale** in virtù di una sentenza passata in giudicato, derivante da vizi inerenti ad uno o più atti emessi nel corso del **procedimento di autorizzazione o di VIA**. L'intervento normativo è riferito ai procedimenti per l'autorizzazione di attività o interventi che rientrano nel campo di applicazione della normativa ambientale sulla VIA e tali atti risultano annullati in giudizio perché viziati. In tali ipotesi, spesso si produce un arresto procedimentale; pertanto, la nuova norma contenuta nell'art. 21-*decies*, L. 241/1990 consente al proponente di richiedere all'amministrazione procedente e, in caso di progetto sottoposto a VIA, all'autorità competente ai sensi del D. Lgs. 152/2006, l'attivazione di un **procedimento semplificato**, ai fini della **riadozione degli atti annullati**. A questo punto si possono presentare due ipotesi: il caso in cui il progetto non richieda modifiche e quello in cui invece queste ultime siano necessarie. La nuova norma si occupa della prima ipotesi, con lo scopo di contingentare i tempi della successiva attività amministrativa in capo all'ente che si è visto annullare l'atto di propria competenza: diverso è il caso in cui di presenti la necessità di modifiche progettuali, che investendo il merito della valutazione, non possono che comportare una rinnovazione delle istruttorie.
Qualora non si rendano necessarie modifiche al progetto e fermi restando tutti gli atti e i provvedimenti delle amministrazioni interessate resi nel suddetto procedimento, l'amministrazione o l'ente che abbia adottato l'atto ritenuto viziato si esprime provvedendo alle integrazioni necessarie per superare i rilievi indicati dalla sentenza.
A tal fine, entro 15 giorni dalla ricezione dell'istanza del proponente, l'amministrazione procedente trasmette l'istanza all'amministrazione o all'ente che ha emanato l'atto da riemettere, che vi provvede entro 30 giorni. Ricevuto l'atto, o decorso il termine per l'adozione dell'atto stesso, l'amministrazione riemette, entro i successivi trenta giorni, il provvedimento di autorizzazione o di valutazione di impatto ambientale.

3.6.2 La natura giuridica della conferenza di servizi

Fortemente dibattuta è la questione relativa alla natura giuridica della conferenza di servizi. Si discute cioè se si tratti di un **vero e proprio organo collegiale**, autonomo centro di imputazione, di carattere straordinario, ovvero di un **semplice modulo organizzativo-procedimentale** privo di una propria individualità.
Si tratta a ben vedere di un problematica non priva di rilevanti risolti pratici in punto di individuazione degli atti impugnabili, di notificazione del ricorso, di legittimazione processuale attiva e passiva.

Secondo la tesi che configura la conferenza come un **organo amministrativo collegiale** (TAR Liguria 28-9-2002, n. 984), distinto dalle singole amministrazioni partecipanti, il provvedimento adottato dalla conferenza deve essere imputato esclusivamente a quest'ultima come organo autonomo che acquisisce di conseguenza in sede processuale legittimazione passiva autonoma.
Per altra differente opzione (TAR Calabria, sez. I, 24-2-2006, n. 200) la conferenza di servizi è un **mero modulo procedimentale**, unicamente idoneo a produrre un'accelerazione dei tempi procedurali e, nel contempo, un esame congiunto degli interessi pubblici coinvolti attraverso il coordinamento tra le singole autorità amministrative coinvolte.

3.6.3 Le modalità di svolgimento e gli effetti del dissenso

L'istituto della conferenza di servizi, disciplinato interamente dagli articoli da 14 a 14-*quinquies* L. 241/1990, nel corso degli anni ha subìto molteplici interventi di modifica che, a diverso titolo e con diverse modalità, hanno inciso sull'operatività dell'istituto nel tentativo di conservarne e valorizzarne la potenzialità semplificatoria e acceleratoria che lo caratterizza.
Allo stato attuale, la disciplina della conferenza di servizi si snoda su cinque principali aspetti qualificanti.
Il primo attiene alla **modalità di svolgimento della conferenza** che viene distinta in due fasi: una **semplificata**, che è il modello ordinario, e una **simultanea**, che è la modalità eccezionale. La prima si svolge in *modalità telematica asincrona*, ossia tramite il semplice scambio informatico di informazioni e di documenti tra i rappresentanti delle amministrazioni interessate al rilascio del provvedimento finale. Lo svolgimento della conferenza con tali modalità rappresenta uno strumento di accelerazione procedimentale in quanto consente la formazione della decisione a distanza e in tempi differenziati anche con il ricorso allo strumento del silenzio-assenso (art. 14-*bis*). L'indizione di tale tipologia di conferenza riveste carattere obbligatorio, perché va adottata ogni qualvolta che la conclusione del procedimento sia subordinata all'acquisizione di più atti di assenso rilasciati da una pluralità di amministrazioni. Con questa modalità semplificata si devono concludere la maggior parte delle conferenze di servizi tranne nell'ipotesi in cui siano emersi dissensi espressi ritenuti insuperabili. In tal caso, ossia nell'ipotesi in cui la conferenza semplificata non vada a buon fine, e per le procedure particolarmente complesse, si ricorre alla conferenza ordinaria in modalità sincrona che pertanto diviene una fase meramente residuale.

Dunque, l'amministrazione procedente può decidere di convocare la conferenza simultanea essenzialmente per due motivi: per consentire il confronto tra le amministrazioni coinvolte che la conferenza di servizi semplificata non ha permesso oppure per la particolare complessità della decisione da assumere.
In entrambi i casi è prevista una valutazione preventiva dell'amministrazione procedente sulla inidoneità della conferenza di servizi semplificata ad essere la sede più adeguata per la composizione degli interessi in gioco.
Il decreto semplificazioni si propone di risolvere alcuni problemi che ancora rallentano i lavori delle conferenze di servizi, spesso a causa dell'inerzia imputabile ai soggetti terzi che non rendono gli atti di assenso di loro competenza nei tempi, o non li rendono affatto. In particolare, l'art. 13 D.L. 76/2020 ha previsto una procedura di **conferenza di servizi straordinaria**, cui le

amministrazioni possono ricorrere fino al 31 dicembre 2021. In tutti i casi in cui debba essere indetta una conferenza di servizi decisoria (art. 14, co. 2, L. 241/1990), le amministrazioni procedenti possono adottare lo strumento della conferenza semplificata di cui all'art. 14-*bis*, con alcune modifiche.
La prima impone a *tutte le amministrazioni coinvolte di rilasciare le determinazioni di competenza entro il termine perentorio di 60 giorni.*
La seconda, e al di fuori dei casi previsti dall'art. 14-*bis*, co. 5, prevede che l'amministrazione procedente svolga, entro 30 giorni decorrenti dalla scadenza del termine per il rilascio delle determinazioni di competenza delle singole amministrazioni, una riunione telematica di tutte le amministrazioni coinvolte nella quale prende atto delle rispettive posizioni e procede alla stesura della determinazione motivata conclusiva della conferenza di servizi; verso tale atto può essere proposta opposizione dalle amministrazioni (art. 14-*quinquies*). Si considera comunque acquisito senza condizioni l'assenso delle amministrazioni che non abbiano partecipato alla riunione o, pur partecipandovi, non abbiano espresso la propria posizione, o abbiano espresso un dissenso non motivato o riferito a questioni che non costituiscono oggetto della conferenza.

Il secondo aspetto riguarda le **regole decisionali della conferenza simultanea**. Si prevede, infatti, che la decisione sia assunta dall'amministrazione procedente, sulla base delle posizioni prevalenti espresse da rappresentanti unici delle amministrazioni statali, periferiche e di tutti gli enti e organismi ricompresi nello stesso livello territoriale di governo (art. 14-*ter*). Si riduce in tal modo il numero di interlocutori abilitati, in sede di conferenza, ad esprimere un dissenso, considerato anche che il contrasto può intervenire solo fra livelli di governo diversi.
Il terzo aspetto riguarda le disposizioni atte a garantire la **chiusura certa dei lavori** della conferenza di servizi attraverso il rafforzamento del principio del silenzio-assenso. L'art. 14-*bis*, co. 4, L. 241/1990, infatti, stabilisce espressamente la responsabilità dell'amministrazione competente rimasta inerte. In tal modo si introduce un meccanismo di semplificazione che consente di decidere anche in caso di mancata manifestazione espressa di una delle Amministrazioni partecipanti.
Il quarto aspetto incide sul piano decisionale consentendo la **conclusione del procedimento anche quando vi sono amministrazioni portatrici di interessi sensibili che hanno espresso un dissenso**. L'art. 14-*quater* prevede che la determinazione motivata di conclusione della conferenza sostituisca ad ogni effetto tutti gli atti di assenso, comunque denominati di competenza delle amministrazioni e dei gestori di beni o servizi pubblici interessati. Ai sensi dell'art. 14-*quinques*, l'efficacia della determinazione conclusiva resta sospesa per 10 giorni durante i quali le amministrazioni dissenzienti, che abbiano una posizione "qualificata", possono eventualmente esperire un rimedio oppositivo. Trascorsi 10 giorni senza che sia esercitata opposizione, la decisione della conferenza diventa definitivamente efficace. In questo modo, è rimesso in capo alle amministrazioni dissenzienti l'onere di avviare una procedura per privare di efficacia la decisione assunta in base alle posizioni prevalenti in conferenza.
Il quinto aspetto, infine, attiene alla previsione di un **procedimento unico di opposizione delle amministrazioni dissenzienti qualificate** con deliberazione finale del Consiglio dei Ministri. La procedura mira, in primo luogo, alla composizione dei vari interessi coinvolti; solo in caso di esito negativo delle stesse la questione è rimessa al Consiglio dei Ministri (art. 14-*quinquies*). Si ritiene che anche questo meccanismo rappresenti un significativo elemento di semplificazione in quanto mira ad una solu-

zione definitiva delle questioni involte nei lavori della Conferenza per il tramite del massimo organo collegiale che riunisce i vertici delle Amministrazioni statali (*Circolare Dipartimento funzione pubblica 4/2018*).

3.6.4 La tutela delle amministrazioni dissenzienti

A tutela delle amministrazioni dissenzienti sono previsti due rimedi:

- quello **in autotutela**. Tale rimedio, di carattere generale e quindi applicabile alla conferenza semplificata e simultanea, consente di sollecitare l'adozione del provvedimento di revoca alle sole amministrazioni che abbiano partecipato alla conferenza o si siano espresse nei termini. Mentre l'adozione del provvedimento di annullamento deve essere adottato dalle amministrazioni che abbiano rilevato motivi di illegittimità;
- quello **in opposizione**. Tale rimedio, applicabile solo a seguito della conclusione di una conferenza simultanea, consente alle sole amministrazioni dissenzienti preposte alla tutela di interessi qualificati, la remissione della decisione al Presidente del Consiglio dei ministri. Al fine di garantire l'esperimento del rimedio in opposizione, gli effetti della determinazione motivata conclusiva della conferenza, quando assunta sulla base delle posizioni prevalenti, è sospesa per un periodo di 10 giorni.

3.7 Gli accordi

3.7.1 Finalità degli accordi

Oltre che al tradizionale strumento provvedimentale, espressione del potere autoritativo capace di incidere sulla sfera giuridica del destinatario anche senza o contro la sua volontà, la Pubblica Amministrazione può ricorrere a modelli di esercizio consensuale della sua potestà.
Tale modalità operativa **assicura preventivamente il consenso degli interessati sull'esercizio dell'azione amministrativa** e si manifesta come uno strumento di organizzazione e di contemperamento dei potenziali conflitti che possono insorgere fra i soggetti coinvolti nei singoli procedimenti, con conseguente vantaggio in termini di efficacia ed economicità dell'azione medesima. Non trascurabile è altresì la funzione deflattiva del contenzioso di tali strumenti, posto che l'acquisizione necessaria del consenso dei destinatari riduce notevolmente le ipotesi di controversie.

3.7.2 Gli accordi procedimentali e sostitutivi

La possibilità di un esercizio consensuale della potestà amministrativa è riconosciuta dall'art. 11 L. 241/1990 limitatamente agli accordi procedimentali e sostitutivi. Più nel dettaglio:

- gli **accordi procedimentali**, anche detti preliminari, preparatori, endoprocedimentali o integrativi, sono strettamente e funzionalmente collegati al procedimento; con gli stessi *il privato e la pubblica amministrazione concordano il contenuto del provvedimento* che, quindi, rimane l'unica fonte dell'effetto giuridico;

- gli **accordi sostitutivi** hanno invece una vera e propria autonomia funzionale intervenendo a definire e produrre gli effetti della fattispecie procedimentale, *sostituendo integralmente il provvedimento.*

La disciplina dettata dalla L. 241/1990, pur dopo le modifiche apportate dalla L. 15/2005, è pressoché comune ad ambedue le figure. L'art. 11, infatti, prevede che:

- sia gli accordi sostitutivi che quelli procedimentali devono essere stipulati per **atto scritto a pena di nullità**, salvo che la legge non preveda altrimenti e devono essere motivati (co. 2);
- gli stessi vengano conclusi nel **perseguimento del pubblico interesse** e senza pregiudizio dei diritti dei terzi (co. 1);
- per entrambe le tipologie di accordi devono applicarsi, ove non diversamente disposto, i **principi del codice civile** in materia di obbligazioni e contratti in quanto compatibili (co. 2);
- per **sopravvenuti motivi di pubblico interesse**, l'amministrazione può recedere unilateralmente dall'accordo, salvo l'obbligo di indennizzo dei pregiudizi subiti dal privato (co. 4);
- **la stipulazione dell'accordo**, per entrambe le tipologie (integrativo o sostitutivo), è preceduta da una determinazione dell'organo competente per l'adozione del provvedimento (co. 4-*bis*);
- le controversie in materia di formazione, conclusione, ed esecuzione degli accordi sono riservate alla **giurisdizione esclusiva del giudice amministrativo** (co. 5).

3.7.3 Gli accordi tra pubbliche amministrazioni

Anche al di fuori delle conferenze di servizi previste dall'art. 14 L. 241/1990 le amministrazioni pubbliche possono sempre concludere tra loro accordi per **disciplinare lo svolgimento in collaborazione di attività di interesse comune**, come esplicitamente previsto dal successivo art. 15 L. 241/1990.
Sul versante della disciplina applicabile, l'art. 15 si limita a rinviare – nei limiti della compatibilità – a quella dettata in tema di accordi integrativi o sostitutivi dei provvedimenti che intervengono tra amministrazione e privato.
Più nel dettaglio:

- è prevista **la forma scritta ad substantiam** anche per la stipulazione degli accordi tra pubbliche amministrazioni, salvo che la legge disponga diversamente, e l'applicabilità dei principi civilistici in materia di obbligazioni e contratti, sempre che non sia diversamente previsto e che gli stessi risultino compatibili;
- gli accordi tra pubbliche amministrazioni sono soggetti ai **medesimi controlli** previsti per lo strumento provvedimentale;
- le controversie in materia di formazione, conclusione ed esecuzione degli accordi *de quibus* sono riservate alla **giurisdizione esclusiva del giudice amministrativo**.

3.7.4 Gli accordi di programma

Si tratta di un importante strumento di auto coordinamento e consiste nel **consenso unanime delle amministrazioni o enti interessati circa un'opera, progetto o intervento da realizzare**.

Norma di riferimento è l'art. 34 D.Lgs. 267/2000 (*TUEL*) che ne detta una puntuale disciplina.
Per la definizione e l'attuazione di opere, di interventi o di programmi di intervento che richiedono, per la loro completa realizzazione, l'azione integrata e coordinata di Comuni, di Province e Regioni, di amministrazioni statali e di altri soggetti pubblici, o comunque di due o più tra i soggetti predetti, **il Presidente della Regione o il Presidente della Provincia o il Sindaco**, in relazione alla competenza primaria o prevalente sull'opera o sugli interventi o sui programmi di intervento, promuove la conclusione di un accordo di programma, anche su richiesta di uno o più dei soggetti interessati, per assicurare il coordinamento delle azioni e per determinarne i tempi, le modalità, il finanziamento ed ogni altro connesso adempimento.
Ai soggetti privati è solo consentito sollecitare l'iniziativa delle autorità competenti o partecipare informalmente al procedimento.
Il consenso si forma progressivamente attraverso fasi successive che, a partire da quella della "promozione" dell'accordo, sono normalmente scandite da atti o deliberazioni degli organi degli enti e delle amministrazioni interessati. Si perfeziona quindi con la conclusione (ossia con la sottoscrizione) dell'accordo di programma che può dirsi così completo e perfetto.
L'art. 34 D.Lgs. 267/2000 è considerato **norma speciale** rispetto all'art. 15 L. 241/1990, a differenza del quale detta una specifica regolamentazione della procedura da seguire per il perfezionamento dell'accordo.

3.8 L'attività consultiva: i pareri

Gli organi consultivi delle pubbliche amministrazioni sono tenuti a rendere i pareri ad essi *obbligatoriamente* richiesti entro 20 giorni dal ricevimento della richiesta (art. 16 L. 241/1990).
Qualora siano richiesti di pareri *facoltativi*, essi sono tenuti a dare immediata comunicazione alle amministrazioni richiedenti del termine entro il quale il parere sarà reso, che comunque non potrà superare i 20 giorni dal ricevimento della richiesta.
In caso di decorrenza del termine senza che sia stato comunicato il parere o senza che l'organo adito abbia rappresentato esigenze istruttorie, l'amministrazione richiedente procede indipendentemente dall'espressione del parere.
Salvo il caso di omessa richiesta del parere, il Responsabile del procedimento non può essere chiamato a rispondere degli eventuali danni derivanti dalla mancata espressione dei pareri.
Nel caso in cui l'organo adito abbia rappresentato esigenze istruttorie, i termini predetti possono essere interrotti per una sola volta e il parere deve essere reso definitivamente entro 15 giorni dalla ricezione degli elementi istruttori da parte delle amministrazioni interessate. L'interruzione può aversi per una sola volta e il parere deve essere reso definitivamente entro 15 giorni dalla ricezione degli elementi istruttori da parte delle amministrazioni interessate.
Le disposizioni sopra esaminate non si applicano in caso di pareri che debbano essere rilasciati da amministrazioni preposte alla tutela ambientale, paesaggistica, territoriale e della salute dei cittadini.
I pareri sono sempre trasmessi con mezzi telematici.

Capitolo 4
Il diritto di accesso e l'accesso civico

4.1 Il diritto di accesso: nozione, natura giuridica e oggetto

4.1.1 Nozione

Il fondamento giuridico del diritto di accesso (conoscitivo) è da individuare nel **principio di trasparenza dell'attività amministrativa** e segnatamente negli articoli 97 e 98 Cost., ove si enuncia il principio di buon andamento dei pubblici uffici.
La disciplina normativa specifica, invece, è riportata nella **legge sul procedimento amministrativo** (L. 7-8-1990, n 241) che vi dedica gli **articoli 22 e seguenti** (l'intero capo V).
L'art. 22, come novellato dalla L. 15/2005, alla lett. *a)* del comma 1, si preoccupa, a differenza della normativa precedente, di fornire una definizione del diritto di accesso, inteso come il **diritto degli interessati di prendere visione e di estrarre copia dei documenti amministrativi**.
Il citato articolo, inoltre, prevede che l'accesso ai documenti, in considerazione delle sue rilevanti finalità di pubblico interesse, costituisce un principio generale dell'attività amministrativa, finalizzato a **favorire la partecipazione dei privati e ad assicurare l'imparzialità e la trasparenza dell'azione amministrativa**.
L'accesso agli atti amministrativi costituisce un **diritto di cui devono essere garantiti i livelli essenziali su tutto il territorio nazionale**; ciò risulta dall'espressa e specifica qualificazione in tal senso di cui all'art. 22, co. 2, L. 241/1990, ricognitiva del dato sostanziale della funzione del diritto di accesso di strumento di attuazione del principio costituzionale dell'*imparzialità dell'azione amministrativa;* imparzialità che non sarebbe evidentemente più tale se non assicurata in modo uguale in ogni luogo della Repubblica. Ne consegue che, a norma dell'art. 117, co. 2, lett. *m)*, Cost., la sua **tutela deve essere assicurata *in primis* da norme statali** alle quali le Regioni non possono derogare se non in misura migliorativa per il cittadino.
L'attribuzione alla competenza statale di dettare norme di tutela minima del diritto di accesso non preclude, peraltro, la possibilità a Regioni ed enti locali di prevedere una disciplina maggiormente garantista delle prerogative dei cittadini.

4.1.2 Natura giuridica

La tesi dominante è orientata nel senso che la pretesa all'accesso, conformemente alla qualificazione normativa, abbia la consistenza di un **diritto soggettivo perfetto**, affidato alla giurisdizione esclusiva del giudice amministrativo, chiamato a dirimere una controversia avente ad oggetto diritti in conflitto e non l'esercizio di un potere dell'Amministrazione.

La qualificazione dell'accesso come diritto soggettivo comporta le seguenti conseguenze:

- il decorso del termine per proporre ricorso contro il diniego dell'accesso non impedisce all'interessato di far valere il diritto nell'**ordinario termine di prescrizione**;
- nel corso del giudizio dinanzi al giudice amministrativo deve ammettersi la possibilità della Pubblica Amministrazione di addurre nuove ragioni che giustificano il diniego dell'accesso;
- la mancata notificazione del ricorso ad almeno uno dei controinteressati non rende inammissibile il ricorso stesso, ma obbliga il giudice a **integrare il contraddittorio** a norma dell'art. 102 c.p.c.

4.1.3 Il documento amministrativo come oggetto del diritto di accesso

L'oggetto del diritto di accesso è costituito dai documenti amministrativi definiti dall'art. 22, co. 1, lett. *d*), L. 241/1990 come "ogni rappresentazione grafica, fotocinematografica, elettromagnetica o di qualunque altra specie del contenuto di atti, anche interni o non relativi ad uno specifico procedimento, detenuti da una Pubblica Amministrazione e concernenti attività di pubblico interesse, indipendentemente dalla natura pubblicistica o privatistica della loro disciplina sostanziale".

La definizione **circoscrive l'accesso ai soli documenti esistenti**; non può, quindi, riguardare informazioni di cui pure disponga l'amministrazione ma che non siano contenute in documenti.

La norma ha risolto espressamente e in maniera positiva il dubbio riguardo la possibilità che anche gli atti interni, cioè quegli **atti endoprocedimentali** che non hanno effetto immediato verso il privato ma costituiscono gli antecedenti del provvedimento finale (es. pareri tecnici e nulla osta), possano essere oggetto del diritto di accesso.

La norma dispone che il diritto di accesso possa riguardare gli **atti di diritto privato** sottoscritti dalla Pubblica Amministrazione.

4.2 Le parti nel procedimento di accesso

4.2.1 Gli interessati

L'art. 22 L. 241/1990, come novellato dalla L. 15/2005, dopo aver puntualizzato che il diritto di accesso è il **diritto degli interessati di prendere visione ed estrarre copia dei documenti amministrativi**, nel definire i possibili titolari di tale diritto, afferma che essi vanno individuati nei *soggetti privati*, compresi quelli *portatori di interessi pubblici o diffusi*, che abbiano un interesse:

- **attuale**, ossia esistente non con riferimento all'interesse ad agire in giudizio per la tutela della posizione sostanziale vantata, bensì al momento della richiesta di accesso ai documenti;
- **diretto**, ovvero personale, e dunque appartenere alla sfera dell'interessato (e non ad altri soggetti, come per esempio le associazioni sindacali che spesso pretendono di agire facendo valere diritti dei singoli);
- **concreto**, con riferimento alla necessità di un collegamento tra il soggetto ed un bene della vita coinvolto dall'atto o documento; non basta, ad esempio, il generico

interesse alla trasparenza amministrativa, occorrendo un elemento ulteriore, consistente nel collegamento tra il soggetto ed un concreto bene della vita;

- **corrispondente ad una situazione giuridicamente tutelata**, collegata al documento al quale è chiesto l'accesso.

Inoltre, secondo la dottrina prevalente, l'interesse deve essere **serio**, ossia meritevole e non emulativo (cioè fatto valere allo scopo di recare molestia o nocumento) e **adeguatamente motivato**, con riferimento alle ragioni che vanno esposte nella domanda di accesso.

L'art. 22, co. 1, lett. *b*), L. 241/1990 estende la qualifica di interessati (potenziali titolari del diritto di accesso) ai soggetti privati **portatori di interessi diffusi** come i comitati o le associazioni di categoria.

Il D.Lgs. 39/1997, attuativo della direttiva 90/313/CEE, concernente la libertà di accesso alle informazioni in materia di ambiente, prima, e il D.Lgs. 195/2005, che attua la direttiva 2003/4/CE, poi, hanno previsto un ampliamento sia del novero dei soggetti legittimati all'accesso sia dei **documenti ostensibili in materia ambientale**. Per quanto riguarda i soggetti, è stato previsto che legittimato alla richiesta è "chiunque, senza che occorra dimostrare il proprio interesse"; per quanto riguarda l'oggetto, viene adottata una nozione allargata rispetto all'originario dettato della L. 241/1990, perché ricomprende *qualsiasi informazione in materia ambientale*.

4.2.2 I controinteressati

Secondo la definizione contenuta nell'art. 22 L. 241/1990 sono quei **soggetti**, individuati o facilmente individuabili in base alla natura del documento richiesto, **che dall'esercizio dell'accesso vedrebbero compromesso il loro diritto alla riservatezza**; da tale definizione consegue che sono controinteressati non tutti i soggetti contemplati o riguardati dall'atto ma *solo quelli che dall'esercizio dell'accesso vedrebbero in concreto compromesso il loro diritto alla riservatezza*.

La posizione di controinteressato non va, tuttavia, ancorata al solo dato formale della menzione di tale soggetto negli atti e nei documenti cui si riferisce l'accesso oppure al dato estrinseco che gli atti e i documenti medesimi riguardino tale soggetto, ma anche al *dato sostanziale* della serietà e della meritevolezza di tutela della posizione del controinteressato all'accesso, nel senso che occorre valutare la sussistenza della fondatezza di un'eventuale opposizione da parte di quest'ultimo soggetto.

4.2.3 Le amministrazioni pubbliche e gli altri soggetti obbligati a consentire l'accesso

Ai sensi dell'art. 23 L. 241/1990, il diritto di accesso è esercitabile nei confronti:

- di **tutte le Pubbliche Amministrazioni** (da intendersi sia statali che locali);
- delle **aziende autonome e speciali** (in tal modo ricomprendendo espressamente le aziende ora previste dall'art. 114 D.Lgs. 267/2000 - Testo unico degli enti locali);
- degli **enti pubblici**, nonché gli organismi di diritto pubblico e **gestori di pubblici servizi**;
- delle Autorità di garanzia e di vigilanza (le **Autorità indipendenti**).

Il problema più importante si è posto per i **privati gestori di pubblici servizi**.

Fondamentali sul punto sono due decisioni dell'adunanza plenaria del Consiglio di Stato (nn. 4 e 5 del 1999), la quale ha rilevato che ciò che conta ai fini dell'operatività

del diritto di accesso non è la natura pubblica o privata dell'attività posta in essere, bensì il fatto che l'attività, ancorché di diritto privato, miri alla tutela di un pubblico interesse e sia soggetta al canone di imparzialità.
Al riguardo il Consiglio di Stato ha distinto tra **attività privatistica della Pubblica Amministrazione** e **attività dei privati concessionari di pubblici servizi**.
Se con riguardo all'*attività privatistica*, il diritto di accesso opera in ogni caso – perché tutta l'attività dell'Amministrazione è sempre ispirata ai principi costituzionali di imparzialità e buon andamento – con riferimento all'*attività dei concessionari*, occorre distinguere:

- l'accesso è garantito nei procedimenti per la formazione delle determinazioni contrattuali (es. la scelta del contraente) e, analogamente, per quanto concerne le scelte organizzative adottate in sede di gestione del servizio (scelte dirette ad offrire un servizio avente certi *standard* qualitativi), in cui opera il dovere di imparzialità;
- per le *attività residuali del concessionario*, ovvero le attività diverse dalla gestione del servizio, la giurisprudenza afferma che occorre operare un giudizio di bilanciamento degli interessi, per cui il diritto di accesso deve operare se l'interesse pubblico prevale su quello puramente imprenditoriale (in tal caso la valutazione comparativa deve tener conto, soprattutto, dell'adozione da parte del gestore di regole dirette a garantire il rispetto dei principi di imparzialità, trasparenza, buona fede e correttezza).

All'opposto, deve trovare **applicazione integralmente il diritto privato** quando il soggetto, pur avendo natura pubblica, formalmente o sostanzialmente (proprietà pubblica di una società), non gestisce servizi pubblici e svolge un'attività comunque estranea alla sfera della rilevanza collettiva degli interessi. In tal caso il privato dovrà avvalersi degli ordinari strumenti previsti dal codice di procedura civile (art. 210, ordine di esibizione di atti alla parte o al terzo).

4.3 I limiti al diritto di accesso

L'art. 24 L. 241/1990 è stato fortemente innovato dalla L. 15/2005 che, dettagliando e specificando in maniera più esaustiva la normativa precedente, ha previsto vari livelli di limitazioni al diritto di accesso. In particolare il citato articolo individua le ipotesi di **esclusione del diritto d'accesso**, al fine di coordinare più razionalmente l'istituto *de quo* con la disciplina dettata in materia di *privacy*, distinguendole in tassative ed eventuali.
I **limiti tassativi** sono previsti direttamente dalla legge – ed in particolare dall'**art. 24, co. 1** – per la tutela di preminenti interessi pubblicistici e non sono derogabili dalla Pubblica Amministrazione. Pertanto il diritto di accesso **è escluso**:

- per i *documenti coperti da segreto di Stato* ai sensi della L. 801/1977 (provvedimento ora abrogato e sostituito dalla L. 124/2007) e nei casi di segreto o di divieto di divulgazione espressamente previsti dalla legge, dai regolamenti governativi e da quelli approvati dalle singole amministrazioni.

  All'art. 24, co. 5, L. 241/1990, con riferimento alla **nozione di segreto**, si precisa che "i documenti contenenti informazioni connesse agli interessi di cui al comma 1 sono considerati segreti solo nell'ambito e nei limiti di tale connessione. A tale fine le pubbliche amministrazioni fissano, per ogni categoria di documenti, anche l'eventuale periodo di tempo per il quale essi sono sottratti all'accesso".

La previsione implica che la riconduzione legislativa di taluni documenti, informazioni o notizie detenute da una specifica amministrazione alla nozione di segreto **non può comportare in modo automatico** l'esclusione degli stessi dall'ambito di operatività della disciplina generale dettata in tema di accesso, dovendo la stessa amministrazione in prima battuta (e poi il giudice in sede di controllo) verificare che la divulgazione possa effettivamente arrecare pregiudizio agli interessi a presidio dei quali il segreto stesso è stato normativamente concepito;

- nei *procedimenti tributari*, per i quali restano ferme le particolari norme che li regolano;
- nei confronti dell'attività della pubblica amministrazione diretta all'emanazione di *atti normativi, amministrativi generali, di pianificazione e di programmazione*, per i quali restano ferme le particolari norme che ne regolano la formazione;
- nei *procedimenti selettivi*, nei confronti dei documenti amministrativi contenenti informazioni di carattere psico-attitudinale relativi a terzi.

Spetta alle singole Amministrazioni individuare, con uno o più regolamenti, le categorie di documenti sottratti all'accesso per le esigenze di salvaguardia degli interessi indicati nel comma 1 dell'art. 24.
Il comma 4 dell'art. 24 sottolinea che non può negarsi l'accesso ove sia sufficiente fare ricorso al meno compulsante **potere di differimento,** ossia alla possibilità di posticipare nel tempo l'effettivo esercizio del diritto.
I **limiti eventuali** sono indicati nell'**art. 24, co. 6**, L. 241/1990 il quale enuncia la regola di principio secondo cui il diritto di accesso **può essere escluso** per l'esigenza di salvaguardare:

- la *sicurezza*, la *difesa nazionale* e le *relazioni internazionali*;
- la *politica monetaria* e *valutaria*;
- l'*ordine pubblico* e la *prevenzione* e *repressione della criminalità*;
- la *vita privata* o la *riservatezza di persone fisiche, giuridiche, gruppi, imprese* e *associazioni* con particolare riferimento agli interessi di natura epistolare, sanitaria, finanziaria, industriale e commerciale;
- l'*attività in corso di contrattazione collettiva nazionale di lavoro* e gli atti interni connessi all'espletamento del relativo mandato.

In tali casi, la disciplina concreta è rimessa ad un regolamento delegato al Governo, al quale è demandato di disciplinare non solo le modalità di esercizio del diritto ma soprattutto i casi di esclusione nel rispetto dei principi e criteri direttivi dettati dalla legge.

4.4 Modalità di esercizio del diritto di accesso

4.4.1 Accesso formale e informale

Il procedimento per l'accesso si attiva a istanza dell'interessato. In questa sede la dizione «procedimento» deve intendersi in maniera atecnica poiché al termine delle diverse fasi in cui si articola la procedura di accesso non viene emanato un provvedimento amministrativo, ma rileva un comportamento dell'Amministrazione competente che, se del caso, consente la cosiddetta **ostensione** (presa visione o copia) dei documenti richiesti.
L'interessato, per esaminare o estrarre copia di documenti, deve formulare una **richiesta, formale o informale**, ma sempre motivata, sicché sarebbe legittimo negare

l'accesso nel caso di istanze generiche, defatigatorie, del tutto estranee alla sfera giuridica del richiedente.
Si distingue tra:

- **accesso informale**: si esercita personalmente tramite richiesta, anche verbale, se non sussistono dubbi sulla legittimazione del richiedente e sul suo interesse alla conoscenza dei documenti richiesti o sull'accessibilità dei documenti stessi. In caso di accoglimento della richiesta l'ufficio provvede immediatamente e senza altre formalità all'esibizione del documento e all'eventuale rilascio di copie, salvo il rimborso dei costi;
- **accesso formale**: il richiedente è invitato a presentare una richiesta scritta nella quale occorre indicare gli estremi del documento o delle informazioni oggetto dell'istanza, ovvero gli elementi che ne consentano l'individuazione, specificare e comprovare l'interesse personale e concreto, far constatare la propria identità e/o la sussistenza dei propri poteri rappresentativi.

4.4.2 Attività istruttoria

In ogni caso il funzionario che riceve la richiesta di accesso deve procedere alla *verifica dell'identità del richiedente* (attraverso la richiesta di esibire la carta di identità o altro documento equipollente). Nel caso in cui la richiesta sia inviata per posta, fax, non occorre l'autentica della firma del richiedente se l'istanza è accompagnata dalla fotocopia di un documento di identità.
La richiesta deve essere presentata all'ufficio, centrale o periferico, statale o dell'Amministrazione locale, competente a formare l'atto conclusivo del procedimento o a detenere stabilmente il relativo documento. **Non rileva l'eventuale errore nella presentazione**, essendovi l'obbligo dell'ufficio ricevente di trasmettere la richiesta a quello competente, come pure il richiedente deve essere invitato a riparare all'irregolarità o incompletezza della richiesta, che non può, quindi, essere respinta senz'altro per questa ragione.
Il regolamento attuativo del diritto di accesso ai documenti amministrativi (D.P.R. 12-4-2006, n. 184) ha previsto che il soggetto pubblico cui è indirizzata la richiesta di accesso, se individua **soggetti controinteressati**, è tenuto a dar loro comunicazione, con raccomandata A/R, dell'avvenuta istanza di accesso. Entro i successivi 10 giorni dalla comunicazione i controinteressati possono presentare, anche per via telematica, una motivata opposizione all'accoglimento dell'accesso.
Decorso tale termine, sulla base degli elementi a disposizione, la Pubblica Amministrazione deciderà sulla richiesta di accesso.
Il regolamento, oltre a ribadire la distinzione tra accesso informale e accesso formale, disciplina i contenuti e i tempi dell'atto di assenso all'accesso, le spese per i costi di riproduzione, il rifiuto o il differimento dell'accesso.

4.4.3 Accoglimento, rifiuto e differimento della richiesta

Entro 30 giorni dalla richiesta, la Pubblica Amministrazione deve esprimere le sue determinazioni:

- se **accoglie la richiesta**, indica le modalità e fissa il termine (non inferiore a 15 giorni) per prendere visione dei documenti o ottenerne copia (l'accoglimento si estende di regola anche agli altri documenti richiamati e appartenenti allo stesso procedimento);

- se **rifiuta l'accesso**, totalmente o parzialmente, o lo differisce, il responsabile del procedimento deve motivare il provvedimento con riferimento specifico alla normativa vigente, alle categorie di atti per i quali è stato escluso l'accesso dai regolamenti delle singole Amministrazioni e alle circostanze di fatto che rendono non accoglibile la richiesta così come proposta (art. 25, comma 3).

La possibilità di posticipare nel tempo l'accesso agli atti (**differimento**) deve essere una soluzione prioritaria per l'amministrazione rispetto al semplice rifiuto (art. 24, co. 3, L. 241/1990).

Il diritto all'accesso può anche essere soddisfatto mediante la **pubblicazione degli atti nella Gazzetta Ufficiale** o secondo le modalità previste dai singoli ordinamenti, comprese le forme di pubblicità attuabili mediante strumenti informatici, elettronici e telematici. In tal caso, peraltro, si parla di «pubblicità» dell'azione amministrativa e non di diritto di accesso, poiché soggetti a tale diritto non sono quegli atti la cui conoscibilità è desumibile dagli ordinari mezzi di pubblicità degli atti amministrativi.

Trascorsi 30 giorni dalla richiesta senza che l'Amministrazione si sia pronunciata, «*questa si intende respinta*» (**ipotesi di silenzio rigetto**), con la conseguenza che l'interessato può attivare uno dei rimedi previsti (TAR, Commissione per l'accesso, Difensore civico).

4.5 La tutela del diritto di accesso

4.5.1 Le forme alternative: giurisdizionale e giudiziale

L'art. 25 L. 241/1990 disciplina la tutela del cittadino in tutti i casi in cui il diritto di accesso agli atti non venga adeguatamente soddisfatto dalla Pubblica Amministrazione, ossia nei casi di diniego o di differimento dell'accesso. Sono, in particolare, disciplinati:

- i ricorsi innanzi al Tribunale Amministrativo Regionale (TAR);
- o, in alternativa, della **Commissione per l'accesso ai documenti amministrativi**, nel caso di atti delle Amministrazioni dello Stato;
- oppure del **Difensore civico competente per territorio**, nel caso di atti delle Amministrazioni locali.

4.5.2 Il ricorso al Tribunale Amministrativo Regionale

Le controversie relative all'accesso ai documenti sono attribuite alla giurisdizione esclusiva del giudice amministrativo. Decorsi inutilmente 30 giorni dalla richiesta di accesso, questa si intende respinta (silenzio rigetto). In caso di diniego dell'accesso, espresso o tacito, o nei casi di differimento dello stesso, il richiedente potrà presentare **ricorso** al Tribunale amministrativo regionale, senza bisogno di alcun atto di diffida o messa in mora dell'amministrazione, ai sensi dell'art. 116 del Codice del processo amministrativo (D.Lgs. 104/2010).

Si applica una procedura abbreviata con fissazione dell'udienza in camera di consiglio; per il resto, tale giudizio è sottoposto alla generale disciplina del processo am-

ministrativo e il ricorso dovrà essere notificato sia all'amministrazione che ai soggetti controinteressati, da individuarsi tra i soggetti cui fanno riferimento i documenti richiesti e che potrebbero vedere lesa la loro posizione giuridica corrispondente alla tutela della propria riservatezza.
Le parti possono stare in giudizio senza l'assistenza di un difensore (art. 23 del Codice); l'Amministrazione può essere rappresentata e difesa da un proprio dipendente a ciò autorizzato (art. 116 del Codice). Il giudice amministrativo, uditi i difensori delle parti che ne facciano richiesta o le parti personalmente, decide in camera di consiglio entro 30 giorni dal deposito del ricorso.
In caso di **accoglimento totale o parziale del ricorso**, il giudice amministrativo ordina l'esibizione dei documenti richiesti e, ove richiesto, anche la pubblicazione.
Per l'appello, proponibile entro 30 giorni dalla notifica della decisione del TAR, al Consiglio di Stato si osservano le stesse regole (art. 116, co. 5, del Codice).

4.5.3 Tutela giudiziale: il Difensore civico e la Commissione per l'accesso ai documenti

Il **Difensore civico** è un organo chiamato a svolgere il *ruolo di garante dell'imparzialità e del buon andamento dell'Amministrazione*, segnalando, anche di propria iniziativa, gli abusi, le disfunzioni, le carenze e i ritardi dell'Amministrazione nei confronti dei cittadini, e non solo in materia di accesso ai documenti amministrativi.
Il Difensore civico interviene *di ufficio* o *su istanza di parte*. Può avvalersi della collaborazione dell'Amministrazione interessata al suo intervento e deve essergli garantito un agevole accesso alla documentazione connessa all'oggetto del suo intervento.
Il Difensore civico è privo di poteri decisori definitivi, ma può solo stimolare l'Amministrazione a rivedere il proprio operato.
La **Commissione per l'accesso ai documenti amministrativi** (CADA), istituita presso la Presidenza del Consiglio dei Ministri, è l'organismo preposto alla *vigilanza sull'attuazione del principio della piena conoscibilità e trasparenza* dell'attività della Pubblica Amministrazione, al quale possono rivolgersi privati cittadini e pubbliche amministrazioni. Ha, in particolare la funzione di:

- vigilare sulla piena attuazione del principio di piena conoscibilità degli atti amministrativi, intervenendo nel caso di diniego o di ingiustificato differimento dell'accesso:
- redigere una relazione annuale sulla trasparenza nell'attività della Pubblica Amministrazione;
- proporre al Governo modifiche delle leggi e dei regolamenti onde realizzare la più piena tutela del diritto di accesso.

4.5.4 Il riesame della richiesta di accesso

In alternativa al ricorso avanti al giudice amministrativo, in caso di diniego dell'accesso, espresso o tacito, il richiedente può chiedere, nello stesso termine (30 giorni), al Difensore civico o alla Commissione per l'accesso, a seconda che l'ente destinatario dell'istanza sia una amministrazione comunale, provinciale o regionale, oppure sia una amministrazione centrale o periferica dello Stato, il **riesame della richiesta di accesso**.

La tutela giustiziale può essere invocata al Difensore civico competente per ambito territoriale, ove costituito. Qualora tale organo non sia stato istituito, la competenza è attribuita al Difensore civico competente per l'ambito territoriale immediatamente superiore.

Il procedimento si svolge in tempi particolarmente rapidi e garantisce il rispetto del contraddittorio; le parti possono infatti essere udite anche personalmente senza necessità dell'assistenza del difensore.
Sulla richiesta di riesame, il Difensore civico o la Commissione per l'accesso devono pronunciarsi entro 30 giorni dalla presentazione dell'istanza; tuttavia anche in questo caso opera l'istituto del silenzio-diniego e, pertanto, scaduto infruttuosamente tale termine, il ricorso si intende respinto (il **silenzio equivale a respingimento del ricorso**) e, entro 30 giorni, si può ricorrere al TAR.
Qualora il richiedente l'accesso abbia invocato la tutela giustiziale, rivolgendosi Difensore civico o alla Commissione, il termine per il ricorso avanti il TAR decorre dalla data di ricevimento, da parte del richiedente, dell'esito della sua istanza di riesame.

In caso contrario, ove il Difensore civico o la Commissione per l'accesso ritengano illegittimo il diniego dell'amministrazione, informano l'istante e l'autorità disponente. La Commissione può, in tale ipotesi, anche ordinare all'Amministrazione l'esibizione del documento richiesto, fissando, ove necessario, un termine perentorio.
A questo punto l'Amministrazione, entro 30 giorni, può:

- confermare il precedente diniego, motivando la conferma e la partita si chiude qui;
- non confermare il diniego e consentire espressamente l'accesso;
- non dare riscontro alla pronuncia favorevole del Difensore civico o della Commissione nei confronti dell'istante: in tale ipotesi dopo 30 giorni l'accesso s'intende consentito (cosiddetto *silenzio assenso legittimante*).

Qualora vengano in rilievo motivi inerenti ad dati personali relativi a soggetti terzi, e l'accesso è negato per tali motivi, la Commissione per l'accesso provvede sentendo previamente il parere del **Garante per la protezione dei dati personali**, che deve pronunciarsi entro 10 giorni: in queste ipotesi opera l'istituto del **silenzio facoltativo**, il quale non obbliga la CADA ad attendere tale parere.

4.6 L'accesso civico

4.6.1 Profili generali

L'accesso civico è un istituto introdotto dall'art. 5 D.Lgs. 33/2013 e riguarda la **richiesta di consultazione, da parte di chiunque**:

- di documenti, informazioni o dati per i quali *vi era un obbligo di pubblicazione e sia stato omesso* da parte dell'amministrazione competente (**accesso civico semplice**);
- di dati e documenti detenuti dalle pubbliche amministrazioni, *diversi da quelli che devono essere obbligatoriamente pubblicati* (**accesso civico generalizzato**).

Nella versione originaria del D.Lgs. 33/2013 era possibile richiedere soltanto l'accesso civico semplice. Successivamente, con la riforma Madia (L. 124/2015), il perimetro dell'istituto è stato notevolmente ampliato *includendovi anche gli atti e i documenti non soggetti ad obbligo di pubblicazione.* Ispirandosi alle norme contenute nel Freedom of information act (FOIA) dell'ordinamento statunitense, con il D.Lgs. 97/2016, attuativo della riforma Madia, l'accesso civico è stato posto al centro di un progetto che mira a rafforzare ulteriormente la trasparenza, ora da intendersi come **accessibilità totale dei dati e documenti** detenuti dalle pubbliche amministrazioni al fine di tutelare i diritti dei cittadini, promuovere la partecipazione degli interessati all'attività amministrativa e *favorire forme diffuse di controllo sul perseguimento delle funzioni istituzionali e sull'utilizzo delle risorse pubbliche* (art. 1, co. 1, D.Lgs. 33/2013, nel testo modificato dal D.Lgs. 97/2016).

L'istituto è finalizzato a favorire forme diffuse di controllo sul perseguimento delle funzioni istituzionali e sull'utilizzo delle risorse pubbliche e di promuovere la partecipazione al dibattito pubblico da parte dei cittadini. Tuttavia se nel primo caso non sono previste specifiche limitazioni, trattandosi di atti che l'*amministrazione avrebbe comunque dovuto pubblicare*, nel secondo devono essere rispettati i limiti relativi alla tutela di interessi giuridicamente rilevanti, specificamente individuati nel successivo art. 5-*bis* D.Lgs. 33/2013 e, in particolare, avvertire eventuali controinteressati.
In merito, alla **differenza tra l'accesso generalizzato** (introdotto dal D.Lgs. 97/2016) e l'**accesso civico semplice** (previsto dall'art. 5, co. 1, D.Lgs. 33/2013), infatti, va detto che quest'ultimo è circoscritto ai soli atti, documenti e informazioni *oggetto di obblighi di pubblicazione* e costituisce un rimedio alla mancata osservanza sovrapponendo al dovere di pubblicazione il diritto di "chiunque" di accedere ai documenti, dati e informazioni interessati dall'inadempienza. L'accesso generalizzato, invece, è *autonomo e indipendente da obblighi di pubblicazione* ed è espressione di una libertà che incontra, quali unici limiti, da una parte, il rispetto della tutela degli interessi pubblici e/o privati indicati all'art. 5-*bis*, commi 1 e 2, e dall'altra, il rispetto delle norme che prevedono specifiche esclusioni (art. 5-*bis*, comma 3).

4.6.2 Limiti all'accesso civico generalizzato

L'accesso civico generalizzato può essere rifiutato se il diniego è necessario per evitare un pregiudizio concreto alla tutela di:

- **interessi pubblici**: sicurezza pubblica e ordine pubblico, sicurezza nazionale, difesa e questioni militari, relazioni internazionali, politica e stabilità finanziaria ed economica dello Stato, conduzione di indagini sui reati e loro perseguimento e regolare svolgimento di attività ispettive;
- **interessi privati**: protezione dei dati personali, libertà e segretezza della corrispondenza, interessi economici e commerciali di una persona fisica o giuridica, ivi compresi la proprietà intellettuale, diritto d'autore e segreti commerciali.

Si applicano, altresì, tutti gli altri limiti al diritto di accesso previsti dalla L. 241/1990. Se i limiti riguardano soltanto alcuni dati o alcune parti del documento richiesto, deve essere consentito l'accesso agli altri dati o alle altre parti. Inoltre essi si applicano unicamente per il periodo nel quale la protezione è giustificata in relazione alla natura del dato, con la conseguenza che l'accesso non può essere negato laddove sia sufficiente fare ricorso al potere di differimento.

4.6.3 Differenza tra diritto di accesso e l'accesso civico

Il diritto di accesso, di cui all'art. 22 L. 241/1990, è uno strumento finalizzato all'esercizio del diritto degli interessati di prendere visione ed estrarre copia di documenti

amministrativi, intendendosi per «interessati» tutti i soggetti che abbiano un interesse diretto, concreto ed attuale, corrispondente ad una situazione giuridicamente tutelata e collegata al documento al quale è chiesto l'accesso; in funzione di tale interesse la domanda di accesso dovrà essere opportunamente motivata. Diversamente, l'accesso civico non è sottoposto ad alcuna limitazione quanto alla legittimazione soggettiva del richiedente (art. 5, co. 3, D.Lgs. 33/2013) dal momento che chiunque può esercitarlo.
Con l'introduzione dell'accesso civico, infatti, il legislatore ha inteso ampliare i confini tracciati dalla L. 241/1990 sotto un duplice profilo: delle informazioni che le amministrazioni devono rendere disponibili e dei requisiti in capo al richiedente. L'accesso civico non necessita nemmeno di motivazione ma riscontra molte più limitazioni volte alla tutela di interessi pubblici e privati.

4.6.4 Modalità di esercizio del diritto

L'istanza di accesso civico deve identificare i dati, le informazioni o i documenti che si intendono visionare. Può essere trasmessa per via telematica ed è **presentata**, alternativamente: all'ufficio che detiene i dati, le informazioni o i documenti, all'Ufficio relazioni con il pubblico, ad altro ufficio indicato dall'amministrazione nella sezione "Amministrazione trasparente" del sito istituzionale e al Responsabile della prevenzione della corruzione e della trasparenza, ove l'istanza abbia a oggetto dati, informazioni o documenti oggetto di pubblicazione obbligatoria.
Il rilascio di dati o documenti in formato elettronico o cartaceo è gratuito, salvo il rimborso del costo effettivamente sostenuto e documentato dall'amministrazione per la riproduzione su supporti materiali.
Il procedimento deve concludersi con provvedimento espresso e motivato nel termine di 30 giorni dalla presentazione dell'istanza con una comunicazione al richiedente e agli eventuali controinteressati. In caso di **accoglimento**, l'amministrazione provvede a trasmettere i dati o i documenti richiesti, oppure a comunicare al richiedente l'avvenuta pubblicazione sul sito, indicandogli il relativo collegamento ipertestuale.
Nei casi di **diniego totale o parziale** dell'accesso o di mancata risposta, il richiedente può presentare richiesta di riesame al Responsabile della prevenzione della corruzione e della trasparenza. Se anche in questo caso vi è diniego, è possibile proporre ricorso al TAR. Per gli atti delle amministrazioni delle Regioni o degli enti locali, è possibile presentare ricorso al Difensore civico competente per ambito territoriale, ove costituito, o competente per l'ambito territoriale immediatamente superiore laddove non sia stato costituito. Il ricorso va anche notificato all'amministrazione interessata.

Il Ministero della Giustizia, Dipartimento per gli affari di giustizia - Unità di staff per l'accesso civico generalizzato, con provvedimento del 27 aprile 2018, ha configurato due ipotesi di **esercizio disfunzionale dell'accesso civico generalizzato**, sottolineando che, come tutte le situazioni giuridiche soggettive, può prestarsi a forme di esercizio idonee finanche a configurare abuso. Ricorre una prima ipotesi di esercizio disfunzionale nel caso delle cosiddette *richieste massive*, ossia nei casi in cui le richieste siano così esorbitanti nelle pretese da comportare un carico di lavoro in grado di interferire con il buon funzionamento dell'amministrazione. Dunque l'istanza di accesso volta ad ottenere copia di una mole irragionevole di dati o documenti rappresenta in concreto una manifestazione sovrabbondante, pervasiva e, in ultima analisi, contraria a buona fede dell'istituto dell'accesso generalizzato in quanto impone un *facere* straordinario, capace di aggravare l'ordinaria attività dell'amministrazione (**richiesta massiva oggettiva**). Può verificarsi una forma irragionevole di accesso anche nel caso in cui la medesima istanza sia presentata a un numero indiscriminato di pubbliche amministrazioni (**richiesta massiva soggettiva**). In tali ipotesi, deve escludersi che tutte le amministrazioni intimate debbano offrire risposta al quesito là dove il dato oggetto dell'accesso sia lo stesso: in questo caso, la risposta di una sola delle amministrazioni intimate esaurisce il diritto di accesso del richiedente con esonero delle altre dal rispondere.

4.7 La disciplina del diritto di accesso negli enti locali

4.7.1 La disciplina specifica dettata dall'art. 10 TUEL

L'art. 10 D.Lgs. 267/2000 codifica, al comma 1, il **principio di pubblicità di tutti gli atti dell'amministrazione comunale e provinciale**, ai quali, di conseguenza, i cittadini hanno il diritto di accedere sia singolarmente, sia in forma associata.

Secondo la norma, fanno eccezione a questo principio i soli *atti riservati*, cioè a dire quelli la cui conoscibilità da parte dei cittadini sia esclusa per espressa indicazione di legge o per effetto di una temporanea e motivata dichiarazione del Sindaco o del Presidente della Provincia che ne vieti l'esibizione, conformemente a quanto previsto dal regolamento dell'ente locale. Ciò può accadere ogni qualvolta la diffusione di un atto possa pregiudicare il diritto alla riservatezza delle persone, dei gruppi o delle imprese.

Saltano subito all'occhio, sul piano della formulazione letterale, **due differenze rispetto alla disciplina generale** del diritto di accesso contenuta nella L. 241/1990.

Se lì, in primo luogo, la **legittimazione all'accesso** spetta a qualsiasi soggetto privato vi abbia interesse, qui la titolarità del diritto spetta ai soli cittadini, con la conseguente esclusione degli stranieri e apolidi; in secondo luogo, se lì l'accesso è consentito, per espressa statuizione normativa, ai soli portatori di interessi diretti, concreti e attuali (anche pubblici o diffusi), corrispondenti a **situazioni giuridicamente tutelate** e collegate al documento al quale si chiede di accedere, qui il legislatore non fissa altro limite che quello derivante dalla "secretazione" degli atti, con la conseguenza che l'accesso sembra poter essere esercitato indipendentemente dalla sussistenza di una posizione giuridica qualificata, della quale il cittadino non deve fornire alcuna dimostrazione.

Secondo il Ministero dell'Interno, in effetti, l'accesso agli atti degli enti locali, di cui all'art. 10 TUEL, non sarebbe soggetto alle limitazioni previste dalla L. 241/1990, ma rappresenterebbe una **prerogativa incondizionata di ciascun cittadino-elettore**, funzionale all'esigenza di rendere ancor più trasparente l'azione amministrativa a livello locale. Il richiedente, pertanto, non avrebbe alcun onere di porre a motivazione della propria istanza uno specifico interesse all'accesso. A favore di questa prerogativa rafforzata militerebbero, peraltro, tutte quelle disposizioni che impongono alle Pubbliche Amministrazioni obblighi di pubblicità e trasparenza, oltre che di diffusione delle informazioni, fra cui le norme contenute nel D.Lgs. 33/2013, da cui deriverebbe il **diritto di chiunque di richiedere** dati, informazioni e documenti. Sotto questo aspetto, la richiesta di accesso costituirebbe una sorta di azione popolare, finalizzata all'attivazione di un controllo più pregnante sulla legalità dell'azione amministrativa, permettendo nel contempo una più diretta partecipazione del cittadino all'attività dell'ente locale (parere del 22 luglio 2014).

Sostanzialmente concorde con il Ministero dell'Interno, la Commissione per l'accesso ai documenti amministrativi la quale precisa che, nella fattispecie specifica, le norme della L. 241/1990 non si applicano che *in via suppletiva* e nei limiti in cui siano compatibili con il TUEL.
Ciò nondimeno, la tesi ministeriale incontra il dissenso della giurisprudenza dominante. Secondo il Consiglio di Stato, infatti, l'art. 10 TUEL non ha inteso configurare il diritto di accesso in maniera diversa rispetto alla normativa generale. Al contrario si deve ritenere che l'accesso agli atti delle Province e dei Comuni sia consentito soltanto ai destinatari diretti o indiretti dell'azione amministrativa degli enti locali. I destinatari degli atti, infatti, sono i soli a potersene valere a tutela delle proprie posizioni soggettive, che non necessariamente devono assumere la consistenza dell'interesse legittimo o del diritto soggettivo.
Ad avviso del giudice amministrativo, quindi, la richiesta di accesso deve avere fondamento in una posizione giuridicamente tutelata, e questa posizione non può essere, semplicisticamente, identificata con il generico e indistinto interesse che ogni cittadino ha al buon andamento dell'attività amministrativa. Sicché, anche per gli atti delle Amministrazioni locali, vale la norma generale in base alla quale il diritto di accesso è riconosciuto unicamente a chi vanti un interesse per la tutela di situazioni giuridicamente rilevanti. Se deroga v'è, questa non deve intendersi riferita alle modalità e ai limiti di esercizio del diritto, quali predeterminati dall'art. 22 L. 241/1990, bensì all'art. 24, che elenca i documenti esclusi dal diritto di accesso.
Nemmeno sarebbe condivisibile, secondo il Consiglio di Stato, l'opinione di un diritto di accesso incondizionato esercitabile dai soli cittadini residenti. Si tratta, infatti, di una teoria priva di qualsiasi appiglio normativo e contraria al principio costituzionale di eguaglianza di tutti i cittadini di fronte alla legge (Consiglio di Stato, Sez. V, 29-11-2004, n. 7773).

Spetta al regolamento dell'ente locale assicurare ai cittadini, singoli e associati, il **diritto di accesso agli atti amministrativi**. Segnatamente tale atto:

- disciplina il *rilascio di copie di atti* previo pagamento dei soli costi;
- individua, con norme di organizzazione degli uffici e dei servizi, i *responsabili dei procedimenti*;
- stabilisce le norme necessarie per assicurare ai cittadini l'*informazione sullo stato degli atti e delle procedure* e sull'*ordine di esame di domande, progetti e provvedimenti* che comunque li riguardino;
- assicura, in generale, il *diritto dei cittadini di accedere alle informazioni* di cui è in possesso l'Amministrazione.

Al fine di rendere effettiva la **partecipazione dei cittadini all'attività amministrativa**, gli enti locali devono assicurare l'accesso alle strutture e ai servizi agli enti, alle organizzazioni di volontariato e alle associazioni.

4.7.2 Il diritto di accesso dei consiglieri (art. 43 TUEL)

L'art. 43, co. 2, D.Lgs. 267/2000 riconosce ai consiglieri comunali e provinciali, senza altra limitazione che quella di osservare il segreto nei casi specificamente determinati dalla legge, il diritto di ottenere dagli uffici, rispettivamente, del **Comune** e della **Provincia**, nonché dalle loro **aziende ed enti dipendenti**, tutte le notizie e le informazioni in loro possesso, utili all'espletamento del proprio mandato.
In quanto collegata alle **funzioni politiche** dei componenti le assemblee elettive delle comunità locali, la prerogativa in questione, secondo il consolidato orientamento del Consiglio di Stato, non può che connotarsi essa stessa come "diritto politico", esercitabile senza alcuna specifica motivazione se non quella della *cura dell'interesse pub-*

blico locale, sul quale il diritto di accesso strumentalmente si fonda, come funzionale all'espletamento del mandato elettorale, e nel quale il diritto rinviene al contempo il proprio limite, lungi dal configurarsi come prerogativa generalizzata e indiscriminata a ottenere qualsiasi tipo di notizia e informazione.
La sola dichiarazione che l'accesso è richiesto *muneris causa* basta a giustificarlo, senza che occorra alcuna precisazione circa le specifiche ragioni della richiesta.
Corollario di questa impostazione è **l'illegittimità di qualunque norma regolamentare** con la quale l'ente locale imponga **l'obbligo di motivazione** alle richieste di atti da parte dei consiglieri.
D'altronde, l'**ampiezza del diritto di accesso** riconosciuto al consigliere (che può avere ad oggetto moltissime tipologie di atti), combinata con la **specificità del titolo** che abilita i consiglieri all'esercizio del diritto, rispetto a quello generale di cui alla L. 241/1990, non consente ulteriori limitazioni rispetto a quelle contemplate dalla pertinente disciplina legislativa.
Ad avviso della giurisprudenza, però, tale specificità non impedisce all'ente di rifiutare le istanze genericamente formulate, prive dell'esatta indicazione degli estremi identificativi degli atti e dei documenti, né impedisce all'ente di negare al consigliere alcune modalità di accesso che comportino inevitabilmente il controllo generalizzato degli atti di tutti gli uffici comunali, tramite, ad esempio, l'accesso da remoto al protocollo informatico dell'ente stesso.
A tal proposito, il Consiglio di Stato, con sentenza del 3 febbraio 2022, n. 769, si è pronunciato in ordine alla richiesta presentata da un consigliere per l'accesso con **uso da remoto al sistema informatico comunale** (in particolare al protocollo informatico con l'utilizzo di credenziali e *password*).
Il Consiglio di Stato, nel considerare non tutelabile la richiesta del consigliere, ha ritenuto legittima la posizione del Comune di non consentire tale modalità di accesso (da remoto) al sistema informatico dell'ente, in quanto in tal modo gli veniva data la possibilità di acquisire incondizionatamente, anche per fini meramente esplorativi, la documentazione digitale o digitalizzata di tutta l'attività amministrativa dell'ente territoriale: lo stesso, dunque, sarebbe stato messo agevolmente in condizione di avere immediato ingresso, a discrezione e senza una ragione particolare, a qualsivoglia passato, presente o futuro atto o documento amministrativo contemplato dal sistema informatico, anche se allo stato indeterminato e indeterminabile.
Nella specifica fattispecie, tra l'altro, l'ente comunale aveva, altresì, assicurato al consigliere comunale la messa a disposizione presso i propri uffici di **una postazione al pc con accesso tramite utilizzo di apposite credenziali** per la consultazione telematica delle notizie necessarie in ragione dell'esercizio delle sue funzioni.
Anche i **consiglieri comunali e provinciali di minoranza** possono accedere agli atti e ai provvedimenti utili all'espletamento del loro mandato, purché l'accesso non invada l'ambito riservato all'apparato amministrativo e non integri un abuso del diritto.

Estensioni WEB

Test di verifica online

Sezione III
Trasparenza e anticorruzione

Capitolo 1
Gli obblighi di trasparenza e le misure per prevenire la corruzione

1.1 Quadro normativo e definizione del concetto di corruzione

Al termine di un tormentato *iter* parlamentare (durato circa due anni), nel 2012 è stata approvata la legge per la prevenzione e la repressione della corruzione e dell'illegalità nella Pubblica Amministrazione (**L. 6-11-2012, n. 190,** cosiddetta **legge Severino**). L'elemento di maggiore novità della legge è la forza che viene posta sulle azioni di **prevenzione della corruzione** rispetto alla mera risposta repressiva. Nel quadro delineato dalla legge tale attività deve essere svolta:

- a **livello nazionale** attraverso l'operato dell'ANAC (Autorità Nazionale Anticorruzione) cui spetta il compito di approvare e pubblicare il Piano Nazionale Anticorruzione (PNA) con validità triennale;
- a **livello di singola amministrazione** che deve individuare tra i soggetti che esercitano funzioni dirigenziali un Responsabile della Prevenzione della Corruzione e della Trasparenza (RPCT), al quale spetta la redazione del Piano specifico.

La finalità della L. 190/2012 è quella di introdurre nell'ordinamento italiano un sistema organico di disposizioni finalizzate alla prevenzione del fenomeno corruttivo. In attuazione delle disposizioni contenute nella citata legge, infatti, sono stati approvati i seguenti atti:

- il **D.Lgs. 14-3-2013, n. 33** (*decreto trasparenza*) che impone misure volte a garantire la massima *trasparenza delle amministrazioni*, obbligate a fornire, anche soltanto via Internet, una serie di informazioni in grado di garantire un più diffuso controllo del suo operato;
- il **D.Lgs. 8-4-2013, n. 39**, che ha introdotto una disciplina in materia di incarichi negli organi politici e nelle strutture amministrative, con una puntuale definizione delle ipotesi di *inconferibilità e incompatibilità*;
- il **D.P.R. 16-4-2013, n. 62** con il quale è stato approvato il nuovo *Codice di comportamento dei dipendenti pubblici* (in sostituzione di quello del 2001) e che riporta misure specifiche volte a prevenire possibili attività corruttive.

A questi provvedimenti occorre aggiungere il **D.Lgs. 25-5-2016, n. 97**, intervenuto come *correttivo* sia della L. 190/2012 che del D.Lgs. 33/2013.
Ai fini dell'applicazione della disciplina in esame il **concetto di corruzione** è inteso nella sua accezione più ampia: comprende, cioè, tutte le situazioni in cui, nel corso dell'attività amministrativa, si riscontri l'**abuso da parte di un soggetto del potere a lui affidato al fine di ottenere vantaggi privati**.
Le situazioni rilevanti sono, quindi, evidentemente più ampie delle diverse fattispecie penalistiche disciplinate negli artt. 318 ss. c.p., e sono tali da comprendere non solo l'intera gamma dei delitti contro la Pubblica Amministrazione disciplinati nel Titolo II, Capo I, del codice penale, ma anche le situazioni in cui, indipendentemente dalla rilevanza penale, venga in evidenza un malfunzionamento dell'amministrazione a causa dell'uso a fini privati delle funzioni attribuite.

1.2 Soggetti e ruoli della strategia di prevenzione

1.2.1 Soggetti della strategia di prevenzione a livello nazionale

Con la L. 190/2012, lo Stato ha individuato gli organi incaricati di svolgere attività di controllo, di prevenzione e di contrasto della corruzione e dell'illegalità nella Pubblica Amministrazione. La strategia nazionale di prevenzione della corruzione, infatti, è attuata mediante l'**azione sinergica delle seguenti istituzioni**:

- l'*Autorità Nazionale Anticorruzione* (ANAC), che svolge funzioni di raccordo con le altre autorità ed esercita poteri di vigilanza e controllo dell'efficacia delle misure di prevenzione (vedi *infra*);
- la *Corte dei Conti*, che partecipa ordinariamente all'attività di prevenzione attraverso le sue funzioni di controllo;
- il *Comitato interministeriale* che elabora linee di indirizzo/direttive (art. 1, co. 4, L. 190/2012), effettivamente istituito e disciplinato con D.P.C.M. 16-1-2013;
- la *Conferenza unificata Stato/Regioni e autonomie locali*, chiamata ad individuare adempimenti e termini per l'attuazione della legge e dei decreti attuativi da parte di regioni, province autonome, enti locali enti pubblici e soggetti di diritto privato sottoposti al loro controllo (art. 1, co. 60 e 61, L. 190/2012);
- il *Dipartimento della funzione pubblica* (DFP), quale soggetto promotore delle strategie di prevenzione e coordinatore della loro attuazione (art. 1, co. 4, L. 190/2012);
- i *Prefetti*, che forniscono supporto tecnico-informativo, facoltativo, agli enti locali (art. 1, co. 6, L. 190/2012);
- la *Scuola Nazionale dell'Amministrazione* (SNA), che predispone percorsi, anche specifici e settoriali, di formazione di dipendenti delle amministrazioni statali (art. 1, co. 11, L. 190/2012);
- le *singole Amministrazioni* che attuano e implementano le misure previste dalla legge e dal Piano Nazionale Anticorruzione (art. 1 L. 190/2012), anche attraverso l'azione del proprio RPCT;
- gli *enti pubblici economici e i soggetti di diritto privato in controllo pubblico*, responsabili anch'essi dell'introduzione e dell'implementazione delle misure previste dalla legge e dal Piano Nazionale Anticorruzione (art. 1 L. 190/2012).

1.2.2 Soggetti della strategia di prevenzione a livello decentrato

I soggetti che concorrono alla prevenzione della corruzione all'interno di ciascuna amministrazione e i relativi compiti e funzioni sono:

- l'**Autorità di indirizzo politico**: designa il responsabile; adotta, su proposta del RPCT ed entro il 31 gennaio di ogni anno, il Piano Triennale di Prevenzione della Corruzione e della Trasparenza (PTPCT) e i suoi aggiornamenti, comunicandoli all'ANAC; definisce gli obiettivi strategici in materia di prevenzione della corruzione e trasparenza, che costituiscono contenuto necessario dei documenti di programmazione strategico-gestionale e del Piano triennale (art. 1, co. 7 e 8, L. 190/2012);
- il **Responsabile della Prevenzione della Corruzione e della Trasparenza (RPCT)**: svolge i compiti indicati nella circolare del Dipartimento della funzione pubblica 1/2013 e quelli di vigilanza sul rispetto delle norme in materia di inconferibilità e incompatibilità; elabora la relazione annuale sull'attività svolta e ne assicura la pubblicazione; coincide con il Responsabile della trasparenza e ne svolge conseguentemente le funzioni (art. 43 D.Lgs. 33/2013);
- i **referenti per la prevenzione** per l'area di rispettiva competenza: possono essere individuati nel PTPCT (secondo quanto previsto nella circolare Dipartimento della funzione pubblica 1/2013), svolgono attività informativa nei confronti del RPCT, affinché questi abbia elementi e riscontri sull'intera organizzazione ed attività dell'amministrazione, e di costante monitoraggio sull'attività svolta dai dirigenti assegnati agli uffici di riferimento, anche in merito agli obblighi di rotazione del personale;
- tutti **i dirigenti**, per l'area di rispettiva competenza: concorrono alla definizione di misure idonee a prevenire e contrastare i fenomeni di corruzione e a controllarne il rispetto da parte dei dipendenti dell'ufficio cui sono preposti; forniscono le informazioni richieste dal soggetto competente per l'individuazione delle attività nell'ambito delle quali è più elevato il rischio corruzione e formulano specifiche proposte volte alla prevenzione del rischio e propongono le misure di prevenzione; provvedono al monitoraggio delle attività nell'ambito delle quali è più elevato il rischio corruzione svolte nell'ufficio a cui sono preposti, disponendo, con provvedimento motivato, la rotazione del personale nei casi di avvio di procedimenti penali o disciplinari per condotte di natura corruttiva (art. 16, co. 1, lett. l-*bis*, l-*ter* e l-*quater*, D.Lgs. 165/2001); assicurano l'osservanza del Codice di comportamento e verificano le violazioni;
- gli **Organismi Indipendenti di Valutazione (OIV) e gli altri organismi di controllo interno**: partecipano al processo di gestione del rischio; considerano i rischi e le azioni inerenti la prevenzione della corruzione nello svolgimento dei compiti ad essi attribuiti; svolgono compiti propri connessi all'attività anticorruzione nel settore della trasparenza amministrativa (artt. 43 e 44 D.Lgs. 33/2013); esprimono parere obbligatorio sul Codice di comportamento adottato da ciascuna amministrazione (art. 54, co. 5, D.Lgs. 165/2001);
- l'**Ufficio per i Procedimenti Disciplinari (UPD)**: svolge i procedimenti disciplinari nell'ambito della propria competenza (art. 55-*bis* D.Lgs. 165/2001); provvede alle

comunicazioni obbligatorie nei confronti dell'autorità giudiziaria (art. 331 c.p.p.); propone l'aggiornamento del Codice di comportamento;
- tutti **i dipendenti dell'amministrazione:** partecipano al processo di gestione del rischio; osservano le misure contenute nel PTPCT, per non incorrere in illecito disciplinare (art. 1, co. 14, L. 190/2012); segnalano gli illeciti al proprio dirigente o all'UPD (art. 54-*bis* D.Lgs. 165/2001); segnalano casi di personale conflitto di interessi (art. 6-*bis* L. 241/1990; artt. 6 e 7 Codice di comportamento);
- i **collaboratori a qualsiasi titolo dell'amministrazione**, tenuti ad osservare le misure contenute nel PTPCT e segnalare le situazioni di illecito (art. 8 Codice di comportamento).

1.3 L'Autorità Nazionale Anticorruzione (ANAC)

L'Autorità Nazionale Anticorruzione (ANAC) è un organo collegiale composto dal Presidente e da quattro componenti scelti tra esperti di elevata professionalità, anche estranei all'amministrazione, con comprovate competenze in Italia e all'estero, sia nel settore pubblico che in quello privato, di notoria indipendenza e comprovata esperienza in materia di contrasto alla corruzione, di management e misurazione della *performance*, nonché di gestione e valutazione del personale.

Non possono essere scelti tra persone che rivestono incarichi pubblici elettivi o cariche in partiti politici o in organizzazioni sindacali o che abbiano rivestito tali incarichi e cariche nei 3 anni precedenti la nomina e, in ogni caso, non devono avere interessi di qualsiasi natura in conflitto con le funzioni dell'Autorità. I componenti sono nominati per un periodo di 6 anni e non possono essere confermati nella carica.

La missione istituzionale dell'ANAC può essere individuata nella prevenzione della corruzione nell'ambito delle amministrazioni pubbliche, delle società partecipate e di quelle controllate e comunque in ogni settore della Pubblica Amministrazione che potenzialmente possa sviluppare fenomeni corruttivi. Tale attività implica soprattutto una vigilanza nell'ambito dell'assegnazione dei contratti pubblici e degli incarichi professionali e un'azione di orientamento dei comportamenti e delle attività degli impiegati pubblici, con interventi in sede consultiva e di regolazione.

La chiave dell'attività dell'ANAC è quella di **vigilare per prevenire la corruzione creando una rete di collaborazione nell'ambito delle amministrazioni pubbliche** e al contempo aumentare l'efficienza nell'utilizzo delle risorse, riducendo i controlli formali, che comportano appesantimenti procedurali e aumento dei costi senza creare valore per i cittadini e per le imprese.

In materia di contrasto al fenomeno della corruzione l'**ANAC svolge le seguenti attività:**
- collabora con i paritetici organismi stranieri, con le organizzazioni regionali ed internazionali competenti;
- approva il Piano Nazionale Anticorruzione (PNA);
- analizza le cause e i fattori della corruzione e individua gli interventi che ne possono favorire la prevenzione e il contrasto;
- esprime pareri facoltativi agli organi dello Stato e a tutte le amministrazioni pubbliche in materia di conformità di *atti e comportamenti dei funzionari pubblici* alla legge,

ai Codici di comportamento e ai contratti, collettivi e individuali, regolanti il rapporto di lavoro pubblico;
- esprime pareri facoltativi in materia di *autorizzazioni allo svolgimento di incarichi esterni da parte dei dirigenti amministrativi* dello Stato e degli enti pubblici nazionali (art. 53 D.Lgs. 165/2001);
- esercita la vigilanza e il controllo sull'effettiva applicazione e sull'efficacia delle misure adottate dalle Pubbliche Amministrazioni per il contrasto al fenomeno della corruzione e sul rispetto delle regole sulla trasparenza dell'attività amministrativa;
- riferisce al Parlamento, presentando una relazione entro il 31 dicembre di ciascun anno, sull'attività di contrasto della corruzione e dell'illegalità nella Pubblica Amministrazione e sull'efficacia delle disposizioni vigenti in materia.

Ai sensi dell'art. 1, co. 4, L. 190/2012 (a seguito dell'art. 19 D.L. 90/2014) l'ANAC inoltre:
- coordina l'attuazione delle strategie di prevenzione e contrasto della corruzione e dell'illegalità nella Pubblica Amministrazione elaborate a livello nazionale e internazionale;
- promuove e definisce norme e metodologie comuni per la prevenzione della corruzione, coerenti con gli indirizzi, i programmi e i progetti internazionali;
- definisce modelli standard delle informazioni e dei dati occorrenti per il conseguimento degli obiettivi previsti dalla presente legge, secondo modalità che consentano la loro gestione ed analisi informatizzata;
- definisce criteri per assicurare la rotazione dei dirigenti nei settori particolarmente esposti alla corruzione e misure per evitare sovrapposizioni di funzioni e cumuli di incarichi nominativi in capo ai dirigenti pubblici, anche esterni.

Tutte le Pubbliche Amministrazioni, invece, devono **elaborare e trasmettere all'ANAC**:
- un Piano di Prevenzione della Corruzione e della Trasparenza che fornisce una valutazione del diverso livello di esposizione degli uffici al rischio di corruzione e indica gli interventi organizzativi volti a prevenire il medesimo rischio;
- procedure appropriate per selezionare e formare, in collaborazione con la SNA, i dipendenti chiamati ad operare in settori particolarmente esposti alla corruzione, prevedendo, negli stessi settori, la rotazione di dirigenti e funzionari.

1.4 Il Responsabile della Prevenzione della Corruzione e della Trasparenza (RPCT)

Il RPCT è una persona fisica, individuata dagli organi di governo delle amministrazioni pubbliche, a cui viene affidato il compito di **gestire, coordinare e vigilare sulle misure di prevenzione del rischio corruttivo, con capacità proprie di intervento, anche sanzionatorio**, allo scopo di garantire un modello di tutela anticipata in grado di ridurre i fenomeni di cattiva amministrazione, non necessariamente rilevanti sotto il profilo penale.
Questa figura apicale dell'ente, ai sensi dell'art. 1, co. 7, L. 190/2012, è **individuata di norma tra i dirigenti di ruolo in servizio**, mentre negli **enti locali è individuato, di norma, nel Segretario o nel dirigente apicale**.

Il RPCT provvede a:

- definire eventuali modifiche organizzative per garantire funzioni e poteri idonei per lo svolgimento dell'incarico (che è a termine) con piena "autonomia ed effettività";
- predisporre, a livello decentrato e in via esclusiva (essendo vietato l'ausilio esterno), il PTPCT e il calendario della formazione per tutto il personale e settoriale per i soggetti maggiormente esposti al rischio corruttivo;
- segnalare all'organo di indirizzo e all'OIV (o ai Nuclei di valutazione) le disfunzioni inerenti all'attuazione delle misure previste nei PTPCT;
- indicare agli UPD i nominativi dei dipendenti che non hanno attuato correttamente le misure in materia di prevenzione della corruzione e di trasparenza, rilevando che l'art. 8 del Codice di comportamento (D.P.R. 62/2013) impone che "il dipendente rispetta le prescrizioni contenute nel piano per la prevenzione della corruzione, presta la sua collaborazione al Responsabile della prevenzione della corruzione";
- verificare l'efficace attuazione del PTPCT e della sua idoneità, nonché proporre la modifica dello stesso quando sono accertate significative violazioni delle prescrizioni, ovvero quando intervengono mutamenti nell'organizzazione o nell'attività dell'amministrazione;
- verificare, d'intesa con il dirigente competente, l'effettiva rotazione degli incarichi negli uffici maggiormente esposti ai reati di corruzione;
- redigere la relazione annuale di rendiconto sull'efficacia delle misure di prevenzione definite dai PTPCT, entro il 15 dicembre di ogni anno.

Lo stesso, poi, assolve anche le funzioni di Responsabile per la Trasparenza di cui all'art. 43 D.Lgs. 33/2013 e in particolare svolge stabilmente un'attività di monitoraggio sull'adempimento da parte dell'amministrazione degli obblighi di pubblicazione previsti dalla normativa vigente.

In caso di commissione, all'interno dell'ente, di un reato di corruzione accertato con sentenza passata in giudicato, il RPCT risponde sotto il profilo della **responsabilità dirigenziale** (*ex* art. 21 D.Lgs. 165/2001), anche giungendo alla rimozione dell'incarico, su quello della **responsabilità disciplinare** (la sanzione viene codificata dal legislatore non inferiore alla sospensione dal servizio con privazione della retribuzione da un minimo di 1 mese ad un massimo di 6 mesi), oltre che per **danno erariale** e di immagine della Pubblica Amministrazione. Per andare esente da responsabilità deve provare di avere predisposto e osservato le prescrizioni del PTPCT, prima della commissione del fatto, e di aver vigilato sul funzionamento e sull'osservanza di tale Piano.

Il Responsabile può esercitare la funzione solo in presenza di un elevato grado di autonomia e indipendenza, garantito da un periodo minimo di durata dell'incarico e dall'attivazione di una **tutela rafforzata in caso di revoca**. Non vi è dubbio che nell'attività ordinaria il RPCT non sempre gode di effettiva autonomia nei confronti dell'organo di indirizzo dell'ente, specie quando l'attività si riversa nel segnalare comportamenti anomali e pregiudizievoli; e queste sono le ragioni per cui l'ANAC, nell'esercizio del potere di vigilanza sull'apporto del RPCT, si riserva di verificare non solo che l'esercizio del potere sanzionatorio avvenga nel rigoroso rispetto delle norme, ma anche che sia garantita al Responsabile la massima autonomia e indipendenza e che lo stesso non sia sottoposto ad atti diretti e/o indiretti di influenza e/o ritorsivi. A tale scopo, il **provvedimento di revoca dell'incarico va motivato e comunicato all'ANAC** che, entro 30 giorni, può formulare una richiesta di riesame, qualora rilevi che la revoca sia correlata alle attività svolte dal responsabile in materia di prevenzione della corruzione, stabilendo che, decorso il termine, la revoca diventi efficace (art. 15, co. 3, D.Lgs. 39/2013).

1.5 Gli strumenti operativi per la lotta alla corruzione

1.5.1 Il Piano Nazionale Anticorruzione (PNA)

Il sistema di prevenzione della corruzione introdotto nel nostro ordinamento con la L. 190/2012 si caratterizza per l'articolazione dell'attuazione delle strategie di prevenzione della corruzione su due livelli:

> **nazionale**, attraverso il Piano Nazionale Anticorruzione (PNA), che ha la finalità di garantire la coerenza complessiva del sistema di prevenzione della corruzione;
> **decentrato**, attraverso il PTPCT, con la finalità di garantire l'autonomia delle singole amministrazioni e l'efficacia di soluzioni personalizzate.

Tra i compiti che la L. 190/2012 assegna all'ANAC è essenziale quello di approvazione del **Piano Nazionale Anticorruzione (PNA)**, predisposto dal DFP presso la Presidenza del Consiglio dei Ministri.

Il Piano, elaborato sulla base delle direttive contenute nelle Linee di indirizzo del Comitato interministeriale, sentita la Conferenza Unificata, **contiene degli obiettivi strategici governativi per lo sviluppo della strategia di prevenzione a livello centrale** e fornisce indirizzi e supporto alle amministrazioni pubbliche per l'attuazione della prevenzione della corruzione e per la stesura del PTPCT.

Si tratta, dunque, di **un atto di indirizzo** per le amministrazioni e per gli altri soggetti che, in applicazione della normativa, sono tenuti ad adottare o ad aggiornare concrete e effettive misure di prevenzione di fenomeni corruttivi. Esso, inoltre, anche in relazione alla dimensione e ai diversi settori di attività degli enti, individua i principali rischi di corruzione e i relativi rimedi e contiene l'indicazione di obiettivi, tempi e modalità di adozione e attuazione delle misure di contrasto alla corruzione.

Il PNA ha durata triennale ed è aggiornato annualmente.

Il PNA si **articola generalmente in tre sezioni**:

> la *prima* evidenzia gli obiettivi strategici e le azioni previste, da implementare a livello nazionale nel triennio di riferimento;
> la *seconda* illustra la strategia di prevenzione a livello di ciascuna Pubblica Amministrazione, e contiene le direttive alle Pubblica Amministrazione per l'applicazione delle misure di prevenzione, tra cui quelle obbligatorie per legge;
> la *terza* contiene indicazioni relative alle comunicazioni dei dati e delle informazioni al Dipartimento della funzione pubblica.

Il PNA fornisce, altresì, indirizzi e supporto alle amministrazioni pubbliche per l'attuazione della prevenzione della corruzione e per la stesura del Piano triennale.

1.5.2 Il Piano Triennale di Prevenzione della Corruzione e della Trasparenza (PTPCT)

L'adozione e il contenuto del Piano

A livello periferico, l'art. 1, co. 8, L. 190/2012 prevede che, su proposta del RPCT, ogni amministrazione pubblica, o ad essa equiparata, adotti un Piano Triennale di Prevenzione della Corruzione e della Trasparenza (PTPCT) e ne curi la trasmissione all'ANAC. Negli **enti locali il Piano è approvato dalla Giunta** e la sua elaborazione non può essere affidata a soggetti estranei all'amministrazione.

È da ricordare che ai sensi dell'art. 6 D.L. 80/2021 (convertito dalla L. 113/2021), con la piena operatività del Piano Integrato di Attività e Organizzazione (PIAO) il PTPCT è confluito in quest'ultimo documento di programmazione, almeno per gli enti obbligati alla stesura e alla presentazione del PIAO (vale a dire quelli con più di 50 dipendenti).

Il Piano deve essere approvato, e successivamente aggiornato, entro il 31 gennaio di ogni anno. L'aggiornamento consente di adeguare la strategia di prevenzione della corruzione ai mutamenti del contesto interno ed esterno di riferimento, tenendo conto dei risultati ottenuti o delle criticità riscontrate durante la prima fase attuativa. I piani delle singole amministrazioni devono individuare le attività a maggior rischio corruttivo e tutti gli interventi utili a prevenire tale fenomeno. Oltre a ciò, i PTPCT definiscono le misure per l'attuazione effettiva degli obblighi di trasparenza, ossia le soluzioni organizzative più idonee ad assicurare l'adempimento degli obblighi di pubblicazione di dati e informazioni previsti dalla normativa vigente (D.Lgs. 33/2013).
In definitiva, nel PTPCT si delinea un **programma di attività** derivante da una preliminare fase di analisi che, in sintesi, consiste nell'esaminare l'organizzazione, le sue regole e le sue prassi di funzionamento in termini di "possibile esposizione" al fenomeno corruttivo. Ciò deve avvenire analizzando il sistema dei processi organizzativi, con particolare attenzione alla struttura dei controlli ed alle aree sensibili nel cui ambito possono verificarsi episodi di corruzione.

Attraverso la predisposizione del PTPCT, in sostanza, l'amministrazione è tenuta ad attivare azioni ponderate e coerenti tra loro capaci di ridurre significativamente il rischio di comportamenti corrotti: ciò implica necessariamente una valutazione probabilistica di tale rischiosità e l'adozione di un sistema di gestione del rischio medesimo.

Si tratta, dunque, di un programma di attività, con indicazione delle aree di rischio e dei rischi specifici, delle misure da implementare per la prevenzione in relazione al livello di pericolosità dei rischi specifici, dei responsabili per l'applicazione di ciascuna misura e dei tempi.

La mancata adozione del Piano e il procedimento sanzionatorio

La mancata adozione del Piano comporta l'attivazione da parte dell'ANAC di un procedimento sanzionatorio a carico del soggetto obbligato ad adottarlo. Innanzitutto va sottolineato che **equivale ad omessa adozione:**

- l'approvazione di un provvedimento puramente ricognitivo di misure, in materia di anticorruzione, in materia di adempimento degli obblighi di pubblicità ovvero in materia di Codice di comportamento di amministrazione;

- l'approvazione di un provvedimento il cui contenuto riproduca in modo integrale analoghi provvedimenti adottati da altre amministrazioni, privo di misure specifiche introdotte in relazione alle esigenze dell'amministrazione interessata;
- l'approvazione di un provvedimento privo di misure per la prevenzione del rischio nei settori più esposti, privo di misure concrete di attuazione degli obblighi di pubblicazione di cui alla disciplina vigente, meramente riproduttivo del Codice di comportamento (D.P.R. 62/2013).

L'ANAC, con provvedimento 12-5-2021, ha emanato *il Regolamento in materia di esercizio del potere sanzionatorio per l'omessa adozione dei PTPCT e dei Codici di comportamento.*

L'Autorità avvia il **procedimento per l'irrogazione delle sanzioni**, nei casi in cui, nel corso di accertamenti o ispezioni, siano emersi comportamenti configurabili come ipotesi di omessa adozione, ovvero sulla base di segnalazioni ad essa pervenute. Nel caso di segnalazioni palesemente infondate il responsabile del procedimento dispone il mancato avvio del procedimento.

Nel caso in cui, invece, si disponga l'avvio del procedimento, entro 30 giorni dall'avvenuta conoscenza della presunta omessa adozione dei provvedimenti, ne dà comunicazione ai soggetti nei confronti dei quali il provvedimento finale è destinato a produrre effetti diretti e al soggetto che ha formulato la segnalazione. La medesima comunicazione deve essere effettuata anche nei confronti dei soggetti, individuati o facilmente individuabili, cui possa derivare un pregiudizio dal procedimento in corso.

L'importo della sanzione pecuniaria è definito entro i limiti minimi e massimi previsti dall'art. 19, co. 5, lett. *b*), D.L. 90/2014, secondo cui, salvo che il fatto costituisca reato, l'ANAC applica una sanzione amministrativa non inferiore nel minimo a 1.000 e non superiore nel massimo a 10.000 euro.

L'**importo specifico della sanzione** *è definito in rapporto:*

- alla gravità dell'infrazione, anche tenuto conto del grado di partecipazione dell'interessato al comportamento omissivo;
- alla rilevanza degli adempimenti omessi, anche in relazione alla dimensione organizzativa dell'amministrazione e al grado di esposizione dell'amministrazione, o di sue attività, al rischio di corruzione;
- alla contestuale omissione di più di uno dei provvedimenti obbligatori;
- all'eventuale reiterazione di comportamenti analoghi a quelli contestati;
- all'opera svolta dall'agente per l'eliminazione o l'attenuazione delle conseguenze dell'infrazione contestata.

L'individuazione delle aree di rischio

L'individuazione delle aree di rischio ha la finalità di consentire l'emersione delle aree nell'ambito dell'attività dell'intera amministrazione che **devono essere presidiate più di altre mediante l'implementazione di misure di prevenzione**. Rispetto a tali aree il PTPCT deve identificare le loro caratteristiche, le azioni e gli strumenti per prevenire il rischio, stabilendo le priorità di trattazione.

L'individuazione delle aree di rischio è il risultato di un processo complesso, che presuppone la valutazione del rischio da realizzarsi attraverso la verifica dell'impatto del fenomeno corruttivo in rapporto alle singole attività svolte nell'ente.

La metodologia utilizzata dall'amministrazione per effettuare la valutazione deve essere indicata e risultare in maniera chiara nel PTPCT.

Per "rischio" s'intende l'effetto dell'incertezza sul corretto perseguimento dell'interesse pubblico e, quindi, sull'obiettivo istituzionale dell'ente, dovuto alla possibilità che si verifichi un dato evento. Per "evento" s'intende il verificarsi o il modificarsi di un insieme di circostanze che si frappongono o si oppongono al perseguimento dell'obiettivo istituzionale dell'ente.

Le aree di rischio variano a seconda del contesto esterno ed interno e della tipologia di attività istituzionale svolta dalla specifica amministrazione. Tuttavia, l'esperienza internazionale e nazionale mostrano che vi sono delle aree di rischio ricorrenti, rispetto alle quali potenzialmente tutte le amministrazioni sono esposte.
La L. 190/2012, infatti, ha individuato **quattro macro aree di rischio**, ritenendole comuni a tutte le amministrazioni, elencate nell'art. 1, co. 16, L. 190/2012:

> provvedimenti ampliativi della sfera giuridica dei destinatari privi di effetto economico diretto ed immediato per il destinatario (**autorizzazione e concessione**);
> procedure connesse alla **scelta del contraente nei contratti pubblici** (requisiti di qualificazione, requisiti di aggiudicazione, valutazione delle offerte, procedure negoziate, affidamenti diretti);
> provvedimenti ampliativi della sfera giuridica dei destinatari con effetto economico diretto ed immediato per il destinatario (erogazione di sovvenzioni, contributi, sussidi, ausili finanziari, nonché **attribuzione di vantaggi economici di qualunque genere** a persone ed enti pubblici e privati);
> **acquisizione e gestione del personale** (reclutamento, progressioni di carriera, conferimento di incarichi di collaborazione).

Nell'ambito del PTPCT, per ciascuna area di rischio, debbono essere indicate le misure di prevenzione da implementare per ridurre la probabilità che il rischio si verifichi. Le **misure** possono essere **obbligatorie** (la loro applicazione discende obbligatoriamente dalla legge o da altre fonti normative) **oppure ulteriori** (pur non essendo obbligatorie per legge, sono rese obbligatorie dal loro inserimento nel PTPCT).

1.6 La trasparenza dell'attività amministrativa

1.6.1 La trasparenza in funzione di prevenzione della corruzione

La trasparenza rappresenta uno strumento fondamentale per la prevenzione della corruzione e per l'efficienza e l'efficacia dell'azione amministrativa. Essa, ai sensi dell'art. 1, co. 15, L. 190/2012, costituisce livello essenziale delle prestazioni concernenti i diritti sociali e civili ai sensi dell'art. 117, co. 2, lett. *m*), della Costituzione. È assicurata mediante la pubblicazione, nei siti web istituzionali delle amministrazioni, delle informazioni relative ai procedimenti amministrativi, secondo criteri di facile accessibilità, completezza e semplicità di consultazione.

Per adempiere agli obblighi di trasparenza, le amministrazioni devono predisporre sulla home page del proprio sito istituzionale la sezione **Amministrazione Trasparente** (art. 9 D.Lgs. 33/2013): si tratta di un applicativo web che consente l'organizzazione e la gestione delle pubblicazioni per tutto il periodo previsto dalla normativa, nonché l'archiviazione elettronica dei documenti versati, con possibilità, per il personale autorizzato, di poter consultare gli stessi in ogni momento e la consultazione, da parte dei cittadini, dei dati e dei relativi allegati.

Ai sensi dell'art. 1, co. 35, L. 190/2012, il Governo ha adottato il D.Lgs. 14-3-2013, n. 33, che ha riordinato la normativa esistente, anche innovandola, fornendo così una disciplina unitaria della trasparenza amministrativa.
Nell'art. 1 D.Lgs. 33/2013 la trasparenza è intesa **come accessibilità totale dei dati e documenti detenuti dalle Pubbliche Amministrazioni**, allo scopo di tutelare i diritti dei cittadini, promuovere la partecipazione degli interessati all'attività amministrativa e favorire forme diffuse di controllo sul perseguimento delle funzioni istituzionali e sull'utilizzo delle risorse pubbliche.
Nel rispetto delle disposizioni in materia di segreto di Stato, di segreto d'ufficio, di segreto statistico e di protezione dei dati personali, concorre ad attuare il principio democratico e i principi costituzionali di eguaglianza, di imparzialità, buon andamento, responsabilità, efficacia ed efficienza nell'utilizzo di risorse pubbliche, integrità e lealtà nel servizio alla Nazione.

1.6.2 Ambito soggettivo del decreto trasparenza

L'art. 2-*bis* D.Lgs. 33/2013, introdotto dal D.Lgs. 97/2016, ridisegna l'ambito soggettivo di applicazione della disciplina sulla trasparenza rispetto alla precedente indicazione normativa contenuta nell'abrogato art. 11 D.Lgs. 33/2013.
I destinatari degli obblighi di trasparenza sono ora ricondotti a tre categorie di soggetti:

> **Pubbliche Amministrazioni** di cui all'art. 1, co. 2, D.Lgs. 165/2001, ivi comprese le autorità portuali nonché le autorità amministrative indipendenti di garanzia, vigilanza e regolazione, destinatarie dirette della disciplina contenuta nel decreto (art. 2-*bis*, co. 1);

> **enti pubblici economici**, ordini professionali, società in controllo pubblico, associazioni, fondazioni ed enti di diritto privato, sottoposti alla medesima disciplina prevista per le Pubbliche Amministrazioni *in quanto compatibile* (art. 2-*bis*, co. 2);

> **società a partecipazione pubblica**, associazioni, fondazioni ed enti di diritto privato soggetti alla medesima disciplina in materia di trasparenza prevista per le Pubbliche Amministrazioni *in quanto compatibile* e *limitatamente ai dati e ai documenti inerenti all'attività di pubblico interesse disciplinata dal diritto nazionale o dell'Unione europea* (art. 2-*bis*, co. 3).

Il *criterio della compatibilità* va inteso come necessità di trovare adattamenti agli obblighi di pubblicazione in ragione delle peculiarità organizzative e funzionali delle diverse tipologie di enti, e non in relazione alle peculiarità di ogni singolo ente.

1.6.3 Ambito oggettivo: gli obblighi di pubblicazione per finalità di trasparenza

Il decreto trasparenza indica gli obblighi di pubblicazione posti a carico delle amministrazioni: queste, tuttavia, possono pubblicare **dati ulteriori** rispetto a quelli espressamente indicati e richiesti da specifiche norme di legge.
Gli obblighi di pubblicazione esplicitamente previsti dal D.Lgs. 33/2013 riguardano:

> gli **atti di carattere normativo e amministrativo generale** (art. 12): sono da pubblicare tutti gli atti, sia espressamente previsti da una norma di legge sia che vengano adottati nell'esercizio di un autonomo potere amministrativo o gestionale che ri-

guardino l'organizzazione, le funzioni, gli obiettivi, i procedimenti, l'interpretazione di disposizioni di legge che incidono sull'attività dell'amministrazione/ente e i codici di condotta. Il D.Lgs. 97/2016 ha esteso l'obbligo di pubblicazione anche *ai PTPCT* (nonché alle misure integrative di prevenzione della corruzione), ai *documenti di programmazione strategico-gestionale propri di ogni ente* (atti di indirizzo generali quali, ad esempio, le direttive sull'azione amministrativa adottate dai Ministri) e agli *atti degli OIV;*

- gli **atti riguardanti l'organizzazione e l'attività:** vanno pubblicati i dati relativi agli *incarichi di collaborazione e di consulenza* conferiti e affidati a soggetti esterni a qualsiasi titolo, sia oneroso che gratuito titolari di incarichi di collaborazione o consulenza (art. 15); amministratori ed esperti nominati da organi giurisdizionali o amministrativi (nominati, in particolare, dall'Autorità, dall'Agenzia nazionale per l'amministrazione e la destinazione dei beni sequestrati e confiscati alla criminalità organizzata e dalle Prefetture) (art. 15-*ter*); bandi di concorso per il reclutamento, a qualsiasi titolo, di personale presso l'amministrazione, nonché i criteri di valutazione della commissione (art. 19); dati relativi agli enti pubblici vigilati, e agli enti di diritto privato in controllo pubblico, nonché alle partecipazioni in società di diritto privato; atti di concessione di sovvenzioni, contributi, sussidi e attribuzione di vantaggi economici a persone fisiche ed enti pubblici e privati (art. 22) ed elenco dei soggetti beneficiari (art. 27);
- l'**uso delle risorse pubbliche:** al fine di promuovere l'accesso e migliorare la comprensione dei dati sulla spesa delle pubbliche amministrazioni, l'AgID gestisce, d'intesa con il Ministero dell'economia e delle finanze, il sito internet denominato "Soldi pubblici", tramite il quale è possibile accedere ai dati degli incassi e dei pagamenti delle pubbliche amministrazioni e consultarli in relazione alla tipologia di spesa sostenuta, alle amministrazioni che l'hanno effettuata, nonché all'ambito temporale di riferimento;
- il **bilancio, preventivo e consuntivo**, che deve essere pubblicato, completo di allegati, entro 30 giorni dalla sua adozione;
- i **beni immobili posseduti, detenuti, canoni di locazione e gestione del patrimonio;**
- le **prestazioni offerte e i servizi erogati:** tale obbligo di pubblicazione è esteso ai gestori di pubblico servizio (va pubblicata, ad esempio, la Carta dei servizi o documenti analoghi, ove sono indicati livelli minimi di qualità e impegni assunti verso gli utenti).

L'obbligo di pubblicazione sussiste, poi, nei confronti di atti, dati e documenti relativi a **settori speciali**, quali *contratti pubblici di lavori, servizi e forniture,* dati su *processi di pianificazione, realizzazione e valutazione delle opere pubbliche* (in particolare tempi e costi in relazione ad opere pubbliche da costruire o in corso di costruzione), *attività di pianificazione e governo del territorio* (piani territoriali, piani paesistici, strumenti urbanistici generali e attuativi) e, infine, *attività e servizi del SSN.*

1.6.4 La qualità dei dati, decorrenza e durata dell'obbligo di pubblicazione

I dati e le informazioni oggetto dell'obbligo di pubblicazione, ai sensi dell'art. 6 D.Lgs. 33/2013, devono avere le seguenti qualità: integrità, costante aggiornamento, completezza, tempestività, semplicità di consultazione, comprensibilità, omogeneità, facile accessibilità, conformità ai documenti originali, indicazione della provenienza e riutilizzabilità (quest'ultima qualità anche nel rispetto dei principi sul trattamento dei dati personali).

In merito, poi, alla decorrenza e alla durata degli obblighi di pubblicazione, il provvedimento dispone che la **durata ordinaria della pubblicazione è fissata in 5 anni**, decorrenti dal 1° gennaio dell'anno successivo a quello da cui decorre l'obbligo di pubblicazione.

Le uniche *eccezioni* riguardano:

- gli atti che producono ancora i loro effetti alla scadenza dei 5 anni, che devono rimanere pubblicati fino al termine della produzione degli effetti stessi (es. le informazioni riferite ai vertici e ai dirigenti della Pubblica Amministrazione, che vengono aggiornati e possono restare online oltre i 5 anni, fino alla scadenza del mandato di tali soggetti);
- i dati riguardanti i titolari di incarichi politici, i dirigenti, i consulenti e i collaboratori (che devono rimanere pubblicati per i 3 anni successivi alla scadenza dell'incarico);
- i dati per i quali è previsto un termine diverso dalla normativa in materia di privacy.

L'ANAC, anche su proposta del Garante per la protezione dei dati personali, può fissare una durata di pubblicazione inferiore al quinquennio basandosi su una valutazione del rischio corruttivo, nonché delle esigenze di semplificazione.

Trascorso il quinquennio o i diversi termini sopra richiamati, gli atti, i dati e le informazioni non devono essere conservati nella sezione archivio del sito che quindi viene meno.

1.6.5 Trasparenza dell'attività di pianificazione e governo del territorio e del Servizio Sanitario Nazionale

Ai sensi dell'art. 39 D.Lgs. 33/2013, le amministrazioni hanno l'obbligo di pubblicare gli atti di governo del territorio, quali, tra gli altri, piani territoriali, piani di coordinamento, piani paesistici, strumenti urbanistici, generali e di attuazione, nonché le loro varianti.

Non sono più oggetto di pubblicazione obbligatoria gli schemi di provvedimento, le delibere di adozione o approvazione e i relativi allegati tecnici.

In una sezione apposita nel sito del Comune interessato deve essere, poi, pubblicata e continuamente aggiornata la documentazione relativa a ciascun procedimento relativo a proposte di trasformazione urbanistica d'iniziativa privata o pubblica, sia in variante allo strumento urbanistico generale che in attuazione dello stesso, che comportino premialità edificatorie a fronte dell'impegno dei privati alla realizzazione di opere di urbanizzazione extra oneri o della cessione di aree o volumetrie per finalità di pubblico interesse. La pubblicità di tali atti è condizione per l'acquisizione dell'efficacia degli atti stessi.

Anche le amministrazioni e gli enti del Servizio Sanitario Nazionale, dei servizi sanitari regionali, ivi comprese le aziende sanitarie territoriali ed ospedaliere, le agenzie e gli altri enti ed organismi pubblici che svolgono attività di programmazione e forni-

tura dei servizi sanitari, sono tenute all'adempimento di tutti gli obblighi di pubblicazione previsti dalla normativa in materia.
L'art. 41 D.Lgs. 33/2013 (*Trasparenza del SSN*) individua, a tal fine, gli obblighi di trasparenza cui è tenuto, nelle sue varie articolazioni, il Servizio Sanitario Nazionale in relazione alla pubblicità dei dati concernenti le procedure di conferimento di determinati incarichi.

Le suddette amministrazioni hanno l'obbligo di pubblicare, nei loro siti istituzionali, i dati relativi a tutte le spese e a tutti i pagamenti effettuati, distinti per tipologia di lavoro, bene o servizio, e ne devono consentire la consultazione, in forma sintetica e aggregata, in relazione alla tipologia di spesa sostenuta, all'ambito temporale di riferimento e ai beneficiari.
Le aziende sanitarie e ospedaliere pubblicano tutte le informazioni e i dati concernenti le procedure di conferimento degli incarichi di direttore generale, direttore sanitario e direttore amministrativo, nonché degli incarichi di responsabile di dipartimento e di strutture semplici e complesse, ivi compresi i bandi e gli avvisi di selezione, lo svolgimento delle relative procedure, gli atti di conferimento.
Viene richiesta, altresì, anche la pubblicazione dei criteri di formazione delle liste di attesa.

1.6.6 Gli obblighi di pubblicazione: vigilanza e procedimento sanzionatorio

I soggetti deputati all'attività di vigilanza sugli obblighi di pubblicazione ed i relativi compiti sono indicati dagli articoli 43, 44 e 45 D.Lgs. 33/2013.
Il **RPCT**, all'interno di ogni amministrazione, **svolge stabilmente un'attività di controllo** sull'adempimento da parte dell'amministrazione degli obblighi di pubblicazione previsti dalla normativa vigente, assicurando la completezza, la chiarezza e l'aggiornamento delle informazioni pubblicate. In particolare, egli deve segnalare i casi di mancato o ritardato adempimento degli obblighi di pubblicazione all'ufficio di disciplina (per eventuale attivazione del procedimento disciplinare), nei casi più gravi, e all'organo di indirizzo politico, all'OIV e all'ANAC ai fini dell'attivazione di altre forme di responsabilità.

Il tempestivo e regolare flusso delle informazioni da pubblicare ai fini del rispetto dei termini stabiliti dalla legge deve essere sempre garantito dai dirigenti responsabili degli uffici dell'amministrazione.

Il **ruolo degli OIV**, ai fini della verifica degli obiettivi connessi alla trasparenza, oltre che a quelli inerenti in generale alla prevenzione della corruzione, è stato valorizzato dal D.Lgs. 97/2016, il quale ha previsto che tali Organismi possano chiedere al RPCT le informazioni e i documenti necessari per lo svolgimento del controllo.
In particolare agli OIV (o ad altri soggetti con funzioni analoghe) è richiesto di **attestare l'assolvimento di alcuni obblighi di pubblicazione**, concentrando l'attività di monitoraggio su quelli ritenuti particolarmente rilevanti sotto il profilo dell'uso delle risorse pubbliche.
Ai fini dello svolgimento dell'attività di vigilanza in materia di trasparenza, l'ANAC, con delibera del 29-3-2017, ha approvato il nuovo Regolamento sull'esercizio dell'attività di vigilanza sul rispetto degli obblighi di pubblicazione di cui al D.Lgs. 33/2013.
Il Regolamento disciplina, sulla base dei principi generali stabiliti dalla L. 241/1990,

le modalità di svolgimento del procedimento di vigilanza, dalla fase di attivazione (di ufficio o su segnalazione) alla fase di conclusione dell'istruttoria.
L'Autorità, specificamente, deve controllare l'esatto adempimento degli obblighi di pubblicazione, esercitando **poteri ispettivi** mediante richiesta di notizie, informazioni, atti e documenti alle Pubbliche Amministrazioni e ordinando di procedere, entro un termine non superiore a 30 giorni, alla pubblicazione di dati, documenti e informazioni, all'adozione di atti o provvedimenti richiesti dalla normativa vigente ovvero alla rimozione di comportamenti o atti contrastanti con i piani e le regole sulla trasparenza.
Inoltre, l'ANAC:

> controlla l'operato dei Responsabili per la trasparenza a cui può chiedere il rendiconto sui risultati del controllo svolto all'interno delle amministrazioni;
> può chiedere all'OIV ulteriori informazioni sul controllo dell'esatto adempimento degli obblighi di trasparenza;
> può avvalersi delle banche dati istituite presso il DFP per il monitoraggio degli adempimenti degli obblighi di pubblicazione;
> segnala eventuali illeciti all'ufficio competente per i procedimenti disciplinari dell'amministrazione interessata, ai fini dell'attivazione del procedimento disciplinare a carico del responsabile della pubblicazione o del dirigente tenuto alla trasmissione delle informazioni;
> segnala gli inadempimenti ai vertici politici delle amministrazioni, agli OIV e, se del caso, alla Corte dei conti, ai fini dell'attivazione delle altre forme di responsabilità;
> controlla e rende noti i casi di mancata attuazione degli obblighi di pubblicazione previsti dall'art. 14 D.Lgs. 33/2013 (quelli concernenti i *titolari di incarichi politici, di amministrazione, di direzione o di governo e i titolari di incarichi dirigenziali*); l'Autorità, infatti, procede alla pubblicazione dei nominativi dei soggetti i cui dati siano stati omessi.

Il mancato rispetto degli obblighi di pubblicazione costituisce illecito disciplinare: l'ANAC, in tali casi, segnala l'illecito all'UPD dell'amministrazione interessata (art. 55-*bis*, co. 4, D.Lgs. 165/2001), ai fini dell'attivazione del procedimento disciplinare a carico del responsabile della pubblicazione o del dirigente tenuto alla trasmissione delle informazioni. L'ANAC segnala, altresì, gli inadempimenti ai vertici politici delle amministrazioni, agli OIV e, se del caso, alla Corte dei conti, ai fini dell'attivazione delle altre forme di responsabilità.
Per la violazione degli obblighi di trasparenza per casi specifici (art. 47 D.Lgs. 33/2013) il **procedimento sanzionatorio per l'irrogazione delle sanzioni è di competenza dell**'ANAC.

La norma prevede sanzioni amministrative pecuniarie conseguenti alla violazione dell'art. 14 D.Lgs. 33/20113 (mancata o incompleta comunicazione delle informazioni e dei dati, concernenti la situazione patrimoniale complessiva del titolare dell'incarico al momento dell'assunzione in carica, la titolarità di imprese, le partecipazioni azionarie proprie, del coniuge e dei parenti entro il secondo grado, nonché tutti i compensi derivanti dall'assunzione della carica) e dell'art. 22, co. 2 (mancata pubblicazione, da parte di enti pubblici vigilati, enti di diritto privato in controllo pubblico e società partecipate, di dati importanti come la ragione sociale, gli oneri gravanti sul bilancio ecc.).

Qualora nello svolgimento dei compiti di vigilanza sul rispetto degli obblighi di pubblicazione, l'Autorità (d'ufficio o su segnalazione di parte) rilevi l'esistenza di fattispecie sanzionabili, chiede al RPCT dell'amministrazione o dell'ente interessato di fornire, entro 30 giorni, le motivazioni del mancato adempimento; nel caso di mancata comunicazione da parte dei soggetti obbligati, deve trasmettere i dati identificativi completi del soggetto inadempiente. La richiesta è inviata anche all'OIV (o all'organismo con funzioni analoghe) dell'Amministrazione o dell'ente interessato, affinché lo stesso attesti lo stato di pubblicazione dei dati riferiti alle fattispecie sanzionabili, con atto in data successiva alla richiesta.
Il RPCT e l'OIV danno riscontro alla richiesta dell'Autorità, indicando i motivi della mancata pubblicazione e, qualora la stessa dipenda da omessa comunicazione del soggetto obbligato, trasmettono all'Autorità tutti i dati identificativi dello stesso.
Nel caso emerga, invece, l'insussistenza dei presupposti per l'applicazione della sanzione, l'ANAC dispone l'archiviazione.
Qualora, sulla base delle indicazioni fornite dal RPCT, dell'attestazione dell'OIV, l'ANAC rilevi la sussistenza dei presupposti di fatto e di diritto per l'applicazione della sanzione, provvede, entro 90 giorni, alla trasmissione della comunicazione di avvio del procedimento nei confronti del soggetto obbligato alla comunicazione, dandone notizia anche al RPCT e all'OIV. Il pagamento in misura ridotta della sanzione determina la conclusione del procedimento.
Al termine della fase istruttoria, qualora non sia stato effettuato il pagamento in misura ridotta, il **procedimento può concludersi** con l'*archiviazione* (in assenza dei presupposti di fatto o di diritto per la comminazione della sanzione) oppure con l'*irrogazione di una sanzione amministrativa pecuniaria*.
L'eventuale adozione del provvedimento di irrogazione della sanzione deve contenere l'indicazione dei presupposti di fatto e le ragioni giuridiche che hanno determinato la decisione, nonché le modalità e il termine entro il quale effettuare il pagamento.

1.7 Il sistema di vigilanza delle norme anticorruzione

In materia di anticorruzione, i **poteri di vigilanza** sono attribuiti essenzialmente all'**ANAC** (a livello nazionale) e al **RPCT** (a livello decentrato).
Va precisato che la legge non delinea espressamente i contenuti dei poteri di vigilanza e controllo del RPCT, assegnando allo stesso il generale obiettivo consistente nella predisposizione e nella verifica della tenuta complessiva del sistema di prevenzione della corruzione di un'amministrazione o ente. E proprio a tale obiettivo sono correlate le specifiche responsabilità che gravano sul Responsabile e che si sostanziano laddove vi siano casi di omessa predisposizione di un Piano Triennale adeguato e di omesso controllo sull'attuazione delle misure (art. 1, co. 12 e 14, L. 190/2012). Da qui si rileva, quindi, che il cardine dei poteri del Responsabile è centrato sul prevenire la corruzione, ossia sull'adeguata predisposizione degli strumenti interni all'amministrazione (PTPCT e relative misure di prevenzione ivi compresa la trasparenza) per il contrasto dell'insorgenza di fenomeni corruttivi, e sulla verifica che ad essi sia stata data attuazione effettiva.
I poteri di controllo e di verifica di quanto avviene nell'amministrazione sono, dunque, funzionali a tale obiettivo: d'altronde è lo stesso legislatore ad indicare che, in caso di

mancata attuazione delle misure, il Responsabile debba riferire ad altri soggetti per l'adozione delle iniziative conseguenti di loro competenza.
Più dettagliato, invece, è il compito di vigilare sul rispetto delle disposizioni in materia di inconferibilità e incompatibilità degli incarichi affidato al Responsabile dall'art. 15 D.Lgs. 39/2013, che gli attribuisce capacità proprie di intervento, anche sanzionatorio, e di segnalazione delle violazioni all'ANAC.
Per quanto, invece, riguarda le attività di vigilanza dell'Autorità in materia di **imparzialità dei pubblici funzionari**, esse si possono ricondurre sostanzialmente a due macro-categorie: le ipotesi di conflitto di interesse e le ipotesi di incompatibilità e inconferibilità, specificamente disciplinate dal D.Lgs. 39/2013.
Con riguardo alla prima ipotesi (**conflitti di interesse**) l'Autorità non dispone di specifici poteri di intervento e sanzionatori, trattandosi di fattispecie spesso atipiche ossia non previamente tipizzate da disposizioni normative, fatta eccezione per il generale riferimento contenuto nella L. 241/1990, il cui art. 6-*bis* (introdotto dalla L. 190/2012) è dedicato al "Conflitto di interessi".
Dunque, l'intervento dell'Autorità si svolge soprattutto in forma di ausilio e indicazione alle singole amministrazioni di fronte a casi di particolare rilevanza la cui specifica definizione rimane comunque nell'ambito di competenza dell'amministrazione stessa.
Ben più definiti e penetranti poteri di vigilanza, invece, competono all'ANAC in materia di **incompatibilità ed inconferibilità**. Come espressamente stabilito dall'art. 16 D.Lgs. 39/2013, l'Autorità vigila sul rispetto, da parte delle amministrazioni pubbliche, degli enti pubblici e degli enti di diritto privato in controllo pubblico, delle disposizioni di cui al citato decreto, anche con l'esercizio di poteri ispettivi e di accertamento di singole fattispecie di conferimento degli incarichi. Detto potere può attivarsi su segnalazione di terzi, in occasione della richiesta di pareri da parte delle amministrazioni, su segnalazione dello stesso Responsabile (ai sensi dell'art. 15, co. 2), ovvero d'ufficio.
L'*attività di vigilanza dell'ANAC può essere attivata d'ufficio o su segnalazione*. Essa si esplica su un duplice fronte: da un lato, la **verifica dell'adozione degli strumenti di prevenzione** indicati, dall'altro la **vigilanza sull'adozione in concreto delle azioni e misure previste** in questi atti di natura programmatica. Specificamente, l'Autorità verifica i seguenti aspetti:

- correttezza del processo di formazione del PTPCT;
- connessione tra analisi conoscitive e individuazione delle misure di prevenzione;
- rilevanza delle misure di prevenzione nel contesto amministrativo;
- modo di articolazione delle misure e responsabilità degli uffici;
- predisposizione di adeguate forme di monitoraggio sull'effettiva attuazione delle misure.

Il Regolamento sull'esercizio dell'attività di vigilanza in materia di prevenzione della corruzione è contenuto nella Delibera ANAC n. 330 del 29-3-2017.

Capitolo 2
La gestione delle risorse umane e le misure anticorruzione

2.1 Le risorse umane e le misure di prevenzione della corruzione

Con la L. 190/2012 il legislatore ha inteso individuare un ruolo diretto delle amministrazioni nella fase di prevenzione della corruzione, con particolare riferimento ai propri dipendenti. Ha così costruito un sistema complesso caratterizzato dalla revisione della normativa in materia di responsabilità dei pubblici dipendenti, con riferimento alla responsabilità penale, disciplinare e di risultato dei dirigenti nonché della disciplina delle incompatibilità, e dalla previsione del Codice di comportamento per i dipendenti pubblici.
Ai fini della prevenzione, la L. 190/2012 ha previsto l'adozione obbligatoria di:

- misure volte alla **formazione del personale** (individuazione dei soggetti destinatari, dei contenuti da impartire e quantificazione delle ore necessarie per tali attività);
- meccanismi di **attuazione delle misure adottate per contrastare la corruzione** (integrazioni al Codice di comportamento dei dipendenti pubblici, misure per la tutela dei *whistleblower* e per il recepimento della clausola di *pantouflage*);
- meccanismi di **controllo sull'efficacia delle misure intraprese** per contrastare la corruzione.

Oltre a quelle obbligatoriamente imposte, il PTPCT deve contenere ogni altra misura idonea alla prevenzione e al contrasto della corruzione adottabile all'esito dell'attività di mappatura dei rischi.

2.2 Il Codice di comportamento

2.2.1 Finalità e destinatari

Il già citato Codice di comportamento dei dipendenti pubblici (D.P.R. 62/2013) e i codici specifici delle varie amministrazioni costituiscono fondamentali misure di prevenzione della corruzione, in quanto regolano, in senso legale ed eticamente corretto, il comportamento dei dipendenti e indirizzano l'azione amministrativa.
Ai sensi dell'art. 54, co. 5, D.Lgs. 165/2001 e dell'art. 1, co. 2, D.P.R. 62/2013, ciascuna amministrazione deve definire, con procedura aperta alla partecipazione e previo parere obbligatorio del proprio OIV, un proprio Codice di comportamento. A tal fine, l'ANAC definisce criteri, linee guida e modelli uniformi per singoli settori o tipologie di amministrazione (cfr. delibera 75/2013). In ogni caso, i Codici settoriali devono individuare *regole comportamentali differenziate a seconda delle specificità professionali, delle aree di competenza e delle aree di rischio.*

Il Codice **si applica ai dipendenti delle Pubbliche Amministrazioni** di cui all'art. 1, co. 2, D.Lgs. 165/2001, il cui rapporto di lavoro è disciplinato contrattualmente. Gli obblighi di condotta si estendono anche nei confronti di **tutti i collaboratori dell'amministrazione**, dei titolari di organi e di incarichi negli uffici di diretta collaborazione delle autorità, nonché nei confronti di collaboratori a qualsiasi titolo di imprese fornitrici di beni o servizi o che realizzano opere in favore dell'amministrazione.
Il Codice contiene una *specifica disciplina per i dirigenti*, compresi quelli a contratto e il personale che svolge una funzione equiparata a quella dirigenziale nell'ambito degli uffici di diretta collaborazione.

Per il personale in regime di diritto pubblico le disposizioni del Codice assumono la valenza "di principi di comportamento", in quanto compatibili con le disposizioni speciali. Per ciascuna magistratura e per l'Avvocatura dello Stato i Codici sono adottati dalle associazioni di categoria o, in caso di inerzia, dall'organo di autogoverno.

2.2.2 Obblighi a carico dei dipendenti

Il Codice indica i doveri di comportamento dei dipendenti delle Pubbliche Amministrazioni e sancisce espressamente che la loro violazione, al pari delle prescrizioni contenute nel PTPCT, è fonte di **responsabilità disciplinare**, rilevante anche ai fini della responsabilità penale, civile, amministrativa e contabile.
Tra i **principali obblighi del dipendente**, soprattutto in funzione di prevenzione di fenomeni corruttivi, si segnalano:

- il divieto *di chiedere, sollecitare o di accettare, per sé o per altri e a qualsiasi titolo (quindi, anche sotto forma di sconto), compensi, regali o altre utilità*, fatti salvi quelli d'uso e di modico valore «non superiore, in via orientativa, a 150 euro». I regali e le altre utilità comunque ricevuti sono immediatamente messi a disposizione dell'Amministrazione per essere devoluti a fini istituzionali;
- la tempestiva comunicazione al responsabile dell'ufficio di appartenenza della propria adesione o *appartenenza ad associazioni od organizzazioni* (esclusi partiti politici e sindacati) i cui ambiti di interesse possano interferire con lo svolgimento delle attività dell'ufficio;
- la *comunicazione, all'atto dell'assegnazione all'ufficio, di tutti i rapporti, diretti o indiretti, di collaborazione avuti con soggetti privati* negli ultimi 3 anni e in qualunque modo retribuiti, oltre al contestuale obbligo di precisare se con gli stessi i rapporti finanziari sussistano ancora;
- l'obbligo di astenersi dal prendere decisioni o svolgere attività inerenti le proprie mansioni in *situazioni di conflitto, anche potenziale, di interessi* di qualsiasi natura, anche non patrimoniali;
- l'obbligo di assicurare la *trasparenza e la tracciabilità dei processi decisionali* adottati;
- gli obblighi di comportamento nei rapporti privati e in servizio e all'interno dell'organizzazione amministrativa (in particolare, l'obbligo di rispettare, salvo diverse esigenze di servizio o diversa disposizione di priorità stabilita dall'amministrazione di appartenenza, l'ordine cronologico delle pratiche e di non rifiutare, con motivazioni generiche, le prestazioni a cui sia tenuto).

Il Codice contiene, come detto, una specifica **disciplina per i dirigenti e per il personale che svolge una funzione equiparata a quella dirigenziale** nell'ambito degli uffici di diretta collaborazione. Per essi il Codice pone:

- l'obbligo, prima di assumere le loro funzioni, di comunicare all'amministrazione *le partecipazioni azionarie e gli altri interessi finanziari* che possano porli in conflitto d'interesse con le funzioni pubbliche che svolgono;
- l'obbligo di fornire le informazioni sulla propria situazione patrimoniale e le dichiarazioni annuali dei redditi previste dalla legge;
- il dovere, nei limiti delle loro possibilità, di evitare che si diffondano notizie non rispondenti al vero sull'organizzazione, sull'attività e sugli altri dipendenti.

Quanto al tipo e all'entità della sanzione disciplinare concretamente applicabile, è previsto che si debba tener conto della gravità del comportamento e del pregiudizio, anche morale, cagionato al decoro o al prestigio dell'amministrazione di appartenenza.

2.3 La segnalazione di illeciti e la tutela del dipendente (il cosiddetto whistleblower)

2.3.1 La gestione della segnalazione e l'obbligo di anonimato

Con la L. 190/2012 è stato introdotto nel Testo unico sul pubblico impiego l'art. 54-*bis* che tutela i dipendenti autori di segnalazioni di reati o irregolarità di cui siano venuti a conoscenza nell'ambito del rapporto di lavoro. L'iniziale disciplina riguardava solo il settore pubblico, ma la L. 179/2017 l'ha estesa anche al settore privato.

L'istituto – detto *whistleblowing* – mira a favorire l'emersione della fattispecie di illecito nella Pubblica Amministrazione.

Secondo quanto stabilito dal citato articolo, il **dipendente che denuncia** all'autorità giudiziaria, alla Corte dei conti, all'ANAC o riferisce al proprio superiore gerarchico **condotte illecite di cui sia venuto a conoscenza in ragione del rapporto di lavoro** (*whistleblowing*), **non può essere sanzionato, licenziato o sottoposto ad una misura discriminatoria**, diretta o indiretta, avente effetti sulle condizioni di lavoro per motivi collegati direttamente o indirettamente alla denuncia.

Qualora, in violazione di tale divieto, il segnalante sia fatto oggetto di misure ritenute ritorsive, queste possono essere comunicate all'ANAC dallo stesso interessato o dalle organizzazioni sindacali maggiormente rappresentative nell'Amministrazione nella quale le stesse sono state poste in essere.

L'ANAC, ricevuta la comunicazione, informa il DFP della Presidenza del Consiglio dei Ministri o gli altri organismi di garanzia o di disciplina per le attività e gli eventuali provvedimenti di competenza.

Nell'ambito del procedimento disciplinare, l'**identità del segnalante non può essere rivelata**. Anche se la norma tutela l'anonimato facendo *specifico riferimento al procedimento disciplinare*, l'identità deve essere comunque protetta in ogni fase successiva alla segnalazione.

Per quanto riguarda il procedimento disciplinare, l'identità del segnalante **può essere rivelata all'autorità disciplinare e all'incolpato nei seguenti casi**:

> quando vi è lo specifico consenso del segnalante;
> quando la contestazione è fondata, in tutto o in parte, sulla segnalazione e la conoscenza dell'identità è assolutamente indispensabile per la difesa dell'incolpato: tale circostanza può emergere solo a seguito dell'audizione dell'incolpato ovvero dalle memorie difensive che lo stesso produce nel procedimento.

La denuncia non può essere oggetto di visione né di estrazione di copia da parte di richiedenti, ricadendo nell'ambito delle ipotesi di esclusione di cui all'art. 24, co. 1, lett. *a*), L. 241/1990.
La legge demanda all'ANAC il compito di adottare, sentito il Garante per la protezione dei dati personali, apposite **linee guida per le procedure di presentazione e gestione delle segnalazioni** (cfr. determinazione n. 6 del 28-4-2015). Le linee guida devono prevedere l'utilizzo di modalità anche informatiche e promuovere il ricorso a strumenti di crittografia per garantire la riservatezza dell'identità del segnalante e per il contenuto delle segnalazioni e della relativa documentazione.

2.3.2 Le misure di tutela del whistleblower

Spetta sempre all'ANAC l'esercizio del **potere sanzionatorio amministrativo** conseguente all'accertata adozione di misure discriminatorie in danno del segnalante, ovvero all'accertata assenza di procedure per l'inoltro e la gestione delle segnalazioni, ovvero conseguente all'adozione di procedure non conformi a quelle descritte dalla legge. Analogo potere sanzionatorio spetta all'ANAC ogni qualvolta venga accertato il mancato svolgimento da parte del responsabile di attività di verifica e analisi delle segnalazioni ricevute.
L'Autorità determina l'entità della sanzione tenuto conto delle dimensioni dell'Amministrazione o dell'ente cui si riferisce la segnalazione.
Spetta all'Amministrazione o all'ente interessato dimostrare che le misure discriminatorie o ritorsive, adottate nei confronti del segnalante, sono motivate da ragioni estranee alla segnalazione.
Il regolamento sull'esercizio del potere sanzionatorio in caso di *whistleblowing* (delibera ANAC 1033/2018) è stato modificato dalla delibera ANAC n. 312/2019 che ha riscritto completamente l'art. 13 del regolamento, inserendo **casi specifici di archiviazione delle segnalazioni/comunicazioni**.
In base all'art. 13, infatti, l'Ufficio procede all'archiviazione delle segnalazioni/comunicazioni nelle ipotesi di:

> manifesta mancanza di interesse all'integrità della Pubblica Amministrazione;
> manifesta incompetenza dell'Autorità sulle questioni segnalate;
> manifesta infondatezza per l'assenza di elementi di fatto idonei a giustificare accertamenti;
> manifesta insussistenza dei presupposti di legge per l'applicazione della sanzione;
> intervento dell'Autorità non più attuale;
> finalità palesemente emulativa;
> accertato contenuto generico della segnalazione/comunicazione o tale da non consentire la comprensione dei fatti, ovvero segnalazione/comunicazione corredata da documentazione non appropriata o inconferente;

- produzione di sola documentazione in assenza della segnalazione di condotte illecite o irregolarità;
- mancanza dei dati che costituiscono elementi essenziali della segnalazione/comunicazione.

Al di fuori di questi casi l'Ufficio deve sempre trasmettere agli uffici di vigilanza competenti per materia la segnalazione di illeciti.
Gli atti discriminatori o ritorsivi adottati dall'Amministrazione o dall'ente, in conseguenza della segnalazione, sono comunque colpiti da nullità.
Il segnalante che sia licenziato a motivo della segnalazione ha **diritto a essere reintegrato nel posto di lavoro**. Nessuna tutela è garantita al segnalante del quale sia accertata, anche con sentenza di primo grado, la responsabilità penale per i reati di **calunnia o diffamazione** o comunque per reati commessi con la denuncia all'autorità giudiziaria o alla Corte dei conti, ovvero la responsabilità civile, per lo stesso titolo, nei casi di *dolo* o *colpa grave*.

2.4 Le ulteriori misure di contrasto alla corruzione nel pubblico impiego

2.4.1 La rotazione del personale addetto alle aree a rischio

La rotazione del personale addetto alle aree a più elevato rischio di corruzione rappresenta una misura di importanza cruciale tra gli strumenti di prevenzione.
In argomento occorre distinguere due tipi di rotazione: quella "straordinaria" e quella "ordinaria".
La **rotazione straordinaria** è stata introdotta dall'art. 16, co. 1, lett. l-*quater*), D.Lgs. 165/2001 e prevede, come misura conseguente alla manifestazione di fenomeni di corruzione, la rotazione del personale nei casi di avvio di procedimenti penali o disciplinari per condotte di natura corruttiva. Con le Linee guida dell'ANAC (delibera 29-3-2019, n. 215) sono stati chiariti aspetti e criticità dell'istituto.
La **rotazione ordinaria**, invece, è prefigurata come strumento precauzionale contro il possibile manifestarsi di fenomeni corruttivi da alcune norme della L. 190/2012. Costituisce, infatti, una rilevante *misura organizzativa preventiva*, finalizzata a limitare il consolidarsi di relazioni che possano alimentare dinamiche improprie nella gestione amministrativa, conseguenti alla permanenza nel tempo di determinati dipendenti nel medesimo ruolo o funzione.

L'alternanza riduce il rischio che un dipendente pubblico, occupandosi per lungo tempo dello stesso tipo di attività, servizi, procedimenti e instaurando relazioni sempre con gli stessi utenti, possa essere sottoposto a pressioni esterne o possa instaurare rapporti potenzialmente in grado di attivare dinamiche inadeguate.
L'alternanza tra più professionisti nell'assunzione delle decisioni e nella gestione delle procedure, infatti, riduce il rischio che possano crearsi relazioni particolari tra amministrazioni ed utenti, con il conseguente consolidarsi di situazioni di privilegio e l'aspettativa a risposte illegali improntate a collusione. L'applicazione della misura va valutata anche se l'effetto indiretto della rotazione comporta un temporaneo rallentamento dell'attività ordinaria dovuto al tempo necessario per acquisire la diversa professionalità.

L'**attuazione della misura** richiede:

- la *preventiva identificazione degli uffici* e servizi che svolgono attività nelle aree a più elevato rischio di corruzione;
- l'*individuazione*, con la partecipazione sindacale, delle *modalità di attuazione della rotazione*, mediante adozione di criteri generali;
- la definizione dei *tempi di rotazione*;
- per il conferimento degli incarichi dirigenziali, il criterio di rotazione deve essere previsto nell'atto generale contenente i *criteri di conferimento degli incarichi dirigenziali* approvato dall'autorità di indirizzo politico;
- il coinvolgimento del personale in *percorsi di formazione* e aggiornamento continuo, per creare competenze e professionalità utilizzabili in più settori;
- lo svolgimento di *formazione ad hoc per il dirigente neo-incaricato* e per i collaboratori addetti, affinché questi acquisiscano le conoscenze necessarie per lo svolgimento della nuova attività considerata area a rischio.

Per il *personale dirigenziale* addetto alle aree a più elevato rischio di corruzione, la durata dell'incarico deve essere fissata al limite minimo legale; per *il personale non dirigenziale*, la durata di permanenza nel settore deve essere, invece, prefissata da ciascuna amministrazione secondo criteri di ragionevolezza, preferibilmente non superiore a 5 anni, tenuto conto anche delle esigenze organizzative.
Per il personale dirigenziale, alla scadenza dell'incarico, la responsabilità dell'ufficio o del servizio deve essere di regola affidata ad altro dirigente, a prescindere dall'esito della valutazione riportata dal dirigente uscente.
Nel caso di impossibilità di applicare la rotazione per il personale dirigenziale, a causa di motivati fattori organizzativi, l'Amministrazione applica la misura al personale non dirigenziale, con riguardo innanzi tutto ai Responsabili del procedimento.

2.4.2 L'astensione in caso di conflitto di interesse

La L. 190/2012 ha posto particolare attenzione sui Responsabili del procedimento in situazioni di conflitto di interesse, che si è concretizzata nell'inserimento di una nuova disposizione nella L. 241/1990, l'art. 6-*bis* (rubricato *Conflitto di interessi*).
La norma contiene due prescrizioni:

- l'**obbligo di astensione** per il Responsabile del procedimento, il titolare dell'ufficio competente ad adottare il provvedimento finale ed i titolari degli uffici competenti ad adottare atti endoprocedimentali nel caso di conflitto di interesse anche solo potenziale;
- il **dovere di segnalazione** a carico dei medesimi soggetti.

La norma persegue una finalità di prevenzione che si realizza mediante l'astensione dalla partecipazione alla decisione del titolare dell'interesse, che potrebbe porsi in conflitto con l'interesse perseguito mediante l'esercizio della funzione e/o con l'interesse di cui sono portatori il destinatario del provvedimento, gli altri interessati e controinteressati.
Essa va letta in maniera coordinata con l'art. 6 del Codice di comportamento, che prevede: *Il dipendente si astiene dal partecipare all'adozione di decisioni o ad attività che possano coinvolgere interessi propri, ovvero di suoi parenti affini entro il secondo grado, del coniuge*

o di conviventi oppure di persone con le quali abbia rapporti di frequentazione abituale, ovvero, di soggetti od organizzazioni con cui egli o il coniuge abbia causa pendente o grave inimicizia o rapporti di credito o debito significativi, ovvero di soggetti od organizzazioni di cui sia tutore, curatore, procuratore o agente, ovvero di enti, associazioni anche non riconosciute, comitati, società o stabilimenti di cui egli sia amministratore o gerente o dirigente. Il dipendente si astiene in ogni altro caso in cui esistano gravi ragioni di convenienza. Sull'astensione decide il responsabile dell'ufficio di appartenenza.

La suddetta disposizione contiene dunque una **clausola di carattere generale** in riferimento a tutte le ipotesi in cui si manifestino **gravi ragioni di convenienza.**

La segnalazione deve essere indirizzata al dirigente, il quale, esaminate le circostanze, valuta se la situazione realizza un conflitto di interesse idoneo a ledere l'imparzialità dell'agire amministrativo. Il dirigente destinatario della segnalazione deve rispondere per iscritto al dipendente medesimo sollevandolo dall'incarico oppure motivando espressamente le ragioni che consentono comunque l'espletamento dell'attività da parte di quel dipendente. Nella prima ipotesi l'incarico deve essere affidato dal dirigente ad altro dipendente ovvero, in carenza di dipendenti professionalmente idonei, il dirigente dovrà avocare a sé ogni compito relativo a quel procedimento. Qualora il conflitto riguardi il dirigente a valutare le iniziative da assumere sarà il responsabile per la prevenzione.
La violazione della norma, che si realizza con il compimento di un atto illegittimo, dà luogo a responsabilità disciplinare del dipendente suscettibile di essere sanzionata con l'irrogazione di sanzioni all'esito del relativo procedimento, oltre a poter costituire fonte di illegittimità del procedimento e del provvedimento conclusivo dello stesso, quale sintomo di eccesso di potere.

2.4.3 Formazione in tema di anticorruzione

La L. 190/2012 assegna alla formazione dei dipendenti destinati ad operare in settori particolarmente esposti alla corruzione un'importanza cruciale e pone a carico del RPCT l'onere di predisporre un'idonea programmazione, in collaborazione con la SNA. Una formazione adeguata favorisce, da un lato, una **maggior consapevolezza nell'assunzione di decisioni** (in quanto una più ampia ed approfondita conoscenza riduce il rischio che l'azione illecita possa essere compiuta in maniera inconsapevole) e, dall'altro, consente l'**acquisizione di competenze specifiche** per lo svolgimento delle attività nelle aree individuate a più elevato rischio di corruzione.

Una formazione adeguata consente di raggiungere i seguenti obiettivi:
- l'attività amministrativa è svolta da soggetti consapevoli, previsione che riduce il rischio che l'azione illecita sia compiuta inconsapevolmente;
- la conoscenza e la condivisione degli strumenti di prevenzione (politiche, programmi, misure) da parte dei diversi soggetti che a vario titolo operano nell'ambito del processo di prevenzione;
- la creazione di una base omogenea minima di conoscenza, che rappresenta l'indispensabile presupposto per programmare la rotazione del personale;
- la creazione di competenza specifica per lo svolgimento dell'attività nelle aree a più elevato rischio di corruzione;
- il confronto tra prassi amministrative distinte da ufficio ad ufficio, reso possibile dalla compresenza di personale "in formazione" proveniente da esperienze professionali diversificate; ciò consente di coordinare ed omogeneizzare all'interno dell'ente le modalità di conduzione dei processi da parte degli uffici, garantendo la costruzione di "buone pratiche amministrative" con sensibile riduzione del rischio di corruzione;

- la diffusione degli orientamenti giurisprudenziali sui vari aspetti dell'esercizio della funzione amministrativa, indispensabili per orientare il percorso degli uffici, orientamenti spesso non conosciuti dai dipendenti e dai dirigenti anche per ridotta disponibilità di tempo da dedicare all'approfondimento;
- evitare l'insorgere di prassi contrarie alla corretta interpretazione della norma di volta in volta applicabile;
- la diffusione di valori etici, mediante l'insegnamento di principi di comportamento eticamente e giuridicamente adeguati.

In generale il PNA stabilisce che l'ente deve programmare adeguati percorsi di aggiornamento e di formazione articolati su due livelli:

> *livello generale*, rivolto a tutti i dipendenti, con riguardo all'aggiornamento delle competenze (approccio contenutistico) e alle tematiche dell'etica e della legalità (approccio valoriale);

> *livello specifico*, rivolto ai referenti del RPCT, ai componenti degli organismi di controllo, ai dirigenti e ai funzionari addetti alle aree a rischio: riguarda le politiche, i programmi e i vari strumenti utilizzati per la prevenzione e tematiche settoriali, in relazione al ruolo svolto da ciascun soggetto dell'amministrazione.

2.5 Le misure di contrasto alla corruzione nelle varie fasi del rapporto di lavoro

2.5.1 Trasparenza e anticorruzione nei concorsi pubblici e nelle procedure di selezione

Il principio dell'accesso mediante concorso agli impieghi nelle Pubbliche Amministrazioni (salvo i casi stabiliti dalla legge) è contenuto principalmente nell'art. 97, ult. co., Cost. Gli artt. 35 e 35-*bis* D.Lgs. 165/2001 contengono, rispettivamente, i principi generali sul reclutamento del personale e norme per prevenire il fenomeno della corruzione nella formazione di commissioni e nell'assegnazioni degli uffici.

Nelle procedure concorsuali la **scelta dei componenti della Commissione esaminatrice** assume una valenza determinante, in considerazione del ruolo che sono chiamati a svolgere in ragione della loro competenza, ai fini della valutazione e della posizione di terzietà in cui dovrebbero operare.

A tal fine l'art. 35-*bis* D.Lgs. 165/2001 stabilisce che coloro che sono stati condannati, anche con sentenza non passata in giudicato, per i reati previsti nel capo I del titolo II del libro secondo del codice penale (*delitti contro la personalità dello Stato*) non possono far parte, anche con compiti di segreteria, di commissioni per l'accesso o la selezione a pubblici impieghi.

Tale disposizione rappresenta una nuova fattispecie di inconferibilità, atta a prevenire il discredito, altrimenti derivante all'Amministrazione, dovuto all'affidamento di funzioni sensibili a dipendenti che, a vario titolo, abbiano commesso o siano sospettati di infedeltà.

La disposizione preclude ai condannati per reati contro la Pubblica Amministrazione, anche in via non definitiva, di ricoprire alcuni uffici o di svolgere alcune attività ed incarichi particolarmente esposti al rischio corruzione e si applica nei confronti non

solo di coloro che esercitano funzioni dirigenziali, ma anche di quanti hanno solo compiti di segreteria ovvero che hanno funzioni direttive e non dirigenziali.
In particolare, la norma vieta di:

- fare parte, anche con compiti di segreteria, di commissioni per l'accesso o la selezione a pubblici impieghi;
- essere assegnati, anche con funzioni direttive, agli uffici preposti alla gestione delle risorse finanziarie, all'acquisizione di beni, servizi e forniture, nonché alla concessione o all'erogazione di sovvenzioni, contributi, sussidi, ausili finanziari o attribuzioni di vantaggi economici a soggetti pubblici e privati;
- fare parte delle commissioni per la scelta del contraente per l'affidamento di lavori, forniture e servizi, per la concessione o l'erogazione di sovvenzioni, contributi, sussidi, ausili finanziari, nonché per l'attribuzione di vantaggi economici di qualunque genere.

L'esatta portata dei singoli ambiti dovrà, poi, essere interpretata anche alla luce di quelle attività in cui è più elevato il rischio di corruzione, attività individuate dai singoli piani di prevenzione della corruzione.

2.5.2 Il dovere di esclusività del dipendente: la disciplina in tema di incompatibilità, cumulo di impieghi e incarichi (art. 53 D.Lgs. 165/2001)

Il pubblico dipendente ha un dovere di esclusività nell'esercizio della prestazione lavorativa nei confronti dell'amministrazione di appartenenza, stabilito direttamente dalla Costituzione: l'art. 98 della Carta costituzionale statuisce, infatti, che *i pubblici impiegati sono al servizio esclusivo della Nazione.* Il dovere di esclusività del pubblico funzionario, ossia il dovere di eseguire la propria prestazione lavorativa retribuita solo in favore dell'amministrazione, risponde ai principi di imparzialità e buon andamento dell'azione amministrativa di cui all'art. 97 della Costituzione.
In materia di i*ncompatibilità, cumulo di impieghi e incarichi* la norma generale è rappresentata dall'art. 53 D.Lgs. 165/2001: tale articolo si applica sia *ai dipendenti privatizzati* che *a quelli in regime di diritto pubblico.*
Secondo tale disposizione, **il pubblico impiegato non può svolgere attività commerciali, imprenditoriali, industriali, artigiane e professionali in costanza di rapporto di lavoro**. Tale dovere viene meno solo in caso di impiego part-time non superiore al 50% dell'orario ordinario.
Il dipendente, inoltre, può svolgere solo gli incarichi previamente conferiti o approvati dall'amministrazione di appartenenza o che siano comunque previsti o disciplinati dalla legge o da altre fonti normative; senza autorizzazione non possono essere conferiti incarichi, né da parte delle Pubbliche Amministrazioni, né da parte di enti pubblici economici e soggetti privati.

L'*autorizzazione* va chiesta, dai soggetti pubblici o privati che intendano conferire l'incarico al dipendente, all'amministrazione di appartenenza di quest'ultimo, la quale deve pronunciarsi in merito nei successivi 30 giorni (decorso il termine per provvedere l'autorizzazione si intende accordata se richiesta per incarichi da conferirsi da pubbliche amministrazioni; negli altri casi, si intende definitivamente negata).

La *ratio* di tale disposizione risiede nel fatto che il cumulo in capo ad un medesimo dirigente o funzionario di incarichi può comportare un'eccessiva concentrazione di potere su un unico centro decisionale, che aumenta il rischio che l'attività amministrativa possa essere indirizzata verso fini privati o impropri. Inoltre, lo svolgimento di incarichi, soprattutto se extra-istituzionali, da parte del dirigente o del funzionario può realizzare situazioni di conflitto di interesse che possono compromettere il buon andamento dell'azione amministrativa, ponendosi altresì come sintomo dell'evenienza di fatti corruttivi.
Per questi motivi, la L. 190/2012, delineando un **generico divieto di conferimento degli incarichi atipici**, ossia non correlati a compiti e doveri d'ufficio previsti dalla legge, è intervenuta sull'art. 53 D.Lgs. 165/2001, in particolare prevedendo che:

- gli incarichi vietati ai dipendenti delle amministrazioni pubbliche devono essere **individuati da appositi regolamenti** (adottati su proposta del Ministro per la Pubblica Amministrazione e la semplificazione, di concerto con i Ministri interessati);
- le amministrazioni devono **adottare criteri generali** per disciplinare i criteri di conferimento e di autorizzazione degli incarichi extra-istituzionali;
- in sede di autorizzazione allo svolgimento di incarichi extra-istituzionali, le amministrazioni devono **valutare tutti i profili di conflitto di interesse**, anche quelli potenziali;
- il dipendente deve **comunicare anche l'attribuzione di incarichi gratuiti**, sui quali l'amministrazione deve valutare tempestivamente (entro 5 giorni dalla comunicazione, salvo motivate esigenze istruttorie) l'eventuale sussistenza di situazioni di conflitto di interesse anche potenziale e, nel caso, comunicare il diniego allo svolgimento dell'incarico. Gli *incarichi a titolo gratuito* da comunicare all'amministrazione sono solo quelli che il dipendente svolge in considerazione della professionalità che lo caratterizza all'interno dell'amministrazione di appartenenza (non va comunicato, ad esempio, lo svolgimento di un incarico gratuito di docenza in una scuola di danza da parte di un funzionario amministrativo di un Ministero, poiché tale attività non è connessa con la sua professionalità di funzionario).

Gli incarichi retribuiti, *ex* art. 53, sono tutti gli incarichi, anche occasionali, non compresi nei compiti e nei doveri di ufficio, per i quali è previsto, sotto qualsiasi forma, un **compenso**.

Sono **esclusi i compensi e le prestazioni derivanti** dalla *collaborazione a giornali, riviste, enciclopedie e simili,* dall'*utilizzazione economica da parte dell'autore o inventore di opere dell'ingegno e di invenzioni industriali,* dalla *partecipazione a convegni e seminari,* da incarichi *per i quali è corrisposto solo il rimborso delle spese documentate,* da incarichi *per lo svolgimento dei quali il dipendente è posto in posizione di aspettativa, di comando o di fuori ruolo,* da incarichi *conferiti dalle organizzazioni sindacali* a dipendenti presso le stesse distaccati o in aspettativa non retribuita e da *attività di formazione diretta ai dipendenti della Pubblica Amministrazione,* nonché di *docenza e ricerca scientifica.*

La normativa anticorruzione ha disposto, poi, il divieto per chi abbia avuto compiti in organizzazioni politiche e sindacali di essere destinatario di incarichi di direzione di strutture deputate alla gestione del personale.

2.5.3 Le disposizioni sull'inconferibilità degli incarichi e sulle incompatibilità (D.Lgs. 39/2013)

Il D.Lgs. 39/2013 ha disposto un articolato sistema di norme volte a disciplinare la materia della inconferibilità e della incompatibilità degli incarichi presso le pubbliche amministrazioni e presso gli enti di diritto privato in controllo pubblico. Le disposizioni in esso contenute rappresentano, altresì, espressa attuazione dei precetti costituzionali di cui agli articoli 54 (dovere di fedeltà alla Repubblica e di adempimento degli incarichi pubblici con disciplina ed onore) e 97 (assicurare il buon andamento della Pubblica Amministrazione) della Costituzione.

Tale disciplina ha l'obiettivo di prevenire e contrastare fenomeni corruttivi e conflitti di interesse tutelando l'esercizio imparziale delle funzioni pubbliche attraverso la previsione di regimi di inconferibilità ed incompatibilità.

In particolare, con dette **misure generali di carattere preventivo**, la finalità perseguita dal legislatore è stata quella di evitare che lo svolgimento di determinati incarichi e/o funzioni possa agevolare la precostituzione di situazioni favorevoli in vista del successivo conferimento di incarichi dirigenziali e assimilati e, di conseguenza, possa comportare il rischio di un "accordo corruttivo" per conseguire il vantaggio in maniera illecita (si prescrive, cioè, un periodo di raffreddamento per coloro che vengono dal mondo della politica e che siano strettamente legati all'ente che conferisce l'incarico). Da qui anche il divieto di cumulo di più cariche politiche e/o coesercizio di funzioni di indirizzo politico e di funzioni di amministrazione che possa ripercuotersi negativamente sulla efficienza e l'imparzialità delle funzioni.

L'art. 1, lett. *g*), D.Lgs. 39/2013 definisce l'**inconferibilità** come la situazione soggettiva, permanente o temporanea, che impedisce il conferimento dell'incarico ad un soggetto che abbia assunto condotte penalmente sanzionate o abbia ricoperto determinati incarichi gestionali e/o politici. Più specificatamente l'incarico non può essere conferito:

- a coloro che abbiano riportato condanne penali (anche non definitive) per i reati previsti dal capo I del titolo II del libro II del codice penale (reati contro la Pubblica Amministrazione);
- a coloro che abbiano svolto incarichi o ricoperto cariche in enti di diritto privato regolati o finanziati da pubbliche amministrazioni o svolto attività professionali a favore di questi ultimi;
- a coloro che siano stati componenti di organi di indirizzo politico.

Il D.L. 4/2022 (convertito dalla L. 25/2022) è intervenuto sul tema dell'inconferibilità di incarichi a componenti di *organo politico di livello regionale e locale* disciplinata dal D.Lgs. 39/2013. In particolare, viene previsto che, in deroga al regime ordinario di cui all'art. 7 del citato decreto, fino al 31 dicembre 2022, a coloro che nell'anno precedente siano stati componenti dei consigli dei Comuni con popolazione superiore ai 15.000 abitanti, possono essere conferiti i incarichi amministrativi di vertice regionale, incarichi dirigenziali nell'amministrazione regionale, incarichi di amministratore di ente pubblico di livello regionale e incarichi di amministratore di ente di diritto privato in controllo pubblico di livello regionale. La norma in oggetto prevede che gli incarichi assegnati in deroga sono validi fino alla scadenza naturale dell'incarico. Pertanto, la durata degli incarichi, in deroga alla regola ordinaria sull'inconferibilità, può andare anche oltre il 31 dicembre 2022 purché assegnati prima di tale data.

L'istituto dell'inconferibilità è, pertanto, un rimedio preventivo, volto ad evitare l'insorgere di fenomeni di contiguità e corruzione a salvaguardia di beni primari per la collettività, quali sono la trasparenza, l'efficienza e il buon andamento delle amministrazioni pubbliche, ai sensi dell'art. 97 Cost.
Diversamente, l'**incompatibilità** impedisce di ricoprire contemporaneamente due ruoli potenzialmente in conflitto di interesse.
L'incompatibilità fa sorgere, nel soggetto nominato, l'*obbligo di optare*, a pena di decadenza, entro il termine perentorio di 15 giorni, tra la permanenza nell'incarico ricoperto e l'assunzione del nuovo incarico: una scelta tra due condizioni assunte, quella precedente alla nomina e "l'assunzione e lo svolgimento di incarichi e cariche in enti di diritto privato regolati o finanziati dalla Pubblica Amministrazione che conferisce l'incarico, lo svolgimento di attività professionali ovvero l'assunzione della carica di componente di organi di indirizzo politico".
Le disposizioni del D.Lgs. 39/2013 sono applicabili integralmente alle Regioni, ancorché a statuto speciale, in virtù dell'art. 22 del decreto stesso, che dispone la prevalenza della disciplina sulle diverse disposizioni di legge regionale (*clausola di prevalenza*).
In merito alle conseguenze giuridiche derivanti dalla **violazione di tali disposizioni**:

> per quanto riguarda la disciplina dell'**inconferibilità**, posto che la situazione non può essere sanata, gli atti di conferimento di incarichi adottati in violazione delle disposizioni del decreto e i relativi contratti sono nulli (art. 17) e a carico dei componenti di organi che abbiano conferito incarichi dichiarati nulli sono applicate le specifiche sanzioni previste dall'art. 18;
> con riferimento, invece, ai casi di **incompatibilità**, l'art. 19 prevede la *decadenza dall'incarico e la risoluzione del relativo contratto*, di lavoro subordinato o autonomo, decorso il termine perentorio di 15 giorni dalla contestazione all'interessato, da parte del RPCT, dell'insorgere della causa di incompatibilità.

La vigilanza sull'osservanza delle norme in materia di inconferibilità e incompatibilità è demandata al RPCT e all'ANAC. Può parlarsi, pertanto, di una *vigilanza interna*, che è quella affidata al RPCT di ciascuna amministrazione pubblica, ente pubblico e ente di diritto privato in controllo pubblico, e di una *vigilanza esterna*, condotta, invece, dall'ANAC.

2.5.4 La cessazione del rapporto di lavoro e il divieto di pantouflage (cosiddette *revolving doors*)

La L. 190/2012 ha introdotto il comma 16-*ter* nell'ambito dell'art. 53 D.Lgs. 165/2001, volto a contenere il rischio di situazioni di corruzione connesse all'impiego del dipendente successivo alla cessazione del rapporto di lavoro. Il rischio valutato dalla norma è che durante il periodo di servizio il dipendente possa artatamente precostituirsi delle situazioni lavorative vantaggiose e così sfruttare a proprio fine la sua posizione e il suo potere all'interno dell'amministrazione per ottenere successivamente un lavoro per lui allettante presso l'impresa o il soggetto privato con cui entra in contatto. La norma prevede, quindi, una **limitazione della libertà negoziale del dipendente per un determinato periodo successivo alla cessazione del rapporto di lavoro con l'Amministrazione**, per eliminare la "convenienza" di accordi fraudolenti.

L'ambito della norma è riferito a quei dipendenti che, nel corso degli **ultimi 3 anni di servizio**, hanno esercitato poteri autoritativi o negoziali per conto dell'amministrazione con riferimento allo svolgimento di attività presso i soggetti privati che sono stati destinatari di provvedimenti, contratti o accordi.
I dipendenti interessati sono coloro che per il ruolo e la posizione ricoperti nell'amministrazione hanno avuto il potere di incidere in maniera determinante sulla decisione oggetto dell'atto e, quindi, coloro che **hanno esercitato la potestà o il potere negoziale** con riguardo allo specifico procedimento o procedura (dirigenti, funzionari titolari di funzioni dirigenziali).
I predetti soggetti nel triennio successivo alla cessazione del rapporto con l'amministrazione, qualunque sia la causa di cessazione (anche in caso di collocamento in quiescenza per raggiungimento dei requisiti di accesso alla pensione), non possono avere alcun rapporto di lavoro autonomo o subordinato con i soggetti privati che sono stati destinatari di provvedimenti, contratti o accordi.
La norma prevede delle sanzioni per la violazione del divieto, che consistono in:

> **sanzioni sull'atto**: i contratti di lavoro conclusi e gli incarichi conferiti in violazione del divieto sono nulli;
> **sanzioni sui soggetti**: i soggetti privati che hanno concluso contratti o conferito incarichi in violazione del divieto non possono contrattare con la Pubblica Amministrazione di provenienza dell'*ex* dipendente per i successivi 3 anni ed hanno l'obbligo di restituire eventuali compensi percepiti ed accertati in esecuzione dell'affidamento illegittimo; pertanto, la sanzione opera come requisito soggettivo legale per la partecipazione a procedure di affidamento con la conseguente illegittimità dell'affidamento stesso per il caso di violazione.

2.6 L'affidamento di incarichi di collaborazione autonoma a personale esterno

Il conferimento di incarichi di collaborazione autonoma a personale esterno alla Pubblica Amministrazione rientra tra le attività a più elevato rischio corruttivo: i Piani triennali anticorruzione, a tal fine, prevedono quale contromisura la **definizione di protocolli operativi** volti ad adeguare le procedure interne e a conformare la condotta del personale dipendente agli obblighi di legge.
La disciplina del conferimento di incarichi di consulenza e collaborazione è contenuta nell'art. 7, co. 6 ss., D.Lgs. 165/2001.
La norma prescrive che le Amministrazioni, solo per esigenze cui non possono far fronte con personale in servizio, possono conferire incarichi, con contratti di lavoro autonomo, di natura occasionale (artt. 2222 e 2229 c.c.) ad esperti di particolare e comprovata specializzazione anche universitaria.
In particolare, la norma richiede l'accertamento preliminare di predeterminati **presupposti**:

> **oggetto della prestazione**. Il contenuto dell'incarico deve essere sempre dettagliato e riguardare la soluzione di una particolare e *specifica questione da risolvere* (o progetto da realizzare), già individuata al momento del suo conferimento, avente caratteri di *obiettiva complessità*. Non sono ammissibili incarichi generici o indeterminati o che possano essere confusi con le attività ordinarie;

- **impossibilità oggettiva di utilizzare le risorse umane interne**. L'affidamento di un incarico esterno si giustifica solo se l'ente non può far fronte con il personale in servizio ad una determinata esigenza; è necessario, dunque, verificare l'assenza di strutture organizzative o professionalità in grado di assicurare i medesimi servizi nell'ambito di tutta la propria organizzazione;
- **eccezionalità, straordinarietà e temporaneità della prestazione**. È possibile ricorrere ad incarichi solo per esigenze di carattere straordinario ed è necessario che sia predeterminato un termine, non eccessivamente lungo, in quanto in caso di esigenze durature, l'ente pubblico deve provvedere mediante assunzioni o riqualificando il personale. La durata deve intendersi strettamente connessa all'obiettivo o progetto da realizzare. È espressamente esclusa la possibilità di rinnovo;
- **natura altamente qualificata della prestazione**. Il ricorso all'esterno deve essere limitato ai casi nei quali sia necessario l'apporto di prestazioni professionali di elevato contenuto qualitativo. Tale specializzazione deve formare oggetto di concreto accertamento da compiersi all'atto del conferimento dell'incarico. È espressamente stabilito che il ricorso a contratti di collaborazione per lo svolgimento di funzioni ordinarie o l'utilizzo dei collaboratori come lavoratori subordinati è causa di responsabilità amministrativa a carico del dirigente. Non è, dunque, possibile ricorrere a contratti di lavoro autonomo per soddisfare esigenze ordinarie dell'amministrazione, che richiedano un contenuto professionale medio/basso. Le deroghe, previste dall'art. 7, co. 6, nei casi nei quali è possibile prescindere dalla comprovata specializzazione universitaria, hanno carattere tassativo;
- **affidamento con procedura comparativa adeguatamente pubblicizzata**. La selezione del soggetto da incaricare deve avvenire con procedura comparativa, adeguatamente pubblicizzata, secondo criteri predeterminati, obiettivi e trasparenti (art. 7, co. 6-*bis*, D.Lgs. 165/2001). Da essa può prescindersi solo in circostanze del tutto particolari (procedura concorsuale andata deserta, unicità della prestazione sotto il profilo soggettivo, urgenza determinata dalla imprevedibile necessità della consulenza in relazione ad un termine prefissato o ad un evento eccezionale);
- **pubblicità sul sito web dell'amministrazione conferente**. L'art. 15 D.Lgs. 33/2013 prevede la pubblicazione, nella sezione «Amministrazione trasparente» del sito istituzionale, di tutte le informazioni riguardanti gli incarichi di collaborazione conferiti (atto di conferimento dell'incarico, completo dell'indicazione dei soggetti percettori, della ragione dell'incarico e dell'ammontare erogato; compensi; attestazione di avvenuta verifica dell'insussistenza di situazioni, anche potenziali, di conflitto di interessi ecc.).

I contratti di consulenza e collaborazione, posti in essere in violazione dell'art. 7, co. 6 e seguenti, D.Lgs. 165/2001, sono nulli e determinano responsabilità erariale. Inoltre, per i dirigenti conferenti, scattano le responsabilità dirigenziali previste dall'art. 21 del medesimo D.Lgs. 165/2001.

Estensioni WEB

Test di verifica online

Sezione IV
Normativa in materia di trattamento e protezione dei dati personali

Capitolo 1
La protezione dei dati personali nel Codice della privacy e nel GDPR

1.1 Il diritto alla riservatezza

1.1.1 La privacy come diritto costituzionalmente tutelato

La protezione dei dati personali è finalizzata sia ad evitare intromissioni indesiderate nella propria vita privata, sia a garantire che le operazioni di trattamento dei dati avvengano nel rispetto della veridicità delle informazioni relative a soggetti determinati. Tuttavia, nella vita sociale ed economica tale protezione non può essere assoluta poiché nessun individuo vive totalmente isolato: pertanto il legislatore si è preoccupato di individuare strumenti che contemperino, da un lato, l'esigenza di tutela delle informazioni personali; dall'altro, la necessità che tali informazioni circolino per potere garantire lo sviluppo dei contatti e delle relazioni economiche e sociali necessarie per l'esistenza stessa della società.

Il *diritto alla riservatezza* (o alla privacy) è definito come diritto soggettivo di costruire liberamente e difendere la propria sfera privata attraverso il riconoscimento del potere di controllare l'uso che gli altri fanno delle informazioni che riguardano il singolo individuo: esso diviene, pertanto, uno strumento di libertà e, come tale, si pone in stretto collegamento con gli altri diritti fondamentali garantiti dalla Costituzione. Sebbene questa non contenga una disciplina esplicita del diritto alla privacy, il suo fondamento costituzionale è rinvenibile, oltre che in disposizioni che tutelano singole fattispecie, soprattutto nell'art. 2, che assume rilievo per il riconoscimento dei diritti inviolabili dell'uomo, per il legame che si instaura tra persona e formazioni sociali, nonché per l'esplicita previsione di doveri inderogabili di solidarietà economica, politica e sociale.

Anche in ambito europeo, la Carta dei diritti fondamentali dell'Unione europea (art. 8, par. 1) e il Trattato sul funzionamento dell'Unione europea (art. 16, par. 1) stabiliscono che ogni persona ha diritto alla protezione dei dati di carattere personale che la riguardano.

1.1.2 La privacy come limite alla trasparenza

Il diritto dell'individuo alla riservatezza è un diritto fondamentale, che va, però, bilanciato con il perseguimento di un'altra finalità: quella della trasparenza amministrativa e della lotta alla corruzione mediante la diffusione dei documenti in possesso della Pubblica Amministrazione. Infatti, la trasparenza delle informazioni e degli atti della P.A. coinvolge necessariamente anche soggetti privati: ma non tutte le notizie che riguardano i soggetti coinvolti sono necessarie a soddisfare il bisogno della collettività di sapere come la macchina burocratica opera; e inoltre ci sono categorie di informazioni che devono in ogni caso essere protette, poiché concernono strettamente la dignità degli individui. Tale rischio è, tra l'altro, aumentato a dismisura a seguito della crescente e generalizzata accessibilità alle informazioni del settore pubblico prevista dal D.Lgs. 33/2013 mediante la pubblicazione dei dati sul web. Dunque, serve un ragionevole bilanciamento tra le finalità sottese alla pubblicazione delle notizie sull'attività amministrativa ed il diritto alla riservatezza dei soggetti coinvolti: perché individuare strumenti di pubblicità rispettosi della privacy degli individui significa modellare in maniera soddisfacente il potere pubblico nell'equilibrio tra conoscenza (dell'attività) e riservatezza (delle persone). Diviene, pertanto, regola generale la valutazione dei rischi per la vita privata e per la dignità delle persone interessate che possono derivare da obblighi di pubblicazione sul web di dati personali non sempre indispensabili a fini di trasparenza. Proprio a tal fine sono state emanate le Linee guida in materia di trattamento di dati personali, contenuti anche in atti e documenti amministrativi, effettuato per finalità di pubblicità e trasparenza sul web da soggetti pubblici e da altri enti obbligati.

1.2 La protezione dei dati personali: dal Codice della privacy al regolamento (UE) 2016/679

La tutela dei dati personali è stata oggetto nel 2003 di un processo di codificazione che ha portato all'emanazione del **D.Lgs. 30-6-2003, n. 196** recante il **Codice in materia di protezione dei dati personali** (Codice della privacy). In particolare, il Codice ha racchiuso tutta la normativa in materia, ma solo nei suoi aspetti fondamentali, in quanto la copiosa produzione di codici deontologici da un lato, e le numerose pronunce del Garante e della giurisprudenza dall'altro, ne hanno determinato la costante evoluzione.

Il Codice di tutela della privacy risulta diviso in tre parti: la *prima* relativa alle disposizioni generali, riguardanti ogni attività di trattamento di dati, che si caratterizza per una maggiore omogeneità delle disposizioni riferite a tutti i soggetti (privati e pubblici), la *seconda* contiene le disposizioni relative a specifici settori, mentre la *terza* ha ad oggetto la tutela dell'interessato e le sanzioni.

Oggi la fonte normativa di riferimento è costituita dal **regolamento (UE) 2016/679 del 27-4-2016** in materia di *protezione dei dati personali* (noto anche come **regolamento GDPR** – General Data Protection Regulation), oltre al Codice della privacy sostanzialmente modificato dalla riforma operata dal D.Lgs. 101/2018, volto ad adeguare l'ordinamento italiano alle previsioni del suddetto regolamento (UE) 2016/679.
Esso mira a realizzare uno spazio di libertà, sicurezza e giustizia ed a rafforzare la protezione dei dati personali, soggetti a nuove sfide a causa della rapidità dell'evoluzione tecnologica e della globalizzazione.

Il Codice della privacy, la cui partizione non è stata modificata dalla riforma, per effetto dell'applicazione diretta delle norme del regolamento (UE) 2016/679, ha perso la sua centralità come unica fonte normativa, pur rimanendo un testo di fondamentale importanza in materia.

1.3 L'oggetto e la finalità della disciplina del Codice della privacy

La parte I del Codice, dedicata alle disposizioni generali, è stata ampiamente modificata dalla riforma. In particolare, viene ridefinito l'oggetto del Codice stesso, specificando che il trattamento dei dati personali avviene secondo le norme del regolamento (UE) e del Codice stesso, nel rispetto della dignità umana, dei diritti e delle libertà fondamentali della persona.
Ai sensi dell'art. 1 del regolamento, cui il Codice rinvia, le finalità sono individuabili nella protezione dei diritti e delle libertà fondamentali delle persone fisiche, in particolare nel diritto alla protezione dei dati personali.
È opportuno che la protezione prevista dal regolamento si applichi alle persone fisiche, a prescindere dalla nazionalità o dal luogo di residenza, in relazione al trattamento dei loro dati personali. Il regolamento non disciplina, invece, il trattamento dei dati personali relativi a persone giuridiche, in particolare imprese dotate di personalità giuridica, compresi il nome e la forma della persona giuridica e i suoi dati di contatto.

1.4 Ambito oggettivo e territoriale di applicazione

In merito all'ambito oggettivo e territoriale di applicazione, la disciplina è interamente dettata dal regolamento (artt. 2 e 3), il quale stabilisce che le disposizioni si applicano al trattamento, interamente o parzialmente automatizzato, di dati personali e al trattamento non automatizzato di dati personali contenuti in un archivio o destinati a figurarvi, intendendo per archivio qualsiasi insieme strutturato di dati personali accessibili secondo criteri determinati, indipendentemente dal fatto che tale insieme sia centralizzato, decentralizzato o ripartito in modo funzionale o geografico.
Sono tassativamente indicati dall'art. 2 del regolamento, i trattamenti esclusi dalla disciplina, fra cui figurano:

- i trattamenti effettuati dagli Stati membri nell'esercizio di attività relative alla politica estera e alla sicurezza comune;
- i trattamenti effettuati dalle autorità competenti a fini di prevenzione, indagine, accertamento o perseguimento di reati o esecuzione di sanzioni penali (tale tipologia di trattamenti è attualmente disciplinata, nel nostro ordinamento giuridico, dal D.Lgs. 51/2018);
- i trattamenti effettuati da una persona fisica per l'esercizio di attività a carattere esclusivamente personale o domestico;
- i trattamenti effettuati dalle autorità competenti a fini di prevenzione, indagine, accertamento o perseguimento di reati o esecuzione di sanzioni penali, incluse la salvaguardia contro minacce alla sicurezza pubblica e la prevenzione delle stesse.

Con riferimento, invece, all'ambito di applicazione territoriale (art. 3) la novità più rilevante, rispetto alla disciplina previgente, consiste nell'ampliamento dell'ambito di applicazione della disciplina europea in materia di privacy: ogniqualvolta vi sia trattamento di dati personali di soggetti stabiliti nell'Unione europea da parte di un soggetto stabilito al di fuori della stessa, al fine di offrire loro beni e/o servizi ovvero di monitorarne il comportamento, dovranno necessariamente essere applicate le prescrizioni del regolamento. Tale innovazione interessa, in particolar modo, gli *Internet service provider* (ISP) esteri: questi, infatti, non potranno sottrarsi all'applicazione della normativa europea in materia di privacy invocando l'assenza di un proprio stabilimento nel territorio dell'Unione europea.

1.5 Le principali definizioni in materia

Il regolamento, nella parte iniziale, ai fini della sua esatta comprensione e applicazione, fornisce le definizioni essenziali, partendo da quella più ampia di **dati personali**, considerando come tali tutte le informazioni riguardanti persone fisiche identificate o identificabili.

Si considera *identificabile* la persona fisica che può essere identificata, direttamente o indirettamente, con particolare riferimento a un identificativo come il nome, un numero di identificazione, dati relativi all'ubicazione, un identificativo online o a uno o più elementi caratteristici della sua identità fisica, fisiologica, genetica, psichica, economica, culturale o sociale.

Si riportano di seguito le principali definizioni del legislatore europeo.
Il **trattamento** è inteso come "qualsiasi operazione o insieme di operazioni, compiute con o senza l'ausilio di processi automatizzati e applicate a dati personali o insiemi di dati personali, come la raccolta, la registrazione, l'organizzazione, la strutturazione, la conservazione, l'adattamento o la modifica, l'estrazione, la consultazione, l'uso, la comunicazione mediante trasmissione, diffusione o qualsiasi altra forma di messa a disposizione, il raffronto o l'interconnessione, la limitazione, la cancellazione o la distruzione".
La **profilazione** è "qualsiasi forma di trattamento automatizzato di dati personali consistente nell'utilizzo di tali dati personali per valutare determinati aspetti personali relativi a una persona fisica, in particolare per analizzare o prevedere aspetti riguardanti il rendimento professionale, la situazione economica, la salute, le preferenze personali, gli interessi, l'affidabilità, il comportamento, l'ubicazione o gli spostamenti di detta persona fisica".
La **pseudonimizzazione** è il "trattamento dei dati personali in modo tale che i dati personali non possano più essere attribuiti a un interessato specifico senza l'utilizzo di informazioni aggiuntive, a condizione che tali informazioni aggiuntive siano conservate separatamente e soggette a misure tecniche e organizzative intese a garantire che tali dati personali non siano attribuiti a una persona fisica identificata o identificabile".
L'**archivio** è "qualsiasi insieme strutturato di dati personali accessibili secondo criteri determinati, indipendentemente dal fatto che tale insieme sia centralizzato, decentralizzato o ripartito in modo funzionale o geografico".
Il **titolare del trattamento** è "la persona fisica o giuridica, l'autorità pubblica, il servizio o altro organismo che, singolarmente o insieme ad altri, determina le finalità e i mezzi del trattamento di dati personali; quando le finalità e i mezzi di tale trattamento sono determinati dal diritto dell'Unione o degli Stati membri, il titolare del trattamento o

i criteri specifici applicabili alla sua designazione possono essere stabiliti dal diritto dell'Unione o degli Stati membri".

Il **responsabile del trattamento** è "la persona fisica o giuridica, l'autorità pubblica, il servizio o altro organismo che tratta dati personali per conto del titolare del trattamento".

Il **destinatario** è "la persona fisica o giuridica, l'autorità pubblica, il servizio o altro organismo che riceve comunicazioni di dati personali, che si tratti o meno di terzi".

Il **terzo** è "la persona fisica o giuridica, l'autorità pubblica, il servizio o altro organismo che non sia l'interessato, il titolare del trattamento, il responsabile del trattamento e le persone autorizzate al trattamento dei dati personali sotto l'autorità diretta del titolare o del responsabile".

Capitolo 2
La disciplina del trattamento dei dati

2.1 I principi generali del trattamento dei dati

Il legislatore europeo, nell'art. 5 del regolamento, riporta una serie di principi cui deve attenersi ogni attività di trattamento di dati, di seguito esaminati.
In base al **principio di liceità e correttezza** il trattamento è lecito solo alle condizioni previste espressamente dall'art. 6 del regolamento ovvero:

- quando l'interessato ha espresso il proprio consenso (un consenso informato) al trattamento dei propri dati per una o più specifiche finalità. Il titolare del trattamento dovrebbe essere in grado di dimostrare che l'interessato ha acconsentito al trattamento;
- quando il trattamento è necessario all'esecuzione di un contratto di cui l'interessato è parte;
- quando il trattamento è necessario per adempiere un obbligo legale a cui è soggetto il titolare del trattamento.

  È opportuno che il trattamento effettuato in conformità ad un obbligo legale al quale il titolare del trattamento è soggetto o necessario per l'esecuzione di un compito svolto nel pubblico interesse o per l'esercizio di pubblici poteri sia basato sul diritto dell'Unione o di uno Stato membro. Il regolamento non impone che vi sia un atto legislativo specifico per ogni singolo trattamento. Un atto legislativo può essere sufficiente come base per più trattamenti effettuati conformemente ad un obbligo legale cui è soggetto il titolare del trattamento o se il trattamento è necessario per l'esecuzione di un compito svolto nel pubblico interesse o per l'esercizio di pubblici poteri;

- quando il trattamento è necessario per la salvaguardia degli interessi vitali dell'interessato o di un'altra persona fisica.

  In linea di principio, il trattamento di dati personali fondato sull'interesse vitale di un'altra persona fisica dovrebbe avere luogo unicamente quando il trattamento non può essere manifestamente fondato su un'altra base giuridica: per esempio se il trattamento è necessario a fini umanitari o per tenere sotto controllo l'evoluzione di epidemie e la loro diffusione o in casi di emergenze umanitarie o di catastrofi di origine naturale e umana;

- quando il trattamento è necessario per l'esecuzione di un compito di interesse pubblico o per il perseguimento del legittimo interesse del titolare del trattamento.

  I legittimi interessi di un titolare del trattamento, compresi quelli di un titolare del trattamento a cui i dati personali possono essere comunicati, o di terzi possono costituire una base giuridica del trattamento, a condizione che non prevalgano gli interessi o i diritti e le libertà fondamentali dell'interessato, tenuto conto delle ragionevoli aspettative nutrite dall'interessato in base alla sua relazione con il titolare del trattamento. Ad esempio, potrebbero sussistere tali legittimi interessi quando esista una relazione pertinente e appropriata tra l'interessato e il titolare del trattamento, ad esempio quando l'interessato è un cliente o è alle dipendenze del titolare del trattamento.

Per il **principio di trasparenza** occorre sempre valutare gli scopi del trattamento, in modo da stabilire correttamente quali dati possono essere trattati e quali no (*principio di essenzialità dei dati*). Devono essere trasparenti le modalità con cui sono raccolti e utilizzati i dati personali e devono essere facilmente accessibili e comprensibili le informazioni e comunicazioni relative al trattamento.
Il principio impone, dunque, che per le informazioni e le comunicazioni relative al trattamento di tali dati personali sia utilizzato un linguaggio semplice e chiaro. Tale principio riguarda, in particolare, l'informazione agli interessati sull'identità del titolare del trattamento e sulle finalità dello stesso, nonché ulteriori informazioni per assicurare che sia corretto e trasparente con riguardo alle persone fisiche interessate e ai loro diritti. È, in sintesi, opportuno che le persone fisiche siano sensibilizzate ai rischi, alle norme, alle garanzie e ai diritti relativi al trattamento dei dati personali, nonché alle modalità di esercizio dei loro diritti relativi a tale trattamento. In particolare, le finalità specifiche devono essere esplicite, legittime e precisate al momento della raccolta di detti dati personali.
In base al **principio di limitazione delle finalità dei dati**, invece, questi ultimi devono essere raccolti per finalità determinate, esplicite e legittime e successivamente devono essere trattati in una modalità che sia compatibile con tali finalità. Il trattamento dei dati per finalità diverse da quelle per le quali sono stati inizialmente raccolti può essere consentito solo se compatibile con tali iniziali finalità.

Per accertare se la finalità di un ulteriore trattamento sia compatibile con la finalità per la quale i dati personali sono stati inizialmente raccolti, il titolare del trattamento, dopo aver soddisfatto tutti i requisiti per la liceità del trattamento originario, deve tener conto di ogni nesso tra tali finalità e le finalità dell'ulteriore trattamento previsto, del contesto in cui i dati personali sono stati raccolti, in particolare delle ragionevoli aspettative dell'interessato in base alla sua relazione con il titolare del trattamento con riguardo al loro ulteriore utilizzo; della natura dei dati personali; delle conseguenze dell'ulteriore trattamento previsto per gli interessati; e dell'esistenza di garanzie adeguate sia nel trattamento originario sia in quello ulteriore previsto;

Per il **principio di minimizzazione** l'uso dei dati deve essere sempre adeguato, pertinente e limitato a quanto necessario per il perseguimento delle finalità per cui sono raccolti e trattati. Il principio costituisce una sottocategoria del principio di necessità, che, unitamente a quello di proporzionalità, accompagna qualsivoglia attività di elaborazione dei dati personali rientrante nell'applicazione del regolamento (UE) 2016/679.
Per il **principio di esattezza** i dati devono essere sempre esatti e aggiornati, eventuali inesattezze devono essere tempestivamente rettificate e i dati inesatti devono essere cancellati.
Il **principio della limitazione della conservazione** prevede che i dati devono essere conservati per un periodo temporale limitato al conseguimento delle finalità per le quali sono trattati.
Il **principio dell'integrità e della riservatezza** stabilisce che i dati devono essere sempre trattati in maniera da garantire una sicurezza adeguata, il che prevede l'adozione di misure di sicurezza tecniche e organizzative idonee a proteggerli da trattamenti non autorizzati o illeciti, dalla loro perdita o distruzione o dal danno accidentale.
Il **principio di responsabilizzazione** (*accountability*), infine, impone al titolare del trattamento l'obbligo di dimostrare di avere adottato un processo complessivo di misure

giuridiche, organizzative, tecniche, per la protezione dei dati personali, anche attraverso l'elaborazione di specifici modelli organizzativi: deve dimostrare in modo positivo e proattivo che i trattamenti effettuati sono adeguati e conformi al regolamento (UE) 2016/679 in materia di privacy.

2.2 L'interessato titolare dei dati: diritti e limitazioni

2.2.1 Le modalità per l'esercizio dei diritti dell'interessato

L'art. 12 del regolamento (UE) 2016/679 introduce ed attribuisce specifici diritti all'interessato, il quale può rivolgersi direttamente al titolare del trattamento per ottenere informazioni, comunicazioni e modalità trasparenti per l'esercizio dei suoi diritti. Il titolare del trattamento deve adottare le misure appropriate per dare all'interessato tali informazioni, che devono essere fornite entro un mese dalla richiesta (salvo proroga nei casi più complessi) e avere forma scritta, anche attraverso strumenti elettronici che ne favoriscano l'accessibilità; queste possono essere fornite oralmente solo se richiesto dall'interessato, purché sia provata la sua identità.
Le informazioni fornite all'interessato ed eventuali comunicazioni sono in genere gratuite, ma nel caso in cui siano infondate o eccessive, il titolare del trattamento può addebitare un contributo spese ragionevole, tenendo conto dei costi amministrativi sostenuti per le informazioni, comunicazioni o per intraprendere l'azione richiesta, oppure può rifiutarne la richiesta. Rimane a carico del titolare del trattamento l'onere di dimostrare l'infondatezza o il carattere eccessivo della richiesta.

2.2.2 I diritti dell'interessato

La disciplina dei diritti dell'interessato, che non ha bisogno di un'attuazione nazionale, è contenuta nel regolamento (UE) 2016/679 che gli dedica, agli articoli da 15 a 22, un'ampia sezione.
In particolare:
- **diritto di accesso dell'interessato** (art. 15). Comprende il diritto di ottenere la conferma che sia o meno in corso un trattamento di dati e, in caso positivo, di accedere ai medesimi e di conoscerne le finalità, i destinatari, il periodo, il diritto di reclamo;
- **diritto di rettifica** (art. 16). L'interessato ha il diritto di ottenere dal titolare del trattamento la rettifica dei dati personali inesatti o l'integrazione dei dati incompleti che lo riguardano senza ingiustificato ritardo;
- **diritto alla cancellazione o diritto all'oblio** (art. 17). L'interessato può chiedere e ottenere la cancellazione dei dati personali che lo riguardano quando ricorra almeno uno dei seguenti casi: il venir meno della necessità del trattamento rispetto alle finalità originarie; revoca del consenso; opposizione al trattamento; illiceità dello stesso. Il diritto all'oblio, tuttavia, non può essere esercitato laddove, pur sussistendo uno dei presupposti sopra elencati, il trattamento sia necessario per l'esercizio del diritto alla libertà di espressione e di informazione, per l'adempimento di un obbligo legale, per motivi di interesse pubblico nel settore della sanità pubblica, a fini di archiviazione nel pubblico interesse, a fini di ricerca o statistici o per l'accertamento, l'esercizio o la difesa di un diritto in sede giudiziaria.

Per rafforzare il *diritto all'oblio in ambito web*, è opportuno che il diritto di cancellazione sia esteso in modo tale da obbligare il titolare del trattamento che ha pubblicato dati personali a informare altri titolari che trattano tali dati personali di cancellare qualsiasi link verso tali dati personali o copia o riproduzione di detti dati personali. Nel fare ciò, è opportuno che il titolare del trattamento adotti misure ragionevoli tenendo conto della tecnologia disponibile e dei mezzi a disposizione, comprese misure tecniche, per informare della richiesta dell'interessato i titolari del trattamento che trattano i dati personali;

- **diritto di limitazione del trattamento** (art. 18): tale diritto è esercitabile sia nei casi di violazione dei presupposti di liceità del trattamento (quale alternativa alla cancellazione dei dati stessi), sia nelle ipotesi in cui l'interessato chiede la rettifica dei dati (in attesa di tale rettifica da parte del titolare) o si oppone al loro trattamento ai sensi dell'art. 21 del regolamento (in attesa della valutazione da parte del titolare);
- **diritto alla portabilità dei dati** (art. 20): è un diritto introdotto dal GDPR e consente all'interessato di ricevere in formato strutturato, di uso comune e leggibile da un dispositivo automatico, i dati personali che lo riguardano e che siano stati forniti al titolare del trattamento. Tale diritto è limitato ai dati chiaramente riferibili all'interessato (sono quindi esclusi, a titolo di esempio, i dati anonimi e quelli contenuti in archivi o registri cartacei), trattati sulla base di un consenso preventivo, forniti consapevolmente e attivamente dall'interessato;
- **diritto di opposizione** (art. 21): l'interessato ha il diritto di opporsi in qualsiasi momento, per motivi connessi alla sua situazione particolare, al trattamento dei dati personali che lo riguardano, compresa la profilazione. Il titolare del trattamento si astiene dal trattare ulteriormente i dati personali salvo che dimostri l'esistenza di motivi legittimi indispensabili per procedere al trattamento che prevalgono sugli interessi, sui diritti e sulle libertà dell'interessato oppure per l'accertamento, l'esercizio o la difesa di un diritto in sede giudiziaria.

2.2.3 Le limitazioni ai diritti dell'interessato

L'art. 23 del regolamento attribuisce agli Stati membri cui è soggetto il titolare del trattamento o il responsabile del trattamento la facoltà di limitare, mediante misure legislative, la portata degli obblighi e dei diritti. A tal fine, il D.Lgs. 101/2018 ha introdotto nel Codice della privacy specifiche disposizioni che integrano quelle riportate nel regolamento (UE) 2016/679.

In particolare, tale titolo disciplina le limitazioni dei diritti dell'interessato, per esigenze di tutela di interessi giuridici meritevoli di particolare protezione. Si prevede, quindi, che i diritti sanciti dagli articoli da 15 a 22 del regolamento non possano essere esercitati con richiesta al titolare o al responsabile del trattamento ovvero con reclamo, qualora ne possa derivare un pregiudizio effettivo e concreto:

- agli interessi tutelati in base alle disposizioni vigenti in materia di riciclaggio o di sostegno alle vittime di richieste estorsive;
- all'attività di Commissioni parlamentari d'inchiesta;
- alle attività svolte da un soggetto pubblico, diverso dagli enti pubblici economici, in base ad espressa disposizione di legge, per esclusive finalità inerenti alla politica monetaria e valutaria, al sistema dei pagamenti, al controllo degli intermediari e dei mercati creditizi e finanziari, nonché alla tutela della loro stabilità;

- allo svolgimento delle investigazioni difensive o all'esercizio di un diritto in sede giudiziaria;
- alla riservatezza dell'identità del dipendente che segnala ai sensi della L. 179/2017, l'illecito di cui sia venuto a conoscenza in ragione del proprio ufficio;
- agli interessi tutelati in materia tributaria e allo svolgimento delle attività di prevenzione e contrasto all'evasione fiscale.

Altre limitazioni ai diritti degli interessati sono previste:

- per **ragioni di giustizia** (art. 2-*duodecies* D.Lgs. 196/2003), poste per esigenze di salvaguardia dell'indipendenza della magistratura e dei procedimenti giudiziari;
- per **persone decedute** (art. 2-*terdecies* D.Lgs. 196/2003): i diritti di cui agli articoli da 15 a 22 del regolamento concernenti persone decedute possono essere esercitati da chi ha un interesse proprio, da colui che agisce a tutela dell'interessato in qualità di suo mandatario o da colui che agisce per ragioni familiari meritevoli di protezione. L'esercizio di tali diritti non è ammesso nei casi previsti dalla legge o, solo con riferimento ai servizi della società dell'informazione, in seguito della specifica dichiarazione resa dall'interessato al titolare del trattamento.

2.3 Le informazioni all'interessato

I principi di correttezza e trasparenza implicano che l'interessato sia informato dell'esistenza del trattamento e delle sue finalità. I contenuti di tali informazioni sono elencati in modo tassativo negli artt. 13 e 14 del regolamento (UE) 2016/679.
In particolare, il titolare deve sempre specificare i dati di contatto del responsabile del trattamento e del responsabile della protezione dei dati, ove esistente, la base giuridica del trattamento, qual è il suo interesse legittimo se quest'ultimo costituisce la base giuridica del trattamento, nonché se trasferisce i dati personali in Paesi terzi e, in caso affermativo, attraverso quali strumenti.
Inoltre, il titolare deve specificare il periodo di conservazione dei dati o i criteri seguiti per stabilire tale periodo di conservazione, e deve informare l'interessato del proprio diritto di presentare un reclamo all'autorità di controllo.
Se il trattamento comporta processi decisionali automatizzati (anche la profilazione), l'informativa deve specificarlo e deve indicare anche la logica di tali processi decisionali e le conseguenze previste per l'interessato.
Circa i tempi e le modalità, le informazioni devono essere fornite all'interessato prima di effettuare la raccolta dei dati (se raccolti direttamente presso l'interessato, art. 13 del regolamento); nel caso di dati personali non raccolti direttamente presso l'interessato (art. 14 del regolamento), le informazioni devono essere fornite entro un termine ragionevole che non può superare un mese dalla raccolta, oppure al momento della comunicazione (non della registrazione) dei dati (a terzi o all'interessato).
In tutti i casi, il titolare deve specificare la propria identità e quella dell'eventuale rappresentante nel territorio italiano, le finalità del trattamento, i diritti degli interessati, se esiste un responsabile del trattamento e la sua identità, e quali sono i destinatari dei dati.
Ogni volta che le finalità cambiano, il regolamento impone di informarne l'interessato prima di procedere al trattamento ulteriore.

Il regolamento, inoltre, specifica le caratteristiche delle informazioni, che devono avere forma concisa, trasparente, intelligibile per l'interessato e facilmente accessibili; occorre utilizzare un linguaggio chiaro e semplice, e per i minori occorre prevedere informazioni idonee.
Le informazioni sono date, in linea di principio, per iscritto e preferibilmente in formato elettronico, anche se sono ammessi altri mezzi (quindi possono essere fornite anche oralmente, ma sempre nel rispetto delle caratteristiche sopra esposte).

2.4 Il consenso al trattamento dei dati personali

2.4.1 Nozione e condizioni

Il consenso è una libera ed esplicita manifestazione di volontà dell'interessato in relazione all'utilizzo dei propri dati personali da parte di terzi che, in qualità di titolari del trattamento dei dati, ne decidono le finalità e le modalità. Il consenso rappresenta, assieme all'esercizio del diritto di accesso e di opposizione al trattamento, il potere dell'interessato di autodeterminare il proprio patrimonio informativo. Il consenso va richiesto all'interessato, prima della raccolta dei dati, salvo particolari situazioni in cui il legislatore ammette la possibilità di richiedere e rilasciare il consenso da parte di un soggetto diverso da quello cui si riferiscono le informazioni (come nel caso di incapacità fisica o mentale dell'interessato o del consenso rilasciato da chi esercita la patria potestà, in relazione ai minori).
Il regolamento (UE) 2016/679 definisce il consenso come qualsiasi manifestazione di volontà libera, specifica, informata e inequivocabile dell'interessato, con la quale lo stesso esprime il proprio assenso, mediante dichiarazione o azione positiva inequivocabile, che i dati personali che lo riguardano siano oggetto di trattamento (art. 4). Il presupposto indefettibile è che il soggetto che conferisce il consenso abbia la capacità giuridica per farlo.
In caso di *trattamento di dati di minori*, per la regolamentazione europea occorre acquisire il consenso dai genitori o dagli esercenti la responsabilità genitoriale se l'interessato ha meno di 16 anni. Per la normativa italiana (gli Stati membri possono stabilire anche un limite inferiore), l'art. 2-*quinquies*, co. 1, del Codice della privacy stabilisce che il consenso al trattamento dei suddetti dati deve essere fornito per il minore di 14 anni da chi esercita la potestà genitoriale. Tale disposizione è circoscritta ai trattamenti che vengono effettuati nell'ambito dei servizi della società dell'informazione, vale a dire quei servizi prestati normalmente dietro retribuzione, a distanza, per via elettronica e a richiesta individuale di un destinatario (ad esempio l'iscrizione a social network o a servizi di messaggistica).
Il consenso costituisce una **condizione di liceità** del trattamento dei dati posto in essere da parte dei privati e degli enti pubblici economici; invece, per i trattamenti di dati personali effettuati dalla pubblica amministrazione, il consenso dell'interessato non costituisce una condizione di liceità (art. 18) e l'unica eccezione riguarda l'uso dei dati sulla salute da parte di professionisti sanitari o di organismi sanitari pubblici a fini di tutela della salute.

2.4.2 Caratteristiche del consenso

Il consenso, per essere valido, deve avere determinate caratteristiche. Esso deve essere:

- **inequivocabile**: non è necessario che sia esplicito, può anche essere implicito (ma non tacito), purché non sussista alcun dubbio che col proprio comportamento l'interessato abbia voluto comunicare il proprio consenso. Il consenso deve, invece, essere esplicito, ai sensi dell'art. 9 del regolamento nel caso di trattamento di dati particolari (sensibili) o nel caso di processi decisionali automatizzati (es. profilazione);
- **libero**: l'interessato deve essere in grado di operare una scelta effettiva, senza subire intimidazioni o raggiri;
- **specifico**: esso deve essere relativo alla finalità per la quale è eseguito quel trattamento. Qualora il trattamento abbia più finalità, il consenso deve essere prestato per ogni finalità;
- **informato**: l'interessato deve essere posto in condizioni di conoscere quali dati sono trattati, con che modalità e finalità, i diritti che gli sono attribuiti dalla legge e le conseguenze del suo consenso;
- **verificabile**: ciò vuol dire che deve potersi dimostrare che l'interessato lo ha conferito con riferimento a quello specifico trattamento;
- **revocabile in qualsiasi momento**: a seguito della revoca, che non deve essere motivata, il trattamento deve interrompersi, a meno che non sussista una base giuridica per continuare il trattamento. Con la revoca si innesca il diritto di cancellazione.

Il consenso non dura per sempre. Quando si raccolgono dati personali occorre informare l'interessato della durata della conservazione (e quindi trattamento) del dato, scaduta la quale il dato va anonimizzato oppure cancellato.

Il combinato disposto del regolamento (UE) 2016/679 e del Codice della privacy riformato determina, dunque, che:

- in generale, per tutti i dati personali diversi dai dati particolari (di cui all'art. 9 del regolamento), il consenso è una delle condizioni che possono rendere lecito il trattamento;
- per i dati particolari, il consenso esplicito è una delle condizioni che giustificano il trattamento: è condizione sufficiente ma non necessaria, se ricorrono altre condizioni specificamente elencate dall'art. 9, par. 2 del regolamento;
- con specifico riferimento ai dati relativi alla salute, il presupposto di liceità del trattamento è dato dalle esigenze di medicina preventiva o di diagnosi o da motivi di interesse pubblico nel settore della sanità pubblica. In questo settore, dunque, per il regolamento (UE) 2016/679 il consenso dell'interessato non è più richiesto. Tuttavia, l'art. 2-*septies* del Codice della privacy (introdotto dal D.Lgs. 101/2018), attribuisce al Garante il compito di adottare misure di garanzia ed eventualmente ulteriori condizioni sulla base delle quali il trattamento è consentito.

2.5 Le figure di riferimento nel trattamento dei dati

2.5.1 Il titolare e i contitolari del trattamento

Il regolamento accresce la responsabilità dei titolari e dei responsabili del trattamento. Essa si configura come una sostanziale assunzione di rischio, atteso che il titolare

deve mettere in atto misure tecniche ed organizzative adeguate per garantire la conformità del trattamento al regolamento tenendo conto, inoltre, della natura, dell'obbligo, del contesto e delle finalità di trattamento, nonché dei rischi aventi probabilità e gravità diverse per i diritti e le libertà delle persone fisiche. Particolare attenzione va prestata ai rischi connessi alla distruzione, perdita, modifica, diffusione non autorizzata e accesso accidentale o illegale ai dati personali trasmessi, conservati o comunque trattati.
I soggetti interessati al trattamento dei dati personali sono il titolare (e i contitolari) del trattamento, il responsabile del trattamento e il responsabile della protezione dei dati personali.
Il **titolare del trattamento** è definito come la persona fisica o giuridica, l'autorità pubblica, il servizio o altro organismo che, singolarmente o insieme ad altri, determina le finalità e i mezzi del trattamento di dati personali; quando le finalità e i mezzi di tale trattamento sono determinati dal diritto dell'Unione o degli Stati membri, il titolare del trattamento o i criteri specifici applicabili alla sua designazione possono essere stabiliti dal diritto dell'Unione o degli Stati membri.
Il titolare del trattamento è il soggetto che ha il compito di mettere in atto, sin dalla fase della progettazione, misure tecniche e organizzative adeguate per garantire ed essere in grado di dimostrare che esso è effettuato conformemente al regolamento.
Il titolare è sempre vincolato al dovere di riservatezza dei dati, inteso come dovere di non usare, comunicare o diffondere i dati al di fuori del trattamento. Egli deve garantire che i dati non siano persi, alterati, distrutti o comunque trattati illecitamente e, in tale prospettiva, spetta a lui stabilire le misure adeguate di sicurezza.
Il titolare del trattamento non è, quindi, chi gestisce i dati, ma chi decide il motivo e le modalità del trattamento ed è responsabile giuridicamente dell'ottemperanza degli obblighi previsti dalla normativa, sia nazionale che internazionale, in materia di protezione dei dati personali, compreso l'obbligo di notifica al Garante nei casi previsti.
Il regolamento prevede la possibilità che vi siano più titolari del trattamento. I **contitolari del trattamento** non sono definiti dal regolamento, ma sono trattati all'art. 26, il quale stabilisce che "allorché due o più titolari del trattamento determinano congiuntamente le finalità e i mezzi del trattamento, essi sono contitolari del trattamento". Tali soggetti dovranno determinare in modo trasparente, mediante un accordo interno, le rispettive responsabilità in merito all'osservanza degli obblighi derivanti dal regolamento, con particolare attenzione ai diritti dell'interessato e alle rispettive funzioni di comunicazione delle informazioni previste dalla normativa vigente.

2.5.2 Il responsabile del trattamento ed il suo rapporto con il titolare

Il responsabile del trattamento (*data processor*) è la persona fisica, giuridica, pubblica amministrazione o ente che elabora i dati personali per conto del titolare del trattamento.
Si tratta di un soggetto, distinto dal titolare, che deve essere in grado di fornire garanzie al fine di assicurare il pieno rispetto delle disposizioni in materia di trattamento dei dati personali, nonché di garantire la tutela dei diritti dell'interessato.
In merito al rapporto tra il titolare e il responsabile del trattamento dovrà essere disciplinato tramite un contratto scritto o altro atto giuridico (stipulato in forma scritta, anche in formato elettronico) a norma del diritto dell'Unione europea o degli Stati

membri, che vincoli entrambe le figure, e dovrà prevedere la materia disciplinata, la durata del trattamento, la natura e le finalità del trattamento nonché il tipo di dati personali e le categorie di interessati a cui gli stessi dati si riferiscono.

2.5.3 Il Responsabile della protezione dei dati personali (RPD)

Il Responsabile della protezione dei dati personali (RPD) o *Data protection officer* (DPO) nella sigla inglese, è una figura professionale, obbligatoria per le Pubbliche Amministrazioni e disciplinata dall'art. 37 del regolamento (UE) 2016/679.
Il *privacy officer* (agente della privacy) deve possedere competenze giuridiche, informatiche e gestionali; il suo principale compito è quello di osservare, valutare e organizzare la gestione del trattamento di dati personali (e dunque la loro protezione) all'interno di un'azienda, affinché questi siano trattati in modo lecito e pertinente, nel rispetto delle normative vigenti.
La designazione è obbligatoria per i trattamenti svolti da autorità e organismi pubblici (fatta eccezione per le autorità giurisdizionali nell'esercizio delle loro funzioni tipiche), quelli che richiedono monitoraggi regolari e sistematici degli interessati su larga scala e quelli concernenti i dati personali particolari (art. 9 regolamento UE 2016/679) o dei dati attinenti a condanne penali e reati.
Il DPO deve sempre essere "*tempestivamente e adeguatamente coinvolto in tutte le questioni riguardanti la protezione dei dati personali*"; esso è, quindi, chiamato ad assumere un ruolo decisivo e centrale sia nell'ambito dei trattamenti compiuti da titolari che per quelli compiuti da responsabili del trattamento.
Tale figura, seppur possa trattarsi di un dipendente del titolare o del responsabile, deve disporre di una notevole libertà di mezzi e di giudizio: il regolamento prevede, infatti, che gli siano fornite "*le risorse necessarie per assolvere tali compiti e accedere ai dati personali e ai trattamenti e per mantenere la propria conoscenza specialistica*" e che "*non riceva alcuna istruzione per quanto riguarda l'esecuzione di tali compiti*" né che possa essere "*rimosso o penalizzato dal titolare del trattamento o dal responsabile del trattamento per l'adempimento dei propri compiti*".

2.6 Ulteriori adempimenti da parte di titolari e responsabili del trattamento

La protezione dei dati nell'impostazione del regolamento è assicurata anche mediante la predisposizione di un **Registro delle attività di trattamento**, obbligatorio ad eccezione per gli organismi con meno di 250 dipendenti ma solo se non effettuano trattamenti a rischio, il trattamento non sia occasionale o includa il trattamento di categorie particolari di dati *ex* art. 9, paragrafo 1, o i dati personali relativi a condanne penali e a reati *ex* art. 10. Esso permette ai titolari di fare il punto sui trattamenti e sui dati trattati, di individuare eventuali trattamenti che comportano rischi per i diritti e le libertà personali, oltre che di verificare costantemente il rispetto della normativa ed avere uno strumento per dimostrare la conformità al regolamento (anche considerando che il titolare ed il responsabile del trattamento devono tenere traccia di tutte le attività di trattamento svolte sotto la propria responsabilità). Il Registro deve avere forma scritta, anche elettronica, e deve essere esibito su richiesta al Garante.

Ulteriori adempimenti, poi, sono finalizzati a garantire la sicurezza del trattamento dei dati personali ed evitare la loro violazione (*data breach*). Il titolare e il responsabile del trattamento devono garantire **l'adozione di misure tecniche e organizzative** tali da garantire un livello di sicurezza adeguato al rischio. In particolare devono:

- assicurare la riservatezza, l'integrità, la disponibilità e la solidità dei sistemi di trattamento;
- ripristinare tempestivamente la disponibilità e l'accesso dei dati personali in caso di incidente fisico o tecnico;
- adottare una procedura per testare, verificare e valutare regolarmente l'efficacia delle misure tecniche e organizzative al fine di garantire la sicurezza del trattamento;
- assicurarsi che chiunque agisca sotto la loro autorità e abbia accesso a dati personali non tratti tali dati se non è istruito dal titolare del trattamento.

2.7 Le Autorità di controllo

Gli artt. 51 e seguenti del regolamento disciplinano le Autorità di controllo cui spetta la sorveglianza sull'applicazione delle disposizioni al fine di tutelare i diritti e le libertà fondamentali delle persone fisiche con riguardo al trattamento dei loro dati personali. Ogni Stato dell'Unione europea deve prevedere una o più di tali autorità, con competenze nel proprio Stato di appartenenza, cui viene riconosciuta piena autonomia e disponibilità di risorse umane, tecniche e finanziarie adeguate allo svolgimento dei compiti assegnatigli. Hanno, in particolare, poteri istruttori, correttivi, autorizzativi e consultivi.

Ulteriore organismo di controllo, cui è attribuito lo *status* di organismo dell'Unione europea e personalità giuridica, è il *Comitato europeo per la protezione dei dati* (organo europeo indipendente), che, tra l'altro, raccoglie in un registro tutti i codici di condotta approvati, rendendoli pubblici mediante mezzi appropriati.

L'art. 153 del Codice della privacy (introdotto dal D.Lgs. 101/2018), individua nella figura del Garante per la protezione dei dati personali, l'autorità di controllo italiana.

In merito ai compiti, l'art. 154 del Codice della privacy, stabilisce che il Garante deve:

- controllare se i trattamenti sono effettuati nel rispetto della disciplina applicabile, anche in caso di loro cessazione e con riferimento alla conservazione dei dati di traffico;
- trattare i reclami presentati;
- promuovere la sottoscrizione di regole deontologiche;
- denunciare i fatti configurabili come reati perseguibili d'ufficio, dei quali viene a conoscenza nell'esercizio o a causa delle funzioni;
- trasmettere la relazione annuale al Parlamento e al Governo, entro il 31 maggio dell'anno successivo a quello cui si riferisce;
- assicurare la tutela dei diritti e delle libertà fondamentali degli individui;
- provvedere all'espletamento dei compiti ad esso attribuiti dal diritto dell'Unione europea o dello Stato e svolgere le ulteriori funzioni previste dall'ordinamento.

In merito ai poteri, invece, l'art. 154-*bis* prevede che il Garante, in aggiunta ai poteri previsti dall'art. 58 del regolamento (di indagine, correttivi, autorizzativi, consultivi), possa adottare linee guida non vincolanti con riferimento alle misure organizzative e tecniche di attuazione dei principi del regolamento e approvare le regole deontologiche ai sensi dell'art. 2-*quater* del Codice della privacy.

2.8 Le autorizzazioni generali

Le autorizzazioni generali sono quelle **autorizzazioni tramite le quali l'Autorità acconsente ad operazioni di trattamento di dati sensibili o giudiziari a determinate condizioni e per determinati fini**. Nelle ipotesi in cui lo specifico trattamento che si intende porre in essere non è contemplato e autorizzato in tali autorizzazioni generali, il titolare dovrà sottoporre, in via preventiva rispetto all'inizio del trattamento dei dati, una dettagliata richiesta di autorizzazione al Garante tramite la compilazione di uno specifico modulo rilasciato dall'Autorità stessa (Imperiali).
Per consentire la rapida circolazione delle informazioni, il Garante ha rilasciato delle autorizzazioni generali per tipologie di trattamenti, con le quali sono stati legittimati alcuni trattamenti di dati sensibili o giudiziari analiticamente specificati. Le **autorizzazioni** toccano, in particolare, il trattamento dei *dati sensibili nei rapporti di lavoro*, dei dati sensibili da parte degli *organismi di tipo associativo e delle fondazioni*, dei dati sensibili da parte di *investigatori privati*, dei *dati genetici* e di alcuni *dati personali effettuato per scopi di ricerca scientifica*.
Le autorizzazioni generali sono pubblicate sulla Gazzetta Ufficiale per garantirne la massima diffusione e conoscibilità.

2.9 La cessazione del trattamento

2.9.1 Applicazione del principio di necessità e finalità

Il regolamento (UE) 2016/679 contiene l'esplicita previsione del divieto di conservare gli stessi per un tempo superiore a quello necessario al perseguimento dello scopo del trattamento.
In realtà, una simile previsione non risulta del tutto innovativa rispetto alla disciplina previgente: il trattamento dei dati personali delle persone fisiche è sempre stato improntato, infatti, ai *principi di necessità (o minimizzazione) e finalità del trattamento*, secondo i quali i dati raccolti non possono essere trattati per un tempo ulteriore rispetto a quello strettamente necessario allo scopo della raccolta.
L'art. 5, co. 1, lett. *e*) regolamento (UE) 2016/679 prevede espressamente che i dati personali devono essere "conservati in una forma che consenta l'identificazione degli interessati per un arco di tempo non superiore al conseguimento delle finalità per le quali sono trattati".
Una siffatta previsione non può che tradursi nell'obbligo per il titolare del trattamento di provvedere alla **cancellazione dei dati raccolti** una volta perseguito lo scopo, non potendo essere conservati per periodi ulteriori.
L'art. 6, co. 4, consente, tuttavia, il trattamento di dati per finalità ulteriori rispetto a quelle dichiarate nell'informativa resa all'interessato, tenuto conto, però, di ogni nesso tra le finalità per cui i dati personali sono stati raccolti e le finalità dell'ulteriore trattamento previsto, del contesto in cui i dati personali sono stati raccolti, della natura dei dati personali, specialmente se siano trattate categorie particolari di dati personali, oppure se siano trattati dati relativi a condanne penali e a reati, delle

possibili conseguenze dell'ulteriore trattamento previsto per gli interessati, nonché dell'esistenza di garanzie adeguate, che possono comprendere la cifratura o la pseudonimizzazione.
Il regolamento, in particolare, consente di trattenere i dati per periodi più lunghi a condizione che siano trattati esclusivamente a fini di archiviazione nel pubblico interesse, di ricerca scientifica o storica o a fini statistici, previa attuazione di adeguate misure tecniche e organizzative a tutela dei diritti e delle libertà dell'interessato (*principio di limitazione della conservazione*).

2.9.2 Gli adempimenti del titolare per la cancellazione dei dati

Sulle possibili deroghe (archiviazione nel pubblico interesse, ricerca scientifica o storica), la disciplina in esame inevitabilmente comporta un obbligo di verifica, per il titolare del trattamento, dei *database* impiegati (inclusi vecchi sistemi o *backup*), in modo da verificare se la sua organizzazione dispone di determinate categorie di dati personali non più impiegate o impiegabili: la conservazione, in questo caso, sarebbe infatti ingiustificata e potrebbe esporre l'interessato ad **un utilizzo dei suoi dati per finalità non autorizzate**.
Alla scadenza dei termini di volta in volta previsti dalle norme di legge o da policy aziendali, o a seguito di richieste di oblio da parte degli interessati, il titolare dovrà adottare idonee misure di distruzione o di anonimizzazione di qualsiasi copia, cartacea o digitale, dei dati coinvolti, fermo restando che i medesimi dati potranno continuare ad essere conservati ed utilizzati in chiaro in altri settori aziendali che perseguano finalità per cui non è (ancora) prevista la relativa cancellazione.
Non solo, dunque, il titolare dovrà predisporre il flusso per la distruzione dei dati (che potrà avvenire in modalità automatica o, in alternativa, previa approvazione da parte di un referente interno), ma dovrà, inoltre, assicurarsi che la cancellazione sia effettiva, anche attraverso un'attività di *testing* del modello prescelto, non soltanto preventivo ma anche attraverso la previsione di verifiche periodiche.
L'immediata azione di cancellazione nel caso di esito positivo della verifica effettuata risponde all'esigenza del titolare di non incorrere nelle sanzioni previste per illiceità del trattamento, conseguenti all'utilizzo dei dati raccolti per finalità ulteriori in assenza del consenso esplicito dell'interessato o in alternativa in assenza della ricorrenza di una delle finalità ulteriori ammesse, o ancora per la ricorrenza di una di queste e l'omessa adozione delle misure di pseudonimizzazione e minimizzazione richieste.

Capitolo 3
Le tipologie di trattamento dei dati personali

3.1 Il trattamento dei dati connessi a un compito di interesse pubblico

La disciplina del trattamento dei dati personali prescinde dalla natura, pubblica o privata, del titolare, trovando invece fondamento nelle finalità perseguite attraverso il trattamento stesso. I dati personali trattati in violazione della disciplina rilevante in materia di dati personali sono inutilizzabili.
L'art. 2-*ter* del Codice della privacy, introdotto dalla riforma, disciplina i trattamenti connessi ad un compito di interesse pubblico o all'esercizio di pubblici poteri, relativi a dati diversi da quelli particolari (di cui agli artt. 9 e 10 del regolamento e oggetto dell'art. 2-*sexies*). Per tali trattamenti **occorre un fondamento, una base giuridica, da individuare in una norma di legge o di regolamento** o in un atto amministrativo generale. Tale ultima base legittimante (*atto amministrativo generale*) è stata inserita dal D.L. 139/2021 (convertito dalla L. 205/2021), il quale ha reso il trattamento dei dati comuni per finalità di interesse pubblico da parte delle amministrazioni sempre lecito, e se la finalità non è prevista dalla legge, la P.A. può indicarla con un suo atto e procedere senza intralcio al trattamento che ritiene necessario per adempiere ai propri compiti ed esercitare i poteri attribuiti.
Il predetto decreto (cosiddetto *decreto capienza*) integrando l'art. 2-*ter* D.Lgs. 196/2003, ha previsto, dunque, che il trattamento dei dati personali da parte di un'amministrazione pubblica sia **sempre consentito (se necessario per l'adempimento di un compito svolto nel pubblico interesse o per l'esercizio di pubblici poteri a essa** attribuiti) purché lo stesso sia effettuato:

- da una delle pubbliche amministrazioni *ex* art. 1, co. 2, D.Lgs. 165/2001 vale a dire amministrazioni dello Stato (ivi compresi gli istituti e scuole di ogni ordine e grado e le istituzioni educative), aziende e amministrazioni dello Stato a ordinamento autonomo, Regioni, Province, Comuni, Comunità montane e loro consorzi e associazioni, istituzioni universitarie, IACP, Camere di commercio e loro associazioni, enti pubblici non economici, amministrazioni, aziende e enti del SSN, ARAN e altre Agenzie, CONI (fino alla revisione organica della disciplina di settore);
- dalle Autorità indipendenti;
- dalle amministrazioni inserite nell'elenco annuale dall'ISTAT (art. 1, co. 3, L. 196/2009);
- dalle società a controllo pubblico statale (art. 16 D.Lgs. 175/2016), con esclusione per le società pubbliche dei trattamenti correlati ad attività svolte in regime di libero mercato.

La finalità del trattamento è indicata dall'amministrazione, ovvero dalla società a controllo pubblico in coerenza al compito svolto o al potere esercitato se non espressamente prevista da una norma di legge o, se previsto dalla legge, di regolamento.

Dunque, se la finalità non è prevista dalla legge, la pubblica amministrazione può determinarla con un suo atto amministrativo generale ed effettuare il trattamento dei dati personali considerato necessario per l'adempimento di un compito svolto nel pubblico interesse o per l'esercizio di pubblici poteri a essa attribuiti.
Ciò sarà possibile purché:

- venga assicurata adeguata pubblicità all'identità del titolare del trattamento, alle finalità del trattamento;
- sia fornita ogni altra informazione necessaria ad assicurare un trattamento corretto e trasparente con riguardo ai soggetti interessati e ai loro diritti di ottenere conferma e comunicazione di un trattamento di dati personali che li riguardano.

L'art. 6 del regolamento (UE) 2016/679 subordina la liceità del trattamento a due requisiti alternativi: la necessità del trattamento e il consenso dell'interessato.
Inoltre, il regolamento, sempre all'art. 6, consente agli Stati di dettare disposizioni specifiche con riguardo, ad esempio, alla comunicazione dei dati, ai periodi di conservazione e alle operazioni e procedure di trattamento, comprese le misure atte a garantire un trattamento lecito e corretto, quali quelle per altre specifiche situazioni di trattamento.
Anche la comunicazione dei dati trattati nell'ambito delle finalità di interesse pubblico tra soggetti che condividono tali finalità, al pari del trattamento, per effetto del D.L. 139/2021 (convertito dalla L. 205/2021) è sempre ammessa se prevista da legge, da regolamento, da atto amministrativo generale o se è necessaria per l'adempimento di un compito svolto nel pubblico interesse o per l'esercizio di pubblici poteri attribuiti alla P.A.

Prima di tale decreto, la comunicazione dei dati, in mancanza di una norma legittimante, era ammessa non solo quando necessaria per lo svolgimento di compiti di interesse pubblico o per lo svolgimento di funzioni istituzionali, ma **a seguito del decorso del termine** di 45 giorni dalla relativa comunicazione al **Garante**, senza che lo stesso avesse adottato una diversa determinazione delle misure da adottarsi a garanzia degli interessati. Dunque, viene conferita maggiore autonomia all'amministrazione pubblica nella gestione dei trattamento dei dati.

Nell'ambito del trattamento dei dati connessi ad un compito di interesse pubblico, il suddetto decreto è intervenuto, altresì, sulle prerogative del Garante, disponendo l'abrogazione della disposizione (art. 2-*quinquesdecies* D.Lgs. 193/2006), che imponeva alla pubblica amministrazione di consultare il Garante prima di porre in essere **trattamenti ad alto rischio** (come quelli, ad esempio, relativi a dati sanitari) sebbene posti nell'interesse pubblico, affinché potesse adottare misure e accorgimenti a garanzia dell'interessato.

3.2 Il trattamento di categorie particolari di dati personali

La categoria dei dati sensibili, che è stato uno dei pilastri sui quali è stata fondata l'architettura del Codice della privacy, è ridefinita dall'art. 9 del regolamento che fa riferimento ora a categorie particolari di dati personali. Meritano una specifica protezione i dati personali che, per loro natura, sono particolarmente sensibili sotto il profilo dei diritti e delle libertà fondamentali, dal momento che il contesto del loro trattamento potrebbe creare rischi significativi per i diritti e le libertà fondamentali.

In base al predetto articolo 9 è vietato trattare dati personali che rivelino l'origine razziale o etnica, le opinioni politiche, le convinzioni religiose o filosofiche, o l'appartenenza sindacale, nonché trattare dati genetici, dati biometrici intesi a identificare in modo univoco una persona fisica, dati relativi alla salute o alla vita sessuale o all'orientamento sessuale della persona. Il divieto, tuttavia, non è assoluto dal momento che, in presenza di determinati presupposti, si può procedere al loro legittimo trattamento.

In base al par. 2 dell'art. 9, il **trattamento può definirsi necessario** quando è svolto:

- con il consenso esplicito dell'interessato per una o più finalità specifiche;
- per assolvere gli obblighi ed esercitare i diritti specifici del titolare del trattamento o dell'interessato in materia di diritto del lavoro e della sicurezza sociale e protezione sociale;
- per tutelare un interesse vitale dell'interessato o di un'altra persona fisica qualora l'interessato si trovi nell'incapacità fisica o giuridica di prestare il proprio consenso;
- da una fondazione, associazione o altro organismo senza scopo di lucro che persegua finalità politiche, filosofiche, religiose o sindacali, nell'ambito delle sue legittime attività e con adeguate garanzie a condizione che il trattamento riguardi unicamente i membri, gli ex membri o le persone che hanno regolari contatti con la fondazione, l'associazione o l'organismo a motivo delle sue finalità e che i dati personali non siano comunicati all'esterno senza il consenso dell'interessato;
- su dati personali resi manifestamente pubblici dall'interessato;
- per accertare, esercitare o difendere un diritto in sede giudiziaria o ogniqualvolta le autorità giurisdizionali esercitino le loro funzioni giurisdizionali;
- per motivi di interesse pubblico rilevante sulla base del diritto dell'Unione o degli Stati membri, che deve essere proporzionato alla finalità perseguita, rispettare l'essenza del diritto alla protezione dei dati e prevedere misure appropriate e specifiche per tutelare i diritti fondamentali e gli interessi dell'interessato;
- per finalità di medicina preventiva o di medicina del lavoro, valutazione della capacità lavorativa del dipendente, diagnosi, assistenza o terapia sanitaria o sociale ovvero gestione dei sistemi e servizi sanitari o sociali sulla base del diritto dell'Unione o degli Stati membri o conformemente al contratto con un professionista della sanità;
- per motivi di interesse pubblico nel settore della sanità pubblica;
- a fini di archiviazione nel pubblico interesse, di ricerca scientifica o storica o a fini statistici sulla base del diritto dell'Unione o nazionale.

L'art. 2-*sexies* del Codice della privacy detta le condizioni richieste per il trattamento necessario per motivi di interesse pubblico rilevante di categorie particolari di dati personali, specificando quanto previsto dal regolamento.

In particolare, si precisa che il suddetto trattamento sia ammesso solo se previsto dal diritto dell'Unione europea o dal diritto nazionale. In quest'ultimo caso, la base giuridica è costituita esclusivamente da una disposizione di legge o di regolamento, che, oltre ad assicurare le condizioni di proporzionalità del trattamento, salvaguardia del diritto alla protezione dei dati e previsione di misure di salvaguardia appropriate per gli interessati, deve ulteriormente specificare i tipi di dati che possono essere trattati, le operazioni eseguibili e il motivo di interesse pubblico rilevante.

Ferma restando la necessità che il trattamento sia individuato in una specifica disposizione di normativa, l'art. 2-*sexies* riunisce in un elenco, non esaustivo, i trattamenti che si considerano, in ogni caso, compiuti per motivi di interesse pubblico.

3.3 Il trattamento dei dati genetici, biometrici e relativi alla salute

All'interno della categoria dei dati particolari, si distingue una sottocategoria costituita dai dati genetici, biometrici e relativi alla salute, per i quali la **liceità del trattamento è ancorata al requisito alternativo del consenso esplicito oppure della necessità**.
Per questi dati, infatti, il regolamento (UE) 2016/679 consente agli Stati membri di introdurre garanzie supplementari e, dunque, di mantenere o introdurre ulteriori condizioni, comprese limitazioni.
In particolare l'art. 4, co. 1, regolamento (UE) 2016/679 fornisce le seguenti definizioni:

- **dati genetici**: i dati personali relativi alle caratteristiche genetiche ereditarie o acquisite di una persona fisica che forniscono informazioni univoche sulla fisiologia o sulla salute di detta persona fisica, e che risultano in particolare dall'analisi di un campione biologico della persona fisica in questione;
- **dati biometrici**: i dati personali ottenuti da un trattamento tecnico specifico relativi alle caratteristiche fisiche, fisiologiche o comportamentali di una persona fisica che ne consentono o confermano l'identificazione univoca, quali l'immagine facciale o i dati dattiloscopici;
- **dati relativi alla salute**: i dati personali attinenti alla salute fisica o mentale di una persona fisica, compresa la prestazione di servizi di assistenza sanitaria, che rivelano informazioni relative al suo stato di salute.

L'art. 2-*septies* del Codice della privacy attua l'art. 9, par. 4, del regolamento, prevedendo che il trattamento dei dati biometrici, genetici e relativi alla salute, che non possono essere assolutamente diffusi, sia subordinato all'osservanza di misure di garanzia, stabilite dal Garante con provvedimento adottato con cadenza almeno biennale, a seguito di consultazione pubblica. Tale provvedimento, nella determinazione delle misure di garanzia, deve tener conto:

- delle linee guida, delle raccomandazioni e delle migliori prassi pubblicate dal Comitato europeo per la protezione dei dati e delle migliori prassi in materia di trattamento dei dati personali;
- dell'evoluzione scientifica e tecnologica nel settore oggetto delle misure;
- dell'interesse alla libera circolazione dei dati personali nel territorio dell'Unione europea.

Il divieto del trattamento non si applica nei casi in cui lo stesso sia necessario, riportati nel paragrafo che precede.

3.4 Il trattamento dei dati relativi a condanne penali e reati

Il trattamento dei dati personali relativi alle condanne penali e ai reati o a connesse misure di sicurezza **deve avvenire soltanto sotto il controllo dell'autorità pubblica o deve prevedere garanzie appropriate per i diritti e le libertà degli interessati**, se autorizzato dal diritto dell'Unione o degli Stati membri. Un eventuale registro completo delle condanne penali deve essere tenuto soltanto sotto il controllo dell'autorità pubblica (art. 10 reg. 2016/679). All'attuazione dell'art. 10 provvede l'art. 2-*octies* del Codice della privacy.

La liceità di tale trattamento, ove non sia svolto sotto il controllo di un'autorità pubblica, è subordinata alla sussistenza di una disposizione di legge o di regolamento (o in mancanza da un decreto del Ministro della Giustizia, da adottarsi sentito il Garante) che lo autorizzi e che preveda garanzie appropriate per i diritti degli interessati.

Tale tipologia di trattamento è consentito se autorizzato da una norma di legge o, nei casi previsti dalla legge, di regolamento, riguardanti, in particolare:

- l'adempimento di obblighi e l'esercizio di diritti da parte del titolare o dell'interessato in materia di **diritto del lavoro** o comunque nell'ambito dei rapporti di lavoro, nei limiti stabiliti da leggi, regolamenti e contratti collettivi;
- l'adempimento degli obblighi previsti da disposizioni di legge o di regolamento in materia di **mediazione finalizzata** alla conciliazione delle controversie civili e commerciali;
- la verifica o l'accertamento dei **requisiti di onorabilità**, requisiti soggettivi e presupposti interdittivi nei casi previsti dalle leggi o dai regolamenti;
- l'accertamento di responsabilità in relazione a sinistri o eventi attinenti alla vita umana, nonché la prevenzione, l'accertamento e il **contrasto di frodi** o situazioni di concreto rischio per il corretto esercizio dell'attività assicurativa, nei limiti di quanto previsto dalle leggi o dai regolamenti in materia;
- l'accertamento, l'esercizio o la **difesa di un diritto in sede giudiziaria**;
- l'esercizio del diritto di **accesso ai dati** e ai documenti amministrativi, nei limiti di quanto previsto dalle leggi o dai regolamenti in materia;
- l'esecuzione di **investigazioni** o le ricerche o la raccolta di informazioni per conto di terzi (art. 134 TULPS, R.D. 773/1931);
- l'adempimento di obblighi previsti da disposizioni di legge in materia di **comunicazioni e informazioni antimafia** o in materia di prevenzione della delinquenza di tipo mafioso e di altre gravi forme di pericolosità sociale, nei casi previsti da leggi o da regolamenti, o per la produzione della documentazione prescritta dalla legge per partecipare a gare d'appalto;
- l'accertamento del requisito di **idoneità morale** di coloro che intendono partecipare a gare d'appalto, in adempimento di quanto previsto dalle vigenti normative in materia di appalti;
- l'attuazione della disciplina in materia di attribuzione del rating di **legalità delle imprese** (art. 5-*ter* D.L. 1/2012, conv. dalla L. 27/2012);
- l'adempimento degli obblighi previsti dalle normative vigenti in materia di prevenzione dell'uso del sistema finanziario a scopo di **riciclaggio** dei proventi di attività criminose e di finanziamento del terrorismo.

3.5 Il trattamento dei dati in ambito pubblico

In base al regolamento (UE) 2016/679, l'**accesso del pubblico ai documenti ufficiali** può essere considerato di interesse pubblico. Per questa ragione, l'art. 86 del regolamento consente alle autorità pubbliche o agli organismi pubblici o privati che trattano dati personali contenuti in documenti ufficiali in esecuzione di un compito di interesse pubblico, di comunicare tali dati, nel rispetto della disciplina europea e della normativa nazionale di riferimento, al fine di conciliare l'accesso del pubblico ai documenti ufficiali e il diritto alla protezione dei dati personali.

Il Codice della privacy, a tal proposito, stabilisce che i presupposti, le modalità, i limiti per l'esercizio del diritto di accesso a documenti amministrativi contenenti dati personali e la relativa tutela giurisdizionale, restano disciplinati dalla L. 241/1990 e dalle altre disposizioni di legge in materia (in particolare il D.Lgs. 33/2013).
Se, invece, il **trattamento concerne dati genetici**, relativi alla salute, alla vita sessuale o all'orientamento sessuale della persona, il trattamento è consentito solo se la situazione giuridicamente rilevante che si intende tutelare con la richiesta di accesso ai documenti amministrativi è di rango almeno pari ai diritti dell'interessato, ovvero consiste in un diritto della personalità o in un altro diritto o libertà fondamentale.
Con riferimento, infine, al trattamento dei **dati personali provenienti da archivi**, registri, elenchi, atti o documenti tenuti da soggetti pubblici, il Garante per la privacy promuove l'adozione di regole deontologiche, individuando i casi in cui deve essere indicata necessariamente la fonte di acquisizione dei dati e prevedendo garanzie appropriate per l'associazione di dati provenienti da più archivi.
I dati personali, purché non rientranti in categorie particolari di cui agli artt. 9 e 10 del regolamento, che devono essere inseriti in un albo professionale in conformità alla legge o ad un regolamento, possono essere comunicati a soggetti pubblici e privati o diffusi anche mediante reti di comunicazione elettronica.
L'ordine o collegio professionale può, a richiesta della persona iscritta nell'albo che vi ha interesse, integrare i dati con ulteriori dati pertinenti e non eccedenti in relazione all'attività professionale.
A richiesta dell'interessato, infine, l'ordine o collegio professionale può fornire a terzi notizie o informazioni relative a speciali qualificazioni professionali non menzionate nell'albo, ovvero alla disponibilità ad assumere incarichi o a ricevere materiale informativo a carattere scientifico inerente anche a convegni o seminari.

Capitolo 4
La sicurezza dei dati personali e loro violazione

4.1 La sicurezza del trattamento

Il titolare del trattamento e il responsabile del trattamento, tenendo conto della natura, dell'oggetto, del contesto e delle finalità dello stesso, nonché del rischio di varia probabilità e gravità per i diritti e le libertà delle persone fisiche, devono **mettere in atto misure tecniche e organizzative idonee per garantire un livello di sicurezza adeguato al rischio e finalizzate ad attuare in modo efficace i principi di protezione dei dati** (quali la minimizzazione). Devono, inoltre, far sì che chiunque agisca sotto la loro autorità e abbia accesso a dati personali non tratti tali dati se non debitamente istruito in tal senso dal titolare del trattamento.
Le misure tecniche ed organizzative di cui sopra comprendono, tra le altre:

> la pseudonimizzazione e la cifratura dei dati personali;
> la capacità di assicurare su base permanente la riservatezza, l'integrità, la disponibilità e la resilienza dei sistemi e dei servizi di trattamento;
> la capacità di ripristinare tempestivamente la disponibilità e l'accesso dei dati personali in caso di incidente fisico o tecnico;
> una procedura per testare, verificare e valutare regolarmente l'efficacia delle misure tecniche e organizzative al fine di garantire la sicurezza del trattamento.

Nella valutazione del rischio per la sicurezza dei dati è opportuno tenere in considerazione i **rischi presentati dal trattamento dei dati personali**, come la distruzione accidentale o illegale, la perdita, la modifica, la rivelazione o l'accesso non autorizzati a dati personali trasmessi, conservati o comunque elaborati, che potrebbero cagionare in particolare un danno fisico, materiale o immateriale.
Il titolare del trattamento deve, in particolare, attuare misure che soddisfino in particolare il principio della **protezione dei dati fin dalla progettazione**. Tali misure potrebbero consistere, tra l'altro, nel ridurre al minimo il trattamento dei dati personali, pseudonimizzare i dati personali il più presto possibile, offrire trasparenza relativamente alle funzioni, consentire all'interessato di controllare il trattamento dei dati e consentire al titolare del trattamento di creare e migliorare caratteristiche di sicurezza.

4.2 La valutazione d'impatto sulla protezione dei dati

Qualora i trattamenti possano presentare un rischio elevato per i diritti e le libertà delle persone fisiche, il titolare del trattamento è responsabile dello svolgimento di una valutazione d'impatto sulla protezione dei dati per determinare, in particolare, l'origine, la natura, la particolarità e la gravità di tale rischio. Con l'introduzione del regolamento (UE) 2016/679 è cambiato l'approccio alla materia della protezione

dei dati personali anche con riferimento alle misure di sicurezza: infatti, sparisce il concetto di misure minime di sicurezza e viene introdotto il concetto di **misure di sicurezza adeguate al rischio**.
In ossequio al principio di *accountability*, pertanto, il titolare del trattamento ha l'onere di effettuare preventivamente l'analisi dei rischi dei trattamenti posti in essere.

Essa è richiesta in particolare nei casi seguenti:
- una valutazione sistematica e globale di aspetti personali relativi a persone fisiche, basata su un trattamento automatizzato, compresa la profilazione, e sulla quale si fondano decisioni che hanno effetti giuridici o incidono in modo analogo significativamente su dette persone fisiche;
- il trattamento, su larga scala, di categorie particolari di dati personali *ex* art. 9 o di dati relativi a condanne penali e a reati;
- la sorveglianza sistematica su larga scala di una zona accessibile al pubblico.

Il principio di carattere generale prevede l'obbligo soltanto se il trattamento è suscettibile di causare un rischio elevato evidenziando come elemento determinante l'uso di nuove tecnologie.
Spetta, in ogni caso, al Garante redigere e rendere pubblico un elenco delle tipologie di trattamenti soggetti o meno al requisito di una valutazione d'impatto sulla protezione dei dati.
Elementi **contenuti nella valutazione** sono:
> una descrizione sistematica dei trattamenti previsti e delle finalità del trattamento, compreso, ove applicabile, l'interesse legittimo perseguito dal titolare del trattamento;
> una valutazione della necessità e proporzionalità dei trattamenti in relazione alle finalità;
> una valutazione dei rischi per i diritti e le libertà degli interessati;
> le misure previste per affrontare i rischi, includendo le garanzie, le misure di sicurezza e i meccanismi per garantire la protezione dei dati personali.

4.3 La violazione dei dati personali

4.3.1 La notifica all'autorità di controllo

Il regolamento (UE) 2016/679 definisce la violazione dei dati personali come la **violazione di sicurezza che comporta accidentalmente o in modo illecito la distruzione, la perdita, la modifica, la divulgazione non autorizzata o l'accesso ai dati personali trasmessi, conservati o comunque trattati**.
Una violazione dei dati personali può, se non affrontata in modo adeguato e tempestivo, provocare danni fisici, materiali o immateriali alle persone fisiche, ad esempio perdita del controllo dei dati personali che li riguardano o limitazione dei loro diritti, discriminazione, furto o usurpazione d'identità, perdite finanziarie, decifratura non autorizzata della pseudonimizzazione, pregiudizio alla reputazione, perdita di riservatezza dei dati personali protetti da segreto professionale o qualsiasi altro danno economico o sociale significativo alla persona fisica interessata. Pertanto, il titolare del trattamento, non appena viene a conoscenza di un'avvenuta violazione dei dati personali, deve **notificare la violazione dei dati personali** all'autorità di controllo com-

petente, senza ingiustificato ritardo e, ove possibile, **entro 72 ore** dal momento in cui ne è venuto a conoscenza, a meno che il titolare del trattamento non sia in grado di dimostrare che, conformemente al principio di responsabilizzazione, è improbabile che la violazione dei dati personali presenti un rischio per i diritti e le libertà delle persone fisiche.

In merito al **contenuto della notifica**, essa deve almeno:

- descrivere la natura della violazione dei dati personali compresi, ove possibile, le categorie e il numero approssimativo di interessati in questione nonché le categorie e il numero approssimativo di registrazioni dei dati personali in questione;
- comunicare il nome e i dati di contatto del responsabile della protezione dei dati o di altro punto di contatto presso cui ottenere più informazioni;
- descrivere le probabili conseguenze della violazione dei dati personali;
- descrivere le misure adottate o di cui si propone l'adozione da parte del titolare del trattamento per porre rimedio alla violazione dei dati personali e anche, se del caso, per attenuarne i possibili effetti negativi.

Oltre il termine di 72 ore, tale notifica va corredata delle ragioni del ritardo e le informazioni potrebbero essere fornite in fasi successive senza ulteriore ingiustificato ritardo.
È opportuno verificare se siano state messe in atto tutte le misure tecnologiche e organizzative adeguate di protezione per stabilire immediatamente se c'è stata violazione dei dati personali.

4.3.2 La comunicazione all'interessato

Il titolare del trattamento deve **comunicare all'interessato la violazione dei dati personali senza indebito ritardo**, qualora questa violazione dei dati personali presenti un rischio elevato per i diritti e le libertà della persona fisica, al fine di consentirgli di prendere le precauzioni necessarie.
Tali comunicazioni agli interessati vanno effettuate **non appena ragionevolmente possibile e in stretta collaborazione con l'autorità di controllo** e nel rispetto degli orientamenti impartiti da questa o da altre autorità competenti quali le autorità incaricate dell'applicazione della legge. **Non** *è richiesta la comunicazione* **all'interessato** quando:

> il titolare del trattamento ha *messo in atto le misure tecniche e organizzative adeguate di protezione* e tali misure erano state applicate ai dati personali oggetto della violazione, in particolare quelle destinate a rendere i dati personali incomprensibili a chiunque non sia autorizzato ad accedervi, quali la cifratura;
> il titolare del trattamento ha successivamente *adottato misure atte a scongiurare il sopraggiungere di un rischio elevato per i diritti e le libertà degli interessati*;
> detta *comunicazione richiederebbe sforzi sproporzionati*. In tal caso, si procede invece a una comunicazione pubblica o a una misura simile, tramite la quale gli interessati sono informati con analoga efficacia.

Capitolo 5
La tutela dell'interessato: mezzi di ricorso e sanzioni

5.1 Le forme di tutela dell'interessato

La riforma operata dal D.Lgs. 101/2018 novella anche la disciplina del Codice della privacy relativa alla tutela (amministrativa e giurisdizionale) dell'interessato, quella relativa al Garante nonché la disciplina sanzionatoria per le violazioni della normativa in materia di dati personali.

In base al regolamento (UE) 2016/679, gli strumenti a tutela dell'interessato sono:

- il **reclamo all'autorità di controllo (Garante)**: fatto salvo ogni altro ricorso amministrativo o giurisdizionale, l'interessato che ritenga che il trattamento che lo riguarda violi il regolamento ha il diritto di proporre reclamo all'autorità di controllo dello Stato membro in cui risiede o lavora abitualmente, o dello Stato in cui si è verificata la presunta violazione (art. 77 del regolamento);
- il **ricorso giurisdizionale effettivo nei confronti dell'autorità di controllo**, esperito nello Stato membro in cui l'autorità è stabilita. Il ricorso può essere avverso una decisione giuridicamente vincolante dell'autorità di controllo che lo riguarda oppure avverso la stessa autorità qualora non tratti un reclamo o non lo informi entro 3 mesi dello stato o dell'esito del reclamo proposto (art. 78 del regolamento).

  Le azioni nei confronti dell'autorità di controllo sono promosse dinanzi alle autorità giurisdizionali dello Stato membro in cui l'autorità di controllo è stabilita: esse, inoltre, devono essere effettuate in conformità del diritto processuale dello Stato membro in questione. Tali autorità giurisdizionali devono esercitare i loro pieni poteri giurisdizionali, ivi compreso quello di esaminare tutte le questioni di fatto e di diritto che abbiano rilevanza per la controversia dinanzi a esse pendente;
- il **ricorso giurisdizionale effettivo nei confronti del titolare e/o del responsabile del trattamento**: fatto salvo ogni altro ricorso amministrativo o extragiudiziale disponibile, compreso il diritto di proporre reclamo a un'autorità di controllo, ogni interessato ha il diritto di proporre un ricorso giurisdizionale effettivo qualora ritenga che i diritti di cui gode a norma del regolamento siano stati violati a seguito di un trattamento (art. 79 del regolamento). Si tratta, in particolare, di quei giudizi che abbiano per oggetto la tutela dei diritti riconosciuti dal regolamento (UE) 2016/679 (come il diritto all'accesso ai dati, alla portabilità, al cosiddetto oblio).

Le azioni devono essere esperite nei confronti del titolare e/o del responsabile del trattamento dinanzi alle autorità giurisdizionali dello Stato in cui titolare e/o responsabile hanno uno stabilimento ovvero a quelle dello Stato membro in cui risiede abitualmente l'interessato.

5.2 La tutela amministrativa: il reclamo

5.2.1 Contenuto e modalità di presentazione

Gli artt. 141 e seguenti del D.Lgs. 196/2003 disciplinano le forme di tutela amministrativa, che l'interessato può attivare dinanzi al Garante. In particolare, l'interessato può rivolgersi al Garante:

> mediante **reclamo circostanziato** (art. 142), quando intende rappresentare una rilevante violazione della disciplina in materia di trattamento di dati personali;
> mediante **segnalazione** se, pur non essendo possibile presentare un reclamo circostanziato, intende sollecitare un controllo da parte del Garante sulla disciplina medesima (art. 144). Tale forma di tutela amministrativa è attivabile da soggetti diversi dall'interessato al fine di richiedere l'intervento del Garante su vicende, anche a carattere collettivo e sociale, concernenti possibili violazioni della disciplina sulla protezione dati.

Il reclamo deve contenere l'indicazione per quanto possibile dettagliata dei fatti e delle circostanze su cui si fonda, delle disposizioni che si presumono violate e delle misure richieste, nonché gli estremi identificativi del titolare o del responsabile del trattamento, ove conosciuto.

Tale aspetto differenzia il reclamo dalla segnalazione, alla quale l'interessato può ricorrere per sottoporre al Garante una violazione meno dettagliata e circoscritta della disciplina in materia di protezione dei dati personali, sollecitando un intervento di controllo nei modi previsti dalla legge.

Esso deve essere sottoscritto dall'interessato o, su mandato di questo, da un ente del terzo settore, attivo nell'ambito della tutela dei diritti e delle libertà degli interessati con riguardo alla protezione dei dati personali.

L'art. 142 del Codice riporta, altresì, indicazioni circa le modalità di presentazione del reclamo, specificando che esso deve essere inoltrato al Garante senza particolari formalità, al fine di rendere più agevole possibile il ricorso a questa forma di tutela. A tale scopo, il Garante ne può anche predisporre un modello per la sua proposizione. Al reclamo, in ogni caso, va allegata la documentazione utile ai fini della sua valutazione, l'eventuale mandato e l'indicazione di un recapito per l'invio di comunicazioni anche tramite posta elettronica, telefax o telefono.

Il Garante decide il reclamo entro 9 mesi dalla data di presentazione e, in ogni caso, entro 3 mesi dalla predetta data informa l'interessato sullo stato del procedimento. In presenza di motivate esigenze istruttorie, che sono comunicate all'interessato, il reclamo è deciso entro 12 mesi.

5.2.2 Procedimento

In merito al procedimento, l'art. 143 del Codice prevede una **fase di istruttoria preliminare**, all'esito della quale se il reclamo non è manifestamente infondato e sussistono i presupposti per un intervento dell'Autorità, **il Garante, anche prima della definizione del procedimento, adotta le prescrizioni e i divieti necessari**. Non si tratta di specifiche decisioni adottabili esclusivamente nell'ambito di tali procedimenti, ma

di provvedimenti che il Garante può adottare anche d'ufficio nell'ambito dei poteri di controllo attribuitigli (cfr. art. 154).
In particolare il Garante può:

- invitare il titolare, anche in contraddittorio con l'interessato, ad effettuare il blocco spontaneamente prima di prescrivere le misure di cui ai punti seguenti;
- prescrivere al titolare le misure opportune o necessarie per rendere il trattamento conforme alle disposizioni vigenti;
- disporre il blocco o vietare, in tutto o in parte, il trattamento che risulta illecito o non corretto anche per effetto della mancata adozione delle misure necessarie di cui al punto precedente, oppure quando, in considerazione della natura dei dati o, comunque, delle modalità del trattamento o degli effetti che esso può determinare, vi è il concreto rischio del verificarsi di un pregiudizio rilevante per uno o più interessati;
- vietare in tutto o in parte il trattamento di dati relativi a singoli soggetti o a categorie di soggetti che si pone in contrasto con rilevanti interessi della collettività. I provvedimenti adottati dal Garante devono essere pubblicati nella Gazzetta Ufficiale, nel caso in cui i relativi destinatari non siano facilmente identificabili per il numero o per la complessità degli accertamenti.

5.3 La tutela giurisdizionale dinanzi al giudice ordinario

5.3.1 L'alternatività del sistema di tutela

L'art. 140-*bis* del Codice indica chiaramente che le forme di tutela debbano essere alternative. Per cui da un lato, se per il medesimo oggetto e tra le stesse parti, è stata già adita l'autorità giudiziaria *il reclamo al Garante non può essere proposto* (comma 2); dall'altro lato, se per il medesimo oggetto e tra le stesse parti, è stato già adito il Garante, la domanda giudiziaria è improponibile (comma 3).

Per effetto dell'entrata in vigore del regolamento (UE) 2016/679 si sottolinea che il reclamo da parte dell'interessato è, oggi, gratuito: il che, unitamente ai tempi di definizione davanti al Garante e ai maggiori poteri dello stesso, portano gli interessati a preferire la tutela amministrativa più che il ricorso al giudice per la tutela dei diritti.

Ciò detto, la tutela dinanzi al giudice ordinario abbraccia non solo le controversie in ordine all'applicazione delle disposizioni del Codice della privacy, ma anche tutte le controversie che riguardano le materie oggetto dei ricorsi giurisdizionali *ex* artt. 78 e 79 del regolamento, nonché quelle attinenti al diritto al risarcimento del danno ai sensi dell'art. 82 del regolamento.
Il complessivo sistema di tutela della protezione dei dati personali è fondato su un duplice binario che può essere indicato come pubblico e privato.
Quanto al primo esso consiste principalmente nell'attività amministrativa delle autorità garanti (e nel sistema fondato sulle sanzioni amministrative), nonché sulla previsione di sanzioni penali (previste dall'ordinamento italiano come consentito dalla normativa europea) e nella tutela (in via amministrativa e alternativa) dei diritti degli interessati (ad eccezione del risarcimento dei danni).
Quanto, invece, al secondo il regolamento (UE) 2016/679 prevede una norma *ad hoc* sul risarcimento del danno (e, cioè, l'art. 82), nonché alcune disposizioni di carattere

processuale sulla giurisdizione (con riferimento all'art. 79) e il rinvio alle discipline processuali dei singoli Stati membri.
Ebbene, con riguardo all'Italia, le nuove disposizioni processuali sono contenute nel Capo V del D.Lgs. 101/2018 che è dedicato, per l'appunto, alle *Disposizioni processuali*: peraltro, il Capo V si compone del solo articolo 17 che modifica l'art. 10 D.Lgs. 150/2011 (cosiddetta semplificazione dei riti).

5.3.2 L'azione giudiziaria: rito, termini, ruolo del Garante

Le controversie in materia di applicazione delle disposizioni in materia di protezione dei dati personali sono disciplinate dal predetto art. 10 D.Lgs. 150/2011. Sia per i ricorsi avverso i provvedimenti emessi dall'autorità garante sia per i ricorsi aventi ad oggetto le controversie in materia di privacy si applica il rito del lavoro e le controversie sono decise dal Tribunale in composizione monocratica con sentenza non appellabile, ma ricorribile unicamente per cassazione.
Il terzo e il quarto comma dell'art. 10 D.Lgs. 150/2011 disciplinano i **termini per proporre l'azione** tutte le volte in cui la domanda ha come oggetto un provvedimento dell'autorità garante. Dunque, il ricorso avverso i provvedimenti del Garante per la protezione dei dati personali, ivi compresi quelli emessi a seguito di un reclamo dell'interessato, è proposto, a pena di inammissibilità, entro 30 giorni dalla data di comunicazione del provvedimento ovvero entro 60 giorni se il ricorrente risiede all'estero.
In ipotesi di "silenzio" del Garante, l'interessato può proporre ricorso entro 30 giorni dalla scadenza del termine previsto per la decisione del reclamo di cui all'art. 143 co. 3 ovvero decorso il termine trimestrale senza che l'interessato sia stato informato dello stato del procedimento.
L'art. 10, co. 9, attribuisce un ruolo (eventuale) particolare al Garante, prevedendo che nei casi in cui non sia parte in giudizio, può presentare osservazioni, da rendere per iscritto o in udienza, sulla controversia in corso con riferimento ai profili relativi alla protezione dei dati personali. Proprio a tal fine il giudice dispone che sia data comunicazione al Garante circa la pendenza della controversia, trasmettendo copia degli atti introduttivi, al fine di consentire l'eventuale presentazione delle osservazioni.

La possibilità per il Garante di presentare "osservazioni" opera, tuttavia, quando il Garante **non è parte del giudizio** e, quindi, quando non gli spettano i consueti poteri di allegazione e prova, nonché la legittimazione all'impugnazione dei provvedimenti del giudice.

Oltre al predetto ruolo, l'art. 154-*ter* D.Lgs. 196/2003 (introdotto dal D.Lgs. 101/2018) ha riconosciuto al Garante un proprio **potere di agire e di rappresentanza in giudizio**. In base alla citata norma "il Garante è legittimato ad agire in giudizio nei confronti del titolare o del responsabile del trattamento in caso di violazione delle disposizioni in materia di protezione dei dati personali". In quel caso il Garante è rappresentato in giudizio dall'Avvocatura dello Stato, salvo nei casi di conflitto di interesse, allorché il Garante, sentito l'Avvocato generale dello Stato, può stare in giudizio tramite propri funzionari iscritti nell'elenco speciale degli avvocati dipendenti di enti pubblici ovvero avvocati del libero foro.
Il giudice ordinario, sia con la sentenza che definisce il giudizio sia con provvedimento cautelare, può prescrivere le misure necessarie anche in relazione all'eventuale atto del soggetto pubblico titolare o responsabile dei dati, nonché il risarcimento del danno.

5.4 Le azioni aventi ad oggetto il risarcimento del danno

5.4.1 Risarcimento del danno da violazione del GDPR (art. 82 reg. UE 2016/679)

Il regolamento (UE) 2016/679 pone a tutela della persona e dei suoi dati anche la responsabilità civile, al fine di ripristinare il patrimonio giuridico del danneggiato.
In materia di risarcimento del danno, la norma di riferimento, a seguito dell'abrogazione dell'art. 15 D.Lgs. 196/2003 (in base al quale il legislatore aveva previsto che *chiunque cagiona danno ad altri per effetto del trattamento di dati personali è tenuto al risarcimento ai sensi dell'art. 2050 c.c.*), è unicamente l'art. 82 del regolamento.
Esso sancisce al primo paragrafo che *chiunque subisca un danno materiale o immateriale* (dunque, patrimoniale o non patrimoniale) causato da una violazione del regolamento (UE) 2016/679, ha diritto ad ottenere il risarcimento del danno dal titolare o dal responsabile del trattamento dei dati personali.
Viene così riconosciuta espressamente l'ammissibilità anche del danno non patrimoniale e vengono identificati gli elementi necessari per la nascita dell'obbligazione risarcitoria, ossia la *condotta attiva o quella omissiva* contraria regolamento, il *danno* e il *rapporto causa-effetto* tra questi.
L'ammissibilità del risarcimento del danno non patrimoniale risponde all'obiettivo di garantire il *pieno ed effettivo risarcimento per il danno subito.*

5.4.2 La responsabilità *pro quota*

Il regolamento (UE) 2016/679 dispone che il **titolare del trattamento** risponde per il *danno cagionato dal suo trattamento posto in violazione delle disposizioni regolamentari.* Il **responsabile del trattamento**, invece, risponde per il *danno causato dal trattamento solo se non ha adempiuto agli obblighi previsti dal regolamento specificatamente diretti ai responsabili del trattamento o ha agito in modo difforme o contrario rispetto alle legittime istruzioni del titolare del trattamento.*
Qualora i titolari del trattamento o i responsabili del trattamento siano coinvolti nello stesso trattamento, ogni titolare del trattamento o responsabile del trattamento ne risponde per la totalità del danno (**regola della solidarietà passiva**), con la conseguenza che l'interessato può chiedere il risarcimento del danno subito a ognuno di questi soggetti coinvolti in un trattamento illecito, aumentando così la probabilità di veder soddisfatta la sua pretesa risarcitoria.
Se verso l'interessato vale il principio della solidarietà, nei rapporti interni vale la quota di responsabilità il cui grado dovrà essere valutato in base ad alcune circostanze quali ad esempio la presenza di clausole contrattuali di manleva, l'aver impartito o meno istruzioni specifiche o generiche al responsabile. Pertanto, qualora essi siano riuniti negli stessi procedimenti giudiziari conformemente al diritto degli Stati membri, il risarcimento può essere ripartito in base alla responsabilità che ricade su ogni titolare del trattamento o responsabile del trattamento per il danno cagionato dal trattamento, a condizione che sia assicurato il pieno ed effettivo risarcimento dell'interessato che ha subìto il danno.
In realtà, il regolamento (UE) 2016/679 presuppone che, al fine di definire le conseguenze patrimoniali o non patrimoniali dei danni cagionati agli interessati, operi un

principio di co-responsabilità dei titolari, dei contitolari, e dei responsabili del trattamento configurabile come responsabilità direttamente "pro quota" piuttosto che solidale in senso stretto. Nella ripartizione interna, quindi, ciascuno di essi sarà responsabile esclusivamente per la quota di responsabilità che gli sarà concretamente riconosciuta.
Naturalmente il risarcimento interviene in presenza di un danno dimostrato e quantificato in sede civile, oltre alla sanzione pecuniaria irrogata dall'Autorità garante per la protezione dei dati personali e a quella penale comminata dal Giudice penale (possibilità prevista in capo agli Stati membri di introdurre sanzioni penali non avendo il legislatore europeo competenza penale diretta).
Il titolare del trattamento o il responsabile del trattamento che ha pagato l'intero risarcimento del danno può successivamente proporre un'azione di regresso contro altri titolari del trattamento o responsabili del trattamento coinvolti nello stesso trattamento.

5.4.3 Le condizioni di esonero della responsabilità

L'art. 82, par. 3, reg. (UE) 2016/679 enuclea la condizione secondo la quale il titolare o il responsabile del trattamento è esonerato dalla responsabilità se **dimostra che l'evento dannoso non gli è in alcun modo imputabile**.
L'imputabilità del titolare e del responsabile dovrà essere necessariamente interpretata alla luce del principio di responsabilizzazione o accountability che permea l'intera normativa in materia.
Tale principio muterà in responsabilità civile quando si concretizzerà un danno e sarà quindi necessario accertare l'imputabilità dell'evento dannoso al titolare e al responsabile i quali dovranno provare non di aver predisposto tutte le misure idonee a prevenire il danno, ma che tale danno si è verificato per un fatto che non poteva essere prevenuto (e quindi previsto) poiché esulava dal loro controllo (caso fortuito o forza maggiore).
Numerosi possono essere gli *indici* idonei a dimostrare che il fatto premonitore del danno non potesse essere ricondotto al controllo del titolare e del responsabile: ne costituiscono esempio l'adesione a codici di condotta approvati, la tenuta di un registro delle attività di trattamento, il ricorso a responsabili del trattamento con comprovate conoscenza specialistica per approntare le misure tecnico e organizzative. Tali indici, però, non saranno sufficienti, in quanto occorrerà dimostrare che le misure di azzeramento o diminuzione del rischio di violazione dei dati fossero proporzionali al grado di rischio che il trattamento presentava originariamente.

5.4.4 Le tipologie dei danni risarcibili

L'art. 82 reg. (UE) 2016/679 afferma che l'interessato possa richiedere il **risarcimento dei danni materiali e immateriali**: in pratica dovrà essere risarcito ogni tipo di danno che l'interessato possa subire dalla violazione dei suoi dati personali. Sono elencati una serie di *possibili danni* conseguenti ad una violazione di dati personali dell'interessato quali:
> la perdita del controllo dei dati personali;
> la limitazione dei loro diritti;
> la discriminazione, il furto o l'usurpazione d'identità;

- perdite finanziarie;
- decifratura non autorizzata della pseudonimizzazione;
- pregiudizio alla reputazione;
- perdita di riservatezza dei dati personali protetti da segreto professionale;
- qualsiasi altro danno economico o sociale significativo alla persona fisica interessata.

L'elenco non è esaustivo, in quanto deve essere **attribuito all'interessato il diritto ad essere risarcito** per ogni tipo di danno che quest'ultimo possa subire dalla lesione dalla violazione dei suoi dati personali.

5.5 I comportamenti sanzionati nel Codice della privacy

5.5.1 Illeciti penali

Il D.Lgs. 196/2003 prevede illeciti penali, violazioni amministrative e responsabilità civile per danni. In particolare gli illeciti penali sono:

- **trattamento illecito di dati** (art. 167): salvo che il fatto costituisca più grave reato, chiunque, al fine di trarne per sé o per altri profitto o di recare ad altri un danno, procede al trattamento di dati personali in violazione della normativa è punito, se dal fatto deriva nocumento, con la reclusione da sei a diciotto mesi o, se il fatto consiste nella comunicazione o diffusione, con la reclusione da sei a ventiquattro mesi;
- **comunicazione e diffusione illecita di dati personali oggetto di trattamento su larga scala** (art. 167-*bis*): salvo che il fatto costituisca più grave reato, chiunque comunica o diffonde al fine di trarre profitto per sé o altri ovvero al fine di arrecare danno, un archivio automatizzato o una parte sostanziale di esso contenente dati personali oggetto di trattamento su larga scala, è punito con la reclusione da uno a sei anni;
- **acquisizione fraudolenta di dati personali oggetto di trattamento su larga scala** (art. 167-*ter*): salvo che il fatto costituisca più grave reato, chiunque, al fine trarne profitto per sé o altri ovvero di arrecare danno, acquisisce con mezzi fraudolenti un archivio automatizzato o una parte sostanziale di esso contenente dati personali oggetto di trattamento su larga scala è punito con la reclusione da uno a quattro anni;
- **falsità nelle dichiarazioni al Garante e interruzione dell'esecuzione dei compiti o dell'esercizio dei poteri** (art. 168): salvo che il fatto costituisca più grave reato, chiunque, in un procedimento o nel corso di accertamenti dinanzi al Garante, dichiara o attesta falsamente notizie o circostanze o produce atti o documenti falsi, è punito con la reclusione da sei mesi a tre anni. Fuori da tali casi, è punito con la reclusione sino ad un anno chiunque intenzionalmente cagiona un'interruzione o turba la regolarità di un procedimento dinanzi al Garante o degli accertamenti dallo stesso svolti;
- **inosservanza di provvedimenti del Garante** (art. 170): chiunque, essendovi tenuto, non osserva il provvedimento adottato dal Garante, è punito con la reclusione da tre mesi a due anni.

5.5.2 Sanzioni amministrative: condizioni e procedimento

Per rafforzare il rispetto della normativa in materia di privacy, il regolamento (UE) 2016/679 prevede la possibilità di imporre sanzioni, comprese **sanzioni amministra-**

tive pecuniarie, per violazione dello stesso regolamento, in aggiunta o in sostituzione di misure appropriate imposte dall'autorità di controllo (art. 83 del regolamento). Ogni autorità di controllo provvede affinché le sanzioni amministrative pecuniarie inflitte siano in ogni singolo caso effettive, proporzionate e dissuasive. Se, in relazione allo stesso trattamento o a trattamenti collegati, un titolare del trattamento o un responsabile del trattamento viola, con dolo o colpa, ulteriori disposizioni, l'importo totale della sanzione amministrativa pecuniaria non supera l'importo specificato per la violazione più grave.

Al momento di decidere se infliggere una sanzione amministrativa pecuniaria e di fissare l'ammontare della stessa in ogni singolo caso è necessario tener conto essenzialmente dei seguenti elementi:

- la natura, la gravità e la durata della violazione tenendo in considerazione la natura, l'oggetto o a finalità del trattamento in questione nonché il numero di interessati lesi dal danno e il livello del danno da essi subìto;
- il carattere doloso o colposo della violazione;
- le misure adottate dal titolare del trattamento o dal responsabile del trattamento per attenuare il danno subìto dagli interessati;
- il grado di responsabilità del titolare del trattamento o del responsabile del trattamento tenendo conto delle misure tecniche e organizzative da essi messe in atto;
- eventuali precedenti violazioni pertinenti commesse dal titolare del trattamento o dal responsabile del trattamento;
- il grado di cooperazione con l'autorità di controllo al fine di porre rimedio alla violazione e attenuarne i possibili effetti negativi;
- le categorie di dati personali interessate dalla violazione;
- il modo in cui l'autorità di controllo ha preso conoscenza della violazione, in particolare se e in che misura il titolare del trattamento o il responsabile del trattamento ha notificato la violazione;
- qualora siano stati precedentemente disposti provvedimenti, nei confronti del titolare del trattamento o del responsabile del trattamento in questione relativamente allo stesso oggetto, il rispetto di tali provvedimenti;
- l'adesione ai codici di condotta;
- eventuali altri fattori aggravanti o attenuanti applicabili alle circostanze del caso, ad esempio i benefici finanziari conseguiti o le perdite evitate, direttamente o indirettamente, quale conseguenza della violazione.

L'autorità di controllo ha anche il potere di irrogare **sanzioni correttive non pecuniarie** (art. 58 GDPR). Esse consistono nel:

> rivolgere avvertimenti al titolare o al responsabile del trattamento sul fatto che i trattamenti previsti possono violare le norme;
> rivolgere ammonimenti al titolare o al responsabile del trattamento ove i trattamenti abbiano violato le norme;
> ingiungere al titolare o al responsabile del trattamento di soddisfare le richieste dell'interessato di esercitare i relativi diritti;
> ingiungere al titolare o al responsabile del trattamento di conformare i trattamenti alle norme, eventualmente specificando le modalità e i termini per conformarsi;
> ingiungere al titolare di comunicare agli interessati una violazione dei dati personali;
> imporre una limitazione provvisoria o definitiva al trattamento, sospendere temporaneamente il trattamento, o vietarlo del tutto;

- ordinare la rettifica, la cancellazione o l'aggiornamento dei dati personali, e la notificazione di tali misure ai destinatari cui sono stati comunicati i dati personali;
- revocare le certificazioni o ingiungere all'organismo di certificazione di ritirare le certificazioni rilasciate se i requisiti non sono soddisfatti;
- ordinare la sospensione dei flussi di dati verso un destinatario in un paese terzo o un'organizzazione internazionale.

L'art. 166 D.Lgs. 196/2003 detta i criteri di applicazione delle sanzioni amministrative pecuniarie e disciplina il **procedimento per l'adozione dei provvedimenti correttivi e sanzionatori**. Organo competente ad adottare i provvedimenti correttivi, nonché ad irrogare le sanzioni di cui all'art. 83 del regolamento è il Garante.

Il procedimento per l'adozione dei provvedimenti e delle sanzioni può essere avviato, nei confronti sia di soggetti privati che di autorità pubbliche ed organismi pubblici, a seguito di reclamo o di attività istruttoria d'iniziativa del Garante, nell'ambito dell'esercizio dei poteri d'indagine, nonché in relazione ad accessi, ispezioni e verifiche svolte in base a poteri di accertamento autonomi, ovvero delegati dal Garante. Può essere così sintetizzato:

- l'Ufficio del Garante, quando ritiene che gli elementi acquisiti nel corso delle attività configurino una o più violazioni, avvia il procedimento per l'adozione dei provvedimenti e delle sanzioni notificando al titolare o al responsabile del trattamento le presunte violazioni, salvo che la previa notifica della contestazione non risulti incompatibile con la natura e le finalità del provvedimento da adottare;
- entro 30 giorni dal ricevimento della comunicazione, il contravventore può inviare al Garante scritti difensivi o documenti e può chiedere di essere sentito dalla medesima autorità;
- nell'adozione dei provvedimenti sanzionatori può essere applicata la sanzione amministrativa accessoria della pubblicazione dell'ordinanza-ingiunzione, per intero o per estratto, sul sito internet del Garante;
- i proventi delle sanzioni, nella misura del 50% del totale annuo, sono riassegnati ad un fondo, per essere destinati alle specifiche attività di sensibilizzazione e di ispezione;
- il Garante definisce le modalità del procedimento per l'adozione dei provvedimenti e delle sanzioni, in conformità ai principi della piena conoscenza degli atti istruttori, del contraddittorio, della verbalizzazione, nonché della distinzione tra funzioni istruttorie e funzioni decisorie rispetto all'irrogazione della sanzione.

Estensioni WEB

Test di verifica online

Sezione V
Il lavoro alle dipendenze delle pubbliche amministrazioni

Capitolo 1
La disciplina generale e l'instaurazione del rapporto di lavoro

1.1 Concetti introduttivi

Il **sistema delle fonti** che disciplina l'attività del personale degli enti locali *è costituito da diverse norme che si intersecano* fra loro. L'art. 88 TUEL, con una disposizione di chiusura del sistema, prevede che all'ordinamento degli uffici e del personale degli enti locali, ivi compresi i dirigenti e i Segretari si applichi il **D.Lgs. 165/2001 (Testo unico sul pubblico impiego)** e le altre disposizioni di legge in materia di organizzazione e lavoro nelle Pubbliche Amministrazioni. Il legislatore ha previsto, in tal modo, un espresso **rinvio alla disciplina generale sul pubblico impiego anche per i dipendenti degli enti locali**, che possono trovare ulteriore specificazione in singole disposizioni del TUEL in relazione alle peculiari caratteristiche delle Amministrazioni locali (in particolare nel Titolo IV, articoli da 88 a 111).
Alle prescrizioni di tipo legislativo si affiancano quelle contenute negli accordi collettivi, in particolare nel **contratto del comparto Funzioni locali**; quest'ultimo è a sua volta completato dalla disciplina riportata nei **contratti integrativi**.

1.2 Il rapporto di lavoro pubblico

1.2.1 Caratteristiche generali

Si definisce rapporto di pubblico impiego o, meglio, di lavoro alle dipendenze delle Pubbliche Amministrazioni, quello in cui il **lavoratore pone le proprie energie, in maniera stabile e continuativa, a disposizione dello Stato o di un ente pubblico non economico**.
Due, dunque, sono i soggetti interessati:

> il **dipendente**, ovvero la persona fisica impegnata volontariamente e *dietro corrispettivo* a prestare in modo continuativo la propria attività lavorativa alle dipendenze dell'ente, assumendo perciò lo *status* di dipendente pubblico, cui si collegano peculiari e reciproci diritti e doveri con l'Amministrazione datrice di lavoro;
> il **datore di lavoro pubblico**, ovvero la struttura alle cui dipendenze o sotto la cui direzione un lavoratore presta la propria attività lavorativa. Essa dispone di poteri di

vigilanza e gerarchico-disciplinare, ma, per converso, ha il dovere non solo di corrispondere la retribuzione ma anche di attuare comportamenti e azioni di rispetto e tutela dei diritti dei lavoratori, previsti dallo Statuto dei lavoratori o dalla disciplina normativa e contrattuale. Nell'impiego pubblico, il datore di lavoro non è mai una persona fisica ma sempre un ente (es. il Ministero dell'Interno o il Comune di Siena), per il cui interesse operano gli organi di vertice dell'apparato burocratico.

1.2.2 La privatizzazione

In passato il rapporto di lavoro presso le Pubbliche Amministrazioni era disciplinato in modo radicalmente diverso rispetto agli altri settori. Gli elementi che maggiormente **differenziavano il pubblico impiego da quello privato** erano:

- la costituzione del rapporto con un provvedimento unilaterale dell'Amministrazione (la denominazione specifica era *decreto di nomina*) e non sulla base di un contratto individuale di lavoro;
- l'irrilevanza della fonte contrattuale collettiva. Al rapporto di lavoro pubblico si applicava una specifica riserva di legge, ragion per cui la disciplina era demandata quasi esclusivamente ad atti normativi e regolamentari e non erano previsti contratti collettivi di settore;
- la competenza giurisdizionale del giudice amministrativo (TAR e, in appello, Consiglio di Stato) in luogo del giudice del lavoro. La costituzione del rapporto attraverso un atto amministrativo e la disciplina dello stesso soprattutto attraverso atti regolamentari, determinava inevitabilmente l'attribuzione al giudice amministrativo delle controversie che fossero insorte.

Soltanto con il D.Lgs. 3-2-1993, n. 29, poi confluito nel vigente D.Lgs. 30-3-2001, n. 165 (Testo unico sul pubblico impiego), questo regime speciale è stato superato, con la cosiddetta **privatizzazione dell'impiego pubblico**. Fatte salve le eccezioni soggettive e oggettive, la **disciplina dei pubblici impiegati è ora sostanzialmente equiparata a quella dei lavoratori del settore privato**; è, infatti, prevista l'assunzione mediante un contratto individuale di lavoro, è stata introdotta una specifica contrattazione collettiva di settore e sono state attribuite alla giurisdizione del giudice ordinario le controversie fra dipendenti e Amministrazione.

Rimangono al di fuori della logica contrattuale, e quindi al di **fuori della detta privatizzazione**, alcune categorie (magistrati, avvocati dello Stato, personale militare e forze della polizia di Stato, personale della carriera diplomatica e prefettizia), per le quali il rapporto di impiego permane di stampo pubblicistico e la giurisdizione sulle controversie resta esclusiva in capo al giudice amministrativo.

Dopo l'entrata in vigore del D.Lgs. 165/2001, il rapporto di lavoro presso la Pubblica Amministrazione è caratterizzato da:

- separazione fra **indirizzo politico**, riservato agli organi di vertice politico delle Pubbliche Amministrazioni, e **attività gestionale**, interamente attribuita alla dirigenza;
- attuazione della piena disciplina del rapporto lavorativo sulla base del **contratto collettivo nazionale di lavoro** e costituzione dei singoli rapporti mediante **contratto individuale**;

- per le Amministrazioni statali, eliminazione dell'appartenenza dei dirigenti ai ruoli delle varie Amministrazioni ministeriali e costituzione del **ruolo unico della dirigenza**;
- definizione del **trattamento economico** agganciato, almeno per una parte, all'efficienza e al raggiungimento degli obiettivi prefissati;
- attribuzione delle controversie relative al rapporto di lavoro (con esclusione delle procedure concorsuali) alla giurisdizione del **giudice ordinario**.

1.3 Il sistema delle fonti

1.3.1 Le fonti pubblicistiche

L'art. 2, co. 2, D.Lgs. 165/2001 afferma che «i rapporti di lavoro dei dipendenti delle Amministrazioni pubbliche sono disciplinati dalle disposizioni del capo I, titolo II, del libro V del codice civile e dalle leggi sui rapporti di lavoro subordinato nell'impresa, fatte salve le diverse disposizioni contenute nel D.Lgs. 165/2001, che costituiscono disposizioni a carattere imperativo».
Quello che disciplina il rapporto di lavoro dei dipendenti pubblici è un sistema in cui, nonostante la spinta alla privatizzazione, convivono **fonti di natura pubblicistica** (Costituzione, legge ordinaria, regolamenti) con **norme di diritto comune** (codice civile e altre leggi) e disposizioni riconducibili alla **contrattazione collettiva**.

1.3.2 La disciplina costituzionale

A **livello costituzionale** sono da ricordare le seguenti norme:

- l'*art. 28*, in virtù del quale «i funzionari e i dipendenti dello Stato e degli enti pubblici sono direttamente responsabili, secondo le leggi penali, civili e amministrative, degli atti compiuti in violazione di diritti. In tali casi la responsabilità civile si estende allo Stato e agli enti pubblici»;
- l'*art. 51*, in base al quale tutti i cittadini dell'uno o dell'altro sesso possono accedere agli uffici pubblici;
- l'*art. 54*, che impone ai cittadini cui sono affidate funzioni pubbliche il dovere di adempierle con disciplina e onore;
- l'*art. 97*, laddove si prevede che i pubblici uffici sono organizzati secondo disposizioni di legge, in modo che siano assicurati il buon andamento e l'imparzialità dell'Amministrazione. Lo stesso articolo stabilisce che «nell'ordinamento degli uffici sono determinate le sfere di competenza, le attribuzioni e le responsabilità proprie dei funzionari» e che «agli impieghi nelle Pubbliche Amministrazioni si accede mediante concorso, salvo i casi stabiliti dalla legge».

1.3.3 La disciplina legislativa

A livello legislativo il provvedimento di maggiore rilevanza è indubbiamente il più volte citato **D.Lgs. 30-3-2001, n. 165**, meglio noto come **Testo unico sul pubblico impiego**; la denominazione ufficiale del provvedimento è «Norme generali sull'ordinamento del lavoro alle dipendenze delle Amministrazioni pubbliche».

Si tratta di un corposo documento che nei suoi 73 articoli (senza calcolare quelli aggiunti negli anni) disciplina gran parte degli aspetti del rapporto di lavoro dei dipendenti pubblici. Il provvedimento è così suddiviso:

- Titolo I - *Principi generali* (artt. 1-9);
- Titolo II - *Organizzazione* (artt. 10-39-*quater*), a sua volta ripartito nel Capo I (relazioni con il pubblico), nel Capo II (Dirigenza) e nel Capo III (Uffici, piante organiche, mobilità e accessi);
- Titolo III - *Contrattazione collettiva e rappresentatività sindacale* (artt. 40-50-*bis*);
- Titolo IV - *Rapporto di lavoro* (artt. 51-57);
- Titolo V - *Controllo della spesa* (artt. 58-62);
- Titolo VI - *Giurisdizione* (artt. 63-66);
- Titolo VII - *Disposizioni diverse e norme transitorie finali* (artt. 67-73).

La **nozione di Pubbliche Amministrazioni**, agli effetti del D.Lgs. 165/2001, è fornita dall'art. 1, co. 2, che vi fa rientrare tutte le Amministrazioni dello Stato, ivi compresi gli istituti e le scuole di ogni ordine e grado e le istituzioni educative, le aziende ed Amministrazioni dello Stato ad ordinamento autonomo, le **Regioni**, le **Province**, i **Comuni**, le **Comunità montane**, **e loro consorzi e associazioni**, le istituzioni universitarie, gli Istituti autonomi case popolari, le Camere di commercio e loro associazioni, tutti gli enti pubblici non economici nazionali, regionali e locali, le Amministrazioni, le aziende e gli enti del Servizio Sanitario Nazionale, l'Agenzia per la rappresentanza negoziale delle Pubbliche Amministrazioni (ARAN) e le altre Agenzie pubbliche (anche se si fa esplicito riferimento alle Agenzia previste dal D.Lgs. 300/1999, in realtà il Testo unico si applica anche alle Agenzie istituite con provvedimenti diversi).

Nell'elenco non sono richiamate le **Città metropolitane**; tuttavia l'art. 1, co. 48, della L. 56/2014 (legge Delrio) stabilisce che al personale delle Città metropolitane si applicano le disposizioni vigenti per il personale delle Province. Il richiamo è, invece, presente nell'accordo che definisce i comparti di contrattazione.

L'enorme sforzo di semplificazione della normativa in materia di pubblico impiego non ha evitato che negli anni lo stesso Testo unico fosse oggetto di incisive e ampie modifiche, che in alcuni casi hanno completamente stravolto l'assetto delineato dal legislatore del 2001. Ciò nonostante, questo provvedimento resta ad oggi il principale referente normativo per illustrare la disciplina del lavoro alle dipendenze delle Pubbliche Amministrazioni.

Tra le modifiche di maggiore incisività va sicuramente ricordata la cosiddetta **riforma Brunetta** (L. 4-3-2009, n. 15 e D.Lgs. 27-10-2009, n. 150 di attuazione), che si poneva l'ambizioso obiettivo di avviare una vera e propria azione di riordino del pubblico impiego e tentava di incidere sulla gestione del rapporto individuale di lavoro attraverso l'introduzione di strumenti tipici del settore privato come la *valutazione e la misurazione della performance e la predisposizione di meccanismi premiali* (*vedi Cap. 3*).

Sul solco già tracciato dalla riforma Brunetta hanno preso consistenza gli indirizzi della **riforma Madia**, di cui alla L. 124/2015, che prevedeva un completo riassetto della materia attraverso modifiche radicali dei nodi più critici. In particolare oggetto di riforma sono stati i *meccanismi di reclutamento del personale* e la *responsabilità disciplinare* (D.Lgs. 25-5-2017, n. 75) nonché il riordino del sistema di *valutazione della performance* (D.Lgs. 25-5-2017, n. 74). Non si è mai concretizzata, invece, la pur prevista revisione della dirigenza pubblica.

1.3.4 La disciplina applicabile agli enti locali

Con specifico riferimento al settore degli enti locali, fra le fonti legislative occorre tener presente quanto disposto dal **Titolo IV del TUEL (organizzazione e personale, articoli dal 88 a 111)**. Il Titolo esordisce con l'art. 88, nel quale si afferma che all'ordinamento degli uffici e del personale degli enti locali, ivi compresi i dirigenti e i Segretari comunali e provinciali, si applicano le disposizioni del D.Lgs. 165/2001 e le altre disposizioni di legge in materia di organizzazione e lavoro nelle Pubbliche Amministrazioni. L'art. 89, co. 1, aggiunge che gli enti locali disciplinano, con propri regolamenti e in conformità allo statuto, l'ordinamento generale degli uffici e dei servizi, in base a criteri di autonomia, funzionalità ed economicità di gestione e secondo principi di professionalità e responsabilità.

La **potestà regolamentare degli enti locali** si esercita, tenendo conto di quanto demandato alla contrattazione collettiva nazionale, nelle seguenti materie (art. 89, co. 2, TUEL):

- responsabilità giuridiche attinenti ai singoli operatori nell'espletamento delle procedure amministrative;
- organi, uffici, modi di conferimento della titolarità dei medesimi;
- principi fondamentali di organizzazione degli uffici;
- procedimenti di selezione per l'accesso al lavoro e di avviamento al lavoro;
- ruoli, dotazioni organiche e loro consistenza complessiva;
- garanzia della libertà di insegnamento ed autonomia professionale nello svolgimento dell'attività didattica, scientifica e di ricerca;
- disciplina della responsabilità e delle incompatibilità fra impiego nelle Pubbliche Amministrazioni ed altre attività e casi di divieto di cumulo di impieghi e incarichi pubblici.

1.3.5 I livelli di contrattazione

Nel pubblico impiego, così come in ambito privato, sono previsti diversi livelli di contrattazione. È, infatti, possibile distinguere fra contratti quadro, di comparto e integrativi.

I **contratti quadro (CCNQ)**, conclusi fra l'Agenzia per la rappresentanza negoziale delle Pubbliche Amministrazioni (ARAN) e le varie confederazioni sindacali, *regolamentano aspetti trasversali* rispetto ai singoli contratti collettivi come la rappresentanza sindacale, le procedure di conciliazione e arbitrato, la definizione dei comparti di contrattazione ecc.

I **contratti collettivi nazionali di lavoro (CCNL) dei comparti** sono accordi che disciplinano l'attività lavorativa di *raggruppamenti di pubblici dipendenti riuniti per settori omogenei ed affini*. Nel pubblico impiego, infatti, non esiste un unico contratto collettivo ma sono stipulati tanti accordi quanti sono i comparti individuati da un apposito accordo quadro. Anche in questo caso sono negoziati dall'ARAN e dai sindacati nazionali.

Fino al 2016 erano contemplati 12 comparti di contrattazione, anche se già dal 2009 era stato modificato l'art. 40 del D.Lgs. 165/2001 (dall'art. 54, D.Lgs. 150/2009), prevedendo una loro riduzione a 4. La novità è divenuta operativa solo con l'Accordo del 13 luglio 2016 (confermato da un successivo accordo del 3 agosto 2021) che ha distinto i seguenti comparti: delle **Funzioni centrali**, delle **Funzioni locali**, dell'**Istruzione e ricerca** e della **Sanità**. Il primo CCNL post-riforma (concernente le Funzioni centrali) è stato firmato il 23 dicembre 2017.

Nell'ambito dei contratti di comparto possono essere stipulati accordi finalizzati ad integrare o specificare aspetti in esso trattati o a definire materie non affrontate e risolte in seno al CCNL, perché particolarmente controverse fra le parti (cosiddette *code contrattuali*). Inoltre, per ciascun comparto, sono stipulati distinti contratti per il *personale dirigente* e per il *personale non dirigente*.
I **contratti collettivi integrativi (CCI)** sono stipulati dalle singole Amministrazioni (un ministero, una Regione, un Comune ecc.) e i sindacati di comparto (o dalle rappresentanze sindacali unitarie). Integrano le disposizioni riportate nei contratti nazionali e riportano la disciplina di dettaglio che, nel rispetto delle linee del CCNL, regola aspetti particolari quali le mansioni specifiche, le progressioni di carriera ecc.

L'art. 40, co. 3, D.Lgs. 165/2001 prevede che la contrattazione collettiva disciplini la struttura contrattuale, i rapporti fra i diversi livelli e la durata dei contratti collettivi nazionali e integrativi, e che la durata venga stabilita in modo che vi sia coincidenza fra la vigenza della disciplina giuridica e di quella economica (in ragione di **trienni**).
Il contratto collettivo, una volta sottoscritto, vincola sia le Pubbliche Amministrazioni che tutti i lavoratori interessati; esso acquista efficacia immediata, svincolata dalla pubblicazione (in *Gazzetta Ufficiale*, per i contratti nazionali, o sul *Bollettino Ufficiale* dell'ente di riferimento, per i contratti integrativi), che ha funzione di pubblicità-notizia e non incide sull'efficacia del contratto stesso.

1.3.6 Il contratto del comparto Funzioni locali

Il contratto che attualmente disciplina l'attività dei dipendenti non dirigenti degli enti locali (**comparto Funzioni locali**) è stato firmato il **21 maggio 2018**, e sostituisce una disciplina risalente al 2009; è da sottolineare, comunque, che lo stesso testo del 2018 specifica che, per quanto non previsto dal nuovo contratto, continuano a trovare applicazione, in quanto compatibili o non disapplicate, le disposizioni dei precedenti CCNL. Il contratto ha una validità per il periodo 2016-2018 sia per la parte giuridica che per quella economica e si rinnova tacitamente di anno in anno se non viene data disdetta; anche in questo caso, però, continua ad applicarsi fino al successivo rinnovo contrattuale.
Il **campo di applicazione** del contratto è indicato nell'art. 4 del CCNQ sui comparti di contrattazione. Il citato articolo afferma che il comparto delle Funzioni locali comprende il personale non dirigente dipendente da Regioni a statuto ordinario e dagli enti pubblici non economici dalle stesse dipendenti, Province, Città metropolitane, enti di area vasta, liberi consorzi comunali (L. 15/2015 della Regione Sicilia), Comuni, Comunità montane, ex Istituti autonomi per le case popolari comunque denominati, Consorzi e associazioni (incluse le Unioni di Comuni), Aziende pubbliche di servizi alla persona (ex IPAB) che svolgono prevalentemente funzioni assistenziali, Camere di commercio.
Il contratto del 2018 è suddiviso nelle sezioni riportate nello schema, alle quali vanno aggiunte varie tabelle e dichiarazioni congiunte.

La struttura del contratto collettivo comparto «Funzioni locali» 2018	
Titolo I Disposizioni generali	Art. 1 *Campo di applicazione* Art. 2 *Durata, decorrenza, tempi e procedure di applicazione del contratto*
Titolo II Relazioni sindacali	Art. 3 *Obiettivi e strumenti* Art. 4 *Informazione* Art. 5 *Confronto* Art. 6 *Organismo paritetico per l'innovazione* Art. 7 *Contrattazione collettiva integrativa: soggetti e materie* Art. 8 *Contrattazione collettiva integrativa: tempi e procedure* Art. 9 *Contrattazione collettiva integrativa di livello territoriale* Art. 10 *Clausole di raffreddamento*
Titolo III Ordinamento professionale	Art. 11 *Commissione paritetica sui sistemi di classificazione professionale* Art. 12 *Conferma del sistema di Classificazione* Art. 13 *Area delle posizioni organizzative* Art. 14 *Conferimento e revoca degli incarichi per le posizioni organizzative* Art. 15 *Retribuzione di posizione e retribuzione di risultato* Art. 16 *Progressione economica all'interno della categoria* Art. 17 *Disposizioni particolari sulle posizioni organizzative* Art. 18 *Compensi aggiuntivi ai titolari di posizione organizzativa* Art. 18-*bis Istituzione nuovi profili per le attività di comunicazione e informazione*
Titolo IV Rapporto di lavoro	**Capo I Costituzione del rapporto di lavoro** Art. 19 *Contratto individuale di lavoro* Art. 20 *Periodo di prova* Art. 21 *Fascicolo personale* **Capo II Istituti dell'orario di lavoro** Art. 22 *Orario di lavoro* Art. 23 *Turnazioni* Art. 24 *Reperibilità* Art. 25 *Orario multiperiodale* Art. 26 *Pausa* **Capo III Conciliazione vita-lavoro** Art. 27 *Orario di lavoro flessibile* **Capo IV Ferie e festività** Art. 28 *Ferie, recupero festività soppresse e festività del santo patrono* Art. 29 *Disciplina sperimentale delle ferie fruibili ad ore* Art. 30 *Ferie e riposi solidali*

Titolo IV Rapporto di lavoro	**Capo V Permessi, assenze e congedi** Art. 31 *Permessi retribuiti* Art. 32 *Permessi orari retribuiti per particolari motivi personali o familiari* Art. 33 *Permessi e congedi previsti da particolari disposizioni di legge* Art. 33-*bis Permessi brevi* Art. 34 *Congedi per le donne vittime di violenza* Art. 35 *Assenze per l'espletamento di visite, terapie, prestazioni specialistiche od esami diagnostici* Art. 36 *Assenze per malattia* Art. 37 *Assenze per malattia in caso di gravi patologie richiedenti terapie salvavita* Art. 38 *Infortuni sul lavoro e malattie dovute a causa di servizio* Art. 39 *Aspettativa per motivi familiari e personali* Art. 40 *Altre aspettative previste da disposizioni di legge* Art. 41 *Aspettativa per ricongiungimento con il coniuge che presti servizi all'estero* Art. 42 *Norme comuni sulle aspettative* Art. 43 *Congedi dei genitori* Art. 44 *Tutela dei dipendenti in particolari condizioni psicofisiche* Art. 45 *Diritto allo studio* Art. 46 *Congedi per la formazione* Art. 47 *Servizio militare* Art. 48 *Unioni civili* Art. 49 *Disapplicazioni* **Capo VI Formazione del personale** Art. 49-*bis Principi generali e finalità della formazione* Art. 49-*ter Destinatari e processi della formazione*
Titolo V Tipologie flessibili del rapporto di lavoro	**Capo I Lavoro a tempo determinato** Art. 50 *Contratto di lavoro a tempo determinato* Art. 51 *Trattamento economico-normativo del personale con contratto a tempo determinato* **Capo II Somministrazione di lavoro a tempo determinato** Art. 52 *Contratto di somministrazione* **Capo III Lavoro a tempo parziale** Art. 53 *Rapporto di lavoro a tempo parziale* Art. 54 *Orario di lavoro del personale con rapporto di lavoro a tempo parziale* Art. 55 *Trattamento economico-normativo del personale con rapporto di lavoro a tempo parziale* Art. 56 *Disapplicazioni*
Titolo VI Sezione per la polizia locale	Art. 56-*bis Personale destinatario delle disposizioni della presente Sezione* Art. 56-*ter Prestazioni del personale in occasione di svolgimento di attività ed iniziative di carattere privato* Art. 56-*quater Utilizzo dei proventi delle violazioni del codice della strada* Art. 56-*quinquies Indennità di servizio esterno* Art. 56-*sexies Indennità di funzione*

Titolo VII Responsabilità disciplinare	Art. 57 *Obblighi del dipendente* Art. 58 *Sanzioni disciplinari* Art. 59 *Codice disciplinare* Art. 60 *Sospensione cautelare in corso di procedimento disciplinare* Art. 61 *Sospensione cautelare in caso di procedimento penale* Art. 62 *Rapporto fra procedimento disciplinare e procedimento penale* Art. 63 *Determinazione concordata della sanzione*
Titolo VIII Trattamento economico	Art. 64 *Incrementi degli stipendi tabellari* Art. 65 *Effetti dei nuovi stipendi* Art. 66 *Elemento perequativo* Art. 67 *Fondo risorse decentrate: costituzione* Art. 68 *Fondo risorse decentrate: utilizzo* Art. 69 *Differenziazione del premio individuale* Art. 70 *Misure per disincentivare elevati tassi di assenza del personale* Art. 70-*bis Indennità condizioni di lavoro* Art. 70-*ter Compensi ISTAT* Art. 70-*quater Indennità per il personale addetto alle case da gioco* Art. 70-*quinquies Indennità per specifiche responsabilità* Art. 70-*sexies Fondo risorse decentrate presso le Unioni di Comuni* Art. 70-*septies Disposizioni per il personale delle categorie A e B* Art. 70-*octies Integrazione della disciplina della trasferta* Art. 71 *Disapplicazioni* Art. 72 *Welfare integrativo* Art. 73 *Previdenza complementare*

1.3.7 Il riparto fra i vari livelli di contrattazione

La presenza di vari livelli di contrattazione, cui si aggiunge la specifica disciplina del rapporto derivante da fonti legislative, ha reso indispensabile definire la **ripartizione degli aspetti che ogni fonte può disciplinare**. Anche se la contrattazione collettiva ha assunto un ruolo di assoluta preminenza nell'ambito del sistema delle fonti, avendo il legislatore demandato ad essa il compito di regolamentare i più rilevanti aspetti del rapporto di lavoro, restano comunque delle limitazioni esplicitamente contemplate dal Testo unico sul pubblico impiego.

Nell'art. 40, co. 1, D.Lgs. 165/2001 si afferma, infatti, che sono **escluse dalla contrattazione collettiva** le materie attinenti all'*organizzazione degli uffici*, quelle oggetto di *partecipazione sindacale*, quelle afferenti alle *prerogative dirigenziali* e concernenti il *conferimento* e la *revoca* degli *incarichi dirigenziali*.

Di converso **spetta alla contrattazione collettiva** il compito di *disciplinare il rapporto di lavoro e le relazioni sindacali*. Nelle materie relative alle *sanzioni disciplinari*, alla *valutazione delle prestazioni* ai fini della corresponsione del trattamento accessorio, della mobilità e delle progressioni economiche, la contrattazione collettiva è consentita negli esclusivi limiti previsti dalle norme di legge.

Fino alla riforma del 2017 i contratti collettivi potevano **derogare a disposizioni legislative** solo nell'ipotesi in cui ciò fosse previsto "espressamente" da una legge. Con le modifiche all'art. 2, co. 2, del D.Lgs. 165/2001, previste dal D.Lgs. 75/2017, tale vincolo è stato eliminato e si è introdotto il **principio per cui i contratti collettivi possono sempre derogare a disposizioni di legge**, **regolamento o statuto** (che già abbiano introdotto una disciplina del rapporto di lavoro) purché rispettino i limiti imposti dal nuovo testo legislativo. In base a quest'ultimo, la derogabilità è consentita esclusivamente nelle materie affidate alla contrattazione collettiva (delimitando in tal modo il perimetro entro il quale può operare), deve muoversi sempre nel rispetto dei principi posti dal D.Lgs. 165/2001 ed è ammessa soltanto per i contratti o accordi collettivi nazionali (escludendo quelli integrativi).

Il **contratto integrativo può disciplinare** solo ed esclusivamente le materie rimesse dal contratto nazionale e incontra dei limiti nel fatto che *non può contrastare con i vincoli di cui al contratto collettivo nazionale né comportare oneri non previsti da quest'ultimo atto.* Le clausole del contratto decentrato eventualmente stipulate in violazione di tali limiti sono nulle e non potranno essere applicate.

Materie demandate alla contrattazione integrativa (art. 7, co. 4, CCNL Funzioni Locali)	
• Criteri di ripartizione delle risorse disponibili per la contrattazione integrativa fra le diverse modalità di utilizzo • Criteri per l'attribuzione dei premi correlati alla *performance* • Criteri per la definizione delle procedure per le progressioni economiche • Individuazione delle misure dell'indennità correlata alle condizioni di lavoro, entro i valori minimi e massimi e nel rispetto dei criteri previsti, nonché definizione dei criteri generali per la sua attribuzione • Individuazione delle misure dell'indennità di servizio esterno, entro i valori minimi e massimi e nel rispetto dei criteri previsti, nonché definizione dei criteri generali per la sua attribuzione • Criteri generali per l'attribuzione dell'indennità per specifiche responsabilità • Criteri generali per l'attribuzione di trattamenti accessori per i quali specifiche leggi operino un rinvio alla contrattazione collettiva • Criteri generali per l'attivazione di piani di welfare integrativo • Elevazione della misura dell'indennità di reperibilità • Correlazione fra i compensi aggiuntivi e la retribuzione di risultato dei titolari di posizione organizzativa • Elevazione dei limiti per il numero dei turni di reperibilità nel mese anche attraverso modalità che consentano la determinazione di tali limiti con riferimento ad un arco temporale plurimensile • Elevazione dei limiti previsti in merito, rispettivamente, all'arco temporale preso in considerazione per l'equilibrata distribuzione dei turni, nonché ai turni notturni effettuabili nel mese	• Linee di indirizzo e i criteri generali per l'individuazione delle misure concernenti la salute e sicurezza sul lavoro • Elevazione del contingente dei rapporti di lavoro a tempo parziale • Limite individuale annuo delle ore che possono confluire nella banca delle ore • Criteri per l'individuazione di fasce temporali di flessibilità oraria in entrata e in uscita, al fine di conseguire una maggiore conciliazione fra vita lavorativa e vita familiare • Elevazione del periodo di 13 settimane di maggiore e minore concentrazione dell'orario multi periodale • Individuazione delle ragioni che permettono di elevare, fino ad ulteriori sei mesi, l'arco temporale su cui è calcolato il limite delle 48 ore settimanali medie • Elevazione del limite massimo individuale di lavoro straordinario • Riflessi sulla qualità del lavoro e sulla professionalità delle innovazioni tecnologiche inerenti l'organizzazione di servizi • Incremento delle risorse destinate alla corresponsione della retribuzione di posizione e di risultato delle posizioni organizzative • Criteri generali per la determinazione della retribuzione di risultato dei titolari di posizione organizzativa • Valore dell'indennità di funzione, nonché criteri per la sua erogazione • Integrazione delle situazioni personali e familiari in materia di turni di lavoro notturni

1.4 La gestione delle risorse umane e l'adozione del PIAO (Piano integrato di attività e di organizzazione)

1.4.1 Finalità e ambito soggettivo

Ai fini della gestione delle risorse umane nella pubblica amministrazione nel corso degli anni è stato introdotto l'obbligo di redigere e presentare diversi documenti programmatici e di pianificazione (Piano della *performance*, Piano del fabbisogno del personale, Piano del lavoro agile, Piano anticorruzione ecc.) che, seppur nati con finalità diverse, sono risultati talvolta per molti punti sovrapposti e sovente non coordinati tra loro.
Con l'art. 6 D.L. 80/2021 (convertito dalla L. 113/2021) il legislatore ha tentato un riordino complessivo della materia imponendo alle *amministrazioni con più di 50 dipendenti* (escluse le scuole di ogni ordine e grado e le istituzioni educative), l'obbligo di adottare il Piano integrato di attività e organizzazione (PIAO). Si tratta di un **documento unitario finalizzato ad assorbire molti degli atti di pianificazione cui sono tenute le amministrazioni**, **razionalizzandone la disciplina in un'ottica di massima semplificazione.**
Per le pubbliche amministrazioni con meno di 50 dipendenti è prevista la definizione di modalità semplificate di adozione del Piano.
Il **PIAO è predisposto esclusivamente in formato digitale**, deve essere approvato dalle Amministrazioni interessate entro il 31 gennaio di ogni anno (per il 2022 il termine è stato differito al 30 giugno dal D.L. 36/2022), pubblicato sul sito istituzionale dell'Amministrazione e inviato al Dipartimento della Funzione Pubblica della Presidenza del Consiglio dei ministri per la pubblicazione sul relativo portale.
Alla **mancata definizione del PIAO** consegue l'applicazione delle **sanzioni** di cui all'art. 10, co. 5, D.Lgs. 150/2009: subentrano cioè il *divieto di erogazione della retribuzione di risultato* ai dirigenti che risulteranno avere concorso alla mancata adozione del Piano oltre che il *divieto di assumere e affidare incarichi di consulenza o di collaborazione* comunque denominati. Si applica inoltre la *sanzione amministrativa da 1.000 a 10.000 euro* prevista dall'art. 19, co. 5, lett. *b*), D.L. 90/2014, riferita alla mancata approvazione della programmazione anticorruzione.

1.4.2 I contenuti del PIAO

In coerenza con i contenuti precisati dall'art. 6, co. 2, D.L. 80/2021, il PIAO deve definire i seguenti profili:

> gli **obiettivi programmatici e strategici della *performance***, stabilendo il collegamento fra la *performance* individuale e i risultati delle *performance* organizzative. Ne deriva il relativo assorbimento del *Piano dettagliato degli obiettivi (PDO)* e del *Piano della performance*, quest'ultimo, unitamente alla Relazione sulla performance, previsto dall'art. 10 D.Lgs. 150/2009.
Il *Piano della performance* è un documento programmatico triennale definito dall'organo di indirizzo politico-amministrativo in collaborazione con i vertici dell'amministrazione e secondo gli indirizzi del DFP. Individua gli indirizzi e gli obiettivi e definisce gli indicatori per la misurazione e valutazione della performance dell'amministrazione, nonché gli obiettivi assegnati ai dirigenti e i relativi indicatori.

La *Relazione sulla performance* è, invece, un documento riassuntivo finale, da adottare entro il 30 giugno con riferimento all'anno precedente, con la quale si evidenziano i risultati organizzativi e individuali raggiunti rispetto ai singoli obiettivi programmati e alle risorse, con rilevazione degli eventuali scostamenti, e il bilancio di genere realizzato;

- la **strategia di gestione del capitale umano e di sviluppo organizzativo e gli obiettivi formativi annuali e pluriennali**. In tema di *gestione e organizzazione delle risorse umane* deve tenersi conto delle disposizioni emergenziali, adottate in occasione della pandemia da Sars-CoV-2, che hanno portato alla codificazione del lavoro agile e dell'art. 263 D.L. 34/2020 che ha istituito una sezione del Piano della performance dedicata al *Piano organizzativo del lavoro agile (POLA)*, altro documento che confluisce nel PIAO. Con il POLA le amministrazioni devono preoccuparsi di individuare le modalità attuative del lavoro agile, anche sulla base delle disposizioni riportate nelle Linee Guida adottate nel mese di dicembre 2021 (*vedi infra*). Quanto agli *obiettivi formativi* essi devono mirare alla completa alfabetizzazione digitale, allo sviluppo di competenze tecniche trasversali e manageriali, all'accrescimento dei titoli culturali e di studio correlati all'ambito d'impiego;
- gli **strumenti e gli obiettivi del reclutamento di nuove risorse e della valorizzazione delle risorse interne**. Nel PIAO confluisce anche il *Piano triennale dei fabbisogni di personale (PTFP)*, previsto dall'art. 6 D.Lgs. 165/2001 (nel testo modificato dal D.Lgs. 75/2017), con il quale vengono definiti l'organizzazione degli uffici e la composizione dei relativi organici, sempre nell'ambito del limite finanziario stabilito. Quanto alla valorizzazione delle risorse interne e alle progressioni verticali di carriera la disciplina è posta dall'art. 52, co. 1-*bis*, D.Lgs. 165/2001.

  Fino alle modifiche introdotte con il D.Lgs. 75/2017, il numero dei dipendenti pubblici era determinato dalla cosiddetta **dotazione organica**, che costituiva la previsione della consistenza numerica del personale dipendente della Pubblica Amministrazione. Ad ogni ente era attribuita una specifica dotazione organica (un certo numero di dipendenti per svolgere le attività di sua competenza) che, in pratica, si traduceva nell'assegnazione di un certo numero di dipendenti suddivisi per categoria e per profilo professionale. La dotazione poteva essere modificata in occasione dell'assegnazione di nuovi funzioni o della sottrazione di compiti.
  Con la riformulazione dell'art. 6 D.Lgs. 165/2001 (ad opera del citato D.Lgs. 75/2017), si è compiuta un'inversione di tendenza dal momento che l'organizzazione e la disciplina degli uffici e dei rapporti di lavoro non sono più collegati alla dotazione organica ma ad uno specifico **Piano triennale dei fabbisogni di personale (PTFP)**, documento con il quale, tenendo conto anche delle risorse finanziarie a disposizione, si individuano le attività che l'ente deve svolgere nel successivo triennio e, sulla base di questo atto, si individuano le risorse umane di cui necessita, ossia la consistenza della dotazione organica e la sua eventuale rimodulazione in base ai fabbisogni programmati.
  Il fabbisogno di personale dell'ente non è individuato una volta e per sempre sulla base della dotazione organica, ma è quest'ultima che viene determinata di volta in volta sulla base del Piano triennale, a sua volta elaborato tenendo conto delle attività da svolgere.
  Il D.Lgs. 75/2017 pone il *divieto di assumere personale per le Pubbliche Amministrazioni che non adempiano alle disposizioni relative al PTFP*; tale limitazione non opera nei confronti del personale delle categorie protette;

- gli **strumenti e le fasi per giungere alla piena trasparenza dell'attività e dell'organizzazione amministrativa** nonché per raggiungere gli obiettivi in materia di anticorruzione. Tale previsione considera l'inglobamento del *Piano triennale di prevenzione della corruzione (PTPC)* la cui fonte normativa è costituita dalla L. 190/2012. Quest'ultima stabilisce che i Piani anticorruzione delle singole amministrazioni devono individuare le attività a maggior rischio corruttivo e gli interventi di formazione e controllo utili a prevenire tale fenomeno. Con le modifiche introdotte dal D.Lgs. 97/2016 essi contengono ora anche la definizione delle misure per l'attuazione effettiva degli obblighi di trasparenza, ossia le soluzioni organizzative idonee ad assicurare l'adempimento degli obblighi di pubblicazione di dati e informazioni previsti dalla normativa vigente in capo alle pubbliche amministrazioni (D.Lgs. 33/2013), in precedenza oggetto di un distinto atto di pianificazione;

> l'elenco delle **procedure da semplificare e reingegnerizzare ogni anno**, anche mediante il ricorso alla tecnologia e sulla base della consultazione degli utenti, nonché la pianificazione delle attività;
> le **modalità e le azioni finalizzate a realizzare la piena accessibilità alle amministrazioni**, fisica e digitale, da parte dei cittadini svantaggiati (in particolare ultrasessantacinquenni e soggetti con disabilità);
> le **modalità e le azioni finalizzate al pieno rispetto della parità di genere**, anche con riguardo alla composizione delle commissioni esaminatrici dei concorsi. Ai sensi dell'art. 48 D.Lgs. 198/2006 (Codice delle pari opportunità), le amministrazioni pubbliche devono predisporre il *Piano di azioni positive (PAP)*, di durata triennale, con il quale sono individuate le misure specifiche per eliminare in un determinato contesto gli ostacoli che di fatto impediscono la piena realizzazione di pari opportunità di lavoro e nel lavoro tra uomo e donna. Anche questo documento confluisce nel PIAO.

1.4.3 I provvedimenti attuativi del PIAO

Il quadro normativo relativo al Piano integrato di attività e organizzazione (PIAO) si è completato con la pubblicazione in Gazzetta Ufficiale del **D.P.R. 81/2022** e l'approvazione del **D.M. 30 giugno 2022**: il primo decreto, oltre ad alcune disposizioni di coordinamento, individua gli adempimenti relativi ai piani assorbiti dal PIAO e, di conseguenza, soppressi per le amministrazioni tenute alla redazione dello stesso, mentre il D.M. 30 giugno 2022 ne definisce la composizione, il contenuto e ne fornisce lo schema di Piano-tipo (come strumento di supporto) per le Amministrazioni pubbliche.

Le pubbliche amministrazioni devono conformare il PIAO alla struttura e alle modalità redazionali indicate nello schema allegato al decreto ministeriale del 30 giugno 2022. In particolare, il predetto decreto prevede che il Piao venga suddiviso in tre Sezioni (1. Sezione Valore pubblico, Performance e Anticorruzione; 2. Sezione Organizzazione e Capitale umano; 3. Sezione Monitoraggio), ciascuna delle quali a sua volta ripartita in sottosezioni di programmazione, riferite a specifici ambiti di attività amministrativa e gestionali.

Ogni Sezione deve avere contenuto sintetico e descrittivo delle relative azioni programmate per il periodo di applicazione del Piano stesso, con particolare riferimento, ove ve ne sia necessità, alla fissazione di obiettivi temporali intermedi.

Circa i termini di adempimento per l'adozione del PIAO, l'art. 8 del decreto specifica che, in ogni caso di differimento del termine previsto per l'approvazione dei bilanci di previsione, il termine di adozione del Piao, fissato al 31 gennaio di ogni anno, è differito di trenta giorni successivi a quello di approvazione dei bilanci e che, in sede di prima applicazione, il termine è differito di 120 giorni successivi a quello di approvazione del bilancio di previsione.

Per le **pubbliche amministrazioni con meno di 50 dipendenti**, poi, il decreto stabilisce delle modalità semplificate, stabilendo che esse, oltre a dover procedere alla mappatura dei processi al fine di individuare le problematicità che, in virtù della natura e delle caratteristiche dell'attività, espongono l'amministrazione a rischi corruttivi, sono tenute, altresì, alla predisposizione del PIAO limitatamente alla "Sezione Organizzazione e Capitale Umano". L'aggiornamento nel triennio di vigenza della sezione avviene in presenza di fatti corruttivi, modifiche organizzative rilevanti o ipotesi di disfunzioni amministrative significative intercorse ovvero di aggiornamenti o modifiche degli obiettivi di performance a protezione del valore pubblico.

1.5 Le procedure di reclutamento e l'instaurazione del rapporto di lavoro

1.5.1 L'obbligo del concorso pubblico previsto dalla Costituzione

Secondo quanto stabilito dall'art. 97, co. 3, Cost. **agli impieghi nelle pubbliche amministrazioni si accede mediante concorso**, salvo i casi stabiliti dalla legge.
Il concorso pubblico, come sottolinea la Corte costituzionale, è la *forma generale e ordinaria di reclutamento del personale della pubblica amministrazione*, in quanto meccanismo imparziale che, offrendo le migliori garanzie di selezione tecnica e neutrale dei più capaci sulla base del merito, garantisce l'efficienza dell'azione amministrativa (*ex plurimis,* cfr. Corte cost., sent. n. 134/2014). Tuttavia, la medesima Corte riferisce che **l'indefettibilità del concorso pubblico come canale di accesso pressoché esclusivo nei ruoli delle pubbliche amministrazioni non è assoluta**. Ad essa può derogarsi in presenza di peculiari e straordinarie esigenze di interesse pubblico. Forme diverse di reclutamento e di copertura dei posti devono essere legislativamente disposte per singoli casi e secondo criteri che, pur involgendo necessariamente la discrezionalità del legislatore, devono rispondere a criteri di ragionevolezza che non contraddicano i principi di buon andamento e di imparzialità dell'amministrazione (Cons. Stato, 3-3-2022, n. 1542).

1.5.2 Le procedure alternative: stabilizzazioni, selezioni da elenchi, formazioni di elenchi di idonei e portale InPA

Nella prassi si è spesso affermato uno schema quasi alternativo al meccanismo procedurale del concorso, caratterizzato dalle seguenti fasi: selezioni semplificate per l'*assunzione a termine*, un lungo periodo di *precariato* e una procedura finale di *stabilizzazione.* In vista del raggiungimento degli impellenti obiettivi istituzionali prefissati nel Piano nazionale di ripresa e resilienza (PNRR), poi, con il D.L. 80/2021 il legislatore ha introdotto nuovi percorsi di reclutamento, abbreviati o accelerati, che, se pur pensati in funzione esclusiva dell'attuazione del PNRR, sono divenuti, in sede di conversione, canali stabili di reclutamento nel pubblico impiego.

Nella specie le modalità speciali di reclutamento del personale da impiegare per l'attuazione del Piano sono di due tipi: il **concorso abbreviato** e la **selezione da elenchi** (si vedano, rispettivamente, gli articoli 1, co. 4, e 5-9 D.L. 80/2021, convertito dalla L. 113/2021).
Quest'ultima procedura, in particolare, si basa su due distinti elenchi tenuti e periodicamente aggiornati dal Dipartimento della funzione pubblica. A tali elenchi, articolati per profili, specializzazioni e ambiti territoriali, possono iscriversi professionisti, esperti e personale in possesso di un'alta specializzazione, che si candidano, alternativamente, o per la stipula di contratti di lavoro subordinato a termine o per l'affidamento di incarichi di collaborazione autonoma.
A tal fine rileva il **Portale unico del reclutamento (Portale InPA)** formalmente istituito presso il Dipartimento della funzione pubblica da una legge del 2019, ma concretamente realizzato nel 2021 e ora disciplinato dall'art. 35-*ter* D.Lgs. 165/2001 (aggiunto dall'art. 2, co. 1, D.L. 36/2022); esso svolge proprio la funzione di creare una piattaforma unica, una sorta di bacino stabile di candidati idonei, da cui le amministrazioni possono attingere.

In primo luogo il Portale raccoglie tutti i *bandi per il reclutamento* del personale pubblico a tempo determinato e indeterminato e garantisce l'acquisizione della documentazione relativa a tali procedure; organizza, altresì, la pubblicazione di tali documenti in modo accessibile e ricercabile secondo parametri utili ai cittadini che intendono partecipare ai concorsi.
In secondo luogo è previsto l'*obbligo di registrazione su InPA per poter partecipare ai concorsi* per l'assunzione di personale a tempo determinato e indeterminato nelle amministrazioni pubbliche centrali e nelle Autorità amministrative indipendenti (l'utilizzo del Portale sarà facoltativo dal 1° luglio 2022 e obbligatorio dal 1° novembre 2022). Lo step successivo sarà l'estensione delle funzionalità del Portale anche a Regioni ed enti locali, per le rispettive selezioni di personale, con modalità da definire con decreto del Ministro della pubblica amministrazione, adottato previa intesa in Conferenza unificata.
In terzo luogo sono riportati in un'apposita sezione del Portale gli *avvisi per la mobilità*. Il personale interessato a partecipare a tali procedure potrà inviare la propria candidatura, previa registrazione su InPA corredata dal proprio curriculum vitae esclusivamente in formato digitale.

Gli elenchi di idonei diventano un possibile canale di reclutamento ordinario per l'assunzione negli enti locali che possono organizzare e gestire in forma aggregata, anche in assenza di un fabbisogno di personale, **selezioni uniche proprio al fine di formare elenchi di idonei** all'assunzione nei ruoli dell'amministrazione, sia a tempo indeterminato sia a tempo determinato, per vari profili professionali e categorie, compresa la dirigenza.

1.5.3 L'avviamento a selezione e le assunzioni obbligatorie

Costituiscono procedure ulteriori di reclutamento l'**avviamento degli iscritti negli elenchi anagrafici** e le **assunzioni obbligatorie** di cui all'art. 1 L. 68/1999 dei soggetti appartenenti alle categorie protette (es. invalidi), previa verifica della compatibilità con le mansioni da svolgere.

Nel primo caso (il cosiddetto **avviamento a selezione**) le assunzioni sono effettuate attingendo dai nominativi presenti negli elenchi anagrafici (che hanno sostituito le precedenti *liste di collocamento*) presso i Centri per l'Impiego (CPI).

Per le **assunzioni obbligatorie**, invece, la legge prevede diverse modalità di assunzione: la *chiamata nominativa* dalle liste dei Centri per l'impiego, con la specifica indicazione da parte del datore di lavoro della persona che intende assumere, ovviamente iscritto nelle specifiche liste, la *chiamata numerica* (mediante avviamento) ai CPI, vale a dire una richiesta generica che non comporta l'individuazione di un soggetto specifico, il *concorso (con riserva di posti)*, per qualifiche diverse da quelle prima menzionate (art. 16 L. 68/1999), e la *stipula di apposite convenzioni* con i datori di lavoro (art. 11 L. 68/1999).

1.5.4 L'instaurazione del rapporto di lavoro

Come conseguenza della privatizzazione la procedura di reclutamento non si conclude più con un atto di nomina, bensì con un **contratto individuale di lavoro**.
L'art. 19 CCNL Funzioni locali afferma che nel contratto di lavoro individuale, per il quale è richiesta la **forma scritta**, sono comunque indicati: tipologia e data di inizio del rapporto di lavoro, categoria e profilo professionale di inquadramento, posizione economica iniziale, durata del periodo di prova, sede di lavoro e termine finale in caso di rapporto di lavoro a tempo determinato.
Il contratto individuale specifica che il rapporto di lavoro è regolato dai contratti collettivi nel tempo vigenti anche per le cause di **risoluzione del contratto** di lavoro e per i termini di **preavviso**. È, in ogni modo, condizione risolutiva del contratto, senza obbligo di preavviso, l'annullamento della procedura di reclutamento che ne costituisce il presupposto.
Il **periodo di prova** – a norma dell'art. 20 CCNL Funzioni locali – ha una durata di 2 mesi, per i dipendenti inquadrati nelle categorie A e B, e di 6 mesi, per il personale inquadrato nelle restanti categorie.
L'assunzione in servizio comporta, per il pubblico dipendente, diritti e doveri. Questi sono stabiliti da norme di legge e dai contratti collettivi.

1.6 Il lavoro a tempo indeterminato e l'utilizzo di forme flessibili dell'attività lavorativa

1.6.1 Il lavoro subordinato a tempo indeterminato

L'art. 36, co. 1, D.Lgs. 165/2001 stabilisce che per le esigenze connesse con il proprio fabbisogno ordinario le pubbliche amministrazioni assumono esclusivamente con **contratti di lavoro subordinato a tempo indeterminato**. L'assunzione può avvenire con **rapporto di lavoro a tempo pieno o a tempo parziale**. In quest'ultimo caso, il contratto individuale indica anche l'articolazione dell'orario di lavoro assegnato, nell'ambito delle tipologie possibili.

L'**art. 54 CCNL Funzioni locali** afferma che il rapporto di lavoro a tempo parziale può essere:
- *orizzontale*, con **orario normale giornaliero di lavoro in misura ridotta** rispetto al tempo pieno e con articolazione della prestazione di servizio ridotta in tutti i giorni lavorativi (5 o 6 giorni);
- *verticale*, con **prestazione lavorativa svolta a tempo pieno**, ma limitatamente a periodi predeterminati nel corso della settimana, del mese, dell'anno e con articolazione della prestazione su alcuni giorni della settimana, del mese, o di determinati periodi dell'anno, in misura tale da rispettare la media della durata del lavoro settimanale prevista per il tempo parziale nell'arco temporale preso in considerazione (settimana, mese o anno);
- *misto*, ossia con **combinazione delle due** modalità in precedenza indicate.

La prestazione lavorativa a tempo parziale non può essere inferiore al 30% di quella a tempo pieno. L'art. 53 del CCNL stabilisce che gli enti possono costituire rapporti di lavoro a tempo parziale, mediante assunzione, per la copertura dei posti delle categorie e dei profili individuati nel Piano dei fabbisogni di personale e attraverso la **trasformazione di rapporti di lavoro da tempo pieno a tempo parziale**, su richiesta dei dipendenti interessati. I successivi commi dello stesso articolo stabiliscono l'ordine delle priorità nel caso in cui vi fossero più richieste rispetto alla percentuale di rapporti part-time consentiti.
Il numero dei rapporti a tempo parziale, infatti, non può superare il 25% della dotazione organica complessiva di ciascuna categoria, rilevata al 31 dicembre di ogni anno, con esclusione delle posizioni organizzative.

1.6.2 Il lavoro flessibile

Il lavoro flessibile è un sottotipo di lavoro dipendente, con **particolarità connesse al tempo o alle modalità di svolgimento dell'attività** lavorativa, di cui le Pubbliche Amministrazioni possono avvalersi per **esigenze di carattere esclusivamente temporaneo ed eccezionale**, nelle forme contrattuali di assunzione e di impiego del personale previste dal codice civile e dalle leggi sui rapporti di lavoro subordinato nell'impresa (art. 36 D.Lgs. 165/2001, più volte modificato).

Una delle ultime modifiche dell'art. 36 D.Lgs. 165/2001 è quella operata dal D.Lgs. 75/2017. Quest'ultimo specifica che le forme contrattuali flessibili a cui si può ricorrere sono il *lavoro subordinato a tempo determinato* (**contratto a termine**), la *somministrazione di lavoro a tempo determinato* (**contratto di somministrazione**) e le altre forme di lavoro previste dal codice civile e dalle altre leggi sui rapporti di lavoro nell'impresa, *nei limiti e con le modalità in cui se ne preveda l'applicazione nelle Amministrazioni pubbliche.*
Il D.Lgs. 75/2017 dispone, altresì, che il **rapporto informativo sulle tipologie di lavoro flessibile utilizzate** (redatto annualmente dalle Amministrazioni) sia portato anche a conoscenza delle organizzazioni sindacali.
Tutti i contratti di lavoro (non più solo quelli a tempo determinato) posti in essere in violazione dell'art. 36 D.Lgs. 165/2001 sono nulli.

Nell'utilizzo del lavoro flessibile, le Pubbliche Amministrazioni devono rispettare i **principi di imparzialità e trasparenza** e non possono ricorrere all'impiego del medesimo lavoratore con più tipologie contrattuali per periodi di servizio superiori al triennio nell'arco dell'ultimo quinquennio.
Nel CCNL Funzioni locali la disciplina è riportata agli artt. 50 e ss., ove sono dettagliate le ipotesi per le quali è possibile ricorrere a queste forme di flessibilità.
Il **lavoro autonomo** si sostanzia, invece, nell'attribuzione di *incarichi individuali ad alto contenuto di professionalità*, a norma dell'art. 7, co. 6, D.Lgs. 165/2001 (e, per gli enti locali, dell'art. 110, co. 6, D.Lgs. 267/2000). Tali incarichi sono conferiti dalle Amministrazioni a esperti di «provata esperienza» per esigenze cui le stesse «non possono far fronte con personale in servizio», per obiettivi determinati e con convenzioni a termine, determinando preventivamente durata, luogo, oggetto e compenso della collaborazione.

1.7 Inquadramento del personale

1.7.1 La declaratoria delle categorie

Il personale assunto è inquadrato nel **sistema di classificazione professionale** in funzione delle esigenze dell'Amministrazione, secondo quanto indicato nel bando di concorso che ha indetto la procedura selettiva.

Il sistema di classificazione professionale è stato introdotto dal **contratto collettivo *ad hoc* sottoscritto in via definitiva il 31 marzo 1999**, articolato in quattro categorie definite con lettere dell'alfabeto, all'interno delle quali si distinguono diverse posizioni economiche, individuate con numeri. Il CCNL del 1999 è ancora oggi in vigore non essendo stato sostituito dal CCNL comparto Funzioni locali 2018; quest'ultimo apporta diverse modifiche e stabilisce varie disapplicazioni, ma all'art. 12 conferma il sistema di classificazione del 1999, pur prevedendo l'istituzione di un'apposita Commissione finalizzata a proporre una revisione complessiva.

Le categorie sono individuate mediante le declaratorie riportate dal CCNL, che descrivono l'insieme dei requisiti professionali necessari per lo svolgimento delle mansioni pertinenti a ciascuna di esse, mentre i profili professionali descrivono il contenuto professionale delle attribuzioni proprie della categoria.

Gli enti, in relazione al proprio modello organizzativo, identificano i profili professionali loro occorrenti e li collocano nelle corrispondenti categorie nel rispetto delle relative declaratorie.

La declaratoria delle categorie	
Categoria A posizioni economiche da 1 a 6	Lavoratori che svolgono attività caratterizzate da: conoscenze di tipo operativo generale (la cui base teorica si sviluppa con la scuola dell'obbligo) acquisibile attraverso esperienza diretta sulla mansione; contenuti di tipo ausiliario rispetto a più ampi processi produttivi/amministrativi; problematiche lavorative di tipo semplice; relazioni organizzative di tipo prevalentemente interno basate su interazione fra pochi soggetti
Categoria B posizioni economiche da 1 a 8	Lavoratori che svolgono attività caratterizzate da: buone conoscenze specialistiche (la base teorica di conoscenze è acquisibile con la scuola dell'obbligo e generalmente accompagnata da corsi di formazione specialistici) e un grado di esperienza discreto; contenuto di tipo operativo con responsabilità di risultati parziali rispetto a più ampi processi produttivi/amministrativi; discreta complessità dei problemi da affrontare e discreta ampiezza delle soluzioni possibili; relazioni organizzative interne di tipo semplice anche fra più soggetti interagenti, relazioni esterne (con altre istituzioni) di tipo indiretto e formale. Relazioni con gli utenti di natura diretta
Categoria C posizioni economiche da 1 a 6	Lavoratori che svolgono attività caratterizzate da: approfondite conoscenze monospecialistiche (la base teorica di conoscenze è acquisibile con la scuola superiore) e un grado di esperienza pluriennale, con necessità di aggiornamento; contenuto di concetto con responsabilità di risultati relativi a specifici processi produttivi/amministrativi; media complessità dei problemi da affrontare basata su modelli esterni predefiniti e significativa ampiezza delle soluzioni possibili; relazioni organizzative interne anche di natura negoziale e anche con posizioni organizzative al di fuori delle unità organizzative di appartenenza, relazioni esterne (con altre istituzioni) anche di tipo diretto; relazioni con gli utenti di natura diretta, anche complesse, e negoziali

Categoria D posizioni economiche da 1 a 7	Lavoratori che svolgono attività caratterizzate da: elevate conoscenze plurispecialistiche (la base teorica di conoscenze è acquisibile con la laurea breve o il diploma di laurea) e un grado di esperienza pluriennale, con frequente necessità di aggiornamento; contenuto di tipo tecnico, gestionale o direttivo con responsabilità di risultati relativi ad importanti e diversi processi produttivi/amministrativi; elevata complessità dei problemi da affrontare basata su modelli teorici non immediatamente utilizzabili ed elevata ampiezza delle soluzioni possibili; relazioni organizzative interne di natura negoziale e complessa, gestite anche fra unità organizzative diverse da quella di appartenenza, relazioni esterne (con altre istituzioni) di tipo diretto anche con rappresentanza istituzionale. Relazioni con gli utenti di natura diretta, anche complesse, e negoziale

1.7.2 Le progressioni orizzontali e verticali

Il dipendente assunto con un determinato profilo professionale può maturare nel corso del tempo **modifiche retributive e funzionali** attraverso gli istituti della:

> **progressione orizzontale** (o *economica*), con la quale si opera il *passaggio da una posizione economica iniziale ad un'altra superiore*, restando il lavoratore sempre all'interno di una stessa categoria (es. nell'ambito della categoria C un passaggio da C1 a C3).
Secondo le indicazioni dell'art. 52, co. 1-*bis*, D.Lgs. 165/2001, le progressioni orizzontali sono gestite dalla stessa Amministrazione e avvengono secondo **principi di selettività**, in funzione delle qualità culturali e professionali, dell'attività svolta e dei risultati conseguiti, attraverso l'attribuzione di fasce di merito.
Per gli enti locali la disciplina è riportata all'art. 16 del CCNL Funzioni locali.
I primi due commi affermano che all'interno di ciascuna categoria è prevista una progressione economica che si realizza mediante l'acquisizione, in sequenza, dopo il trattamento tabellare iniziale, di successivi incrementi retributivi, corrispondenti ai valori delle diverse posizioni economiche. La progressione economica è riconosciuta, in modo selettivo, ad una quota limitata di dipendenti.
Al co. 3 si specifica che le progressioni sono attribuite in relazione alle *risultanze della valutazione della performance individuale del triennio che precede l'anno in cui è adottata la decisione di attivazione dell'istituto*; si tiene conto eventualmente anche dell'esperienza maturata negli ambiti professionali di riferimento, nonché delle competenze acquisite e certificate a seguito di processi formativi. Il lavoratore deve comunque avere maturato un periodo minimo di permanenza nella posizione economica in godimento pari a 24 mesi (art. 16, co. 6, CCNL comparto Funzioni locali);

> **progressione verticale** (o *di carriera*), quando il *passaggio avviene fra categorie diverse* (es. un dipendente della categoria C che accede ad un profilo della categoria D).
Prima delle modifiche introdotte con il decreto reclutamento, la *progressione tra diverse categorie doveva avvenire mediante concorso pubblico*, nell'ambito del quale si poteva riservare una percentuale massima del 50% dei posti per il personale interno all'amministrazione. L'attuale formulazione dell'art. 52, co. 1-*bis*, D.Lgs. 165/2001 (nel testo modificato dal D.L. 80/2021), dopo aver ribadito che *almeno il 50% dei posti disponibili deve essere destinato all'accesso dall'esterno*, precisa che le progressioni tra categorie diverse dei dipendenti dell'amministrazione avvengono ora tramite **procedura comparativa**; quest'ultima è basata sulla *valutazione positiva* conseguita

dal dipendente negli ultimi 3 anni di servizio, *sull'assenza di provvedimenti disciplinari*, sul possesso di *titoli* e di *competenze* professionali e di studio ulteriori rispetto a quelli previsti per l'accesso all'area, nonché sul *numero* e sulla *tipologia degli incarichi* rivestiti.

1.7.3 Le posizioni organizzative

La posizione organizzativa è un ruolo che prevede lo svolgimento dì funzioni di direzione, con elevato grado di autonomia gestionale, di unità operative caratterizzate da rilevante complessità organizzativa in ragione delle risorse umane e strumentali assegnate; si tratta di **figure intermedie fra il dirigente e la struttura di riferimento (per molti aspetti assimilabile al ruolo del vicedirigente)**, cui poter delegare funzioni dirigenziali che comprendono il potere di impegnare l'ente verso l'esterno.
Nel CCNL comparto Funzioni locali la loro disciplina è riportata negli artt. 13 ss., ove si specifica, in particolare, che è possibile istituire posizioni di lavoro che richiedono, con assunzione diretta di elevata responsabilità di prodotto e di risultato:

- lo svolgimento di funzioni di **direzione di unità organizzative di particolare complessità**, caratterizzate da elevato grado di autonomia gestionale e organizzativa;
- lo svolgimento di **attività con contenuti di alta professionalità**, comprese quelle comportanti l'iscrizione ad albi professionali, richiedenti elevata competenza specialistica acquisita attraverso titoli formali di livello universitario del sistema educativo e di istruzione oppure attraverso consolidate e rilevanti esperienze lavorative in posizioni ad elevata qualificazione professionale o di responsabilità, risultanti dal curriculum.

Si tratta di incarichi che possono essere conferiti dai dirigenti, con atto scritto, solo a **dipendenti classificati nella categoria D** e per un **periodo massimo di 3 anni** (con possibilità di rinnovo). L'ente deve comunque definire prioritariamente i criteri generali di assegnazione.
Gli incarichi **possono essere revocati** prima della scadenza con atto scritto e motivato, in relazione a intervenuti mutamenti organizzativi o in conseguenza di valutazione negativa della *performance* individuale.
Disposizioni particolari sono previste per gli enti privi di posizioni dirigenziali, per quelli privi di dipendenti di categoria D (in questi casi è possibile attribuire la posizione organizzativa a dipendenti delle categorie C e B) e per quelli che, pur prevedendo posti di categoria D, non hanno effettivamente in organico dipendenti appartenenti a quella categoria.

Capitolo 2
Lo svolgimento del rapporto di lavoro

2.1 Concetti introduttivi

L'instaurazione di un rapporto di lavoro con una Pubblica Amministrazione comporta l'attribuzione al dipendente di una serie di **diritti di natura patrimoniale e no**, cui si associano però anche specifici **doveri lavorativi e comportamentali**.
Il rispetto o meno di tali obblighi può comportare l'attribuzione di **premi** (al termine di un processo di valutazione della *performance*) oppure l'irrogazione di **sanzioni** che, nelle ipotesi di maggiore gravità, può determinare il licenziamento senza preavviso.
L'attività lavorativa, inoltre, può essere modificata nel corso del tempo con uno **spostamento temporaneo** (comando e distacco) **o definitivo** (mobilità volontaria o obbligatoria) del dipendente presso altra Amministrazione.

2.2 I diritti patrimoniali dei dipendenti

Il principale diritto di natura patrimoniale del lavoratore è la **retribuzione**, ossia il **corrispettivo riconosciuto a fronte dell'attività svolta**. Il termine ha un'accezione più ampia di quella di **stipendio**, in quanto la retribuzione è composta da un complesso di voci: il *trattamento fondamentale*, comprensivo degli emolumenti a carattere fisso e continuativo corrisposti mensilmente, e il *trattamento accessorio*, costituito da *emolumenti occasionali ed eventuali*, che possono essere corrisposti anche periodicamente. Il trattamento economico dei lavoratori è definito, fatte salve talune eccezioni, dai contratti collettivi (art. 45, co. 1, D.Lgs. 165/2001).

Il **trattamento fondamentale** si compone di *stipendio tabellare* (cui si aggiunge la *tredicesima mensilità*), *retribuzione individuale di anzianità*, comprensiva di maggiorazione per esperienza professionale (se prevista), *indennità integrativa speciale*, *sviluppo economico interno all'area funzionale* (eventuali posizioni *super*).
Il **trattamento accessorio** si compone di *indennità di amministrazione*, compensi eventualmente spettanti dall'utilizzo del *fondo unico di amministrazione*, compensi per lavoro straordinario, ove spettanti, e altre indennità previste da specifiche disposizioni di legge.

2.3 I diritti non patrimoniali dei dipendenti

In tema di diritti del lavoratore non emergono solo gli aspetti patrimoniali, ma anche una serie di situazioni correlate alle concrete modalità di svolgimento della prestazione lavorativa.

2.3.1 Il diritto allo svolgimento delle mansioni proprie

Il lavoratore può normalmente essere adibito solo alle **mansioni per le quali è stato assunto o considerate equivalenti** nell'ambito della classificazione professionale prevista dai contratti collettivi. L'esercizio di fatto di mansioni non corrispondenti alla qualifica di appartenenza non ha effetto ai fini dell'inquadramento del lavoratore o dell'assegnazione di incarichi di direzione (art. 52 D.Lgs. 165/2001).

Il conferimento delle **mansioni superiori** avviene per obiettive esigenze di servizio nei seguenti casi:

- **vacanza di posto in organico**, per non più di 6 mesi, prorogabili fino a 12 qualora siano state avviate le procedure per la copertura del posto vacante;
- **sostituzione di altro dipendente assente** con diritto alla conservazione del posto, con esclusione dell'assenza per ferie, per la durata dell'assenza.

Il conferimento delle mansioni superiori, anche attraverso rotazione fra più dipendenti, è disposto dal dirigente o, per gli enti privi di dirigenza, dal responsabile del servizio. Il dipendente assegnato alle mansioni superiori ha *diritto alla differenza fra il trattamento economico iniziale previsto per l'assunzione nel profilo rivestito e quello iniziale corrispondente alle mansioni superiori di temporanea assegnazione*, fermo rimanendo la posizione economica di appartenenza e quanto percepito a titolo di retribuzione individuale di anzianità, e fermo restando che non si applica l'art. 2103 c.c. (che, con riferimento al settore privato, prevede l'automatico inquadramento nel profilo superiore ricoperto). In mancanza dei presupposti citati l'assegnazione è nulla e chi l'ha disposta con *dolo* o *colpa grave* risponde del conseguente maggior onere.

La contrattazione collettiva e la legge prevedono, in certi casi, la possibilità di essere destinato a **mansioni inferiori (demansionamento)**. Ciò accade, ad esempio, per i lavoratori riconosciuti non idonei in via permanente allo svolgimento delle mansioni del proprio profilo professionale, o per coloro che, previo consenso, sono collocati in mobilità. Si applicano le procedure previste dal D.P.R. 171/2011.

L'art. 26, co. 3-*bis*, D.Lgs. 198/2006 prevede il **divieto di demansionamento**, licenziamento, trasferimento o sottoposizione ad altra struttura, con effetti negativi sulle condizioni di lavoro, per le lavoratrici e i lavoratori che agiscano in giudizio per la dichiarazione delle **discriminazioni per molestie o molestie sessuali**. È nullo il licenziamento ritorsivo o discriminatorio del soggetto denunciante, nonché il mutamento di mansioni e qualsiasi altra misura ritorsiva o discriminatoria adottata nei confronti del denunciante. Queste tutele non sono garantite nel caso in cui sia accertata (anche con sentenza di primo grado) la responsabilità penale del denunciante per *calunnia*, *diffamazione* o *infondatezza della denuncia*.

Qualora il lavoratore dimostri che la destinazione a mansioni inferiori possa causare la lesione del suo diritto fondamentale alla libera esplicazione della personalità nel luogo di lavoro, o che si tratti di una modalità di manifestazione di un atteggiamento persecutorio messo sistematicamente in atto nei suoi confronti (cosiddetto ***mobbing***), gli potrà essere riconosciuto il diritto al *risarcimento dei danni patrimoniali e morali subiti*.

Il termine ***mobbing*** (dall'inglese *to mob*, che significa "attaccare, assaltare, aggredire") individua una condotta del datore di lavoro o di altri lavoratori, *sistematica e protratta nel tempo*, tenuta nei confronti del lavoratore nell'ambiente di lavoro e consistente in **sistematici e reiterati comportamenti ostili**, che finiscono per assumere forme di **prevaricazione e persecuzione psicologica**,

da cui può conseguire la mortificazione morale e l'emarginazione del dipendente, con effetto lesivo del suo equilibrio fisiopsichico e del complesso della sua personalità.
Si parla, invece, di ***straining*** nelle ipotesi in cui il danno consegue anche ad una singola azione ma con effetti duraturi nel tempo (grave demansionamento, marginalizzazione o svuotamento di mansioni), in ciò differenziandosi dal *mobbing* che richiede comportamenti ostili "sistematici e reiterati".
Nell'ambito del *mobbing* è possibile distinguere fra ***mobbing* verticale** (anche detto *bossing*), quando il comportamento lesivo è prodotto dal datore di lavoro o da altro lavoratore gerarchicamente sovraordinato alla vittima, e ***mobbing* orizzontale**, quando il comportamento mobbizzante viene prodotto da altri lavoratori non aventi uno specifico potere gerarchico nei confronti della vittima.

2.3.2 Il diritto all'ufficio o al posto di lavoro

Solo alcune categorie di dipendenti pubblici sono **inamovibili** (es. magistrati, professori universitari); per tutte le altre il diritto all'ufficio o al posto di lavoro va inteso come interesse legittimo alla permanenza nel rapporto di lavoro, quindi la pretesa del lavoratore di non essere rimosso dall'impiego, se non nei casi e con le garanzie previste dalla legge e dalla contrattazione collettiva.

2.3.3 I diritti sindacali

A tutte le Pubbliche Amministrazioni, indipendentemente dal numero dei dipendenti, si applica lo **Statuto dei lavoratori** (L. 300/1970) e fra le sue norme anche quelle che assicurano il **rispetto della libertà** (artt. 14-18) e dell'**attività sindacale** (artt. 19-27). Sono perciò riconosciuti i diritti di assemblea, di costituire organismi di rappresentanza unitaria del personale (RSU), ai cui componenti sono riconosciute le stesse garanzie previste per le organizzazioni sindacali. L'art. 7 del CCNL comparto Funzioni locali attribuisce alle RSU la titolarità della contrattazione integrativa.
Tra le cosiddetta *prerogative sindacali*, importanti sono i **diritti di informazione**, **concertazione** e **consultazione**, anche con riferimento agli atti interni di organizzazione con riflessi sul rapporto di lavoro (mansioni, carichi di lavoro ecc.). Infine, sono consentiti **distacchi** (con conservazione della retribuzione per tutto il periodo di durata del mandato sindacale), aspettative (non retribuite) e **permessi** (retribuiti e non) **sindacali**.

2.3.4 Il diritto alla salute e sicurezza nel luogo di lavoro

Sul piano della tutela della salute e della sicurezza nel luogo di lavoro, la disciplina è la stessa per l'impiego privato e per quello pubblico, e fa parte della regolamentazione normativa del rapporto di lavoro recata da testi normativi *ad hoc* (attualmente il D.Lgs. 81/2008, il *Testo unico in materia di sicurezza sul lavoro*).
Il lavoratore che lamenti **particolari patologie**, a propria tutela può chiedere di esser sottoposto ad indagini mediche volte ad accertare la sua infermità/invalidità e di poter essere adibito a differenti mansioni. Inoltre, i lavoratori devono essere sottoposti a **visita medica periodica** di controllo in relazione allo specifico rischio al quale sono esposti (es. movimentazione di carichi, videoterminali ecc.).

2.3.5 Il diritto al riposo

Si tratta di un diritto che può essere esercitato sia individualmente che collettivamente mediante la fruizione di:

- **ferie**: in virtù dell'art. 36 Cost. e dell'art. 2109 c.c., il lavoratore ha diritto a ferie annuali retribuite irrinunciabili. In caso di distribuzione dell'orario settimanale di lavoro su 5 giorni, la durata delle ferie è di 28 giorni lavorativi; se l'orario di lavoro è distribuito su 6 giorni, la durata è di 32 giorni (art. 28 CCNL comparto Funzioni locali). Per i neo-assunti (e per i primi 3 anni di servizio) il periodo di ferie è, rispettivamente, di 26 e di 30 giorni lavorativi, a seconda che l'articolazione oraria sia su 5 o su 6 giorni. I dipendenti hanno diritto anche a 4 giornate di riposo, da fruire nell'anno solare, per le festività soppresse dalla L. 937/1977. Le ferie si riducono proporzionalmente all'orario di lavoro in caso di part-time verticale;
- **festività**: giorni festivi sono le **domeniche** (il giorno di riposo settimanale cade normalmente di domenica e non può essere inferiore a 24 ore) e gli altri giorni riconosciuti come tali dallo Stato a tutti gli effetti civili;
- **permessi giornalieri retribuiti**: concessi a richiesta del dipendente, anche cumulativamente, nell'anno solare per specifiche ipotesi;
- **permessi orari**: si tratta di permessi brevi accordati per esigenze di tipo personale, nei limiti della metà dell'orario giornaliero di lavoro e per un tetto massimo nell'arco di ciascun anno solare.

2.3.6 Il diritto allo studio

La disciplina è prevista dall'art. 10 L. 300/1970 (Statuto dei Lavoratori) laddove si stabilisce che i lavoratori dipendenti, sia privati che pubblici, possano usufruire di **permessi o di particolari agevolazioni per la realizzazione del diritto allo studio**.
Possono godere di tali permessi tutti i lavoratori studenti iscritti e frequentanti regolari corsi di studio in scuole di istruzione primaria, secondaria e di qualificazione professionale, statali, parificate, legalmente riconosciute o comunque abilitate al rilascio di titoli di studio legali. La disposizione si applica anche a coloro che frequentano **corsi di formazione professionale**. Le ore di permesso concesse possono essere utilizzate esclusivamente per "frequentare" i suddetti corsi e non per la preparazione di eventuali esami. Il datore di lavoro può richiedere idonea documentazione della partecipazione alle attività didattiche.
La determinazione dell'ammontare delle ore a disposizione è rimessa alla contrattazione collettiva, ma la prassi è quella di prevedere un limite di **150 ore annue**, tetto riportato anche nel CCNL comparto Funzioni locali (art. 45).
Gli stessi lavoratori-studenti hanno diritto ad essere inseriti in turni di lavoro che agevolino la frequenza ai corsi e la preparazione agli esami. Non sono obbligati a prestare *lavoro straordinario* o durante i riposi settimanali. Sono previsti anche **permessi giornalieri per sostenere i singoli esami** (massimo 8 giorni: art. 31 CCNL comparto Funzioni locali).

2.3.7 Il diritto alle assenze

Il dipendente ha diritto ad assentarsi dal lavoro in specifiche ipotesi:

> **assenze per malattia**: il lavoratore che si assenta per malattia ha diritto alla **conservazione del posto**, purché la malattia non superi cumulativamente i 18 mesi nell'arco degli ultimi 3 anni (cosiddetto **periodo di comporto**), ricalcolati di giorno in giorno; in casi particolarmente gravi, tale periodo si può raddoppiare, senza retribuzione, previo accertamento da parte dell'ASL competente di eventuali cause di assoluta e permanente inidoneità fisica a svolgere qualsiasi proficuo lavoro.

Al diritto del lavoratore di assentarsi corrisponde un dovere dello stesso lavoratore di **darne tempestiva comunicazione**, salvo comprovato impedimento, all'ufficio di appartenenza e comunque all'inizio dell'orario di lavoro del giorno in cui si verifica, anche nel caso di eventuale prosecuzione dell'assenza.
L'ente di appartenenza ha diritto di richiedere **visite fiscali di controllo** nelle specifiche **fasce di reperibilità** (per il settore pubblico vanno dalle ore 9.00 alle 13.00 e dalle ore 15.00 alle 18.00, tutti i giorni della settimana, festivi inclusi). Nel pubblico impiego, la visita fiscale deve essere *richiesta obbligatoriamente* se l'assenza si verifica nelle giornate precedenti o successive a quelle non lavorative; *discrezionalmente* può essere disposta anche più volte durante il periodo di prognosi.
Il D.Lgs. 75/2017 ha istituito un **polo unico in capo all'INPS per la gestione delle visite fiscali**, sia nel pubblico che nel privato, attraverso il trasferimento all'Istituto medesimo delle competenze e delle risorse sulle visite fiscali dei dipendenti pubblici in precedenza affidate anche alle ASL;

> **assenze per infortuni sul lavoro o per malattia dovuta a causa di servizio**: in tal caso, il lavoratore ha diritto all'intera retribuzione, comprensiva del trattamento accessorio, oltre che alla conservazione del posto fino alla guarigione clinica, certificata dall'ente istituzionalmente preposto;
> **assenze collegate alla maternità**: i contratti collettivi nazionali di lavoro fanno richiamo alla disciplina legislativa contenuta nel D.Lgs. 151/2001 (*Testo unico sulla maternità e sulla paternità*), per cui le lavoratrici madri (e quelle che abbiano adottato bambini od ottenuto in affidamento preadottivo) hanno diritto di astenersi dal lavoro. Spetta comunque l'intera retribuzione fissa mensile nonché tutte le voci del trattamento accessorio, fisse e ricorrenti. Il Testo unico prevede altri periodi di congedo e aspettativa che possono essere fruiti dal padre o da entrambi i genitori, con o senza diritto alla retribuzione oppure con diritto ad una retribuzione parziale;
> **assenze per assistenza ai familiari**: la legge riconosce 3 giorni di permesso mensile (continuativi o ripartiti, anche a frazioni di ore, *ex* art. 33 L. 104/1992) a chi assiste una persona (coniuge, parente o affine) con handicap in situazione di gravità, nonché un congedo non superiore a 2 anni, continuativi o frazionati, da fruire nell'arco dell'intera vita lavorativa, per gravi e documentati motivi riguardanti il lavoratore e la sua famiglia anagrafica.

Il lavoratore dipendente ha diritto di prestare assistenza al coniuge, al parente o all'affine entro il primo grado o entro il secondo grado qualora i genitori o il coniuge della persona con handicap in situazione di gravità abbiano compiuto i 65 anni di età oppure siano anch'essi affetti da patologie invalidanti o siano deceduti o mancanti.
Il diritto ai permessi mensili spetta al **convivente di fatto** e alla **parte dell'unione civile**.

Il diritto non può essere riconosciuto a più di un lavoratore dipendente per l'assistenza alla stessa persona; nell'ipotesi del figlio è attribuito ad entrambi i genitori, anche adottivi, che possono fruirne alternativamente.

2.3.8 Il diritto a fruire dell'aspettativa

L'aspettativa costituisce una **causa di sospensione del rapporto di lavoro**, che riprende regolarmente al termine del periodo di fruizione. Può essere concessa, a richiesta del dipendente con rapporto di lavoro a tempo indeterminato, per varie cause:

- comprovati **motivi personali o di famiglia**. Compatibilmente con le esigenze organizzative o di servizio, può essere attribuito un periodo massimo di aspettativa per 12 mesi nell'arco di un triennio, da fruire anche in modo frazionato. È senza retribuzione e non concorre alla formazione dell'anzianità di servizio;
- per **gravi e documentati motivi familiari**. Si tratta di un'aspettativa che ha un fondamento diverso da quella in precedenza illustrata (in questo caso la disciplina è dettata dall'art. 4, co. 2, della L. 53/2000), anche se i due periodi possono cumularsi. Può avere una durata massima non superiore a 2 anni durante il quale il dipendente conserva il posto di lavoro, non ha diritto alla retribuzione e non può svolgere alcun tipo di attività lavorativa;
- per **cariche pubbliche elettive,** per la **cooperazione con i Paesi in via di sviluppo** o per **volontariato** ipotesi che trovano una specifica disciplina nelle leggi che le prevedono.

2.3.9 Diritto all'integrazione nell'ambiente di lavoro

Il D.Lgs. 75/2017 ha introdotto apposite misure a sostegno della disabilità, attraverso l'istituzione della **Consulta nazionale per l'integrazione in ambiente di lavoro delle persone con disabilità** e l'individuazione del **responsabile dei relativi processi di inserimento**, nominato dalle Amministrazioni che hanno più di 200 dipendenti.
Essa ha funzioni di monitoraggio sul rispetto degli obblighi delle Amministrazioni Pubbliche in materia di collocamento obbligatorio; di elaborazione di piani, programmi e linee di indirizzo per ottemperare agli obblighi di cui alla L. 68/1999 sul diritto al lavoro dei disabili; di proposta di misure tese al miglioramento dei livelli occupazionali e alla valorizzazione dei lavoratori disabili; di disporre di interventi straordinari per l'adozione di accomodamenti ragionevoli (come definiti dalla Convenzione delle Nazioni Unite sui diritti delle persone con disabilità) nei luoghi di lavoro, per garantire alle persone con disabilità la piena eguaglianza con gli altri lavoratori.

2.4 I doveri dei dipendenti

2.4.1 Disciplina generale

Attualmente, il rapporto di lavoro dei dipendenti pubblici, in quanto privatizzato, è disciplinato dalle norme del codice civile dedicate al lavoro nell'impresa, che fra l'altro definiscono la **diligenza** richiesta al lavoratore nell'esecuzione della prestazione lavorativa (art. 2104 c.c.), individuano in capo al dipendente un **obbligo di fedeltà**

(art. 2105 c.c.) e contemplano la **possibilità per il datore di lavoro di applicare sanzioni disciplinari** per l'inosservanza delle disposizioni contenute nei precedenti articoli (art. 2106 c.c.).
Trattandosi, inoltre, del contenuto del rapporto di lavoro, la materia dei doveri del dipendente rientra nella regolamentazione recata dalla contrattazione collettiva, le cui previsioni possono essere distinte in due tipologie:

> **doveri che si ispirano a principi di stampo pubblicistico**, quali il *principio del servizio esclusivo alla nazione* (art. 98 Cost.), i *principi di imparzialità e buon andamento della Pubblica Amministrazione* (art. 97 Cost.), il *principio di democraticità* (art. 1 Cost.);
> **doveri che si collegano a prescrizioni di stampo privatistico** riconducibili alle norme del codice civile sopra enunciate.

I **principali doveri** del lavoratore sono:

> la *fedeltà*, che implica l'obbligo di astenersi da comportamenti pregiudizievoli all'Amministrazione di appartenenza, come abusare delle proprie funzioni a fini personali o utilizzare beni e servizi pubblici al di fuori dei fini istituzionali;
> la *diligenza*, che implica l'obbligo di agire sempre con esattezza, attenzione e cura scrupolosa;
> l'*esclusività*, che implica il divieto di assumere impieghi alle dipendenze di privati e di esercitare attività incompatibili con il rapporto di pubblico impiego (es. commercio, industria);
> l'*imparzialità* e la *collaborazione* nei confronti della pubblica utenza;
> l'*adeguatezza della condotta* al decoro della funzione esercitata;
> il *segreto d'ufficio*, che implica il divieto di trasmettere a chi non ne abbia diritto informazioni riguardanti provvedimenti od operazioni amministrative, in corso o concluse, ovvero notizie di cui si abbia conoscenza a causa delle funzioni esercitate, al di fuori delle ipotesi e delle modalità previste dalle norme sul diritto di accesso;
> l'*obbedienza*, che implica l'obbligo di rispettare le direttive e gli ordini impartiti dai superiori gerarchici.

Prescrizioni di maggior dettaglio sono poi contenute nei **codici di comportamento** e in altre disposizioni normative, come in materia di sicurezza sul lavoro nonché nelle carte dei servizi.

2.4.2 Il Codice di comportamento dei dipendenti pubblici

Con D.P.R. 16-4-2013, n. 62, è stato adottato il «Codice di comportamento dei dipendenti pubblici» a norma dell'art. 54 D.Lgs. 165/2001. Il provvedimento definisce i **doveri minimi di diligenza, lealtà, imparzialità e buona condotta** che i pubblici dipendenti sono tenuti a osservare. Le sue previsioni sono integrate e specificate dai codici di comportamento adottati dalle singole Amministrazioni.
Secondo l'art. 3, il dipendente è tenuto ad osservare la Costituzione, servendo la Nazione con disciplina e onore e conformando la propria condotta ai principi di buon andamento e imparzialità dell'azione amministrativa. Egli svolge i propri compiti nel rispetto della legge, perseguendo l'interesse pubblico senza abusare della posizione o dei poteri di cui è titolare; rispetta altresì i principi di integrità, correttezza, buona

fede, proporzionalità, obiettività, trasparenza, equità e ragionevolezza e agisce in posizione di indipendenza e imparzialità, astenendosi in caso di conflitto di interessi. Si astiene, inoltre, dall'usare a fini privati le informazioni di cui dispone per ragioni di ufficio e si adopera al fine di evitare situazioni e comportamenti che possano ostacolare il corretto adempimento dei compiti o nuocere agli interessi o all'immagine della Pubblica Amministrazione. Prerogative e poteri pubblici sono esercitati unicamente per le finalità di interesse generale per le quali sono stati conferiti.

Ai sensi dell'art. 4 del Codice, il dipendente non accetta, per sé o per altri, regali o altre utilità, salvo quelli d'uso di modico valore (massimo 150 euro) effettuati occasionalmente nell'ambito delle normali relazioni di cortesia e nell'ambito delle consuetudini internazionali.
In ragione dell'art. 5 del Codice, nel rispetto della disciplina vigente del diritto di associazione, il dipendente comunica tempestivamente al responsabile dell'ufficio di appartenenza la propria adesione o appartenenza ad associazioni od organizzazioni (salvo sindacati e partiti politici), a prescindere dal loro carattere riservato o meno, i cui ambiti di interessi possano interferire con lo svolgimento dell'attività dell'ufficio.

Gli obblighi di condotta si estendono, per quanto possibile, a tutti i **collaboratori o consulenti**, con qualsiasi tipologia di contratto o incarico e a qualsiasi titolo, ai titolari di organi e di incarichi negli uffici di diretta collaborazione delle autorità politiche, nonché nei confronti dei collaboratori (a qualsiasi titolo) di imprese fornitrici di beni o servizi e che realizzano opere in favore dell'Amministrazione (art. 2).
La **violazione dei doveri contenuti nel Codice** è fonte di responsabilità disciplinare. La violazione è altresì rilevante ai fini della responsabilità civile, amministrativa e contabile ogni volta che le stesse responsabilità siano collegate alla violazione di doveri, obblighi, leggi o regolamenti. Violazioni gravi o reiterate comportano il licenziamento disciplinare.
Con l'art. 4 D.L. 36/2022, è stata attribuita al Governo una delega per l'aggiornamento del Codice, anche al fine di tener conto delle disposizioni introdotte dallo stesso decreto. Quest'ultimo, infatti, ha aggiunto un comma 1-*bis* all'art. 54 D.Lgs. 165/2001, prevedendo che il Codice di comportamento debba contenere "una sezione dedicata al **corretto utilizzo delle tecnologie informatiche e dei mezzi di informazione e social media** da parte dei dipendenti pubblici, anche al fine di tutelare l'immagine della pubblica amministrazione".

2.4.3 Gli obblighi del dipendente nel CCNL comparto Funzioni locali

L'art. 57 del CCNL comparto Funzioni locali individua nel dettaglio gli obblighi cui è assoggettato il dipendente del comparto. Egli deve conformare la sua condotta al **dovere costituzionale di servire la Repubblica con impegno e responsabilità e rispettare i principi di buon andamento e imparzialità** dell'attività amministrativa, anteponendo il rispetto della legge e l'interesse pubblico agli interessi privati propri e altrui. Deve, inoltre, **adeguare il proprio comportamento ai principi riguardanti il rapporto di lavoro**, contenuti nel Codice di comportamento nazionale e valido per tutti i dipendenti pubblici (il già citato D.P.R. 62/2013), nonché nel codice di comportamento adottato da ciascuna Amministrazione. Deve comportarsi in modo tale da favorire l'instaurazione di rapporti di fiducia e collaborazione fra l'ente e i cittadini.

In particolare, il dipendente deve:

- collaborare con diligenza, osservando le norme del CCNL, le disposizioni per l'esecuzione e la disciplina del lavoro impartite dall'ente anche in relazione alle norme vigenti in materia di sicurezza e di ambiente di lavoro;
- rispettare il segreto d'ufficio e non utilizzare a fini privati le informazioni di cui disponga per ragioni d'ufficio;
- nei rapporti con il cittadino, fornire tutte le informazioni cui abbia titolo, nel rispetto delle disposizioni in materia di trasparenza e di accesso all'attività amministrativa (L. 241/1990, regolamenti attuativi vigenti nell'Amministrazione, D.Lgs. 33/2013), nonché di autocertificazione (D.P.R. 445/2000);
- rispettare l'orario di lavoro, adempiere alle formalità previste per la rilevazione delle presenze e non assentarsi dal luogo di lavoro senza l'autorizzazione del dirigente;
- durante l'orario di lavoro, mantenere nei rapporti interpersonali e con gli utenti, una condotta adeguata ai principi di correttezza e astenersi da comportamenti lesivi della dignità della persona;
- nel periodo di malattia o infortunio non dedicarsi ad attività estranee al servizio e che ritardino il recupero psicofisico;
- eseguire le disposizioni inerenti all'espletamento delle proprie funzioni o mansioni che gli siano impartite dai superiori. Se ritiene che l'ordine sia palesemente illegittimo, il dipendente deve farne rimostranza a chi lo ha impartito, dichiarandone le ragioni; se l'ordine è rinnovato per iscritto ha il dovere di darvi esecuzione. Il dipendente non deve, comunque, eseguire l'ordine quando l'atto sia vietato dalla legge penale o costituisca illecito amministrativo;
- vigilare sul corretto espletamento dell'attività del personale sottordinato ove tale compito rientri nelle proprie responsabilità;
- avere cura di locali, mobili, oggetti, macchinari, attrezzi, strumenti e automezzi a lui affidati. Non deve avvalersi di quanto è di proprietà dell'Amministrazione per ragioni che non siano di servizio;
- astenersi dal chiedere o accettare, a qualsiasi titolo, compensi, regali o altre utilità in connessione con la prestazione lavorativa (salvo quelli di modico valore);
- osservare scrupolosamente le disposizioni che regolano l'accesso ai locali dell'Amministrazione da parte del personale e non introdurre, salvo che non siano debitamente autorizzate, persone estranee in locali non aperti al pubblico;
- comunicare all'Amministrazione la propria residenza e, ove non coincidente, la dimora temporanea, nonché ogni successivo mutamento delle stesse;
- in caso di malattia, dare tempestivo avviso all'ufficio di appartenenza, salvo comprovato impedimento;
- astenersi dal partecipare all'adozione di decisioni o ad attività che possano coinvolgere direttamente o indirettamente interessi finanziari o non finanziari propri, del coniuge, di conviventi, di parenti, di affini entro il secondo grado;
- comunicare all'Amministrazione la sussistenza di provvedimenti di rinvio a giudizio in procedimenti penali.

2.5 Lo svolgimento dell'attività lavorativa in modalità agile o in telelavoro

2.5.1 Lo smart working e le differenze con il telelavoro

Il lavoro agile (o *smart working*) è una modalità di esecuzione del rapporto di lavoro subordinato caratterizzato dall'**assenza di vincoli orari o spaziali e da un'organizzazione per fasi, cicli e obiettivi**, stabilita mediante accordo tra dipendente e datore

di lavoro. La definizione riportata è ripresa dall'art. 18 L. 22-5-2017, n. 81 e pone l'accento sulla flessibilità organizzativa, sulla volontarietà delle parti che sottoscrivono l'accordo individuale e sull'utilizzo di strumentazioni (come, ad esempio, pc portatili, tablet e smartphone) che consentono di lavorare da remoto, forniti dal datore di lavoro, il quale ne garantisce anche il buon funzionamento. La prestazione lavorativa subordinata agile è, dunque, "svincolata" da un luogo fisico obbligatorio di svolgimento dell'attività, dal rispetto di un determinato orario di lavoro e dal controllo diretto da parte del datore di lavoro.
Spesso si tende a confondere lo *smart working* con il **telelavoro** e a sovrapporre queste due modalità di esecuzione del rapporto lavorativo; la differenza è, invece, sostanziale. Il telelavoro fa riferimento a una modalità di esecuzione del lavoro svolto a distanza, vale a dire al di fuori dell'azienda e degli altri luoghi in cui tradizionalmente viene prestata l'attività lavorativa, ma, al contempo, **funzionalmente e strutturalmente collegato** ad essa grazie all'ausilio di strumenti di comunicazione informatici e telematici. Si tratta, dunque, di una modalità di svolgimento del lavoro in cui il lavoratore pattuisce di eseguire le prestazioni da un luogo esterno all'azienda, o comunque diverso da quello di esercizio del potere direttivo e di controllo del datore di lavoro, avvalendosi di un dispositivo mobile stabilmente collegato con il sistema informatico aziendale (con indicazioni vincolanti sull'uso della postazione e sulle modalità di connessione e di autenticazione): esso, in sostanza, **costituisce solo un cambiamento di luogo di lavoro**.

Esiste una **specifica disciplina del telelavoro dettata per il pubblico impiego** dal D.P.R. 8-3-1999, n. 70, attuativo della L. 16-6-1998, n. 191 (cosiddetta *Bassanini-ter*). Il decreto definisce il telelavoro come prestazione eseguita dal dipendente di una delle amministrazioni pubbliche in qualsiasi luogo ritenuto idoneo, collocato al di fuori della sede di lavoro, dove la prestazione sia tecnicamente possibile, con il prevalente supporto di tecnologie dell'informazione e della comunicazione, che consentano il collegamento con l'amministrazione cui la prestazione stessa inerisce.
È previsto che il dipendente possa richiedere per iscritto all'amministrazione di appartenenza di essere reintegrato nella sede di lavoro originaria non prima che sia trascorso un congruo periodo di tempo fissato dal progetto di lavoro.
È da segnalare che l'art. 41 CCNL Funzioni centrali approvato nel 2022 disciplina il **lavoro da remoto**, espressione che fa riferimento allo svolgimento dell'attività lavorativa sia nella forma del *telelavoro domiciliare* sia in altre forme di lavoro a distanza (come il *coworking* o il *lavoro decentrato da centri satellite*). Tale disciplina sarà quasi sicuramente riproposta anche nel CCNL Funzioni locali in corso di definizione.
Il citato articolo 41 afferma che le amministrazioni possono, altresì, adottare il *lavoro da remoto con vincolo di tempo*, con il consenso del lavoratore e, di norma, in alternanza con il lavoro svolto presso la sede dell'ufficio, nel caso di attività che richiedono un presidio costante del processo. L'amministrazione concorda con il lavoratore il luogo ove viene prestata l'attività lavorativa ed è tenuta alla verifica della sua idoneità, anche ai fini della valutazione del rischio di infortuni, nella fase di avvio e, successivamente, con frequenza almeno trimestrale.

La disciplina della L. 81/2017 sullo *smart working*, applicabile anche al lavoro alle dipendenze della P.A., **non prevede, invece, alcun vincolo** se non i limiti di durata massima dell'orario di lavoro giornaliero e settimanale. Fondamentale è la consensualità, l'accordo tra le parti, azienda e dipendente, nella ridefinizione flessibile delle modalità di lavoro e delle forme di esercizio del potere direttivo; il presenzialismo e il controllo del datore di lavoro caratteristico del lavoro subordinato (e anche della modalità del telelavoro) subisce un ridimensionamento nella disciplina del lavoro agile, funzionalizzata alla responsabilizzazione del lavoratore.

2.5.2 La disciplina e le tutele

Nel lavoro agile la prestazione lavorativa può essere eseguita in parte all'interno dei locali aziendali e in parte all'esterno, senza una postazione fissa ed entro i soli limiti di durata massima dell'orario di lavoro. La L. 81/2017 rimette all'**accordo individuale tra le parti** la determinazione delle condizioni specifiche di lavoro nell'ambito dell'attività prestata in *smart working*.

In particolare l'**accordo dovrà contenere i seguenti elementi**: la *forma scritta*, la regolamentazione della prestazione lavorativa (anche con riguardo alle *forme di esercizio del potere direttivo del datore di lavoro* e dagli strumenti utilizzati dal lavoratore), l'individuazione dei tempi di riposo e delle misure tecniche e organizzative per assicurare tempi di disconnessione del lavoratore dalla strumentazione tecnologiche di lavoro, la regolamentazione dell'esercizio del *potere di controllo del datore di lavoro* sulla prestazione resa e, in relazione all'oggetto della prestazione, la possibilità di introdurre forme di *organizzazione per fasi, cicli ed obiettivi aziendali*.

La legge riconosce in favore del dipendente che lavora in modalità agile alcune **tutele specifiche**. Innanzitutto, al fine di evitare discriminazioni, la legge chiarisce che il lavoratore che svolge la prestazione in *smart working* ha *diritto ad un trattamento economico e normativo non inferiore a quello complessivamente applicato nei confronti dei lavoratori che svolgono le medesime mansioni in azienda*. Il lavoratore agile ha, poi, *diritto agli incentivi di carattere fiscale e contributivo* eventualmente riconosciuti in relazione agli incrementi di produttività ed efficienza del lavoro subordinato. Si prevede, altresì, l'adozione di *adeguate norme di sicurezza e tutela prevista in caso di infortuni e malattie professionali*, anche per quelle prestazioni rese all'esterno dei locali aziendali e nel tragitto tra l'abitazione e il luogo prescelto per svolgere la propria attività.

2.5.3 Lo smart working nelle amministrazioni pubbliche

L'applicabilità del lavoro agile nella P.A. era stata considerata già prima della L. 81/2017, in quanto prevista dalla L. 124/2015 (*riforma Madia*); la necessità di affrontare l'emergenza derivante dalla pandemia COVID-19 ha indotto il legislatore a introdurre regole speciali, che hanno esteso lo *smart working* "emergenziale" su tutto il territorio, consentendo l'attivazione del *lavoro agile in forma semplificata*, in assenza, cioè, dell'accordo individuale con il dipendente.

In particolare, con D.M. 19-10-2020, il Ministro della Funzione pubblica ha regolato il **lavoro agile nel pubblico impiego nella fase di emergenza sanitaria**, definendolo quale *una delle modalità ordinarie di svolgimento della prestazione lavorativa*, sia con riferimento alle attività normalmente svolte in presenza dal dipendente, sia in aggiunta o in alternativa e comunque senza aggravio dell'ordinario carico di lavoro.

Se durante le fasi più acute dell'emergenza pandemica tale soluzione ha garantito la continuità del lavoro in sicurezza per i dipendenti e la continuità dei servizi erogati dalle amministrazioni, la nuova fase "non emergenziale" ha richiesto una disciplina diversa, con la definizione di *Linee guida* applicabili a tutti i settori, una più puntuale disciplina affidata alla *contrattazione collettiva* e una regolamentazione di dettaglio da prevedersi nell'ambito del PIAO (nel quale confluisce il POLA, Piano organizzativo del lavoro agile).

Per quanto riguarda la **contrattazione collettiva** è da ricordare che il CCNL Funzioni Centrali, nell'accordo firmato in via definitiva il 9 maggio 2022, ha regolamentato agli articoli 36-41, il *lavoro a distanza,* nozione che include sia il *lavoro agile* sia il *lavoro da remoto* (che può essere svolto nella forma del *telelavoro domiciliare* o in altre forme di lavoro a distanza, come il *coworking* o il lavoro decentrato da centri satellite). Con riferimento al lavoro agile, ne disciplina le modalità di accesso, il contenuto dell'accordo individuale e l'articolazione della prestazione lavorativa.
Le disposizioni del CCNL Funzioni centrali saranno quasi certamente riproposte anche nei contratti degli altri comparti (Funzioni locali, Sanità e Istruzione) in corso di definizione.

Il 30 novembre 2021, a seguito del confronto con le organizzazioni sindacali, il Ministro per la Pubblica amministrazione ha pubblicato lo schema di **Linee guida per lo smart working nella Pubblica amministrazione**, che anticipano ciò che sarà definito nei contratti di lavoro con particolare riferimento al diritto alla disconnessione, al diritto alla formazione specifica, al diritto alla protezione dei dati personali, al regime dei permessi e delle assenze e alla compatibilità con ogni altro istituto del rapporto di lavoro e previsione contrattuale.
Le **condizioni per l'accesso alla prestazione lavorativa in forma agile** delineate dalle Linee guida sono sintetizzabili nei seguenti punti:

- **condizioni tecnologiche**: il lavoratore deve essere fornito di idonea dotazione tecnologica e per accedere alle applicazioni del proprio ente deve utilizzare esclusivamente la connessione Internet fornita dal datore di lavoro. L'amministrazione deve prevedere apposite modalità per consentire la raggiungibilità delle proprie applicazioni da remoto. Se le applicazioni dell'ente sono raggiungibili da remoto, ovvero sono in *cloud*, il dipendente può accedere tranquillamente da casa ai propri principali strumenti di lavoro: alternativamente si può ricorrere all'attivazione di una VPN (*Virtual Private Network*, una rete privata virtuale che garantisce privacy, anonimato e sicurezza) verso l'ente, oppure ad accessi in desktop remoto ai server.
  Inoltre, l'amministrazione, dovrà prevedere sistemi gestionali e sistemi di protocollo raggiungibili da remoto per consentire la gestione in ingresso e in uscita di documenti e istanze, per la ricerca della documentazione etc.;
- **privacy e sicurezza**: per le ordinarie attività di servizio in nessun caso può essere utilizzata un'utenza personale o domestica del dipendente;
- **accesso al lavoro agile**: l'adesione ha natura consensuale e volontaria ed è consentito a tutti i lavoratori (con rapporto di lavoro a tempo pieno o parziale, con contratto a tempo indeterminato o determinato). L'amministrazione individua le attività che possono essere effettuate in lavoro agile: restano esclusi i lavori in turno e quelli che richiedono l'utilizzo costante di strumentazioni non remotizzabili.
  Vanno sempre conciliate le esigenze di benessere e flessibilità dei lavoratori con gli obiettivi di miglioramento del servizio pubblico, nonché con le specifiche necessità tecniche delle attività;
- **accordo individuale**, da stipularsi per iscritto ai fini della regolarità amministrativa e della prova. L'accordo deve contenere almeno i seguenti elementi essenziali: *durata* (a termine o a tempo indeterminato), *modalità di svolgimento* della prestazione (con indicazione delle giornate di lavoro da svolgere in sede e di quelle da svolgere a distanza), *modalità di recesso* (entro un termine non inferiore a 30 giorni, salve le

ipotesi previste dall'art. 19 L. 81/2017), ipotesi di *giustificato motivo di recesso* (in presenza di un giustificato motivo, ciascuno dei contraenti può recedere dall'accordo senza preavviso indipendentemente dal fatto che lo stesso sia a tempo determinato o a tempo indeterminato), *tempi di riposo del lavoratore* e *misure tecniche e organizzative necessarie per assicurare la disconnessione* dalle strumentazioni tecnologiche di lavoro, *modalità di esercizio del potere direttivo e di controllo* del datore di lavoro;

> **articolazione della prestazione e disconnessione**. La prestazione lavorativa in modalità agile è svolta senza un vincolo di orario nell'ambito delle ore massime di lavoro giornaliere e settimanali stabilite dai CCNL. In ogni caso deve essere individuata una *fascia di inoperabilità* (disconnessione), nella quale il lavoratore non può erogare alcuna prestazione lavorativa, che coincide con il periodo di 11 ore di riposo consecutivo. Il lavoratore può richiedere la fruizione dei permessi orari previsti dai contratti collettivi. Nelle giornate in cui la prestazione lavorativa viene svolta in modalità agile non è possibile effettuare lavoro straordinario, trasferte, lavoro disagiato, lavoro svolto in condizioni di rischio. In caso di cattivo funzionamento dei sistemi informatici, qualora lo svolgimento dell'attività lavorativa a distanza sia impedito o sensibilmente rallentato, il dipendente deve darne tempestiva notizia al proprio dirigente. Questi, se le suddette problematiche dovessero rendere temporaneamente impossibile o non sicura la prestazione lavorativa, può richiamare il dipendente a lavorare in presenza. In quest'ultimo caso il lavoratore è tenuto a completare la prestazione lavorativa fino al termine del proprio orario ordinario di lavoro. Per sopravvenute esigenze di servizio il dipendente in lavoro agile può essere richiamato in sede, con comunicazione che deve pervenire almeno il giorno prima. Il rientro in servizio non comporta il diritto al recupero delle giornate di lavoro agile non fruite;

> **formazione**: il personale deve essere addestrato all'utilizzo delle piattaforme di comunicazione e degli altri strumenti previsti per operare in modalità agile nonché di diffondere moduli organizzativi che rafforzino il lavoro in autonomia, la collaborazione e la condivisione delle informazioni.

2.6 Mutamenti nel rapporto di lavoro

2.6.1 Nozione di mobilità

Il rapporto di lavoro del dipendente pubblico può subire delle modifiche che determinano il passaggio ad un'Amministrazione diversa da quella di iniziale appartenenza. Si parla in questi casi di **mobilità (esterna)**, da intendersi come **trasferimento del lavoratore da un'Amministrazione all'altra, ciò che comporta un cambiamento del datore di lavoro di riferimento** (sempre nell'ambito della Pubblica Amministrazione). Non rappresenta, invece, una vera e propria procedura di mobilità il *trasferimento del dipendente nell'ambito della stessa Amministrazione*; solo impropriamente, in questi, casi, si parla di **mobilità interna** dal momento che non v'è mutamento del datore di lavoro di riferimento ma solo uno spostamento della sede di lavoro. Si utilizza, poi, l'espressione **mobilità intercompartimentale** quando il trasferimento avviene fra Amministrazioni appartenenti allo stesso comparto, mentre la **mobilità extracompartimentale** si ha quando le Amministrazioni appartengono a due comparti differenti.
Di maggiore rilevanza è la distinzione fra **mobilità temporanea e permanente**. Nella prima ipotesi il dipendente è assegnato *provvisoriamente* ad altra Amministrazione, ma

il suo rapporto di lavoro continua con l'istituzione di provenienza. Si tratta generalmente di una modifica di breve periodo e viene effettuata utilizzando gli istituti del comando, del distacco o del collocamento fuori ruolo. La seconda ipotesi, invece, prevede il trasferimento *permanente* del lavoratore nei ruoli di una diversa Amministrazione. In questo ambito è possibile operare la fondamentale distinzione fra:

> **mobilità volontaria** (**o individuale**), indicata anche come passaggio diretto di personale fra Amministrazioni diverse. La disciplina è riportata nell'art. 30 D.Lgs. 165/2001 e si caratterizza per la presenza di una specifica richiesta del dipendente che, di sua spontanea volontà, chiede di essere trasferito presso un'altra Amministrazione. Il trasferimento può anche realizzarsi sotto forma di *mobilità compensativa o di interscambio* quando due dipendenti di Amministrazioni diverse chiedono contestualmente di scambiarsi il proprio posto di lavoro;

> **mobilità obbligatoria**, che può essere *collettiva* (o per *ricollocazione*) oppure *individuale*. Sono accomunate dal fatto di prevedere il trasferimento del dipendente attraverso un atto unilaterale dell'Amministrazione, nel primo caso in seguito ad una procedura che individua lavoratori in soprannumero o in eccedenza (art. 33, D.Lgs. 165/2001).

2.6.2 La mobilità volontaria (o individuale)

La procedura di mobilità volontaria è disciplinata dall'art. 30 D.Lgs. 165/2001 ai sensi del quale le Amministrazioni possono ricoprire posti vacanti in organico mediante **passaggio diretto di dipendenti da altre Amministrazioni**, purché appartenenti ad una qualifica corrispondente e pienamente in servizio. Requisito essenziale affinché si realizzi tale passaggio è che il dipendente presenti **domanda di trasferimento**.
Prima del D.L. 80/2021 un ulteriore requisito per completare la procedura era l'**assenso dell'Amministrazione di appartenenza**. Con le modifiche introdotte dal citato decreto l'assenso è obbligatorio solo in specifiche ipotesi, ovvero nel caso in cui si tratti di **posizioni dichiarate motivatamente infungibili dall'amministrazione** cedente o di personale assunto da meno di 3 anni o qualora la mobilità determini una carenza di organico superiore al 20% nella qualifica corrispondente a quella del richiedente. È fatta salva la possibilità di differire, per motivate esigenze organizzative, il passaggio diretto del dipendente fino ad un massimo di 60 giorni dalla ricezione dell'istanza di passaggio diretto ad altra amministrazione. Tali previsioni non si applicano al personale delle aziende e degli enti del servizio sanitario nazionale e **degli enti locali con un numero di dipendenti a tempo indeterminato non superiore a 100**, per i quali è comunque richiesto il previo assenso dell'amministrazione di appartenenza.

Per il **trasferimento fra le sedi centrali di differenti Ministeri**, **Agenzie ed enti pubblici non economici nazionali** non è richiesto l'assenso dell'Amministrazione di appartenenza, la quale dispone il trasferimento entro 2 mesi dalla richiesta dell'Amministrazione di destinazione, fatti salvi i termini per il preavviso e a condizione che l'Amministrazione di destinazione abbia una percentuale di posti vacanti superiore all'Amministrazione di appartenenza.

Le Amministrazioni che intendono assumere il personale devono fissare preventivamente i requisiti e le competenze professionali richieste. Successivamente devono pubblicare sul proprio sito istituzionale, per un periodo pari almeno a 30 giorni, un

bando in cui sono indicati i posti che intendono ricoprire attraverso passaggio diretto di personale di altre Amministrazioni.
L'art. 30, co. 1-*quater*, D.Lgs. 165/2001, aggiunto dal D.L. 36/2022, impone la pubblicazione dei bandi di mobilità anche in un'apposita sezione del Portale InPA. Il personale interessato a partecipare a tali procedure può inviare la propria candidatura, per qualsiasi posizione disponibile, previa registrazione nel Portale corredata dal curriculum vitae redatto in formato digitale.
Accanto alla procedura del passaggio diretto, un'altra modalità di trasferimento volontario è quella della **mobilità di compensazione o di interscambio**. L'art. 7 D.P.C.M. 5-8-1988, n. 325, afferma che *è consentita in ogni momento … la mobilità dei singoli dipendenti presso la stessa od altre Amministrazioni, anche di diverso comparto, nei casi di domanda congiunta di compensazione con altri dipendenti di corrispondente profilo professionale, previo nulla osta dell'Amministrazione di provenienza e di quella di destinazione*.
Per poter avviare la procedura è il singolo dipendente che deve attivarsi per trovare un collega disposto a "scambiare" il posto di lavoro. Superata questa prima fase entrambi dovranno presentare domanda alla propria Amministrazione e a quella del collega al fine di ricevere i rispettivi nulla osta, ottenuti i quali si può procedere al trasferimento dei lavoratori interessati.

2.6.3 La mobilità obbligatoria (individuale o collettiva)

L'art. 30, co. 2, D.Lgs. 165/2001 disciplina la **mobilità obbligatoria individuale**. Il provvedimento afferma che i dipendenti possono essere trasferiti all'interno della stessa Amministrazione o, previo accordo fra le Amministrazioni interessate, in altra Amministrazione, in sedi collocate nel territorio dello stesso Comune ovvero a distanza non superiore a 50 chilometri dalla sede cui sono adibiti. Il trasferimento può essere operato *indipendentemente dalla volontà del lavoratore interessato* e a prescindere dall'esistenza o meno di dichiarazioni di eccedenza di personale.
A rafforzare l'*unilateralità della decisione* concorre il secondo periodo dell'art. 30, co. 2, ove si afferma che "non si applica il terzo periodo del primo comma dell'articolo 2103 del codice civile", vale a dire che non sono necessarie "comprovate ragioni tecniche, organizzative e produttive" per poter trasferire un lavoratore (si fa riferimento al testo codicistico vigente prima delle modifiche del D.Lgs. 81/2015; attualmente la disposizione è riportata al comma 8 dell'art. 2103 c.c.).

Una limitazione è, invece, prevista dall'ultimo periodo del comma laddove stabilisce che le disposizioni in materia di mobilità obbligatoria possano applicarsi solo con il consenso dei dipendenti nel caso in cui questi ultimi abbiano figli di età inferiore a 3 anni, che hanno diritto al congedo parentale o a giorni di permesso mensile per assistere familiari disabili in situazione di gravità.

La preventiva dichiarazione di eccedenza di personale è, invece, una condizione essenziale per avviare procedure di **mobilità collettiva (o per ricollocazione)**, disciplinate dagli artt. 33 e 34.
Il primo passaggio è quello di effettuare annualmente una ricognizione del personale a disposizione e individuare eventuali situazioni di soprannumero o di eccedenze. Dopo aver informato le rappresentanze del personale e le organizzazioni sindacali, il dirigente può porre in essere tutte le attività volte a ridurre il numero di dipendenti

in esubero (accordi di prepensionamento, ricorso a forme flessibili di lavoro o contratti di solidarietà, ricollocazione presso la stessa o altre Amministrazioni). Trascorsi 90 giorni dalla comunicazione ai sindacati, e dopo aver espletato le attività volte alla ricollocazione, i dipendenti possono essere collocati "in disponibilità"; ciò implica la sospensione di tutte le obbligazioni inerenti al rapporto di lavoro con il diritto del lavoratore a percepire un'**indennità pari all'80% dello stipendio per la durata massima di 24 mesi** (48 mesi laddove il personale collocato in disponibilità maturi entro il predetto arco temporale i requisiti per il trattamento pensionistico: art. 2, co. 12, D.L. 95/2012).
Il personale in disponibilità confluisce in appositi elenchi dai quali le Amministrazioni che devono procedere ad assunzioni possono (e in alcuni casi devono) attingere.

2.6.4 L'equiparazione dei livelli di inquadramento

Le maggiori difficoltà che si riscontrano nell'attivazione delle procedure di mobilità, in particolare in quella extracompartimentale, è il diverso livello di inquadramento del personale, che rende difficilmente comparabili le varie posizioni lavorative. Per superare tale ostacolo l'art. 29-*bis* D.Lgs. 165/2001 prevede che sia approvato uno specifico decreto del Presidente del Consiglio dei Ministri riportante una tabella di equiparazione fra i livelli di inquadramento previsti dai contratti collettivi relativi ai diversi comparti di contrattazione. Il provvedimento attuativo di tale disposizione è il D.P.C.M. 26 giugno 2015.

2.6.5 Il comando, il distacco e il collocamento fuori ruolo

Di carattere temporaneo, invece, sono le modificazioni che intervengono in seguito a comando o distacco. Si configura, infatti, l'ipotesi di **distacco** di personale quando un datore di lavoro, *per soddisfare* (anche o soltanto) *un proprio interesse*, pone temporaneamente uno o più lavoratori a disposizione di un altro soggetto per l'esecuzione di una determinata attività lavorativa. Qualora, invece, il lavoratore sia assegnato ad altro ente o Amministrazione sulla base di un *interesse proprio del soggetto ricevente*, si deve parlare di **comando**. In entrambi i casi, però, si tratta di un uno spostamento non definitivo.
L'art. 30, co. 1-*quinquies*, D.Lgs. 165/2001 (aggiunto dal D.L. 36/2022) afferma *che i comandi o distacchi sono consentiti esclusivamente nel limite del 25% dei posti non coperti all'esito delle procedure di mobilità.*

Tale vincolo non si applica ai comandi o distacchi obbligatori, previsti da disposizioni di legge, ivi inclusi quelli relativi agli uffici di diretta collaborazione, nonché a quelli relativi alla partecipazione ad organi istituiti da disposizioni legislative o regolamentari che prevedono la partecipazione di personale di amministrazioni diverse, nonché ai comandi presso le sedi territoriali dei ministeri, o presso le Unioni di comuni per i Comuni che ne fanno parte.

Il **collocamento fuori ruolo** comporta la destinazione del dipendente pubblico a un'Amministrazione o a un ente diverso da quello di appartenenza, presso il quale egli è chiamato a svolgere temporaneamente la sua prestazione.

Capitolo 3
Il sistema di gestione delle *performance*

3.1 Il Sistema di misurazione e di valutazione

Nel *management* pubblico, il concetto di *performance* è assimilato a quello di *risultato*, anche se la *performance* include non solo l'esito finale dell'azione (il *risultato*, per l'appunto), ma anche le condizioni e le modalità con le quali si è realizzato tale esito (e, dunque, ponendo attenzione all'*efficacia* e all'*efficienza*).
La tematica della *performance* e degli strumenti attraverso i quali misurarla, gestirla e valutarla ha assunto una posizione di centralità nell'ambito dei processi culturali di riforma della Pubblica Amministrazione già a partire dagli anni Novanta dello scorso secolo ma, sul piano positivo, l'introduzione di una disciplina dedicata è avvenuta solamente con il D.Lgs. 150/2009 (il **decreto Brunetta**), un provvedimento che avvicina cultura giuridica e cultura economico-aziendale al fine di ottimizzare la produttività del lavoro pubblico (svolto da tutti i dipendenti, personale dirigenziale e non).
Nel decreto citato sono previste le seguenti *strategie di base*:

- il perseguimento dell'**interesse del destinatario dei servizi e degli interventi**;
- la **qualità dell'organizzazione**, che deve sviluppare metodi e strumenti idonei a misurare, valutare e premiare la *performance* individuale e quella organizzativa, secondo criteri strettamente connessi al soddisfacimento di detto interesse;
- il **miglioramento continuo**, secondo il ciclo della gestione della *performance*.

Il Sistema di misurazione, introdotto dal D.Lgs. 150/2009, è concepito quale sistema di valutazione della prestazione, indirizzato al miglioramento della qualità dei servizi offerti dalle Pubbliche Amministrazioni, da raggiungere attraverso la crescita delle competenze professionali, la valorizzazione del merito e l'erogazione dei premi per i risultati perseguiti dai singoli e dalle unità organizzative (il tutto nella massima trasparenza delle informazioni). A tale fine le Amministrazioni, ogni anno, devono adottare e aggiornare, previo parere vincolante dell'Organismo indipendente di valutazione (OIV), il *Sistema di misurazione e valutazione della performance* (art. 7 D.Lgs. 150/2009).
Il Sistema ha il compito di **individuare le fasi, i tempi, le modalità, i soggetti e le responsabilità del processo di misurazione e valutazione**, e costituisce la base per le procedure di conciliazione, le modalità di raccordo e di integrazione con i sistemi di controllo esistenti e i documenti di programmazione finanziaria e di bilancio.
Il rispetto delle disposizioni relative alla misurazione, valutazione e trasparenza della *performance* costituiscono condizione necessaria (ai sensi dell'art. 3, co. 5, D.Lgs. 150/2009) ai fini dell'erogazione di premi e componenti del trattamento retributivo legati alla *performance* e rileva ai fini del riconoscimento delle progressioni economiche, dell'attribuzione di incarichi di responsabilità al personale, nonché del conferimento degli incarichi dirigenziali.

La valutazione negativa rileva ai fini dell'accertamento della responsabilità dirigenziale e per l'irrogazione del licenziamento disciplinare ai sensi dell'art. 55-*quater* D.Lgs. 165/2001.

3.2 Le strutture e i soggetti coinvolti

3.2.1 Quadro d'insieme

Nel processo di misurazione e valutazione della *performance*, i soggetti che provvedono alle varie fasi del ciclo di gestione sono individuati dall'art. 12 D.Lgs. 150/2009:

- gli **Organismi indipendenti di valutazione della *performance*** (di seguito **OIV**), cui spetta la misurazione e valutazione della *performance* organizzativa e la proposta annuale di valutazione dei dirigenti di vertice. Gli OIV, di cui ogni Amministrazione, singolarmente o in forma associata, si deve dotare, hanno *sostituito i servizi di controllo interno*, istituiti sulla base della precedente normativa, e sono disciplinati dall'art. 14 D.Lgs. 150/2009;
- un **organismo centrale** (attualmente il **Dipartimento per la funzione pubblica - DFP**) che ha il compito di indirizzare, coordinare e sovrintendere l'esercizio delle funzioni degli OIV, di garantire la trasparenza dei sistemi di valutazione e di assicurare la comparabilità degli indici di andamento gestionale (art. 13 D.Lgs. 150/2009).

  L'organismo centrale era stato inizialmente individuato nella CiVIT (Commissione per la valutazione, la trasparenza e l'integrità delle amministrazioni pubbliche), successivamente trasformata in Autorità Nazionale Anticorruzione e per la valutazione e la trasparenza nelle amministrazioni pubbliche (L. 190/2012). Quest'ultima, nel 2014, fu fatta confluire nella nuova Autorità Nazionale Anticorruzione (ANAC), struttura che assorbiva anche le competenze dell'Autorità per la vigilanza sui contratti pubblici. In quella sede fu deciso di "sgravare" l'ANAC dei compiti in materia di misurazione e valutazione della *performance* che aveva ereditato dalla CiVIT e trasferire tali funzioni al Dipartimento per la funzione pubblica, la quale ha assunto tutte le funzioni di promozione e coordinamento delle attività di valutazione e misurazione della *performance*;

- l'**organo di indirizzo politico-amministrativo** di ciascuna Amministrazione, che emana le direttive generali contenenti gli indirizzi strategici e ne verifica il conseguimento effettivo;
- i **dirigenti di ciascuna Amministrazione**, che effettuano la valutazione del personale assegnato ai loro uffici, ai fini del riconoscimento dei benefici previsti dalla contrattazione collettiva (artt. 16 e 17, co. 1, lett. e-*bis*), D.Lgs. 165/2001).

Ai sensi dell'art. 19-*bis* D.Lgs. 150/009 è previsto che i **cittadini**, anche in forma associata, partecipino al processo di misurazione delle *performance* organizzative, con la possibilità di comunicare direttamente all'OIV il proprio grado di soddisfazione per le attività e i servizi erogati, secondo le modalità stabilite dallo stesso organismo. A tale fine, è necessario che le Amministrazioni adottino sistemi di rilevazione del grado di soddisfazione degli utenti e dei cittadini, favorendo forme di partecipazione.
Anche gli **utenti interni** alle Amministrazioni (dunque, in primo luogo, i dipendenti) partecipano al processo di misurazione delle *performance* organizzative in relazione ai servizi strumentali e di supporto, secondo le modalità individuate dall'OIV. Va assicu-

rata la pubblicazione dei risultati della rilevazione del grado di soddisfazione dei soggetti, con cadenza annuale, sul sito dell'Amministrazione e l'OIV deve tenere conto di tali rilievi ai fini della validazione della Relazione sulla *performance*.

3.2.2 Gli organismi indipendenti di valutazione (OIV)

La valutazione indipendente della *performance* è assicurata, in ogni Amministrazione, dall'OIV, previsto dall'art. 14 D.Lgs. 150/2009.
Ai sensi di questa norma, l'OIV:

- monitora il funzionamento del sistema della valutazione, della trasparenza e dell'integrità dei controlli interni ed elabora una relazione annuale sullo stato dello stesso, anche formulando proposte e raccomandazioni ai vertici amministrativi;
- comunica tempestivamente le criticità riscontrate ai competenti organi interni di governo ed amministrazione, nonché alla Corte dei conti e al DFP;
- valida la Relazione sulla *performance*, a condizione che sia redatta in forma sintetica, chiara e di immediata comprensione ai cittadini e agli altri utenti e ne assicura la visibilità attraverso la pubblicazione sul sito istituzionale dell'Amministrazione;
- garantisce la correttezza dei processi di misurazione e valutazione nonché dell'utilizzo dei premi nel rispetto del principio di valorizzazione del merito e della professionalità;
- propone all'organo di indirizzo politico-amministrativo, la valutazione annuale dei dirigenti di vertice e la loro premiazione;
- è responsabile della corretta applicazione delle linee guida, delle metodologie e degli strumenti predisposti dal DFP;
- promuove e attesta l'assolvimento degli obblighi relativi alla trasparenza e all'integrità;
- verifica i risultati e le buone pratiche di promozione delle pari opportunità.

Nell'esercizio delle funzioni suddette, l'OIV ha **accesso a tutti gli atti e documenti** in possesso dell'Amministrazione, utili all'espletamento dei propri compiti, nel rispetto della disciplina in materia di protezione dei dati personali. Tale accesso è garantito senza ritardo. L'OIV ha altresì **accesso diretto a tutti i sistemi informativi** dell'Amministrazione, ivi incluso il sistema di controllo di gestione, e può accedere a tutti i luoghi all'interno dell'Amministrazione, al fine di svolgere le verifiche necessarie all'espletamento delle proprie funzioni, potendo agire anche in collaborazione con gli organismi di controllo di regolarità amministrativa e contabile dell'Amministrazione. Nel caso di riscontro di **gravi irregolarità**, l'Organismo effettua ogni opportuna segnalazione agli organi competenti. L'OIV verifica, inoltre, che sia stata realizzata la sostanziale integrazione fra programmazione economico-finanziaria e pianificazione strategico-funzionale (art. 6 D.P.R. 105/2006).
Il DFP assicura la **corretta istituzione e composizione** degli OIV, i cui componenti non possono essere nominati fra i dipendenti dell'Amministrazione interessata o tra soggetti che rivestano incarichi pubblici elettivi o cariche in partiti politici o in organizzazioni sindacali ovvero che abbiano rapporti continuativi di collaborazione o di consulenza con le predette organizzazioni, ovvero che abbiano rivestito simili incarichi o cariche o che abbiano avuto simili rapporti nei 3 anni precedenti la designazione.

3.3 Il ciclo della *performance*

Secondo l'art. 4 D.Lgs. 150/2009 le Pubbliche Amministrazioni devono sviluppare un ciclo di gestione della *performance* articolato nelle seguenti fasi:

- definizione e assegnazione degli **obiettivi** che si intendono raggiungere, dei valori attesi di risultato e dei rispettivi indicatori, tenendo conto anche dei risultati conseguiti nell'anno precedente;
- collegamento tra gli obiettivi e l'**allocazione delle risorse**;
- **monitoraggio** in corso di esercizio e attivazione di eventuali interventi correttivi;
- **misurazione e valutazione** della *performance*, organizzativa e individuale;
- utilizzo dei **sistemi premianti**, secondo criteri di valorizzazione del merito;
- **rendicontazione** dei risultati agli organi di indirizzo politico-amministrativo, ai vertici delle Amministrazioni, nonché ai competenti organi di controllo interni ed esterni, ai cittadini, ai soggetti interessati, agli utenti e ai destinatari dei servizi.

3.4 Gli obiettivi di *performance*

Gli obiettivi di *performance* sono individuati dal legislatore in due categorie (art. 5, co. 1, D.Lgs. 150/2009):

- **obiettivi generali**, che identificano le priorità strategiche delle Pubbliche Amministrazioni. Sono determinati con apposite linee guida, adottate su base triennale con decreto del Presidente del Consiglio dei Ministri. La previsione di tale categoria intende rafforzare l'attività di indirizzo a livello nazionale nella definizione degli obiettivi strategici e operativi delle Amministrazioni, che saranno tenute, dunque, a formulare parte dei loro obiettivi specifici in armonia con quelli generali;
- **obiettivi specifici** di ogni Amministrazione, individuati nel Piano della *performance*, in coerenza con la direttiva annuale adottata ai sensi dell'art. 8 D.Lgs. 286/1999.

Gli obiettivi individuati dovranno essere:

- rilevanti e pertinenti rispetto ai bisogni della collettività, alla missione istituzionale, alle priorità politiche ed alle strategie dell'Amministrazione;
- specifici e misurabili in termini concreti e chiari;
- tali da determinare un significativo miglioramento della qualità dei servizi erogati e degli interventi;
- riferibili ad un arco temporale determinato, di norma corrispondente ad un anno;
- commisurati ai valori di riferimento derivanti da standard definiti a livello nazionale e internazionale, nonché da comparazioni con Amministrazioni omologhe;
- confrontabili con le tendenze della produttività dell'Amministrazione con riferimento, ove possibile, almeno al triennio precedente;
- correlati alla quantità e alla qualità delle risorse disponibili.

3.5 Il Piano della *performance*, la Relazione annuale e il PIAO

Al fine di assicurare la qualità, comprensibilità e attendibilità dei documenti di rappresentazione della *performance*, le Amministrazioni pubbliche:

- redigono annualmente, entro il 31 gennaio, un documento programmatico denominato **Piano triennale della *performance* (PTP)**, che individua gli indirizzi e gli obiettivi strategici ed operativi e definisce gli indicatori per la misurazione e la valutazione della *performance* dell'Amministrazione, nonché gli obiettivi individuali assegnati al *personale dirigenziale e non* ed i relativi indicatori.

  Il Piano è definito dall'organo di indirizzo politico-amministrativo in collaborazione con i vertici dell'Amministrazione e secondo gli indirizzi impartiti dal DFP. La mancata adozione è sanzionata con il **divieto di erogazione della retribuzione di risultato** ai dirigenti colpevoli di omissione o inerzia nell'adempimento dei propri compiti, oltre che con il divieto per le Amministrazioni di procedere ad assunzioni di personale o al conferimento di incarichi di consulenza o di collaborazione;

- elaborano un documento, da adottare entro il 30 giugno, denominato **Relazione sulla *performance***, che evidenzia, a consuntivo, con riferimento all'anno precedente, i risultati organizzativi e individuali raggiunti rispetto ai singoli obiettivi programmati ed alle risorse, con rilevazione degli eventuali scostamenti, e il bilancio di genere realizzato. La relazione deve essere validata dall'OIV ed è condizione necessaria per l'utilizzo degli strumenti posti a premiare il merito.

Qualora la **mancata adozione del Piano o della Relazione** sulla *performance* dipenda da omissione o inerzia dell'organo di indirizzo, l'erogazione dei trattamenti e delle premialità di cui è fonte di responsabilità amministrativa del titolare dell'organo il quale ne abbia dato disposizione e abbia concorso alla mancata adozione del Piano. In caso di **ritardo nell'adozione del Piano**, l'Amministrazione deve comunicare tempestivamente le ragioni del mancato rispetto dei termini al DFP.

Come si è già avuto modo di esaminare, **sia il Piano della *performance* sia la relativa Relazione sono confluiti nel Piano integrato di attività e organizzazione (PIAO).**

3.6 Il trattamento accessorio collegato alla *performance*

Il D.Lgs. 150/2009 ha provveduto ad articolare anche gli strumenti con i quali premiare il merito e la professionalità, attraverso il riconoscimento:

- del ***bonus* annuale delle eccellenze**, assegnato al personale, dirigenziale e non, cui è attribuita una valutazione di eccellenza (art. 21);
- del **premio annuale per l'innovazione**, attribuito dall'OIV della *performance* al miglior progetto realizzato nell'anno che produca un significativo cambiamento dei servizi offerti e dei processi interni di lavoro (art. 22);
- delle **progressioni economiche**, conferite selettivamente dalle Amministrazioni sulla base della contrattazione collettiva (nazionale e integrativa) e nei limiti delle risorse disponibili, ad una quota limitata di dipendenti in relazione allo sviluppo delle competenze professionali ed ai risultati individuali e collettivi rilevati dal sistema di valutazione (art. 23);
- delle **progressioni di carriera**, per cui i posti nella dotazione organica vengono coperti attraverso concorsi pubblici con riserva non superiore al 50% a favore del personale interno, finalizzata al riconoscimento e alla valorizzazione delle competenze professionali sviluppate (art. 24);

- dell'**attribuzione di incarichi e responsabilità**, attuata attraverso il sistema di misurazione e valutazione (art. 25);
- di un accesso privilegiato a **percorsi di alta formazione e di crescita professionale** e a periodi di lavoro presso istituzioni nazionali e internazionali (art. 26).

È, inoltre, previsto il **premio di efficienza**, per cui una quota fino al 30% dei risparmi sui costi di funzionamento derivanti da processi di ristrutturazione, riorganizzazione e innovazione viene destinata, fino a due terzi e secondo criteri definiti dalla contrattazione collettiva integrativa, al personale coinvolto, mentre la parte residua serve a incrementare le somme disponibili per la contrattazione stessa (art. 27). Tali risorse possono essere utilizzate se i risparmi sono documentati nella Relazione sulla *performance.*

Capitolo 4
La responsabilità del dipendente, il sistema sanzionatorio e la cessazione del rapporto di lavoro

4.1 La responsabilità del dipendente

4.1.1 Il fondamento costituzionale e normativo

Il fondamento normativo della responsabilità dei dipendenti pubblici risiede nella Costituzione, in particolare nell'art. 28, secondo il quale i funzionari e i dipendenti dello Stato e degli enti pubblici **sono direttamente responsabili**, secondo le *leggi penali, civili e amministrative, degli atti compiuti in violazione di diritti* (e ormai anche interessi legittimi). In tali casi **la responsabilità civile si estende allo Stato e agli enti pubblici**.
Il dettato costituzionale è stato recepito dallo Statuto degli impiegati civili dello Stato; a norma dell'art. 22, co. 1, D.P.R. 3/1957, infatti, l'impiegato *che, nell'esercizio delle attribuzioni ad esso conferite dalle leggi o dai regolamenti, cagioni ad altri un danno ingiusto .... è personalmente obbligato a risarcirlo.* L'azione di risarcimento nei suoi confronti *può essere esercitata congiuntamente con l'azione diretta nei confronti dell'Amministrazione qualora, in base alle norme e ai principi vigenti dell'ordinamento giuridico, sussista anche la responsabilità dello Stato.* Pertanto, l'impiegato pubblico che cagioni ad altri un danno ingiusto è personalmente obbligato a risarcirlo. L'azione di risarcimento nei suoi confronti può essere esercitata congiuntamente con l'azione diretta nei confronti dell'Amministrazione.
Il D.P.R. 3/1957 definisce anche il concetto di **danno ingiusto** e, in quanto tale, risarcibile. A norma dell'art. 23, infatti, il pregiudizio *contra ius* è quello derivante da **ogni violazione dei diritti dei terzi** che l'impiegato abbia commesso per dolo o per colpa grave, restando salve le responsabilità più gravi previste dalle leggi vigenti.
La responsabilità personale dell'impiegato sussiste tanto se la violazione del diritto del terzo sia cagionata dal compimento di atti od operazioni, quanto se la detta violazione consista nell'omissione o nel ritardo ingiustificato di atti od operazioni al cui compimento l'impiegato sia obbligato per legge o per regolamento.

4.1.2 Le diverse tipologie di responsabilità del dipendente pubblico

Il pubblico dipendente, nell'esercizio delle proprie funzioni, può incorrere nelle seguenti tipologie di responsabilità:

- **civile**, che si configura quando per colpa o dolo, derivi un danno per l'ente e/o per il cittadino utente, e la sanzione prevista consiste nell'obbligo di risarcire il danno;

- **amministrativa e contabile**, che coinvolge i soggetti che abbiano causato un danno all'apparato statale nell'esercizio di specifiche funzioni amministrative, direttamente o indirettamente (in quest'ultimo caso il pregiudizio non è causato all'ente direttamente dal dipendente, ma deriva dal risarcimento ottenuto da un terzo danneggiato da attività imputabili alla stessa amministrazione). In tale ambito si colloca anche la responsabilità contabile per le violazioni delle norme sui procedimenti di spesa e sulla custodia del denaro pubblico da parte di chi ne è abituato ovvero tenuto al maneggio;
- **penale**, che insorge nel caso in cui la trasgressione dei doveri di ufficio assume il carattere della violazione dell'ordine giuridico generale e si concreta nella figura del reato;
- **disciplinare**, una forma di responsabilità, aggiuntiva rispetto a quella penale, civile e amministrativo-contabile, in cui incorre il dipendente che non osserva obblighi contrattualmente assunti, fissati nei contratti collettivi e recepiti nel contratto individuale.

Le **responsabilità amministrativa e quella disciplinare** riguardano il rapporto fra il lavoratore e il proprio datore di lavoro pubblico. Le altre forme di responsabilità, invece, presentano connotazioni diverse. In particolare, la **responsabilità civile** può configurarsi come responsabilità da atto lecito o da atto illecito, cui consegue l'obbligo del risarcimento del danno a beneficio del soggetto danneggiato.
Le diverse tipologie di responsabilità non sono tra loro alternative o incompatibili, ma possono concorrere, poiché la **medesima condotta può dar luogo alla violazione di più norme** e, quindi, essere fonte di distinte e concomitanti responsabilità; il suo autore potrà essere assoggettato a sanzioni di natura diversa (penale o disciplinare) o chiamato a rispondere del danno sotto diverso titolo (civile o erariale).

A titolo esemplificativo si pensi ad un incidente occorso durante l'orario d'ufficio che veda il coinvolgimento di un pubblico dipendente risultato positivo ad un alcoltest e che utilizza un'auto di servizio. In questi casi potrebbe configurarsi una responsabilità civile per i danni provocati a terzi, una responsabilità penale laddove dovessero risultare lesioni personali, una responsabilità amministrativa per danno erariale nonché una responsabilità di tipo disciplinare.

4.1.3 La responsabilità civile verso terzi

È chiamata a rispondere a norma dell'art. 2043 c.c. l'autorità amministrativa che **nell'esplicazione dei propri compiti istituzionali causi danni a soggetti terzi**, violando il generico dovere del *neminem laedere*. Al riguardo, tuttavia, occorre ricordare che la Pubblica Amministrazione opera attraverso i propri dipendenti, per cui in virtù del *rapporto di immedesimazione organica* il lavoratore che arrechi un danno a terzi ne risponderà *in via diretta*, anche se dal punto di vista procedurale l'Amministrazione è legata al proprio dipendente da un vincolo di *solidarietà passiva*.
Il fatto illecito si concretizza in una **condotta antigiuridica** che può esternarsi nel compimento di un atto amministrativo illegittimo, nel mancato compimento di un comportamento doveroso, nell'omissione di un atto dovuto o, ancora, in un comportamento materiale lesivo di diritti. Esso può essere compiuto dal pubblico dipenden-

te con l'intenzione di cagionare l'evento dannoso e, dunque, con la consapevolezza della sua ingiustizia (**dolo**), oppure in violazione dei doveri di diligenza, cautela o perizia nei confronti dei terzi (**colpa**). Il fatto illecito, inoltre, deve essere prodotto in *assenza di cause giustificative* e incidere negativamente su una posizione attiva tutelata, producendo un **danno risarcibile**.
Elemento imprescindibile per l'affermazione della responsabilità dell'Amministrazione è il **collegamento fra la condotta del pubblico dipendente e il danno ingiusto subìto dal privato**. La condotta antigiuridica deve essere realizzata nell'ambito delle attività che l'agente svolge per l'ente di appartenenza. La giurisprudenza ha elaborato un ulteriore criterio di riferibilità basato su di un *nesso di occasionalità necessaria*, secondo cui l'attività materiale che ha arrecato danno può essere addebitata all'Amministrazione tutte le volte in cui il comportamento dell'agente, pur non essendo inquadrabile nelle attività funzionali dell'ente pubblico, sia risultato ad ogni modo collegato alle incombenze assegnate per ragioni di servizio.

4.1.4 La responsabilità amministrativa e contabile

La **responsabilità amministrativa** si configura in conseguenza di qualsiasi condotta posta in essere da un dipendente pubblico, gravemente colposa e foriera di danno erariale all'amministrazione di appartenenza o altro ente pubblico. Mentre nell'ipotesi di responsabilità civile il dipendente pubblico *arreca un danno ad un terzo* ed è tenuto in solido con l'Amministrazione di appartenenza a risarcirlo (art. 28 Cost.), in ipotesi di responsabilità amministrativa *il danno è arrecato all'Amministrazione di appartenenza*, nell'ambito del rapporto d'ufficio ed è la stessa P.A. danneggiata a dover essere risarcita del danno patrimoniale subìto.
Il pregiudizio prodotto all'ente di appartenenza viene qualificato come **danno erariale** e si configura quale lesione ingiustificata al patrimonio dello Stato, posta in essere dai dipendenti pubblici nell'esercizio delle proprie funzioni: esso presuppone, dunque, un pregiudizio alle finanze pubbliche.
La **responsabilità contabile**, invece, può definirsi come quella particolare responsabilità patrimoniale in cui possono incorrere solo alcuni pubblici dipendenti, ovvero gli agenti contabili, qualifica spettante ai soggetti che hanno il maneggio di denaro o di altri valori dello Stato o la materiale disponibilità di beni. Il giudice competente in materia è la Corte dei conti.

In materia l'art. 52 D.Lgs. 174/2016 (*Codice di giustizia contabile*) prevede che, i responsabili delle strutture burocratiche di vertice delle amministrazioni, comunque denominate, ovvero i dirigenti o responsabili di servizi, in relazione al settore cui sono preposti, che nell'esercizio delle loro funzioni vengono a conoscenza, direttamente o a seguito di segnalazione di soggetti dipendenti, di fatti che possono dare luogo a responsabilità erariali, **devono presentarne tempestiva denuncia alla procura della Corte dei conti territorialmente competente.** Le generalità del pubblico dipendente denunziante sono tenute riservate. La denuncia di danno deve contenere *una precisa e documentata esposizione dei fatti e delle violazioni commesse*, l'indicazione ed eventualmente la quantificazione del danno, nonché, ove possibile, l'individuazione dei presunti responsabili, l'indicazione delle loro generalità e del loro domicilio.

4.1.5 La responsabilità penale

Si ha responsabilità penale quando la trasgressione dei doveri di ufficio, da parte dell'impiegato, assume il carattere di **violazione dell'ordine giuridico generale e si concreta nella figura del reato** (es. abuso e omissione di atti d'ufficio, concussione, corruzione etc.).
I reati che possono essere compiuti dai pubblici impiegati si distinguono in propri e comuni.
I **reati propri** sono quelli in cui la qualità di impiegato o funzionario è necessaria per l'esistenza del reato. Così, ad esempio, l'accettare denaro o altra cosa per il compimento di atto relativo all'esercizio delle proprie attribuzioni sarebbe penalmente irrilevante se commesso da un privato; configura, invece, il reato di corruzione (artt. 318-319 c.p.) se è compiuto da un pubblico funzionario. I *reati comuni*, invece, sono quelli che potrebbero essere commessi da un qualsiasi soggetto, anche se talora la qualità di pubblico funzionario può comportare un aumento di pena o un mutamento della figura del reato.
Il codice penale (articoli da 314 a 335-*bis*) disciplina i **delitti dei pubblici ufficiali contro la Pubblica Amministrazione**, ovvero le varie tipologie di comportamenti criminosi di cui possono essere autori gli appartenenti all'Amministrazione e che si qualificano come reati cosiddetti propri (perché i loro autori sono in possesso di uno specifico *status*).
Si tratta di reati per lo più dolosi e il danno da essi provocato si dirige sia nei confronti dell'utenza di volta in volta interessata sia nei riguardi dell'Amministrazione, dal punto di vista del servizio e anche sotto l'aspetto dell'immagine (compromessa) dell'ente.

4.1.6 La responsabilità disciplinare

Con l'assunzione della prestazione lavorativa, i pubblici dipendenti assumono l'obbligo di prestare la propria attività a favore di una specifica Amministrazione, posizione che comporta, come già esaminato, l'attribuzione di specifici diritti ma anche di correlati doveri. Se il dipendente non osserva gli impegni contrattualmente assunti, cioè commette **infrazioni degli obblighi connessi al rapporto di lavoro con l'Amministrazione di appartenenza**, incorre nella *responsabilità disciplinare*, con la conseguente applicazione di *sanzioni conservative* (richiamo, multa, sospensione dal servizio e dalla retribuzione) o *espulsive* (licenziamento con o senza preavviso).
Tra le disposizioni normative che dettano in modo più puntuale gli obblighi cui è tenuto il pubblico dipendente spicca il D.P.R. 62/2013 (il Codice di comportamento dei dipendenti pubblici), documento che ciascuna amministrazione integra con l'adozione di un proprio Codice in base alle proprie specificità (art. 54, co. 5, D.Lgs. 165/2001), e il contratto collettivo nazionale di riferimento.

In materia di responsabilità disciplinare la dottrina ha evidenziato i seguenti **principi guida**: la *tipicità* (i fatti costituenti illecito disciplinare devono essere previsti in modo tassativo dalla legge), la *tassatività delle sanzioni irrogabili* (rimprovero verbale, censura, multa, sospensione del lavoro e della retribuzione, licenziamento con preavviso e licenziamento senza preavviso) e la *pubblicità e la trasparenza oltre che la proporzionalità delle sanzioni.*

4.2 Le sanzioni disciplinari senza licenziamento

4.2.1 I criteri di determinazione delle sanzioni

Le sanzioni vanno applicate nel **rispetto del principio di gradualità e di proporzionalità**, in relazione alla gravità dell'infrazione, al tipo e all'entità e tenendo conto dei seguenti criteri generali:

- *intenzionalità* del comportamento, *grado di negligenza, imprudenza o imperizia dimostrate*, tenuto conto anche della prevedibilità dell'evento;
- *rilevanza degli obblighi violati*;
- *responsabilità connesse alla posizione di lavoro* occupata dal dipendente;
- *grado di danno o di pericolo* causato all'Amministrazione, agli utenti o a terzi ovvero al disservizio determinatosi;
- sussistenza di *circostanze aggravanti o attenuanti*, con particolare riguardo al comportamento del lavoratore, ai precedenti disciplinari nell'ambito del biennio previsto dalla legge, al comportamento verso gli utenti;
- *concorso nella violazione di più lavoratori* in accordo fra di loro.

4.2.2 Le sanzioni applicabili

Le sanzioni disciplinari previste dal CCNL comparto Funzioni locali (ma che riprendono analoghe disposizioni previste per tutti i comparti del pubblico impiego) sono indicate all'art. 58. Secondo il citato articolo, le violazioni degli obblighi a carico dei dipendenti danno luogo, secondo la gravità dell'infrazione, all'applicazione delle seguenti sanzioni disciplinari (previo procedimento disciplinare):

- **rimprovero verbale**. È una sanzione irrogata dal responsabile della struttura presso cui presta servizio il dipendente, previa audizione dello stesso a difesa sui fatti addebitati, e deve risultare nel fascicolo personale;
- **rimprovero scritto (censura)**;
- **multa** di importo variabile fino ad un **massimo di 4 ore di retribuzione**.

Queste sanzioni si applicano per le seguenti condotte:

- inosservanza delle disposizioni di servizio, anche in tema di assenze per malattia, nonché dell'orario di lavoro, ove non ricorrano le fattispecie della certificazione medica falsa o che attesta falsamente uno stato di malattia;
- condotta non conforme a principi di correttezza verso superiori o altri dipendenti o nei confronti degli utenti o terzi;
- negligenza nell'esecuzione dei compiti assegnati, nella cura dei locali e dei beni mobili o strumenti affidati al dipendente o sui quali, in relazione alle sue responsabilità, debba espletare attività di custodia o vigilanza;
- inosservanza degli obblighi in materia di prevenzione degli infortuni e di sicurezza sul lavoro ove non ne sia derivato danno o pregiudizio al servizio o agli interessi dell'Amministrazione o di terzi;
- rifiuto di assoggettarsi a visite personali disposte a tutela del patrimonio dell'Amministrazione;
- insufficiente rendimento nell'assolvimento dei compiti assegnati, ove non ricorrano le fattispecie più gravi previste dell'art. 55-*quater* D.Lgs. 165/2001;
- violazione dell'obbligo di identificarsi al pubblico (art. 55-*novies* D.Lgs. 165/2001);

- violazione di doveri ed obblighi di comportamento, non ricompresi nei punti precedenti, da cui sia derivato disservizio ovvero danno o pericolo all'Amministrazione, agli utenti o ai terzi.

L'importo delle ritenute per multa è introitato dal bilancio dell'Amministrazione ed è destinato ad attività sociali a favore dei dipendenti;

> **sospensione** dal servizio con **privazione della retribuzione fino a 10 giorni**.

Questa sanzione si applica per le seguenti condotte:

- recidiva o particolare gravità delle mancanze per le quali si applicano le sanzioni prima indicate;
- assenza ingiustificata dal servizio o arbitrario abbandono dello stesso. L'entità della sanzione è determinata in relazione alla durata dell'assenza o dell'abbandono del servizio, al disservizio determinatosi, alla gravità della violazione dei doveri del dipendente, agli eventuali danni causati all'Amministrazione, agli utenti o ai terzi. Se l'assenza è prolungata e non giustificata può comportare il licenziamento del dipendente (art. 55-*quater*, co. 1, lett. *b*, D.Lgs. 165/2001);
- ingiustificato ritardo, non superiore a 5 giorni, a trasferirsi nella sede assegnata dai superiori;
- svolgimento di attività che ritardino il recupero psico-fisico durante lo stato di malattia o di infortunio;
- manifestazioni ingiuriose nei confronti dell'ente, salvo che siano espressione della libertà di pensiero;
- atti, comportamenti o molestie, lesivi della dignità della persona. Nel caso di gravità e di reiterazione può applicarsi anche la sanzione del licenziamento;
- atti o comportamenti aggressivi ostili e denigratori che assumano forme di violenza morale nei confronti di un altro dipendente, comportamenti minacciosi, ingiuriosi, calunniosi o diffamatori nei confronti di altri dipendenti o degli utenti o di terzi. Anche in questo caso la reiterazione e la gravità possono prevedere l'applicazione della sanzione del licenziamento;
- violazione di doveri ed obblighi di comportamento, non ricompresi nei punti precedenti, da cui sia comunque derivato grave danno all'ente e agli utenti o ai terzi;

> **sospensione** dal servizio con **privazione della retribuzione da 11 giorni fino ad un massimo di 6 mesi**.

Questa sanzione si applica per le seguenti condotte:

- recidiva nel biennio delle mancanze previste nel precedente punto (quelle sanzionate con la *privazione della retribuzione fino a 10 giorni*);
- occultamento, da parte del responsabile della custodia, del controllo o della vigilanza, di fatti e circostanze relativi ad illecito uso, manomissione, distrazione o sottrazione di somme o beni di pertinenza dell'ente o ad esso affidati;
- atti, comportamenti o molestie a carattere sessuale ove non sussista la gravità e la reiterazione;
- alterchi con vie di fatto negli ambienti di lavoro, anche con gli utenti;
- violazione di doveri ed obblighi di comportamento, non ricompresi nei punti precedenti, da cui sia, comunque, derivato grave danno all'ente agli utenti o a terzi;
- fino a due assenze ingiustificate dal servizio in continuità con le giornate festive e di riposo settimanale;
- ingiustificate assenze collettive nei periodi in cui è necessario assicurare continuità nell'erogazione di servizi all'utenza;

> **licenziamento, con preavviso e senza preavviso**. Queste ipotesi saranno esaminate nel dettaglio nei prossimi paragrafi.

Il D.Lgs. 165/2001, poi, prevede specifiche sanzioni nelle seguenti ipotesi:

- **sospensione dal servizio con privazione della retribuzione fino ad un massimo di 15 giorni** nel caso di mancata collaborazione (rifiuto di fornire informazioni rilevanti o resa di dichiarazioni false o reticenti), senza un giustificato motivo, nell'ambito di un procedimento disciplinare da parte di dirigenti o dipendenti appartenenti alla stessa o a una diversa Amministrazione dell'incolpato (art. 55-*bis*, co. 7, D.Lgs. 165/2001);
- **sospensione dal servizio con privazione della retribuzione da un minimo di 3 giorni fino ad un massimo di 3 mesi** per violazione di obblighi concernenti la prestazione lavorativa, che abbia determinato la condanna dell'Amministrazione al risarcimento del danno (art. 55-*sexies*, co. 1, D.Lgs. 165/2001);
- **sospensione dal servizio con privazione della retribuzione fino ad un massimo di 3 mesi**, per il mancato esercizio o la decadenza dall'azione disciplinare, dovuti all'omissione o al ritardo, senza giustificato motivo, degli atti del procedimento disciplinare, ovvero a valutazioni manifestamente irragionevoli di insussistenza dell'illecito in relazione a condotte aventi oggettiva e palese rilevanza disciplinare (art. 55-*sexies*, co. 3, D.Lgs. 165/2001).

Al dipendente responsabile di più mancanze compiute con unica azione od omissione o con più azioni od omissioni fra loro collegate ed accertate con un unico procedimento, è applicabile la sanzione prevista per la mancanza più grave, se le infrazioni sono punite con sanzioni di diversa gravità.

4.2.3 Determinazione concordata della sanzione

L'art. 63 CCNL Funzioni locali disciplina una **procedura di tipo conciliativo** (*non obbligatoria*) fra l'autorità disciplinare competente e il dipendente volta a **concordare la sanzione disciplinare da applicare**. Contempla diverse limitazioni:

- non è applicabile nelle ipotesi in cui la legge o il contratto collettivo prevedano il licenziamento, con o senza preavviso;
- può riguardare solo l'entità ma non può decidere di sostituire una tipologia di sanzione con una diversa da quella prevista dalla legge o dal contratto collettivo (ad esempio una multa in luogo della privazione della retribuzione);
- l'accordo raggiunto non può essere impugnato.

Il **procedimento conciliativo** si articola nei seguenti passaggi:

- la proposta può essere avanzata da entrambe le parti (autorità disciplinare e dipendente) entro 5 giorni dall'audizione del dipendente per il contraddittorio a sua difesa; deve contenere una sommaria prospettazione dei fatti, delle risultanze del contraddittorio e l'indicazione della misura della sanzione ritenuta applicabile. La mancata formulazione della proposta entro il termine indicato comporta la decadenza delle parti dalla facoltà di attivare ulteriormente la procedura conciliativa;
- la controparte deve comunicare la propria disponibilità entro 5 giorni dal ricevimento della proposta. La mancata accettazione impedisce la successiva possibilità di attivare ulteriormente la procedura conciliativa;
- se la proposta è accettata le parti si incontrano entro i successivi 3 giorni. Al termine dell'incontro è redatto un verbale nel quale è indicata la sanzione concordata (in caso di esito positivo) oppure è indicato il mancato accordo (in caso di esito negativo).

La procedura conciliativa deve concludersi entro 30 giorni dalla contestazione e comunque prima dell'irrogazione della sanzione. La scadenza di tale termine comporta l'estinzione della procedura conciliativa eventualmente già avviata e ancora in corso di svolgimento e la decadenza delle parti dalla facoltà di avvalersi ulteriormente della stessa.

4.3 La cessazione del rapporto di lavoro e il licenziamento

4.3.1 Cause generali di cessazione del rapporto di lavoro

Per potersi parlare di cessazione del rapporto di lavoro del dipendente di un'Amministrazione si deve verificare **uno dei seguenti eventi**:

- raggiungimento del *limite massimo di età* lavorativa o contributiva;
- *dimissioni*, nel rispetto dei termini di preavviso prescritti;
- *decesso*;
- *impossibilità di rinnovo* dell'incarico dirigenziale per mancato raggiungimento degli obiettivi o per inosservanza imputabile delle direttive impartite;
- *perdita della cittadinanza* italiana o europea, secondo quanto previsto dalla disciplina nazionale e dell'Unione europea, laddove tale requisito sia essenziale per svolgere l'attività prevista;
- *superamento del periodo di comporto* previsto per le *assenze per malattia*, eventualmente anche dovute a causa di servizio;
- *licenziamento disciplinare*, con o senza preavviso (fondato su presupposti che assorbono gran parte delle cause di licenziamento previste dalla disciplina pubblicistica o civilistica);
- *annullamento della procedura di reclutamento*;
- *dispensa dal servizio* per inidoneità fisica e psichica;
- decadenza dall'impiego per mancata cessazione della situazione di *incompatibilità fra obblighi di servizio e attività svolte dal dipendente*, nonostante la diffida effettuata dall'ente datore di lavoro;
- decadenza dall'impiego per *superamento del periodo di 24 mesi di collocamento in disponibilità* senza che sia stato possibile ricollocare altrimenti il lavoratore;
- decadenza dall'impiego per avvenuta *accettazione di una missione o altro incarico da un'autorità straniera* senza autorizzazione del Ministro competente.

4.3.2 Il licenziamento con preavviso

Ferma la disciplina in tema di licenziamento per giusta causa o giustificato motivo, si applica la sanzione del **licenziamento con preavviso** per le seguenti ipotesi:

- **assenza priva di valida giustificazione** per un numero di giorni, anche non continuativi, superiore a 3 nell'arco di un biennio o comunque per più di 7 giorni nel corso degli ultimi 10 anni ovvero mancata ripresa del servizio, in caso di assenza ingiustificata, entro il termine fissato dall'Amministrazione (art. 55-*quater*, co. 1, lett. *b*, D.Lgs. 165/2001);
- ingiustificato **rifiuto del trasferimento** disposto dall'Amministrazione per motivate esigenze di servizio (art. 55-*quater*, co. 1, lett. *c*, D.Lgs. 165/ 2001);

- gravi o reiterate **violazioni dei codici di comportamento** (art. 55-*quater*, co. 1, lett. f-*bis*, D.Lgs. 165/2001);
- **commissione dolosa, o gravemente colposa, dell'infrazione di cui all'art. 55-*sexies*, co. 3**, ossia il mancato esercizio o la decadenza dall'azione disciplinare, dovuti all'omissione o al ritardo, senza giustificato motivo, degli atti del procedimento disciplinare (art. 55-*quater*, co. 1, lett. f-*ter*, D.Lgs. 165/2001);
- reiterata **violazione di obblighi concernenti la prestazione lavorativa**, che abbia determinato l'applicazione, in sede disciplinare, della sospensione dal servizio per un periodo complessivo superiore a un anno nell'arco di un biennio (art. 55-*quater*, co. 1, lett. f-*quater*, D.Lgs. 165/2001);
- **insufficiente rendimento**, dovuto alla reiterata violazione degli obblighi concernenti la prestazione lavorativa, stabiliti da norme legislative o regolamentari, dal contratto collettivo o individuale, da atti e provvedimenti dell'Amministrazione di appartenenza, e rilevato dalla costante reiterata valutazione negativa della *performance* del dipendente per ciascun anno nell'arco dell'ultimo triennio, resa a tali specifici fini (art. 55-*quater*, co. 1, lett. f-*quinquies*, D.Lgs. 165/2001);
- **omessa attivazione del procedimento disciplinare** e **omessa adozione del provvedimento di sospensione cautelare**, senza giustificato motivo, per i dirigenti e, negli enti privi di qualifica dirigenziale, per i responsabili di servizio competenti, che abbiano acquisito conoscenza di una falsa attestazione della presenza in servizio (art. 55-*quater*, co. 3-*quinquies*, D.Lgs. 165/2001);
- **recidiva nel biennio** nelle violazioni per le quali in prima istanza non si applica la sanzione del licenziamento (art. 59, co. 5, 6, 7 e 8, CCNL Funzioni locali);
- **recidiva plurima**, in una delle mancanze sanzionabili senza il licenziamento, anche se di diversa natura, o recidiva, nel biennio, in una mancanza che abbia già comportato l'applicazione della sanzione di sospensione dal servizio e dalla retribuzione;
- recidiva nel biennio di **atti, comportamenti o molestie a carattere sessuale** o quando l'atto, il comportamento o la molestia rivestano carattere di particolare gravità;
- **condanna passata in giudicato**, per un delitto che, commesso fuori del servizio e non attinente in via diretta al rapporto di lavoro, non ne consenta la prosecuzione per la sua specifica gravità;
- violazione degli obblighi di comportamento in tema di **accettazione di regali o altre utilità** e compimento dei doveri d'ufficio (art. 16, co. 2, secondo e terzo periodo, D.P.R. 62/2013);
- violazione dei doveri e degli obblighi di comportamento non ricompresi nei punti precedenti ma di gravità tale da non consentire la prosecuzione del rapporto di lavoro;
- **mancata ripresa del servizio**, salvo casi di comprovato impedimento, dopo periodi di interruzione dell'attività previsti dalle disposizioni legislative e contrattuali vigenti, alla conclusione del periodo di sospensione o alla scadenza del termine fissato dall'Amministrazione.

4.3.3 Il licenziamento senza preavviso

Si applica la massima sanzione del licenziamento **senza preavviso** per:

- la **falsa attestazione della presenza in servizio** (mediante l'alterazione dei sistemi di rilevamento della presenza o con altre modalità fraudolente) ovvero giustificazione dell'assenza dal servizio mediante una certificazione medica falsa o che attesta falsamente uno stato di malattia (art. 55-*quater*, co. 1, lett. *a*, D.Lgs. 165/2001).

In merito alle false attestazioni o certificazioni, il D.Lgs. 75/2017, modificando l'art. 55-*quinquies*, co. 3-*bis*, del D.Lgs. 165/2001, dispone che i **contratti collettivi nazionali** individuino le condotte e fissino le corrispondenti sanzioni disciplinari con riferimento alle ipotesi di *ripetute e ingiustificate assenze dal servizio in continuità con le giornate festive e di riposo settimanale*, nonché con riferimento ai casi di ingiustificate *assenze collettive in determinati periodi* nei quali è necessario assicurare continuità dell'erogazione dei servizi all'utenza;

- le **falsità documentali o dichiarative** commesse ai fini o in occasione dell'instaurazione del rapporto di lavoro ovvero di progressioni di carriera (art. 55-*quater*, co. 1, lett. *d*, D.Lgs. 165/2001);
- la reiterazione nell'ambiente di lavoro di **gravi condotte aggressive o moleste o minacciose o ingiuriose** o comunque lesive dell'onore e della dignità personale altrui (art. 55-*quater*, co. 1, lett. *e*, D.Lgs. 165/2001);
- la **condanna penale definitiva**, in relazione alla quale è prevista l'interdizione perpetua dai pubblici uffici ovvero l'estinzione, comunque denominata, del rapporto di lavoro (art. 55-*quater*, co. 1, lett. *f*), D.Lgs. 165/2001).

Si aggiungono a queste ipotesi, richiamate anche nel CCNL Funzioni locali, quelle oggetto di specifica previsione nello stesso contratto collettivo, cioè a dire:

- la commissione di **gravi fatti illeciti di rilevanza penale**, ivi compresi quelli che possono dare luogo alla sospensione cautelare;
- la condanna passata in giudicato per un **delitto commesso in servizio o fuori servizio** che, pur non attenendo in via diretta al rapporto di lavoro, non ne consenta neanche provvisoriamente la prosecuzione per la sua specifica gravità;
- la **commissione in genere (anche nei confronti di terzi) di fatti o atti dolosi**, che, pur non costituendo illeciti di rilevanza penale, sono di gravità tale da non consentire la prosecuzione neppure provvisoria del rapporto di lavoro;
- la condanna, anche non passata in giudicato, per i delitti indicati dall'art. 7, co. 1, e 8, co. 1, D.Lgs. 235/2012 (*Testo unico sull'incandidabilità*), quando alla condanna consegua comunque l'**interdizione perpetua dai pubblici uffici**, per i delitti previsti dall'art. 3, co. 1, L. 97/2001 e per gravi delitti commessi in servizio;
- le **violazioni intenzionali degli obblighi**, non ricompresi specificatamente nei punti precedenti, anche nei confronti di terzi, di gravità tale da non consentire la prosecuzione neppure provvisoria del rapporto di lavoro.

4.4 Il procedimento disciplinare

4.4.1 Titolarità del potere disciplinare

La contestazione dell'addebito al dipendente e lo sviluppo della procedura disciplinare sono regolamentati nel D.Lgs. 165/2001 e nei contratti collettivi di lavoro di comparto.
Per quanto riguarda i **soggetti titolari del potere disciplinare:**

- per le *infrazioni di minore gravità* (quelle per le quali è prevista la sanzione del rimprovero verbale) la competenza spetta al **responsabile della struttura** presso cui il dipendente presta servizio e secondo le procedure stabilite dal contratto collettivo. Per il CCNL Funzioni locali si fa riferimento all'art. 58, co. 4, il quale prevede che il responsabile, previa audizione del dipendente a difesa sui fatti addebitati, procede all'irrogazione della sanzione;

> per le *restanti infrazioni* (quelle punite con sanzioni diverse dal mero rimprovero verbale) la competenza spetta all'**Ufficio per i procedimenti disciplinari (UPD)**, che ciascuna Amministrazione deve individuare secondo il proprio ordinamento. Resta ferma la possibilità, previa convenzione, di provvedere alla gestione unificata delle funzioni dell'ufficio da parte di più Amministrazioni.

Alla ripartizione sopra riportata fa eccezione il *personale docente, educativo e amministrativo, tecnico e ausiliario* (ATA), presso le istituzioni scolastiche ed educative statali. In questo caso è attribuito al dirigente della struttura (in sostanza il Dirigente scolastico) il potere di irrogare sanzioni fino alla sospensione dal servizio con privazione della retribuzione per 10 giorni (art. 55-*bis*, co. 9-*quater*, D.Lgs. 165/2001).

È da sottolineare che, secondo le indicazioni dell'art. 55 D.Lgs. 165/2001, le norme in materia di responsabilità disciplinare e quelle che ne disciplinano il procedimento sono di carattere imperativo e la loro violazione, *dolosa o colposa*, costituisce a sua volta illecito disciplinare in capo ai dipendenti preposti alla loro applicazione.

4.4.2 Fasi del procedimento disciplinare dinanzi all'UPD

Il procedimento disciplinare dinanzi all'UPD è regolamentato dall'art. 55-*bis*, commi 4 e seguenti, D.Lgs. 165/2001. L'iter può essere suddiviso in quattro fasi:

> **fase preistruttoria** nella quale si ha conoscenza del fatto e si provvede alla *segnalazione*. Al di fuori dei casi di licenziamento senza preavviso, il responsabile della struttura presso cui presta servizio il dipendente, segnala "immediatamente", e comunque entro 10 giorni, all'UPD i fatti ritenuti di rilevanza disciplinare.

Sanzioni particolarmente severe sono contemplate per il *mancato esercizio o la decadenza dell'azione disciplinare*, dovuti all'omissione o al ritardo, senza giustificato motivo, degli atti del procedimento disciplinare o a valutazioni sull'insussistenza dell'illecito disciplinare irragionevoli o manifestamente infondate, in relazione a condotte aventi oggettiva e palese rilevanza disciplinare. Per i soggetti responsabili di tali azioni (quindi anche non dirigenti) si applica la sanzione della sospensione dal servizio fino a un massimo di 3 mesi, salva la maggiore sanzione del licenziamento nel caso in cui questa sia prevista (art. 55-*sexies*, co. 3, D.Lgs. 165/2001);

> **fase contestatoria**, nella quale si provvede a contestare formalmente e a comunicare al dipendente l'addebito che gli viene mosso. L'UPD provvede con immediatezza, e comunque non oltre 30 giorni (decorrenti dalla segnalazione del responsabile della struttura o dal momento in cui ha comunque avuto conoscenza dei fatti di rilevanza disciplinare), alla **contestazione scritta dell'addebito**, secondo le modalità indicate nell'art. 55-*bis*, co. 5, D.Lgs. 165/2001. Con un preavviso di almeno 20 giorni, si procede, poi, alla convocazione dell'interessato per l'audizione in contraddittorio a sua difesa.

La comunicazione di contestazione dell'addebito al dipendente, nell'ambito del procedimento disciplinare, è effettuata a mezzo *posta elettronica certificata*, qualora il dipendente disponga di idonea casella di posta, ovvero a mezzo *consegna a mano*.
In alternativa, le comunicazioni sono effettuate a mezzo *raccomandata postale con ricevuta di ritorno*. Per le comunicazioni successive alla contestazione dell'addebito è consentita la comunicazione fra l'Amministrazione e i propri dipendenti a mezzo posta elettronica o altri strumenti informatici di comunicazione, ovvero anche al numero di fax o altro indirizzo di posta elettronica, previamente comunicati dal dipendente o dal suo procuratore.

Nel corso dell'**istruttoria**, l'UPD può acquisire da altre Amministrazioni pubbliche informazioni o documenti rilevanti per la definizione del procedimento, attività che non determina la sospensione del procedimento, né il differimento dei relativi termini.

Una disposizione specifica riguarda i *dipendenti* o i *dirigenti*, appartenenti alla stessa o a una diversa Amministrazione dell'incolpato, che, essendo a conoscenza per ragioni di ufficio o di servizio di informazioni rilevanti per un procedimento disciplinare in corso, rifiutano, senza giustificato motivo, la collaborazione richiesta dall'UPD procedente ovvero rendono dichiarazioni false o reticenti. A tali soggetti è applicabile la sanzione disciplinare della sospensione dal servizio con privazione della retribuzione, commisurata alla gravità dell'illecito contestato, fino ad un massimo di 15 giorni (art. 55-*bis*, co. 7, D.Lgs. 165/2001);

- **fase difensiva**, nella quale si consente al dipendente di *opporre le proprie ragioni* alle contestazioni ricevute. Il dipendente può farsi assistere da un procuratore ovvero da un rappresentante dell'associazione sindacale cui aderisce o conferisce mandato. In caso di grave e oggettivo impedimento, ferma la possibilità di depositare memorie scritte, può richiedere che l'audizione a sua difesa sia differita, per una sola volta, con proroga del termine per la conclusione del procedimento in misura corrispondente. Il dipendente ha diritto di accesso agli atti istruttori del procedimento, fatta eccezione per la speciale tutela accordata alla segnalazione effettuata dal *whistleblower* (art. 54, co. 4, D.Lgs. 165/2001);
- **fase decisoria**, nella quale si conclude il procedimento con l'archiviazione o con l'applicazione della sanzione. L'UPD deve concludere il procedimento, con l'atto di *archiviazione* o di *irrogazione della sanzione*, **entro 120 giorni dalla contestazione dell'addebito**. Gli atti di avvio e conclusione del procedimento, nonché l'eventuale provvedimento di sospensione cautelare, sono comunicati all'Ispettorato per la funzione pubblica, entro 20 giorni dalla loro adozione. Al fine di tutelare la riservatezza del dipendente, il nominativo dello stesso è sostituito da un codice identificativo.

La sanzione è **impugnabile in sede giurisdizionale o arbitrale**, secondo le norme contenute nel codice di procedura civile. Con il consenso del dipendente la sanzione applicabile può anche essere ridotta, ma in tal caso non è più impugnabile.
I **vizi del procedimento disciplinare** (ossia la violazione dei *termini* e delle *disposizioni* che lo disciplinano), ferma l'eventuale responsabilità del dipendente cui essi siano imputabili, **non determinano la decadenza dell'azione disciplinare né l'invalidità degli atti e della sanzione irrogata**, purché non risulti *irrimediabilmente compromesso il diritto di difesa del dipendente* e le modalità di esercizio dell'azione disciplinare, anche in ragione della natura degli accertamenti svolti nel caso concreto, siano comunque compatibili con il *principio di tempestività* (art. 55-*bis*, co. 9-*ter*, D.Lgs. 165/2001).

4.4.3 Il procedimento disciplinare accelerato

In tutti i casi in cui le **condotte punibili con il licenziamento siano accertate in flagranza** non trova applicazione la procedura prima indicata bensì quella prevista dall'art. 55-*quater*, co. 3-*bis* e ss., D.Lgs. 165/2001, **caratterizzata da termini più brevi** per le varie fasi e perciò definita "accelerata".
Introdotta inizialmente dal D.Lgs. 116/2016 per reprimere più efficacemente il fenomeno delle false attestazioni della presenza in servizio (i cosiddetti *furbetti del cartellino*), è stata successivamente estesa (con il D.Lgs. 75/2017) a tutte le ipotesi in cui sia previsto il licenziamento e le condotte siano accertate in flagranza.
La procedura prevede che:

- si debba procedere all'**immediata sospensione cautelare** del dipendente, senza stipendio (fatto salvo il diritto all'assegno alimentare nella misura stabilita dalle disposizioni normative e contrattuali vigenti) e senza obbligo di preventiva audizione;
- la sospensione sia disposta dal responsabile della struttura in cui il dipendente lavora o dal competente UPD, con provvedimento motivato, in via immediata e comunque **entro 48 ore** dal momento in cui ne sono venuti a conoscenza. La violazione di tale termine non determina la decadenza dall'azione disciplinare né l'inefficacia della sospensione cautelare, fatta salva l'eventuale responsabilità del dipendente cui essa sia imputabile;
- laddove sia accertata l'effettiva violazione, con il provvedimento di sospensione cautelare si procede anche alla **contestuale contestazione per iscritto dell'addebito** e alla convocazione del dipendente dinanzi all'UPD;
- il **dipendente sia convocato**, per il contraddittorio a sua difesa, con un preavviso di almeno 15 giorni (20 giorni nella procedura ordinaria). Fino alla data dell'audizione, può inviare una memoria scritta o, in caso di grave, oggettivo e assoluto impedimento, chiedere un rinvio per un periodo non superiore a 5 giorni e che comunque può essere disposto una sola volta;
- l'UPD **concluda il procedimento entro 30 giorni** (120 nella procedura ordinaria) dalla ricezione, da parte del dipendente, della contestazione dell'addebito.

Come già visto per il procedimento ordinario, anche in questo caso la **violazione dei termini**, fatta salva l'eventuale responsabilità del dipendente cui essa sia imputabile, non determina la decadenza dall'azione disciplinare né l'invalidità della sanzione irrogata. Ciò a patto che non risulti irrimediabilmente compromesso il diritto di difesa del dipendente e non sia superato il termine per la conclusione del procedimento ordinario (120 giorni: art. 55-*bis*, co. 4, D.Lgs. 165/2001).

4.4.4 Il rapporto fra procedimento disciplinare e procedimento penale

Sotto il profilo procedurale va sottolineata la piena **autonomia del procedimento disciplinare rispetto al processo penale**. Il procedimento disciplinare che abbia a oggetto in tutto o in parte fatti in relazione ai quali procede l'autorità giudiziaria è proseguito e concluso anche in pendenza del procedimento penale e non si sospende. Per le infrazioni per le quali è applicabile una sanzione superiore alla sospensione dal servizio con privazione della retribuzione fino a 10 giorni, l'UPD – nei casi di particolare

complessità dell'accertamento del fatto addebitato al dipendente e quando all'esito dell'istruttoria non dispone di elementi sufficienti a motivare l'irrogazione della sanzione – **può sospendere il procedimento disciplinare fino al termine di quello penale**. Il procedimento disciplinare è **ripreso** o **riaperto** (se si conclude con l'archiviazione e il processo penale con una sentenza irrevocabile di condanna, o se emergono elementi per una sanzione più grave) entro 60 giorni dalla comunicazione della sentenza all'Amministrazione di appartenenza del lavoratore, ovvero dalla presentazione dell'istanza di riapertura. Il procedimento ripreso o riaperto si svolge secondo quanto previsto nell'art. 55-*bis* con integrale nuova decorrenza dei termini ivi previsti per la sua conclusione.
Il procedimento disciplinare sospeso può essere **riattivato** qualora l'Amministrazione giunga in possesso di elementi sufficienti per concluderlo, anche sulla base di un provvedimento giurisdizionale non definitivo; inoltre, per quanto riguarda i tempi del procedimento ripreso o riaperto successivamente alla sentenza del giudice penale, trovano applicazione i termini generali, che decorrono nuovamente e integralmente.

L'art. 62 CCNL Funzioni locali, dopo aver richiamato la disciplina sopra illustrata riportata negli artt. 55-*ter* e 55-*quater* D.Lgs. 165/2001, definisce gli effetti sul procedimento disciplinare della sentenza penale. Le ipotesi contemplate sono:

- **procedimento disciplinare sospeso e successiva sentenza penale irrevocabile di assoluzione** nella quale si riconosca che il "fatto non sussiste" o che "l'imputato non lo ha commesso" oppure "non costituisce illecito penale" o altra formulazione analoga. In questo caso, l'autorità disciplinare procedente riprende il procedimento disciplinare e adotta le determinazioni conclusive. Se nel procedimento disciplinare sospeso, oltre ai fatti oggetto del giudizio penale per i quali vi sia stata assoluzione, erano state contestate altre violazioni, oppure i fatti contestati, pur prescritti o non costituenti illecito penale, rivestano comunque rilevanza disciplinare, il procedimento riprende e prosegue per dette infrazioni;
- **procedimento disciplinare non sospeso e concluso con il licenziamento e successiva sentenza penale irrevocabile di assoluzione**, nella quale si riconosca che il "fatto non sussiste" o che "l'imputato non lo ha commesso" oppure "non costituisce illecito penale" o altra formulazione analoga. In questo caso, il procedimento è riaperto e si conclude con un atto di archiviazione; il dipendente ha diritto, dalla data della sentenza di assoluzione, alla riammissione in servizio presso l'ente, anche in soprannumero nella medesima sede o in altra, nella medesima qualifica e con decorrenza dell'anzianità posseduta all'atto del licenziamento. Analoga disciplina trova applicazione nel caso in cui l'assoluzione del dipendente consegua a **sentenza pronunciata a seguito di processo di revisione**. Qualora, oltre ai fatti che hanno determinato il licenziamento, siano state contestate al dipendente altre violazioni, ovvero nel caso in cui le violazioni siano rilevanti sotto profili diversi da quelli che hanno portato al licenziamento, il procedimento disciplinare viene riaperto.

4.5 La sospensione cautelare del dipendente

Qualora il dipendente sia sottoposto a procedimento disciplinare o penale, l'ordinamento appresta una misura cautelare (non una sanzione) che può essere applicata onde evitare che il soggetto accusato di un illecito di particolare gravità continui a prestare servizio, pregiudicando la regolarità del funzionamento degli uffici e il prestigio dell'Amministrazione: la **sospensione cautelare**. La misura è disciplinata diversamente secondo che *intervenga nel corso di un procedimento disciplinare* oppure sia adottata in attesa dello *svolgimento di un procedimento penale*.

La **sospensione cautelare in corso di procedimento disciplinare** *può* essere disposta (ed è, dunque, *facoltativa*) in quelle ipotesi in cui l'ente riscontri la necessità di espletare accertamenti su fatti punibili con sanzione non inferiore alla sospensione dal servizio e dalla retribuzione. Deve *necessariamente essere disposta* (e, dunque, *non è facoltativa*) nelle ipotesi in cui si applichi il procedimento disciplinare accelerato (art. 55-*quater*, co. 3-*bis*, D.Lgs. 165/2001).
Non può avere una durata superiore a 30 giorni, con conservazione della retribuzione. Se il procedimento si conclude con una sanzione che prevede la sospensione dal servizio con privazione della retribuzione, il periodo di sospensione è computato nella sanzione, recuperando la parte relativa alla decurtazione della retribuzione.
Invece la **sospensione cautelare in seguito a procedimento penale**:

- è *obbligatoria* quando il dipendente è sottoposto a misura restrittiva della libertà personale. La sospensione è disposta d'ufficio con privazione della retribuzione per la durata dello stato di detenzione o, comunque, dello stato restrittivo della libertà;
- anche se non v'è restrizione della libertà personale, la sospensione è *obbligatoria* e si estende fino al termine del procedimento penale nelle specifiche ipotesi previste dalla legge e dal contratto collettivo; vi rientrano, in particolare, tutti i reati che impediscono la candidabilità di un soggetto (art. 7, co. 1, e 8, co. 1, D.Lgs. 235/2012) e in tutti gli altri casi legislativamente previsti;
- è *facoltativa* quando non vi è restrizione della libertà personale o questa sia cessata (con l'esclusione delle ipotesi prima citate).

Estensioni WEB

Test di verifica online

Libro III

Diritto degli enti locali

SOMMARIO

Capitolo 1
Le autonomie territoriali

1.1 Concetti introduttivi

Il diritto pubblico insegna che uno **Stato** nasce dalla compresenza di tre elementi: il popolo, il territorio, il Governo. L'apparato amministrativo pubblico, pertanto, è deputato alla regolare gestione della pacifica e ordinata convivenza della popolazione su di un dato territorio.
Lo Stato si pone come l'**ente pubblico per eccellenza**, ma non esaurisce a livello centrale e unitario quello che, in realtà, è un ampio panorama di soggetti giuridici, classificabili tutti come **Pubbliche Amministrazioni**. Si tratta, infatti, di un panorama composito, che racchiude un insieme di enti, i quali esercitano i loro *poteri* nell'*intero territorio nazionale* o in una *porzione di territorio*, facendo capo al Governo o alle altre realtà dotate di una certa misura di autonomia.
Nel novero degli enti pubblici rientra un numero elevato di soggetti amministrativi, alcuni dei quali con *competenza territoriale* equivalente a quella statale, ma limitati per *tipologia di attività* (quali le *Authorities*), altri con competenza più estesa nel merito, ma limitata territorialmente.
A tale ultimo proposito, si rende necessaria un'ulteriore distinzione:

- da un lato emergono, infatti, gli enti che sono manifestazioni di un'*Amministrazione centralista*, ovvero **articolazioni dello Stato centrale**, che svolgono a livello locale un'attività propria di un Ministero.

Classiche e note articolazioni dello Stato centrale sono le Soprintendenze archeologiche, che svolgono un'attività propria del Ministero della cultura rivolta alla tutela del patrimonio archeologico e al coordinamento delle attività che si svolgono nel territorio di competenza;

- dall'altro lato emergono gli enti che sono espressione del **governo di un determinato territorio** (*autonomie territoriali o locali*) e che, avendo il territorio come elemento costitutivo, sono chiamati a svolgere le loro funzioni con autonomia di indirizzo politico-amministrativo, in quanto rappresentativi della collettività territoriale. Si dice, infatti, che **gli enti territoriali sono enti rappresentativi a fini generali**.

L'ordinamento costituzionale della Repubblica italiana, all'art. 5 Cost., pur nell'unità e nell'indivisibilità della Repubblica, **riconosce e promuove le autonomie locali**, quindi ne afferma la preesistenza e assume l'impegno della relativa valorizzazione. Inoltre, sostiene il principio del **decentramento amministrativo** nei servizi che dipendono dallo Stato, con ciò richiedendo che la legislazione statale si adegui ai due paralleli principi dell'autonomia e del decentramento.

I padri costituenti hanno inteso sottolineare che la Repubblica attribuisce priorità temporale alle istituzioni rappresentative delle comunità locali, assumendosi il compito, pur nel quadro nazionale unitario, di non soffocarne le potestà ma, al contrario, di sostenerne l'identità e l'autonomia, come si evince dallo stesso termine adoperato nel precetto costituzionale (*autonomie locali*, non semplicemente *enti locali*). Lo Stato italiano è unitario e non federale e deve essere informato a questo valore cardine.

1.2 Enti ed autonomie locali. Autonomia e decentramento

Un **ente locale** è un ente pubblico dotato di competenze esercitabili entro ambiti *territorialmente e funzionalmente* più ristretti di quelli dello Stato.

Nell'ambito degli enti locali si distinguono gli **enti locali territoriali**, che hanno la medesima struttura dello Stato: il territorio, infatti, non solo rappresenta un limite alla competenza degli organi, ma si caratterizza come elemento costitutivo dell'ente, difettando il quale l'ente «territoriale» non potrebbe esistere come tale. Ne deriva che gli organo di governo dell'ente non possono che essere rappresentativi della popolazione residente.

Nell'ordinamento italiano si parla di «ente locale» sia nel significato più generale di ente pubblico contrapposto all'ente nazionale, sia nel significato più specifico, derivato dall'uso che normalmente ne fa il legislatore, per riferirsi agli enti locali territoriali diversi dalla Regione (cosiddette **autonomie locali**).

La Costituzione prevede che l'**autonomia** degli enti territorialmente limitati sia espressa principalmente mediante una **potestà di autodeterminazione politica e di normazione** che, salve alcune materie, può essere in misura maggiore o minore frutto delle scelte della comunità locale.

Dall'art. 4 D.Lgs. 267/2000 (*Testo unico sull'ordinamento delle autonomie locali*), tenuto conto della portata normativa degli artt. 114, 117 e 119 Cost., come modificati dalla L. cost. 3/2001, si deduce che agli enti locali, pur nel rispetto dei principi costituzionali (tra i quali risulta quello dell'*unità nazionale* di cui all'art. 5), vengono riconosciute:

- **autonomia politica**, che si concreta nella possibilità di determinare e perseguire un proprio indirizzo politico-amministrativo;
- **autonomia normativa**, che si esplica sia a livello statutario sia a livello regolamentare. L'**autonomia statutaria** è la capacità di porre in essere il proprio statuto, costituzionalmente riconosciuta ai Comuni, alle Province, alle Città metropolitane e alle Regioni (art. 114, co. 2, Cost.); l'**autonomia regolamentare**, invece, consente all'ente di emanare regolamenti per la disciplina di determinate materie. A seguito della riforma attuata dalla L. cost. 3/2001 anche i Comuni, le Province e le Città metropolitane rinvengono il fondamento di tale potestà direttamente nella Costituzione (art. 117, co. 6);
- **autonomia organizzativa o amministrativa**, che si sostanzia nella possibilità di gestire la struttura e il funzionamento di organi, uffici, servizi e personale destinati allo svolgimento delle funzioni proprie, svolte in sede di amministrazione attiva o di controllo;
- **autonomia finanziaria e impositiva**, perché l'ente possa determinare e amministrare le proprie entrate, imponga proprie imposte e tasse, pur nel rispetto dei margini imposti dalla disciplina nazionale.

L'attribuzione di funzioni realizza il cosiddetto **decentramento autarchico**, in contrapposizione a quel **decentramento amministrativo** che, nell'accezione accolta dall'art. 5 Cost., si connota come *criterio organizzativo* attinente alla **dislocazione delle attribuzioni** e all'**assegnazione delle competenze** fra più figure soggettive, in relazione allo

svolgimento della funzione amministrativa. Si delinea così, all'interno dell'apparato politico-amministrativo dello Stato centrale, un sistema di poteri amministrativi che si pone come strumento di miglioramento dell'efficacia e dell'efficienza dell'azione pubblica, grazie alla semplificazione strutturale conseguita mediante una più razionale distribuzione delle funzioni.
Accentramento e decentramento sono, in tal senso, espressioni fra loro contrapposte ma riferite a forme di organizzazione della struttura amministrativa di uno stesso ente, operanti su di un piano diverso dal concetto generale di autonomia, che implica la presenza di più enti.

Il rapporto fra autonomia e decentramento esprime il pluralismo delle istituzioni di governo, nel quale si manifesta, a sua volta, il **principio democratico** di cui all'art. 1 Cost. Deriva da ciò la necessità che i poteri decisori non siano racchiusi in un unico nodo centrale, né siano conferiti in modo esclusivo allo stesso livello di governo.

1.3 Autonomia, sussidiarietà e federalismo

A seguito della **riforma Bassanini**, attuata con la L. 59/1997, si è determinato il trasferimento, verso le Regioni e gli enti territoriali minori, di molte funzioni amministrative in precedenza gestite dallo Stato e dagli altri enti pubblici nazionali.
Questo trasferimento è stato concepito come attuazione del **principio di sussidiarietà**, la cui introduzione nel nostro ordinamento, in particolare a livello costituzionale con l'art. 118 Cost., segna una vera e propria inversione di tendenza rispetto alla tradizione statalista e centralista.
Il principio, infatti, implica che le attività amministrative debbano essere svolte preferibilmente dall'entità territoriale amministrativa più vicina ai cittadini (Comuni) e delegate ai livelli amministrativi territoriali superiori (Regioni, Province, Città metropolitane, Comunità montane e isolane) solo se questi possano rendere il servizio in maniera più efficace ed efficiente.
L'art. 5 Cost. conferisce un'ampia libertà alle diverse collettività territoriali nel perseguimento e nella gestione degli interessi locali, mediante il riconoscimento di una posizione di autonomia in favore dei rispettivi enti esponenziali. Alcuni limiti applicativi, tuttavia, si scorgono poiché l'ente locale rappresenta un livello territoriale e istituzionale minore rispetto ad un altro e quindi non è *superiorem non recognoscens*. Se da un lato, infatti, la Repubblica italiana è uno **Stato unitario a base regionale**, che promuove gli enti espressione delle comunità locali, dall'altro non è certo uno Stato federale.
Il **federalismo** nasce proprio per indicare una formula organizzativa a valenza politica, in base alla quale il potere è costituzionalmente diviso fra un'autorità governativa centrale e delle unità politiche di sottogoverno, il cui insieme viene chiamato «federazione». I due distinti livelli di governo sono indipendenti fra di loro e hanno sovranità nelle rispettive competenze. Il **federalismo fiscale** può ritenersi incluso nel **federalismo politico-istituzionale**, mentre può essere previsto facoltativamente anche in ordinamenti non federali, come il nostro, che ne ha accolto i principi fondamentali.

Capitolo 2
Le fonti normative

2.1 I precetti della Costituzione repubblicana

La Costituzione dedica alle autonomie territoriali l'intero Titolo V della Parte II (artt. 114-133), modificato dalla **L. cost. 18-10-2001, n. 3**, alla quale la **L. 5-6-2003, n. 131** (cosiddetta legge La Loggia) ha adeguato l'ordinamento della Repubblica.

La L. cost. 3/2001 ha varato un'ampia riforma della materia, dando piena attuazione all'art. 5 della medesima Carta costituzionale, che riconosce e promuove le autonomie locali quali enti esponenziali preesistenti alla formazione della Repubblica. Le modifiche di maggiore rilevanza hanno interessato il **rapporto Stato-Regioni**, ma non mancano disposizioni concernenti gli **altri enti locali**, già a partire dalla nuova formulazione dell'art. 114 Cost. con il quale si apre il novellato Titolo V.

In particolare:

- è affermata la **pari dignità istituzionale** degli enti che costituiscono la Repubblica (art. 114 Cost.) Seguendo un criterio di equiordinazione, l'art. 114 indica che la Repubblica (lo Stato-ordinamento) è costituita da un complesso di strutture paritetiche, senza distinzione fra livelli gerarchici, ossia Comuni, Province, Città metropolitane, Regioni e Stato (Stato-persona). Esso, inoltre, prevede il riconoscimento costituzionale della funzione di capitale della Repubblica per la **città di Roma**;
- gli enti locali sono dotati di **autonomia costituzionalmente riconosciuta** (artt. 114 e 119 Cost.);
- le funzioni amministrative sono distribuite ai diversi livelli di governo secondo i **principi di sussidiarietà**, **adeguatezza e differenziazione**, con preferenza per l'ente più vicino alle esigenze della collettività (art. 118 Cost.);
- l'ordinamento degli enti locali è disciplinato dalla legge dello Stato soltanto per gli aspetti relativi agli organi di governo, alle funzioni fondamentali e alla legislazione elettorale (art. 117, co. 2, lett. *p*), Cost.): la disciplina degli altri aspetti è rimessa agli statuti e ai regolamenti deliberati degli enti locali;
- è istituito il **Consiglio delle autonomie locali** (CAL) come organo regionale necessario (art. 123 Cost.);
- sono aboliti i controlli sugli atti degli enti locali;
- sono costituzionalizzate le **Città metropolitane**.

La rilevanza del nuovo assetto delle autonomie territoriali – comprensive di Regioni ed enti locali – si manifesta particolarmente nella previsione di una *competenza legislativa esclusiva* delle Regioni in ogni materia non espressamente riservata alla legislazione statale; ciò che – in termini di rilevanza – antepone implicitamente la competenza regionale a quella statale. In virtù del principio di sussidiarietà, che attribuisce le funzioni a partire dal livello di governo più prossimo alla popolazione, si può sostenere che l'ambito regionale, per effetto della riforma, è divenuto più rilevante sul piano

legislativo, mentre ai Comuni spettano in via primaria le **funzioni amministrative** (art. 118).
Al contempo, è espressamente riconosciuta l'importanza di un *livello sovraordinato*, individuato nell'**ordinamento dell'Unione europea** e negli **obblighi internazionali** (art. 117, co. 1).
La riforma non ha mancato di incidere sugli aspetti finanziari. Il riformulato art. 119, co. 1, infatti, evidenzia un'estensione del riconoscimento dell'**autonomia finanziaria** dall'ambito regionale a quello di Comuni, Province e Città metropolitane. La disposizione precisa peraltro che tale autonomia deve essere esercitata sia dal lato delle entrate che da quello delle spese.
Il co. 2 del medesimo precetto pone l'enfasi sulla possibilità che gli enti dispongano di **risorse autonome** – dunque non più "attribuite" da un livello superiore di governo – e stabiliscano e applichino tributi ed entrate propri, in armonia con la Costituzione (e non più solo "nei limiti stabiliti da leggi della Repubblica"), e "secondo i principi di coordinamento della finanza pubblica e del sistema tributario", vale a dire in base a materie che l'art. 117, co. 3, inserisce fra quelle demandate alla legislazione regionale concorrente. Pertanto, mentre allo Stato resta la fissazione dei principi fondamentali di indirizzo, attraverso leggi "quadro", per le Regioni l'iniziativa legislativa in materia di coordinamento sembra riferibile ai rapporti fra finanza regionale e finanza locale.

2.2 La normativa ordinaria dello Stato

La normativa nazionale applicabile è contenuta nella disciplina generale sugli enti locali e nelle discipline settoriali, relative ad aree comuni rispetto agli enti nazionali. Settori classici di intervento normativo statale sono l'attività contrattuale pubblica di cui al Codice dei contratti pubblici o la disciplina del lavoro alle dipendenze della Pubblica Amministrazione.
La **L. 8-8-1990, n. 142** fu la prima a dettare una disciplina organica e, per vari aspetti, innovativa dell'ordinamento degli enti locali. Successivamente, la L. 81/1993 introdusse il meccanismo dell'elezione diretta del Sindaco e del Presidente della Provincia. Seguirono la disciplina sull'ordinamento finanziario e contabile degli enti locali (1995) e le leggi Bassanini (1997). Ulteriori modifiche furono introdotte con la L. 265/1999 (cosiddetta Napolitano-Vigneri), provvedimento che attribuiva al Governo anche la delega ad attuare un riordino complessivo della materia.
La delega fu esercitata dall'Esecutivo l'anno successivo con l'approvazione del **D.Lgs. 18-8-2000, n. 267** recante il **Testo unico delle leggi sull'ordinamento degli enti locali (TUEL)**, un provvedimento con cui veniva risistemata in maniera organica la legislazione sugli enti locali emanata nel precedente decennio. Il Testo unico è ancora oggi il principale riferimento legislativo per la disciplina di tali enti, anche se deve essere integrato con le disposizioni emanate successivamente e che in più punti hanno introdotto specifiche deroghe alla disciplina unitaria.
In particolare la **L. 7-4-2014, n. 56**, recante *Disposizioni sulle Città metropolitane, sulle Province, sulle unioni e fusioni di Comuni* (cosiddetta legge Delrio), modificando sostanzialmente il D.Lgs. 267/2000, ha riformato, "a Costituzione invariata" l'ordinamento di Città metropolitane e Province, trasformandoli, di fatto, in enti a rappresentanza indiretta (gli organi politici non sono ad elezione diretta).

Agli enti locali si applicano, inoltre, le disposizioni del D.Lgs. 165/2001 (il **Testo unico sul pubblico impiego**), che ha vigenza, in quanto compatibile, nella disciplina dell'organizzazione e del rapporto di lavoro del personale degli enti locali.

2.3 Gli statuti

2.3.1 La potestà statutaria degli enti subregionali

L'autonomia statutaria degli enti locali trova esplicita consacrazione normativa:

> nell'**art. 114, co. 2, Cost.**, ai sensi del quale Comuni, Province e Città metropolitane sono riconosciuti quali enti autonomi dotati di propri statuti, poteri e funzioni secondo i principi fissati dalla Costituzione.

Che la potestà normativa di Comuni, Province e Città metropolitane debba esplicarsi nel rispetto dei principi fissati dalla Costituzione è ribadito dall'art. 4 L. 131/2003 (di attuazione dell'art. 114, co. 2, Cost.);

> nell'**art. 6 del D.Lgs. 267/2000**, il quale prevede che i Comuni e le Province adottino il proprio statuto (co. 1) e che questo stabilisca, nell'ambito dei principi fissati dalla legge, le **norme fondamentali dell'organizzazione dell'ente** (co. 2).

L'art. 1, co. 3, D.Lgs. 267/2000 demanda alla legislazione in materia di ordinamento degli enti locali, e di disciplina dell'esercizio delle funzioni ad essi conferite, il compito di enunciare espressamente «*i principi che costituiscono limite inderogabile per la loro autonomia normativa*».

Si può quindi affermare, anche sulla base dell'art. 4 L. 131/2003, che la **potestà statutaria degli enti locali è sottoposta a tre limiti**:

> rispetto della Costituzione;
> rispetto dei principi generali in materia di organizzazione pubblica;
> rispetto di quanto stabilito in attuazione dell'art. 117, co. 2, lett. *p*), che prevede una competenza esclusiva del legislatore statale in materia di legislazione elettorale, di organi di governo e funzioni fondamentali di Comuni, Province e Città metropolitane.

In quanto espressamente conferita e correlata ai precetti costituzionali, la potestà statutaria si esplica al fuori di qualsiasi intermediazione della legge statale o regionale, se non nei limiti in cui questa intermediazione sia prevista dalla stessa Costituzione.

Attraverso lo statuto l'ente locale deve provvedere a fissare i **criteri generali della propria organizzazione amministrativa e del proprio funzionamento**; deve delineare il proprio "organigramma" istituzionale, le strutture di vertice e le loro articolazioni, le modalità di interrelazione fra i vari uffici, le forme di collaborazione fra Comuni e Province; disciplinare le altre materie ivi elencate in modo da rappresentare l'identità istituzionale di ciascuna comunità locale.

In particolare, a norma dell'art. 6, co. 2, D.Lgs. 267/2000, lo statuto deve:

> specificare le *attribuzioni degli organi* e le *forme di garanzia e di partecipazione delle minoranze*, i modi di esercizio della *rappresentanza legale* dell'ente, anche in giudizio;
> stabilire i criteri generali (intendendo per tali quelle indicazioni valide ad ampio spettro, non derogabili ma suscettibili di miglioramenti in dettaglio) in materia di *organizzazione* dell'ente, le *forme di collaborazione fra Comuni e Province*, della *parteci-*

pazione popolare, del *decentramento*, dell'*accesso dei cittadini alle informazioni e ai procedimenti amministrativi*, lo stemma e il gonfalone e quanto ulteriormente previsto dalla legge.

Sotto il profilo del contenuto, rileva anche l'art. 4, co. 2, L. 131/2003, il quale affida allo statuto degli enti territoriali minori la determinazione dei *principi di organizzazione e funzionamento*, delle *forme di controllo*, anche sostitutivo, delle *garanzie delle minoranze* e delle *forme di partecipazione popolare*.

Per lungo tempo la collocazione degli statuti subregionali, nell'ambito della gerarchia delle fonti, è stata oggetto di discussione. La *dottrina classica* li qualificava come **fonti secondarie**, negandone la capacità di derogare alle norme primarie. Si è cominciato a dubitare della correttezza di quest'impostazione quando la riforma costituzionale (2001) ha sottoposto gli statuti al (solo) limite dei principi costituzionali. Successivamente, la L. 131/2003 ha stabilito che gli statuti sono sottoposti anche ai principi generali in materia di organizzazione e alle leggi statali disciplinanti la legislazione elettorale, gli organi di governo e le funzioni fondamentali degli enti locali. Sulla scorta delle disposizioni costituzionali e della legge ordinaria, interpretate a rinforzo della tesi che nega la natura di fonte secondaria, l'opinione oggi dominante è quella che considera gli statuti subregionali come atti formalmente amministrativi, ma sostanzialmente normativi, sia pure con specifiche caratteristiche di atipicità, di **rango paraprimario o subprimario**.

Nella gerarchia delle fonti, perciò, gli statuti degli enti locali si pongono in posizione sovraordinata rispetto alle fonti secondarie e in posizione subordinata alle leggi ordinarie (non alle leggi in quanto tali, bensì ai principi generali che esse pongono). Dalla **natura sostanzialmente normativa** degli statuti discende che gli atti amministrativi emanati in violazione delle disposizioni statutarie sono illegittimi per *violazione di legge* e, in quanto tali, **impugnabili in sede amministrativa o giurisdizionale** (magari in via congiunta con gli atti che rendono concreta la loro potenziale lesività).

2.3.2 Il contenuto obbligatorio e facoltativo dello statuto

Si può distinguere nello statuto di ciascun ente locale un contenuto obbligatorio (generale o speciale) e uno facoltativo (generale o speciale).

Il contenuto obbligatorio

Si definisce contenuto obbligatorio quello che **non deve mancare nel programma di disciplina dello statuto, pena la sua illegittimità**.

Trattasi in particolare delle seguenti materie:

> **affari istituzionali**: definizione e gestione di stemma e gonfalone;
> **competenze e funzionamento degli organi**: determinazione del numero degli assessori o del loro tetto massimo, specificazione delle attribuzioni degli organi, modi di esercizio della rappresentanza legale dell'ente anche in giudizio, norme per la promozione della presenza di entrambi i sessi, specificazione delle forme di garanzia e partecipazione delle minoranze consiliari ecc.;
> **controlli interni**: modalità di collaborazione dei revisori dei conti con il Consiglio nell'esercizio delle loro funzioni, disciplina dell'assegnazione all'organo di revisione dei mezzi necessari per l'espletamento delle proprie funzioni, disciplina delle modalità del controllo di gestione, individuazione di strumenti e metodologie di

controllo interno, volte a garantire il funzionamento dell'ente secondo criteri di efficacia ed economicità dell'azione amministrativa ecc.;

> **forme di collaborazione fra Comuni e Province**: convenzioni, consorzi, unioni, accordi di programma;
> **forme di decentramento** (circoscrizioni);
> **organizzazione degli uffici di dirigenza**: criteri generali e norme fondamentali dell'organizzazione dell'ente, modalità e criteri di nomina dei responsabili degli uffici e dei servizi, modalità e criteri di attribuzione e definizione degli incarichi dirigenziali e di collaborazione esterna, criteri e norme per l'esercizio delle funzioni di direzione degli uffici e dei servizi da parte dei dirigenti, modalità per l'esercizio da parte dei dirigenti delle competenze di cui all'art. 107, co. 3, TUEL;
> **partecipazione**: forme della partecipazione popolare e di consultazione della popolazione, procedure per l'ammissione e per il tempestivo esame di istanze o petizioni o proposte popolari, modalità di partecipazione degli interessati nel procedimento di adozione di atti che incidano su situazioni giuridiche soggettive, forme di accesso dei cittadini alle informazioni e ai procedimenti amministrativi ecc.;
> **servizi pubblici locali**: modalità di nomina e revoca del presidente e del consiglio d'amministrazione delle aziende speciali e delle istituzioni per la gestione dei servizi sociali, ordinamento e funzionamento delle istituzioni, disciplina delle modalità di coordinamento degli interventi di assistenza, integrazione sociale e tutela dei diritti delle persone handicappate con i servizi sociali, sanitari, educativi e del tempo libero operanti nell'ambito territoriale, nonché di un servizio di segreteria per i rapporti con gli utenti dei citati servizi;
> **tributi**: adeguamento alle disposizioni di cui alla L. 212/2000 afferente allo statuto dei diritti del contribuente.

Con specifico riferimento alle **Città metropolitane**, l'art. 1, co. 10, L. 56/2014 afferma che il loro statuto deve riportare *le norme fondamentali dell'organizzazione dell'ente, ivi comprese le attribuzioni degli organi nonché l'articolazione delle loro competenze.*

Inoltre, l'atto statutario della Città metropolitana deve:

> regolare le modalità e gli strumenti di coordinamento dell'azione complessiva di governo del territorio metropolitano;
> disciplinare i rapporti fra i Comuni e le loro Unioni facenti parte della Città metropolitana e la stessa Città metropolitana in ordine alle modalità di organizzazione e di esercizio delle funzioni metropolitane e comunali, prevedendo anche forme di organizzazione in comune, eventualmente differenziate per aree territoriali;
> stabilire le modalità in base alle quali i Comuni non compresi nel territorio metropolitano possono istituire accordi con la Città metropolitana.

Il **contenuto obbligatorio** si definisce **speciale** quando deve essere rispettato, pena la nullità dello statuto, soltanto da alcune tipologie di enti locali. Si pensi ai Comuni con popolazione superiore o inferiore a una data soglia. Solo i Comuni con popolazione superiore a 100.000 abitanti, per esempio, dovranno disciplinare l'organizzazione e le funzioni delle circoscrizioni ed il sistema di elezione dei relativi organi. Solo gli enti che abbiano previsto commissioni consiliari di garanzia e/o controllo dovranno prevederne l'attribuzione della presidenza alle opposizioni ecc.

Il contenuto facoltativo

Fatto salvo il contenuto minimo obbligatorio, l'inserimento di altre disposizioni all'interno dello statuto è **demandato all'autonomia e alla discrezionalità dell'ente**. Così, per esempio, lo statuto può facoltativamente disciplinare:

- le **competenze e il funzionamento degli organi**. Vi rientrano i principi sul funzionamento del Consiglio, la previsione di commissioni consiliari, la disciplina di poteri, la composizione e il funzionamento delle commissioni di indagine, l'individuazione di atti rientranti nella funzione di indirizzo e controllo politico-amministrativo degli organi di governo, l'attribuzione di ulteriori competenze al Sindaco, ai dirigenti o al segretario dell'ente ecc.;
- i **controlli interni**, come la previsione dell'eventuale partecipazione dell'organo di revisione alle sedute della Giunta o l'attribuzione di ulteriori competenze ai revisori dei conti;
- la **finanza e la contabilità**, come gli adempimenti connessi alla gestione finanziaria rientranti nell'ambito del servizio di tesoreria;
- gli **istituti di partecipazione**, in particolare l'eventuale disciplina del referendum a livello locale.

L'art. 1, co. 11, lett. *c*), L. 56/2014, a proposito delle **Città metropolitane**, afferma che i loro statuti possono prevedere, anche su proposta della Regione e comunque d'intesa con la medesima, la *costituzione di zone omogenee*, per specifiche funzioni e tenendo conto delle specificità territoriali, con organismi di coordinamento collegati agli organi della Città metropolitana. La mancata intesa può essere superata con decisione della Conferenza metropolitana a maggioranza dei due terzi dei componenti.

Simili disposizioni costituiscono il **contenuto facoltativo** dello statuto.

Le materie che la legge consente soltanto agli enti locali rientranti in una certa tipologia di disciplinare in sede statutaria, invece, costituiscono il **contenuto facoltativo speciale**. Così, per esempio, solo i Comuni con popolazione fra i 100 mila e i 250 mila abitanti possono articolare il territorio per istituire le circoscrizioni di decentramento, rispettando comunque il vincolo di una popolazione media non inferiore a 30 mila abitanti.

2.3.3 L'approvazione dello statuto e la sua pubblicazione

Il procedimento di approvazione dello statuto differisce da ente a ente. Per i **Comuni**, l'art. 6, co. 4, TUEL, ne riserva l'approvazione al Consiglio comunale, che deve seguire un particolare procedimento aggravato. Lo statuto, infatti, deve essere deliberato dal Consiglio con il voto favorevole dei *due terzi dei consiglieri assegnati all'ente*. Qualora tale maggioranza non venga raggiunta, la votazione è ripetuta in successive sedute da tenersi entro 30 giorni e lo statuto è approvato se ottiene per due volte il voto favorevole della maggioranza assoluta dei consiglieri assegnati. Tale procedura si applica anche per le successive modifiche.

Lo statuto dell'**Unione di Comuni**, invece, in fase di prima istituzione è approvato dai Consigli dei Comuni partecipanti, mentre le successive modifiche sono approvate dal Consiglio dell'Unione (art. 32, co. 4, TUEL).

Per le **Province** trova ora applicazione l'art. 1, co. 55, della L. 56/2014, il quale stabilisce che è compito dell'Assemblea dei Sindaci adottare e respingere lo statuto proposto dal Consiglio provinciale e le sue successive modificazioni, con i voti che rappre-

sentino almeno un terzo dei Comuni compresi nella Provincia e la maggioranza della popolazione complessivamente residente.
Lo statuto delle **Città metropolitane**, infine, è adottato, modificato e respinto dalla Conferenza metropolitana sulla base delle proposte presentate dal Consiglio metropolitano. Sono necessari i voti di un numero di membri che rappresentino almeno un terzo dei Comuni compresi nella Città metropolitana e la maggioranza della popolazione complessivamente residente (art. 1, co. 9, L. 56/2014).
Sotto il profilo pubblicitario, la legge prevede una **doppia pubblicazione** dello statuto che, oltre a essere trasmesso al Ministero dell'Interno per l'inserimento nella **Raccolta Ufficiale** degli statuti, va pubblicato nel **Bollettino Ufficiale** della Regione (con mero effetto notiziale) e pubblicato sul **sito istituzionale dell'ente**. Tale ultima modalità di pubblicazione è stata introdotta dall'art. 32 L. 69/2009, la quale ha disposto che, dal 1° gennaio 2011, le Pubbliche Amministrazioni hanno l'obbligo di pubblicare i propri atti con effetti di pubblicità legale sui rispettivi siti informatici (**albo pretorio online**). A decorrere da tale data la pubblicazione in forma cartacea non ha alcuna efficacia di pubblicità legale.

In passato lo statuto era assoggettato al controllo preventivo di legittimità da parte del **Comitato regionale di controllo** (CO.RE.CO.) con le procedure e nelle forme previste per il controllo obbligatorio sugli atti deliberativi consiliari. Essendo venuta meno, all'indomani dell'entrata in vigore della L. cost. 3/2001, ogni forma di controllo preventivo di legittimità sugli atti degli enti locali, lo statuto locale non risulta più assoggettato ad alcuna forma di controllo.

2.4 I regolamenti degli enti locali

2.4.1 Il fondamento e i limiti della potestà regolamentare

Accanto all'autonomia legislativa la Costituzione riconosce agli enti locali quella regolamentare, più appropriatamente definita *potestà regolamentare* dall'art. 117, co. 6, Cost. Tale potestà è conferita anche agli enti territoriali minori in materia di organizzazione e di svolgimento delle funzioni loro assegnate.
Il fondamento giuridico della potestà regolamentare risiede nell'espressa attribuzione di competenza da parte della legge. Soltanto il legislatore, infatti, può attribuire tale potere ad un organo amministrativo, determinando l'inserimento degli atti che ne conseguono nella gerarchia delle fonti.
I **limiti al potere regolamentare locale** restano quelli individuati per i regolamenti in genere, che non possono contrastare con le norme costituzionali, né con quelle dell'Unione europea, né regolare materie coperte da riserva di legge statale (es. quella in materia penale) o regionale (cfr. art. 117 Cost.).
Il principio di **sussidiarietà** se da un lato ha segnato, in materia di regolamenti locali, il superamento del principio gerarchico, dall'altro lato ha dato luogo ad altro principio, quello della **cedevolezza**, che determina un *rafforzamento del potere normativo locale*; in virtù di tale principio, infatti, le leggi statali e regionali cedono, ossia si ritraggono, di fronte ai regolamenti locali nelle materie di rispettiva loro competenza.
In ipotesi, invece, di **contrasto fra regolamenti locali e leggi ordinarie statali o regionali** (come pure di **deroga**), essendo ormai doverosa la salvezza delle materie riservate dal novellato art. 118 Cost. all'autonomia locale, ne deriva che, qualora il contrasto (o la deroga) riguardi una di queste materie, la norma locale deve considerarsi prevalente.

D'altro canto, nell'opposta ipotesi di **invadenza**, da parte del regolamento locale, di materie estranee alle funzioni locali, va riconosciuta, secondo una consolidata giurisprudenza amministrativa, l'*illegittimità* della norma regolamentare (Potenza).

2.4.2 I regolamenti degli enti locali nella gerarchia delle fonti

I regolamenti degli enti locali sono tradizionalmente considerati quali **fonti secondarie**, in quanto esplicazione concreta del potere normativo conferito dal legislatore a tali Amministrazioni periferiche. Se prima della riforma costituzionale del 2001 gli enti locali esprimevano, attraverso i regolamenti, le loro scelte entro i margini delineati dalla legislazione statale e regionale, nel sistema successivo alla revisione costituzionale si è configurata una nuova e più accresciuta autonomia regolamentare locale, che ha segnato il **passaggio dal principio di gerarchia delle fonti a quello di competenza** (già *in nuce* nell'art. 5 L. 142/1990, poi recepita dal D.Lgs. 267/2000); ciò, in quanto ogni fonte normativa ha il proprio ambito di competenza.
L'ordinamento statale, oggi, è quindi policentrico in relazione alla rilevanza che riveste il principio della sussidiarietà. I regolamenti, come gli statuti, non vanno più considerati in un rapporto di gerarchia rispetto alle norme statali e regionali, ma nel contesto di un **rapporto paritario** nei confronti delle norme contenute nelle leggi statali e regionali, che sono fonti chiaramente primarie (Potenza).

Secondo alcuni (Caringella), se si considerano gli statuti quali *fonte secondaria*, nella gerarchia delle fonti, i regolamenti sarebbero da considerarsi, nell'ambito della stessa gerarchia, *fonti terziarie* o *sub-secondarie*. Se, invece, si considera *fonte sub-primaria* lo statuto, allora il regolamento deve essere considerato una *fonte secondaria*. La tesi non è da preferire, se si ritiene che, nel rapporto fra statuti e regolamenti, questi ultimi, essendo divenuti strumenti di disciplina diretta delle varie funzioni, conservano ancora, rispetto agli statuti, una posizione paritaria, non rappresentando più norme di dettaglio in riferimento ai principi contenuti negli statuti; si ritiene, a tal proposito, che gli statuti disciplinano i fatti strutturali, mentre i regolamenti disciplinano i fatti funzionali (Piraino).

2.4.3 La classificazione dei regolamenti

La dottrina più autorevole classifica i regolamenti dell'ente locale nel modo che segue:

- regolamenti **obbligatori**, quelli di cui l'ente locale deve necessariamente dotarsi ai sensi di legge, come per esempio il regolamento di contabilità, il regolamento dei contratti, il regolamento sull'accesso ai documenti amministrativi, il regolamento per il procedimento amministrativo, i regolamenti sull'ordinamento degli uffici e dei servizi, il regolamento per il funzionamento del Consiglio, il regolamento delle entrate, il regolamento per la partecipazione popolare;
- regolamenti **obbligatori speciali**, così chiamati perché la loro adozione è obbligatoria solo per gli enti locali di una certa tipologia. Si pensi, per esempio, al regolamento delle circoscrizioni nei Comuni con oltre 250.000 abitanti, prevedendo la legge che nei Comuni di queste dimensioni le circoscrizioni debbano obbligatoriamente istituirsi e quindi disciplinarsi; rientrano nella categoria anche il regolamento del corpo o servizio di polizia municipale o il regolamento edilizio;

- regolamenti **facoltativi**, quelli di cui la legge consente espressamente ad un ente locale di dotarsi senza, peraltro, imporglielo, come per esempio il regolamento della o delle istituzioni, il regolamento per le alienazioni immobiliari, il regolamento per il referendum; questi regolamenti diventano obbligatori nel momento in cui lo statuto abbia previsto i relativi istituti;
- regolamenti **facoltativi speciali**, quelli che la legge consente che siano adottati dagli enti territoriali di una certa tipologia, come per esempio i regolamenti delle circoscrizioni nei Comuni in cui l'istituzione delle circoscrizioni sia facoltativa, i Comuni cioè con popolazione compresa fra 100.000 e 250.000 abitanti, o il regolamento dei municipi nei Comuni nati dalla fusione di Comuni preesistenti, sempre che l'istituzione dei municipi sia facoltativa; come nel caso precedente, anche l'adozione di detti regolamenti diviene obbligatoria nel momento in cui lo statuto abbia previsto gli istituti che essi vanno a disciplinare;
- regolamenti **ulteriori**, quelli cioè che, seppur non espressamente attribuiti in modo specifico alla competenza dell'ente locale, possono comunque ricondursi alla potestà regolamentare generale di cui all'art. 7 TUEL nelle materie di competenza del Comune o della Provincia (Barusso).

Secondo che gli istituti da regolamentare siano o non siano specificamente predeterminati dalla fonte legislativa, il contenuto del regolamento è **obbligatorio o libero**. Quando il contenuto è libero, la fonte legislativa si limita a indicare la materia, lasciando alla fonte regolamentare la scelta degli istituti da disciplinare. Il regolamento si definisce **vincolato o parzialmente vincolato**, quando, operata dallo statuto dell'ente una determinata scelta, il contenuto della disciplina regolamentare rappresenta la *necessaria conseguenza* di tale scelta (per cui, ad esempio, qualora lo statuto abbia previsto il referendum solo di tipo consultivo, il regolamento non potrà che limitarsi a disciplinare detta forma di consultazione referendaria).

2.4.4 I regolamenti sull'ordinamento degli uffici e dei servizi

Nel disporre che i pubblici uffici siano organizzati secondo disposizioni di legge, in modo che siano assicurati il buon andamento e l'imparzialità dell'Amministrazione, l'art. 97 Cost. fissa una *riserva relativa* di legge: infatti, l'espressione *secondo disposizioni di legge* significa che la legge non deve necessariamente dettare anche le norme di dettaglio, che possono essere affidate alla normazione secondaria.

Considerando che la potestà statutaria degli enti locali si esplica secondo i principi fissati dalla Costituzione e che gli enti locali hanno potestà regolamentare per quanto riguarda la disciplina della loro *organizzazione* e dello *svolgimento* delle funzioni loro attribuite, la loro potestà normativa in questa materia *non è libera*, ma deve sottostare alle leggi dello Stato, sia a quelle che regolano i principi di organizzazione delle strutture pubbliche, sia a quelle che regolano il procedimento amministrativo (dato che organizzazione e procedimento sono aspetti intrinsecamente connessi).

Coerentemente l'art. 4, co. 4, L. 131/2003 prevede che la disciplina dell'organizzazione, dello svolgimento e della gestione delle funzioni dei Comuni, delle Province e delle Città metropolitane sia riservata alla potestà regolamentare dell'ente locale, nell'ambito della legislazione dello Stato o della Regione, che ne assicura i **requisiti minimi di uniformità**, secondo le rispettive competenze, conformemente a quanto previsto dagli artt. 114, 117, co. 6, e 118 Cost.

Sembra accoglibile, sul punto, l'interpretazione secondo cui i regolamenti che disciplinano l'organizzazione e svolgimento delle funzioni degli enti locali assurgono al rango di **regolamenti di delegificazione**, che potranno quindi anche sostituirsi alle norme di legge, fermo restando il rispetto della Costituzione e dei vincoli derivanti dall'ordinamento dell'Unione europea e dagli obblighi internazionali.

2.4.5 L'organo competente all'adozione, il procedimento, la pubblicazione

La **competenza all'adozione dei regolamenti** spetta al **Consiglio**. Fanno eccezione i regolamenti in materia di **ordinamento degli uffici e dei servizi**, attribuiti dall'art. 48 TUEL alla competenza della **Giunta**, seppur nell'ambito di criteri generali deliberati sempre dal Consiglio; in quest'ultimo caso l'esercizio della potestà regolamentare risulta scisso su due livelli, quello dei *criteri generali*, di competenza consiliare, e quello del *regolamento vero e proprio*, di competenza giuntale. Secondo una diversa opinione, avendo i *criteri generali solo valenza di indirizzo politico*, la *piena titolarità* della potestà regolamentare sarebbe propria *della* Giunta.
Il **procedimento di adozione dei regolamenti** è il medesimo ordinariamente previsto per l'adozione delle deliberazioni di competenza consiliare o giuntale. Per il solo *regolamento di disciplina del funzionamento del Consiglio*, che rientra fra quelli obbligatori, la legge richiede per la sua valida approvazione la *maggioranza assoluta*, anche se non è precisato se essa vada computata sui membri assegnati al collegio, su quelli in carica, sui presenti o sui votanti. Quanto alle altre tipologie di regolamenti, per quanto la legge non preveda una *maggioranza specifica* per la loro approvazione, è ipotizzabile che lo statuto possa autonomamente richiederla.
Per i *regolamenti sull'ordinamento degli uffici e dei servizi* (regolamenti *sostitutivi*, fra l'altro, non solo del regolamento di organizzazione, ma anche del regolamento disciplinante i concorsi, e più in generale, l'accesso all'impiego nell'Amministrazione locale) la legge individua l'organo competente all'adozione nella Giunta, in deroga alla previsione generale, che attribuisce l'esercizio della potestà regolamentare al Consiglio.
Relativamente alla **pubblicazione**, per i regolamenti vige lo stesso regime previsto per le deliberazioni del Consiglio o della Giunta. L'entrata in vigore, tranne diversa previsione statutaria, seguirà i termini ordinariamente previsti per l'entrata in vigore delle deliberazioni dell'organo che lo ha adottato. Le deliberazioni che approvano i regolamenti, a partire dal 1° gennaio 2011, devono essere obbligatoriamente pubblicate dalle Amministrazioni locali sui rispettivi siti informatici (**albo pretorio online**).

Accogliendo la tesi per cui all'indomani dell'entrata in vigore della L. cost. 3/2001, che ha fra l'altro **abrogato** l'art. 130 Cost., sono da ritenersi essere immediatamente venute meno tutte le previsioni di legge ordinaria in tema di **controlli di legittimità** sugli atti degli enti locali, conseguentemente è venuta meno anche ogni forma di controllo sui regolamenti.

2.4.6 La potestà sanzionatoria degli enti locali

L'inosservanza delle disposizioni regolamentari configura un'ipotesi di **illecito amministrativo** per la quale, salvo diversa disposizione di legge, si applica la sanzione pecuniaria da un minimo edittale di 25 euro ad un massimo di 500 euro (art. 7-*bis* D.Lgs. 267/2000, introdotto dall'art. 16 L. 3/2003).

Le sanzioni amministrative si applicano anche ai casi di violazione delle ordinanze emanate dal Sindaco e dal Presidente della Provincia, sulla base di disposizioni di legge o di norme regolamentari.
Secondo il Ministero dell'Interno, gli enti territoriali minori possono prevedere, disciplinandolo, l'esercizio del **potere sanzionatorio in sede regolamentare** in virtù del generale potere regolamentare di cui è dotato l'ente locale ai sensi dell'art. 7 TUEL; inoltre, essi possono **graduare la sanzione pecuniaria**, in base al diverso valore dei vari interessi pubblici lesi dalla violazione delle norme contenute nei singoli regolamenti comunali e provinciali, valore che può essere correttamente ponderato solo dai soggetti istituzionali cui l'ordinamento affida la cura degli interessi pubblici medesimi (Circolare Finanza Locale 19/2003 del Dipartimento per gli affari interni e territoriali).

2.5 Le ordinanze contingibili e urgenti (o ordinanze di necessità)

L'ordinanza è un atto amministrativo, sovente legato ai presupposti della necessità e urgenza. Negli enti locali è un atto tipico dell'organo monocratico dell'ente e può essere adottato, a seconda dei casi, dal *Sindaco* o dal *dirigente*.
L'esercizio del potere di ordinanza contingibile e urgente presuppone la **necessità di provvedere con immediatezza in ordine a situazioni di natura eccezionale** e **imprevedibili**, indipendentemente dal mero dato temporale, in quanto la situazione di pericolo, ossia la ragionevole probabilità che l'evento dannoso accada, può protrarsi anche per un lungo periodo senza cagionare il fatto temuto (Cons. Stato, sez. V, 4-2- 1998, n. 125), cui non si potrebbe far fronte col ricorso agli strumenti ordinari apprestati dall'ordinamento.
I **presupposti** per l'adozione di questa categoria di provvedimenti, nei cui confini il potere di ordinanza può svolgersi con una relativa ampiezza, possono essere, pertanto, individuati nell'**urgenza** di provvedere e nella **contingibilità**, intese come indifferibilità dell'atto dovuta alla situazione di pericolo inevitabile che minaccia gli interessi pubblici e nella straordinarietà, accidentalità ed imprevedibilità dell'evento che ne rende necessaria l'adozione. Altra caratteristica dell'atto è la **temporaneità**, che attiene agli effetti del provvedimento in relazione alla cessazione dello stato di necessità.
La giurisprudenza in materia (*ex plurimis*, Cons. Stato, sez. V, 8-5-2007, n. 2109) ha individuato ulteriori presupposti che giustificano l'adozione di tale atto, ossia:

- il **previo accertamento**, da parte degli organi competenti, della situazione di pericolo o di danno che s'intende fronteggiare, corredato da una congrua motivazione che evidenzi tale presupposto;
- la **mancanza di strumenti alternativi** offerti dall'ordinamento, stante il carattere *extra ordinem* del potere sindacale;
- la **necessità** che, in relazione al suo scopo, il provvedimento **non rivesta il carattere della continuità e della stabilità degli effetti** (e, quindi, non ecceda le finalità di un momentaneo rimedio alla situazione contingente).

Ne consegue che, per essere legittima, l'ordinanza deve rivelarsi idonea a fronteggiare la situazione di rischio ed essere emanata entro ragionevoli limiti temporali, dati dalla persistenza della situazione eccezionale, senza mai risultare sproporzionata. Per converso il ricorso al potere di ordinanza deve considerarsi illegittimo ove il provvedi-

mento, in relazione alle sue finalità, ecceda le finalità del momento e risulti destinato a regolare stabilmente una situazione o un assetto di interessi.
Se da un lato obbediscono al principio di legalità, dall'altro le ordinanze contingibili e urgenti costituiscono un'*eccezione rispetto alla regola della tipicità*. Ciò nondimeno, pur nell'estrema "flessibilità" attribuita dal legislatore, le ordinanze soggiacciono a **specifiche limitazioni**, alcune delle quali traggono origine dagli stessi presupposti previsti per la loro emanazione. In particolare:

- devono rispettare i **principi generali dell'ordinamento giuridico**, in primo luogo quelli ricavabili dai precetti costituzionali ma anche quelli desumibili da altre fonti, e le **norme dell'Unione europea** (cfr. art. 25 D.Lgs. 1/2018);
- non possono introdurre deroghe in **materie coperte da riserva assoluta di legge**;
- devono riportare un'esplicita **motivazione** (è richiesto sotto il profilo della legittimità formale una *motivazione illustrativa della concreta sussistenza dei presupposti previsti dalla legge*: Cass. 30-7-2014, n. 33779), indicare le principali **norme giuridiche cui si intende derogare** e individuare i **limiti temporali** di applicabilità;
- devono essere strumentali alla predisposizione e all'organizzazione di **misure necessarie** ad affrontare situazioni di grave pericolo o evitare maggiori danni a persone o cose, non altrimenti affrontabili con i "normali" poteri amministrativi, e purché ricorra l'effettiva sussistenza di una **situazione di fatto** (calamità naturali, catastrofi ed altre situazioni di emergenza), tale da giustificare l'utilizzo di mezzi e poteri straordinari.

2.6 I rapporti fra la potestà normativa degli enti locali e la potestà legislativa dello Stato e della Regione

Si è detto che, ai sensi dell'art. 4 L. 131/2003, «*lo statuto, in armonia con la Costituzione e con i principi generali in materia di organizzazione pubblica… stabilisce i principi di organizzazione e di funzionamento dell'ente*». C'è un parallelismo voluto fra questa formula e quella dettata dall'art. 123 Cost. per definire la potestà statutaria della Regione, il che riflette inequivocabilmente il principio di pariordinazione di cui all'art. 114 Cost.
L'esplicito richiamo al "rispetto" della legge statale di cui alla lett. *p*) dell'art. 117 Cost. non impedisce di riconoscere alla fonte primaria locale la forza di assumere, fuori da ogni intermediazione, un'area di generale pertinenza in rapporto diretto con i principi costituzionali.

Che poi il **rapporto fra le due fonti**, quella statutaria dell'ente locale e quella legislativa, sia ormai di *competenza* e non di *gerarchia*, emerge inequivocabilmente dal fatto che la seconda non ha più una valenza generale ma riguarda soltanto specifiche materie, pur nell'ampiezza e organicità alle stesse riconoscibili.

Come la competenza statale, anche quella regionale in materia di esercizio delle funzioni, nel ristretto ambito della definizione dei requisiti minimi di uniformità, non è limitata alla disciplina del solo svolgimento delle stesse (cioè del profilo meramente procedimentale), ma si estende anche agli aspetti di organizzazione e gestione delle funzioni, il che crea il *rischio di una sovrapposizione fra la competenza statutaria dell'ente locale e la competenza regionale e statale* (art. 4, co. 2 e 4, L. 131/2003). Tale rischio è tuttavia fronteggiabile attraverso una lettura coordinata delle due disposizioni.

Infatti, la possibilità che la legge regionale (e statale) incida sui profili organizzativo e gestionale incontra **due limiti** che valgono a ben circoscriverne l'ambito applicativo:

- innanzitutto, **la legge non può riguardare i profili *generali* di organizzazione dell'ente**, cioè le linee fondamentali di strutturazione degli organi e degli uffici che, ai sensi dell'art. 4, co. 2, L. 131/2003, restano affidati esclusivamente alla potestà statutaria dell'ente locale, pur con i limiti ivi previsti (rispetto della legge statale *ex* lett. *p*); dell'art. 117 Cost. e vincolo di armonizzazione con i principi generali di organizzazione pubblica);
- inoltre, **la legge regionale (e statale) non può dettare una disciplina *organica***, cioè completa, anche se composta da disposizioni di principio che lascino spazio a disposizioni di dettaglio, ma deve limitarsi a formulare solo *indicazioni* tendenzialmente di non diretta precettività, strettamente ancorate a ragionevoli esigenze di *uniformità* della disciplina di ciascuna funzione. In altri termini, la diretta incidenza della legge regionale sull'organizzazione dell'ente locale, costituendo come una *deroga* al principio generale di autonomia e di pari ordinazione di cui all'art. 114 Cost., può essere legittimata esclusivamente da *esigenze* in stretto modo connesse alla distribuzione, per ciascuna materia, delle competenze amministrative fra i diversi livelli di governo e di amministrazione ai sensi dell'art. 118, commi 1 e 2, Cost., e in applicazione dei criteri ivi indicati.

Il rischio di incoerenza delle concorrenti determinazioni è dunque fronteggiabile con gli strumenti che la costituzionalizzazione del principio di leale collaborazione fra Stato e Regione rende astrattamente praticabili. Da ciò deriva una rilevante conseguenza in ordine all'ambito contenutistico delle funzioni fondamentali: esse incidono tanto sulle materie di competenza legislativa statale (art. 117, co. 2, Cost.), quanto su quelle attribuite alla Regione (art. 117, co. 3 e 4, Cost.). Pertanto, l'attribuzione alla competenza legislativa esclusiva dello Stato della materia riguardante le funzioni fondamentali dei Comuni e delle Province deve intendersi come riferita alla sola individuazione, non già alla disciplina del loro esercizio, che spetta, con tutte le limitazioni previste a garanzia della autonomia degli enti locali, tanto allo Stato che alla Regione *ratione materiae*.

Capitolo 3
Il Comune

3.1 Il Comune nell'ordinamento italiano

Il Comune è l'**ente locale che rappresenta la propria comunità, ne cura gli interessi e ne promuove lo sviluppo**; questa è la sintetica definizione data dall'art. 3, co. 2, TUEL che, tuttavia, non illustra appieno la centralità dell'ente comunale nell'ordinamento italiano.
Questa può essere più efficacemente colta se si esamina il testo dell'art. 118 Cost., come modificato nel 2001. Il primo comma afferma che tutte *le funzioni amministrative sono attribuite ai Comuni salvo che, per assicurarne l'esercizio unitario, siano conferite a Province, Città metropolitane, Regioni e Stato, sulla base dei principi di sussidiarietà, differenziazione ed adeguatezza.* Il dettato costituzionale esprime una preferenza esplicita per l'attribuzione delle funzioni e dei compiti amministrativi al **livello di governo più vicino ai cittadini**, ossia al Comune; tali funzioni possono essere conferite ai **livelli di governo superiori** solo se *mirano a soddisfare esigenze di carattere unitario o sono giustificate dalla necessità di garantirne un esercizio più efficace o efficiente*, tenuto conto delle dimensioni territoriali, associative e organizzative degli enti beneficiari e delle loro diverse caratteristiche demografiche, territoriali e strutturali.
In definitiva, il Comune si conferma come il **primo e più efficace livello di governo** per la sua vicinanza alle popolazioni interessate e per la diretta conoscenza delle specificità del territorio di riferimento; questi punti di forza, però, possono diventare anche dei fattori di debolezza laddove la carenza di risorse finanziarie e materiali non consente di svolgere in modo efficace funzioni di maggiore complessità, che impongono l'intervento di un livello di governo superiore.

3.2 Le funzioni dei Comuni

3.2.1 Le funzioni proprie e le funzioni conferite

Il quadro generale delle funzioni comunali è delineato nell'art. 3, co. 5, TUEL. Il legislatore attribuisce al Comune la titolarità delle **funzioni proprie**, quelle cioè che spettano all'ente per espressa previsione legislativa e che l'ente esercita in via esclusiva, nonché la titolarità delle **funzioni conferitegli con legge dello Stato e della Regione**, secondo il principio di *sussidiarietà verticale*, che disciplina i rapporti fra i diversi livelli di governo (Stato, Regioni, Province, Città metropolitane, Comuni).
Le funzioni, precisa la norma, si svolgono anche attraverso le attività che possono essere adeguatamente esercitate dall'**autonoma iniziativa dei cittadini e delle loro formazioni sociali**: quest'ultima disposizione si fonda sul principio di *sussidiarietà orizzontale*, secondo il quale sia lo Stato che gli altri enti territoriali sono invitati a favorire

l'autonoma iniziativa dei cittadini, singoli e associati, per lo svolgimento di attività di interesse generale.
L'art. 13 dello stesso TUEL specifica che al Comune spettano tutte le **funzioni amministrative** che riguardano la **popolazione** ed il **territorio comunale**, in particolare nei settori organici dei servizi alla persona e alla comunità, dell'assetto ed utilizzazione del territorio e dello sviluppo economico, salvo quanto non sia espressamente attribuito ad altri soggetti dalla legge statale o regionale, secondo le rispettive competenze. Si prevede, poi, al co. 2, che il Comune, per l'esercizio delle funzioni in ambiti territoriali adeguati, attui forme sia di **decentramento** sia di **cooperazione** con altri Comuni e con la Provincia.
Al successivo art. 14 si attribuisce al Comune la gestione di una serie di servizi di competenza dello Stato (servizi elettorali, di stato civile, di anagrafe, di leva militare e di statistica) individuando nel Sindaco il soggetto delegato al loro esercizio.
Le **funzioni** comunali, quindi, possono essere suddivise fra:
- quelle **relative ai cittadini**, che si sostanziano nella gestione di servizi per la persona e per la comunità locale (*funzioni proprie*: art. 13 TUEL);
- quelle **concernenti il territorio**, vale a dire riconducibili al governo delle risorse del territorio e alla guida dello sviluppo economico (*funzioni proprie*: art. 13 TUEL);
- quelle **proprie dello Stato e da questo attribuite ai Comuni** (nello specifico ai Sindaci nella loro veste di ufficiali di governo), concernenti i servizi elettorali, di stato civile, di anagrafe, di leva militare e di statistica (*funzioni conferite*: art. 14 TUEL).

Ai sensi dell'art. 13 L. 340/2000, nell'ambito del trasferimento di funzioni amministrative dallo Stato alle Regioni e agli enti locali, di cui alla L. 59/1997, agli enti destinatari del trasferimento, come Amministrazioni procedenti, sono conferiti tutti i compiti di natura **consultiva**, **istruttoria** e **preparatoria** connessi all'esercizio della funzione trasferita, anche nel caso di attività attribuite dalla legge ad uffici ed organi di altre Amministrazioni.
Tale disposizione, tuttavia, non si applica ove si tratti di funzioni attribuite da specifiche norme di legge ad autorità preposte alla tutela ambientale, paesaggistico-territoriale, del patrimonio storico-artistico o alla tutela della salute; in tali casi, l'Amministrazione procedente è sempre tenuta a convocare una conferenza di servizi ai sensi degli artt. 14 ss. L. 241/1990.

È da ricordare che, per espressa previsione dell'art. 117, co. 2, lett. *p*), Cost., la legislazione elettorale, la disciplina degli organi di governo e delle **funzioni fondamentali** di Comuni, Province e Città metropolitane sono materie di **legislazione esclusiva dello Stato**.

3.2.2 Le funzioni fondamentali

L'art. 21, co. 3, L. 42/2009 sul "federalismo fiscale" riportava, ai fini specifici dell'attuazione della legge medesima, un elenco di funzioni fondamentali che i Comuni dovevano esercitare. Nel 2010 è stato approvato un nuovo provvedimento (il D.L. 78/2010, conv. in L. 122/2010) che, in seguito alle modifiche introdotte con il D.L. 95/2012, conv. in L. 135/2012, indica in modo dettagliato le funzioni fondamentali che devono essere esercitate da tali enti.
Alla luce dell'elenco riportato nell'art. 14, co. 27, D.L. 78/2010 (come modificato nel 2012) sono da considerare **funzioni fondamentali dei Comuni** le seguenti attività (inglobando di fatto *funzioni proprie relative ai cittadini e al territorio* e *funzioni conferite*):

a) l'organizzazione generale dell'amministrazione, la gestione finanziaria e contabile e il controllo;
b) l'organizzazione dei servizi pubblici di interesse generale di ambito comunale, ivi compresi i servizi di trasporto pubblico comunale;
c) il catasto, ad eccezione delle funzioni mantenute allo Stato dalla normativa vigente;
d) la pianificazione urbanistica ed edilizia di ambito comunale, nonché la partecipazione alla pianificazione territoriale di livello sovracomunale;
e) l'attività, in ambito comunale, di pianificazione di protezione civile e di coordinamento dei primi soccorsi;
f) l'organizzazione e la gestione dei servizi di raccolta, avvio e smaltimento e recupero dei rifiuti urbani e la riscossione dei relativi tributi;
g) la progettazione e la gestione del sistema locale dei servizi sociali e l'erogazione delle relative prestazioni ai cittadini, secondo quanto previsto dall'articolo 118, co. 4, Cost.;
h) l'edilizia scolastica per la parte non attribuita alla competenza delle Province, l'organizzazione e la gestione dei servizi scolastici;
i) la polizia municipale e la polizia amministrativa locale;
l) la tenuta dei registri di stato civile e di popolazione e i compiti in materia di servizi anagrafici, nonché in materia di servizi elettorali, nell'esercizio delle funzioni di competenza statale;
l-bis) i servizi in materia statistica.

A queste vanno aggiunte quelle eventualmente **delegate dalle Regioni** nell'esercizio della loro funzione di programmazione e di coordinamento, nonché le **funzioni amministrative** esercitate ai sensi dell'art. 118 Cost.

3.3 Gli organi di governo del Comune

L'assetto istituzionale del Comune è, con l'eccezione della parentesi del periodo fascista, sostanzialmente immutato dall'unità d'Italia, strutturandosi sulla base di due organi collegiali (il Consiglio e la Giunta) e di un organo monocratico (il Sindaco).
Se la cornice è rimasta inalterata molto è, invece, cambiato sotto il profilo delle attribuzioni. In particolare, negli ultimi decenni è stato notevolmente **rafforzato il ruolo del Sindaco**, sia attraverso una diretta legittimazione popolare (con l'introduzione dell'elezione diretta) sia con un incremento dei poteri direttamente attribuitigli in quanto ufficiale di Governo.
Gli attuali *organi di governo del Comune* sono:

- il **Consiglio comunale**, che ha competenza in ordine agli atti fondamentali di indirizzo politico amministrativo, espressamente attribuiti dalla legge (art. 42 TUEL);
- il **Sindaco**, che esercita le competenze attribuite dalle leggi, dallo statuto e dai regolamenti e sovrintende al funzionamento dei servizi e degli uffici. Esercita, inoltre, tutte le funzioni che specifiche disposizioni di legge gli attribuiscono quale autorità locale;
- la **Giunta comunale**, che collabora con il Sindaco nel governo del Comune e ha competenza generale ad adottare gli atti ricadenti nelle funzioni di indirizzo e controllo, non espressamente attribuiti dalla legge al Consiglio comunale e non

rientranti nelle attribuzioni del Sindaco; per tale ragione la Giunta viene definita organo a competenza residuale (art. 48, co. 2, TUEL).

Le competenze così attribuite dal legislatore ad un organo di governo non possono essere esercitate da altri organi, pena l'illegittimità dei provvedimenti adottati. Il legislatore prevede una deroga al **principio dell'immodificabilità delle competenze** esclusivamente per le deliberazioni attinenti alle variazioni di bilancio, spettanti al Consiglio comunale, che possono essere adottate in via d'urgenza dalla Giunta comunale, necessitano, però, della ratifica del Consiglio nei 60 giorni successivi, a pena di decadenza (art. 42, co. 4, TUEL).

3.4 Il Consiglio comunale

3.4.1 Le competenze

Il Consiglio comunale **esprime l'indirizzo e il controllo politico-amministrativo sull'attività dell'ente** (art. 42, co. 1, TUEL) e, attraverso le informazioni trasmesse dall'organo esecutivo, può verificare direttamente lo stato di attuazione degli interventi (art. 43, co. 1 e 2, TUEL). È eletto direttamente dai cittadini in concomitanza con l'elezione del Sindaco ed è l'organo rappresentativo della volontà politica popolare.

L'art. 42, co. 2, TUEL indica nel dettaglio le **competenze attribuite al Consiglio**, limitate ai seguenti **atti fondamentali**:

- statuti dell'ente e delle aziende speciali, regolamenti (ad eccezione di quello sull'ordinamento degli uffici e dei servizi, di competenza della Giunta *ex* art. 48, co. 3, TUEL, anche se spetta comunque al Consiglio individuare i criteri generali in questa materia);
- programmi, relazioni previsionali e programmatiche, piani finanziari, programmi triennali ed elenco annuale dei lavori pubblici, bilanci annuali e pluriennali e relative variazioni, rendiconto, piani territoriali ed urbanistici, programmi annuali e pluriennali per la loro attuazione, eventuali deroghe ad essi, pareri da rendere per dette materie;
- convenzioni fra i Comuni e quelle fra i Comuni e la Provincia, costituzione e modificazione di forme associative;
- istituzione, compiti e norme sul funzionamento degli organismi di decentramento e di partecipazione;
- organizzazione dei pubblici servizi, costituzione di istituzioni e aziende speciali, concessione dei pubblici servizi, partecipazione dell'ente locale a società di capitali, affidamento di attività o servizi mediante convenzione;
- istituzione e ordinamento dei tributi, con esclusione della determinazione delle relative aliquote; disciplina generale delle tariffe per la fruizione dei beni e dei servizi;
- indirizzi da osservare da parte delle aziende pubbliche e degli enti dipendenti, sovvenzionati o sottoposti a vigilanza;
- contrazione di mutui e aperture di credito non previste espressamente in atti fondamentali del Consiglio ed emissioni di prestiti obbligazionari;

- spese che impegnino i bilanci per gli esercizi successivi, escluse quelle relative alle locazioni di immobili ed alla somministrazione e fornitura di beni e servizi a carattere continuativo;
- acquisti e alienazioni immobiliari, relative permute, appalti e concessioni che non siano previsti espressamente in atti fondamentali del Consiglio o che non ne costituiscano mera esecuzione e che, comunque, non rientrino nell'ordinaria amministrazione di funzioni e servizi di competenza della Giunta, del segretario o di altri funzionari;
- definizione degli indirizzi per la nomina e la designazione di rappresentanti del Comune presso enti, aziende ed istituzioni, nonché nomina dei rappresentanti del Consiglio presso enti, aziende ed istituzioni ad esso espressamente riservata dalla legge.

Il Consiglio, nei modi disciplinati dallo statuto, partecipa altresì alla definizione, all'adeguamento e alla verifica periodica dell'attuazione delle **linee programmatiche** da parte del Sindaco e dei singoli assessori.

Le competenze del Consiglio sono inderogabili ed esclusive. Non possono essere svolte da altri organi, tranne quelle attinenti alle variazioni di bilancio, che possono essere adottate dalla Giunta a condizione che siano ratificate entro 60 giorni dal Consiglio, a pena di decadenza (art. 42, co. 4, TUEL).

3.4.2 La composizione

Sul numero dei consiglieri comunali il legislatore è più volte intervenuto nel corso degli anni. Il numero indicato nell'art. 37 TUEL è stato oggetto di una prima riduzione generalizzata del 20 per cento con la L. 191/2011. Un'ulteriore riduzione ha riguardato i Comuni con popolazione inferiore ai 10.000 abitanti con l'art. 16, co. 17 D.L. 138/2011 (convertito dalla L. 148/2011), provvedimento successivamente modificato dalla legge Delrio (L. 56/2014). Sintetizzando tutte le modifiche intervenute, la situazione attuale è quella riportata nella tabella che segue.

Numero dei consiglieri comunali dopo la legge Delrio (*)	
• Comuni con popolazione **fino a 3.000** abitanti	• 10 consiglieri
• Comuni con popolazione **superiore a 3.000 e fino a 10.000** abitanti	• 12 consiglieri
• Comuni con popolazione **superiore a 10.000 e fino a 30.000** abitanti	• 16 consiglieri
• Comuni con popolazione **superiore a 30.000 e fino a 100.000** abitanti	• 24 consiglieri
• Comuni con popolazione **superiore a 100.000 e fino a 250.000** abitanti (o che, pur avendo popolazione inferiore, sono capoluoghi di Provincia)	• 32 consiglieri
• Comuni con popolazione **superiore a 250.000 e fino a 500.000** abitanti	• 36 consiglieri
• Comuni con popolazione **superiore a 500.000 e fino a 1.000.000** di abitanti	• 40 consiglieri
• Comuni con popolazione **superiore a 1.000.000** di abitanti	• 48 consiglieri

(*) Nella Regione Sardegna è prevista una diversa suddivisione.

Il **Sindaco** non rientra nel numero dei consiglieri ma si aggiunge ai componenti l'organo; quest'ultimo è, quindi, formato dal Sindaco e da un numero di consiglieri pari a quello indicato nella tabella precedente che contempla otto classi demografiche.

3.4.3 Il regolamento consiliare

L'art. 38 TUEL prevede che il funzionamento del Consiglio, nel quadro dei principi stabiliti dallo statuto, è disciplinato dal **regolamento, approvato a maggioranza assoluta**.
Alcuni **contenuti dell'atto regolamentare** sono indicati direttamente dal Testo unico, che impone di disciplinare:
> le modalità per la convocazione e quelle per la presentazione e la discussione delle proposte (art. 38, co. 2);
> il numero dei consiglieri necessario per la validità delle sedute, prevedendo che in ogni caso debba esservi la presenza di almeno 1/3 dei consiglieri assegnati per legge all'ente, senza computare a tale fine il Sindaco (art. 38, co. 2);
> le modalità di gestione di tutte le risorse attribuite per il proprio funzionamento e per quello dei gruppi consiliari regolarmente costituiti (art. 38, co. 3);
> i poteri delle commissioni e la disciplina dell'organizzazione e delle forme di pubblicità dei lavori. È da sottolineare che la facoltà di avvalersi di commissioni deve essere prevista dallo statuto dell'ente e che le stesse devono essere costituite con criterio proporzionale (art. 38, co. 6).

Il regolamento consiliare è atto fondamentale per la disciplina di tutti gli aspetti relativi al funzionamento del Consiglio. Altri contenuti che trovano spazio in tale atto sono: gli argomenti da iscrivere all'ordine del giorno, le adunanze di prima e seconda convocazione, i termini e le modalità di consegna degli avvisi di convocazione, i termini per il deposito delle proposte, i tempi degli interventi in aula, le modalità per la presentazione di mozioni, interrogazioni e interpellanze e i tempi per la trattazione delle stesse.

3.4.4 Il funzionamento

Molti aspetti dell'attività del Consiglio sono disciplinati direttamente dal TUEL. In tema di organizzazione e funzionamento dell'organo consiliare, le disposizioni di maggiore rilevanza sono quelle riferite:
> alla **durata in carica**, fissata in 5 anni (art. 51) e che cessa con l'elezione dei nuovi Consigli. Dopo la pubblicazione del decreto di indizione dei comizi elettorali, devono limitarsi ad adottare gli atti urgenti e improrogabili (art. 38, co. 5);
> all'obbligo di tenere **sedute pubbliche**, salvi i casi previsti dal regolamento (l'obbligo vale anche per le commissioni). Nei Comuni con popolazioni fino a 15.000 abitanti le sedute si tengono preferibilmente in un arco temporale non coincidente con l'orario di lavoro dei partecipanti (art. 38, co. 7);
> all'obbligo di **esporre all'esterno la bandiera** italiana ed europea (art. 38, co. 9);
> all'obbligo di **convocare la prima seduta** entro il termine perentorio di 10 giorni dalla proclamazione, da tenersi entro il termine perentorio di 10 giorni dalla convocazione (art. 40).

Nei **Comuni con popolazione superiore ai 15.000 abitanti**, salvo diversa previsione regolamentare nel quadro dei principi stabiliti dallo statuto, la prima seduta è convocata dal Sindaco e presieduta dal *consigliere anziano* fino all'elezione del Presidente del Consiglio. La seduta prosegue poi sotto la presidenza del Presidente per la comunicazione dei componenti della Giunta e per gli ulteriori adempimenti.
Il consigliere anziano è colui che ha ottenuto la maggior cifra individuale ai sensi dell'art. 73, con esclusione del Sindaco neoeletto e dei candidati alla carica di Sindaco non eletti. Qualora il consigliere anziano sia assente o rifiuti di presiedere l'assemblea, subentra il consigliere che nella graduatoria di anzianità occupa il posto immediatamente successivo.
Fino all'elezione del Presidente, nei **Comuni con popolazione inferiore ai 15.000 abitanti**, la prima seduta del Consiglio è convocata e presieduta dal Sindaco.
Le regole relative alla Presidenza della prima seduta possono essere derogate dal regolamento interno, ma sempre nel quadro dei principi stabiliti dallo statuto dell'ente.

3.4.5 Il Presidente

L'art. 39 TUEL stabilisce che i Consigli dei Comuni con **popolazione superiore a 15.000 abitanti** sono presieduti da un *Presidente eletto fra i consiglieri* nella prima seduta; a costui sono attribuiti, fra gli altri, i poteri di convocazione e direzione dei lavori e delle attività del Consiglio. Quando lo statuto non dispone diversamente, le funzioni vicarie di Presidente del Consiglio sono esercitate dal *consigliere anziano*.
Nei Comuni con **popolazione inferiore ai 15.000 abitanti**, lo statuto *può anche non prevedere la figura del Presidente* del Consiglio, e in tal caso l'organo è presieduto dal Sindaco.
Al Presidente del Consiglio sono attribuiti, fra gli altri, i poteri di *convocazione e direzione dei lavori e delle attività dell'organo assembleare* e deve assicurare un'adeguata e preventiva informazione ai gruppi consiliari ed ai singoli consiglieri sulle questioni sottoposte all'ordine del giorno del Consiglio.
Qualora lo richiedano 1/5 dei consiglieri o il Sindaco, è **tenuto a riunire il Consiglio**, in un termine non superiore a 20 giorni, inserendo all'ordine del giorno le questioni richieste (art. 39, co. 2). Rilevante in materia è il **potere sostitutivo del Prefetto** che, previa diffida, provvede in ogni caso di inosservanza degli obblighi di convocazione del Consiglio (art. 39, co. 5).

3.4.6 I consiglieri

Requisiti per l'elezione e diritti
Può essere eletto alla carica di consigliere comunale qualunque cittadino italiano o di Stati appartenenti all'Unione europea (D.Lgs. 197/1996) che abbia compiuto il diciottesimo anno di età nel primo giorno fissato per la votazione (art. 55 TUEL); non è necessaria la residenza nel Comune nel quale ci si candida.
I consiglieri entrano in carica all'atto della proclamazione ovvero, in caso di surrogazione, non appena adottata dal Consiglio la relativa deliberazione, e hanno, ai sensi dell'art. 43 TUEL, **diritto di iniziativa** su ogni questione sottoposta alla deliberazione del Consiglio, nonché il diritto di chiedere la **convocazione** del Consiglio e di presentare **interrogazioni e mozioni**.
Ancora, hanno diritto di ottenere dagli uffici del Comune nonché dalle loro aziende ed enti dipendenti, tutte le notizie e le **informazioni** in loro possesso, utili all'espleta-

mento del proprio mandato. Essi sono tenuti al segreto nei casi specificamente determinati dalla legge.
Il Sindaco, o gli assessori delegati, rispondono, entro 30 giorni, alle interrogazioni e ad ogni altra istanza di sindacato ispettivo presentata dai consiglieri, il tutto secondo modalità disciplinate dallo statuto e dal regolamento consiliare.

Cessazione dalla carica

I consiglieri **cessano collettivamente dalla carica** nelle ipotesi di fine della consiliatura o di scioglimento del Consiglio per una delle cause specifiche previste dal TUEL. Ovviamente in questi casi la carica può essere riassunta con la rielezione alla successiva tornata elettorale.
Altre ipotesi di cessazione sono individuali e non prevedono la possibilità di immediata rieleggibilità, dal momento che la carica di consigliere è assunta da un altro soggetto per la restante durata della consiliatura.
Le ipotesi contemplate sono:

- le **dimissioni**. Secondo quanto stabilito dall'art. 38, co. 8, TUEL queste devono essere indirizzate al rispettivo Consiglio, devono essere presentate personalmente e assunte immediatamente al protocollo dell'ente nell'ordine temporale di presentazione. Le dimissioni non presentate personalmente devono essere autenticate e inoltrate al protocollo per il tramite di persona delegata con atto autenticato in data non anteriore a 5 giorni. Sono *irrevocabili*, non necessitano di presa d'atto e sono immediatamente efficaci;
- la **decadenza**, sia per motivi attinenti alla presenza di cause di ineleggibilità e di incompatibilità, sia per mancata partecipazione alle sedute. Secondo quanto stabilito dall'art. 43, co. 4, TUEL è lo statuto che stabilisce i casi di decadenza per la mancata partecipazione alle sedute e le relative procedure, garantendo il diritto del consigliere a far valere le cause giustificative.

Si è sottolineato, in giurisprudenza, che spetta al consigliere nei cui confronti è instaurato il procedimento di decadenza fornire ragionevoli **giustificazioni dell'assenza**, con la conseguenza che è legittima la decadenza dalla carica per assenza ingiustificata, qualora la giustificazione addotta impedisca qualsiasi accertamento sulla fondatezza, serietà e rilevanza del motivo (Cons. Stato, sez. V, 29-11-2004, n. 7761).
La dichiarazione di decadenza di un consigliere è peraltro da considerarsi illegittima se la mancata partecipazione alle sedute consiliari è stata preannunciata come forma di **astensionismo dovuto a ragioni politiche di opposizione** e non a disinteresse o negligenza (TAR Lombardia-Brescia, 10-4-2006, n. 383). La protesta politica, dichiarata a posteriori, non è idonea a costituire valida giustificazione delle assenze dalle sedute consiliari, in quanto, affinché l'assenza dalle sedute possa assumere la connotazione di protesta politica occorre che il comportamento ed il significato di protesta che il consigliere comunale intende annettervi siano in qualche modo esternati al Consiglio o resi pubblici in concomitanza alla estrema manifestazione di dissenso, di cui la diserzione delle sedute costituisce espressione (Cons. Stato, sez. V, 20-2-2017, n. 743).
È altresì illegittima la pronuncia di decadenza se all'interessato non è stata data comunicazione di avvio del procedimento, come previsto dalla norma statutaria (TAR Campania-Salerno, sez. II, 27-2-2006, n. 217).

Surrogazione e supplenza

Ai consiglieri si applicano gli istituti della **rimozione** (cessazione definitiva dalla carica) e della **sospensione** (cessazione temporanea dalla carica).

In entrambe le ipotesi occorre procedere alla sostituzione del consigliere assente, applicando gli istituti:

- della **surrogazione**, quando è necessario procedere alla **definitiva sostituzione del consigliere**. Le disposizioni di riferimento sono contenute nell'art. 45, co. 1, TUEL in virtù del quale il seggio che «durante il quinquennio rimanga vacante per qualsiasi causa, anche se sopravvenuta, è attribuito al candidato che nella medesima lista segue immediatamente l'ultimo eletto». Nel caso di dimissioni «il Consiglio, entro e non oltre dieci giorni, deve procedere alla surroga dei consiglieri dimissionari, con separate deliberazioni, seguendo l'ordine di presentazione delle dimissioni quale risulta dal protocollo. Non si fa luogo alla surroga qualora, ricorrendone i presupposti, si debba procedere allo scioglimento del Consiglio a norma dell'articolo 141» (art. 38, co. 8, TUEL). Nelle ipotesi di surrogazione i nuovi consiglieri entrano in carica non appena adottata dal Consiglio la relativa deliberazione;
- della **supplenza**, quando è necessario procedere alla **temporanea sostituzione del consigliere**. Si applicano in questo caso le disposizioni dell'art. 45, co. 2, in base al quale il Consiglio, «nella prima adunanza successiva alla notifica del provvedimento di sospensione, procede alla temporanea sostituzione affidando la supplenza per l'esercizio delle funzioni di consigliere al candidato della stessa lista che ha riportato, dopo gli eletti, il maggior numero di voti. La supplenza ha termine con la cessazione della sospensione. Qualora sopravvenga la decadenza si fa luogo alla surrogazione» con la procedura prima indicata.

3.4.7 Commissioni e gruppi consiliari

Commissioni consiliari

L'art. 38, co. 6, TUEL afferma che, quando lo statuto lo preveda, il Consiglio si avvale di commissioni costituite nel proprio seno con criterio proporzionale. Spetta al regolamento determinare i poteri delle commissioni e disciplinarne l'organizzazione e le forme di pubblicità dei lavori.

L'art. 44 TUEL, a **garanzia delle minoranze** e per il **controllo consiliare**, stabilisce che lo statuto prevede le forme di garanzia e di partecipazione delle minoranze attribuendo alle opposizioni la presidenza delle commissioni consiliari aventi funzioni di controllo o di garanzia, ove costituite.

Le commissioni consiliari sono dunque nate per **organizzare al meglio il lavoro** del Consiglio comunale, e ciascuna ha diversi compiti: approfondisce i problemi relativi ad un particolare settore, esamina ed esprime pareri su iniziative e proposte che saranno poi discusse ed eventualmente approvate dal Consiglio comunale e vigila sulle attività degli uffici e delle aziende del Comune.

Ogni commissione è **formata** da un certo numero di consiglieri scelti dal Consiglio comunale in modo da rispettarne, in proporzione, la composizione politica e si rapporta in materia di competenza ad un assessorato. Le commissioni eleggono, fra i propri componenti, un Presidente e un Vicepresidente e tengono sedute aperte a tutti i cittadini.

Il Consiglio, a maggioranza assoluta dei propri membri, ha facoltà di istituire al proprio interno **commissioni di indagine** sull'attività dell'amministrazione; i relativi poteri, composizione e funzionamento sono disciplinati dallo statuto e nel suo ambito dal regolamento consiliare.

Gruppi consiliari

L'art. 38, co. 2, TUEL prevede che i Consigli disciplinino con regolamento la gestione di tutte le risorse attribuite per il proprio funzionamento e per quello dei gruppi consiliari regolarmente costituiti.

Il Presidente del Consiglio assicura un'adeguata e preventiva **informazione ai gruppi** consiliari ed ai singoli consiglieri sulle questioni sottoposte al Consiglio, pena l'intervento sostitutivo del Prefetto, previa diffida (art. 39 TUEL).

L'art. 125 TUEL prevede che, contestualmente all'affissione all'albo, le deliberazioni adottate dalla Giunta siano trasmesse in elenco ai capigruppo consiliari, e i relativi testi sono messi a disposizione dei consiglieri nelle forme stabilite dallo statuto o dal regolamento.

3.4.8 Scioglimento e sospensione del Consiglio

Scioglimento ordinario e casi di scioglimento straordinario

Lo **scioglimento naturale** del Consiglio si produce alla scadenza del mandato; il termine coincide con l'elezione dei nuovi Consigli, anche se la pubblicazione del decreto di indizione dei comizi elettorali li obbliga ad adottare solo gli *atti urgenti e improrogabili* (art. 38, co. 5, TUEL).

I casi di **scioglimento straordinario** del Consiglio sono diversi e tutti individuati specificamente nel TUEL. Gli articoli 52, 141, 143, 193, 247 e 262, infatti, riportano ipotesi nelle quali l'organo può essere sciolto con decreto del Presidente della Repubblica, su proposta del Ministro dell'Interno.

In particolare, il Consiglio è sciolto:

- quando compia *atti contrari alla Costituzione o per gravi e persistenti violazioni di legge, nonché per gravi motivi di ordine pubblico* (art. 141);
- quando *non possa essere assicurato il normale funzionamento degli organi e dei servizi* per (art. 141):
  - dimissioni, impedimento permanente, rimozione, decadenza, decesso del Sindaco;
  - cessazione dalla carica, per dimissioni contestuali, ovvero rese anche con atti separati purché contemporaneamente presentati al protocollo dell'ente, della metà più uno dei membri assegnati, non computando a tal fine il Sindaco;
  - riduzione dell'organo assembleare per impossibilità di surroga alla metà dei componenti il Consiglio;
- quando v'*è l'approvazione della mozione di sfiducia* nei confronti del Sindaco (art. 52);
- per *mancata approvazione del bilancio* nei termini di legge (art. 141), ipotesi cui è equiparata quella della *mancata adozione dei provvedimenti di riequilibrio* (art. 193).

In particolare, l'art. 141 prevede al co. 2 che, trascorso il termine entro il quale il **bilancio** deve essere approvato, senza che la Giunta abbia predisposto il relativo schema, l'organo regionale di controllo provveda alla nomina di un commissario che predisponga d'ufficio lo schema per sottoporlo al Consiglio. In tal caso, e comunque quando il Consiglio non abbia approvato nei termini di legge lo schema di bilancio predisposto dalla Giunta, l'organo regionale di controllo assegna al Consiglio, con lettera notificata ai singoli consiglieri, un termine non superiore a 20 giorni per l'approvazione. Decorso tale termine, l'organo di controllo si sostituisce, mediante apposito commissario, all'Amministrazione inadempiente.

Il provvedimento sostitutivo è comunicato al Prefetto, che inizia la procedura per lo scioglimento del Consiglio;

- per *mancata adozione degli strumenti urbanistici generali* da parte degli enti territoriali al di sopra dei 1.000 abitanti (art. 141).

  In particolare, scaduto il termine entro il quale gli **strumenti urbanistici** devono essere adottati, la Regione segnala al Prefetto gli enti inadempienti. Il Prefetto invita tali enti ad adempiere all'obbligo nel termine di 4 mesi. Dal canto loro, gli enti possono attivare gli interventi, anche sostitutivi, previsti dai loro statuti secondo criteri di neutralità, sussidiarietà e adeguatezza. Decorsi infruttuosamente i 4 mesi, il Prefetto inizia la procedura per lo scioglimento del Consiglio;

- per *omissione della deliberazione di dissesto finanziario* con conseguente intervento sostitutivo dell'organo regionale di controllo (art. 247);
- per *inosservanza dei termini* previsti dall'istruttoria per la formulazione del *bilancio riequilibrato* (art. 262).

Lo scioglimento, **su proposta del Ministro dell'Interno**, è disposto con **decreto del Capo dello Stato** (e con allegata la relazione ministeriale recante le motivazioni del provvedimento), pubblicato nella Gazzetta Ufficiale e comunicato immediatamente al Parlamento. Propedeutico allo scioglimento può essere il provvedimento di **sospensione** (*vedi* più avanti).

Con il decreto di scioglimento, inoltre, si provvede alla nomina di un **commissario**, che esercita le attribuzioni conferitegli con il decreto stesso. Nei soli casi di scioglimento dovuto a cessazione anticipata dalla carica del Sindaco e ad infiltrazioni e condizionamenti di tipo mafioso, si procede alla nomina di una **commissione straordinaria**.

Il rinnovo del Consiglio deve coincidere con il primo turno elettorale utile previsto dalla legge, ma i consiglieri cessati dalla carica per effetto dello scioglimento continuano ad esercitare, fino alla nomina dei successori, gli eventuali incarichi esterni.

Scioglimento per infiltrazione e condizionamento di tipo mafioso

L'art. 143 TUEL – interamente riformulato dalla L. 94/2009 – disciplina le specifiche ipotesi di scioglimento per infiltrazione e condizionamento di tipo mafioso, applicabile nei casi in cui emergano concreti, univoci e rilevanti elementi su:

- **collegamenti diretti o indiretti** con la criminalità organizzata di tipo mafioso o similare degli amministratori locali;
- **forme di condizionamento** degli amministratori locali, tali da determinare un'alterazione del procedimento di formazione della volontà degli organi elettivi ed amministrativi e da compromettere il buon andamento o l'imparzialità delle amministrazioni comunali e provinciali, nonché il regolare funzionamento dei servizi ad esse affidati, ovvero tali da arrecare grave e perdurante pregiudizio per lo stato della sicurezza pubblica.

Spetta al **Prefetto** disporre ogni opportuno accertamento – promuovendo di norma l'accesso presso l'ente interessato –, al fine di verificare la sussistenza di questi elementi, anche con riferimento al Segretario comunale o provinciale, al Direttore generale, ai dirigenti e ai dipendenti dell'ente locale.

I **poteri di accesso e di accertamento**, attribuiti al Prefetto per delega del Ministro dell'Interno, sono esercitati attraverso una **commissione d'indagine**, composta da 3 funzionari. La commissione deve condurre gli accertamenti e consegnare al Prefetto le proprie conclusioni entro 3

mesi dalla data di accesso. Il termine è rinnovabile, una volta soltanto, per un ulteriore periodo massimo di 3 mesi.
Entro il termine di 45 giorni dal deposito delle conclusioni, ovvero quando abbia comunque diversamente acquisito gli elementi, il Prefetto, sentito il **Comitato provinciale per l'ordine e la sicurezza pubblica**, integrato con la partecipazione del Procuratore della Repubblica territorialmente competente, invia al Ministro dell'Interno una relazione nella quale sono, altresì, indicati gli **appalti**, i **contratti** e i **servizi** interessati dai fenomeni di compromissione o interferenza con la criminalità organizzata o comunque connotati da condizionamenti o da una condotta antigiuridica.
Se dalla relazione prefettizia emergono concreti, univoci e rilevanti elementi su collegamenti fra singoli amministratori e la criminalità organizzata di tipo mafioso, il Ministro dell'Interno ne cura la trasmissione all'autorità giudiziaria competente per territorio, ai fini dell'applicazione delle misure di prevenzione previste dalla normativa di cui al D.Lgs. 159/2011 (*Codice antimafia*).
Se per i fatti oggetto degli accertamenti, o per eventi connessi, già pende procedimento penale, il Prefetto può richiedere preventivamente informazioni al Procuratore della Repubblica competente, il quale comunica tutte le informazioni che non ritiene debbano rimanere segrete per le esigenze del procedimento.

Lo scioglimento è **decretato dal Capo dello Stato**, su proposta del Ministro dell'Interno, previa deliberazione del Consiglio dei Ministri, entro 3 mesi dalla trasmissione della relazione prefettizia.
Al decreto di scioglimento, da pubblicare in Gazzetta ufficiale, sono allegati sia la **proposta ministeriale** che la **relazione prefettizia**, salvo decisione contraria del Consiglio dei Ministri che dispone di mantenere la riservatezza su talune parti di tali atti.
La **proposta ministeriale** deve indicare in modo analitico le anomalie riscontrate e i provvedimenti necessari per rimuovere tempestivamente gli effetti più gravi e pregiudizievoli per l'interesse pubblico, nonché gli amministratori ritenuti responsabili delle condotte che hanno dato causa allo scioglimento.
L'effetto immediato del provvedimento è la **cessazione dalla carica** di consigliere, di Sindaco e di ogni altro incarico comunque connesso alle cariche ricoperte, anche se diversamente disposto dalle leggi vigenti in materia di ordinamento e funzionamento degli organi predetti. Anche nei casi in cui non sia disposto lo scioglimento, il Ministro dell'Interno, su proposta del Prefetto, può adottare ogni provvedimento utile a far cessare immediatamente il pregiudizio in atto e ricondurre alla normalità la vita amministrativa dell'ente.
Il decreto di scioglimento conserva i suoi effetti per un **periodo da 12 a 18 mesi**. Questo periodo può essere eccezionalmente prorogato fino ad un massimo di 24 mesi, dandone comunicazione alle **Commissioni parlamentari competenti**, al fine di assicurare il regolare funzionamento dei servizi affidati alle Amministrazioni, nel rispetto dei principi di imparzialità e di buon andamento dell'azione amministrativa. L'eventuale provvedimento di proroga è adottato non oltre il cinquantesimo giorno antecedente alla data di scadenza della durata dello scioglimento stesso.
Le **elezioni degli organi sciolti** si svolgono in occasione del turno annuale ordinario. Qualora la scadenza del provvedimento cada nel secondo semestre dell'anno, le elezioni si svolgono in un turno straordinario da tenersi in una domenica compresa fra il 15 ottobre e il 15 dicembre.
Gli amministratori responsabili delle condotte che hanno dato causa allo scioglimento non possono essere candidati – qualora la loro **incandidabilità** sia dichiarata con

provvedimento definitivo – alle elezioni per la Camera dei deputati, per il Senato della Repubblica e per il Parlamento europeo, nonché alle elezioni regionali, provinciali, comunali e circoscrizionali, in relazione ai due turni elettorali successivi allo scioglimento.
Propedeutico allo scioglimento può essere, anche qui, il provvedimento di **sospensione** degli organi dalla carica ricoperta, nonché da ogni altro incarico ad essa connesso. Il provvedimento è adottato dal Prefetto, per motivi di urgente necessità, e per un periodo comunque **non superiore a 60 giorni**. In questo caso, contestualmente al provvedimento di sospensione, il Prefetto provvede all'invio di commissari per assicurare la provvisoria amministrazione dell'ente.
Se non sussistono i presupposti per lo scioglimento o l'adozione di altri provvedimenti, il Ministro dell'Interno, entro 3 mesi dalla trasmissione della relazione prefettizia, emana comunque un decreto di conclusione del procedimento in cui dà conto degli esiti dell'attività di accertamento.
Con il decreto di scioglimento è nominata una **commissione straordinaria** di tre membri per la gestione dell'ente, la quale esercita le attribuzioni che le sono conferite con il decreto stesso, rimanendo in carica fino allo svolgimento del primo turno elettorale utile. I commissari sono scelti fra funzionari dello Stato, in servizio o in quiescenza, e fra magistrati della giurisdizione ordinaria o amministrativa in quiescenza.
Per la composizione di queste commissioni, l'art. 32-*bis* D.L. 113/2018 prevede l'istituzione di un apposito nucleo composto da personale della carriera prefettizia, nell'ambito del quale sono individuati i commissari.

Se sono comunque rilevati **collegamenti o condizionamenti di tipo mafioso con riferimento a soggetti non amministratori** (Segretario comunale, Direttore generale, dirigenti o dipendenti a qualunque titolo dell'ente locale), il Ministro dell'Interno può con proprio decreto, su proposta del Prefetto, adottare ogni provvedimento utile a far cessare immediatamente il pregiudizio in atto e ricondurre alla normalità la vita amministrativa dell'ente. Tali misure possono comportare la sospensione dall'impiego del dipendente o la sua destinazione ad altro ufficio o altra mansione con obbligo di avvio del procedimento disciplinare da parte dell'autorità competente.

Sospensione del Consiglio

Il Prefetto ha la facoltà di **sospendere le attività del Consiglio** prima ancora che sia approvato il decreto di scioglimento. La sospensione può avere una durata massima di 90 (art. 141, co. 7, TUEL) o 60 giorni (per i soli casi di infiltrazione e di condizionamento di tipo mafioso, vale a dire quelle cui fa riferimento l'art. 143 TUEL).
I **presupposti** per poter attivare i poteri prefettizi di sospensione sono l'avvenuta *attivazione della procedura per lo scioglimento* e la presenza di motivi di *grave ed urgente necessità*.
Il decreto di sospensione del Prefetto provvede alla nomina di uno o più commissari (a seconda della motivazione che ha portato allo scioglimento) per la provvisoria amministrazione dell'ente.

3.5 Il Sindaco

3.5.1 Le competenze

La figura del Sindaco è stata enormemente valorizzata con la riforma del 1993 che ne ha disposto l'**elezione diretta** da parte del corpo elettorale, fornendogli una legittima-

zione popolare che in precedenza era molto più attenuata, dal momento che la carica era assunta solo in seguito all'elezione da parte del Consiglio comunale.
Attualmente il Sindaco costituisce il **vertice politico e amministrativo dell'ente Comune**, nonché suo elemento indefettibile; non a caso la sua cessazione dalla carica comporta lo scioglimento anche degli altri organi e impone una nuova consultazione elettorale. Se si tiene conto anche dei compiti che gli sono attribuiti direttamente dallo Stato nella sua qualità di ufficiale di governo, ne risulta una figura che, soprattutto nelle grandi realtà urbane, cumula in sé notevoli poteri.
Distintivo del *Sindaco è la fascia tricolore* con lo stemma della Repubblica e lo stemma del Comune, da portarsi a tracolla.

3.5.2 Le funzioni di indirizzo politico

Una volta eletto, entro il termine fissato dallo statuto comunale, il Sindaco è tenuto a **presentare al Consiglio le linee programmatiche relative alle azioni da intraprendere e ai progetti da realizzare** nel corso del mandato (art. 46, co. 3, TUEL).
Si tratta di un *atto generale di programmazione di lungo periodo* (quinquennale) che dovrebbe, nelle intenzioni del legislatore, essere il quadro di riferimento per i successivi atti di programmazione dell'ente locale (relazione previsionale e programmatica, bilancio annuale e pluriennale, programma opere pubbliche ecc.).
Sebbene l'atto sia proposto dal Sindaco, alla sua definizione, al suo adeguamento e alla sua verifica periodica, partecipa il Consiglio comunale, nelle forme stabilite dallo statuto comunale (art. 42, co. 3, TUEL). Il programma di mandato costituisce l'atto al quale tutti gli altri atti della programmazione ordinaria devono adeguarsi.

3.5.3 Le funzioni di gestione amministrativa

Quanto alla gestione amministrativa ordinaria dell'ente, il Sindaco provvede direttamente a svolgere, in particolare, le seguenti attribuzioni:

- nomina e revoca gli *assessori*, fra i quali un Vicesindaco (art. 46, co. 2 e 4, TUEL);
- nomina il *Segretario comunale* (art. 99, co. 1, TUEL) e lo revoca, previa deliberazione della Giunta, ammessa soltanto per violazione dei doveri d'ufficio (art. 100 TUEL);
- nomina e revoca il *Direttore generale*, per i Comuni con popolazione superiore a 100.000 abitanti (art. 108 TUEL, come modificato dall'art. 2, co. 186, lett. *d*), L. 191/2009);
- conferisce gli *incarichi dirigenziali* e nomina i *responsabili degli uffici e dei servizi* (art. 50, co. 10, TUEL);
- nomina i *rappresentanti* del Comune negli altri enti pubblici, fatti salvi i casi in cui la legge prevede che vi siano rappresentanti del Consiglio comunale dallo stesso eletti (art. 50, co. 8, TUEL);
- convoca e presiede la Giunta (art. 47, co. 1, TUEL) e, nei Comuni fino a 15.000 abitanti, ove non istituito il Presidente, il Consiglio comunale (art. 39, co. 3, TUEL), di cui comunque fa parte (art. 46, co. 1, TUEL);
- sovrintende allo svolgimento delle *funzioni amministrative* (art. 50, co. 2, TUEL);
- adotta le ordinanze urgenti in caso di *emergenza sanitaria o di igiene pubblica* (art. 50, co. 5, del TUEL);
- coordina gli *orari degli uffici*, dei *servizi* e degli *esercizi pubblici* (art. 50, co. 7, TUEL).

Il Sindaco esercita altresì le altre funzioni attribuitegli quale autorità locale nelle materie previste da specifiche disposizioni di legge.

3.5.4 Le attribuzioni quale ufficiale di Governo

Ai sensi dell'art. 54 TUEL, il Sindaco, **quale ufficiale del Governo** (nonché chi lo sostituisca), eventualmente dietro atti di indirizzo del Ministro dell'Interno, *sovrintende*:

> all'emanazione degli atti che gli sono attribuiti dalla legge e dai regolamenti in materia di *ordine e sicurezza pubblica*;
> allo svolgimento delle funzioni affidategli dalla legge in materia di *pubblica sicurezza* e di *polizia giudiziaria*;
> alla vigilanza su tutto quanto possa interessare la *sicurezza* e l'*ordine pubblico*, informandone preventivamente il Prefetto.

Il Sindaco, inoltre:

> nell'esercizio delle funzioni sopra citate, concorre ad assicurare anche la *cooperazione della polizia locale con le forze di polizia statali*, nell'ambito delle direttive di coordinamento impartite dal Ministro dell'Interno - Autorità nazionale di pubblica sicurezza;
> sovrintende alla tenuta dei *registri di stato civile e di popolazione* e agli adempimenti demandatigli dalle leggi in materia *elettorale*, di *leva militare* e di *statistica*, eventualmente anche con delega al presidente del Consiglio circoscrizionale o, in sua mancanza, a un consigliere comunale;
> adotta con atto motivato provvedimenti, anche contingibili e urgenti nel rispetto dei principi generali dell'ordinamento, al fine di prevenire e di eliminare gravi pericoli che minacciano l'*incolumità pubblica* e la *sicurezza urbana* (provvedimenti preventivamente comunicati al Prefetto anche ai fini della predisposizione degli strumenti ritenuti necessari alla loro attuazione).

In tutti i casi indicati dall'art. 54, in **ipotesi di inerzia** del Sindaco o del suo delegato nell'esercizio delle funzioni quale suo sostituto, il **Prefetto** può intervenire con proprio provvedimento.

Qualora i provvedimenti adottati dai Sindaci comportino **conseguenze** sull'ordinata convivenza delle popolazioni dei **Comuni contigui o limitrofi**, il Prefetto indice un'**apposita conferenza** alla quale prendono parte i Sindaci interessati, il Presidente della Provincia e, qualora ritenuto opportuno, soggetti pubblici e privati dell'ambito territoriale interessato dall'intervento.

Il Sindaco segnala alle competenti autorità, giudiziaria o di pubblica sicurezza, la **condizione irregolare dello straniero** o del cittadino appartenente ad uno Stato membro dell'Unione europea, per l'eventuale adozione di provvedimenti di espulsione o di allontanamento dal territorio dello Stato.

In casi di **emergenza**, connessi con il traffico o con l'inquinamento atmosferico o acustico, ovvero quando a causa di circostanze straordinarie si verifichino particolari necessità dell'utenza o per motivi di sicurezza urbana, il Sindaco può modificare gli orari degli esercizi commerciali, dei pubblici esercizi e dei servizi pubblici, nonché, d'intesa con i responsabili territorialmente competenti delle Amministrazioni interessate, gli orari di apertura al pubblico degli uffici pubblici localizzati nel territorio, adottando i provvedimenti anche contingibili e urgenti (ordinanze) e, se i destinatari non ottemperano all'ordine impartito, il Sindaco può provvedere d'ufficio a loro spese, senza pregiudizio dell'azione penale per i reati in cui siano incorsi.

Nell'ambito delle funzioni di cui sopra, il **Prefetto può disporre ispezioni** per accertare il regolare svolgimento dei compiti affidati, nonché per l'acquisizione di dati e notizie interessanti altri servizi di carattere generale.

3.5.5 Il potere di ordinanza del Sindaco

Gli artt. 50 e 54 TUEL attribuiscono al Sindaco (o al Vicesindaco, in caso di sostituzione) un ampio potere di emanare ordinanze per la gestione di emergenze locali. Le due disposizioni differiscono sotto i seguenti aspetti:

- nell'art. 50 si fa riferimento ad un ambito circoscritto e più delimitato, quale la **sanità** e l'**igiene pubblica** e le attribuzioni del Sindaco derivano dall'esercizio delle sue funzioni come vertice dell'Amministrazione comunale;
- nell'art. 54 si fa riferimento ad un'ipotesi più generica, ossia a tutte quelle situazioni in cui sia necessario tutelare l'**incolumità** e garantire la **sicurezza dei cittadini**; in questi casi le attribuzioni sindacali derivano dall'esercizio delle sue funzioni in qualità di ufficiale del Governo.

Il potere di ordinanza dei Sindaci è stato individuato negli ultimi anni come lo strumento più efficace per contrastare fenomeni di degrado ambientale e di microcriminalità, soprattutto nelle realtà maggiormente urbanizzate, come testimoniano le varie modifiche apportate agli artt. 50 e 54, da ultimo quelle introdotte con la L. 132/2018, di conversione del D.L. 113/2018 (decreto sicurezza).

In particolare, per quanto riguarda le **ordinanze *ex* art. 50, co. 5, D.Lgs. 267/2000** è stato aggiunto un periodo con il quale si specifica che il Sindaco può adottare ordinanze contingibili e urgenti in caso di emergenze sanitarie o di igiene anche per "superare situazioni di grave incuria o degrado del territorio, dell'ambiente e del patrimonio culturale o di pregiudizio del decoro e della vivibilità urbana, con particolare riferimento alle esigenze di tutela della tranquillità e del riposo dei residenti, intervenendo in materia di orari di vendita, anche per asporto, e di somministrazione di bevande alcoliche e superalcoliche".

Negli altri casi l'adozione dei provvedimenti d'urgenza, ivi compresa la costituzione di centri e organismi di referenza o assistenza, spetta allo Stato o alle Regioni in ragione della dimensione dell'emergenza e dell'eventuale interessamento di più ambiti territoriali regionali.

Qualora l'emergenza interessi il territorio di più Comuni, ogni Sindaco adotta le misure necessarie fino a quando non intervengano i soggetti competenti (Regioni o Stato).

Con **ordinanza non contingibile e urgente**, invece, il Sindaco può intervenire (art. 50, co. 7-*bis*, D.Lgs. 267/2000) al fine di assicurare il soddisfacimento delle esigenze di tutela della tranquillità e del riposo dei residenti nonché dell'ambiente e del patrimonio culturale in determinate aree delle città interessate da afflusso particolarmente rilevante di persone, anche in relazione allo svolgimento di specifici eventi, o in altre aree comunque interessate da fenomeni di aggregazione notturna. In questi casi, il Sindaco è tenuto al rispetto dell'art. 7 L. 241/1990 (che disciplina la procedura di comunicazione di avvio del procedimento) e può disporre, per un periodo non superiore a 30 giorni, limitazioni in materia di orari di vendita, anche per asporto, e di somministrazione di bevande alcoliche e superalcoliche, nonché limitazioni degli orari di vendita degli esercizi del settore alimentare o misto, e delle attività artigianali

di produzione e vendita di prodotti di gastronomia pronti per il consumo immediato e di erogazione di alimenti e bevande attraverso distributori automatici.
L'inosservanza di queste ordinanze è sanzionata con pene pecuniarie e ancor più gravemente (sospensione dell'attività per un massimo di 15 giorni) in caso di recidiva.
Con riguardo, invece, alle **ordinanze *ex* art. 54 D.Lgs. 267/2000**, si specifica che:

- quelle concernenti l'*incolumità pubblica* sono dirette a tutelare l'integrità fisica della popolazione;
- quelle concernenti la *sicurezza urbana* sono dirette a prevenire e contrastare l'insorgere di fenomeni criminosi o di illegalità, quali lo spaccio di stupefacenti, lo sfruttamento della prostituzione, la tratta di persone, l'accattonaggio con impiego di minori e disabili, ovvero riguardano fenomeni di abusivismo, quale l'illecita occupazione di spazi pubblici, o di violenza, anche legati all'abuso di alcool o all'uso di sostanze stupefacenti.

I provvedimenti sono preventivamente comunicati al Prefetto anche ai fini della predisposizione degli strumenti ritenuti necessari alla loro attuazione. Il co. 9 dell'art. 54 precisa, infatti, che spetta all'autorità prefettizia disporre le misure adeguate per assicurare il concorso delle forze di polizia per eseguire le ordinanze.
Se l'ordinanza è rivolta a persone determinate e queste non ottemperano all'ordine impartito, il Sindaco può provvedere d'ufficio a spese degli interessati, senza pregiudizio dell'azione penale per i reati in cui siano incorsi.

3.5.6 Vicende della carica

Elezione e nomina della Giunta

L'art. 46 TUEL stabilisce che il Sindaco è eletto dai cittadini a **suffragio universale e diretto** secondo le disposizioni dettate dalla legge ed è membro del Consiglio comunale.
Il Sindaco nomina i componenti della Giunta, fra cui un **Vicesindaco**, dandone comunicazione al Consiglio nella prima seduta successiva all'elezione; anche per la revoca di uno o più assessori deve fornire motivata comunicazione al Consiglio.

Limite di mandati consecutivi

Il Sindaco, così come il Consiglio, **dura in carica per un periodo di 5 anni**. L'art. 51, commi 2 e 3, TUEL (così come modificato dalla legge approvata il 5 aprile 2022), prevede la non ricandidabilità del Sindaco che abbia svolto **due mandati consecutivi**.

Prima di tale modifica, i sindaci, che avessero svolto un **numero di mandati consecutivi superiore al limite previsto**, erano considerati, ai sensi dell'art. 52 Tuel, **non rieleggibili.** L'intervento normativo sul predetto articolo, determina conseguenze procedurali rilevanti, tenuto conto che l'*incandidabilità* è rilevabile dalla commissione elettorale, a differenza di quanto accade nel caso di *ineleggibilità.*

Il divieto non opera nell'ipotesi in cui uno dei due mandati precedenti ha avuto durata inferiore a 2 anni, 6 mesi e un giorno, per causa diversa dalle dimissioni volontarie.
Il limite del doppio mandato, a seguito della legge approvata il 5 aprile 2022, non si applica ai **Comuni con popolazione fino a 5.000 abitanti**: dunque, tale possibilità non è più circoscritta ai Sindaci dei Comuni fino a 3000 abitanti, come in precedenza previsto dall'art. 1, co. 138, L. 56/2014, che viene pertanto abrogato.

Cessazione dalla carica

Il Sindaco cessa dalla carica in tutte le ipotesi di scioglimento del Consiglio comunale. Esistono, tuttavia delle cause di decadenza dalla carica legate direttamente alla figura del Sindaco. In particolare, il TUEL contempla le seguenti ipotesi:

- **impedimento permanente, rimozione, decadenza o decesso** (art. 53, co. 2). Tali eventi comportano la decadenza della Giunta e lo scioglimento del Consiglio anche se i due organi rimangono in carica sino all'elezione del nuovo Consiglio e del nuovo Sindaco. Le funzioni di quest'ultimo, fino alla data delle nuove elezioni, sono esercitate dal Vicesindaco, soggetto che svolge anche un ruolo di supplenza per assenza, impedimento temporaneo, nonché nel caso di sospensione dall'esercizio della funzione per una delle cause contemplate dall'art. 11 D.Lgs. 235/2012;
- **dimissioni**. Diventano efficaci e irrevocabili trascorso il termine di 20 giorni dalla loro presentazione al Consiglio da parte del Sindaco. Non opera la supplenza del Vicesindaco ma si procede allo scioglimento del Consiglio con contestuale nomina di un commissario (art. 53, co. 3). Le dimissioni non sono dovute nel caso di voto del Consiglio comunale contrario ad una proposta del Sindaco o della Giunta;
- approvazione di una **mozione di sfiducia** da parte del Consiglio. Secondo quanto stabilito dall'art. 52 TUEL, il Sindaco cessa dalla carica in caso di approvazione di una *mozione di sfiducia votata per appello nominale dalla maggioranza assoluta dei componenti il Consiglio.*

La mozione di sfiducia deve essere motivata e sottoscritta da almeno 2/5 dei consiglieri assegnati, senza computare a tal fine il Sindaco, e viene messa in discussione non prima di 10 giorni e non oltre 30 giorni dalla sua presentazione. Se è approvata, si procede allo scioglimento del Consiglio e alla nomina di un commissario. Trova applicazione in questo caso il principio *simul stabunt simul cadent*, che impone la contestuale decadenza degli organi di governo dell'ente nel caso di approvazione di una mozione di sfiducia.

3.6 La Giunta

3.6.1 Le competenze

La Giunta è un *organo collegiale* e ha una **competenza di carattere residuale**. L'art. 48 TUEL, infatti, le attribuisce il compito di adottare tutti gli atti rientranti nelle funzioni degli organi di governo, precisando subito dopo che sono esclusi quelli riservati dalla legge al Consiglio e che non ricadono nelle competenze, previste dalle leggi o dallo statuto, del Sindaco o degli organi di decentramento.

Si possono comunque individuare, dalla lettura dell'art. 48, le attività principali di quest'organo, il quale:

- collabora con il Sindaco nel **governo del Comune** e nell'**attuazione degli indirizzi generali** del Consiglio;
- riferisce annualmente al Consiglio sulla propria attività e svolge **azioni propositive e di impulso** nei confronti dello stesso;
- adotta i **regolamenti sull'ordinamento degli uffici e dei servizi**, nel rispetto dei criteri generali stabiliti dal Consiglio.

L'art. 49 TUEL dispone che su ogni proposta di deliberazione sottoposta alla Giunta e al Consiglio, che non sia mero atto di indirizzo, deve essere richiesto, in ordine alla sola regolarità tecnica, il **parere del responsabile del servizio interessato** (che risponde in via ammi-

nistrativa e contabile dei pareri espressi) e, qualora comporti riflessi diretti e indiretti sulla situazione economico-finanziaria o sul patrimonio dell'ente, **del responsabile di ragioneria** in ordine alla regolarità contabile. I pareri sono poi inseriti nella deliberazione.
Nel caso in cui l'ente non abbia i responsabili dei servizi, il parere è espresso dal segretario dell'ente, in relazione alle sue competenze.
I soggetti che rendono tali pareri obbligatori devono, poi, risponderne in via amministrativa e contabile. Nell'ipotesi in cui la Giunta o il Consiglio non intendano conformarsi ai suddetti pareri, devono darne adeguata motivazione nel testo della deliberazione.

3.6.2 La composizione

La **nomina dei componenti della Giunta**, fra cui un Vicepresidente, **spetta al Sindaco**, il quale deve darne comunicazione al Consiglio nella prima seduta successiva all'elezione (art. 46 TUEL).
La Giunta è formata dal Sindaco e da un numero di assessori che in teoria spetta allo statuto dell'ente determinare in una misura non superiore ad un quarto del numero dei consiglieri comunali. In realtà, nella materia, il legislatore nazionale è intervenuto più volte, come per il numero dei consiglieri, lasciando minimi spazi di autonomia ai Comuni. Tutto ciò sempre nell'ottica di procedere ad un contenimento delle spese degli enti locali.

La prima modifica è intervenuta nel 2010 e in quell'occasione si stabilì che il numero degli assessori dovesse essere pari ad un quarto (e non un terzo come originariamente previsto dal TUEL) dei consiglieri. Altri correttivi sono stati apportati dall'art. 16, co. 17, D.L. 138/2011 (conv. in L. 148/2011), che inizialmente sopprimeva del tutto quest'organo nei Comuni fino a 1.000 abitanti. La L. 56/2014 ha introdotto altre modifiche, stabilendo direttamente il numero massimo di assessori nei Comuni fino a 10.000 abitanti.

Sintetizzando le variazioni intervenute nel tempo, l'attuale composizione della Giunta comunale è quella riportata nella seguente tabella. È da segnalare che, nel rispetto dell'autonomia statutaria prevista dal TUEL, il numero di consiglieri indicato è quello massimo; ciascun ente può stabilire un numero diverso, purché inferiore.

Numero dei consiglieri comunali dopo la legge Delrio	
• Comuni con popolazione **fino a 3.000** abitanti	• 2 assessori
• Comuni con popolazione **superiore a 3.000 e fino a 10.000** abitanti	• 4 assessori
• Comuni con popolazione **superiore a 10.000 e fino a 30.000** abitanti	• 5 assessori
• Comuni con popolazione **superiore a 30.000 e fino a 100.000** abitanti	• 7 assessori
• Comuni con popolazione **superiore a 100.000 e fino a 250.000** abitanti (o che, pur avendo popolazione inferiore, sono capoluoghi di Provincia)	• 9 assessori
• Comuni con popolazione **superiore a 250.000 e fino a 500.000** abitanti	• 10 assessori
• Comuni con popolazione **superiore a 500.000 e fino a 1.000.000** di abitanti	• 11 assessori
• Comuni con popolazione **superiore a 1.000.000** di abitanti	• 12 assessori

Con riferimento ai **soggetti che possono ricoprire la carica**, il TUEL distingue fra (art. 47, commi 3 e 4):

> **Comuni con popolazione superiore a 15.000 abitanti**. Gli assessori sono individuati anche al di fuori dei componenti del Consiglio, fra i cittadini in possesso dei requisiti di candidabilità, eleggibilità e compatibilità alla carica di consigliere. Qualora la scelta del Sindaco ricada su membri del Consiglio, questi sono tenuti a dimettersi, stante l'assoluta incompatibilità fra la carica di consigliere e quella di assessore (art. 64, co. 1);

> **Comuni con popolazione inferiore a 15.000 abitanti**. In questi casi non esiste incompatibilità dal momento che la regola indicata dal Testo unico è quella di scegliere gli assessori fra i componenti del Consiglio. A tale disposizione può derogare lo statuto laddove può prevedere la nomina ad assessore di cittadini non facenti parte del Consiglio ed in possesso dei requisiti di candidabilità, eleggibilità e compatibilità alla carica di consigliere.

Non possono far parte della Giunta, né essere nominati rappresentanti del Comune, il coniuge, gli ascendenti, i discendenti, i parenti e gli affini entro il terzo grado del Sindaco (art. 64, co. 4).

3.6.3 La rappresentanza di genere

Il TUEL prevede che gli statuti comunali stabiliscano norme per assicurare condizioni di pari opportunità fra uomo e donna per **garantire la presenza di entrambi i sessi nelle Giunte** (art. 6, co. 3). Nel rispetto del principio di pari opportunità, il Sindaco nomina i componenti della Giunta garantendo la presenza di entrambi i sessi (art. 46, co. 2). Una percentuale specifica è stata introdotta con la legge Delrio (L. 56/2014) applicabile, però, solo nei Comuni con più di 3.000 abitanti.

Attualmente, quindi, la legislazione nazionale prevede che:

> nelle Giunte dei Comuni con **popolazione superiore a 3.000 abitanti** nessuno dei due sessi può essere rappresentato in misura inferiore al **40 per cento**, con arrotondamento aritmetico (art. 1, co. 137, L. 56/2014);

> per le Giunte dei Comuni con **popolazione fino a 3.000 abitanti** non sono fissati limiti precisi, ma solo disposizioni di principio. Secondo la prevalente giurisprudenza amministrativa, tuttavia, le norme dettate dagli artt. 6, 46 e 47 TUEL non devono essere considerate di valore programmatico ma *precettive*; ciò anche nel rispetto dell'art. 51 Cost., che sancisce proprio il principio generale delle pari opportunità.

Al riguardo, il Ministero dell'Interno, con circolare del 24 aprile 2014 del Dipartimento Affari interni e territoriali, ha chiarito che, in base al principio generale secondo il quale nelle ipotesi in cui l'ordinamento non ha inteso annoverare il Sindaco nel *quorum* richiesto lo ha espressamente indicato usando la formula "senza computare a tal fine il Sindaco" e secondo prevalente giurisprudenza, si è indotti a ritenere che sia legittimo includere nel calcolo degli assessori anche il Sindaco, a garanzia della rappresentanza di genere.

Per completezza, si precisa che occorre lo svolgimento, da parte del Sindaco, di una preventiva e necessaria attività istruttoria preordinata ad acquisire la disponibilità allo svolgimento delle funzioni assessorili da parte di persone di entrambi i generi. Laddove non sia possibile, occorre un'adeguata motivazione sulle ragioni della mancata applicazione del principio di pari opportunità.

Nel caso in cui lo statuto comunale non preveda la figura dell'assessore esterno e il Consiglio comunale sia composto da una rappresentanza di un unico genere, per la piena attuazione del citato principio di pari opportunità si dovrà procedere alle opportune modifiche statutarie che, comunque, sono rimesse all'autonoma valutazione dell'ente.

3.6.4 Il Vicesindaco

La particolare figura del Vicesindaco è stata introdotta dall'art. 16, co. 2, L. 81/1993, in luogo dell'assessore "effettivo" delegato a sostituire il Sindaco in caso di bisogno (ex art. 67, co. 1, R.D. 297/1911).

Oltre alle proprie ordinarie attribuzioni di assessore, eventualmente delegato dal Sindaco per talune materie o atti, il Vicesindaco è chiamato dalla legge (art. 53, co. 1 e 2, TUEL) a svolgere le **funzioni vicarie** in una serie di ipotesi che sia la dottrina che lo stesso Consiglio di Stato tiene distinte fra loro.

Dunque, due sono le fattispecie di sostituzione (entrambe contemplate dall'art. 53 citato):

> la **supplenza temporanea**, in tutte le ipotesi in cui il Sindaco può rientrare in carica al cessare dei motivi che hanno determinato la sospensione o il momentaneo impedimento. Essa si verifica quando il titolare della carica si ritrova in una delle seguenti condizioni:
  - seppure presente è *occupato* nell'esercizio di *altre funzioni* d'istituto (impedimento temporaneo materiale) o versi in una situazione di astensione obbligatoria nei confronti di un atto (impedimento temporaneo giuridico);
  - è *materialmente assente* per una qualsiasi ragione (es. ammalato, in ferie ecc.);
  - è *sospeso* dalle funzioni ai sensi dell'art. 59. Quest'ultima ipotesi si discosta in parte dalle altre, in quanto la durata della sospensione può non essere breve e si tratta non di mero e occasionale impedimento di fatto ma di interdizione giuridica;

> la **reggenza continuativa**, che comporta la sostituzione non temporanea nello svolgimento delle funzioni del Sindaco. Si concretizza tale ipotesi quando la carica di capo dell'amministrazione risulta vacante per *impedimento permanente, rimozione, decadenza o decesso* del Sindaco ed è caratterizzata per la sua *straordinarietà e temporaneità*, perché lo stesso evento (la cessazione anticipata del Sindaco) che ne cagiona la comparsa, determina la decadenza del Consiglio e della Giunta, mantenuti provvisoriamente in carica sino alle nuove elezioni in regime di *prorogatio*. Spetta, invece, al *commissario straordinario* la gestione temporanea dell'ente nel caso in cui la cessazione dalla carica del Sindaco derivi dalle sue dimissioni o dall'approvazione, da parte del Consiglio, di una mozione di sfiducia nei suoi confronti.

La sostituzione e l'assunzione delle funzioni vicarie da parte del Vicesindaco avvengono in maniera automatica al verificarsi di uno qualsiasi degli eventi tassativamente previsti, senza bisogno di alcun altro provvedimento oltre il mero atto di nomina, che rileva come strumento per l'individuazione del soggetto, cui l'ordinamento attribuisce quei determinati poteri.

Tale modalità di attribuzione diretta di funzioni si diversifica in modo evidente tanto dalla delega interorganica quanto dalla delega della firma e da quella interna. In tutti questi istituti, infatti, l'esercizio del potere trae legittimazione da un atto formale del soggetto, che ne è titolare esclusivo, in sostituzione del quale il delegato agisce. Si è in presenza, come è evidente, di attribuzioni disposte *intuitu personae*, che sono destinate a divenire inoperanti, oltre che con la revoca, con la cessazione dalla carica del soggetto che le ha conferite, il delegante appunto. E proprio per questo potere attribuito al Vicesindaco direttamente dalla normativa vigente è necessario che il sostituto espliciti nell'atto amministrativo, o di altro genere, adottato in via sostitutiva, il titolo (assenza, impedimento ecc.) che legittimi l'esercizio della potestà vicaria.

3.6.5 Status degli assessori

Non esistono definizioni esatte delle **competenze** degli assessori, in quanto l'art. 47 TUEL stabilisce quali sono i compiti della Giunta. Posto che il Sindaco delega le competenze agli assessori come ritiene funzionale al programma elettorale, ogni Comune potrà avere assessorati diversi in funzione anche alle caratteristiche proprie dell'ente da amministrare. Inoltre, la Giunta è un organo collegiale e la responsabilità delle decisioni adottate è, di fatto, anch'essa collegiale, indipendentemente dalle competenze di ciascun assessore.

La **nomina e** la **revoca** degli assessori sono atti propri del Sindaco e sono altamente discrezionali, sottoposti all'unica formalità della mera comunicazione al Consiglio. In merito, poi, alla **cessazione dalla carica** di assessore, essa può aversi per *dimissioni, decadenza, scioglimento dell'ente* o *revoca*.

Quest'ultima ipotesi è prevista dall'art. 46, co. 4, TUEL, secondo il quale il Sindaco può *revocare* uno o più assessori dandone motivata comunicazione al Consiglio; a differenza della nomina, che va semplicemente comunicata, la revoca deve essere adeguatamente motivata.

La facoltà di revoca sottolinea lo stretto rapporto fiduciario che intercorre fra il Sindaco e il singolo assessore, la cui durata in carica può essere interrotta dall'adozione di un atto ampiamente discrezionale della figura di vertice dell'ente.

3.7 La legge sui piccoli Comuni

Con la L. 6-11-2017, n. 158 sono state varate **misure economiche** per il *sostegno* e la *valorizzazione* dei **piccoli Comuni**, nonché per la *riqualificazione* e il *recupero* dei relativi **centri storici**.

Scopo dichiarato della normativa è:

- favorire il sostenibile *sviluppo economico, sociale, ambientale* e *culturale* dei piccoli Comuni;
- promuovere l'*equilibrio demografico* del Paese, favorendo la *residenza* in tali Comuni,
- tutelare e valorizzare il loro *patrimonio naturale, rurale, storico-culturale* e *architettonico*.

Agli effetti della legge, si intendono per «piccoli Comuni» quelli con **popolazione residente fino a 5.000 abitanti**, nonché quelli istituiti a seguito di **fusione fra Comuni aventi ciascuno popolazione fino a 5.000 abitanti**.

I finanziamenti sono destinati non solo al rilancio economico di queste realtà, ma anche a contrastarne lo spopolamento. I Comuni, per poterne beneficiare, devono essere collocati in aree interessate da fenomeni di dissesto idrogeologico, di decremento demografico, disagio insediativo, inadeguatezza dei servizi sociali essenziali.

La definizione dei parametri per la determinazione delle tipologie dei piccoli Comuni che possono beneficiare dei finanziamenti previsti dalla L. 158/2017 è contenuta nel D.M. 10-8-2020.

In particolare, la **concessione dei finanziamenti** è prevista per le seguenti **tipologie** di Comuni (art. 1, co. 2):

a) collocati in aree interessate da fenomeni di *dissesto idrogeologico*;

b) caratterizzati da *marcata arretratezza economica*;

c) nei quali si è verificato un significativo *decremento della popolazione residente* rispetto al censimento generale della popolazione effettuato nel 1981;

d) caratterizzati da *condizioni di disagio insediativo*, sulla base di specifici parametri definiti in base all'indice di vecchiaia, alla percentuale di occupati rispetto alla popolazione residente e all'indice di ruralità;

e) caratterizzati da *inadeguatezza dei servizi sociali essenziali*;

f) ubicati in aree contrassegnate da *difficoltà di comunicazione* e dalla *lontananza dai grandi centri urbani*;

g) la cui popolazione residente presenta una *densità non superiore a 80 abitanti per chilometro quadrato*;

h) comprendenti frazioni con le caratteristiche di cui alle lettere *a*), *b*), *c*), *d*), *f*) o *g*); in tal caso, i finanziamenti sono destinati ad interventi da realizzare esclusivamente nel territorio delle medesime frazioni;

i) appartenenti alle *Unioni di Comuni montani* o Comuni che comunque esercitano obbligatoriamente in forma associata le funzioni fondamentali (per effetto della sentenza n. 33/2019 della Corte costituzionale, i Comuni di piccole dimensioni possono essere esonerati dall'obbligo della forma associata quando questa risulta inidonea a realizzare economie di scala o miglioramenti nell'erogazione dei servizi alle popolazioni di riferimento: *vedi*, sul punto, Cap. 9, par. 9.7);

l) con territorio compreso totalmente o parzialmente nel perimetro di un *parco nazionale*, di un *parco regionale* o di un'*area protetta*;

m) istituiti a seguito di *fusione*;

n) rientranti nelle *aree periferiche e ultraperiferiche*, come individuate nella strategia nazionale per lo sviluppo delle aree interne del Paese.

L'utilizzo delle risorse è disciplinato attraverso la predisposizione di un **Piano nazionale di riqualificazione dei piccoli Comuni**.

Sono finanziati, ai sensi della legge, sia interventi di **recupero** che di **riqualificazione**. In particolare, l'art. 4 reca disposizioni per il recupero e la riqualificazione dei centri storici, l'art. 5 per il contrasto all'abbandono degli immobili (edifici e terreni), l'art. 6 per l'acquisizione di case cantoniere e stazioni ferroviarie disabilitate e l'art. 7 per il recupero dei beni culturali, storici, artistici e librari degli enti religiosi.

All'interno dei **centri storici**, possono essere individuate zone di particolare pregio per la tutela dei beni architettonici e culturali, da riqualificare mediante *interventi integrati pubblici e privati* finalizzati alla riqualificazione urbana, nel rispetto delle tipologie strutturali originarie. Nei **borghi antichi** o nei **centri storici abbandonati o parzialmente spopolati**, i Comuni possono promuovere la realizzazione di *alberghi diffusi*.

Al fine di contrastare l'abbandono di **terreni ed edifici**, la legge ne prevede la possibilità di acquisizione e riqualificazione da parte dei Comuni (art. 5), che possono acquisire anche **case cantoniere e stazioni ferroviarie non più utilizzate**, per destinarle a presidi di protezione civile o sedi di promozione di prodotti tipici locali, nonché acquisire i **sedimi ferroviari dismessi** per destinarli alla realizzazione di piste ciclabili e percorsi connessi alla rete ferroviaria storica (art. 6).

Convenzioni con le **diocesi della Chiesa cattolica** – e con le rappresentanze delle **altre confessioni religiose** che abbiano stipulato Intese con lo Stato italiano – possono essere concordate dai Comuni per salvaguardare e recuperare **beni** (culturali, storici, artistici e librari) **degli enti ecclesiastici** o degli enti delle confessioni religiose civilmente riconosciuti (art. 7).

Altre misure riguardano:

- la diffusione delle **infrastrutture in banda ultralarga.** Le aree rispetto alle quali non v'è interesse, da parte degli operatori, a realizzare reti di connessione veloce e ultraveloce potranno essere destinatarie delle risorse previste in attuazione del Piano per la banda ultralarga. Inoltre, i progetti informatici riguardanti i piccoli Comuni hanno la precedenza nell'accesso ai finanziamenti pubblici previsti dalla normativa vigente per la realizzazione dei programmi di e-government (art. 8);
- l'utilizzo dei **servizi postali per l'effettuazione di pagamenti.** Al fine di favorire il pagamento di imposte, tasse e tributi, nonché dei corrispettivi dell'erogazione di acqua, energia, gas e di ogni altro servizio di pubblica utilità, può essere utilizzata la rete telematica gestita dai concessionari dell'Agenzia delle dogane e dei monopoli, previa convenzione con gli stessi concessionari (art. 9);
- la **diffusione della stampa quotidiana**, che dovrà essere assicurata da apposita intesa fra il Governo, l'Associazione nazionale dei Comuni italiani (ANCI), la Federazione italiana editori giornali e i rappresentanti delle agenzie di distribuzione (art. 10);
- il consumo e la commercializzazione dei **prodotti agricoli e alimentari provenienti da filiera corta o a chilometro utile**, che possono essere promossi anche in forma associata e allo scopo di accrescere la sostenibilità ambientale del consumo dei prodotti agricoli e alimentari. L'utilizzo di tali prodotti costituisce titolo preferenziale per l'aggiudicazione nei bandi di gara per la fornitura di servizi legati alla ristorazione collettiva. Aree specifiche, inoltre, possono essere destinate alla realizzazione dei mercati agricoli per la vendita diretta (artt. 11 e 12).

Specifiche disposizioni riguardano i **servizi di trasporto e istruzione** e la **promozione cinematografica**, anche quale strumento di valorizzazione turistica.

3.8 Il decentramento comunale

3.8.1 Le circoscrizioni

Le circoscrizioni di decentramento comunale, spesso indicate più semplicemente come *circoscrizioni comunali*, sono **organismi di partecipazione, consultazione e gestione dei servizi di base, nonché di esercizio delle funzioni delegate dal Comune.** La loro disciplina originaria era contenuta nella L. 278/1976, provvedimento successivamente abrogato; attualmente sono regolamentate dall'art. 17 TUEL, anche se le disposizioni relative al limite demografico devono intendersi superate da quanto disposto dall'art. 2, co. 186, lett. *b*), L. 191/2009.

In base all'ultimo provvedimento citato, le circoscrizioni comunali *possono* essere istituite (quindi è facoltativo e non obbligatorio) **solo nei Comuni di maggiori dimensioni**, vale a dire quelli con **popolazione superiore a 250.000 abitanti**.

L'art. 17, co. 1, TUEL (mai esplicitamente modificato, anche se da considerarsi parzialmente inapplicabile stante le successive norme) prevedeva un *obbligo* per i Comuni con oltre 250 mila abitanti di istituire circoscrizioni comunali e una *facoltà* per i Comuni con popolazione tra 100 mila e 250 mila abitanti (con una popolazione media compresa nelle circoscrizioni non inferiore a 30.000 abitanti).

L'iniziale formulazione dell'art. 2, co. 186, lett. *b*), L. 191/2009 (legge finanziaria per il 2010) imponeva la totale soppressione delle circoscrizioni; i successivi correttivi apportati dal D.L. 2/2010 (conv. dalla L. 42/2010) hanno in parte mitigato la disposizione, contemplando l'abolizione delle circoscrizioni solo nei Comuni fino a 250 mila abitanti e attribuendo ai Comuni con popolazione superiore la *facoltà* di istituirle o meno.

Le realtà metropolitane di maggiori dimensioni hanno tutte previsto l'istituzione di circoscrizioni comunali anche se la denominazione attribuita può essere diversa: a Roma, Milano, Genova e Bari sono indicate come *Municipi* (da non confondere con i Municipi istituiti in seguito alla fusione di Comuni), a Napoli e Venezia si parla di *Municipalità*, a Bologna e Firenze sono denominate *Quartieri* mentre in altre realtà mantengono il nome di *circoscrizioni*.
Spetta allo statuto comunale, e a un apposito regolamento, il compito di individuare l'organizzazione, le funzioni e le modalità di elezione degli organi rappresentativi, i quali hanno il compito di rappresentare le esigenze della popolazione delle circoscrizioni nell'ambito dell'unità del Comune (art. 17, co. 2 e 4, TUEL).
Nella generalità dei casi sono previsti un **Presidente** e un **Consiglio di circoscrizione**. L'art. 17, co. 5, TUEL consente ai **Comuni con popolazione superiore a 300.000 abitanti** di prevedere nello statuto particolari e più accentuate forme di decentramento di funzioni e di autonomia organizzativa e funzionale. La legge prevede che, nel caso siano costituiti tali nuovi soggetti, nello statuto se ne debbano disciplinare funzioni, livello di autonomia, organi (competenze, disciplina, formazione, *status* dei componenti), e con delibera comunale la revisione dell'estensione territoriale delle preesistenti circoscrizioni. In tali casi dottrina accreditata definisce dette circoscrizioni *ad autonomia differenziata* (Barusso).

3.8.2 I Municipi

La figura del Municipio, già istituita dalla L. 142/1990, era stata rivisitata dalla L. 265/1999 nell'intento di superarne il fallimento registrato sino ad allora nelle realtà comunali.
L'art. 16 TUEL stabilisce che nei Comuni istituiti mediante **fusione di due o più Comuni contigui** lo statuto comunale può prevedere l'istituzione di Municipi nei territori delle comunità di origine o di alcune di esse.
Lo statuto e il regolamento disciplinano l'organizzazione e le funzioni dei Municipi, potendo prevedere anche organi eletti a suffragio universale diretto.
Si applicano agli amministratori dei Municipi le norme previste per gli amministratori dei Comuni con pari popolazione.

Capitolo 4
La Provincia

4.1 Nozione

La Provincia è definita dall'art. 3, co. 2, TUEL come un **ente locale intermedio fra Comune e Regione**, che rappresenta la propria comunità, ne cura gli interessi, ne promuove e ne coordina lo sviluppo. Nella L. 56/2014 (legge Delrio) è, invece indicata come **ente territoriale di area vasta**, definizione che, rispetto a quella riportata nel TUEL:

- allenta il rapporto fra l'ente «Provincia» e la comunità di riferimento (infatti, in seguito alla legge di riforma, gli organi non sono più eletti dai cittadini);
- evidenzia la volontà di limitare il suo intervento solo a funzioni che, per loro natura, necessitano di essere svolte in un ambito territoriale sovracomunale (è questo il senso dell'espressione *area vasta*); in pratica si tratta di funzioni ricavabili quasi per esclusione, fra quelle che non possono essere efficacemente gestite a livello comunale.

La bocciatura referendaria della riforma costituzionale del 2016 ha fatto cadere anche l'ipotesi di procedere alla soppressione delle Province, che in quella riforma era contemplata. Tuttavia, anche se formalmente ancora operativi, gli enti provinciali appaiono oggi notevolmente depotenziati per effetto delle modifiche introdotte dalla legge Delrio, che ha operato soprattutto su due punti: la **riduzione delle competenze** attribuite (con conseguente decurtazione delle risorse finanziarie e del personale) e una **minore rappresentatività** degli organi di governo. Il **Consiglio provinciale** e il **Presidente della Provincia** non sono più eletti direttamente dalla popolazione residente, ma formati da esponenti dei Comuni che compongono l'ente provinciale, mentre l'**Assemblea dei Sindaci** è costituita da membri di diritto.
Quella adottata nel 2014 doveva essere una *normativa transitoria*, in attesa della riforma costituzionale, la cui bocciatura ha avuto l'effetto di lasciare in vita una disciplina delle Province estremamente lacunosa, anche perché volutamente pensata per avere vita breve.

Anche le Province, come i Comuni, hanno **autonomia statutaria, normativa, organizzativa e amministrativa**, nonché **autonomia impositiva e finanziaria** nell'ambito dei propri statuti e regolamenti e delle leggi di coordinamento della finanza pubblica; inoltre sono titolari di **funzioni proprie** e di **quelle conferite loro con legge dello Stato e della Regione**, secondo il principio di *sussidiarietà*.
Al pari dei Comuni, le Province svolgono le loro funzioni anche attraverso le attività che possono essere adeguatamente esercitate dall'autonoma iniziativa dei cittadini e delle loro formazioni sociali.
L'art. 1, co. 3, L. 56/2014 attribuisce specifiche competenze alle **Province montane**, vale a dire quelle con un territorio interamente montano, e a quelle **confinanti con Paesi stranieri**.

4.2 Le funzioni

4.2.1 Le funzioni fondamentali delle Province ordinarie

Le funzioni fondamentali attualmente attribuite alle Province sono individuate dall'art. 1, co. 85, L. 56/2014. La norma riporta un elenco di oggetti/materie che vanno a costituire il nucleo intangibile delle competenze di questo ente, provvedendo anche ad introdurre un criterio espresso per la disciplina del loro esercizio (co. 87). Si tratta, infatti, di attribuzioni che devono essere esercitate *nei limiti e secondo le modalità stabilite dalla legislazione statale e regionale di settore*.

Ciò detto, sono **funzioni fondamentali di competenza della generalità delle Province**:

> la *pianificazione territoriale provinciale di coordinamento*, nonché la *tutela* e la *valorizzazione dell'ambiente*, per gli aspetti di competenza;
> la *pianificazione dei servizi di trasporto* in ambito provinciale, l'autorizzazione e il controllo in materia di *trasporto privato*, in coerenza con la programmazione regionale, nonché la costruzione e la gestione delle *strade provinciali* e la regolazione della circolazione stradale ad esse inerente;
> la *programmazione provinciale della rete scolastica*, nel rispetto della programmazione regionale;
> la *raccolta ed elaborazione di dati*, l'*assistenza tecnico-amministrativa* agli enti locali;
> la gestione dell'*edilizia scolastica*;
> il *controllo dei fenomeni discriminatori* in ambito occupazionale e la *promozione delle pari opportunità* sul territorio provinciale.

Le funzioni provinciali, così come configurate dalla L. 56/2014, sono tutte **strettamente collegate alle esigenze proprie delle aree vaste o ad attività di supporto per i Comuni**. Pertanto, la nuova veste che la riforma attribuisce alle Province è quella di enti aventi un ruolo sostanzialmente servente verso le comunità locali e i loro cittadini, da un lato, e verso i Comuni e gli altri enti locali, dall'altro.

L'elenco delle funzioni fondamentali espresse nella legge Delrio disegna un ambito di competenze notevolmente più circoscritto di quello previgente. Ne sono escluse, in particolare, una serie lunga e rilevante, sotto l'aspetto tanto finanziario quanto politico-amministrativo, di funzioni attinenti al lavoro e allo sviluppo economico.

La scelta del legislatore ha aperto alla possibilità di un consistente alleggerimento del ruolo delle Province, con tutte le relative conseguenze in termini di personale e di bilancio.

Le **funzioni della Provincia nel TUEL** sono riportate agli artt. 19 e 20, formalmente ancora in vigore, non essendo stati abrogati, ma di fatto inapplicabili stante la successiva disciplina della legge Delrio.

L'art. 19 prevede che la Provincia eserciti le proprie funzioni nei seguenti settori: *a*) difesa del suolo, tutela e valorizzazione dell'ambiente e prevenzione delle calamità; *b*) tutela e valorizzazione delle risorse idriche ed energetiche; *c*) valorizzazione dei beni culturali; *d*) viabilità e trasporti; *e*) protezione della flora e della fauna, parchi e riserve naturali; *f*) caccia e pesca nelle acque interne; *g*) organizzazione dello smaltimento dei rifiuti a livello provinciale, rilevamento, disciplina e controllo degli scarichi delle acque e delle emissioni atmosferiche e sonore; *h*) servizi sanitari, di igiene e profilassi pubblica, attribuiti dalla legislazione statale e regionale; *i*) compiti connessi all'istruzione secondaria di secondo grado e artistica e alla formazione professionale, compresa l'edilizia scolastica, attribuiti dalla legislazione statale e regionale; *l*) raccolta ed elaborazione dati, assistenza tecnico-amministrativa agli enti locali.

L'art. 20, dal canto suo, attribuisce alla Provincia un rilevante **ruolo di programmazione**.

4.2.2 Le funzioni fondamentali delle Province montane

In aggiunta a quelle prima elencate, la L. 56/2014 attribuisce alle sole Province montane altre funzioni fondamentali. Tra le novità introdotte dalla legge Delrio, infatti, è annoverabile anche l'istituzione di questa nuova "specie" del "genere Provincia", la quale si caratterizza essenzialmente sotto tre profili: la **situazione geografica** (o, meglio, geografico-amministrativa), che costituisce la condizione di accesso a questo *status*, e i due conseguenti elementi di "specialità", rappresentati dalla **titolarità di un ulteriore gruppo di funzioni fondamentali** e dalla possibilità di un'**articolazione territoriale interna in zone omogenee** dotate di competenze e organismi particolari.
Colpisce l'ampiezza delle sfere di operatività riconosciute quali funzioni fondamentali alle Province montane, nonché la loro valenza politica (art. 1, co. 86):

> *cura dello sviluppo strategico del territorio*;
> *gestione dei servizi in forma associata in base alle specificità del territorio medesimo*;
> *cura delle relazioni con gli enti territoriali, nazionali e stranieri con analoghe caratteristiche montane, anche a mezzo di accordi e convenzioni.*

Si tratta, a ben vedere, di competenze che per certi profili potrebbero considerarsi inaccessibili alle stesse Regioni ordinarie.

4.2.3 Funzioni non fondamentali

Per quanto riguarda le funzioni non fondamentali delle Province, la legge Delrio ha affidato l'attuazione delle proprie norme ad un **accordo in Conferenza unificata, nel quale Stato e Regioni individuano tali funzioni in modo puntuale**, previa consultazione delle organizzazioni sindacali maggiormente rappresentative (art. 1, co. 91, L. 56/2014).
La legge Delrio, infatti, procede alla definizione delle funzioni fondamentali degli enti locali interessati, secondo le indicazioni dell'art. 117, co. 2, lett. *p*), della Carta costituzionale; ogni Regione dovrà, poi, procedere alla riallocazione delle funzioni diverse da quelle fondamentali, sulla base dei principi e dei criteri direttivi da questa stessa legge fissati.
L'accordo sopraccitato è anche volto al conseguimento delle seguenti **finalità**:

> l'individuazione dell'*ambito territoriale ottimale* di esercizio per ciascuna funzione;
> l'*efficacia* nello svolgimento delle funzioni fondamentali da parte dei Comuni e delle Unioni di Comuni;
> la sussistenza di riconosciute *esigenze unitarie*;
> l'adozione di *forme di avvalimento* e *deleghe di esercizio* fra gli enti territoriali coinvolti nel processo di riordino, mediante intese o convenzioni.

Sono, altresì, valorizzate forme di **esercizio associato di funzioni** da parte di più enti locali, nonché le **autonomie funzionali**.
Seppur con qualche ritardo, rispetto ai 3 mesi previsti dalla L. 56/2014, l'**Accordo sull'individuazione delle funzioni non fondamentali** è stato adottato dalla Conferenza unificata nella seduta dell'**11 settembre 2014**, durante la quale è stata espressa, altresì, l'intesa sul decreto avente ad oggetto le risorse e i beni da trasferire unitamente alle funzioni.

4.3 Gli organi di governo

4.3.1 L'assetto istituzionale della Provincia dopo la riforma Delrio

Con la riforma Delrio del 2014 l'assetto istituzionale della Provincia, fino ad allora sostanzialmente speculare a quello dei Comuni, è mutato radicalmente, sia per quanto riguarda la composizione (con la scomparsa della Giunta provinciale) sia sotto il profilo delle modalità di elezione, ora tutte di secondo grado.
Gli attuali **organi di governo della Provincia** sono:

> il *Consiglio provinciale*, organo collegiale con funzioni di indirizzo e controllo politico-amministrativo nella Provincia;
> il *Presidente della Provincia* che rappresenta l'ente, convoca e presiede il Consiglio provinciale e l'Assemblea dei Sindaci, sovrintende al funzionamento dei servizi e degli uffici e all'esecuzione degli atti; esercita le altre funzioni attribuite dallo statuto;
> l'*Assemblea dei Sindaci* che ha poteri propositivi, consultivi e di controllo secondo quanto disposto dallo statuto.

4.3.2 Il Consiglio provinciale

È l'**organo collegiale rappresentativo con funzioni di indirizzo e controllo politico-amministrativo** nella Provincia. In particolare, il Consiglio propone all'Assemblea dei Sindaci lo statuto, approva i regolamenti, i piani, i programmi, approva o adotta ogni altro atto sottopostogli dal Presidente della Provincia ed esercita le altre funzioni attribuite dallo statuto. Su proposta del Presidente adotta gli schemi di bilancio da sottoporre al parere dell'Assemblea dei Sindaci. Il parere di quest'organo è richiesto anche per l'approvazione in via definitiva dei bilanci dell'ente.
Il Consiglio provinciale (art. 1, commi 67 e 68, L. 56/2014) **dura in carica 2 anni** ed è composto dal Presidente della Provincia e:

> da 16 componenti nelle Province con popolazione superiore a 700.000 abitanti;
> da 12 componenti nelle Province con popolazione da 300.000 a 700.000 abitanti;
> da 10 componenti nelle Province con popolazione fino a 300.000 abitanti.

È eletto dai Sindaci e dai consiglieri comunali dei Comuni facenti parte della Provincia. Sono **eleggibili a consigliere provinciale** i Sindaci e i consiglieri comunali in carica. La cessazione dalla carica comunale comporta la decadenza da quella di consigliere provinciale.

4.3.3 Il Presidente della Provincia

Il Presidente della Provincia **rappresenta l'ente**, convoca e presiede il Consiglio provinciale e l'Assemblea dei Sindaci, sovrintende al funzionamento dei servizi e degli uffici e all'esecuzione degli atti ed esercita le altre funzioni attribuite dallo statuto.
È eletto dai Sindaci e dai consiglieri dei Comuni della Provincia e **dura in carica 4 anni** (art. 1, co. 58 e 59, L. 56/2014). Sono eleggibili a tale carica i Sindaci della Provincia il cui mandato scada non prima di 18 mesi dalla data di svolgimento delle elezioni. Il candidato che ottiene il maggior numero di voti, ponderati in base alla consistenza demografica dei Comuni cui appartengono i votanti, è eletto alla carica; in caso di parità di voti è eletto il candidato più giovane.

Il Presidente della Provincia può nominare un **Vicepresidente**, scelto fra i consiglieri provinciali, stabilendo le eventuali funzioni a lui delegate e dandone immediata comunicazione al Consiglio. Il Vicepresidente esercita le funzioni del Presidente in ogni caso in cui questi ne sia impedito.
Il Presidente può anche assegnare **deleghe a consiglieri provinciali**, nel rispetto del principio di collegialità, secondo le modalità e nei limiti stabiliti dallo statuto.
Poiché la carica di Presidente della Provincia può essere ricoperta solo da un soggetto che esercita già le funzioni di Sindaco, le ipotesi previste per la cessazione della carica di Sindaco (*dimissioni, impedimento, rimozione, decadenza, sospensione* o *decesso*) sono valide anche per le vicende relative alla carica di Presidente provinciale. L'art. 1, co. 65, L. 56/2014 esplicitamente afferma che si decade dalla carica in caso di cessazione da quella di Sindaco.

4.3.4 L'Assemblea dei Sindaci

Si tratta di un organo istituito con la legge Delrio e che sostanzialmente sostituisce la Giunta provinciale, seppur con minori poteri operativi, anche in considerazione dei compiti notevolmente ridotti attribuiti alla Provincia.
La scarna disciplina dettata dall'art. 1, co. 55 e 56, L. 56/2014 afferma che l'Assemblea è **costituita dai Sindaci dei Comuni appartenenti all'ente provinciale**. È convocata dal Presidente della Provincia che svolge anche le funzioni di Presidente dell'organo. Ha **poteri propositivi, consultivi e di controllo** secondo quanto disposto dallo statuto. L'Assemblea, inoltre, adotta o respinge lo statuto proposto dal Consiglio e le sue successive modificazioni con i voti che rappresentino almeno un terzo dei Comuni compresi nella Provincia e la maggioranza della popolazione complessivamente residente. La stessa maggioranza è prevista per l'espressione del parere sugli schemi di bilancio, che sono poi adottati dal Consiglio.

4.4 Il decentramento provinciale: circoscrizioni e circondari

Nell'ottica di una revisione della spesa pubblica, nonché di un ridimensionamento generale dell'ente provinciale, ad opera della legge finanziaria 2010 (art. 2, co. 185-*bis*, L. 191/2009, nel testo modificato dal D.L. 2/2010), sono state **soppresse le articolazioni del territorio provinciale (che assumevano la denominazione di circondari o circoscrizioni provinciali)**, previste dall'art. 21, co. 1 e 2, TUEL che, pertanto, oggi è abrogato.
Prima di tale abrogazione, la Provincia, *in relazione all'ampiezza e peculiarità del territorio, alle esigenze della popolazione e alla funzionalità dei servizi,* poteva *disciplinare nello statuto la suddivisione del proprio territorio in circondari e sulla base di essi organizzare gli uffici, i servizi e la partecipazione dei cittadini.*
I circondari, quindi, erano delle porzioni del territorio provinciale che fungevano da riferimento per l'organizzazione dell'attività amministrativa e, in genere, erano individuati partendo da un Comune della Provincia di maggiori dimensioni cui si collegava una serie di Comuni limitrofi.

Capitolo 5
La Città metropolitana e Roma capitale

5.1 La nozione di Città metropolitana

L'art. 1, co. 2, L. 56/2014 definisce le Città metropolitane, al pari delle Province, come **enti territoriali di area vasta** con le seguenti *finalità istituzionali generali*:

- la cura dello *sviluppo strategico* del territorio metropolitano;
- la promozione e la gestione integrata dei *servizi*, delle *infrastrutture* e delle *reti di comunicazione* di interesse della Città metropolitana;
- la cura delle *relazioni istituzionali* afferenti al proprio livello, ivi comprese quelle con le città e le aree metropolitane europee.

Le Città metropolitane sono entrate a far parte del nostro ordinamento con la L. 142/1990 che per prima ne ha previsto l'istituzione all'art. 18, nell'ambito del capo che più in generale disciplinava l'**Area metropolitana**. La L. 142/1990, successivamente confluita nel TUEL, delineava un procedimento dal basso per la loro istituzione, attraverso un passaggio iniziale che avrebbe portato a individuare l'Area metropolitana e un secondo passaggio che, nell'ambito di quest'ultima, avrebbe determinato la creazione della Città metropolitana (definita nella legge come ente che accorpava «*il Comune capoluogo e gli altri Comuni ad esso uniti da contiguità territoriale e da rapporti di stretta integrazione in ordine all'attività economica, ai servizi essenziali, ai caratteri ambientali, alle relazioni sociali e culturali*»). Le Aree metropolitane indicate dall'art. 22 TUEL erano Torino, Milano, Venezia, Genova, Bologna, Firenze, Roma, Bari, Napoli, alle quali si sarebbero aggiunte quelle indicate dalle Regioni a statuto speciale.

L'iniziativa per l'istituzione della Città metropolitana era sostanzialmente demandata agli stessi Comuni che ne dovevano far parte.

Pur avendo ricevuto nel 2001 una piena legittimità anche a livello costituzionale, con l'inclusione nell'elenco del più volte richiamato art. 114 Cost., di fatto le Città metropolitane fino al 2015 non sono mai state istituite.

Un tentativo di accelerare il processo di creazione di questo nuovo ente fu fatto con l'art. 23 L. 42/2009, che sostanzialmente attribuiva alla maggioranza dei Comuni interessati (o alla Provincia) il potere di avviare la procedura per istituire la Città metropolitana, che comunque si sarebbe conclusa con una consultazione referendaria della popolazione interessata. Anche questo tentativo non produsse risultati concreti, ragion per cui con la legge Delrio fu deciso di procedere direttamente alla loro istituzione, prescindendo da qualunque iniziativa degli enti interessati.

La L. 56/2014, così, disciplina le Città metropolitane di **Torino**, **Milano**, **Venezia**, **Genova**, **Bologna**, **Firenze**, **Bari**, **Napoli** e **Reggio Calabria**. Le norme della Delrio si applicano in via generale anche alla Città metropolitana di **Roma capitale**, salvo i poteri speciali derivanti dallo stato giuridico di capitale dello Stato italiano e quanto previsto dai decreti legislativi su Roma capitale.

Alle dieci città metropolitane individuate con legge nazionale si affiancano quelle indicate dalle Regioni a statuto speciale (per il momento Cagliari, Catania, Messina, Palermo).
Il **territorio metropolitano coincide con quello della precedente Provincia** (con l'eccezione di Cagliari), ferma restando l'iniziativa dei Comuni, ivi compresi i Comuni capoluogo delle Province limitrofe, ai sensi dell'art. 133, co. 1, Cost., per la modifica delle circoscrizioni provinciali limitrofe e per l'adesione alla Città metropolitana.
Dal 1° gennaio 2015 le **Città metropolitane sono subentrate alle omonime Province**, succedendo in tutti i loro rapporti attivi e passivi ed esercitandone le funzioni.

5.2 Le funzioni fondamentali, ereditate e conferite

Le funzioni assegnate a questo ente possono essere raggruppate in **diverse categorie** (art. 1, co. 44-46, L. 56/2014) distinguendo fra:

> **funzioni fondamentali** afferenti alla *pianificazione strategica* e alla *pianificazione territoriale generale*, alla regolazione dei *servizi pubblici*, alla *mobilità e viabilità*, alla promozione dello *sviluppo economico e sociale* e alla promozione dei *sistemi di informatizzazione* in ambito metropolitano.

Nel dettaglio l'art. 1, co. 44, L. 56/2014 attribuisce alle Città metropolitane le seguenti funzioni fondamentali:

- l'adozione e l'aggiornamento annuale di un **piano strategico triennale del territorio metropolitano**, che costituisce atto di indirizzo per l'ente e per l'esercizio delle funzioni dei Comuni e delle Unioni di Comuni compresi nel territorio, anche in relazione all'esercizio di funzioni delegate o assegnate dalle Regioni;
- la **pianificazione territoriale generale**, ivi comprese le strutture di comunicazione, le reti di servizi e delle infrastrutture appartenenti alla competenza della comunità metropolitana, anche fissando vincoli e obiettivi all'attività e all'esercizio delle funzioni dei Comuni compresi nel territorio metropolitano;
- la **strutturazione di sistemi coordinati di gestione dei servizi pubblici**, l'**organizzazione dei servizi pubblici di interesse generale di ambito metropolitano**. D'intesa con i Comuni interessati la Città metropolitana può esercitare le funzioni di predisposizione dei documenti di gara, di stazione appaltante, di monitoraggio dei contratti di servizio e di organizzazione di concorsi e procedure selettive;
- la **mobilità** e la **viabilità**, anche assicurando la compatibilità e la coerenza della pianificazione urbanistica comunale nell'ambito metropolitano;
- la promozione e il coordinamento dello **sviluppo economico e sociale**, anche assicurando sostegno e supporto alle attività economiche e di ricerca innovative e coerenti con la vocazione della Città metropolitana come delineata nel piano strategico del territorio;
- la promozione e il coordinamento dei **sistemi di informatizzazione e di digitalizzazione** in ambito metropolitano;

> **funzioni ereditate dalle Province**. Sempre l'art. 1, co. 44, L. 56/2014 specifica che, in qualità di enti che succedono alle corrispondenti Province, sono attribuite alle Città metropolitane le funzioni fondamentali già spettanti all'ente provinciale, nonché quelle derivanti dal processo di riordino delle funzioni delle Province operato dalla stessa legge Delrio;

- **funzioni conferite dallo Stato e dalle Regioni**, in attuazione dei principi di *sussidiarietà, differenziazione* e *adeguatezza* (art. 118, co. 1, Cost.).

5.3 Gli organi di governo

5.3.1 L'assetto istituzionale della Città metropolitana

L'art. 1, co. 7, L. 56/2014 individua i seguenti organi di governo:

- il *Consiglio metropolitano*, che svolge funzioni di indirizzo politico-amministrativo generale e al quale spetta l'approvazione dei principali atti dell'ente;
- il *Sindaco metropolitano*, che rappresenta l'ente, convoca e presiede il Consiglio metropolitano e la Conferenza metropolitana, sovrintende al funzionamento dei servizi e degli uffici e all'esecuzione degli atti. La carica è ricoperta di diritto dal Sindaco del Comune capoluogo di Provincia;
- la *Conferenza metropolitana*, che ha poteri propositivi e consultivi, secondo quanto disposto dallo statuto.

Le funzioni degli organi sono svolte a titolo gratuito, in quanto gli stessi sono composti da persone che già ricoprono un ruolo istituzionale nelle amministrazioni comunali (consiglieri e Sindaci).

5.3.2 Il Consiglio metropolitano

Il Consiglio metropolitano è l'**organo di indirizzo e controllo** della Città metropolitana. La sua composizione è indicata nell'art. 1, co. 20, L. 56/2014.

Composizione del Consiglio metropolitano	
• Città metropolitane con popolazione residente **superiore a 3 milioni** di abitanti	• 24 consiglieri (+ Sindaco metropolitano)
• Città metropolitane con popolazione residente **superiore a 800.000 e inferiore o pari a 3 milioni** di abitanti	• 18 consiglieri (+ Sindaco metropolitano)
• Città metropolitane con popolazione residente **inferiore a 800.000** abitanti	• 14 consiglieri (+ Sindaco metropolitano)

Il Consiglio metropolitano esercita le seguenti attribuzioni (art. 1, co. 8, L. 56/2014):

- propone alla Conferenza metropolitana lo *statuto* e le sue modifiche;
- approva *regolamenti, piani* e *programmi*;
- approva o adotta *ogni altro atto* sottopostogli dal Sindaco metropolitano;
- esercita le altre funzioni attribuite dallo statuto;
- adotta, su proposta del Sindaco metropolitano, gli *schemi di bilancio* da sottoporre al parere della Conferenza metropolitana (parere espresso con i voti che rappresentino almeno un terzo dei Comuni compresi nella Città metropolitana e la maggioranza della popolazione complessivamente residente), sulla cui base approva in via definitiva i bilanci dell'ente.

Il Consiglio metropolitano **dura in carica cinque anni**. È eletto dai Sindaci e dai consiglieri comunali dei Comuni della Città metropolitana, secondo un **sistema elettorale**

basato sulla ponderazione dei voti, con riferimento alla popolazione rappresentata. In caso di rinnovo del Consiglio del Comune capoluogo, si procede a nuove elezioni del Consiglio metropolitano entro 60 giorni dalla proclamazione del Sindaco del Comune capoluogo. Lo statuto può prevedere l'*elezione diretta del Sindaco e del Consiglio metropolitano*, con il sistema elettorale che sarà determinato con legge statale.
Sono **eleggibili a consigliere metropolitano** i Sindaci e i consiglieri comunali in carica. La cessazione dalla carica comunale comporta la decadenza da consigliere metropolitano.

5.3.3 Il Sindaco metropolitano

Il Sindaco metropolitano – carica ricoperta di diritto dal Sindaco del Comune capoluogo – **rappresenta la Città metropolitana**, convoca e presiede il Consiglio metropolitano e la Conferenza metropolitana, sovrintende al funzionamento dei servizi e degli uffici e all'esecuzione degli atti; esercita le altre funzioni attribuite dallo statuto.
Il Sindaco metropolitano:

- può nominare un **Vice Sindaco**, scelto fra i consiglieri metropolitani, stabilendo le eventuali funzioni a lui delegate e dandone immediata comunicazione al Consiglio;
- può assegnare **deleghe a consiglieri metropolitani**, nel rispetto del principio di collegialità, secondo le modalità e nei limiti stabiliti dallo statuto.

Il Sindaco ha, inoltre, il **potere di proporre lo schema di bilancio**, che viene approvato dal Consiglio, previo parere della Conferenza metropolitana.
L'art. 1, co. 40, L. 56/2014 prevede che «qualora il Sindaco metropolitano cessi dalla carica per **cessazione dalla titolarità** dell'incarico di Sindaco del proprio Comune, il Vice Sindaco rimane in carica fino all'insediamento del nuovo Sindaco metropolitano».

5.3.4 La Conferenza metropolitana

La Conferenza metropolitana è un organo collegiale con **poteri propositivi e consultivi**, secondo quanto disposto dallo statuto. Adotta o respinge lo statuto e le sue modifiche proposti dal Consiglio metropolitano con i voti che rappresentino almeno un terzo dei Comuni compresi nella Città metropolitana e la maggioranza della popolazione complessivamente residente.
La Conferenza metropolitana è **composta** dal Sindaco metropolitano, che la convoca e la presiede, e dai Sindaci dei Comuni appartenenti alla Città metropolitana.

Non è prevista una specifica durata in carica né dell'organo nel suo complesso né dei singoli componenti. La sua composizione è strettamente collegata alle vicende dei singoli Comuni facenti parte della Città metropolitana e in occasione delle varie tornate elettorali può esservi una riconferma dei componenti in carica oppure un rinnovo parziale.

5.4 Lo *status* di Roma capitale

5.4.1 Individuazione e fondamento costituzionale

Il riconoscimento di Roma prima come capitale del Regno e poi della Repubblica non aveva comportato l'assegnazione alla città di uno speciale statuto giuridico.

Nel corso del tempo, tuttavia, il concreto riscontro di esigenze peculiari connesse al ruolo politico interno e internazionale della città, nonché al suo sviluppo economico-sociale e alla sua estensione, ha portato alla determinazione politica di assegnarle uno **statuto *ad hoc***, come contrappeso alla forma di Stato fortemente decentrato che si stava creando e degli importanti compiti attribuiti alla capitale (fra cui garantire l'esercizio delle attribuzioni degli organi costituzionali, assicurare la partecipazione dei cittadini e delle formazioni sociali alla vita politica e costituzionale del Paese e rappresentarne l'unità simbolica).
Il **riconoscimento costituzionale dello *status* specifico di Roma** come capitale della Repubblica è giunto solo nel 2001, con la riformulazione dell'art. 114 della Costituzione. Nello specifico, al co. 3, si rimanda a una legge statale la determinazione delle concrete modalità di attribuzione di tale "specialità".
Si tratta chiaramente di una riserva di legge assoluta, in quanto non viene fatto riferimento a criteri o principi, né si usano espressioni del tipo "secondo disposizioni di legge", ossia in base alla legge e non tramite legge, impiegate in altre parti del dettato costituzionale (es. art. 97).

5.4.2 La disciplina legislativa ordinaria

La disciplina legislativa ordinaria è riportata nell'art. 24 L. 42/2009, che ha dettato le disposizioni per l'**ordinamento transitorio**, anche finanziario, di Roma capitale.
La norma specifica che Roma capitale è un ente territoriale, i cui confini sono quelli del Comune di Roma, e dispone di **speciale autonomia (statutaria**, **amministrativa** e **finanziaria**), nei limiti stabiliti dalla Costituzione. L'ordinamento di Roma capitale è diretto a garantire il miglior assetto delle funzioni che la città è chiamata a svolgere quale sede degli organi costituzionali, nonché delle rappresentanze diplomatiche degli Stati esteri, ivi presenti, presso la Repubblica italiana, presso lo Stato della Città del Vaticano e presso le istituzioni internazionali.
In attuazione della delega conferita al Governo dall'art. 24 della legge, si è pervenuti all'approvazione del **D.Lgs. 17-9-2010, n. 156**, recante l'ordinamento transitorio di Roma capitale.
Le disposizioni di maggior rilevanza sono contenute:

- nell'art. 2, che individua gli **organi di governo di Roma Capitale**, vale a dire l'*Assemblea capitolina*, la *Giunta capitolina* e il *Sindaco*;
- nell'art. 3, che disciplina l'ordinamento dell'**Assemblea capitolina**, organo di indirizzo e di controllo politico-amministrativo composto dal Sindaco e da 48 Consiglieri. L'Assemblea capitolina, il 7 marzo 2013, ha approvato lo *statuto* di Roma Capitale che ha, in particolare, disciplinato i municipi di Roma Capitale quali circoscrizioni di decentramento, favorendone l'autonomia amministrativa e finanziaria;
- l'art. 4, che disciplina le figure del **Sindaco** e della **Giunta capitolina**;
- l'art. 5, che disciplina lo ***status* degli amministratori** di Roma capitale.

Il Sindaco è il responsabile dell'Amministrazione e può essere udito nelle riunioni del Consiglio dei Ministri che hanno all'ordine del giorno argomenti inerenti alle funzioni conferite a Roma Capitale.
La Giunta è composta dal Sindaco e da un numero massimo di Assessori pari ad 1/4 dei Consiglieri dell'Assemblea capitolina (cioè 12).

Gli altri aspetti organizzativi (procedura di nomina e di revoca degli assessori, competenze della Giunta, mozione di sfiducia e dimissioni) sostanzialmente riprendono le analoghe disposizioni previste dal TUEL (D.Lgs. 267/2000). Una particolarità è contemplata dal co. 10 dell'art. 4, laddove si prevede che «al fine di garantire il tempestivo adempimento degli obblighi di legge o di evitare che l'omessa adozione di atti fondamentali di competenza dell'Assemblea capitolina possa recare grave pregiudizio alla regolarità ed al buon andamento dell'azione amministrativa, il Sindaco può richiedere che le relative proposte di deliberazione siano sottoposte all'esame ed al voto dell'Assemblea capitolina con procedura d'urgenza, secondo le disposizioni stabilite dallo statuto e dal regolamento dell'Assemblea».

5.4.3 Le funzioni del Comune di Roma

L'art. 24, co. 3, L. 42/2009 attribuisce, oltre alle **funzioni amministrative** già spettanti al Comune di Roma in quanto tale, le seguenti ulteriori:

- il concorso alla *valorizzazione dei beni storici, artistici, ambientali e fluviali*, previo accordo con il Ministero per i beni e le attività culturali;
- lo *sviluppo economico e sociale* di Roma capitale con particolare riferimento al *settore produttivo e turistico*;
- lo *sviluppo urbano* e la *pianificazione territoriale*;
- l'*edilizia pubblica e privata*;
- l'organizzazione e il funzionamento dei *servizi urbani*, con particolare riferimento al trasporto pubblico e alla mobilità;
- la *protezione civile*, in collaborazione con la Presidenza del Consiglio dei ministri e la Regione Lazio;
- le *ulteriori funzioni* conferite dallo Stato e dalla Regione Lazio (ai sensi dell'art. 118, co. 2, Cost).

La disciplina di tali funzioni è stata meglio dettagliata con il D.Lgs. 18-4-2012, n. 61, provvedimento che prevede l'istituzione di una **Conferenza delle Soprintendenze ai beni culturali del territorio di Roma capitale** (per l'attività di valorizzazione dei beni storici e artistici caratterizzanti l'immagine di Roma capitale) e detta disposizioni in materia di turismo, fiere e protezione civile. Con lo stesso decreto sono state attribuite le dotazioni finanziarie e di personale all'ente Roma capitale.

5.4.4 Roma capitale e Città metropolitana di Roma capitale

Lo ***status* speciale** previsto dalla Costituzione è stato attribuito all'amministrazione del Comune di Roma, che ora ha assunto la denominazione di Roma capitale, e **non si estende all'omonima Città metropolitana**.

Con l'istituzione di quest'ultima era evidente la necessità di coordinare i rapporti fra i due enti, ragion per cui la legge Delrio (art. 1, commi 101, 102 e 103, L. 56/2014) ha dettato specifiche norme concernenti Roma, sottolineando che:

- sono estese alla Città metropolitana di Roma capitale le disposizioni dettate per le altre Città metropolitane dalla stessa legge Delrio;
- la disciplina legislativa ordinaria prima citata (L. 42/2009 e decreti attuativi) si applica *solo* all'amministrazione di Roma capitale (già Comune di Roma);

- lo statuto della Città metropolitana di Roma capitale deve disciplinare "i rapporti fra la Città metropolitana, il Comune di Roma capitale e gli altri Comuni, garantendo il migliore assetto delle funzioni che Roma è chiamata a svolgere quale sede degli organi costituzionali, nonché delle rappresentanze diplomatiche degli Stati esteri, ivi presenti, presso la Repubblica italiana, presso lo Stato della Città del Vaticano e presso le istituzioni internazionali".

Capitolo 6
Il sistema elettorale

6.1 Le modalità di elezione degli organi degli enti locali

Nel regime anteriore alla L. 56/2014, il quadro istituzionale degli enti locali era estremamente semplificato, con la Provincia e il Comune governati da organi sostanzialmente equiparati (*Consiglio provinciale, Presidente della Provincia* e *Giunta provinciale* da un lato, *Consiglio comunale, Sindaco* e *Giunta comunale* dall'altro). Molti aspetti della disciplina legislativa, in particolare quelli connessi ai sistemi elettorali e allo *status* degli amministratori, si applicavano sia ai Comuni che alle Province, talvolta con modifiche marginali.

Con la L. 56/2014 il quadro è profondamente mutato e sotto due aspetti: sono divenute operative le Città metropolitane e si è **optato per un'elezione indiretta sia degli organi di governo del nuovo ente sia della preesistente Provincia**, talvolta mutando anche la denominazione (è scomparsa la Giunta provinciale sostituita dall'Assemblea dei Sindaci).

Ne consegue che:

- molte delle disposizioni che in precedenza stabilivano l'incompatibilità fra la carica in un Comune e quella in una Provincia sono ora superate; al contrario il **ricoprire una carica presso un ente comunale è diventato un requisito** per poter accedere a quelle dell'ente provinciale o della Città metropolitana;
- alcuni **organi sono ora formati da membri di diritto** (l'Assemblea dei Sindaci per la Provincia, il Sindaco metropolitano e la Conferenza metropolitana per la Città metropolitana) e non prevedono alcun meccanismo elettivo, neppure di secondo grado.

Secondo la Corte costituzionale, le disposizioni sull'elezione indiretta degli organi territoriali, contenute nella L. 56/2014, sono da qualificarsi come **norme fondamentali delle riforme economico-sociali**. Tali norme costituiscono un limite anche all'esercizio delle competenze legislative di tipo esclusivo, quali quelle esercitate dalla **Regione siciliana**, che – con la L.R. n. 17/2017, dichiarata incostituzionale dalla **sentenza n. 168/2018** – aveva reintrodotto, in base all'art. 14 dello statuto speciale, l'elezione diretta «a suffragio universale» del Presidente del «libero Consorzio comunale» (cosiddetta Provincia Regionale) e del Sindaco metropolitano, disciplinandone le modalità.

La Corte, in più occasioni, ha ribadito che l'intervento di riordino di Province e Città metropolitane, di cui alla L. 56/2014, rientra nella competenza esclusiva statale nella materia «*legislazione elettorale, organi di governo e funzioni fondamentali di Comuni, Province e Città metropolitane*», *ex* art. 117, co. 2, lettera *p*), della Costituzione (sentenze nn. 32/2017, 202/2017 e 159/2016). Pertanto il modello di governo di secondo grado, adottato dal legislatore statale, diversamente da quanto sostenuto dalla Regione, rientra, fra gli **aspetti essenziali del complesso disegno riformatore che si riflette nella legge stessa.** I previsti meccanismi di elezione indiretta degli organi di vertice degli *enti di area vasta* sono, infatti, funzionali al perseguito obiettivo di

semplificazione dell'ordinamento degli enti territoriali, nel quadro della ridisegnata geografia istituzionale, e contestualmente rispondono ad un fisiologico fine di risparmio dei costi connessi all'elezione diretta.
Sotto quest'ultimo aspetto, la Corte ha dichiarato incostituzionale anche la previsione della legge regionale di attribuzione di un'indennità di carica al Presidente del libero Consorzio comunale e al Sindaco metropolitano, affermando che la *gratuità nell'esercizio delle funzioni – voluta dalla L. 56/2014 – costituisce "un profilo conseguenziale del principio di elezione indiretta degli organi di vertice dei ridisegnati enti territoriali, volto a ridurre la spesa corrente e a razionalizzare i costi degli enti locali; con la conseguenza che la Regione a statuto speciale, pur nel rispetto della sua autonomia, non può derogarvi".*

Nel capitolo si esamineranno i **requisiti per la candidatura** e le **cause di ineleggibilità, incompatibilità e incandidabilità**, facendo riferimento prevalentemente agli amministratori comunali, dal momento che questa carica costituisce un requisito essenziale per poter ricoprire cariche anche negli altri enti. Qualunque causa che non consente di far parte di un organo comunale automaticamente determina l'impossibilità di far parte anche degli organi della Provincia e della Città metropolitana.

6.2 L'elettorato e la candidabilità

L'**elettorato attivo** è costituito da tutti i residenti nel territorio comunale in possesso dei diritti civili e politici e che abbiano compiuto il diciottesimo anno di età nel giorno dello svolgimento della consultazione elettorale. Gli elettori, inoltre, devono essere in possesso della cittadinanza italiana o di uno Stato membro dell'Unione europea.
L'art. 55 TUEL rinvia alle disposizioni del D.Lgs. 197/1996 per le modalità di esercizio del diritto di voto da parte dei **cittadini di uno Stato membro dell'Unione**. Se questi soggetti intendono partecipare alle elezioni del Comune o della circoscrizione in cui risiedono devono presentare apposita *domanda al Sindaco per l'iscrizione nella lista elettorale*, secondo la procedura indicata negli artt. 1 e ss. del citato decreto.
L'**elettorato passivo** è regolato dall'art. 55 del TUEL, ai sensi del quale sono eleggibili alla carica di Sindaco, di consigliere comunale e circoscrizionale gli elettori di un qualsiasi Comune della Repubblica che abbiano compiuto il diciottesimo anno di età nel primo giorno fissato per la votazione. Si richiede il possesso della cittadinanza italiana, ma possono candidarsi alla **carica di consigliere comunale e circoscrizionale** anche i **cittadini di uno Stato membro dell'Unione europea**, che possono anche far parte della Giunta del Comune in cui sono eletti. La loro candidatura, ai sensi dell'art. 5 D.Lgs. 197/1996, è però consentita solo se è certificato che non sussistono cause di decadenza dal diritto di eleggibilità nel Paese di origine. Le **cariche di Sindaco e di Vice Sindaco** sono riservate agli elettori cittadini italiani.
Diverse limitazioni sono previste dal TUEL e dal D.Lgs. 31-12-2012, n. 235 per coloro che intendono ricoprire una carica presso un'Amministrazione locale. A tal fine è possibile distinguere fra le limitazioni che non consentono di presentare la candidatura (**non candidabilità** o **incandidabilità**), quelle che non consentono di essere eletto (**ineleggibilità**) e quelle che determinano l'obbligo di scegliere una delle cariche alle quali si è stati eletti, non potendo ricoprirle entrambe (**incompatibilità**).

6.3 La non candidabilità

L'incandidabilità (o cause ostative alla candidabilità) è il **divieto per alcune categorie di soggetti di presentare la propria candidatura alle elezioni in ambito regionale, comunale e circoscrizionale**.
Tale fattispecie, introdotta dalla L. 16/1992, è stata notevolmente ridimensionata dalla sentenza della Corte costituzionale n. 141/1996, a seguito della quale l'incandidabilità si applica a quanti siano stati condannati con sentenza passata in giudicato per alcuni gravi delitti (es. associazione mafiosa o traffico di armi), quanti siano stati condannati definitivamente per uno stesso reato non colposo a pena non inferiore a 2 anni o che siano stati colpiti da misure definitive di prevenzione per reati di tipo mafioso.
Alcune cause di non candidabilità sono **previste direttamente dall'art. 56 TUEL**, il quale stabilisce che:

> nessuno può presentarsi come candidato a consigliere in più di due Comuni o in più di due circoscrizioni, quando le elezioni si svolgano nella stessa data;
> i consiglieri comunali o di circoscrizione in carica non possono candidarsi, rispettivamente, alla medesima carica in altro Consiglio comunale o circoscrizionale;
> nessuno può essere candidato alla carica di Sindaco in più di un Comune.

L'art. 57 prevede un'**opzione obbligatoria** (e una clausola di salvaguardia), stabilendo che ove un candidato sia eletto contemporaneamente consigliere in due Comuni o in due circoscrizioni, deve optare per una delle cariche entro 5 giorni dall'ultima deliberazione di convalida; mancando l'opzione, rimane eletto *ipso iure* nel consiglio in cui ha riportato il maggior numero di voti in percentuale rispetto al numero dei votanti, mentre è surrogato nell'altro Consiglio.
Specifiche cause ostative alla candidatura sono riportate nell'art. 10 D.Lgs. 235/2012. Secondo tale articolo **non possono essere candidati** e non possono comunque ricoprire le cariche di Sindaco, assessore e consigliere, Presidente e componente del Consiglio circoscrizionale, Presidente e componente del consiglio di amministrazione dei consorzi, Presidente e componente dei Consigli e delle Giunte delle Unioni di Comuni, consigliere di amministrazione e Presidente delle aziende speciali e delle istituzioni (quelle indicate nell'art. 114 TUEL), Presidente e componente degli organi delle Comunità montane, i **soggetti ai quali siano stati applicati i seguenti provvedimenti:**

a) condanna definitiva per il delitto di **associazione di tipo mafioso** anche straniere o per il delitto di **associazione finalizzata al traffico illecito di sostanze stupefacenti o psicotrope** o per un delitto concernente la produzione o il traffico di dette sostanze, o per un delitto concernente la fabbricazione, l'importazione, l'esportazione, la vendita o cessione, nonché, nei casi in cui sia inflitta la pena della reclusione non inferiore ad un anno, il porto, il trasporto e la detenzione di **armi, munizioni o materie esplodenti**, o per il delitto di favoreggiamento personale o reale commesso in relazione a taluno dei predetti reati;
b) condanne definitive per i cosiddetti **delitti distrettuali** (consumati o tentati), quelli di maggiore allarme sociale, in quanto nelle indagini preliminari e nei procedimenti di primo grado le funzioni di pubblico ministero sono attribuite all'ufficio presso il Tribunale del capoluogo del distretto della Corte di appello;
c) condanna definitiva per i seguenti **delitti previsti dal codice penale**: *peculato* (art. 314), *peculato mediante profitto dell'errore altrui* (art. 316), *malversazione a danno dello Stato* (art. 316-*bis*), *indebita percezione di erogazioni a danno dello Stato* (art. 316-*ter*),

concussione (art. 317), *corruzione per l'esercizio della funzione* (art. 318), *corruzione per un atto contrario ai doveri d'ufficio* (art. 319), *corruzione in atti giudiziari* (art. 319-*ter*), *induzione indebita a dare o promettere utilità* (art. 319-*quater*, co. 1), *corruzione di persona incaricata di un pubblico servizio* (art. 320), *istigazione alla corruzione* (art. 322), *peculato, concussione, corruzione e istigazione alla corruzione di membri della Corte penale internazionale o degli organi delle Comunità europee e di funzionari delle Comunità europee e di Stati esteri* (art. 322-*bis*), *abuso di ufficio* (art. 323), *utilizzazione d'invenzioni o scoperte conosciute per ragioni d'ufficio* (art. 325), *rivelazione ed utilizzazione di segreti di ufficio* (art. 326), *interruzione di un servizio pubblico o di un servizio di pubblica necessità in qualità di capo, promotore o organizzatore* (art. 331, co. 2), *sottrazione o danneggiamento di cose sottoposte a sequestro disposto nel corso di un procedimento penale o dall'autorità amministrativa* (art. 334) e *traffico di sostanze illecite* (art. 346-*bis*);

d) condanna con sentenza definitiva alla pena della reclusione complessivamente superiore a 6 mesi per uno o più delitti commessi con **abuso dei poteri** o con **violazione dei doveri** inerenti ad una pubblica funzione o a un pubblico servizio diversi da quelli indicati nella lettera *c*);
e) condanna con sentenza definitiva ad una pena non inferiore a 2 anni di reclusione per delitto non colposo;
f) applicazione da parte del Tribunale, con provvedimento definitivo, di una **misura di prevenzione**, in quanto indiziati di appartenere ad **associazioni di tipo mafioso**, alla **camorra** o ad altre associazioni similari.

Tali disposizioni si applicano a qualsiasi altro incarico con riferimento al quale l'elezione o la nomina sia di competenza del Consiglio comunale o circoscrizionale, della Giunta o del Sindaco.

Sul punto è da richiamare anche l'art. 248, co. 5, TUEL, nella versione modificata dal D.L. 174/2012 (conv. dalla L. 213/2012), laddove prevede che i Sindaci e i Presidenti di Provincia ritenuti responsabili di danni cagionati con dolo o colpa gravi connessi al verificarsi dello stato di dissesto finanziario, **non sono candidabili, per un periodo di 10 anni**, alle cariche di Sindaco, di Presidente di Provincia, di Presidente di Giunta regionale, nonché di membro dei Consigli comunali, dei Consigli Provinciali, delle assemblee e dei Consigli regionali, del Parlamento e del Parlamento europeo. Non possono, altresì, ricoprire, per un periodo di tempo di 10 anni, la carica di assessore comunale, provinciale o regionale né alcuna carica in enti vigilati o partecipati da enti pubblici.

Le disposizioni sopra esaminate non si applicano nei confronti di chi, pur essendo stato condannato con sentenza passata in giudicato o sottoposto a misura di prevenzione con provvedimento definitivo, ha ottenuto la concessione della riabilitazione ai sensi dell'art. 178 c.p. o dell'art. 15 L. 327/1988.

6.4 L'ineleggibilità e l'incompatibilità

6.4.1 Ineleggibilità

L'ineleggibilità è la condizione di chi, a causa della posizione occupata o dell'incarico ricoperto – che potrebbero porlo in una situazione di vantaggio – incorre in un **impedimento giuridico che non gli consente di essere eletto**.

Il TUEL all'art. 60 individua i **soggetti in condizione di ineleggibilità** alle cariche di Sindaco, Presidente della Provincia, consigliere comunale, consigliere metropolitano, provinciale e circoscrizionale:

1) il *Capo della polizia*, i *vice capi della polizia*, gli *ispettori generali di pubblica sicurezza* che prestano servizio presso il Ministero dell'Interno, i *dipendenti civili dello Stato* che svolgono le funzioni di direttore generale o equiparate o superiori;
2) nel territorio, nel quale esercitano le loro funzioni, i *Commissari di Governo*, i *Prefetti della Repubblica*, i *vice Prefetti* e i *funzionari di pubblica sicurezza*;
3) nel territorio nel quale esercitano il comando, gli *ufficiali generali*, gli *ammiragli* e gli *ufficiali superiori delle forze armate* dello Stato. Questa specifica causa di ineleggibilità non è più contemplata dal TUEL ma è riportata, con le stesse parole, nell'art. 1487 D.Lgs. 66/2010 (Codice dell'ordinamento militare). La posizione di «comando» deve essere intesa nell'accezione di preposizione ad una unità, a carattere operativo, tattico o amministrativo delle Forze armate;
4) nel territorio nel quale esercitano il loro ufficio, gli *ecclesiastici* e i *ministri di culto*, che hanno giurisdizione e cura di anime e coloro che ne fanno ordinariamente le veci;
5) i titolari di *organi individuali* e i *componenti di organi collegiali* che esercitano poteri di *controllo istituzionale* sull'amministrazione del Comune o della Provincia nonché i dipendenti che dirigono o coordinano i rispettivi uffici;
6) nel territorio nel quale esercitano le loro funzioni, i *magistrati addetti alle Corti di Appello*, *ai Tribunali*, ai *Tribunali amministrativi regionali*, nonché i *Giudici di pace*;
7) i *dipendenti del Comune* per il Consiglio;
8) il *direttore generale*, il *direttore amministrativo* e il *direttore sanitario delle aziende sanitarie locali ed ospedaliere* (costoro, ove poi si siano candidati e non siano stati eletti, non possono esercitare per un periodo di 5 anni le loro funzioni in aziende sanitarie locali e ospedaliere comprese, in tutto o in parte, nel collegio elettorale nel cui ambito si sono svolte le elezioni);
9) i *legali rappresentanti* e i *dirigenti* delle *strutture convenzionate* (ai sensi degli artt. 43-44 L. 833/1978) per i Consigli del Comune il cui territorio coincide con il territorio dell'azienda sanitaria locale o ospedaliera con cui sono convenzionati o lo ricomprende, ovvero dei Comuni che concorrono a costituire l'azienda sanitaria locale o ospedaliera con cui sono convenzionate;
10) i *legali rappresentanti* e i *dirigenti* delle *società per azioni* con capitale superiore al 50% rispettivamente del Comune o della Provincia;
11) gli *amministratori* e i *dipendenti con funzioni di rappresentanza o con poteri di organizzazione o coordinamento del personale* di istituto, consorzio o azienda dipendente rispettivamente dal Comune o dalla Provincia;
12) i *Sindaci*, i *Presidenti di Provincia*, i *consiglieri metropolitani*, i *consiglieri comunali*, *provinciali* o *circoscrizionali* in carica, rispettivamente, in altro Comune, Città metropolitana, Provincia o Circoscrizione.

Con particolare riferimento alla **carica di Sindaco**, fra i soggetti in condizione di ineleggibilità l'art. 61 enumera anche il ministro di un culto e coloro che hanno legami parentali con il Segretario comunale.

L'art. 60, co. 3, TUEL prevede alcune eccezioni all'applicazione delle cause di ineleggibilità: tutte le cause, salvo l'avere cariche nelle aziende ospedaliere (v. *supra* n. 8), non hanno effetto se l'interessato cessa dalle funzioni per **dimissioni**, **trasferimento**, **revoca dell'incarico o del comando**, **collocamento in aspettativa non retribuita** (sempre per tutta la durata del mandato e purché da lavoro a tempo indeterminato) non oltre il giorno fissato per la presentazione delle candidature, e che le amministrazioni devono soddisfare le relative richieste entro 5 giorni dalla presentazione.
Invece, ai sensi del co. 2, le citate singole cause non hanno effetto se le funzioni esercitate siano cessate almeno 180 giorni prima della data di scadenza dei periodi di durata degli organi ivi indicati.
La causa di ineleggibilità prevista al n. 12) non ha effetto nei confronti del Sindaco in caso di elezioni contestuali nel Comune nel quale l'interessato è già in carica e in quello nel quale intende candidarsi.

Va, infine, menzionato l'art. 248 TUEL, così come modificato dal D.L. 174/2012, secondo cui gli amministratori riconosciuti dalla Corte dei conti quali responsabili, anche in primo grado, di aver contribuito con condotte dolose o gravemente colpose, sia omissive che commissive, al verificarsi del **dissesto finanziario**, non possono ricoprire, per un periodo di 10 anni, incarichi di assessore, di revisore dei conti di enti locali e di rappresentanti di enti locali presso altri enti, istituzioni ed organismi pubblici o privati.

6.4.2 Incompatibilità

L'incompatibilità può essere definita come la **condizione di chi, pur essendo stato regolarmente eletto, risulta già titolare di altra carica non cumulabile**: ciò per evitare il rischio che gli eletti si trovino in condizioni di conflitto di interessi o che siano funzionalmente impediti, in modo da assicurare un esercizio imparziale e corretto delle funzioni svolte.
Quanto alle **cause di incompatibilità** con la carica di Sindaco, Presidente della Provincia, consigliere comunale, provinciale, metropolitano o circoscrizionale, l'art. 63 TUEL stabilisce, al co. 1, che non può ricoprire queste cariche:

1) l'*amministratore* o il *dipendente con poteri di rappresentanza o di coordinamento* di ente, istituto o azienda soggetti a vigilanza in cui vi sia almeno il 20 per cento di partecipazione rispettivamente da parte del Comune o della Provincia o che dagli stessi riceva, in via continuativa, una sovvenzione in tutto o in parte facoltativa, quando la parte facoltativa superi, nell'anno, il 10 per cento del totale delle entrate dell'ente;
2) colui che, come *titolare, amministratore, dipendente con poteri di rappresentanza o di coordinamento* ha parte, direttamente o indirettamente, in servizi, esazioni di diritti, somministrazioni o appalti, nell'interesse del Comune o della Provincia, ovvero in società ed imprese (non cooperative o consorzi di cooperative) volte al profitto di privati, sovvenzionate da detti enti in modo continuativo, quando le sovvenzioni non siano dovute in forza di una legge dello Stato o della Regione;
3) il *consulente legale, amministrativo e tecnico* che presta opera in modo continuativo in favore delle imprese di cui sopra;
4) colui che ha *lite pendente*, in quanto parte di un procedimento civile od amministrativo, rispettivamente, con il Comune o la Provincia.

Non determina incompatibilità la pendenza di una *lite in materia tributaria* ovvero di una lite promossa con *azione popolare e delle associazioni di protezione ambientale*, ai sensi dell'art. 9 TUEL; né costituisce causa di incompatibilità la *costituzione di parte civile* nel processo penale.
Qualora il contribuente venga eletto amministratore comunale, competente a decidere sul suo ricorso è:
- la commissione tributaria del Comune capoluogo di circondario sede di Tribunale (ovvero sezione staccata di Tribunale);
- la commissione del Comune capoluogo di Provincia, qualora il ricorso sia proposto contro tale Comune;
- la commissione, in ogni caso, del Comune capoluogo di Regione, qualora il ricorso sia proposto contro quest'ultimo Comune;
- la commissione del Comune capoluogo di provincia territorialmente più vicino qualora il ricorso sia proposto contro quest'ultimo Comune.

La lite promossa a seguito di (o conseguente a) sentenza di condanna determina incompatibilità soltanto in caso di affermazione di responsabilità con sentenza passata in giudicato;

5) colui che, per fatti compiuti allorché era amministratore o impiegato, rispettivamente, del Comune o della Provincia ovvero di istituto o azienda da esso dipendente o vigilato, è stato, *con sentenza passata in giudicato, dichiarato responsabile verso l'ente, istituto o azienda e non ha ancora estinto il debito*;
6) colui che, avendo un debito liquido ed esigibile, rispettivamente, verso il Comune o la Provincia ovvero verso istituto od azienda da essi dipendenti è stato legalmente messo in mora ovvero, avendo un debito liquido ed esigibile per imposte, tasse e tributi nei riguardi di detti enti, *abbia ricevuto invano notificazione dell'avviso* di cui all'art. 46 D.P.R. 602/1973;
7) colui che, nel corso del mandato, viene a trovarsi in una *condizione di ineleggibilità*.

In aggiunta a quelle specificamente individuate dall'art. 63, **altre cause di incompatibilità** sono desumibili da una lettura sistematica del TUEL. In particolare:
- le cariche di **Presidente provinciale**, nonché di **Sindaco** e di **assessore dei Comuni compresi nel territorio della Regione**, sono incompatibili con la carica di *consigliere regionale* (art. 65, co. 1);
- le cariche di **consigliere comunale e circoscrizionale** sono incompatibili, rispettivamente, con quelle di *consigliere comunale di altro Comune* e di *consigliere circoscrizionale di altra circoscrizione*, anche di altro Comune (art. 65, co. 2);
- la carica di **consigliere comunale** è incompatibile con quella di *consigliere di una circoscrizione dello stesso o di altro Comune* (art. 65, co. 1);
- la carica di **direttore generale**, di **direttore amministrativo** e di **direttore sanitario** delle aziende sanitarie locali e ospedaliere è incompatibile con quella di *consigliere provinciale*, di *Sindaco*, di *assessore comunale*, di *presidente o assessore di Comunità montana* (art. 66);
- nei **Comuni con più di 15.000 abitanti** esiste *incompatibilità fra la carica di assessore e quella di consigliere* (art. 64, commi 1, 2 e 3). Laddove siano nominati *assessori esterni*, essi devono possedere gli stessi requisiti di candidabilità, eleggibilità e compatibilità previsti per i consiglieri comunali (art. 47, commi 3 e 4);
- è incompatibile con la carica di **Sindaco di Comune con più di 15.000 abitanti** o di **Presidente della Provincia** quella di *parlamentare europeo* (art. 6 L. 18/1979).

L'art. 62 stabilisce, per i **Sindaci dei Comuni con popolazione superiore ai 20.000 abitanti** e per i **Presidenti delle Province**, che l'accettazione della candidatura alla carica di deputato o di senatore comporta la decadenza dalla carica elettiva ricoperta. Con l'art. 13, co. 3, D.L. 138/2011 (conv. dalla L. 148/2011) è stato chiarito che la **carica di deputato o senatore** è incompatibile "con qualsiasi altra carica pubblica elettiva di natura monocratica relativa ad organi di governo di enti pubblici territoriali" aventi popolazione superiore a 15.000 abitanti.

La precisazione si è resa necessaria in seguito ad una controversia vertente sull'interpretazione dell'art. 62 TUEL che prevede la decadenza dalla carica di Sindaco (nei Comuni con più di 20.000 abitanti) qualora accettino una candidatura alla carica di deputato o senatore. Diversi parlamentari avevano sostenuto che la norma non operava in senso inverso, ovvero non si applicasse ad un parlamentare già in carica che avesse accettato la candidatura (e fosse stato eletto) a Sindaco di Comune con più di 20.000 abitanti, che poteva in tal modo cumulare le due cariche.

Le cause di incompatibilità comportano la **decadenza dalla carica ricoperta** (art. 68, co. 2, TUEL), ma possono essere rimosse (art. 68, co. 3, TUEL).

6.4.3 Esimente e decadenza di diritto

Secondo l'art. 67 TUEL **non costituiscono cause di ineleggibilità o di incompatibilità** gli incarichi e le funzioni conferite ad amministratori locali previsti da norme di legge, statuto o regolamento in ragione del mandato elettivo.
Le cause di ineleggibilità e incompatibilità comportano la decadenza dalla carica elettiva ricoperta (art. 68, commi 1 e 2, TUEL).
La **perdita delle condizioni di eleggibilità** importa la decadenza dalla carica di Sindaco, Presidente della Provincia, consigliere comunale, provinciale o circoscrizionale; la **presenza di cause di incompatibilità**, sia che esistano al momento della elezione sia che sopravvengano ad essa, importano la decadenza dalle predette cariche.
Ai fini della rimozione delle cause di ineleggibilità sopravvenute alle elezioni ovvero delle cause di incompatibilità (cui si applicano le disposizioni di cui ai commi 2, 3, 5, 6 e 7 dell'art. 60), la **cessazione dalle funzioni** deve avere luogo entro 10 giorni dalla data in cui è venuta a concretizzarsi la causa di ineleggibilità o di incompatibilità.

6.5 Le procedure elettorali nei Comuni

6.5.1 L'elezione dei Consigli e dei Sindaci

Il TUEL reca distintamente la disciplina dei **meccanismi di voto in funzione della dimensione demografica** dell'ente. Difatti, l'art. 71 regola unitariamente le procedure elettorali per Sindaco e Consiglio dei Comuni con popolazione fino a 15.000 abitanti, l'art. 72 quelle per Sindaco nei Comuni con popolazione superiore a 15.000 abitanti, l'art. 73 quelle per il Consiglio comunale nei Comuni con popolazione superiore a 15.000 abitanti.
Vanno considerate non più applicabili le disposizioni recate dagli artt. 74 e 75 relativamente al Presidente della Provincia e al Consiglio provinciale, ora sostituite dalle misure riportate nell'art. 1, co. 58 e seguenti della legge Delrio (L. 56/2014).

6.5.2 L'elezione del Sindaco e del Consiglio comunale nei Comuni sino a 15.000 abitanti

Nei Comuni con popolazione sino a 15.000 abitanti, l'elezione dei consiglieri comunali si effettua con **sistema maggioritario a turno unico** contestualmente all'elezione del Sindaco. L'art. 71 TUEL suddivide il procedimento elettorale nelle seguenti fasi:

> **presentazione delle candidature e rappresentanza di genere**. Con la lista di candidati al Consiglio comunale deve essere presentato anche il candidato alla carica di Sindaco e il programma amministrativo. Ciascuna candidatura alla carica di Sindaco è collegata a una lista di candidati alla carica di consigliere comunale, non superiore al numero dei consiglieri da eleggere e non inferiore ai tre quarti. Nella scheda è indicato, a fianco del contrassegno, il candidato alla carica di Sindaco. Nelle liste dei candidati è assicurata la rappresentanza di entrambi i sessi. Nessuno dei due sessi può essere rappresentato in misura superiore ai 2/3 (cosiddette *quote di lista*) dei candidati (art. 71, co. 3-*bis*, TUEL, aggiunto dalla L. 215/2012);

> **votazione e doppia preferenza di genere**. L'elettore vota un candidato alla carica di Sindaco segnando il relativo contrassegno. Può esprimere anche un voto di preferenza per un candidato alla carica di consigliere comunale compreso nella lista collegata al Sindaco prescelto (scrivendone il cognome nell'apposita riga stampata sotto il medesimo contrassegno). Nei **Comuni con popolazione compresa fra 5.000 e 15.000 abitanti**, con la L. 215/2012 è stata introdotta la **doppia preferenza di genere**, che consente all'elettore di esprimere due preferenze (anziché una) purché riguardanti candidati di sesso diverso, pena l'annullamento della seconda scelta operata. Non è ammesso il **voto disgiunto**, ossia dare una preferenza ad un candidato di una lista diversa da quella che sostiene il candidato Sindaco scelto (tale facoltà è prevista solo nei Comuni con più di 15.000 abitanti);

> **proclamazione dell'elezione del Sindaco**. Il candidato che ottiene il maggior numero di voti è eletto Sindaco. In caso di parità di voti si procede ad un secondo turno elettorale (**ballottaggio**) fra i due candidati che hanno ottenuto il maggior numero di voti, da effettuarsi la seconda domenica successiva. In caso di ulteriore parità viene eletto il più anziano di età;

> **proclamazione dei consiglieri eletti**. A ciascuna lista di candidati alla carica di consigliere si intendono attribuiti tanti voti quanti sono quelli conseguiti dal candidato alla carica di Sindaco ad essa collegato. Alla **lista collegata al candidato Sindaco eletto sono attribuiti due terzi dei seggi** assegnati al Consiglio, mentre i restanti seggi sono ripartiti proporzionalmente fra le altre liste. Nell'ambito di ogni lista è eletto il candidato che ha ottenuto più preferenze; a parità di voti sono proclamati i candidati che precedono nell'ordine di lista. Il primo seggio spettante a ciascuna lista di minoranza è attribuito al candidato alla carica di Sindaco della lista medesima non eletto.

L'art. 71 prevede, al co. 10, l'ipotesi in cui sia stata **ammessa e votata una sola lista**. Ricorrendo tale eventualità, sono considerati eletti tutti i candidati compresi nella lista, e il candidato a Sindaco collegato, purché essa abbia riportato un numero di voti validi non inferiore al 50 per cento dei votanti ed il numero dei votanti non sia stato inferiore al 50 per cento degli elettori iscritti nelle liste elettorali del Comune. Nel caso in cui tali percentuali non siano raggiunte, l'elezione è nulla.

6.5.3 L'elezione del Sindaco nei Comuni con popolazione superiore a 15.000 abitanti

Presentazione della candidatura

Nei Comuni con popolazione superiore a 15.000 abitanti, il Sindaco è eletto a suffragio universale, diretto e a doppio turno, contestualmente all'elezione del Consiglio comunale (art. 72 TUEL).

Ciascun candidato alla carica di Sindaco deve palesare all'atto della presentazione della candidatura il **collegamento con una o più liste** presentate per l'elezione del Consiglio comunale, in convergenza con l'analoga dichiarazione resa dai delegati delle liste interessate, pena l'inefficacia della dichiarazione stessa.

La scheda per l'elezione del Sindaco è quella stessa utilizzata per l'elezione del Consiglio, e reca i nomi e i cognomi dei candidati alla carica di Sindaco, scritti entro un apposito rettangolo, al cui fianco sono riportati i contrassegni della lista o delle liste con cui il candidato è collegato.

C'è anche la possibilità del **voto disgiunto**, vale a dire votare una lista (e attribuire la relativa preferenza ad un componente di tale lista) che non rientra fra quelle che sostengono il candidato Sindaco.

Ballottaggio e proclamazione dell'elezione

È proclamato **eletto Sindaco** il candidato alla carica che ottiene la maggioranza assoluta dei voti validi (50 per cento + 1). Qualora nessun candidato ottenga detta maggioranza, si procede al **ballottaggio**, che ha luogo la seconda domenica successiva a quella del primo turno elettorale. Sono ammessi al secondo turno i due candidati alla carica di Sindaco che hanno ottenuto al primo turno il maggior numero di voti. In **caso di parità di voti** fra i candidati, è ammesso al ballottaggio il candidato collegato con la lista o il gruppo di liste per l'elezione del Consiglio comunale che abbia conseguito la maggiore cifra elettorale complessiva. A parità di cifra elettorale, partecipa al ballottaggio il candidato più anziano di età.

In caso di **impedimento permanente o decesso** di uno dei candidati ammessi al ballottaggio, il secondo turno si tiene la domenica successiva al decimo giorno dal verificarsi dell'evento e vi partecipa il candidato che segue nella graduatoria.

Per i candidati ammessi al ballottaggio rimangono fermi i **collegamenti con le liste** per l'elezione del Consiglio dichiarati al primo turno, ma essi hanno facoltà, entro sette giorni dalla prima votazione, di dichiarare il collegamento con ulteriori liste rispetto a quelle con cui è stato effettuato il collegamento nel primo turno, sempre in convergenza con analoghe dichiarazioni rese dai delegati delle liste interessate.

Dopo il secondo turno è proclamato eletto Sindaco il candidato che ha ottenuto il maggior numero di voti validi.

In caso di parità, è proclamato eletto Sindaco il candidato collegato con la lista o il gruppo di liste per l'elezione del Consiglio comunale che ha conseguito la maggiore cifra elettorale complessiva. A parità di cifra elettorale, è proclamato eletto il più anziano d'età.

6.5.4 L'elezione del Consiglio comunale nei Comuni con popolazione superiore a 15.000 abitanti

Presentazione delle liste

Le liste per l'elezione del Consiglio comunale devono sempre comprendere un **numero di candidati non superiore al numero dei consiglieri da eleggere e non inferiore ai due terzi**, con arrotondamento all'unità superiore qualora il numero dei consiglieri da comprendere nella lista contenga una cifra decimale superiore a 50 centesimi (art. 73 TUEL).

Nelle liste dei candidati nessuno dei due sessi può essere rappresentato in misura superiore a due terzi, con arrotondamento all'unità superiore qualora il numero dei candidati del sesso meno rappresentato da comprendere nella lista contenga una cifra decimale inferiore a 50 centesimi.

Con la lista di candidati al Consiglio comunale deve essere anche presentato il nome e cognome del **candidato alla carica di Sindaco** e il programma amministrativo da affiggere all'albo pretorio. La peculiarità rispetto alle procedure adottate nei Comuni fino a 15.000 abitanti è che **più liste** possono presentare lo **stesso candidato** alla carica di Sindaco; conseguentemente, le liste devono presentare il medesimo programma amministrativo e si considerano fra di loro collegate (costituiscono, pertanto, una **coalizione**).

Votazione e attribuzione dei seggi

Il **voto** alla lista è espresso tracciando un segno sul contrassegno della lista prescelta. Ciascun elettore può esprimere, nelle apposite righe stampate sotto il medesimo contrassegno, uno o due voti di preferenza, scrivendo il cognome di non più di due candidati compresi nella lista da lui votata. Nel caso di espressione di due preferenze, esse devono riguardare candidati di sesso diverso della stessa lista, pena l'annullamento della seconda preferenza (*doppia preferenza di genere*).

L'**attribuzione dei seggi** alle liste è effettuata successivamente alla proclamazione dell'elezione del Sindaco al termine del primo o del secondo turno; come clausola di sbarramento non sono ammesse all'assegnazione dei seggi le liste che abbiano ottenuto al primo turno meno del 3% dei voti validi e che non appartengano a nessun gruppo di liste che abbia superato tale soglia.

La lista o le liste che hanno appoggiato il candidato Sindaco eletto hanno **diritto al 60% dei seggi**, anche se non hanno raggiunto tale percentuale di voti (**premio di maggioranza**). I restanti seggi sono ripartiti proporzionalmente fra le altre liste.

Il premio di maggioranza non è attribuito nel caso in cui un'altra lista o un gruppo di liste collegate ad un Sindaco non risultato eletto abbia superato il 50% dei voti validi. Se il Sindaco è eletto al primo turno, per far scattare il premio di maggioranza occorre aver ottenuto almeno il 40% dei voti.

Non del tutto impossibile, seppur rara (talvolta, infatti, si è effettivamente verificata), è l'ipotesi di un **Sindaco eletto che non abbia la maggioranza nel Consiglio.**

Nei **Comuni con più di 15.000 abitanti** è previsto il voto disgiunto per cui l'elettore può votare sia un candidato Sindaco sia una lista a lui avversa. Laddove questo fenomeno risulti particolarmente rilevante ne può derivare un Sindaco eletto a maggioranza che però non può contare su una maggioranza in Consiglio comunale. L'ipotesi si verifica soprattutto in quei casi in cui vi è un candidato Sindaco particolarmente autorevole e apprezzato a livello locale ma che non può contare sull'appoggio dei partiti politici di maggior peso.

Per l'assegnazione del numero dei consiglieri a ciascuna lista o a ciascun gruppo di liste collegate si divide la cifra elettorale di ciascuna lista o gruppo di liste collegate successivamente per 1, 2, 3, 4, ... sino a concorrenza del numero dei consiglieri da eleggere e quindi si scelgono, fra i quozienti così ottenuti, i più alti, in numero eguale a quello dei consiglieri da eleggere, disponendoli in una graduatoria decrescente.
Nell'ambito di ciascun gruppo di liste collegate la cifra elettorale di ciascuna di esse, corrispondente ai voti riportati nel primo turno, è divisa per 1, 2, 3, 4, ... sino a concorrenza del numero dei seggi spettanti al gruppo di liste. Si determinano in tal modo i quozienti più alti e, quindi, il numero dei seggi spettanti ad ogni lista.
La **cifra elettorale** di una lista è costituita dalla somma dei voti validi riportati dalla lista stessa in tutte le sezioni del Comune; mentre la **cifra individuale** di ciascun candidato a consigliere comunale è costituita dalla cifra di lista aumentata dei voti di preferenza.
Determinato il numero dei seggi spettanti a ciascuna lista o gruppo di liste collegate (anche all'interno della coalizione la ripartizione avviene secondo il sistema proporzionale), sono in primo luogo proclamati **eletti alla carica di consigliere** tutti i candidati non risultati eletti alla carica di Sindaco, purché siano collegati ad una lista che abbia ottenuto almeno un seggio. Se più liste sono collegate al medesimo candidato non eletto alla carica di Sindaco, il seggio che gli spettai è detratto dai seggi complessivamente attribuiti al gruppo di liste collegate.
Una volta compiute queste operazioni, sono proclamati eletti **consiglieri comunali** i candidati di ciascuna lista secondo l'ordine delle rispettive cifre individuali.
In caso di parità di cifra individuale, sono proclamati eletti i candidati che precedono nell'ordine di lista.

Sistemi elettorali comunali a confronto		
	Comuni fino a 15.000 abitanti	Comuni superiori a 15.000 abitanti
Elezione del Sindaco	Eletto il candidato che ottiene più voti (nessun quorum specifico)	Eletto al primo turno il candidato che ottiene la maggioranza assoluta dei voti validi (50 per cento + 1)
Ballottaggio per il Sindaco	**No**. Non previsto, eccetto il caso di parità di voti fra i primi due candidati	**Sì**. Si svolge fra i due candidati che hanno ottenuto il maggior numero di voti validi
Premio di maggioranza	**Sì**. Alla lista che ha appoggiato il Sindaco vincente sono attribuiti i 2/3 dei seggi	**Sì**. Alla lista o al gruppo di liste che hanno appoggiato il candidato Sindaco eletto sono attribuiti il 60 per cento dei seggi.
Parità di genere nella presentazione delle liste	**Sì**, nei Comuni con più di 5.000 abitanti. Massimo un terzo uomini e due terzi donne, o viceversa	**Sì**. Massimo un terzo uomini e due terzi donne, o viceversa
Preferenze	*Comuni fino a 4.999 abitanti*: 1 preferenza *Comuni oltre 4.999 abitanti*: 2 preferenze (un uomo e una donna)	Consentite 2 preferenze, una per un candidato di sesso maschile e una per un candidato di sesso femminile.
Voto disgiunto	**No**, non consentito	**Sì**, consentito

6.6 Le procedure elettorali nelle Province

6.6.1 L'elezione del Consiglio provinciale

Presentazione delle liste

La L. 56/2014 (art. 1, co. 67 ss.) ha dettato una serie di norme per la costituzione dei Consigli delle Città metropolitane, dei Consigli delle Province e per l'elezione del Presidente della Provincia; tali organi sono eletti con un **procedimento elettorale di secondo grado** e non direttamente dalla popolazione residente nei rispettivi territori. Il Consiglio provinciale è **eletto dai Sindaci e dai consiglieri comunali** dei Comuni della Provincia. Sono eleggibili a consigliere provinciale i Sindaci e i consiglieri comunali in carica. La cessazione dalla carica comunale comporta anche la decadenza da quella provinciale.

L'elezione, che ha luogo in un'unica giornata, avviene sulla base di liste, composte da un numero di candidati non superiore al numero dei consiglieri da eleggere e non inferiore alla metà degli stessi, sottoscritte da almeno il 5 per cento degli aventi diritto al voto.

Nelle liste nessuno dei due sessi può essere rappresentato in misura superiore al 60 per cento del numero dei candidati, con arrotondamento all'unità superiore qualora il numero dei candidati del sesso meno rappresentato contenga una cifra decimale inferiore a 50 centesimi. In caso contrario, l'ufficio elettorale riduce la lista, cancellando i nomi dei candidati appartenenti al sesso più rappresentato, procedendo dall'ultimo della lista, in modo da assicurare il rispetto del principio sopra esposto.

La lista che, all'esito della cancellazione delle candidature eccedenti, contenga un numero di candidati inferiore a quello minimo prescritto dal co. 70 (ossia da un numero di candidati inferiore alla metà dei consiglieri da eleggere) è inammissibile.

Votazione e riparto dei seggi

Il Consiglio provinciale è eletto con voto diretto, libero e segreto, attribuito a **liste di candidati concorrenti**, in un unico collegio elettorale corrispondente al territorio della Provincia. Le **schede di votazione** sono fornite a cura dell'ufficio elettorale in colori diversi a seconda della fascia demografica del Comune di appartenenza degli aventi diritto al voto.

Ciascun elettore esprime *un voto*, che viene ponderato ai sensi dell'art. 1, co. 32, 33 e 34, L. 56/2014. L'elettore può esprimere, nell'apposita riga della scheda, un voto di preferenza per un candidato alla carica di consigliere provinciale compreso nella lista, scrivendone il cognome o, in caso di omonimia, il nome e il cognome.

L'ufficio elettorale, terminate le operazioni di scrutinio, determina la cifra elettorale ponderata di ciascuna lista e la cifra individuale ponderata dei singoli candidati e procede al **riparto dei seggi** fra le liste e alle relative proclamazioni.

I seggi che rimangono vacanti per qualunque causa, ivi compresa la cessazione dalla carica di Sindaco o di consigliere di un Comune della Provincia, sono attribuiti ai candidati che, nella medesima lista, hanno ottenuto la maggiore cifra individuale ponderata. Non si considera cessato dalla carica il consigliere eletto o rieletto Sindaco o consigliere in un Comune della Provincia.

6.6.2 L'elezione del Presidente della Provincia

Anche per il Presidente della Provincia la L. 56/2014 ha eliminato l'elezione diretta, prevedendo che sia eletto dai Sindaci e dai consiglieri dei Comuni facenti parte della Provincia.
Ai sensi dell'art. 1, co. 60, L. 56/2014, sono **eleggibili** a Presidente della Provincia i **Sindaci della Provincia il cui mandato scada non prima di 18 mesi dalla data di svolgimento delle elezioni**. L'elezione avviene sulla base di candidature, sottoscritte da almeno il 15 per cento degli aventi diritto al voto.
Il Presidente della Provincia è eletto con voto diretto, libero e segreto. L'elezione avviene in un'unica giornata presso un unico seggio elettorale. Ciascun elettore vota per un solo candidato. Quello che consegue il maggior numero di voti viene eletto Presidente della Provincia; in caso di parità di voti, è eletto il candidato più giovane. Il Presidente decade dalla carica in caso di cessazione dalla carica di Sindaco.

6.7 Le procedure elettorali nelle Città metropolitane

6.7.1 L'elettorato e la presentazione delle liste per il Consiglio metropolitano

Il Consiglio metropolitano è l'unico organo elettivo, seppure di secondo grado, della Città metropolitana; il Sindaco metropolitano è di diritto il Sindaco del Comune capoluogo mentre l'Assemblea dei Sindaci è formata di diritto dai capi delle amministrazioni comunali appartenenti alla Città metropolitana. In caso di rinnovo del Consiglio del Comune capoluogo, si procede a nuove elezioni del Consiglio metropolitano entro 60 giorni dalla proclamazione del Sindaco del Comune capoluogo.
La L. 56/2014 stabilisce che il **diritto di elettorato attivo e passivo** spetta ai Sindaci e ai consiglieri comunali dei Comuni della Città metropolitana: sono eleggibili a consigliere metropolitano i Sindaci e i consiglieri comunali in carica (art. 1, co. 25).
Il **meccanismo elettorale è di tipo proporzionale** per liste ed è disciplinato nei commi da 26 a 39.
In particolare, è previsto che, ai fini della presentazione, le liste elettorali (composte da un numero di candidati non inferiore alla metà dei consiglieri da eleggere) siano sottoscritte da almeno il 5% degli aventi diritto al voto; nessuno dei due sessi può essere rappresentato in misura superiore al 60% del numero dei candidati, con arrotondamento all'unità superiore qualora il numero dei candidati del sesso meno rappresentato contenga una cifra decimale inferiore a 50 centesimi, allo scopo di promuovere la rappresentanza di genere.
Nel caso in cui tale previsione non sia rispettata, l'ufficio elettorale riduce la lista, cancellando i nomi dei candidati appartenenti al sesso più rappresentato e procedendo dall'ultimo della lista. La lista che, all'esito della cancellazione delle candidature eccedenti, contenga un numero di candidati inferiore a quello minimo prescritto è considerata inammissibile.

6.7.2 Il meccanismo elettorale e il voto ponderato

Per quanto concerne il meccanismo elettorale, la legge di riforma precisa che ciascun elettore – Sindaco e consiglieri metropolitani – esprime un voto ponderato.

La **ponderazione**, volta ad introdurre *elementi di riequilibrio fra realtà demografiche differenziate*, si calcola sulla base di un indice determinato in relazione alla popolazione complessiva della fascia demografica del Comune di cui è rappresentante (co. 32).
Pertanto, ai fini delle elezioni, il co. 33 ripartisce i Comuni della Città metropolitana in nove distinte fasce demografiche, a seconda della loro popolazione (fino a 3.000 abitanti; da 3001 a 5000 abitanti; da 5.001 a 10.000 abitanti; da 10.001 a 30.000 abitanti; da 30.001 a 100.000 abitanti; da 100.001 a 250.000 abitanti, da 250.001 a 500.000 abitanti, da 500.001 a 1 milione di abitanti; sopra 1 milione di abitanti).
L'**indice di ponderazione** per ciascuna delle fasce demografiche dei Comuni appartenenti alla Città metropolitana viene determinato grazie ad un valore percentuale che è dato dal rapporto fra la popolazione complessiva della fascia e il totale della popolazione dell'intera Città metropolitana.
Più nel dettaglio, la legge Delrio stabilisce che nessun Comune può superare il valore del 45% nel rapporto fra la propria popolazione e quella dell'intera Città metropolitana cui appartiene. Il valore superiore al 45% è comunque ridotto a tale percentuale e la quota eccedente assegnata in aumento al valore percentuale di ciascuna fascia demografica (purché diversa da quella cui appartenga il Comune in questione). Tale ripartizione fra fasce demografiche avviene in misura proporzionale alla rispettiva popolazione.
È previsto un limite anche per la singola fascia demografica, la quale non può superare la soglia del 35%, e anche in questo caso il valore percentuale eccedente è comunque ridotto alla soglia limite (e cioè al 35%).
Tale complesso meccanismo conduce all'indice di ponderazione del voto degli elettori (Sindaci e consiglieri comunali) del Consiglio metropolitano.
La formula elettorale è indicata dal co. 36 che prevede che la cifra elettorale di ciascuna lista sia costituita dalla somma dei voti ponderati validi riportati da ciascuna di esse.
L'ufficio elettorale, al termine dello scrutinio, provvede, innanzitutto, a determinare la **cifra elettorale ponderata di ciascuna lista**; successivamente determina la **cifra elettorale dei candidati** in base ai voti di preferenza; infine ripartisce i seggi fra le liste e provvede alle proclamazioni a consigliere metropolitano.

6.7.3 La possibile elezione a suffragio universale e diretto del Sindaco e del Consiglio metropolitano

In merito alla forma di governo dell'ente, oltre al modello che vede la funzione di Sindaco della Città metropolitana assegnata *ex lege* al Sindaco del Comune capoluogo di Provincia, la legge ammette un modello alternativo che deve essere espressamente previsto dallo statuto (art. 1, co. 22, L. 56/2014).
Infatti, è **possibile l'elezione a suffragio universale e diretto del Consiglio e del Sindaco della Città metropolitana**. L'adozione di questo modello determina la trasformazione della Città metropolitana da ente di secondo livello a ente di primo livello.
Principale condizione affinché possa essere esercitata questa opzione è la presenza di una legge elettorale approvata con legge dello Stato. Inoltre, affinché si possa far luogo ad elezione del Sindaco e del Consiglio metropolitano a suffragio universale, è necessaria un'ulteriore condizione, diversa a seconda del numero di abitanti residenti nel territorio della Città metropolitana:

- se la **popolazione residente è inferiore ai 3 milioni di abitanti**, l'elezione diretta sarà possibile soltanto a seguito di una procedura molto complessa. Quest'ultima prevede, in primo luogo, l'articolazione del territorio del Comune capoluogo in più Comuni, proposta con deliberazione del Consiglio comunale che deve essere sottoposta a referendum fra tutti i cittadini della Città metropolitana; in secondo luogo, che la Regione abbia provveduto con propria legge all'istituzione dei nuovi Comuni;
- se la **popolazione residente è superiore a 3 milioni di abitanti** (in pratica Roma, Milano e Napoli) è necessario che lo statuto preveda la costituzione di zone omogenee all'interno dell'area e che il Comune capoluogo abbia realizzato la ripartizione del proprio territorio in zone dotate di autonomia amministrativa.

Capitolo 7
Status degli amministratori locali

7.1 Definizione di amministratore locale

L'art. 77 TUEL definisce amministratori locali i *Sindaci*, anche metropolitani, i *Presidenti delle Province*, i *consiglieri* dei Comuni anche metropolitani e delle Province, i *componenti delle Giunte*, i *Presidenti dei Consigli comunali, metropolitani e provinciali*, i *Presidenti*, i *consiglieri* e gli *assessori delle Comunità montane*, i *componenti degli organi delle Unioni di Comuni e dei consorzi fra enti locali*, nonché i *componenti degli organi di decentramento*.
Lo stesso articolo afferma che la Repubblica tutela il diritto di ogni cittadino chiamato a ricoprire cariche pubbliche nelle amministrazioni degli enti locali ad espletare il mandato, disponendo del tempo (aspettative, permessi), dei servizi e delle risorse necessari ed usufruendo di indennità e di rimborsi spese nei modi e nei limiti previsti dalla legge.
Agli amministratori locali si applicano le norme in materia di **ineleggibilità, incompatibilità e incandidabilità** di cui agli artt. 55-70 TUEL e del D.Lgs. 235/2012 (*Testo unico delle disposizioni in materia di incandidabilità*) e le disposizioni relative al loro *status* previste dagli artt. 77-87 TUEL.

7.2 I doveri

7.2.1 Principi generali

L'art. 78, co. 1, TUEL stabilisce che il comportamento degli amministratori, nell'esercizio delle proprie funzioni, deve essere **improntato all'imparzialità e al principio di buona amministrazione**, nel pieno rispetto della distinzione fra funzioni, competenze e responsabilità degli amministratori e quelle proprie dei dirigenti delle rispettive amministrazioni.
Gli amministratori locali, nello svolgimento delle loro funzioni, devono **agire con la massima imparzialità, senza vincolo di mandato**, ponendo attenzione agli interessi generali della popolazione. Il dover operare rispettando il principio di buona amministrazione obbliga gli amministratori locali alla massima efficacia, trasparenza ed efficienza.

7.2.2 Il dovere di astensione

Gli amministratori, ai sensi dell'art. 78, commi 2 e 4, TUEL devono **astenersi dal prender parte alla discussione e alla votazione di deliberazioni riguardanti interessi propri o dei loro parenti o affini**. L'obbligo di astensione non si applica ai provvedimenti normativi o di carattere generale, quali i *piani urbanistici*, se non nei casi in cui sussista

una correlazione immediata e diretta fra il contenuto della deliberazione e specifici interessi dell'amministratore o di parenti o affini fino al quarto grado.
Nel caso – appunto – dei piani urbanistici, ove la suddetta correlazione immediata e diretta sia stata accertata con sentenza passata in giudicato, le parti dello strumento urbanistico che costituivano oggetto della correlazione sono annullate e sostituite mediante nuova variante urbanistica parziale. Nelle more dell'accertamento di tale stato di correlazione è sospesa la validità delle relative disposizioni.
L'obbligo di astensione, dunque, assume le seguenti modalità:

- quando il provvedimento da adottare riguarda un **interesse proprio**, ovvero un **interesse di un parente o affine entro il quarto grado**, l'amministratore in conflitto deve astenersi dalla discussione e dalla votazione, anche se non è necessario che si allontani dall'aula, salva diversa disposizione regolamentare;
- quando in discussione vi è un **provvedimento normativo o di carattere generale** (es. il piano regolatore) ed esiste un interesse immediato, diretto e specifico (correlazione immediata e diretta) del consigliere, quest'ultimo deve astenersi dalla discussione e dalla votazione. Si pensi, per esempio, alla discussione concernente la variante di un piano regolatore generale, la quale preveda un cambio di destinazione di una certa zona da agricola a edificabile, e la zona sia di proprietà di un consigliere comunale (ovvero di un suo parente o affine).

Nell'Atto di segnalazione n. 7 del 4 novembre 2015, l'Autorità Nazionale Anticorruzione ha avuto modo di sottolineare che nelle ipotesi di conflitto d'interesse di cui all'art. 78, pur essendo imposto un generale obbligo di astensione per i consiglieri che si vengano a trovare in tale situazione, non è prevista alcuna ulteriore disposizione per assicurarne l'effettivo rispetto. In altri termini, la **deliberazione adottata con il voto del consigliere in conflitto d'interessi** è suscettibile di impugnativa innanzi al giudice competente da parte dei soggetti interessati, ma non è previsto alcun sistema di controllo esterno o popolare, né è prevista alcuna forma di contestazione formale da parte del Consiglio.

7.2.3 Il divieto di incarichi e di consulenze

L'art. 78, co. 5, TUEL stabilisce che al Sindaco, al Presidente della Provincia, agli assessori e ai consiglieri comunali e provinciali è **vietato ricoprire incarichi e assumere consulenze presso enti ed istituzioni dipendenti o comunque sottoposti al controllo ed alla vigilanza dei relativi Comuni e Province.**
Il divieto sancito incide negativamente sull'incarico o sulla consulenza, ma non sulla titolarità dell'ufficio pubblico. Con la norma in esame la legge ha inteso disciplinare l'attività dei titolari degli organi suddetti in settori potenzialmente conflittuali con gli enti territoriali, ma non anche farli decadere dalla carica.

7.2.4 Il divieto di acquisto di beni dell'ente

Gli amministratori dei beni dello Stato, dei Comuni, delle Province e degli altri enti pubblici non possono essere compratori, nemmeno all'asta pubblica, né direttamente né per interposta persona, dei beni affidati alla loro cura. In tal caso l'acquisto deve considerarsi *nullo* (art. 1471 c.c.).

7.2.5 Il divieto di trasferimento degli amministratori lavoratori dipendenti

Per garantire all'eletto le condizioni più idonee all'espletamento del mandato, il legislatore ha previsto che gli amministratori locali lavoratori dipendenti, pubblici e privati, **non possono essere soggetti a trasferimento durante l'esercizio del mandato elettivo se non con il loro espresso consenso**.
La richiesta di lavoratori dipendenti di avvicinamento al luogo in cui è svolto il mandato amministrativo deve essere esaminata dal datore di lavoro con criteri di priorità.
Il termine "trasferimento" deve intendersi, ai fini di una giusta interpretazione della norma, nella sua accezione propria, ossia come mutamento non transitorio del luogo della prestazione lavorativa che comporta la stabile dislocazione del lavoratore dipendente presso altra sede di lavoro. Il divieto di trasferimento cessa con la conclusione del mandato elettivo.

7.3 I diritti

7.3.1 Il diritto ad esercitare il proprio mandato

Per garantire agli amministratori la possibilità di documentarsi sugli oggetti posti all'ordine del giorno e, quindi, di poter partecipare alle sedute, il legislatore ha previsto che i lavoratori dipendenti, pubblici e privati, componenti dei Consigli comunali, provinciali, metropolitani, delle Comunità montane e delle Unioni di Comuni, nonché dei Consigli circoscrizionali dei Comuni con popolazione superiore a 500.000 abitanti, hanno **diritto di assentarsi dal servizio per il tempo strettamente necessario per la partecipazione a ciascuna seduta dei rispettivi Consigli** e per il raggiungimento del luogo di suo svolgimento.
I predetti lavoratori hanno diritto di non riprendere il lavoro prima delle ore 8 del giorno successivo, qualora le riunioni si svolgano in orario serale; nel caso in cui si protraggano oltre la mezzanotte, hanno diritto di assentarsi dal servizio per l'intera giornata successiva (art. 79, co. 1, TUEL). L'assenza deve considerarsi commisurata all'effettiva durata della riunione, tenuto conto anche del tempo necessario per raggiungere il posto di lavoro (art. 79, co. 3, TUEL).
Inoltre, i componenti degli organi esecutivi dei Comuni, delle Province, delle Città metropolitane, delle Unioni di Comuni, delle Comunità montane e dei Consorzi fra enti locali, e i Presidente dei Consigli comunali, provinciali e circoscrizionali, nonché il Presidente dei gruppi consiliari delle Province e dei Comuni con popolazione superiore a 15.000 abitanti, hanno **diritto di assentarsi dai rispettivi posti di lavoro per un massimo di 24 ore lavorative al mese** (**permessi retribuiti**), elevate a 48 ore per i Sindaci, Presidente delle Province, Sindaci metropolitani, Presidenti delle Comunità montane, Presidenti dei Consigli provinciali e dei Comuni con popolazione superiore a 30.000 abitanti (art. 79, co. 4).
I lavoratori dipendenti hanno diritto ad ulteriori **permessi non retribuiti** sino ad un massimo di 24 ore lavorative mensili qualora questi risultino necessari per l'espletamento del mandato; così facendo, il legislatore ha riconosciuto il diritto di partecipare a tutte le riunioni che, pur non indette per la partecipazione ai lavori del Consiglio, delle sue commissioni, dei suoi organismi istituzionali, rientrino nell'espletamento

del mandato: ad esempio per partecipare a convegni, incontri, ecc. (art. 79, co. 5, TUEL).
L'attività e i tempi di espletamento del mandato per i quali i lavoratori chiedono e ottengono permessi, retribuiti e non retribuiti, devono essere prontamente e puntualmente documentati mediante attestazione dell'ente (art. 79, co. 6, TUEL).

Per quanto concerne i permessi retribuiti per 24 o 48 ore mensili (artt. 21, 79 e 87 TUEL), l'amministratore interessato sottoscrive una dichiarazione sostitutiva di notorietà con la quale attesta i giorni, le ore e i motivi dell'attività svolta mensilmente per l'esercizio del mandato elettivo, con l'esclusione delle riunioni degli organi dell'ente a cui partecipa, per le quali ha già l'attestazione del segretario.

I permessi retribuiti e non retribuiti sono un diritto, il cui godimento non deve sottostare ad alcuna valutazione discrezionale del datore di lavoro, essendo tenuto il lavoratore a fornire solo una previa comunicazione dell'assenza e del motivo. Ciò significa che il datore di lavoro non può esercitare alcuna valutazione sull'opportunità o meno del permesso, ma può solo verificare che l'attestazione dell'ente corrisponda ai giorni per i quali i permessi sono stati chiesti e che si tratti di attività inerente al mandato.
Gli oneri per i permessi retribuiti dei lavoratori dipendenti da privati o da enti pubblici economici sono a carico dell'ente presso il quale gli stessi lavoratori esercitano le funzioni pubbliche.

L'ente, su richiesta documentata del datore di lavoro, è tenuto a rimborsare quanto dallo stesso corrisposto, per retribuzioni e assicurazioni, per le ore o giornate di effettiva assenza del lavoratore. Il **rimborso** è effettuato dall'ente entro 30 giorni dalla richiesta.
Il rimborso dell'onere per i permessi retribuiti non è dovuto alle Amministrazioni pubbliche ma solo ai datori di lavoro privati o soggetti pubblici economici.
Non possono essere rimborsati dall'ente presso il quale l'eletto esercita il mandato:
- gli importi relativi a trattamenti che non hanno carattere retributivo ed oneri che non rientrano nell'ambito delle assicurazioni previdenziali ed assistenziali obbligatorie per legge;
- gli addebiti aggiuntivi relativi a spese generali, spese di amministrazione ed a qualsiasi altro titolo, che non siano comprese nelle retribuzioni ed assicurazioni.

7.3.2 L'aspettativa non retribuita

L'art. 81 TUEL prevede che i Sindaci, i Presidenti delle Province, i Presidenti dei Consigli comunali e provinciali, i Presidenti dei Consigli circoscrizionali dei Comuni, i Presidenti delle Comunità montane e delle Unioni di Comuni, nonché i membri delle Giunte di Comuni e Province, che siano lavoratori dipendenti, possono essere **collocati a richiesta in aspettativa non retribuita per tutto il periodo di espletamento del mandato**.
Il periodo di aspettativa è considerato come servizio effettivamente prestato, nonché come legittimo impedimento per il compimento del periodo di prova.
I consiglieri collocati a domanda in aspettativa non retribuita, per il periodo di espletamento del mandato, assumono a proprio carico l'**intero pagamento degli oneri previdenziali, assistenziali e di ogni altra natura** previsti dall'art. 86 TUEL.
Il collocamento in aspettativa per l'esercizio del mandato elettivo comporta per gli amministratori:
> la **cessazione della retribuzione** da parte del datore di lavoro;

- l'**interruzione del versamento a carico del datore di lavoro degli oneri previdenziali, assistenziali ed assicurativi**, che sono assunti a carico dell'ente locale per le cariche elettive di cui all'art. 86 TUEL escluse quelle non comprese nel primo periodo dell'art. 81;
- la **corresponsione dell'indennità di funzione** nella misura intera stabilita dalle disposizioni vigenti per la carica elettiva ricoperta. Per gli amministratori lavoratori dipendenti non *in aspettativa* l'indennità di funzione è dimezzata.

7.3.3 L'indennità di funzione e i gettoni di presenza

L'**indennità di funzione** (importo erogato su base fissa per l'assunzione di una determinata carica, come quella di Sindaco) e i **gettoni di presenza** (importo erogato solo all'effettiva partecipazione ai lavori dell'organo collegiale) sono disciplinati dagli artt. 82 e 83 del TUEL.

Dal 2007 al 2010 molte sono state le norme che hanno modificato il testo dell'art. 82. Le leggi finanziarie annuali e le manovre finanziarie di metà anno sono intervenute per ridurne i destinatari, sopprimere ogni possibile cumulo di indennità per cariche e impegni diversi, sospendere l'obbligo di adeguamento triennale degli importi alle variazioni dell'indice del costo della vita. Negli anni 2011-2012 sono stati adottati interventi per i Comuni e per le Province il cui ordinamento è stato riformato, in particolare con il D.L. 95/2012, affermando il generale divieto di cumulo delle indennità relative a cariche ricoperte in enti diversi dagli stessi titolari. Anche la legge Delrio (art. 1, co. 136, L. 56/2014) si è posta nell'ottica di contenimento della spesa pubblica specificando che laddove vi fosse stata una rideterminazione (eventualmente in aumento) del numero di consiglieri comunali e assessori sarebbe stato necessario rideterminare in riduzione le indennità di funzione al fine di rispettare il tetto complessivo di spesa previgente. Gli importi delle indennità di funzione e dei gettoni di presenza sono attualmente stabiliti dal regolamento adottato con il decreto del Ministero dell'interno, di concerto con quello del Tesoro, del 4 aprile 2000, n. 119.

Le altre disposizioni dell'art. 82 TUEL, prevedono che:

- l'indennità di funzione è dimezzata per i lavoratori dipendenti che non hanno richiesto l'aspettativa non retribuita (co. 1);
- le diverse indennità di funzione previste dalle norme del capo IV del TUEL non sono fra loro cumulabili. L'interessato opta per la percezione di una delle indennità ovvero per la percezione del 50 per cento di ciascuna (co. 5);
- le indennità di funzione ed i gettoni di presenza, ai soli fini dell'applicazione delle norme relative al divieto di cumulo fra pensione e redditi, non sono assimilabili a redditi da lavoro di qualsiasi natura (co. 3);
- agli amministratori che percepiscono l'indennità di funzione non è dovuto alcun gettone per la partecipazione a sedute degli organi collegiali del medesimo ente, né di commissioni che di quell'organo costituiscono articolazioni interne ed esterne (co. 7).

In merito, poi, ai **gettoni di presenza**, l'art. 82 prevede che i consiglieri hanno diritto, nei limiti fissati dal testo unico e nella misura stabilita dal decreto 119/2000, ad un gettone di presenza per la partecipazione alle riunioni di Consigli e di commissioni. In nessun caso l'ammontare percepito nell'ambito di un mese da un consigliere può superare l'importo pari ad un quarto dell'indennità massima prevista per il Sindaco in base al predetto decreto.

Nessuna indennità è dovuta ai consiglieri circoscrizionali, ad eccezione di quelli delle Città metropolitane per i quali l'ammontare del gettone di presenza non può superare l'importo pari ad un quarto dell'indennità prevista per il rispettivo Presidente. La corresponsione dei gettoni di presenza è subordinata all'effettiva partecipazione a Consigli e commissioni; il regolamento dell'ente ne stabilisce termini e modalità.
L'art. 83 TUEL stabilisce i **divieti di cumulo dell'indennità e dei gettoni di presenza** spettanti agli amministratori locali con quelli previsti per cariche esterne all'ente.

7.3.4 I rimborsi per viaggi e missioni

Agli amministratori che, in ragione del loro mandato, si rechino fuori del capoluogo del Comune ove ha sede il rispettivo ente, previa autorizzazione del capo dell'amministrazione, nel caso di componenti degli organi esecutivi, ovvero del Presidente del Consiglio, nel caso di consiglieri, è dovuto esclusivamente il **rimborso delle spese di viaggio effettivamente sostenute**; la misura è fissata con decreto del Ministro dell'Interno e del Ministro dell'Economia e delle finanze, d'intesa con la Conferenza Stato-Città ed autonomie locali (art. 84 TUEL).
La **liquidazione del rimborso** è effettuata dal dirigente competente, su richiesta dell'interessato, corredata della documentazione delle spese di viaggio e soggiorno effettivamente sostenute e di una dichiarazione sulla durata e sulle finalità della missione.

7.3.5 L'assicurazione per i rischi di esercizio del mandato

Gli enti locali possono assicurare i propri amministratori contro i rischi conseguenti all'espletamento del loro mandato (art. 86, co. 5, TUEL).
Il **rimborso delle spese legali** per gli amministratori locali è ammissibile nel limite massimo dei parametri stabiliti dal decreto di disciplina dell'ordinamento della professione forense (in particolare l'art. 13, co. 6, L. 247/2012), nel caso di conclusione del procedimento con sentenza di assoluzione o di emanazione di un provvedimento di archiviazione, in presenza dei seguenti requisiti:

- *assenza di conflitto di interessi* con l'ente amministrato;
- presenza di un *nesso causale fra funzioni esercitate e fatti giuridicamente rilevanti*;
- *assenza di dolo o colpa grave.*

Non ricorrendo le condizioni di amministratori e non discendendo il loro incarico da mandato elettorale, restano fuori dalla copertura assicurativa:

- i rappresentanti nominati dall'ente locale negli organi di amministrazione di altri enti o organismi esterni, per i quali la legge o lo statuto prevedono la partecipazione di tali rappresentanti;
- i componenti esterni nominati nelle commissioni che operano all'interno dell'ente.

7.4 Gli obblighi di trasparenza concernenti gli organi di indirizzo politico

Il D.Lgs. 33/2013 ha posto a carico dello Stato, delle Regioni e degli enti locali l'obbligo di procedere alla **pubblicazione di una serie di documenti e informazioni riguardanti i titolari di incarichi politici** di livello statale, regionale e locale (anche se non di carattere elettivo).

In particolare devono essere resi disponibili (art. 14, co. 1):
- l'atto di *nomina* o di *proclamazione*, con l'indicazione della durata dell'incarico o del mandato elettivo;
- il *curriculum*;
- i *compensi di qualsiasi natura* connessi all'assunzione della carica e gli *importi di viaggi di servizio e missioni* pagati con fondi pubblici;
- i dati relativi all'*assunzione di altre cariche*, presso enti pubblici o privati, e i *relativi compensi* a qualsiasi titolo corrisposti;
- gli *altri eventuali incarichi con oneri a carico della finanza pubblica* e l'indicazione dei compensi spettanti;
- le dichiarazioni relative a *diritti reali su beni immobili e su beni mobili iscritti in pubblici registri*, quelle relative a *redditi soggetti a IRPEF* (nonché le relative variazioni patrimoniali), a *spese sostenute e obbligazioni assunte per la propaganda elettorale* (artt. 2, 3 e 4 L. 441/1982). Tali documenti vanno pubblicati in relazione al soggetto titolare dell'incarico e, laddove vi consentano, al coniuge non separato e ai parenti entro il secondo grado; è in ogni caso data evidenza al mancato consenso. Quest'obbligo **non si applica ai consiglieri di Comuni con popolazione inferiore a 15.000 abitanti**, stante l'esplicita esclusione riportata nella richiamata L. 441/1982 (art. 1, co. 1, n. 5).

Con il D.Lgs. 97/2016 l'obbligo di pubblicazione di tali dati è stato esteso (art. 14, co. 1-*bis*) anche ai titolari di incarichi o cariche di amministrazione, di direzione o di governo comunque denominati, salvo che siano attribuiti a titolo gratuito, e per i titolari di incarichi dirigenziali, a qualsiasi titolo conferiti, ivi inclusi quelli conferiti discrezionalmente dall'organo di indirizzo politico senza procedure pubbliche di selezione. L'applicabilità di tale disposizione, tuttavia, è stata sospesa in seguito alla sentenza 20/2019 della Corte costituzionale e al D.L. 162/2019 (nel testo modificato dal successivo D.L. 183/2020), fino all'entrata in vigore di un *regolamento che dovrebbe graduare gli obblighi di trasparenza per i diversi livelli di incarichi dirigenziali*. La sospensione non opera per gli incarichi dirigenziali di livello apicale (art. 19, co. 3 e 4, D.Lgs. 165/2001).

La pubblicazione deve essere effettuata entro 3 mesi dall'elezione, dalla nomina o dal conferimento dell'incarico e per i 3 anni successivi dalla cessazione del mandato o dell'incarico dei soggetti, salve le informazioni concernenti la situazione patrimoniale e, ove consentita, la dichiarazione del coniuge non separato e dei parenti entro il secondo grado (da pubblicarsi fino alla cessazione dell'incarico o del mandato). Decorsi tali termini, i dati e i documenti sono accessibili attraverso l'istituto dell'accesso civico.
Linee guida in materia sono state pubblicate dall'Autorità Nazionale Anticorruzione con la delibera 8-3-2017, n. 241.

7.5 La tutela penale degli amministratori locali (L. 105/2017)

Le sempre più frequenti intimidazioni e aggressioni a carico di amministratori locali hanno indotto il legislatore ad approvare la L. 3-7-2017, n. 105 che reca una specifica normativa di tutela. Fino ad allora tali atti erano stati perseguiti in relazione a fattispecie illecite poste a tutela di beni individuali (es. lesioni personali, ingiuria, violenza privata, minaccia o danneggiamento), senza considerare adeguatamente la plurioffensività di tali condotte che, oltre ad intimidire l'amministratore in relazione

all'integrità della sua persona e dei suoi beni, minacciano anche il buon andamento della Pubblica Amministrazione.
La tutela è stata introdotta attraverso una modifica dell'art. 338 c.p., ora rubricato **Violenza o minaccia ad un corpo politico, amministrativo o giudiziario o ai suoi singoli componenti**, che punisce con la reclusione da 1 a 7 anni:

- chiunque usa violenza o minaccia ad un corpo politico, amministrativo o giudiziario, ai singoli componenti o ad una rappresentanza di esso o ad una qualsiasi pubblica autorità costituita in collegio o ai suoi singoli componenti, per impedirne, in tutto o in parte, anche temporaneamente, o per turbarne comunque l'attività (comma 1). Alla stessa pena soggiace chi commette il fatto per ottenere, ostacolare o impedire il rilascio o l'adozione di un qualsiasi provvedimento, anche legislativo, ovvero a causa dell'avvenuto rilascio o adozione dello stesso.

Con questa formulazione sono sanzionate sia le *condotte intimidatorie poste in essere prima dell'adozione di un provvedimento* sia quelle *successive all'adozione dello stesso* (normalmente di natura ritorsiva);

- chi commette il fatto per influire sulle deliberazioni collegiali di imprese che esercitano servizi pubblici o di pubblica necessità, qualora tali deliberazioni abbiano per oggetto l'organizzazione o l'esecuzione dei servizi (comma 2).

La novità rispetto alla previgente normativa è la possibilità di estendere la tutela già prevista dall'art. 338 c.p. anche ai singoli componenti del collegio (es. il consigliere comunale). Tale modifica consente la procedibilità d'ufficio, il ricorso alla custodia in carcere, la possibilità di procedere ad intercettazioni e l'applicabilità di circostanze aggravanti.

La L. 105/2017 prevede anche:

- l'**arresto obbligatorio in flagranza** di reato (in precedenza solo facoltativo);
- l'aggiunta di una **circostanza aggravante** ad effetto speciale di alcuni specifici delitti in danno di componenti di un corpo politico, amministrativo o giudiziario, quando tali delitti costituiscano atti intimidatori ritorsivi commessi a causa del compimento di un atto approvato nell'adempimento del mandato, delle funzioni o del servizio (art. 339-*bis* c.p.). L'aggravante comporta un aumento di pena da un terzo alla metà delle sanzioni previste per i seguenti reati: *lesioni* (art. 582 c.p.), *violenza privata* (art. 610 c.p.), *minaccia* (art. 612 c.p.), *danneggiamento* (art. 635 c.p.);
- una sanzione specifica anche per gli **atti intimidatori nei confronti di aspiranti consiglieri comunali**; si tratta, quindi, di illeciti di cui siano destinatari i **candidati alle elezioni comunali** (e non i già consiglieri).

7.6 Rimozione e sospensione degli amministratori locali

La possibilità di rimozione e sospensione di amministratori locali, con provvedimenti rispettivamente del Ministro dell'Interno e del Prefetto, è prevista dall'art. 142 TUEL.
La sospensione è disposta dal Prefetto, qualora sussistano motivi di grave e urgente necessità, in attesa del provvedimento di rimozione.
Le **cause di rimozione** sono di natura analoga a quelle – previste dall'art. 141, co. 1, lettera *a*) – su cui si fonda lo scioglimento del Consiglio: compimento di atti contrari alla Costituzione, gravi e persistenti violazioni di legge, gravi motivi di ordine pubblico.

A queste cause va aggiunta l'ipotesi di cui al co. 1-*bis*, inserito dall'art. 3, co. 1, D.L. 172/2008 (conv. in L. 210/2008), relativamente ai territori in cui vige lo stato di emergenza nel settore dello **smaltimento dei rifiuti**. La disposizione contempla due fattispecie, rispettivamente a carico delle Province e dei Comuni:

- quella di grave inosservanza degli obblighi posti a carico delle Province inerenti alla programmazione e all'organizzazione del recupero e dello smaltimento dei rifiuti a livello provinciale, e all'individuazione delle zone idonee alla localizzazione degli impianti di recupero e smaltimento dei rifiuti;
- quella di grave inosservanza di specifici obblighi posti a carico dei Comuni inerenti alla disciplina delle modalità del servizio di raccolta e trasporto dei rifiuti urbani, della raccolta differenziata, della promozione del recupero delle diverse frazioni di rifiuti, della raccolta e del trasporto dei rifiuti primari di imballaggio, anche come precisati dalle ordinanze di protezione civile.

Spetta al Sottosegretario di Stato, delegato alla gestione dell'emergenza, assegnare all'ente interessato un congruo termine perentorio per adottare i provvedimenti dovuti o necessari; decorso inutilmente tale termine, su proposta motivata del medesimo Sottosegretario, con decreto del Ministro dell'Interno possono essere rimossi il Sindaco, il Presidente della Provincia o i componenti dei Consigli e delle Giunte.

Gli **effetti del provvedimento di rimozione** sono più contenuti rispetto a quelli di scioglimento del Consiglio, sostanziandosi in cessazione del singolo amministratore dalla carica, sostituzione dell'amministratore cessato (con le procedure previste dalla legge in relazione alla carica ricoperta).
Le conseguenze sono di più ampia portata ove riguardino il Sindaco o il Presidente della Provincia, configurando automaticamente una causa di scioglimento del Consiglio.

Capitolo 8
Le modifiche territoriali

8.1 La disciplina costituzionale

Secondo le indicazioni dell'art. 133 Cost. «il mutamento delle circoscrizioni provinciali e l'istituzione di nuove Province nell'ambito d'una Regione sono stabiliti con leggi della Repubblica, su iniziativa dei Comuni, sentita la stessa Regione. La Regione, sentite le popolazioni interessate, può con sue leggi istituire nel proprio territorio nuovi Comuni e modificare le loro circoscrizioni e denominazioni».
La disciplina costituzionale prende in considerazione diversi eventi accomunati dal fatto di comportare variazioni del territorio dell'ente locale di riferimento. Più in particolare sono individuate le ipotesi:

- di **mutamento del territorio provinciale** e **istituzione di una nuova Provincia**;
- di **mutamento del territorio comunale** e **creazione di un nuovo Comune**.

Altri casi di mutamento territoriale sono disciplinati dalla legislazione ordinaria e riguardano, in particolare, la **fusione di due o più Comuni** confinanti, sia nella tradizionale forma della scomparsa delle entità preesistenti con la creazione di un nuovo ente sia nella forma della fusione per incorporazione (cui fa riferimento la legge Delrio).

8.2 Mutamento territoriale e istituzione di una nuova Provincia

Con il mutamento territoriale della Provincia si provvede al **distacco di parti del territorio** (*ente cedente*) che entrano a far parte di un diverso ente provinciale limitrofo (*ente ricevente*).
Per l'istituzione di una **nuova Provincia**, invece, si procede al distacco di parti del territorio di una o più Province preesistenti per costituire un nuovo ente.
La modifica territoriale deve *rientrare sempre nel perimetro della Regione* di riferimento; in caso contrario si applicherebbe la diversa procedura prevista dall'art. 132, co. 2, Cost. che riguarda il mutamento del territorio regionale.
I passaggi previsti dalla Costituzione per il mutamento territoriale e per l'istituzione della Provincia sono fondamentalmente tre:

- la fase dell'**iniziativa**, che deve necessariamente partire dai Comuni interessati, i quali si attiveranno solo con il consenso delle popolazioni interessate;
- la fase del **parere regionale**. Pur nel silenzio del testo costituzionale si ritiene che il parere della Regione sia obbligatorio ma non vincolante; in caso contrario all'ente regionale verrebbe attribuito un potere di veto che andrebbe ad intaccare una prerogativa che la Costituzione attribuisce solo alla Repubblica;
- la fase dell'**approvazione legislativa**. Spetta ad una legge della Repubblica (da intendersi come legge ordinaria approvata dal Parlamento) il compito di procedere alle modifiche territoriali previste.

Disposizioni di dettaglio sono riportate nell'art. 21, co. 3, TUEL. La norma precisa, che per la revisione delle circoscrizioni provinciali e l'istituzione di nuove Province, i Comuni esercitano l'iniziativa tenendo conto dei seguenti **criteri e indirizzi**:

- ciascun territorio provinciale deve corrispondere alla zona entro la quale si svolge la maggior parte dei rapporti sociali, economici e culturali della popolazione residente;
- ciascun territorio provinciale deve avere dimensione tale, per ampiezza, entità demografica, nonché per le attività produttive esistenti o possibili, da consentire una programmazione dello sviluppo che possa favorire il riequilibrio economico, sociale e culturale del territorio provinciale e regionale;
- l'intero territorio di ogni Comune deve far parte di una sola Provincia;
- l'iniziativa deve conseguire l'adesione della maggioranza dei Comuni dell'area interessata, che rappresentino, comunque, la maggioranza della popolazione complessiva dell'area stessa, con delibera assunta a maggioranza assoluta dei consiglieri assegnati;
- di norma, la popolazione delle Province risultanti dalle modificazioni territoriali non deve essere inferiore a 200.000 abitanti;
- l'istituzione di nuove Province non comporta necessariamente l'istituzione di uffici provinciali delle amministrazioni dello Stato e degli altri enti pubblici;
- le Province preesistenti debbono garantire alle nuove, in proporzione al territorio ed alla popolazione trasferiti, personale, beni, strumenti operativi e risorse finanziarie adeguati.

All'indomani della proclamazione della Repubblica in Italia si contavano 91 Province, numero rimasto sostanzialmente invariato fino agli anni Novanta dello scorso secolo. Dal 1992 si è assistito ad un notevole incremento del loro numero, attraverso la creazione di nuove Province da parte dello Stato e delle Regioni a statuto speciale; nel 2009 si contavano 110 enti provinciali.
Gli ultimi anni sono stati caratterizzati da vari tentativi di "soppressione" delle Province, tutti naufragati per contrasti politici o per la necessità di modificare la Carta costituzionale che contempla questo ente fra quelli che concorrono a costituire la Repubblica, come recita l'art. 114 Cost.
Proposte legislative iniziali prevedevano vari accorpamenti in modo da portare alla creazione di Province con una popolazione minima di un milione di abitanti. Come si è visto le modifiche recenti si sono mosse in due direzioni: il depotenziamento dei compiti e la sostituzione di alcune Province con le Città metropolitane. Le uniche abolizioni hanno riguardato la Regione Sardegna e la Regione Friuli Venezia-Giulia.

8.3 Mutamento territoriale e creazione di nuovi Comuni

Con le *modifiche territoriali* si procede ad una **rideterminazione del territorio comunale con tre possibili esiti**: passaggio di una sua parte ad altro Comune, acquisizione di una porzione da altro Comune oppure distacco di una parte (es. una frazione) che va a costituirsi in Comune autonomo. In tutti i casi la procedura si svolge interamente in ambito regionale.
La disciplina di base è dettata dal testo costituzionale che prevede questi passaggi:

- **consultazione delle popolazioni interessate** da parte della Regione prima di procedere alle modifiche territoriali. La vaga indicazione costituzionale circa la "consultazione della popolazione interessata" ha determinato spesso contrasti su quali siano i soggetti che devono effettivamente essere interpellati: solo quelli del territorio oggetto di modifica territoriale o anche quelli appartenenti al Comune che subisce il distacco? In ogni caso l'esito della consultazione non è vincolante per l'ente regionale, anche se difficilmente potrà discostarsene.

La questione è stata più volte esaminata dalla **Corte costituzionale**. Nella sentenza n. 43/2003, la Corte ha affermato che è sempre costituzionalmente obbligatoria la consultazione delle popolazioni residenti nei territori che sono destinati a passare da un Comune preesistente ad uno di nuova istituzione, ovvero ad un altro Comune preesistente. Anzi, la volontà espressa nel referendum da tali popolazioni direttamente interessate «deve in ogni caso avere autonoma evidenza nel procedimento, così che il legislatore regionale ne debba tenere conto quando adotta la propria finale determinazione, componendo nella propria conclusiva valutazione discrezionale gli interessi sottesi alle valutazioni, eventualmente contrastanti, emersi nella consultazione» per cui i risultati del referendum debbono essere distintamente raccolti e valutati con riguardo all'ambito della frazione di cui si chiede il distacco.
La Corte, però, non ha mancato di precisare che, in linea di principio, «anche le popolazioni della restante parte del Comune che subisce la decurtazione territoriale possono essere interessate alla variazione, così che il legislatore regionale, nello stabilire i criteri per individuare l'ambito della consultazione, non può escludere tali ulteriori popolazioni se non sulla base di elementi idonei a fondare ragionevolmente una valutazione di insussistenza di un loro interesse qualificato in rapporto alla variazione territoriale proposta».
Tali principi erano già stati sottolineati nelle sentenze n. 94/2000 e n. 433/1995;

- **approvazione da parte della Regione di una legge regionale** con la quale disciplina tutti gli aspetti connessi al mutamento territoriale.

L'art. 15 TUEL specifica che, salvo i casi di fusione fra più Comuni, **non possono essere istituiti nuovi Comuni con popolazione inferiore ai 10.000 abitanti** o la cui costituzione comporti, come conseguenza, che altri Comuni scendano sotto tale limite.

8.4 La fusione di Comuni

8.4.1 Disciplina generale

La fusione di Comuni comporta l'estinzione delle realtà preesistenti (almeno come realtà comunali autonome) e la creazione di una nuova entità che assorbe la totalità dei servizi e delle funzioni. In realtà con la legge Delrio (L. 56/2014) è stata operata una distinzione fra:
- **fusione "tradizionale"**, che produce l'estinzione giuridica dei Comuni interessati dal processo aggregativo e la costituzione di un nuovo Comune;
- **fusione per incorporazione**, in cui la soppressione di uno o più Comuni agisce in corrispondenza della sostanziale continuità giuridica del Comune incorporante.

8.4.2 La fusione tradizionale

Si è visto che il riferimento costituzionale in tema di fusione di Comuni è lo stesso relativo ai mutamenti territoriali, vale a dire l'art. 133 Cost. Norme attuative sono contenute negli artt. 15 e 16 TUEL. L'iter è disciplinato dalla legge regionale che nella quasi totalità dei casi prevede i seguenti passaggi:

- **iniziativa**, da parte dei soggetti legittimati a promuoverlo. Trattandosi di un procedimento che si conclude con l'approvazione di una legge regionale i **soggetti che possono promuoverlo** sono gli stessi cui spetta l'iniziativa legislativa regionale, secondo le indicazioni dello statuto (normalmente singoli consiglieri regionali, Giunta regionale, Consigli provinciali, Consigli comunali, elettori associati fra loro). La prassi, però, è quella di un progetto di legge regionale predisposto dai Consigli comunali interessati;
- **esame e valutazione del Consiglio regionale** cui fa seguito l'indizione del referendum da parte della Giunta regionale, con predisposizione del quesito e individuazione della popolazione interessata al referendum;
- svolgimento della **consultazione referendaria** e presa d'atto dei risultati;
- **approvazione della legge regionale** da parte del Consiglio, con la quale si disciplina il processo di fusione;
- **elezione** dei nuovi organi comunali, approvazione del nuovo **statuto** e trasferimento delle risorse umane e materiali da parte dei Comuni preesistenti.

Per quanto riguarda lo statuto l'art. 15, co. 2, TUEL prevede che i Comuni che hanno dato avvio al procedimento di fusione possono, *anche prima dell'istituzione del nuovo ente*, mediante approvazione di un testo conforme da parte di tutti i Consigli comunali, definire lo statuto che entrerà in vigore con l'istituzione del nuovo Comune e rimarrà vigente fino alle modifiche dello stesso da parte degli organi del nuovo Comune istituito. Lo statuto dovrà prevedere che alle comunità dei Comuni oggetto della fusione siano assicurate adeguate forme di partecipazione e di decentramento dei servizi.

Nei **Comuni istituiti mediante fusione di due o più Comuni contigui**, lo statuto comunale può prevedere l'istituzione di **Municipi** nei territori delle comunità di origine o di alcune di esse. Spetta allo statuto e al regolamento il compito di disciplinare l'organizzazione e le funzioni dei Municipi, potendo prevedere anche organi eletti a suffragio universale diretto.
La fusione di Comuni è lo strumento da tempo individuato dal legislatore per favorire l'accorpamento di enti di piccole dimensioni e procedere al contenimento della spesa pubblica. Il legislatore, infatti, ha operato su due fronti: da un lato ha imposto ai Comuni con un numero limitato di abitanti di svolgere una serie di servizi e funzioni in associazione fra loro e dall'altro ha fortemente incentivato, anche e soprattutto economicamente, gli enti comunali ad avviare procedure di fusione.
Già l'art. 15, co. 3, TUEL prevedeva **meccanismi di incentivazione** ancora oggi in vigore. Si stabilisce, infatti, che, oltre ai contributi della Regione, lo Stato può erogare, per i 10 anni decorrenti dalla fusione, appositi contributi straordinari commisurati ad una quota dei trasferimenti spettanti ai singoli Comuni che si fondono.
Ulteriori misure di incentivazione, non solo finanziarie, sono state introdotte da altre disposizioni legislative e, in particolare, dall'art. 1, co. 118-134, L. 56/2014.

8.4.3 La fusione per incorporazione

Accanto alla tradizionale fusione per aggregazione, l'art. 1, co. 130, L. 56/2014 ha esplicitamente disciplinato la procedura di fusione per incorporazione **con la quale non si istituisce un nuovo Comune ma si procede soltanto alla soppressione del Comune incorporato**, che diviene formalmente un Municipio del Comune incorporante. La novità è quella di un'esplicita disciplina statale della materia, anche se è da ricordare che in diverse leggi regionali il procedimento era già previsto.

L'approvazione di una disciplina statale in materia è stata alla base di un ricorso alla **Corte costituzionale** da parte di diverse Regioni, che lamentavano un'invasione da parte dello Stato della competenza regionale nella materia concernente l'istituzione di nuovi enti comunali nell'ambito del loro territorio. Con la sentenza n. 50/2015, la Corte ha ritenuto non fondata la questione di legittimità costituzionale affermando che «la disposizione (*sub* comma 130) relativa alla fusione di Comuni di competenza regionale non ha ad oggetto l'istituzione di un nuovo ente territoriale (che sarebbe senza dubbio di competenza regionale), bensì l'incorporazione in un Comune esistente di un altro Comune, e cioè una vicenda (per un verso aggregativa e, per altro verso, estintiva) relativa, comunque, all'ente territoriale Comune, e, come tale, ricompresa nella competenza statale nella materia "ordinamento degli enti locali", di cui all'art. 117, co. 2, lettera *p*), della Costituzione».

L'art. 1, co. 130, L. 56/2014 afferma che i Comuni possono promuovere il procedimento di incorporazione in un Comune contiguo. In tal caso, **il Comune incorporante conserva la propria personalità**, succede in tutti i rapporti giuridici al Comune incorporato e gli organi di quest'ultimo decadono alla data di entrata in vigore della legge regionale di incorporazione. Resta fermo il procedimento già esaminato per la fusione per aggregazione (art. 15 TUEL) e, quindi, l'obbligo della **consultazione delle popolazioni interessate**. Su quest'ultimo punto la legge specifica che le popolazioni interessate sono sentite, ai fini dell'art. 133 Cost., mediante *referendum consultivo comunale*, da svolgersi secondo le discipline regionali e prima che i Consigli comunali deliberino l'avvio della procedura di richiesta alla Regione di incorporazione. Con legge regionale sono definite le ulteriori modalità della procedura di fusione per incorporazione.

Lo statuto del Comune incorporante deve necessariamente prevedere che alle comunità del Comune cessato siano assicurate **adeguate forme di partecipazione e di decentramento dei servizi**. A tale scopo si deve procedere, entro 3 mesi dalla data di entrata in vigore della legge regionale di incorporazione, alle opportune modifiche statutarie.

Nel caso di aggregazioni di Comuni mediante incorporazione è data facoltà di **modificare la denominazione del Comune**.

Anche per la fusione per incorporazione si può fruire di misure di incentivazione previste da varie leggi e in primo luogo dall'art. 15, co. 3, TUEL.

Capitolo 9
Le forme di aggregazione e di collaborazione

9.1 Concetti generali

Le ridotte dimensioni demografiche e la scarsa disponibilità di risorse finanziarie di molti Comuni italiani ha indotto il legislatore ad incentivare, e talvolta imporre, l'aggregazione o lo svolgimento in forma associata di una serie di funzioni e servizi.
La forma più intensa di collaborazione è quella che si realizza nell'ambito delle **Unioni di Comuni**, costituite da due o più Comuni, di norma contermini, e sempre finalizzate all'esercizio associato di funzioni e servizi, quando la forma associata è idonea a garantire economie di scala o miglioramenti nell'erogazione dei servizi alle popolazioni di riferimento. Una stretta cooperazione si realizza anche nell'ambito della **Comunità montana** (**o isolana o di arcipelago**) anche se limitatamente agli enti che presentano specifiche caratteristiche (ubicati in zone di montagna o su isole).
Istituti più mirati alla mera collaborazione sono la **convenzione**, con la quale si conferisce ad uno dei soggetti partecipanti il compito di svolgere in modo coordinato funzioni e servizi determinati, il **consorzio**, forma associativa costituita per gestire in modo associato servizi e funzioni, e l'**accordo di programma**, strumento di semplificazione e di accelerazione di procedure volte all'attuazione di opere, interventi e programmi che richiedono l'azione integrata e coordinata di diversi soggetti.
In alcune ipotesi il legislatore ha introdotto l'**obbligo di esercitare in forma associata determinati servizi o funzioni**, con l'utilizzo degli istituti prima esaminati.

9.2 Le Unioni di Comuni

9.2.1 La disciplina del TUEL con le modifiche della legge Delrio

Secondo la definizione fornita dall'art. 32 TUEL, le Unioni di Comuni sono **enti locali costituiti da due o più Comuni, di norma contermini, finalizzate all'esercizio associato di funzioni e servizi** di loro competenza. Non sussistendo l'obbligo della contiguità geografica (la definizione legislativa parla di Comuni *di norma contermini*) in teoria potrebbero essere create delle Unioni anche fra enti non confinanti; nella pratica si tratta di un'ipotesi alquanto remota.

La definizione delle Unioni di Comuni come *enti locali* (riportata nell'art. 32 TUEL e ripresa nell'art. 1, co. 4, L. 56/2014) è stata considerata *impropria* dalla Corte costituzionale nella sentenza 50/2014. La Corte, infatti, ha sottolineato che tali «unioni – risolvendosi in forme istituzionali di associazione fra Comuni per l'esercizio congiunto di funzioni o servizi di loro competenza» – non costituiscono un ente territoriale *ulteriore* e *diverso* rispetto all'ente «Comune».

L'Unione, ove costituita in prevalenza da Comuni montani, assume la denominazione di **Unione di Comuni montani** e può esercitare anche le specifiche competenze di tutela e di promozione della montagna. Ogni Comune può far parte di una sola Unione di Comuni.
Le Unioni – ove costituite – possono stipulare apposite convenzioni fra loro o con singoli Comuni. Il loro **limite demografico minimo** è di 10.000 abitanti, ovvero 3.000 abitanti se i Comuni appartengono o sono appartenuti a Comunità montane, fermo restando che, in tal caso, le Unioni devono essere formate da almeno tre Comuni (art. 14, co. 31). La Regione può individuare diversi limiti demografici e introdurre eventuali deroghe in ragione di particolari condizioni territoriali. Il limite non si applica alle Unioni di Comuni costituite prima dell'entrata in vigore del decreto di riforma del 2010 e comunque è valido solo per l'esercizio associato (non più obbligatorio) delle funzioni fondamentali individuate dall'art. 14, co. 27, D.L. 78/2010.
L'Unione ha **potestà statutaria e regolamentare** e ad essa si applicano, in quanto compatibili (e non derogati dalla L. 56/2014), i principi previsti per l'ordinamento dei Comuni, con particolare riguardo allo *status* degli amministratori, all'ordinamento finanziario e contabile, al personale e all'organizzazione.
L'atto costitutivo e lo statuto dell'Unione sono approvati dai Consigli dei Comuni partecipanti con le procedure e la maggioranza richieste per le modifiche statutarie. Le successive modifiche sono approvate dal Consiglio dell'Unione.

9.2.2 L'assetto istituzionale

Uno dei compiti esplicitamente attribuiti dal TUEL allo **statuto dell'Unione è quello di individuare gli organi dell'ente** e le modalità per la loro costituzione, ma anche le funzioni dell'ente medesimo e le corrispondenti risorse. Spetta sempre allo statuto stabilire le modalità di funzionamento degli organi e disciplinarne i rapporti.
L'art. 32, co. 3, TUEL fornisce le seguenti indicazioni:

- il **Consiglio** è composto da un numero di consiglieri definito nello statuto, eletti dai singoli consigli dei Comuni associati fra i propri componenti, garantendo la rappresentanza delle minoranze e assicurando la rappresentanza di ogni Comune;
- il **Presidente** è scelto fra i Sindaci dei Comuni associati. Deve necessariamente avvalersi del Segretario di un Comune facente parte dell'Unione, senza che ciò comporti l'erogazione di ulteriori indennità;
- la **Giunta** è individuata fra i componenti dell'esecutivo dei Comuni associati.

Gli organi dell'Unione sono formati, senza nuovi o maggiori oneri per la finanza pubblica, da amministratori in carica dei Comuni associati e a essi non possono essere attribuite retribuzioni, gettoni e indennità o emolumenti in qualsiasi forma percepiti.

9.3 La Comunità montana e la Comunità isolana o di arcipelago

9.3.1 I compiti e l'organizzazione

L'art. 27 TUEL afferma che le Comunità montane sono Unioni di Comuni, ovvero **enti locali costituiti fra Comuni montani e parzialmente montani, anche appartenenti a Province diverse** (ma in zone omogenee), per la valorizzazione delle zone monta-

ne, per l'esercizio di funzioni proprie, di funzioni conferite e per l'esercizio associato delle funzioni comunali.
Individuazione delle zone adatte, costituzione delle Comunità, eventuale scioglimento e disciplina legislativa delle stesse sono compiti di spettanza della **Regione interessata, che le regolamenta con legge**. Quest'ultima deve stabilire, in particolare, modalità di approvazione dello statuto, procedure di concertazione, disciplina dei piani zonali e dei programmi annuali, criteri di ripartizione fra le Comunità montane dei finanziamenti regionali e di quelli dell'Unione europea, rapporti con gli altri enti operanti nel territorio.

In seguito alla riforma costituzionale del 2001, la disciplina delle Comunità montane è da ritenersi attribuita alla **competenza legislativa residuale delle Regioni**, nel rispetto dell'autonomia normativa e organizzativa degli enti locali. Tale impostazione è stata avallata anche dalla **Corte costituzionale**, che si è più volte espressa in materia. Nelle sentenze nn. 244/2005 e 456/2005, la Corte ha affermato che *la disciplina delle Comunità montane, pur in presenza della loro qualificazione come enti locali contenuta nel D.Lgs. 267/2000, rientra nella competenza legislativa residuale delle Regioni ai sensi dell'art. 117, co. 4, della Costituzione*. Concetto ribadito nella successiva sent. 237/2009 laddove si evidenzia che nella *vigenza del nuovo Titolo V della parte seconda della Costituzione ... la disciplina delle Comunità montane ... rientra nella competenza legislativa residuale delle Regioni ai sensi dell'art. 117, co. 4, della Costituzione, con la conseguenza, fra l'altro, che non può trovare applicazione la disposizione di cui all'art. 117, co. 3, ultima parte, la quale presuppone, invece, che si verta in materie di legislazione concorrente.*

La legge regionale può escludere dalla Comunità montana i **Comuni parzialmente montani** nei quali la popolazione residente nel territorio montano sia inferiore al 15 per cento della popolazione complessiva, restando sempre esclusi i **capoluoghi di Provincia** e i **Comuni con popolazione complessiva superiore a 40.000 abitanti**. L'esclusione non priva i rispettivi territori montani dei benefici e degli interventi speciali per la montagna stabiliti dall'Unione europea e dalle leggi statali e regionali. La legge regionale può prevedere, altresì, per un più efficace esercizio delle funzioni e dei servizi svolti in forma associata, l'inclusione dei Comuni confinanti, con **popolazione non superiore a 20.000 abitanti**, che siano parte integrante del sistema geografico e socio-economico della Comunità.
La Comunità montana è dotata di un **organo rappresentativo** e di un **organo esecutivo**, composti da Sindaci, assessori o consiglieri dei Comuni partecipanti. I rappresentanti dei Comuni nell'ente sono eletti dai Consigli dei Comuni partecipanti con il sistema del voto limitato, garantendo la rappresentanza delle minoranze.
L'art. 29 TUEL prevede che in ciascuna isola o arcipelago di isole, ad eccezione della Sicilia e della Sardegna, ove esistono più Comuni, può essere istituita, dai Comuni interessati, la **Comunità isolana o dell'arcipelago**, cui si applicano le norme sulle Comunità montane.

9.3.2 Le funzioni

L'art. 28 TUEL disciplina le funzioni attribuite a questi enti, specificando che laddove sia previsto l'**obbligo di esercizio associato** di funzioni proprie o di funzioni conferite dalle Regioni ai Comuni, e questi facciano parte di una Comunità montana, spetta a quest'ultima l'esercizio di tali funzioni.

Ciò non toglie che alle Comunità possano essere **conferite ulteriori funzioni** da parte dei Comuni, delle Province e delle Regioni, cui si aggiungono le **funzioni proprie** attribuiti dalla legge e da *interventi speciali per la montagna* stabiliti dalla Unione europea o dalle leggi statali e regionali. In sintesi, quindi, la Comunità esercita *funzioni proprie, funzioni conferite* da vari enti e *funzioni comunali da svolgere in forma associata.*
Strumenti di particolare rilevanza sono i **piani pluriennali** che le Comunità montane devono adottare. Si tratta di documenti nei quali sono indicate le *opere* e gli *interventi* da avviare e si individuano gli strumenti idonei a perseguire gli obiettivi dello sviluppo socio-economico, ivi compresi quelli previsti dall'Unione europea, dallo Stato e dalla Regione, che possono concorrere alla realizzazione dei programmi annuali operativi di esecuzione del piano.
Attraverso le indicazioni urbanistiche del piano pluriennale di sviluppo, le Comunità montane concorrono alla formazione del **piano territoriale di coordinamento**. Il piano e i suoi aggiornamenti sono adottati dalle Comunità montane e approvati dalla Provincia secondo le procedure previste dalla legge regionale.

9.3.3 Fusione e scissione dei Comuni della Comunità montana

I commi 6 e 8 dell'art. 27 TUEL disciplinano:

- la **fusione dei Comuni il cui territorio coincide con quello di una Comunità montana**, che comporta l'assegnazione al nuovo Comune delle funzioni e delle risorse attribuite alla preesistente Comunità montana in base a norme europee, nazionali e regionali. Tale disciplina si applica anche nel caso in cui il Comune sorto dalla fusione comprenda Comuni non montani. La legge regionale istitutiva del nuovo Comune deve provvedere allo scioglimento della Comunità montana;
- la **scissione di una preesistente Comunità montana in più Comunità montane**, nel qual caso ai nuovi enti spettano i trasferimenti erariali attribuiti all'ente originario.

9.4 Le convenzioni

L'art. 30 TUEL prevede, quale prima forma associativa, il ricorso a convenzioni fra enti locali, possibili al fine di svolgere in modo **coordinato funzioni e servizi determinati**.
L'elemento di **differenziazione fra l'Unione di Comuni e la convenzione** risiede nella titolarità della funzione o del servizio trasferito. Nel primo caso i singoli Comuni la "cedono" per trasferirla in via definitiva all'Unione, nel secondo la titolarità permane in capo al Comune che ha stipulato la convenzione, delegando semplicemente la temporanea gestione ad un soggetto specificamente individuato (normalmente il Comune capofila).
La convenzione deve essere **stipulata dal Consiglio comunale** (art. 42, co. 2, lett. *c*, TUEL) e deve riportare i seguenti **contenuti minimi**:

- le **finalità**. Non sono ammissibili convenzioni a finalità generale, ma occorre individuare in modo specifico la funzione o il servizio che s'intende esercitare in forma coordinata;
- la **durata temporale**, che chiaramente implica l'impossibilità di stipulare tale atto per un periodo illimitato di tempo. Le convenzioni stipulate per l'esercizio in for-

ma associata delle funzioni fondamentali individuate dall'art. art. 14, co. 27, D.L. 78/2010 devono avere una durata almeno triennale. Se al termine di tale periodo non sia comprovato il conseguimento di significativi livelli di efficacia ed efficienza i Comuni interessati sono obbligati ad esercitare le funzioni fondamentali esclusivamente mediante Unione di Comuni;

- le **forme di consultazione** degli enti contraenti, i loro **rapporti finanziari** e i **reciproci obblighi e garanzie**.

L'art. 30, co. 3, TUEL prevede anche la stipula di **convenzioni obbligatorie**. Nelle materie di rispettiva competenza, infatti, lo Stato e le Regioni possono prevedere un obbligo a carico degli enti locali di stipulare convenzioni per la gestione a tempo determinato di specifici servizi o per la realizzazione di opere determinate; in questo caso, l'ente deve procedere in via preliminare all'approvazione di un disciplinare-tipo.
In alcuni casi, la convenzione può prevedere la **costituzione di uffici comuni**, che operano con personale distaccato dagli enti partecipanti. Ad essi è affidato l'esercizio delle funzioni pubbliche in luogo degli enti partecipanti all'accordo, ovvero la delega di funzioni da parte degli enti partecipanti all'accordo a favore di uno di essi, che opera in luogo e per conto degli enti deleganti.
Anche alle convenzioni si applicano i **limiti demografici minimi** già esaminati per le Unioni di Comuni (10.000 abitanti o 3.000 se i Comuni appartengono o sono appartenuti a Comunità montane) con riferimento all'esercizio associato obbligatorio delle funzioni fondamentali.
Sull'incidenza, in materia, della sentenza n. 33/2019 della Corte costituzionale, si rinvia a quanto sarà chiarito al par. 9.7.2.

9.5 I consorzi fra enti locali

9.5.1 La finalità dei consorzi

L'art. 31 TUEL disciplina i consorzi, stabilendo che gli enti locali per la **gestione associata di uno o più servizi** possano costituire un consorzio secondo le norme previste per le aziende speciali di cui all'art. 114, in quanto compatibili. Al consorzio possono partecipare altri enti pubblici, quando siano a ciò autorizzati, secondo le leggi alle quali sono soggetti.
Per la verità, l'art. 32 TUEL prevede ancora oggi la possibilità di creare un consorzio non solo per la gestione in comune di servizi ma anche per *l'esercizio associato di funzioni*. È da ricordare, però, che l'art. 2, co. 186, lett. *e*), L. 191/2009 (legge finanziaria per il 2010) ha imposto ai Comuni di adottare misure volte alla **soppressione dei consorzi di funzioni** (e non, dunque, dei consorzi di servizi), facendo salvi i rapporti di lavoro a tempo indeterminato esistenti, con assunzione delle funzioni già esercitate dai consorzi soppressi e delle relative risorse e con successione dei medesimi consorzi in tutti i rapporti giuridici preesistenti.

La norma ha determinato molti dubbi sull'esatta distinzione fra la nozione di "servizi" e quella di "funzioni". In un parere reso il 15 aprile 2011, la sezione di controllo per il Piemonte della Corte dei conti (delibera n. 47/2011/SRCPIE/PAR), proprio con riferimento ai consorzi, precisava che l'attività di un ente locale «costituisce una funzione quando si esplica mediante atti amministrativi o comportamenti configuranti espressione del potere autoritativo della Pubblica Amministrazione, orientato per legge alla cura degli interessi pubblici e a fronte del quale sussistono situazioni giuridiche di mera soggezione o d'interesse legittimo. Laddove invece l'attività ... realizzi la mera erogazione di un servizio alla collettività, in attuazione di precetti costituzionali riguardanti a diritti soggettivi assoluti, si tratterà ... di servizi».

9.5.2 La costituzione del consorzio

L'art. 31, co. 6, TUEL esplicitamente sottolinea che **fra gli stessi enti locali non può essere costituito più di un consorzio**. Finalità della norma è evitare una duplicazione di enti con conseguente aggravio di costi; allo stesso tempo, la disposizione rappresenta un incentivo alla creazione fra gli stessi soggetti di consorzi che possano provvedere alla gestione di una pluralità di servizi (**consorzi multiservizi**).
Il divieto è applicabile solo nel caso in cui i soggetti partecipanti siano perfettamente coincidenti; nulla esclude che possa istituirsi un ente consortile che preveda l'adesione solo di alcuni degli enti partecipanti ad altro consorzio.
Per la **costituzione del consorzio**, i Consigli degli enti che vi partecipano devono approvare (a maggioranza assoluta dei componenti) due distinti atti:

- la *convenzione*, che disciplina le nomine e le competenze degli organi consortili, i fini, la durata, le quote di partecipazione finanziaria degli enti associati, lo scioglimento e il recesso; nella convenzione, inoltre, è prevista la trasmissione, agli enti aderenti, degli atti fondamentali del consorzio;
- lo *statuto*, che disciplina l'organizzazione, la nomina e le funzioni degli organi consortili, sulla base di quanto stabilito dalla convenzione.

L'art. 31, co. 7, TUEL prevede la costituzione di **consorzi obbligatori**, istituiti con legge dello Stato ed attuati con legge regionale, per l'esercizio sia di funzioni che di servizi, laddove vi sia un rilevante interesse pubblico. Rispetto all'analoga previsione già esaminata con riferimento alle convenzioni, in questo caso è solo lo Stato (*e non anche le Regioni*) a poter imporre la creazione del consorzio e solo mediante approvazione di uno specifico atto legislativo.

9.5.3 Gli organi consortili

L'art. 31, co. 5, TUEL individua quali organi del consorzio:

- l'**assemblea**, composta dal Sindaco o dai Presidenti degli enti partecipanti (o da un loro delegato), ciascuno con responsabilità pari alla quota di partecipazione fissata dalla convenzione e dallo statuto. Spetta a tale organo l'elezione del consiglio di amministrazione e del Presidente, se previsto, l'adozione degli atti fondamentali (es. regolamenti e bilanci) e l'approvazione degli atti fondamentali del consiglio di amministrazione;
- il **consiglio di amministrazione**, con il compito di dare esecuzione alle deliberazioni dell'assemblea.

Se il consorzio fa riferimento al modello dell'**azienda speciale** è necessario prevedere anche il *Presidente* nominato dall'assemblea, con compiti di direzione e di rappresentanza, il *direttore*, al quale spettano compiti gestionali e che può essere scelto attraverso un concorso pubblico o, se previsto dallo statuto, essere nominato dal consiglio di amministrazione, e il *collegio dei revisori*, che effettua controlli contabili e finanziari sul bilancio dell'ente.

9.6 Gli accordi di programma

L'art. 34 TUEL afferma che, per la definizione e l'attuazione di opere, interventi o programmi di intervento che richiedono, per la loro completa realizzazione, l'**azione integrata e coordinata** di Comuni, di Province, di Regioni, di Amministrazioni statali e di altri soggetti pubblici, o comunque di due o più fra i soggetti predetti, il Presidente della Regione o il Presidente della Provincia o il Sindaco, in relazione alla competenza primaria o prevalente sull'opera o sugli interventi o sui programmi di intervento, promuove la conclusione di un accordo di programma, anche su richiesta di uno o più dei soggetti interessati, per assicurare il **coordinamento delle azioni** e per determinarne i **tempi**, le **modalità**, il **finanziamento** e ogni altro connesso **adempimento**.
L'accordo può riportare *procedimenti di arbitrato*, nonché *interventi surrogatori di eventuali inadempienze* dei soggetti partecipanti.
Per verificare la possibilità di concordare l'accordo di programma, il soggetto promotore (Presidente regionale o provinciale, Sindaco) convoca una conferenza fra i rappresentanti di tutte le Amministrazioni interessate.
L'accordo, consistente nel **consenso unanime** del promotore e delle altre Amministrazioni interessate, è approvato con **atto formale** ed è pubblicato nel bollettino ufficiale della Regione.
Relativamente all'**approvazione di progetti di opere pubbliche** comprese nei programmi dell'Amministrazione, e per le quali siano immediatamente utilizzabili i relativi finanziamenti, l'approvazione dell'accordo di programma comporta la **dichiarazione di pubblica utilità**, **indifferibilità e urgenza** delle medesime opere, che cessa di avere efficacia se non hanno avuto inizio entro 3 anni.
Ove l'accordo comporti variazione degli **strumenti urbanistici** e sostituisca le *concessioni edilizie* (oggi *permessi di costruire*), è richiesto l'assenso del Comune interessato, per cui l'adesione del Sindaco all'accordo deve essere ratificata dal Consiglio comunale entro 30 giorni a pena di decadenza.

Dall'accordo di programma si distingue la **conferenza di servizi**, mero *istituto* (di natura amministrativa) *di semplificazione* dell'attività della Pubblica Amministrazione, finalizzato ad *accelerare i tempi di conclusione del procedimento amministrativo* e l'*emanazione del provvedimento finale.* L'art. 34 TUEL, infatti, è considerato **norma speciale** rispetto all'art. 15 L. 241/1990, a differenza del quale detta una specifica regolamentazione della procedura da seguire per il perfezionamento dell'accordo.

9.7 L'esercizio associato delle funzioni fondamentali dei Comuni

9.7.1 La disciplina legislativa

Negli ultimi anni il legislatore, al fine di razionalizzare la spesa pubblica, ha disposto che i Comuni di minori dimensioni esercitino *obbligatoriamente* in forma associata alcune tipologie di funzioni loro attribuite.
In particolare, per i **Comuni con popolazione fino a 5.000 abitanti**, l'esercizio in forma associata, attraverso Unioni di Comuni o convenzioni, è previsto per le funzioni fondamentali a eccezione dei servizi di stato civile e anagrafe (art. 14, co. 28, D.L. 78/2010, come successivamente modificato dal D.L. 138/2011 e dal D.L. 95/2012).

Per i **Comuni facenti parte di Comunità montane con popolazione inferiore a 3.000 abitanti**, il limite demografico è ridotto a 3.000 abitanti. Sono, invece, esclusi gli enti il cui territorio coincide integralmente con quello di una o di più isole e il Comune di Campione d'Italia.

La disciplina normativa contenuta nel D.L. 78/2010 prevede, inoltre, che:

- i Comuni non possono svolgere singolarmente le funzioni fondamentali esercitate in forma associata. La medesima funzione non può essere svolta da più di una forma associativa;
- qualora i Comuni decidano di esercitare tali funzioni attraverso un'Unione di Comuni, la disciplina applicabile è quella dell'art. 32 TUEL. Il limite demografico minimo delle Unioni che si vanno a costituire è fissato in 10.000 abitanti, salvo diversa decisione adottata dalla Regione;
- qualora si opti per l'esercizio associato tramite convenzioni, queste ultime avrebbero una durata almeno triennale e ad esse si applicherebbero le disposizioni dell'art. 30 TUEL.

Anche per i **Comuni di minori dimensioni, ossia quelli che hanno una popolazione inferiore a 1.000 abitanti**, l'art. 16, co. 3, D.L. 138/2011, inserito dal D.L. 95/2012, aveva previsto l'obbligo dell'esercizio in forma associata di *tutte le funzioni e i servizi comunali* (di fatto svuotando di ogni competenza l'ente comunale). L'attività poteva essere svolta attraverso la stipula di una convenzione, la creazione della tradizionale Unione di Comuni oppure mediante l'istituzione della cosiddetta **Unione di Comuni speciale** (o municipale). Gli elementi di differenziazione erano due: l'obbligo di esercitare in forma associata *tutte le funzioni e i servizi* (e non solo le funzioni fondamentali) e la possibilità di creare l'*Unione di Comuni speciale.*

Queste disposizioni specifiche sono state abrogate dalla legge Delrio (L. 56/2014) e anche ai Comuni con popolazione fino a 1.000 abitanti si applicano le norme valide per tutti i Comuni fino a 5.000 abitanti.

La regolamentazione dettata dall'art. 14, co. 28 e ss., D.L. 78/2010 per l'esercizio associato delle funzioni non è mai entrata in vigore, pur non essendo stata abrogata. La disciplina è stata più volte prorogata (da ultimo con il D.L. 183/2020) e resta ancora oggi inattuata, anche perché nel frattempo è emersa la necessità di adeguarsi alla sentenza n. 33/2019 della Corte costituzionale. Quest'ultima ha **fatto venir meno l'obbligo generalizzato dell'esercizio associato** per i Comuni indicati nel D.L. 78/2010, sottolineando come ai Comuni interessati deve essere offerta la **possibilità di esserne esonerati** quando risulta non idoneo ad assicurare economie di scala o miglioramenti nei servizi erogati alle popolazioni di riferimento.

9.7.2 La sentenza della Corte costituzionale n. 33/2019

Con la sentenza 4-3-2019, n. 33 la Corte costituzionale ha dichiarato **incostituzionale l'obbligo generalizzato di esercitare in forma associata le funzioni fondamentali**, previsto dal sopra richiamato art. 14, co. 28, D.L. 78/2010.

In particolare, la disposizione è stata censurata *nella parte in cui non prevede la possibilità, in un contesto di Comuni obbligati e non, di dimostrare, al fine di ottenere l'esonero dall'obbligo, che a causa della particolare collocazione geografica e dei caratteri demografici e socio-ambientali, del Comune obbligato, non sono realizzabili, con le forme associative imposte, economie di scala e/o miglioramenti, in termini di efficacia ed efficienza, nell'erogazione dei beni pubblici alle popolazioni di riferimento.*

L'effetto della declaratoria d'incostituzionalità *non è* quello di eliminare l'obbligo dell'esercizio in forma associata delle funzioni fondamentali, bensì di **introdurre la possibilità d'esserne esonerati**; ciò quando gli stessi Comuni dimostrino che, per la loro particolare collocazione geografica e per i caratteri demografici e socio-ambientali, le forme associate di esercizio non sono idonee ad apportare benefici economici (*economie di scala*), né miglioramenti nell'erogazione dei servizi.

La pronuncia si rifà alla precedente giurisprudenza della Corte, secondo cui gli interventi statali in materia di coordinamento della finanza pubblica, quando incidono sull'autonomia degli enti territoriali, devono conformarsi ai **canoni di proporzionalità e ragionevolezza** dell'intervento normativo rispetto all'obiettivo prefissato (*ex plurimis* sentenza n. 22/2014); invece, la previsione generalizzata contenuta nel co. 28 dell'art. 14 D.L. 78/2010 – secondo la Consulta – ha la pecca di scontare *un'eccessiva rigidità,* al punto da non permettere di considerare quelle situazioni in cui la convenzione o l'Unione di Comuni, cioè a dire le due vie alternative che la legge lascia all'autonomia degli enti locali per la costituzione di forme associate, non sono idonee a realizzare, mantenendo un adeguato livello di servizi alla popolazione, quei risparmi di spesa che la norma richiama come finalità dell'intera disciplina.

Tre sono i casi individuati dalla Corte a titolo "paradigmatico", in cui il sacrificio imposto all'autonomia comunale non realizza economie di scala:

- quello in cui non esistono Comuni confinanti parimenti obbligati;
- quello in cui esiste solo un Comune confinante obbligato, ma il raggiungimento del limite demografico minimo comporta il coinvolgimento di altri Comuni non in situazione di prossimità;
- quello in cui la collocazione geografica dei confini dei Comuni (per esempio in quanto montani e caratterizzati da particolari fattori antropici, dispersione territoriale e isolamento) non consente di raggiungere gli obiettivi normativi.

Applicata in simili situazioni, l'obbligatorietà dell'esercizio in forma associata «finirebbe per imporre un sacrificio non necessario, non superando quindi il test di proporzionalità» (*ex plurimis* sentenze nn. 137/2018, 10/2016, 272/2015, 156/2015).

Nell'estenuante numero dei rinvii dei termini originariamente previsti per l'adeguamento alla normativa, pena il commissariamento dei Comuni, la Corte ravvisa un ulteriore ed evidente sintomo di criticità a dimostrazione dell'esistenza di situazioni oggettive che, in non pochi casi, rendono di fatto inapplicabile la previsione di legge.

Spetta naturalmente al legislatore, al quale la Corte rinvia, disciplinare, nel modo più sollecito e opportuno, gli aspetti che richiedono apposita regolamentazione, e in particolare introdurre meccanismi di interlocuzione fra enti locali e Stato diretti a consentire le gestioni in deroga da parte dei Comuni di ridotte dimensioni.

Capitolo 10
Il coinvolgimento dei cittadini

10.1 La partecipazione popolare

Per *partecipazione popolare* s'intende l'**intervento dei cittadini**, come *singoli* o come *associazioni*, **nella gestione degli interessi pubblici**, attraverso strumenti di democrazia diretta. La materia è stata delineata dalla L. 142/1990 e successivamente rimaneggiata in modo consistente dalla L. 265/1999 e dal TUEL, il cui art. 6 prevede che lo statuto locale individui le forme della partecipazione popolare all'amministrazione della collettività locale.
L'art. 8, co. 1, stabilisce che mediante gli statuti, i Comuni, anche su base di quartiere o di frazione, valorizzano le **libere forme associative** e promuovono **organismi di partecipazione popolare** all'Amministrazione locale, nonché forme di partecipazione alla vita pubblica locale dei cittadini dell'Unione europea e degli stranieri regolarmente soggiornanti. La disciplina può nel dettaglio essere posta anche mediante regolamenti.
Nello statuto devono essere previste (art. 8, co. 3, TUEL):

- forme di **consultazione della popolazione**, principalmente attraverso referendum anche se possono essere previsti altri meccanismi;
- procedure per l'**ammissione di istanze**, vale a dire atti di impulso procedimentale per singole questioni;
- procedure per la **presentazione di petizioni**. Si tratta di *atti di impulso politico* per questioni di interesse generale, per chiedere provvedimenti o esporre comuni necessità. Il diritto di petizione va esercitato esponendo le esigenze per iscritto, ma senza formalità particolari;
- procedure per la **formulazione di proposte** (strumenti collaborativi di ampia portata) dirette a promuovere interventi per la migliore tutela di interessi collettivi; nel testo statutario devono essere, altresì, determinate le garanzie per il loro tempestivo esame.

10.2 Il referendum

Il referendum consente alla popolazione di esprimere il proprio orientamento in merito a questioni di interesse generale. I referendum possono essere di diverse tipologie, quindi con effetti giuridici diversi: **consultivi**, **abrogativi di leggi** o **costitutivi**. La regolamentazione statutaria investe ogni aspetto della consultazione, dalle ipotesi in cui è consentita fino alla verifica dei risultati.
Ai sensi dell'art. 8, co. 4, TUEL, gli unici limiti sono rappresentati dal fatto che le consultazioni devono riguardare **materie di esclusiva competenza locale** e non possono avere luogo in coincidenza con operazioni elettorali provinciali, comunali e circoscrizionali (non anche statali).

Pertanto, i referendum locali costituiscono un tipico esempio di partecipazione popolare di natura opzionale, attraverso la quale tutti i cittadini possono esprimere il loro parere su programmi e interventi relativi all'amministrazione e al funzionamento dell'ente locale.

10.3 L'azione popolare

Le azioni popolari sono strumenti di partecipazione che permettono a qualsiasi cittadino di agire a difesa di un interesse collettivo (art. 9 D.Lgs. 267/2000).
La **legittimazione ad agire** spetta a tutti gli aventi diritto al voto nel territorio locale, nonché alle (sole) associazioni che si occupano della protezione dell'ambiente, con la particolarità che in qualsiasi grado di giudizio (primo grado, appello ecc.), se un avente diritto intraprende l'azione e poi resta inerte, l'azione può essere proseguita da qualsiasi altro legittimato.
Gli enti locali, invece, sono **legittimati passivi**, ossia subiscono l'azione. Laddove le azioni siano rivolte verso soggetti terzi, cui spetta quindi la legittimazione passiva, esse sono più propriamente chiamate correttive e non sostitutive.
L'azione popolare costituisce uno dei casi in cui può aversi un legittimo fenomeno di *sostituzione processuale*, poiché **conferisce al cittadino elettore dell'ente locale una forma di legittimazione speciale per adire il giudice in sostituzione dell'ente stesso.**
Dal punto di vista procedurale, lo stesso art. 9 D.Lgs. 267/2000 stabilisce che il giudice ordina l'integrazione del contraddittorio nei confronti del Comune e che, in caso di soccombenza, le spese sono a carico di chi ha promosso l'azione o il ricorso, salvo che l'ente costituendosi abbia aderito alle azioni e ai ricorsi promossi dall'elettore. In caso di vittoria e risarcimento, esso sarà disposto a favore dell'ente sostituito, mentre le spese saranno destinate al promotore dell'azione.
L'elettore, però, non può insorgere, in luogo dell'amministrazione da lui considerata inadempiente, avverso atti adottati dalla stessa, potendo in tali casi quest'ultima, ove sussistano i presupposti, agire in autotutela (*Cons. Stato, sez. IV, sent. 4130 del 9 luglio 2011*).
Le principali azioni popolari riguardano la regolarità delle elezioni amministrative o al Parlamento europeo e le azioni e i ricorsi di competenza degli enti locali.

10.4 La partecipazione procedimentale

Tra le disposizioni volte a coinvolgere direttamente i cittadini nell'attività gestionale dell'ente locale vanno annoverate anche quelle relative alla partecipazione al procedimento amministrativo.
Nell'art. 8, co. 2, TUEL si afferma che "nel procedimento relativo all'adozione di atti che incidono su situazioni giuridiche soggettive devono essere previste forme di partecipazione degli interessati secondo le modalità stabilite dallo statuto". Al successivo art. 10, co. 3 si stabilisce che "al fine di rendere effettiva la partecipazione dei cittadini all'attività dell'amministrazione, gli enti locali assicurano l'accesso alle strutture ed ai servizi degli enti, alle organizzazioni di volontariato e alle associazioni".
Si tratta di due disposizioni che garantiscono la *partecipazione al procedimento*, un **istituto di natura endoprocedimentale**. Va, tuttavia, sottolineata la divergenza tra le due dispo-

sizioni richiamate in quanto il legislatore è come se avesse voluto nella seconda ipotesi *sottolineare la valenza anche politica* della partecipazione alle fasi dei procedimenti amministrativi, come si può desumere anche dall'uso del termine "cittadini", non impiegato nell'art. 8, che si riferisce più genericamente agli interessati alla specifica attività.

La **partecipazione procedimentale va tenuta distinta dalla già esaminata partecipazione popolare** contemplata dall'art. 8, co. 1, D.Lgs. 267/2000. In quest'ultimo caso, infatti, si tratta di un'attività che si esplica attraverso istituti di democrazia diretta, quindi gravita nell'orbita dei rapporti politici, e si rivolge all'attività dell'amministrazione ma non necessariamente all'attività amministrativa intesa nei suoi singoli procedimenti. È, dunque, un diritto pubblico delle collettività, attribuito a singoli come associati, qualificati non da uno specifico interesse coinvolto nel procedimento e proiettato verso un provvedimento amministrativo, ma semplicemente dall'appartenenza alla comunità locale. Si tratta, ancora, di partecipazione extraprocedimentale, diretta a promuovere interventi per la migliore tutela di interessi collettivi (art. 8, co. 3, TUEL).

Di diversa natura è il già esaminato diritto di **accesso agli atti amministrativi delle amministrazioni locali**, che è il *diritto soggettivo degli interessati* a prendere visione e ad estrarre copia di documenti amministrativi (art. 10, co. 2, TUEL).

10.5 Il Difensore civico

10.5.1 L'istituzione e la trasformazione in Difensore civico territoriale

Strettamente connessa alla tematica dei rapporti tra cittadini e amministrazione è la previsione del Difensore civico, una figura di natura amministrativa che svolge un ruolo di **garante dell'imparzialità e del buon andamento della Pubblica Amministrazione locale**; a tal fine, ha il potere di *segnalare*, su impulso dei cittadini o anche di propria iniziativa, *abusi, disfunzioni, carenze e ritardi dell'amministrazione.*
L'art. 11 TUEL prevede che ciascun ente, in esercizio della propria autonomia statutaria, ha facoltà di prevedere o meno la figura del Difensore civico; ove lo istituisca, nello stesso statuto dovrà disciplinarne modalità di elezione, prerogative, mezzi a disposizione e rapporti con il Consiglio.
La figura era stata istituita con la L. 142/1990 e successivamente disciplinata dal Testo unico. La legge finanziaria 2010 (art. 1, co. 186, L. 191/2009) ha disposto la *soppressione del Difensore civico comunale*, facendone confluire le funzioni nel livello provinciale. La figura, infatti, è stata ridenominata **Difensore civico territoriale**.
I Difensori civici territoriali sono competenti a garantire l'imparzialità e il buon andamento della Pubblica Amministrazione segnalando, anche di propria iniziativa, gli abusi, le disfunzioni, le carenze ed i ritardi dell'amministrazione nei confronti dei cittadini. La loro competenza, in tali ambiti, riguarda le attività dell'amministrazione provinciale e comunale. I Comuni, con apposita convenzione con la Provincia, possono comunque assicurare la difesa civica ai cittadini nei confronti della propria amministrazione. In tal caso, la difesa civica è attribuita ai difensori civici territoriali.

10.5.2 L'attività: poteri e limitazioni

Il Difensore civico **può intervenire** perché gli uffici competenti eliminino *disfunzioni, abusi, carenze e ritardi*, può prendere visione e conoscenza di tutti gli atti e documenti amministrativi, chiedere ed ottenere anche verbalmente le informazioni che ritiene

necessarie, chiedere copia dei documenti relativi ai casi segnalatigli (senza il limite del segreto d'ufficio), *convocare il responsabile dell'ufficio* competente per l'esame congiunto delle pratiche, esperire tentativi di conciliazione su richiesta scritta dell'istante, suggerire agli organismi, uffici e aziende controllate, eventuali soluzioni ai problemi riscontrati dai cittadini e che si ispirano ai principi di imparzialità, equità e buon andamento, proporre la sostituzione dei responsabili quando riscontri negligenze gravi e reiterate. L'amministrazione è tenuta a convocare l'istante con la presenza del Difensore civico entro 20 giorni dalla richiesta di conciliazione.
Il Difensore civico **non può intervenire** nei confronti di un ufficio *prima che l'interessato non l'abbia fatto direttamente* con i mezzi già a sua disposizione, né *assistere il cittadino davanti ai Tribunali*, revocare o *mettere in discussione sentenze della magistratura*, o *intervenire quando su una determinata questione sono stati interessati gli organi di giustizia* penale, amministrativa, civile o tributaria. Altre limitazioni riguardano l'impossibilità di *sostituirsi agli uffici* nell'emanare o modificare un atto (ma può sollecitarli a riesaminarlo, modificarlo o annullarlo, se lo ritiene illegittimo) e la facoltà di intervenire in merito a verbali di accertamento di violazioni al codice della strada. Infine non può attivarsi laddove si tratti di rapporti o controversie tra privati, né può sostituirsi o interferire nelle *decisioni politiche* del Consiglio, del Sindaco e della Giunta.

10.6 L'Ufficio relazioni con il pubblico (URP)

Con l'istituzione degli uffici per le relazioni con il pubblico (URP), quali interfacce fra cittadini e Pubblica Amministrazione, il legislatore ha inteso dare attuazione al canone di **pubblicità dell'azione amministrativa**, che impone di rendere accessibili agli interessati notizie e documenti concernenti l'operato della pubblica autorità.
Sino alla codificazione normativa del **diritto di accesso**, l'interlocuzione con l'amministrazione non era legislativamente garantita e, in difetto di norme che la configurassero come un servizio funzionale alla trasparenza dell'azione amministrativa, soltanto pochissimi enti si erano preoccupati di dotarsi di sportelli informativi.
Seppur non ne imponeva l'istituzione, l'art. 6 dell'abrogato D.P.R. 352/1992, recante il regolamento d'attuazione del diritto d'accesso, stabiliva che le Amministrazioni potessero, all'occorrenza, dotarsi di un ufficio per le relazioni con il pubblico, configurandolo così, per la prima volta, come un vero e proprio **servizio di comunicazione attiva**, finalizzato alla promozione dell'accesso agli atti.
Successivamente previsto dal D.Lgs. 29/1993, per poi confluire nel D.Lgs. 165/2001, quale struttura destinata a favorire l'incontro e quindi lo scambio comunicativo fra l'ente e l'utente, l'URP è stato reso obbligatorio solo dalla L. 7-6-2000, n. 150, la quale ha disposto che le Pubbliche Amministrazioni lo individuino, nell'ambito della propria struttura, al fine di garantire la piena attuazione della L. 241/1990.
Con la L. 150/2000, che per la prima volta disciplina organicamente le attività di comunicazione e informazione della Pubblica Amministrazione, e l'emanazione del D.P.R. 21-9-2001, n. 422, recante il regolamento di attuazione della legge, l'ufficio per le relazioni con il pubblico vede definitivamente riconosciuta la propria funzione di comunicazione attiva, legittimandosi come strumento privilegiato della **comunicazione istituzionale**, dotato di una sfera di competenze e funzioni ad ampio raggio, che lo caratterizzano non più solo come sportello informativo al servizio dei cittadini, ma

anche come motore della comunicazione interna fra gli uffici amministrativi e ancor più, nell'era di Internet, dei processi di informatizzazione, modernizzazione, innovazione e semplificazione della Pubblica Amministrazione.

L'ufficio per le relazioni con il pubblico viene così ad assumere autonoma configurazione rispetto all'*ufficio stampa,* che si occupa di filtrare l'informazione destinata all'esterno dell'organizzazione e, in particolare, ai mass media (quotidiani, radio, tv, riviste ecc.), e rispetto al *portavoce,* figura professionale che ha il compito di curare i rapporti di carattere politico-istituzionale del vertice dell'ente con gli organi di informazione.

Queste, nel dettaglio, le **funzioni** che l'art. 8 L. 150/2000 attribuisce all'URP:

- garantire l'esercizio dei diritti di informazione, di accesso e di partecipazione previsti dalla legge sul procedimento amministrativo;
- agevolare l'utilizzazione dei servizi offerti ai cittadini, la divulgazione delle normative e l'informazione sulle strutture e sui compiti delle amministrazioni (promuovendo così anche l'immagine dell'ente pubblico);
- promuovere l'adozione di sistemi di interconnessione telematica e coordinare le reti civiche;
- attuare, mediante l'ascolto dei cittadini e la comunicazione interna, i processi di verifica della qualità dei servizi e di gradimento degli stessi da parte degli utenti;
- garantire, all'interno di ciascuna amministrazione, la reciproca informazione fra l'ufficio per le relazioni con il pubblico e le altre strutture e, all'esterno, quella con gli uffici per le relazioni con il pubblico delle altre amministrazioni.

Si è osservato come, ragionando per macrocategorie, sia possibile ricondurre queste attribuzioni a quattro **macrofunzioni**:

- garantire il diritto d'accesso di cui alla L. 241/1990, fornendo le informazioni su atti e procedimenti amministrativi;
- provvedere all'analisi dei bisogni del cittadino in qualità di destinatario dei servizi erogati;
- formulare proposte dirette al miglioramento degli aspetti logistici e organizzativi del rapporto con l'utenza;
- promuovere iniziative di comunicazione di pubblica utilità.

Le norme introdotte dal D.Lgs. 33/2013 e, successivamente, dal D.Lgs. 97/2016, volte a garantire la massima trasparenza delle amministrazioni, obbligandole a fornire, anche via Internet, le informazioni necessarie per garantire un più diffuso controllo del loro operato, non hanno modificato l'impianto originario sulla comunicazione istituzionale delle Pubbliche Amministrazioni. Anche se il legislatore sembra voler fare del web la chiave preferenziale di accesso all'intera informazione pubblica, lascia comunque invariato l'obbligo di comunicare e informare correttamente i cittadini attraverso gli URP, che comunque garantiscono un'interazione diretta, fondamentale soprattutto per quelle fasce di cittadini che non hanno una particolare dimestichezza con strumenti informatici.

Capitolo 11
I servizi pubblici locali

11.1 I servizi pubblici locali

11.1.1 Profili generali

Il servizio pubblico consiste in un'attività volta al soddisfacimento di interessi essenziali della collettività (trasporto, istruzione, salute ecc.), che a differenza della funzione pubblica (es. espropriazione, certificazione ecc.) è erogata all'utenza con modalità non autoritativa.

Il **servizio pubblico** è, dunque, un'*attività economica esercitata per erogare prestazioni volte a soddisfare bisogni collettivi ritenuti indispensabili in un determinato contesto sociale.*

Il **servizio pubblico locale**, invece, è *qualsiasi attività che si concreta nella produzione di beni e servizi in funzione di un'utilità per la comunità locale, non solo in termini economici ma anche ai fini di promozione sociale.*

Tale servizio può essere svolto in **regime di privativa** (es. gestione di acqua e rifiuti), laddove la legge ne affidi all'ente pubblico la titolarità, o in **regime di concorrenza** fra vari operatori (es. telecomunicazioni), a carico dei quali sono stabiliti obblighi specifici (cosiddetti *obblighi di servizio pubblico*); nei confronti degli utenti, in particolare, gli obblighi possono essere racchiusi nella *Carta dei servizi*, predisposta dall'ente erogatore o dall'eventuale/i soggetto/i affidatario.

I servizi pubblici nazionali e locali devono essere erogati con modalità che promuovono il miglioramento della qualità e devono assicurare la tutela dei cittadini e degli utenti e la loro partecipazione, nelle forme, anche associative, riconosciute dalla legge, alle inerenti procedure di valutazione e definizione degli *standard* qualitativi.

Il D.Lgs. 267/2000 regolamenta al Titolo V i servizi e gli interventi pubblici locali, ma in realtà la disciplina vigente è il risultato di una stratificazione di riforme che ha condotto alla riscrittura dell'iniziale normativa.

Attualmente i **principi generali in materia sono dettati soprattutto in sede sovranazionale** dalla Corte di giustizia e dal Trattato sul funzionamento dell'Unione europea (TFUE). L'art. 14 TFUE, infatti, prevede l'obbligo per gli Stati membri e l'Unione di garantire lo svolgimento dei servizi di interesse economico generale nell'ambito dei valori comuni dell'Unione, prevedendone principi e condizioni, in particolare economiche e finanziarie.

Sono *servizi pubblici locali di interesse economico generale* i servizi erogati o suscettibili di essere erogati dietro corrispettivo economico su un mercato, che non sarebbero svolti senza un intervento pubblico o sarebbero svolti a condizioni differenti in termini di accessibilità fisica ed economica, continuità, non discriminazione, qualità e sicurezza, che gli enti locali, nell'ambito delle rispettive competenze, assumono come necessari per assicurare la soddisfazione dei bisogni delle comunità locali.

Tale nozione risulta dalla combinazione e sintesi della nozione europea di servizi pubblici di interesse economico generale con quella in uso nella normativa nazionale di servizi pubblici locali di rilevanza economica.

11.1.2 Distinzione tra servizi a rilevanza economica e non

Di preliminare e fondamentale importanza è la distinzione tra i servizi di rilevanza economica da quelli privi di rilevanza economica: tale distinzione ha, infatti, notevoli ricadute sull'organizzazione del servizio stesso ed è legata all'impatto che l'attività può avere sull'assetto della concorrenza ed ai suoi caratteri di redditività.
In mancanza di criteri distintivi da parte del legislatore, la *giurisprudenza* ha precisato che per distinguere tra servizi di rilevanza economica e servizi privi di tale rilevanza occorre far ricorso ad un **criterio relativistico**, che tenga conto delle peculiarità del caso concreto, quali l'effettiva struttura del servizio, le modalità del suo espletamento, i suoi specifici connotati economico-organizzativi, la natura del soggetto chiamato ad espletarlo, la disciplina normativa del servizio (Corte costituzionale, sentenza n. 272/2004). La *dottrina*, invece, fa leva principalmente sulla nozione di imprenditore di cui all'art. 2082 c.c., individuato in chi esercita professionalmente un'attività economica organizzata al fine della produzione o dello scambio di beni o di servizi, laddove l'economicità dell'attività esercitata deve essere in grado di coprire i costi e remunerare il capitale, cioè deve essere in grado di stare sul mercato.
I servizi pubblici locali **privi di rilevanza economica** esulano, al contrario di quelli rilevanti economicamente, dal mercato concorrenziale.

11.1.3 L'affidamento dei servizi pubblici locali a rilevanza economica

Sulle modalità di affidamento della gestione dei servizi pubblici locali di rilevanza economica si sono succedute diverse discipline, ma attualmente il riferimento generale per la disciplina applicabile nell'ordinamento italiano in materia di affidamento del servizio è rappresentato dalla **normativa europea** relativa alle regole concorrenziali minime per le gare ad evidenza pubblica che affidano la gestione di servizi pubblici di rilevanza economica.
Secondo la normativa dell'Unione europea gli **enti locali possono procedere ad affidare la gestione dei servizi pubblici locali** attraverso:

- **esternalizzazione a terzi** mediante procedure ad evidenza pubblica secondo le disposizioni in materia di appalti e concessioni di servizi;
- **società mista pubblico-privata**, la cui selezione del socio privato avvenga mediante gara a doppio oggetto. Il partenariato pubblico-privato (PPP) è una delle modalità di organizzazione dei servizi pubblici (accanto al ricorso al mercato e all'affidamento *in house*);
- **gestione diretta da parte dell'ente locale**, cosiddetta *gestione in house*, purché però sussistano i requisiti previsti dall'ordinamento europeo e vi sia il rispetto dei vincoli normativi vigenti.

In particolare, la giurisprudenza europea consente la gestione diretta del servizio pubblico da parte dell'ente locale, allorquando:

- l'applicazione delle regole di concorrenza ostacoli, in diritto o in fatto, la speciale missione dell'ente pubblico (art. 106 TFUE). In tal caso è riservato all'ordinamen-

to dell'Unione europea il sindacato sull'eventuale errore manifesto alla base della decisione dello Stato;
- il capitale della società affidataria sia totalmente pubblico;
- la società affidataria sia soggetta al cosiddetto **controllo analogo** (ossia il controllo esercitato dall'aggiudicante sull'affidatario deve essere di contenuto analogo a quello esercitato dall'aggiudicante sui propri uffici e servizi);
- lo svolgimento della parte più importante dell'attività dell'affidatario è in favore dell'aggiudicante.

Secondo la definizione fornita dall'art. 5 D.Lgs. 50/2016 (che ha recepito le disposizioni in materia di **affidamenti *in house*** contenute nelle direttive europee) un'amministrazione esercita su una persona giuridica un **controllo analogo** qualora essa eserciti un'influenza determinante sia sugli obiettivi strategici che sulle decisioni significative della persona giuridica controllata. Tale controllo può anche essere esercitato da una persona giuridica diversa, a sua volta controllata allo stesso modo dall'amministrazione aggiudicatrice o dall'ente aggiudicatore (nonostante però questa relazione interorganica, i due soggetti, amministrazione e società controllata, rimangono sempre separati sul piano giuridico-formale).

La **scelta delle modalità** di affidamento del servizio è rimessa dalla normativa vigente all'ente di governo dell'ambito o bacino territoriale, al quale partecipano obbligatoriamente gli enti locali, **sulla base di una relazione**, da rendere pubblica sul sito internet dell'ente stesso, che deve dare conto delle ragioni e della sussistenza dei requisiti previsti dall'ordinamento europeo per la forma di affidamento prescelta e che definisce i contenuti specifici degli obblighi di servizio pubblico e servizio universale, indicando le compensazioni economiche (se previste).

Obiettivi dell'obbligo di pubblicare la relazione sono: il rispetto della disciplina europea, la parità tra gli operatori, l'economicità della gestione e l'adeguata informazione della collettività di riferimento.
Pertanto, la scelta della modalità di affidamento risulta rimessa alla valutazione dell'ente locale, nel presupposto che la discrezionalità in merito sia esercitata nel rispetto dei principi europei; di concorrenza, di libertà di stabilimento e di libera prestazione dei servizi. Da tale disciplina sono stati *espressamente esclusi* i servizi di distribuzione di gas naturale e di distribuzione di energia elettrica, nonché quelli di gestione delle farmacie comunali.

I rapporti degli enti locali con le società di erogazione del servizio e con le società di gestione delle reti e degli impianti sono regolati da **contratti di servizio**, allegati ai capitolati di gara, che dovranno prevedere sia i livelli dei servizi da garantire che adeguati strumenti di verifica degli stessi livelli.

11.2 I servizi pubblici locali nel TUEL

11.2.1 La gestione del servizio

L'art. 112 D.Lgs. 267/2000 dispone che gli enti locali, nell'ambito delle rispettive competenze, provvedono alla gestione dei servizi pubblici che abbiano per oggetto la **produzione di beni e di attività rivolte a realizzare fini sociali** e a **promuovere lo sviluppo economico e civile delle comunità locali**. Il legislatore non pone limiti alla possibilità degli enti locali di organizzare sotto forma di servizi qualsivoglia tipo di attività, a carattere economico o meno, purché sia finalizzata allo sviluppo economico e civile della comunità di appartenenza.

11.2.2 La gestione delle reti e degli impianti

In materia di servizi pubblici locali, va tenuto distinto il piano dell'affidamento dei **servizi in senso stretto** da quello della **gestione delle reti, degli impianti e delle altre dotazioni patrimoniali** essenziali strumentali all'erogazione del servizio (art. 113 TUEL).

L'art. 113 D.Lgs. 267/2000 vieta agli enti locali di cedere la proprietà degli impianti, delle reti e delle altre dotazioni destinati all'esercizio dei servizi pubblici a rilevanza economica.

Gli enti locali possono scegliere tra **gestione separata** ovvero **gestione unitaria** del servizio e di reti, impianti e altri beni strumentali all'erogazione di esso: la *prima* (separata), volta a favorire la tutela della concorrenza, deve assicurare comunque l'accesso equo e non discriminatorio alle dotazioni patrimoniali a tutti i soggetti legittimati all'erogazione del servizio; la *seconda* (unitaria) deve essere, invece, motivata da ragioni di efficienza ovvero risultare funzionale al maggior beneficio degli utenti.

Qualora sia separata dalla gestione del servizio, la gestione delle reti, degli impianti e delle altre dotazioni patrimoniali essenziali è realizzata dagli enti competenti all'organizzazione del servizio mediante:

- *imprese idonee*, da individuare con procedure ad evidenza pubblica;
- *società miste*, il cui socio privato sia stato scelto con procedura a evidenza pubblica, secondo le modalità previste dal diritto dell'Unione europea;
- *soggetti* allo scopo costituiti con le caratteristiche previste dalle modalità di affidamento *in house*.

11.2.3 I servizi privi di rilevanza economica

L'art. 113-*bis* D.Lgs. 267/2000 stabiliva che i servizi pubblici locali privi di rilevanza economica fossero gestiti mediante affidamento diretto *a istituzioni, aziende speciali, anche consortili e a società a capitale interamente pubblico*. Il citato articolo è stato, però, dichiarato illegittimo dalla Corte costituzionale (sent. n. 272/2004), in quanto limitativo dell'autonomia costituzionalmente riconosciuta a Regioni ed enti locali.

Secondo la Corte, infatti, il **titolo di legittimazione** per l'intervento statale in materia di servizi pubblici locali è la **tutela della concorrenza**, ma l'inderogabilità della disciplina statale in materia è riferibile ai soli servizi pubblici locali classificati come "di rilevanza economica", e non già in riferimento ai servizi "privi di rilevanza economica"; il titolo di legittimazione per gli interventi del legislatore statale costituito dalla tutela della concorrenza non è applicabile a questo tipo di servizi, proprio perché in riferimento ad essi non esiste un mercato concorrenziale.

Anche nel caso di servizi privi di rilevanza economica i rapporti tra gli enti locali e i soggetti erogatori sono regolati da **contratti di servizio**.

11.2.4 Le forme di gestione dei servizi: aziende speciali, istituzioni e società miste

L'art. 114 D.Lgs. 267/2000 precisa che:

- l'**azienda speciale** è un ente strumentale dell'ente locale, dotato di personalità giuridica, autonomia imprenditoriale e di un proprio statuto, che ne disciplina l'ordinamento ed il funzionamento, approvato dal Consiglio comunale o provinciale;
- l'**istituzione** è un organismo strumentale dell'ente locale per l'esercizio di servizi sociali, dotato di autonomia gestionale e disciplinata dallo statuto e dai regolamenti dell'ente locale da cui dipende. L'azienda speciale e l'istituzione adeguano la loro attività a criteri di **efficacia**, **efficienza** ed **economicità** e hanno l'obbligo del pareggio di bilancio da perseguire attraverso l'equilibrio dei costi e dei ricavi, compresi i trasferimenti.

L'art. 115 D.Lgs. 267/2000 stabilisce che gli enti locali possono, per atto unilaterale, **trasformare le aziende speciali in società di capitali**, di cui possono restare azionisti unici per un periodo comunque non superiore a due anni dalla trasformazione.
La deliberazione può anche prevedere la scissione dell'azienda speciale e la destinazione a società di nuova costituzione di un ramo aziendale di questa, con applicazione, per quanto compatibili, dello stesso art. 113, commi da 1 a 6, nonché agli artt. 2504-*septies* e 2504-*decies* c.c.

Capitolo 12
I controlli

12.1 I controlli sugli atti: la loro implicita abrogazione

Deve considerarsi implicitamente abrogato – in quanto fondato sull'art. 130 Cost., espressamente abrogato dall'art. 9, co. 1, L. cost. 3/2001 – l'art. 126 TUEL che, anteriormente alla riforma della Parte II, Titolo V, della Costituzione, sottoponeva a controllo preventivo di legittimità gli **statuti degli enti**, i **regolamenti di competenza del Consiglio**, esclusi quelli attinenti l'autonomia organizzativa e contabile, e i **bilanci annuali e pluriennali** e loro relative variazioni e rendiconto di gestione.
Il precetto costituzionale cancellato, infatti, prevedeva l'istituzione dei Comitati regionali di controllo (CO.RE.CO.), ai quali tale controllo era affidato.

12.2 I controlli sugli organi

12.2.1 Disciplina generale

Il controllo sugli organi degli enti locali non ha a oggetto la legittimità o il merito di un atto, bensì la condotta di un organo: ciò comporta che ogni eventuale provvedimento incide non sull'atto, ma sull'organo nella sua funzionalità o nella permanenza in carica di chi lo ricopre, pur se a seguito di mandato elettivo. Nell'ambito di tali controlli, vengono in rilievo i **controlli ispettivi e sostitutivi**.
I controlli ispettivi consistono in un'attività di vigilanza e di accertamento sull'operato delle amministrazioni assoggettate a controllo, al fine di garantirne la legalità e la conformità ai criteri di opportunità, convenienza e buona amministrazione, in vista del raggiungimento degli scopi di pubblico interesse.
I **controlli sostitutivi** possono essere di due tipi:
- **sostitutivi semplici**, che si attuano attraverso la sostituzione dell'organo assoggettato a controllo con un altro organo, in caso di sua inerzia o ritardo nel compimento di atti obbligatori per legge, senza che il titolare dell'organo inerte o inadempiente sia sanzionato con misure disciplinari;
- **sostitutivi repressivi**, che si attuano attraverso la sostituzione dell'organo assoggettato a controllo e la contemporanea applicazione di sanzioni disciplinari al titolare di esso.

Si aggiunge a questi controlli il **potere di annullamento straordinario** attribuito al Governo dall'art. 138 TUEL.

12.2.2 I controlli ispettivi

I controlli ispettivi, previsti da leggi speciali, sono di norma affidati a organi dello Stato, in particolare al Prefetto: costui, per esempio, può disporre ispezioni al fine di accertare il regolare funzionamento dei servizi esercitati dal Comune per conto dello Stato, quali quelli di anagrafe, stato civile, leva, elettorale e statistica, così come può acquisire ogni dato o notizia di interesse per altri servizi di carattere generale.

12.2.3 I controlli sostitutivi semplici

Il controllo sostitutivo semplice – attivato sul presupposto dell'inadempimento di un organo che, tenuto ad assumere un atto, ometta di compierlo o eseguirlo – è attribuito, in via ordinaria, al **Difensore civico regionale**. A norma dell'art. 136 TUEL, qualora gli enti locali ritardino o omettano di compiere atti obbligatori per legge, entro un congruo termine loro assegnato, il Difensore procede alla nomina di un commissario *ad acta*, che provvede all'adozione entro 60 giorni dal conferimento dell'incarico.
Una forma di controllo sostitutivo è anche il potere che il novellato art. 120 Cost. attribuisce al **Governo** della Repubblica di sostituirsi a organi delle Regioni, delle Città metropolitane, delle Province e dei Comuni al ricorrere di uno dei seguenti presupposti:

- mancato rispetto di norme e trattati internazionali o della normativa dell'Unione europea;
- grave pericolo per l'incolumità e la sicurezza pubblica;
- necessità di tutelare l'unità giuridica o l'unità economica e in particolare i livelli essenziali delle prestazioni concernenti i diritti civici e sociali, prescindendo dai confini territoriali dei governi locali.

Al legislatore ordinario è demandato il compito di definire le procedure atte a garantire che i poteri sostitutivi siano esercitati nel rispetto del **principio di sussidiarietà e del principio di leale collaborazione**: a ciò ha provveduto l'art. 8 L. 131/2003 il quale, fra l'altro, dispone che i provvedimenti sostitutivi devono essere proporzionati alle finalità perseguite.
Il Governo può così subentrare ogni qualvolta gli enti territoriali si dimostrino gravemente inadempienti; ciò nell'esercizio della sua funzione di mantenimento dell'unitarietà ed uniformità dell'ordinamento, in particolare per quanto riguarda le norme internazionali ed europee, perché ne sia assicurata un'applicazione uniforme su tutto il territorio nazionale.

L'art. 137 TUEL stabilisce che, al verificarsi di una delle ipotesi sopra elencate, il Presidente del Consiglio dei Ministri, su proposta del Ministro competente per materia, anche su iniziativa delle Regioni o degli enti locali, assegna all'ente interessato un congruo termine per adottare i provvedimenti dovuti o necessari.
Decorso inutilmente tale termine, il Consiglio dei Ministri – sentito l'organo interessato, su proposta del Ministro competente o del Presidente del Consiglio – adotta i provvedimenti necessari, anche normativi, ovvero nomina un apposito commissario.
Alla riunione del Consiglio dei Ministri partecipa il presidente della Giunta regionale della Regione interessata al provvedimento.
Nei casi di assoluta urgenza, qualora l'intervento sostitutivo non sia procrastinabile senza mettere in pericolo le finalità tutelate dalla normativa costituzionale, il Consiglio dei ministri – su proposta del ministro competente, anche su iniziativa delle Regioni o degli enti locali – adotta i provvedimenti, che sono immediatamente comunicati alla Conferenza Stato-Regioni o alla Conferenza Stato-Città e autonomie locali, allargata ai rappresentanti delle Comunità montane, che possono chiederne il riesame.

12.2.4 I controlli sostitutivi repressivi

Il controllo sostitutivo si dice **repressivo o sanzionatorio** quando l'effetto è costituito non soltanto dall'emanazione dell'atto omesso dall'organo inadempiente, ma anche dall'adozione di provvedimenti a carattere repressivo o sanzionatorio nei riguardi del medesimo organo.

Il TUEL, in merito agli organi dell'ente locale, prevede le ipotesi precedentemente esaminate di **scioglimento e sospensione dell'organo consiliare**, nonché di **rimozione dei singoli amministratori**.

12.2.5 Il potere governativo di annullamento straordinario

L'art. 138 TUEL attribuisce al Governo il potere di **annullare, d'ufficio o su denunzia, gli atti degli enti locali viziati da illegittimità** al fine di tutelare l'unità dell'ordinamento. Il potere di annullamento si concretizza nell'emanazione di un decreto del Presidente della Repubblica, previa deliberazione del Consiglio dei Ministri e su proposta del Ministro dell'Interno; è richiesto il parere del Consiglio di Stato.

Tale potere, che si sostanzia in una forma di controllo a carattere repressivo, è esercitato in applicazione dell'art. 2, co. 3, lett. *p*), L. 400/1988, e trova il suo diretto antecedente storico nell'art. 6 del Testo unico della legge comunale e provinciale (approvato con R.D. 3-3-1934, n. 383), che attribuiva al Governo la facoltà, in qualunque tempo, di annullare, d'ufficio o su denunzia, sentito il Consiglio di Stato, gli atti viziati da incompetenza, eccesso di potere o violazione di leggi e di regolamenti generali o speciali.

L'istituto dell'annullamento straordinario a tutela dell'unità dell'ordinamento è tutt'oggi attuale e si è ricorso ad esso, durante l'emergenza sanitaria da pandemia COVID-19, proprio al fine di garantire il razionale equilibrio tra i poteri dello Stato e tra questi e le autonomie territoriali.

La prima sezione del **Consiglio di Stato**, con **parere n. 735/2020**, si è, infatti, espressa favorevolmente all'annullamento in via straordinaria, su proposta del Ministro dell'interno, dell'ordinanza del Sindaco di Messina n. 105/2020. Quest'ultima imponeva a chiunque intendesse fare ingresso in Sicilia attraverso il Porto di Messina, l'obbligo di registrarsi, almeno 48 ore prima della partenza, su una piattaforma istituita dal Comune di Messina, fornendo una serie di dati identificativi e di informazioni personali, e attendere il rilascio da parte dell'ente comunale del nulla osta allo spostamento.

Il Consiglio di Stato ha affermato che è del tutto inconfigurabile, nel vigente ordinamento giuridico, un potere del Sindaco di un Comune di dettare norme che possano trovare applicazione e avere efficacia obbligante al di fuori del perimetro della propria circoscrizione territoriale. L'ordinanza, inoltre, si poneva in contrasto con numerosi articoli della Costituzione: l'art. 23 Cost., che fa divieto a qualsiasi pubblica autorità di imporre ai cittadini prestazioni personali o patrimoniali *se non in base alla legge* (che nello specifico caso non sussiste); l'art. 3 Cost., poiché introduce una irragionevole disparità di trattamento nei confronti delle persone che per motivi legittimi hanno necessità di attraversare lo Stretto, rispetto alla generalità dei cittadini sul restante territorio nazionale; gli artt. 13 e 16 sulla libertà personale e libertà di circolazione; infine, l'ordinanza viola anche le attribuzioni riservate allo Stato in materia di profilassi internazionale, di cui all'art. 117, co. 2 lett. *q*), Cost., materia in appartenenza statale.

Il Consiglio di Stato ha, poi, motivato il parere ribadendo che, in presenza di emergenze di carattere nazionale, pur nel rispetto delle autonomie costituzionalmente tutelate, vi deve essere una gestione unitaria della crisi per evitare che interventi regionali o locali possano vanificare la strategia complessiva di gestione dell'emergenza, soprattutto in casi in cui non si tratta solo di erogare aiuti o effettuare interventi ma anche di limitare le libertà costituzionali. Il potere di annullamento straordinario, ha concluso il Consiglio di Stato, trova la sua ragion d'essere nell'obbligo gravante sul Presidente del Consiglio dei ministri, sancito dall'art. 95 Cost., di **assicurare il mantenimento dell'unità di indirizzo politico ed amministrativo, nel quadro di unità e di indivisibilità della Repubblica**, di cui all'art. 5 Cost.

12.3 I controlli interni

12.3.1 Disciplina generale

I controlli interni, come disciplinati dagli artt. 147 ss. TUEL si sviluppano nell'ambito dello stesso ente.
Essi sono ordinati secondo il principio della distinzione tra funzioni di indirizzo e compiti di gestione, quale risultante dalla disciplina del D.Lgs. 165/2001. Per la loro effettuazione, peraltro, è data facoltà agli enti locali di istituire uffici unici mediante convenzioni che ne regolino le modalità di costituzione e di funzionamento.
Sicché, nell'ambito della loro autonomia normativa e organizzativa, gli enti locali individuano strumenti e metodologie per garantire, attraverso il **controllo di regolarità amministrativa e contabile**, la legittimità, la regolarità e la correttezza dell'azione amministrativa.
Il sistema di controllo interno è diretto a:

- verificare, attraverso il **controllo di gestione**, l'*efficacia*, l'*efficienza* e l'*economicità* dell'azione amministrativa, al fine di ottimizzare, anche mediante tempestivi interventi correttivi, il rapporto tra obiettivi e azioni realizzate, nonché tra risorse impiegate e risultati (verifica del rapporto tra costi e risultati);
- valutare l'adeguatezza delle scelte compiute in sede di attuazione dei piani, dei programmi e degli altri strumenti di determinazione dell'indirizzo politico, in termini di congruenza tra i risultati conseguiti e gli obiettivi predefiniti (verifica della congruità tra risultati e obiettivi: **valutazione e controllo strategico**);
- garantire il costante **controllo degli equilibri finanziari** sulla *gestione di competenza*, sulla *gestione dei residui* e sulla *gestione di cassa*, anche ai fini della realizzazione degli obiettivi di finanza pubblica, mediante l'attività di coordinamento e di vigilanza da parte del responsabile del servizio finanziario, nonché l'attività di controllo da parte dei responsabili dei servizi;
- verificare, attraverso l'affidamento e il controllo dello stato di attuazione di indirizzi e obiettivi gestionali, la **redazione del bilancio consolidato**, l'**efficacia,** l'**efficienza** e l'**economicità** degli organismi gestionali esterni dell'ente;
- garantire il **controllo della qualità dei servizi erogati**, sia direttamente, sia mediante organismi gestionali esterni, con l'impiego di metodologie dirette a misurare la soddisfazione degli utenti esterni e interni dell'ente.

L'art. 147-*quater* TUEL, inserito dal D.L. 174/2012 (conv. dalla L. 213/2012), prevede anche che l'ente locale definisca, secondo la propria autonomia organizzativa, un **sistema di controlli sulle società non quotate**, partecipate dallo stesso ente locale. Tali controlli sono esercitati dalle strutture proprie dell'ente locale, che ne sono responsabili.

12.3.2 Il controllo di regolarità amministrativa e contabile

L'art. 147-*bis* TUEL prevede che il controllo di regolarità amministrativa e contabile debba essere assicurato, nella **fase preventiva della formazione dell'atto**, da ogni responsabile di servizio, ed esercitato attraverso il rilascio del parere di regolarità tecnica attestante la regolarità e la correttezza dell'azione amministrativa; nella **fase successiva**, tale controllo è assicurato, secondo **principi generali di revisione aziendale e modalità definite nell'ambito dell'autonomia organizzativa dell'ente**, sotto la direzione del Segretario, in base alla normativa vigente.
Il controllo contabile, effettuato dal responsabile del servizio finanziario, è esercitato attraverso il rilascio del parere di regolarità contabile e del visto attestante la copertura finanziaria.
Le **risultanze** del controllo sono trasmesse periodicamente a cura del Segretario:

> ai responsabili dei servizi, unitamente alle direttive cui conformarsi in caso di riscontrate irregolarità;
> ai revisori dei conti e agli organi di valutazione dei risultati dei dipendenti, come documenti utili per la valutazione;
> al Consiglio comunale.

Sono soggette al controllo le determinazioni di impegno di spesa, i contratti e gli altri atti amministrativi, scelti secondo una selezione casuale effettuata con motivate tecniche di campionamento.

12.3.3 Il controllo strategico

L'art. 147-*ter* TUEL prevede che metodologie di controllo strategico, per verificare lo stato di attuazione dei programmi secondo le linee approvate dal Consiglio, devono essere definite, a partire dal 2015, da ciascun ente con **popolazione non superiore a 15.000 abitanti**, secondo la propria autonomia organizzativa. Gli enti rientranti in queste categorie dimensionali possono esercitate la funzione di controllo anche in **forma associata**.
Le metodologie di controllo strategico sono finalizzate alla rilevazione:

> dei risultati conseguiti rispetto agli obiettivi predefiniti;
> degli aspetti economico-finanziari connessi ai risultati ottenuti;
> dei tempi di realizzazione rispetto alle previsioni;
> delle procedure operative attuate confrontate con i progetti elaborati;
> della qualità dei servizi erogati;
> del grado di soddisfazione della domanda espressa;
> degli aspetti socio-economici.

Rapporti periodici devono essere elaborati dall'unità preposta al controllo strategico, posta sotto la direzione del Direttore generale, ove previsto, o del Segretario negli enti in cui non è prevista la figura del Direttore generale.
I rapporti devono essere sottoposti all'organo esecutivo e al Consiglio per la successiva predisposizione di deliberazioni consiliari di ricognizione dei programmi.

12.4 Il controllo esterno sulla gestione

Gli artt. 148 e 148-*bis* TUEL affidano alla **Corte dei conti** il controllo esterno successivo alla gestione.

Il particolare, le norme precisano che:

- le sezioni regionali della Corte dei conti verificano, con cadenza semestrale, la *legittimità* e la *regolarità* delle gestioni, nonché il *funzionamento* dei controlli interni ai fini del rispetto delle regole contabili e dell'equilibrio di bilancio di ciascun ente locale;
- il Ministero dell'Economia e delle Finanze (Dipartimento della Ragioneria generale dello Stato) può attivare **verifiche sulla regolarità della gestione amministrativo-contabile**, ai sensi dell'art. 14, co. 1, lett. *d*), L. 196/2009, oltre che negli altri casi previsti dalla legge, qualora un ente evidenzi situazioni di squilibrio finanziario riferibili ai seguenti indicatori (si tratta di procedure attivabili anche dalle sezioni regionali di controllo della Corte dei conti): ripetuto utilizzo dell'anticipazione di tesoreria, disequilibrio consolidato della parte corrente del bilancio, anomale modalità di gestione dei servizi per conto di terzi e aumento non giustificato di spesa degli organi politici istituzionali;
- le sezioni regionali di controllo della Corte dei conti **esaminano i bilanci preventivi e i rendiconti consuntivi** degli enti locali per la verifica:
  - del rispetto degli obiettivi annuali posti dalla finanza pubblica;
  - dell'osservanza del vincolo previsto in materia di indebitamento dall'art. 119, co. 6, co. 6 Cost.;
  - della sostenibilità dell'indebitamento;
  - dell'assenza di irregolarità, suscettibili di pregiudicare, anche in prospettiva, gli equilibri economico-finanziari degli enti.

Nell'ambito di quest'ultima verifica, l'accertamento di squilibri economico-finanziari, della mancata copertura di spese, della violazione di norme finalizzate a garantire la regolarità della gestione finanziaria, o del mancato rispetto degli obiettivi posti con il patto di stabilità interno, comporta per gli enti interessati l'obbligo di adottare, entro i successivi 60 giorni, i provvedimenti idonei a rimuovere le irregolarità e a ripristinare gli equilibri di bilancio.
Tali provvedimenti sono trasmessi alle sezioni regionali di controllo della Corte dei conti che li verificano nel termine di 30 giorni dal ricevimento.
Se l'ente non provvede alla trasmissione dei provvedimenti o la verifica delle sezioni regionali di controllo dà esito negativo, è preclusa l'attuazione dei programmi di spesa per i quali è stata accertata la mancata copertura o l'insussistenza della relativa sostenibilità finanziaria.

Estensioni WEB

Test di verifica online

Libro IV

Test attitudinali

SOMMARIO

Capitolo 1
Ragionamento critico verbale

I quesiti di **questa tipologia** valutano l'attitudine verbale del candidato, verificandone la competenza linguistica, la padronanza di linguaggio e la ricchezza di vocabolario. Questi quesiti, che richiedono una strategia risolutiva di tipo linguistico, assumono diverse forme, ma si fondano principalmente su relazioni e associazioni tra parole, individuazione di termini contrari, sinonimi, anagrammi ecc.
Si tratta di una tipologia di test, dunque, che presuppone competenze pregresse non sempre facilmente *recuperabili* nel poco tempo a disposizione per prepararsi alle prove di selezione (è evidente, infatti, che uno studio approfondito di un dizionario dei sinonimi e dei contrari non è la scelta consigliabile se mancano poche settimane alle prove). È però possibile, con lo studio e l'impegno e grazie ad alcuni accorgimenti, conseguire un grado di preparazione *mirata* al superamento della prova.
Analizzeremo di seguito le più comuni tipologie di quesiti di logica verbale, generalmente riscontrabili nelle prove di selezione.

1.1 I sinonimi

Si parla di sinonimia quando due termini risultano intercambiabili all'interno del medesimo contesto senza apprezzabili variazioni di significato.

Gli studi linguistici e psicolinguistici chiariscono che si possono stabilire sinonimie tra i termini secondo diverse regole: possono essere sinonimi due termini che esprimono una diversa generalità, intensità, emotività, moralità, professionalità, colloquialità, specificità dialettale ecc. Il linguista Ullman (1966) riporta alcuni esempi: *caldo* e *rovente* sono sinonimi con diversa intensità, *rigettare* e *declinare* sono sinonimi che assumono una diversa coloritura emotiva, *decesso* è un sinonimo di *morte* usato maggiormente in un contesto tecnico-professionale ecc.
Il compito di individuare i sinonimi dei termini viene facilitato dal fatto che alle prove si prevede la scelta di un termine tra quattro o cinque alternative, per cui è possibile riconoscere il termine tra quelli proposti anziché recuperarlo dalla memoria senza alcun suggerimento.
Verifichiamo ciò direttamente con un esempio: pensate ad un sinonimo di *oberato*. Alcuni non ricorderanno il significato del termine per cui non si sforzeranno più di tanto nel cercare di recuperarlo dalla memoria, altri proveranno una vaga sensazione di incertezza, altri ancora ce l'avranno "sulla punta della lingua", altri sapranno rispondere con esattezza e infine alcuni saranno convinti erroneamente di sapere la risposta.
È evidente che con le alternative fornite dal test possiamo *riconoscere* il sinonimo grazie al fatto che lo vediamo stampato sulla pagina insieme ad altri termini. In questo caso il rischio di errore deriva più che altro dai distrattori (cioè dai termini alternativi che vengono immessi tra le risposte possibili al solo scopo di indurre in errore).

Esempio
Indicare qual è il sinonimo di *Oberato*.
A. Avvinazzato
B. Impedito
C. Aggravato

In questo esempio, da considerarsi di difficoltà medio-bassa, il distrattore più efficace è la risposta B, Impedito. Infatti alcuni, pur sapendo adoperare appropriatamente il termine in una frase, potrebbero cadere in errore valutando il termine nella sua *relazione conseguente*: cioè se si pensa all'uso del termine oberato in una frase come "oberato da impegni", si potrebbe proseguire con "dunque ostacolato o impedito nel fare una certa cosa", da cui potrebbe derivare la risposta errata. Naturalmente la risposta esatta è la lettera C, Aggravato.

1.2 I contrari

I test verbali prevedono nella stragrande maggioranza dei casi delle prove di ricerca dei contrari di contenuti verbali, aggettivali, nominali ecc. La ricchezza del lessico è un prerequisito fondamentale per l'ottima riuscita in questo tipo di prove.
È di aiuto anche in questo caso mettersi nei panni del redattore del test per evitare di cadere nelle "trappole" che è solito tendere.
Il redattore sa che uno degli errori più frequenti in queste prove è dovuto alla pressione del tempo, quindi inserirà, tra le risposte, anche il sinonimo della parola stimolo. Inoltre, inserirà spesso anche un termine analogo al sinonimo e un termine in assonanza (di suono simile). È molto frequente, infatti, che la nostra risposta cada sul sinonimo anziché sul contrario del termine, proprio perché per abitudine è automatica la ricerca di una parola con significato simile anziché contrario a quella data.

Aiutatevi costruendo mentalmente una frase che contenga il termine stimolo ed il suo contrario.

Esempio
Indicare il contrario di *Abiurare*.
A. Disfarsi
B. Convertirsi
C. Rifiutarsi

Il termine in questione ha una bassa frequenza di uso per cui risulta di difficoltà elevata. Osservando le alternative proposte, notiamo che è stato inserito il sinonimo, risposta C, accanto alla risposta corretta, Convertirsi. Qui, in caso di incertezza, è di aiuto costruire la frase con il termine e il suo contrario, come forma rafforzativa: "ha abiurato il cattolicesimo convertendosi al buddismo". (Si pensi per esempio a quante volte nei libri di storia si è letto che un sovrano ha abiurato una certa religione per abbracciarne un'altra).

1.3 Le analogie verbali

L'analogia è una relazione di contiguità logica, un rapporto di somiglianza, tra due parole; è il rapporto che la mente coglie tra due o più termini che hanno, nella loro forma o nel loro significato, qualche tratto comune.

Le prove di analogia verbale sono le più diffuse tra i test di logica verbale. Sono scelte come materiale stimolo elettivo perché efficace più di altre prove per la misura delle abilità di ragionamento induttivo. Per affrontare efficacemente questo tipo di prove è necessario possedere un lessico sufficientemente ricco, una buona padronanza della lingua italiana e una discreta cultura generale.
La prima cosa da fare è comprendere il nesso, ovvero la relazione, tra i termini.

Le tipologie di relazioni instaurabili tra serie di parole sono pressoché infinite; se non riuscite a cogliere subito una relazione di significato fra i vari termini, cercate di individuarne un'altra tra le seguenti possibili:

Tabella 1.1 Tipologie di relazioni

Relazioni tra i termini di un insieme	Esempi di caratteristiche comuni
Relazione etimologica	Origine dei termini
Relazione semantica	Significato dei termini
Relazione ortografica	Lettera iniziale, suffissi, dittonghi ecc.
Relazione grammaticale	Verbi, sostantivi, aggettivi ecc.
Relazione geografica	Stati dello stesso continente, città della stessa nazione, città della stessa regione ecc.
Relazione temporale	Personaggi o eventi della stessa epoca
Relazione di appartenenza	Opere di un medesimo autore, artisti di una medesima corrente, animali di una medesima specie, musicisti di uno stesso genere, romanzi ambientati nella stessa città ecc.
Relazione funzionale	Il coltello taglia, la penna scrive ecc.
Relazione causale	Tra nuvole e pioggia, farmaco e guarigione ecc.

Questi quiz vengono comunemente chiamati *proporzioni verbali* perché assomigliano nella forma alle proporzioni matematiche, ma al posto dei numeri sono costituite da vocaboli tra i quali occorre individuare il nesso. In tali prove si richiede infatti di individuare il rapporto di somiglianza tra parole, fatti, oggetti e di riconoscere il termine o i termini che spiegano la relazione o che esprimono un certo grado di somiglianza tra essi. Per questo motivo tali tipologie di quesiti possono essere definite anche equivalenze semantiche o analogie concettuali.
In generale, in tali quiz sono proposte due coppie di parole, di cui una o entrambe sono incomplete. Il candidato deve individuare, fra quelli proposti, il termine che completa la coppia.
Solitamente, questi esercizi si presentano sotto forma di vere e proprie proporzioni matematiche:

1° termine : 2° termine = 3° termine : 4° termine

1.3.1 Le proporzioni verbali semplici

Nella prova possono essere presentate **proporzioni a una sola incognita** o **analogie semplici** composte da due coppie di termini in relazione tra loro, nelle quali manca un termine della prima o della seconda coppia. Occorre dunque individuare il termine che completa la proporzione secondo un determinato criterio.

Esempi

Relazione etimologica e semantica
Eremo : Eremita = Probo : ?
A. Problematico
B. Probabilità
C. Probiviro

Il termine Eremita, riferito a chi si apparta dal mondo, di solito per motivi religiosi, deriva etimologicamente da Eremo, luogo isolato di contemplazione e preghiera. Il termine Probo significa onesto, integro, retto, da cui deriva Probiviro che propriamente significa "uomo probo", più comunemente membro di un gruppo ristretto con compiti delicati all'interno di un'istituzione (collegio dei probiviri). Gli altri termini evidentemente non hanno alcuna relazione etimologica.

Relazione ortografica
Trama : Vello = Brama : ?
A. Merlo
B. Bello
C. Spello

Questo tipo di esercizi può trarre in inganno proprio per la sua semplicità. È essenziale in questo caso non prefigurare la risposta sulla base del solo esame della proporzione.
L'unica relazione possibile tra i due termini noti della proporzione impostata è quella di tipo ortografico, che è prodotta dalla sostituzione della prima lettera di ciascun termine: la T di trama viene sostituita dalla B di brama. Quindi l'unico termine, tra quelli suggeriti, che soddisfa la relazione ortografica è il termine Bello (la lettera B in sostituzione della lettera V di vello).

Relazione grammaticale
Dire : Andato = Elegante : ?
A. Folla
B. Adesso
C. Molto

Anche questo tipo di esercizio richiede molta accortezza, oltre alla conoscenza della grammatica di base. È bene esaminare attentamente i termini della proporzione e le risposte suggerite. È difficile capire la relazione tra i termini se non individuiamo quali sono i termini noti della proporzione e il tipo di relazione che li accomuna. Dire e Andato sono i termini noti, sono due verbi, quindi dato che il termine Elegante è un aggettivo, la risposta corretta sarà data da un altro aggettivo. Il termine Molto ha diverse funzioni nella lingua italiana, ma una di queste è proprio la funzione di aggettivo (può anche essere un avverbio o un pronome indefinito). La risposta corretta è, dunque, la C.

Relazione geografica
Calabria : ? = Toscana : Firenze
A. Catanzaro
B. Piacenza
C. Reggio Calabria

La relazione tra i termini della proporzione è facilmente individuabile anche ad un primo sguardo: Firenze è il capoluogo regionale della Toscana, quindi la risposta giusta sarà A, Catanzaro, capoluogo regionale della Calabria. L'esempio ha un unico distrattore in Reggio Calabria, altro noto capoluogo tra le province calabresi. Dato che sono molto frequenti i richiami a nozioni geografiche, si consiglia di ripassare la materia.

Relazione causale
Soluzione : Problema = Accordo : ?
A. Disaccordo
B. Concordia
C. Conflitto

La coppia dei termini Soluzione e Problema è in *relazione causale consequenziale*, ovvero la Soluzione è qui da intendersi nella accezione di raggiungimento di un risultato da sostituire a una serie complessa di elementi ovvero a un Problema.
Qui l'incognita da individuare tra i cinque termini proposti dovrà esprimere la stessa consequenzialità inversa riferita al termine Accordo, per cui, tra le alternative proposte, la risposta giusta è la C, Conflitto, perché è l'unico termine che esprime con la stessa intensità e nella stessa direzione della coppia precedente la relazione di causalità consequenziale.

Relazione temporale
? : Lorenzo il Magnifico = Federico Barbarossa : Marco Polo
A. Carlo Magno
B. Giuseppe Garibaldi
C. Leonardo da Vinci

L'unica relazione tra il Barbarossa e Marco Polo è di tipo temporale; entrambi sono ascrivibili al periodo medioevale. Lorenzo il Magnifico, invece, appartiene al periodo rinascimentale come Leonardo da Vinci, quindi la risposta esatta è la lettera C.

Relazione di appartenenza
Tordo : Merlo = Capodoglio : ?
A. Trota
B. Scoiattolo
C. Fagiano

I termini da confrontare sono tutti appartenenti al regno animale. La relazione nota è quella tra Tordo e Merlo, che appartengono all'ordine degli uccelli, diversamente dal Capodoglio. La trota va subito esclusa tra i distrattori in quanto è un pesce. Escludendo ovviamente il fagiano, non resta altro che lo scoiattolo, piccolo mammifero di terra ferma. Anche il capodoglio è un mammifero, quindi la risposta esatta è B, Scoiattolo.

Relazione funzionale
Lavastoviglie : ? = Scooter : Benzina
A. Piatti
B. Acqua
C. Elettricità

L'analogia tra i vocaboli è spiegata dalla relazione funzionale tra i termini della proporzione. Naturalmente la Benzina è il propellente necessario per la locomozione dello Scooter.

Il distrattore più insidioso tra i termini proposti è principalmente l'acqua che, pur essendo un elemento indispensabile per il buon funzionamento della lavastoviglie, non è l'elemento che attiva il motore dell'elettrodomestico.
La risposta esatta è dunque la C, Elettricità.

Le combinazioni in questo tipo di prove sono pressoché infinite. È da tenere presente che non si può ricordare e sapere ogni cosa su qualsiasi argomento, quindi per affrontare serenamente le prove fate un ripasso veloce delle nozioni di cultura generale, recupererete la gran parte delle informazioni che vi aiuteranno più di qualsiasi altra cosa per questo tipo di prove.

1.3.2 Le proporzioni verbali complesse

Nella prova possono essere presentate **proporzioni a più incognite** o **analogie complesse** composte da due coppie di termini in relazione tra loro, nelle quali mancano due termini. Occorre dunque individuare la coppia di parole che completa la proporzione secondo un determinato criterio.

Il rapporto logico esistente tra i termini deve essere rispettato, pertanto, oltre al significato e alla relazione tra le parole, decisiva è anche la posizione che ciascun termine occupa nella proporzione.

Esempio

Medico : Poliziotto = x : y

Questo tipo di prova richiede necessariamente la scelta tra una serie di alternative perché fin qui non abbiamo elementi per dare risposte affidabili.

La risposta è da scegliere tra una di queste possibilità:

A. x = Ospedale y = Pistola
B. x = Divisa y = Camice
C. x = Malato y = Ladro

La risposta corretta in questo caso è la C, perché il medico e il poliziotto hanno a che fare rispettivamente con i malati e con i ladri, cioè sono le due categorie cui è finalizzata la loro professione: curare i malati, arrestare i ladri. L'altra risposta che al limite poteva essere plausibile è la B che, tuttavia, non ha il medesimo ordine della coppia iniziale, la risposta A non rispetta la relazione funzionale perché il medico lavora in ...., il poliziotto spara con la ....

In questo tipo di prove, occorre, quindi, prestare la massima attenzione sia al significato dei termini sia all'ordine di presentazione delle risposte.

1.3.3 Le possibili forme grafiche di presentazione delle analogie verbali

Abbiamo descritto alcune chiavi di lettura per risolvere con profitto le analogie verbali.

Altri elementi di "distrazione" escogitati dai redattori delle prove di esame fanno ricorso alle più varie modalità di presentazione grafica del materiale stimolo. Potrete incontrare le analogie verbali sotto queste diverse possibili rappresentazioni.
Siate dunque pronti anche a questo tipo di evenienza. Occorre qualche istante in più per riconoscere i termini noti, ma la chiave per la risoluzione del problema non cambia.

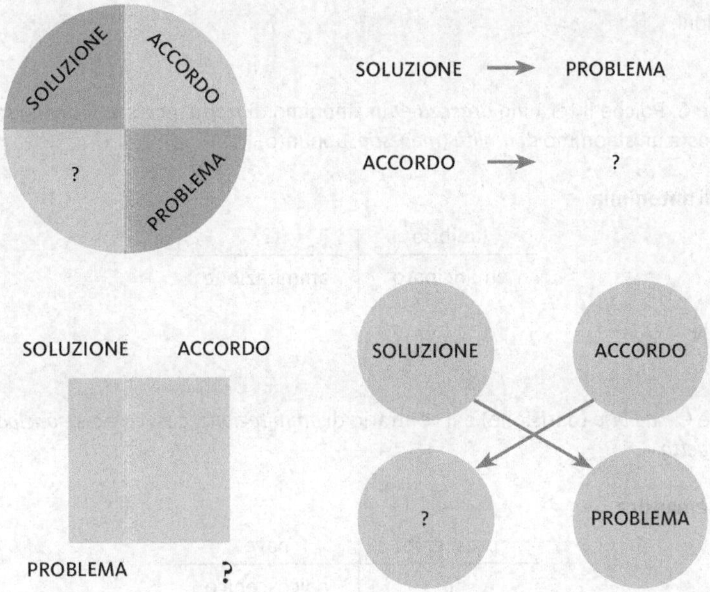

Un'altra forma grafica in cui si presentano le analogie verbali è costituita da una matrice 2 × 2, in cui sono proposti tre termini mentre uno è incognito. Quest'ultimo è da ricercare tra le opzioni date.

1° termine	2° termine
3° termine	4° termine

L'incognita può presentarsi in uno qualsiasi dei quattro quadranti e il legame tra i termini dati e il termine incognito può essere del tipo riportato di seguito.

orizzontale (1° e 2° termine; 3° e 4° termine)	1° termine ↔ 2° termine 3° termine ↔ 4° termine
verticale (1° e 3° termine; 2° e 4° termine)	1° termine · 2° termine ↕ ↕ 3° termine · 4° termine
incrociato (1° e 4° termine; 2° e 3° termine)	1° termine ⤡ 2° termine 3° termine ⤢ 4° termine

Esempi

Relazione di sinonimia

umiltà	urgenza
fretta	?

A. animo
B. propensione
C. modestia

La risposta è C. Poiché il termine *urgenza* è un sinonimo di *fretta*, occorre individuare fra le opzioni di risposta un sinonimo di *umiltà* (*modestia*, appunto).

Relazione di antonimia

ludibrio	?
emancipato	ammirazione

A. dileggio
B. imparziale
C. soggetto

La risposta è C. *Ludibrio* (derisione) è il contrario di *ammirazione*, così come *emancipato* è il contrario di *soggetto*.

Relazione semantica

proscenio	nave
?	palcoscenico

A. viaggio
B. rotta
C. prua

La risposta è C. Il *proscenio* è la parte anteriore del *palcoscenico* così come la *prua* è la parte anteriore della *nave*.

Relazione causale

denti	piedi
scalpiccio	?

A. mani
B. stridio
C. tramestio

La risposta esatta è B. I *piedi* provocano *scalpiccio*, i *denti* lo *stridio*.

Relazione grammaticale

mandante	agente
agito	?

A. sicario
B. capitano
C. mandato

La risposta è C. *Agito* è il participio passato di agire e *agente* ne è il participio presente; analogamente, *mandante* è il participio presente di mandare il cui participio passato è *mandato*.

Relazione anagrammatica

strano	macerati
?	ricamate

A. nastro
B. stremo
C. strenuo

La risposta è A. *Ricamate* è l'anagramma di *macerati* così come *strano* è l'anagramma di *nastro*.

Relazione ortografica: cambio di consonante

canna	essa
esca	?

A. pesca
B. canta
C. uscio

La risposta è B. Si tratta di un cambio di consonante: da *essa*, sostituendo una consonante, si ottiene *esca*, da *canna* si ottiene *canta*.

Relazione ortografica: scarto di sillaba

foga	biglia
biga	?

A. impulso
B. corsa
C. foglia

La risposta è C. Si tratta di uno scarto di sillaba: togliendo la sillaba *li* da *biglia* si ottiene *biga*, mentre togliendo la sillaba *li* da *foglia* si ottiene *foga*.

Relazione strutturale

otto	sette
diciotto	?

A. dodici
B. ottanta
C. quattordici

La risposta esatta è B. In questo tipo di quesito, l'elemento discriminante tra i termini proposti riguarda la loro struttura, ovvero il modo in cui il termine si presenta visivamente in base al numero delle lettere che lo compongono. Così come la parola "diciotto" ha "otto" lettere, parimenti la parola "ottanta" ha "sette" lettere. Pertanto, la parola che completa la croce è "ottanta".

1.4 Le classificazioni concettuali

1.4.1 Il termine da scartare

Anche nei comuni giochi enigmistici si trovano esercizi di questo tipo, in cui si chiede di individuare il **termine da scartare** nell'ambito di una serie.

> Si tratta di quesiti in cui, data una serie di termini, si chiede di individuarne uno da scartare perché non legato agli altri dalla relazione (etimologica, semantica, funzionale ecc.) che li accomuna. Occorre, dunque, riconoscere la relazione esistente tra i termini e le ragioni di incongruenza del termine discordante.

Nei giochi enigmistici viene chiamato "caccia all'intruso".
Sono frequenti i raggruppamenti del tipo: classe degli strumenti a corda, classe dei vini, classe dei mammiferi, le diverse classi grammaticali (sostantivi, aggettivi, verbi, avverbi ecc.), e così via. È letteralmente impossibile riuscire a prevedere tutte le possibili classi che potreste incontrare nella prova. Tuttavia, sapere che è possibile incontrare esercizi di questo tipo predispone mentalmente a ricercare un livello di categorizzazione non sempre individuabile ad un primo sguardo.
Anche in questo caso, dunque, la prima cosa da fare è comprendere il nesso, ovvero la relazione, tra i termini. Come già accennato le tipologie di relazione possibili sono pressoché infinite.

Esempi

Relazione etimologica
Individuare, tra le alternative proposte, il termine da scartare.
A. Antenato
B. Antefatto
C. Antifurto

Nelle alternative A e B, il prefisso *anti-* deriva da *ante* che significa "prima, davanti", mentre nell'alternativa C, il prefisso deriva da *anti-* con il significato di "contro".

Relazione semantica
Individuare, tra le alternative proposte, il termine da scartare.
A. Restio
B. Disposto
C. Orientato

Tutti i termini indicano un atteggiamento favorevole nei confronti di qualcosa ad eccezione della A: la parola "restio" infatti significa "riluttante a fare qualcosa".

Relazione ortografica
Individuare, tra le alternative proposte, il termine da scartare.
A. Spasso
B. Basso
C. Contrabbando

Tutti i termini finiscono per "asso" tranne nell'alternativa C.

Relazione grammaticale
Individuare, tra le alternative proposte, il termine da scartare.
A. Il
B. La
C. Un

Sono tutti articoli determinativi tranne la C.

Relazione temporale
Individuare, tra le alternative proposte, il termine da scartare.
A. Baricco
B. Dante
C. Coelho

Si tratta di tutti scrittori contemporanei, ad eccezione di Dante che è dunque il termine da scartare.

Relazione di appartenenza
Individuare, tra le alternative proposte, il termine da scartare:
A. Sardina
B. Orata
C. Balena

I termini proposti sono tutti pesci tranne la balena che è un cetaceo.

Relazione funzionale
Individuare, tra le alternative proposte, la parola da scartare.
A. Bicicletta
B. Motocicletta
C. Coltello

In tutte le alternative sono elencati mezzi di locomozione tranne nella C.

Nell'affrontare quesiti di questo tipo, ricordate di passare in rassegna anche gli aspetti superficiali delle parole: con quale lettera iniziano (ad esempio se iniziano tutte con consonanti tranne una); se contengono sillabe in comune (ad esempio le parole risotto, trottola, nottola, ottobre, ecc. hanno tutte in comune il gruppo sillabico *otto*); se sono composte dallo stesso numero di lettere tranne una, e così via. Si suggerisce, quindi, di analizzare le alternative proposte prima ad un livello di "superficie", per poi passare a livelli di classificazione via via più "elaborati". Abituarsi ad analizzare i raggruppamenti proposti in questo modo impedisce il sovraccarico del nostro sistema di elaborazione delle informazioni e consente di risparmiare del tempo prezioso.

1.4.2 L'abbinamento errato

Questa tipologia di esercizi consiste in una serie di coppie di parole legate tra loro da una relazione (di significato, grammaticale, ortografica ecc.) tra le quali il candidato deve individuare e scartare l'abbinamento di termini errato.

Prima di tutto, quindi, sarà necessario capire da che tipo di relazione sono unite le coppie di termini e, in un secondo momento, individuare l'abbinamento errato tra quelli proposti.

Esempi

Relazione geografica
Individuare l'abbinamento errato:
A. Edimburgo/Scozia
B. Reykjavik/Svezia
C. Parigi/Francia

La risposta esatta è B: queste coppie di parole sono legate da una relazione geografica, infatti si tratta di una serie di Paesi abbinati alle loro capitali (capoluoghi, per la Scozia), tranne che nel caso della Svezia, la cui capitale è Stoccolma e non Reykjavik che invece è la capitale dell'Islanda.

Relazione causale
Individuare l'abbinamento errato:
A. Medicina – guarigione
B. Corsa – affanno
C. Riposo – stanchezza

In ogni coppia i termini sono legati tra loro da una relazione di causa-effetto tranne nella C non essendo il riposo una possibile causa di stanchezza.

Relazione storico-geografica
Individuare l'abbinamento errato:
A. Medici – Firenze
B. Della Scala – Genova
C. Visconti – Milano

Gli abbinamenti si riferiscono a celebri dinastie aristocratiche e alle relative città di appartenenza. Sono tutti corretti tranne nell'alternativa B: la famiglia Della Scala o famiglia scaligera, infatti, fu una celebre dinastia veronese.

1.5 Gli anagrammi

L'**anagramma** consiste nella permutazione delle lettere componenti una parola o una frase in modo da ottenere altre parole o frasi di significato diverso. Inoltre, è un gioco letterario ed enigmistico che non ha origini troppo recenti: se ne attribuisce la paternità al poeta greco Licofrone di Calcide.
Oltre alla ricchezza di lessico, questa attività di permutazione richiede molta fantasia e creatività.
Per trovare un anagramma, la prima cosa da fare è quella di scrivere su un foglio la parola che si vuole anagrammare. Alcuni anagrammi sono abbastanza semplici in quanto basta invertire soltanto una o due lettere e, infatti, si riconoscono a colpo d'occhio. Se il colpo d'occhio non ha dato alcun risultato può essere utile scrivere le lettere della parola oppure del nome in ordine diverso; ad esempio in ordine alfabetico. Questa operazione, infatti, dà la possibilità di concentrarsi maggiormente sulle lettere, senza essere confusi dal significato della parola.

I tipi di anagramma più comuni sono:

- **anagramma semplice**, quando due o più parole sono composte dalle stesse lettere diversamente combinate (calendario – locandiere);
- **anagramma a frasi**, quando, anagrammando una parola, si ottengono più parole (bibliotecario – beato coi libri; calendario – l'ora di cena);
- **frase anagrammata**, quando da una frase si ricavano una o più frasi (mangiare del riso – il magro desinare – si dorme in galera).

Esempio
Quale, tra le seguenti parole, è un anagramma di una città italiana capoluogo di provincia?
A. Cantina
B. Mora
C. Mirino

La risposta è B. In questo caso è abbastanza semplice individuare la risposta esatta perché si tratta di una parola molto breve. Infatti, invertendo le due consonanti della parola *Mora*, ovvero *m* e *r*, si ottiene *Roma*.

1.6 Le prove di vocabolario

Le prove di vocabolario, quelle cioè in cui si richiede il significato di un termine, sono una tipologia piuttosto frequente nelle prove di selezione.

Non ci sono molti trucchi da svelare dato che la buona riuscita dipende dalla ricchezza del lessico e dalla conoscenza del significato delle parole.
Come al solito nei test il compito è facilitato perché non si richiede una definizione scritta del termine, ma la scelta tra una lista di alternative, per cui viene favorito il recupero mnestico delle definizioni, qualora si fosse dimenticato o in caso di incertezze.

Esempio
Qual è il significato del termine *Laconico*?
A. Conciso
B. Malinconico
C. Dispendioso

Qui potrebbe aiutarci la conoscenza dell'etimologia del termine, che deriva da *lakonicos*, ovvero "proprio dei Laconi" cioè gli spartani, noti per la loro ridotta loquacità. La risposta corretta è dunque Conciso (ma sarebbero state corrette, se previste, anche le risposte stringato, breve, sintetico, succinto). Le altre risposte possono trarre in inganno coloro che si affidano alle assonanze.

Allenatevi con il vocabolario: prendete un buon dizionario e abituatevi a leggere le definizioni. Vi siete mai chiesti quante siano le parole di cui non conoscete il significato? Provate con queste, ne sapreste dare una definizione corretta?
In ogni caso confrontate la vostra definizione con quella del dizionario: *abulico, ignavia, flemmatico, vetusto, lepido, ubertoso, abietto, renitente, reietto, recondito, precetto, sornione, sapido, orpello, pleonastico, futile, dissoluto, corroborare, coltre, colluvie, borro, asterso, arguire, anelare, chetichella, cinabro, concrezione, concupito, copula, dedalo, biasimare, demiurgico, esacerbare, estrapolare, emendare, eluso, escussione, esecrabile, esiziale.*

Questo è solo un assaggio. Se non siete riusciti a dare una definizione corretta di almeno la metà dei termini, sarebbe utile imparare il significato di almeno dieci nuove parole al giorno.

Per favorire la memorizzazione e il recupero dei termini nuovi si potrebbero scrivere delle frasi che li comprendano.

1.7 Significato dei termini nel contesto

Questa tipologia di quesiti è finalizzata alla verifica della ricchezza di lessico e della capacità di comprensione e contestualizzazione dei termini. Gli esercizi si focalizzano sulle ambiguità di significato delle parole: casi di omonimia, polisemia, espressioni figurate ecc.
Si parla di **omonimia** quando due parole sono uguali nella forma, ma hanno significati del tutto differenti e spesso anche diverse funzioni grammaticali. Invece, si tratta di **polisemia** quando una parola ha più significati che hanno qualcosa in comune.

Di seguito, proponiamo due tipologie diverse di esercizi: nella prima (***tipologia n. 1***) si chiede di trovare un termine che accomuni le due parole date, nella seconda (***tipologia n. 2***), invece, si chiede il significato che assume una parola all'interno di una determinata frase.

Tipologia n. 1

Esempi

Quale tra i termini elencati ha un significato associabile con entrambe le parole proposte?
Analisi – Gara
A. Campione
B. Logica
C. Tirocinio

La risposta esatta è A: il termine "campione", infatti, può far rifermento sia a un campione prelevato per un'analisi sia a un campione di una gara sportiva.

Quale tra i termini elencati ha un significato associabile con entrambe le parole proposte?
Entrare – Rubare
A. Ballo
B. Scena
C. Convento

La risposta esatta è B: il termine associabile alle parole date è "scena". Infatti, in senso figurato, si dice "entrare in scena" per indicare una persona, un fatto o un elemento nuovi che assumono un ruolo importante in una determinata situazione; "rubare la scena" è un'altra espressione figurata che vuol dire attirare l'attenzione su di sé a scapito di qualcun altro.

Tipologia n. 2

Esempi

"Il Comune ha organizzato una pesca di beneficenza per il fine settimana".
Qual è il significato della parola "pesca" nella frase proposta?

A. Frutto
B. Cattura di pesci
C. Lotteria

La risposta esatta è C: "Pesca" rappresenta un caso di omonimia, infatti presenta significati del tutto diversi fra loro. La pesca di beneficenza è un'estrazione di una serie di premi numerati, che vengono messi in palio, a scopo benefico, quindi, in questa frase, pesca ha significato di "lotteria". In questa tipologia di esercizi è necessario leggere con attenzione la frase in cui è contenuta la parola analizzata, per capire il significato che assume nel contesto.

"La faccenda ha avuto una coda sgradevole". Qual è il significato della parola "coda" nella frase proposta?

A. Conseguenza
B. Lista
C. Fila

La risposta esatta è A: uno dei più significati di "coda" è continuazione, strascico, "conseguenza". In questa frase, infatti, si intende la conseguenza negativa della faccenda.

1.8 I modi di dire

Un modo di dire è un'espressione convenzionale, caratterizzata da un significato non prevedibile a partire dai significati dei suoi componenti. Infatti, si tratta di una frase dotata di un significato figurato distinto dal suo significato letterale: espressioni come *essere al verde, essere in gamba, prendere un abbaglio* non significherebbero nulla se considerate solo come somma dei significati dei loro componenti; se considerate in blocco, invece, rimandano a un significato traslato, risultato di procedimenti metaforici e condiviso dall'intera comunità linguistica.
Sempre più spesso, nei concorsi pubblici, vengono somministrati quesiti sui modi di dire della tipologia riportata di seguito.

Esempio

L'esatto significato dell'espressione "andare a Canossa" è:

A. riconoscere i propri errori e chiedere scusa
B. cercare la cosa sbagliata o un risultato impossibile
C. fare cose sciocche

La risposta esatta è A. La frase viene usata, in senso figurato, per dire "fare penitenza, umiliarsi". Questa espressione si riferisce a un episodio accaduto al castello della marchesa Matilde di Canossa, dove, all'epoca della lotta per le investiture (nel 1077), l'imperatore Enrico IV si recò per ottenere, umiliandosi in veste di penitente, il perdono di papa Gregorio VII, ospite della contessa Matilde.

1.9 Inserzione di termini in testi incompleti

Un quesito di logica verbale frequentemente somministrato è costituito da testi incompleti, ossia da testi in cui manca un sostantivo o un aggettivo, che occorre inserire secondo il genere e la forma corretta, oppure un verbo, che occorre inserire nella coniugazione corretta ecc.
Questa tipologia di quesiti è finalizzata alla verifica della ricchezza di lessico ma anche della capacità di comprensione e contestualizzazione dei termini. Non si tratta di vere e proprie prove di vocabolario, in quanto non si chiede in modo specifico il significato di una parola, ma si chiede di inserire un termine in una frase o una serie di termini in un brano da cui sono stati espunti.
Nella scelta dei termini incogniti occorre tener presente sia l'*aspetto semantico* (il significato più adatto al contesto) che l'*aspetto grammaticale*. Possono essere oggetto di prova testi di qualsiasi argomento, su qualsiasi disciplina, ma ancora una volta l'intento non sarà quello di testare conoscenze acquisite su determinati argomenti o materie, quanto piuttosto la capacità di utilizzare correttamente i termini in contesti appropriati.

Esempio
Individuare, tra le alternative proposte, quella che completa correttamente la frase. "Di certo __________ molte più possibilità, se __________ le parole giuste".
A. avevi avuto; trovavi
B. avrai; avessi trovato
C. avresti avuto; avessi trovato

La risposta esatta è C: per una corretta risoluzione dell'esercizio è necessario leggere con attenzione la frase incompleta e le opzioni di risposta. In questo caso bisogna avere una buona conoscenza dei verbi e della *consecutio temporum* (la concordanza dei tempi). Leggendo tutte le opzioni di risposta e procedendo per esclusione, si osserva che l'unica risposta ammissibile, che segue le regole della grammatica italiana, è la C: «Di certo "avresti avuto" molte più possibilità, se "avessi trovato" le parole giuste».

Consideriamo un altro esempio.

Esempio
Individuare, tra le alternative proposte, le parole che danno un senso logico al brano. "Il luogo in cui Maurizio De Giovanni ha voluto farsi fotografare non è _______. Uno scrittore che vive a _______, e nella sua città ha ambientato il __________ di romanzi gialli del commissario Ricciardi, ha ______ che il suo posto è lì, in mezzo a una strada del centro storico, in uno dei ______ dei Quartieri _______".
A. casuale/Napoli/ciclo/deciso/vicoli/spagnoli
B. voluto/Roma/settore/deciso/viali/ostiensi
C. normale/Napoli/trittico/rinnegato/vicoli/vomeresi

La risposta esatta è A: diversamente dal primo esempio, qui ha un ruolo importante la cultura generale dei singoli candidati. Infatti, se il candidato conosce lo scrittore De Giovanni sicuramente sarà avvantaggiato nella risoluzione del quesito perché saprà che vive a "Napoli" e che è l'autore del "ciclo" di romanzi gialli del commissario Ricciardi. Comunque, è possibile dedurre quale sia la risposta esatta anche analizzando la frase da un punto di vista linguistico.

1.10 Nozioni di semantica

Come si è visto, i quesiti di logica verbale possono assumere le forme più disparate; tutte le tipologie hanno però in comune l'obiettivo di verificare la competenza linguistica, la ricchezza di vocabolario, la padronanza di linguaggio, caratteristiche queste già acquisite e difficilmente modificabili in breve tempo.
Senza avere la pretesa di coprire le infinite sfumature linguistiche, riteniamo possa rivelarsi utile in questo contesto possedere delle nozioni di semantica, scienza che studia appunto il significato delle parole. In particolare, gli schemi su prefissi e suffissi potrebbero tornare utili per risalire al significato dei vocaboli che non si conoscono.

1.10.1 Prefissi e suffissi

I **prefissi** sono particelle che, poste davanti alla radice di una parola, ne determinano il significato rafforzandolo (*prefisso rafforzativo*), capovolgendolo (*prefisso inversivo*) o precisandolo (*prefisso illativo*).
I **suffissi** sono invece delle particelle che, aggiunte alla radice di una parola, concorrono alla formazione di una nuova parola.
Il notevole sviluppo dei linguaggi settoriali delle scienze, delle tecnologie, della politica ecc., ha portato alla proliferazione di una gran quantità di termini, formati da un nome o da una radice nominale che funge da base, sia italiana che straniera o anche latina o greca, e da prefissi e suffissi in gran parte derivati dal greco antico o dal latino. Riportiamo di seguito un elenco dei principali prefissi e suffissi in uso nella lingua italiana.

Tabella 1.2 I principali prefissi

Prefisso	Significato del prefisso	Parole formate con il prefisso
a-(an-)	senza	anonimo, analcolico, apolitico, afasico, analfabeta, analfabetismo, apolide
aero-	dell'aria	aeroporto, aeroplano, aeromodellismo, aeromobile, aerostato
allo-	diverso	allomorfo, allogeno
ambi-	doppio	ambiguo, ambivalente, ambidestro
ana-	sopra, indietro	anacronistico, anamnesi
ante-	prima, davanti	antenato, antiporta, antefatto, anteprima, antipasto, anteporre
anti-	contro	antipatico, antifurto, antisemita, antipapa, antisemitismo, antitesi, antitetico
antropo-	uomo	antropologia, antropologo, antropofago, antropomorfismo
archeo-	primitivo, antico	archeologo, archeologia
arci-	molto grande	arciprete, arcipelago

(*segue*)

Prefisso	Significato del prefisso	Parole formate con il prefisso
auto-	da solo, da se stesso	autoanalisi, autotassazione, autonomo, autonomia, automatico, automatismo
auto-	automobile	autovettura, autoricambi, autostrada, autorimessa
avan-	davanti, prima	avanguardia, avanscoperta, avanspettacolo
bibli-	libro	biblioteca, bibliografia, biblioteconomia, bibliotecario
bio-	vita	biologo, biologia, biosfera, bioetica, biomasse
cine-	movimento, cinema	cinetica, cinematica, cinematografo, cinefilo, cineteca
cino-	cane	cinofilo, cinodromo
circum-	intorno	circumnavigare, circumnavigazione
con-	insieme	convergere, convenire, consentire, consesso, convegno
cosmo-	universo	cosmodromo, cosmologia, cosmonauta
crono-	tempo	cronometro, cronografo, cronologia, cronologico
de-	al contrario	dequalificato, dequalificare, demotivato, demotivare, delegittimare, delegittimato, destituito, destituire, depennare, deportare, deportato
demo-	popolo	democrazia, demografia, demagogia, democratico, demagogo, demografico
dia-	attraverso	diacronico
dis-	contrario, male	disamore, disonore, disonorevole, disprezzo, disprezzabile, disarmonia, dismetria, disarmonico, disfunzione, disoccupazione, disoccupato
eco-	ambiente	ecologia, ecologico, ecosistema
elio-	sole	elioterapia, eliocentrico
emi-	metà	emisfero, emiplegia, emiparesi, emistichio
emo-	sangue	emodialisi, emoderivati, ematico, ematuria
endo-	dentro	endoscopia, endovena, endovenosa
entro-	dentro	entroterra
etero-	altro	eterodossia, eterosessuale, eterologo, eterogeneo
eu-	bene, buono	euforico, euforia, eugenetica, eutanasia
extra-	al di là	extraurbano, extraorario, extracomunitario
filo-	che ama, che è amico	filosofo, filosofia, filantropo, filantropia, filologia, filologo
fisio-	natura	fisioterapia, fisiologia, fisiatria, fisiatra, fisionomia
fono-	suono	fonografo, fonologia, fonetica, fonico, fonogramma
foto-	luce	fotografia, fotografo, fotografare, fotone, fotosintesi, fotoreporter, fotocellula, fotogramma

(segue)

Prefisso	Significato del prefisso	Parole formate con il prefisso
geo-	terra	geografia, geologia, geografo, geologo, geocentrico, geotermia, geotermico, geometria, geometra
gero-	anziano	geriatra, geriatria, geriatrico, gerontocrazia
gonio-	angolo	goniometro
idro-	acqua	idrante, idraulico, idrico, idrocarburi, idrografia
in (im)-	al contrario	intollerabile, infido, implacabile, impossibile, insuccesso, insospettabile, insopprimibile, intollerabile, intolleranza, inappellabile, infallibile, inapplicabile, insofferenza
infra-	tra	infrasettimanale, infrastrutture
inter-	tra	interlinea, intermezzo, internazionale, interplanetario, interdipendenza, interconnessione
intra-	dentro	intramuscolare
iper-	molto	iperattivo, ipertonico, iperemia, ipertrofico, ipermercato
ipo-	sotto	iponimo, ipogeo, ipotermico, ipotonico
iso-	uguale	isoterma, isobara, isocrona, isobata, isocrono, isodinamica
macro-	grande	macroscopico, macroeconomia
maxi-	molto grande	maxiprocesso, maxicappotto, maxistruttura
mega-	grande	megalomane, megalomania, megawatt, megaohm
meta-	al di là	metafisica, metafisico, metempsicosi
micro-	piccolo, minuscolo	microscopio, microscopico, microscheda, microprocessore, microspia, microstazione, microstoria, microonda, Micronesia, micromillimetro
mini-	molto piccolo	minigonna, miniatura, minicomputer, minicalcolatore, minigolf, minibus, minielaboratore, miniabito, miniassegno, miniappartamento
miso-	avverso	misogino, misoginia, misantropo, misantropia
mono-	uno solo	monolocale, monogamia, monogamo, monoblocco, monoalbero, monoasse, monocamera, monocolo, monologo, monolito, monolitico, monoplano, monoplegia, monopolio, monopolista, monopolizzare, monoposto, monoteismo
morfo-	forma	morfologia, morfogenesi
multi-	molto	multiproprietà, multilaterale, multicolore, multilateralità, multimilionario, multinazionale, multimediale, multiplo, multipolare
necro-	morte	necrologio, necroforo, necropoli, necrosi, necrofagia, necrofago

(*segue*)

Prefisso	Significato del prefisso	Parole formate con il prefisso
neo-	nuovo	neologismo, neorealismo, neorealista, neoplatonico, neonazista, neolitico, neoplasia
neuro-	che riguarda i nervi	neurologo, neurologia, neuropatia
omo- e omeo-	uguale	omonimo, omosessuale, omosessualità, omogeneo, omogeneità, omeopatia, omeopatico, omologo, omologare
onni-	tutto	onniscienza, onnisciente, onnipotenza, onnipotente, onnivoro
orto-	corretto	ortografia, ortodossia, ortodosso, ortofonia, ortodontia, ortodontico
paleo-	antico	paleolitico, paleocristiano, paleografia, paleontologia
pan- e panto-	tutto	pangermanesimo, panarabismo, pantografo, panslavismo
para-	presso, simile, come	paramedico, parafrasi, parafrasare, parafarmaceutico
pato-	sofferenza	patologo, patologia, patogeno
pedo-	fanciullo	pedagogo, pedagogia, pedofilia, pedofilo, pediatria, pediatra
peri-	intorno	perimetro, periscopio, peritoneo, perizoma
piro-	fuoco	pirico, pirotecnico
pluri-	molti	pluriomicida, plurinazionale, plurivalente, plurimillenario, plurinominale, plurisecolare
poli-	molto	polimetria, poligrafia, polimorfismo, polimorfo, poliedrico, poliedro, policlinico, poliartrite, policromia, policromo, poligamia, poligono, polisemia, politeama, politecnico, polivalente, polivalenza, politeismo
post-	dopo	postadolescenza, postfazione, posticipo, postindustriale, postmoderno
pre-	prima, davanti	prefisso, prefazione, precedenza, precoce, precocità, precauzione, predestinazione, precompresso, preconoscenza, precottura, precludere, prefigurazione, prelazione, pregiudizio, preludio, prematrimoniale, premonizione, prematuro, premeditato, premeditare, prevenire, prevenzione, preavvertire, preadolescente
pro-	in luogo di	proconsole
proto-	primo	prototipo, protomartire
pseudo-	falso	pseudonimo, pseudoverità
psico-	anima, mente	psicologo, psicologia, psichiatria, psichiatra, psicoanalisi, psicodramma, psicosomatico

(*segue*)

Prefisso	Significato del prefisso	Parole formate con il prefisso
radio-	raggio	radioattività, radiologo, radiologia, radioattivo, radioamatore, radiazione, radiocomando
retro-	dopo, indietro	retrovisore, retromarcia, retrogrado, retrobottega, retroterra, retroguardia, retrospettiva
ri- e re-	di nuovo	rifare, revisionare, ritornare, richiamare, rispedire, rimando, rimandare, richiamo, restituire, restituzione, riordino, riordinare
s-	al contrario (non)	scontento, sleale, sfavorevole, spietato, smemorato, slegare, spaiato
semi-	metà	semiserio, semidio, seminfermità
sopra- e sovra-	sopra	soprabito, soprannaturale, sopranazionale, sovrapporre, sovrapposizione
stra-	molto, oltre	straordinario, straricco, strafacile
sub-	sotto	subcosciente, subconscio, subacqueo, subumano, subalterno
super-	sopra, più grande	superuomo, superstrada, supersfida, superstite, superstizione, supersonico
sur-	troppo	surriscaldato, surriscaldamento, surclassare
tecno-	tecnica	tecnologia, tecnocrazia, tecnocrate, tecnico
tele-	da lontano, a distanza	televisione, telecomunicazione, teleutente, teleferica, telegrafo, telefono, telefonia, telematica, telespettatore
termo-	calore	termostato, termosifone, termoregolazione, termica, termoreattore, termonucleare, termoelettrico, termoidraulica
tetra-	quattro	tetrarchia, tetrafarmaco, tetraplegia
topo-	luogo	topografia, topografo, toponomastica, toponimo, topografica
tra(n)s-	oltre	transalpino, transessuale, transnazionale, trasformazione, trasformare, trasporto, trasportare, trasferire, trasferta, trascorrere
ultra-	oltre, eccessivo	ultraconservatore, ultrareazionario, ultraricco, ultrapovero
vice-	in luogo di	vicepresidente, vicepreside, vicesegretario, vicecomandante, vicedirettore
zoo-	animale	zoologia, zoologo, zoochimica, zoofilia, zoocultura, zoofilo, zootecnia, zootecnico

Tabella 1.3 I principali suffissi

Suffisso	Significato del suffisso	Parole formate con il suffisso
-aio	che svolge un mestiere	fioraio, macellaio, birraio, merciaio, calzolaio, pastaio
-aiolo	che svolge un'attività	pizzaiolo, barcaiolo
-algia	dolore, sofferenza	nevralgia, nostalgia, mialgia, lombalgia, sciatalgia
-archia	comando	monarchia, diarchia, oligarchia, tetrarchia, diarchia, anarchia
-crazia	potere	democrazia, tecnocrazia, aristocrazia
-dromo	corsa	velodromo, autodromo, motodromo
-eria	dove si svolge un'attività, dove si vende qualcosa	acciaieria, birreria, macelleria, drogheria, cartoleria, libreria, merceria, vineria
-fero	che porta	soporifero, fiammifero, odorifero
-filia	amicizia, amore	bibliofilia, pedofilia
-filo	che prova amore, passione	bibliofilo, cinofilo, cinefilo
-fobia	paura	claustrofobia, agorafobia, sessuofobia, fotofobia
-fonia	suono	sinfonia, polifonia
-fono	suono	vibrafono, telefono, interfono
-forme	forma	informe, filiforme, multiforme
-foro	che porta	tedoforo
-geno	generatore	cancerogeno
-gino	donna	misogino
-grafia	scrittura, descrizione	stenografia, geografia, cartografia, topografia, tipografia, litografia, serigrafia, ecografia
-grafo	che scrive, che descrive	geografo, stenografo, cartografo, topografo, tipografo, ecografo, litografo
-gramma	lettera, testo scritto	telegramma, fotogramma, fonogramma
-iatra	medico	geriatra, pediatra, fisiatra, laringoiatra, odontoiatra
-iatria	cura	pediatria, geriatria, fisiatria, laringoiatria, odontoiatria
-iere	che svolge un'attività	banchiere, biscazziere, droghiere
-ificio	dove si fabbrica	calzaturificio, mobilificio, tomaificio, suolettificio
-ista	che svolge un'attività	automobilista, velista, turista, ciclista
-ite	una malattia	appendicite, tracheite, laringite, otite, sinusite, tonsillite, neurite, encefalite, gastrite, laringite
-logia	discorso, studio	antropologia, geologia, biologia, cardiologia, astrologia, epatologia, filologia, psicologia

(*segue*)

Suffisso	Significato del suffisso	Parole formate con il suffisso
-logo	che studia	antropologo, epatologo, cardiologo, biologo, astrologo, psicologo, filologo
-metria	misura	pluviometria, dismetria, geometria
-metro	che misura	pluviometro, igrometro, barometro, tassametro
-morfo	forma	amorfo, antropomorfo
-nomia	regola	agronomia
-nomo	che regola	agronomo
-oide	simile	conoide
-onimo	nome, parola	antonimo, sinonimo, omonimo, toponimo
-osi	una malattia	artrosi, fibrosi, osteoporosi, cirrosi
-patia	sofferenza, dolore	neuropatia, epatopatia, cardiopatia
-scopio	che vede	microscopio, caleidoscopio, telescopio
-teca	custodia, conservazione	biblioteca, emeroteca, paninoteca, enoteca, videoteca, filmoteca, discoteca
-tecnia	esercizio di una tecnica	zootecnia
-tipo	impronta	archetipo, normotipo
-tomia	che taglia	dicotomia, laringotomia, tracheotomia, anatomia, laparotomia
-trofia	nutrimento	ipertrofia, ipotrofia, eutrofia, distrofia
-voro	che mangia	onnivoro, erbivoro, carnivoro

Capitolo 2
Capacità logico-deduttiva

Per verificare la capacità di comprensione di un testo argomentativo cogliendone i tratti salienti, deducendone implicazioni e traendone conclusioni, nonché riconoscere nessi di causalità tra elementi (*critical thinking*), le prove di selezione frequentemente propongono quesiti **logico deduttivi**, ovvero quesiti riguardano deduzioni semplici, sillogismi, condizioni necessarie e sufficienti, negazioni e problemi logico-verbali, in cui, da determinate premesse, è possibile ricavare conclusioni logicamente necessarie.
Le strategie risolutive di tali quesiti si incentrano su un'attenta analisi linguistica, anche se spesso le regole logico-matematiche agevolano la risoluzione.
Le domande che rientrano in questa tipologia possono essere raggruppate nelle seguenti abilità:

- analisi: identificare motivazioni, supposizioni e conclusioni all'interno di brevi testi argomentativi;
- valutazione: individuare i difetti di un ragionamento; riconoscere i punti deboli e di forza; valutare risposte che ribaltano o supportano un'argomentazione;
- deduzione: trarre conclusioni attendibili e riconoscere quelle infondate.

I quesiti che seguono la logica deduttiva sono molteplici. Nella maggior parte dei casi si tratta di:

- quesiti che richiedono di interpretare degli enunciati e, generalmente, trarne delle conclusioni mediante ragionamento deduttivo;
- quesiti che, per essere risolti, presuppongono un ordinamento dei dati in base a uno o più criteri e in cui, generalmente, il testo fornisce già un ordinamento parziale tra i dati: per la risoluzione del quesito deve essere stabilito l'ordinamento totale;
- quesiti in cui, data una serie di diagrammi insiemistici, occorre identificare il diagramma rappresentativo delle relazioni esistenti tra termini dati;
- "problemi" logico-verbali o quesiti di *problem solving* linguistico, in cui rientrano domande che si risolvono mediante regole linguistiche, talvolta con l'ausilio di banali calcoli matematici o che comunque richiedono delle abilità di calcolo, che tuttavia non sono preminenti ai fini della risoluzione dei problemi.

Altre prove che possono essere fatte rientrare in questa tipologia sono quelle che richiedono di comprendere e interpretare il significato di un testo, trarne delle conclusioni o escluderne implicazioni: è proposto un brano più o meno lungo, su un determinato argomento, seguito da affermazioni (o domande) che fanno riferimento al brano stesso. Il candidato deve semplicemente analizzare ogni risposta e decidere quale sia quella giusta, in base alle informazioni contenute nel testo (esplicitamente o implicitamente) e non in base a quanto eventualmente conosca sull'argomento. Spesso, i quesiti di comprensione del testo richiedono di individuare affermazioni logicamente deducibili dal brano oppure di individuare informazioni che contraddicono il brano.

2.1 I sillogismi

Il **sillogismo** è un tipo di ragionamento dimostrativo teorizzato per la prima volta da Aristotele, costituito da tre proposizioni, e cioè da **due premesse** (una maggiore e una minore) e da una **conclusione**, che si deduce dalle premesse. L'elemento che costituisce il punto di unione tra le altre parti del ragionamento viene detto termine medio. Per esempio, nel ragionamento:

- ciascun animale è mortale
- ciascun uomo è un animale
- dunque ogni uomo è mortale

il termine medio è "*animale*" perché è incluso in entrambe le premesse e costituisce l'elemento di connessione tra le due.
Aristotele distingueva tre tipi di sillogismo, a seconda della funzione che il termine medio ha nelle premesse.

Un **primo tipo** è quello in cui il termine medio funge una volta da soggetto e una volta da predicato.

Esempio
«Tutti gli uomini sono mortali; Socrate è uomo; dunque Socrate è mortale».

Un **secondo tipo** è quello in cui il termine medio funge da predicato in entrambe le premesse.

Esempio
«Nessun metallo è più leggero dell'acqua; ogni gas è più leggero dell'acqua; dunque nessun gas è un metallo».

Un **terzo tipo** prevede il termine medio come soggetto in tutte e due le premesse.

Esempio
«Tutti gli uomini sono animali; tutti gli uomini sono ragionevoli; dunque alcuni animali sono ragionevoli».

Un sillogismo è vero solo se le sue premesse sono assunte come vere e non bisognose di dimostrazione.

Per risolvere tali quesiti, dunque, è importante seguire il ragionamento solo sulla base delle premesse fornite, prescindendo dalle proprie conoscenze, perché spesso la conclusione del sillogismo non corrisponde alla realtà. La conclusione che gli asini volano, ad esempio, può essere la risposta giusta anche se tutti noi sappiamo che gli asini non volano, sempre che sia rispettato il ragionamento proposto.

Il contenuto delle frasi è pressoché ininfluente ai fini della risoluzione del quesito, quindi è bene trattare le frasi solo dal punto di vista della struttura e non del contenuto che potrebbe essere fuorviante.

Ricordate che il sillogismo è ragionamento allo stato puro: per ragionare correttamente è dunque necessario staccare la forma dal contenuto. I sillogismi non sono né veri né falsi ma coerenti o incoerenti: tutto dipende dalle premesse che si avevano in partenza.

Esempio
Partendo dalle premesse false:

- tutte le cose verdi sono piante
- le rane sono verdi

saremo autorizzati ad accettare quale conclusione esatta l'affermazione secondo cui "le rane sono piante". Si giungerà dunque a conclusioni che sappiamo non corrispondere alla realtà ma che risultano coerenti dal punto di vista logico. Per rispondere correttamente a quiz di questo genere è quindi fondamentale seguire il ragionamento solo sulla base delle premesse fornite e mai sulla base delle proprie conoscenze.

Per risolvere un sillogismo è fondamentale individuare il corretto rapporto tra i termini: a tale scopo può essere utile rappresentare graficamente quanto contenuto nelle premesse.
Ci serviremo di rappresentazioni mediante insiemi. Gli insiemi sono gruppi di più elementi accomunati da una medesima caratteristica. Il più classico dei diagrammi utilizzati è quello di Eulero-Venn, rappresentato da un cerchio (o da un'ellisse).
Dal punto di vista grafico il sillogismo può essere rappresentato in quattro varianti diverse a seconda del rapporto che esiste tra i termini:

- **variante universale affermativa** (tutti gli A sono B, oppure tutti i cani sono animali),
- **variante universale negativa** (nessun A è B, oppure nessun cane è un vegetale),
- **variante particolare affermativa** (alcuni A sono B, alcuni cani sono mordaci)
- **variante particolare negativa** (alcuni A non sono B, oppure alcuni cani non sono mordaci).

Variante universale affermativa. Tutti gli A sono B viene rappresentato nella mente del buon risolutore di test nel seguente modo:

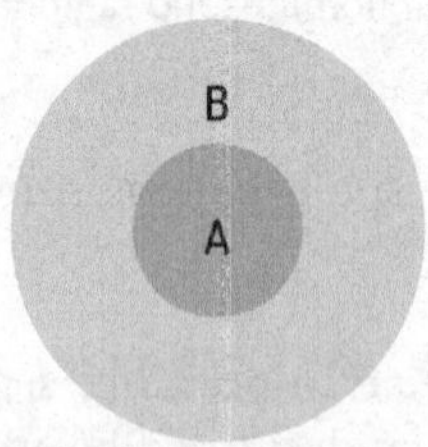

Tutti gli A sono B non significa che tutti i B sono A, cioè **non è una premessa convertibile**. Ad esempio, se diciamo *Tutti i cani sono animali*, non siamo autorizzati a dire che *Tutti gli animali sono cani.*

Variante universale negativa. Nessun A è B viene rappresentato così:

Nel primo caso vi era piena inclusione di A in B, in questo non c'è alcuna sovrapposizione tra A e B.
Caratteristica di questa variante è la **convertibilità**. Se nessun A è B allora sarà anche vero che nessun B è A.

Variante particolare affermativa. Alcuni A sono B viene rappresentato graficamente nel seguente modo:

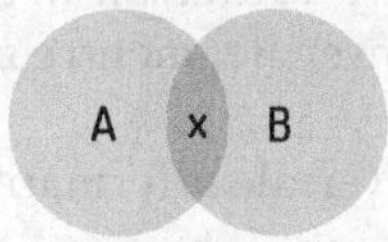

La caratteristica delle premesse particolari affermative sta nella loro **convertibilità**, infatti se *Alcuni A sono B*, allora anche *Alcuni B sono A*.

Variante particolare negativa. Alcuni A non sono B viene rappresentato come segue:

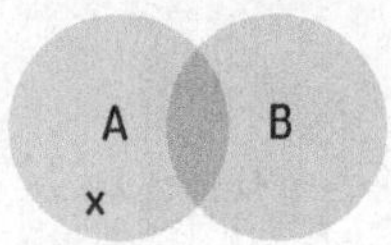

Viene rappresentata sempre con la sovrapposizione delle due aree, ma si pone attenzione alla parte non sovrapposta.
Caratteristica di questa variante è la **non convertibilità.**
Se la premessa particolare negativa è *Alcuni animali non sono cani*, la conversione *Alcuni cani non sono animali* non è accettabile. Il buon risolutore sa che la premessa *Alcuni animali non sono cani* implica che *Alcuni animali SONO cani.*

> **Errori di ragionamento**
> Il buon risolutore non si fa ingannare dagli errori determinati dal cosiddetto *effetto "atmosfera"*.

Partendo dalle premesse
Alcuni A sono B
Alcuni B sono C

Si conclude che
quindi, alcuni A sono C
L'errore di "atmosfera" è creato dalla comunanza del quantificatore "alcuni" presente sia nelle due premesse sia nella conclusione.

Il buon risolutore immagina una configurazione di questo tipo:

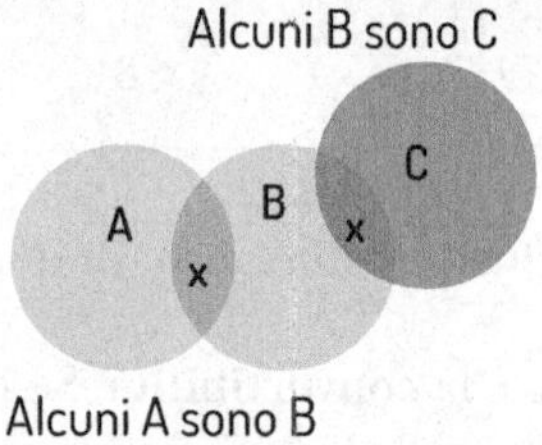

non facendosi condizionare dalla superficiale affinità.
Un altro errore può derivare da una conversione illecita già accennata.
Abbiamo ricordato che le premesse universali negative e le particolari affermative possono essere legittimamente convertite, mentre non è legittima la conversione delle altre premesse.
Se consideriamo il sillogismo (universale affermativo):

Tutti gli A sono C

Tutti i B sono C

Quindi, tutti gli A sono B
notiamo che non è corretto. Infatti il buon risolutore si rappresenta una configurazione di questo tipo a partire dalle due premesse:

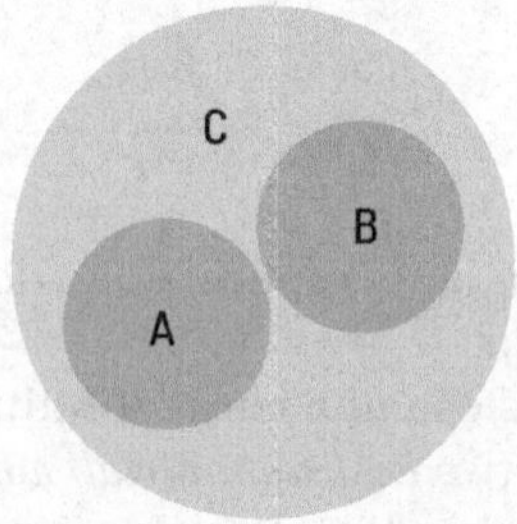

L'insieme C può contenere i due sottoinsiemi A e B che tuttavia mantengono la loro reciproca autonomia. Per riportare l'esempio in un contesto concreto si pensi al rapporto tra stoviglie, piatti e bicchieri. Tutti i piatti (A) rientrano nell'insieme stoviglie (C); tutti i bicchieri (B) rientrano nell'insieme stoviglie (C) ma non c'è alcuna sovrapposizione tra i due insiemi B e A.
Se invece il sillogismo fosse stato:

Tutti gli A sono B (oppure tutti i milanesi sono lombardi)

Tutti i B sono C (oppure tutti i lombardi sono italiani)

Quindi tutti gli A sono C (quindi tutti i milanesi sono italiani)
le conclusioni sarebbero da considerare accettabili?

Dalla figura sottostante si capisce immediatamente la risposta.

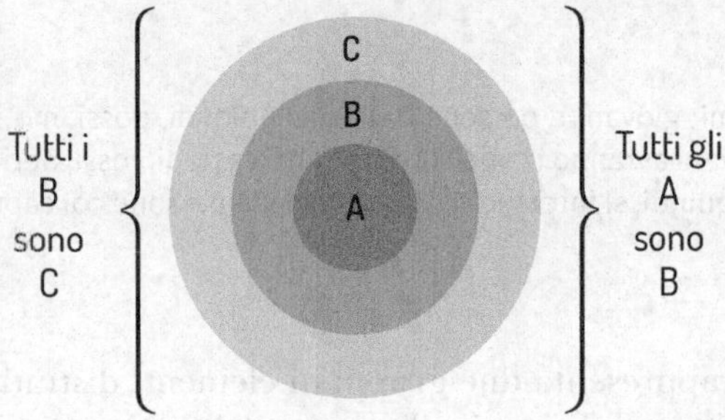

È corretto concludere che → Tutti gli A sono C →

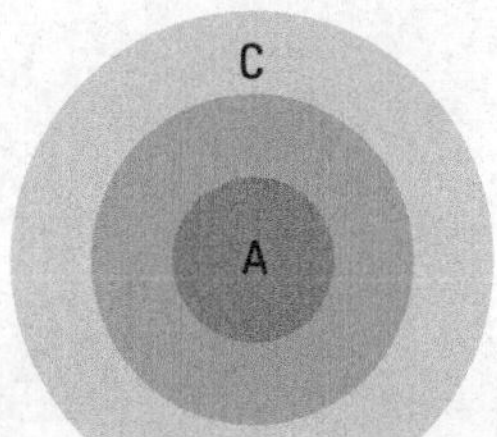

2.1.1 Come aiutarsi con i diagrammi insiemistici

Esistono tre tipi di relazioni che possono intercorrere fra due o più insiemi, e cioè:

INCLUSIONE: si ha quando TUTTI gli elementi di un insieme sono anche elementi di un secondo insieme.

Esempio
Se abbiamo due insiemi, italiani e bolognesi, sappiamo che tutti i bolognesi sono anche italiani, e quindi l'insieme della categoria bolognesi è incluso in quello degli italiani (uno contiene l'altro). Il diagramma è rappresentato da un cerchio dentro l'altro.

ESCLUSIONE: si ha quando NESSUN elemento di un insieme appartiene ad un secondo insieme.

Esempio
Se abbiamo due insiemi, napoletani e milanesi, si può agevolmente ricavare che nessun napoletano è allo stesso tempo milanese, per cui i due insiemi risultano disgiunti. Avremo perciò due cerchi affiancati, senza alcun punto di contatto.

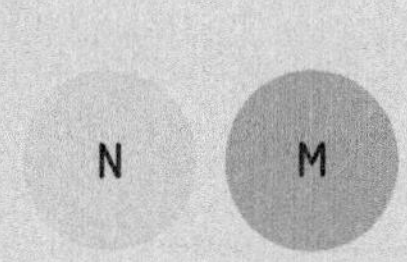

INTERSEZIONE: si ha quando ALCUNI elementi di un insieme sono anche elementi di un secondo insieme.

Esempio
Se abbiamo due insiemi, giovani e persone dai capelli biondi, possiamo sostenere che alcuni giovani avranno i capelli biondi (altri castani, rossi, neri...). L'insieme dei giovani, quindi, si interseca con quello delle persone coi capelli biondi.

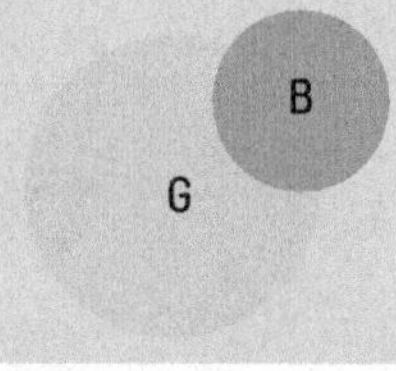

La seguente figura rappresenta due gruppi di elementi distinti che non esprimono alcuna relazione: il gruppo dei cani e il gruppo dei gatti:

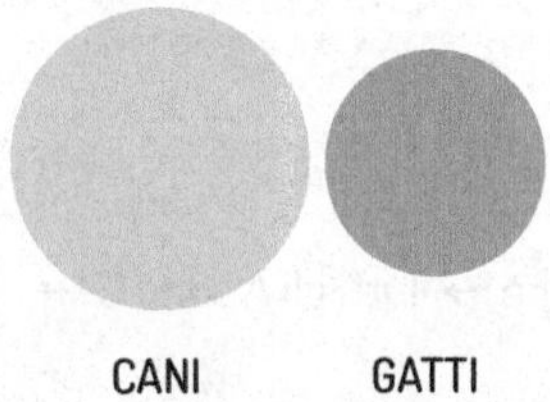

Se diciamo "tutti i cani sono randagi e alcuni gatti sono randagi..." esprimeremo questa nuova relazione nel modo riportato di seguito.

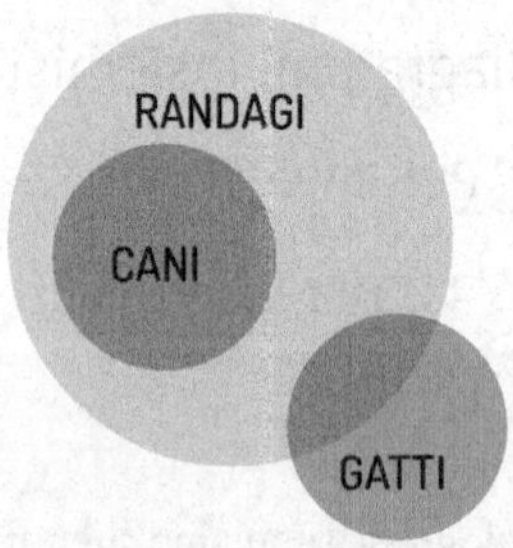

Si noti che c'è un'inclusione totale nell'ovale "randagi" ove vengono totalmente compresi i cani, mentre si sovrappone parzialmente il gruppo dei gatti (solo alcuni sono randagi).

Provate adesso a chiedervi quale potrebbe essere la relazione che spiega il seguente diagramma considerando che si sta parlando del gruppo dei cani e del gruppo dei gatti.

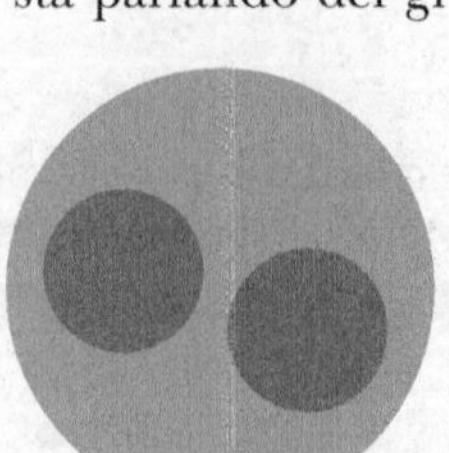

È evidente che esiste una categorizzazione "sovraordinata", che ricomprende entrambi i gruppi, che potrebbe essere "mammiferi", "animali da compagnia", "animali pelosi", "non uccelli" ecc.
Con questo ultimo esempio abbiamo indicato una risposta possibile a partire dal diagramma e non viceversa. Questa infatti potrebbe essere un'altra tipologia di quiz.

Esempio
Si considerino tre categorie: cacciavite, utensili, ferramenta.

Quale tra i seguenti diagrammi illustra la relazione tra gli elementi?

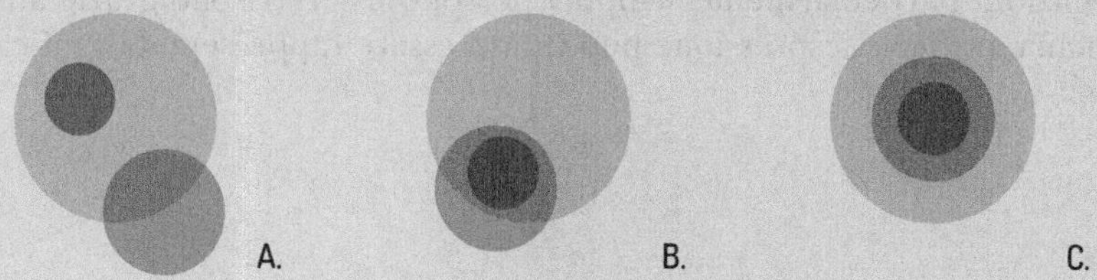

Naturalmente la risposta esatta corrisponde al diagramma C dove la ferramenta include gli utensili che a loro volta comprendono i cacciavite. Gli errori possono derivare dal fenomeno della cosiddetta ipercorrezione che in questo caso potrebbe essere determinata da un ragionamento del tipo "la ferramenta non comprende soltanto utensili, ma anche minuteria, vernici, ecc.", per cui ci si attenderebbe di vedere tra le possibili alternative un diagramma di questo tipo:

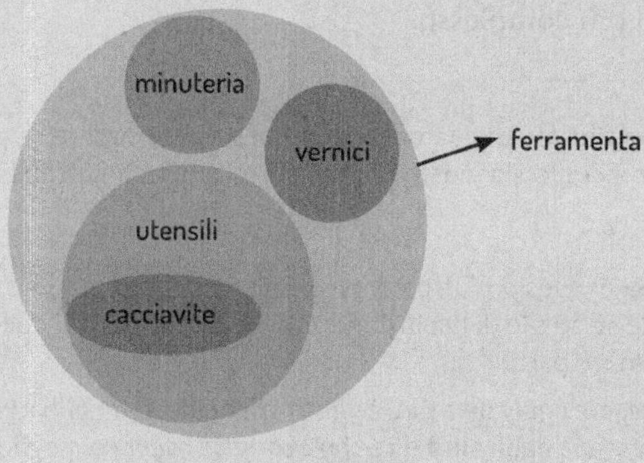

o ancora un diagramma che includa tra gli utensili anche altri oggetti:

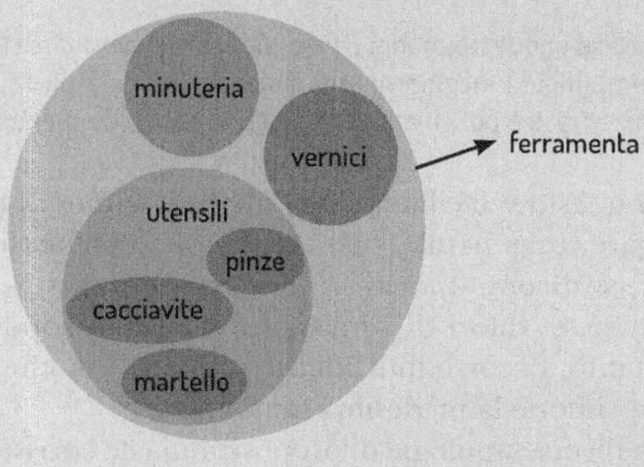

In effetti questi diagrammi non sono sbagliati, semplicemente non si attengono al problema.

2.2 Le negazioni

Le **negazioni** sono enunciati espressi in forma negativa, da cui bisogna dedurre la conclusione corretta. Possiamo trovarle formulate in diversi modi.

Se dico "Non tutti i biondi sono furbi", vuol dire che qualche biondo può non esserlo. Questo perché il contrario di non tutti è qualche/qualcuno.
Per lo stesso motivo, se dico "Non è vero che tutti i biondi sono furbi", significa che alcuni biondi non sono furbi.
Queste negazioni particolarmente semplici possono essere risolte grazie all'ausilio di uno schema grafico. L'espressione può infatti essere rappresentata graficamente come segue:

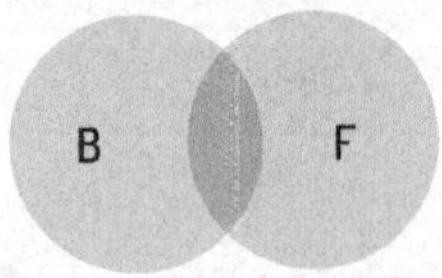

L'area grigia indica gli individui che presentano entrambi gli attributi. Appare subito evidente che esiste una parte di biondi che non sono furbi ed una parte di furbi che non sono biondi.

Vediamo un esempio più complesso.

Esempio
Un signore chiese ad un filosofo di guardare dalla finestra per vedere se pioveva; il filosofo per tutta risposta disse "non credo sia giusto negare che ci si sbagli nell'affermare che è falso dire che piove!"
Pioveva o era bel tempo?
Si tratta di una tipologia di quesiti piuttosto frequente.
Se non si adottano delle strategie di risoluzione, ci si perde nel dedalo delle negazioni.
Scomponiamo la frase in tre parti:
- *non credo sia giusto negare* equivale a dire *è giusto affermare*, o meglio *è vero;*
- *che ci si sbagli nell'affermare* equivale a dire che *è corretto negare* o meglio *che ci si sbaglia a dire;*
- *che è falso dire che piove* equivale a dire *che non è vero che piove.*

Ricostruiamo la nuova frase in questo modo: *È vero che ci si sbaglia a dire che non è vero che piove*, che potrebbe essere semplificata maggiormente elidendo la prima parte, ... *si sbaglia a dire che non è vero che piove*. Ora la frase è più chiara, infatti si può concludere che stava piovendo!

La risoluzione di tali quesiti è facilitata dalla identificazione di proposizioni equivalenti a quelle da negare. In generale, due espressioni logiche, formate con le stesse proposizioni logiche, si dicono *equivalenti* se assumono gli stessi valori di verità in corrispondenza degli stessi valori di verità attribuiti alle proposizioni semplici che le costituiscono. Pertanto, occorre individuare proposizioni che, pur variando nella qualità o quantità, esprimono la medesima sentenza.
Di seguito illustriamo diverse tipologie di proposizioni e le corrispondenti proposizioni a esse equivalenti.

Proposizioni	Proposizioni equivalenti
Tutti sono/hanno... *Tutti gli uomini sono mortali* *Tutti i numeri pari sono divisibili per 2*	**Non esiste alcuno che non sia/abbia...** *Non esiste alcun uomo che non sia mortale* *Non esiste alcun numero pari che non sia divisibile per 2*
Non tutti sono/hanno.../ Almeno uno è/ha... *Non tutte le ciambelle sono con il buco*	**Esiste uno che non è/ha.../ Almeno uno non è/ha...** *Esiste una ciambella che non è con il buco*
Non tutti non sono/hanno.../ Almeno uno non è/ha... *Non tutti gli studenti non hanno superato il test*	**Esiste uno che è/ha.../ Almeno uno è/ha...** *Esiste uno studente che ha superato il test*
Nessuno è/ha... *Nessuno studente ha studiato*	**Non esiste uno che sia/abbia...** *Non esiste uno studente che abbia studiato*
Nessuno non è/ha... *Nessun uomo non è ragionevole*	**Non esiste uno che non sia/abbia.../ Tutti sono/hanno...** *Tutti gli uomini sono ragionevoli*
Qualcuno/qualcosa è/ha... *Qualche numero naturale è dispari*	**Non è vero che tutti non sono/hanno...** *Non è vero che tutti i numeri naturali sono non dispari*
Qualcuno/qualcosa non è/ha... *Qualche numero naturale non è dispari*	**Non è vero che tutti sono/hanno...** *Non è vero che tutti i numeri naturali sono dispari*

La negazione logica di una proposizione p è la proposizione *non* p che risulta essere falsa se p è vera e vera se p è falsa.
In generale, la negazione logica può essere fatta anteponendo a una proposizione il *non* o qualunque espressione linguistica a esso equivalente come, ad esempio, *non è vero che, è falso che...*
Può essere utile, per la risoluzione di tali quesiti, ricordare le due regole seguenti:

1. Due negazioni o, in generale, un *numero pari di negazioni* che operano sulla stessa proposizione si annullano, ossia lasciano inalterato il significato logico su cui esse operano.
2. Tre negazioni o, in generale, un *numero dispari di negazioni* che operano sulla stessa proposizione negano una sola volta la proposizione, ossia ne fanno assumere il significato logicamente opposto.

La posizione delle negazioni in una proposizione è fondamentale. In italiano, ad esempio, non sempre due negazioni negano; in alcuni casi affermano.
Si consideri il seguente esempio.

Esempio

Letizia non può non correre = Letizia deve necessariamente correre

Letizia non può correre ≠ Letizia può non correre

Nel primo caso, le due negazioni rafforzano invece di annullarsi.
Nel secondo caso, invece, la posizione del *non* fa assumere alla proposizione un significato diverso, in quanto il predicato della proposizione logica è costituito da due verbi: potere e correre.

Nello schema riportato di seguito illustriamo diverse tipologie di proposizioni e le corrispondenti negazioni, seguite da esempi chiarificatori.

Proposizioni	Negazioni
Tutti sono... *Tutte le ciambelle sono con il buco*	**Non tutti sono.../Esiste qualcuno che non è.../Almeno uno non è.../Qualcuno non è...** *Esiste qualche ciambella che non è con il buco*
Non tutti sono.../Esiste qualcuno che non è.../Almeno uno non è.../Qualcuno non è... *Esiste qualche animale che non è randagio*	**Tutti sono...** *Tutti gli animali sono randagi*
Nessuno è... *Nessun napoletano è stonato*	**Almeno uno è.../ Qualcuno è...** *Almeno un napoletano è stonato*
Qualcuno è.../ Almeno uno è... *Qualche impiegato è biondo*	**Nessuno è...** *Nessun impiegato è biondo*
X o Y *Esco o studio*	**Non X e non Y** *Non esco e non studio*
Non X e non Y *L'automobilista non guida e non passeggia*	**X o Y** *L'automobilista guida o passeggia*
X e Y *Esco e studio*	**Non X o non Y** *Non esco o non studio*
Non X o non Y *Non mangio o non dormo*	**X e Y** *Mangio e dormo*

2.3 Condizioni necessarie e/o sufficienti

Le deduzioni logiche in senso stretto richiedono la fondamentale distinzione tra **condizione necessaria, condizione sufficiente** e **condizione necessaria e sufficiente**.

In generale, date due proposizioni X e Y, per esprimere che Y si deduce logicamente da X (o che X ha come conseguenza Y) si usa in genere la notazione

$$X \Rightarrow Y$$

che si legge "X implica Y", e sta a significare che *se è vera X, allora è vera anche Y*.
Se vale questa implicazione si dice che *X* è **condizione sufficiente** per il verificarsi di Y o anche che Y è **condizione necessaria** per il verificarsi di X.
Qualora si abbia simultaneamente che

$$X \Rightarrow Y \quad e \quad Y \Rightarrow X$$

si dice che le due proposizioni X e Y sono logicamente equivalenti o anche che X è **condizione necessaria e sufficiente** per il verificarsi di Y.

Esempio

Se bevo tutto il vino contenuto nella bottiglia, resterò senza vino.

Ebbene, la prima proposizione è condizione sufficiente, ma non necessaria, affinché si realizzi anche la seconda, perché la bottiglia potrebbe restare vuota anche a seguito di altri eventi, come la sua rottura accidentale. Se invece dicessimo: "*Solo se bevo tutto il vino contenuto nella bottiglia, resterò senza vino*", allora la premessa diventerebbe una *conditio sine qua non* della conclusione.

Esempio

Se i pedali girano, la bicicletta cammina.

Anche in questo caso, valgono le stesse considerazioni. Infatti, i pedali potrebbero funzionare ma la bicicletta potrebbe essere ugualmente ferma, per esempio per una ruota forata, o un qualsiasi altro guasto.

Vediamo un altro esempio.

Esempio

Condizione necessaria	Condizione sufficiente
Solo se trattate con i pesticidi, le piante di granoturco non si ammalano. ↓	*Se trattate con i pesticidi, le piante di granoturco non si ammalano.* ↓
La premessa è *conditio sine qua non*, dunque: "*Se NON tratto le piante con i pesticidi sicuramente si ammaleranno*", *ma anche "Se le piante non si sono ammalate è certo che io le abbia trattate con pesticidi*".	"*Se le piante non si sono ammalate non è detto che le abbia trattate*", potrebbero essersi salvate per altri motivi.

I quesiti con la condizione necessaria o con la condizione sufficiente o con la condizione necessaria e sufficiente variano tantissimo; di seguito esponiamo una metodologia efficiente per identificare la loro risoluzione quando, data un'affermazione, si chiede di identificare cosa è possibile dedurre con certezza da tale affermazione.

Dal punto di vista verbale, se X è *condizione sufficiente* per il verificarsi di Y, avremo una frase del tipo "**Se** X…, allora Y…". In tal caso, se è vera "Se X ..., allora Y ...", è possibile dedurre con certezza che: "Se non Y ..., allora non X ...".

Se, invece, X è *condizione necessaria* per il verificarsi di Y, avremo una frase del tipo "**Solo se** X…, allora Y…". In tal caso, se è vera "Solo se X ..., allora Y ...", è possibile dedurre con certezza che:

- "Se Y ..., allora X ...";
- "Se non X ..., allora non Y ...".

Se, infine, X è *condizione necessaria e sufficiente* per il verificarsi di Y, avremo una frase del tipo "**Se e solo se** X ..., allora Y ...". In tal caso, se è vera "Se e solo se X ..., allora Y ...", è possibile dedurre con certezza che:

- se Y ..., allora X ...;
- se non Y ..., allora non X ...;
- se non X ..., allora non Y ....

Schema riepilogativo

Quesiti sulla condizione sufficiente: Se ..., allora ...
Indicando con 'X' e 'Y' due proposizioni qualsiasi, quando nella traccia di un quesito compare un'asserzione del tipo "se X, allora Y" oppure "è sufficiente X per Y", si dice che X è condizione sufficiente di Y. Se è vero che "se X, allora Y", allora necessariamente è anche vero che "se NON Y, allora NON X".
Considerando le possibili negazioni di X e Y, si hanno i seguenti quattro casi possibili di condizione sufficiente, fra i quali quello più frequente nei quesiti è il primo:

Se X, allora Y	Se NON X, allora Y	Se X, allora NON Y	Se NON X, allora NON Y
↓	↓	↓	↓
Se NON Y, allora NON X	Se NON Y, allora X	Se Y, allora NON X	Se Y, allora X

Quesiti sulla condizione necessaria: Solo se ..., allora ...
Indicando con 'X' e 'Y' due proposizioni qualsiasi, quando nella traccia di un quesito compare un'asserzione del tipo "solo se Y, allora X" oppure "è necessario Y per X", si dice che Y è condizione necessaria di X. Da un punto di vista logico questo significa che "se X, allora Y" e, se ciò è vero, allora necessariamente è anche vero che "se NON Y, allora NON X".
Considerando le possibili negazioni di X e Y, si hanno i seguenti quattro casi possibili di condizione necessaria, fra i quali quello più frequente nei quesiti è il primo:

Solo se Y, allora X	Solo se Y, allora NON X	Solo se NON Y, allora X	Solo se NON Y, allora NON X
↓	↓	↓	↓
Se X, allora Y	Se NON X, allora Y	Se X, allora NON Y	Se NON X, allora NON Y
↓	↓	↓	↓
Se NON Y, allora NON X	Se NON Y, allora X	Se Y, allora NON X	Se Y, allora X

Quesiti sulla condizione necessaria e sufficiente: ... se e solo se ...
Indicando con 'X' e 'Y' due proposizioni qualsiasi, quando nella traccia di un quesito compare un'asserzione del tipo "X se e solo se Y", si dice che una proposizione è condizione necessaria e sufficiente dell'altra. Questo implica necessariamente: 1) "se X, allora Y"; 2) "se Y, allora X"; 3) "se NON Y, allora NON X"; 4) "se NON X, allora NON Y". Inoltre, "X se e solo se Y" implica anche "NON X se e solo se NON Y". Considerando le possibili negazioni di X e Y, si hanno i seguenti casi possibili di condizione necessaria e sufficiente:

	X se e solo se Y	
↓		↓
Se X, allora Y	↕	Se Y, allora X
↓↑		↓↑
Se NON Y, allora NON X		Se NON X, allora NON Y
↑		↑
	NON X se e solo se NON Y	

	X se e solo se NON Y	
↓		↓
Se X, allora NON Y	↕	Se NON Y, allora X
↓↑		↓↑
Se Y, allora NON X		Se NON X, allora Y
↑		↑
	NON X se e solo se Y	

2.4 Deduzioni logiche da premesse

È utilissimo imparare ad applicare i diagrammi di Venn soprattutto per affrontare e risolvere con minor sforzo tutti quei problemi logici in cui si pongono quesiti a seguito di ragionamenti di tipo sillogistico come questo.

Esempio

- Tutti gli albini sono bianchi
- Serena odia le ciliegie
- Tutte le persone che odiano le ciliegie sono bianche

Quale tra le seguenti affermazioni è necessariamente vera, in considerazione delle premesse?

A. Tutti i bianchi sono albini
B. Serena è albina
C. Serena è bianca

Tracciamo il diagramma di Venn per vedere che tipo di aiuto ci può dare. Si consiglia di annotare a lato del foglio i vari gruppi o nomi che vengono citati per poi, solo successivamente, iniziare a disegnare il diagramma.

Il primo passo da seguire è quello di tracciare una circonferenza sufficientemente grande da contenere eventualmente altri cerchi all'interno, oppure in sovrapposizione. Poi segniamo a lato del nostro foglio per gli appunti i gruppi, le persone e le azioni/sentimenti/comportamenti/atteggiamenti citati. Qui c'è il gruppo degli albini, il gruppo di bianchi, Serena che odia le ciliegie. Ci viene chiesto quale affermazione segua logicamente le premesse. Se abbiamo tracciato il grafico, abbiamo segnato un grosso cerchio per il gruppo di bianchi:

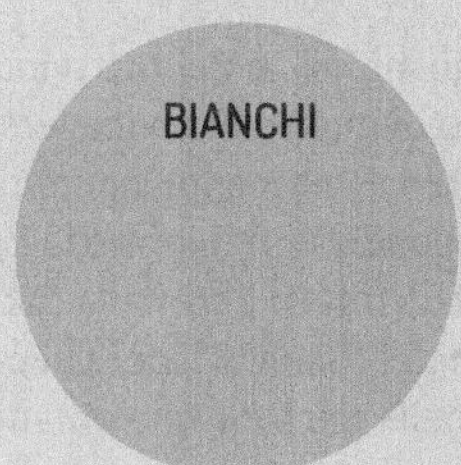

La relazione di inclusione tra albini e bianchi è questa: tutti gli albini sono bianchi

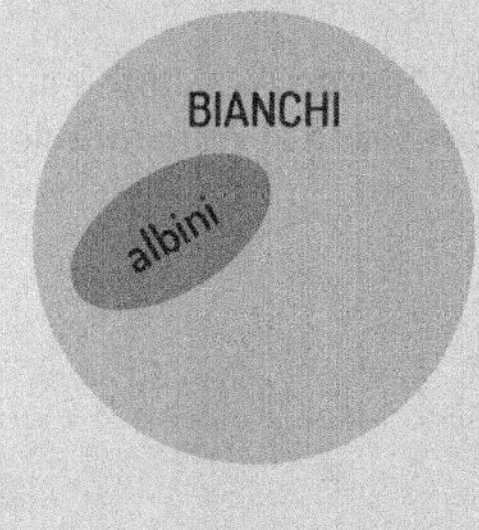

Come si nota, il gruppo dei bianchi contiene al suo interno tutto il gruppo degli albini. La seconda premessa "Serena odia le ciliegie" non sappiamo dove inserirla perché ancora non si hanno informazioni sufficienti per relazionarla al resto. Invece l'ultima affermazione consente di completare il diagramma di Venn, "tutte le persone che odiano le ciliegie sono bianche".

Adesso il diagramma contiene anche le persone che odiano le ciliegie che si collocano all'interno del cerchio "Bianchi", senza intersecarsi con l'ovale "Albini", perché nessuna informazione in tal senso ci autorizza ad intersecare albini con le persone che odiano le ciliegie.
Avevamo in sospeso un dato: adesso sappiamo dove collocare l'asserzione "Serena odia le ciliegie", infatti la inseriamo all'interno dell'ovale "persone che odiano le ciliegie" come in figura che segue:

Siamo quindi pronti per verificare qual è l'affermazione logicamente desumibile dalle premesse rappresentate sotto forma diagrammatica.

La conclusione A, "Tutti i bianchi sono albini", è del tutto inammissibile, infatti il rapporto di inclusione è inverso (tutti gli albini sono bianchi e non viceversa!), quindi non possiamo accettarla. Anche la conclusione B, "Serena è albina", non è logicamente ammissibile, non c'è nessun dato che ci consente di giungere a questa conclusione. Infine la conclusione C, "Serena è bianca", appare in tutta la sua evidente limpidezza, infatti Serena fa parte dell'ovale "Persone che odiano le ciliegie" incluso totalmente nell'ovale dei "Bianchi", per cui per logica conseguenza anche Serena è bianca in quanto parte del gruppo delle persone che odiano le ciliegie.

Un problema apparentemente più complicato è il seguente.

Esempio
Tutti i D sono A, alcuni C sono B, alcuni B sono A, alcuni A sono C, alcuni A sono B.
Quale tra i seguenti diagrammi rappresenta le relazioni descritte?

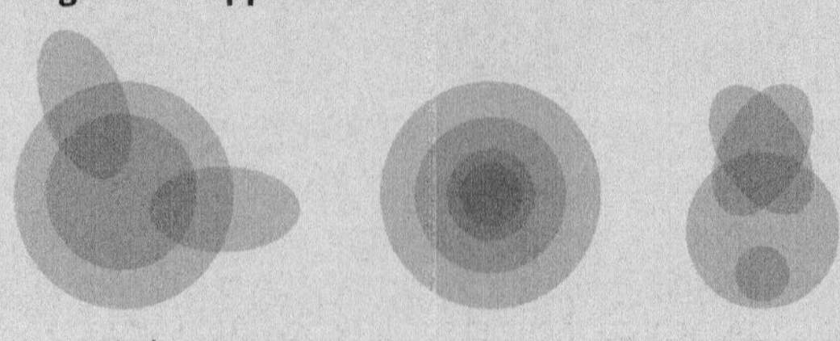

Per risolvere il quesito bisogna procedere per gradi; disegniamo la prima relazione "Tutti i D sono A" così:

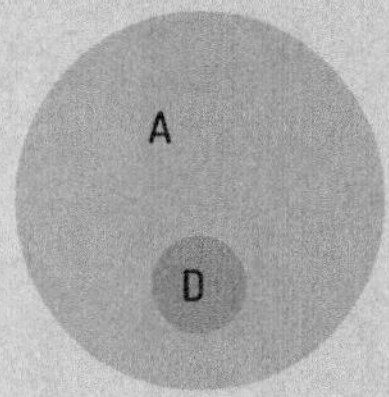

Fin qui non ci sono problemi. Poi passiamo alla seconda informazione, alcuni C sono B. Prima di disegnare la relazione occorre aspettare perché i due gruppi C e B non sappiamo dove collocarli in relazione agli altri, ma immaginiamo che la relazione potrebbe essere una delle seguenti da un punto di vista diagrammatico:

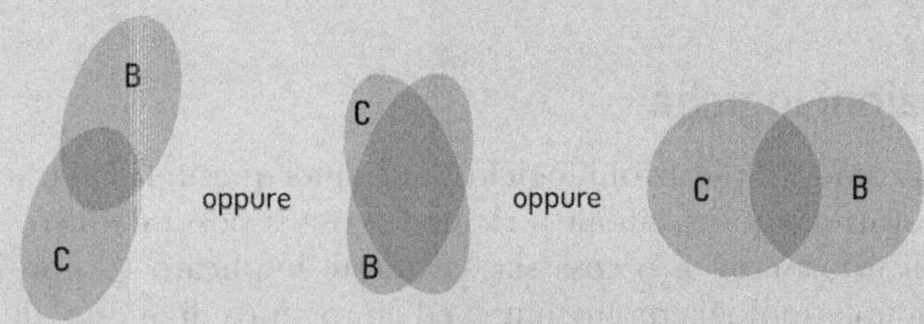

L'informazione successiva invece possiamo includerla, infatti alcuni B sono A possiamo integrarla con il primo diagramma così:

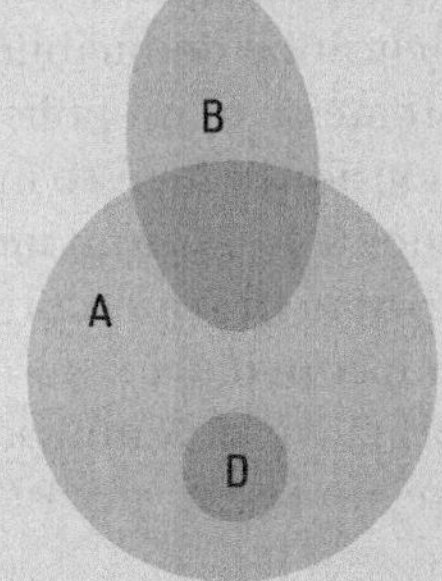

Qui il rapporto di parziale inclusione è espresso dalla zona grigia compresa tra B e A, che ci informa della reciprocità relazionale necessaria: "alcuni A sono B".
Successivamente viene detto "alcuni A sono C", ciò significa che possiamo inserire la nuova relazione come abbiamo fatto appena sopra. Tuttavia, occorre a questo punto riprendere la parte che avevamo lasciato in sospeso, cioè "alcuni C sono B". Le due informazioni possono essere integrate come segue:

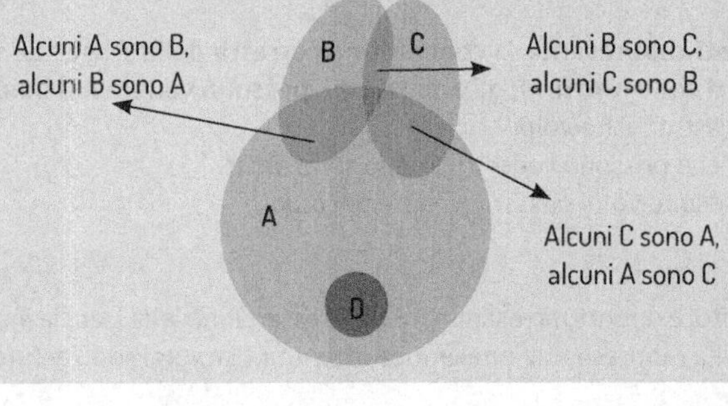

Ma possiamo anche raffigurarla così:

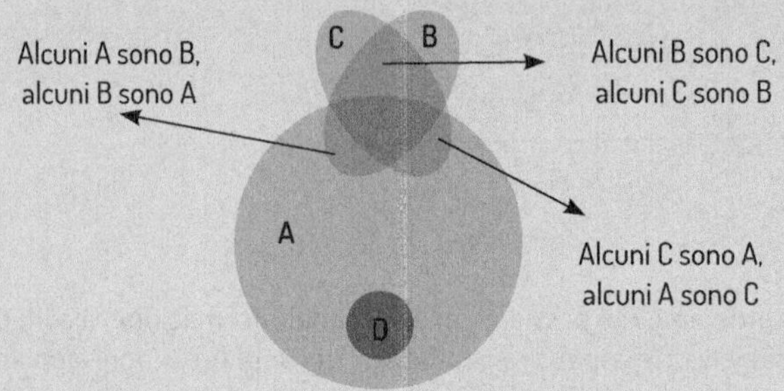

che poi non è altro che il diagramma corrispondente alla figura n. 3.

2.5 Implicazioni logiche

Sono classificati come "implicazioni logiche" tutti quei quesiti la cui traccia da un lato fornisce delle informazioni e dall'altro richiede cosa si possa dedurre (o anche non dedurre) da tali informazioni o cosa sia da queste implicato (o non implicato). Si tratta, quindi, di una tipologia molto ampia ed eterogenea di quesiti, di cui gli esempi più frequenti sono i seguenti:

- sono fornite le due premesse di un sillogismo aristotelico e si chiede quale delle alternative di risposta sia la conclusione deducibile (o non deducibile) da esse;
- vengono proposte molteplici premesse di un polisillogismo e si richiede di trovare tra le opzioni di risposta la conclusione che esse implicano (o non implicano);
- sono riportate asserzioni contenenti condizioni necessarie e/o sufficienti e si chiede di riconoscere quale delle opzioni di risposta riporti un'affermazione deducibile (o non deducibile) dalle condizioni date;
- è espressa la negazione (o la falsità) di un enunciato e si chiede di individuare tra le alternative di risposta l'enunciato la cui verità (o falsità) è implicata (o non implicata) dalla negazione data.

Quando ci si trova di fronte a un quesito appartenente alla categoria "implicazioni logiche", il primo passo verso la sua soluzione è comprendere il tipo di esercizio logico che esso contiene (sillogismo aristotelico, polisillogismo, condizione necessaria e/o sufficiente, negazione ecc.). Una volta compreso questo, bisogna adottare le modalità di risoluzione che sono specifiche per l'esercizio logico dato e che sono illustrate di seguito.

Esempio
Quale delle seguenti rappresenta la conclusione corretta della frase "Le volpi sono astute; alcuni animali astuti sono notturni; gli animali che possono vedere nel buio sono notturni"?
A. Tutti gli animali astuti sono volpi
B. Tutti gli animali che possono vedere nel buio sono astuti
C. È possibile che alcune volpi possano vedere nel buio

La risposta esatta è la C.

Per risolvere il quesito, è opportuno esaminare le tre asserzioni della traccia mediante diagrammi, per poi ragionare sulla rappresentazione grafica ottenuta. "Le volpi sono astute" equivale a "tutte le volpi sono (animali) astuti", per cui si tratta di un enunciato universale affermativo: ciò significa che l'insieme delle volpi è incluso in quello degli animali astuti. "Alcuni animali astuti sono notturni" è un enunciato particolare affermativo, pertanto l'insieme degli animali astuti e quello degli (animali) notturni si intersecano tra loro e l'intersezione è non vuota, ossia essi hanno alcuni elementi in comune. "Gli animali che possono vedere nel buio sono notturni" è un altro enunciato universale affermativo: dunque, l'insieme degli animali che possono vedere nel buio è incluso in quello degli (animali) notturni.

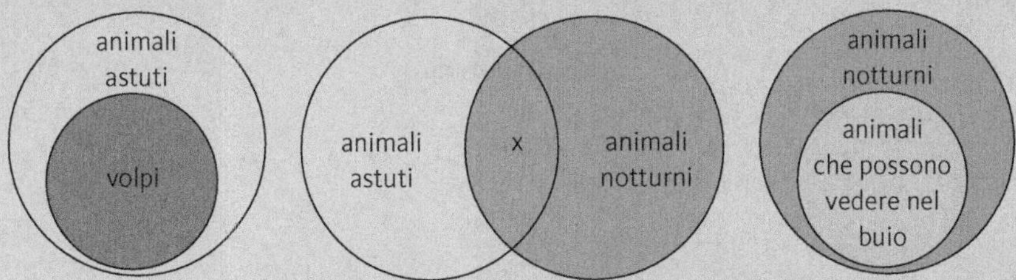

Ora, stando alle informazioni a disposizione, non è possibile sapere CON CERTEZZA quali siano i rapporti tra l'insieme delle volpi e quello degli animali che possono vedere nel buio. Tuttavia, tali informazioni sono compatibili con una POSSIBILITÀ: posto che l'insieme degli animali astuti e quello degli animali notturni si intersecano tra loro, anche l'insieme delle volpi, essendo incluso in quello degli animali astuti, e l'insieme degli animali che possono vedere nel buio, essendo incluso in quello degli animali notturni, potrebbero intersecarsi tra loro e avere alcuni elementi in comune. Questa POSSIBILITÀ rende corretto concludere che "è possibile che alcune volpi possano vedere nel buio".

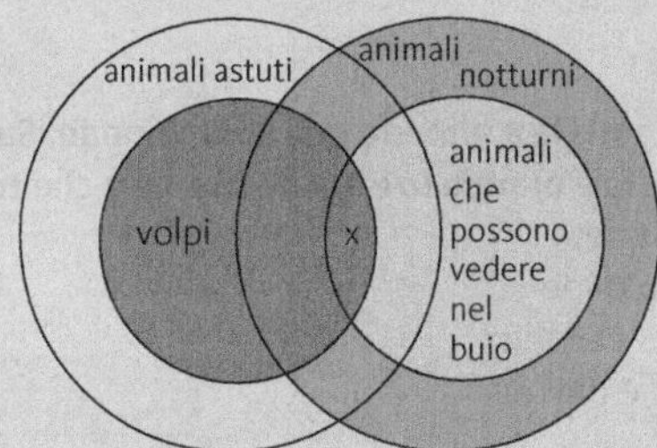

Consideriamo un altro esempio.

Esempio
"Chi gioca a calcio è veloce; Federico è veloce". Quale delle affermazioni elencate consentirebbe di dedurre che "Federico gioca a calcio"?
A. Tutte le persone veloci giocano a calcio
B. Alcune persone veloci giocano a calcio
C. Tutte le persone che giocano a calcio sono veloci

La risposta esatta è la A.

In questo tipo di quesito una o più di una delle asserzioni riportate nella traccia vanno considerate come premesse di un ragionamento di cui è già nota la conclusione, che in questo caso particolare è "Federico gioca a calcio". La soluzione consiste nell'individuare, tra le alternative di risposta, la premessa aggiuntiva, ossia l'affermazione che, se fosse logicamente connessa a una o a più di una delle asserzioni della traccia, permetterebbe di dedurre la conclusione già nota. A questo scopo conviene esaminare una per una le opzioni di risposta, collegando ciascuna da un lato alle asserzioni della traccia e dall'altro alla conclusione, in modo da valutare quale delle op-

zioni si connetta logicamente alle prime per dedurre la seconda. Così facendo, si comprende che la conclusione può essere dedotta se all'asserzione "Federico è veloce" si connette logicamente l'alternativa "Tutte le persone veloci giocano a calcio".
Quest'ultimo, infatti, è un enunciato universale affermativo, per il quale l'insieme delle persone veloci è incluso in quello dei giocatori di calcio. È chiaro, quindi, che se l'insieme delle persone veloci è incluso in quello dei giocatori di calcio e Federico è un elemento del primo insieme, allora necessariamente egli è un elemento anche del secondo insieme, cioè Federico gioca calcio.

2.6 Test di logica concatenativa

Problemi frequentemente incontrati sono i test di logica concatenativa ovvero quei problemi che vincolano le sequenze di azione a delle premesse.
Un tipico problema potrebbe essere questo.

Esempio
Maria, Anna e Lucia sono tre sorelle e almeno due sono bionde. Sapendo che se Maria è bionda anche Anna lo è, che se Lucia è bionda lo è anche Maria, e che tra Anna e Lucia almeno una non è bionda, si può dedurre che:
A. Maria, Lucia e Anna sono bionde
B. Maria non è bionda e Anna è bionda
C. Lucia non è bionda e Anna è bionda

Con l'ausilio di un semplice schema grafico è possibile risolvere questo tipo di problemi semplicemente e senza errori.

Partiamo dalla premessa che pone un primo vincolo importante: *almeno due delle tre sorelle sono bionde*, che possiamo schematizzare come segue:

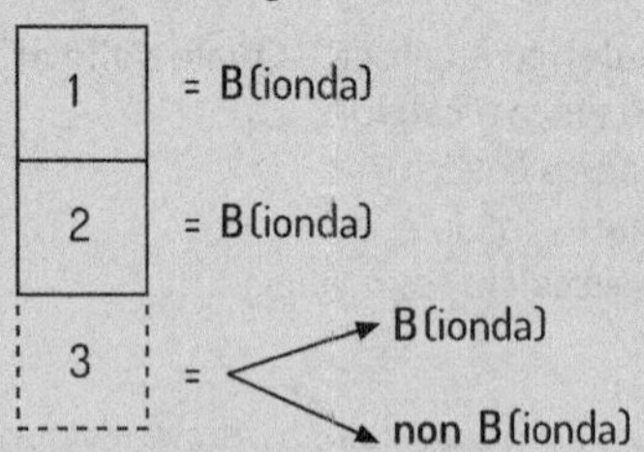

Ancora, ovviamente, non sappiamo il nome delle bionde né quante sono bionde (potrebbero essere anche tutte e tre bionde, ma non potrebbero essere una bionda e due non bionde, né nessuna bionda).
È utile a questo punto mettere su una riga le iniziali dei nomi delle tre sorelle:

M(aria) **A**(nna) **L**(ucia)

preparandoci a collegare tra loro i nomi con le affermazioni riportate successivamente dal problema.
Una prima indicazione è "se Maria è bionda anche Anna lo è" e questa affermazione la rappresenteremo come vincolo condizionante unidirezionale (indicato da una freccia) in questo modo:

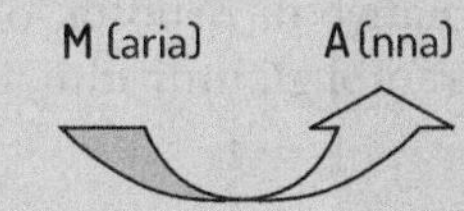

La seconda indicazione data è "se Lucia è bionda lo è anche Maria" che rappresenteremo in questo modo:

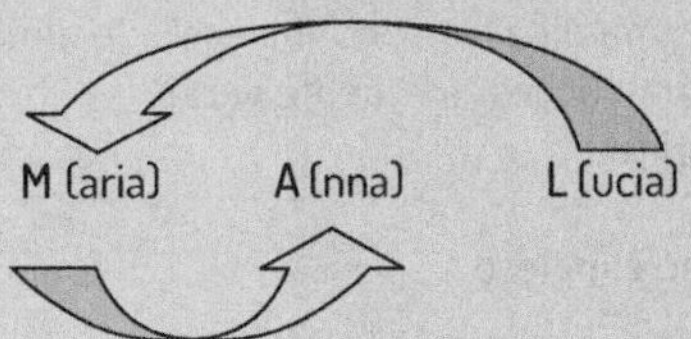

Infine la terza indicazione "tra Anna e Lucia almeno una non è bionda" la rappresenteremo così:

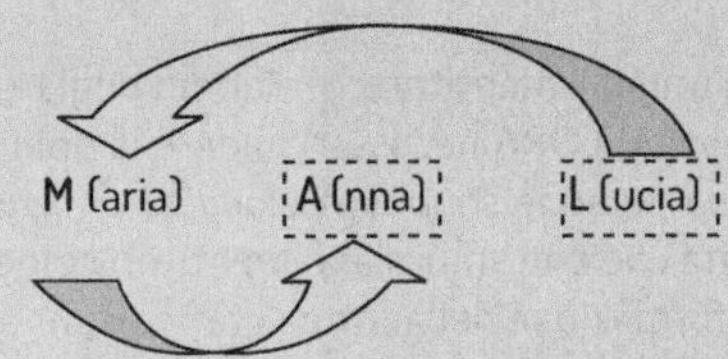

Quest'ultima affermazione ha risolto la premessa in questo modo:

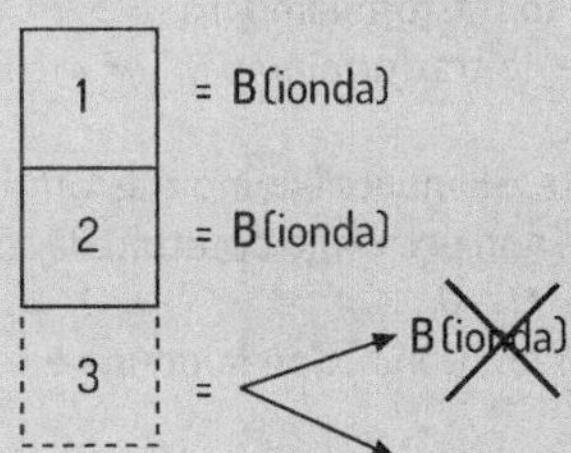

cioè una sorella è non B(ionda), quindi solo due sorelle sono B(ionde).

Dato che l'incertezza è soltanto tra A(nna) e L(ucia), sicuramente M(aria) è bionda, quindi se M(aria) è bionda lo è anche A(nna), (come da premessa) per cui la non bionda è necessariamente L(ucia).

Ritornando alle alternative proposte e con l'ausilio dell'ultima figura rappresentata possiamo dedurre che:

A. Maria, Lucia e Anna sono bionde FALSA
B. Maria non è bionda e Anna è bionda FALSA
C. Lucia non è bionda e Anna è bionda VERA

2.7 Test di logica verbale "binomiale"

Di seguito proponiamo un quesito piuttosto frequente nelle prove di selezione. Il quesito riguarda due individui, di cui si vuole conoscere una data caratteristica (in questo caso la nazionalità). Tra le alternative di risposta, occorre identificare l'*affermazione necessariamente vera* su uno o entrambi gli individui, basandosi su affermazioni fatte dagli stessi.

Esempio
Un uomo e una donna sono di diversa nazionalità, uno è tedesco e l'altro inglese. L'uomo dice "Io sono un tedesco" mentre la donna dice "Io sono inglese". Se almeno uno dei due mente, quale delle seguenti affermazioni risulta necessariamente vera?
A. La donna e l'uomo sono inglesi
B. Solo la donna mente
C. La donna è tedesca e l'uomo è inglese

È importante non lasciarsi fuorviare dalle alternative proposte, che potrebbero agire come distrattori. Il ragionamento che può essere fatto è molto semplice e basta un attimo per risolverlo.
Partiamo con l'ipotesi che sia l'uomo il mentitore: SE l'uomo bugiardo ha detto "io sono tedesco" ci informa che in realtà è inglese, ALLORA necessariamente la donna dovrà essere tedesca, dato che il problema fissa che le due persone sono di *nazionalità diversa* e *almeno uno* sia mentitore (non esclude infatti la possibilità che entrambi siano mentitori come in effetti viene dimostrato).
Per chi invece predilige la trasformazione nella forma grafico-simbolica del problema potremmo schematizzare come segue: denominiamo con due simboli diversi le due nazionalità: * e +; quindi trasformiamo la premessa "un uomo e una donna di diversa nazionalità" in ♂ ≠ ♀ (♂ diverso da ♀).
L'uomo che dice "io sono tedesco" lo trasformiamo in ♂ = *
La donna che dice "io sono inglese" lo trasformiamo in ♀ = +

Siccome almeno uno dei due mente, SE mente l'uomo trasformiamo la sua affermazione in ♂ ≠ * che è come dire ♂ = +, ma dato che non possiamo accettare la soluzione ♂ = ♀ (cioè ♂ = + e ♀ = +), ALLORA ♀ ≠ +, che è come dire ♀ = *.
Quindi necessariamente entrambi mentono, cioè la donna è tedesca e l'uomo è inglese e la risposta corretta è C.

2.8 Le prove di comprensione di brani

In quasi tutte le prove di selezione sono previsti esercizi volti a verificare la capacità di comprendere un testo, decodificarne i contenuti più importanti, contestualizzare le informazioni, identificare le intenzioni comunicative dell'autore, le strutture del testo, gli scenari, gli eventi e le storie descritte, le conclusioni a cui si può giungere.

In genere vengono presentati brani piuttosto lunghi, al termine dei quali sono poste alcune domande sia su quanto esposto che su quanto deducibile dal testo.
Dato che si lavora sotto la pressione del tempo, occorre verificare quante domande oppure quanti brani debbono essere letti e fare delle valutazioni circa l'opportunità o meno di saltarli, lasciandoli per ultimi. Infatti, le prove di lettura dei brani richiedono molto più tempo rispetto agli altri item e attribuiscono lo stesso punteggio degli altri

quiz, per cui la decisione di affrontarli soltanto quando abbiamo risposto a tutte le altre prove non è da scartare.

È consigliabile comunque dare una lettura rapida ma attenta alle domande inerenti il brano prima ancora di averlo letto. È un modo per familiarizzare con i temi e gli argomenti del brano che andremo a leggere e per riconoscere e focalizzare l'attenzione sui contenuti del brano che ci interessano per rispondere ai quesiti.
Un altro suggerimento è quello di distinguere tre momenti principali: prima della lettura, durante la lettura e dopo la lettura. Ognuna di queste fasi ha obiettivi e finalità specifiche. La prima fase aiuta a creare una visione globale del testo (ad esempio, leggendo il titolo e la fonte del brano). La seconda fase è quella in cui si selezionano le informazioni importanti e si crea una scala di priorità tra le informazioni ricavate (distinguendo fra salienti e marginali). L'ultima fase, in cui si dovrà rispondere ai quesiti, aiuta a fissare i concetti e permette di verificare la propria efficacia nella comprensione dei brani.

Naturalmente queste procedure artificiose hanno una validità limitata esclusivamente a occasioni d'esame del tutto particolari (elevata pressione temporale, rapidità di risposta, ecc.) e non costituiscono certo la metodologia indicata per memorizzare dati nel lungo periodo.
Il compito di comprensione dei testi non si esaurisce nella semplice frammentazione del brano in tanti dettagli informativi, dato che di frequente si richiede al candidato di trarre delle conclusioni da quanto ha letto, del tipo:

- Quali conclusioni è possibile trarre dal brano che avete letto?
- Qual è lo stile del brano?
- Quale tra le seguenti argomentazioni è la più corretta?
- Quale potrebbe essere il titolo del brano?

2.8.1 Leggere per comprendere

Quando si affronta la lettura di un testo scritto si possono utilizzare varie strategie di lettura in base allo scopo che ci si propone.

Lettura **di consultazione o selettiva** (*scanning*): consiste nella ricerca di particolari informazioni su testi definiti appunto "di consultazione" (enciclopedie, dizionari, cataloghi, schede bibliografiche, nonché saggi e manuali). Non si legge tutto il testo, ma lo si esamina velocemente, "saltando" da un punto all'altro, ricercando gli elementi di interesse. Si definisce, infatti, lettura *non sequenziale* perché non segue l'ordine con cui l'autore ha organizzato il testo che si consulta, ma la scelta personale del lettore.

Lettura **orientativa o esplorativa o di superficie** (*skimming*): la si utilizza ogni volta che si vuole elaborare un'idea sommaria dei contenuti trattati nel testo, senza perdere troppo tempo. Si scorre il testo, sorvolando sui dettagli e prestando, invece, attenzione a importanti indicatori come titoli, sottotitoli, frasi iniziali e conclusive dei paragrafi, da cui si può capire quali temi si affrontano e in che modo. Si tratta di una lettura *sequenziale*, in quanto, pur nella sua rapidità, segue l'ordine del testo, dall'inizio alla fine.

Lettura **analitica o intensiva o di approfondimento** (*receptive reading*): se lo scopo è quello di cogliere in modo accurato e completo il significato del testo, si effettua un esame analitico, in modo da poter cogliere le diverse informazioni e le connessioni che le legano. Come la lettura orientativa, quella analitica è *sequenziale*, in quanto viene effettuata dall'inizio alla fine secondo l'ordine dato dall'autore.

2.8.2 La velocità di lettura

Leggere in modo spedito può essere di grande utilità sia nella fase di studio sia nella risoluzione dei quesiti, ma non è sufficiente. È necessario leggere in modo tale da **capire** e **comprendere** in maniera approfondita il messaggio del testo o della domanda. *Capire* significa decifrare la forma del messaggio, *comprenderlo* significa entrare in profondità nei suoi significati fino a gestirli in modo consapevole. Nella *lettura silenziosa* ognuno adatta ritmo e velocità alle proprie capacità di lettura e alla complessità del testo. Di conseguenza è in essa che si possono adottare tecniche di **lettura veloce** tali da accelerare i tempi senza trascurare preziose informazioni.
Un lettore allenato legge da 100 a 300 parole circa al minuto; con la lettura veloce si può arrivare a 800-1000 parole al minuto, senza penalizzare la comprensione del testo.

Esempio
Si consideri il testo seguente che può essere definito equivalente a un brano di diverse prove di selezione. La prima versione è in modalità normale; nella seconda versione sono stati indicati i punti di fissazione per una lettura veloce "in orizzontale". Un utile allenamento è quello di leggerli in entrambe le modalità, annotando il tempo impiegato nella lettura calcolandolo con il cronometro.

«Il gioco d'azzardo è un'attività ludica che ha tre caratteristiche fondamentali: lo scopo del gioco è l'ottenimento di un premio (denaro, beni materiali, buoni, ecc.); per parteciparvi è necessario rischiare una somma più o meno ingente di denaro o equivalenti (propri beni ecc.); la vincita è più dovuta al caso che alla perizia del giocatore.
La storia del gioco d'azzardo è strettamente legata alla storia dell'uomo, tanto che i primi cenni di quest'attività si riscontrano addirittura nel 3000-4000 a.C. Nella civiltà egizia, infatti, era già praticato il gioco dei dadi (il termine "azzardo" deriva dal francese "hasard", a sua volta termine di origine araba, "az-zahr", che significa proprio "dadi"). Più a est, in India, Giappone e Cina, si hanno testimonianze di forti scommesse, sia al gioco dei dadi sia alle corse dei carri.
Non da meno, nella Roma imperiale, personaggi come Nerone, Caligola, Claudio furono certamente accaniti giocatori (oggi probabilmente diremmo "giocatori patologici o compulsivi").
Connaturata con il gioco d'azzardo, inoltre, pare essere la propensione per il barare, confermata dal ritrovamento di dadi appesantiti da un lato.
Se il gioco dei dadi vanta la storia più lunga, nei secoli a noi più vicini c'è stata una notevole espansione delle modalità di gioco, a partire dalle scommesse sui cavalli ("lo sport dei re"), alle lotterie, delle quali si ha testimonianza dai secoli XVI-XVII. La roulette fu inventata nel XVI secolo dal filosofo Blaise Pascal, mentre le slot machine nel 1895 dall'americano Charles Fay».

«Il ***gioco d'azzardo*** è un'attività ludica che ha ***tre caratteristiche*** fondamentali: lo scopo del gioco è l'***ottenimento di un premio*** (denaro, beni materiali, buoni, ecc.); per parte-

ciparvi è necessario ***rischiare una somma*** più o meno ingente di denaro o equivalenti (propri beni ecc.); la ***vincita*** è più dovuta al ***caso*** che alla perizia del giocatore.
La ***storia*** del gioco d'azzardo è strettamente legata alla ***storia dell'uomo***, tanto che i primi cenni di quest'attività si riscontrano addirittura nel ***3000-4000 a.C.*** Nella civiltà ***egizia***, infatti, era già praticato il ***gioco dei dadi*** (il termine "azzardo" deriva dal ***francese "hasard"***, a sua volta termine di ***origine araba***, ***"az-zahr"***, che significa proprio "dadi"). Più a est, in ***India***, ***Giappone*** e ***Cina***, si hanno testimonianze di ***forti scommesse***, sia al gioco dei dadi sia alle ***corse dei carri***.
Non da meno, nella ***Roma imperiale***, personaggi come Nerone, Caligola, Claudio furono certamente ***accaniti giocatori*** (oggi probabilmente diremmo "giocatori patologici o compulsivi").
Connaturata con il gioco d'azzardo, inoltre, pare essere la ***propensione per il barare***, confermata dal ***ritrovamento di dadi*** appesantiti da un lato.
Se il gioco dei dadi vanta la ***storia più lunga***, nei secoli a noi ***più vicini*** c'è stata una notevole ***espansione delle modalità*** di gioco, a partire dalle ***scommesse sui cavalli*** ("lo sport dei re"), alle lotterie, delle quali si ha testimonianza dai ***secoli XVI-XVII***. La ***roulette*** fu inventata nel XVI secolo dal filosofo Blaise Pascal, mentre le ***slot machine nel 1895*** dall'americano Charles Fay».

Una lettura veloce richiede che l'occhio sappia procedere nella pagina prevedendo come continua una parola anche senza vedere come termina. Dal testo che segue sono state eliminate gradualmente alcune vocali. Cercare di leggere speditamente integrando sul momento. Sottolineare le parole che non si riesce subito ad integrare e ripetere la lettura fin quando non si commettono più errori. Cronometrare il tempo impiegato per svolgere l'esercizio.

Esempio

Itiner_ri_ molt_ v_ri_ p_r p_es_gg_ e mot_v_ d'int_r_ss_, ch_ attr_v_rs_ nell_ su_ prim_ p_rt_ _n_ plag_ mar_n_ d'_ cc_z__n_l_ b_ll_zz_, e n_ll_ s_c_nd_ l_ z_n_ d__ m_nt_ Lepini a_ m_rg_n_ d_ll_ p__n_ Pontina, t_cc_nd_ paesi r_cch_ d_ f_sc_n_ e d_ st_r__. D_ Gaeta s_ s_g__ l_ l_t_r_n__ ch_, s_l tr_cc__t_ d_ll'_nt_c_ v__ Fl_cc_, c_rr_ _n _n_ spl_nd_d_ sc_n_r__ l_ng_ l_ c_st_ r_cc__s_, p_nt_gg__t_ d_ _nt_ch_ t_rr_ d_ g__rd__.

(da *Guida rapida d'Italia*, vol. 4, Milano, TCI, 1997)

La soluzione è la seguente:

Itinerario molto vario per paesaggi e motivi d'interesse, che attraversa nella sua prima parte una plaga marina d'eccezionale bellezza, e nella seconda la zona dei monti Lepini al margine della piana Pontina, toccando paesi ricchi di fascino e di storia. Da Gaeta si segue la litoranea che, sul tracciato dell'antica via Flacca, corre in uno splendido scenario lungo la costa rocciosa, punteggiata da antiche torri di guardia.

2.8.3 Analisi del testo

Si focalizzi l'attenzione sulle modalità di lettura ed analisi dei quesiti. Al fine di interpretare correttamente ciò che richiede una domanda, grazie anche all'ausilio dell'analisi delle alternative, è utile comprendere che il testo e la risposta corretta devono essere coerenti tra loro da un punto di vista non solo logico e grammaticale, ma anche per ciò che concerne l'intenzione di chi ha formulato il quesito; tale lavoro di analisi permetterà nella risoluzione dei quesiti di escludere alcune alternative errate.

L'**intenzione comunicativa** si riferisce al fatto che chi trasmette il messaggio si propone di ottenere una certa finalità (informare, persuadere, esprimere opinioni o sentimenti, dare o chiedere consigli, chiedere qualcosa, ecc.) e, di conseguenza, costruisce il messaggio nella maniera che ritiene più efficace per raggiungere lo scopo prefissato.
Si ricordi che, affinché si verifichi un processo comunicativo, occorrono sei elementi:

- **emittente**: chi trasmette il messaggio
- **destinatario**: persona/e a cui è rivolto il messaggio
- **messaggio**: insieme di parole, suoni, immagini che costituisce il testo
- **referente**: persona, cosa o situazione su cui verte il messaggio
- **codice**: linguaggio nel quale è espresso il messaggio
- **canale**: mezzo attraverso il quale passa il messaggio (la carta se si tratta di un mezzo scritto).

Il **contesto** è la specifica situazione all'interno della quale si colloca il testo ed è delimitato da precisi confini "fisici" come, ad esempio, le colonne degli articoli di giornale, le copertine di libri e riviste, e "logici" come l'ambiente in cui è collocato il messaggio.
La **coerenza logica** si ottiene organizzando i contenuti in modo che ci sia *progressione dell'informazione*, cioè che ogni unità informativa si agganci alla precedente e costituisca il supporto per l'informazione successiva.
La **coesione linguistica** si riferisce al piano formale del testo, cioè all'uso di un linguaggio che, oltre a rispettare le regole ortografiche, grammaticali e sintattiche, esprima le connessioni tra un blocco di testo e l'altro. L'aggancio tra i vari blocchi di testo avviene mediante **connessioni logiche** di vario tipo (tempo, spazio, causa/effetto, opposizione, esemplificazione, conclusione, ampliamento) o mediante la **ripresa di un termine**.

2.8.4 I quesiti di comprensione dei brani (le tipologie testuali)

Ogni testo, sia di ambito letterario che non, in base al modo in cui è costruito e al suo contenuto, va ricondotto ad una specifica tipologia. Gli studiosi sono soliti dividere i testi in cinque tipologie: descrittivi, narrativi, regolativi, espositivi, argomentativi.
Durante la lettura di un brano il riconoscimento immediato della tipologia testuale facilita notevolmente la scelta della strategia da adottare per rispondere. Infatti, ognuna di queste tipologie ha delle caratteristiche peculiari schematizzate qui di seguito.

- **Testi descrittivi.** Hanno come finalità il "mostrare" una determinata realtà (persone, luoghi, oggetti, sensazioni), privilegiando la dimensione spaziale rispetto a quella temporale. La descrizione può procedere *dal generale al particolare o viceversa.* Può essere *sintetica* o *analitica.* La progressione dell'informazione avviene prevalentemente per *ampliamento,* cioè mediante connettivi come "e, inoltre, quindi", o mediante nessi di luogo che indicano la collocazione dei vari elementi nello spazio (in alto, in basso, a destra, a sinistra, davanti, dietro, ecc.). I tempi verbali utilizzati sono l'*imperfetto* e il *presente. Paragoni* e *metafore* servono a rendere più evidenti le immagini e le sensazioni. Le descrizioni sono di tipo soggettivo o oggettivo. Le *descrizioni soggettive* sono ricche di osservazioni personali, si trovano nei testi letterari, ma anche in testi non letterari come articoli giornalistici, lettere, diari. Le *descrizioni oggettive* solitamente s'incontrano in enciclopedie, manuali scolastici e sono caratterizzate da *linguaggio neutro, termini tecnici e scientifici*, sono *particolareggiate e precise.*

- **Testi narrativi.** Raccontano una vicenda cogliendone le relazioni temporali e i rapporti di causa ed effetto. La progressione dell'informazione si sviluppa sull'asse temporale e i collegamenti tra i blocchi testuali sono segnalati da *connettivi logici*: temporali, causali, di opposizione, ecc. I tempi verbali utilizzati sono il passato remoto, l'imperfetto, i due trapassati.

- **Testi regolativi.** Danno ordini, istruzioni, consigli, dettano regole, norme o leggi. Le forme verbali prevalenti sono il *congiuntivo* o l'*imperativo*, accompagnate spesso da formule di cortesia che servono ad attenuare l'ordine o la prescrizione. Nelle leggi, nei codici, nei regolamenti è frequente l'uso del presente indicativo. Il linguaggio è chiaro, ma, secondo il tema trattato, sono utilizzati termini tecnici di ambito giuridico, medico, culinario, ecc. La progressione dell'informazione si sviluppa per ampliamento, con ripresa o istituzione di un termine o per ellissi.

- **Testi espositivi.** Hanno come finalità quella di "fornire informazioni"; essi, infatti, espongono o spiegano idee, fenomeni, concetti, anche complessi, in modo semplice e ordinato. La progressione dell'informazione avviene attraverso connettivi logici di vario tipo e connettivi che esplicitano l'organizzazione del testo. Normalmente l'esposizione è suddivisa in paragrafi, talvolta introdotti da titoli esplicativi per rendere più chiara la suddivisione della materia. La lingua è chiara, precisa e si serve della terminologia specifica dell'ambito culturale a cui il testo si riferisce. La sintassi è lineare, il tono del discorso è neutro e oggettivo. Nel testo espositivo possono essere adoperati grafici, cartine, diagrammi, schemi, mappe, immagini, ecc. per dare una sintesi visiva degli argomenti e per chiarire il contenuto. Spesso il testo espositivo è collegato a quello argomentativo, di cui costituisce la premessa.

- **Testi argomentativi.** Si tratta di testi nei quali chi scrive discute un problema, esprime la propria opinione su di esso, utilizzando argomentazioni ed esempi per sostenere la sua tesi e demolire quella dell'avversario. La parola *argomento* assume in questo caso un significato direttamente riconducibile al verbo latino *arguere*, da cui deriva, che vuol dire "dimostrare". Un argomento è, quindi, un ragionamento dimostrativo costituito da proposizioni logicamente collegate. Un insieme di argomenti connessi tra loro costituisce un'*argomentazione.*

Nel testo argomentativo vanno individuati tre elementi fondamentali:

- lo **scopo**, vale a dire: sostenere la validità di una teoria, di un'idea, di un'opinione; convincere gli interlocutori della validità della propria teoria; confutare, cioè dimostrare false le teorie altrui; confrontarsi con altre opinioni;
- gli **argomenti**, che sono i ragionamenti a sostegno della propria tesi e/o contro le tesi altrui;
- gli **esempi**, che sono i fatti, le persone, le circostanze citati per rinforzare e avvalorare la tesi.

Pur non seguendo un unico modello, nei testi argomentativi è possibile riconoscere una struttura sempre uguale con dei capisaldi:

- l'esposizione del **problema**;
- l'enunciazione della **tesi**, cioè dell'idea che si vuole dimostrare;
- una o più **antitesi**, vale a dire la/le tesi opposta/e alla propria;
- la **confutazione** della/delle antitesi con argomenti ed esempi;
- la **dimostrazione** della tesi con argomenti ed esempi;
- la **conclusione** con la ripresa della tesi ed il suo rafforzamento.

Si tratta di un tipo di testo estremamente rigoroso sul piano della coerenza logica ed è pertanto di fondamentale importanza l'uso di connettivi appropriati. I più utilizzati sono i connettivi logici di spiegazione, esemplificazione, opposizione, conclusione, ma anche quelli che esplicitano l'organizzazione testuale. Il tono del testo può presentare sfumature soggettive, quando chi scrive esprime valutazioni e giudizi ricorrendo all'ironia se non addirittura al sarcasmo per demolire le posizioni dell'avversario.

Ecco alcuni esempi di testi espositivi ed argomentativi tratti da prove di selezione.

Esempi di Testi

«La conoscenza aumenta sicuramente nel corso degli studi scolastici medi, mentre dopo il diploma della Scuola media superiore sono possibili sia un aumento che una diminuzione delle nozioni non utilizzate nella vita. In ogni caso, la conoscenza si modifica sostanzialmente quando lo studente entra nell'università».

Il brano sopra riportato è un esempio di testo espositivo. Esso può essere suddiviso in due paragrafi (coincidenti con i due punti fermi); la progressione dell'informazione è affidata sia ad un connettivo logico avversativo (*mentre*) sia ad una locuzione di tipo conclusivo (*in ogni caso*) che segnala la logica deduzione di quanto affermato nel primo paragrafo. Il linguaggio è estremamente chiaro, il tono è neutro.

«Il fenomeno della specializzazione delle Scienze [individuazione di sei discipline fondamentali, con compiti, metodi e strutture ben distinte, cioè matematica, astronomia, fisica, chimica, biologia e sociologia, e altre in esse comprese] – fin dall'inizio del secolo XIX – non faceva che riprodurre, entro l'organizzazione delle ricerche, una delle più tipiche situazioni che si venivano imponendo nella nascente industria per evidenti ragioni economiche: la suddivisione del lavoro. Come questa mirava a incrementare la produzione delle merci, così quella si rendeva necessaria per incrementare la produttività scientifica. Il primo vantaggio della specializzazione è una precisa delimitazione dei campi di indagine perché permette al singolo ricercatore di assimilare in breve tempo le tecniche ivi solitamente applicate e quindi di metterle subito a profitto dell'indagine. Ma vi è anche un altro aspetto, non meno importante. Con le ricerche specialistiche nascono anche i linguaggi appositamente costruiti da ogni scienza per denotare tutte e sole le proprietà che essa intende prendere in considerazione nei fenomeni indagati: linguaggi che favoriscono in misura notevolissima l'esattezza delle espressioni, il rigore dei ragionamenti, la chiarificazione dei principi che stanno alla base delle singole teorie. Tale specializzazione e tecnicizzazione dei linguaggi scientifici ha però avuto anche un'altra conseguenza assai meno positiva. E invero è stata proprio essa a far sorgere nello scienziato specialista una tendenza a rinchiudersi nella propria disciplina, senza nemmeno chiedersi se questa necessitasse di una qualunque integrazione o di un coordinamento con il lavoro dei ricercatori impegnati in altri campi di indagine. Si ebbe così un frantumarsi della scienza in tante scienze particolari, dando luogo a un mosaico di risultati concreti, ove non era rintracciabile, se non con grande difficoltà, un disegno fornito della benché minima organicità».

Da L. Geymonat, *Lineamenti di filosofia della scienza*, EST, 1986, Ed. Mondadori

Il brano sopra riportato è un esempio di testo espositivo intrecciato con un testo argomentativo. La prima parte è sicuramente di tipo espositivo in quanto l'autore – il filosofo Ludovico Geymonat – intende spiegare il fenomeno della specializzazione delle scienze evidenziandone i vantaggi. La progressione dell'informazione e un'esposizione più chiara si ottengono mediante l'utilizzo di connettivi logici (**esplicativi**, come "*cioè*", e **conclusivi**, come "*quindi*") e di accorgimenti di vario tipo (i due punti eplicativi e la ripresa di un termine – ad esempio "tale" – per creare coesione e coerenza). Tutta la prima parte rappresenta l'esposizione del problema e la premessa a quanto l'autore verrà a concludere, pur mantenendo un tono distaccato, nella seconda parte. Infatti, da *tale specializzazione e tecnicizzazione*... si può notare che l'autore esprime la sua opinione introdotta da un connettivo di tipo avversativo (*però*) e avvalorata dal connettivo rafforzativo (*invero*). Egli conclude "argomentando", cioè "dimostrando", gli effetti negativi del processo di specializzazione delle scienze. Si noti il connettivo *così* per indicare la conseguenza di quanto introdotto nella seconda parte.

«La matematica è un'ostentazione di audacia della pura ratio; uno dei pochi lussi oggi ancora possibili. Anche i filologi si dedicano spesso ad attività nelle quali essi per primi non intravedono il minimo utile, e i collezionisti di francobolli e di cravatte ancora peggio. Ma questi sono passatempi inoffensivi, ben lontani dalle cose serie della vita. La matematica, invece, proprio in esse abbraccia alcune delle avventure più appassionanti e incisive dell'esistenza umana».

Robert Musil, *L'uomo matematico*, in Der lose Vogel, 1911

Il brano in questione è un testo di tipo argomentativo che può essere schematizzato nel modo seguente:

Tesi	La matematica è un'ostentazione di audacia della pura *ratio*; uno dei pochi lussi oggi ancora possibili.
Esempi a sostegno della tesi	Anche i filologi si dedicano spesso ad attività nelle quali essi per primi non intravedono il minimo utile, e i collezionisti di francobolli e di cravatte ancora peggio.
Antitesi	Ma questi sono passatempi inoffensivi, ben lontani dalle cose serie della vita.
Conclusione che riprende la tesi	La matematica, invece, proprio in esse abbraccia alcune delle avventure più appassionanti e incisive dell'esistenza umana.

Come si può notare, in questo testo è chiaramente individuabile la tesi, che è anche esposizione del problema *matematica = un lusso*. Per avvalorare quest'uguaglianza, cioè che la matematica è uno dei pochi lussi che l'uomo può concedersi, l'autore porta degli esempi di attività percepite come "lussi" servendosi del connettivo rafforzativo "anche".
Tuttavia, questi "passatempi" non hanno, secondo l'autore, lo stesso valore della matematica: infatti il connettivo avversativo "ma" introduce l'antitesi, ciò che contrasta con il pensiero dell'autore. L'opinione di chi scrive è ripresa, in forma ciclica, dal connettivo "invece", presente nell'ultimo paragrafo.

2.8.5 Analisi della sintassi del testo

Nella preparazione del test è di fondamentale importanza lo sviluppo di adeguate competenze linguistiche senza le quali il meccanismo stesso della comprensione sarebbe compromesso. È necessario, quindi, per un approccio corretto ai quesiti interrogarsi su:

1. l'utilità e l'impiego della sintassi;
2. le modalità con le quali la sintassi aiuta a ragionare.

Utilità e impiego della sintassi

La padronanza della sintassi è uno strumento importante che serve a comunicare con efficacia perché riproduce il funzionamento della lingua. Pertanto, saper sviluppare un ragionamento, interpretare il variare del ritmo di un discorso, cogliere l'alternanza tra frasi lunghe e brevi, sono le chiavi per la comprensione di qualunque tipo di testo.

Per comprendere in maniera esaustiva l'importanza dell'analisi sintattica del testo occorre esaminare la struttura di un quesito di analisi testuale, in cui le informazioni ottenute da un'analisi logica, sintattica e semantica del testo sono più importanti di quelle ricavate dalle conoscenze nozionistiche. L'interpretazione e l'analisi di un brano costituiscono l'esempio più appropriato.

In alcuni scrittori si riconosce la presenza di modelli, studiando i quali si impara a **smontare** un testo e a **ricostruirlo** dopo averne interpretato le dinamiche interne.

L'esempio che segue è tratto da *Il barone rampante* di Italo Calvino.

Il brano che qui si propone proviene dalle prime pagine del romanzo ed è particolarmente utile per l'analisi dei diversi stili sintattici impiegati nella narrazione e i loro scopi ai fini della comprensione del testo.

> «Di scivolare per la balaustra di marmo delle scale, a dire il vero, eravamo già stati diffidati, non per paura che ci rompessimo una gamba o un braccio, che di questo i nostri genitori non si preoccuparono mai e fu perciò – io credo – che non ci rompemmo mai nulla; ma perché crescendo e aumentando di peso potevamo buttar giù le statue di antenati che nostro padre aveva fatto porre sui pilastrini terminali delle balaustre a ogni rampa di scale».

Il primo periodo è ampio e articolato, poiché la frase principale è preceduta e seguita da una serie di **subordinate** che presentano una grande varietà di modi verbali (infinito, congiuntivo, indicativo, gerundio). Le subordinate sono talvolta interrotte da incidentali e sono ricche di complementi.

> «Difatti, Cosimo una volta aveva già fatto crollare un trisavolo vescovo con la mitria e tutto; fu punito, e da allora imparò a frenare un attimo prima di arrivare alla fine della rampa e a saltar giù proprio a un pelo dallo sbattere contro la statua. Anch'io imparai, perché lo seguivo in tutto, solo che io, sempre più modesto e prudente, saltavo giù a metà rampa, oppure facevo le scivolate a pezzettini, con frenate continue. Un giorno lui scendeva per la balaustra come una freccia, e chi c'era che saliva per le scale? L'Abate Fauchelafleur che se ne andava a zonzo col breviario aperto davanti, ma con lo sguardo fisso nel vuoto come una gallina. Fosse stato mezz'addormentato come il solito!»

L'autore qui interrompe la narrazione ordinaria prima con una frase interrogativa e poi con una esclamativa; in tal modo il narratore sembra **rivolgersi** direttamente **al lettore**.

> «No, era in uno di quei momenti che pure gli venivano, d'estrema attenzione e apprensione per tutte le cose. Vede Cosimo, pensa: balaustra, statua, ora ci sbatte, ora sgridano anche me (perché ad ogni monelleria nostra veniva sgridato anche lui che non sapeva sorvegliarci) e si butta sulla balaustra a trattenere mio fratello».

Questo periodo è basato su **frasi minime**, talvolta vere e proprie **frasi nominali** (*balaustra, statua*) per descrivere la rapidità con cui precipitano gli eventi. Si noti inoltre il passaggio al **presente** che è il tempo dell'immediatezza.

> «Cosimo sbatte contro l'Abate, lo travolge giù per la balustra (era un vecchietto pelle e ossa), non può frenare, cozza con raddoppiato slancio contro la statua del nostro antenato Cacciaguerra Piovasco crociato in Terrasanta, e diroccano tutti a piè delle scale: il crociato in frantumi (era di gesso), l'Abate e lui».

Il periodo finale è lungo ma lineare, composto tutto da frasi **coordinate** al presente.

Utilizzo di una sintassi complessa. La sintassi complessa che caratterizza l'inizio del brano serve a comunicare tante cose insieme che non sono separate tra loro. Esiste, infatti, un legame tra la presenza delle statue e l'atteggiamento dei genitori (che pensano più alla gloria del casato che ai figli). La ricchezza della sintassi serve proprio a mostrare questi legami.

Utilizzo di una sintassi semplice e lineare. Alla fine di questo brano, l'autore opta per una sintassi semplice perché deve raccontare eventi che si svolgono con estrema rapidità. Si noti che la parola balaustra sostituisce la frase *Cosimo sta scendendo giù per la balaustra*, e *statua* al posto di ...*alla fine della balaustra c'è la statua*: il pensiero è più veloce delle frasi, e l'autore lo riassume in due sostantivi. Le frasi coordinate che descrivono le azioni in successione servono a dare l'idea della velocità con cui gli eventi precipitano. In questo modo il lettore si sofferma sulla caduta provocata dall'abate senza doversi fermare a riflettere per capire cosa è successo.

Utilizzo di una sintassi "senza regole". Nel primo periodo è presente una licenza sintattica. La frase ...*che di questo i nostri genitori non si preoccuparono mai* è introdotta da un "che" irregolare tipico della lingua parlata, in luogo delle congiunzioni corrette "perché, dato che, poiché". La violazione della regola in questo caso serve a dare immediatezza al racconto.

Le modalità con le quali la sintassi aiuta a ragionare

Sintassi significa "ordinamento". Infatti, è in base alle regole della sintassi che si mettono in ordine le parole per ottenere frasi e periodi di senso compiuto.
Inoltre, pensare e ragionare significa ordinare secondo una certa logica fatti, pensieri, informazioni, per costruire un quadro coerente della realtà. C'è uno stretto legame

tra sintassi e pensiero ed è per questo che bisogna esercitarsi molto nella lettura, soprattutto quella analitica; senza tale esercizio non si potrà ottenere un accettabile livello di comprensione dei quesiti, sia di quelli di logica che degli altri.
Come esempio si propone un brano tratto da *Il giorno della civetta* di Leonardo Sciascia. Si tratta della ricostruzione dei fatti relativi ad un delitto e dell'interpretazione degli stessi da parte del protagonista, il capitano Bellodi. Egli parte da alcune ipotesi, per cercare di trovare collegamenti e spiegazioni evidenziati dalla sintassi, strumento essenziale (linguistico e logico) per condurre un ragionamento.

> «Niente fantasia gli aveva raccomandato il maggiore. Va bene, niente fantasia. La Sicilia è tutta una fantastica dimensione: e come ci si può star dentro senza fantasia? Niente: soltanto i fatti. I fatti erano questi: un certo Colasberna era stato ammazzato mentre stava per salire sull'autobus per Palermo, in piazza Garibaldi, alle sei e mezzo del mattino; l'assassino aveva sparato dall'angolo via Cavour-piazza Garibaldi e per la via Cavour era fuggito. Lo stesso giorno, alla stessa ora, un tale che abita nella stessa via Cavour usciva o stava per uscire di casa: avrebbe dovuto tornare la sera, come al solito ad ora di avemaria dice la moglie, ma non torna; e così per cinque giorni. Alla masseria di Fondachello dicono di non averlo visto; lo aspettavano quel giorno, ma non si è fatto vivo. Scomparso col mulo e gli arnesi di lavoro, tra la porta di casa sua e la masseria di Fondachello, sei sette chilometri di strada, era scomparso senza lasciar traccia. Se il Nicolosi fosse risultato pregiudicato o comunque legato alla malavita, si poteva anche pensare ad una fuga; o che gli avessero saldato un conto ammazzandolo e facendone scomparire ogni traccia. Ma se non era pregiudicato, se non c'erano per lui ragioni di una fuga più o meno meditata, se non era uomo da aver conti da rendere o da pretendere per legami diretti o indiretti con la malavita, allora la sua scomparsa veniva a coincidere in concreto, e niente fantasia, con l'uccisione di Colasberna».

All'inizio del brano si trova la **parola-chiave** *i fatti* e il narratore (nella prospettiva del capitano Bellodi) elenca uno dopo l'altro eventi e informazioni. Le frasi si susseguono intervallate solo da segni di punteggiatura (a parte la congiunzione temporale "mentre"). Poi si cominciano a incontrare elementi di raccordo, i **connettivi**: la congiunzione *ma*, che introduce un fatto insolito, e alcune **parole *ripetute***: l'aggettivo *stesso*, che stabilisce uno stretto legame tra due elementi (luogo e ora dell'omicidio e abitudini dell'uomo scomparso) e il participio *scomparso*, che acquista rilievo perché al capitano appare la chiave di volta del mistero. L'ultimo paragrafo si apre con un *se* ed è composto da due periodi ipotetici. Il capitano Bellodi non sa se Nicolosi (lo scomparso) è pregiudicato e, quindi, fa delle **ipotesi**. Il verbo al congiuntivo (*fosse risultato*) individua un periodo ipotetico della possibilità. Gli altri *se* sono seguiti da indicativi (*non era, non c'erano, non era*) che spostano l'ipotesi nella realtà, come sottolinea l'*allora* che conclude il ragionamento.
I suggerimenti che si ricavano dalla lettura di questo brano, applicabili sempre, sono essenzialmente due:

- mettere ordine nel discorso;
- ragionare per mezzo di ipotesi.

Mettere ordine nel discorso. Per svolgere con efficacia la sua indagine, il capitano Bellodi deve ordinare gli elementi che ha a disposizione. L'ordine degli eventi sembra mostrarsi in una semplice successione; eppure emerge un fatto insolito, la congiunzione avversativa *ma* evidenzia la differenza rispetto al normale, e alcune scelte lessicali (per esempio la ripetizione dell'aggettivo *stesso*) mettono in risalto coincidenze insolite e significative. Da quanto detto si evince che un discorso ben costruito è lo strumento per fare chiarezza nel pensiero.

Ragionare per mezzo di ipotesi. Per arrivare ad una conclusione (scoprire una legge scientifica, fare luce in un'indagine ecc.) spesso è necessario formulare un'ipotesi di partenza. Per tale motivo il **periodo ipotetico** è una struttura molto importante, e proprio perché è uno strumento linguistico tanto usato ha molte forme e sfumature. In questo caso, il primo periodo ipotetico è logicamente **della possibilità**, ed è espresso con il congiuntivo nell'ipotesi (trapassato perché la narrazione è al passato), ma con l'imperfetto indicativo nella principale (dove l'idea di possibilità è espressa dal verbo *potere*). L'indicativo nel periodo ipotetico che conclude il brano ha lo scopo di dimostrare che anche quella connessione logica, lo stretto legame esistente tra il *se* e l'*allora* è una realtà, non una fantasia come i fatti elencati all'inizio. Per rendere più vivace il ragionamento e per evidenziarne i punti di passaggio, l'autore usa abilmente un salto di tempo verbale: dall'imperfetto passa al presente (*... ma non torna*). Non si tratta di una scorrettezza grammaticale: il salto evidenzia l'importanza che esso assume nel ragionamento del capitano. Per gli stessi scopi espressivi, Sciascia forza le regole del periodo ipotetico usando prima il congiuntivo e poi l'indicativo, entrambi in teoria due periodi ipotetici della possibilità. Ciò è significativo, perché è come se il congiuntivo volesse indicare che la prima ipotesi è possibile, ma forse infondata, e con l'indicativo mostrare che la seconda serie di ipotesi anticipa la realtà.

Esempio

Si propone la lettura di un breve testo – un articolo di giornale – sul quale sviluppare una serie di ragionamenti.

> «Se si vuole ridurre e delegittimare la violenza bisogna sapere che la pena di morte, lo si voglia o no, diventa una legittimazione solenne, da parte dello Stato, del diritto di togliere la vita. Insomma, è la legittimazione di una cultura della morte e non della vita».
>
> [da "La Stampa", 29 aprile 2001]

Per procedere nel ragionamento in maniera ordinata bisogna porsi una serie di domande:

1. Nell'ipotesi che si voglia ridurre la violenza, secondo l'autore la pena di morte risulta utile?
   Non risulta utile perché per l'autore la pena di morte è *legittimazione di una cultura della morte e non della vita.*
2. Se si parla d'ipotesi, la domanda è: quale subordinata introduce l'ipotesi?
   Se si vuole ridurre e delegittimare la violenza (periodo ipotetico della realtà).
3. Secondo l'autore, che cosa rappresenta la pena di morte? Quale proposizione subordinata lo dice?
   Rappresenta una legittimazione del diritto di togliere la vita da parte dello Stato. "*Che la pena di morte diventa una legittimazione solenne, da parte dello Stato, del diritto* (proposizione soggettiva) *di togliere la vita* (proposizione dichiarativa)".
4. Quale connettivo introduce la sentenza conclusiva?
   Insomma (connettivo logico di tipo conclusivo).
5. Tra le alternative proposte, qual è quella che riassume l'idea dell'autore?

A. *Bisogna ridurre la violenza, perciò è necessaria la pena di morte perché essa è un forte deterrente* (è da escludere perché si è già affermato che per l'autore la pena di morte è inutile).
B. *Siccome non si può ridurre la violenza, non è necessario abolire la pena di morte, perché anch'essa fa parte della cultura della vita.* (Tale affermazione travisa il pensiero dell'autore, perché egli parte dall'ipotesi "se si vuole ridurre e delegittimare la violenza..." che è una frase condizionale. L'espressione "siccome non si può ridurre la violenza" presenta la questione come un dato di fatto reale che contrasta con l'assunto di partenza dell'autore).
C. *Se si decide di combattere la violenza, è necessario abolire anche la condanna capitale perché tale pena giustifica ufficialmente il ricorso alla morte.* Questa è l'alternativa che corrisponde inequivocabilmente al pensiero dell'autore. Egli infatti parla di "legittimazione di una cultura della morte e non della vita".

A che cosa servono i complementi? Ogni volta che si legge un testo, soprattutto di carattere descrittivo e informativo, bisogna osservare che le cose e le persone si esprimono nel discorso mediante soggetti e complementi, e le azioni che essi compiono o subiscono sono predicati. Questa semplice nozione va ricordata tenendo conto dell'importanza dei complementi. Essi sono le risposte alle domande che ci si deve porre ogni volta che si deve interpretare la descrizione di una realtà o il racconto di un evento: **chi? che cosa? quando? dove? come? perché?**
I complementi, prima ancora che nella lingua, esistono "nel pensiero": sono il metodo che consente di dire e di pensare le cose e le relazioni tra di esse. In poche parole, padroneggiare il significato dei complementi e saperli usare è indispensabile per capire e per comunicare.
Gli esercizi che seguono sono tratti da reali prove preselettive ed hanno il semplice scopo di stimolare lo sviluppo di una vostra "*personale*" metodologia di acquisire informazioni e catalogarle in modo tale da renderle immediatamente rintracciabili.

2.8.6 Esempi di prove sulla comprensione di brani

Comprensione del senso di un brano

«Ancora vent'anni fa era possibile elencare moltissimi filosofi, storici, sociologi, psicologi che i giovani leggevano con avidità considerandoli dei maestri. [...] Prendete ora qualsiasi giovane e domandategli quali autori legge abitualmente considerandoli dei maestri. Spesso non ne nominano nemmeno uno. [...]
Non sanno più la storia. Girano il mondo e non sanno localizzare su una carta geografica dove sono gli Stati. Navigano in internet ma, poiché su internet ci sono solo frammenti, fanno un minestrone di frammenti che non riescono a ordinare. [...] Non sono i giovani che sono apatici, morti, ignoranti, pigri, siamo noi che non abbiamo capito che l'essere umano è, nel profondo, un combattente, che ha al suo interno una spinta irrefrenabile a salire in alto. È questa che bisogna risvegliare.
Ma non la si risveglia con il "poverino, poverino" e con la pigrizia. E la si uccide con l'indifferenza. La si risveglia solo additando una meta e dimostrando, con il tuo esempio, che ci credi e che sei pronto a batterti insieme a loro per raggiungerla».

(Da Francesco Alberoni, *"In ogni giovane apatico si nasconde un combattente"*, Corriere della Sera, 7/3/2005, p.l.)

Delle considerazioni che la situazione descritta potrebbe far venire in mente SOLO UNA, stando a quanto appena letto, sarebbe condivisa da Alberoni. La si individui.

A. Al giorno d'oggi mancano le personalità eminenti di un tempo, dotate di straordinarie prerogative intellettuali e culturali
B. Il tramonto delle grandi ideologie giustifica il disimpegno intellettuale e pratico di tanti giovani rimasti senza "fedi"
C. La presunta apatia dei giovani d'oggi riflette in realtà le carenze degli adulti, che non sanno impegnarsi con loro nella comune rincorsa di nuovi traguardi

Seguendo i suggerimenti sopra descritti andiamo alla ricerca delle informazioni più pertinenti iniziando a leggere rapidamente le alternative proposte. È altresì indispensabile fare attenzione anche alle istruzioni, in questo caso si richiede di individuare l'unica conclusione che sarebbe considerata accettabile da quanto letto, in altri casi si potrebbe richiedere di individuare l'unica affermazione non attinente al brano. Dunque si presuppone che dalla lettura del brano, nella fattispecie un articolo apparso su un grande quotidiano, si possano esprimere delle considerazioni e che, tra le proposte, soltanto una sarebbe condivisa dall'autore Francesco Alberoni.
Esaminiamo una ad una le considerazioni proposte.
L'alternativa A, "*mancano le personalità eminenti di un tempo* ...", non è suffragata dal testo. Si dice che i giovani non hanno nessuna figura di riferimento, il che potrebbe implicare che non ci siano le personalità di un tempo, tuttavia, il nostro compito non è lavorare sulle implicazioni probabili, ma individuare delle conclusioni sulla base di quanto abbiamo letto. La considerazione corrispondente alla lettera A è dunque da scartare.
Neanche l'alternativa B è desumibile dal brano. Non si dice né si lascia intendere che il disimpegno intellettuale dei giovani sia giustificato dalla caduta delle ideologie.
Non ci resta che la conclusione C, in cui si asserisce che l'apatia dei giovani riflette le carenze degli adulti che non si impegnano con loro per il raggiungimento di nuovi traguardi. La porzione del testo sottolineata nel brano indica i passaggi che confermano questa conclusione.

Individuazione di affermazioni che contraddicono un brano

«Quanti vestiti e camicie e cravatte ci sono nel vostro armadio? Quanti divani nel vostro salotto e stoviglie nella vostra cucina? Quanti televisori e computer e stereo ed elettrodomestici in giro per la casa? E quante macchine nel vostro garage? [...] Il 95% di quello che ci serve ce lo abbiamo già. [...] Se di questi beni ne volessimo di più, non sapremmo neanche dove metterli. [...] Ci è finito lo spazio. Ma attenzione, solo lo spazio fisico. Quanta memoria volete nel vostro PC e quanta banda per le vostre connessioni in rete? Quanti canali volete in televisione o varietà di voci sulla stampa? Di quanta energia volete disporre per la vostra casa e per l'ufficio? [...] Mai abbastanza. E qui, invece, di spazio ne abbiamo a dismisura. Perché [...] tutti questi beni sono immateriali. Sono bit, energia, informazioni. [...] Stiamo parlando [...] del sintomo di un trend, in crescita vigorosa e dilagante. La crescita a due cifre del consumo è ormai diventata appannaggio dell'immateriale. O della Cina, dove alla saturazione dei beni materiali c'è un bel po' di gente che ci deve ancora arrivare. Grande mercato, tenetelo da conto. Finché dura».

(Da Vito Di Bari, "*La crescita dei beni immateriali*", IL SOLE-24 ORE, lun. 14-2-2005, p. 10.)

UNA delle affermazioni seguenti risulta INGIUSTIFICATA alla luce di quanto affermato nel brano. La si individui.

A. La grande maggioranza dei beni materiali che ci servono li possediamo già
B. Anteporre i beni materiali a quelli immateriali è indubbiamente riprovevole
C. La prospettiva di una crescita a due cifre dei nostri consumi di beni materiali sembra irrealistica

Inizialmente si procede ad una lettura rapida delle frasi. Stavolta occorre individuare l'affermazione ingiustificata; ci aspettiamo dunque quattro alternative coerenti con il brano ed una sola che invece contrasta con quanto riportato nell'articolo. Si tratta di un brano tratto dal quotidiano economico *Il sole 24 ore*, quindi il tema trattato ha a che fare con l'economia. Leggendo le alternative prima di leggere il brano sappiamo che i concetti chiave saranno i consumi, la distinzione tra beni materiali e immateriali, un giudizio di valore (riprovevolezza dell'anteposizione dei beni materiali ai beni immateriali), le prospettive dei consumi dei beni immateriali, la situazione della Cina, le prospettive di sviluppo dei beni immateriali.
Adesso leggiamo il brano e focalizziamo i punti salienti concentrando la nostra attenzione sulle considerazioni relative ai consumi dei beni immateriali e materiali, sui giudizi di valore (giusto, sbagliato, desiderabile, riprovevole, ecc.), sulla Cina, sull'andamento futuro dei consumi.

> «Quanti vestiti e camicie e cravatte ci sono nel vostro armadio? Quanti divani nel vostro salotto e stoviglie nella vostra cucina? Quanti televisori e computer e stereo ed elettrodomestici in giro per la casa? E quante macchine nel vostro garage? [...] Il 95% di quello che ci serve ce lo abbiamo già. [...] Se di questi beni ne volessimo di più, non sapremmo neanche dove metterli. [...] Ci è finito lo spazio. Ma attenzione, solo lo spazio fisico. Quanta memoria volete nel vostro PC e quanta banda per le vostre connessioni in rete? Quanti canali volete in televisione o varietà di voci sulla stampa? Di quanta energia volete disporre per la vostra casa e per l'ufficio? [...] Mai abbastanza. E qui, invece, di spazio ne abbiamo a dismisura. Perché [...] tutti questi beni sono immateriali. Sono bit, energia, informazioni. [...] Stiamo parlando [...] del sintomo di un trend, in crescita vigorosa e dilagante. La crescita a due cifre del consumo è ormai diventata appannaggio dell'immateriale. O della Cina, dove alla saturazione dei beni materiali c'è un bel po' di gente che ci deve ancora arrivare. Grande mercato, tenetelo da conto. Finché dura».

Vestiti, camicie, cravatte, divani, stoviglie ecc. sono beni materiali di cui siamo saturi (nel mondo occidentale): possediamo già il 95% di ciò che ci serve, dunque la crescita dei beni materiali non potrà essere a due zeri. Queste prime righe dell'articolo ci autorizzano dunque a eliminare le alternative A e C, entrambe vere. Il brano invece non esprime alcun giudizio di valore in merito all'anteposizione dei consumi dei beni materiali ai beni immateriali. L'affermazione ingiustificata è dunque quella corrispondente alla lettera B.

Individuazione di affermazioni logicamente deducibili da un brano

In questo esempio, è richiesto di individuare l'unica affermazione logicamente deducibile dal brano, tratto da un testo altamente specialistico. Passiamo rapidamente in rassegna le alternative proposte, eventualmente sottolineando le parole e i concetti chiave, e poi leggiamo il brano sottolineando i punti salienti.

«All'inizio il bottone fu trattato come fosse un ornamento, fabbricato e venduto dai gioiellieri. Le donne erano disposte a spendere e a fare spendere talmente tanti denari ai famigliari per tale acquisto, da incorrere nel rigore delle leggi contro il lusso [...]. Progressivamente la funzione pratica dei bottoni passò in primo piano e i bottoni furono fatti di ottone o di rame, o di vetro [...]. I bottoni permisero per la prima volta alle donne del XIII secolo di portare vesti aderenti che danno slancio alla figura, e di modellare la forma del braccio con maniche strette. Al desiderio di sfoggiare comunque grande quantità di tessuto, indice di ricchezza, che l'uso dei bottoni evidentemente contrasta, si supplì con lo strascico e con la sovrapposizione di diversi capi di vestiario [...]. I bottoni però, oltre a permettere di aprire e chiudere lo scollo degli abiti e le maniche, resero quest'ultime addirittura completamente staccabili. [...] Il detto: "È un altro paio di maniche" ci giunge proprio dal Medioevo, quando per necessità pratica, o [...] per esigenza decorativa, le maniche potevano essere riposte in una cassapanca lontano dall'abito di cui facevano parte. Di solito in casa si portavano maniche di tipo modesto, più ricercato ed elegante quando si usciva».

(Da Chiara Frugoni, *Medioevo sul naso. Occhiali, bottoni e altre invenzioni medievali*, Laterza, Roma-Bari, 2001, pp. 102-103)

Solo UNA delle affermazioni seguenti è CORRETTAMENTE dedotta dalle premesse contenute nel brano. La si individui.

A. Nell'Alto Medioevo, prima dell'invenzione dei bottoni, a nessuno era venuto in mente di sovrapporre diversi capi di vestiario
B. I bottoni consentirono alle donne medievali l'agognata economia di tessuto nella confezione dei loro abiti
C. L'introduzione dei bottoni non rispose originariamente ad un'impellente esigenza pratica

Nonostante l'argomento molto particolare, questo brano non comporta grossi problemi dal punto di vista della comprensione. Ci viene chiesto di individuare l'unica alternativa corretta, dunque ci aspettiamo quattro alternative false ed una sola corretta. L'alternativa A non è corretta in quanto l'idea di sovrapporre le vesti fu una conseguenza dell'uso dei bottoni e nulla è detto circa il comportamento prima dell'invenzione dei bottoni. La B è falsa perché anzi le donne amavano sfoggiare abiti lussuosi. L'unica considerazione plausibile è quella corrispondente alla lettera C. La risposta è contenuta nel primo rigo del brano "All'inizio il bottone fu trattato come fosse un ornamento..."; non rispondeva dunque ad un'esigenza pratica.

Individuazione del presupposto o supposizione implicita di un ragionamento

Prima delle due guerre mondiali non esistevano armi di distruzione di massa della portata di quelle che esistono oggi; in particolare, non c'erano le armi nucleari. Dopo la Seconda Guerra Mondiale, durante la cosiddetta Guerra Fredda, invece, il possesso di armamenti nucleari sempre più letali da parte delle due maggiori potenze militari, la NATO e l'Unione Sovietica, ha creato un equilibrio di potere che era identificato, in modo agghiacciante, con l'espressione "distruzione mutua assicurata".

La lezione che ci ha insegnato la storia è che in quel periodo, dal 1945 in poi, non è scoppiata la terza guerra mondiale.
Se si vuole continuare per quella strada, a prescindere da tutto, è indispensabile mantenere le riserve di armi nucleari letali.

Quale (una o più) delle seguenti affermazioni è una supposizione implicita del brano precedente?

1 La terza guerra mondiale non scoppierà se le potenze maggiori mantengono degli arsenali nucleari forti
2 La NATO avrebbe annientato l'Unione Sovietica (e viceversa) se la terza guerra mondiale fosse scoppiata
3 La minaccia di mutua distruzione ha impedito le aggressioni tra la NATO e l'Unione Sovietica durante la Guerra Fredda
4 Le due guerre mondiali sono scoppiate almeno in parte a causa della mancanza di armi sufficientemente letali da funzionare come deterrente per gli attacchi reciproci tra le nazioni nemiche

A. La 3 e la 4
B. La 1 e la 2
C. La 2 e la 3

Questa è un'argomentazione "classica" che fa parte della tesi a favore del mantenimento del deterrente nucleare come politica di salvaguardia della pace. I sostenitori hanno controbattuto ritenendo l'argomentazione difettosa, e sostenendo che la minaccia di distruzione mutua assicurata (o M.A.D., dall'inglese *Mutually assured destruction*) non è necessaria né sufficiente a prevenire una guerra che sarebbe catastrofica.
Tutto questo contribuisce a rendere la questione un vero esame di valutazione critica. Qualunque posizione si sostenga a riguardo del dibattito sul nucleare, e a prescindere da quanto si sia sensibili all'argomento, il compito qui è di analizzare l'argomentazione in modo imparziale, determinando semplicemente: (1) qual è il ragionamento *esplicito*; (2) cos'altro si *suppone*. Non ci si deve lasciar influenzare o distrarre dalle opinioni personali che si hanno in merito.
Cominciamo identificando la conclusione principale. Non dovrebbero esserci problemi a collocarla nell'ultima frase: la raccomandazione che, qualsiasi altra cosa facciamo, dobbiamo mantenere le armi nucleari (Non è chiaro a chi si faccia riferimento con l'uso della prima persona plurale, ma comunque non è importante ai fini dell'analisi).
Le ragioni offerte a supporto di questa conclusione sono le seguenti:

(Ragione 1) Prima delle due guerre mondiali… non c'erano armi nucleari.

Ma

(Ragione 2) Durante la Guerra Fredda… c'era la minaccia di distruzione mutua assicurata.

(Ragione 3) In quel periodo non è scoppiata la terza guerra mondiale.

È semplice però notare che la conclusione non deriva solamente da queste tre premesse. Ci deve essere anche una supposizione secondo cui le armi nucleari rappresentano la spiegazione causale della non aggressione durante la Guerra Fredda.
Il fatto che il possesso di armi nucleari sia coinciso con un periodo di non aggressione non è sufficiente. Possono esserci state altre motivazioni di genere diverso – limitazioni economiche, diplomazia, poca volontà di affrontare un altro conflitto ecc. – a giustificazione del fatto che la terza guerra mondiale non sia scoppiata. Potrebbe perfino essere che tutto questo sia accaduto nonostante la presenza di armi nucleari, e non grazie alla loro esistenza. In questo caso, allora è ovvio che non ci sia alcun "obbligo" al riguardo: si può concludere che, oggi come allora, una situazione di stallo come quella avvenuta durante la Guerra Fredda non necessiti dell'esistenza di un deterrente nucleare.
Pertanto, la 3 è una supposizione implicita del brano.
La conclusione afferma che "a prescindere da tutto", è indispensabile detenere una minaccia nucleare. Ciò non implica che la minaccia nucleare, di per sé, garantirebbe la non aggressione in futuro. L'autore è abbastanza accorto da fermarsi prima.
In altre parole, ritiene che l'accumulo di riserve di armi nucleari sia una condizione necessaria, ma non sufficiente.
La 2 può essere una supposizione piuttosto certa, ma non una da cui l'argomentazione possa dipendere, quindi non è neanche necessaria. L'argomentazione sostiene che, secondo quanto riportato, la NATO avrebbe potuto annientare l'Unione Sovietica (e viceversa), e che la possibilità che accadesse era sempre presente durante il periodo della Guerra Fredda. Non è necessario supporre che qualunque delle due parti lo avrebbe fatto.
La 4 è una supposizione su cui si fonda il ragionamento.
L'autore si serve del paragone tra le due guerre mondiali, che sono avvenute realmente, e la terza, che invece non è scoppiata, come motivazione per il mantenimento delle armi nucleari. Se le prime due guerre fossero state combattute nonostante la presenza di un deterrente equivalente al nucleare, allora la conclusione non sarebbe più supportata. Da qui deriva la necessità di una supposizione aggiuntiva secondo cui, almeno in parte, la causa delle due guerre mondiali è da attribuirsi alla mancanza di una minaccia equivalente.
Dicendo che l'argomentazione si basa su determinati presupposti non si vuole per forza sostenere che il ragionamento sia difettoso. Lo diventerebbe solo se la/e supposizione/i fossero chiaramente ingiustificate. In questo caso, che la pretesa di un deterrente nucleare sia giustificata è discutibile, e in parte è il motivo per cui è sempre esistito un dibattito così acceso sulla questione del disarmo nucleare.
Pertanto, la 3 e la 4 sono supposizioni implicite del brano e la risposta esatta è la A.

Individuazione del passaggio logico errato

Negli Stati Uniti d'America i test di logica non sarebbero necessari se gli esami nelle materie di base consistessero in temi scritti piuttosto che in domande a risposte brevi oppure a scelta multipla. Domande di questo tipo non danno la possibilità agli studenti né di pensare in maniera logica in modo indipendente né di presentare coerentemente le loro argomentazioni in forma scritta. Quindi, negli Stati Uniti i temi scritti dovrebbero essere più ampiamente utilizzati come mezzo di valutazione degli studenti.

Quale delle seguenti affermazioni mette in luce il passaggio logico errato nel brano precedente?

A. Scrivere temi non offre necessariamente l'opportunità di mettere alla prova le abilità logiche degli studenti
B. Molti studenti usualmente non studiano materie di base
C. Domande a risposte brevi oppure a scelta multipla possono essere valutate in maniera più obiettiva rispetto ai temi scritti

Tra le alternative proposte, l'unica che evidenzia la presenza di un passaggio logico errato nel brano è quella in cui si afferma che "Scrivere temi non offre necessariamente l'opportunità di mettere alla prova le abilità logiche degli studenti". Infatti, nel testo si dichiara che se gli esami nelle materie di base consistessero in temi scritti i test di logica non sarebbero necessari poiché questi ultimi, costituiti da domande a risposte brevi o a scelta multipla, non consentono agli studenti né di pensare in maniera logica in modo indipendente né di presentare coerentemente le loro argomentazioni in forma scritta.
Come si nota, il discorso verte esclusivamente sugli esami nelle materie di base e dunque ciò non consente di concludere che in generale scrivere temi dia l'opportunità di mettere alla prova le abilità logiche degli studenti.
La risposta corretta è, pertanto, la A.

Individuazione e applicazione di un principio

Si dovrebbero addestrare ratti allo scopo di bonificare i campi minati. Alcuni esperimenti hanno dimostrato che i ratti sono troppo leggeri per saltare in aria e che amano compiere azioni ripetitive. L'impiego di animali consentirebbe lo svolgimento di compiti pericolosi con un uso minore di macchinari e, soprattutto, ridurrebbe il rischio di morte per gli esseri umani.

Quale delle seguenti affermazioni esprime il principio alla base di questo ragionamento?

A. Si dovrebbero addestrare i primati a compiere alcune mansioni ordinarie e ripetitive
B. Gli esseri umani dovrebbero utilizzare i roditori nonostante questi trasmettano malattie
C. Si dovrebbero utilizzare le vespe per rilevare gas nocivi nell'aria grazie al loro olfatto sviluppato

Il quesito chiede di capire quale tra le alternative di risposta si basi sul principio su cui si fonda il ragionamento della traccia, pertanto il primo passo da compiere consiste nell'individuare tale principio. Esso è così riassumibile: bisognerebbe impiegare degli animali per svolgere compiti pericolosi per l'uomo.
Tra le alternative di risposta, quella che si basa sullo stesso principio è: "si dovrebbero utilizzare le vespe per rilevare gas nocivi nell'aria grazie al loro olfatto sviluppato". Qui, infatti, si parla dell'impiego di alcuni animali, nella fattispecie vespe, per svolgere un compito pericoloso per l'uomo, cioè la rilevazione di gas nocivi nell'aria. La risposta corretta è, pertanto, la C.

Individuazione di ragionamenti analoghi

La teoria della relatività di Einstein è una teoria rivoluzionaria. Solo i grandi scienziati sanno formulare teorie rivoluzionarie, quindi Einstein dovrebbe essere definito un grande scienziato.

Quale delle seguenti affermazioni ha la stessa struttura logica del suddetto ragionamento?

A. Il dipinto *Impressione. Levar del sole* di Monet è una grande opera in tutti i sensi. Solo chi è davvero un grande artista ha il talento per produrre grandi opere, quindi dovremmo definire Monet un grande artista
B. Il dipinto di Marco non è una grande opera d'arte. Solo i grandi artisti producono grandi opere d'arte, quindi Marco non può essere definito un grande artista
C. La grande arte scaturisce esclusivamente da grandi artisti. Leonardo da Vinci può essere definito un grande artista, quindi la *Gioconda* è una grande opera d'arte

Questo tipo di quesito chiede di stabilire quale tra le opzioni di risposta contenga l'affermazione con la stessa struttura logica del ragionamento della traccia. L'analogia non deve essere intesa dal punto di vista del contenuto, ma della forma, cioè della struttura logica.
Pertanto, occorre individuare la struttura logica del ragionamento della traccia. Qui l'affermazione solo i grandi scienziati sanno formulare teorie rivoluzionarie ha il seguente senso: tutti coloro che sono autori di teorie rivoluzionarie sono grandi scienziati. Indicando con A la proprietà "autore di una teoria rivoluzionaria", con B la proprietà "grande scienziato", con x un qualsiasi individuo e con x_1 uno specifico individuo – nella fattispecie Einstein – la struttura logica dell'intero ragionamento della traccia è così rappresentabile: x_1 è A; tutti gli x che sono A sono B; quindi x_1 è B.
Adesso bisogna vagliare le opzioni di risposta, per riconoscere in quale di esse il ragionamento riportato mostri la stessa struttura logica dell'argomentazione della traccia. Da quest'analisi risulta che la stessa struttura logica è presente nella seguente opzione: "Il dipinto *Impressione. Levar del sole* di Monet è una grande opera in tutti i sensi. Solo chi è davvero un grande artista ha il talento per produrre grandi opere, quindi dovremmo definire Monet un grande artista". Infatti, indicando con A la proprietà "autore di una grande opera", con B la proprietà "grande artista", con x un qualsiasi individuo e con x_1 uno specifico individuo – nella fattispecie Monet – la struttura logica del ragionamento nell'opzione in esame è così rappresentabile: x_1 è A; tutti gli x che sono A sono B; quindi x_1 è B. La risposta corretta è, pertanto, la A.

2.9 Relazioni d'ordine

2.9.1 Le parentele

Si chiamano esercizi delle parentele quelli che richiedono l'individuazione dei **rapporti di parentela** tra due o più soggetti, a partire da descrizioni piane del tipo "il fratello del cugino della moglie".

Evidentemente la difficoltà di questi compiti è molto attenuata se riusciamo a costruire un grafico ad albero che rappresenti visivamente quanto espresso verbalmente.

Potreste incontrare un problema del tipo indicato di seguito.

Esempio

Vania è figlia della sorella di Mirella. Iva è la mamma di Loretta e nonna del fratello di Vania. Sole è la figlia del figlio di Mirella e bisnipote di Iva. Che relazione di parentela intercorre tra Vania e Sole?

A. Sono sorelle
B. Sono nipote e zia
C. Sono biscugine o cugine di secondo grado

In questi esercizi conviene iniziare a disegnare il grafico dalle affermazioni riguardanti i soggetti "protagonisti" del quesito; si consideri, inoltre, che nel testo potrebbero essere presenti informazioni e nomi non utili alla risoluzione del quesito.

Disegniamo il grafico dalle affermazioni su Vania e Sole: innanzitutto sappiamo che "Vania è figlia della sorella di Mirella", ovvero

```
Sorella di M — M
      I
      V
```

Inoltre sappiamo che "Sole è la figlia del figlio di Mirella", cioè:

```
    M
    I
figlio di M
    I
    S
```

Dall'unione dei due grafici precedenti si ottiene:

```
Sorella di M — M
      I        I
      V    figlio di M
               I
               S
```

Da ciò deduciamo immediatamente che il rapporto di parentela tra Sole e Vania è quello indicato nella risposta C, cioè sono biscugine o cugine di secondo grado, in quanto Vania è cugina del figlio di Mirella e, quindi, cugina di secondo grado di sua figlia Sole.

Il sovraccarico cognitivo di questo problema viene ridotto del tutto con il grafico che rende immediatamente visibili i rapporti di parentela che vengono via via descritti. Il segreto è quello di tracciare il grafico a partire dalle sequenze che riportano la maggior parte delle informazioni.

2.9.2 Le età

Proviamo un esercizio semplicissimo per descrivere l'uso delle tabelle come ausilio per la risoluzione dei problemi relativi alle relazioni d'ordine concernenti le età.

Esempio
Gina, Lino e Pina sono tre amici. I loro cognomi sono Ginetti, Linetti e Pinetti, ma l'ordine dei nomi può non corrispondere all'ordine dei cognomi. Le loro età sono di 18, 20, e 21 anni, ma non sappiamo a chi appartengono.
Partendo dalle seguenti indicazioni:

1. La signorina Ginetti ha tre anni più di Pina
2. Il signor Pinetti ha venti anni

scopriamo nome e cognome di ciascuno e l'età.

Costruiamo una tabella segnando sulle righe i nomi delle persone e le età, sulle colonne i cognomi e le età. Agli incroci apporremo uno 0 quando l'informazione non conferma l'incrocio, 1 quando l'informazione conferma l'incrocio, o meglio 1 rappresenterà delle relazioni positive, 0 delle relazioni negative. Analizzando il contenuto del problema segneremo, man mano che troviamo relazioni valide o non valide, i codici corrispondenti.
Se la signora Ginetti ha tre anni più di Pina, si deduce che Ginetti ha 21 anni e Pina 18 anni, quindi segneremo 1 all'incrocio di riga Pina / 18 anni e 0 sulle restanti età (20 e 21 anni). Lo stesso vale per l'incrocio Ginetti / 21 anni.
Si deduce inoltre che Ginetti non è il cognome di Pina, per cui mettiamo uno 0 anche all'Incrocio Ginetti / Pina.
Infine ci viene detto che Ginetti è una signora, per cui annulliamo anche la casella di incrocio tra Ginetti / Lino.
Rimane libera la casella di associazione Gina Ginetti, per cui possiamo inserire 1 nello spazio corrispondente e 0 negli altri spazi corrispondenti ai cognomi ormai non più attribuibili a Gina.

	Ginetti	**Linetti**	**Pinetti**	**Anni 18**	**Anni 20**	**Anni 21**
Gina	1	0	0	0	0	1
Lino	0					
Pina	0			1	0	0
Anni 18	0					
Anni 20	0					
Anni 21	1	0	0			

Dalla prima frase abbiamo ricevuto molte informazioni, e ce ne rendiamo conto visivamente dal numero di caselle segnate sulla tabella. Se passiamo alla seconda informazione, si riempiranno altre caselle informative. Sappiamo che Pinetti ha venti anni ed è maschio (il signor Pinetti), per cui riempiamo le corrispondenti caselle come nella tabella sottostante.

	Ginetti	**Linetti**	**Pinetti**	**Anni 18**	**Anni 20**	**Anni 21**
Gina						
Lino		0	1	0	1	0
Pina		1	0			
Anni 18		1	0			
Anni 20		0	1			
Anni 21						

Abbiamo recuperato tutti i dati; unendo i codici delle due tabelle otteniamo la tabella:

	Ginetti	Linetti	Pinetti	Anni 18	Anni 20	Anni 21
Gina	1	0	0	0	0	1
Lino	0	0	1	0	1	0
Pina	0	1	0	1	0	0
Anni 18	0	1	0			
Anni 20	0	0	1			
Anni 21	1	0	0			

Si tratta semplicemente di riassumere le informazioni già disponibili in tabella per rispondere al quesito iniziale:
Gina Ginetti ha 21 anni
Lino Pinetti ha 20 anni
Pina Linetti ha 18 anni

2.9.3 Collocazione di oggetti e/o individui

I quesiti del tipo di quelli riportati di seguito chiedono l'identificazione, tra le alternative di risposta, dell'esatta collocazione da dare a oggetti e/o individui rispettando determinati criteri.

> La logica di risoluzione di tali quesiti non è matematica, infatti non occorre applicare i concetti propri del calcolo combinatorio (disposizioni, permutazioni...).

Consideriamo un primo esempio.

Esempio
La signora F, moglie di un ambasciatore delle Nazioni Unite, ha invitato diverse mogli di delegati per un pranzo. Ella desidera che le sue ospiti siano in grado di conversare almeno con una persona, seduta direttamente alla propria destra o sinistra.
Ha dunque preparato la seguente lista:

la signora F parla solo inglese
la signora G parla inglese e francese
la signora H parla inglese e russo
la signora J parla solo russo
la signora K parla solo inglese
la signora L parla solo francese
la signora M parla francese e tedesco
la signora N parla inglese e tedesco
la signora O parla inglese e francese
la signora P parla tedesco e russo
la signora Q parla francese e tedesco
la signora R parla solo inglese

Quale delle seguenti disposizioni soddisfa i desideri della signora F?
I. FOLMPJHKGQNR
II. FRNLPKHJGMQO
III. FRGJHOLMQPKN

A. Solo la I
B. Solo la III
C. La I e la III

La risposta corretta è la C. Di seguito, sono indicate le tre disposizioni, in cui si sono aggiunti ai nomi delle signore, a destra e a sinistra della rispettiva lettera, le iniziali delle lingue che ciascuna parla e che può essere usata per parlare con le persone sedute alla propria destra e sinistra:

I.	${}_iF_i$	${}_iO_f$	${}_fL_f$	${}_fM_t$	${}_tP_r$	${}_rJ_r$	${}_rH_i$	${}_iK_i$	${}_iG_f$	${}_fQ_t$	${}_tN_i$	${}_iR_i$
II.	${}_iF_i$	${}_iR_i$	${}_iN_t$	${}_fL_f$	${}_tP_r$	${}_iK_i$	${}_iH_r$	${}_rJ_r$	${}_iG_f$	${}_fM_t$	${}_tQ_f$	${}_fO_i$
III.	${}_iF_i$	${}_iR_i$	${}_iG_f$	${}_rJ_r$	${}_rH_i$	${}_iO_f$	${}_fL_f$	${}_fM_t$	${}_tQ_f$	${}_tP_r$	${}_iK_i$	${}_iN_t$

Le disposizioni che soddisfano la signora F sono la I e la III. Nella I ciascuna ospite può conversare con *entrambe* le signore sedute alla propria destra e sinistra. Nella III ciascuna ospite può conversare *almeno* con una persona seduta direttamente alla propria destra o sinistra.
Nella disposizione II, invece, le signore L e P non possono conversare con alcuna delle due signore sedute direttamente accanto a loro.

Consideriamo un altro esempio.

Esempio
Cinque amici occupano a teatro cinque poltrone contigue nella stessa fila: Anselmo è a fianco di Bruno ma non di Cesare, il quale è a lato di Dario ma non di Enrico, e questi è a lato di Bruno ma non di Dario. In quale ordine sono seduti?
A. Cesare, Dario, Anselmo, Bruno, Enrico
B. Cesare, Dario, Bruno, Enrico, Anselmo
C. Dario, Cesare, Enrico, Bruno, Anselmo

Ricostruiamo la sequenza delle poltrone occupate dalle informazioni forniteci.
Se Anselmo è al fianco di Bruno possiamo ipotizzare le due seguenti configurazioni:

Anselmo – Bruno oppure **Bruno – Anselmo**

Inoltre Cesare è al lato di Dario, quindi

Cesare – Dario oppure **Dario – Cesare**

Inoltre Enrico è al lato di Bruno, che era già di fianco ad Anselmo, quindi:

Anselmo – Bruno – Enrico oppure **Enrico – Bruno – Anselmo**

Sappiamo che Cesare (che è di fianco a Dario) non sta al fianco di Enrico e neanche di Anselmo, quindi:

Cesare – Dario – Anselmo – Bruno – Enrico

opp. **Enrico – Bruno – Anselmo – Dario – Cesare**

Notiamo che dalle informazioni dateci entrambe le configurazioni presentateci sono valide, in particolare però solo la prima è presentata tra le opzioni. Quindi A è l'opzione corretta.

Di seguito, proponiamo quattro quesiti relativi a uno stesso problema. Il problema è più complesso di quelli appena visti, in quanto, oltre alla collocazione di bambini in classe, occorre individuare il tipo di sport praticato da ciascuno.

Esempio

Leggere il testo del seguente problema e rispondere ai quesiti 1-4.

Cinque bambini (Gabriele, Luca, Sasha, Christian e Andrea, non necessariamente in quest'ordine) frequentano le cinque diverse classi della stessa scuola elementare e praticano cinque sport diversi (nuoto, calcio, judo, atletica, karate, non necessariamente in quest'ordine). Si sa che:

1. Gabriele, che pratica il nuoto, non frequenta la classe III;
2. Luca frequenta la II classe e non pratica né il judo, né il calcio;
3. Il bambino che frequenta la classe III non pratica il judo;
4. Christian frequenta la classe I e non gioca a calcio;
5. Andrea, che pratica il karate, frequenta la classe V.

(Fonte: Selexi s.r.l.)

1) Quale sport pratica Christian?

A. Judo
B. Nuoto
C. Calcio

Per risolvere il quesito, è opportuno aiutarsi con una tabella. Iniziamo assegnando ciascuna riga a uno sport e ciascuna colonna a un bambino.

In base all'informazione 5. sappiamo che Andrea pratica karate e frequenta la V, per cui scriviamo 'V' nella casella Karate-Andrea ed eliminiamo con il segno X tutte le combinazioni tra Karate e gli altri Bambini, che ovviamente non lo praticano, e tra Andrea e gli altri Sport.

In base all'informazione 1. sappiamo che Gabriele pratica nuoto, per cui eliminiamo tutte le combinazioni tra Gabriele e gli altri Sport e tra Nuoto e gli altri Bambini, che ovviamente non lo praticano.

In base all'informazione 2. sappiamo che Luca frequenta la II classe e non pratica né judo né calcio, per cui: eliminiamo le caselle Luca-Judo e Luca-Calcio; concludiamo che egli pratica Atletica e scriviamo la classe che frequenta, cioè 'II', nella casella Luca-Atletica; eliminiamo le combinazioni tra Atletica e gli altri Bambini, che non praticano atletica.

In base all'informazione 4. sappiamo che Christian frequenta la classe I e non gioca a calcio, per cui: eliminiamo la casella Christian-Calcio; concludiamo che Christian pratica judo, scrivendo la classe che frequenta, cioè la I, nella casella Christian-Judo; eliminiamo la casella Sasha-Judo.

		BAMBINI				
		GABRIELE	LUCA	SASHA	CHRISTIAN	ANDREA
SPORT	NUOTO		×	×	×	×
	CALCIO	×	×		×	×
	JUDO	×	×	×	I	×
	ATLETICA	×	II	×	×	×
	KARATE	×	×	×	×	V

La risposta corretta è, dunque, la A.

2) Quale dei bambini pratica l'atletica?
A. Luca
B. Sasha
C. Gabriele

Come si evince dalla tabella riportata nel commento al quiz precedente, a praticare l'atletica è Luca. La risposta corretta è, dunque, la A.

3) Quale classe frequenta Gabriele?
A. La classe I
B. La classe III
C. La classe IV

Per individuare la classe frequentata da Gabriele bisogna fare riferimento a quanto riportato nella traccia del quesito riguardo alle classi. Infatti, dalle informazioni 2., 4. e 5. si evince che: Luca frequenta la II classe, Christian la I e Andrea la V. Resta, dunque, da individuare chi frequenta la III e la IV.

		BAMBINI				
		GABRIELE	LUCA	SASHA	CHRISTIAN	ANDREA
SPORT	NUOTO	IV	×	×	×	×
	CALCIO	×	×	III	×	×
	JUDO	×	×	×	I	×
	ATLETICA	×	II	×	×	×
	KARATE	×	×	×	×	V

Poiché nella traccia si precisa anche che Gabriele non frequenta la III, la sua classe è necessariamente la IV. La risposta corretta è, pertanto, la C.

4) Quale bambino pratica il calcio?
A. Christian
B. Andrea
C. Sasha

Sulla base delle informazioni riportate nella traccia sappiamo che:

- Gabriele pratica il nuoto;
- Luca non pratica il calcio;
- Christian non pratica il calcio;
- Andrea pratica il karate.

Ne consegue che l'unico che gioca a calcio è Sasha. La risposta corretta è, pertanto, la C.

2.9.4 Gli eventi cronologici

Si tratta di quiz in cui, dati alcuni elementi tra i quali vengono espresse delle relazioni, si chiede di ordinarli secondo un determinato criterio: per esempio, dal più giovane al più vecchio, dal più al meno recente, dal più grande al più piccolo ecc. Si tratta di una tipologia di quesiti piuttosto rara, di cui, per completezza riportiamo un esempio.

Esempio
Oggi Marcella è andata a trovare la nonna (1) appena finito di mangiare (2). Tornerà a ritrovarla (3) dopo aver ritirato la borsa (4) che aveva lasciato in macchina cinque giorni fa (5).

Individuare quale delle seguenti sequenze rappresenta il corretto svolgimento cronologico degli eventi.
A. 12354
B. 21435
C. 52143

Per risolvere questo esercizio è sufficiente servirsi di un foglio per prendere appunti su cui si traccia una linea temporale come si vede nel disegno:

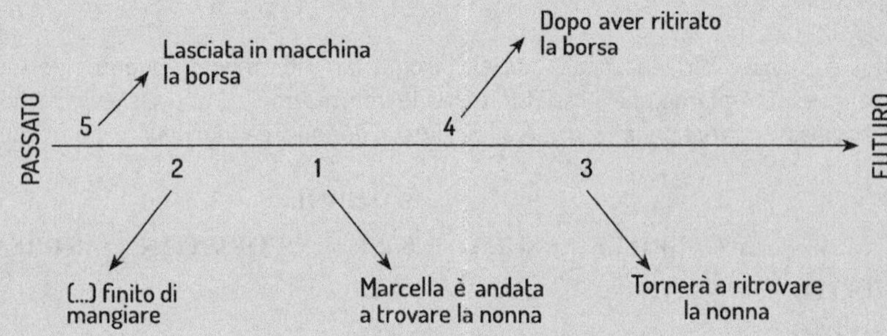

Si deve tracciare una linea abbastanza lunga da contenere i cinque eventi dell'esercizio. Su un punto qualsiasi della linea orizzontale (*continuum*) si inserisce il primo evento citato, in questo caso Marcella che va a trovare sua nonna, segnato con il numero 1.
Poi decideremo dove inserire il secondo evento "appena finito di mangiare" 2. Se l'evento si colloca sulla linea temporale dopo che Marcella è andata a trovare la nonna segneremo il codice 2 a destra del codice 1, se invece è un evento che avviene precedentemente lo segneremo a sinistra del codice 1. Poiché Marcella finisce di mangiare prima di andare dalla nonna, allora inseriremo il codice 2 a sinistra del codice 1, perché è un avvenimento cronologicamente più lontano. Manteniamo uno spazio sufficiente tra i due eventi perché è possibile trovare degli esercizi che inseriscono eventi anche tra i due eventi prima descritti, comunque non in questo caso. Proseguiamo. La frase "tornerà a ritrovarla" ci indica che questo evento si colloca temporalmente dopo il codice 1, quindi alla destra di 1. Però un evento cronologicamente anteriore al 3 è l'evento segnato con il numero 4, cioè "aver ritirato la borsa" che avviene prima di tornare dalla nonna, per cui alla sinistra di 3 ma alla destra di 1. Ma non basta, c'è ancora un altro evento da collocare nella sequenza che è "la borsa (...) che aveva lasciato cinque giorni fa" indicata con il codice 5. Qui ci vuole un minimo di scaltrezza; abbiamo imparato che l'ideatore di queste prove intende mettere in difficoltà l'esaminando, per cui ricerca le complicazioni che stravolgono tutto proprio alla fine quando generalmente si pensa di avere "strada libera". Invece questo evento citato per ultimo è quello cronologicamente più distante, quindi si collocherà necessariamente prima dell'evento codificato con il numero 2.
Senza l'aiuto del piccolo grafico molto più difficilmente saremmo riusciti ad individuare l'esatta sequenza cronologica descritta, quindi ora siamo certi che la risposta giusta è quella alla lettera C.

Un altro esempio di quesito è riportato di seguito.

> Non tutte le informazioni date nel testo dei quesiti appartenenti alla tipologia seguente sono utili al fine della risoluzione degli stessi.

Esempio
Massimo, all'aeroporto di Roma, osserva i seguenti dati:

1. L'aereo che va a Francoforte parte 90 minuti dopo quello che va a Dublino che parte alle 10.00.
2. L'aereo in arrivo da Milano per Parigi atterra a Roma alle 10.00 e riparte alle 10.30.
3. 25 minuti prima del volo per Francoforte parte l'aereo per Londra e, 10 minuti dopo quest'ultimo, quello per Barcellona.

In base alle informazioni osservate, se l'aereo che va a Francoforte impiega un'ora e mezza per arrivare a destinazione, a che ora atterrerà a Francoforte?
A. Alle 13.00
B. Alle 13.30
C. Alle 13.40

In base ai dati, ordiniamo, per orario, le partenze e gli arrivi all'aeroporto di Roma così come si evincono dal testo.

Partenze	Arrivi
ore 10:00 Dublino ore 10:30 Parigi ore 11:05 Londra ore 11:15 Barcellona ore 11:30 Francoforte	ore 10: Milano

Dallo schema si evince che l'aereo per Francoforte parte da Roma alle 11.30, pertanto, se impiega un'ora e mezza per arrivare a destinazione, atterra a Francoforte alle 13.00; la risposta esatta è la A. Occorre osservare che, ai fini della risoluzione del quesito, i dati 2 e 3 non sono stati utili.

2.10 Relazioni insiemistiche

Un'altra tipologia di quesiti frequentemente assegnata nelle prove di selezione è costituita dalle relazioni insiemistiche.

A differenza dei quesiti di logica deduttiva che possono essere risolti grazie all'ausilio dei diagrammi insiemistici, tali quesiti hanno a oggetto proprio tali diagrammi.

La rappresentazione grafica utilizzata è costituita dai diagrammi di Eulero-Venn. Generalmente, i diagrammi si presentano sotto forma di cerchi o ellissi, ma possono essere anche poligoni (quadrati o rettangoli).
L'insiemistica è uno dei modelli di logica matematica di più semplice e rapida soluzione.
Nei test inerenti i diagrammi insiemistici, per ciascun quesito, occorre *individuare il diagramma che soddisfa la relazione insiemistica tra i termini dati.*
In tali quesiti, infatti, sono dati 3 termini, corrispondenti a 3 insiemi; occorre identificare la relazione esistente tra *parte* o *tutti* gli elementi dei 3 insiemi considerati.
Tali test, quindi, per la loro risoluzione, richiedono un ragionamento sillogico e la conoscenza dei diversi rapporti di classificazione, nonché dei concetti di parte e di tutto.

Si commenta il modello in base al diagramma:

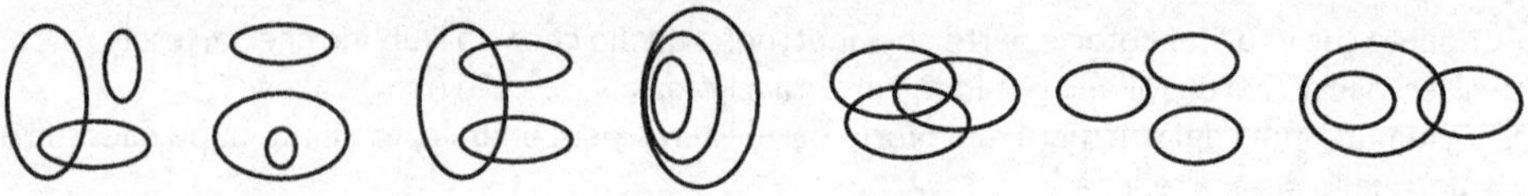

DIAGRAMMA 1 DIAGRAMMA 2 DIAGRAMMA 3 DIAGRAMMA 4 DIAGRAMMA 5 DIAGRAMMA 6 DIAGRAMMA 7

Diagramma 1 	Due insiemi sono intersecati e un terzo è disgiunto. Esiste una relazione tra *parte* degli elementi del primo insieme e *parte* degli elementi del secondo, ma non esiste alcuna relazione tra gli elementi dei primi due insiemi con gli elementi del terzo. Siano i tre termini: *Cantanti italiani, Cantanti rock, Chitarre* Alcuni *cantanti italiani* sono *cantanti rock* e viceversa. Le *chitarre* (strumenti musicali) non sono né *cantanti italiani* né *cantanti rock.*
Diagramma 2 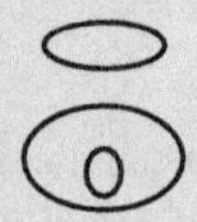	Un insieme è sottoinsieme del secondo mentre un terzo è disgiunto da entrambi. *Tutti* gli elementi del primo insieme sono elementi del secondo, ma non esiste alcuna relazione tra gli elementi dei primi due insiemi con gli elementi del terzo. Siano i tre termini: *Insetti, Gamberi, Mosche* Le *mosche* sono *insetti,* per cui l'insieme delle *mosche* è incluso nell'insieme degli *insetti.* I *gamberi* sono crostacei, per cui non sono né *insetti* né tantomeno *mosche.*
Diagramma 3 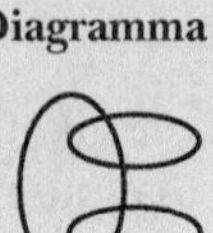	Un insieme è intersecato agli altri due che tra loro però sono distinti. Esiste una relazione tra *parte* degli elementi del primo insieme e *parte* degli elementi del secondo insieme; analogamente, esiste una relazione tra *parte* degli elementi del primo insieme e *parte* degli elementi del terzo insieme. Non esiste alcuna relazione tra gli elementi del secondo e del terzo insieme. Siano i tre termini: *Donne, Preti cattolici, Persone loquaci* Premesso che per persone si intendono uomini e donne e che i preti sono uomini, tra le *persone loquaci* vi sono sia *donne* sia *preti cattolici.* Tuttavia, le *donne* non possono essere *preti cattolici* e viceversa.

(*segue*)

Diagramma 4 	Gli insiemi sono l'uno sottoinsieme dell'altro. *Tutti* gli elementi del primo insieme sono elementi del secondo insieme; *tutti* gli elementi del secondo insieme sono elementi del terzo insieme. Siano i tre termini: *Leoni, Felini, Animali* I *leoni* appartengono all'insieme dei *felini*, i quali appartengono all'insieme degli *animali*.
Diagramma 5 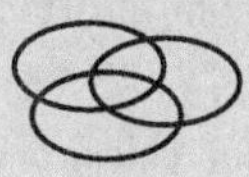	Tutti e tre gli insiemi si intersecano tra loro. Esiste una relazione tra *parte* degli elementi dei tre insiemi. Siano i tre termini: *Inglesi, Persone alte, Laureati* Esistono *inglesi* che sono *persone alte* e *laureati*. Esistono *persone alte* che sono *inglesi* e *laureate*. Esistono *laureati* che sono *inglesi* e *persone alte*. I tre insiemi considerati si intersecano ma non coincidono.
Diagramma 6 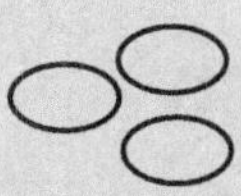	I tre insiemi sono disgiunti. Non esiste alcuna relazione tra gli elementi dei tre insiemi considerati. Siano i tre termini: *Teatri, Attori, Microfoni* Nonostante la relazione apparente, perché riferibili tutti all'ambiente dello spettacolo, i tre insiemi non sono in alcuna relazione tra loro: i *teatri* non sono *attori* né *microfoni*.
Diagramma 7 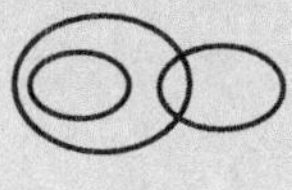	Un insieme è sottoinsieme del secondo e il terzo è intersecato al secondo. *Tutti* gli elementi del primo insieme sono inclusi nel secondo insieme. *Parte* degli elementi del terzo insieme sono inclusi nel secondo insieme. Siano i tre termini: *Numeri compresi tra 6 e 9, Numeri compresi tra 5 e 15, Numeri compresi tra 13 e 23* I *numeri compresi tra 6 e 9* sono: {6, 7, 8, 9} I *numeri compresi tra 5 e 15* sono: {5, 6, 7, 8, 9, 10, 11, 12, 13, 14, 15} Tutti i *numeri compresi tra 6 e 9* del primo insieme appartengono all'insieme dei *numeri compresi tra 5 e 15*. I *numeri compresi tra 13 e 23* sono: {13, 14, 15, 16, 17, 18, 19, 20, 21, 22, 23} Gli elementi 13, 14 e 15 del terzo insieme sono inclusi nel secondo insieme ma non nel primo insieme.

Si analizza, mediante successive rappresentazioni, un esempio, in cui il diagramma da individuare è da ricercare tra i 7 diagrammi proposti nel modello appena commentato.

Esempio

Individuare il diagramma che soddisfa la relazione insiemistica esistente fra i tre termini seguenti:

Calciatori, Palloni, Terzini

A. Diagramma 5
B. Diagramma 2
C. Diagramma 4

Tutti i terzini sono calciatori (calciatore è un termine generico, atto a designare i terzini, gli attaccanti, il portiere...); i palloni sono oggetti.

Nel linguaggio insiemistico, quindi, l'insieme dei "terzini" appartiene all'insieme dei "calciatori" ossia i "terzini" sono un sottoinsieme dell'insieme dei "calciatori". Inoltre, poiché "nessun pallone" è "un calciatore", l'insieme dei "calciatori" è disgiunto dall'insieme dei "palloni".
Il diagramma che rappresenta i tre insiemi è il numero 2 e la risposta corretta è la B.
In figura è mostrato il diagramma di Eulero-Venn con i tre insiemi.

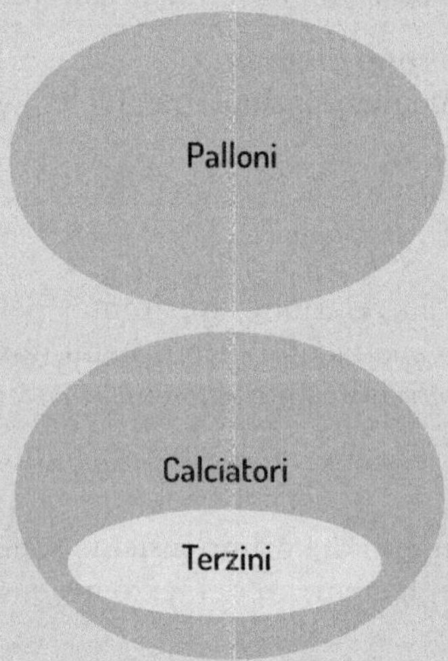

In esso si nota che l'insieme dei terzini è incluso in quello dei calciatori, mentre l'insieme dei palloni è disgiunto dagli altri due.

La risoluzione dei quesiti che presentano i 4 diagrammi riportati nell'esempio seguente presuppone un ragionamento differente, perché tra i 5 termini figurano insiemi ma anche elementi di tali insiemi. Nel quesito, che presuppone una relazione geografica tra i termini, sono dati i nomi di 2 regioni differenti e di 3 città, occorre stabilire sia la relazione tra le regioni (insiemi ovviamente disgiunti) sia la relazione tra città (elementi) e regione di appartenenza.

Esempio
Indicare la rappresentazione (1, 2, 3 e 4) che soddisfa la relazione insiemistica esistente tra i termini proposti in ordine alfabetico.

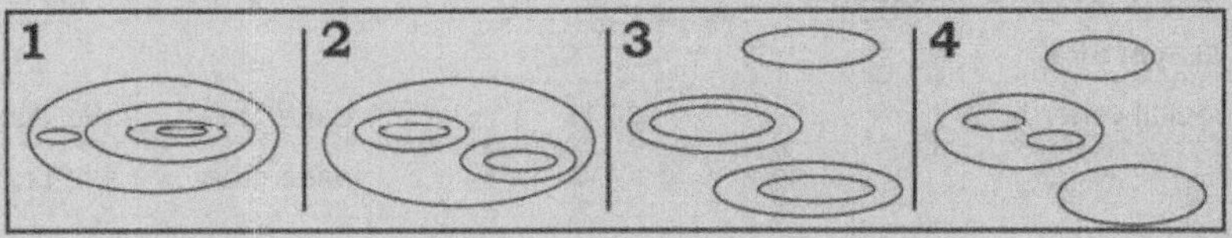

Campania – Toscana – Milano – Napoli – Lombardia.
A. Diagramma 2
B. Diagramma 3
C. Diagramma 4

La risposta corretta è la B.

Campania, Toscana e Lombardia sono 3 regioni differenti (3 cerchi), Napoli è una città della Campania (cerchio più piccolo al suo interno) e Milano è una città della Lombardia (cerchio più piccolo al suo interno): il diagramma che rappresenta tale situazione è il numero 3.

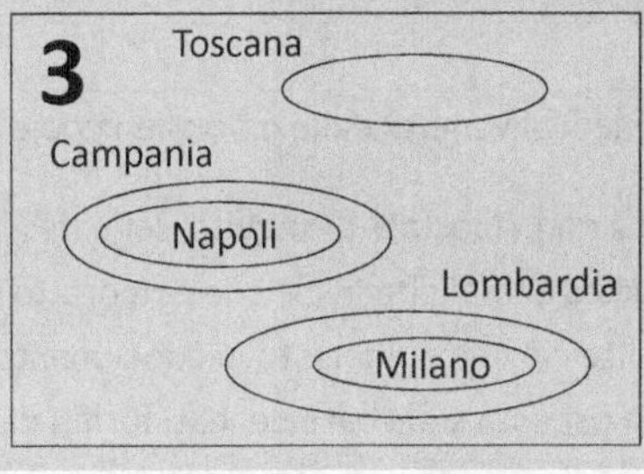

2.11 Analisi documentale

Per **analisi documentale** si intende la verifica del grado di comprensione del contenuto di un documento che illustra, per esempio, una serie di regole da osservare in un determinato contesto.

Nell'analisi documentale di un testo si possono ricavare regole che derivano da quanto esplicitamente o implicitamente indicato, dedurre se una particolare affermazione è in contrasto con le previsioni del documento o, infine, se le informazioni contenute in esso non consentono di rispondere al quesito posto.

Esempio

Complesso Sportivo Stainforma		
PISTA DI ATLETICA E PALESTRA		
Orari di apertura		
dal lunedì al venerdì	dalle 9:00	alle 21:00
sabato	dalle 9:00	alle 14:00
domenica	chiuso	
PISCINA		
Nuoto libero		
dal lunedì al sabato	dalle 10:00	alle 15:00
Corsi per bambini		
lunedì – mercoledì – venerdì	16:00 – 17:00	
Corsi per adulti		
lunedì – mercoledì – venerdì	17:00 – 18:00	
	18:00 – 19:00	
	19:00 – 20:00	
Informazioni e iscrizioni		
La segreteria è aperta dal lunedì al venerdì dalle 9:00 alle 13:00 e dalle 16:00 alle 20:00		

Per rispondere alle domande da 1 a 5 riportate di seguito, segnare:

A. se l'affermazione si ricava da o è implicita in ciò che è riportato nel documento;

B. se l'affermazione contraddice ciò che è riportato nel documento;

C. se non è possibile dare una risposta sulla base dei dati forniti dal documento.

1. Le iscrizioni in piscina possono effettuarsi tutti i sabati entro le ore 14:00.
2. Il centro sportivo è riservato ai bambini di età superiore ai dieci anni.
3. La domenica la pista di atletica è chiusa.
4. Il sabato non sono previsti corsi di nuoto con la presenza dell'istruttore.
5. Il sabato alle ore 17:00 la palestra è aperta.

Analizzando il cartello che precede possiamo attribuire ad ognuna delle affermazioni la lettera A, B o C, a seconda del caso.
Per la domanda 1 la risposta corretta è la B perché il cartello ci dice che la segreteria è aperta dal lunedì al venerdì, e non il sabato.
Per la 2 la risposta corretta è la C dal momento che il cartello non fornisce alcuna indicazione in merito all'età minima per poter fruire del complesso sportivo.
Per la domanda 3 la risposta corretta è la A in quanto il cartello specifica precisamente gli orari di apertura del complesso.
Per la domanda 4 la risposta corretta è ancora la A, perché leggendo il cartello si capisce che il sabato non sono previsti corsi di nuoto.
Per la domanda 5, infine, la risposta corretta è la B perché il cartello dice che la palestra il sabato chiude alle ore 14:00.

2.12 Diagrammi di flusso

I **diagrammi di flusso** sono grafici che consentono di descrivere le differenti operazioni sotto forma di uno schema in cui le diverse fasi del processo e le differenti condizioni che devono essere rispettate vengono rappresentate da simboli grafici detti blocchi elementari. I blocchi sono collegati tra loro tramite frecce che indicano la cronologia.

I diagrammi trovano la loro applicazione in diversi ambiti: in campo industriale schematizzano i processi, in campo economico vengono usati a supporto delle presentazioni per aiutare i destinatari a visualizzare meglio i contenuti, ma storicamente sono sempre stati molto usati in informatica.
Vediamo con un esempio pratico, l'impiego che i diagrammi di flusso possono avere nell'ambito di un test di selezione.

Esempio
In un negozio di informatica il gestore stabilisce di avere una scorta pari a 10 confezioni da 50 pezzi di dvd. A fine giornata il gestore controlla la scorta di dvd e decide se e come effettuare l'ordine: se ci sono più di 10 confezioni, non effettua l'ordine; se ci sono esattamente 10 confezioni, invia un ordine normale; se ce ne sono meno di 10, invia un ordine urgente.

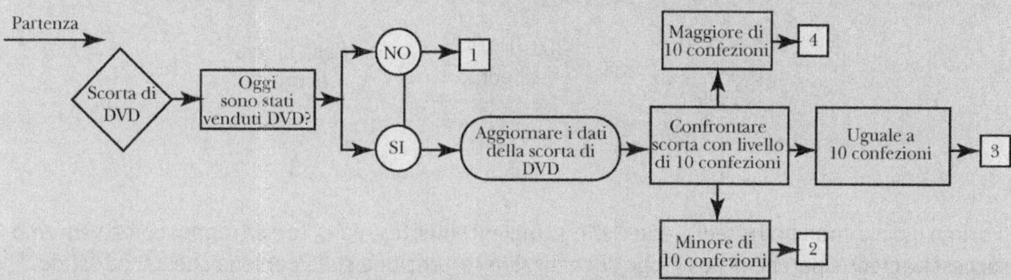

A quale operazione effettuata dall'addetto del negozio di informatica corrisponde il quadratino 3?
A. Non esegue alcuna operazione
B. Invia un ordine normale
C. Non effettua l'ordine

Per determinare la risposta corretta bisogna percorrere logicamente il diagramma di flusso dell'esempio fino a raggiungere il quadratino 3. Rispondendo positivamente alla domanda: "Sono stati venduti dvd?" il negoziante giunge alla necessità di aggiornare la scorta di dvd. Verifica il numero di confezioni in magazzino e scopre che sono esattamente 10. Per tale motivo invia un ordine normale al suo fornitore e quindi la risposta corretta è la B.
Sulla base delle stesse istruzioni è possibile concludere che l'operazione corrispondente ai quadratini n. 1 e 4 equivale all'operazione "Non effettuare l'ordine".
L'operazione corrispondente al quadratino n. 2 è invece "Invia un ordine urgente".

2.13 Altri esercizi di ragionamento critico-verbale

Non tutti gli esercizi di logica possono essere categorizzati e inseriti all'interno di una sezione particolare. Consideriamo questa parte la più interessante perché consente di aprirsi agli orizzonti della logica con dei veri e propri rompicapo.
In parte la "cassetta degli attrezzi" fornita fin qui dovrebbe essere d'aiuto, ma in parte occorrerà elaborare strategie risolutive nuove e innovative, comunque mai banali.

Esempio
Mentre un uomo osservava un ritratto, qualcuno gli chiese "Di chi è il ritratto che guardi?" ed egli rispose "Io non ho fratelli e sorelle, ma il padre di quest'uomo" disse indicando la persona raffigurata "è il figlio di mio padre". Si consideri la seguente affermazione:
Chi è la persona raffigurata nel quadro?
A. È il suo ritratto
B. È il ritratto di suo padre
C. È il ritratto di suo figlio

Il problema posto è, come si vede, molto complicato.
C'è un ritratto che raffigura qualcuno, la persona che osserva risponde alla domanda indicando la persona rappresentata nel quadro. Segmentiamo la risposta in tre pezzi.

Io non ho fratelli e sorelle	ma	Il padre di quest'uomo	è	Il figlio di mio padre
1		2		3

Il primo blocco "non ho fratelli o sorelle" è sufficientemente chiaro, forse troppo, come vedremo successivamente, perché ci costringe a focalizzare l'attenzione sulla persona che sta parlando.
Il secondo blocco deve essere focalizzato attentamente, il padre di quest'uomo, stiamo parlando del padre dell'uomo ritratto sul quadro... ed ecco che ci dice chi è il padre dell'uomo ritratto... è il figlio di mio padre.
Poiché sappiamo che suo padre non ha altri figli oltre a lui, il figlio di suo padre non è altri che se stesso cioè colui che sta parlando.
Pensate un attimo a voi stessi: voi siete figli di vostro padre. Se nel vostro vocabolario non esistesse il termine IO, indicando la vostra fototessera potreste dire ai vostri amici "questo è il figlio di mio padre" al posto di "questo sono IO".
Detto ciò dovreste aver già individuato qual è la risposta esatta al quesito posto.
Riprendiamo la frase "il padre di quest'uomo" e la frase "è il figlio di mio padre" e sostituiamo "è il figlio di mio padre" con il termine io.
Allora giungiamo alla conclusione "il padre di quest'uomo" è... "io, o meglio sono io!"
Quindi la persona ritratta sul quadro è suo figlio (risposta C).

La chiave per la soluzione del quesito sta nel comprendere il terzo pezzo della frase: non avendo fratelli o sorelle il figlio di mio padre sono solo e soltanto io.
E se avesse risposto "Fratelli o sorelle non ne ho, ma il figlio di quest'uomo è il *figlio* di mio padre?" **chi era l'uomo che stava guardando?**

O meglio chi è la persona raffigurata nel quadro?

A. È il suo ritratto
B. È il ritratto di suo padre
C. È il ritratto di suo figlio

Ora abbiamo gli strumenti per rispondere con maggiore sicurezza, ma è opportuno avvalersi lo stesso dei blocchi di testo. Seguendo il ragionamento precedente, dove il figlio di mio padre corrisponde a IO, allora il "figlio di quest'uomo" è ... "sono io".
In questo caso l'uomo raffigurato nel quadro non è altro che suo padre, quindi la risposta giusta sarebbe stata la B.

Capitolo 3
Ragionamento logico-matematico

I quesiti di **ragionamento logico-matematico** valutano le capacità di ragionamento, le abilità di calcolo mentale e l'intuito logico-matematico.
Tali tipologie di test richiedono, spesso, semplice attitudine al calcolo mentale, per la cui risoluzione è sufficiente possedere nozioni matematiche di base e la capacità di risoluzione diretta e immediata. Le prove di selezione costituite da quesiti di logica numerica devono essere affrontate senza l'ausilio di calcolatrici. Pertanto, la rapidità di calcolo mentale è uno dei prerequisiti fondamentali per affrontare tali prove. Il calcolo mentale deve essere esercitato: l'abilità di calcolo, se non è innata, non può essere insegnata ma è il risultato di una pratica sedimentata negli anni. A prescindere dalla capacità innata, tale abilità può essere potenziata utilizzando metodi per velocizzare i calcoli, i cosiddetti trucchi. Le strategie di calcolo a mente utilizzano tali tecniche atte a ottenere operazioni intermedie più semplici. Nella fase di preparazione della prova è fondamentale imparare alcune di tali tecniche.
Tra i quesiti di logica numerica di cui ci occuperemo nel corso della presente trattazione, occorre annoverare:

- quesiti di *ragionamento numerico*, in cui si deve individuare il nesso logico tra i numeri e/o le lettere di una serie. Tali quesiti sono senza dubbio i più frequenti, anche se, spesso, sono assegnati quesiti con sequenze costituite anziché da numeri da lettere, le serie alfabetiche. Meno frequenti sono, invece, le serie alfanumeriche, costituite da successioni di lettere e numeri in cui possono esistere nessi logici tra le lettere e tra i numeri in maniera disgiunta oppure possono esistere nessi logici lettere-numeri;
- quesiti di *logica numerica nelle configurazioni grafico-geometriche*, in cui i numeri o le lettere di una serie sono presentati sotto svariate forme grafiche. La tecnica risolutiva di questi quesiti è la stessa di quella delle serie presentate sotto forma di successione di numeri e/o lettere, in più occorre considerare la posizione reciproca di tali numeri e/o lettere nelle figure;
- quesiti di *interpretazione di dati in grafici e tabelle* (si parla in quest'ultimo caso di quesiti di ragionamento critico-numerico), che valutano l'abilità di trattare ed estrapolare informazioni numeriche dai dati presentati sotto forma di grafici e tabelle;
- quesiti che richiedono l'*applicazione di formule di calcolo*. Gli esempi più frequenti di tale categoria sono quelli dei quiz in cui si richiede di prevedere un risultato attraverso l'espressione di giudizi in probabilità oppure dei quiz su spazio, velocità e tempo, che non richiedono particolari strategie risolutive ma, in generale, la conoscenza delle relazioni fondamentali tra queste tre grandezze;
- problemi matematici incentrati solo sul *calcolo di valori*, in cui il quesito è posto sotto forma di testo matematico e la cui risoluzione richiede l'applicazione di diverse formule;
- problemi logico-matematici risolvibili con *semplici formule*. La risoluzione dei quesiti di questa categoria richiede, infatti, addizioni, moltiplicazioni, l'utilizzo di equa-

zioni di primo grado o di sistemi di equazioni, oltre a un minimo di ragionamento logico per comprendere il problema.

Nei problemi logico-matematici incentrati sul ***problem solving***, il calcolo matematico ha un ruolo secondario rispetto alla comprensione della strategia risolutiva.
Nel *problem solving* rientrano:

- problemi la cui risoluzione richiede di *selezionare le informazioni rilevanti* per usarle in modo appropriato;
- problemi la cui risoluzione richiede di *individuare analogie,* ovvero di individuare informazioni o gruppi di informazioni equivalenti presentati sotto forme diverse, graficamente, verbalmente e sotto forma di tabelle;
- problemi che richiedono di *stabilire e applicare procedure appropriate,* ovvero problemi la cui risoluzione necessita come principale abilità quella di sviluppare un metodo di risoluzione.

In questo capitolo, dopo aver fornito alcune nozioni di aritmetica di base e alcuni metodi utili per velocizzare i calcoli, proponiamo, per i diversi quesiti di logica numerica e *problem solving* appartenenti alle tipologie più frequentemente somministrate nelle prove di selezione, una breve trattazione teorica dell'argomento.
La conoscenza delle tipologie di quiz che più frequentemente e più probabilmente saranno somministrate nel corso della prova ha il vantaggio di diminuire l'ansia da esame entro livelli più tollerabili rispetto al compito, oltre a fornire una chiave utile per la risoluzione stessa dei quesiti.
Sapere in anticipo che è possibile trovare degli esercizi che richiedono di attivare un processo risolutivo di un certo tipo – ad esempio individuare quale cifra segue una certa sequenza di numeri, e sapere che più frequentemente le sequenze numeriche prevedono progressioni che aumentano o diminuiscono di una costante – può, infatti, essere un validissimo aiuto.

3.1 Abilità di calcolo mentale

Calcolatrici, telefonini e computer, utilissimi nella vita quotidiana, di fatto, impigriscono il cervello umano, mettendo a dura prova, quando è richiesta, la rapidità di calcolo mentale, in altre parole il livello di velocità nell'eseguire i calcoli. Le prove di selezione costituite da quesiti di logica numerica devono essere affrontate senza l'ausilio di tali dispositivi. Pertanto, la rapidità di calcolo mentale costituisce uno dei prerequisiti fondamentali per affrontare tali prove.
L'abilità di calcolo, se non è innata, non può essere "insegnata" ma è il risultato di una pratica sedimentata negli anni. Il calcolo mentale deve essere esercitato.
A prescindere dalla capacità innata, tale abilità può, tuttavia, essere potenziata utilizzando metodi per velocizzare i calcoli, i cosiddetti *trucchi.* Le strategie di calcolo a mente utilizzano tali tecniche atte a ottenere operazioni intermedie più semplici.
In matematica, esistono **numerosi metodi per velocizzare i calcoli**; di seguito proporremo le tecniche più efficaci per le tipologie di quesiti più frequentemente somministrate. Generalmente, la risoluzione dei quesiti chiede l'applicazione di una combinazione di due o più di tali tecniche.

3.1.1 Nozioni di aritmetica fondamentali per la risoluzione dei quesiti di abilità di calcolo

Non si può pretendere di risolvere tali quesiti senza avere alcune nozioni di aritmetica di base.

Sistema di numerazione decimale

La **base** di un sistema di numerazione è il numero di unità necessarie per formare un'unità di ordine superiore.

Il sistema di numerazione decimale, anche conosciuto con il nome di sistema in base 10, è il sistema di numerazione elementare, **a base 10** o **decimale**, perché è formato dai primi 10 numeri come elementi, ossia 10 simboli, detti cifre:

0, 1, 2, 3, 4, 5, 6, 7, 8, 9

La cifra nel numero cambia valore in funzione della sua posizione rispetto alle altre. Ogni cifra dell'ordine superiore vale tante unità dell'ordine immediatamente inferiore quante ne indica la base del sistema di numerazione. Questo è il motivo per cui tale sistema è anche detto **posizionale**.

In questo sistema, 10 unità di un dato ordine formano 1 unità dell'ordine immediatamente superiore, per cui i numeri hanno un valore differente secondo la posizione occupata ovvero:

- **dieci unità** formano **una decina;**
- **dieci decine** formano **un centinaio;**
- **dieci centinaia** formano **un migliaio;**
- **dieci migliaia** formano **una decina di migliaia;**
- **dieci decine di migliaia** formano **un centinaio di migliaia;**
- ...

Per leggere i numeri occorre dividerli in gruppi di tre cifre, incominciando da destra verso sinistra; tali gruppi formano la:

- 1ª classe o classe delle unità;
- 2ª classe o classe delle migliaia;
- 3ª classe o classe dei milioni;
- 4ª classe o classe dei miliardi;
- 5ª classe o classe dei bilioni.

Classe	Ordine	Valore		
unità	1	unità semplici		1
	2	10 unità	1 decina	10
	3	10 decine	1 centinaio	100
	4	10 centinaia	1 migliaio	1.000
migliaia	5	10 migliaia	1 decina di migliaia	10.000
	6	10 decine di migliaia	1 centinaio di migliaia	100.000
	7	10 centinaia di migliaia	1 milione	1.000.000

(*segue*)

Classe	Ordine	Valore		
milioni	8	10 milioni	1 decina di milioni	10.000.000
	9	10 decine di milioni	1 centinaio di milioni	100.000.000
	10	10 centinaia di milioni	1 miliardo	1.000.000.000
miliardi	11	10 miliardi	1 decina di miliardi	10.000.000.000
	12	10 decine di miliardi	1 centinaio di miliardi	100.000.000.000

I numeri decimali sono posti dopo la virgola e si enunciano nell'ordine riportato di seguito.

Denominazione	Valore
decimi	0,1
centesimi	0,01
millesimi	0,001
decimillesimi	0,0001
centomillesimi	0,00001
milionesimi	0,000001
decimilionesimi	0,0000001
centimilionesimi	0,00000001
miliardesimi	0,000000001
decimiliardesimi	0,0000000001

Esempio

I valori delle cifre del numero 1.234,567 sono rappresentati di seguito.

parte intera				parte decimale		
1	2	3	4	5	6	7
migliaia	centinaia	decine	unità	decimi	centesimi	millesimi

Sistema sessagesimale di unità di misura

Il sistema di unità di misura del tempo e degli angoli è detto **sessagesimale** perché usa come base il numero 60. Non si passa da un'unità all'altra moltiplicando per 10 o per potenze di 10. In tale sistema c'è, quindi, un rapporto di 1/60 tra un'unità di misura e un suo sottomultiplo.

L'unità di misura principale del **tempo** è il **secondo** (s) o minuto secondo.

I multipli del secondo sono:

- il minuto primo (m): 1 min = 60 s;
- l'ora (h): 1 h = 60 m = 3.600 s.

Un multiplo dell'ora è il giorno (g): 1 g = 24 h.

I multipli più importanti del giorno sono il mese e l'anno.

Esempio
Il tempo 15 ore 25 minuti e 34 secondi si scrive 15 h 25 m 34 s.
Nel sistema di **misurazione angolare** l'unità di misura fondamentale è il **grado** (°) ed è la 360-esima parte dell'angolo giro.
Il grado è l'ordine massimo, mentre i suoi sottomultipli sono:
- il primo (′), ottenuto come la 60-esima parte del grado (ordine centrale):

$$1' = \left(\frac{1}{60}\right)^{\circ} = 60'';$$

- il secondo (″), ottenuto come la 60-esima parte del primo (ordine minimo):

$$1'' = \left(\frac{1}{60}\right)' = \left(\frac{1}{3.600}\right)^{\circ}.$$

Esempio
Una misura angolare di 44 gradi, 23 primi e 42 secondi si scrive 44°23′42″.

Proprietà delle operazioni fondamentali	
Proprietà commutativa	La somma di due o più numeri è invariante rispetto all'ordine degli addendi. Dati due numeri naturali a e b, si ha: $a + b = b + a$ Il prodotto di due o più numeri non varia al variare dell'ordine dei fattori. Dati due numeri naturali a e b, si ha: $a \times b = b \times a$
Proprietà associativa	La somma di più numeri non varia se a due o più di essi si sostituisce la loro somma. Dati tre numeri naturali a, b e c, si ha: $a + b + c = (a + b) + c = a + (b + c)$ Il prodotto di più numeri non varia se a due o più di essi si sostituisce il loro prodotto. Dati tre numeri naturali a, b e c, si ha: $a \times b \times c = (a \times b) \times c = a \times (b \times c)$
Legge di annullamento del prodotto	Il prodotto tra fattori è nullo se almeno uno di questi è nullo. Dati due numeri naturali a e b sarà: $a \times b = 0 \rightarrow$ uno dei due fattori o entrambi sono nulli

(*segue*)

Proprietà delle operazioni fondamentali	
Proprietà distributiva della moltiplicazione rispetto all'addizione	Il prodotto di una data somma per un numero è uguale alla somma dei prodotti che si ottengono moltiplicando, nell'ordine, gli addendi della somma data per il numero. Dati tre numeri naturali a, b e c, si ha: $(a + b) \times c = ac + bc$
Proprietà invariantiva	La differenza di due numeri è invariante rispetto alla somma o alla differenza con uno stesso numero. Dati tre numeri naturali a, b e c con $a \geq b$, sarà: $a - b = (a \pm c) - (b \pm c)$ in cui il simbolo ± si legge più o meno. Il quoziente di due numeri è invariante rispetto al prodotto o alla divisione di entrambi per uno stesso numero. Dati tre numeri naturali a, b e c, sarà: $a : b = (a \cdot c) : (b \cdot c)$ $a : b = (a : c) : (b : c)$ Occorre che sia $c \neq 0$.
Proprietà distributiva della divisione rispetto all'addizione e alla sottrazione	Il quoziente di una data somma (o differenza) per un numero, non nullo, è uguale alla somma (o differenza) dei quozienti che si ottengono dividendo, ordinatamente, gli addendi della somma (o differenza) data per il numero. Dati tre numeri naturali a, b e c con $c \neq 0$, sarà: $(a \pm b) : c = (a : c) \pm (b : c)$

Ecco alcuni quesiti che non richiedono particolari conoscenze matematiche ma prontezza nella risoluzione.

Esempio

Qual è la differenza tra i 2 risultati delle operazioni seguenti? 5.514/2 e 5.512/2

A. 1
B. 3
C. 0,5

La differenza si ottiene nel modo seguente: (5.514 – 5.512)/2 = 2/2 = 1.
La risposta corretta è la A.

Esempio

Quale valore si ottiene dal prodotto fra i 2 risultati delle operazioni seguenti? 660/330 e 720/360

A. 8
B. 0,5
C. 4

La differenza si ottiene facilmente considerando che 660/330 = 2 e che 720/360 = 2.
Pertanto, 2 × 2 = 4.
La risposta corretta è la C.

Scomposizione di un numero

I **numeri primi** sono tutti quei numeri divisibili solo per se stessi e per 1; i numeri diversi dai numeri primi si dicono **composti**.
Il numero 1 non è considerato né numero primo né numero composto.
Nei primi dieci numeri, sono primi 2, 3, 5, 7, mentre sono composti 4, 6, 8, 9, 10.

Criteri di divisibilità

Per scomporre un numero nel prodotto di fattori, occorre conoscere i seguenti criteri di divisibilità di un numero per un dato fattore, in base ai quali è possibile stabilire quando il numero è divisibile per il fattore dato.

Principali criteri di divisibilità	
Per 2	Termina con cifra pari
Per 3	La somma delle sue cifre, reiterata fino a ottenere un numero di una cifra, è divisibile per 3
Per 4	Le ultime due cifre sono o entrambe 0 oppure un multiplo di 4
Per 5	L'ultima cifra è 0 oppure 5
Per 6	È divisibile per 2 oppure per 3
Per 7	La differenza (in valore assoluto) tra il numero ottenuto eliminando la cifra delle unità e il doppio della cifra delle unità è 0 oppure un multiplo di 7
Per 8	Le ultime tre cifre sono o tre zeri oppure un multiplo di 8
Per 9	La somma delle sue cifre è un multiplo di 9
Per 10, 100, 1.000...	Termina con uno, due, tre, ... zeri
Per 11	La differenza (in valore assoluto) tra la somma delle cifre di posto pari e quella delle cifre di posto dispari è 0 oppure un multiplo di 11
Per 12	È contemporaneamente divisibile per 3 e per 4
Per 13	La somma del quadruplo della cifra delle unità con il numero formato dalle rimanenti cifre è 13 oppure un multiplo di 13
Per 17	La differenza (in valore assoluto) tra il numero ottenuto eliminando la cifra delle unità e il quintuplo della cifra delle unità è 0 o un multiplo di 17
Per 25	Le ultime due cifre sono o entrambe 0 oppure un multiplo di 25

Dopo aver fornito tali nozioni, è utile proporre un quesito inerente le cifre dei numeri.

Esempio

Si consideri un numero di tre cifre dove la cifra delle unità è uguale alla somma di quella delle decine con quella delle centinaia. Se si somma questo numero con quello ottenuto scambiando la cifra delle decine con quella delle centinaia e si divide il risultato per la somma delle cifre del numero dato, si ottiene:

A. 56,5
B. 56
C. 55

Sia C D U il numero di tre cifre. Poiché C sono le centinaia, D le decine e U le unità, possiamo scrivere il numero dato come:

100C + 10D + U

Il numero ottenuto scambiando la cifra delle decine con quella delle centinaia è D C U, che può essere scritto come:

100D + 10C + U

Il quesito richiede di trovare il numero che sia il risultato delle seguenti operazioni:

$$\frac{(100C+10D+U)+(100D+10C+U)}{C+D+U}$$

Siccome la cifra delle unità è uguale alla somma di quella delle decine con quella delle centinaia, scriviamo U = D + C, sostituendo a U il suo valore; il numero richiesto dal quesito è il risultato di:

$$\frac{(100C+10D+U)+(100D+10C+U)}{C+D+U}=\frac{(100C+10D+D+C)+(100D+10C+D+C)}{C+D+D+C}=$$

$$=\frac{110C+110D+2C+2D}{2C+2D}=\frac{110(C+D)+2(C+D)}{2(C+D)}=$$

$$=\frac{112(C+D)}{2(C+D)}=\frac{112}{2}=56$$

Il numero che si ottiene è 56, la risposta corretta è B.

Potenza di un numero

Siano *a* e *b* due numeri naturali, si definisce **potenza** di base *a* ed esponente *b* il prodotto di *b* fattori uguali ad *a*; in simboli:

$$a^b=\underbrace{a\cdot a\cdot\ldots\cdot a}_{b\text{ volte}}$$

Esempio

$4^5 = 4 \cdot 4 \cdot 4 \cdot 4 \cdot 4 = 1.024$

Si ricordano i seguenti casi particolari: $a^1 = a$ e $a^0 = 1$.

Proprietà delle operazioni con le potenze	
Prodotto di potenze	Il prodotto di due o più potenze aventi la stessa base è una potenza avente la stessa base ed esponente uguale alla somma degli esponenti
Quoziente di potenze	Il quoziente di due o più potenze aventi la stessa base è una potenza avente la stessa base ed esponente uguale alla differenza degli esponenti
Potenza di una potenza	La potenza di una potenza è una potenza di stessa base ed esponente uguale al prodotto degli esponenti È necessario che, contemporaneamente, la base e uno o più degli esponenti non siano nulli; altrimenti si ricade nella forma indeterminata 0^0

(*segue*)

Potenza di esponente negativo	La potenza di base qualsiasi, naturale o frazionaria, elevata a un esponente negativo è uguale all'inverso della base elevata all'opposto dell'esponente negativo, ossia allo stesso esponente preso senza il segno meno
Potenza di un prodotto	La potenza di un prodotto è uguale al prodotto delle potenze dei singoli fattori

Può essere utile, al fine della risoluzione di diversi quesiti, memorizzare alcune potenze del 2, del 3, del 4 e del 5.

Potenze del 2								
2^0	2^1	2^2	2^3	2^4	2^5	2^6	2^7	2^8
1	2	4	8	16	32	64	128	256
Potenze del 3								
3^0	3^1	3^2	3^3	3^4	3^5	3^6	3^7	3^8
1	3	9	27	81	243	729	2.187	6.561
Potenze del 4								
4^0	4^1	4^2	4^3	4^4	4^5	4^6	4^7	4^8
1	4	16	64	256	1.024	4.096	16.384	65.536
Potenze del 5								
5^0	5^1	5^2	5^3	5^4	5^5	5^6	5^7	5^8
1	5	25	125	625	3.125	15.625	78.125	390.625

Di seguito, invece, proponiamo quadrati, cubi, quadrupli e quintupli perfetti dei numeri naturali da 1 a 20.

Numeri	Quadrati	Cubi	Quadrupli	Quintupli
1	1	1	1	1
2	4	8	16	32
3	9	27	81	243
4	16	64	256	1.024
5	25	125	625	3.125
6	36	216	1.296	7.776
7	49	343	2.401	16.807
8	64	512	4.096	32.768
9	81	729	6.561	59.049
10	100	1.000	10.000	100.000
11	121	1.331	14.641	161.051
12	144	1.728	20.736	248.832
13	169	2.197	28.561	371.293

(*segue*)

Numeri	Quadrati	Cubi	Quadrupli	Quintupli
14	196	2.744	38.416	537.824
15	225	3.375	50.625	759.375
16	256	4.096	65.536	1.048.576
17	289	4.913	83.521	1.419.857
18	324	5.832	104.976	1.889.568
19	361	6.859	130.321	2.476.099
20	400	8.000	160.000	3.200.000

Non spaventatevi! Non vi chiederanno potenze così alte.

Un quesito frequente in diverse prove di selezione, e che richiede la conoscenza delle potenze del 2, è quello dei *conigli*, di cui riportiamo un esempio di seguito.

Esempio

Un contadino possiede una coppia di conigli. Essi, superata l'età di un anno, generano ogni anno una nuova coppia di conigli. Tutte le coppie, raggiunta l'età di un anno, si riproducono fornendo ogni anno una nuova coppia di conigli. Quanti sono i conigli all'inizio del sesto anno?

A. 64
B. 12
C. 24

Nei quesiti sui conigli si chiede quante coppie di *conigli* possiederà il contadino all'inizio dell'*n*-esimo anno, nell'ipotesi (teorica) che nessun coniglio muoia, per varie cause.
Dal testo del quesito si evince che ogni coppia di conigli genera ogni anno (eccetto il primo dopo la nascita, durante il quale giunge alla maturità sessuale) un'altra coppia di conigli.
Pertanto, il contadino, all'inizio del primo anno, avrà ancora 1 coppia di conigli. All'inizio del secondo anno, avrà 2 coppie di conigli. All'inizio del terzo anno, le 2 coppie avranno generato altre 2 coppie di conigli; in tal modo, le coppie saranno diventate 4. All'inizio del quarto anno, le 4 coppie di conigli avranno generato altre 4 coppie di conigli; in tal modo, le coppie saranno diventate 8. All'inizio del quinto anno, le 8 coppie di conigli avranno generato altre 8 coppie di conigli; in tal modo, le coppie saranno diventate 16. All'inizio del sesto anno, le 16 coppie di conigli avranno generato altre 16 coppie di conigli; in tal modo, le coppie saranno diventate 32.
Tale tipologia di quesito si risolve, dunque, applicando le potenze del 2.
Considerato che, dopo l'età di un anno, ciascuna coppia genera ogni anno una nuova coppia di conigli, il numero di conigli all'inizio dei diversi anni è:

Inizio primo anno: $1 \times 2 = 2^1 = 2$	la coppia di conigli non ha ancora generato conigli
Inizio secondo anno: $2 \times 2 = 2^2 = 4$	la coppia di conigli (cioè 2 conigli) genera 2 conigli
Inizio terzo anno: $4 \times 2 = 2^3 = 8$	le 2 coppie di conigli (cioè 4 conigli) generano altri 4 conigli
Inizio quarto anno: $8 \times 2 = 2^4 = 16$	le 4 coppie di conigli (cioè 8 conigli) generano altri 8 conigli
Inizio quinto anno: $16 \times 2 = 2^5 = 32$	le 8 coppie di conigli (cioè 16 conigli) generano altri 16 conigli
Inizio sesto anno: $32 \times 2 = 2^6 = 64$	le 16 coppie di conigli (cioè 32 conigli) generano altri 32 conigli

La risposta corretta è, pertanto, la A.

Espressioni aritmetiche

Un'**espressione aritmetica** è costituita da un certo numero di operazioni aritmetiche le quali devono essere risolte rispettando la regola secondo cui le moltiplicazioni e le divisioni hanno sempre la precedenza rispetto alle somme algebriche.
Nelle espressioni è frequente l'uso delle: parentesi tonde ( ); parentesi quadre [ ]; parentesi graffe { }.
In presenza di parentesi, occorre procedere dall'interno verso l'esterno risolvendo prima le tonde, poi le quadre e, infine, le graffe. Qualora fossero presenti anche potenze, è consigliabile risolverle quanto prima per semplificare i calcoli.

Esempio

$\left[3^2+2\cdot(-5+11-3)\right]\cdot 2^3-11=$ risolviamo le potenze ed eliminiamo la parentesi tonda

$=\left[9+2\cdot(3)\right]\cdot 8-11=$ eseguiamo il prodotto all'interno della parentesi quadra

$=\left[9+6\right]\cdot 8-11=$ eseguiamo la somma all'interno della parentesi quadra

$=15\cdot 8-11=$ eseguiamo il prodotto

$=120-11=109$

Un'espressione aritmetica frazionaria è costituita da una successione di operazioni e di numeri frazionari. Le regole di precedenza esposte nel caso di numeri interi restano inalterate.

3.1.2 Metodi per velocizzare i calcoli

Di seguito esporremo alcuni metodi la cui applicazione può essere particolarmente utile durante una prova di selezione. Anche se tali metodi richiedono un numero di operazioni più lungo rispetto alla singola operazione (moltiplicazione, divisione ecc.) richiesta dal quesito, una loro implementazione al momento della selezione agevola la rapidità di calcolo.

Trucco n. 1: moltiplicare un numero per 1,5

Per moltiplicare un numero **per 1,5**, si può aggiungere al numero stesso la sua metà, oppure si può calcolare la sua metà e moltiplicarla per 3.

Esempio

14 × 1,5 = 14 + 14/2 = 14 + 7 = 21
= 14/2 × 3 = 7 × 3 = 21

Trucco n. 2: dividere un numero per 1,5

Per dividere un numero **per 1,5**, si può calcolare il suo doppio e dividerlo per 3.

Esempio

30 : 1,5 = = 30 × 2 : 3 = 20

Trucco n. 3: moltiplicare un numero per 4, per 8 o per 16

Per moltiplicare un numero **per 4**, si può **moltiplicare il numero due volte per 2**, ossia si può calcolare il doppio del doppio del numero stesso.
Per moltiplicare un numero **per 8**, si può **moltiplicare il numero tre volte per 2**, ossia si può calcolare il doppio del doppio del doppio del numero stesso.
Per moltiplicare un numero **per 16**, si può **moltiplicare il numero quattro volte per 2**, ossia si può calcolare il doppio del doppio del doppio del doppio del numero stesso.

Esempi
23 × 4 = 23 × 2 × 2 = 46 × 2 = 92
23 × 8 = 23 × 2 × 2 × 2 = 46 × 2 × 2 = 92 × 2 = 184

Trucco n. 4: dividere un numero per 4, per 8 o per 16

Per dividere un numero **per 4**, si può **dividere il numero due volte per 2**, ossia si può calcolare la metà della metà del numero stesso.
Per dividere un numero **per 8**, si può **dividere il numero tre volte per 2**, ossia si può calcolare la metà della metà della metà del numero stesso.
Per dividere un numero **per 16**, si può **dividere il numero quattro volte per 2**, ossia si può calcolare la metà della metà della metà della metà del numero stesso.

Esempi
324 : 4 = 324 : 2 : 2 = 162 : 2 = 81
488 : 8 = 488 : 2 : 2 : 2 = 244 : 2 : 2 = 122 : 2 = 61

Trucco n. 5: moltiplicare un numero per 5, per 50, per 500

Per moltiplicare un numero **per 5** (soprattutto se si tratta di un numero pari), si può dividere il numero per 2 e moltiplicare il risultato per 10.
Per moltiplicare un numero **per 50**, si può dividere il numero per 2 e moltiplicare il risultato per 100.
Per moltiplicare un numero **per 500**, si può dividere il numero per 2 e moltiplicare il risultato per 1.000.

Esempio
1.204 × 5 = 1.204 : 2 × 10 = 602 × 10 = 6.020

Trucco n. 6: dividere un numero per 5, per 50, per 500

Per dividere un numero **per 5**, si può moltiplicare il numero per 2 e dividere il risultato per 10.
Per dividere un numero **per 50**, si può moltiplicare il numero per 2 e dividere il risultato per 100.
Per dividere un numero **per 500**, si può moltiplicare il numero per 2 e dividere il risultato per 1.000.

Esempio
4.350 : 5 = 4.350 × 2 : 10 = 8.700 : 10 = 870

Trucco n. 7: moltiplicare o dividere un numero per 10, per 100 o per 1.000
Tale trucco è noto. Per **moltiplicare** un numero **intero** per 10 o per 100 o per 1.000, basta aggiungere alla sua destra, rispettivamente, 1 o 2 o 3 zeri. Se il numero è **decimale**, allora si sposta la virgola, rispettivamente, di 1 o 2 o 3 posti verso destra.
Per **dividere** un numero **intero** per 10 o per 100 o per 1.000, basta eliminare alla sua destra, rispettivamente, 1 o 2 o 3 zeri. Se non ci sono zeri, si sposta la virgola, rispettivamente, di 1 o 2 o 3 posti verso sinistra. Se il numero è **decimale**, allora si sposta la virgola di 1 o 2 o 3 posti verso sinistra.

Esempi

43 × 10 = 430	583 × 100 = 58.300	88 × 1.000 = 88.000
5,65 × 10 = 56,5	12,674 × 100 = 1.267,4	27,52 × 1.000 = 27.520
650 : 10 = 65	234 : 100 = 2,34	3,414 : 1.000 = 0,003414

Trucco n. 8: moltiplicare un numero per un numero multiplo di 10
Per moltiplicare un numero **per 20** basta moltiplicarlo **per 2** e moltiplicare il **risultato per 10**.
Per moltiplicare un numero **per 30** basta moltiplicarlo **per 3** e moltiplicare il **risultato per 10**.
Per moltiplicare un numero per **90** basta moltiplicarlo **per 9** e moltiplicare il **risultato per 10**.

Esempi
38 × 20 = 38 × 2 × 10 = 76 × 10 = 760
18 × 40 = 18 × 4 × 10 = 72 × 10 = 720

Trucco n. 9: moltiplicare un numero per 11, per 21, per 31, ..., per 91
Per moltiplicare un numero **per 11** basta moltiplicarlo **per 10 e aggiungere al risultato il numero stesso**.
Per moltiplicare un numero **per 21** basta moltiplicarlo **per 20 e aggiungere al risultato il numero stesso**.
Per moltiplicare un numero **per 31** basta moltiplicarlo **per 30 e aggiungere al risultato il numero stesso**.
Per moltiplicare un numero **per 91** basta moltiplicarlo **per 90 e aggiungere al risultato il numero stesso**.
Analogamente, per moltiplicare un numero **per 101** basta moltiplicarlo **per 100 e aggiungere al risultato il numero stesso**.

Esempi
28 × 11 = 28 × 10 + 28 = 280 + 28 = 308
12 × 21 = 12 × 20 + 12 = 240 + 12 = 252
75 × 91 = 75 × 90 + 75 = 6.750 + 75 = 6.825

Trucco n. 10: moltiplicare un numero per 9, per 19, ..., per 99
Per moltiplicare un numero **per 9** basta moltiplicarlo **per 10 e sottrarre dal risultato il numero stesso**.

Per moltiplicare un numero **per 19** basta moltiplicarlo **per 20 e sottrarre dal risultato il numero stesso**.
Per moltiplicare un numero **per 99** basta moltiplicarlo **per 100 e sottrarre dal risultato il numero stesso**.
Analogamente, per moltiplicare un numero **per 999** basta moltiplicarlo per **1.000 e sottrarre dal risultato il numero stesso**.

Esempio
274 × 9 =274 × 10 − 274 = 2.740 − 274 = 2.466

Trucco n. 11: moltiplicare un numero a due cifre per 11

Per moltiplicare un numero a due cifre **per 11**, basta inserire tra le due cifre che compongono il numero la somma delle cifre stesse; se tale somma è maggiore della decina, si aggiunge la prima cifra della somma alla prima cifra del numero dato e si lascia la seconda cifra della somma al centro delle due cifre del numero originario.

Esempi

$$35\times11=\left[\begin{array}{l}3=\text{prima cifra del numero }35\\8=3+5\\5=\text{seconda cifra del numero }35\end{array}\right.=385$$

$$49\times11=\left[\begin{array}{l}4=\text{prima cifra del numero }49\\13=4+9\\9=\text{seconda cifra del numero }49\end{array}\right.=\left[\begin{array}{l}5=4+1\\3=\text{seconda cifra della somma }4+9\\9=\text{seconda cifra del numero }49\end{array}\right.=539$$

Trucco n. 12: moltiplicare un numero per 25

Per moltiplicare un numero **per 25** basta moltiplicare il numero per 100 e dividere il risultato per 4.

Esempio
18 × 25 = (18 × 100) : 4 = 1.800 : 4 = 450

Trucco n. 13: moltiplicare numeri con la virgola (numeri decimali)

Per moltiplicare numeri con la virgola occorre spostare le virgole in modo da ottenere dei numeri interi da moltiplicare tra loro, successivamente si aggiungono le posizioni delle virgole precedenti.

Esempio
3,02 × 5,3
1. Spostare la virgola di 2 posizioni per il numero 3,02, ottenendo 302.
2. Spostare la virgola di 1 posizione per il numero 5,3, ottenendo 53.
3. Moltiplicare tra loro i numeri 302 e 53, ottenendo 16.006.
4. Aggiungere le tre posizioni delle virgole precedenti, ottenendo 16,006.

Trucco n. 14: elevare al quadrato un numero che termina con 5

Per elevare al quadrato un **numero che termina con 5**, si può moltiplicare il numero formato dalle cifre prima del 5 per il numero a esso immediatamente successivo e far seguire il prodotto ottenuto dal numero 25.

Esempi

$$25^2 = \begin{bmatrix} \text{prima cifra} = 2\times(2+1) = 2\times 3 = 6 \\ \text{seconda e terza cifra} = 25 \end{matrix} = 625$$

$$85^2 = \begin{bmatrix} \text{prima cifra e seconda cifra} = 8\times(8+1) = 8\times 9 = 72 \\ \text{terza e quarta cifra} = 25 \end{matrix} = 7.225$$

Trucco n. 15: trovare il quadrato di un numero a partire dal quadrato di un numero maggiore del numero dato

Il quadrato perfetto di un generico numero n è n^2.

La successione dei quadrati perfetti gode di diverse proprietà, che consentono di calcolare il quadrato di un numero a partire dal precedente o dai successivi numeri.

Ad esempio, la successione delle differenze tra due quadrati perfetti consecutivi è la successione dei numeri dispari positivi:

1, 3, 5, 7, 9, 11, 13, 15, 17, 19, 21, 23, $2n-1$, $2n+1$, ...

L'n-esimo quadrato perfetto è, pertanto, equivalente alla somma dei primi n numeri dispari.

Nella tabella seguente sono riportate tali somme.

N.	Somma dei primi n numeri dispari	Quadrato
2	1 + 3	4
3	1 + 3 + 5	9
4	1 + 3 + 5 + 7	16
5	1 + 3 + 5 + 7 + 9	25
6	1 + 3 + 5 + 7 + 9 + 11	36
7	1 + 3 + 5 + 7 + 9 + 11 + 13	49
8	1 + 3 + 5 + 7 + 9 + 11 + 13 + 15	64
9	1 + 3 + 5 + 7 + 9 + 11 + 13 + 15 + 17	81
10	1 + 3 + 5 + 7 + 9 + 11 + 13 + 15 + 17 + 19	100
11	1 + 3 + 5 + 7 + 9 + 11 + 13 + 15 + 17 + 19 + 21	121
12	1 + 3 + 5 + 7 + 9 + 11 + 13 + 15 + 17 + 19 + 21 + 23	144
...	...	...
n	1 + 3 + 5 + 7 + 9 + 11 + 13 + 15 + 17 + 19 + 21 + 23 + ... + $2n-1$	n^2

Dati due numeri n e m, con $n < m$, il quadrato di n si può ottenere dalla differenza tra il quadrato di m e il prodotto tra la somma dei due numeri per il valore assoluto della differenza dei due numeri:

$$n^2 = m^2 - (n+m)|n-m| \qquad \text{con } n < m$$

Quando i due numeri sono consecutivi per cui la differenza tra gli stessi è $|n-m| = 1$, la formula diviene semplicemente:

$$n^2 = m^2 - (n+m) \qquad \text{con } n < m \text{ e } n = m-1$$

Tale tecnica può essere utilissima in quanto, a partire dal quadrato di un numero m, si calcola il quadrato di n.

Esempi

Il quadrato di 15 può essere calcolato a partire dal quadrato di 20 nel modo seguente:

$$15^2 = 20^2 - (15+20)|15-20| = 400 - 35\times 5 = 400 - 175 = 225$$

Essendo 39 e 40 due numeri consecutivi, il quadrato di 39 può essere calcolato, invece, a partire dal quadrato di 40 nel modo seguente:

$$39^2 = 40^2 - (39+40) = 1.600 - 79 = 1.521$$

Trucco n. 16: trovare il quadrato di un numero a partire dal quadrato di un numero minore del numero dato

Dati due numeri n e m, con $n > m$, il quadrato di n si può ottenere dalla somma tra il quadrato di m e il prodotto tra la somma per la differenza dei due numeri:

$$n^2 = m^2 + (n+m)(n-m) \quad \text{con } n > m$$

Quando i due numeri sono consecutivi per cui la differenza tra gli stessi è $n - m = 1$, la formula diviene semplicemente:

$$n^2 = m^2 + (n+m) \qquad \text{con } n > m \text{ e } n = m+1$$

Esempi

Il quadrato di 23 può essere calcolato a partire dal quadrato di 20 nel modo seguente:

$$23^2 = 20^2 + (23+20)(23-20) = 400 + 43\cdot 3 = 400 + 129 = 529$$

Essendo 40 e 41 due numeri consecutivi, il quadrato di 41 può essere calcolato, invece, a partire dal quadrato di 40 nel modo seguente:

$$41^2 = 40^2 + (40+41) = 1.600 + 81 = 1.681$$

Trucco n. 17: moltiplicare due numeri di due cifre

Per moltiplicare tra loro due numeri di due cifre, basta eseguire le operazioni riportate di seguito:

1. Calcolare il complemento a 100 del primo numero.
2. Calcolare il complemento a 100 del secondo numero.
3. Calcolare il prodotto dei due complementi. Tale prodotto rappresenterà le ultime due cifre del prodotto.

4. Calcolare la differenza tra ciascun fattore e il complemento dell'altro fattore. Tale differenza rappresenterà le prime due cifre del prodotto. Se il prodotto calcolato al n. 3 è maggiore di 100, occorre aggiungere la cifra delle centinaia di tale prodotto alla differenza appena calcolata.

Esempio

Calcolare il prodotto 94 × 91.

Facendo riferimento allo schema riportato di seguito, eseguiamo le operazioni richieste dal trucco.

1. Il complemento a 100 del primo numero è: 100 – 94 = 6.
2. Il complemento a 100 del secondo numero è: 100 – 91 = 9.
3. Il prodotto dei complementi è: 6 × 9 = 54 = ultime due cifre del prodotto 94 × 91.
4. Osservando la matrice riportata al centro dello schema seguente, la differenza tra ciascun fattore e il complemento dell'altro fattore, in sostanza, la differenza tra i numeri della diagonale principale, ovvero la differenza tra i numeri della diagonale secondaria, è: 94 – 9 = 91 – 6 = 85 = prime due cifre del prodotto 94 × 91.

$$\left.\begin{array}{l} 100-\mathbf{94}=\mathbf{6} \\ \\ 100-\mathbf{91}=\mathbf{9} \end{array}\right| \Rightarrow 6\times 9=\mathbf{54} \qquad \begin{array}{cc} 94 & 6 \\ & \\ 91 & 9 \end{array} \left|\begin{array}{l} \Rightarrow 94-9=\mathbf{85} \\ \\ \Rightarrow 91-6=\mathbf{85} \end{array}\right. \Rightarrow \mathbf{8554}$$

Il prodotto 94 × 91 è, dunque, uguale a 8554.

L'esempio seguente è un po' più complesso.

Esempio

Calcolare il prodotto 95 × 74.

Facendo riferimento allo schema riportato di seguito, eseguiamo le operazioni richieste dal trucco:

1. Il complemento a 100 del primo numero è: 100 – 95 = 5.
2. Il complemento a 100 del secondo numero è: 100 – 74 = 26.
3. Il prodotto dei complementi è: 5 × 26 = 130 (30 sono le due ultime cifre del prodotto).
4. Osservando la matrice riportata al centro dello schema seguente, la differenza tra ciascun fattore e il complemento dell'altro fattore, ossia la differenza tra i numeri della diagonale principale, ovvero la differenza tra i numeri della diagonale secondaria, è: 95 – 26 = 74 – 5 = 69. Poiché la differenza calcolata al n. 3 è 130 > 100, occorre aggiungere 1 (cifra delle centinaia) a 69.

$$\left.\begin{array}{l} 100-\mathbf{95}=\mathbf{5} \\ \\ 100-\mathbf{74}=\mathbf{26} \end{array}\right| \Rightarrow 5\times 26=\mathbf{130} \qquad \begin{array}{cc} 95 & 5 \\ & \\ 74 & 26 \end{array} \left|\begin{array}{l} \Rightarrow 95-26=69 \\ \\ \Rightarrow 74-5=69 \end{array}\right| \Rightarrow 69+1=\mathbf{70}\Rightarrow \mathbf{7030}$$

Il prodotto 95 × 74 è, dunque, uguale a 7030.

Trucco n. 18: trovare quanti sono i divisori di un numero

Dato un numero intero n, questo può essere scritto come prodotto di numeri primi p_i, con la loro molteplicità v_i; ossia: $n = p_1^{v_1} \cdot p_2^{v_2} \cdot \ldots \cdot p_m^{v_m}$.

Il numero di divisori positivi di n è: $d(n)=(v_1+1)\cdot(v_2+1)\cdot\ldots\cdot(v_m+1)$.

Esempio
Quanti divisori ha il numero 360^4?

A. 384
B. 24
C. 585

La risposta corretta è la C. Poiché il numero 360 scomposto è $360=2^3\cdot3^2\cdot5$, il numero 360^4 può, a sua volta, essere scomposto nel modo seguente: $360^4=2^{3\cdot4}\cdot3^{2\cdot4}\cdot5^4=2^{12}\cdot3^8\cdot5^4$. Pertanto, il numero di divisori positivi di 360^4 è:

$d(360^4)=(12+1)\cdot(8+1)\cdot(4+1)=13\cdot9\cdot5=585$

Trucco n. 19: usare la scomposizione in fattori 2, 5, 10, 100, ...

Per moltiplicare due numeri è possibile scomporli in fattori opportuni e applicare le proprietà commutativa e associativa.
Tale tecnica è utile quando tra i fattori di un numero ci sono il 2, il 5, il 10, il 100, ...

Esempio
14 × 6 =

= (2 × 7) × (2 × 3)	(scomposizione)
= 2 × 2 × 3 × 7	(proprietà commutativa)
= 4 × 21	(proprietà associativa)
= 84	

Trucco n. 20: approssimare un numero: troncare o arrotondare

Per approssimare un numero alla cifra di posto n si può procedere in due modi:

1. Per **troncamento**, cioè eliminando tutte le cifre dopo la cifra di posto n e sostituendo le cifre eliminate con tanti 0 quante sono le cifre eliminate.
2. Per **arrotondamento**, cioè sostituendo il numero dato con un numero troncato alla cifra di posto n che è più vicina al numero dato.
   Tale procedimento è attuato mediante:
   - **approssimazione per difetto**, se la cifra immediatamente a destra è 1, 2, 3 oppure 4; in tal caso, si sostituiscono con 0 tutte le cifre a destra del posto n e si ottiene un numero minore di quello originario;
   - **approssimazione per eccesso**, se la cifra immediatamente a destra è 5, 6, 7, 8 oppure 9; in tal caso, si aumenta di 1 la cifra di posto n e si sostituiscono con 0 tutte le cifre alla sua destra e si ottiene un numero maggiore di quello originario.

Esempio
Il numero **2.946,84892**, se è richiesto di:
- troncare all'unità, diventa **2946**
- arrotondare alle *migliaia*, diventa **3.000**
- arrotondare alle *centinaia*, diventa **2.900**
- arrotondare alle *decine*, diventa **2.950**

- troncare alle *decine*, diventa **2.940**
- arrotondare alle *unità*, diventa **2.947**
- arrotondare ai *decimi*, diventa **2.946,8**
- arrotondare ai *centesimi*, diventa **2.946,85**
- arrotondare ai *millesimi*, diventa **2.946,849**
- troncare ai *millesimi*, diventa **2.946,848**

Un quesito concernente gli arrotondamenti è del tipo riportato di seguito.

Esempio

Qual è la somma dei numeri 12.185 e 6.122 dopo averli arrotondati a meno di 10^2?

A. 18.260
B. 18.300
C. 18.200

La risposta corretta è la B. I due numeri dati si arrotondano a meno di 10^2 nel modo seguente: 12.185 ≈ 12.200 e 6.122 ≈ 6.100.
La loro somma, dopo averli arrotondati, è: 12.200 + 6.100 = 18.300.

Trucco n. 21: eseguire stime con gli arrotondamenti

Per eseguire stime con gli arrotondamenti, occorre arrotondare i numeri a 1 oppure 2 cifre significative e poi utilizzare le normali regole di calcolo.

Esempio

509 × 795 ≈ 500 × 800 = 400.000

Il risultato esatto è 404.655.

3.2 Esercizi con frazioni e percentuali

Gli esercizi con frazioni e percentuali sono presenti quasi sempre nelle prove di selezione. Si tratta di esercizi piuttosto semplici; di seguito formiamo, oltre a una breve introduzione teorica dell'argomento, una serie di quesiti.

3.2.1 Frazioni

Una frazione è una coppia ordinata di numeri (a, b), con b non nullo, che assume il valore numerico $a : b$ e viene indicata con $\frac{a}{b}$; a è detto *numeratore* e b è detto *denominatore*.

Data una certa quantità x, se ne può calcolare la frazione, moltiplicandola per la quantità stessa. Ad esempio se la nostra quantità è $x = 120$ e vogliamo calcolarne i 3/5 allora scriveremo:

$$\frac{3}{5} \cdot 120 = \frac{3}{\cancel{5}} \cdot \cancel{120}^{24} = 3 \cdot 24 = 72$$

Un quesito semplice che coinvolge le frazioni è il seguente.

Esempio
A quanto ammontano i 3/4 di 124?

A. 95
B. 93
C. 102

Calcoliamo i 3/4 di 124:

$$\frac{3}{\not{4}} \cdot \not{124}^{31} = 3 \cdot 31 = 93$$

La risposta corretta è la B.

Talvolta in alcuni quesiti con le frazioni è necessario impostare un'equazione per ricavare l'incognita.
In questo paragrafo ci limitiamo a proporre quesiti che necessitano di semplici equazioni per essere risolti, come quello riportato di seguito.

Esempio
I 2/5 di una quantità sono pari a 12, quanto vale tale quantità?

A. 34
B. 32
C. 30

Detta x la quantità incognita, possiamo scrivere che i 2/5 di x sono uguali a 12:

$$\frac{2}{5} \cdot x = 12 \quad \Rightarrow \quad x = \frac{5}{2} \cdot 12 = 5 \cdot 6 = 30$$

La risposta corretta è la C.

Il seguente è un quesito analogo a quello appena visto ma viene proposto in un contesto pratico.

Esempio
Giacomo ha visto i 4/9 di un film. Sapendo che ne ha visti 88 minuti, per quanti minuti ancora deve rimanere davanti allo schermo per arrivare a vedere la fine del film?

A. 110
B. 198
C. 121

Sia x la durata dell'intero film. Se Giacomo ne ha visti i 4/9, cioè 88 minuti, allora vuol dire che i 4/9 di x sono pari a 88 minuti:

$$\frac{4}{9} \cdot x = 88 \Rightarrow x = \frac{9}{4} \cdot 88 = 9 \cdot 22 = 198$$

L'intero film dura 198 minuti.
I minuti che ancora deve vedere sono: 198 – 88 = 110. La risposta corretta è A.

Un ulteriore quesito viene proposto di seguito.

Esempio

Un giocatore incallito possiede un certo capitale ma ne perde i 2/3 in una serata al casinò. La sera successiva, con ciò che gli è rimasto, ritorna al casinò per rifarsi e raddoppia i suoi averi. Cosa possiamo affermare sul capitale iniziale?

A. Il capitale iniziale è aumentato di 1/3
B. Il capitale iniziale è diminuito di 1/3
C. Il capitale iniziale è aumentato di 1/2

Sia *x* la somma inizialmente a disposizione del giocatore. Egli ne perde i 2/3 per cui ciò che gli rimane è pari a 1/3 della somma iniziale:

$$x-\frac{2}{3}\cdot x=\frac{3x-2x}{3}=\frac{1}{3}x$$

Il giorno dopo il giocatore riesce a raddoppiare tale cifra, quindi alla fine possederà:

$$2\cdot\frac{1}{3}x=\frac{2}{3}x$$

Alla fine delle due giornate, il giocatore avrà i 2/3 di quello che inizialmente possedeva; per cui avrà perso 1/3 del suo capitale. La risposta corretta è B.

3.2.2 Confronti fra frazioni

Due frazioni possono essere confrontate se sono riportate a due frazioni equivalenti che abbiano lo stesso denominatore. A tal punto si confrontano i numeratori. La frazione con il numeratore più alto ha valore maggiore.

Ad esempio, volendo confrontare le due frazioni:

$$\frac{2}{3};\frac{1}{2}$$

dobbiamo calcolare il minimo comune multiplo dei denominatori.
Siccome mcm $(2;3)=6$ allora abbiamo:

$$\frac{2}{3}=\frac{4}{6}$$

$$\frac{1}{2}=\frac{3}{6}$$

Siccome $\frac{4}{6}>\frac{3}{6}$ allora $\frac{2}{3}>\frac{1}{2}$.
In alternativa si può pensare, per ognuna delle frazioni, di dividere il numeratore con il rispettivo denominatore e confrontare i numeri decimali:

$$\frac{2}{3}=0,\overline{6}$$

$$\frac{1}{2}=0,5$$

da cui deduciamo la stessa relazione di prima.

Proponiamo un esempio di confronto tra numeri.

Esempio

Indicare qual è il numero maggiore tra 0,25; –3/2; 1/3; 7/13; –2.

A. 0,25
B. –3/2
C. 7/13

Scartando subito i due numeri con segno negativo ci restano 0,25, 1/3 e 7/13.
Individuiamo la frazione generatrice di 0,25:

$$0,25 \rightarrow \frac{25}{100} = \frac{1}{4}$$

A questo punto riportiamo le tre frazioni allo stesso denominatore. Il minimo comune multiplo dei denominatori è mcm(4; 3; 13) = 156

$$\frac{1}{4} = \frac{39}{156}; \ \frac{1}{3} = \frac{52}{156}; \ \frac{7}{13} = \frac{84}{156}$$

La frazione più grande è quindi 7/13 e la risposta corretta è C.

3.2.3 Percentuali

La percentuale è un rapporto che ha come denominatore 100.

Ad esempio possiamo scrivere:

$$15\% = \frac{15}{100} = 0,15$$

Il simbolo % si legge "per cento" e significa "fratto 100" o anche "diviso 100".
Come appare chiaro dall'esempio, la percentuale può essere espressa anche come numero decimale oppure può essere riportata ad una frazione equivalente che non abbia denominatore pari a 100. Riproponendo l'esempio precedente:

$$\frac{15}{100} = \frac{3}{20}$$

Nella seguente tabella si riporta uno schema di percentuali più comunemente usate:

5%	10%	20%	25%	33,3%	50%	66,6%	75%	100%	150%	200%
0,05	0,1	0,2	0,25	0,3	0,5	0,6	0,75	1	1,5	2
$\frac{1}{20}$	$\frac{1}{10}$	$\frac{1}{5}$	$\frac{1}{4}$	$\frac{1}{3}$	$\frac{1}{2}$	$\frac{2}{3}$	$\frac{3}{4}$	$\frac{1}{1}$	$\frac{3}{2}$	$\frac{2}{1}$

Come tutte le frazioni, la percentuale può essere anch'essa impropria, vale a dire, avere un numeratore maggiore del denominatore (150% in tabella), oppure apparente, con il numeratore multiplo del denominatore (200% in tabella).

Talvolta può succedere di incorrere nel simbolo ‰ (per mille) che indica un rapporto con denominatore pari a 1000. Ad esempio:

$$35‰ = \frac{35}{1000} = \frac{7}{200} = 0{,}035$$

Un quesito tipico sulle percentuali è il seguente.

Esempio
Quanto vale il 12% di 950?
A. 114
B. 122
C. 98

Calcoliamo il 12% di 950.

$$\frac{12}{10\not{0}} \cdot 95\not{0} = \frac{\not{12}^{6}}{\not{10}_{5}} \cdot 95 = 114$$

La risposta corretta è la A.

Un quesito in cui si chiede di calcolare un valore dopo una diminuzione percentuale è il seguente.

Esempio
Se un abito, il cui costo è € 120, viene scontato del 35% quale sarà il suo costo finale?
A. € 82
B. € 78
C. € 85

Calcoliamo dapprima il 35% di € 120:

$$\frac{35}{1\not{00}_{5}} \cdot 1\not{20}^{6}\ € = \frac{\not{35}^{7}}{\not{5}_{1}} \cdot 6€ = 42€$$

Lo sconto praticato sull'abito è di € 42. Per ottenere il prezzo finale dobbiamo sottrarre lo sconto al costo iniziale dell'abito: € 120 – € 42 = € 78. La risposta corretta è B.
Un metodo più veloce per calcolare il prezzo finale può essere moltiplicare il prezzo iniziale direttamente per 65%. Sappiamo infatti che se un abito viene scontato del 35% il suo prezzo finale sarà il 65% di quello iniziale (100% – 35% = 65%). Per cui:

$$\frac{65}{\not{100}_{5}} \cdot \not{120}^{6}\ € = \frac{\not{65}^{13}}{\not{5}_{1}} \cdot 6€ = 78€$$

Un quesito in cui si deve invece calcolare una quantità finale dopo un aumento percentuale è il seguente.

Esempio
La popolazione di una cittadina è costituita da 120.000 abitanti. In seguito a un incremento delle nascite tale popolazione aumenta dell'8%. Quanti saranno ora gli abitanti?
A. 128.700
B. 131.100
C. 129.600

Calcoliamo dapprima l'8% di 120.000:

$$\frac{8}{1\cancel{00}} \cdot 1200\cancel{00} = 9600$$

La popolazione è aumentata di 9600 unità per cui la popolazione totale, dopo l'aumento, sarà di 120000 + 9600 = 129600. La risposta corretta è C.
In alternativa potremmo moltiplicare direttamente la popolazione per 108% (il totale 100% più l'aumento 8%) ottenendo direttamente la popolazione incrementata:

$$\frac{108}{1\cancel{00}} \cdot 1200\cancel{00} = 129600$$

In qualche quesito si può incorrere in un prodotto di percentuali.

Esempio
Il 2% degli oggetti prodotti da una catena di montaggio incorre in un difetto di fabbricazione che nel 50% dei casi può essere riparato. Se in una giornata vengono prodotti 5600 oggetti, quanti sono gli oggetti incorsi in un difetto di fabbricazione che sono stati successivamente riparati?
A. 12
B. 100
C. 56

Il 2% degli oggetti prodotti incorre in un difetto di fabbricazione, per cui possiamo scrivere gli oggetti con difetto di fabbricazione nel modo seguente:

$$\frac{2}{100} \cdot 5600 = 112$$

Di questi oggetti, però, il 50% viene riparato per cui possiamo scrivere gli oggetti riparati come:

$$\frac{50}{100} \cdot 112 = \frac{1}{2} \cdot 112 = 56$$

La risposta corretta è C.
In alternativa, poiché gli oggetti incorsi in un difetto di fabbricazione sono pari al 2% del totale e di questi il 50% è riparato, la percentuale degli oggetti successivamente riparati è pari alla metà del 2% (2% : 2 = 1%). Pertanto, gli oggetti riparati sono pari a:

$$\frac{1}{100} \cdot 5600 = 56$$

3.2.4 Percentuali e tasso di interesse

Nelle prove di selezione è possibile incontrare dei test di logica numerica sulle percentuali in cui si adopera un linguaggio tecnico legato a capitali, interessi e tasso di interesse. In realtà il più delle volte si tratta di applicare semplici calcoli di percentuale. Rammentiamo la formula che lega il capitale C, l'interesse maturato I e il tasso di interesse annuale r:

$$I = C \cdot r \cdot \frac{t}{A}$$

In questa formula *t* è il tempo che può essere espresso in mesi o giorni. *A* rappresenta la base annua che si esprime anche essa in mesi o giorni a seconda di come venga espresso il periodo *t*.
Invertendo la formula si può ottenere anche il tasso di interesse che viene sempre indicato in percentuale.

$$r = \frac{I}{C} \cdot \frac{A}{t}$$

Esempio
Qual è il tasso di interesse annuale che garantisce, a fronte di un capitale impiegato di € 12.000, un interesse (semplice) di € 90 in 3 mesi?

A. 0,03
B. 0,0075
C. 0,0225

Se l'interesse trimestrale è di € 90, l'interesse annuale (calcolato su 12 mesi, cioè 4 trimestri) sarà pari 4 × € 90 = € 360.
Il tasso di interesse si può calcolare come rapporto tra interesse maturato e capitale impiegato:

$$\frac{€\ 360}{€\ 12000} = \frac{3}{100} = 0{,}03 = 3\%$$

Per cui la risposta corretta è A.

Possiamo risolvere il quesito anche con l'utilizzo della formula del tasso di interesse.
Dalla traccia si evince che il periodo è *t* = 3 mesi. Se esprimiamo *t* in mesi, altrettanto dobbiamo fare per la base annua *A*; siccome un anno è costituito da 12 mesi, allora scriveremo *A* = 12 mesi.
Il capitale, indicato nella traccia, è *C* = € 12000, così come l'interesse *I* = € 90, pertanto scriviamo:

$$r = \frac{I}{C} \cdot \frac{A}{t} = \frac{€\ 90}{€\ 12000} \cdot \frac{12\,\text{mesi}}{3\,\text{mesi}} = \frac{3}{100} = 0{,}03$$

3.3 Esercizi con proporzioni

Una proporzione è un'uguaglianza di rapporti tra grandezze, a due a due omogenee, o fra misure di grandezze.
In una proporzione $a : b = c : d$ i termini *a* e *c* si chiamano antecedenti, i termini *b* e *d* conseguenti, i termini *b* e *c* medi e i termini *a* e *d* si dicono estremi.

I termine		II termine		III termine		IV termine
a	:	*b*	=	*c*	:	*d*
Antecedente		Conseguente		Antecedente		Conseguente
Estremo		Medio		Medio		Estremo

Se i medi sono uguali la proporzione si dice continua e il medio è detto *medio proporzionale*.

3.3.1 Proprietà delle proporzioni

Teorema fondamentale sulle proporzioni numeriche

Quattro numeri reali positivi ordinati sono in proporzione se e soltanto se il prodotto dei medi è uguale al prodotto tra gli estremi:

$$a:b=c:d \qquad b\cdot c=a\cdot d$$

Da questo si deduce che se uno dei quattro termini della proporzione è incognito esso può essere calcolato secondo la tabella riportata di seguito:

Termine ignoto	Formula
a	$a=\frac{b\cdot c}{d}$
b	$b=\frac{a\cdot d}{c}$
c	$c=\frac{a\cdot d}{b}$
d	$d=\frac{b\cdot c}{a}$

Proprietà dell'invertire

Scambiando ogni antecedente con il proprio conseguente si ottiene ancora una proporzione:

$$a:b=c:d \qquad b:a=d:c$$

Proprietà del permutare

Scambiando fra loro i medi oppure gli estremi si ottiene ancora una proporzione:

$$a:b=c:d \qquad \begin{array}{l} a:c=b:d \\ d:b=c:a \end{array}$$

Proprietà del comporre

La somma del primo e del secondo termine sta al primo (o al secondo) come la somma del terzo e del quarto sta al terzo (o al quarto):

$$a:b=c:d \qquad \begin{array}{l} (a+b):a=(c+d):c \\ (a+b):b=(c+d):d \end{array}$$

Proprietà dello scomporre

La differenza tra il primo e il secondo termine sta al primo (o al secondo) come la differenza tra il terzo e il quarto sta al terzo (o al quarto):

$$a:b=c:d \qquad \begin{array}{l} (a-b):a=(c-d):c \\ (a-b):b=(c-d):d \end{array}$$

Proprietà del comporre e dello scomporre

La somma del primo e del secondo termine sta alla differenza tra il primo e il secondo termine come la somma del terzo e del quarto sta alla differenza tra il terzo e il quarto:

$$a:b=c:d \qquad (a+b):(a-b)=(c+d):(c-d)$$

Un esercizio semplice è il seguente.

Esempio

Data la proporzione $X:12=15:20$, quanto vale X?

A. 16
B. 12
C. 9

Basta applicare la formula derivata dal *teorema fondamentale delle proporzioni numeriche*:

$$X:12=15:20 \qquad X=\frac{12\cdot 15}{20}=\frac{180}{20}=9$$

La risposta corretta è C.

Il seguente quesito pratico può essere ricondotto al concetto di proporzione.

Esempio

In un planisfero la distanza tra due località, che nella realtà si trovano a 100 chilometri l'una dall'altra, è pari a 2 centimetri. Qual è la scala della carta?

A. 1 : 5.000.000
B. 1 : 100
C. 1 : 10.000

La scala di un planisfero è una proporzione che indica a quale distanza nella realtà corrisponde una distanza rappresentata nel planisfero. Ad esempio una scala 1:1.000.000 vuol dire che una distanza di 1 centimetro sul planisfero corrisponde a 1.000.000 di centimetri nel mondo reale, oppure che una distanza di un decimetro corrisponde a 1.000.000 di decimetri nella realtà.
Quindi se sul planisfero due località che si trovano a 100 chilometri, vale a dire a 100.000 metri, cioè a 10.000.000 centimetri, sono piazzate a una distanza di 2 centimetri, allora la scala sarà pari a 2:10.000.000. Dividendo ambo i termini per 2 abbiamo 1:5.000.000, per cui la risposta corretta è A.

3.3.2 Problema del "tre semplice" diretto e inverso

Proporzionalità diretta e "tre semplice"

Due grandezze variabili e tra loro dipendenti sono direttamente proporzionali quando al raddoppiare, triplicare ecc. di una anche il corrispondente valore dell'altra raddoppia, triplica ecc.
Se x e y sono direttamente proporzionali e k è una costante, allora possiamo scrivere:

$$y = kx$$

Da questo si evince che il rapporto tra y e x è costante:

$$y = kx \Rightarrow \frac{y}{x} = k$$

Date una grandezza A, che assume valori a e a', e una grandezza B, direttamente proporzionale ad A, che, in corrispondenza di tali valori di A, assume valori b e b':

$$\begin{array}{ccc} A & & B \\ a & \rightarrow & b \\ a' & \rightarrow & b' \end{array}$$

In tal caso, potremo scrivere la proporzione:

$$a : a' = b : b' \Rightarrow a : b = a' : b'$$

(nell'ultimo passaggio abbiamo scambiato i medi).
In un problema del "tre semplice" diretto abbiamo due grandezze, A e B, che sono direttamente proporzionali. Vengono forniti due valori per la grandezza B (ad esempio b e b') e un valore per la grandezza A (ad esempio a, corrispondente al valore b di B). Si chiede di fornire il valore incognito x della grandezza A corrispondente al valore b' di B.
Si può quindi impostare la proporzione e risolverla:

$$a : x = b : b' \Rightarrow x = \frac{a \cdot b'}{b}$$

Analizziamo un quesito sulla proporzionalità diretta.

Esempio
In una casa editrice, 34 redattori correggono 1.768 pagine di bozza al giorno. Lavorando allo stesso ritmo, quante pagine saranno corrette al giorno da 60 redattori?

A. 3.300
B. 3.090
C. 3.120

La risposta esatta è C.
Il numero di redattori e le pagine corrette sono due grandezze direttamente proporzionali: all'aumentare dei redattori aumentano le pagine di bozza.
Impostiamo, quindi, la proporzione:

$$34 \text{ redattori} : 60 \text{ redattori} = 1.768 \text{ pagine} : x \text{ pagine}$$

da cui:

$$x = \frac{60 \text{ redattori}}{34 \text{ redattori}} \cdot 1.768 \text{ pagine} = 3.120 \text{ pagine}$$

Proporzionalità inversa e "tre semplice"
Due grandezze variabili e tra di loro dipendenti sono inversamente proporzionali quando al raddoppiare, triplicare ecc. di una, il corrispondente valore dell'altra diventa la metà, un terzo ecc.

Se x e y sono inversamente proporzionali e k è una costante, allora possiamo scrivere:

$$y=\frac{k}{x}$$

Da questo si evince che il prodotto tra x e y è costante:

$$y=\frac{k}{x}\Rightarrow y\cdot x=k$$

Date una grandezza A, che assume valori a e a', e una grandezza B, inversamente proporzionale ad A, che, in corrispondenza, assume valori b e b', possiamo scrivere la proporzione:

$$a:a'=\frac{1}{b}:\frac{1}{b'}\Rightarrow a:\frac{1}{b}=a':\frac{1}{b'}$$

(nell'ultimo passaggio abbiamo scambiato i medi).
In un problema del tre semplice inverso abbiamo due grandezze A e B che sono inversamente proporzionali. Vengono forniti due valori per la grandezza B (ad esempio b e b') e un valore per la grandezza A (ad esempio a, corrispondente al valore b di B). Si chiede di fornire il valore incognito x della grandezza A corrispondente al valore b' di B.
Si può quindi impostare la proporzione e risolverla:

$$a:x=\frac{1}{b}:\frac{1}{b'}\Rightarrow x=\frac{b}{b'}\cdot a$$

Analizziamo un quesito sulla proporzionalità inversa.

Esempio
In una casa editrice, per la pubblicazione di una nuova collana 10 correttori di bozze, lavorando allo stesso ritmo, impiegano 18 giorni. In quanti giorni potrebbe essere eseguito il lavoro se i correttori fossero 15?

A. 12
B. 24
C. 26

La risposta esatta è la A.
Il numero di correttori di bozze e i giorni impiegati per compiere il lavoro sono due grandezze inversamente proporzionali: all'aumentare del numero di correttori di bozze diminuisce il tempo impiegato.
Possiamo impostare la seguente proporzione:

$$10 \text{ correttori} : 15 \text{ correttori} = \frac{1}{18 \text{ giorni}}:\frac{1}{x \text{ giorni}}$$

dove x è il numero di giorni che i 15 correttori impiegano per fare il lavoro.
Ricaviamo:

$$\frac{10 \text{ correttori}}{15 \text{ correttori}}=\frac{x \text{ giorni}}{18 \text{ giorni}}\Rightarrow x=\frac{10 \text{ correttori}}{15 \text{ correttori}}\cdot 18 \text{ giorni} = 12 \text{ giorni}$$

Tre composto

I problemi del "tre composto" presentano generalmente tre o più grandezze, alcune delle quali possono essere direttamente proporzionali tra loro, mentre altre possono essere inversamente proporzionali.
Supponiamo di avere tre grandezze: *A*, *B* e *C*. Supponiamo che per la grandezza *A* sia fornito un valore *a* e ve ne sia un altro incognito *x*. Supponiamo inoltre che la grandezza *B* sia direttamente proporzionale ad *A* (con valori *b* e *b*') mentre *C* sia inversamente proporzionale (con valori *c* e *c*').
In tal caso potremo impostare la proporzione:

$$a : x = \frac{b}{c} : \frac{b'}{c'}$$

Nell'impostare la proporzione, a secondo membro, tra le quantità conosciute, abbiamo inserito a numeratore quelle relative alla grandezza direttamente proporzionale e a denominatore quelle relative alla grandezza inversamente proporzionale. Risolvendo abbiamo:

$$x = \frac{a \cdot \frac{b'}{c'}}{\frac{b}{c}} \Rightarrow x = a \cdot \frac{c}{b} \cdot \frac{b'}{c'} \Rightarrow = a \cdot \frac{c}{c'} \cdot \frac{b'}{b}$$

Analizziamo un quesito sul tre composto.

Esempio

In una casa editrice, 4 correttori di bozze correggono 9 pagine in 20 minuti. Quanti correttori dovrebbero essere impiegati per correggere 90 pagine in 12.000 secondi?

A. 20
B. 12
C. 4

La risposta esatta è la C.
Le grandezze in gioco sono i correttori di bozze, le pagine e il tempo.
Il numero di correttori è la grandezza incognita in uno dei termini della proporzione, quindi cerchiamo di porre le altre grandezze in relazione di diretta o inversa proporzionalità con il numero di correttori.
Fissato un determinato periodo di tempo, il numero di pagine corrette sono direttamente proporzionali al numero di correttori (più correttori ci saranno, più pagine potranno essere corrette).
Fissato invece un determinato numero di pagine, un maggiore numero di correttori sarà in grado di correggerlo in un tempo minore. Quindi, il numero di correttori e la quantità di tempo sono inversamente proporzionali.
Considerato che 12.000 secondi = 12.000/60 = 200 minuti, possiamo riassumere schematicamente le informazioni nel modo seguente:

Correttori	4	x	incognita
Pagine	9	90	direttamente proporzionale
Tempo	20 minuti	200 minuti	inversamente proporzionale

Impostiamo quindi la proporzione:

$$4 \text{ correttori} : x = \frac{9\text{ pagine}}{20\text{ minuti}} : \frac{90\text{ pagine}}{200\text{ minuti}}$$

da cui:

$$x = 4\text{ correttori} \cdot \frac{90\text{ pagine}}{200\text{ minuti}} \cdot \frac{20\text{ minuti}}{9\text{ pagine}} = 4 \text{ correttori}$$

Il quesito rientra nella tipologia dei problemi del tre composto. In realtà, in base ai dati avremmo potuto risolverlo con un ragionamento intuitivo come il seguente: 4 correttori correggono 9 pagine in 20 minuti, 90 pagine, ossia un numero di pagine pari a 10 volte quello di partenza, saranno corrette in 200 minuti, ossia un numero di minuti pari a 10 volte quello di partenza, sempre da 4 correttori.

3.4 Esercizi su medie

Il concetto di **media** è molto ampio e può comprendere qualsiasi valore di sintesi di un carattere in grado di descrivere una caratteristica della popolazione, essenziale è che tale valore sia compreso tra il valore più piccolo osservato (o osservabile) e il valore più grande osservato (o osservabile) del carattere.
Nelle prove di selezione, spesso, è oggetto di domanda la media aritmetica di una successione di numeri.

Dati n numeri, $x_1, x_2, \ldots, x_n$, la **media aritmetica** di tali numeri si ottiene dal rapporto tra la loro somma e il loro numero (n); in simboli:

$$m = \frac{x_1 + x_2 + \ldots + x_n}{n}$$

In forma compatta, la media aritmetica può essere indicata nel modo seguente:

$$m = \frac{\sum_{i=1}^{n} x_i}{n}$$

La media aritmetica è un valore ottenuto a calcolo e non coincide necessariamente con qualcuno dei numeri dati.

Esempio

Gli stipendi lordi mensili (in euro) percepiti da 8 impiegati di un'azienda sono i seguenti:

1.780, 2.100, 1.920, 1.970, 2.310, 2.208, 1.880, 1.885

Lasciando inalterati i costi complessivi dell'azienda per il personale, quanto sarebbe il reddito lordo di ciascun impiegato nell'ipotesi di uno stipendio uguale per tutti?

A. 2.000 euro
B. 1.000 euro
C. 2.006,625 euro

La risposta è un importo uguale alla media aritmetica.

Il costo complessivo per il personale è dato dalla somma dei singoli stipendi lordi:

1.780 + 2.100 + 1.920 + 1.970 + 2.310 + 2.208 + 1.880 + 1.885 = 16.053

Ripartito in parti uguali tra gli 8 impiegati, ognuno riceverebbe:

$$m = \frac{16.053}{8} = 2.006{,}625\ €$$

La risposta corretta è la C.
Si noti che cinque impiegati guadagnerebbero più di quanto guadagnano realmente e tre guadagnerebbero meno.

Quando, in una successione di numeri, uno o più numeri si ripetono più di una volta, è possibile utilizzare una formula della media aritmetica che tiene conto dei *pesi* ossia del numero di volte in cui ciascun numero si ripete nella successione stessa; in tal caso la media aritmetica è definita *ponderata*. Pertanto, se i k numeri $x_1, x_2, ..., x_k$ di una successione si ripetono, rispettivamente $n_1, n_2, ..., n_k$ volte, la formula della media aritmetica è:

$$m = \frac{x_1 n_1 + x_2 n_2 + ... + x_k n_k}{n} = \frac{\sum_{i=1}^{k} x_i n_i}{n}$$

Esempio
In una data collettività, esiste la seguente distribuzione delle famiglie per numero di figli:

36 famiglie hanno 0 figli;

53 famiglie hanno 1 figlio;

88 famiglie hanno 2 figli;

26 famiglie hanno 3 figli;

12 famiglie hanno un numero di figli maggiore o uguale a 4.

Determinare il numero medio di figli per famiglia.

Poiché nella collettività esistono 36 + 53 + 88 + 26 + 12 = 215 famiglie, il numero medio di figli per famiglia si ottiene nel modo seguente:

$$m = \frac{0 \cdot 36 + 1 \cdot 53 + 2 \cdot 88 + 3 \cdot 26 + 4 \cdot 12}{215} = 1{,}65$$

Si noti che, per calcolare la media aritmetica, abbiamo posto l'ultima modalità (4 e oltre) uguale a 4. La media aritmetica, pari a 1,65 figli per famiglia, rappresenta un valore teorico, e non solo perché non è un numero intero, ma anche perché rappresenta il numero di figli che ogni famiglia avrebbe se si ripartissero i figli in numero uguale tra tutte le 215 famiglie.

Proponiamo, di seguito, alcuni quesiti tipici sulla media aritmetica.

Esempio
Ludovica ha superato 8 esami universitari e la media dei suoi voti è 20. Quale voto minimo deve prendere al prossimo esame affinché la sua media diventi almeno 21?

A. 30
B. 21
C. 29

è noto che:

$$\text{media dei primi 8 esami} = \frac{\text{somma dei voti dei primi 8 esami}}{8} = 20$$

mentre Ludovica si è prefissata l'obiettivo:

$$\text{media dei primi 9 esami} = \frac{\text{somma dei voti dei primi 8 esami+voto del 9°esame}}{9} \geq 21$$

Dall'espressione della media dei voti dei primi 8 esami si deduce che la somma dei voti dei primi 8 esami è pari a 20 × 8 = 160, che sostituita nella media dei primi 9 esami dà:

$$\frac{160 + \text{voto del nono esame}}{9} \geq 21$$

$$160 + \text{voto del nono esame} \geq 21 \cdot 9$$

$$\text{voto del nono esame} \geq 21 \cdot 9 - 160$$

$$\text{voto del nono esame} \geq 189 - 160$$

$$\text{voto del nono esame} \geq 29$$

La risposta corretta è la C.

Un altro quesito.

Esempio

L'età media dei partecipanti a una festa è 24 anni. Se l'età media degli uomini è 28 anni e quella delle donne è 18 anni, qual è il rapporto tra il numero degli uomini e quello delle donne?

A. $\frac{3}{2}$

B. 2

C. $\frac{14}{9}$

Non è noto il numero (*u*) degli uomini né il numero (*d*) delle donne. Nel calcolo dell'età media (24) del gruppo costituito da *u* + *d* partecipanti si è tenuto conto di tali numeri e si è applicata la formula:

$$\text{età media} = \frac{u \cdot 28 + d \cdot 18}{u + d}$$

Le frequenze con cui si presentano gli uomini e le donne sanciscono l'importanza assunta da ciascuna modalità nella somma, per cui possono essere considerate come i "pesi" assunti dalle modalità; per questo motivo l'espressione appena data fornisce la media aritmetica ponderata.

Dal calcolo si è ottenuto $\frac{u \cdot 28 + d \cdot 18}{u + d} = 24$, da cui:

$$u \cdot 28 + d \cdot 18 = 24(u + d)$$

$$28u + 18d = 24u + 24d$$

$$28u - 24u = 24d - 18d$$

$$4u = 6d$$

$$\frac{u}{d} = \frac{3}{2}$$

La risposta corretta è la A.

3.5 Esercizi su progressioni aritmetiche e progressioni geometriche

3.5.1 Le successioni

Un insieme di numeri reali costituisce una **successione** se è possibile individuare in esso un ordine con il quale tali numeri sono ordinati, ossia una regola mediante la quale i numeri si susseguono.

I numeri della successione sono anche detti **temini** della successione. Una successione può essere costituita da un numero infinito di termini oppure da un numero finito di termini. In una successione infinita di termini che si susseguono in un determinato ordine è sempre possibile far corrispondere la successione dei numeri naturali (1, 2, 3, ..., n, ...) alla sequenza di termini della successione (a_1, a_2, a_3, ..., a_n, ...).

3.5.2 Le progressioni aritmetiche

Un particolare tipo di successione è rappresentato dalle progressioni aritmetiche.

Una **progressione aritmetica** è costituita da tre o più termini tali che la differenza tra ogni termine e il precedente è costante, fatta eccezione per il primo termine (che non ha un termine precedente).

La **differenza** costante tra i due generici termini consecutivi è detta **ragione** della progressione e si indica con la lettera d.
Pertanto, indicati i termini della progressione nel modo seguente a_1, a_2, a_3, ..., a_n, ..., allora la ragione d è tale che:

$$d = a_2 - a_1,\ d = a_3 - a_2, \ldots,\ d = a_n - a_{n-1}$$

Analogamente ogni termine della progressione può essere ricavato aggiungendo la ragione al termine precedente:

$$a_2 = a_1 + d,\ a_3 = a_2 + d, \ldots,\ a_n = a_{n+1} + d$$

Esempio
Si consideri la progressione 2, 5, 8, 11, 14, ...
In tale progressione si ha:

$$a_1 = 2 \quad a_2 = 5 \quad a_3 = 8 \quad a_4 = 11$$

Tale progressione è infinita perché costituita da un numero infinito di termini. La ragione della progressione è pari a 3, infatti:

$$a_2 - a_1 = 5 - 2 = 3$$
$$a_3 - a_2 = 8 - 5 = 3$$
$$\ldots$$

Siccome la ragione $d = 3 > 0$, la progressione è crescente.

Relazioni tra i termini di una progressione aritmetica
Si consideri la seguente progressione aritmetica:

$$a_1, a_2, a_3, \ldots, a_n, a_{n+1}, \ldots$$

Sia d la ragione della progressione e siano a_s e a_r rispettivamente il termine s-esimo e il termine r-esimo della progressione. In tal caso sussiste la relazione tra i due termini in questione:

$$a_s = a_r + (s-r) \cdot d$$

In particolare, se $s = n$ e $r = 1$, l'equazione appena data diventa:

$$a_n = a_1 + (n-1)d$$

Proponiamo un tipico quesito assegnato nelle prove di selezione.

Esempio
A uno spettacolo teatrale, il pubblico in sala si è disposto in file in modo da comporre 17 file. Ogni fila conteneva 5 persone in più della precedente. Se nella prima fila c'erano 3 persone, quante persone c'erano nell'ultima fila?
A. 83
B. 88
C. 78

La risposta esatta è la A.

Possiamo condurre un ragionamento intuitivo come il seguente: le file successive alla prima sono 17 − 1 = 16; poiché ogni fila conteneva 5 persone in più della precedente, l'ultima fila aveva un numero di persone in più rispetto alla prima pari a 16 × 5 = 80; quindi nell'ultima fila c'erano 80 + 3 = 83 persone.
Risolviamo ora il quesito con l'uso delle progressioni. Poiché per ciascuna fila il numero delle persone cresce di 5 unità, le persone in fila rappresentano i termini di una progressione aritmetica di ragione $d = 5$.
Ciò che il quesito chiede di determinare è il numero di persone della diciassettesima fila, ovvero il 17° termine della progressione. Tale termine si trova con la formula seguente:

$$a_n = a_1 + (n-1)d$$

dove:
a_n è il termine incognito (in questo caso il 17°);
a_1 è il primo termine della progressione (in questo caso 3);
n è il numero delle file (in questo caso 17);
d è la ragione (in questo caso 5).
Si ha:

$$a_{17} = 3 + (17-1) \times 5 = 3 + 80 = 83$$

Somma di termini consecutivi di una progressione aritmetica
La somma S_n di n termini consecutivi di una progressione aritmetica è data da:

$$S_n = \frac{a_1 + a_n}{2} \cdot n$$

Di seguito, proponiamo un quesito frequentemente assegnato nelle prove di selezione.

Esempio
Qual è la somma dei primi 100 numeri naturali?

A. 5000
B. 5050
C. 10000

La risposta corretta è la B.

I numeri naturali costituiscono una progressione aritmetica di ragione $d = 1$.

$$a_1 = 1 \quad a_2 = 2 \quad a_3 = 3 \quad a_4 = 4 \quad \ldots \; a_{100} = 100 \; \ldots$$

La somma dei primi 100 numeri naturali è data dall'equazione appena data dove $n = 100$. Quindi:

$$S_{100} = 100 \cdot \frac{1+100}{2} = {}^{50}\cancel{100} \cdot \frac{101}{\cancel{2}_1} = 50 \cdot 101 = 5050$$

Un altro quesito frequentemente assegnato è del tipo riportato di seguito.

Esempio
Qual è il 15° termine di una progressione aritmetica di ragione $d = -13$ con primo termine $a_1 = 250$?

A. 68
B. 28
C. 26

La risposta corretta è la A.

Si applica l'equazione $a_n = a_1 + (n - 1)d$, dove $n = 15$:

$$a_{15} = 250 + (15-1) \cdot (-13) = 250 + (14) \cdot (-13) = 250 - 182 = 68$$

Inserzione di medi aritmetici tra numeri

Per m medi aritmetici si intendono m numeri intercalati tra i due estremi a e b che formano una progressione aritmetica.
La distanza tra due medi aritmetici consecutivi è pari alla ragione d della progressione aritmetica che si vuole creare tra i due estremi a e b.
Tale ragione è data dalla formula:

$$d = \frac{b-a}{m+1}$$

Esempio
Inserire $m = 5$ medi aritmetici tra i numeri $a = 5$ e $b = 47$.
Nel caso in questione si ha:

$$d = \frac{47-5}{5+1} = \frac{42}{6} = 7$$

Pertanto i 5 medi aritmetici si ottengono partendo dal numero $a = 5$ e aggiungendo, di volta in volta, la ragione $d = 7$.

$$a = 5, \quad 12, 19, 26, 33, 40, \quad b = 47$$

3.5.3 Le progressioni geometriche

Una **progressione geometrica** è una successione di numeri tali che il **rapporto** fra un termine e il precedente è costante ed è detto **ragione** (q).

Per cui, detto a_1 il termine iniziale della successione, avremo:

$$a_2 = a_1 \cdot q$$

$$a_3 = a_2 \cdot q = a_1 \cdot q \cdot q = a_1 \cdot q^2$$

$$a_4 = a_3 \cdot q = a_2 \cdot q \cdot q = a_1 \cdot q \cdot q \cdot q = a_1 \cdot q^3$$

In generale, la formula del generico termine della progressione sarà:

$$a_n = a_1 \, q^{n-1}$$

Esempio

Consideriamo una semplice progressione geometrica con termine iniziale $a_1 = 3$ e ragione $q = 2$. In tal caso ogni termine della progressione sarà il doppio del precedente, infatti dovrà essere moltiplicato per $q = 2$.

Quindi:

$$a_1 = 3$$

$$a_2 = a_1 \cdot q = 3 \cdot 2 = 6$$

$$a_3 = a_2 \cdot q = 6 \cdot 2 = 12$$

$$a_4 = a_3 \cdot q = 12 \cdot 2 = 24$$

Se scriviamo i numeri della progressione in sequenza otteniamo:

3, 6, 12, 24, 48, 96, ...

Esempio

Consideriamo ora il caso di una progressione geometrica di ragione $q = 1/2$, cioè una progressione geometrica in cui ogni numero è la metà di quello precedente. Se come termine iniziale consideriamo 128 avremo:

$$a_1 = 128$$

$$a_2 = a_1 \cdot q = 128 \cdot \frac{1}{2} = 64$$

$$a_3 = a_2 \cdot q = 64 \cdot \frac{1}{2} = 32$$

Questa volta la progressione apparirà nella forma seguente:

128, 64, 32, 16, 8, 4, ...

Proviamo ora a individuare la ragione della seguente progressione:

7, 28, 112, 448, 1792, ...

La ragione si ottiene dividendo tra loro qualsiasi coppia di numeri consecutivi:

$$q=\frac{28}{7}=\frac{112}{28}=\frac{448}{112}=\ldots=4$$

Proponiamo un quesito analogo a quelli frequentemente assegnati nelle prove di selezione.

Esempio

Un nano spaziale raddoppia la sua altezza ogni giorno. Al nono giorno comincia a ridurre la sua altezza con una velocità doppia. Dopo quanti giorni dall'inizio sarà ritornato alla sua altezza iniziale?

A. 15
B. 12
C. 10

Possiamo condurre un ragionamento intuitivo come il seguente: il nano cresce per 8 giorni con una certa velocità, poi inizia a decrescere con il doppio del ritmo. Se decresce con il doppio della velocità gli basteranno la metà dei giorni (impiegati per crescere) per ritornare all'altezza iniziale, quindi 8 : 2 = 4. Sommando questi 4 giorni agli 8 precedenti abbiamo un totale di 4 + 8 = 12 giorni (risposta B).

Risolviamo ora il quesito con l'uso delle progressioni. Per fare questo fissiamo una qualsiasi altezza iniziale in metri, per esempio 10.
L'altezza del nano spaziale fino al nono giorno può essere rappresentata come una progressione geometrica di ragione $q = 2$ (il nano raddoppia la sua altezza).
A questo punto inizia la decrescita che avviene con velocità doppia rispetto alla crescita. Notiamo che una decrescita con lo stesso ritmo della crescita avrebbe avuto come ragione $q = 1/2$ (il nano si sarebbe dimezzato di giorno in giorno) ma visto che tale decrescita deve avere il doppio della rapidità allora avremo una ragione pari a $q = 1/4$.

Abbiamo perciò la seguente tabella:

Giorno	Altezza (m)	Note
0	10	Progressione geometrica di ragione 2
1	2 × 10 = 20	
2	2 × 20 = 40	
3	2 × 40 = 80	
4	2 × 80 = 160	
5	2 × 160 = 320	
6	2 × 320 = 640	Progressione geometrica di ragione 2
7	2 × 640 = 1280	
8	2 × 1280 = 2560	
9	$2560\cdot\frac{1}{4}=640$	Progressione geometrica di ragione 1/4
10	$640\cdot\frac{1}{4}=160$	

segue

Giorno	Altezza (m)	Note
11	$160 \cdot \frac{1}{4} = 40$	Progressione geometrica di ragione 1/4
12	$40 \cdot \frac{1}{4} = 10$	

Quindi dopo dodici giorni il nano sarà ritornato alla sua altezza iniziale.

3.6 Esercizi con equazioni e sistemi di equazioni di primo grado

Spesso, la risoluzione dei quesiti richiede l'applicazione di **equazioni di primo grado**, ossia di particolari uguaglianze tra espressioni letterali, vere soltanto per determinati valori attribuiti alle variabili che vi compaiono, ovvero l'applicazione di **sistemi di equazioni**, ossia di insiemi di equazioni considerate simultaneamente per la loro eventuale risoluzione comune.

3.6.1 Applicazione di equazioni alla soluzione di problemi

Le equazioni costituiscono uno strumento efficace per risolvere diversi quesiti.
Ad esempio, all'equazione $3x = 9$ si può far corrispondere il seguente problema:

Trovare un numero il cui triplo è 9

Si dice anche che un'equazione rappresenta il **modello matematico** di un problema aritmetico.
Un problema è di **primo grado** se può essere risolto per mezzo di un'equazione di primo grado a una incognita, che prende il nome di **equazione risolvente**. L'insieme a cui deve appartenere l'incognita del problema si chiama **dominio del problema**.
Un problema è costituito da **incognite** e **dati**. Le **incognite** sono gli elementi che occorre determinare. I dati sono rappresentati da relazioni implicite o esplicite che intercorrono tra le incognite e da eventuali condizioni cui queste sono sottoposte. I **dati espliciti** sono quelli chiaramente enunciati nel testo del problema. I **dati impliciti** sono quelli che hanno origine dall'applicazione di teoremi, proprietà algebriche o più in generale relazioni matematiche esistenti tra i dati, ma non esplicitamente dichiarate nel testo.

Esempio
Trovare il numero che sommato al suo triplo dà 48.

A. 144
B. 12
C. 22

Se indichiamo con x il numero da determinare, il triplo di x è $3x$.
Traducendo in termini algebrici il dato "il numero che sommato al suo triplo dà 48" si ottiene l'equazione:

$$x + 3x = 48$$

da cui

$$4x = 48 \Rightarrow x = 12$$

Il numero richiesto è, quindi, 12 e la risposta corretta è la B.

Anche se un problema può essere risolto mediante un'equazione a una sola incognita, può contenere più incognite non indipendenti tra loro, ma legate da relazioni esprimibili per mezzo di equazioni algebriche. In questo caso si può scegliere come incognita uno qualunque degli elementi che non sono noti ed esprimere i rimanenti per mezzo delle relazioni esistenti tra loro.

Esempio

La somma di tre segmenti misura 42 cm; qual è la misura (in cm) di ciascuno sapendo che il primo è i $\frac{2}{3}$ del secondo e il secondo a sua volta è i $\frac{4}{5}$ del terzo?

A. 7; 12; 23
B. 15; 14; 13
C. 9,6; 14,4; 18

In questo problema le incognite sono le lunghezze in cm dei tre segmenti e i dati le relazioni esistenti tra le loro lunghezze. Vi sono tre incognite e tre dati. Riassumiamoli nella seguente tabella:

Incognite	Dati
Lunghezza del primo segmento	La somma dei tre segmenti è 42 cm
Lunghezza del secondo segmento	Il primo segmento è i $\frac{2}{3}$ del secondo
Lunghezza del terzo segmento	Il secondo segmento è i $\frac{4}{5}$ del terzo

Possiamo indicare con x una qualunque delle tre lunghezze ed esprimere le altre due in termini di questa. È opportuno tuttavia scegliere l'incognita x in modo che le altre si possano esprimere nel modo più semplice. In questo caso conviene indicare con x la lunghezza del terzo segmento.

Leggendo il problema a partire dal terzo segmento, possiamo scrivere le tre relazioni seguenti:

terzo segmento = x

secondo segmento = $\frac{4}{5}x$

primo segmento = $\frac{2}{3}$ del secondo segmento = $\frac{2}{3} \cdot \frac{4}{5}x$

In generale, poiché:

primo segmento + secondo segmento + terzo segmento = 42

impostiamo l'equazione nell'incognita x (terzo segmento):

$$\frac{2}{3} \cdot \frac{4}{5}x + \frac{4}{5}x + x = 42$$

da cui possiamo ricavare la x:

$$\frac{8}{15}x+\frac{4}{5}x+x=42 \Rightarrow \frac{8+12+15}{15}x=42 \Rightarrow$$

$$\Rightarrow \frac{35}{15}x=42 \Rightarrow 35x=42\cdot 15 \Rightarrow x=18$$

Determinata la lunghezza del terzo segmento possiamo risalire alle lunghezze degli altri due segmenti utilizzando la seconda e la terza relazione:

secondo segmento $=\frac{4}{5}x=\frac{4}{5}\cdot 18=14{,}4$

primo segmento $=\frac{2}{3}\cdot\frac{4}{5}x=\frac{8}{15}x=\frac{8}{15}\cdot 18=9{,}6$

La risposta esatta è, dunque, la C.

3.6.2 Applicazione di sistemi alla soluzione di problemi

Un problema è di primo grado in più incognite quando ciascun dato del problema è traducibile in un'equazione di primo grado in cui figurano tutte o parte delle sue incognite.
In generale, si preferisce ricorrere all'uso di un sistema quando le incognite di un problema sono tante. In tal caso, le relazioni esistenti tra le varie incognite sono tradotte in altrettante equazioni.
L'uso del sistema rispetto all'equazione consente di tradurre in modo più naturale i dati del problema in equazioni. Infatti, non occorre più esprimere tutte le incognite in funzione di una sola.

Prendiamo in esame un problema già esaminato, che è stato risolto mediante una sola equazione, e vediamo che è possibile risolverlo anche con un sistema.

Esempio
La somma di tre segmenti misura 42 cm; qual è la misura (in cm) di ciascuno sapendo che il primo è i $\frac{2}{3}$ del secondo e il secondo a sua volta è i $\frac{4}{5}$ del terzo?

Per risolvere il quesito si imposta un sistema di tre equazioni in tre incognite.
Siano x, y e z, le misure, rispettivamente, del primo, del secondo e del terzo segmento.
Il sistema è il seguente:

$$\begin{cases} x+y+z=42 \\ x=\frac{2}{3}y \\ y=\frac{4}{5}z \end{cases}$$

I passaggi successivi per la risoluzione del sistema sono i seguenti:

$$\begin{cases} x+y+z=42 \\ x=\dfrac{2}{3}y \\ y=\dfrac{4}{5}z \end{cases} \Rightarrow$$

$$\Rightarrow \begin{cases} x+y+z=42 \\ x=\dfrac{2}{3}\left(\dfrac{4}{5}\right)z=\dfrac{8}{15}z \\ y=\dfrac{4}{5}z \end{cases} \Rightarrow$$

1. Si sostituisce nella seconda equazione il valore di *y* che si ricava dalla terza equazione.

$$\Rightarrow \begin{cases} \dfrac{8}{15}z+\dfrac{4}{5}z+z=42 \\ x=\dfrac{8}{15}z \\ y=\dfrac{4}{5}z \end{cases} \Rightarrow$$

2. Si sostituisce a *x* e a *y* nella prima equazione i valori che si ricavano dalla seconda e terza equazione.

$$\Rightarrow \begin{cases} \dfrac{35}{15}z=42 \\ x=\dfrac{8}{15}z \\ y=\dfrac{4}{5}z \end{cases} \Rightarrow$$

3. Si esegue la somma a primo membro della prima equazione.

$$\Rightarrow \begin{cases} z=\dfrac{42\cdot 15}{35}=18 \\ x=\dfrac{8}{15}z \\ y=\dfrac{4}{5}z \end{cases} \Rightarrow$$

4. Si ricava il valore di *z*.

$$\Rightarrow \begin{cases} z=18 \\ x=\dfrac{8}{15}\cdot 18=9{,}6 \\ y=\dfrac{4}{5}\cdot 18=14{,}4 \end{cases} \Rightarrow$$

5. Per sostituzione, si ricavano i valori di *x* e di *y*.

Pertanto, le misure dei segmenti sono rispettivamente:

9,6 cm; 14,4 cm; 18 cm

3.7 Le equazioni simboliche

Le variabili delle equazioni presenti nei quesiti concernenti le trasformazioni simboliche non sono le usuali lettere *x*, *y*, *z*..., bensì simboli grafici di qualsiasi tipo, oppure lettere o qualsiasi altro elemento che non ricordi i numeri, per questo sono note come **equazioni a variabili simboliche** o semplicemente come **equazioni simboliche**.

La prova consiste nella trasformazione dei simboli in numeri a partire da una espressione più o meno complessa e si risolve applicando la seguente logica: **a simbolo uguale corrisponde numero uguale**.
Assegnati ai simboli i corrispondenti numeri e sostituendoli nella o nelle equazioni date, la tecnica di risoluzione di tali equazioni è la stessa di quella delle equazioni con variabili letterali.
Questi esercizi richiedono un'elevata capacità di analisi, di associazione e di astrazione oltre a una decisa rapidità e fluidità nel calcolo matematico. Indubbiamente l'esercizio assiduo e la pratica continua con questo tipo di trasformazioni potenziano sensibilmente la performance.

Riportiamo un esempio.

Esempio
Se
@ + £ + £ = −5
£ = 2
allora @ è uguale a:

A. −3
B. −9
C. −1

Occorre tenere presente, innanzi tutto, la logica di risoluzione di tale tipologia di quesiti: *a simbolo uguale corrisponde numero uguale*.
Sapendo che £ = 2 e sostituendo nell'equazione @ + £ + £ = −5, si ha:

@ + 2 + 2 = −5

Trasportando a secondo membro i due numeri (+2 e +2), si ha:

@ = −5 −2−2

da cui:

@ = −9

La risposta esatta è, dunque, la B.

Un altro esempio meno banale del precedente potrebbe essere quello riportato di seguito.

Esempio

Se:

● + 3 = □

△ + ● = □

11= ● + ■ + ● + △

△ + 1 = ■

allora □ è uguale a:

A. 0

B. 3

C. 5

I passaggi per arrivare alla soluzione sono pochi, basta seguire un metodo molto semplice che risponde alla ricerca della massima semplificazione. A tale scopo si procede semplificando le prime informazioni disponibili.

Se ● + 3 = □ e △ + ● = □ allora ● + 3 = △ + ● che diventa △ = 3 in quanto i due ● si annullano a vicenda (– ● + ● = zero). Sostituendo △ = 3 nella quarta equazione si ottiene ■ = 4. Sostituendo △ = 3 e ■ = 4 nella terza equazione si ha 11 = ● + 4 + ● + 3 → 11 – 4 – 3 = ● + ● → ● = 2. Sostituendo ● = 2 nella prima equazione si ha □ = 5.

Pertanto la risposta corretta è la C.

3.8 Esercizi con il calcolo combinatorio

Nelle prove di selezione, spesso, si incontrano quesiti che richiedono l'applicazione del **calcolo combinatorio**, che fornisce le regole per la determinazione del numero di disposizioni e di combinazioni in un qualsiasi contesto.

Lo schema di cui ci si serve è il seguente: da una scatola contenente n oggetti distinti, indicati con a_1, a_2, ..., a_n, si eseguono k estrazioni, si vogliono contare quante differenti estrazioni possono essere effettuate.

Tale numero cambia a seconda della *modalità di estrazione* e della rilevanza attribuita all'*ordinamento.* Con riferimento alla modalità di estrazione, si distingue a seconda che le estrazioni degli oggetti dalla scatola avvengano *con reinserimento* o *senza reinserimento.* Nel primo caso, una volta estratto, un oggetto è reinserito nella scatola, per cui nelle successive estrazioni lo stesso oggetto può essere estratto di nuovo. Nel secondo caso, invece, una volta estratto un oggetto, esso non è più reinserito nella scatola, e nelle successive estrazioni non potrà essere estratto di nuovo. Con riferimento all'ordinamento, due coppie, o in generale due gruppi, differiscono tra loro se, pur essendo costituiti dagli stessi oggetti, differiscono per l'ordine con cui sono disposti tali oggetti. In tal caso si parla estrazione *con ordinamento,* in caso contrario di estrazione *senza ordinamento.*

A seconda della modalità di estrazione e dell'ordinamento, si distinguono diversi aggruppamenti di n oggetti (o elementi) distinti a gruppi di k (o di classe k o a k a k), con $k \leq n$.

3.8.1 Disposizioni semplici

Le **disposizioni semplici** di n elementi a gruppi di k rappresentano il numero di gruppi possibili di k elementi che si possono formare tra gli n originari e sono tali che due gruppi differiscono tra loro:
- per almeno un elemento;
- oppure per l'ordine degli elementi.

Si indicano con $D_{n,k}$ e sono pari a:

$$D_{n,k} = n \cdot (n-1) \cdot (n-2) \cdot \ldots \cdot (n-k+1)$$

Esempio

Siano date 4 lettere, quante parole di 2 lettere (anche di senso non compiuto) si possono formare in modo che due parole differiscano tra loro per almeno una lettera oppure per l'ordine delle lettere?

A. 12
B. 4
C. 24

Siano date le 4 lettere *w*, *x*, *y* e *z*, aggruppiamole a 2 a 2, in modo che due parole differiscano tra loro per almeno una lettera oppure per l'ordine delle lettere.
Si ottengono le coppie:

wx *xw*
wy *yw*
wz *zw*
xy *yx*
xz *zx*
yz *zy*

Esse sono pari al numero di disposizioni semplici di 4 elementi a gruppi di 2:

$$D_{4,2} = 4 \cdot (4 - 2 + 1) = 4 \cdot 3 = 12$$

La risposta corretta è la A.

3.8.2 Permutazioni semplici

Le **permutazioni** di n elementi possono essere definite come le disposizioni semplici di n elementi a gruppi di n e sono tali che due gruppi differiscono tra loro per l'ordine degli elementi.
Si indicano con P_n e sono pari al prodotto degli n interi decrescenti a partire da n:

$$P_n = D_{n,n} = n \cdot (n-1) \cdot (n-2) \cdot \ldots \cdot 3 \cdot 2 \cdot 1 = n!$$

dove $n!$ è il **fattoriale di *n***.
Convenzionalmente, si pone $0! = 1$.
Le disposizioni semplici di n elementi a gruppi di k, attraverso il fattoriale, sono scritte nel modo seguente:

$$D_{n,k} = \frac{n!}{(n-k)!}$$

Esempio
Siano date 4 lettere, quante parole di 4 lettere (anche di senso non compiuto) si possono formare in modo che due parole differiscano tra loro per l'ordine delle lettere?

A. 12
B. 24
C. 33

Siano date le 4 lettere *w*, *x*, *y* e *z*, raggruppiamole a 4 a 4, in modo che due parole differiscano tra loro per l'ordine delle lettere:

wxyz wxzy wyxz wyzx wzxy wzyx

xwyz xwzy xywz xyzw xzwy xzyw

ywxz ywzx yxwz yxzw yzwx yzxw

zwxy zwyx zxwy zxyw zywx zyxw

Tali raggruppamenti sono pari al numero di permutazioni di 4 elementi:

$$P_4 = 4 \cdot 3 \cdot 2 \cdot 1 = 24$$

La risposta corretta è la B.

3.8.3 Combinazioni semplici

Le **combinazioni semplici** di n elementi a gruppi di k rappresentano il numero di gruppi possibili di k elementi che si possono formare tra gli n originari e sono tali che due gruppi differiscono tra loro per almeno un elemento. I gruppi formati costituiscono un sottoinsieme delle disposizioni semplici di n elementi a gruppi di k.
Si indicano con $C_{n,k}$ e sono pari a:

$$C_{n,k} = \frac{D_{n,k}}{P_k} = \frac{n \cdot (n-1) \cdot (n-2) \cdot \ldots \cdot (n-k+1)}{k \cdot (k-1) \cdot (k-2) \cdot \ldots \cdot 3 \cdot 2 \cdot 1} = \frac{n!}{k!(n-k)!} = \binom{n}{k}$$

dove $\binom{n}{k}$ è il **coefficiente binomiale**.

Esempio
Siano date 4 lettere, quante parole di 2 lettere (anche di senso non compiuto) si possono formare in modo che due parole differiscano tra loro per almeno una lettera?

A. 12
B. 6
C. 8

Siano date le 4 lettere *w*, *x*, *y* e *z*, aggruppiamole a 2 a 2, in modo che due parole differiscano tra loro per almeno una lettera.
Si ottengono le coppie:

wx
wy
wz
xy
xz
yz

pari al numero di combinazioni semplici di 4 elementi a gruppi di 2:

$$C_{4,2} = \binom{4}{2} = \frac{4 \cdot 3 \cdot 2 \cdot 1}{2 \cdot 2} = 6$$

La risposta corretta è la B.

Esempio

In un campionato di calcio partecipano 14 squadre. Se ogni squadra deve incontrare tutte le altre sia in casa sia in trasferta, quante partite vengono disputate in totale?

A. 364
B. 182
C. 196

Considerando solo il girone di andata, occorre calcolare il numero di gruppi possibili di 2 squadre che si possono formare tra le 14 squadre e sono tali che due gruppi differiscono tra loro per almeno una squadra; in altri termini, occorre calcolare le combinazioni semplici di 14 elementi a gruppi di 2; ossia: $C_{14,2} = \binom{14}{2} = \frac{14!}{2! \cdot 12!} = 91.$

Nel girone di andata e in quello di ritorno, si disputano complessivamente 91 · 2 = 182 partite.
La risposta corretta è la B.

Si poteva giungere allo stesso risultato più velocemente, considerando che la partita di andata della squadra X contro la squadra Y diventa, al ritorno, la partita Y contro X. Considerando, quindi, come diverse le partite dove appaiono le stesse squadre, il numero di partite è pari alle disposizioni di 2 squadre distinte, ossia alle disposizioni semplici di 14 elementi distinti di classe 2; ossia $D_{14,2} = 14 \cdot 13 = 182$.

Un altro quesito.

Esempio

Per trasmettere segnali Lamberto solleva 5 bandierine, di cui 3 gialle e 2 blu, su un'asta. Quanti segnali diversi può ottenere Lamberto?

A. 10
B. 25
C. 5

La risposta corretta è la A.

Su 5 punti dell'asta, occorre sceglierne 2 in cui posizionare le bandierine blu, mentre negli altri punti saranno disposte le bandierine gialle. Occorre, cioè, trovare il numero di modi in cui disporre 2 oggetti (le bandierine blu) su 5 punti.

Indichiamo con b ciascuna delle bandierine blu, esistono 5 modi diversi di assegnare il posto alla prima bandierina blu:

b ... ... b ... ... b ... ... b ...   . b

Per ognuno di tali posti esistono 4 modi diversi di assegnare il posto all'altra bandierina blu.

b b ... ...   b ... b ... ...   b ... ... b ...   b ... ... b   (prima bandierina blu al primo posto)
b b ... ... b b ... ... b ... b ...   ... b ... ... b   (prima bandierina blu al secondo posto)
b ... b ... ... b b ... ... b b ...   . b ... b   (prima bandierina blu al terzo posto)
b ... ... b ...   ... b ... b ...   . b b ...   . b b   (prima bandierina blu al quarto posto)
b ... ... b   ... b ... ... b   ... ... b ... b   ... ... b b   (prima bandierina blu al quinto posto)

In totale, esistono 20 modi diversi di disporre le 2 bandierine blu. Poiché assegnazioni del tipo "primo posto e secondo posto alla bandierina blu" sono uguali ad assegnazioni del tipo "secondo posto e primo posto alla bandierina blu" occorre dividere per 2 il numero 20, ottenendo 10 modi diversi di assegnare le due bandierine.
A tale risultato si poteva giungere direttamente calcolando il numero di combinazioni semplici di 5 elementi a gruppi di 2: $C_{5,2} = \binom{5}{2} = \frac{5 \cdot 4}{2} = 10.$

3.8.4 Disposizioni con ripetizione

Le **disposizioni con ripetizione** di n elementi a gruppi di k rappresentano il numero di gruppi possibili di k elementi che si possono formare tra gli n originari e sono tali che due gruppi differiscono tra loro:

- per almeno un elemento;
- oppure per l'ordine degli elementi;
- oppure per il numero di ripetizioni di uno stesso elemento.

Si indicano con ${}_rD_{n,k}$ e sono pari a:

$${}_rD_{n,k} = n^k$$

Esempio
Le targhe automobilistiche sono costituite da 2 lettere, 3 cifre, 2 lettere. Sapendo che le lettere possono essere scelte tra le 26 lettere dell'alfabeto inglese, quante targhe differenti possono essere ottenute?

A. $26^2 \cdot 10 \cdot 26^2$
B. $26^2 \cdot 10^3 \cdot 26^2$
C. $26 \cdot 10 \cdot 26$

La risposta corretta è la B.
Le targhe automobilistiche sono costituite da: 2 lettere, 3 cifre, 2 lettere.
Sapendo che le lettere possono essere scelte tra le 26 lettere dell'alfabeto inglese, con due lettere scelte tra 26, con possibile ripetizione e tenendo conto dell'ordine, si possono ottenere ${}_rD_{26,2} = 26^2$ disposizioni.
Con le tre cifre si possono ottenere ${}_rD_{10,3} = 10^3$ numeri (ovviamente sono i numeri da 001 a 999 + 000).
In generale, se un'operazione consta di k passi, di cui il primo prevede n_1 modi possibili, il secondo n_2 modi possibili, ..., il k-esimo nk modi possibili, l'operazione può essere effettuata in $n_1 \cdot n_2 \cdot ... \cdot n_k$ modi possibili.
In totale, il numero di targhe automobilistiche è pari al prodotto:
${}_rD_{26,2}\, {}_rD_{10,3}\, {}_rD_{26,2} = 26^2 \cdot 10^3 \cdot 26^2$

3.8.5 Combinazioni con ripetizione

Le **combinazioni con ripetizione** di n elementi a gruppi di k rappresentano il numero di gruppi possibili di k elementi che si possono formare tra gli n originari e sono tali che due gruppi differiscono tra loro:

- per almeno un elemento;
- oppure per il numero di ripetizioni di uno stesso elemento.

Si indicano con ${}_rC_{n,k}$ e sono pari a:

$${}_rC_{n,k} = \binom{n+k-1}{k} = \frac{(n+k-1)!}{k!(n-1)!}$$

3.8.6 Permutazioni con ripetizione

Dato un insieme di n elementi di cui α, con $\alpha < n$, tutti uguali tra loro, le **permutazioni con ripetizione** di n elementi di cui α uguali tra loro sono tutti i possibili gruppi tali che:

- ognuno di essi contiene tutti gli n elementi;
- ogni raggruppamento differisce dagli altri per l'ordine secondo il quale si susseguono gli elementi.

Si indicano con ${}_{(\alpha)}P_n$ e sono pari a:

$${}_{(\alpha)}P_n = \frac{n!}{\alpha!}$$

dove $n!$ e $\alpha!$ sono, rispettivamente, i fattoriali di n e di α.

Ecco un esempio di quesito in cui si chiede l'applicazione di tale formula.

Esempio

Quanti anagrammi distinti si possono formare con le lettere della parola RANA?

A. 16
B. 6
C. 12

La risposta esatta è la C.

Calcoliamo gli anagrammi della parola RANA, anche senza significato.

Tali anagrammi si ottengono considerando che si tratta di una parola formata da $n = 4$ lettere, di cui 2 lettere A uguali tra loro.

Trovare il numero di anagrammi della parola equivale a trovare il numero di permutazioni con ripetizione di $n = 4$ elementi, con ripetizione pari a $r = 2$. Si ha:

$${}_{(2)}P_4 = \frac{4!}{2!} = 12$$

Se gli elementi uguali tra loro sono più di uno, ossia se un elemento si ripete α volte, un altro elemento si ripete β volte ecc., allora la formula delle permutazioni con ripetizione diviene:

$${}_{(\alpha;\beta)}P_n = \frac{n!}{\alpha! \cdot \beta!}$$

Esempio

Una partita di calcio tra due squadre è terminata con il risultato di 4 a 3. In quanti modi diversi possono essersi succedute le reti?

A. 5
B. 7
C. 35

La risposta corretta è la C. Siano Y e J le due squadre e siano y e j le rispettive reti segnate dalle due squadre. Ipotizziamo che abbia vinto la squadra Y, è possibile rappresentare la successione di reti nell'incontro considerato con una permutazione di 7 simboli di cui 4 uguali a y e 3 uguali a j. La permutazione yjjyjyy sta a indicare che:

1. La squadra Y ha segnato la prima rete.
2. La squadra J ha segnato una rete.
3. La squadra J ha segnato un'altra rete.
4. La squadra Y ha pareggiato.
5. La squadra J ha segnato una rete.
6. La squadra Y ha segnato una rete.
7. La squadra Y ha segnato la rete finale, portandosi in vantaggio.

Per rispondere al quesito proposto bisogna calcolare il numero delle permutazioni dei 7 simboli considerati, di cui 4 uguali a y e 3 uguali a j. Tale numero è pari alle permutazioni seguenti:

$$_{(4;3)}P_7 = \frac{7!}{4!\,3!} = 35$$

3.9 Esercizi con le probabilità

Alcune prove possono richiedere di prevedere un risultato attraverso l'espressione di giudizi in probabilità.
Lo sviluppo del pensiero probabilistico si fonda sul concetto di variabilità. La variabilità dei fenomeni naturali e sociali e la conseguente incertezza dei singoli fatti o eventi sono gli aspetti che la realtà sensibile e i suoi stati di natura chiedono di fronteggiare. La variabilità è caratteristica delle popolazioni (molecole, piante, aziende, ...). L'incertezza è, invece, caratteristica degli eventi e del loro avverarsi (se, come, quando, ...). Variabilità e incertezza descrivono due momenti concettualmente differenti, che vanno affrontati con strategie diverse e che si sono consolidati nel calcolo delle probabilità. A differenza della variabilità, l'incertezza non si riferisce a popolazioni, ma a singoli eventi che possono avverarsi oppure no. L'incertezza può essere misurata e ordinata in termini di probabilità degli accadimenti aleatori e di misura del rischio. Per introdurre la probabilità e la sua misura, l'incertezza degli eventi naturali e sociali è ricondotta a situazioni astratte e modellizzabili. Ci riferiamo agli esperimenti aleatori rappresentabili dai cosiddetti giochi di sorte (dadi, monete, urne, ...).

3.9.1 Definizioni

- **Esperimento aleatorio**: insieme di azioni con esito imprevedibile (prove aleatorie).
- **Evento**: esito di una prova casuale (evento elementare *e*) o di un esperimento aleatorio (insieme di eventi elementari *E*).
- **Spazio degli eventi**: insieme *S* di tutti i possibili risultati di un esperimento aleatorio.

Esempio
I possibili risultati di 2 lanci di una moneta con **T**esta e **C**roce genera uno spazio *S* di 4 risultati: TT, TC, CT, CC. Se la moneta è perfettamente simmetrica, ogni esito è ugualmente possibile.

Operazioni logiche su eventi

Le operazioni su eventi definiscono degli insiemi su cui si fonda una particolare misura che è la probabilità.

Unione: $E_1 \cup E_2 \cup \dots E_i \cup \dots$

Intersezione: $E_1 \cap E_2 \cap \dots E_i \cap \dots$

Evento complementare di E, non E: $\overline{E}$, tale che $E \cup \overline{E} = S$

Evento impossibile: insieme vuoto $\varnothing$, tale che $\varnothing \cup S = S$

Misura di probabilità

Funzione che associa a un evento $E \in S$ un valore numerico $P(E)$ che soddisfa i seguenti assiomi fondamentali (Kolmogorov):

$P(E) \geq 0$

$P(S) = 1$

$P(E_1 \cup E_2 \cup \dots \cup E_i \cup E_h \cup \dots) = P(E_1) + P(E_2) + \dots + P(E_i) + P(E_h) + \dots$

con E_i e E_h eventi mutuamente esclusivi per ogni i e h (se si avvera E_i non si avvera E_h).
$E_1|E_2$ si legge "E_1 condizionato (o dato) E_2": si suppone di aver osservato il verificarsi di E_2 e ci si chiede se e in quale misura questa informazione modifichi la valutazione di probabilità su E_1.

3.9.2 Operazioni sulle probabilità

Operazioni	E_1 ed E_2 **compatibili:** $E_1 \cap E_2 \neq \varnothing$		E_1 ed E_2 **incompatibili:** $E_1 \cap E_2 = \varnothing$
$P(E_1 \cup E_2)$	$P(E_1) + P(E_2) - P(E_1 \cap E_2)$		$P(E_1) + P(E_2)$
$P(E_1 - E_2)$	$P(E_1) - P(E_1 \cap E_2)$ $P(E_1) - P(E_2)$ se $E_2 \subset E_1$		$P(E_1)$
	E_1 ed E_2 **dipendenti:** $P(E_1 \mid E_2) \neq P(E_1)$ $P(E_2 \mid E_1) \neq P(E_2)$	E_1 ed E_2 **indipendenti:** $P(E_1 \mid E_2) = P(E_1)$ $P(E_2 \mid E_1) = P(E_2)$	
$P(E_1 \cap E_2)$	$P(E_1)P(E_2 \mid E_1) = P(E_2)$ $P(E_1 \mid E_2)$	$P(E_1)P(E_2)$	0

Se due eventi sono **incompatibili**, la probabilità della loro unione (o si avvera un evento o si avvera l'altro) è uguale alla somma delle loro rispettive probabilità:

$$P(E_1 \cup E_2) = P(E_1) + P(E_2)$$

Se due eventi sono **indipendenti**, la probabilità della loro intersezione (gli eventi si avverano entrambi) è uguale al prodotto delle loro rispettive probabilità:

$$P(E_1 \cap E_2) = P(E_1)P(E_2)$$

3.9.3 La misura della probabilità

Si possono dare tre definizioni di misura della probabilità: definizione classica; definizione frequentista; definizione su scommessa.

Definizione classica

Se si conoscono le regole dell'esperimento aleatorio, la misura discende dall'applicazione degli assiomi del calcolo delle probabilità a quelle regole. In queste situazioni, la probabilità dell'evento (E) è data dal rapporto tra il numero (n_f) di casi favorevoli all'evento e il numero (n_p) dei casi possibili, qualora siano tutti ugualmente possibili; in simboli:

$$P(E) = \frac{n_f}{n_p}$$

Gli esempi classici vengono dai giochi di sorte: dadi, monete, urne.

Esempi

Data una **moneta ideale e simmetrica** con le tradizionali facce **T**esta e **C**roce, e immaginando che il lancio della moneta si realizzi sempre su **T** o **C**, segue che:

$$P(T) = P(C) = \frac{1}{2} = 0{,}5$$

Allo stesso modo, il lancio di un **dado simmetrico**, che in ogni faccia ha rispettivamente i punti da 1 a 6, configura un esperimento aleatorio in cui tutti i punti da 1 a 6 hanno la stessa probabilità di avverarsi:

$$P(1) = \ldots = P(6) = \frac{1}{6}$$

Sia un'**urna** composta da 10 palline identiche tranne che per il colore, così differenziate: 1 bianca, 4 nere, 5 rosse. Da un'estrazione puramente casuale si deduce che:

$$P(\mathbf{B}\text{ianca}) = \frac{1}{10} = 0{,}1; \qquad P(\mathbf{N}\text{era}) = \frac{4}{10} = 0{,}4; \qquad P(\mathbf{R}\text{ossa}) = \frac{5}{10} = 0{,}5$$

Vale ancora $P(\mathbf{B}\text{ianca}) + P(\mathbf{N}\text{era}) + P(\mathbf{R}\text{ossa}) = 1$.

Definizione frequentista

Nell'uso corrente, la probabilità di un evento è stimata dalla **frequenza relativa** con cui l'evento stesso compare in un campione molto ampio di osservazioni, dove per frequenza relativa di un evento si intende il rapporto tra il numero di volte in cui si è verificato nel campione una data modalità di un carattere e il numero di unità del campione. La frequenza relativa dell'evento in una distribuzione statistica si assume, quindi, come stima della probabilità incognita dell'evento.

Esempio

Dato un campione di 10.000 neonati, rispettivamente di 5.100 **M**aschi e 4.900 **F**emmine, tenendo conto della frequenza relativa dei neonati, distinti per sesso, la probabilità di ciascun sesso alla nascita sia così definita:

$$P(\mathbf{M}\text{aschio}) = \frac{5.100}{10.000} = 0{,}51; \qquad P(\mathbf{F}\text{emmina}) = \frac{4.900}{10.000} = 0{,}49$$

La frequenza relativa è una buona stima della probabilità incognita solo se il campione delle osservazioni è sufficientemente ampio da assicurare una tendenziale stabilità della frequenza al crescere delle osservazioni.

Definizione su scommessa

Dati due eventi contrapposti, A e B, si immagini di scommettere sull'avverarsi di A contro B impegnando una posta s (perdita certa), a fronte di una vincita S (incerta). Il rapporto (odds) tra la puntata s e la vincita S di A contro B misura la fiducia che lo scommettitore ideale ha dell'avverarsi, rispettivamente, di A e B; in simboli: $P(A) = s/S$.

Esempio

Se lo scommettitore è disposto a scommettere 100 su *A* per ricevere 400 nel caso in cui *A* si avvera (e ovviamente a perdere 100 nel caso in cui *A* non si avvera), la probabilità vale $P(A) = 100/400 = 0{,}25$. Ne segue che $P(B) = 0{,}75$.
La scommessa di *A* contro *B* è di 1 a 3.

Consideriamo alcuni esempi in cui sono forniti dei dati sulla base dei quali produrre la risposta probabilistica.

Esempio

Una persona deve lanciare per sei volte un dado in rapida successione. Qual è la sequenza più probabile tra quelle sotto riportate?

A. 444445
B. 111111
C. Nessuna

Per rispondere correttamente occorre evitare di incorrere nell'errore dovuto alla cosiddetta "*euristica della rappresentatività*" che favorisce una distorsione di giudizio, inducendoci a considerare la sequenza C, 126453 come molto più probabile delle altre perché le altre ci appaiono troppo ordinate, e quindi non dovute al caso. Dal punto di vista del calcolo della probabilità i sei lanci del dado sono indipendenti e quindi le probabilità delle sequenze presentate sono perfettamente identiche (risposta C).

Esempio

Qual è la meno probabile?

A. 444445
B. 111111
C. Nessuna

La risposta alla domanda è ugualmente risolvibile. Si è propensi a segnalare come meno probabile la sequenza 111111, che tuttavia ha la stessa probabilità di verificarsi delle altre sequenze presentate (risposta C).

Esempio

In un ipotetico ordine di nascita negli ospedali italiani indicare se vi sono ed eventualmente quali sono le coppie di sequenze equiprobabili (cioè che hanno la stessa probabilità di verificarsi):

A. MMMMFM e FFMFFF
B. FFFFMF e FMMFFM
C. Tutte equiprobabili

In base a quanto detto, la risposta corretta è quella corrispondente alla lettera C: sono tutte equiprobabili.

3.9.4 Probabilità condizionate

Dati due eventi A e B, la probabilità dell'avverarsi di A se si è avverato B, cioè la probabilità di A condizionato a B, $P(A|B)$, è uguale alla probabilità dell'intersezione $A \cap B$ (o, simmetricamente, $B \cap A$):

$$P(A \cap B) = P(A)P(B|A) = P(B)P(A|B)$$

quindi

$$P(A|B) = \frac{P(A)P(B|A)}{P(B)}$$

Se A e B sono tra loro indipendenti $P(A|B) = P(A)$ e $P(B|A) = P(B)$, quindi:

$$P(A \cap B) = P(A)P(B)$$

Esempio

Un'urna contiene tre palline nere (indicate con N_1, N_2, N_3) e due rosse (indicate con R_1 e R_2); supponiamo di estrarre dall'urna due palline senza reimmissione nell'urna, ovvero senza rimettere la prima pallina estratta nell'urna.

1) Qual è la probabilità che la seconda pallina sia rossa?
2) Qual è la probabilità che la seconda pallina sia rossa, supposto che la prima pallina sia nera?
3) Qual è la probabilità che ambedue le palline siano rosse?

La prova è l'estrazione di due palline da un'urna.

1) Gli eventi elementari sono:
   E_1\{prima pallina nera, seconda pallina rossa\}
   E_2\{prima pallina rossa, seconda pallina rossa\}

Gli eventi individuati sono a loro volta eventi intersezione di altri eventi. Più precisamente:

$E_1 = N_1 \cap R_2$ $\quad$ $E_2 = R_1 \cap R_2$

dove:

- N_1 e R_2 sono tra loro dipendenti;
- R_1 e R_2 sono tra loro dipendenti.

L'evento unione degli eventi dati è:

E\{seconda pallina rossa\} = $E\{R_2\}$

Calcoleremo le probabilità degli eventi come rapporto tra casi favorevoli e casi possibili.

Le probabilità $P(R_2|N_1)$ e $P(R_2|R_1)$ sono calcolate considerando che all'atto dell'estrazione della seconda pallina il numero totale di palline estraibili si riduce da 5 a 4. Si ha:

$$P(E) = P(E_1) + P(E_2) = P(N_1 \cap R_2) + P(R_1 \cap R_2) =$$
$$= P(N_1) \cdot P(R_2|N_1) + P(R_1) \cdot P(R_2|R_1) =$$
$$= \frac{3}{5} \cdot \frac{2}{4} + \frac{2}{5} \cdot \frac{1}{4} = \frac{3}{10} + \frac{1}{10} = \frac{4}{10} = \frac{2}{5} = 0{,}4$$

2) L'evento complesso, intersezione dei due eventi elementari N_1 e R_2, è:
   E\{prima pallina nera, seconda pallina rossa\}

La probabilità del verificarsi di tale evento è:

$$P(E)=P(N_1 \cap R_2)=P(N_1)\cdot P(R_2|N_1)=\frac{3}{5}\cdot\frac{2}{4}=\frac{3}{10}=0,3$$

in quanto R_2 e N_1 sono tra loro dipendenti.

3) L'evento complesso, intersezione dei due eventi elementari R_1 e R_2, è:
   E{prima pallina rossa, seconda pallina rossa}

Gli eventi elementari R_1 e R_2 sono tra loro dipendenti e non equiprobabili.
Abbiamo quindi:

$$P(E)=P(R_1 \cap R_2)=P(R_1)\cdot P(R_2|R_1)=\frac{2}{5}\cdot\frac{1}{4}=\frac{1}{10}=0,1$$

Un altro esempio un po' più complesso del precedente è riportato di seguito.

Esempio
Un sacchetto contiene un certo numero di palline rosse e una pallina nera. Se si estraggono contemporaneamente due palline, la probabilità che siano entrambe rosse è 1 su 2. Quante palline complessive contiene il sacchetto prima delle estrazioni?

A. 6
B. 7
C. 4

La risposta corretta è C. Siccome le palline a ogni estrazione non sono reintrodotte nel sacchetto perché estratte contemporaneamente, le estrazioni sono dipendenti; la composizione del sacchetto cambia da un'estrazione all'altra e, quindi, la probabilità di ottenere una pallina rossa alla seconda estrazione è diversa dalla probabilità di ottenere una pallina rossa alla prima estrazione. Sia x il numero di palline rosse contenute nel sacchetto, poiché il sacchetto contiene 1 pallina nera, il numero di palline nel sacchetto è pari a $1 + x$. Alla seconda estrazione, poiché non è prevista reintroduzione nel sacchetto, il numero di palline rosse diviene $x - 1$ e il numero totale di palline contenute nel sacchetto è $1 + (x - 1)$. Siano R_1 e R_2 le due palline rosse, in base ai dati si ha:

$$P(R_1 \cap R_2)=P(R_1)\cdot P(R_2 | R_1)=\frac{x}{1+x}\cdot\frac{x-1}{1+(x-1)}=\frac{1}{2}$$

da cui:

$$P(R_1 \cap R_2)=P(R_1)\cdot P(R_2 | R_1)=\frac{x-1}{1+x}=\frac{1}{2}$$

Dopo semplici passaggi si ottiene il valore incognito della $x = 3$. Essendo 3 le palline rosse, il numero di palline contenute nel sacchetto è $3 + 1 = 4$.

La probabilità di un evento può essere anche espressa in termini percentuali, come mostrato negli esempi che seguono.

Esempio
In un cesto ci sono 50 palline colorate (20 bianche, 10 rosse, 15 verdi e 5 blu).

1) Che probabilità c'è, in percentuale, di estrarre una pallina verde?
2) Che probabilità c'è di estrarre una pallina non blu?
3) Che probabilità c'è di estrarre una pallina bianca seguita da una rossa?

Si tratta di esercizi risolvibili mediante semplici formule; conviene cercare di risolverli senza guardare le alternative.

1) Se nel cestino ci sono 50 palline di cui 15 verdi, ho statisticamente 15 possibilità su 50 di estrarre una pallina verde, quindi:

$$\frac{15}{50}=0{,}3\times 100=30\%$$

2) Nel cestino vi sono solo 5 palline blu e 45 non blu. In questo caso:

$$\frac{45}{50}=0{,}9\times 100=90\%$$

L'esercizio poteva anche essere risolto sommando singolarmente le probabilità di estrazione di una pallina verde, rossa e bianca.

$$\frac{20}{50}=40\% \qquad \frac{10}{50}=20\% \qquad \frac{15}{50}=30\% \qquad \text{Totale}=90\%$$

3) Nel terzo caso la risposta richiede un minimo di ragionamento.
Prima dell'estrazione della pallina bianca ho il 20/50 = 40% di probabilità di estrarne una. Dopo aver estratto la pallina bianca ho il 10/49 = 20,4 ≃ 20% di possibilità di estrarne una rossa (dopo la prima estrazione c'è una pallina in meno nel cestino). La probabilità di due estrazioni consecutive è il prodotto delle probabilità, quindi:

$$\frac{20}{50}\times\frac{10}{49}=\frac{200}{2450}=\frac{4}{49}=8{,}16\%$$

3.9.5 Teorema delle probabilità totali

Alcuni quesiti richiedono l'applicazione del *teorema delle probabilità totali*, secondo cui siano E_i = i = 1, 2, ..., n una partizione dello spazio campione, per ogni evento A appartenente a tale spazio, si ha:

$$P(A)=\sum_{i=1}^{n}P(E_i)P(A|E_i)$$

Un esempio è riportato di seguito.

Esempio
Il 25% dei dipendenti di una casa editrice è costituito da maschi; il 30% di questi sono castani, mentre tra le femmine il 40% sono castane. Qual è la probabilità che, scegliendo a caso un dipendente, questi sia un castano?

A. 0,750
B. 0,250
C. 0,375

La risposta esatta è la C.

Nella figura seguente, è schematizzata la situazione proposta nel quesito:

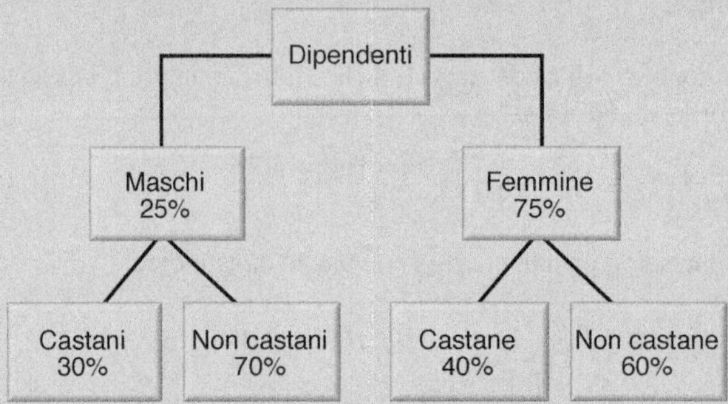

I dipendenti della casa editrice sono per il 25% uomini e per il 100 – 25 = 75% donne.
A loro volta, dei dipendenti uomini, il 30% sono castani, ovvero in percentuale gli uomini castani sono:

$$P(\text{Maschio} \mid \text{castano}) = 0{,}25 \times 0{,}30 = 0{,}075$$

che rappresenta la probabilità che, scelto a caso un dipendente, questi sia un maschio castano.
Delle dipendenti donne, il 40% sono castane, ovvero in percentuale le donne castane sono:

$$P(\text{Femmina} \mid \text{castana}) = 0{,}75 \times 0{,}40 = 0{,}30$$

che rappresenta la probabilità che, scelto a caso un dipendente, questi sia una femmina castana.
Scegliendo a caso un dipendente, la probabilità che sia un castano si ottiene sommando i valori delle probabilità appena ottenute:

$$P(\text{dipendente castano}) = P(\text{Maschio} \mid \text{castano}) + P(\text{Femmina} \mid \text{castana}) =$$
$$= 0{,}075 + 0{,}30 = 0{,}375$$

3.9.6 Probabilità e calcolo combinatorio

Talvolta, per determinare i casi favorevoli e i casi possibili relativi al verificarsi di determinati eventi sono applicati i concetti propri del calcolo combinatorio.
Si consideri il seguente esempio.

Esempio
Qual è la probabilità (approssimata) di ottenere un ambo al lotto giocando due numeri su una sola ruota?

A. $\dfrac{\dbinom{87}{3}}{\dbinom{90}{5}}$

B. $\dfrac{\dbinom{88}{3}}{\dbinom{90}{5}}$

C. $\frac{\binom{88}{5}}{\binom{90}{5}}$

In una ruota ci sono 5 numeri, i casi favorevoli sono quelli in cui i due numeri giocati sono fissi e gli altri 3 numeri sono variabili, ossia tutte le terne che si possono formare con gli 88 numeri restanti. I casi favorevoli sono dunque pari al numero di combinazioni semplici di 88 elementi a gruppi di 3: $C_{88,\,3}$.
I casi possibili sono tutte le cinquine che si possono formare con i 90 numeri, pari al numero di combinazioni semplici di 90 elementi a gruppi di 5: $C_{90,\,5}$.
Pertanto, la probabilità richiesta è:

$$P(E)=\frac{\binom{88}{3}}{\binom{90}{5}}=0{,}002496879...$$

La risposta corretta è la B.

3.10 Esercizi su spazio, velocità e tempo

I quesiti su spazio, velocità e tempo non richiedono particolari strategie risolutive da adottare ma, in generale, la conoscenza delle relazioni fondamentali tra queste tre grandezze.
Lo spazio s percorso e il tempo t di percorrenza sono due grandezze direttamente proporzionali.
Difatti, due grandezze sono direttamente proporzionali se il loro rapporto è costante; il rapporto tra spazio percorso s e tempo di percorrenza t è proprio pari alla velocità v con cui procede il soggetto del quesito ed è supposta costante; pertanto, le tre grandezze sono legate dalla relazione:

$$v=\frac{s}{t}$$

che rappresenta la legge fisica del moto rettilineo uniforme.
Da tale relazione si ricava la relazione inversa che esprime il tempo t in funzione dello spazio s e della velocità t:

$$t=\frac{s}{v}$$

Analogamente, per determinare lo spazio percorso in un dato tempo e a una data velocità, la relazione da applicare è la seguente:

$$s=v\cdot t$$

La velocità v e lo spazio percorso s sono grandezze direttamente proporzionali. Pertanto, fissato un tempo t, se raddoppia, o triplica, o quadruplica, …, la velocità con cui si procede allora raddoppia, triplica, quadruplica, …, anche lo spazio che si percorre.

Talvolta, determinati quesiti richiedono il calcolo del **tempo di reazione**, ossia del tempo che intercorre dal momento della percezione di una situazione di pericolo all'inizio della frenata. Durante tale tempo il veicolo percorre uno spazio, definito spazio totale di arresto o distanza di arresto, pari allo spazio percorso nel tempo di reazione, detto **spazio di reazione**, più quello percorso durante la frenata, detto **spazio di frenata**. La lunghezza di tale spazio dipende anche dalla velocità del veicolo.

Consideriamo un quesito in cui si richiede di calcolare il valore della grandezza *tempo*.

Esempio

Per raggiungere il suo ufficio, Davide può percorrere due strade diverse.
La prima è una strada di 6 km lungo la quale si incontrano tre semafori, che costringono Davide a fermarsi al rosso a ciascun semaforo per tre minuti in media.
La seconda è una strada di 8 km, lungo la quale si incontra solo un semaforo che costringe Davide a fermarsi per due minuti in media.
Quando Davide non è fermo a un semaforo, guida a una velocità media di 24 km/h. Quanto tempo risparmia in media Davide percorrendo la strada più veloce?

A. 2 minuti
B. 1 minuto
C. 7 minuti

La risposta corretta è la A. Se procede a una velocità media di 24 km/h, per conoscere il tempo impiegato per percorrere le due strade, considerando il tempo di sosta ai semafori, ragioniamo nel modo seguente.
Sia $t_{6\,km}$ il tempo (in minuti) impiegato per percorrere la strada lunga 6 km, in assenza di semaforo; per conoscere il tempo impiegato per percorrere tale strada a una velocità di 24 km/h, si applica la relazione del tempo t in funzione dello spazio e della velocità, da cui:

$$t_{6\,\text{km}} = \frac{s}{v} = \frac{6\text{ km}}{24\text{ km/h}} = \frac{1}{4}\text{ h} = 15\text{ min}$$

Per la diretta proporzionalità tra le grandezze, avremmo potuto risolvere il quesito impostando la proporzione:

$$24 : 60 = 6 : t_{6\,\text{km}}$$

da cui il termine incognito (un estremo) lo avremmo ricavato dal quoziente tra prodotto dei medi e l'altro estremo.
Considerando che, lungo tale strada, l'automobilista è costretto a fermarsi a 3 semafori, per un tempo di 3 min ciascuno, il tempo totale impiegato è:

$$t_{\text{comp}\,6\,\text{km}} = 15 + 3 \times 3 = 24\text{ min}$$

Sia $t_{8\,km}$ il tempo (in minuti) impiegato per percorrere la strada lunga 8 km, in assenza di semaforo; per conoscere il tempo impiegato per percorrere tale strada, sempre a una velocità di 24 km/h, si applica la relazione del tempo t in funzione dello spazio e della velocità:

$$t_{8\,\text{km}} = \frac{s}{v} = \frac{8\text{ km}}{24\text{ km/h}} = \frac{1}{3}\text{ h} = 20\text{ min}$$

Avremmo potuto risolvere il quesito impostando la proporzione:

$$24 : 60 = 8 : t_{8\,\text{km}}$$

da cui il termine incognito (un estremo) lo avremmo ricavato dal quoziente tra prodotto dei medi e l'altro estremo.

Considerando che, lungo tale strada, l'automobilista è costretto a fermarsi a 1 semaforo, per un tempo di 2 min, il tempo totale impiegato è:

$$t_{comp\ 8\ km} = 20 + 2 = 22\ min$$

Percorrendo la strada più veloce, ossia quella di 8 km, l'automobilista risparmia, in media, 24 – 22 = 2 min.

Consideriamo un quesito in cui si richiede di calcolare il valore della grandezza *distanza*.

Esempio

La distanza tra la città A e la città B è di 200 km. Alle nove di mattina un treno parte da A diretto a B e, viceversa, un treno parte da B diretto ad A. Un'ora dopo, il primo treno ha percorso metà del tragitto. Sapendo che il secondo viaggia a 2/5 della velocità del primo, quanto sono distanti i due treni alle 10 del mattino?

A. Alle 10 del mattino i due treni si sono già incontrati
B. 100 km
C. 60 km

La risposta corretta è la C.
Il tragitto da A a B (o da B ad A) è di 200 km.

Dopo un'ora, ossia alle 10 del mattino, il treno A ha percorso metà del tragitto, ossia 100 km; la sua velocità è pertanto v_A = 100 km/h.
Il treno B viaggia con una velocità pari ai 2/5 della velocità del treno B, ossia a:

$$v_B = \frac{2}{5} \cdot 100\ km/h = 40\ km/h$$

Il treno B ha percorso alle 10 del mattino 40 km.
La distanza tra i due treni, a quell'ora, è, appunto, 100 km – 40 km = 60 km.

Vediamo un altro esempio che costituisce una variante sul tema (Legrenzi, 1996).

Esempio

Bianchi è andato dalla città A alla città B in *x* ore. Nel viaggio di ritorno, per la stessa strada, la sua velocità media è raddoppiata. Quale delle seguenti espressioni corrisponde al numero totale di ore impiegate da Bianchi per il viaggio di andata e ritorno?

A. 2/3 *x*
B. 3/2 *x*
C. 5/3 *x*

Se il signor Bianchi all'andata ha impiegato *x* ore, al ritorno, avendo raddoppiato la velocità media, avrà impiegato *x*/2 (cioè la metà del tempo dell'andata).
Pertanto, l'espressione della somma dei due tempi è data da *x*+*x*/2, quindi 3/2*x*. Infatti 2/2 + 1/2 è uguale a 3/2.

Un altro esempio di test sulle distanze o una sua variante, che potreste incontrare, è il seguente.

Esempio

Un'auto percorre 20000 km nel corso di un lungo viaggio. Per ridurre i consumi le cinque ruote vengono intercambiate con regolarità. Quanti chilometri avrà percorso ogni gomma alla fine del viaggio?

A. 15000
B. 10000
C. 16000

Per risolvere questa tipologia di problemi si può ricorrere a due modalità risolutive, di cui una fa ricorso al semplice calcolo matematico, l'altra ad una forma di aiuto grafico:

- la soluzione matematica parte dal seguente ragionamento: dividiamo i 20000 chilometri per il numero totale delle ruote (5). Questo passaggio ci serve per stabilire ogni quanti chilometri dovrà essere intercambiata la ruota: la ruota dovrà essere sostituita ogni 4000 km. Poiché la macchina monta al massimo 4 ruote sappiamo che la ruota di scorta inizialmente non ha percorso i primi 4000 chilometri, ma percorrerà i restanti 16000 (20000 – 4000 = 16000 km). La risposta giusta è dunque 16000 chilometri.
- Un altro modo per risolvere il problema potrebbe fare ricorso all'aiuto di un semplice grafico. Tracciamo una linea sul foglio che rappresenta i 20000 chilometri:

km 0 km 20000

Suddividiamo la linea in cinque parti uguali, tante quante sono le ruote dell'auto:

1234 2345 3451 4512 5123

e segniamo al primo segmento le ruote montate (la ruota 1, la ruota 2, ecc.). Al secondo segmento sostituiamo la ruota 1 con la ruota di scorta che abbiamo etichettato con il numero 5, e poi al terzo segmento sostituiamo la ruota 2 e reintroduciamo la ruota 1 e così via. Arrivati all'ultimo segmento, notiamo che ogni ruota è presente in 4 segmenti.

Dato che la linea totale rappresenta la lunghezza del percorso, sappiamo che ciascun segmento rappresenta 4000 chilometri, per cui verifichiamo quante volte è presente ad esempio la ruota numero 1 (in grassetto è evidenziato il numero di volte che la ruota numero 1 è stata montata). Moltiplicando 4000 chilometri per il numero di volte in cui una ruota è stata montata (4 volte) otteniamo il numero di chilometri percorsi dalla ruota 1, cioè 16000 chilometri.

1234 2345 345**1** 45**1**2 5**1**23

Di seguito, proponiamo un quesito in cui si richiede di calcolare il valore della grandezza *velocità*.

Esempio

Alle ore 13:30 il contachilometri di un'automobile segna 11.715. Sapendo che alle ore 15:00 il contachilometri segna 11.865, qual è stata la sua velocità media?

A. 105 km/h
B. 60 km/h
C. 100 km/h

La risposta esatta è la C.

Per calcolare la velocità media dell'automobile, dobbiamo conoscere lo spazio percorso e il tempo. Lo spazio percorso si ottiene calcolando la differenza tra i due valori sul contachilometri nei due tempi considerati:

$$s = 11.865 - 11.715 = 150 \text{ km}$$

Il tempo è la differenza tra i due orari:

$$t = 15{:}00 - 13{:}30 = 1 \text{ h } 30 \text{ m}$$

ossia 1,5 h.
A questo punto, calcoliamo la velocità media usando la formula:

$$v = \frac{150 \text{ km}}{1{,}5 \text{ h}} = 100 \text{ km / h}$$

3.11 Esercizi sulle pesate

Sono quesiti in cui si devono pesare alcuni elementi che sono uguali tra loro tranne uno che ha un peso diverso. Le domande possono essere relative a quesiti con la bilancia a uno o a due piatti.
Nella risoluzione, si spiegheranno contestualmente le strategie risolutive per entrambe le tipologie.

Esempio
Jack possiede 12 pipe apparentemente identiche, una delle quali è però più pesante delle altre. Avendo a disposizione una bilancia a due piatti, quante pesate saranno sufficienti per essere certi di individuarla?

A. 4
B. 7
C. 3

La risposta corretta è la C. La strategia risolutiva non è immediata perché prevede di pesare due gruppi di elementi alla volta. Dopo la prima pesata, le 6 pipe del piatto più pesante, dove c'è quindi la pipa più pesante, verranno ripesate.
Viene pesato quindi in seguito il gruppo delle 6 pipe più pesanti suddividendolo in due gruppi da 3 e 3. La terza pesata prevede di comparare solo due pipe tra loro, perché nel caso in cui il peso delle due pipe risultasse uguale sarebbe proprio la pipa non pesata quella di peso differente. Altrimenti la bilancia segnalerà quale delle due pipe è la più pesante.
Vediamo la risoluzione in modo schematico:

	Piatto 1	Piatto 2	Non pesato
1ª pesata	6 pipe	6 pipe	–
2ª pesata	3 pipe	3 pipe	–
3ª pesata	1 pipa	1 pipa	1 pipa

Consideriamo altri quesiti.

Esempio
Ci sono dieci pile di dieci monete da 50 centesimi ciascuna. Uno dei mucchietti è fatto di sole monete false, ma non sapete quale. È noto però il peso di una moneta buona e si sa che una

moneta falsa pesa un grammo in più del dovuto. Qual è il numero minimo di pesate necessarie a determinare qual è il mucchietto di monete false?

A. Una sola pesata
B. Tre pesate
C. Cinque pesate

Numeriamo i dieci mucchietti di monete con i numeri da 1 a 10. Nel mucchietto *n* lasciamo *n* monete. Quindi, ad esempio, nel quarto mucchietto lasceremo 4 monete, nel quinto ne lasceremo 5 e così via. Per fissare le idee supponiamo che una moneta originale pesi 10 grammi, di conseguenza una moneta falsa peserà 10 + 1 = 11 grammi. Se i mucchietti creati fossero tutti composti da monete originali, per il fatto che in ognuno abbiamo lasciato un numero progressivo di monete, essi dovrebbero pesare secondo quanto presentato in tabella:

Mucchietto	1	2	3	4	5	6	7	8	9	10	Totale
Peso (grammi)	10	20	30	40	50	60	70	80	90	100	550

Sappiamo però che uno di questi è composto da monete false, per cui, se ad esempio tale mucchietto è il quarto esso peserà non 40 grammi ma 4 × 11 = 44 grammi e il totale dei mucchietti peserà 554 grammi. Se invece il mucchietto di monete false fosse l'ottavo allora esso peserebbe 88 grammi invece che 80 e il totale delle monete a sua volta peserebbe 558 grammi.
Notiamo perciò che siamo in grado, con un'unica pesata, di determinare il mucchietto di monete false. Basta pesare tutti insieme i mucchietti. La bilancia indicherà un peso pari a 550 grammi + *x* grammi. A seconda di quanto valgono quegli *x* grammi in più determineremo il mucchietto con le monete false proprio come il mucchietto denotato con il numero *x*.
Basta una sola pesata (risposta A).

Esempio
Con una bilancia a due piatti s'intende individuare, fra 54 palline, l'unica che ha peso superiore alle altre (le altre 53 hanno tutte lo stesso peso). Quante pesate al massimo sono necessarie per identificare la pallina più pesante?

A. Quattro
B. Sei
C. Cinque

Nella prima pesata si pongono 54 : 3 = 18 palline su ambo i piatti della bilancia e se ne lasciano 18 da parte. Se la bilancia pende su uno dei lati, allora quello contiene il mucchietto nel quale vi è la pallina più pesante. Se la bilancia è in equilibrio, allora la pallina più pesante è nel mucchietto tenuto da parte. Per la seconda pesata, si considera il mucchietto da 18 palline tra le quali vi è quella più pesante. Nella seconda pesata, si pongono 18 : 3 = 6 palline su ambo i piatti della bilancia e si tengono da parte 6 palline.

Nel caso la bilancia resti in equilibrio allora il mucchietto da 6 messo da parte, contiene quella più pesante, viceversa la bilancia penderà dal lato delle 6 palline con quella più pesante, che vengono considerate per la pesata successiva. Nella terza pesata, si pongono 6 : 3 = 2 palline su entrambi i piatti della bilancia e se ne lasciano 2 da parte. Nel caso la bilancia resti in equilibrio, allora tra le due palline scartate vi è quella più pesante, viceversa la bilancia pende dal lato delle 2 palline con quella più pesante, che vengono selezionate per la pesata successiva. Nella quarta e ultima pesata, si pone una pallina su entrambi i piatti; in questo modo la bilancia ci indica la pallina più pesante, pendendo dalla sua parte. Riusciamo, quindi, a risolvere il quesito con un massimo di 4 pesate (risposta A).

Esempio
Con una bilancia a piatti e un certo numero di pesi si vogliono pesare oggetti di peso inferiore a 125 g con un errore non superiore a un grammo.
Inoltre non si possono mettere pesi nel piatto su cui poggia l'oggetto. Qual è il numero minimo di pesi sufficiente a tale scopo?
A. 8
B. 16
C. 7
La risposta corretta è la C. I pesi sono di: 1, 2, 4, 8, 16, 32, 64. In tal modo la somma può coprire tutti i numeri interi fino a 127 grammi. Tutto ciò è possibile perché è presente la possibilità di un errore fino a un grammo.

3.12 Interpretazione di dati da tabelle (ragionamento critico-numerico)

L'abilità di trattare ed estrapolare informazioni numeriche dai dati presentati sotto forma di tabella può essere saggiata attraverso test appositamente predisposti.
Il più delle volte si presentano diversi dati sotto forma di tabella e poi si formulano una o più domande inerenti a essa.
I quesiti appartenenti a tale tipologia sono, spesso, identificati con la denominazione di quesiti di ragionamento critico-numerico.
Per la risoluzione di tali quesiti, occorre eseguire operazioni aritmetiche utilizzando i dati in esse contenuti.
Si osservino attentamente le tabelle riportate, di seguito saranno riportati alcuni esempi di quesiti: si risponda alle domande successive indicando l'unica risposta corretta.

Donne occupate in Italia per distribuzione geografica e area lavorativa
Periodo t

Area attività	Nord	Centro	Sud	Totale
Ricerca e Cultura	76.453	39.242	35.600	151.295
Ambiente	140.210	57.696	147.500	345.406
Servizi alla persona	229.501	81.032	68.128	378.661
Tecnica specializzata	203.068	91.867	99.738	394.673
Amministrativa	896.525	331.478	267.729	1.495.732
Informatica	12.585	3.734	2.330	18.649
Educazione e formazione	354.169	166.668	330.277	851.114
Assistenza e cura	47.301	11.886	21.634	80.821
Vendita	519.379	208.657	213.368	941.404
Artistica	11.556	8.739	3.694	23.989
Mestieri e artigianato	427.582	172.819	113.478	713.879
Lavori non qualificati	999.180	337.022	450.789	1.786.991
Totale	**3.934.828**	**1.524.215**	**1.767.345**	**7.226.388**

Donne occupate in Italia per distribuzione geografica e area lavorativa Periodo t + 1				
Area attività	**Nord**	**Centro**	**Sud**	**Totale**
Ricerca e Cultura	91.454	46.790	44.033	182.277
Ambiente	127.021	41.551	105.982	274.554
Servizi alla persona	223.968	88.296	75.449	387.713
Tecnica specializzata	262.267	90.460	103.736	456.463
Amministrativa	920.436	347.560	262.468	1.530.464
Informatica	9.815	7.709	2.019	19.543
Educazione e formazione	329.472	167.521	355.804	852.797
Assistenza e cura	64.296	20.317	23.295	107.908
Vendita	520.273	207.788	190.585	918.646
Artistica	21.286	6.127	1.745	29.158
Mestieri e artigianato	372.448	155.836	112.851	641.135
Lavori non qualificati	1.085.246	324.858	365.941	1.776.045
Totale	**4.044.225**	**1.516.333**	**1.652.265**	**7.212.823**

Esempio

Confrontando i dati relativi all'occupazione femminile nei servizi alla persona del periodo t con quelli del periodo t + 1 è possibile affermare che:

A. il numero di donne occupate nei servizi alla persona è aumentato in tutte le aree territoriali (Nord, Centro e Sud Italia)
B. il numero di donne occupate nei servizi alla persona è aumentato solo al Nord Italia
C. il numero di donne occupate nei servizi alla persona è aumentato nel suo totale ma diminuito nel Nord Italia

Per rispondere al quesito occorre confrontare i dati delle due tabelle. Questo tipo di test richiede attenzione e velocità nella ricerca delle informazioni.
La prima risposta "Il numero di donne occupate nei servizi alla persona è aumentato in tutte le aree territoriali (Nord, Centro e Sud Italia)" richiede di confrontare i dati delle due tabelle relative alle informazioni inerenti i Servizi alla Persona nelle tre aree geografiche in cui sono raggruppati i dati. Qui è necessario confrontare i dati della tabella del periodo t con quello del periodo t + 1 solamente osservando il numero di donne impiegate nella riga Servizi alla persona delle tre aree. Da un rapido confronto si osserva che a Nord le donne impiegate nel settore sono diminuite passando da 229mila circa a 223mila circa. La risposta A è dunque da scartare.
La seconda affermazione "Il numero di donne occupate nei servizi alla persona è aumentato solo al Nord Italia" è falsa, infatti, come già osservato, al Nord si è verificata una riduzione del personale occupato nei servizi alla persona. La risposta B è dunque errata.
Esaminiamo la terza affermazione "Il numero di donne occupate nei servizi alla persona è aumentato nel suo totale ma diminuito nel Nord Italia". Siamo già a conoscenza del fatto che il numero delle donne occupate nei servizi alla persona è diminuito di circa 6mila unità nel Nord Italia, dobbiamo verificare se è vero che nel totale il numero delle donne occupate in questa categoria sia effettivamente aumentato. Stavolta il dato che andiamo a ricercare sarà sulla colonna del totale individuata sulla riga Servizi alla persona e possiamo affermare con certezza che l'alternativa è corretta, infatti da poco più di 378mila si arriva a 387.713 donne occupate nel settore in esame.

L'esempio seguente fa riferimento alle stesse tabelle proposte in precedenza.

Esempio
Confrontando i dati generali dell'occupazione femminile nelle tre aree territoriali si può affermare che:

A. l'occupazione femminile è aumentata in termini assoluti dal periodo t al periodo t + 1
B. l'occupazione femminile è aumentata in termini assoluti dal periodo t al periodo t + 1 solo nel Nord Italia
C. l'occupazione femminile è drasticamente diminuita in termini assoluti dal periodo t al periodo t + 1

Questo blocco di affermazioni richiede il confronto dei valori assoluti di tutta l'occupazione femminile italiana, quindi dobbiamo controllare un solo dato, quello del totale generale (in basso a destra della tabella) cioè il dato 7.226.388 della prima tabella con quello della seconda, 7.212.823, del totale relativo al Nord Italia per le due tabelle, e del totale Sud Italia nei due anni in considerazione.
Da ciò si evince che è vera l'affermazione "l'occupazione femminile è aumentata in termini assoluti dal periodo t al periodo t + 1 solo nel Nord Italia", infatti si passa da poco più di 3.934.000 a 4.044.225 unità.

Un ulteriore quesito che potrebbe essere posto sulle tabelle riportate in precedenza è il seguente.

Esempio
Osservando i dati forniti dalla tavola relativa al periodo t + 1 è possibile affermare che:

A. i lavori non qualificati occupano il maggior numero di donne in termini assoluti
B. il numero di donne occupate nel settore artistico è molto simile in tutte le zone territoriali (Nord, Centro e Sud Italia)
C. l'attività lavorativa che occupa meno donne è quella artistica

Questo blocco di domande richiede di osservare soltanto la tabella relativa al periodo t + 1. È vera l'affermazione A, "i lavori non qualificati occupano il maggior numero di donne in termini assoluti", infatti occupano circa 1.776.000 persone.

3.13 Interpretazione di dati da grafici

Talvolta i dati possono essere presentati sotto forma di grafico. Il grafico è un sistema di rappresentazione visiva di valori numerici, che rende i dati maggiormente comprensibili e rende più immediata la comparazione tra valori diversi. La scelta tra le varie tipologie di grafico dipende dai dati che si vuol fare emergere. Per esempio, partendo dai valori contenuti nelle tabelle sull'occupazione femminile analizzate nel paragrafo precedente, proviamo a vedere alcune possibili rappresentazioni grafiche.

3.13.1 I diagrammi a barre

I **diagrammi a barre** sono i grafici più comuni; possono essere di due tipi: a **colonne** o a **nastri**. Consistono in una successione di **rettangoli** (colonne o nastri) **equidistanti**, tanti quante sono le categorie, la cui altezza (o lunghezza) è proporzionale ai valori della categoria corrispondente.

Tali diagrammi si servono spesso di un sistema di riferimento cartesiano ortogonale. Se si devono rappresentare saldi di un fenomeno e tra gli stessi compaiono valori negativi, occorre utilizzare anche il secondo e il quarto quadrante del riferimento, rispettivamente, per un ortogramma a nastri e per un ortogramma a colonne.

Esempi

Nel grafico sotto riportato vengono rappresentati i dati sull'occupazione femminile in un determinato periodo divisi per aree geografiche (Nord, Centro, Sud). Sulle ordinate sono indicati i valori numerici, sulle ascisse le aree geografiche. Per ciascuna area i dati sono ripartiti per settori occupazionali (Ricerca e cultura, Ambiente, Servizi alla persona, Tecnica specializzata).

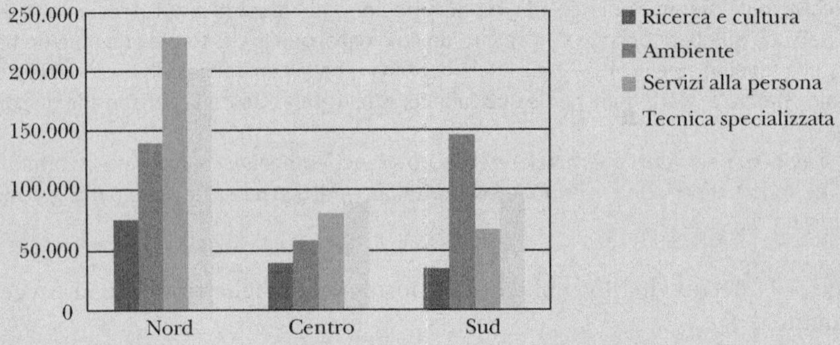

Sulla base dei dati riportati nel grafico, quale area geografica evidenzia una maggiore presenza nei servizi alla persona?

A. Sud
B. Nord
C. Centro

Per ciascuna area geografica, i servizi alla persona sono rappresentati dal terzo rettangolo. Si vede chiaramente che la presenza più massiccia si ha a Nord, dove supera le 200.000 unità. La risposta esatta è la B.

Il seguente grafico rappresenta sempre l'occupazione femminile in un determinato periodo: sulle ordinate abbiamo sempre i valori numerici, sulle ascisse questa volta abbiamo i diversi settori occupazionali con i dati raggruppati per area.
Mentre il primo grafico mette in risalto le differenze di occupazione tra aree geografiche, il secondo evidenzia le differenze tra settori occupazionali.

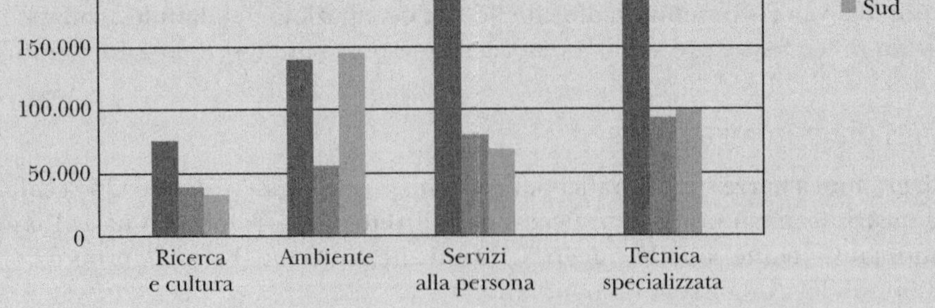

Qual è il rapporto tra il settore Ambiente e il settore Ricerca e cultura al Sud?

A. Il primo è maggiore del secondo
B. Il primo è minore del secondo
C. Sono equivalenti

Per ciascun settore occupazionale, il Sud è rappresentato dal terzo rettangolo. Si nota chiaramente che il settore Ambiente raggiunge quasi le 150.000 unità e il settore Ricerca e cultura, invece, non arriva neanche alle 50.000. La risposta esatta è dunque la A.

3.13.2 I grafici a torta

I **grafici a torta**, definiti anche **aerogrammi** o **diagrammi circolari**, sono grafici utilizzati in statistica descrittiva per rappresentare distribuzioni di frequenze (assolute, relative o percentuali) di **caratteri qualitativi**.

Un diagramma circolare è costruito dividendo il cerchio in settori circolari che mostrano le proporzioni delle parti rispetto all'insieme: l'area del cerchio esprime l'intensità o la frequenza totale (in termini assoluti, relativi o percentuali) del carattere esaminato, mentre le aree dei settori circolari esprimono le intensità o le frequenze delle varie modalità del carattere.
Pertanto, nel caso siano rappresentate:

- *frequenze assolute* – esprimenti il numero di volte in cui una data modalità del carattere si presenta nel collettivo – la somma delle aree dei settori è pari alla numerosità del collettivo;
- *frequenze relative* – esprimenti il rapporto tra la frequenza assoluta e il numero totale di unità del collettivo – la somma delle aree dei settori è pari a 1;
- *frequenze relative percentuali*, la somma delle aree dei settori circolari è pari a 100 (esprime, appunto, il 100% dei casi).

Tali grafici non hanno assi, consentono pertanto di visualizzare una sola serie di dati. Risultano particolarmente utili quando si vogliono mettere in evidenza le proporzioni relative o i singoli contributi rispetto al totale; per tale motivo non dovrebbero rappresentare più di cinque o sei modalità di un carattere, diversamente risulta difficile interpretarli.

Esempio

Nei due grafici di seguito riportati viene rappresentata la distribuzione occupazionale femminile nel settore Ricerca e cultura del periodo t, divisa per aree geografiche (1) e l'occupazione totale femminile (Nord + Centro + Sud) del periodo t (2).

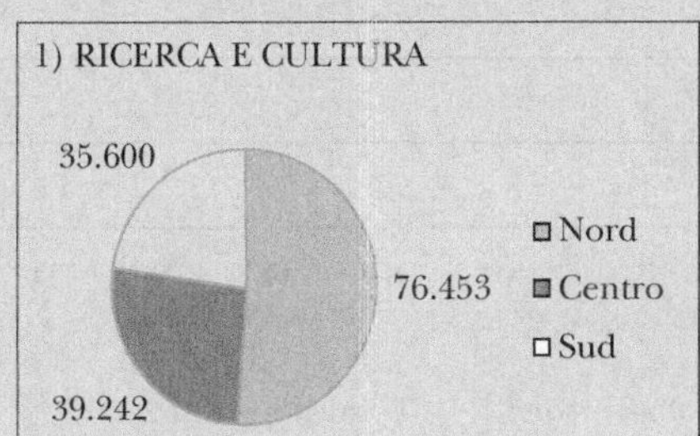

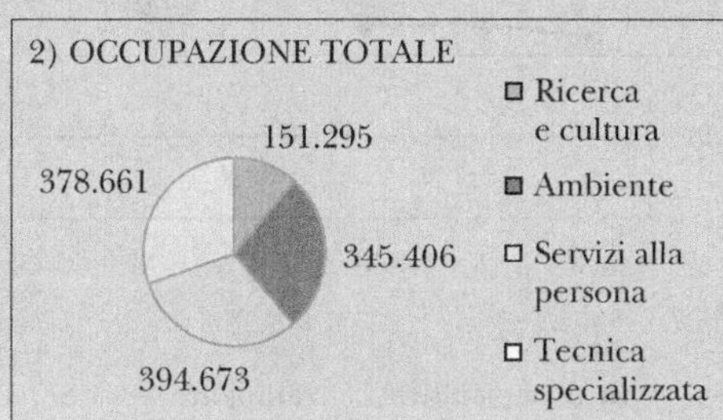

Qual è l'incidenza delle lavoratrici del Nord nel settore Ricerca e cultura?

A. 15%
B. 19,5%
C. Nessuna delle alternative

Il totale delle donne impiegate nel settore Ricerca e cultura è 151.295 unità (76.453 + 35.600 + 39.242). L'incidenza delle lavoratrici del Nord è pari a: 76.453/151.295 = 50,5%.
La risposta esatta è dunque la C.

3.13.3 I grafici a linee

I **grafici a linee** sono rappresentazioni grafiche di osservazioni in un riferimento cartesiano ortogonale, in cui ciascuna osservazione è rappresentata da un punto del piano, in modo da creare una corrispondenza biunivoca tra l'insieme dei punti del piano e l'insieme delle osservazioni. Tali punti sono uniti, quindi, con una linea continua.

I grafici in questione consentono la rappresentazione di due o più variabili come i diagrammi a barre, ma si prestano per rappresentare dati continui, cioè per individuare linee di tendenza nel tempo.
Sono particolarmente utili per rappresentare **serie storiche**: sull'asse orizzontale si pone il tempo (espresso in giorni, settimane, mesi, anni ecc.) e sull'asse verticale si pongono i valori che rappresentano la misura della grandezza oggetto di studio nei diversi periodi temporali.

Esempio
Nel grafico di seguito riportato, vengono rappresentate le tendenze dei settori occupazionali con le variazioni mensili. Ciò consente di valutare i trend di crescita.

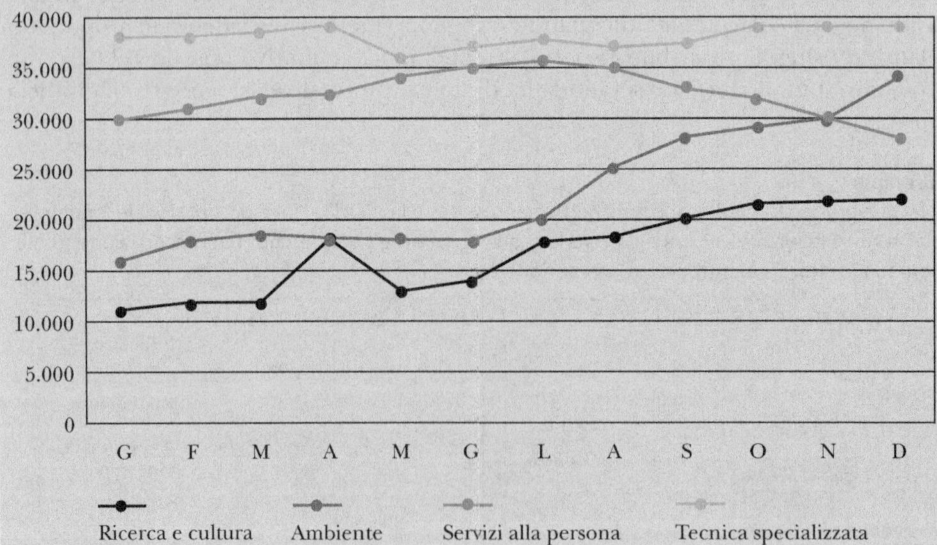

In corrispondenza di quale mese il valore del settore Ricerca e cultura coincide con il valore del settore Ambiente?

A. Marzo
B. Aprile
C. Gennaio

La risposta corretta è la B, Aprile.
In corrispondenza di tale mese, entrambi i settori presentano un valore pari circa a 18.000.

3.14 Le serie numeriche

I quesiti concernenti le sequenze numeriche si basano su un semplice principio costituito dalla ricerca della regola che spiega la progressione di una certa sequenza costituita da numeri; tali sequenze sono, pertanto, denominate **serie numeriche**.

Generalmente, le serie sono costituite da numeri appartenenti all'insieme dei numeri naturali.
Nella sequenza, generalmente, manca un elemento (posto sotto forma di punto interrogativo o di puntini sospensivi) che il risolutore deve scegliere, tra le alternative proposte, dopo aver individuato il nesso logico esistente tra i numeri della serie.
Le relazioni tra i numeri di una serie possono essere di diversa tipologia.
I numeri mancanti possono essere più di uno e, in tal caso, il ragionamento sottostante la scelta è analogo.
Tali quesiti verificano la capacità di ragionamento, oltre che la capacità di eseguire i calcoli; questo è il motivo per cui, spesso, sono identificati con la denominazione generica di quesiti di "**ragionamento numerico**".

Tipologia n. 1
Consideriamo un esempio.

Esempio
Data la sequenza numerica:

2 4 6 8 ?

qual è il numero che completa la serie?

A. 1
B. 3
C. 10

Non c'è bisogno di dilungarsi troppo nelle spiegazioni, la risposta esatta è 10, quindi l'alternativa C. Infatti, la sequenza costituisce una progressione crescente di due in due:

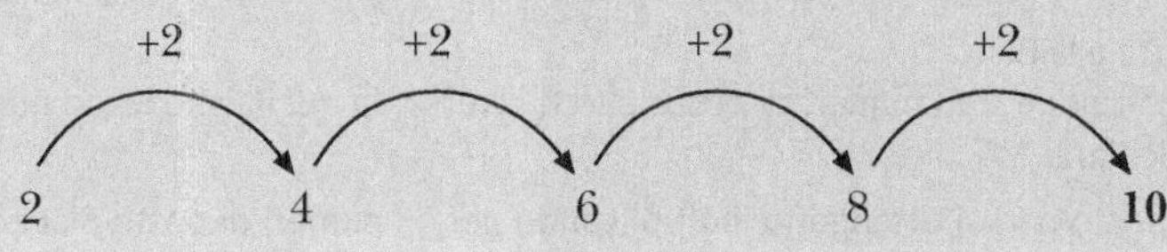

Le **serie più frequenti** appartenenti alla tipologia appena esposta sono tali che:

1. Ciascun numero, a partire dal secondo, si ottiene **sommando** al precedente una quantità costante oppure quantità crescenti o quantità decrescenti.
2. Ciascun numero, a partire dal secondo, si ottiene **sottraendo** dal precedente una quantità costante oppure quantità crescenti o quantità decrescenti.
3. Ciascun numero, a partire dal secondo, si ottiene **moltiplicando** il precedente per una quantità costante oppure per quantità crescenti o per quantità decrescenti.
4. Ciascun numero, a partire dal secondo, si ottiene **dividendo** il precedente per una quantità costante oppure per quantità crescenti o per quantità decrescenti.

Quando un numero della serie, a partire dal secondo, si ottiene dal precedente mediante una quantità variabile, vi è anche una chiave di lettura diversa, che porta comunque al medesimo risultato della precedente. In altre parole, si può anche stabilire che ciascun numero della serie, a partire dal secondo, si ottiene dal precedente applicando a esso una sequenza di due operazioni, con due quantità costanti.

Esempio

Osserviamo la seguente serie:

2 5 14 41 ?

Notiamo che:

5 si ottiene da 2 sommando ad esso $3 = 3^1$, ossia $2 + 3^1 = 5$

14 si ottiene da 5 sommando ad esso $9 = 3^2$, ossia $5 + 3^2 = 14$

41 si ottiene da 14 sommando ad esso $27 = 3^3$, ossia $14 + 3^3 = 41$.

In pratica, ciascun numero, a partire dal secondo, si ottiene dal precedente sommando ad esso una potenza di base 3, con esponente via via crescente.

Pertanto si ha $41 + 3^4 = 41 + 81 = 122$.

Tuttavia, notiamo che è possibile anche interpretare la serie nel modo seguente:

5 si ottiene da 2 moltiplicandolo per 3 e sottraendo 1 al risultato, ossia $2 \times 3 - 1 = 5$

14 si ottiene da 5 moltiplicandolo per 3 e sottraendo 1 al risultato, ossia $5 \times 3 - 1 = 14$

41 si ottiene da 14 moltiplicandolo per 3 e sottraendo 1 al risultato, ossia $14 \times 3 - 1 = 41$.

Quindi, $41 \times 3 - 1 = 122$. Siamo pervenuti alla stessa risoluzione dedotta con il ragionamento precedente.

Tipologia n. 2

Consideriamo un esempio appartenente a una tipologia di serie diversa.

Esempio

Completare la serie seguente:

33 99 70 210 ?

A. 280

B. 181

C. 190

La risposta esatta è la B.

Nella serie, la relazione tra i numeri di posto pari è diversa da quella che lega i numeri di posto dispari. In particolare:

1. I numeri di posto pari si ottengono moltiplicando per 3 i numeri di posto dispari immediatamente precedenti.

2. I numeri di posto dispari si ottengono sottraendo 29 dai numeri di posto pari immediatamente precedenti.

Pertanto, il numero mancante, **181**, si ottiene nel modo seguente:

$$33 \underbrace{\qquad}_{\times 3} 99 \underbrace{\qquad}_{-29} 70 \underbrace{\qquad}_{\times 3} 210 \underbrace{\qquad}_{-29} \mathbf{181}$$

Le **serie più frequenti** appartenenti alla tipologia appena esposta sono tali che:

1. I numeri di posto pari si ottengono **sommando/sottraendo** un dato numero ai/dai numeri di posto dispari immediatamente precedenti; i numeri di posto dispari si ottengono **sommando/sottraendo** un dato numero ai/dai numeri di posto pari immediatamente precedenti.
2. I numeri di posto pari si ottengono **moltiplicando/dividendo** per un dato numero i numeri di posto dispari immediatamente precedenti; i numeri di posto dispari si ottengono **moltiplicando/dividendo** per un dato numero i numeri di posto pari immediatamente precedenti.
3. I numeri di posto pari si ottengono **sommando/sottraendo** un dato numero ai/dai numeri di posto dispari immediatamente precedenti; i numeri di posto dispari si ottengono **moltiplicando/dividendo** per un dato numero i numeri di posto pari immediatamente precedenti.
4. I numeri di posto pari si ottengono **moltiplicando/dividendo** per un dato numero i numeri di posto dispari immediatamente precedenti; i numeri di posto dispari si ottengono **sommando/sottraendo** un dato numero ai/dai numeri di posto pari immediatamente precedenti.

Tipologia n. 3

Consideriamo un altro esempio.

Esempio

Completare la serie seguente:

11 8 ? 24 44 72

A. 17
B. 19
C. 22

La risposta esatta è la C.

La serie data è composta da due sotto-serie:

11 ? 44	prima sotto-serie, composta dal 1°, dal 3° e dal 5° numero della serie
8 24 72	seconda sotto-serie, composta dal 2°, dal 4° e dal 6° numero della serie

La relazione matematica esistente tra i numeri della prima sotto-serie è diversa dalla relazione esistente tra i numeri della seconda sotto-serie.

Ciascun numero della prima sotto-serie, a partire dal secondo, si ottiene moltiplicando per 2 il numero immediatamente precedente:

$$\underbrace{11 \quad \mathbf{22}}_{\times 2}\underbrace{\quad 44}_{\times 2}$$

Ciascun numero della seconda sotto-serie, a partire dal secondo, si ottiene moltiplicando per 3 il numero immediatamente precedente:

$$\underbrace{8 \quad 24}_{\times 3}\underbrace{\quad 72}_{\times 3}$$

Supposta una ripartizione delle stesse in due sotto-serie, le **serie più frequenti** appartenenti alla tipologia appena esposta sono tali che:

1. Nella prima sotto-serie, ciascun numero, a partire dal secondo, si ottiene **sommando** un dato numero al numero immediatamente precedente. Nella seconda sotto-serie, ciascun numero, a partire dal secondo, si ottiene **sommando** un dato numero (diverso da quello della prima sotto-serie) al numero immediatamente precedente.
2. Nella prima sotto-serie, ciascun numero, a partire dal secondo, si ottiene **sottraendo** un dato numero dal numero immediatamente precedente. Nella seconda sotto-serie, ciascun numero, a partire dal secondo, si ottiene **sottraendo** un dato numero (diverso da quello della prima sotto-serie) dal numero immediatamente precedente.
3. Nella prima sotto-serie, ciascun numero, a partire dal secondo, si ottiene **moltiplicando** per un dato numero il numero immediatamente precedente. Nella seconda sotto-serie, ciascun numero, a partire dal secondo, si ottiene **moltiplicando** per un dato numero (diverso da quello della prima sotto-serie) il numero immediatamente precedente.
4. Nella prima sotto-serie, ciascun numero, a partire dal secondo, si ottiene **dividendo** per un dato numero il numero immediatamente precedente. Nella seconda sotto-serie, ciascun numero, a partire dal secondo, si ottiene **dividendo** per un dato numero (diverso da quello della prima sotto-serie) il numero immediatamente precedente.

Più in generale, si può stabilire che:

- nella prima sotto-serie, ciascun numero, a partire dal secondo, si ottiene dal precedente mediante una certa operazione (addizione, sottrazione, moltiplicazione o divisione) con un numero fissato;
- nella seconda sotto-serie, ciascun numero, a partire dal secondo, si ottiene dal precedente mediante una operazione in generale diversa da quella della prima sotto-serie, con un numero fissato, anch'esso generalmente diverso da quello usato nella prima sotto-serie.

ATTENZIONE! Spesso, il criterio di identificazione delle serie appartenenti a tale tipologia è la successione dei numeri da cui sono composte: non necessariamente in ordine crescente o in ordine decrescente.

Tipologia n. 4

Un'altra sequenza numerica piuttosto frequente è del tipo indicato di seguito.

Esempio

Completare la serie seguente:

169 100 49 ?

A. 21
B. 16
C. 25

La risposta esatta è la B.

Poiché i numeri dati sono quadrati perfetti, il numero incognito dovrebbe essere anch'esso un quadrato perfetto. Si ha:

$$\begin{array}{cccc} 169 & 100 & 49 & ? \\ = & = & = & \\ 13^2 & 10^2 & 7^2 & \end{array}$$

Tra le alternative di risposta, sono presenti 3 quadrati perfetti: 16; 25; 36.

Pertanto, occorre identificare una ulteriore relazione tra i numeri della serie.

Poiché la serie è decrescente, il numero incognito deve essere minore del penultimo numero dato, ovvero minore di 49. I quadrati perfetti presenti nelle alternative di risposta sono tutti minori di 49, per cui neanche tale criterio è sufficiente al fine della identificazione del termine incognito. Dallo schema delineato, si evince che le basi delle potenze (13; 10; 7) decrescono di 3 unità di volta in volta.

Pertanto, il numero mancante deve essere il quadrato del numero 4 (= 7 – 3); ovvero il numero **16**:

$$\begin{array}{cccc} 169 & 100 & 49 & \mathbf{16} \\ = & = & = & = \\ 13^2 & 10^2 & 7^2 & \mathbf{4^2} \end{array}$$

Le **serie più frequenti** appartenenti alla tipologia appena esposta sono tali che:

1. I numeri sono **quadrati/cubi di dati numeri**. Questi ultimi possono essere decrescenti o crescenti.
2. I numeri che occupano posto pari (o dispari) sono **quadrati/cubi dei numeri che occupano posto** dispari (o pari).
3. Ciascun numero di **posto dispari è quadrato perfetto** di un numero dato; ciascun numero di **posto pari è cubo perfetto** dello stesso dato numero.

Tipologia n. 5

Proviamo a risolvere la successione riportata di seguito.

Esempio

Completare la serie seguente:

3 25 8 ? 6 22

A. 14
B. 20
C. 16

La risposta esatta è la B.

La serie data è costituita da 3 sotto-serie:

3 25	prima sotto-serie, composta dal 1° e dal 2° numero della serie
8 ?	seconda sotto-serie, composta dal 3° e dal 4° numero della serie
6 22	terza sotto-serie, composta dal 5° e dal 6° numero della serie

La somma tra i numeri di ciascuna sotto-serie è costante e pari a 28:

3 ⏟ 25	8 ⏟ 20	6 ⏟ 22
3 + 25 = **28**	8 + 20 = **28**	6 + 22 = **28**

Il numero mancante è, pertanto, **20**.

Le **serie più frequenti** appartenenti alla tipologia appena esposta sono tali che la serie data si divide in 3 sotto-serie formate, rispettivamente, dal 1° e dal 2° numero, dal 3° e dal 4° numero, dal 5° e dal 6° numero. Le sotto-serie sono tali che:

1. È costante:
- 1.1 La **somma** dei numeri di ciascuna sotto-serie.
- 1.2 La **differenza** dei numeri di ciascuna sotto-serie.
- 1.3 Il **prodotto** dei numeri di ciascuna sotto-serie.
- 1.4 Il **quoziente** dei numeri di ciascuna sotto-serie.

2. Il secondo numero di ciascuna sotto-serie si ottiene:
- 2.1 **Sommando** una quantità **costante** al primo numero della sotto-serie.
- 2.2 **Sottraendo** una quantità **costante** dal primo numero della sotto-serie.
- 2.3 **Moltiplicando** per una quantità **costante** il primo numero della sotto-serie.
- 2.4 **Dividendo** per una quantità **costante** il primo numero della sotto-serie.

Si noti che il caso 1.2 è equivalente al caso 2.2. Difatti se la differenza $a - b = k$ (dove k è costante), allora è anche vero che b si ottiene da a sottraendo ad esso una quantità costante k, ossia $b = a - k$.

Esempio

Consideriamo la serie:

8 5 12 9 20 ?

Possiamo risolvere il quesito notando che:

8 − 5 = 3
12 − 9 = 3

Pertanto 20 − 17 = 3, individuando in 17 il numero che completa la serie.
Tuttavia possiamo anche notare che:

8 − 3 = 5
12 − 3 = 9

Pertanto 20 − 3 = 17, che è il numero che completa la serie.

Analogamente, il caso 1.4 è equivalente al caso 2.4. Difatti, se il quoziente $a : b = k$ (dove k è costante), allora è anche vero che b si ottiene da a dividendolo per una costante, ossia $b = a/k$.

Esempio

Consideriamo la serie:

30 6 75 15 100 ?

Possiamo risolvere il quesito notando che:

30 : 6 = 5
75 : 15 = 5

Pertanto 100 : 20 = 5, individuando in 20 il numero che completa la serie.

Tuttavia possiamo anche notare che:

30 : 5 = 6
75 : 5 = 15

Pertanto 100 : 5 = 20, che è il numero che completa la serie.

Con esercizi che presentano numeri a tre cifre di solito si richiede di sommare o sottrarre una costante.

Esempio

315 292 269 246 ?

Quale numero completa la serie?

A. 218
B. 220
C. 223

La sequenza presenta dei numeri decrescenti. Ciascun numero diminuisce di 23 unità rispetto al precedente, quindi la risposta esatta sarà 223, cioè la risposta C.

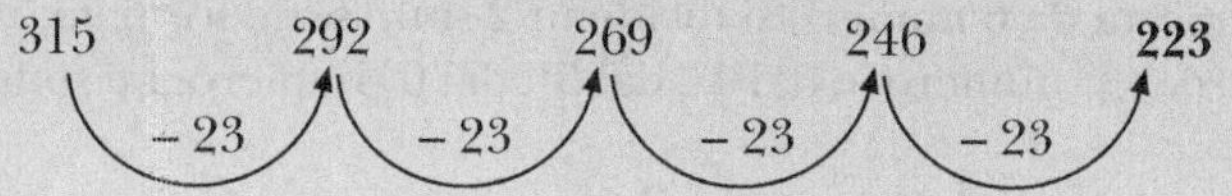

Se avete riscontrato delle difficoltà vi suggeriamo di provare ad esercitarvi con "*l'intruso nella scacchiera*".

In questa scacchiera ci sono almeno quattro intrusi. Sapete indicare quali sono?

	a	b	c	d
a	254 221	625 592	125 92	41 8
b	599 566	425 372	145 112	62 29
c	111 78	211 182	225 192	333 300
d	116 83	559 526	118 85	785 752
e	214 181	561 528	101 68	437 404
f	311 278	95 63	362 329	511 478
g	321 288	218 185	34 1	182 147

Soluzioni: gli intrusi si trovano nelle caselle b/b; c/b; f/b; g/d.

Tipologia n. 6

Consideriamo un altro esempio.

Esempio

Completare la serie seguente:

14 2 ? 16 8 2

A. 4
B. 7
C. 12

La risposta esatta è la B.

La serie data è costituita da 2 sotto-serie:

14 2 ?	prima sotto-serie, composta dal 1°, dal 2° e dal 3° numero della serie
16 8 2	seconda sotto-serie, composta dal 4°, dal 5° e dal 6° numero della serie

In ciascuna sotto-serie il quoziente tra i primi due numeri è pari al terzo numero:

$$14 \underbrace{\qquad}_{:} 2 \underbrace{\qquad}_{=} \mathbf{7} \qquad\qquad 16 \underbrace{\qquad}_{:} 8 \underbrace{\qquad}_{=} 2$$

Il numero mancante è, pertanto, **7**.

Le **serie più frequenti** appartenenti alla tipologia appena esposta sono tali che:

1. La serie, **composta da 6 numeri**, si divide in 2 sotto-serie formate, rispettivamente, dal 1°, dal 2°, dal 3° numero, e dal 4°, dal 5°, dal 6° numero. Le sotto-serie sono tali che:
   - 1.1 La **somma dei primi due numeri** di ciascuna sotto-serie è pari al terzo numero della stessa.
   - 1.2 La **differenza dei primi due numeri** di ciascuna sotto-serie è pari al terzo numero della stessa.
   - 1.3 Il **prodotto dei primi due numeri** di ciascuna sotto-serie è pari al terzo numero della stessa.
   - 1.4 Il **quoziente dei primi due numeri** di ciascuna sotto-serie è pari al terzo numero della stessa.

2. La serie, **composta da 5 numeri**, si divide in 2 sotto-serie formate, rispettivamente, dal 1°, dal 2°, dal 3° numero, e dal 3° (comune a entrambe), dal 4°, dal 5° numero. Le sotto-serie sono tali che:
   - 2.1 La **somma dei primi due numeri** della prima sotto-serie è pari al terzo numero della stessa. La **somma dei primi due numeri** della seconda sotto-serie è pari al terzo numero della stessa.
   - 2.2 La **differenza dei primi due numeri** della prima sotto-serie è pari al terzo numero della stessa. La **differenza dei primi due numeri** della seconda sotto-serie è pari al terzo numero della stessa.
   - 2.3 Il **prodotto dei primi due numeri** della prima sotto-serie è pari al terzo numero della stessa. Il **prodotto dei primi due numeri** della seconda sotto-serie è pari al terzo numero della stessa.

2.4 Il **quoziente dei primi due numeri** della prima sotto-serie è pari al terzo numero della stessa. Il **quoziente dei primi due numeri** della seconda sotto-serie è pari al terzo numero della stessa.

Tipologia n. 7

Consideriamo un altro esempio.

Esempio

Completare la serie seguente:

1 1 2 3 5 8 ?

A. 8
B. 12
C. 13

La risposta esatta è la C.

Notiamo che nella serie, ciascun numero, a partire dal terzo, è dato dalla somma dei due numeri precedenti. In figura è mostrata la relazione tra i numeri della serie.

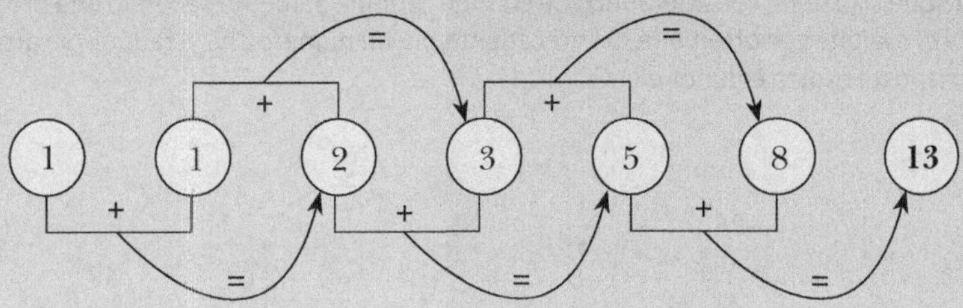

Pertanto, il numero che completa la serie è **13**.

Più in generale, nella tipologia appena esposta si individuano i seguenti casi più frequenti:

1. Nella serie, ciascun numero, a partire dal terzo, è dato dalla **somma** dei due numeri precedenti
2. Nella serie, ciascun numero, a partire dal terzo, è dato dalla **differenza** dei due numeri precedenti
3. Nella serie, ciascun numero, a partire dal terzo, è dato dal **prodotto** dei due numeri precedenti
4. Nella serie, ciascun numero, a partire dal terzo, è dato dal **rapporto** dei due numeri precedenti.

Tipologia n. 8

Un'altra sequenza numerica potrebbe essere la seguente.

Esempio

6 7 9 13 21 ?

Quale numero completa la serie?

Per rendere la prova simile a quella che troverete in sede di esame si inseriscono anche le alternative, ma abituatevi a lavorare senza le risposte, che consulterete, ovviamente, solo quando pensate di avere trovato la soluzione.

A. 28
B. 42
C. 37

Occorre avvicinarsi al problema con la massima apertura e senza ipotesi precostituite, cioè non bisogna intestardirsi su una ipotesi e cercare delle varianti che partono da essa; il suggerimento è di affrontare il problema valutando tutte le possibili combinazioni che vi vengono in mente partendo dalla superficialità (esempio è una sequenza di numeri pari, oppure di numeri dispari, trovare la regola del "salterello" come quelle che abbiamo visto prima, oppure trovare una progressione geometrica crescente, ecc.) e applicandole il più rapidamente possibile, senza drammatizzare se non riusciamo a trovarla al primissimo tentativo. Se si pensa di essere fermi su un quesito da troppo tempo, passate avanti ed eventualmente tornateci in seguito; è più probabile che scatti il cosiddetto "insight", l'idea che avevate a disposizione nella vostra "cassetta degli attrezzi", ma che non avevate preso in considerazione.
Sicuramente in questo nostro esempio, dato che abbiamo applicato la regola del "salterello" avrete sottoposto la sequenza a questa verifica, infruttuosamente purtroppo.
Qui la soluzione si ottiene considerando che ciascun termine aumenta secondo una progressione geometrica di ragione 2; è ottenibile dal precedente più un numero che si raddoppia progressivamente. La risposta esatta è dunque la C, 37.

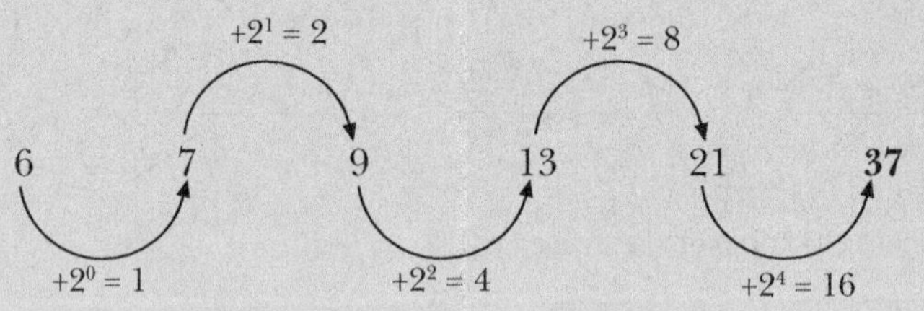

Tipologia n. 9
Consideriamo un'altra sequenza numerica.

Esempio

4 7 12 21 ?

Quale numero completa la serie?

A. 42
B. 38
C. 48

La soluzione è data dalla moltiplicazione del primo numero per il fattore 2 a cui si toglie 1 per ottenere il secondo numero della sequenza, cioè il 7.
Il secondo numero della sequenza lo moltiplichiamo sempre per il fattore 2, ma togliamo 2 per ottenere il terzo numero della sequenza che è il 12, poi ancora moltiplichiamo il terzo numero della sequenza per il fattore 2 ma stavolta sottraiamo 3 per ottenere il quarto numero della sequenza che è il 21, quindi l'incognita ovvero il numero che completa la serie è dato dalla moltiplicazione del quarto numero della sequenza, cioè il 21 sempre per il fattore 2 a cui togliamo 4 unità.

Per chiarire maggiormente:

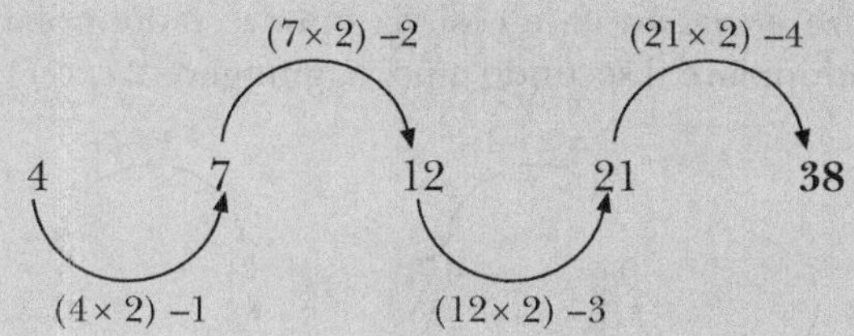

La risposta esatta è dunque la B, 38. Questa volta la regola era leggermente più complicata, e l'esercizio poteva richiedere un po' più di tempo.

Alcune regole utili per la risoluzione delle serie numeriche

Le regole che aiutano a risolvere le serie numeriche sono dunque le seguenti:

A. numeri che aumentano secondo una progressione geometrica

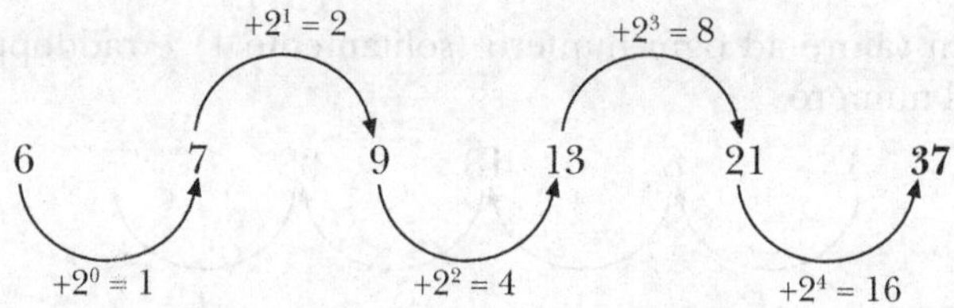

B. progressioni semplici. La sequenza può aumentare di 2, 4, 8, ecc. di 3, 5, 7, 9 ecc.

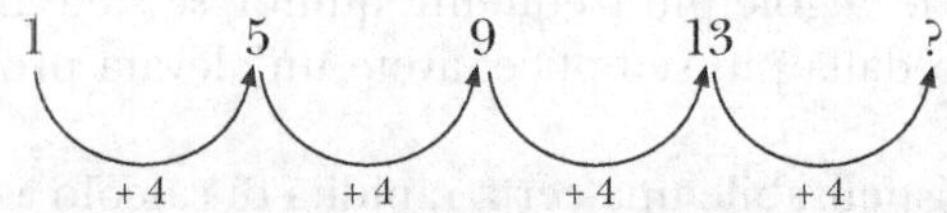

C. aumentare o diminuire coppie contigue o non contigue dette anche "*a salterello*"

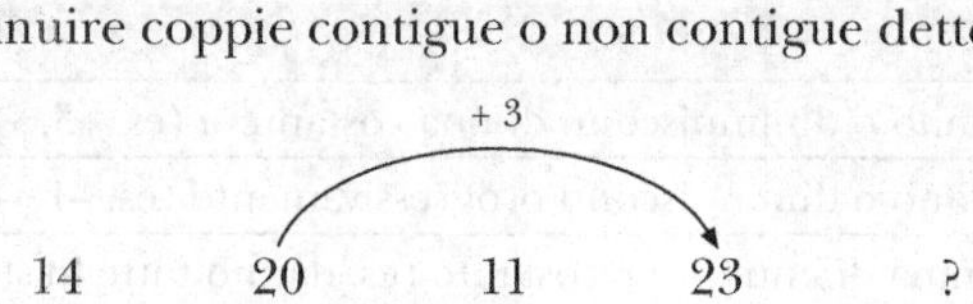

D. differenze o somme tra numeri contigui (e più raramente moltiplicazioni e divisioni)

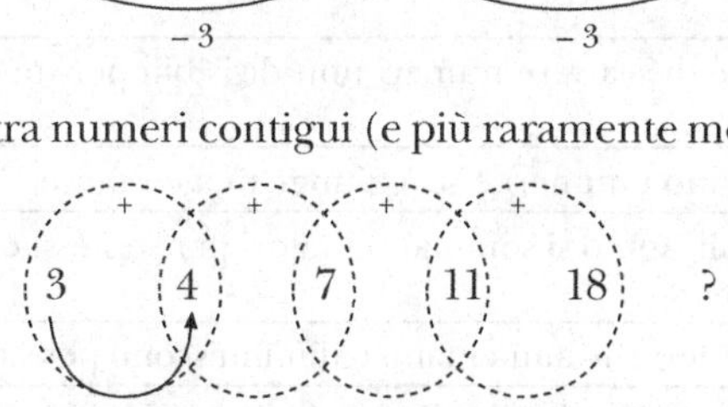

E. raddoppiare o triplicare e togliere una costante (cioè ad esempio raddoppiare e togliere sempre lo stesso numero) oppure un valore progressivo (ad esempio raddoppiare ogni numero e poi togliere 1, al successivo raddoppiare il numero ottenuto in precedenza e togliere 2, e così via oppure raddoppiare il numero e poi aggiungere 1, raddoppiare il secondo e poi aggiungere 2 ecc.)

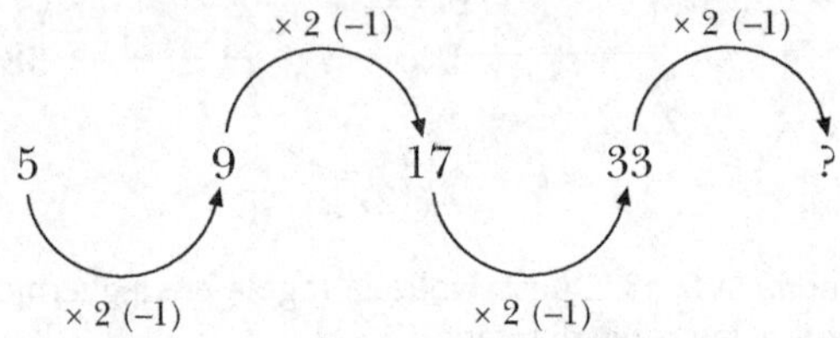

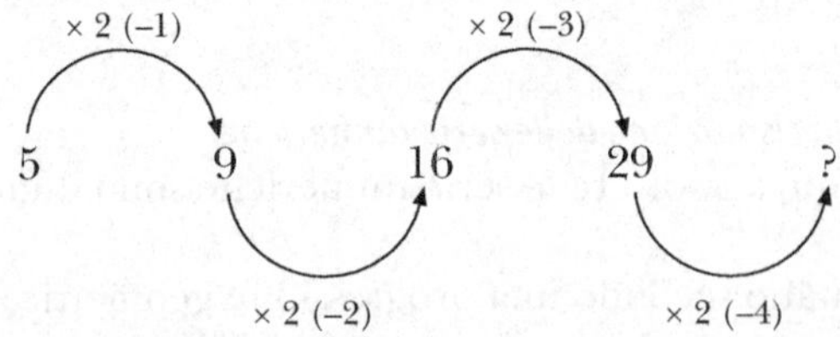

F. addizionare un valore ad ogni numero (solitamente 1) e raddoppiare la somma per ottenere il numero

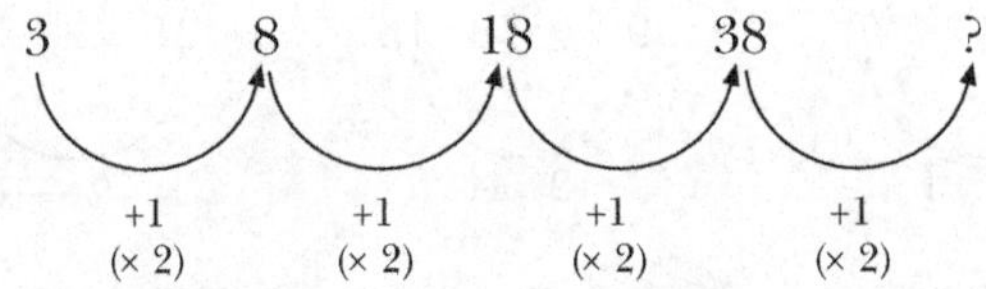

Queste riportate sono le regole più frequenti, quindi, se siete in grado di applicarle rapidamente partendo dalla più semplice, avete un'elevata probabilità di trovare la soluzione esatta.
È ovvio che risulta indispensabile una certa rapidità di calcolo a mente.

Riepilogo delle chiavi risolutive delle più frequenti serie numeriche	
1	Serie che aumentano o diminuiscono di una costante *n* (es. +3, +3, …)
2	Serie che aumentano o diminuiscono progressivamente (es. –1, –2, –3, …)
3	Serie in cui la somma dei numeri è costante (es. danno tutte lo stesso valore 23)
4	Serie in cui il prodotto dei numeri è costante (es. tutte le serie considerate danno sempre risultato 36)
5	Serie in cui si chiede di scartare numeri non divisibili per un certo valore (es. non divisibili per 5)
6	Serie in cui si sommano i numeri e si aggiunge una costante
7	Serie in cui si moltiplicano o si sommano i valori per se stessi e si somma o si toglie una costante
8	Serie alternate di numeri che aumentano o diminuiscono per valori costanti o progressivi
9	Serie in cui si somma o si moltiplica il primo numero con il secondo, per dare il terzo, il secondo con il terzo per dare il quarto, …

(segue)

Riepilogo delle chiavi risolutive delle più frequenti serie numeriche	
10	Serie in cui si somma o si moltiplica il primo numero con il secondo e si aggiunge o si toglie una costante, il secondo con il terzo e si aggiunge o si toglie lo stesso valore precedente (la costante appunto), ...
11	Serie che richiedono di moltiplicare i numeri e associarvi lettere corrispondenti
12	Serie che richiedono di moltiplicare i numeri e dividere per una costante
13	Serie che richiedono di moltiplicare progressivamente (es. ×1, ×2, ×3, ...)

Come avrete capito, in questo tipo di esercizi l'aiuto delle risposte alternative non è utilizzabile, occorre invece concentrarsi sulla scoperta della regola. È solo una questione di abitudine e scaltrezza

3.15 Le serie alfabetiche

Le sequenze possono essere costituite anziché da numeri anche da lettere; tali sequenze sono pertanto denominate **serie alfabetiche**.

Risolvere le sequenze numeriche oppure le sequenze di lettere è pur sempre un esercizio di ragionamento numerico, il secondo richiede una trasformazione in più, dove le lettere costituiscono dei simboli sostituibili da numeri.

A tale proposito si consiglia di imparare l'ordine numerico dell'alfabeto, cioè A = 1, B = 2 e così via.

Alfabeto italiano (prima riga) e corrispondenti numeri d'ordine (seconda riga)

A	B	C	D	E	F	G	H	I	L	M	N	O	P	Q	R	S	T	U	V	Z
1	2	3	4	5	6	7	8	9	10	11	12	13	14	15	16	17	18	19	20	21

Solitamente gli esercizi con sequenze di lettere, in Italia, non comprendono le lettere J, K, W, X, Y.
L'abbinamento lettera-numero d'ordine sarebbe il seguente:

Alfabeto inglese (prima riga) e corrispondenti numeri d'ordine (seconda riga)

A	B	C	D	E	F	G	H	I	J	K	L	M	N	O	P	Q	R	S	T	U	V	W	X	Y	Z
1	2	3	4	5	6	7	8	9	10	11	12	13	14	15	16	17	18	19	20	21	22	23	24	25	26

Esempio

Data la sequenza di lettere:

A D G L ?

quale lettera completa la serie?

A. M
B. O
C. C

In questo caso non è molto difficile scoprire la regola della sequenza: la risposta esatta è la B.

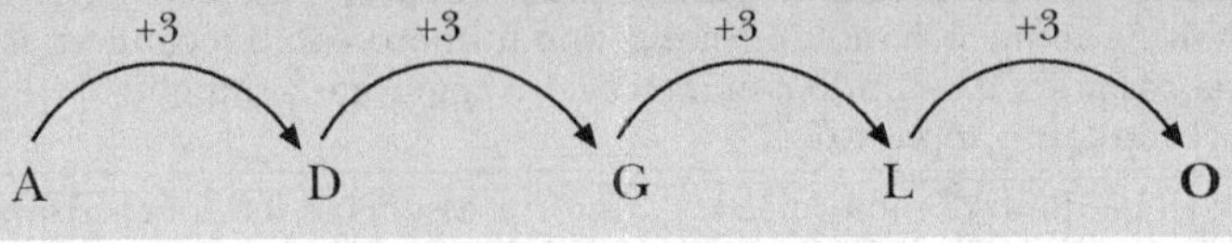

Passiamo ad esaminare esempi più complessi.

Esempio

Data la sequenza di lettere:

B D F L ?

quale lettera completa la serie?

A. R
B. O
C. U

Anche in questo caso occorre fare ricorso al numero d'ordine di ciascuna lettera e scoprire la "regola" sottostante. Questo compito risulta più gravoso perché non siamo abituati a pensare al numero d'ordine delle lettere. Come nell'esercizio precedente trasformiamo le lettere in numeri in modo da individuare qualche regolarità nascosta:

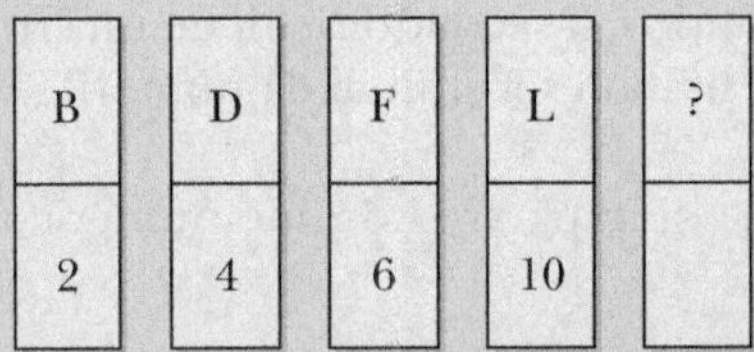

Abbiamo trasformato le lettere in numeri, così balza agli occhi una regola che possiamo sottoporre a verifica. La prima più immediata è la progressione di 2 in 2 (il ritmo del +2), che però non viene confermata nel passaggio da 6 a 10 e quindi dobbiamo abbandonare questa ipotesi per passare ad altro.

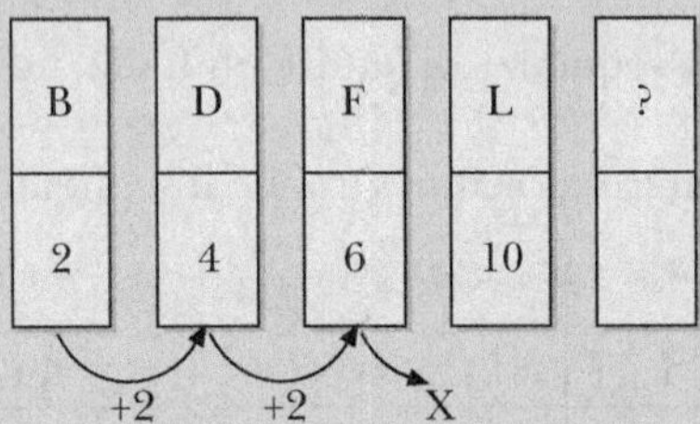

Provate adesso a sommare le prime 2 lettere B e D, otterrete 2 + 4 = 6 che trasformato in lettere sarebbe B + D = F.

Adesso passiamo alla coppia successiva, la coppia D e F, cioè 4 e 6, otterremo 4 + 6 = 10 ovvero trasformato in lettere D + F = L (ricordiamo che stiamo lavorando sul numero d'ordine delle lettere dove L figura come la decima lettera dell'alfabeto).

A questo punto abbiamo scoperto la regolarità della sequenza per cui è facile giungere alla conclusione che la lettera mancante è la sedicesima dell'alfabeto ovvero la lettera R, quindi la risposta A è la risposta esatta.

La sequenza è completata dalla lettera R:

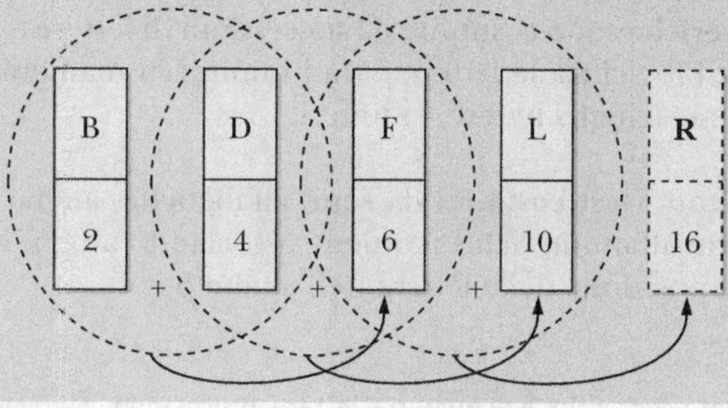

Esempio

Data la sequenza di lettere:

Z N T L Q H ?

quale lettera completa la sequenza?

A. G
B. I
C. N

Questo esercizio è difficilissimo, pochi riuscirebbero a risolverlo senza ricorrere alle strategie di trasformazione delle lettere con i numeri d'ordine corrispondenti. Procediamo come segue:

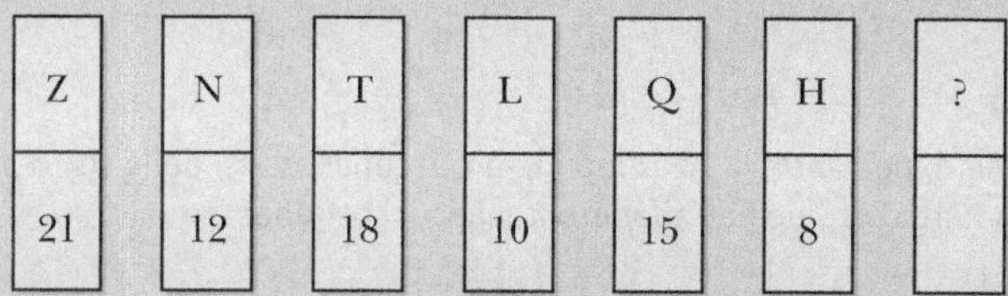

Anche con questo esercizio occorre lavorare con le coppie, però non contigue. Infatti la sequenza è mossa da due regole:

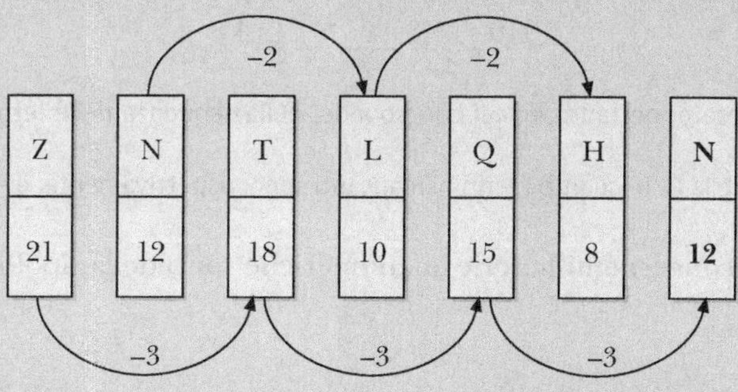

A questo punto appare evidente che la risposta esatta è N, dodicesima lettera dell'alfabeto, quindi la risposta è la C.

3.16 Le serie alfanumeriche

Le **serie alfanumeriche** sono costituite da successioni di lettere e numeri in cui possono esistere nessi logici tra le lettere e tra i numeri in maniera disgiunta oppure possono esistere nessi logici lettere – numeri.

Così come accade con i test costituiti da serie alfabetiche, anche la risoluzione dei test costituiti da serie alfanumeriche si ottiene associando a ogni lettera un numero corrispondente alla posizione della lettera nell'alfabeto.

Esempio
Completare la seguente successione di numeri e lettere, utilizzando l'alfabeto italiano:

1 L 4 H ? ? 16 D

A. 8 I
B. 6 L
C. 9 F

La serie alfanumerica data è costituita dalla sotto-serie numerica:

1 4 ? 16

e dalla sotto-serie alfabetica:

L H ? D

Per l'alternanza delle due sotto-serie, i termini mancanti nella serie data sono, rispettivamente, un numero e una lettera.
I numeri della sotto-serie numerica sono i quadrati perfetti dei numeri 1, 2, 3 e 4:

$$\underbrace{1}_{=1^2} \quad \underbrace{4}_{=2^2} \quad \underbrace{\mathbf{9}}_{=3^2} \quad \underbrace{16}_{=4^2}$$

Il numero mancante è, pertanto, 9. Attribuendo a ciascuna lettera della sotto-serie alfabetica il corrispondente numero d'ordine nell'alfabeto italiano, si ottiene:

L H ? D
10 8 ? 4

I numeri della serie numerica ottenuta sono legati dalla relazione seguente: ciascun numero, a partire dal primo, si ottiene sottraendo 2 al numero precedente. Si ha:

$$10 \underbrace{\quad}_{-2} 8 \underbrace{\quad}_{-2} \mathbf{6} \underbrace{\quad}_{-2} 4$$

Il numero mancante è, pertanto, 6, cui corrisponde, nella sequenza delle lettere dell'alfabeto italiano, la lettera F.
La risposta esatta è la C, in quanto i termini mancanti sono, rispettivamente, **9** e **F**.

Spesso, i quesiti concernenti le serie alfanumeriche sono della tipologia riportata di seguito.

Esempio
Completare la seguente successione: C9, I7, G10, J3, ...1

A. A
B. K
C. C

Ciascuna lettera dell'alfabeto internazionale corrisponde a un numero che è pari alla sua posizione nell'ordine alfabetico. Sussiste quindi la seguente corrispondenza tra numeri e lettere:

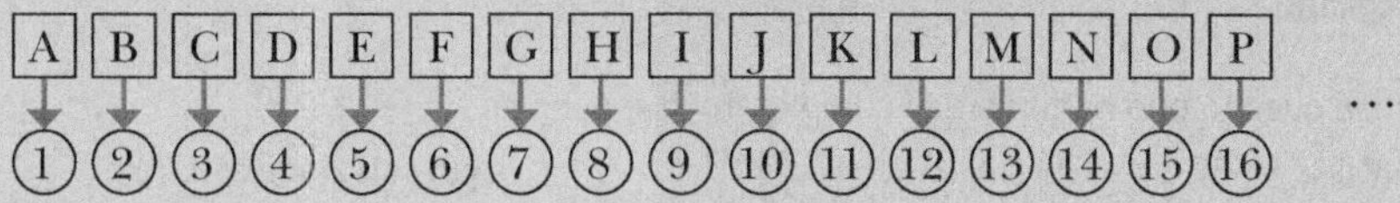

Ciascun termine della successione è costituito da una lettera e da un numero. In particolare, il numero determina la lettera che sarà presente nel termine successivo.
Ad esempio, nel primo termine, C9, il numero 9, che corrisponde alla lettera I, determina il fatto che la lettera nel termine successivo sia I.
Di seguito vi è quindi il termine I7; qui, il numero 7 determina il fatto che nel termine successivo la lettera sia G (la settima lettera dell'alfabeto).
Di seguito vi è il termine G10; qui, il numero 10 fa sì che nel termine successivo vi sia la lettera J (la decima lettera dell'alfabeto internazionale).
Il termine J3 fa in modo che nel termine successivo la lettera presente sia C (la terza lettera dell'alfabeto).
Di seguito sono illustrati I nessi logici della sequenza alfanumerica:

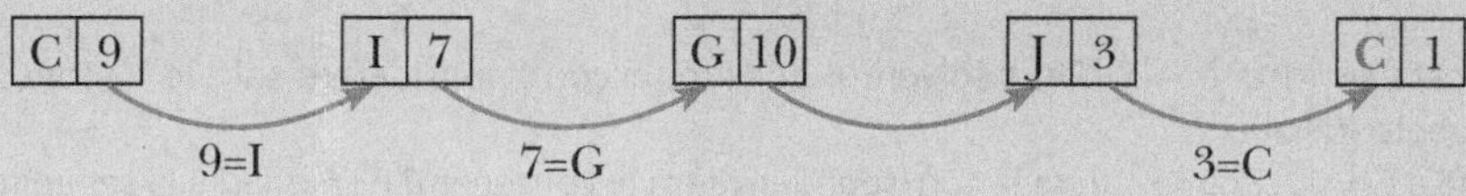

La risposta corretta è la C.

Altri quesiti sono del tipo indicato di seguito.

Esempio
Completare la sequenza: AB 2 1 – CD 4 3 – EF 6 5 – GH 8 7 – ..?..

A. LI 9 10
B. 10 9 IL
C. IL 10 9

La risposta corretta è la C.

I trattini (–) dividono la sequenza alfanumerica in gruppi.
A loro volta, i gruppi sono costituiti da:

- due lettere consecutive dell'alfabeto italiano;
- due numeri, che rappresentano la posizione occupata nell'alfabeto italiano, rispettivamente, dalla seconda e dalla prima lettera del gruppo.

A tal fine, poiché la risoluzione dei test costituiti da serie alfabetiche o da serie alfanumeriche si ottiene associando a ogni lettera un numero corrispondente alla posizione della lettera nell'alfabeto, le lettere delle serie date sono analizzate come numeri con riferimento alla loro posizione nell'alfabeto. Ad esempio A = 1, B = 2...
Nei quesiti di tale tipologia, sono dati quattro o cinque gruppi, mentre un gruppo (talvolta due gruppi) deve essere identificato tra le alternative di risposta.
Per la risoluzione occorre considerare che la sequenza completa dei gruppi è:

AB 2 1 – CD 4 3 – EF 6 5 – GH 8 7 – IL 10 9 – MN 12 11 – OP 14 13 – QR 16 15 – ST 18 17 – UV 20 19

Il primo gruppo (AB 2 1) è costituito dalle due lettere consecutive A e B e dai due numeri 2 e 1, che rappresentano la posizione occupata, rispettivamente, dalla lettera B e dalla lettera A nell'alfabeto italiano.

Pertanto, il quesito può richiedere di completare la sequenza:

AB 2 1 – CD 4 3 – EF 6 5 – GH 8 7 – ..?..	la cui soluzione è: IL 10 9
AB 2 1 – CD 4 3 – ..?.. – GH 8 7 – IL 10 9 – MN 12 11	la cui soluzione è: EF 6 5
EF 6 5 – GH 8 7 – IL 10 9 – MN 12 11 – ..?.. – QR 16 15	la cui soluzione è: OP 14 13
AB 2 1 – CD 4 3 – EF 6 5 – GH 8 7 – ..?.. – ..?..	la cui soluzione è: IL 10 9 – MN 12 11

Determinati quesiti concernenti le serie sono del tipo riportato di seguito.

Esempio
Se B = 16, C = 15, ..., Z = 1, quanto vale H?

A. 13
B. 11
C. 10

La risposta corretta è la B. Per risolvere il quesito, occorre considerare solo le 16 consonanti dell'alfabeto italiano.
Se B = 16 e C = 15, ... , Z = 1, allora la corrispondenza tra le consonanti e i numeri è la seguente:

D = 14, F = 13, G = 12, H = 11, L = 10, M = 9, N = 8, P = 7, Q = 6, R = 5, S = 4, T = 3, V = 2, Z = 1

Altri quesiti sono, invece, di questo tipo.

Esempio
Se 0 è "A", 3 è "D", 7 è "H", come si scrive "QUADRO" usando numeri invece di lettere?

A. 14 18 0 3 16 13
B. 15 18 0 3 15 12
C. 14 18 0 3 15 12

Si noti che il numero che corrisponde alla lettera dell'alfabeto è dato dal valore della collocazione della lettera nell'ordine alfabetico cui è sottratto 1.

Ad esempio A è la prima lettera, ma siccome 1 – 1 = 0 allora ad A corrisponde 0.
La lettera D è la quarta lettera, ma siccome 4 – 1 = 3 allora a D corrisponde 3.
La lettera H è ottava in ordine alfabetico; pertanto 8 – 1 = 7.
In pratica si stabilisce la seguente corrispondenza tra valori numerici e lettere dell'alfabeto italiano:

A	B	C	D	E	F	G	H	I	L	M	N	O	P	Q	R	S	T	U	V	Z
↓	↓	↓	↓	↓	↓	↓	↓	↓	↓	↓	↓	↓	↓	↓	↓	↓	↓	↓	↓	↓
0	1	2	3	4	5	6	7	8	9	10	11	12	13	14	15	16	17	18	19	20

Pertanto la parola QUADRO corrisponde a 14 18 0 3 15 12. Quindi, la risposta esatta è la C.

3.17 Le serie numeriche nelle configurazioni grafico-geometriche

Gli esercizi di ragionamento numerico sono presentati sotto svariate forme grafiche. Possiamo trovare sequenze numeriche all'interno o ai vertici di figure geometriche regolari o irregolari, ai vertici di stelle a 6 o 8 punte, alle estremità di figure umane o animali stilizzate, entro sezioni di cerchio, oppure in matrici quadrate, o sotto forma di tessere del domino, e in un'infinita varietà di altre configurazioni.

	Riepilogo delle chiavi risolutive delle più frequenti serie grafiche numeriche
1	Serie grafiche in cui gli opposti sono il doppio, il triplo, …
2	Serie grafiche in cui si calcola la differenza o la somma dei numeri più esterni di riga o più esterni di colonna
3	Serie grafiche in cui si calcola la differenza o la somma dei numeri più esterni di riga o più esterni di colonna e si divide o si moltiplica per una costante

3.17.1 Sequenze con cerchi

Si presentano alcuni esempi con i relativi commenti e soluzioni.
Con le figure circolari generalmente si procede formulando ipotesi muovendosi in senso orario o in senso antiorario per individuare delle regolarità. È una giusta strategia, ma occorre non fermarsi a ciò.

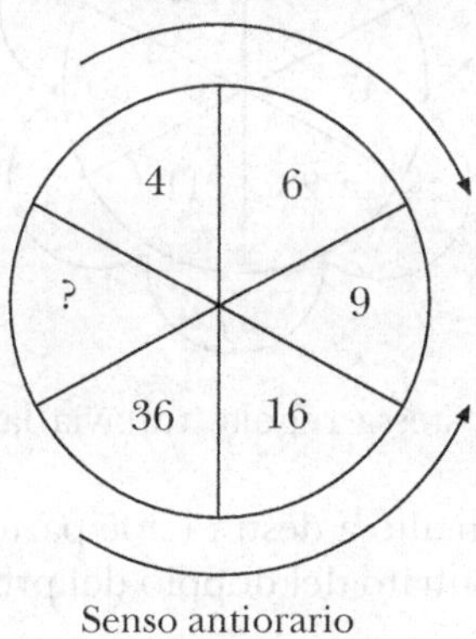

I numeri all'interno degli spicchi potrebbero essere distribuiti secondo il seguente criterio:

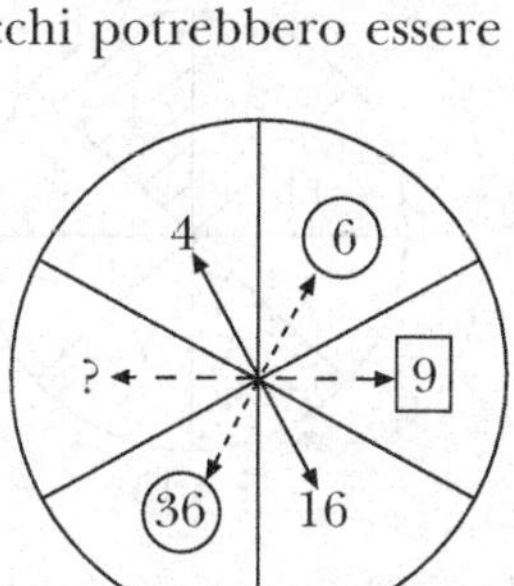

Infatti, nel nostro esempio notiamo che i numeri 4 e 6 hanno al loro opposto il risultato di una moltiplicazione con se stessi, (4 × 4 = 16) e (6 × 6 = 36), quindi la nostra incognita sarà verosimilmente 81 (9 × 9).
Ed ora un altro esempio con un'altra figura circolare.

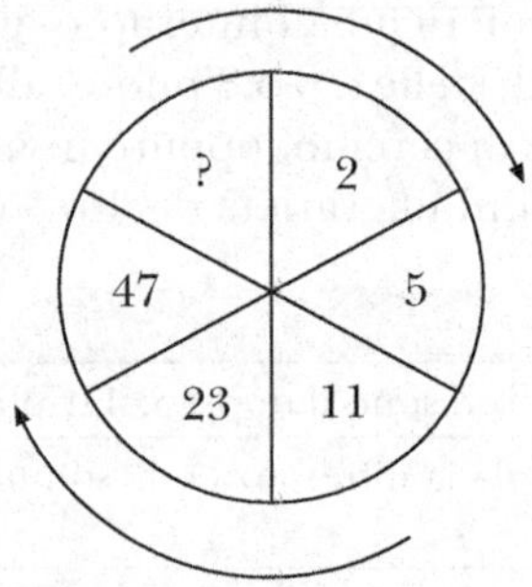

Per scoprire la regola che sottende la sequenza occorre un piccolo sforzo: prima di tutto si nota che la progressione è in senso orario crescente, e che non sono applicabili semplici operazioni regolari.
Quando la soluzione non ha quell'immediatezza che si trova nelle "configurazioni" più semplici, occorre provare altre strategie. Ciascun numero è, a partire dal numero 2, il doppio del precedente + 1, quindi 5 è dato da 2 × 2 + 1, 11 è dato da 5 × 2 + 1, ecc. fino alla soluzione, che sarà 95 (47 × 2 + 1).

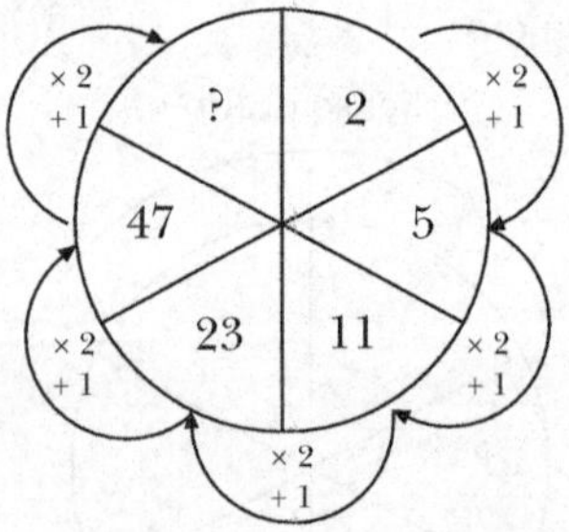

Il prossimo esercizio segue la stessa regola, tuttavia la progressione non avviene in senso orario.
Partendo dal primo spicchio in alto a destra (cioè partendo dal numero 1) si osserva che lo spicchio opposto è il risultato del doppio del primo spicchio + 1.

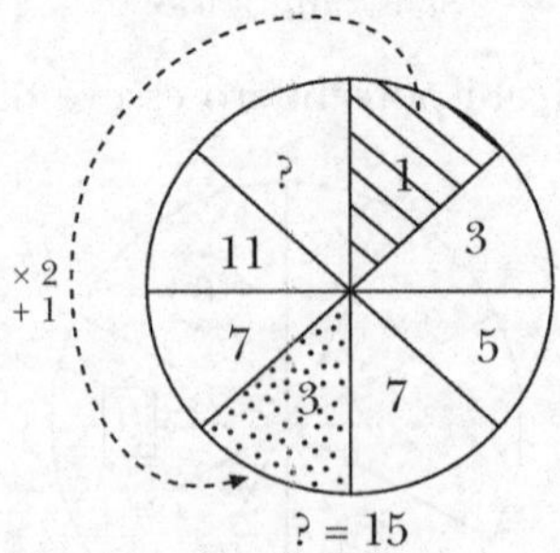

La stessa regola vale per gli altri spicchi opposti, cioè per 3 e 7, per 5 e 11 e per 7 e ?.

Nell'esempio seguente, è riportato un cerchio inscritto in un quadrato: occorre individuare, innanzitutto, le relazioni esistenti tra i numeri presenti in ognuno dei quarti di cerchio e, in secondo luogo, le relazioni tra tali numeri e i numeri posti in ciascuno dei 4 angoli del quadrato.

Esempio

Quale numero deve logicamente integrare la struttura?

A. 26
B. 34
C. 17

La risposta corretta è la B.

Il numero posto in ciascuno dei 4 angoli del quadrato è pari alla somma dei due numeri più esterni nel quarto di cerchio in sua corrispondenza:

3 + 33 = 36
75 + 65 = 140
22 + 46 = 68
Pertanto:

30 + 4 = 34

3.17.2 Sequenze con triangoli e quadrati

Oltre alle sequenze con i cerchi possiamo avere sequenze con triangoli o quadrati ai cui vertici vengono collocati dei numeri secondo una certa regola. La particolarità di queste serie numeriche e le strategie risolutive variano a seconda della configurazione: nel caso di numeri ai vertici dei triangoli più spesso il numero al vertice è dato dalla combinazione (somma, sottrazione, moltiplicazione o divisione) dei numeri alla base o da una regola che dia senso all'uso del triangolo. Nel caso di numeri all'interno di quadrati le soluzioni combinatorie sono molto più numerose, per cui il numero mancante potrebbe derivare dalla combinazione dei numeri che si trovano sulla stessa diagonale, o sullo stesso lato, oppure partendo da un punto e ruotare in senso orario oppure antiorario.

Esempio
Qual è il numero mancante indicato dal punto interrogativo?

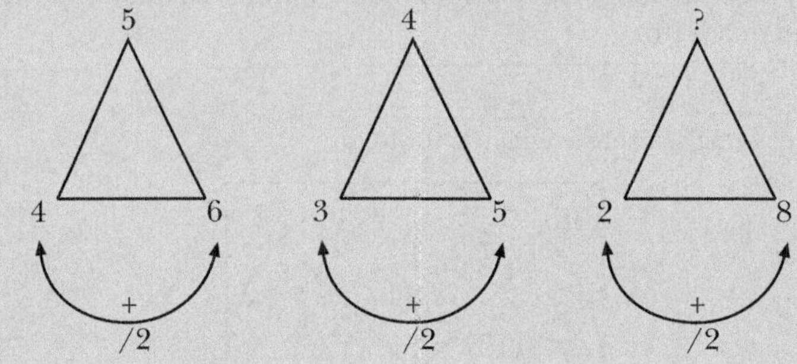

Il numero mancante è il risultato della somma dei numeri alla base dei triangoli diviso 2. Dunque il risultato sarà 5 (dato da 8 + 2 diviso 2).

Il prossimo esercizio invece combina due figure geometriche.

Esempio

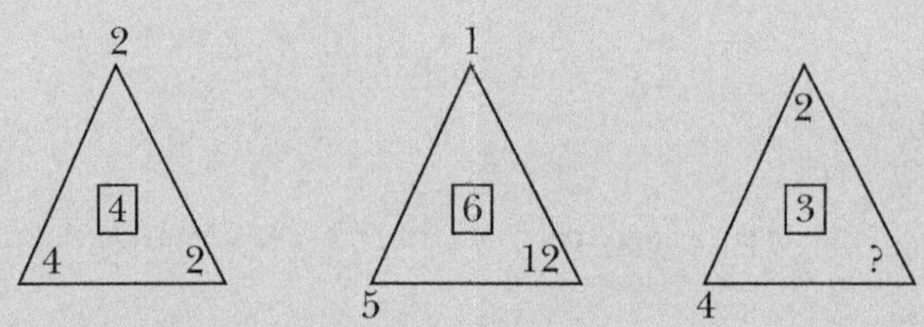

Si noti che all'interno del triangolo c'è un'altra figura geometrica che contiene un numero. Inoltre un'altra caratteristica della sequenza è la presenza di numeri sia all'interno del triangolo che all'esterno.
Cerchiamo a questo punto di capire quali regole accomunano le cifre dei primi due triangoli per scoprire l'incognita del terzo.
Al risultato della somma dei valori interni al triangolo si sottraggono i valori esterni per ottenere il valore interno al quadrato. Quindi 4 + 2 − 2 = [4]; 12 − 5 − 1 = [6]; (5) + 2 − 4 = [3]. La cifra mancante è 5.

Le regole generali per questo tipo di problemi sono le seguenti:
- Le operazioni di una serie si muovono nel medesimo senso, cioè se alla prima figura abbiamo proceduto in senso orario, anche le altre saranno in senso orario.
- L'esatta sequenza di operazioni della prima figura è valida anche per le altre figure della stessa serie.
- Se si iniziano i calcoli da un certo punto della figura, occorre iniziare dal medesimo punto anche nelle altre configurazioni.

Ma mostriamo queste regole con un esempio.

Esempio

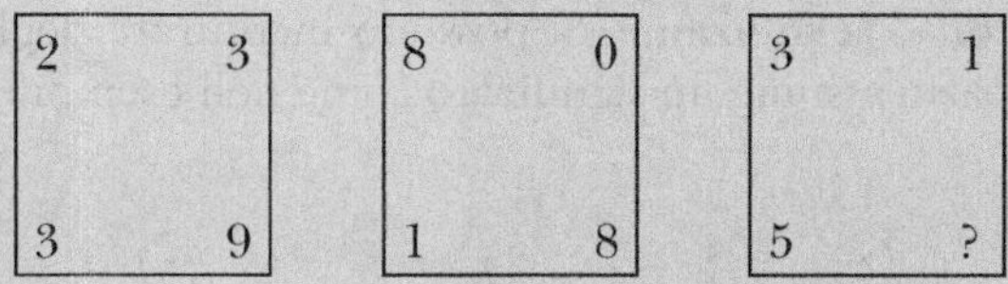

La fase più difficoltosa sta nell'individuazione del punto di partenza e della regola da applicare alle sequenze delimitate dai quadrati. La chiave per risolvere il problema è questa: si parte dal numero in basso a sinistra e lo si moltiplica, proseguendo in senso orario, per il numero dell'angolo superiore sinistro. Nel nostro esempio si moltiplica 3 × 2, poi si somma tale prodotto (6) al numero presente all'angolo superiore destro, nel nostro caso 3, per ottenere il risultato dell'angolo inferiore destro (9).

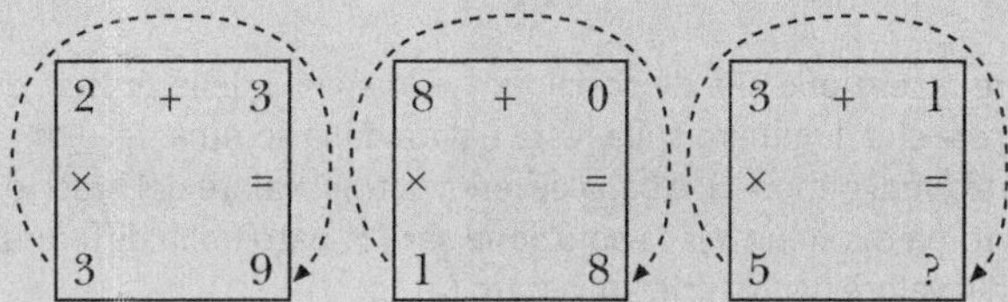

? = 16

Dal nostro esempio si evince che il valore dell'incognita è 16, risultato del prodotto dei primi due numeri (angolo basso a sinistra × numero angolo in alto a sinistra) che sommeremo al numero in alto a destra per ottenere l'incognita all'angolo in basso a destra. Ricordiamo che all'interno di queste figure sono ammissibili tutte le operazioni.

Vediamo infine un esempio in cui si combinano sequenze di lettere con sequenze di numeri. Il livello di difficoltà è medio.

Esempio

Quale numero completa la serie?

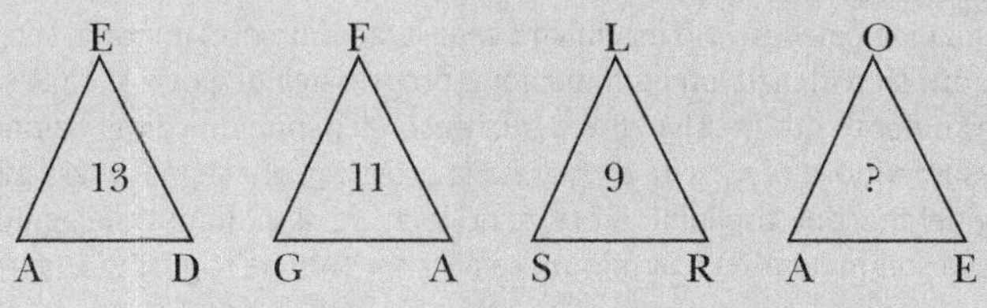

A. 15
B. 10
C. 7

Il numero al centro della figura è la somma dei valori delle lettere agli angoli. Ciascuna lettera assume un determinato valore in ragione di una semplice proprietà: se la lettera è una vocale il valore attribuito sarà 5, mentre se è una consonante il valore assegnato sarà 3.
Quindi la soluzione è quella della lettera A, 15.

3.18 Le serie con configurazioni particolari

È possibile trovare delle serie numeriche in una cornice e con una disposizione grafica che ne "condiziona" la soluzione. Si possono incontrare degli esercizi in cui la disposizione nello spazio assume un significato come nell'esempio che segue.

Esempio

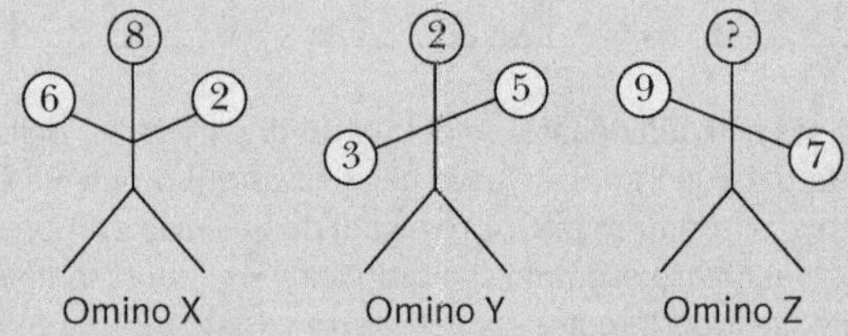

A. 8
B. 6
C. 2

Qui occorre prestare attenzione alla disposizione nello spazio delle braccia degli omini, infatti se ci fate caso noterete che il numero sulla testa è dato dalla somma dei numeri delle braccia se sono entrambe alzate (vedi omino X), e dalla differenza tra il valore del braccio alzato con quello del braccio abbassato (vedi omino Y). La soluzione sarà 2, dato dalla differenza tra il valore del braccio alzato (9) ed il valore del braccio abbassato (7).

Proviamo con un altro esercizio.

Esempio
Un orologio procede secondo una sequenza particolare ma, nonostante la sua bizzarria, è regolarissimo. Abbiamo studiato quattro ore prese successivamente. Quale sarà la prossima ora?

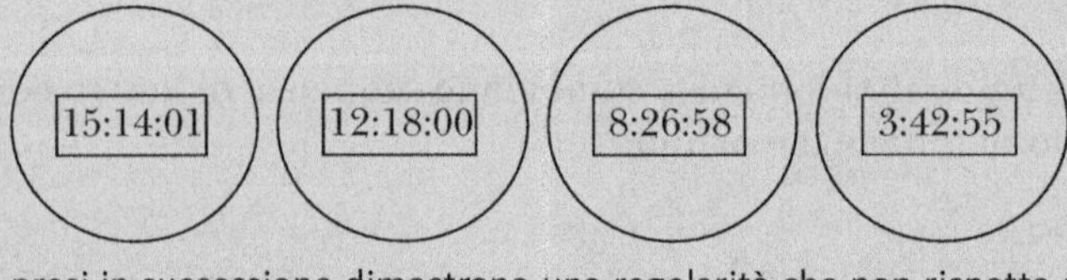

I quattro orari presi in successione dimostrano una regolarità che non rispetta però il normale funzionamento di un orologio.
Per trovare la soluzione è necessario esaminare separatamente ore, minuti e secondi.
Dall'esame delle ore si evidenzia una diminuzione progressiva di 3, 4 e 5; dall'esame dei minuti invece si nota un aumento progressivo di 4, 8, 16; i secondi hanno una diminuzione prima di 1, poi di 2 e poi di 3. Assumendo la regolarità dichiarata la prossima ora segnata sarà 22:14:51.
Infatti, se dalle 3 del mattino togliamo 6 ore, sono le 21; se ai 42 minuti ne aggiungiamo 32, abbiamo 1 ora (che va sommata a 21) e 14 minuti; se ai 55 secondi ne togliamo 4, avremo 51 secondi.

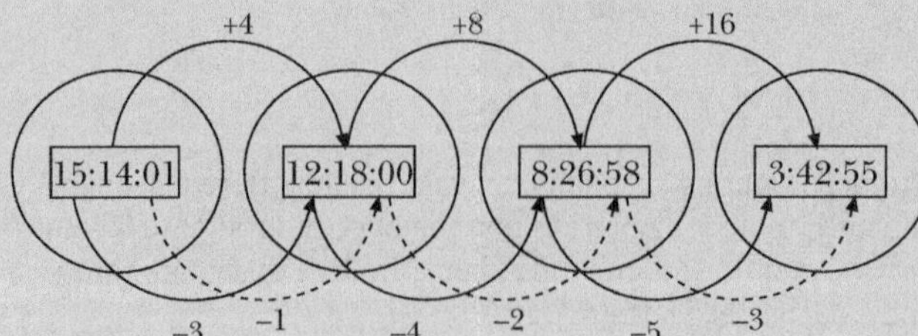

3.19 Le matrici quadrate

Nelle matrici quadrate si presentano delle serie numeriche disposte su un medesimo numero di righe e di colonne come nell'esempio seguente.

5	4	1
1	6	3
2	5	?

Queste prove richiedono rapidità di calcolo e flessibilità cognitiva dato che per risolverle è necessario calcolare in rapida sequenza tutte le possibili combinazioni in orizzontale e in verticale (ma mai in diagonale), che danno ragione alla particolare configurazione che non è mai casuale, a meno che, tra le risposte possibili, non sia presente la risposta "non è possibile risolvere la matrice" o una frase simile.

Esempio

Qual è il numero mancante dalla seguente matrice?

5	5	5
6	2	4
9	3	?

Dai resoconti verbali di alcuni soggetti che vi si sono sottoposti, ai quali veniva richiesto di pronunciare ad alta voce tutti i calcoli che stavano facendo per trovare la soluzione, le persone più rigidamente ancorate alla struttura dei dati non andavano oltre alla somma delle righe e delle colonne, per cui non riuscivano a risolverla correttamente.

5	5	5	= 15
6	2	4	= 12
9	3	?	
= 20	= 10		

Una procedura di questo tipo poteva essere valida con una configurazione come la seguente:

9	5	3
8	4	5
2	5	?

nella quale la somma dei numeri della prima e della seconda riga è sempre 17.

Possiamo dire infatti che la procedura seguita non era in sé sbagliata, ma fuorviante in quanto esclusiva. Chi risolve brillantemente la matrice invece supera la fissità funzionale legata alla strutturazione dei dati ed inizia a verificare rapidamente se vi sono altre configurazioni che potrebbero spiegare i dati ottenuti.

Quindi, si procede con calcoli che prendono in considerazione l'ordine di riga e di colonna e si sommano o sottraggono i primi numeri di riga e di colonna con i secondi o con i terzi.

E se non si giunge ad una soluzione soddisfacente, come in questo caso, si somma il primo numero di riga e di colonna con il secondo numero di riga e di colonna.
Nell'esempio il terzo numero di riga è dato dalla metà della somma dei primi due numeri di riga, cioè (5 + 5)/2 = 5, (6 + 2)/2 = 4, ecc.

	+		:2	
5		5		5
	+		:2	
6		2		4
9		3		?
	+		:2	

La risposta corretta è 6, cioè (9 + 3)/2.

3.20 Esercizi sugli insiemi e sulle ripartizioni

Il concetto di insieme costituisce l'elemento fondante di quella parte della matematica che è la teoria degli insiemi. Con questo termine indichiamo ogni raggruppamento, collezione, aggregato di elementi, indipendentemente dalla loro natura.
Un diagramma di Eulero-Venn (o semplicemente diagramma di Venn) è una rappresentazione grafica di un insieme che consiste nel racchiuderne gli elementi all'interno di una linea chiusa non intrecciata, come quella riportata di seguito.

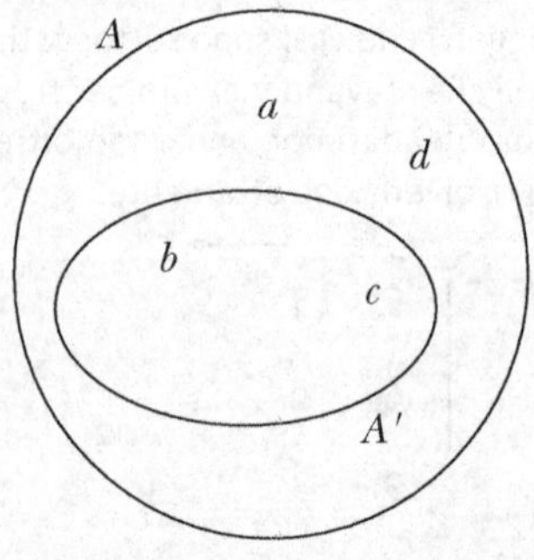

Nella figura proposta, l'insieme A è composto dagli elementi indicati con a, b, c, d; questo viene indicato con la notazione $A = \{a, b, c, d\}$. In riferimento a un singolo elemento dell'insieme, la notazione $a \in A$ ci indica che l'elemento a "appartiene" all'insieme A. Inoltre, gli elementi b e c appartengono all'insieme A' che è contenuto in A (la notazione usata è la seguente: $A' \subset A$). Per tale motivo A' è detto "sottoinsieme di A".
Consideriamo i due insiemi, mostrati in figura, $A = \{a, b, c, d\}$ e $B = \{b, c, e\}$.

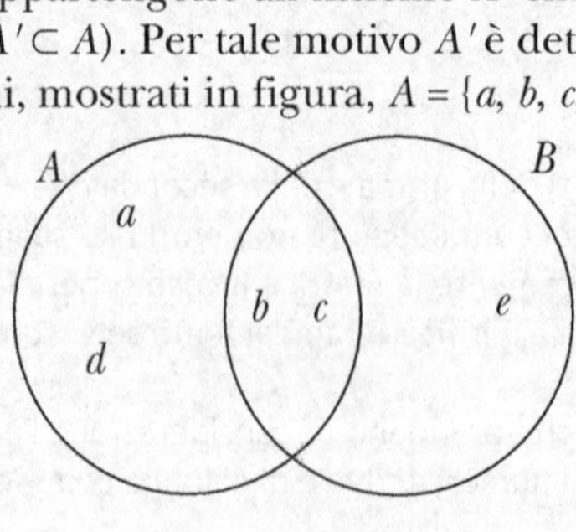

L'unione tra i due insiemi è costituita da tutti gli elementi che si possono trovare in A, in B o in tutti e due. L'unione viene indicata con $A \cup B = \{a, b, c, d, e\}$.
Invece, l'intersezione tra due insiemi è composta da quegli elementi presenti in entrambi gli insiemi. Indichiamo l'intersezione con $A \cap B = \{b, c\}$.

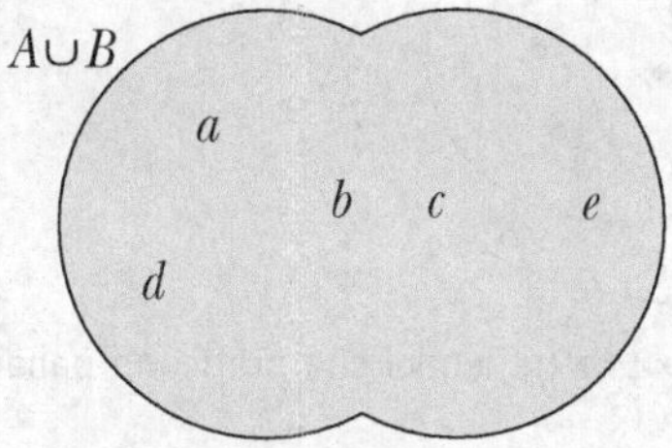

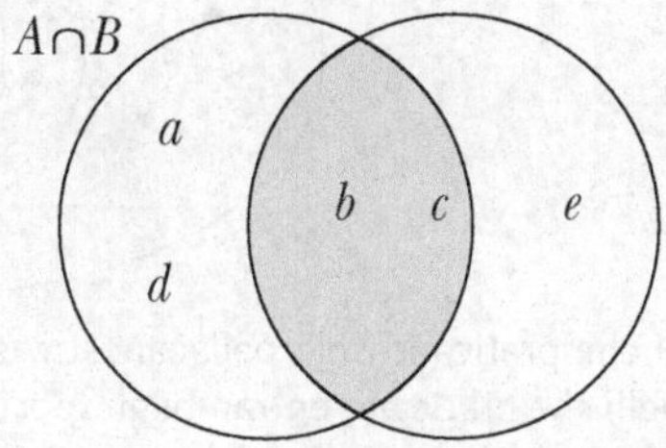

La differenza tra A e B (indicata con $A-B$) è costituita da tutti gli elementi presenti in A a cui vengono sottratti quelli anche presenti in B. Nel nostro caso $A - B = \{a, d\}$.
Abbiamo inoltre $B - A = \{e\}$.

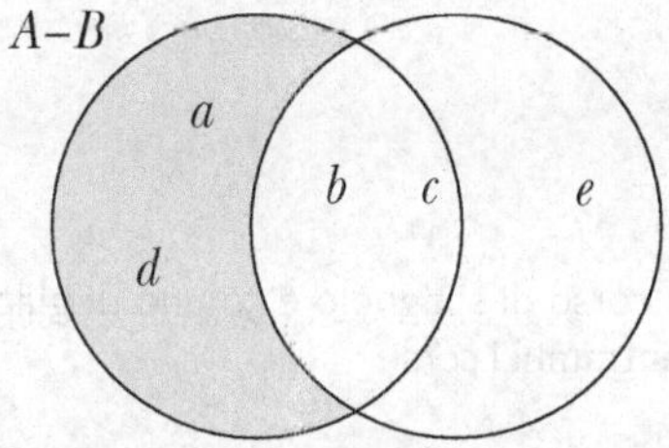

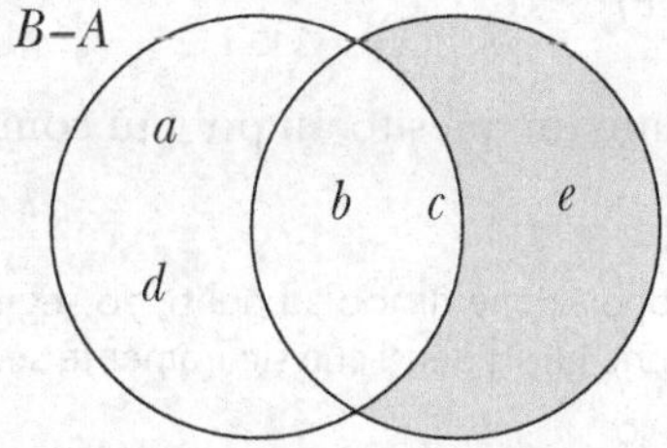

Di seguito, proponiamo un quesito.

Esempio
Posti A = {21, 22, 23} e B = {22, 23, 24}, qual è l'insieme risultante dall'unione di A e B?

A. {22, 23}
B. {21, 22, 23}
C. {21, 22, 23, 24}

La risposta corretta è la C. Dati due insiemi, A e B, la loro unione è l'insieme C i cui elementi appartengono all'insieme A oppure all'insieme B, oppure a entrambi.
Dati i due insiemi A = {21, 22, 23} e B = {22, 23, 24}, la loro unione è l'insieme:

$$C = \{21, 22, 23, 24\}$$

Di seguito proponiamo un tipico quesito assegnato nelle prove di selezione.

Esempio
Marco ha 16 amici: di questi, 6 giocano a pallacanestro, 8 giocano a calcio e 4 praticano entrambi gli sport. Quanti praticano almeno uno sport?

A. 16
B. 10
C. 14

Indichiamo con A l'insieme degli amici di Marco, con P l'insieme degli amici che praticano pallacanestro e con C l'insieme degli amici che praticano calcio. Abbiamo che $P \subset A$ e $C \subset A$.

Inoltre $P \cap C$ è formato da 4 elementi (i quattro amici che praticano entrambi gli sport).

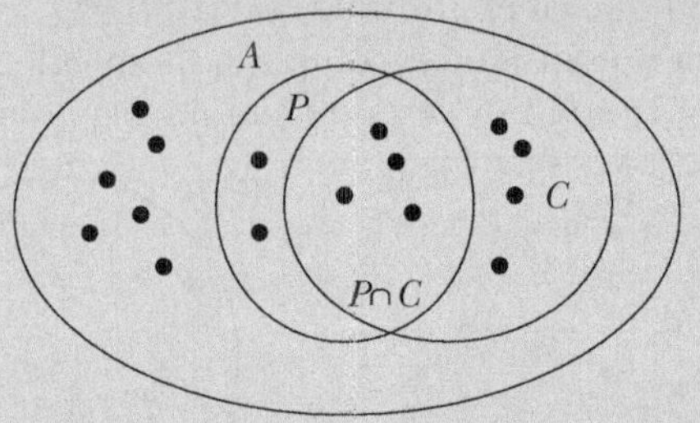

Gli amici che praticano solo pallacanestro sono $6-4=2$ (gli amici che praticano pallacanestro meno quelli che praticano entrambi gli sport).
Gli amici che praticano solo calcio sono $8-4=4$ (gli amici che praticano calcio meno quelli che praticano entrambi gli sport).
Quindi gli amici che praticano almeno uno sport sono dati da quelli che praticano solo calcio più quelli che praticano solo pallacanestro più quelli che li praticano entrambi cioè $4+2+4=10$ (risposta B).

Analizziamo un quesito un po' più complesso.

Esempio
In una popolazione di 100 studenti, 70 seguono un corso di spagnolo e 50 uno di giapponese. Quanti sono gli studenti che sicuramente seguono entrambi i corsi?

A. Più di 50
B. 50
C. Da 20 a 50

Se S è l'insieme degli studenti che seguono il corso di spagnolo, S contiene 70 elementi, mentre G, che è l'insieme di studenti che seguono il corso di giapponese, contiene 50 elementi. Dobbiamo determinare il numero di elementi dell'insieme $S \cap G$, vale a dire, gli studenti che seguono entrambi i corsi.
Dobbiamo individuare i casi in cui $S \cap G$ ha il numero maggiore possibile e minore possibile di elementi.
Il caso con il numero maggiore possibile di elementi si ha quando i 50 studenti di giapponese frequentano tutti anche spagnolo. In tal caso abbiamo 50 studenti frequentanti ambo i corsi e quindi $S \cap G$ contiene un numero massimo di 50 elementi.
Il caso di minore sovrapposizione si ha quando, tolti dai 100 studenti totali i 70 di spagnolo, dei 30 che restano (e che non frequentano spagnolo), si ha che tutti frequentano giapponese. Per arrivare a 50 studenti di giapponese restano 20 studenti che, per forza di cose, frequentano sia il corso di giapponese che di spagnolo. In tal caso abbiamo 20 studenti frequentanti ambo i corsi e quindi $S \cap G$ contiene 20 elementi.
Perciò il numero di studenti che frequentano ambo i corsi può variare da 20 a 50 (risposta C).

Analizziamo un ulteriore quesito in cui la rappresentazione mediante i diagrammi di Venn è sicuramente di aiuto.

Esempio
In un gruppo di 24 amici, 18 hanno l'hobby della pittura, 15 hanno l'hobby della recitazione, 17 hanno l'hobby della ceramica. Quanti sono, al minimo, coloro che coltivano tutti e tre gli hobby?

A. 2
B. 4
C. 6

La risposta esatta è la A.
Indichiamo con *P* l'insieme degli amici che hanno l'hobby della pittura, con *R* quello degli amici che hanno l'hobby della recitazione e con *C* quello degli amici che hanno l'hobby della ceramica. Ciò che il quesito richiede di calcolare è il numero minimo di amici che coltivano tutti e tre gli hobby, ovvero l'insieme intersezione $P \cap R \cap C$ (l'area in grigio scuro in figura).

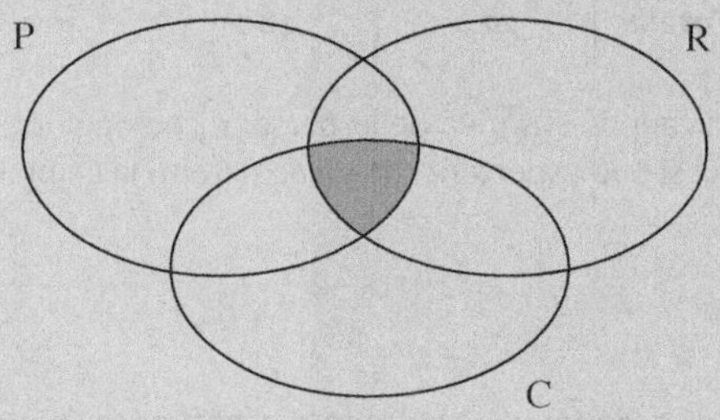

24 è il numero totale di amici.
Possiamo condurre un ragionamento intuitivo come il seguente:

- se 18 hanno l'hobby della pittura, allora non hanno tale hobby: 24 – 18 = 6 amici
- se 15 hanno l'hobby della recitazione, allora non hanno tale hobby: 24 – 15 = 9 amici
- se 17 hanno l'hobby della ceramica, allora non hanno tale hobby: 24 – 17 = 7 amici.

In totale, non hanno almeno uno dei 3 hobby: 6 + 9 + 7 = 22 amici.
Possiamo concludere che, al minimo, coltivano tutti e tre gli hobby:

$$24 - 22 = 2 \text{ amici}$$

3.21 *Problem solving*

Questa tipologia di quesiti testa la capacità di comprendere, confrontare, utilizzare e analizzare informazioni matematiche, che si presentano non solo sotto forma di dati numerici espressi in quantità e tabelle, ma anche di grafici, diagrammi e di ragionamento spaziale. Oltre a un livello base di matematica, è richiesta una conoscenza operativa di elementi come equazioni algebriche semplici e probabilità. Nell'ambito dei quesiti che misurano la capacità di problem solving, saranno prese in esame tre tipologie.

3.21.1 Selezionare le informazioni rilevanti

Quando sono sottoposti a un'enorme quantità di dati, i ricercatori devono essere in grado di individuare le informazioni che sono pertinenti e rilevanti. Il candidato deve essere in grado di riconoscere quali dati o risultati devono essere considerati rilevanti e utili, e quali devono invece essere scartati.

Esempio
Le cifre sotto riportate mostrano i risultati di un sondaggio sulla dimensione dell'auto attuale, e di quella precedente, svolto su un campione di 1000 persone:

		Auto attuale			
		Grande	Media	Piccola	**Totale**
Auto precedente	Grande	100	120	20	**240**
	Media	80	200	80	**360**
	Piccola	40	160	200	**400**
	Totale	**220**	**480**	**300**	**1000**

Ponendo che la tabella sia rappresentativa delle persone che oggi intendono cambiare la macchina, in che percentuale ci si può aspettare che gli acquirenti la cambino per una più grande?

A. 12%
B. 22%
C. 28%

Occorre individuare le parti della tabella che sono rilevanti per rispondere alla domanda, e trovare il modo di utilizzare tali valori per ottenere la risposta esatta. I dati presentati riguardano l'ultima volta che i soggetti esaminati hanno cambiato la macchina, ma la domanda riguarda l'intenzione di acquistare un'auto nuova: in apparenza sembrano due cose diverse. Tuttavia, il quesito ci informa che la tabella è rappresentativa di quelli che hanno intenzione di cambiare la macchina in questo momento, il che significa che potremmo anche sostituire le intestazioni della tabella scrivendo "Auto attuale" sulla sinistra e "Auto nuova" in alto.
Una volta comprese le informazioni che si hanno a disposizione, occorre chiarire che cosa chiede di trovare la domanda: in questo caso, la percentuale degli acquirenti che, con molta probabilità, cambieranno l'auto attuale per una più grande. Uno dei gruppi con questa caratteristica è quello composto dalle persone che attualmente possiedono una macchina di grandezza media e prima ne avevano una piccola.
Elenchiamo tutti i gruppi che soddisfano questo stesso requisito:

Auto attuale	Auto precedente	Numero
Grande	Media	80
Grande	Piccola	40
Media	Piccola	160

Sulla base di questo prospetto, le persone che ci si aspetta facciano il cambio per un'auto più grande sono 280.
L'ultimo passaggio da fare è calcolare in modo corretto la percentuale corrispondente. Il numero totale di persone su cui è stata svolta l'indagine era 1000, quindi:

$$280 / 1000 \times 100 = 28\%$$

La risposta corretta è C.
Il fatto che sia una delle scelte possibili può aumentare la fiducia nel fatto che sia corretta, ma occorre comunque essere prudenti, poiché gli ideatori dei quesiti propongono come soluzioni alternative delle opzioni che contengono errori in cui si può incorrere con facilità. Se avete tempo, ricontrollate i passaggi.

3.21.2 Individuare analogie

Il lavoro scientifico è reso più efficace e funzionale se i ricercatori riescono a rilevare nei dati nuovi dei modelli già incontrati. Se si riconosce una similitudine con qualche dato rilevato in passato, e si individuano anche le differenze, è possibile utilizzare le informazioni nuove in modo più efficace.
Nell'ambito di questa abilità è inclusa la capacità di riconoscere, nell'insieme dei dati, le relazioni di causa ed effetto e di identificare le possibili cause che generano modelli e variazioni.

Esempio
La tabella mostra i risultati di un sondaggio sugli elettrodomestici posseduti dalle famiglie di una determinata città.
Quale grafico a barre rappresenta accuratamente i dati sotto riportati?

Utensile	Lavastoviglie	Aspirapolvere	Lavatrice	Forno a microonde	Robot da cucina	Tostapane
% possesso	68	98	77	54	34	92

A

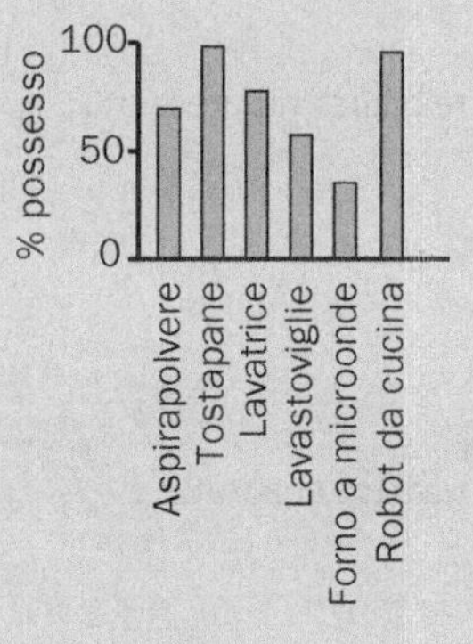

B

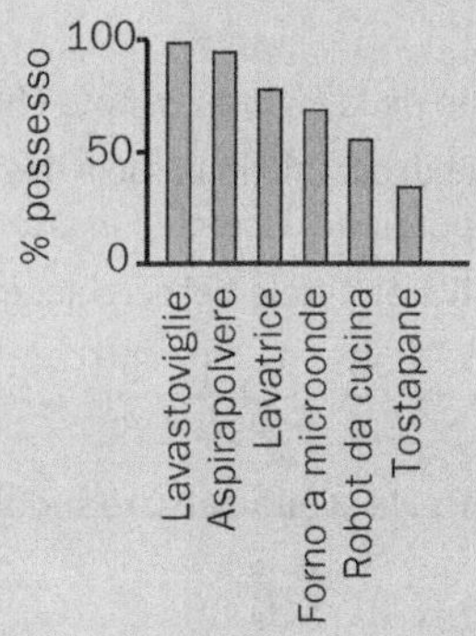

C

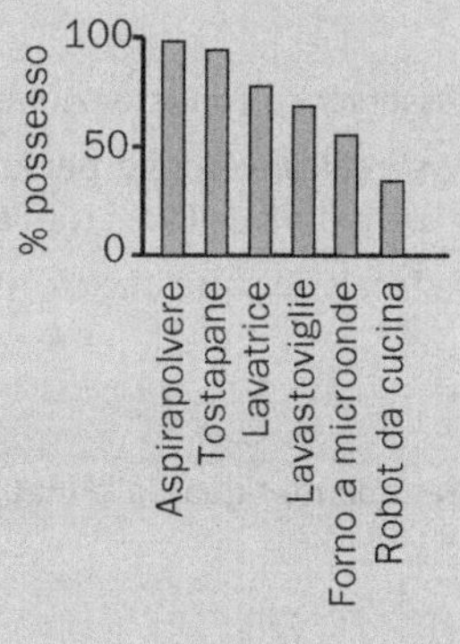

A. Grafico A
B. Grafico B
C. Grafico C

La domanda è, in realtà, piuttosto semplice: l'importante è far corrispondere correttamente l'elettrodomestico all'altezza della barra. Il problema principale (che può trarre in inganno coloro che non osservano attentamente i grafici e il testo della domanda) è che, in alcuni casi, l'ordine degli elettrodomestici nei grafici è diverso da quello presentato in tabella. Inoltre, non è sempre possibile leggere l'altezza esatta delle barre alla scala a cui sono tracciati i grafici, pertanto bisogna confrontare le altezze relative delle diverse barre.
Di fatto, il grafico corretto è quello riportato nell'alternativa C. Gli elettrodomestici sono stati ordinati per percentuali di possesso decrescenti. Nell'opzione A, gli elettrodomestici sono ordinati come nella C, ma le barre seguono l'ordine della tabella.
Può essere una buona idea quella di provare ad individuare l'errore caso per caso.

È possibile far rientrare in questa tipologia anche il quesito proposto di seguito.

Esempio
Indicare le frazioni che rappresentano rispettivamente il rapporto fra la parte bianca e l'area totale della figura 2 e fra la parte bianca e la parte nera della figura 1.

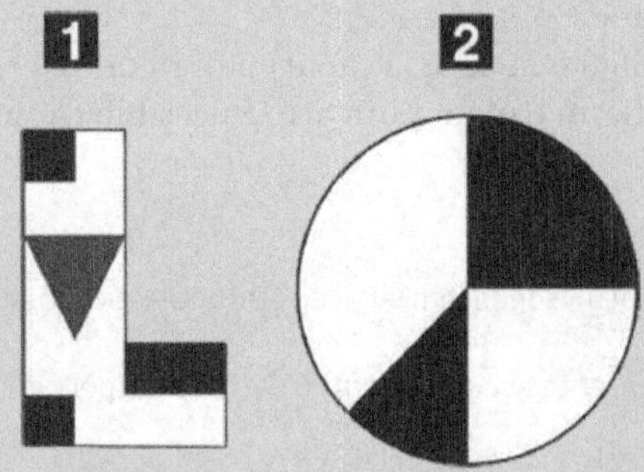

A. $\frac{8}{5}$; $\frac{8}{3}$

B. $\frac{5}{3}$; $\frac{8}{5}$

C. $\frac{5}{8}$; $\frac{5}{3}$

Osservando con attenzione il cerchio della Figura 2 si nota che la parte bianca rappresenta:

- 1/4 dell'area totale, per la porzione di cerchio in basso a destra;
- 1/4 più 1/8 dell'area totale, per la porzione di cerchio in alto a sinistra.

In totale, la parte bianca, rispetto all'area totale del cerchio, è:

$$\frac{1}{4}+\frac{1}{4}+\frac{1}{8}=\frac{5}{8}$$

Per quanto riguarda la Figura 1, invece, la si può pensare suddivisa in quattro quadrati:

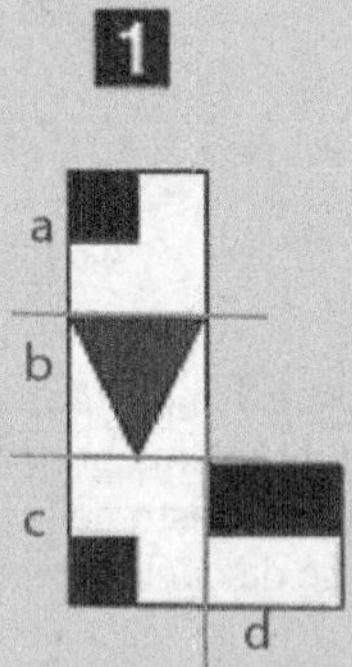

in ognuno dei quali il rapporto tra parte bianca (B) e nera (N) è il seguente:

a. 3/4 B; 1/4 N
b. 1/2 B; 1/2 N
c. 3/4 B; 1/4 N
d. 1/2 B; 1/2 N

per cui, in totale, la parte bianca è pari a

$$\frac{3}{4}+\frac{1}{2}+\frac{3}{4}+\frac{1}{2}=\frac{10}{4}=\frac{5}{2}$$

e la parte nera è pari a

$$\frac{1}{4}+\frac{1}{2}+\frac{1}{4}+\frac{1}{2}=\frac{3}{2}$$

e quindi il loro rapporto sarà pari a

$$\frac{5}{2}\div\frac{3}{2}=\frac{5}{3}$$

Le frazioni risultanti sono allora 5/8 e 5/3 e la risposta corretta è la C.

3.21.3 Stabilire e applicare procedure appropriate

Per risolvere un problema è necessario combinare dati diversi, che talvolta possono anche apparire discordanti, trovando il metodo più appropriato. Non è sempre detto che la procedura da applicare sia immediatamente chiara, e potrebbe quindi essere necessario svolgere una strategia di ricerca, al fine di trovare informazioni aggiuntive o i metodi necessari a utilizzare i dati di cui si dispone.

Esempio

Il ghepardo può raggiungere una velocità massima di 110 km/h e la zebra di 60 km/h. Se entrambi stanno correndo alla massima velocità seguendo una linea retta, e il ghepardo è più indietro di 100 m, quanti secondi ci vorranno al ghepardo per raggiungere la zebra?

A. 10
B. 20
C. 7,2

I quesiti variano nel grado di complessità e difficoltà. Questa domanda fornisce relativamente poche informazioni (solamente tre numeri) ed è piuttosto diretta.
Le velocità reali, in questo caso, non hanno importanza; ci si deve concentrare sulla velocità relativa tra i due animali. Il ghepardo corre più velocemente della zebra di 50 km/h e si può quindi ragionare come se la zebra rimanesse ferma, e il ghepardo, più indietro di 100 m, si stesse avvicinando a una velocità di 50 km/h.
Il calcolo è piuttosto semplice: il tempo necessario è uguale a $\frac{\text{distanza}}{\text{velocità}}$.
Per calcolare la risposta, occorre esprimere i valori in unità di misura congruenti (in questo caso, cominciamo con km, h e km/h).
Il ghepardo dista dalla zebra 100 m o 0,1 km, quindi:

$$\text{tempo} = \frac{0{,}1}{50}\ \text{h}$$

La risposta è richiesta in secondi. In un'ora ci sono 3600 secondi, quindi:

$$\text{tempo} = 3600 \times \frac{0{,}1}{50} = 7{,}2\ \text{secondi}$$

Se avete difficoltà a ricordare le relazioni che intercorrono tra tempo, distanza e velocità, ricordate che la velocità è sempre espressa in termini di una distanza diviso un tempo, es. km/h. Tutte le formule relative possono essere calcolate di conseguenza.

Esempio
Il ponte degli U2

Gli U2 – noto complesso irlandese – stanno per esibirsi nella propria città natale, Dublino. Mancano pochi minuti all'inizio del concerto, però per raggiungere il palco i musicisti devono attraversare un ponte nella completa oscurità. Hanno a disposizione una sola torcia elettrica. Essendo instabile, sul ponte possono andare solo due persone per volta. La torcia è indispensabile per attraversare il ponte quindi deve essere riportata indietro. Si sa che ogni componente impiega tempi diversi ad attraversare il ponte: Bono, 1 minuto; Edge, 2 minuti; Adam, 5 minuti; Larry, 10 minuti. Inoltre, si sa che: la torcia non può essere lanciata da una parte all'altra; se il ponte viene attraversato da due persone la velocità sarà data dal più lento. Qual è il tempo minimo che impiegheranno i 4 per raggiungere il palco?

A. 18 minuti
B. 17 minuti
C. 16 minuti

La risposta esatta è la B. Il quesito proposto è una variante di un test utilizzato negli anni '90 nella selezione del personale da parte di Microsoft. Nel testo del quesito originale, infatti, è scritto che "Mancano 17 minuti all'inizio del concerto...", ciò che si chiede di determinare è il giusto ordine di attraversamento affinché tutti i membri del gruppo siano dall'altra parte del ponte entro 17 minuti.
In questo quesito, per calcolare il tempo minimo di attraversamento del ponte, occorre premettere che, quando 2 componenti attraversano il ponte assieme, il più veloce si adegua al passo del più lento. In questo caso, i componenti seguono l'ordine di attraversamento riportato:

Bono (1 minuto) ed Edge (2 minuti) escono	tempo 2 minuti
Edge (2 minuti) torna indietro a portare la torcia	tempo 2 minuti
Adam (5 minuti) e Larry (10 minuti) escono	tempo 10 minuti
Bono (1 minuto) torna indietro a portare la torcia	tempo 1 minuto
Bono (1 minuto) ed Edge (2 minuti) escono	tempo 2 minuti

Tempo totale: 2 + 2 + 10 + 1 + 2 = 17 minuti

Vediamo un'ulteriore variante del quesito.
Gli U2 – noto complesso irlandese – stanno per esibirsi nella propria città natale, Dublino. Mancano pochi minuti all'inizio del concerto, però per raggiungere il palco i musicisti devono attraversare un ponte nella completa oscurità. Hanno a disposizione una sola torcia elettrica. Essendo instabile, sul ponte possono andare solo due persone per volta. La torcia è indispensabile per attraversare il ponte quindi deve essere riportata indietro. Si sa che ogni componente impiega tempi diversi ad attraversare il ponte: Bono, 1 minuto; Edge, 3 minuti; Adam, 4 minuti; Larry, 8 minuti. Inoltre, si sa che: la torcia non può essere lanciata da una parte all'altra; se il ponte viene attraversato da due persone la velocità sarà data dal più lento. Qual è il tempo minimo che impiegheranno i 4 per raggiungere il palco?

A. 17 minuti
B. 18 minuti
C. 16 minuti

La risposta esatta è la A. Per calcolare il tempo minimo di attraversamento del ponte, sappiamo che, quando 2 componenti attraversano il ponte assieme, il più veloce si adegua al passo del più lento. In questo caso, i componenti seguono l'ordine di attraversamento riportato:

Bono (1 minuto) ed Edge (3 minuti) escono	tempo 3 minuti
Bono (1 minuto) torna indietro a portare la torcia	tempo 1 minuto

Bono (1 minuto) e Adam (4 minuti) escono	tempo 4 minuti
Bono (1 minuto) torna indietro a portare la torcia	tempo 1 minuto
Bono (1 minuto) e Larry (8 minuti) escono	tempo 8 minuti
Tempo totale: 3 + 1 + 4 + 1 + 8 = 17 minuti	

I problemi seguenti si risolvono mediante calcoli matematici abbastanza semplici che possono essere talvolta bypassati da procedimenti empirici, dopo aver però compreso l'aspetto logico del problema. In altre parole la complessità è relativa solo alla comprensione su come impostare il quesito.

Vediamo un esempio.

Esempio
Una strada lunga 104 metri ha in totale 28 platani posti su entrambi i lati. Sapendo che i platani sono tra loro equidistanti, a quale distanza in metri è posto un platano dall'altro?

A. 4
B. 3,7
C. 8

La risposta corretta è la C. I platani sono disposti su due file, quindi sono 14 per ogni lato in 104 metri. Poiché il primo platano è situato all'inizio, cioè a zero metri, si deve dividere 104 per 13 per ricavare la distanza tra i singoli platani, che è pari a 8.

Spesso, sono assegnati determinati quesiti la cui risoluzione richiede la conoscenza dei quadrati dei numeri naturali compresi tra 1 e 25.

Esempio
Il piccolo Federico gioca con 550 tessere quadrate di legno colorato, tutte delle stesse dimensioni. Ha costruito con esse il quadrato più grande possibile; quante tessere sono avanzate a Federico?

A. 21
B. 25
C. 19

La risposta corretta è la A.
Il quesito si risolve trovando il lato del quadrato più grande possibile costruibile con le tessere date. Tale lato si ottiene considerando la parte intera della radice quadrata approssimata del numero di tessere dato. In altri termini, occorre trovare quel numero il cui quadrato sia prossimo al numero di tessere date. Il quadrato costruito avrà per lato proprio quel numero.
Nel quesito, il numero delle tessere è 550; pertanto, occorre trovare la radice quadrata approssimata del numero 550 o, in altri termini, il numero il cui quadrato è prossimo a 550. Quest'ultimo numero è 23; infatti: $23^2 = 529$.
Con 550 tessere, il piccolo Federico ha costruito il quadrato più grande possibile; gli sono avanzate, quindi, 550 – 529 = 21 tessere.

Un altro esempio di quesito frequentemente assegnato è il seguente.

Esempio
Una lumaca è caduta in un pozzo profondo 16 metri. Durante la mattina risale di 5 metri, ma prima di mezzanotte scivola indietro di 4 metri. Riuscirà a uscire dal pozzo durante la mattina:

A. dell'undicesimo giorno
B. del dodicesimo giorno
C. del sedicesimo giorno

La risposta corretta è la B. La lumaca ogni giorno risale di 1 metro; infatti:

$$5 \text{ m al mattino} - 4 \text{ m la sera} = 1 \text{ m al giorno}$$

Dopo 11 giorni è risalita di 11 metri. Al dodicesimo giorno, di mattina, risale di 5 metri, per cui arriva a 11 + 5 = 16 m ed esce dal pozzo.

Il quesito riportato di seguito è analogo al precedente.

Esempio
Una lumaca si trova ai piedi di una parete alta 15 metri. Per 12 ore sale faticosamente per 3 metri e dopo, riposandosi per altre 12 ore, scivola lungo la parete per 2 metri. Di seguito ripete ciclicamente queste stesse azioni. Quante ore, dall'inizio della propria scalata, impiegherà la lumaca per giungere sulla sommità della parete?

A. 360
B. 336
C. 300

Trascorse 24 ore la lumaca sarà salita di un metro lungo la parete: ai 3 metri percorsi durante le prime 12 ore dobbiamo sottrarre i 2 metri persi durante le successive 12 ore.
Consideriamo tale processo ripetuto per altre 12 volte: 12 × 24 ore = 288 ore. Dopo questo numero di ore la lumaca sarà giunta a 12 metri di altezza. Avendo già riposato nelle ultime 12 ore trascorse, la lumaca ricomincerà la propria scalata e, nelle successive 12 ore, percorrerà gli ultimi 3 metri rimanenti, giungendo in cima al muro ed impiegando un tempo pari a 288 ore + 12 ore = 300 ore.
La risposta corretta è C.

Il seguente quesito è analogo ai precedenti.

Esempio
Su una pista rettilinea lunga 1 km, un gambero avanza nelle ore diurne di 40 metri e di notte arretra di 25 metri. Arriverà alla fine della pista durante le ore diurne del:

A. sessantatreesimo giorno
B. sessantasettesimo giorno
C. sessantacinquesimo giorno

La risposta corretta è la C. Ogni giorno il gambero percorre 40 m − 25 m = 15 m.
Prima delle ore diurne del penultimo giorno avrà percorso 1000 m − 40 m = 960 m. Il penultimo giorno è incognito e si ottiene considerando che il gambero avrà percorso 960 metri in 960/15 = 64 giorni.
Percorrendo altri 40 metri, il gambero arriverà alla fine durante le ore diurne del 65° giorno.

I quesiti seguenti sono di diversa tipologia.

Esempio
Sono al buio; estraggo (senza reinserirle) alcune scarpe da una scarpiera disordinata contenente 5 paia diverse di scarpe. Qual è il minimo numero di scarpe che devo estrarre per essere sicuro di trovarne un paio utilizzabile, cioè una destra e una sinistra dello stesso paio?

A. 5 scarpe
B. 4 scarpe
C. 6 scarpe

La risposta corretta è la C. Il numero minimo di scarpe che occorre estrarre per essere sicuri di prendere dalla scarpiera due scarpe dello stesso paio si trova identificando l'ipotesi peggiore in cui le scarpe estratte siano tutte diverse tra loro, ossia l'ipotesi in cui le prime 5 scarpe estratte appartengono a 5 paia diverse. Tuttavia, alla sesta estrazione, qualsiasi scarpa appartiene a 1 delle 5 paia già estratte, per cui sicuramente si è trovato un paio utilizzabile.
Il numero minimo di scarpe da estrarre è, dunque, 6.
In generale, il numero minimo di oggetti da estrarre è pari al numero di categorie di oggetti diversi (scarpe, calzini, penne...) cui si somma 1.

Esempio
Un distributore automatico vende caramelle a 10 centesimi di euro l'una. Le caramelle sono di tre colori, mescolate fra loro, ed escono in modo casuale. Luca conta al suo interno 10 caramelle blu, 11 verdi e 12 rosse. Quanti soldi deve essere disposto a spendere per essere sicuro di averne almeno una blu e tre verdi?

A. 2,50 euro
B. 1,60 euro
C. 1,30 euro

La risposta corretta è la A. Chiedersi quanti soldi Luca deve essere disposto a spendere per essere sicuro di avere almeno 1 caramella blu e 3 caramelle verdi equivale a chiedersi qual è il numero di caramelle che Luca è disposto ad acquistare per averne almeno 1 blu e 3 verdi. Tale numero si trova identificando l'ipotesi peggiore in cui:

- le prime caramelle erogate dal distributore siano le 12 rosse, a un costo di 1,20 euro;
- le successive caramelle erogate siano le 10 blu, a un costo ulteriore di 1 euro;
- le ultime caramelle erogate siano le attese 3 verdi, a un costo di 0,30 euro.

In totale, Luca deve essere disposto a spendere 1,20 + 1 + 0,30 = 2,50 euro, per essere sicuro di avere almeno 1 caramella blu e 3 caramelle verdi.

Esempio
Apriamo, a caso, un dizionario e osserviamo che la pagina di destra è la 111, poi solleviamo alcuni centimetri di fogli e, sempre a destra, leggiamo 777. Quante pagine pari vi sono fra le due letture?

A. 332
B. 333
C. 334

Consideriamo la pagina pari più alta (776) e quella più bassa (112) nell'intervallo di pagine da 111 a 777. La differenza 776 – 112 = 664 ci dà il numero di pagine comprese tra 776 e 112, anche se nella sottrazione non conteggiamo la pagina iniziale (112 che è pari). Dividendo tale numero per 2 otteniamo il numero di pagine pari presenti in questo intervallo, cioè 332, a cui dobbiamo ancora aggiungere la pagina 112, che non era stata conteggiata nell'intervallo, calcolando la differenza. Il risultato finale è 333 (risposta B).

Esempio
Il primo Marzo del 1987 era Domenica. Che giorno era il primo Marzo 1994?

A. Venerdì
B. Sabato
C. Martedì

I giorni in un anno sono 365 mentre 364 è multiplo di 7 (la settimana). Questo vuol dire che, ogni anno, un determinato giorno (ad esempio il primo marzo) slitterà, lungo la settimana, di una posizione in avanti (per cui, ad esempio, un Martedì diventerà Mercoledì). Quando si incorre in un anno bisestile i giorni antecedenti il 28 Febbraio slitteranno di due posizioni lungo la settimana nell'anno successivo a quello bisestile mentre i giorni successivi al 28 Febbraio slitteranno di due posizioni lungo la settimana nello stesso anno bisestile (è il caso del primo Marzo). Si ricorda che un anno è bisestile se il suo numero è divisibile per 4.
Approntiamo quindi la seguente tabella:

Anno	Caratteristiche	Primo Marzo
1987		Domenica
1988	Bisestile	Martedì
1989		Mercoledì
1990		Giovedì
1991		Venerdì
1992	Bisestile	Domenica
1993		Lunedì
1994		**Martedì**

La risposta corretta è C.

Esempio
Dal centro della città ogni minuto parte un tram che in 7 minuti arriva alla stazione, qui si ferma un istante e poi ritorna indietro. Un tram, in un giro completo, quanti altri tram incontrerà?

A. 7
B. 13
C. 15

Il quesito suppone che il tram non sia uno dei primi a partire altrimenti incontrerebbe un numero limitato di tram durante il suo tragitto. Quindi la situazione è supposta a regime. Notiamo che il viaggio complessivo dura 14 minuti (7 all'andata e 7 al ritorno), la traccia stessa del quesito ci lascia intendere di considerare nullo il tempo di fermata alla stazione. Siccome ogni minuto vi è un tram in partenza, questo vuol dire che, per ogni tram che arriva a destinazione in centro città, ve ne è uno che parte. Quindi il tram in partenza incontrerà il primo tram proprio mentre sta per partire; passato un minuto incontrerà il secondo tram, passati due minuti incontrerà il terzo tram e così via, fino al quattordicesimo minuto (la fine della corsa) quando incontrerà il quindicesimo tram che è sul punto di partire. I tram incontrati sono in tutto 15 (risposta C).

Esempio
Un'infermiera deve numerare 238 provette in serie progressiva (1, 2, ..., 9, 10, 11, ..., 99, 100, 101, ..., 238); le sono state messe a disposizione solo etichette numerate da 0 a 9. Quante etichette dovrà utilizzare per portare a termine il lavoro affidatole?

A. 238
B. 476
C. 606

Per numerare le provette etichettate con numeri a una cifra (da 1 a 9) l'infermiera userà 9 etichette, una per ogni provetta. Per ognuna delle provette da etichettare da 10 a 99 (che sono in totale

90) l'infermiera dovrà usare 2 etichette ciascuna, in quanto tali provette sono etichettate con numeri a due cifre. Avremo quindi 2 × 90 = 180 etichette. Per ognuna delle provette da etichettare da 100 a 238 (che sono in totale 139) l'infermiera dovrà usare 3 etichette ciascuna, in quanto tali provette sono etichettate con numeri a tre cifre. Abbiamo in totale 3 × 139 = 417 etichette. Quindi il totale delle etichette sarà 9 + 180 + 417 = 606.
La risposta corretta è C.

Esempio
Un sarto, in ritardo nella consegna di una giacca fantasia per un cliente, ha bisogno di una serie di quattro bottoni uguali. Dà incarico al figlio di recarsi in solaio e portargli quattro bottoni dello stesso colore scelti in un cassetto contenente 84 bottoni blu, 32 turchesi, 28 celesti e 4 verdi, tutti della stessa forma e grandezza. Poiché il figlio del sarto nella penombra non riesce a distinguere i colori, quanti bottoni dovrà prendere come minimo per averne sicuramente quattro dello stesso colore?

A. 16
B. 8
C. 13

Nella peggiore delle ipotesi il figlio dopo aver estratto 12 bottoni, se non avrà con sé una quaterna di bottoni uguali dovrà per forza avere 3 bottoni per ognuno dei 4 colori (4 × 3 = 12). In tal caso all'estrazione del tredicesimo bottone sicuramente completerà una delle quaterne. Quindi il numero massimo di bottoni è 13.
La risposta corretta è C.

Esempio
Nel negozio di un concessionario una manovra di parcheggio porta sette automobili ad essere allineate una dopo l'altra, paraurti contro paraurti. Quanti paraurti si toccano effettivamente l'uno contro l'altro?

A. 7
B. 6
C. 12

Per sette auto allineate in fila, vi sono 6 coppie di paraurti che si toccano (il paraurti posteriore dell'auto antecedente con quello anteriore dell'auto seguente).
Per cui abbiamo 6 × 2 = 12 paraurti che si toccano l'uno contro l'altro.
La risposta corretta è C.

I quesiti che proporremo di seguito prevedono corrispondenza tra lettere e numeri.

Il quesito seguente richiede abilità nell'individuare corrispondenza numerica tra una data *parola* e un dato *numero*. Generalmente, si tratta di parole costituite da un dato numero di lettere, mentre il numero cui le stesse sono associate si ottiene eseguendo una certa operazione sul numero delle lettere.

Esempio
Posto che, secondo una regola nascosta, a PIPA corrisponde 16 e ad ARANCIA corrisponde 28, che numero corrisponde a LANCIA?

A. 24
B. 22
C. 40

La regola "nascosta" è la seguente: a ciascuna parola corrisponde un numero pari al numero di lettere della parola moltiplicato per 4.
Alla parola PIPA (di 4 lettere) corrisponde il numero 4 × 4 = 16.
Alla parola ARANCIA (di 7 lettere) corrisponde il numero 7 × 4 = 28.
Alla parola LANCIA (di 6 lettere) corrisponde il numero 6 × 4 = 24.
La risposta corretta è la A.

Il quesito seguente richiede abilità nell'individuare corrispondenza numerica tra una data *frase* e un dato *numero.* Anche in questo caso, generalmente si tratta di frasi costituite da un dato numero di lettere o di parole, mentre il numero cui le stesse sono associate si ottiene eseguendo una certa operazione sul numero delle lettere o delle parole.

Esempio
Se "andare al lavoro in bici" = 5.500 e "andare al lavoro con la macchina" = 6.600; allora "andare al lavoro con i mezzi pubblici" =

A. 1.100
B. 8.800
C. 7.700

La risposta corretta è la C.

Il criterio di risoluzione è il seguente: a ciascuna frase corrisponde un numero pari al numero di parole della frase moltiplicato per 1.100.
Ad "andare al lavoro in bici" corrisponde il numero 5 × 1.100 = 5.500.
Ad "andare al lavoro con la macchina" corrisponde il numero 6 × 1.100 = 6.600.
Ad "andare al lavoro con i mezzi pubblici" corrisponde il numero 7 × 1.100 = 7.700.

In determinati quesiti, le cifre dei numeri sono espresse mediante lettere o sequenze di lettere in corrispondenza con numeri.

Un quesito inerente le cifre dei numeri frequentemente somministrato è della tipologia riportata di seguito, in cui le lettere date rappresentano cifre (pari o dispari).

Esempio
Se con la lettera N si indica una qualsiasi cifra (singola), con la lettera P una qualsiasi cifra (singola) pari e con la lettera D una qualsiasi cifra (singola) dispari, allora il prodotto tra i numeri NP e NN è sicuramente un numero:

A. dispari di quattro cifre
B. divisibile per qualsiasi numero naturale
C. pari

La risposta corretta è la C.
Il quesito chiede di trovare quel numero uguale al prodotto tra un numero pari (NP) e un numero pari o dispari (NN) a seconda del valore assegnato a N.
In generale, il prodotto di un numero pari per un qualsiasi numero dà come risultato sempre un numero pari.

3.22 I quesiti di ragionamento numerico-deduttivo

In questo paragrafo analizziamo i quesiti di **ragionamento numerico-deduttivo**.
Tali quesiti sono costituiti da righe di numeri. Accanto a ogni riga, è posta l'indicazione **più** o l'indicazione **meno**.
Tale indicazione denota che le righe **più** sono **valide** ai fini della risoluzione del quesito, mentre le righe **meno** non sono valide ai fini della sua risoluzione.
I numeri delle righe **più** sono legati da uno stesso criterio, valido al fine della risoluzione del quesito. Frequente è il caso in cui i numeri indicati nelle righe **più** sono legati da regole analoghe a quelle sottostanti i quesiti di ragionamento numerico. In generale, tali numeri, per la loro posizione o per una determinata regola, logica o matematica, si ottengono da operazioni aritmetiche oppure richiedono l'analisi della posizione occupata dalle cifre che li costituiscono.
Al fine della risoluzione del quesito, occorre analizzare tutte le righe (**più** e **meno**) in quanto le righe **meno** possono presentare una delle seguenti caratteristiche:

1. Non ripropongono la regola valida per le righe **più**, allora occorre analizzare le risposte e cercare di individuare quella in cui è possibile applicare la regola identificata per le righe **più**.
2. Ripropongono la regola valida per le righe **più**, allora è possibile che risulti necessario individuare un secondo criterio, comune alle righe **più**, ma non a quello delle righe **meno** in cui è applicabile il primo criterio individuato. In questo secondo caso, occorre prestare attenzione a:
   - tipologia dei numeri o delle cifre (ad esempio se ci sono numeri pari o numeri dispari);
   - posizione occupata dalle cifre (prima o seconda cifra di un numero);
   - ordine di grandezza delle cifre (nei numeri costituiti da due o più cifre, la cifra minore o la cifra maggiore).

Poiché le tecniche di risoluzione dei quesiti più frequentemente assegnati sono analoghe tra loro, è possibile classificare tali quesiti in **tipologie**.
Di seguito, proponiamo tali tipologie. I casi illustrati, ovviamente, non sono esaustivi di tutti i quesiti appartenenti al ragionamento numerico-deduttivo e, inoltre, possono trovarsi variamente combinati.

Tipologia n. 1

I numeri nelle righe **più** sono legati da **operazioni sui numeri stessi** e/o da **considerazioni sui numeri** (pari/dispari, multipli/divisori, maggiori/minori, consecutivi/antecedenti).
In questa tipologia, si possono individuare 3 principali sotto-tipologie di quesiti.

Sotto-tipologia 1) Quesiti dove **ogni numero** è legato al precedente da un'operazione.
In particolare:

1.1.1 Un numero si ottiene dal precedente aggiungendo (o sottraendo) una certa quantità.

1.1.2 Un numero si ottiene dal precedente moltiplicando (o dividendo) per una certa quantità.

1.1.3 Un numero si ottiene dal precedente mediante una potenza.

Esempio

16	19	27	13	meno
4	6	14	2	più
15	30	12	7	meno
24	26	34	22	più

A. 78	79	88	44
B. 26	32	12	1
C. 14	16	24	12

Il quesito è costituito da 4 righe.
Le righe contraddistinte dalla indicazione **più** sono: la seconda e la quarta.
Le righe **più** sono tali che:

primo numero è dato — primo numero + 2 = secondo numero
secondo numero + 8 = terzo numero — terzo numero − 12 = quarto numero

Seconda riga:

primo numero = 4 — secondo numero = 4 + 2 = 6
terzo numero = 6 + 8 = 14 — quarto numero = 14 − 12 = 2

Quarta riga:

primo numero = 24 — secondo numero = 24 + 2 = 26
terzo numero = 26 + 8 = 34 — quarto numero = 34 − 12 = 22

La risposta esatta è la C, in quanto, relativamente a tale sequenza di numeri, si ha:

primo numero = 14 — secondo numero = 14 + 2 = 16
terzo numero = 16 + 8 = 24 — quarto numero = 24 − 12 = 12

Sotto-tipologia 2) Quesiti dove **i numeri sono legati a coppie o a terne**.
In particolare:

1.2.1 Una coppia di numeri ha somma (o differenza) uguale a un terzo numero.

1.2.2 Una coppia di numeri ha somma uguale alla somma di un'altra coppia di numeri.

1.2.3 Una coppia di numeri ha somma uguale al prodotto di un'altra coppia di numeri.

1.2.4 Una coppia di numeri ha prodotto uguale al prodotto di un'altra coppia di numeri.

1.2.5 Una terna di numeri ha somma uguale a un quarto numero.

Sotto-tipologia 3) Quesiti dove **l'insieme di numeri ha una data proprietà legata alle operazioni**.
In particolare:

1.3.1 La somma dei numeri è costante.

1.3.2 Il prodotto dei numeri è costante.

Tipologia n. 2

I numeri nelle righe **più** sono legati da **operazioni sulle cifre dei numeri** e/o da **considerazioni relative alle cifre dei numeri** (la cifra più grande, la cifra più piccola, la cifra pari o dispari).

Esempio

94	79	meno
16	82	più
15	53	più
93	94	meno
21	72	meno

A. 28 73
B. 61 12
C. 36 66

Il quesito è costituito da 5 righe.
Le righe contraddistinte dalla indicazione **più** sono: la seconda e la terza.
Le righe **più** sono tali che:

secondo numero è dato — prodotto delle cifre del secondo numero = primo numero

Seconda riga:
secondo numero = 82 — primo numero = 8 × 2 = 16

Terza riga:
secondo numero = 53 — primo numero = 5 × 3 = 15

La risposta esatta è la C, in quanto, relativamente a tale sequenza di numeri, si ha:
secondo numero = 66 — primo numero = 6 × 6 = 36

Tipologia n. 3

I numeri nelle righe **più** sono legati dalla **posizione** che occupano le loro **cifre** (la prima cifra, la seconda cifra) e/o da **considerazioni sulle cifre** (cifre pari, cifre dispari, cifre minori, cifre maggiori, cifre ripetute).

Esempio

63	6	più
13	1	più
72	7	meno
55	3	meno
23	2	più

A. 63 4
B. 37 7
C. 43 4

Il quesito è costituito da 5 righe.
Le righe contraddistinte dalla indicazione **più** sono: la prima, la seconda e la quinta.
Le righe **più** sono tali che:

primo numero è dato (e ha per seconda cifra il numero dispari 3)
prima cifra primo numero = secondo numero

Prima riga:
primo numero = **6**3 secondo numero = **6**

Seconda riga:
primo numero = **1**3 secondo numero = **1**

Quinta riga:
primo numero = **2**3 secondo numero = **2**

La risposta esatta è la C, in quanto, relativamente a tale sequenza di numeri, si ha:
primo numero = **4**3 secondo numero = **4**